浙江文獻集成

欽定重修兩浙鹽法志

祖慧 周佳 點校

浙江大學出版社·杭州
ZHEJIANG UNIVERSITY PRESS

圖書在版編目(CIP)數據

欽定重修兩浙鹽法志 / 祖慧,周佳點校. —杭州：浙江大學出版社,2023.7

ISBN 978-7-308-23946-2

Ⅰ.①欽… Ⅱ.①祖…②周… Ⅲ.①鹽業史—浙江—古代 Ⅳ.①F426.82

中國國家版本館 CIP 數據核字(2023)第 111762 號

欽定重修兩浙鹽法志

祖　慧　周　佳　點校

責任編輯　周挺啓

責任校對　蔡　帆　吴　超

封面設計　項夢怡

出版發行　浙江大學出版社

（杭州市天目山路 148 號　郵政編碼 310007）

（網址：http://www.zjupress.com）

排　　版　浙江時代出版服務有限公司

印　　刷　杭州宏雅印刷有限公司

開　　本　710mm×1000mm　1/16

印　　張　69.5

字　　數　910 千

版 印 次　2023 年 7 月第 1 版　2023 年 7 月第 1 次印刷

書　　號　ISBN 978-7-308-23946-2

定　　價　278.00 圓

浙江大學出版社市場運營中心聯繫方式：(0571) 88925591；http:// zjdxcbs.tmall.com

浙江省文化研究工程指導委員會

主　任　易煉紅

副主任　黄建發　劉　捷　彭佳學　劉小濤
　　　　趙　承　胡　偉　任少波

成　員　胡慶國　朱衛江　梁　群　來穎傑
　　　　盛世豪　徐明華　孟　剛　毛宏芳
　　　　尹學群　吴偉斌　褚子育　張　燕
　　　　俞世裕　郭華巍　鮑洪俊　高世名
　　　　蔡袁强　鄭孟狀　陳　浩　陳　偉
　　　　温　暖　朱重烈　高　屹　何中偉
　　　　李躍旗　胡海峰

浙江文化研究工程成果文庫總序

有人將文化比作一條來自老祖宗而又流向未來的河，這是説文化的傳統，通過縱向傳承和横向傳遞，生生不息地影響和引領着人們的生存與發展；有人説文化是人類的思想、智慧、信仰、情感和生活的載體、方式和方法，這是將文化作爲人們代代相傳的生活方式的整體。我們説，文化爲群體生活提供規範、方式與環境，文化通過傳承爲社會進步發揮基礎作用，文化會促進或制約經濟乃至整個社會的發展。文化的力量，已經深深熔鑄在民族的生命力、創造力和凝聚力之中。

在人類文化演化的進程中，各種文化都在其内部生成衆多的元素、層次與類型，由此決定了文化的多樣性與複雜性。

中國文化的博大精深，來源於其内部生成的多姿多彩；中國文化的歷久彌新，取決於其變遷過程中各種元素、層次、類型在内容和結構上通過碰撞、解構、融合而産生的革故鼎新的强大動力。

中國土地廣袤、疆域遼闊，不同區域間因自然環境、經濟環境、社會環境等諸多方面的差異，建構了不同的區域文化。區域文化如同百川歸海，共同匯聚成中國文化的大傳統，這種大傳統如同春風化雨，滲透於各種區域文化之中。在這個過程中，區域文化如同清溪山泉潺潺不息，在中國文化的共同價值取向下，以自己的獨特個性支撑着、引領着本地經濟社會的發展。

從區域文化入手，對一地文化的歷史與現狀展開全面、系統、扎實、有序的研究，一方面可以藉此梳理和弘揚當地的歷史傳統和文化資源，繁榮和豐富當代的先進文化建設活動，規劃和指導未來的文化發展藍圖，增强文化軟實力，爲全面建設小康社會、加快推進社會主義現代化提供思想保證、精神動力、智力支持和輿論力量；另一方面，這也是深入瞭解中國文化、研究中國文化、發展中國文化、創新中國文化的重要途徑之一。如今，區域文化研究日益受到各地重視，成爲我國文化研究走向深入的一個重要標誌。我們今天實施浙江文化研究工程，其目的和意義也在於此。

千百年來，浙江人民積澱和傳承了一個底蘊深厚的文化傳統。這種文化傳統的獨特性，正在於它令人驚歎的富於創造力的智慧和力量。

浙江文化中富於創造力的基因，早早地出現在其歷史的源頭。在浙江新石器時代最爲著名的跨湖橋、河姆渡、馬家浜和良渚的考古文化中，浙江先民們都以不同凡響的作爲，在中華民族的文明之源留下了創造和進步的印記。

浙江人民在與時俱進的歷史軌跡上一路走來，秉承富於創造力的文化傳統，這深深地融匯在一代代浙江人民的血液中，體現在浙江人民的行爲上，也在浙江歷史上衆多傑出人物身上得到充分展示。從大禹的因勢利導、敬業治水，到勾踐的卧薪嘗膽、勵精圖治；從錢氏的保境安民、納土歸宋，到胡則的爲官一任、造福一方；從岳飛、于謙的精忠報國、清白一生，到方孝孺、張蒼水的剛正不阿、以身殉國；從沈括的博學多識、精研深究，到竺可楨的科學救國、求是一生；無論是陳亮、葉適的經世致用，還是黄宗羲的工商皆本；無論是王充、王陽明的批判、自覺，還是龔自珍、蔡元培的開明、開放，等等，都展示了浙江深厚的文化底蘊，凝聚了浙江人民求真務實的創造精神。

代代相傳的文化創造的作爲和精神，從觀念、態度、行爲方式和價值取向上，孕育、形成和發展了淵源有自的浙江地域文化傳統和與時俱進的浙江文化精神，她滋育着浙江的生命力、催生着浙江的凝聚力、激發着浙江的創造力、培植着浙江的競争力，激勵着浙江人民永不自滿、永不停息，在各個不同的歷史時期不斷地超越自我、創業奮進。

悠久深厚、意韻豐富的浙江文化傳統，是歷史賜予我們的寶貴財富，也是我們開拓未來的豐富資源和不竭動力。黨的十六大以來推進浙江新發展的實踐，使我們越來越深刻地認識到，與國家實施改革開放大政方針相伴隨的浙江經濟社會持續快速健康發展的深層原因，就在於浙江深厚的文化底蘊和文化傳統與當今時代精神的有機結合，就在於發展先進生産力與發展先進文化的有機結合。今後一個時期浙江能否在全面建設小康社會、加快社會主義現代化建設進程中繼續走在前列，很大程度上取決於我們對文化力量的深刻認識、對發展先進文化的高度自覺和對加快建設文化大省的工作力度。我們應該看到，文化的力量最終可以轉化爲物質的力量，文化的軟實力最終可以轉化爲經濟的硬實力。文化要素是綜合競争力的核心要素，文化資源是經濟社會發展的重要資源，文化素質是領導者和勞動者的首要素質。因此，研究浙江文化的歷史與現狀，增强文化軟實力，爲浙江的現代化建設服務，是浙江人民的共同事業，也是浙江各級黨委、政府的重要使命和責任。

二〇〇五年七月召開的中共浙江省委十一届八次全會，作出《關於加快建設文化大省的決定》，提出要從增强先進文化凝聚力、解放和發展生産力、增强社會公共服務能力入手，大力實施文明素質工程、文化精品工程、文化研究工程、文化保護工程、文化産業促進工程、文化陣地工程、文化傳播工程、文化人才工程等『八項工程』，實施科教興國和人才强國戰略，加快建設教育、科技、衛生、體育等『四個强省』。作爲文化建設『八項工程』之一的文化研究工程，其任務就是系統研究浙江文化的歷史成就和當代發展，深入挖掘浙江文化底蘊、研究浙江現象、總結浙江經驗、指導浙江未來的發展。

浙江文化研究工程將重點研究『今、古、人、文』四個方面，即圍繞浙江當代發展問題研究、浙江歷史文化專題研究、浙江名人研究、浙江歷史文獻整理四大板塊，開展系統研究，出版系列叢書。在研究内容上，深入挖掘浙江文化底蘊，系統梳理和分析浙江歷史文化的内部結構、變化規律和地域特色，堅持和發展浙江精神；研究浙江文化與其他地域文化的異同，釐清浙江文化在中國文化中的地位和相互影響的關係；圍繞浙江生動的當代實踐，深入解讀浙江現象，總結浙江經驗，指導浙江發展。在研究力量上，通過課題組織、出版資助、重點研究基地建設、加强省内外大院名校合作、整合各地各部門力量等途徑，形成上下聯動、學界互動的整體合力。在成果運用上，注重研究成果的學術價值和應用價值，充分發揮其認識世界、傳承文明、創新理論、諮政育人、服務社會的重要作用。

我們希望通過實施浙江文化研究工程，努力用浙江歷史教育浙江人民、用浙江文化薰陶浙江人民、用浙江精神鼓舞浙江人民、用浙江經驗引領浙江人民，進一步激發浙江人民的無窮智慧和偉大創造能力，推動浙江實現又快又好發展。

今天，我們踏着來自歷史的河流，受着一方百姓的期許，理應負起使命，至誠奉獻，讓我們的文化綿延不絕，讓我們的創造生生不息。

二〇〇六年五月三十日於杭州

整理前言

鹽法『上關國課，下裕民生』，受到歷朝統治者的重視。兩浙地區自古爲産鹽重地，先民煮海爲鹽，富甲一方。漢武帝時，設鹽官於會稽進行管理。唐行榷鹽法，於漣、湖、越、杭四場設十監，歲得百餘萬緡。明以後，浙江産鹽規模不斷擴大，共有鹽場三十五處，爲團五百有一，爲丁七萬四千四百四十有六，歲辦鹽二十二萬四百五十七引二百斤有奇，『財賦之廣，接跡江淮』（阮元《欽定重修兩浙鹽法志後序》）。

清雍正朝，爲保證鹽課收入，革除舊弊，『備法制而杜争訟』，命兩淮、兩浙等處纂修鹽法。於是，浙江巡撫兼理鹽政李衛奉命考諸前朝鹺法、凛遵現行事例，纂《兩浙鹽法志》十六卷，『專記本朝鹽法，而舊《志》所載，謹從略簡』。全書共分十六門，『巨綱細目，森立備陳，固足以資信守』（延豐《欽定重修兩浙鹽法志奏折》），成爲研究清前期兩浙地區鹽業發展的最重要文獻。

嘉慶四年（1799），延豐出任巡視兩浙鹽政兼管杭州織造事務，有感於李衛纂《兩浙鹽法志》已施行七十餘年，其間場竈更移、課引增減、法制損益，互有異同，爲防奸商蠹吏借機舞弊，遂於嘉慶六年上奏朝廷，乞重修《兩浙鹽法志》。嘉慶七年，在浙江巡撫阮元協助下，『釐訂舊文，詳載近制』，終成《欽定重修兩浙鹽法志》。全書共三十卷，分『疆域』『圖説』『課額』『引目』『場竈』『帑地』『掣驗』『奏議』『律例』『條約』『成式』『優恤』『沿革』『職官』『商籍』『藝文』十六門，卷首有《詔旨》二篇，後附李衛《舊序》與阮元、延豐《後序》。

《欽定重修兩浙鹽法志》書成即付梓，是爲嘉慶七年刊本。同治十三年（1874），浙江巡撫兼管鹽政楊昌濬重新刊刻，是爲同治十三年本。據研究，楊昌濬重新刊刻的《兩浙鹽法志》是在嘉慶七年刊刻本与抄本基礎上『考訂同異』而成，是清代最完備的兩浙地區鹽法志書（宫雲維、王紅偉《〈兩浙鹽法志〉考略》，載『鹽業史研究』2019 年第 2 期）。因此，點校本以同治十三年本爲底本，以嘉慶七年本爲參校本。

目録

欽定重修兩浙鹽法志卷三　課額一……一七八

欽定重修兩浙鹽法志卷六　場竈一

欽定重修兩浙鹽法志卷七　場竈二……二七八

奏摺

巡視兩浙鹽政兼管杭州織造事務臣延豐跪奏，爲請旨重修《兩浙鹽法志》以備考核而昭法守事：竊臣仰荷皇上渥恩，簡畀兩浙鹽政之任。自到浙以來，恪遵聖訓，凡恤商便民、有裨鹺務者悉心講求，隨時整飭，不敢沿循積習，亦不敢輕事更張。查得兩浙舊有《鹽法志》，係雍正六年撫臣李衛兼管鹽政時所修，巨綱細目，森立備陳，固足以資信守。惟是纂成之後，迄今七十餘年，今昔情形遞有興革，錢糧額引既增減之不同，場竈户籍亦多寡之互異，事緒分歧，條例參錯。若不亟爲續修，恐蠹吏奸商因經制多未畫一，不免有乘機舞弊情事。此《鹽法志》一書實關於國計民生，非僅如郡邑諸志徒供考訂之具者比也。

臣與撫臣阮元商酌，意見相同，應請旨重加蒐輯，務俾現行事宜得歸定準，不特官吏有所稽考，並可使甲散各商家喻户曉，不致例案混淆。至纂書經費，約計需銀五千餘兩，爲數無多，商人等均各踴躍，情願捐資襄辦。現在詳查歷年卷案，凡有關鹽法者逐一細加考核、增訂、完善，一俟藏辦成書，敬繕全帙，恭呈御覽。臣謹會同撫臣阮元恭摺具奏，伏乞皇上睿鑒。謹奏。

嘉慶六年五月十三日奏，七月初一日奉硃批：『依議修纂，務期賅備。欽此。』

巡視兩浙鹽政兼管杭州織造事務臣延豐跪奏，爲遵旨重輯《鹽法志》完竣，敬謹繕録進呈，仰祈睿鑒事：竊臣於五月間具摺，奏請重修《兩浙鹽法志》，欽奉硃批：『依議修纂，務期賅備。欽此。』伏思《鹽法志》自雍正二年纂輯以後，迄今七十餘載，其間因革損益，隨時異宜，且引地廣袤，參錯分歧，必須一一蒐考，庶鹺屬各員及衆商等有所查核。臣謹率同運使等遴擇紳士，設局纂辦，敬録詔旨冠於卷端，其餘分門別目，釐訂舊文，詳載近制，爲《志》三十卷。復同撫臣阮元恪遵聖訓，悉心復核，不敢率略從事。兹恭繕裝函共三十有二册，賫呈睿覽。謹會同撫臣阮元合詞具奏，伏祈皇上訓示施行。謹奏。

嘉慶六年十月二十五日奏，十二月初三日奉硃批：『册留覽。欽此。』

纂修職名

總裁

欽命兵部侍郎兼都察院右副都御史、巡撫浙江等處地方提督軍務兼理糧餉　臣阮元

欽命巡視兩浙鹽政兼管杭州織造事務　臣延豐

監修

兩浙、江南等處都轉鹽運使司鹽運使　臣張映璣

提調

兩浙杭寧紹温台鹽運分司運副　臣郝敏安

運副借補兩浙嘉興松江鹽運分司運判　臣薛湘

署兩浙杭寧紹温台鹽運分司運副候補運副　臣儲夢熊
署浙江金華府糧捕通判、兩浙候補鹽運分司運判　臣吕麟

總纂

原任户科掌印給事中、方略館提調兼總纂官　臣馮培
原任陝西道監察御史、國史館纂修官　臣潘庭筠

協修

兩浙候補鹽運司經歷　臣方溥
兩浙鹽運司庫大使　臣許元仲
浙江湖州府孝豐縣訓導　臣張迎煦

分輯

原浙江候補同知、台州府臨海縣知縣　臣華瑞潢
浙江杭州府錢塘縣候選州同知　臣項墉
浙江杭州府仁和縣舉人　臣胡敬

浙江杭州府拔貢生　臣沈士亨
浙江湖州府拔貢生　臣邵保初
浙江湖州府烏程縣拔貢生　臣張鑑
浙江紹興府姚縣副貢生　臣邵秉華
浙江杭州府優貢生　臣王仁
浙江杭州府仁和縣學生　臣趙魏
浙江杭州府學附生　臣俞杭

校勘

原江西南昌府同知　臣徐聯奎
原太常寺博士、舉人　臣陸新
江蘇太倉州嘉定縣進士、候選知縣　臣陳詩庭
原任江蘇清河縣教諭　臣談泰
浙江候選教諭、舉人　臣查楠
浙江候選教諭、副貢生　臣魏彝憲
浙江鎮海縣訓導　臣陳焯
浙江候選訓導、廩貢生　臣程岷
浙江杭州府錢塘縣舉人　臣陳光岳

浙江杭州府拔貢生　臣陳鴻壽
浙江嘉興府嘉興縣拔貢生　臣李富孫

繪圖

江蘇蘇州府吴縣監生　臣周瓚
江蘇蘇州府吴縣監生　臣楊昌緒

收掌

兩浙候補鹽運司經歷　臣程藍玉
浙江候選訓導、廪貢生　臣潘學敏

監刻

兩浙鹽運司經歷　臣章道基
兩浙杭州批驗所大使　臣阮允實
兩浙候補鹽課司大使、揀選知縣　臣劉魁

參閲

議敘鹽運使運同　臣吴世騶
布政司理問、銜加頂戴二級　臣俞沛
州同、銜加四品頂戴　臣姚經
議敘通判加一級　臣吴同琯
布政司經歷、銜加二級　臣汪炣
議敘同知　臣顧學汲
州同知銜　臣周森
議敘通判、加捐鹽運使運同　臣楊夢璋
議敘即用州同知、加頂戴一級　臣金海
布政司理問、銜加頂戴一級　臣許成斌
布政司理問、加四級　臣汪大豐
議敘即用州判、加頂戴一級　臣王瑞龍
議敘府通判、加一級　仁和縣學附貢生　臣許漣
貤封廣東肇慶府知府　臣王一純
布政司理問銜　臣范金然
原任宜昌府知府　臣汪思蔚

州同知銜　臣吴華金
錢塘縣學生員　臣祝德風
議敘提舉司提舉　臣潘奕璵
貢生　臣朱綺
州同知、銜加一級　臣顧澐
布政司經歷銜　臣孫紹均
候選布政司經歷、議敘加頂戴三級　臣吴一悳
杭州府學生員　臣汪文焕
候選布政司理問　臣汪善培
候選布政司理問　臣吴峻基
原任刑部主事　臣吴廷侃
錢塘縣附監生　臣胡儁年

凡例

一《兩浙鹺志》自前明嘉靖時御史劉仕賢創始，其後重修於參議王圻，而閲歲已久，散軼無存。迨雍正二年，撫臣李衛奉命纂輯，分門比類，條例井然，足彰熙朝之隆軌矣。顧書成至今已七十餘載，因革損益，隨時制宜，有難泥於膠柱刻舟之見者。兹蒙皇上俞允增修，爰敬謹編次，闕漏者補之，更正者釐之續之，期勉副聖主賅備之明訓云。

一國家典章首重詔令。我朝治臻極盛，聖聖相承，一切裕民足國之謨，綱舉目張，悉繇睿斷。即鹺政一事，而經法之昭垂，恩膏之徧浹，實爲曠古所罕有。兹恭繕詔旨，冠於卷首，俾仰絲綸者識所遵循，永爲萬世軌則。

一舊《志》分十六門，各系細目於其下。今仍分門十六，惟户口并入場竈，而别立『帑地門』。其各門提綱、小序，則視原書較爲詳晰。

一浙省鹽筴被及兩江，境壤既廣，經界綦嚴，不獨産鹽、行鹽各分畛域，而程途、關隘均有釐定，成規不容逾紊。至緝私最爲要務，司事者所宜究心，胥以疆域統舉之。其山川古蹟可供考證者，以非鹽法所重，祇於『圖説』中附見一二。

一場竈之區，自宋、元、明以來，有沿有汰，有併有析，蓋海沙之坍漲靡常，斥鹵之衰旺時異。場既改易，而亭户團舍亦隨之變遷，繪圖系説，始能瞭如指掌也。至文瀾建閣，薈萃群書，人思企躍，而官廨爲莅事之所，書院有養士之資，故諸圖亦綴以説。

一鹽課自歲輸正賦及各屬分徵之外，名目紛繁，又今昔情形隨時遞易，而贏縮增減，要歸定額。故課額爲握筭之總匯也，有入有出，而會計胥協焉。是以解支款案附載其後。

一鹽以引爲符信，蓋導之使流也。有正引，有票引，又有餘引，額隨地定，而掣銷之責成重矣，故條列其目。

一杜私販者莫先乎場竈，所以清其滲漏之源也。舊《志》有『户口』一門，分載食鹽、煎鹽人口，第編户版籍，歲由疆吏達諸天府。生齒日增，難以輯爲定數。兹祇將煎鹽丁户附入場竈之末，以備稽考。

一帑鹽之設起於雍正五六年間，故舊《志》未及載。蓋發官帑以收餘鹽，而仍資商運，則姦販自消。今增立『帑地』一門，而商人之借領帑項以資營運者，亦類附焉。

一舊《志》特詳掣摯，摯者，鹽法之權衡也，言掣而摯在其中。若鹽之出場、抵所、到縣節次俱有盤驗，並昭例限之嚴，因連及之，而改曰『掣驗』。

一臣工敷奏業經奉旨允行者，已分別臚載各門。然或摘敘大略、或無可附麗，尚多闕遺，取其有關政要者列爲『奏議』三卷，如詞義過冗，稍加芟節。

一律例約束人心，故詳載焉，以昭憲典，能知恪守，自無作姦犯科之患矣。其或下里顓蒙，未諳三尺，則有申明禁令，俾家喻而户曉者，擇其竅要，別爲『條約門』。

一法必有式，而後胥吏、商民無所容其姦僞，所謂一成不可變也。成式定則咸就繩墨，件繫條分登載，不嫌瑣細。

一我國家保惠商民，多方軫恤，下逮海濱窮竈，無弗感沐皇仁。其商人有向義急公者，悉蒙甄敘賞賚，典至優焉，因彙載爲『優恤門』。

一歷代沿革事宜各有利病，而鹺法尤變更不一。其載在史書者，得失粲然，可備考覈，且以見聖朝規制精詳，超軼曩代也。

一鹽官建置歷代各殊，舊《志》仿《史》《漢》例作《職官表》，於本朝官制加詳，兹仍其舊而訂補之。其莅官政績有裨鹽法者，亦循舊例，詳慎登載。如無政事表見，則祇紀姓名、爵里。至官俸、役食，例得附書，因綴於『職官』之末。

一兩浙商籍，自我朝廣額振興，人才輩出，紀科目而並及貢選，以見英俊升階，拔茅連茹，正未有艾。其由竈籍進者，例散入民卷，不另編號設額，故不備列。至商籍，雖異土著，而久居浙地，其有潛德懿行、忠孝貞節之事，未可使湮没不彰。今照舊《志》增輯，以備惇史訪採。

一鹽法重在經制，不尚文詞，與郡國、山川諸《志》體例差别，本無須藝文爲也。然事業掌故亦有藉文章而顯者，兹仍輯『藝文』一門，義存質實，無取浮華，詩專採有關鹽政利病者數篇，至贈答之什，概不録焉。

謹按：是《志》於嘉慶六年十月恭摺進呈。七年正月，遵奉諭旨，改定數條，覆加詳勘，即付刊刻。至八月刊竣，復同原進繕本一并呈覽。所有《志》内額徵數目及經理各事宜，俱以嘉慶六年進書時爲斷。其在成書之後者概不增易，以期截然畫一，免致參差。

總目

卷六　場竈一

卷七　場竈二

欽定重修兩浙鹽法志卷首

巡視兩浙鹽政兼管杭州織造事務　臣延豐恭録

詔旨一

世祖章皇帝順治四年二月十二日，欽奉恩詔内開：一浙、閩運司鹽課，前代天啓、崇禎年間加派名色甚多，深爲商厲。今著盡行蠲免，止按萬曆年間舊額按引徵課。

順治四年六月十七日，户部奉上諭：『興販私鹽，屢經禁約。近聞各處姦民指稱投充滿洲，率領東兵車載驢馱，公然開店發賣，以致官鹽壅滞，殊可痛恨。爾部即出示，再行嚴禁。有仍前私販者被獲，撻八十鞭，其鹽斤、銀錢、牲口、車輛等物俱入官。巡緝員役縱容不行拏緝者，事發，一體治罪。特諭。欽此。』

順治五年六月十六日，户部奉上諭：『前因地方姦民架引滿兵興販私鹽，已傳諭爾部行文嚴禁，犯者捉獲到官，滿兵撻八十鞭，鹽斤、牛驢、車輛、銀錢等物盡行入官。近聞近京地方土棍串通滿兵，車牛成群，攜帶弓矢，公然販賣私鹽，以致官鹽壅滞，殊可痛恨。除已傳諭各固山牛録嚴行禁止外，爾部即刊刻告示，再加申飭。如有仍前違旨販賣私鹽者，不論滿、漢，許地方巡緝員役擒拏解部，依律治罪，鹽斤等項入官。爾部仍差人密訪，如地方官員并巡鹽人役容隱不舉，事發，一體連坐。特諭。欽此。』

順治八年三月初八日，奉上諭：『朕於本月初六日親覽巡鹽御史崔允宏章奏，因思及各處報鹽課中常報有餘銀若干，細思鹽課正額，此自應徵解，若課外餘銀，非多取諸商，則侵克於民，大屬弊政。傳户部、都察院通行各鹽差御史及各鹽運司，止許徵解額課，不許分外勒索餘銀。如有貪縱御史及運司各官，許商民指實，赴部院首告，審問確實，奏聞治罪，用布朝廷恤商裕民之意。該部院各刊刻告示，通發京城内外及各督、撫、按，徧傳内外道、府、州、縣、鹽運等司，著實遵行。特諭。欽此。』

順治十二年正月二十七日，上諭河東、長蘆等處各運司：『鹽課原應商人辦納，中有每年派民納課，而民不見升合之鹽者，著該運司詳加稽核，從長計議。務令公私兩便，經久可行，毋得因循積弊。特諭。欽此。』

順治十二年十一月二十九日，上諭吏部、都察院：『國家設立巡方御史，原爲察吏。安民之本首在懲貪，必按臣先能以廉持己、奉公守法，然後有司有所畏憚，不敢貪婪害民。近，初遣顧仁等巡方時，曾召至太和殿面諭：巡按已經止息，因此官關係甚重，吏治貪廉、民生利病皆由此上達，故復遣爾等往巡直省地方，朕即倚爲耳目手足。爾等當體朕意，潔己率屬，奠安民生。若不法受賄，負朕委任，不拘常律，但得銀一兩一錢，定行處死。又召至左翼門，再加申諭：往聞巡按官初至地方，亦能虚博廉名，及至差滿回日，多婪取贓物。爾等若蹈此弊，初至廉名俱置不問，必照貪例處分。朕屬望如此殷切，戒諭如此嚴明，即當洗滌肺腸，痛除積弊。乃顧仁輒敢背旨壞法，收櫜納賄，朕親行審鞫，情真罪著，已經正法訖，合通行天下嚴加禁飭。以後各巡方御史及巡鹽、巡漕、巡倉、巡視茶馬各御史，但有這等違法受賄犯贓，即行處斬，定不寬宥。爾等即行傳知。特諭。欽此。』

聖祖仁皇帝順治十八年十二月二十五日，上諭户部：『鹽課、錢糧關係軍國急需，聞内外大小官員、勢豪之家多有貿易販鹽，倚勢不納課銀。巡視鹽課官員不畏勢力、不徇情面、盡心催徵者，即能多得課銀；其畏勢徇情者，即致課銀虧欠。以後管鹽各官多得課銀者，著以稱職，從優議敘；額課不足虧欠者，以溺職從重治罪。其官員貿易、倚勢漏課情弊，該管官須嚴加稽察，參奏本主，一并從重治罪。巡鹽等官如仍前徇隱，定行一并從重治罪不饒。爾部即遵諭行。特諭。欽此。』

康熙四年三月初五日，欽奉恩詔内開：『一直省順治十六、十七、十八年催徵不得，各項舊欠錢糧，著照蠲免。十五年以前錢糧，一體蠲免。前侵盜庫銀不赦，今俱著并免。其鹽課積逋、催徵不得者，著察明，亦准酌量蠲免。』

康熙七年三月二十三日，上諭吏部、户部、都察院：『鹽課關係國賦，最爲緊要，必得廉能之人差遣，乃能嚴緝私販、惠恤商民、疏通引法，以裕國課。近見課額未增，商民又未有裨益之處，以後不必但將監察御史專差，應將廉能之人選擇兼差，爾部、院酌量定議具奏。特諭。欽此。』

康熙九年十月十一日，户部題覆兩淮巡鹽御史席特納題請嚴革私費等事，十四日奉旨：『各處鹽差官員因循陋規，巧立名色，額外私派，苦累商民，深爲可惡。據席特納等所奏淮商六大苦、掣摯三大弊等項，情節俱實，各鹽差積弊作何禁止，官員作何處分，著再嚴加明白議奏。欽此。』

康熙十六年五月十一日，户部奉旨：『鹽課關係國用，各處巡鹽御史理應潔己奉公，據實奏報。如有將割没等項銀兩以多報少，侵隱情弊，發覺之日必從重治罪，決不饒恕。著通行嚴飭爾部及都察院仍不時稽察差回，嚴加考核。欽此。』

康熙十七年三月十二日，上諭吏、户、兵三部：『朕統御寰區，孜孜圖治，期於朝野安恬，民生樂業，共享昇平，乃副朕宵旰勵精之願。不意逆賊吴三桂背恩煽亂，各處用兵禁旅徵剿，供應浩繁，念及百姓困苦，不忍加派科斂，因允諸臣節次條奏。如裁減驛站官俸、工食及存留各項錢糧，改折漕白二糧、顔料各物，增添鹽課、鹽丁房産税契、牙行雜税、宦户田地錢糧，奏銷浮冒，隱漏田畝，嚴行定例處分。用過軍需，未經報部，不准銷算。以上新定各例不無過嚴，但爲籌畫軍需、早滅逆賊以安百姓之故，事平之日自有裁酌。各省督撫、提鎮、大小文武等官俱宜上體朕意，下念民生，潔己奉公，愛惜物力，務期早奏蕩平，與民休息，以稱朕乂安海宇至意。爾三部即通行傳諭遵行。特諭。欽此。』

康熙二十年十二月二十日，欽奉恩詔内開：『一康熙十七年，各行鹽地方起增閏月課銀，除已完外，如有拖欠者，該巡撫、御史查明具題，到日豁免。此後閏月，停其增收。』

康熙二十四年四月二十七日，奉旨：『盜販私鹽屢經嚴禁，未見杜絶，皆因地方經管各官不實心奉行，以致仍多私販。著九卿、詹事、科道會同確議具奏。欽此。』

康熙三十三年十二月二十日，户部等題爲請旨事，會議得各關鹽差每年額徵税課外，餘剩數目酌量加增，作爲正數，以充兵餉等因。二十一日，奉旨：『依議。這加增銀兩俱出於該差官員所私得贏餘之數，不得借端於定額外多徵，貽累商民。欽此。』

康熙三十八年三月初四日，奉上諭：『直隸廣平府知府石佳彝年久操守好，用度簡省，著補兩淮鹽運使。於正項錢糧之外，伊每年應得者，儘足伊用度存留，餘俱解送河工。兩浙、長蘆、兩廣、河東、福建此五處運使等，亦照此俱解送河工。將伊應得之分，若不挐出，亂派商人，從重治罪。特諭。欽此。』嗣後，於每年運司節省項下撥解河餉銀一萬兩。

康熙三十八年四月初二日，上諭户、禮二部：『朕子育黎元，勤求治理，日孜孜以施德澤、厚民生爲急務。而江、浙二省尤東南要地，朕時切軫念。比歲以來，蠲豁田賦，賑濟凶荒，有請必行，無災不恤。雖漕項錢糧向未蠲免者，亦曾經特旨蠲免。愛養之道備極周詳，庶幾民生日益康阜。用是乘輿時邁，於視河事竣，巡歷江、浙，諮訪民間情形。見淮揚一路既困潦災，而他所過州縣，察其耕穫之盈虚、市廛之嬴絀，視十年以前實爲不及。此皆由地方有司奉行不善，不能使實惠及民，所以小民雖懷愛感之誠，而朝廷恩澤卒不下究。朕目擊廑懷，亟思拯恤，截留漕糧，寬免積欠，已另有諭旨。惟各鹽差、關差，向因軍需浩繁，於正額外，今在差官員以所私得嬴餘交納充用。今思各官孰肯自損私橐，勢必仍行苛取，商瘠民困，均坐此弊。著將加增銀兩一概停罷，以紓商民之累。其兩淮鹽課，康熙十六年曾加增四十萬兩，今恐商人辦課維艱，漸至匱乏，著減去二十萬兩。此外有應行應革事宜，朕還都以後仍加商確，次第舉行。該督撫、藩臬皆地方大吏，亦著悉心體訪。凡有可爲民興利除弊者，作速勘實陳奏，嚴革雜派，禁止刁訟，然後胥吏不能作姦，良民得以安業。倘官吏有悖旨妄行者，許商民首告，該督撫察出，即行參奏。朕視民如傷，惟恐一夫不獲其所。兹值海宇昇平，兵革不事，正當與民休息之時，故特涣沛德音，減徵寬税，以爲閭閻留有餘之力。萬一嗣後别有急需，或不得已而稍議加增，想在小民亦能共諒朕懷，輸將之恐後也。至於江南、浙江，人文稱盛，入學名數前已酌定增額，今著於府學大學、中學、小學各增五名，舉行一次，以示奬勵人才至意。爾二部即遵諭行。特諭。欽此。』

康熙四十四年五月初十日，奉上諭：『今看得私鑄小錢、販賣私鹽者甚多，如何嚴行禁止之處，著户部定例具奏。欽此。』户部議覆，奉旨：『九卿、詹事、科道會議具奏。欽此。』經九卿等議覆，六月二十一日奉旨：『舊鑄錢展限之事，著另議具奏。其私鑄錢之人并販賣私鹽者，斷不可寬免。此事，進京之日，著大學士等九卿大人會同議奏。欽此。』

康熙四十六年十二月初九日，上諭刑部：『漕船往來河道運丁人等夾帶私錢、私鹽並裝載一切貨物，遇有稽察員役動輒抗拒，傷人、放火、誣賴，沿途商民船隻悉被欺凌，種種不法之事甚多，朕所深悉。漕運總督倘不嚴察懲處，則運丁恣意横行，必致重爲民害。這案著該督再行確審定擬，以爲悍丁生事病民者之戒。特諭。欽此。』

康熙五十三年三月十六日，治儀正傻子、員外郎雙全，將浙江行鹽商人汪宏茂等恭進萬壽龍衣一襲、彩緞四十端、貢銀二萬兩黄摺，交與該班學士巴格。傳旨：『這摺子交與該部議奏。欽此。』户部議得，應將商人等所進衣緞行文内務府，照數查收，其伊等貢銀，應行令兩浙巡鹽御史委員解交廣善庫等因。本月二十三日摺奏，本日奉旨：『衆人進貢物件俱不曾收，伊等進貢物件不必收，他著發還銀兩，補還伊等現欠銀兩，於伊等亦有裨益。欽此。』

康熙六十年十二月初十日，大學士馬齊、户部尚書孫查齊等奉上諭：『聞得江、浙私鹽甚行，盡爲盜賊。地方官員明知，並不查拏。應著江南、浙江、京口將軍等派出官兵嚴行查拏，俟回鑾日，孫查齊爾同九卿、詹事、科道會議具奏。特諭。欽此。』

世宗憲皇帝雍正元年正月初一日，上諭各省道員：『爾等官歷僉司，所以贊襄藩臬，承流宣化者也。分守、分巡，職居協理；糧、河、鹽、驛，各有專司。身居是官，必顧名思義。名者，實之華也，克副其實而後名歸焉。如守、巡兩道首當潔己惠民，凡府、州、縣之廉潔、貪污俱宜細加察訪，不時密詳督撫，以憑舉劾。地方有土豪武斷，尤宜禁戢翦除，衛良鋤莠，乃稱其實。若但知趨承大吏，或祇圖下屬陋規，一切吏治民生概置不問，貪庸陋劣，殊負朝廷設官之意矣。糧道專理漕運，職任匪輕，使徒知起運規例，扣克運費，苦累運丁，營私煩擾，有玷官箴，貽害百姓，何所底止？河道有董率工程之責，凡分修河員孰賢孰否俱應洞悉，並宜親身經歷，查勘估計某口險峻、某口平易、某處隄工堅固、某處冒支帑金。倘不計虚實，不辨勤惰，僅以納賄多者爲能員，饋遺少者爲拙吏，而於工程漠不經意，一遇坍潰，誰之咎耶？鹽道一官尤關國課，邇年鹽法弊竇叢生，正項錢糧每多虧欠，一由上下各官需索商人，巧立名色，誅求無已。窮商力竭，不得不那新補舊，上虧國課，高擡鹽價，下累小民。至於官鹽騰貴，貧民販賣私鹽，捕役鬬毆株連人民，流弊無窮。一由商人用度奢靡，相仍陋俗，不知節儉，致欠課徵。爾等運籌鹽法，宜將陋例積習盡情禁革，必思何以蘇商，何以裕課，上供軍國，下利閭閻，方爲稱職。驛道爲驛站錢糧所係，必廉潔自守，乃可剔弊釐姦。凡驛遞馬匹數目多寡，每有假冒開銷，歲修船隻亦有虛浮不實。該員一貪貲貨，勢必昏庸，或過於苛覈勒索，多方經管，屬吏疲不能支。總之，病官病民悉緣貪黷。敬爾有官，垂諸古訓，靖共爾位，載在風詩。爾等各有常職，各守官方「名實」二字，極宜體認。今以獻賂爲實，虛譽爲名，動云「名實兼收」，内以欺己，外以負國，有腆面目，其何以立身而抒忠藎乎？皇考御極六十餘年，以軫恤民生爲首務，各省道員必親加遴擢，諄諄戒勉，極其詳慎。朕纘承大統，翼翼小心，惟仰體皇考愛養元元至意，亦期爾等爭自濯磨，振飭風憲，以副朕望。果能肅清綱紀，無致廢馳，朕當破格獎勵。其或因循不改，朕必置之重法。特諭。欽此。」

雍正元年八月初二日，上諭各省鹽院：『國家欲安黎庶，莫先於厚風俗，厚風俗莫要於崇節儉。《周禮》一書，上下有等，財用有度，所以防僭越、禁驕奢也。孟子亦曰：「食時用禮，菽粟足，而民無不仁。」朕臨御以來，躬行節儉，欲使海内之民皆敦本尚實，庶康阜登而風俗醇。夫節儉之風貴行於閭里，而奢靡之習莫甚於商人。朕聞各省鹽商内實空虛，而外事奢侈，衣服屋宇，窮極華靡；飲食器具，備求工巧；俳優伎樂，恒舞酣歌；宴會嬉遊，殆無虛日；金錢珠貝，視爲泥沙。甚至悍僕豪奴，服食起居，同於仕宦。越禮犯分，罔知自檢，驕奢淫佚，相習成風。各處鹽商皆然，而淮、揚爲尤甚。使愚民尤而效之，其弊可勝言哉。爾等既司鹽政，宜約束商人，嚴行禁止，出示曉諭，諄切勸戒，使其痛自改悔，庶循禮安分，不致蹈僭越之愆。而省一日之糜費，即可以裕數日之國課，且使小民皆知警惕，敦尚儉約，使民生亦有裨益，庶不負朕維風振俗之意。若仍前奢侈，不知悛改，或經朕訪聞，或被督撫參劾，商人必從重究治，爾等亦不能辭徇縱之咎。特諭。欽此。』

雍正二年二月初二日，上諭各省關差、鹽差：『從來關榷、鹽税之設，所以通商裕國。或用欽差專轄，或令督撫兼理，無非因地制宜，利商便民之至意也。朕前於關、鹽兩差各下諭旨，諄切，但旗員向來相沿成習，陽奉陰違，任意侈靡，不知撙節，額外加派，苦累商民。差滿之日，惟恐回京有當差效力之事，每以闕額懇求寬限，希圖掩飾。是以不憚叮嚀，再加申飭。大抵關差之弊，皆未講日計不足、月計有餘之長策，惟知目前小利，恣意侵漁，聽信家丁，縱容胥吏。開關分别遲早，肆無厭之誅求。報單任意重輕，爲納課之多寡。飽谿壑者，則任其漏税，代爲朦朧；不遂欲者，則倒篋傾箱，一物不免。致商賈畏懼，裹足不前，行旅彷徨，越關迂道，則困商實所以自困也。鹽差之弊，尤合重懲。飛渡重照，貴賣夾帶，弊之在商者猶小；加派陋規，弊之在官者更大。若不徹底澄清，勢必至商人失業，國帑常虧。夫以一引之課，漸添至數倍有餘，官無論大小，職無論文武，皆視爲利藪，照引分肥，商家安得而不重困？賠累日深則配引日少，配引日少則官鹽不得不貴，而私鹽得以横行。故逐年之課難以奏銷，連歲之引盡皆壅滯，非加派之所致歟？故關差惟在嚴禁苛求，使舟車絡繹，貨物流通，則税自足額；鹽差惟在力除加派，使商困少蘇，盡復舊業，則課自贏餘。至於督撫，係封疆大吏，更當仰體朝廷歸并之意，關政不得視爲帶理，漫不經心，誤任屬員，聽其剥削；鹽政不得罔恤窮商，獨專厚利，硬派州縣計口徵錢。夫榷、關部屬尚有顧忌，恐督撫持其短長，今歸督撫，則何所瞻顧？巡鹽御史、地方官或不奉約束，今歸督撫，則孰敢抗違？況欽差猶每年更换，而督撫兼理則無限期，若不實心奉行，使風清弊絶，則大負歸并之本意矣！至將耗羨充課，固屬急公，但恐以耗羨歸正額，而正額之外復加耗羨，商民重輪疊出，何以堪此？朕深悉關、鹽擾累之害，垂念商民營逐之苦，特諭爾等經理榷税者，務期奉公守法，遴委得人，知商旅之艱辛，絶箕斂之弊竇。通商，即所以理財；足民，即所以裕國。如自利自便，罔上行私，責有攸歸。其悉遵朕旨。特諭。欽此。』

雍正二年五月十六日，上諭浙江巡撫黄叔琳：『聞浙江沿海一帶窮民多赴場竈販鹽餬口，今值雨水調勻，農夫力作之候，爾須乘此時諭令歸農，民始得所。其有不能歸農者，可會同噶爾泰酌議，或暫令其即於場竈納課，以開資生之路，或以庫銀買竈户餘鹽，以杜私販之門。從前地方官員以鹽務爲無預己事，任其破壞，甚非和衷共濟之義。爾當與鹽院協同商議，實心辦理，務期鹽政無虧，方爲有益。嗣後，凡有關於鹽政，無礙於地方可以變通之處，勿拘成例，即行奏聞。特諭。欽此。』

雍正二年八月二十日，奉上諭：『覽噶爾泰摺奏，現今海潮漫大，鹽廒漂没頗多，沿海州縣田産、民人大受其患等語。著石文焯馳驛速往浙省署理巡撫印務，石文焯到時，將被災人民作何撫字、作何賑濟之處一面料理，一面奏聞該部速行。特諭。欽此。』

雍正三年五月十七日，上諭户部：『去歲，江、浙海潮衝溢，沿海場竈淹没之處甚多。兩淮鹽政所屬地方，經噶爾泰奏聞，朕即發帑賑恤，并將雍正元年、二年竈户未完折價銀四萬餘兩悉行蠲免。其兩浙鹽政所屬地方，該巡鹽並未將被災之處題報，今謝賜履以摺奏聞去秋海濤漂決情形，兩浙與兩淮無異。朕博施一體之心，務使率土均霑膏澤。著將華亭、婁縣、上海、海寧、餘姚、蕭山、慈谿等縣雍正元年、二年未完場課銀兩，悉行蠲免。該鹽政通行曉諭，俾各場丁户人人得霑實惠，將已、未完場課數目確查報部。倘有不肖有司將已完作欠，或借端朦混、私行重徵者，即指名題參。若隱匿通同，後經察出，將該鹽政一并從重治罪。該地方督撫仍嚴加稽察，毋使吏胥中飽，以副朕勤恤窮丁、普濟同仁至意。爾部即遵諭行。特諭。欽此。』

雍正四年五月，浙江巡撫兼理鹽務臣李衛條奏爲請廣文武分任緝盜之法以盡職守、以杜推諉事，部議以毋庸議題覆。八月二十四日，奉旨：『這事情，部議乃是守經，李衛所請乃是行權。李衛實心辦理地方事務，自因本地情形故行條奏，且浙江素多私鹽，理應嚴加緝捕。著照李衛所請，於浙江一省試行一二年再看。欽此。』

雍正四年十月初六日，浙江巡撫兼理鹽務李衛奏商人汪中立等公輸銀十萬兩以備積貯，奉旨：『據李衛奏稱，兩浙衆商公輸銀兩爲地方預備積貯，甚屬可嘉。著議政大臣、大學士、九卿悉照兩淮鹽義倉之例，定議具奏。欽此。』

雍正四年十月初十日，上諭户部：『去年莽鵠立奏稱，竈地久未清查，以致民竈争控不已，請將竈户灘地從前售與民人者，許其回贖。如無力者，仍許現在耕種之民收租納糧，俟原業竈户有力之日再行回贖等語。經九卿議覆准行。近聞當年竈地轉售與民，其年分久遠，有百餘年者，業主、售主多半變更，即有子孫，當時價值多寡亦俱遺失。或有逃亡等户，更無從質問，以致同姓影響之人彼此争贖，紛紛告訐，實滋煩擾。若必俟原業竈户有力之日回贖，倘原業之户始終無力，則此項地畝久久竟成民地，亦非清查竈地之良法。朕意以爲，不若將竈户賣與民人之地，交易年近、確有實據者，令竈户備價取贖；其餘年久被失之地，所有争告無憑詞告，該衙門俱行註銷。凡民人所有竈地，嗣後止許賣與竈户，永遠爲業。如有仍轉行典賣與民者，照盜賣官地律治罪，永以爲例。如此則數年之後，竈地自漸歸於竈户而無不清之弊矣。爾部著即行文，著山東巡撫、長蘆巡鹽御史遵照，實心奉行。特諭。』

欽此。』

雍正四年十月二十一日，上諭各直省督撫：『從前户部春秋二撥、歲底大撥之時，各省俱有講求冀免撥解京餉，以致藩庫錢糧虚收捏報，掩飾彌縫之弊不一而足。自怡親王總理户部以來，凡事秉公持正，於撥餉一項皆斟酌地方遠近，詳核錢糧多寡，皆據實預先奏朕定奪後，方行分撥。四年以來，毫無假借，各省亦應曉然明白矣。乃聞向有愚昧之人私囑吏役，暗行賄賂，以冀免撥。其巧爲遷避者，將實存數目不盡開報，蓋緣各省督撫身處遠方，不能深悉户部撥餉悉出至公，乃爲吏胥之所愚弄耳。茲特曉諭各該督撫，嗣後，春、秋二季報册，務將藩庫所有實存銀兩悉行開報，應存應解静候部撥，並令督撫等咸知，吏胥斷不能弄法增減。切勿爲人所愚，行賄請託。朕既經曉諭之後，倘有再犯者，一經發覺，將與受俱按律治罪，決不寬恕。特諭。欽此。』

雍正五年正月二十日，大學士富寧安等奏議給奉天、寧古塔、黑龍江三處將軍養廉銀兩，奉旨：『爾等議稱不便給與參票等語，所議甚是。此等養廉之項應動用贏餘銀兩，著將長蘆鹽課贏餘銀兩内動用六千兩，給與三處將軍分用。朕思在京城旗下大人及有執掌之官員，亦當酌與養廉之資。著將兩浙鹽課贏餘銀兩動用一萬兩，給與兩翼前鋒統領、護軍統領、前鋒參領、護軍參領、前鋒護衛等官分用，再將兩淮鹽課贏餘銀兩動用二萬四千兩，給與八旗都統以下參領等官分用。欽此。』今於運庫盈餘項下照數起解，户部轉給。

雍正五年十二月十九日，户部議覆浙江總督兼理鹽務李衛題請將兩浙甲商浮用銀兩，准各商按引公輸，隨課上納。奉旨：『依議。兩浙鹽商急公效力，甚屬可嘉，著議叙具奏。欽此。』

雍正六年七月二十一日，奉旨：『大使管理鹽務，關係錢糧，若職任卑微，不足以彈壓商竈。其應揀用何項人員及量加品級之處，該部定議。欽此。』

雍正七年八月十七日，奉上諭：『兩浙私鹽向來充斥，前經督臣李衛竭力清釐，多方整飭，是以巨窩斂跡，梟販潛蹤，官引疏通，弊端禁止。近聞江南地方文武官員視爲膜外，奉行不力，以致蘇、松一帶人心懈弛。濱海鹽徒遂借肩挑背負四十斤以内不在禁約之例，於是號召老少男婦百十成群，公然交易。因而運送窩囤，無從究詰。夫肩挑背負四十斤以内不在禁約之條者，乃國家恩恤小民之至意，若因此而廣開鹽梟私販之門，是朝廷之恩例轉令不法棍徒藉以長奸而滋弊矣。聞李衛先經行令：每縣查報貧難小民四五十名，給與木籌，每日許赴官店買鹽二十斤挑賣，以爲餬口之計，此法甚善。窮民既得覓利以資生，肩販不致營私而虧課，於鹺政有益。而江南督撫身任地方，同有稽查經理之責，豈無耳目心思乎？今蘇、松一帶私販仍復横行，江南督撫有司亦自知愧赧否？特諭。欽此。』

雍正八年十一月，奉上諭：『朕即位之初，清查户部錢糧，始知歷年以來虧空竟至二百五十余萬之多。是時，怡賢親王管理部務，奏稱虧空歷年已久，若一一根究，責令賠補，則獲罪之人甚衆，懇請寬免查究，嗣後以本部餘平銀兩陸續代爲完補等語。朕以歷年該管之堂官、庫員職司出納，而虧空至於如此，若不責令賠補，則國法何在？而作弊之人，亦無以示懲。因令孫查齊秉公開報著追，計其開出之數原不及虧空之半，其餘則仍系怡賢親王經理，代爲完補也。迨至上年，計算孫查齊所開之數，完納者甚少，而拖欠者仍多。朕思怡賢親王仁厚居心，曾有代完之語，今成其善念，將應追之項悉予豁免，准以户部平餘銀兩代爲完項，此户部彌補虧空之始末也。數年以來，該部既有補帑之事，是以各省解銀交庫之時平銀未免稍重，但從前解京銀兩到部交納時雜費繁多，又有暗中包攬、官吏勒索種種情弊，此中外所共知者。自怡賢親王管理三庫以來，弊絶風清，各色浮費悉行禁革，雖餘平銀兩略略加添，而較之從前雜費則減省已多。且怡賢親王之意，原欲俟虧空彌補全完之日，仍將平銀裁減，此亦王屢次陳奏於朕前者。今庫中虧空之項俱已補足，著將辛亥年春撥解部銀兩照從前餘平之數減去一半，該部即行文各省巡撫、布政使知之。此項銀兩大約出自耗羨項下，嗣後，著留於本省以備地方公事之用。若司庫官員有額外多索者，著管理三庫之王大臣查參。若外省官員因此次恩旨，將解部之項或有克扣、短少等弊，亦著王大臣指參，從重議處。特諭。欽此。』

雍正十年九月初八日，奉上諭：『今年江、浙地方海潮驟長，沿海民居被水衝溢。朕已勅令該督撫等加意撫綏，毋使窮民失所。近聞南匯縣下砂頭二三場等處竈户、鹽丁被水者甚衆，該場官請將商捐鹽義倉及嘉興存貯米石動支賑恤，各商亦環請願將捐米賑救，而署督李燦、鹽道江承玠彼此遲延觀望，二十餘日僅兩次發銀四百兩，聊以塞責等語。李燦總理鹺政，江承玠乃專司鹽務之大員，今當竈户鹽丁被水之時，不將商捐備用之倉穀速行賑濟，以致窮丁嗷嗷待哺，流離失業，是誠何心？著傳旨嚴行申飭，迅速料理，俾獲寧居。倘程元章已到新任，即交與程元章督率江承玠盡心辦理。欽此。』

雍正十一年正月初八日，奉上諭：『上年江南沿海被水地方，如常熟等二十二州縣並續報之華亭等六縣，該督撫等已遵旨撫綏軫恤，定議大賑三次，每次以一月爲期。料寒冬、初春以來，窮民存養有資，不致失所矣。朕念二三月間正青黄不接之時，尚需籌畫接濟，資其力作，庶可無誤春耕。著再加賑四十日，以昭格外之恩。其有從前遺漏貧民並先可餬口而目下力不能支者，亦著查明，添入補賑之内。再被水之鹽場竈户，亦照貧民例，加賑一月。欽此。』

雍正十一年八月初一日，奉上諭：『上年江南松江地方潮水泛溢爲災，閩附近各鹽場内惟南匯縣之下砂各場、奉賢縣之青村場被災稍重，竈丁未免艱窘。朕心深爲軫念。查下砂頭場、二三場及青村場有本年額課銀兩，又有歷年舊欠銀兩，若令此時照例徵收，竈丁難於輸納。著將本年額課緩至十月秋收後開徵，其歷年舊欠之項分作三年帶徵，以紓竈力。可即傳諭浙江總督程元章知之。欽此。』

雍正十一年十二月初七日，奉旨：『從前各官所得兩浙鹽規程費銀兩，原出商人等餽送，自應向各該員名下著追。今各員不行完繳，自有應得之罪，乃仍令各商代爲完納。是商人等既勒索餽送於前，復著落代賠於後，而收受各員轉得脱然事外，於情理均未允協。其應追銀兩不必令商人等十年帶完，著仍向各該員名下勒限著追。欽此。』

雍正十二年八月十四日，工部議覆浙江總督程元章疏稱，商人汪恒豐等捐輸銀十萬兩撥濟海塘公用，應准其捐輸。奉旨：『依議。捐助塘工之汪恒豐等，著交該部分別議敘具奏。欽此。』

雍正十三年七月，奉上諭：『浙江鹽務漸不如前，若不留心整頓，必致廢弛難理。程元章力量僅能勉强辦理巡撫事務，不能兼理鹽政。浙江布政使張若震年力精壯，實心任事，從前在鹽道任内曾經諳練，其辦理亦屬妥協。著伊兼管鹽政，凡地方文武官弁有關涉鹽務者，准其舉劾，若有作弊掣肘者，即著糾參。欽此。』

詔旨二

巡視兩浙鹽政兼管杭州織造事務　臣延豐恭録

高宗純皇帝雍正十三年十二月初八日，奉上諭：『朕前降旨該部，令傳諭江南督臣，將雍正十二年以前兩淮場課舊欠查明奏聞蠲免。今朕聞兩浙、山東、福建、廣東諸處各有舊欠場課鹽折銀兩，事同一體，宜並施恩。著該部傳諭各該督撫查明奏聞，一并豁免。欽此。』

乾隆元年正月二十日，奉上諭：『私鹽之禁，所以除蠹課害民之弊。大夥私梟每爲强盜逋藪，務宜嚴加緝究。然恐其展轉株連，故律載私鹽事發，止理人鹽並獲，其餘獲人不獲鹽、獲鹽不獲人者，概勿追坐。至失業窮黎肩挑背負、易米度日不上四十斤者，本不在查禁之内。蓋國家於裕商足課之中，而即以寓除奸愛民之道，德意如是，其周也。乃近見地方官辦理私鹽案件，每不問人鹽曾否並獲，亦不問販鹽斤數多寡，一經捕役，汛兵指挐，輒根追嚴究，以致挾怨誣攀，畏刑逼認，干累多人。至於官捕業已繁多，而商人又添私雇之鹽捕，水路又添巡鹽之船隻，州縣毗連之界四路密布，此種無賴之徒藐法生事，何所不爲？凡遇姦商夾帶、大梟私販，公然受賄縱放，而窮民擔負無幾，輒行拘執，或鄉民市買食鹽一二十斤者並以售私挐獲，有司即具文通詳，照擬杖徒，又因此互相攀染，牽連貽害。此弊直省皆然，而江、浙尤甚，朕深爲憫惻。著浙省督撫嚴飭各府、州、縣文武官弁督率差捕，實挐姦商大梟，勿令疏縱。其有愚民販私四十斤以上被獲者，照例速結，不得拖累平人。至貧窮老少男婦挑負四十斤以下者，概不許禁捕。所有商人私雇鹽捕及巡鹽船隻幫捕汛兵，俱嚴拏停止，毋得滋擾地方，俾良善窮民得以安堵。欽此。』

乾隆元年八月二十四日，奉上諭：『浙江濱海地皆斥鹵，向來鹽價甚賤，居民稱便。十餘年來鹽價增長，近則加至二三倍不等。夫以小民日用必須之物而昂貴若此，朕心深以爲憂，即中外之人亦無不知兩浙鹽貴之爲累者。朕屢次切諭大學士嵇曾筠，令其悉心經理，乃數月以來，雖據奏報鹽價漸平，然較之十數年前仍屬昂貴。朕再四圖維，並留心諮訪，鹽價之貴固在於場鹽少産，亦由於商本艱難，惟有使商人鹽斤充裕，則鹽價自然平減。今酌定增斤改引之法，將杭、嘉、紹三所引鹽循照兩淮舊額，每引加增鹽五十斤，連包索共重三百三十五斤。至松江一所，原屬濱海産鹽之區，向因額課季引九萬餘道，分別上、中、下三則徵收正課公費銀五萬四千餘兩，遂使近場州縣多有鹽貴之苦。今循照沿海温台等處之例改行票引九萬餘道，每引給鹽四百斤，令商人設店住賣。如此增斤改引一爲變通，則商本寬裕，轉輸便易，商人不受減價之累，百姓多受減價之益。大學士嵇曾筠再爲多方調劑，加意體恤，庶可復還十數年前之原價，以便民用。著該部行文大學士稽曾筠遵照諭旨辦理。特諭。欽此。』

乾隆三年正月初八日，奉上諭：『昔年，各省解京餉銀有隨平陋規一項，雍正元年，蒙皇考諭令停止，嗣因清查部庫，約計虧空銀二百五十余萬兩。事歷多年，難於究問，經怡賢親王以各色浮費既已禁革，奏請將京餉平餘陸續彌補，以重國帑。每餉銀一千兩收平餘二十五兩，較之從前陋規雜費減省已多。至雍正八年，虧空補足。欽奉皇考諭旨，嗣後解部平餘銀兩，著照從前之數減去一半。此項原出於錢糧耗羨，即留於本省，以備地方公事之用。欽遵在案，是以年來解部之平餘已較原數裁減一半矣。朕思平餘即係耗羨，並非別有加徵，解交部庫與存貯藩庫，均爲國家公事之需。但目前尚有平餘解部之名，恐外省官吏或有借端需索者，亦未可定。從乾隆三年爲始，將減半平餘銀兩一概停其解部，即存貯本省司庫，遇有地方荒歉及裨益民生之要務確應賑恤辦理者，即將此項奏明動用，報部查核。此項既出民力輸將，仍令一絲一粟均濟百姓之緩急，朕何取焉？若該省大小官員有奉行不善，使百姓不沾實惠者，朕惟於該督撫是問。欽此。』

乾隆四年正月初五日，奉上諭：『上年，江南地方收成歉薄，民食維艱，朕宵旰焦勞，多方籌畫，惟恐一夫不獲其所。其賑濟之例，據部臣與該督撫定議，極貧之户口賑四個月，次貧者賑三個月，又次者賑兩個月，俱以本年二月爲止。朕思三四月間，正青黄不接之際，在官倉雖有平糶之米，而無力窮民仍苦糴買無資，難以餬口，良可軫念。下江地方，著將極貧之民加賑一個月。上江去歲歉收較下江爲甚，著將被災五分以上之州縣，加賑極貧、次貧者一個月；被災四分以下之州縣，加賑極貧者一個月。該部可即行文該督撫，預先籌辦米穀，並飭有司實力奉行，俾閭閻均沾實惠。欽此。』乾隆三年，松江下砂頭、二三場被災，經大學士、浙督嵇曾筠報災散賑。乾隆四年，浙撫兼管鹽政盧焯照民户例，一體分別加賑，并應免、緩徵錢糧，題銷在案。

乾隆十四年二月十三日，奉上諭：『據長蘆鹽政麗柱奏稱，大軍凱旋，辦理一切善後事宜。官兵糧餉等項，在在需用。其撥協軍餉之各省，歲支俸餉亦所必需。請照康熙十四年之例，蘆東每引增銀五分，并請勅令兩淮、兩廣、河東、浙江等省，一體按引增課等語。此奏殊屬猥瑣鄙陋。金川用兵，供億固爲浩穰，但國家當全盛之時，無論已經降旨允降班師，即令尚在進兵，公帑所儲儘足敷數年之用，不致拮据。且康熙十四年增加鹽課，原因開創未久，三孽煽動，兵連數省，正供缺乏，不得已而爲之，旋即復舊。今時勢懸殊，豈可援以爲例？至山西、淮、浙商民捐輸，既屬伊等感沐頻年蠲免恩膏，願出餘資，少裨饋運。而按例議敘，又蒙優典，初非勒派科斂，强以必從也。其近日議復米豆税額，則全不爲軍興而然，蓋自免税之初，即有以利商而無益於民爲説者。朕念切民依，堅持不允，乃行之數年，米價不惟不減，且視舊益昂，無分豐歉，騰踴如故，則其果爲無益，殆可概見。不若仍舊徵收，以備賑恤優免之用。朕尚慮復税後，姦商乘機增價，或致病民，特旨詢問管理關税之人。今據倭赫奏聞，開徵一月有餘，較前毫無增減，足驗米税復額一事洵爲理勢之必當變通者。朕辦理庶務，悉斟酌時宜，一出於大公至正，豈肯稍有假借，規小利而啓迎合之端？而衆人不能體會，轉以其私意小見臆度觀望，紛起言利，豈朕而容聚斂之説得以行於今時哉？昨有唐綏祖倡捐養廉之奏，朕已降旨申飭。今麗柱復以增課爲請，是群情之不顧大體，競思懸擬，此風斷不可長。若不加懲警，將來效尤，波靡習尚，日益澆漓，閭閻不無警擾。麗柱著交部察議。罷兵之舉，斷自朕衷，即此而觀，非特民命國儲得以休養生息，而於人心風俗亦大有維繫。櫜弓偃革，更何疑焉？著傳諭中外知之。欽此。』

乾隆二十年五月十四日，奉上諭：『前尹繼善奏請明歲南巡預備一切事宜，已降旨，俟西北兩路軍務告竣後，頒發諭旨遵行。此時有預備處，只當從容籌畫，無事張惶。今兩路征兵所至，準噶爾諸部望風投款，接踵歸誠，看來即日已可就緒。省方問俗，自屬應行之事，江、浙地境毗連，所有應行預備事屬相等，但俟降旨後始行籌備，未免急遽。著傳諭喀爾吉善，或當先期飭備。前經臨幸各處，止須略加葺治，以資頓宿、備觀覽足矣。上次過於繁費，此番俱可不必。紹興毋庸前往，即西湖中所需皇太后及朕御舟各備一二隻，其餘隨時各載小艇毋須多備船座，以滋糜費。其馬匹一項，江省已令將現需馬匹開數具奏，交軍機大臣代爲籌辦。浙省需備馬幾何、不敷幾何，亦將如何委員採買、如何定價之處詳悉奏聞，一并交令籌辦。至一應費用，若扣各屬官養廉及令衆商捐資，皆斷不可行。浙省商力尤非兩淮可比，兩淮尚不准捐輸，何況兩浙？該督可行文普福，於應解内務府閒款内撥銀十萬兩，預備浙省辦差之用。諸事較前務加簡樸，稱朕觀風省俗之意。其或過於糜費、務事華飾，不惟不能邀朕嘉悦，將轉致取咎矣。該督酌量應於何時前赴浙省親爲料理，先期奏聞，將此詳悉傳諭知之。欽此。』

乾隆二十年六月，奉上諭：『大學士陳世倌、協辦大學士蔣溥等奏稱，江、浙士庶望幸情殷，請於明歲再舉南巡一摺。朕於乾隆十六年巡幸吴越，迄今已越五載，該督尹繼善、喀爾吉善等均曾具摺奏請，朕因西師尚未凱旋，未經允准。現在膚功迅奏，荒服敉寧，南省民風吏治時廑於懷，而高堰隄工尤數郡生靈攸繫，上年告竣以後，正當親加察勘。前降旨，於明歲春月展謁孔林，著允大學士等所請，於禮成之後，敬奉聖母皇太后鑾輿，順道前往江、浙，以抒勤民之隱，而慰望幸之忱。朕省方觀民，八疆考績，維期勤求實政，宣達群情，一切供頓均出内府，絲毫不以擾民。地方官毋得指名儲備，令衆商捐輸及扣各屬養廉，察出，定行嚴加究處。前者巡幸南省時，屢飭各督撫務從簡樸，而所至尚覺過於華飾，喧溷耳目。此次行宫及名勝憩息之所悉仍舊觀，但取灑埽潔除，概毋增一椽一瓦，毋陳設玩器。城市經途，毋張燈演劇，踵事增華。巡覽所及，各督撫等果能綏輯井疆，康乂烝庶，俾人敦禮讓，俗慶盈寧，朕自深爲嘉悦。若其徒事華靡，致飾觀美，耗有用之財，侈無益之費，適以自滋罪戾，甚無取焉。各督撫及所屬官民人等，尚其善體朕心，以副朕觀民問俗、行慶施惠之至意。欽此。』

乾隆二十年七月初七日，上諭内閣：『朕時巡江、浙，已屢降旨，令各該督撫等毋事浮靡，務從簡樸，並飭禁一切商捐陋習。乃聞前次南巡時，浙省辦差至有當商捐費者，此斷不可。著再行曉諭，嚴加禁止。朕清蹕所經，觀民問俗，關政治之大端，即動用數十萬正帑，亦何不可，而必取給於捐項乎？該督撫等宜仰承德意，撫恤黔黎，毋徒以鋪張華麗，喧溷耳目。至派累各商鋪户，使不肖胥役乘機滋擾侵肥，是以惠民之典而轉以累民，豈朕巡幸本意，亦豈所以慰兆庶望幸之情耶？若仍出此，朕惟引以爲戒，不當俯從所請矣。如西湖中船隻，自皇太后及朕御用一二舟外，其隨侍人等原可各載小艇，毋庸多備船座以滋糜費。再所過城市，民居因迎候鑾輿，各出誠敬之意，於其門前香燈懸綵者，自可不禁。其行宫陳列玩器，蘇、揚城郭街衢間張設棚幔，已有旨禁飭。至沿途水次，從前俱設燈船、戲船、臺閣，俚俗遊玩之具，此不過地方吏役及民間遊手好事之徒藉名科斂，尤當通行嚴禁。該督撫等其凜遵毋忽。欽此。』

乾隆二十二年三月初一日，奉上諭：『江、浙二省積欠地丁銀兩，前已有旨豁免，而浙省所免獨少，足見黎庶素屬急公。今巡省莅止，因命悉查各項，則尚有乾隆十八、十九、二十等年，各屬未完、緩徵及蠲剩漕項銀十八萬九千餘兩；二十年分，杭、嘉、湖、紹四府屬縣場，未完借欠籽本銀三萬七千八百餘兩；十八、二十年分，各衙所未完屯餉銀六千四百餘兩，並海寧縣未完沙地公租銀二千餘兩，著加恩概行豁免。該督撫等其董率屬員實力奉行，毋令胥役里長侵蝕中飽，副朕曲體惠鮮之至意。欽此。』是年，浙江巡撫兼理鹽政楊廷璋將原動鹽義倉米價借給仁和場貧竈籽本未完銀兩，題請豁免在案。

乾隆二十四年二月二十八日，奉上諭：『楊廷璋奏稱，兩浙商衆呈稱，遠陲向化，率土歸誠，情願公輸銀二十萬兩，稍佐屯餉之需，不敢仰邀議敘等語。兩浙商力素薄，而踴躍急公情詞具見誠懇。著允所請，將所捐銀兩，令楊廷璋委員解赴甘肅，交與總督吴達善，以備軍需、賑恤之用。該商等仍著交部議敘。欽此。』

乾隆二十七年三月初七日，奉上諭：『前經降旨，將江蘇、安徽、浙江積欠地丁概行豁免，而浙江一省積欠較少。今翠華莅止，體察民情，宜再加恩，以示鼓勵。著將浙省所有乾隆二十三、四、五、六等年，災緩帶徵未完地丁、屯餉等銀五萬三千餘兩，災緩未完及二十五年以前民欠未完漕項銀十一萬餘兩，並水鄉竈課未完銀十萬一千餘兩，通行蠲免，俾閭閻得以均霑渥澤。該部遵諭速行。欽此。』

乾隆二十七年三月十一日，奉上諭：『此次南巡，兩淮辦差商衆已降旨賞賚，而浙商亦有承辦差務，巡省所至，宜一體加恩，以敷慶澤。著將嘉、松、寧、紹等所運銷引鹽，每引各加五斤，以一年爲限，俾民食足而商力紓，稱朕恤商愛民至意。欽此。』

乾隆二十七年四月十一日，奉上諭：『據高恒奏辦理挐獲私鹽車船變價充餉一摺，船隻既可裝運鹽斤，斷無一船僅變價二三錢之理，明係該地方官一任書役估變，不行稽查所致。該鹽政已咨商督撫，將各該處挐獲船隻即烙，解交運司驗明原船之堅固朽爛，酌量辦理。但各省皆有緝私之責，車船變價猶其小者，如此相沿陋弊，必因漫不經心，私鹽充斥，職此之由。著傳諭該督撫嚴飭所屬，嗣後，務宜實力挐獲私販，其車船務須詳驗明確，從實估變。如州縣官暨胥役等或有變多報少，與原獲車船轉售私梟等弊，即行查明參處。高恒摺著鈔寄閱看，可於直省督撫奏事之便傳諭知之。欽此。』

乾隆二十八年四月十一日，奉上諭：『工部議覆楊廷璋等奏銷南巡動用款項一本，因該督等籠統開報，未將應用各項詳細聲明，駁令據實删減。現已明降諭旨加恩，准其報銷矣，此係出自朕之特恩，不可視爲常例。奏銷銀款原宜慎重，例係前後動用各項暨物料尺寸細數逐一分晰造報，該部方可據以察核。若但籠統開銷，何以信其並無浮冒？且奏銷時既可籠統，則動用時必不能加意撙節，此在督撫大臣可保其必無染指，司道大員受恩簡用，即不致因辦理差務混冒肥橐，而其往來食用或不免藉端取給。至於承辦之佐雜等官，藉此含糊弊混以爲冒銷之地，更勢所必有。若以從前尹繼善奏銷江南辦差銀兩，既降旨准銷，今楊廷璋此本又得一例降旨，將來遂致視爲故事，並不按照成例詳晰造册，仍前籠統開銷，以至不肖官吏得以從中取利。一經察出，則惟該督撫是問。朕巡省所至，凡行宫預備等項，已屢經詳諭該督撫等一切務從簡樸，前三次辦理已不免踵事增華，倘將來彼此效尤，日甚一日，何所底止？且如朕在京及圓明園每日視事之所，雖細如頂槅糊飾之類，不過隨時粘補，不求一律鮮華，此亦廷臣所共知。若以偶然駐頓之地，當上屆已經整葺而小有滲剥，不過略加補苴便已妥協，何必更增繁費。前此地方官知朕絲毫不累及民，動以商捐藉口，殊不知官取給於商，而商人所捐孰非民用所給？自後，該督撫惟應實力約省，凡有所需用，只須支取例給之項，及前此賞用所餘，據實册報查核，其商捐一節亦儘可停止。又扈從官員並已給船乘載，何須預備公館？在扈蹕大臣等朝夕侍直，該班既不能四出居停，其各衙門官員差使稍緩者即泊舟稍遠，亦無難從容退食。乃有司等輒以此爲名，致不肖胥役、保甲等佔貼民房，勒索滋弊，此風斷不可長。亦著嚴飭禁止，無得稍爲寬假。或大臣官員等自需住宿，則聽其出資僦賃，不許地方官代爲購覓，以杜擾累。此後公館一事，竟宜停止。欽此。』

乾隆二十九年八月十三日，奉上諭：『熊學鵬奏嘉、松二所本年産鹽不敷接濟，請借撥閩鹽運浙等語。雖引舊例，所見過於拘泥，甚屬不諳事理。嘉、松所與揚州，地本接壤，一水可通，即其配運蘇、常一帶之用，協濟尤爲近便，自應就近咨商江省督撫及兩淮鹽政撥運接濟。乃轉借撥閩鹽，必由海道轉運，種種艱難，其事殊不可解。即如奏中，楊廷璋欲撥及臺灣余鹽，而熊學鵬亦稱其不必，如是亦知其路遠難濟也。行鹽各分地面，原爲尋常配引而言，若當閭閻淡食之時舍近就遠，膠柱鼓瑟，若此乎，在該撫不過以浙、閩爲一總督，非江督所轄，因而心存畛域，又豈封疆大臣權宜辦公之道？著傳諭尹繼善、莊有恭會同高恒，於兩淮鹽斤内量其有餘，就便協撥應用，即一面辦理，一面奏聞，以濟民食。如閩鹽辦運已有先到者，亦不妨量用少許，餘即取給兩淮，倘尚無成局，則竟行文停止。將此詳悉傳諭該督等及熊學鵬知之，原摺均鈔寄。或實有不可行之處，不必遵旨，即將實情奏聞。欽此。』

乾隆三十年閏二月初三日，奉上諭：『朕巡幸江、浙，啓鑾之初降旨，將江、浙二省累年積欠錢糧全數豁除，而浙省所免之數較之江省尚少。兹當入疆伊始，疇咨民瘼，該省尚有未完款項，著再加恩，將浙江省乾隆二十六、七、八等年積欠未完漕項及仁和、袁浦等場未完竈課銀一萬八千六百餘兩，二十四、六、七、八等年因災緩帶積欠未完南米及借給各場竈户倉米一萬八千九百余石，二十六、八兩年錢塘、諸暨、玉環等廳縣借給農民緩徵谷及因災緩徵租谷一萬六千九百余石，概行蠲免。該督撫等其率屬實力奉行，務俾恩膏下逮，稱朕惠愛黎元至意。該部遵諭速行。欽此。』

乾隆三十五年三月二十一日，奉上諭：『兩浙商人聞朕允直隸臣民之請，恭奉皇太后安輿巡幸天津，情殷愛戴，籲懇巡撫熊學鵬代爲陳奏，攜衆赴津抒誠祝嘏。奏到時，伊等業已在途，情詞誠切。茲蹕途所至，見該商等歡欣踴躍，忱悃可嘉，自應量加恩賚。將每引額定鹽斤外加鹽五斤，免其輸納課項，以一年爲滿，俾商力益臻饒裕。該部即遵諭行。欽此。』

乾隆三十六年十一月三十日，奉上諭：『本年恭逢皇太后八旬萬壽，兩淮、長蘆、浙江等處商人來京恭辦慶典，踴躍可嘉，業已優加賞賚，並將淮商提引案内應繳銀兩再行展限，以示體恤。更念該商等一體辦公，而總商、甲商叨恩獨厚，其餘商衆未能徧逮，因傳旨詢問李質穎等，令就各處情形查明具奏。今據奏覆，所有兩淮之梁鹽、安鹽二種，成本原自不同，價值不應一例。著將淮商之梁鹽每斤增價二釐，安鹽每斤減價二釐，在物價哀益既以適均，民商亦爲交便。其長蘆商人應完三十六年引課錢糧，准分作三年帶徵，以紓商力。山東商人每年應領額餘引五萬道，准其停領三年，其應完正、雜課銀仍照舊輸納。兩浙商人准每引加餘鹽五斤，以三年爲限。如此分別加恩，庶總、散各商得以同霑愷澤，共沐慈恩，用廣推仁至意。欽此。』

乾隆三十七年十月，户部議覆浙江巡撫熊學鵬奏請飭兩江總督飭松所地方各官緝私一摺，奉旨：『地方私鹽承緝不嚴，官引必致壅滯，在江省各屬文武員弁以所行乃浙省鹽斤，未免意存歧視，雖有緝私之名，不肯實力從事。而浙江鹽政又以緝私官弁兵役皆隔省所轄，呼應不靈，松所鹽務之疲率由於此。從前，李衛以浙江總督兼令節制江南捕盜諸事，是以緝私盡力，鹽法暢銷，然亦間有過當之處。其後歷任巡撫兼管鹽政，未嘗無考核緝私之責，而令不能行之。江省地方官往往陽奉陰違，因循已非一日，不知行鹽雖在隔境，而銷引同屬辦公。司鹺者固不便因鹽務所在之區越俎干預他事，其有關鹽政者原可隨時核計。如果江省地方官視緝私爲具文，不知留心整頓，以致梟徒充斥，膜視誤公，即當指參一二，予以應得處分，各員弁等自不敢仍前玩忽干咎。若僅如户部所議，專責江省大吏督查，恐日久尚成故套，於浙鹽仍無裨益。嗣後，松所緝私之事除交江省督撫董飭各該地方文武盡力嚴拏外，倘有稍分畛域、不肯實心緝私者，並准浙江巡撫核實參奏，照例議處，該上司等亦難辭督率不嚴之咎。如此，則江省有司既無敢膜視卸肩，而松所商人亦無由推託藉口，方爲兩得。餘依議。欽此。』

乾隆三十八年九月二十四日，户部議覆浙江巡撫三寶具題兩浙商人何永和等捐助川餉一疏，奉旨：『何永和等雖稱公捐出自至誠，不敢仰邀議敘，第念其踴躍急公，情殷報效，自應一體加恩。著三寶即查明各商捐數多寡，核定等差報部，照例分別議敘。餘依議。欽此。』

乾隆四十三年十一月十一日，奉上諭：『據王亶望奏，浙江巡撫衙門額設養廉銀一萬兩，諸事已敷用度。向因兼管鹽政，於引費項下添有養廉銀四千八百兩及掣鹽、路費、賞賚等項公費銀五千兩，請一并裁減，撥充海塘經費等語。自應如此辦理，已批交該部知道矣。但歷任浙江巡撫因兼管鹽政，養廉優厚，每將金珠鑲嵌之如意陳設等項附貢進呈，耗物力而適形其俗，朕所不喜，向來多不賞收。今該撫既奏裁鹽政養廉等項，更不必復爲此無益之費。著傳諭該撫，嗣後務須遵旨妥辦，不得復以金珠鑲嵌器玩呈獻。將此傳諭知之。欽此。』

乾隆四十三年十二月初一日，奉上諭：『前經降旨，允江、浙所請，於乾隆四十五年正月啓鑾南巡。因江蘇辦理差務不無經費，已有旨，令伊齡阿於運庫内賞給銀三十萬兩，以爲南巡差務之用矣。第念浙江水營、行宫等事雖少於江蘇地面，然一切差務亦資需用，自宜一體加恩，著於鹽項銀内賞給十萬兩以爲浙省辦差之用。該督撫務須董率所屬，妥協經理，毋得絲毫派累民間，致滋紛擾，以副朕孚惠於民至意。該部即遵諭行。欽此。』

乾隆四十四年七月二十三日，奉上諭：『據王亶望等奏請裁浙省商籍學額一摺，雖應交部議，但思浙省商籍與長蘆、山東情形不同。該省人文本盛，應試人多，本地之人藉、商籍登進者十居七八，其中人才輩出，頗有用至大僚者。是浙省商籍即仁、錢士子進身之一途，朕所素知，若一旦全行裁汰，名爲嚴核商籍童生，實則暗減杭城學額，寒畯不免有向隅之歎。況商籍之所以清釐者，原因該省地方官或私令子弟至親冒名入籍以冀倖進，實爲積弊，不可不嚴查究治。此後，如實係冒濫者，有犯必懲，其餘則不必因噎廢食，預申厲禁。朕從不爲已甚之事，何必獨於此加嚴以抑士氣乎？且浙江商籍學額相沿已久，向亦未聞其有弊，竟可毋庸更張。朕以爲浙江商籍學額竟可仍舊辦理，但令該撫等隨時查察，勿使有倖濫等弊足矣。著九卿一并議奏，以爲何如。欽此。』

乾隆四十七年七月初八日，奉上諭：『《四庫全書》現在頭分已經告竣，其二、三、四分限於六年内按期藏事，並特建文淵、文溯、文源、文津四閣以供藏庋。因思江、浙爲人文淵藪，允宜廣布以光文治。現特發内帑銀兩，雇覓書手，再行繕寫三分，分貯揚州大觀堂之文匯閣、鎮江金山寺之文宗閣、杭州聖因寺内今擬改建文瀾一閣，以昭美備。著傳諭陳輝祖、伊齡阿、盛住等，所有大觀堂、金山寺二處藏貯《圖書集成》處所，其所空餘格甚多，即可收貯《四庫全書》。若書格不敷，著伊齡阿再行添補。至杭州聖因寺後之玉蘭堂，著交陳輝祖、盛住改建文瀾閣，并安設書格備用。伊齡阿、盛住於文淵等閣書格式樣皆所素悉，自能仿照妥辦。至修建書格等項工費無多，即著兩淮、浙江商人捐辦。伊等情殷桑梓，於此等嘉惠藝林之事自必踴躍觀成，歡欣從事也。將此各傳諭知之。欽此。』

乾隆四十七年九月初二日，奉上諭：『據陳輝祖奏遵旨改建文瀾閣安設《四庫全書》一摺内稱，勘得玉蘭堂逼近山根，地勢潮濕，難以藏書，擬於玉蘭堂之東迤下藏書，堂後堪以改建，並稱據商總等呈請改建等項及雇覓書手繕寫之費，情願按數呈繳等語。玉蘭堂既據陳輝祖奏稱地勢潮濕，難以藏書，現在盛住奏請陛見，且俟伊到京後詢明該處情形，將文淵閣式樣帶去再行辦理。至商總等呈請捐項自辦該處改建文瀾閣，出自伊等情殷桑梓，踴躍輸忱，尚可准行。至雇覓書手繕寫，現已飭動官帑辦理。前據伊齡阿奏，揚州商人請捐辦大觀堂、金山寺二分繕書費用，已於摺内批示不必，令仍動官項，所有浙商呈請公捐之處亦可不必。將此傳諭陳輝祖，並諭盛住知之。欽此。』

乾隆四十八年九月二十六日，奉上諭：『朕明歲南巡，一切行營供頓俱預期頒發帑金，交該督撫備辦，從無絲毫擾累閭閻，但恐各督撫不能仰體朕意，致滋縻費。如現在盛京途次見有搭蓋買賣街蓆棚，即此一節亦屬多事。隨從之官員人等，其日用所需聽其自辦。每歲木蘭行圍，何嘗官爲預備，並未缺少食物，且添此蓆棚，恐差竣後，不肖屬吏冒濫開銷在所不免。朕明春巡幸，自直隸以至浙江，著傳諭各該督撫不得隨營預備買賣街，支搭蓆棚，以滋無益之費。至此次令阿哥等隨營者，原令左右隨侍，知朕年逾古稀，未嘗少懈，而扈蹕諸大臣亦皆恪恭敬事，管束嚴明，此令阿哥等觀看之意也。該督撫等務須循照上數次之例辦理差務，行所無事，總以節儉爲主，不得因有阿哥隨行稍爲添設預備。再各省鹽政、織造關差皆係内府世僕，知公主隨行，係朕所鍾愛，或進衣服、食物以博朕歡，殊不思服食玩好，宮中何物蔑有，豈藉外間呈進？著一并傳諭飭禁。伊等係内務府人員，尚不許稍有進獻，至督撫爲封疆大吏，又何得效尤及此耶？著將此傳諭知之。欽此。』

乾隆四十九年三月，奉上諭：『前因江、浙爲人文淵藪，特降諭旨，發給内帑，繕寫《四庫全書》三分，於揚州文匯閣、鎮江文宗閣、杭州文瀾閣各藏庋一分，原以嘉惠士林，俾得就近鈔録傳觀，用光文治。第恐地方大吏過於珍護，讀書稽古之士無由得窺美富，廣布流傳，是千箱萬帙徒爲插架之供，無裨觀摩之實，殊非朕崇文舉典、傳示無窮之意。將來全書繕竣分貯三閣後，如有願讀中秘書者，許其陸續領出，廣爲傳寫，祇須派委妥員董率其事，設立收發檔案，登注明晰，並曉諭借鈔士子加意珍惜，毋致遺失、污損，俾藝林多士均得彈見洽聞，以副朕樂育人材、稽古右文之至意。欽此。』

乾隆四十九年三月十二日，奉上諭：『據福崧奏，兩浙商人何永和等欣逢翠華幸浙、惠洽東南，又於范公塘改建魚鱗石塘，永資保衛。該商等情願照依老鹽倉改建魚鱗塘捐數，共捐輸銀六十萬兩，以效下忱等語。兩浙商人資藉官鹽營運獲息，今因范公塘一律改建石工，閭閻得資保護，永慶安瀾。伊等桑梓情殷，輸忱報效，甚屬可嘉，自應俯從所請。所有此項銀兩連前次陸續發交公項，一并歸入海塘工程應用，工竣，照例核銷。該商人等並著加恩，交部議敘，該部知道摺并發。欽此。』

乾隆五十二年十月十六日，奉旨：『吏部議覆琅玕題請以陸費鑒實授崇明鹽大使一本，陸費鑒著該部於調補別省後，即准其實授。向來鹽大使因無地方之責，並不迴避本省，是以陸費鑒籍隸浙江，仍發浙江委用。但思鹽場各員與州縣官專司民社者，雖屬有閒，然鹽斤既關係民食，且所屬曬丁、竈户錢糧詞訟俱係該員經理，究恐有徇私瞻顧等弊。嗣後，鹽務各員銓選分發，俱令迴避本省，其現在各省鹽務各員有籍隸本省者，著該部一體查明，籤掣更調，以示慎重官方之意。著爲令。欽此。』

乾隆五十三年正月十四日，奉上諭：『據琅玕奏兩浙商人何永和等呈稱，臺灣逆匪克日剿除，商等志切同仇，共深歡忭。兩浙接壤閩省，海濱寧靖，引鹽得以暢銷，願捐銀四十萬兩以爲賞恤兵丁之用等語。該商等以浙、閩境壤毗連，逆匪蕩平，引鹽得以暢銷，念切輸將，自應俯准所請，以遂其報効之忱。所有商捐銀四十萬兩，即准其解閩備用。至該商等踴躍捐輸，殊屬急公，著該撫查明咨部，照例分別議敘，以示獎勵。該部知道摺并發。欽此。』

乾隆五十五年八月十二日，奉上諭：『今歲，朕八旬慶節，率土臚歡。現在來京祝嘏臣民俱已疊沛恩施，同霑愷澤。所有承辦慶典之浙江商人志切呼嵩，亦宜一體加恩，用昭嘉獎。著將該商等本年應交柴塘生息銀十二萬兩，於五十六年爲始，分作三年帶完，以示朕錫福施恩至意。欽此。』

乾隆五十六年三月二十六日，奉上諭：『姚棻奏粵、浙兩省毘連江省之處堵緝私鹽尚易爲力，惟建昌府屬界連閩省之區路徑較多，堵緝稍難，必須於各要隘添設卡巡，廣爲堵截，方收實效等語。各省行銷官鹽分疆畫界，各銷各地，原以杜偷漏引課、越境販私之弊，但必須酌核地方遠近情形，使民間食鹽不致舍近求遠、去賤就貴，方爲妥善。即如姚棻所奏，江西建昌界連閩省，該處私鹽多從福建販入，可見建昌一府雖例食淮鹽，而距淮南二千餘里，離閩省邵武、汀州等處不過二三百里，運鹽程站較之淮南近至十倍，其鹽價自必貴賤懸殊。欲百姓之舍近賤而食遠貴，原非正道，即禁閩販之不入江境，顯屬有名無實。不知從前定例時，何以不將鄰閩府分就近行銷也？他如湖南之永順、湖北之宜昌等府，與川境毘連，該處私鹽俱從四川運入。以此類推，各省多有。在鹽政等各有額定引課，所謂出納之吝，不肯通融辦理，殊不知建昌與閩省相近，永順、宜昌等府與川省相近，何妨改食川、閩引鹽？所有應徵鹽課即移在該二省輸納，如此一轉移間，不特便於民食，即私販亦無從影射獲利，其弊自可不禁而止。即直隸、豫東、山、陝、甘肅、江、浙、閩、粵、雲、貴等省，向定銷鹽地方有相離較遠之處，或可改歸就近省分均勻搭配，庶於民食、國課兩無妨礙。但此事行之既久，一涉更張恐致滋擾，扞格難行。著傳諭各督撫酌量情形，悉心核議，如能不動聲色，與鄰省彼此確商調劑，可省許多緝私之繁者。並著會銜詳議具奏，總以不畏難而又不滋事爲要。將此各諭令知之。欽此。』嗣經浙江巡撫福崧以浙江鹽務悉照舊定章程，毋庸更議，奏定在案。

乾隆五十八年正月初六日，奉上諭：『浙江鹽務向係巡撫兼管，遇有出納之事無人稽查，巡撫得以任意動支，易致滋弊。嗣後，應將杭州織造改爲鹽政兼管織造事務，其鹽道本無分巡地方之責，著改爲運使。巡撫既不兼管鹽務，則鹽政運使於錢糧出入如有侵挪等弊，該撫即可隨時糾察，據實劾參。

該省織造現改鹽政，所有南、北二關稅務難以兼顧，著歸巡撫管理，呼應較靈。全德於柴楨挪移課銀一事，雖經參奏，但柴楨所挪銀兩，訊係分作四次運往浙省，已非一日，全德並不及早查參，若非該書吏陳浩稟知，伊竟全無聞見，亦難辭咎。全德著降爲郎中職銜，調補浙江鹽政兼管織造事務。此時，浙省鹽務正當清釐整飭，另立章程，全德接奉此旨，馳赴杭州任事。其兩淮鹽政，著穆騰額調補，穆騰額未到之先，著奇豐額暫行兼署。如奇豐額已回蘇州，即著速赴揚州兼管鹽政事務。穆騰額接奉此旨，亦不必來京請訓。兩淮課額雖比長蘆較多，而辦理鹺務事宜則一，穆騰額即先將天津鹽政事務交運使護理，迅速前赴新任，妥協經理，毋負委任。所有長蘆鹽政，著徵瑞補授，徵瑞現署江寧織造，其長蘆鹽政事務，著巴寧阿速往接署，徵瑞俟同德百日滿後前抵江寧，即行交卸織造事務，速赴長蘆新任，亦不必請訓。至基厚之父西寧，年逾九十，基厚在外，久缺定省，著回京，仍以内務府員外郎用，俾得就近侍養，以示體恤。欽此。』

乾隆五十八年二月初六日，奉上諭：『前據全德參奏運使柴楨挪移商人鹽課二十二萬兩解送浙江，彌補鹽道庫内短缺銀兩一案，事關侵挪帑項，不得不切實嚴究，特派慶桂會同長麟前往查審。彼時，朕不但不疑福崧於此案有通同侵染情弊，即柴楨由貴州舉人用至府道，擢授運使，該員以邊省寒畯得此優厚俸廉已爲逾分，亦不應再有敗檢營私之事。今據慶桂等審明，福崧、柴楨侵婪各款，於原參二十二萬兩之外，又審出福崧侵用製規月費等銀六萬餘兩，殊爲駭異，實出意料之外，經慶桂等將福崧、柴楨及案内各員按律分別定擬具奏。現經軍機大臣會同大學士、九卿核擬，請照慶桂等所奏，將柴楨擬斬，即於浙省犯事地方正法。福崧亦擬斬，即行正法，均屬罪無可逭。柴楨著交長麟，即於浙省處決示衆。至福崧，初次在浙江巡撫任内尚能循分供職，嗣因失察知縣黄梅勒折苛徵一案，令其前往新疆辦事。伊在彼三年，自當愧悔勉勵，稍資歷練，復加恩擢用巡撫，又由江蘇調任浙江，冀收駕輕就熟之效。福崧係碩色之孫，伊家世受國恩，歷任封圻，自應廉隅謹飭，勉力圖報，乃輒向鹽道婪索多贓，以致柴楨虧缺庫項，營私骫法，莫此爲甚。此而不嚴辦示懲，何以肅官方而儆貪黷？本應將福崧解京廷鞫，如從前王亶望、國泰等嚴加刑訊，俾封疆大吏知所懲懼。但朕年壽已高，若親加訊問必生憤懣，且福崧下流，不值朕動怒且慚也。著毋庸解京，即令慶桂於押帶福崧所到地方如在江南境内，即著會同書麟在該處監視正法。如已行抵山東，即會同吉慶在該處監視正法，亦足以爲封疆大員辜恩骫法者戒。歸景照身爲藩司大員，本有奏事之責，凡遇督撫有貪婪不職情事，即應據實參奏，乃於福崧種種貪劣各款並不據實劾參，轉代爲購辦金兩。可見歸景照在藩司任内素屬無能，惟知取悦上司，聽從指使。以藩司大員似此逢迎交結，吏治更不可問，即置以重辟，亦屬罪所應得。今姑念歸景照於此案尚無通同染指之處，免其深究。伊前於定海縣嚴承夏自縊一案發往軍臺，因屬公罪，准其捐贖，今復有代巡撫購辦金兩之事，自難再邀寬宥。歸景照著發往伊犁效力贖罪，再不准捐贖。至明保、張慎和，俱係道府大員，非丞倅佐雜可比，於鹽道庫貯銀兩虧缺稟明巡撫，未經查辦即應直揭部科，乃扶同徇隱，率行接受交代，結報無虧，亦屬溺職。明保、張慎和均著革職，發往軍臺效力贖罪。柴楨家人柏順，代伊主餽送金兩，從中侵扣，贓至逾貫，即與奴竊主財無異，自應按律擬絞，即在該處正法。如已一并押解來京，即著慶桂等於所到地方，會同監視處決。餘俱照所請辦理。嗣後，各督撫等務當咸知儆省，共矢潔清，於地方事務實心整飭，毋致怠玩廢弛，自罹重罪，以副朕諄諄訓誡、辟以止辟至意。毋似福崧，欺朕耄而昏也。將此通諭知之。欽此。』

乾隆五十八年三月十三日，奉上諭：『原任杭州織造基厚回京侍養，前來行在謝恩，經朕詢以福崧在浙江巡撫任内種種貪縱劣蹟，伊近在同城，豈得諉爲不知？何以並不參奏？基厚惟有俯首認罪，無可置辯。各省鹽政、織造、關差等，若以係屬欽差妄自尊大，或干預地方事務，則是自貽伊戚，固當治罪。至督撫等如有貪劣款跡，一有見聞，自應據實參奏，方爲不負委任。即如福崧在浙時，派令柴楨購買物件，侵用掣規月費，敗檢營私。又福崧之母游玩西湖，派令鹽道預備食用、燈綵、船隻等項，每次費銀數千兩，劣蹟彰著。而基厚身同聾聵，不據實劾參，豈伊身爲織造，惟知坐享優厚養廉，於督撫聲名款蹟全置不問耶？基厚係内務府郎中，著降爲内務府筆帖式，以示懲創。著通諭各省鹽政、織造、關差所有地方，事件固不得越職干預，如遇督撫等有貪黷營私及地方水旱偏災，督撫有諱飾不辦等事，俱應隨時查察，據實參奏，毋得如基厚之置若罔聞，并至如穆騰額之惟知派累商人封殖自肥，致干重譴。該鹽政、織造、關差等務須共知儆戒，遇事實心，倘有瞻顧徇隱，及恃有此旨過甚滋擾等事，一經察出，必將伊等從重治罪。將此通諭知之。欽此。』

乾隆五十九年五月初八日，奉旨：『户部議駁兩浙鹽政全德奏浙商應輸閏餉等款銀兩請分限十年帶完一摺，仍令各照原限完結，固屬照例辦理。但浙商資本微薄，此項外輸銀兩若於正課之外責令一并交納，恐商力轉輸不繼，辦運未免多艱。所有浙省商人應完閏餉、藏餉外輸等款銀一百九十萬兩，著加恩自甲寅年爲始，分限五年完納清款，以示格外體恤至意。欽此。』

乾隆五十九年十月二十八日，奉上諭：『吉慶奏江蘇松江府、太倉州屬竈地八月間雨水稍多，收成歉薄等語。松、太等屬因積雨歉收，前據奇豐額等奏到，已降旨將應徵地丁漕糧概予緩徵。今該府州所屬竈地亦應雨水稍多，收成歉薄，若將應徵鹽課一律徵收，恐竈力不無拮据。所有松江府屬之青村、袁浦、横浦、浦東、下砂及下砂二三等六場，並太倉州屬之崇明場各竈地暨府州所屬之華亭、婁縣、奉賢、金山、上海、南匯、青浦、崇明等八縣低窪歉收田畝，本年應徵鹽課錢糧亦著一并加恩，緩至來年秋收後帶徵，以紓民力。該部知道。欽此。』

乾隆五十九年十二月初三日，奉上諭：『前因六十年乙卯元旦日食、上元月食，雖薄蝕躔度，可以預行推測，所謂千歲日至可坐而致。但稽古史傳所載，遇有日食、月食等事往往下詔求言，以示修省。朕思上天垂象，固宜戒慎，而應天以實不以文，與其託諸空言，孰若施諸實政？前已降旨，普免天下應徵漕糧，俾海宇子民共臻樂利。今思各省尚有節年民欠及因災帶緩未完銀谷俱應按限徵輸者，在小民，究因官欠未清未得遂其含哺之樂。朕仰邀昊眷，在位六十年，寰宇寧謐，景運增隆，丙辰年即届歸政，今若於朕臨御之年覃敷恩賚，俾小民節年欠項廓然一清，得以户慶盈寧，共遊化宇，所謂修德愛民，孰大於是？而修刑亦概於是矣。以此上應垂象，感召休和，實屬吉祥盛事。所有各省節年正耗民欠及因災緩徵、帶徵銀穀，著各督撫詳晰查明，按照該省所屬之某州某縣實欠在民銀穀若干，速行開單，具奏到日，降旨豁免。並著先將此旨謄黄宣示，俾鄉村鎮市咸使周知，得以共沾實惠。官吏胥役等無從影射侵冒，以副朕子惠黎元，敷錫延禧，俾普天群黎無一負欠者，喜莫大於是。該部即遵諭行。欽此。』

乾隆六十年二月十五日，奉上諭：『據全德奏，兩浙各縣場積欠竈課及因災緩徵等銀共六萬九千二百九十二兩，均係實欠在竈等語。前經降旨，普免天下積欠錢糧，場竈積欠與民户本無區別。所有兩浙積欠竈課及因災緩徵共銀六萬九千二百九十二兩，並著一體加恩豁免，以示朕一體同仁至意。欽此。』

乾隆六十年九月初五日，奉上諭：『舊例，在京王大臣及督撫等每逢年節備物呈進，酌量賞收，原以聯上下之情。來歲丙辰，届朕歸政爲太上皇，若於年例之外添備一分呈進皇帝，則伊等所得廉俸或不敷辦公，且恐外省督撫致有藉端私行派累之事。若祇備進一分，伊等於心又有未安。國家百年昇平，大内備貯陳設物件甚多，原可無需再行呈進，徒滋糜費。著自丙辰年爲始，内外大臣所有年節三貢竟無庸備物呈進，惟元旦及朕與嗣皇帝壽辰慶節，在朝王大臣亦祇須備進如意，以迓吉祥而伸悃忱，逾日，仍不過分賜衆人也。至各省土貢及鹽政、織造、關差年例備進物件，如果品、茶葉之類係備頒賞之用，應仍照向例次數備進一分，不得復有增添别物。内外大臣職任部院、封圻，惟當恪恭盡職，勉思報稱，原不在備物抒誠。嗣後，務須仰體訓諭，遵照辦理。如有仍前備物瀆進者，必當交部議處。將此通諭知之。欽此。』

今上皇帝嘉慶元年正月初二日，奉太上皇帝敕旨：『前降諭旨，以丙辰年爲始，内外大臣年節三貢毋庸備物呈進，但王公大臣等年節呈進如意，自雍正年間舉行至今，以聯上下新年喜慶之意，是以仍准呈進分賜，以迓吉祥。乃昨日貝勒、貝子、公等及部院侍郎、散秩大臣、副都統紛紛呈進如意兩分，殊覺煩瑣，不可不定以限制。嗣後，凡遇元旦及朕與皇帝壽辰慶節，宗室親王、郡王、滿漢大學士、尚書始准呈進如意，其餘概不准呈進。至外省督撫，止准按例呈進土貢，其鹽政、織造、關差俱有得項，所有年例辦進備賞之物，俱仍照向例按次呈進一分，以備賞用，不得復有增添。倘伊等私自備物瀆進，一經查出，必當重治其罪，以節糜費而示體恤。欽此。』

嘉慶四年正月十五日，奉上諭：『朕恭閲皇考硃筆，有嚴禁内外大臣呈進貢物諭旨二道，聖訓煌煌，垂戒至爲明切。夫貢之爲義始於《禹貢》，原指「任土作貢」而言，並非崇尚珍奇，所謂不貴異物，賤用物也。我皇考頒諭飭禁至再、至三，祗因和珅攬權納賄，凡遇外省督撫呈進物件，准遞與否，必須先向和珅關白，伊即擅自准駁，明示有權。而督撫等所進貢物，在皇考不過賞收一二件，其餘盡入和珅私宅。是以我皇考雖屢經禁止，仍未杜絶。試思外省備辦玉、銅、磁、書、畫、插屏、掛屏等件，豈皆出自己資？必下而取之州縣，而州縣必取之百姓，稍不足數，敲扑隨之。以閭閻有限之脂膏，供官吏無窮之朘削，民何以堪？況此等古玩，饑不可食，寒不可衣，真糞土之不若，而以奇貨視之，可乎？國家百數十年來昇平昌阜，財賦豐盈，内府所存陳設物件充牣駢羅，現在幾於無可收貯之處。且所貢之物斷不能勝於大内所藏，即或較勝，視之直如糞土也。朕之所寶者，惟在時和年豐，民物康阜，得賢才以分理庶政，方爲國家至寶耳。至應進土貢，原爲日用所必需，如吉林、黑龍江將軍每年所進貂皮、東珠、人參，係該處所産之物，其他如川、廣之藥材，九江之磁器，江、浙之綢緞及徽墨、湖筆、箋、紙、茶葉、瓜果等項，原不外「任土作貢」之義，仍准按例呈進，所有玉、銅、磁、書、畫、挂屏、插屏等物，嗣後概不許呈進。至在京王公大臣每年所進分例尚不能敷當差之用，豈有餘資？亦不許呈進貢物。若内廷翰林所録御製詩文册頁及自作書畫等件，尚可呈進，斷不許增入古玩。至各省鹽政、織造、關差等，並無地方理事之責，其應交盈餘銀兩現令户部查明，方擬酌減，伊等辦公更可裕如，應進貢物，准其照例呈進。再年節，王公大臣、督撫等所進如意，取兆吉祥，殊覺無謂，諸臣以爲如意，而朕觀之轉不如意也，亦著一并禁止。經朕此次嚴諭之後，諸臣等有將所禁之物呈進者，即以違制論，決不稍貸。特此明白宣示，通諭中外知之。欽此。』

嘉慶四年四月十六日，奉上諭：『蘇楞額奏兩浙商人吴康成等呈請公捐銀一百五十萬兩，以備凱旋賞需一摺。該商等踴躍急公，情詞懇切，自應俯如所請，遂其報效之誠。著加恩，免交銀五十萬兩，准其交銀一百萬兩，即照所奏分作三年六次解交部庫。仍將該商等交部，照例議敘，以示奬勵。欽此。』

嘉慶四年七月二十五日，奉上諭：『各省進呈方物原以備賞賚之需，現在二十七月之内，萬壽慶節並不舉行筵宴，無須頒賞。所有各督撫及鹽政、關差、織造應進方物，概行停止呈進。若中秋節令，外間不過以瓜餅食物酬酢往來，内廷並無宴賚之例，尤非萬壽及端陽歲除可比。嗣後，中秋節貢永遠停止。欽此。』

嘉慶四年十一月十九日，奉上諭：『現届長至圜丘大祀，高宗純皇帝升配禮成後，自應仰推皇考恩慈，用敷惠闓。因思乾隆六十年以前，各省積欠緩徵地丁耗羡及民欠籽種口糧銀兩，並積欠緩徵民借米穀、草束等項，現在應徵者尚復不少。著該部通行各省詳悉查明，將以上各款，自乾隆六十年以前著行豁免，俾寰宇群黎同霑遺澤。於乾隆年間逋欠銀米等項，永免追呼，用仰副皇考六十年子惠元元至意。即將此二條入於升配恩詔款内。欽此。』

嘉慶五年二月十八日，奉上諭：『延豐奏兩浙商人吴康成等呈稱，川陝軍務指日大功告竣，良民復業，一切賞賚、撫綏需用較繁，情願再公捐銀一百萬兩，以備賞賚之用等語。兩浙商人上年請捐銀一百五十萬兩，當經酌收銀一百萬兩，給予議敘。今該商等復行籲請捐輸餉項，至爲懇切，著加恩，將上年未收銀五十萬兩再行賞收，即照所奏，先於運庫内借支候撥，分年歸款。其餘五十萬兩，著不必交納。欽此。』

嘉慶五年六月十八日，奉上諭：『延豐奏浙商吴康成等情切急公，捐銀一百萬兩以備凱旋賞賚，並願捐銀十萬兩以備海洋緝匪公費一摺。浙江温、台等處地濱海隅，皆係商人等刮滷銷引之區，現在添備兵船礮位於該處巡緝防守，商人等捐銀十萬兩以濟公需，自應准其所請。著於運庫内墊解，自本年秋撥爲始，分作三年歸款。至報捐軍需，該商等業已兩次奏懇，節經賞收銀共一百五十萬兩，且此時帑藏充盈，川、陝連獲勝仗，大功指日告蕆，原無須續有捐項。但該商等情詞懇切，若不俯准所請，轉無以遂其報効之誠。著於所捐一百萬兩内賞收銀五十萬兩，亦准於運庫内借墊解京，自嘉慶六年春撥爲始，分作三年歸款。其未收銀兩賞還該商等作爲運本，自更臻寬裕。朕爲恤商起見，該鹽政不必再行瀆請，其捐輸各商仍著加恩，交部照例議敘，以示獎勵。欽此。』

嘉慶五年八月十六日，奉上諭：『延豐奏浙商吴康成等請捐穀石以濟偏災一摺。該商等前因川省軍務指日蕆功，公捐備賞銀一百萬兩，經延豐據情代奏，業降旨酌量賞收一半，並將該商等交部議敘。

兹因台州等四府屬間被水災，該商等誼切桑梓，復請願捐穀十萬石以備賑需，急公尚義，殊屬可嘉。著再加恩，交部議敘。至此項穀石，著照所請，准其於省城、温郡兩處鹽義倉内借動碾運，於一年内捐買還倉，並著阮元督同藩司等將借動穀石妥爲賑濟，務俾小民均霑實惠。摺併發。欽此。』

嘉慶六年四月初二日，奉上諭：『據延豐奏，浙商吴康成等以大功即日告蕆，情願公捐銀一百萬兩預備賞賚之需，呈請轉奏等語。現在各路軍營連獲大捷，教匪即日蕩平，本無需該商等復行捐助。惟念該商等踴躍急公，情詞懇切，著賞收五十萬兩，内三十萬兩著延豐即行派員解交部庫，其餘二十萬兩著照所請，准其分年完繳，以紓商力。並著延豐造具該商等人數、銀數、履歷，清册咨部，給與議敘，以示獎勵。欽此。』

嘉慶六年八月初七日，奉上諭：『延豐奏浙江商人懇請公捐備賑銀兩一摺。本年京師雨水甚大，永定河漫溢四處，直隸被災州縣較多，節經朕發帑截漕，諄飭該地方妥爲撫恤，即多費銀米毫無靳惜，原不待該商等捐款報効。但既據延豐奏稱，該商吴康成等情詞懇切，踴躍輸將，自應俯如所請。所有該商等懇請公捐賑恤銀三十萬兩，著加恩賞收，准其在本年秋撥及冬令鹽課項下先行墊給，派委妥員解交直隸備用，於壬戌綱起，分作五年歸款。至該商等急公報効，情殊可嘉，著延豐查明此次商捐各姓名，咨部議敘，以示獎勵。欽此。』

敕諭

敕浙江鹽政郎中兼佐領兼管織造事務延豐：兹命爾巡視浙省鹽課兼管上供緞疋，户、工二部官緞織造事。其鹽政事務，察照户部所定運司、分司、場竈、官丁、亭户，照例統理，該管各府州縣額引照舊督銷。凡邊商、内商正課、餘鹽引數目，屬爾徵核。該管衙門官吏、胥役嚴行約束，鹽梟私販實力緝捕，其負鹽易食貧民不在禁例，毋致滋弊，擾害商民。該衙門公費、犒賞等項概從節省，裕國課之本源，紓商竈之積困，博採利弊，斟酌損益。如應會督撫事件，參酌施行。所屬官員有怠玩溺職，應爾完結者即行完結，應參奏者即行參奏。其織造事務，約束胥吏，稽察匠役，督率機户人等揀選絲料，悉照頒發式樣、顔色如法織造，毋滋弊混。如機杼不敷，移文該撫照例增補，應用銀兩，移文藩庫動支。歲例，春、秋二次解進緞疋，每次三船外，不許攜帶商貨船隻，嚴禁姦蠹投充機户，致有透支壓欠等弊。年終，將出納數目報部核銷。爾受兹委任，須守法潔躬，釐姦剔弊，裕商儲於鹽筴，供染采於絲紃，録事勸功，効能熙績。如或不職，責有攸歸，爾其慎之。故敕。

敕兩浙、江南都轉鹽運使司運使：兹以兩浙鹽賦，國計攸關，命爾爲鹽運使，務要約束衙門官吏、胥役，俾恪遵法紀，無致作弊生事，擾害商民。鹽司本源既正，方可表率僚屬。爾宜招徠商人，嚴察場竈户丁，徵核正課正行引目及派銷鹽斤引明則例，以示綏懷。飭捕役以緝私鹽，省虚費以速徵納，剔侵蠹以疏積壅。察照户部議覆，鹽政逐款舉行，凡行鹽地方，該管州縣悉聽管理。所屬各官如有貪污溺職、縱役侵漁應審問者，先行審問，應劾奏者，呈報巡鹽御史劾奏。敕中開載未盡事宜，有應斟酌損益、裕課便商者，呈報巡鹽御史商確妥當，具奏施行。爾宜聽巡鹽御史及該督撫考成舉劾。爾受兹委任，當持廉秉公，釐姦剔弊，務使商竈輻輳，國課充裕，斯稱厥職。如或貪黷乖張，積耗叢生，病商虧課，國法具在，必不能貸。爾其慎之。故敕。

《欽定重修兩浙鹽志》卷首終

欽定重修兩浙鹽法志卷一　疆域

國家統臨寰宇，一視同仁，無分土亦無分民。惟行鹽，則境地區別，不得踰越私售。蓋私靖而後商通，商通而後民便，此畫疆分界所以厚民生而爲之制也。浙鹽之行被四省，或銷浙東引，或銷浙西引，則行鹽經界判其封域矣。浙鹽之産連八郡，或歸杭、紹所掣，或歸嘉、松所掣，則産鹽經界析其條理矣。若夫轉運，有程途設巡，有關隘，一切禁防之嚴密，稽察之周詳，凡以遏弊竇而溥利源者，粲然具舉。舊《志》首列『疆域』一門，臚載行鹽産鹽之地，旁及星野、山川、古蹟。而引鹽抵所，運售各道里暨盤驗、巡緝各事宜，率多闕而未備。爰補綴於後，用資考鏡，且俾司事者加意焉。至星野之於鹽地，遼廓難憑，而山川、古蹟，已附見圖説中，兹概從略。志疆域。

行鹽地方

兩浙在唐、宋時，東南末鹽皆兼淮，而言曰『江淮鹽』。自元至元中，立都轉運鹽司於浙江，而淮、浙各有分土，國朝因之。鹽筴之行，自兩淮外無廣於浙者，東迤海，北距揚子江，西盡歙、信之域，南暨甌、閩之交，所食皆浙鹽也。其界三面鄰淮，一面接閩，以省計者四：曰浙江、曰江蘇、曰安徽、曰江西。以郡計者十七，其隸浙江者十一：曰杭州、曰嘉興、曰湖州、曰寧波、曰紹興、曰台州、曰金華、曰衢州、曰嚴州、曰温州、曰處州；隸江蘇者四：曰蘇州、曰松江、曰常州、曰鎮江；隸安徽者一：曰徽州；隸江西者一：曰廣信。以州計者二：曰太倉，隸江蘇；曰廣德，隸安徽。

浙江省行鹽各地

杭州府，爲浙江省城，置兩浙都轉鹽運使司。舊《志》領縣九，乾隆三十八年，陞海寧縣爲州，今領州一，領縣八。附郭之縣二：曰仁和、曰錢塘；府東之州一：曰海寧；府西之縣二：曰富陽、曰昌化；府西南之縣一：曰新城；府西北之縣三：曰餘杭、曰臨安、曰於潛。浙西地兼行浙東、西引鹽，内惟仁和、錢塘、海寧、餘杭四州縣行銷票引，餘俱行正引，其昌化縣北七十五里至安徽之寧國府界，接淮鹽境。

嘉興府，距運司二百十里，領縣七。附郭之縣二：曰嘉興、曰秀水；府東之縣二：曰嘉善、曰平湖；府西之縣一：曰桐鄉；府東南之縣一：曰海鹽；府西南之縣一：曰石門。浙西地行浙西票引，内嘉、秀、善、桐四縣兼銷正引。

湖州府，距運司一百八十里，舊《志》領州一、縣六。乾隆三十八年，改安吉州爲縣，今領縣七。附郭之縣二：曰烏程、曰歸安；府西之縣一：曰長興；府南之縣一：曰德清；府西南之縣二：曰武康、曰孝豐；府西北之縣一：曰安吉。浙西地行浙西引鹽，其安吉之西南一百二十里至安徽寧國府界，接淮鹽境。

寧波府，距運司四百四十三里，領縣六。附郭之縣一：曰鄞；府西北之縣一：曰慈谿；府西南之縣一：曰奉化；府東南之縣一：曰象山；府東北之縣二：曰鎮海、曰定海。浙東地行浙東票引，惟定海地居海外，難以行運，照江蘇崇明縣例計丁派引，止徵包課。

紹興府，距運司一百四十三里，領縣八。附郭之縣二：曰山陰、曰會稽；府東之縣一：曰上虞；府西北之縣一：曰蕭山；府西南之縣一：曰諸暨；府東北之縣一：曰餘姚；府東南之縣二：曰新昌、曰嵊。浙東地内，惟諸暨一縣行浙東正引，餘七縣俱銷票引。

台州府，距運司八百六十三里，領縣六。附郭之縣一：曰臨海；府南之縣二：曰黄巖、曰太平；府西之縣一：曰仙居；府東北之縣一：曰寧海；府西北之縣一：曰天台。浙東地行浙東引鹽。

金華府，距運司五百三十里，領縣八。附郭之縣一：曰金華；府東之縣一：曰東陽；府西之縣一：曰蘭谿；府南之縣一：曰武義；府東南之縣一：曰永康；府東北之縣二：曰義烏、曰浦江；府西南之縣一：曰湯溪。浙東地兼行浙東、西引鹽。

衢州府，距運司五百九十五里，領縣五。附郭之縣一：曰西安；府東之縣一：曰龍游；府西之縣一：曰常山；府西南之縣一：曰江山；府西北之縣一：曰開化。浙東地兼行浙東、西引鹽，其江山之南一百二十里至福建之浦城縣界，接閩鹽境。

嚴州府，距運司三百十五里，領縣六。附郭之縣一：曰建德；府東之縣一：曰桐廬；府西之縣二：曰淳安、曰遂安；府西南之縣一：曰壽昌；府東北之縣一：曰分水。浙東地兼行浙東、西引鹽。

温州府，距運司一千二百六十里，領縣五。附郭之縣一：曰永嘉；府東北之縣一：曰樂清；府西南之縣二：曰瑞安、曰平陽；府西北之縣一：曰泰順。浙東地行浙東引鹽，其平陽之西南一百一十里至福建之福鼎縣界，泰順之南三里至壽寧縣界，俱接閩鹽境。

處州府，距運司一千九十八里，領縣十。附郭之縣一：曰麗水；府東之縣一：曰青田；府西之縣二：曰松陽、曰遂昌；府南之縣二：曰慶元、曰景寧；府北之縣一：曰縉雲；府西南之縣二：曰雲和、曰龍泉；府西北之縣一：曰宣平。浙東地行浙東引鹽，其龍泉之西南一百六十里至福建之浦城縣界，慶元之西三十里至松溪縣界、南五十里至政和縣界，俱接閩鹽境。

江蘇省行鹽各地

蘇州府，距運司三百七十五里，領縣九。附郭之縣三：曰吳、曰長洲、曰元和；府東之縣二：曰崑山、曰新陽；府北之縣二：曰常熟、曰昭文；府東南之縣二：曰吳江、曰震澤。地近嘉所者，掣銷杭、嘉二所引鹽，凡五縣；地近松所者，掣銷松所引鹽，凡四縣。

松江府，距運司三百六十里，舊《志》領縣八。乾隆八年，并福泉縣於青浦，今領縣七。附郭之縣二：曰華亭、曰婁；府南之縣一：曰金山；府東南之縣一：曰奉賢；府東北之縣二：曰上海、曰南匯；府西北之縣一：曰青浦。向掣浙西票鹽，自建松所後，掣本所引鹽。

常州府，距運司五百五十五里，領縣八。附郭之縣二：曰武進、曰陽湖；府南之縣二：曰宜興、曰荆溪；府東之縣一：曰江陰；府東南之縣二：曰無錫、曰金匱；府東北之縣一：曰靖江。靖江北三十里至泰興縣界，接淮鹽境，向照崇明例計丁包課。雍正十一年，題豁撥商認運崇明、岱山兩處帑鹽銷售，餘七縣俱掣銷杭、嘉二所引鹽。

鎮江府，距運司七百一十五里，舊《志》領縣三。乾隆年間，以江寧府之溧陽改隸鎮江，今領縣四。附郭之縣一：曰丹徒；府東之縣一：曰丹陽；府南之縣一：曰溧陽；府東南之縣一：曰金壇。俱掣銷杭、嘉二所引鹽。丹徒之北二十里至江都縣界，接淮鹽境。

太倉州，距運司四百七十二里，領縣四。附郭之縣一：曰鎮洋；州南之縣二：曰嘉定、曰寶山；州東北之縣一：曰崇明。崇明在大海中，向不行引，康熙十八年，題定計丁派引，照浙東温所課則徵納包課。本州及餘三縣，俱掣銷松所引鹽。

安徽省行鹽各地

徽州府，距運司六百十里，領縣六。附郭之縣一：曰歙；府西之縣二：曰休寧、曰祁門；府東北之縣一：曰績溪；府西南之縣一：曰婺源；府西北之縣一：曰黟。掣銷杭、紹二所引鹽。休寧之北一百里至寧國府之太平縣界，婺源之西一百里至江西之饒州府界、南四十里至南昌府界，祁門之南九十里至浮梁縣界、北五十里至池州府之石埭縣界，黟之西北五十里至太平縣界，績溪之北三十里至寧國縣界，俱接淮鹽境。

廣德州，距運司二百六十里，領縣一。州西之縣曰建平，掣銷杭、嘉二所引鹽。州西一百里至寧國縣界、北四十里至江蘇之高淳縣界，俱接淮鹽境。

江西省行鹽各地

廣信府，距運司九百三十里，領縣七。附郭之縣一：曰上饒；府東之縣一：曰玉山；府西之縣一：曰弋陽；府東南之縣一：曰廣豐；府西北之縣一：曰貴溪；府西南之縣二：曰興安、曰鉛山。俱分銷常山縣引鹽。其貴溪之西四十里至饒州府界，接淮鹽境；又，南一百一十里至福建之光澤縣界，鉛山之西南八十里至福建之建寧縣界，俱接閩鹽境。

産鹽地方

煮海爲鹽，利因乎地。浙東、西并蘇、松瀕海諸郡縣，皆斥鹵産鹽，舊設三十五場，後遞裁爲二十三場。國朝雍正七年，復設三場：曰下砂二場、曰杜瀆、曰永嘉，裁一場曰浦東，爲二十五場。乾隆五年，復設三場：曰浦東、曰龍頭、曰玉泉；又復設下砂三場，并爲下砂二三場；又析西路曰黄灣，析三江曰東江，析曹娥曰金山，添設一場曰崇明，爲三十二場。其轄於寧紹分司者二十：在杭州曰仁和、曰許村，在紹興曰錢清、曰三江、曰東江、曰曹娥、曰金山、曰石堰，在寧波曰鳴鶴、曰清泉、曰龍頭、曰穿長、曰大嵩、曰玉泉，在台州曰長亭、曰黄巖、曰杜瀆，在温州曰長林、曰雙穗、曰永嘉。其轄於嘉松分司者十二：在杭州曰西路、曰黄灣，在嘉興曰鮑郎、曰海沙、曰蘆瀝，在松江曰横浦、曰浦東、曰袁浦、曰青村、曰下砂、曰下砂二三，在太倉曰崇明。其温郡南監一場，乾隆二十八年復設，不立場員，令蒲門巡檢兼管。又，郡之舟山、温郡之玉環並在海外，所産鹽斤責成地方官發帑收買，不在三十二場之内。

寧紹分司所轄産鹽各地

仁和場，在省城清泰門外仁和縣會保五啚觀音堂，地方距運司七里。所轄場地，東至海寧州許村場界，西至富陽縣界，南至錢塘江，北連仁和、錢塘二縣民地界，計延袤一百四十里。

許村場，在海寧州西安化坊，地方距運司九十里。所轄場地，東至陳墳港，接西路場界；西至翁家埠，接仁和場界；南至海；北至海寧州大石塘界，計延袤七十五里。

錢清場，在蕭山縣鳳儀二十四都錢清鎮，地方距運司七十里。所轄場地，東至山陰縣夾棚，接三江場界；西至蕭山縣半爿山界；南至山陰縣柯鎮分界；北至海寧州公地分界，計延袤一百二十里。

三江場，在山陰縣五都三圖陡亹老閘，地方距運司一百四十里。所轄場地，東至東江場孫家團界，西至錢清場任家橋界，南至山陰縣鹿山界，北至海，計延袤二十里。

東江場，在會稽縣四都一圖姚家埭，地方距運司一百六十里。所轄場地，東至曹娥場界，西至三江場界，南至山、會二縣民地分界，北至山、會二縣沿海攤場分界，計延袤三十五里。

曹娥場，在會稽縣曹娥鎮西扇，地方距運司二百五十里。所轄場地，東至金山場界，西至東江場界，南至會稽縣民地分界，北至曹江與金山場分界，計延袤八十里。

金山場，在上虞縣十都百官鎮，地方距運司二百五十里。所轄場地，東至石堰場界，西至西匯嘴界，南至曹娥場界，北至海，計延袤四十五里。

石堰場，在餘姚縣東北龍泉鄉一都二堡，地方距運司三百七十里。所轄場地，東至鳴鶴場杜家團界，西至上虞縣金山場界，南至餘姚縣界，北至海，計延袤一百一十里。

鳴鶴場，在慈谿縣西北六十里市鎮，地方距運司四百一十里。所轄場地，東至鎮海縣龍頭場界，西至餘姚縣石堰場界，南至車廄驛分界，北至觀海衛分界，計延袤七十里。

清泉場，在鎮海縣北一十里崇邱一都一圖，地方距運司五百二十里。所轄場地，東至小港口，接穿長場界；西至楊木堰，接鄞縣界；南至象鼻山界；北至龍頭場界，計延袤三十五里。

龍頭場，在鎮海縣靈緒鄉，地方距運司四百八十里。所轄場地，東至清泉場界，西至鳴鶴場界，南至慈谿縣達蓬山界，北至海，計延袤四十里。

穿長場，在鎮海縣東南海宴二都羅山大碶頭，地方距運司五百九十六里。所轄場地，東至霩霩，接定海縣界；西至鄞縣育王嶺，接清泉場界；南至沿海沙塗，接象山縣界；北至海，接定海縣界，計延袤一百里。

大嵩場，在鄞縣十一都三圖大嵩城，地方距運司六百六十里。所轄場地，東至鎮海縣慈澳分界，西至奉化縣道陳嶺大澳分界，南至象山縣海洋分界，北至定海縣分界，計延袤六十里。

玉泉場，在象山縣東王家橋，地方距運司七百八十里。所轄場地，東至爵溪千户所，接大嵩場界；

西至寧海縣界；南至昌國衛界；北至湖頭渡界，計延袤一百五十里。

長亭場，在寧海縣東一百三十里長亭，地方距運司九百三十里。所轄場地，東至象山縣西溪嶺頭界，西至臨海縣界，南至下洋塗海港分界，北至奉化縣栅嶺頭分界，計延袤四十里。

黄巖場，在太平縣十都南監莊，地方距運司一千二百九十里。所轄場地，東至黄巖、太平兩縣大海界，西至太平縣界，南至松門衛太平縣界，北至海門衛臨海縣界，計延袤一百四十里。

杜瀆場，在臨海縣西南保南鄉塗下橋，地方距運司一千一百七十里。所轄場地，東至海，西至分水嶺界，南至海門衛界，北至黄泥山界，計延袤八十五里。

長林場，在樂清縣南六都，地方距運司一千三百九十六里。所轄場地，東至海，西至館頭驛永嘉縣界，南至海，北至舊北鹽場黄巖縣界，計延袤八十五里。

雙穗場，在瑞安縣崇泰鄉五都長橋，地方距運司一千四百九十六里。所轄場地，東至永嘉場梅頭分界，西至海安千户所分界，南至平陽縣陡亹分界，北至永嘉縣界，計延袤八十里。

永嘉場，在永嘉縣北二都永興堡，地方距運司一千四百六十六里。所轄場地，東至海；西至茅竹嶺界；南至中界山巡檢司，接瑞安縣梅嶺頭界；北至寧村千户所馬道江，接樂清縣藍田界，計延袤三十里。

嘉松分司所轄産鹽各地

西路場，在海寧州東六十里塘石西堰，地方距運司一百五十里。所轄場地，東至掇轉廟，接黄灣場界；西至陳墳路，接許村場界；南至海；北至海寧州水塘界，計延袤一十五里。

黄灣場，在海寧州東二十七都十四莊舊倉，地方距運司一百六十里。所轄場地，東至譚仙嶺界，西至西路場界，南至海，北至運河水塘界，計延袤二十五里。

鮑郎場，在海鹽縣南澉浦西門外，地方距運司一百九十六里。所轄場地，東至海沙場界，西至譚仙嶺界，南至海，北至運河水塘界，計延袤二十里。

海沙場，在海鹽縣東十六都沙腰村，地方距運司一百五十里。所轄場地，東至蘆瀝場界，西至鮑郎場界，南至海，北至海鹽縣民地界，計延袤六十五里。

蘆瀝場，在平湖縣東全公亭鎮，地方距運司三百三十五里。所轄場地，東至金山縣界牌，接橫浦場界；西至乍浦鎮，接海鹽縣界；南至海塘；北至新倉鎮界，計延袤五十里。

橫浦場，在松江婁縣西二十七圖西倉鎮，地方距運司三百四十四里。所轄場地，東至青龍港，接浦東場界；西至平湖縣，接蘆瀝場界；南至海；北至張涇堰，接金山縣界，計延袤九里。

浦東場，在金山縣北北倉鎮，地方距運司三百五十里。所轄場地，東至漕涇鎮，接袁浦場界；西至青龍港，接橫浦場界；南至海；北至張涇鎮界，計延袤一十八里。

袁浦場，在華亭縣東北柘林鎮，地方距運司三百九十里。所轄場地，東至青村場夏家路團分界，西至浦東場三岔墩分界，南至海塘，北至奉賢縣界，計延袤二十四里。

青村場，在奉賢縣南青村港，地方距運司四百三十里。所轄場地，東至下砂場界，西至高橋鎮界，南至袁浦場界，北至下砂場界，計延袤八十五里。

下砂頭場，在南匯縣南二墩，地方距運司四百五十五里。所轄場地，東至海，西至南匯縣民田界，南至青村場界，北至下砂二三場五團界，計延袤一百里。

下砂二三場，在南匯縣北川沙堡十一墩，地方距運司五百里。所轄場地，東至海，西至黄浦界，南至四團頭場界，北至寶山縣界，計延袤一十二里。

崇明場，在崇明縣東花洪汛，地方距運司七百五十里。所轄場地，東至大洋；西至海，接海門廳界；南至海，接寶山縣界；北至海，接通州吕四場界，計延袤八十里。

運鹽程途

産鹽有地，運鹽有程，有由場到所之程途，有由所到縣之程途。凡商鹽出場赴掣，其經由路徑務遵應行運道，不得舍遠走近。掣後運賣各地，其經由路徑各定遠近、時日，不得遲延違限。至各縣肩引，止許於本縣城鄉市鎮肩挑貨賣，毋許越境。惟温、台二所距省遼遠，兼之水路則綫溪小港，陸路則重岡複嶺，其赴掣難限運到日期。而紹所由海運過三塘九壩；杭所運浙東者路過江壩，運浙西者路過官河等壩，解包起駁，不能直達賣地，故有運道不甚遠而例限較他處特寬者。

運鹽到所

杭州批驗所，在府治東北艮山門内，距運司五里。該所專掣仁和、許村二場引鹽。

謹按：《元史》，大德三年設杭州、嘉興、紹興、温台等處檢校四所，司令、司丞各員專驗鹽佾。至正二年，改爲檢校批驗所。國朝康熙間，定爲批驗所。

仁和場引鹽赴掣，銀跳觀倉，由百腳港過會元壩，盤卸下河，進艮山水門抵所，凡一十五里；三團倉，由喬司鎮水次，過打鐵關，進艮山水門抵所，凡三十里；范翁等倉，由臨平大河過東新關，進艮山水門抵所，凡四十里。其仁、錢肩販，各由銀跳觀、三圍團、范翁等竈舍支鹽，上由徐家埠、觀音堂、馬路口，下由烏龍廟進清泰、望江二門，於仁、錢互地行銷。餘杭肩販，專由銀跳觀、團竈支鹽，進清泰門，出武林門，由觀音關過嚴衢塘，直抵餘杭，不許繞道越走。

許村場引鹽赴掣，自州至郡一帶俱屬運鹽官河。其運鹽支港：天字堡，由許村港運出官河；元字堡，由楊家渡港運出官河；黄字堡，由萬家渡運出官河；地字堡，由萬家渡汪店港運出官河；宇字堡，由汪店港雙簡渡運出官河；宙字堡，自南門迤西至北門外平安橋官河，并大船各倉捆運引鹽，均從備塘河，由支港運出官河，直達省城抵所，凡一百一十里。其海寧、石門二州縣肩引，自場支鹽挑往臨平、許村、長安、斜橋、郭店、路仲、袁花、石門等處銷賣，兼配仁邑肩鹽。

紹興批驗所，在府治西北六十里山陰縣白鷺塘，地方距運司六十五里。該所專掣錢清、三江、東江、曹娥、金山、石堰、鳴鶴、清泉、龍頭、穿長、大嵩、玉泉一十二場引鹽。

錢清場引鹽赴掣，由新開河西小港抵所，凡六十里。該場境接蕭山、山陰二縣，其肩販各按團竈支鹽，循照舊例，各在本境挑銷，毋許侵越。

三江場引鹽赴掣，由三江陡亹至富陵橋，經雙廟河及東浦、梅墅、柯橋至錢清，出西小港，過漁臨關，進貓兒口抵所，凡一百六十里。

東江場引鹽赴掣，由陸山橋過梅山港，經柯橋鎮，從錢清出西小港，經漁臨關，進貓兒口抵所，凡一百八十里。

曹娥場引鹽赴掣，由曹娥江西岸各就近出場，經錢清，達新開河抵所，凡二百四十里。

金山場引鹽赴掣，由曹娥江經錢清，達新開河抵所，凡二百五十里。

石堰場引鹽赴掣，由横河中下等壩經餘姚縣，渡曹娥江抵所，凡三百里。

鳴鶴場引鹽赴掣，由横河堰經梁湖壩，渡曹娥江，從東關河抵所，凡三百八十里。

清泉場引鹽赴掣，由三港口經餘姚江，過通明壩，從百官渡曹娥江抵所，凡三百五十里。

龍頭場引鹽赴掣，東從貴勝堰經慈谿縣出場，西從宣家堰經鳴鶴場出場，俱由餘姚至上虞，過曹娥江抵所，凡三百二十里。

穿長場引鹽赴掣，由穿山三江二浦經蛟門海道，進鎮海關，至寧郡内江，從餘姚、上虞過梁湖壩，渡曹娥江，换船經會稽、山陰抵所，凡四百六十里。

大嵩場引鹽赴掣，由海運，經大洋轉八鎮海關抵所，凡六百里。

玉泉場引鹽赴掣，由海運，走大洋過鋸門，轉蛟門進鎮海關，至三江口换船，經梁湖、曹娥、錢清等處抵所，凡一千二百里。

台州所，距運司五百七十里。不設批驗大使，商鹽例委台府掣放，專掣長亭、黄巖、杜瀆三場引鹽。

長亭場引鹽赴掣，由白嶠埠經海港抵所，凡三百一十里。所産之鹽專銷寧海，如有餘鹽，由海運抵紹所配銷。

黄巖場引鹽赴掣，由金清抵所，凡一百一十里。所産之鹽行銷黄、太二邑，如有餘鹽，由金清汛海運至乍浦，抵嘉所配銷。

杜瀆場引鹽赴掣，由蔡橋總厫水路抵所，凡一百五十里。所産之鹽行銷臨海、天台、仙居、東陽、永康、武義、縉雲七邑，再有餘鹽，由海運抵嘉所配銷。

温州所，距運司八百九十里。不設批驗大使，例因海運風濤多阻，不拘季分，委府經歷隨到隨掣。

該所專掣長林、雙穗、永嘉三場引鹽。

長林場引鹽赴掣，由甌江抵所，凡九十里。所産之鹽行銷樂清、永嘉、麗水、宣平等邑，如有餘鹽，由海運至乍浦抵嘉所配銷。

雙穗場引鹽赴掣，其天、地、人、東四廒，由瑞安外塘河；其信廒，由平陽外三鋪河，俱經永嘉場抵所，凡七十里。

永嘉場引鹽赴掣，由内河至龍灣過壩抵所，凡五十里。所産之鹽行銷温、處兩郡，再有餘鹽，由海運至嘉、台二所配銷。

嘉興批驗所，在府治南春波門外五里，即宋玉霄萬壽宫遺址，距運司二百五十里。該所專掣西路、黄灣、鮑郎、海沙、蘆瀝五場引鹽。

西路場引鹽赴掣，由東方、國泰等橋，經吕家過海鹽榆城達官塘，轉入鴛鴦湖，進萬里堰橋抵所，凡一百里。

黄灣場引鹽赴掣，由太岳橋過條三灣，經海鹽榆城達官塘抵所，凡一百里。

鮑郎場引鹽赴掣，有二道團：在南者，由角里堰過壩，經通園港、黄道河至榆城團；在北者，由孫家堰過長川壩，經黄油車海鹽塘至榆城抵所，凡一百五里。

海沙場引鹽赴掣，由運河經白苧、轉塘等橋抵所，凡一百一十里。其海鹽縣肩販，必由東、南兩門入城；平湖縣肩販，必由包家埭至惹山，徑上船擺渡。

蘆瀝場引鹽赴掣，由運河至徐家埭抵所，凡一百十五里。其肩販，在場支鹽，挑銷平治、新倉、新埭、徐家埭、林家埭、韓家廟、周家圩等鄉鎮，必由新倉鎮總匯之區。

松江批驗所，在府治西南二里婁縣，地方距運司三百五十八里。該所專掣橫浦、浦東、袁浦、青村、下砂五場引鹽。

橫浦場引鹽赴掣，由運鹽河過張堰、松隱兩鎮抵所，凡七十二里。

浦東場引鹽赴掣，由廒房水次過金山衛北關城壕，轉入運鹽河，經六里庵、張堰兩汛出張涇口，過松隱汛抵所，凡八十里。

袁浦場引鹽赴掣，由南橋河出口，從莊行葉謝鎮北出黄浦大江抵所，凡七十五里。

青村場引鹽赴掣，由二三橋梁店達運鹽河青村港，過望涇，出黄浦抵所，凡一百里。

下砂頭場引鹽赴掣，由一竈港經奉賢縣蔡家橋轉入青村港，過南橋、出黄浦抵所，凡一百一十五里。

下砂二三場，是場近不産堿，亦不煎鹽。距松所一百二十里。

運鹽到住賣各地

杭所場鹽，由艮山水門入泊太平橋候掣，掣畢，停泊德勝、豬圈二壩，候程開運。運往浙東者，過豬圈壩進武林水門，由中河出鳳山水門，至江干閘口過江壩；運往浙西者，過德勝壩，由官河出北新關，行銷各州縣地方。

臨安縣引鹽，自所運至住地八十里。

於潛縣引鹽，自所運至住地一百七十里。

新城縣引鹽，自所運至住地二百四十里。

昌化縣引鹽，自所運至住地二百里。

烏程縣引鹽，自所運至住地一百八十里。

歸安縣引鹽，自所運至住地一百八十里。

長興縣引鹽，自所運至住地二百四十里。

安吉縣引鹽，自所運至住地二百里。

孝豐縣引鹽，自所運至住地二百里。

德清縣引鹽，自所運至住地八十里。

武康縣引鹽，自所運至住地一百二十里。

蘭谿縣引鹽，自所運至住地四百一十五里。

湯溪縣引鹽，自所運至住地四百里。

西安縣引鹽，自所運至住地五百九十五里。

龍游縣引鹽，自所運至住地四百九十里。

江山縣引鹽，自所運至住地六百二十里。

常山縣引鹽，自所運至住地六百五十里。

開化縣引鹽，自所運至住地七百一十里。

建德縣引鹽，自所運至住地三百一十五里。

淳安縣引鹽，自所運至住地四百三十里。

桐廬縣引鹽，自所運至住地一百七十里。

遂安縣引鹽，自所運至住地四百五十里。

分水縣引鹽，自所運至住地三百九十里。

吴縣引鹽，自所運至住地三百七十五里。

長洲縣引鹽，自所運至住地三百七十五里。

元和縣引鹽，自所運至住地三百七十五里。

武進縣引鹽，自所運至住地五百五十五里。

陽湖縣引鹽，自所運至住地五百五十五里。

無錫縣引鹽，自所運至住地四百六十五里。

金匱縣引鹽，自所運至住地四百六十五里。

宜興縣引鹽，自所運至住地六百七十里。

荆溪縣引鹽，自所運至住地六百七十里。

丹徒縣引鹽，自所運至住地七百一十五里。

丹陽縣引鹽，自所運至住地六百四十五里。

金壇縣引鹽，自所運至住地七百五十里。

溧陽縣引鹽，自所運至住地七百三十里。

歙縣引鹽，自所運至住地六百一十里。

休寧縣引鹽，自所運至住地六百八十里。

黟縣引鹽，自所運至住地七百三十里。

婺源縣引鹽，由休寧分銷，自休寧運至住地一百八十里。

祁門縣引鹽，由黟縣分銷，自黟縣運至住地六十里。

績溪縣引鹽，由歙縣分銷，自歙縣運至住地六十里。

廣德州引鹽，自所運至住地二百六十里。

建平縣引鹽，自所運至住地三百五十里。

上饒縣引鹽，由常山分銷，自常山運至住地一百八十里。

玉山縣引鹽，由常山分銷，自常山運至住地八十里。

弋陽縣引鹽，由常山分銷，自常山運至住地三百里。

貴溪縣引鹽，由常山分銷，自常山運至住地三百七十里。

鉛山縣引鹽，由常山分銷，自常山運至住地二百九十里。

廣豐縣引鹽，由常山分銷，自常山運至住地一百四十里。

興安縣引鹽，由常山分銷，自常山運至住地二百六十五里。

紹所商鹽，由錢清江達官河，或經長山閘抵所候掣，掣畢，停泊義橋、新壩地方，候程開運，行銷各州縣地方。

諸暨縣引鹽，自所運至住地一百六十里。

餘姚縣引鹽，自所運至住地一百八十里。

嵊縣引鹽，自所運至住地一百八十里。

新昌縣引鹽，由嵊縣分銷，自嵊縣運至住地四十里。

富陽縣引鹽，自所運至住地一百二十里。

於潛縣引鹽，自所運至住地三百五十里。

新城縣引鹽，自所運至住地一百九十里。

昌化縣引鹽，自所運至住地三百八十里。
奉化縣引鹽，自所運至住地八十里。
義烏縣引鹽，自所運至住地五百四十里。
浦江縣引鹽，自所運至住地二百六十里。
金華縣引鹽，自所運至住地四百七十五里。
蘭谿縣引鹽，自所運至住地三百九十里。
湯溪縣引鹽，自所運至住地三百九十里。
西安縣引鹽，自所運至住地五百九十里。
龍游縣引鹽，自所運至住地四百五十里。
江山縣引鹽，自所運至住地六百五十五里。
常山縣引鹽，自所運至住地七百三十里。
開化縣引鹽，自所運至住地七百九十里。
建德縣引鹽，自所運至住地三百三十里。
淳安縣引鹽，自所運至住地四百八十里。
桐廬縣引鹽，自所運至住地二百二十里。
遂安縣引鹽，自所運至住地五百里。
分水縣引鹽，自所運至住地三百二十里。
壽昌縣引鹽，自所運至住地三百二十里。
歙縣引鹽，自所運至住地六百里。

休寧縣引鹽，自所運至住地六百七十里。

黟縣引鹽，自所運至住地七百二十里。

婺源縣引鹽，同杭所。

祁門縣引鹽，同杭所。

績溪縣引鹽，同杭所。

上饒縣引鹽，同杭所。

玉山縣引鹽，同杭所。

弋陽縣引鹽，同杭所。

貴溪縣引鹽，同杭所。

鉛山縣引鹽，同杭所。

廣豐縣引鹽，同杭所。

興安縣引鹽，同杭所。

台所商鹽，到所候掣，掣畢，領程開運，行銷各州縣地方。

臨海縣引鹽，自所運至住地附郭不計里。

黄巖縣引鹽，自所運至住地六十里。

天台縣引鹽，自所運至住地九十里。

仙居縣引鹽，自所運至住地九十里。

寧海縣引鹽，自所運至住地一百八十里。

太平縣引鹽，自所運至住地一百四十里。

東陽縣引鹽，自所運至住地二百二十里

永康縣引鹽，自所運至住地二百里。

武義縣引鹽，自所運至住地一百七十五里。

温所商鹽，到所候掣，掣畢，領程開運，行銷各州縣地方。

永嘉縣引鹽，自所運至住地附郭不計里。

瑞安縣引鹽，自所運至住地八十里。

樂清縣引鹽，自所運至住地八十里。

平陽縣引鹽，自所運至住地一百三十里。

泰順縣引鹽，自所運至住地三百七十里

麗水縣引鹽，自所運至住地二百七十里。

青田縣引鹽，自所運至住地一百二十里

縉雲縣引鹽，自所運至住地三百六十里。

松陽縣引鹽，自所運至住地三百九十里。

遂昌縣引鹽，自所運至住地四百五十里

龍泉縣引鹽，自所運至住地五百一十里。

慶元縣引鹽，由龍泉分銷，自龍泉運至住地一百八十里。

雲和縣引鹽，自所運至住地三百八十里。

宣平縣引鹽，自所運至住地三百九十里。

景寧縣引鹽，自所運至住地四百一十里。

嘉所商鹽，由運鹽河泊運河橋下候掣，掣畢，停泊大奚家橋外，或合歡、聚奎橋等處，候程開運，行銷各州縣地方。

嘉興縣引鹽，自所運至住地一十五里。

秀水縣引鹽，自所運至住地一十五里。

嘉善縣引鹽，自所運至住地一百二十里。

桐鄉縣引鹽，自所運至住地九十里

烏程縣引鹽，自所運至住地二百里。

歸安縣引鹽，自所運至住地二百里。

長興縣引鹽，自所運至住地二百七十里。

安吉縣引鹽，自所運至住地三百里。

孝豐縣引鹽，自所運至住地三百六十里。

吴縣引鹽，自所運至住地一百六十五里

長洲縣引鹽，自所運至住地一百六十五里。

元和縣引鹽，自所運至住地一百六十五里。

吴江縣引鹽，自所運至住地一百二十里。

震澤縣引鹽，自所運至住地一百二十里。

武進縣引鹽，自所運至住地三百四十五里。
陽湖縣引鹽，自所運至住地三百四十五里。
無錫縣引鹽，自所運至住地二百五十五里
金匱縣引鹽，自所運至住地二百五十五里。
江陰縣引鹽，自所運至住地五百里。
宜興縣引鹽，自所運至住地五百里。
荆溪縣引鹽，自所運至住地五百里。
丹徒縣引鹽，自所運至住地五百五里。
丹陽縣引鹽，自所運至住地四百三十五里。
金壇縣引鹽，自所運至住地五百七十里。
溧陽縣引鹽，自所運至住地五百五十里。
廣德州引鹽，自所運至住地三百五十里。
建平縣引鹽，自所運至住地四百四十里。

松所商鹽，向由黄浦江入東汊港至所，今因東汊港淤塞，改進西浦口，經舊壩河運抵新改掣廳前候掣。掣畢，領程開運，行銷各州縣地方。

華亭縣引鹽，自所運至住地附郭不計里。
奉賢縣引鹽，自所運至住地九十里
婁縣引鹽，自所運至住地附郭不計里。

金山縣引鹽，自所運至住地七十里。
上海縣引鹽，自所運至住地九十里。
南匯縣引鹽，自所運至住地一百二十里。
青浦縣引鹽，自所運至住地五十里。
崑山縣引鹽，自所運至住地一百八十里。
新陽縣引鹽，自所運至住地一百八十里。
常熟縣引鹽，自所運至住地二百五十里。
昭文縣引鹽，自所運至住地二百五十里。
太倉州引鹽，自所運至住地一百八十里。
鎮洋縣引鹽，自所運至住地一百八十里。
嘉定縣引鹽，自所運至住地一百六十里。
寶山縣引鹽，自所運至住地二百二十里。

巡鹽關隘

商鹽過掣開運各地方，所有經過關津例須盤驗。鹽、引相符，然後放行，以杜影射夾帶諸弊。至各地私鹽出没處所，設立營兵縣捕，陸有巡役，水有巡船，以杜侵界越銷諸弊。蓋鹽在場，則弊在私煎、私賣，各宜於場境稽察，而專其責者場員；鹽在所，則弊在飛渡、透漏，各宜於所地稽察，而專其責者所員；鹽在住賣各地，則弊在官鹽侵越、私梟滋擾，各宜於該地方堵禦，而專其責者營汛及各地方官。若夫因地置宜，隨時變通，難以例拘，是在司其事者留意加察。

盤驗各關

杭關，盤驗杭所運往浙西之臨安、武康、德清三縣引鹽。其應由蘇、湖二府盤驗各州縣住賣引鹽，先於杭關打用出關月日木印，到府查驗出關日期，方許過門。其吴江、震澤二縣不經蘇、湖二關，如係嘉掣之鹽，止由嘉分司稽查；如係杭掣之鹽，止由杭關稽查。

富陽關，盤驗杭、紹二所運往浙東金華、蘭谿、湯溪、常山、開化、江山、西安、龍游、建德、淳安、遂安、分水、於潛、昌化、壽昌、新城、富陽等縣引鹽。

桐廬關，盤驗杭、紹二所運往浙東等縣引鹽，與富陽關同。惟新城、富陽不入桐關，止由富陽關盤驗。

嚴州關，盤驗杭、紹二所運往浙東等縣引鹽，與富陽關同。惟分水、於潛、昌化、壽昌不入嚴關，止由桐廬、富陽盤驗。

蘇州關，盤驗杭、嘉二所運往長洲、元和、吴縣、宜興、荆溪、溧陽、武進、陽湖、金壇、丹陽、丹徒、江陰、無錫、金匱、建平等縣引鹽，查驗杭州出關月日，方許過門。其嘉所商鹽不經杭關者，止由蘇關盤驗。

湖州關，盤驗杭、嘉二所運往烏程、歸安、長興、廣德、安吉、孝豐等州縣引鹽，查驗杭州出關月日，方許過門。其嘉所商鹽不經杭關者，止由湖關盤驗。

諸暨，盤驗紹所諸暨、義烏、浦江三縣引鹽，其餘浙東縣分紹所商鹽不經諸暨盤驗者，悉照杭所之例，由富、桐、嚴三關分别盤驗。

青田，盤驗温所行銷處屬之麗水、青田、縉雲、松陽、遂昌、龍泉、慶元、雲和、宣平、景寧等縣引鹽。其温屬各縣不經青田盤驗者，各就近委該縣盤驗。

仙居，盤驗台所運往永康、武義、縉雲、東陽各縣引鹽，其地近場竈者，各就近委該縣盤驗。

各場要隘

仁和場，團竈附近省會各團隘口均設引店，就團稽查，並派廳縣場役在團偵緝。凡肩引老販，鹽出團至隘口，商人於引尾查明註日，逐擔秤盤，蓋戳放行。

許村場，如馬牧港、瞿家衖等處，爲官、私總匯要區，海、石二縣肩鹽俱從此經由。而城東陳墳港地方，尤屬私梟出没之所。向設巡廳差捕并海鹽、石門、桐鄉鹽捕，在於水陸要隘，絡繹巡查。

錢清場，於新開河西小港、諸支港皆設有營汛盤詰，若由他道即爲私鹽。

三江場要隘，如童家團環山，陸路南通岦、西南墨子湖、巡司嶺等處，北附海塘水道，惟馬搴寺一帶寶盆團南陸路地名雙橋，上通梅墅，北即附團之堰橋，下接陡亹、下方橋等鎮。水程有蝦鬚港，南通梅墅汛，西近錢清湖門，東通村落陳顧、新鳳二團。水陸兼達，上通紹興府城，下抵三江大閘，東聯原野，西限長河。四團聚處均設有紹協兵丁暨山陰縣捕偵緝。

東江場，新安、姚宋、新寧、偁浦四團，接壤府城，通聯鄉鎮，咸屬要隘。向設有山、會二縣捕役并紹協營汛，與場役分班偵緝，場員仍不時稽查。

曹娥場，境内有曹江一帶不設關隘，産鹽交商，上廒收貯。於小金團内河設立橋柵，晨啓晚閉，責令竈總甲長看守、巡察，以杜偷漏。

金山場，從石堰路經由上虞縣過壩出口，最爲要隘，團竈場員督役巡緝，協同營汛稽查。

石堰場，凡水道之横河、低仰峯嶺、小里四堰及陸路之匡堰里、埋馬鎮、徐家塔，歷山百梁橋、周港、大湖門，數處最多私鹽出没。所設緝私隘口，東有滸山所，西有周巷臨山衛營汛，并場役及餘姚縣捕往來盤詰。

鳴鶴場，東埠頭地方，有慈谿縣捕役巡緝；觀海衛地方，有駐防兵丁巡守。而亭户刮淋煎煮，領引肩販由長溪、杜湖、雁門、鳳浦四嶺及桂施橋，私鬻多從此影射，稽緝尤宜加謹。

清泉場，水陸隘口，水路則小港口、東岡碶、大闕口等處，陸路則王家洋、竹山頭、長山橋等處，場員差役協同鎮海營汛及廳縣捕役稽查。

龍頭場，向設巡檢司以佐巡察。

穿長場，大碶、算山、三山等浦，恆多私販。瀕海、鼓寨二山，山海交錯，最易偷漏。其長場附近之朱塘、丁西二團，港汊叢雜，亦屬出没之所。而育王嶺以南直達鄞縣，偵緝者尤宜加意。向設有提標左營官兵并鎮邑暨穿長兩巡檢及場役常川偵巡。

大嵩場，地方延袤遼遠，散漫難稽。向設有甬東巡司，以緝私煮、私販。

玉泉場，番、頭二舍係船隻往來停泊處所，易於售私。向設有場役稽緝，又有昌石營派撥目兵看守。

長亭場，於亭頭汛及海游寨西塾等汛盤查，以杜夾帶之弊。第山路錯雜，易滋梟販，故向於經由要隘之淇門港、連槎渡、引頭門共設緝私巡船，於寧海營撥發弁兵駕巡，又寧海營撥發千總一員在通場團竈坦地查緝。

黄巖場，地東瞰大海，北枕甌江，私販者得以揚帆而至，頻由路橋過羽山閘，直抵烏、巖，惟恃有以時稽緝之法。而太邑六都之箬黄等處，尤屬水陸總匯。又，臨邑之南岳，黄邑之雙橋、浹頭、王四甲、應洋嶼、羅下梁各地，太邑之新場暨横河、新長、蔡洋、西王、莫家浦各地沿海一帶，緜亘百里。近海居民瀝滷鍋煎，售私礙引，向責成長浦、松門二巡檢帶同弓兵、捕保常川巡邏。

杜瀆場，其地濱海負湖，去海僅十里，多私販出入。凡前所港東路及巖居、大田諸處，俱屬要隘，向設有台協弁兵巡守及臨海縣捕偵緝。

長林場，緝私之處，西鄉八團係樂清、磐石營汛兵丁防守，東鄉二團係樂清、營蒲歧所等處兵丁防守，兼之樂清縣捕并場員督役往來巡緝。

雙穗場，内地陸路官道、水路官河俱一綫相穿，並無要隘。至迤南瀕海，山連大嶼，江控飛雲，私販乘潮瞬息四達。若梅頭霧前三港、半浦諸處，尤爲險要。向設有平陽協兵丁守竈巡緝，又有瑞安縣捕及場役稽查。

永嘉場，太保亭、元帥廟、鄭澳嶺、白水嶺、市前街五處，係陸路私鹽總徑；錢王橋、張家橋、新橋、南横橋、北横橋五橋，并横河二十六橋，係水路私鹽要隘。向設有營兵巡守，又有永嘉縣捕役偵緝，星羅棊布，立法綦詳。

西路場，五六團交界陳家橋及港通四達之匯水橋地方，係屬要隘。而趙家橋、泥橋、廣福橋等處，本屬下河，一水横截於場境之後，尤關緊要。向有袁花鎮杭協汛兵及該場巡役、海寧州鹽捕、赭山司弓兵周流偵緝。

黄灣場，陸路隘口，有場役及海寧州巡捕躧緝；水港出没，則有長安鎮千總帶兵遊巡。

鮑郎場，要隘，如譚仙嶺下有關門嘴寨前團，北有悟空寺，又澉浦城北至井亭子，又近東顧家團小徑，又東寨團北路，又北團大洋橋六路至宋亭一帶，及接壤之秦駐塢等處，俱係山僻荒徑，通達河港，水陸錯雜。向設場役弁兵嚴行堵禦，又場鹽運至榆城，有巡鹽官遣役就榆城盤驗。

海沙場，地方遼闊，團舍衆多。陸路沿塘一帶，水路海鹽、榆城，東達平湖，直趨金山等處，及西塘、東塘二橋并惹山等處，均爲要隘，向設立撫標、長安營官兵暨場員督役與海鹽縣鹽捕常川偵巡。

蘆瀝場，横浦分界之裴家衖、張家埭地方多聚私梟，而金絲孃橋爲必經之地。向設嘉協營兵汛守，兼之場役、縣捕及撫標、千總帶兵偵巡。

横浦場，陸路之裴家衖，水路之白涇河係蘆、横二場交界，私煎、私賣最爲緊要。向設有營汛駐劄防守及縣役、鹽捕并場員統率場役巡查。

浦東場，爲私鹽出没之所。北由六里庵、張堰，東從蔣家橋、李家堰、江家堰等處，乃四通八達之區，最爲水陸要隘，向設有金山營提標、巡弁及華亭縣兵丁、役捕率同場役分布偵巡。

袁浦場，葉謝塘地方居民稠雜，商賈輻輳，南通柘林，西通張澤，東抵金匯塘、横涇、沙港、祝港，直接沿海場竈。而漴缺、西灣二處支港紛雜，歧途四出，尤爲要隘。向設有提標巡船捕役，又設立巡役團保、領辦水手在於場境不時往來巡守。

青村場，沿塘内外金家店、三角巷、吴家衖、醃水缺各處要隘，場員督令場役晝夜巡緝。又，陸家頭二三橋、梁家店、何家橋水陸要路等處，係奉賢縣捕役、青村營目兵巡緝。

下砂頭場，每團設有水手一名，稽查陸路要隘。東沙、黄家窪、茶亭路等處并塘西之水路雜港，俱遴場役偵緝，又有南匯縣捕役暨營汛弁兵梭織查拏。

下砂二三場，所有偵巡鹽捕久奉裁汰，凡遇私鹽，飭令縣營拏獲。

崇明場，境内各沙場竈處所汛防林立，其六滧、七滧、八滧、蝦撇滧最爲要隘，額設哨船及弓兵捕役，於水陸各隘口巡緝。

各所要隘

杭所引鹽由場陸續運所，停泊四處，地方遼闊。自候掣以及掣後上棧，爲日經久，多有不肖船户挖包偷竊，向設巡役晝夜稽查。

紹所於所橋前設立欄栅，商船編號過栅候掣。又於義、新兩壩堆貯官鹽處所各派巡役，凡商鹽運壩，稽查船户等偷竊諸弊。

嘉所掣廳，前臨運河，三面有橋，其東之常豐，北之虹涇、大奚家等橋俱排釘木栅。商船到後封栅，掣畢然後開栅。第水鄉支港紛歧四出，鹽船慮多偷挖添灌之弊，向委本所官帶同分差工腳不時巡緝。

松所，向於小斜涇、大張涇等橋下排釘木栅，以絶飛渡。後以西壩既毁，其小斜涇原設栅處另通河路，難以稽察，復於二里涇西口添立西栅，放生橋下添立東栅，以嚴偵緝。今商鹽已改進西浦，仍留西栅，委所官稽察，而黄浦西南一帶多各場透漏，嚴飭場役以及營汛弁兵常川偵巡。

各地要隘

浙省私鹽出没之所，獨海寧、海鹽、平湖、桐鄉爲最。且係嘉、湖二府販私門户，而海寧之長安鎮乃其往來適中孔道，專委千總一員，在鎮設營堵截私販。

杭州府仁和、錢塘二縣，設有塘棲、臨平、江干等汛巡兵查察私鹽，并堵截私煎。又，杭府屬之臨安縣毘連肩票最多侵越，兼之山路叢雜，更易藏奸，欲得私靖官銷，全藉防範周密。

嘉興府嘉興、秀水二縣地屬水鄉，港汊紛歧，緝私匪易。向設有長安千總、嘉協營弁及兩縣鹽捕，在於水陸要隘梭織遊巡。

湖州府烏程、歸安二縣，界連場竈，接壤肩票各地，支港叢雜，其白雲橋及上河、下港各處，均宜加意堵緝。又，湖府屬孝豐縣地方，接近錢塘、餘杭肩引課輕價賤之區，最易越界侵擾。私梟出没，多在餘杭之黄湖鎮、錢塘之瓶窑横入孝邑，於餘杭之瓶橋、闞王嶺、石門村、瓜村、黄湖十五梯等處假道。向於孝、餘交界之幽嶺設卡募捕，會同營汛及縣捕常川駐守。幽嶺地方曠野，路徑叢雜，難以巡緝。惟黄湖鎮乃餘杭之門户，而餘杭乃孝豐之門户，所宜設隘，實力稽查。

杭、嘉、湖三府接壤江南之境，設有提標營弁兵丁，各備巡船，分派於私梟出没處遊巡嚴緝。

寧波府定海縣之舟山，各山澳除岱山、秀山、長塗三澳餘鹽歸提標收買外，其内港十五澳附近城邑餘鹽歸定海縣收買。責成寧波府不時稽察，歲底會同定海鎮總兵盤查結報。其内洋之二十二澳離城較遠，所有餘鹽歸定海營收買，責成定海鎮總兵不時稽察，歲底會同寧波府盤查結報。舟山曠衍五百餘里，統計三十七澳，瀕臨大海，易於偷渡。凡各山澳，宜加意稽查。

紹興府之諸暨及金華府之義烏、浦江二縣，界連紹屬之山、會、蕭各邑場竈，出産肩票輕課之地，私鹽充斥。向撥紹協五汛一駐防及諸、義、浦三縣鹽捕，紹通判鹽捕又水陸商捕巡役，在於三鎮總隘之楓橋等八處及西路向天嶺等六處、東路大嶺八字橋等八處分布各隘，周密巡緝。

金華府金華縣，地方東界東陽、義烏，南界武義、永康，西界湯溪、龍游，北界浦江、蘭谿等處。上江客載船隻多有私鹽夾帶，每由諸暨、義烏地方連及金華，侵擾引地，更兼鄰境輕課減免之義烏、浦江及行銷台鹽帑地之東陽、永康、武義各邑，以至輕課引鹽，恣意越銷，尤宜實力堵緝。又，金華府屬之湯溪縣，建治山谷，界乎四縣之中。其地分爲四鄉，金、遂二鄉阻山，惟蘭、龍二鄉近水，鹽船僅及水次，而四鄉相距，遠者百數十里。東有酤坊，南有銀嶺，西有白杜，北有花園，越界之鹽多集於此。金、遂二鄉之民欲買引鹽，憚於涉遠，以食越界鹽爲便，此私鹽之所以得售，引鹽之所以滯銷也。欲得疏通，當以設法靖私爲要。

衢州府常山、江山、開化三縣，商鹽運地，例由蘭谿女埠解包分簍，多有灌包夾帶及船户挖包偷竊等弊，向設立巡役查對引目，檢點擔數，蓋戳給票，然後以小船裝運各地行銷。

嚴州府桐廬縣，地方僻處山陬，濱臨江滸，界連場竈，私鹽充斥。東接紹屬之義、新兩壩，西鄰杭屬之富陽一邑，非仁、錢肩票越界侵欺，即徽郡鹽艘停泊偷漏。徽郡鹽必由桐廬經過，船户偷漏皆在桐鎮私售，實屬私梟淵藪要害之地。所宜於水陸隘口，設巡嚴查。又，嚴府屬之淳安縣，本額少商微之地。水路適當徽、遂之衝，徽、遂鹽船路由淳河，爲日長久，船户偷竊私售，淳邑受害獨深。向於淳安之茶園及歙縣之街口等處，設有水陸各隘，往來巡察。

温州府地接閩界，閩省漁船多越界私售。向例，閩船自配浙鹽，不許照外多帶，仍於照内填明『止許本船醃浸，不許登岸售賣及轉賣别船』字樣，飭汛稽查。又，温府鹽有漁、蜇二市，每年春汛，漁户買足鹽包，鎮府驗單，填簿、發照，一面移營飭汛按報，仍選差率同旗長督配。期畢，歸埠船，照弔銷，以便下水一例驗配。至蜇市，在秋間，各處商店銷鹽尚屬零星，惟永嘉場之黄石浦、龍灣、狀元橋爲建厰醃蜇，總匯臨時各商於黄石浦、龍灣兩處開設公店，而狀元橋亦有住賣商鹽，例委佐貳并選差會同營汛稽督，期畢撤回。又，温府屬玉環，地方孤懸，海外所産鹽斤僅供一隅之用。向例，將煎鹽各户取具親鄰族保甘結，一體編入保甲，著令并竈聚煎，官收官賣，止在本山賣與漁户居民，毋許販賣出境。

台州府之小圓山臺及桃渚、墾埠、前所、泗林等汛，地濱海洋，私梟易集，向設有千把總、營弁往來稽查。

江蘇省蘇、松、常、鎮四府屬縣，爲浙引疏銷最巨之區，而丹徒縣京口地方尤爲兩浙行鹽門户。界接淮場，地當孔道，爲七省咽喉，進口商船絡繹不絕，每藉糧艘、官船夾帶淮私。向於沿江閘口地方建設搜鹽廳，專責常、鎮、道暨鎮防同知、城守、參將督率兵役躬親巡綽，分班盤查。

蘇州府吴縣、長洲、元和三縣，地方遼闊，向設巡役在於逼近崑山、新陽等地水陸隘口一帶分巡。松江府華、婁、奉賢、金山四縣，向以私梟充斥，發帑收買餘鹽，并設立千把總實力巡緝。其太倉州崇明一縣，亦派千把總一員在要口駐劄往來稽察，以杜夾帶外運。又，松府奉賢、金山二縣爲松所八地門户，向於袁、青、蘆、浦、横等場境并浦泖各隘口設立巡船捕役，分駕遊巡。

常州府屬之江陰縣，對峙淮揚，向設有弁兵出海巡緝。又，常府屬之靖江縣，逼近淮界，向設兵役及松江提營委員帶兵在地巡緝。

鎮江府京口守備，向撥巡兵在該處韓橋、朱張圩等處駐劄，巡緝淮私。又，鎮府屬丹徒、丹陽二縣之埤城、朱張圩等處，向被淮私侵擄，嗣經定於該鎮設店行銷帑鹽。其銷鹽之地，丹徒在韓橋十都至太平港，丹陽在埤城十七、十八、十九、二十都。兩縣總以離城三十里爲界。

江西省之貴溪縣所轄應食浙鹽之界牌、梘頭二處官店，與例食淮鹽之安仁縣接壤，淮商以侵越彼界議欲移拆。嗣經勘明，中隔大河，界址分明，飭令淮商於安邑界内河岸亦設官店，便民買食，彼此堵截。嚴督兵役，添設卡房，多備快船，於各境内巡防，商、民兩便。

廣信府之封禁山，界連四省，奸私最易窩頓，向於要隘設卡，分兵偵巡。

《欽定重修兩浙鹽法志》卷一終

欽定重修兩浙鹽法志卷二　圖説

書之有圖，自《周官・土訓》：『掌道地圖，以詔地[一]事。』而司會之職，實掌百物財用之在版圖者，以聽其會計。於是輯《志》，必首列圖以代口講指畫，而鹽爲財用所自出，則會計之當尤先版圖焉。兩浙鹽筴連亙四省，襟江跨海，壤地綿亘，非圖不能一覽周知，此志之藉乎圖也。團舍紛羅，牙錯棊置。各場經界或昔無而今有，或前合而後分，非説不能悉其原委，此圖之藉乎説也。若夫文瀾閣爲藏書之所，聖天子用以嘉惠藝林，光昭盛典。至於治事有官廨，育才有書院，皆麗於鹺務者，並類及之，謹繪圖敘説如左：行鹽地方總圖、仁和場圖、許村場圖、西路場圖、黄灣場圖、鮑郎場圖、海沙場圖、蘆瀝場圖、横浦場圖、浦東場圖、袁浦場圖、青村場圖、下砂頭場圖、下砂二三場圖、崇明場圖、錢清場圖、三江場圖、東江場圖、曹娥場圖、金山場圖、石堰場圖、鳴鶴場圖、清泉場圖、龍頭場圖、穿長場圖、大嵩場圖、玉泉場圖、長亭場圖、黄巖場圖、杜瀆場圖、長林場圖、雙穗場圖、永嘉場圖、杭州批驗所圖、嘉興批驗所圖、紹興批驗所圖、松江批驗所圖、兩浙鹽院署圖、運司署圖、寧紹分司署圖、嘉松分司署圖，文瀾閣圖、崇文書院圖、紫陽書院圖。

行鹽地方總圖
西
江南
揚子江
京口閘
鎮江府
江西界
浙江界
福建界
廣信府
衢州府
嚴州府
徽州府
廣德州
建平縣
常山縣
開化縣
遂安縣
休寧縣
黟縣

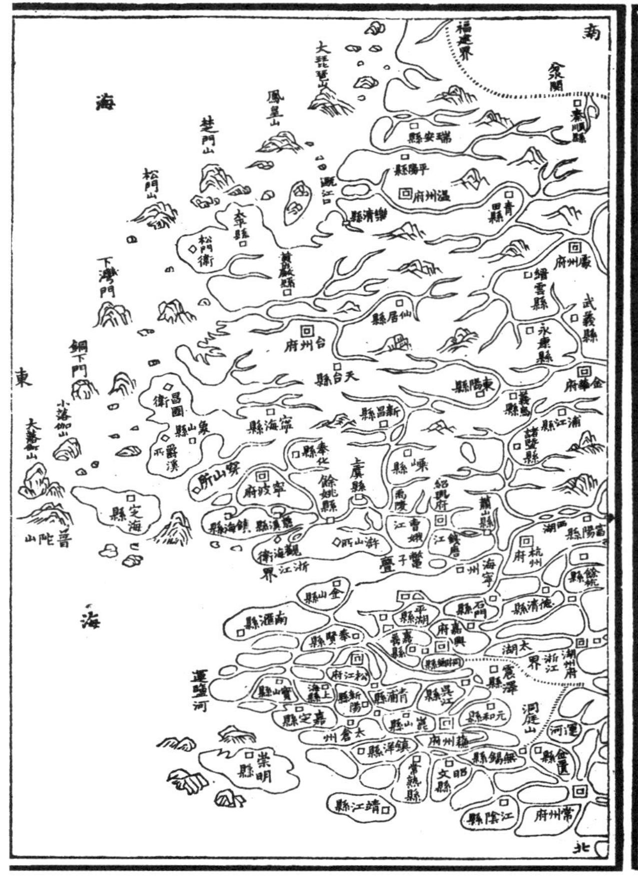
南
北
東
海
海
福建界
溫州府
台州府
寧波府
紹興府
杭州府
嘉興府
湖州府
松江府
蘇州府
常州府
金華府
處州府
太湖
洞庭山
崇明縣
運鹽河
普陀山
定海縣
天台縣
仙居縣
永康縣
武義縣
海寧州
江陰縣
無錫縣
靖江縣

行鹽地方總圖説

鹽筴之制尚矣！各省境壤彼此均有定界，而行鹽之地則有析此以合彼者。因民之利，順民之情，勢不得不從其便。故《周禮》設職方以辨其邦域，復設合方以通其財利也。考秦漢以迄隋代，皆祖《管子》，專正其税。唐則亭户糶，商人初未立限制。至宋，浙江之鹽，兼行蘇、松、常、潤、歙等處。明，增江西之廣信、江南之廣德。國朝仍而不改。有府十七、州二，東抵大海，西抵江西，南抵閩界，北抵江南，皆因其勢之所宜而爲之制。蓋大江以南諸郡邑毗連浙境，不能舍近圖遠就食淮鹽，至廣信一府，界鄰閩省而食鹽於浙爲便。故浙省行鹽得兼兩江，幅員廣袤，經界參錯，謹括爲全圖以綜其大綱焉。

仁和場圖
西湖
清波門
錢塘門
武林門
鳳山門
北
西

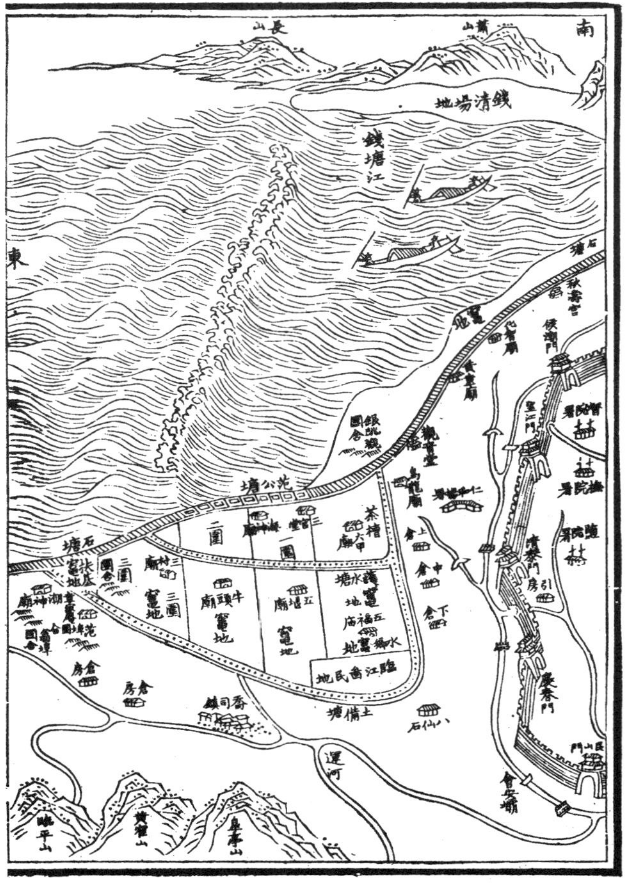
南
東
錢清場地
錢塘江
范公塘
石塘
臨江畲民地
運河
會安壩
慶春門
清泰門
候潮門
臨平山
黃鶴山
皐亭山

仁和場圖説

兩浙鹽場，舊隸運司者二：曰仁和、曰許村。按：杭州，晉時，以錢塘令領司鹽都尉。唐，設杭州一場。宋，分仁和、錢塘二場，仁和曰湯村，錢塘曰楊村。元，設三十四場，改名仁和。明時，與許村並設鹽課司。國朝雍正七年，改歸寧紹分司管轄，場署在仁和縣臨江鄉東北二十都。乾隆三十八年，以舊署傾圮，移建清泰門外會保五啚場境。舊有石節、護水、范公三塘。石節，錢武肅王鏐築，屢修屢圮。乾隆四十八、九等年，高宗純皇帝特發帑金，自范公塘至海寧一帶改建魚鱗石塘，一勞永逸，民竈永賴，誠萬世保障之鴻規也。場外即錢塘江，有鳳皇、五雲諸山錯峙江岸；西爲西湖，瀦武林諸山之水，下達運河；東合臨平湖，以灌仁和、錢塘、海寧民田；而中通郡城内外諸河，以達鹽運，商民賴之。舊額圍扇散漫，雍正三年，始聚團並圍，運鹽赴所入艮山門候掣。仁場所轄，東界海寧，南至蕭山，西接富陽，北連許村，洵爲諸場之冠矣。

許村場圖
南
北
西至仁和場界
東至西路場界
海
老沙
雷山
青龍山
河庄山
葛嶴山
備塘河
運鹽河
鎮海塔
南沙圖
鎮海門
許村場署
海寧州
拱辰門
宣德門
春熙門
安戍門
九里橋圖
廿里亭
厚福倉圖
陸家倉圖
大荆倉圖
小荆倉圖
東昇倉圖
楊家倉圖
孫亭倉圖
石橋倉圖
胡范倉圖
楊庄倉圖
忠盛倉圖
馬牧倉圖
祥里倉圖
西新倉圖
土備塘

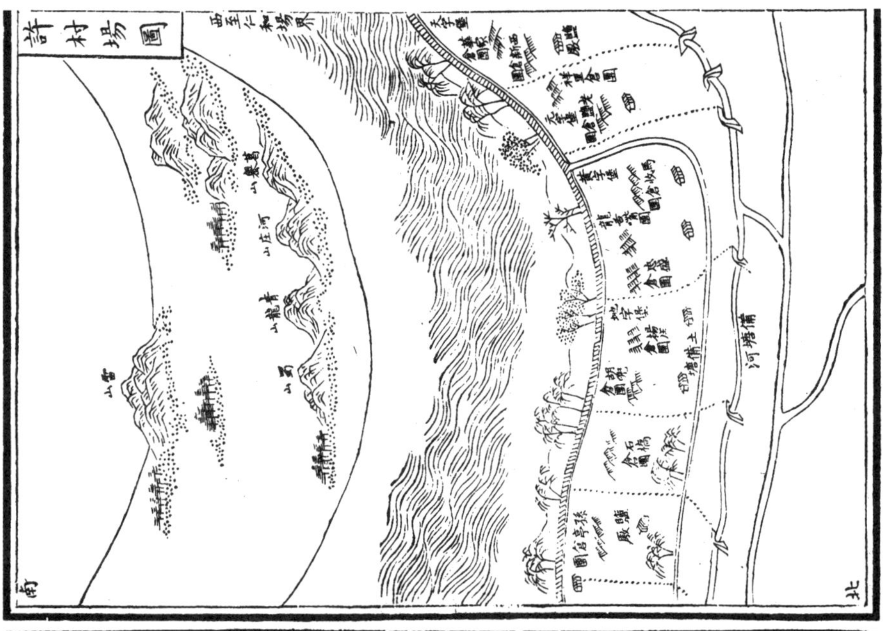

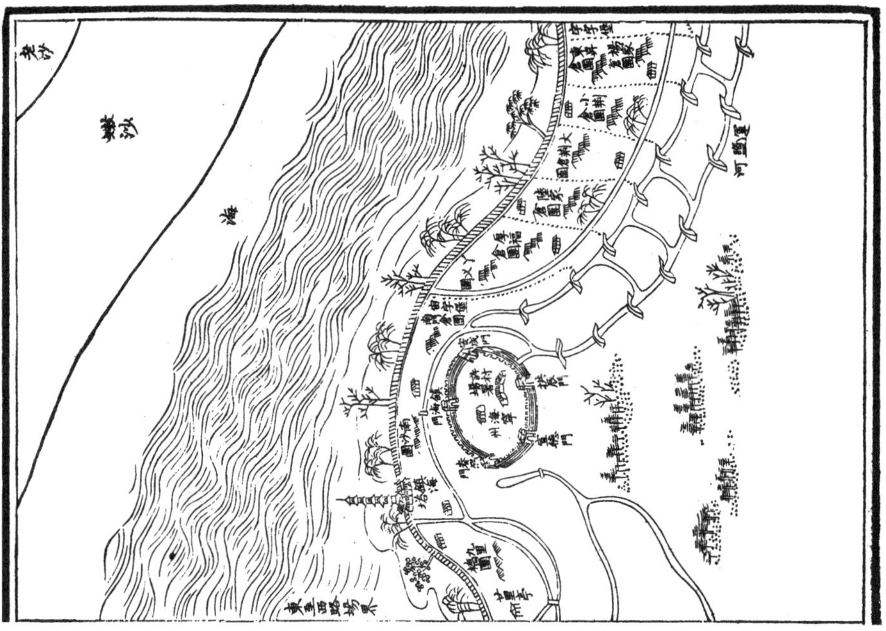

許村場圖説

場隸海寧州，宋太平興國四年，以舊臨平監置買納官，總上管、下管、蜀山、巖門、南路、袁花、黄灣、新興八場鹽課。元大德三年，并蜀山、巖門、上管、下管爲一場，是曰許村。明洪武時，設場於本州時和鄉徐家壩，永樂九年毁於海患，移建場署於安國寺東，即今州治之北寺巷也。安國寺，一名鎮國海昌院，蘇軾有《雙檜詩》《大悲閣記》，又有宋理宗御書『妙智之閣』。場西北爲巖門山，州之主山也，距蜀山不遠，宋時皆設鹽場。赭山臨海，與紹興龕山對峙，爲江海門户，其土石皆赤，見顧祖禹《方輿記要》，南爲魚鱗石塘，竈舍在塘内，外運鹽赴掣，由陳村港入運河以達省城，無別徑也。

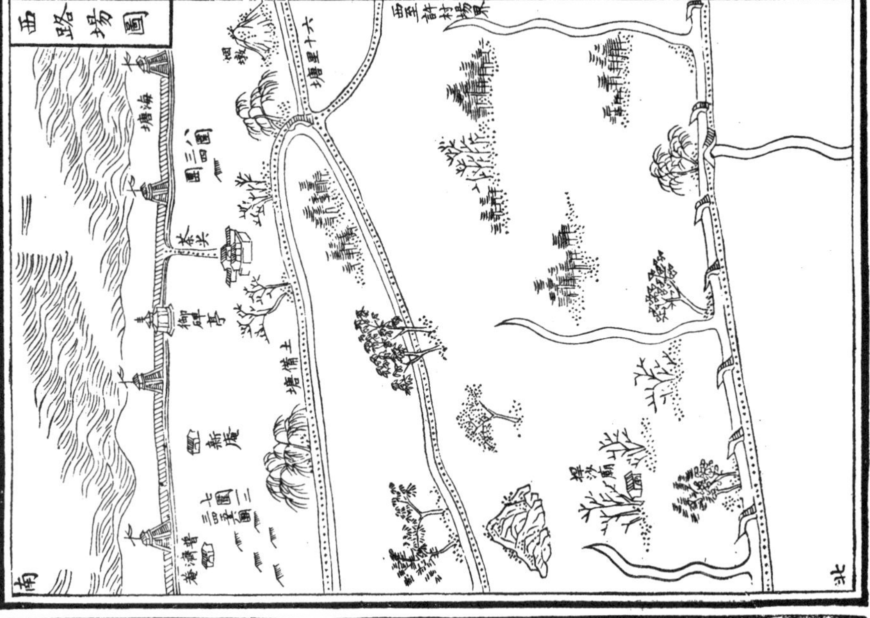

西路場圖
南
北
海塘
八圖
三四圖
茶尖
御碑亭
新庵
七圖一二
三四五圖
普濟庵
土備塘
六十里塘
烟墩
西至許村場界

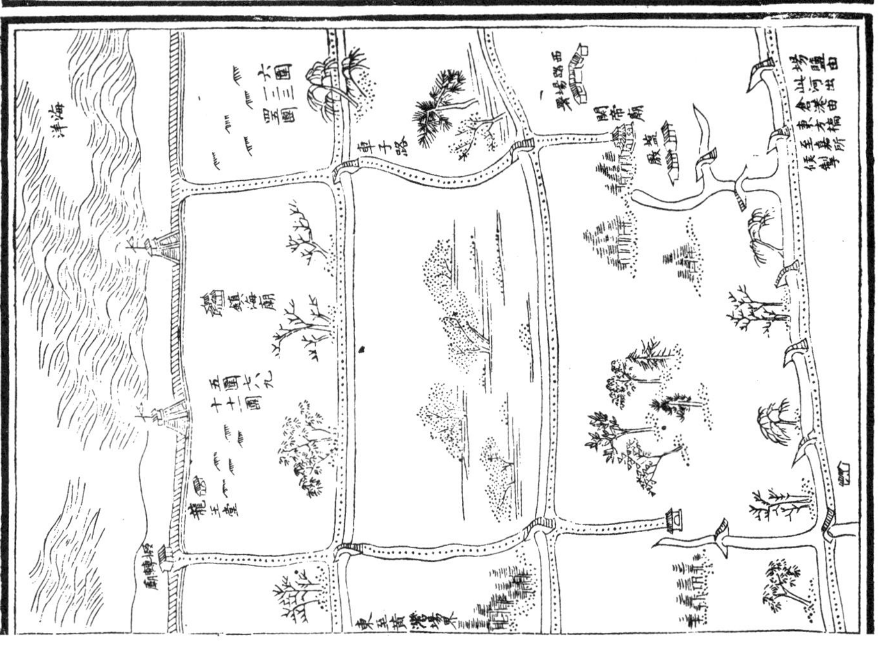

探沙廟
海洋
龍王堂
五圖七八九
十十一二圖
鎮海廟
六圖
一二三
四五圖
東至黃灣場界
車子路
西路場署
關帝廟
鹽廒
場鹽由此河出倉港由東方橋至嘉所候掣

西路場圖説

西路場，宋淳祐四年所置南路場也，有南鹽場廳。元并袁花、黄灣、新興、南路四場，立今名。明洪武初，設於海寧縣東黄灣寺，置東、西二倉，廨宇一所。萬曆三十九年，移置新倉，去縣治將一舍。國朝乾隆五年，分置黄灣場。西路境本遼廓，自分置後，所轄僅一十五里。南爲石塘，上有廿里亭，以形勢言，海潮入尖山斜趨西北，廿里亭正當其衝，自此而西在在衝激，全恃石塘爲之捍禦。場北有報功祠，祀倡義減竈課諸人，明陳與相撰《記》以述其事。

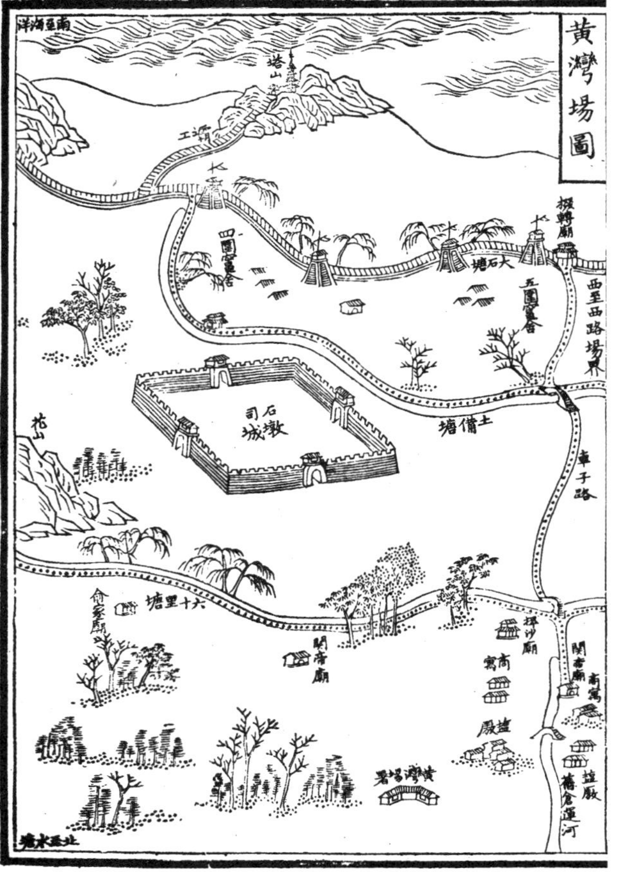
黃灣場圖
南至海洋
塔山
四圍竈舍
大石塘
五圍竈舍
西至西路場界
石墩司城
土備塘
車子路
六十里塘
俞家廟
關帝廟
商竈
鹽廒
黃灣場署
舊倉運河

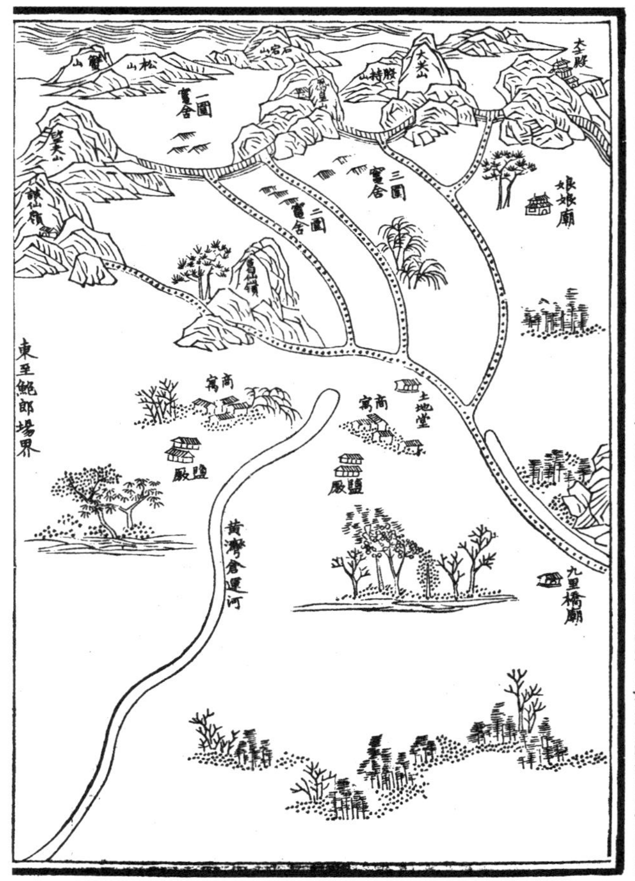
松山
大尖山
一圍竈舍
二圍竈舍
三圍竈舍
娘娘廟
東至鮑郎場界
商竈
土地堂
鹽廒
黃灣倉運河
九里橋廟

黄灣場圖説

黄灣場，由西路場分置，在海寧州舊倉地方。宋《四境圖》有黄灣場，即買納官所總八場之一。南有塘，唐曰捍海，宋曰海晏，元曰太平，明曰障海，皆係土塘，所謂鹽以石、寧以土者也，國朝始建石塘。沿海有大尖山、小尖山、塔山，而尖、塔兩山之間爲北大亹，即三亹之一，潮勢北趨必由此亹而入，隄塘屢受其害。雍正十三年，始築石壩，潮水外行，全塘鞏固，不特蘇、湖、秀三郡田疇無患，即各場亦慶安瀾矣。尖山臨海，最爲險要，下有龍王廟，敕封『運德海潮之神』。又有英濟侯廟，在場北，亦有功於捍衛者。

鮑郎場圖
南
海洋
中立團
李備團
李家團
金塘團
寨前團
總寨團
天后宮
黃道關
西至黃灣場界
永安南湖
永安北湖
八字橋
吳王廟
觀音山
鹿山
吳山嶺
鳳皇山
大士菴
澉浦城
柳橋
鮑郎場署
三官堂
真君堂
運鹽河
雅山
草蕩
北
海塘
浦港
南渫山
青山
長墙山
小海團
長山團
真君堂
湯家團
海門寺
關帝廟
北備團
新團
常川團
軍團
頭團
常川場
北正團
東正團
東寨團
周家團
顧家團
草蕩
東至海沙場界
運鹽河
大步山
隱馬山

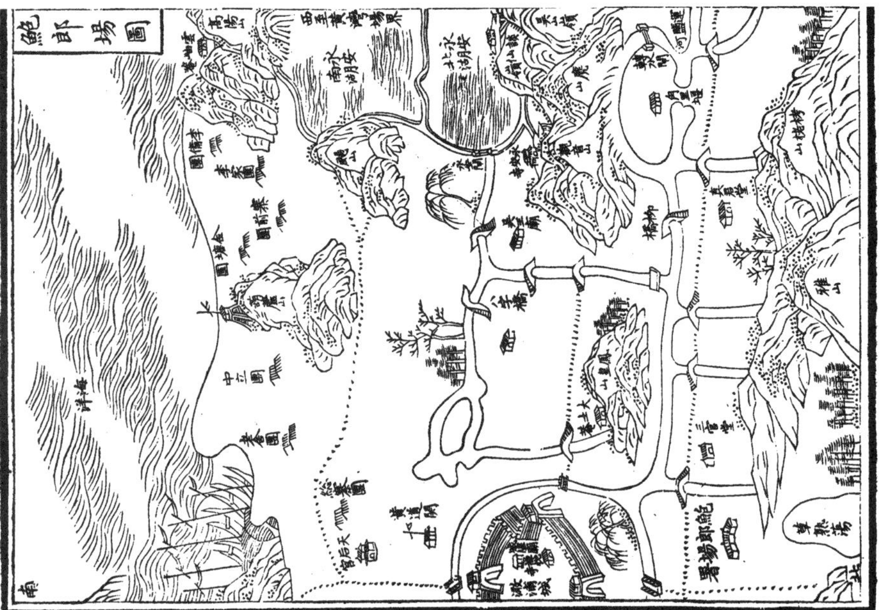

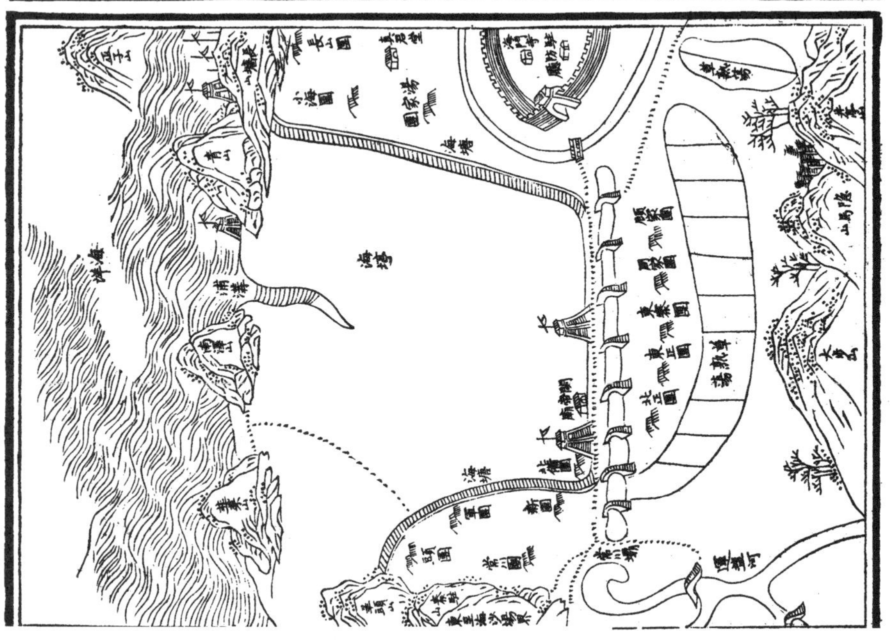

鮑郎場圖説

宋《澉水志》載：大觀中，舊碑額『騎都尉、監澉浦鎮税兼鮑郎鹽場』，嘉定十四年始分專員。據此，則鮑郎場大觀前已置，場、監互兼。宋置鹽官多兼職，觀常褚《題名記》『大聚落置官司兼二』可見[二]。嘉定始分專員，據《嘉定題名記》：『庚辰，詔典銓。註：專官是矣。』[三]元設鹽司令、司丞，明置鹽課大使。國朝雍正七年，添副使一員。乾隆五年，裁。名鮑郎者，昔鹽場初開，此有鮑姓鑿浦煮鹽，故名。場東爲秦望山；西爲譚仙嶺，接黄灣場；南瀕海，竈舍在焉；北至運河水塘。宋，場廨在澉浦城通江橋側，有宋時《廨址碑記》，内有秀野堂，久廢。今署，在澉城水關外鹽倉橋。按邑《志》：鮑郎、海沙二場舊串灰滷，鮑郎爲甚，全恃場司覺察也。

海沙場圖
南
海
海塘
寨
六團
落水寨
大寨
轉塘團
勅海廟
金山廟
九里亭
劉王廟
三間寨
秦駐山
羊頭山
大沙門
南九團
西至鮑郎場界
落塘橋
龍王堂
北四湯家錢團
北四藍田坊團
北四唐家倉團
北四臺頭團
五團
馬家堰
姜家堰
海鹽縣
南四場錢廟團
南四長川壩團
南四鄭街橋團
石古橋
北
大七團
東一團
八團
小七團
二團
一團
巡檢司
天妃宮
三團
東九團
西九團
東至蘆瀝場界
乍浦城
關帝廟
施王廟
行業菴
鹽廒
白馬廟
九里團
龍王堂
海沙場署
西十團
東十團
海平二縣交界
雅山
雅山港
四顧橋
運鹽由此河赴嘉興
馬涇橋
橫浜底
轉塘橋

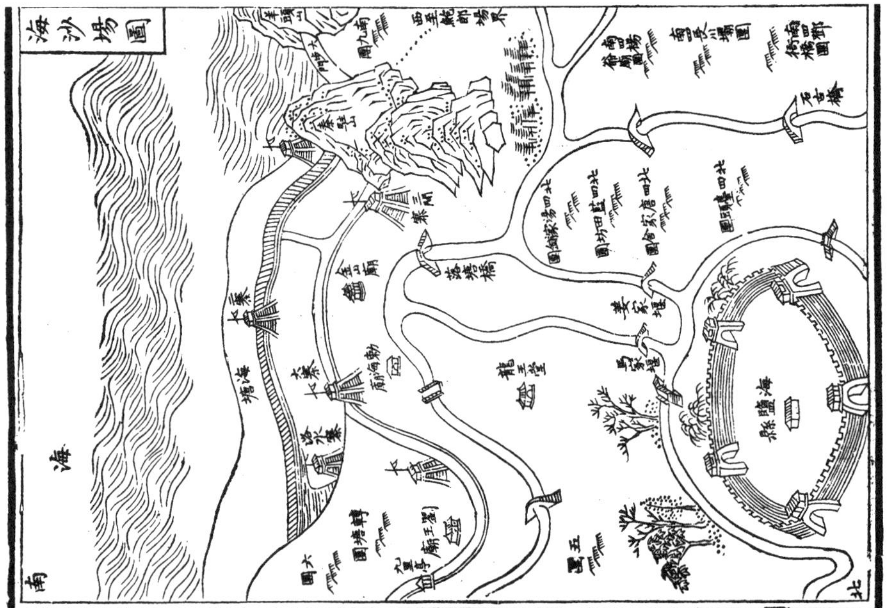

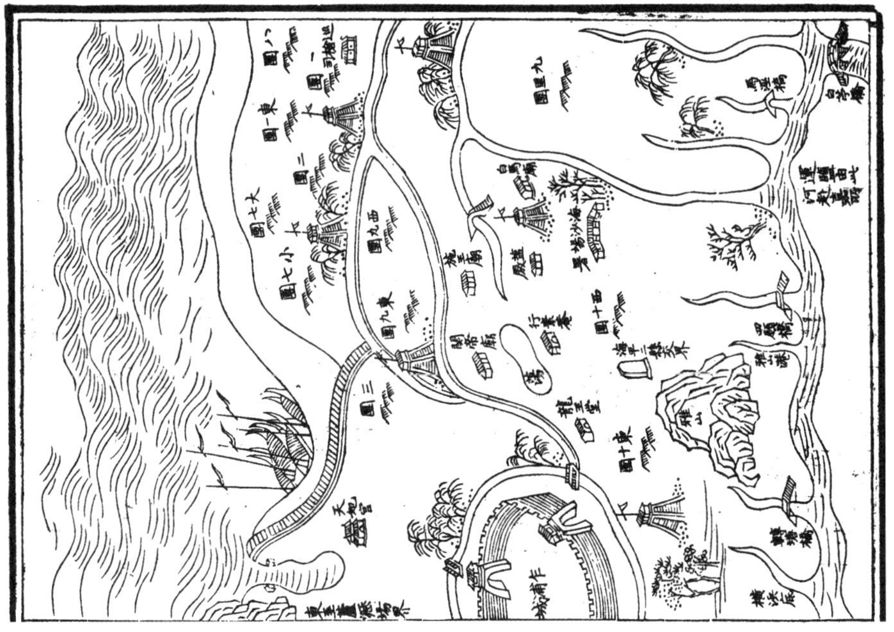

海沙場圖説

按《文獻通考》：漢鹽官二十八郡，會稽海鹽其一也。三國吴，亦設海鹽司鹽校尉。唐置監嘉興，遥領海鹽，是兩浙設官鬻筴斷以海鹽爲始。宋，立場於沙腰村，明道時罷，景祐間復置，又分爲海鹽場，以海鹽監兼管。元并爲一，名海沙場，設鹽司令、司丞領之。元統元年，都御史朱鑑奏移縣東北一十八里。明設鹽課司，東爲乍浦城。元至正間，番舶皆萃於此。明洪武間，築城浦上以備禦。國朝設水師，雍正七年增設都統駐防，實爲海口重鎮。稍北爲雅山；西界秦駐山，與鮑郎場接；南至海。沿海爲石塘，内有備塘，正統間築諸團舍皆在焉。

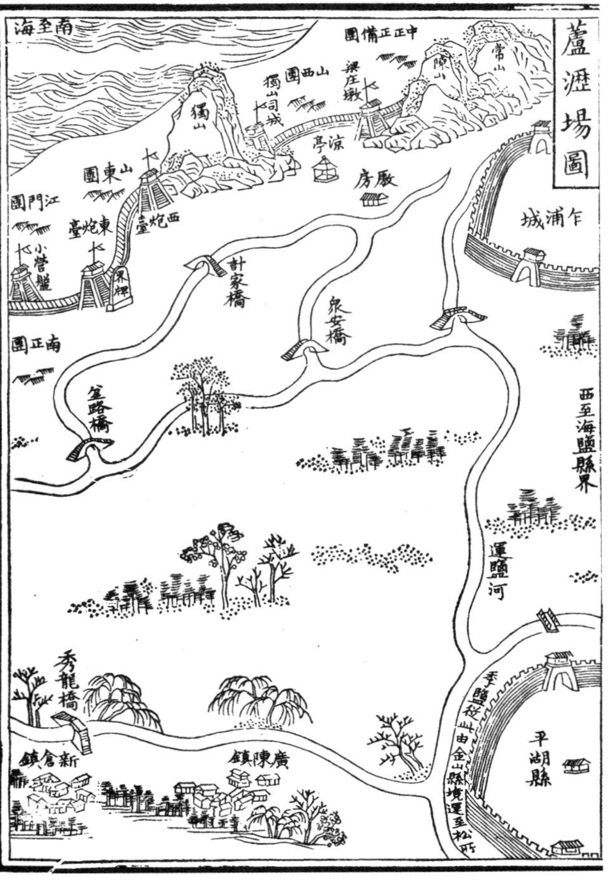
蘆瀝場圖
南至海
中正備團
常山
陳山
山西團
獨山司城
獨山
梁庄墩
涼亭
廒房
山東團
江門團
西炮臺
東炮臺
小營盤
界牌
乍浦城
計家橋
泉安橋
南正團
金路橋
西至海鹽縣界
運鹽河
秀龍橋
新倉鎮
廣陳鎮
平湖縣
季鹽從山由金山縣境運至松所

南備正團
南備團
中上團
石墩
大營盤
西下團
朱家墩
一坦團
娘娘廟
二坦備團
二坦正團
東正團
東至横浦場界
界牌
廒房
蕭家橋
楊裕廟
倪家壩橋
全公亭鎮
全公亭
鎗塘橋
顧家石橋
鹽房橋
蘆瀝場署
舊署
東石橋
落水牛橋
界河橋
街前鎮
北至婁縣界

蘆瀝場圖説

蘆瀝場，本隸海鹽縣。東吴時，名南場。宋改今名，置榷場於廣陳。元祐八年，本路提刑盧適移新昌鎮。元名蘆瀝寺。明初裁并獨山場，洪武元年復置，設鹽課司。宣德五年析縣，以蘆瀝隸平湖。萬曆間，場署移縣治南門。國朝康熙間，復置新昌鎮，今移全公亭。南爲獨山，舊設鹽場於此，孤峯峭萃，故以獨名。下有白沙泉，每越一夕，泉面白沙一層。南爲廣陳，元趙孟堅隱此，有『彝齋』。運鹽由新開、鹽運二河，新開河，明巡鹽御史董威修復；鹽運河，明知縣顧廷對濬，又名顧公河。國朝知縣林緒光並加重修。其名蘆瀝者，舊《志》謂：場在蘆瀝浦，故名。又按邑《志》，其民多刈蘆業，牢盆説頗合，因並存之。

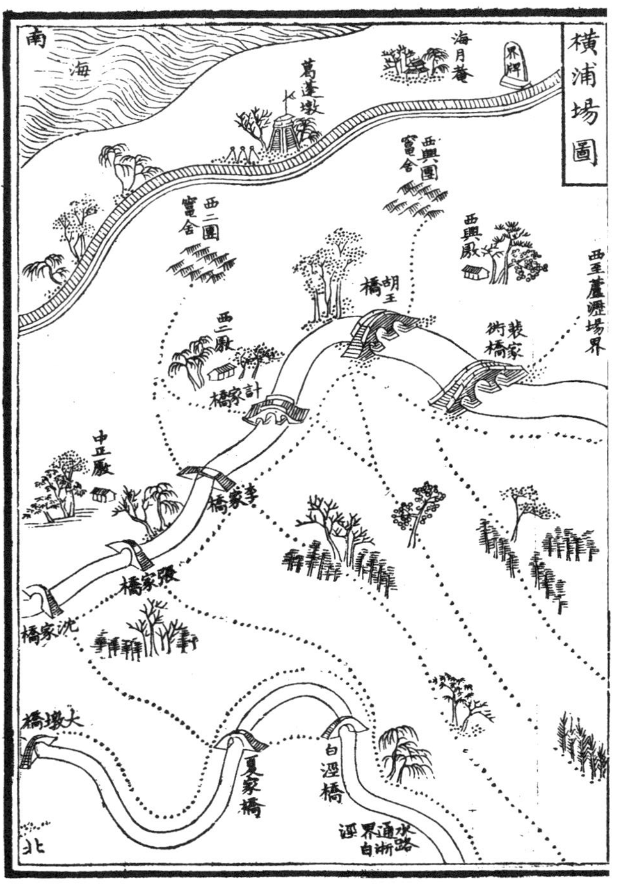
橫浦場圖
南
海
海月菴
葛蓬墩
西興圍竈舍
西二圍竈舍
西興厫
胡王橋
西二厫
計家橋
裴家橋
西至蘆瀝場界
中正厫
李家橋
張家橋
沈家橋
大墩橋
夏家橋
白涇橋
北

金山
青龍港
天妃宫
小普陀
張堰墩
東新圍竈舍
東二圍竈舍
橫瀝墩
東新厫
東二厫
中正圍竈舍
史家橋
王家橋
金山縣
萬壽寺
文廟
城隍廟
武廟
羽家橋
西倉汛
東廟
西廟
橫浦場署
楊家埭
運鹽河
頭橋

横浦場圖説

海鹽縣東二里有横浦，《至元嘉禾志》云：『北通故邑，西達賁湖，南入於海。』[四]明初，置鹽課司，隸嘉興分司，而鹽場則在松江府華亭縣之六保，相距七十餘里。國朝順治十三年，析華亭置婁縣，故場屬於婁，東接金山縣，《圖經》云：『周康王南遊，築此城，鎮大海。』[五]又相傳吴越王錢氏，築此爲戍守處。南爲捍海塘，唐開元元年建，屢遭衝決。自我朝雍正年間，改築石塘，安瀾底績，民永賴焉。塘外有山，屹峙海中，名小金山，楊維楨所謂大金、小金出没於雲海之中者是也。縣名金山，以此場署在婁縣之西昌鎮，鹽運嘉、松二所分掣，而沿途盤驗，平湖縣與金山營汛咸有責焉。

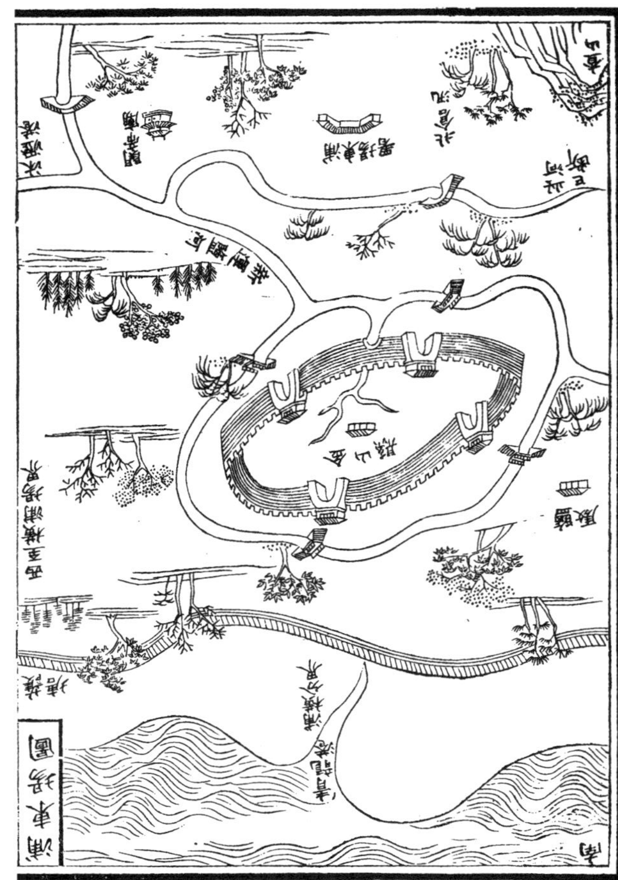

浦東場圖
南
青龍港
浦橫分界
護塘
西至橫浦場界
鹽廒
金山縣
新運鹽河
此河已断
浦東場署
北倉汛
關帝廟
沐瀝港
查山

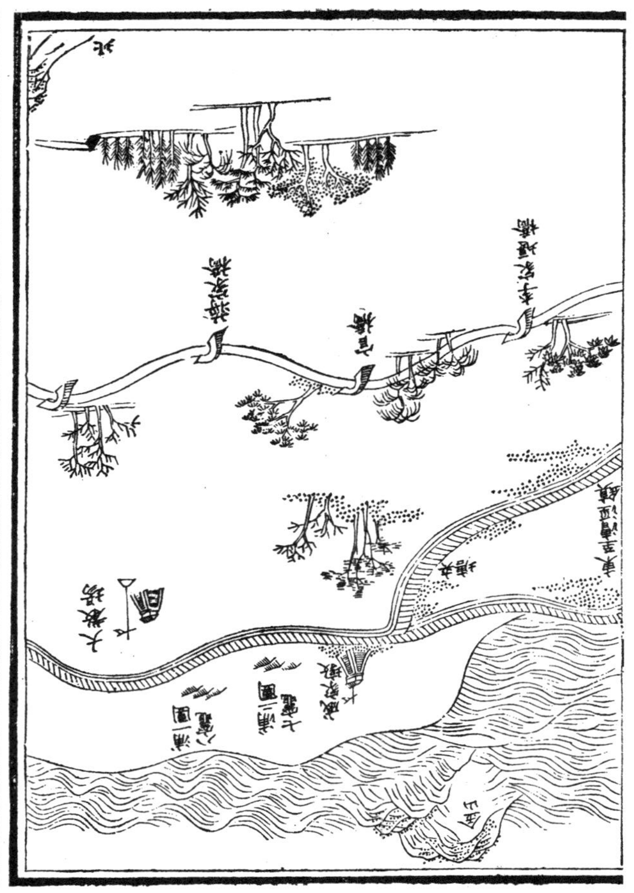

北
李家堰橋
蔣家橋
官橋
大教場
東至漕涇鎮
央塘
戚家墩
浦二團七竈
浦一團八竈
金山

浦東場圖説

五代乾祐時，浦東爲華亭五場之一，宋仍其舊。乾道八年，置搬運倉於張涇堰，主運浦東場鹽。明置鹽課司。國朝順治十三年，析華亭建婁縣，故場屬婁。雍正三年，又析婁置金山縣，今場屬金山。七年，裁并橫浦場。乾隆四年，復置。舊制，分司詣場掣，設署於縣之七保，今毁。場廨在北倉，地方距縣五里，南爲護塘，外有青龍江，吴孫權造青龍戰艦於此。昔通滬瀆入海，浩瀚無際。宋時爲巨鎮，茶場、酒務，其佳麗擬於杭州。元以後，江既阻隘，鎮亦遂廢。北爲新運鹽河，内有柘湖，又北爲張涇，元楊謙隱此，有『不礙雲山』樓，楊維楨撰《記》。其東爲舊運鹽河，竈舍在塘外，向分三團，今止兩團，運鹽皆經新運鹽河，沿途有張堰等汛稽察。

袁浦場圖
南至海
海山
許山
灘山
西新團
東新團
舊石塘
城西團
陸鶴團
城東團
三室墩
梅林涇
漴鈇墩
炮臺
龍王墩
周公墩
陸鶴墩
小普陀
上橫涇
西至浦東場界
通判署
柘林城
都司署
袁浦場署
北聖堂
胡家橋汛
孫家橋汛
新寺汛
法華橋
新塘鎮
北至華亭縣界
法華橋汛
唐家大團
東袁浦墩
石橋頭團
西灣團
廟路口團
何家大團
牛郎廟團
吳家路團
鹽房頭團
焦鹽團
王家墩團
華奉兩邑交界
朱家墩團
成漴墩團
橫林團
柘青兩營交界
王家墩
西袁浦汛
觀音堂
牛郎廟
橫林墩
成漴墩
朱家墩
東至青村場界
周家店
翁庄汛
韓村汛
南橋汛
三官堂鎮

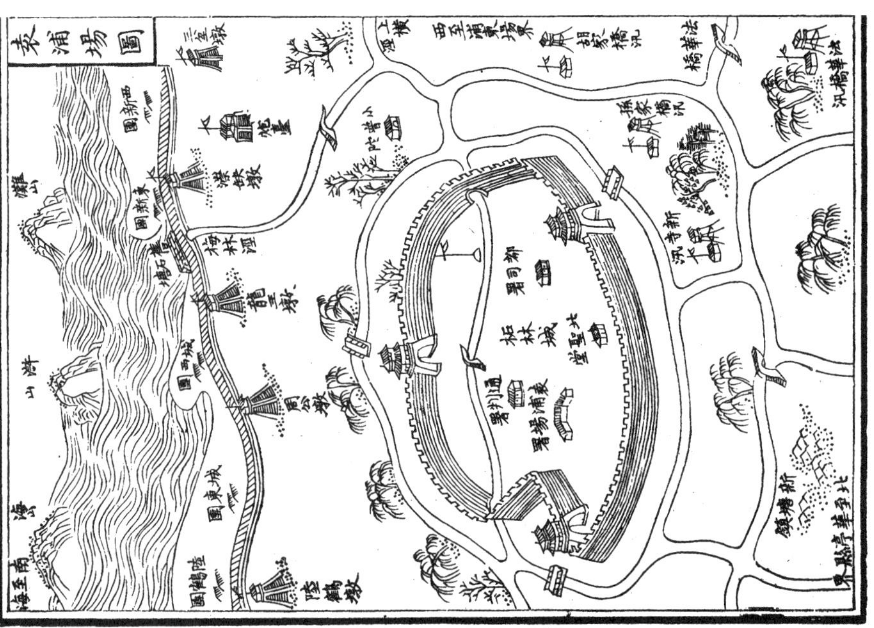

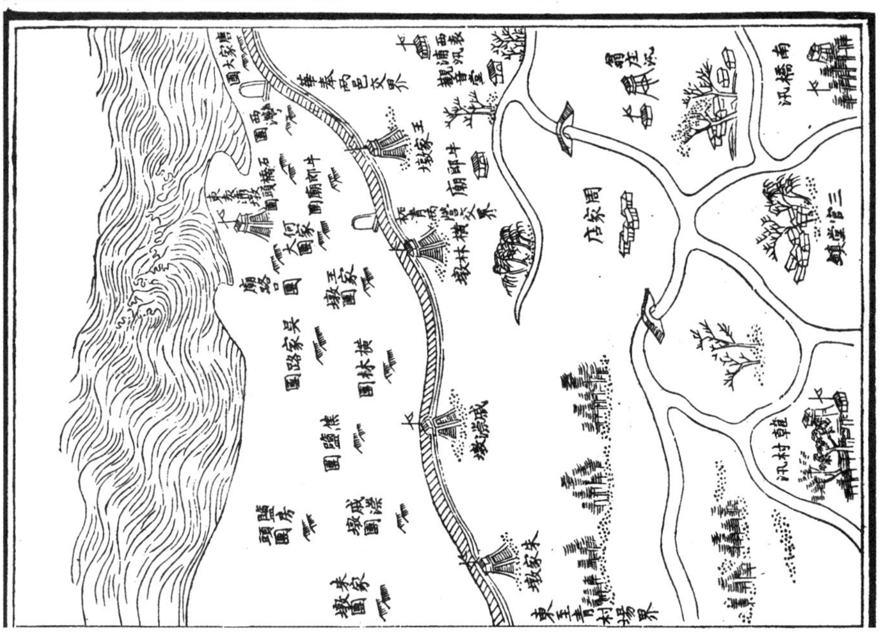

袁浦場圖説

袁浦，一名袁部，宋置場廨於華亭縣之柘林。明置鹽課司，嘉靖間，築城以備倭患，翰林孔目何良俊築別業於此，名傲園，著有《語林》。又有方廣寺，爲唐蔡侍郎功德院寺，有觀音廟，里人得像海上，見夢於僧法元，迎歸祀之，禱無不應，至今祠焉。場北爲南橋，又北爲黃浦。戰國時，黃歇鑿其旁支流，後與江合，遂名黃浦。此水視松、婁二江爲大，故論者即以爲古東江也。運鹽赴掣，由南橋出黃浦，有各隘盤驗，而葉謝塘一帶闤闠流溢，商賈駢坒，水陸四達，偵緝宜特嚴也。

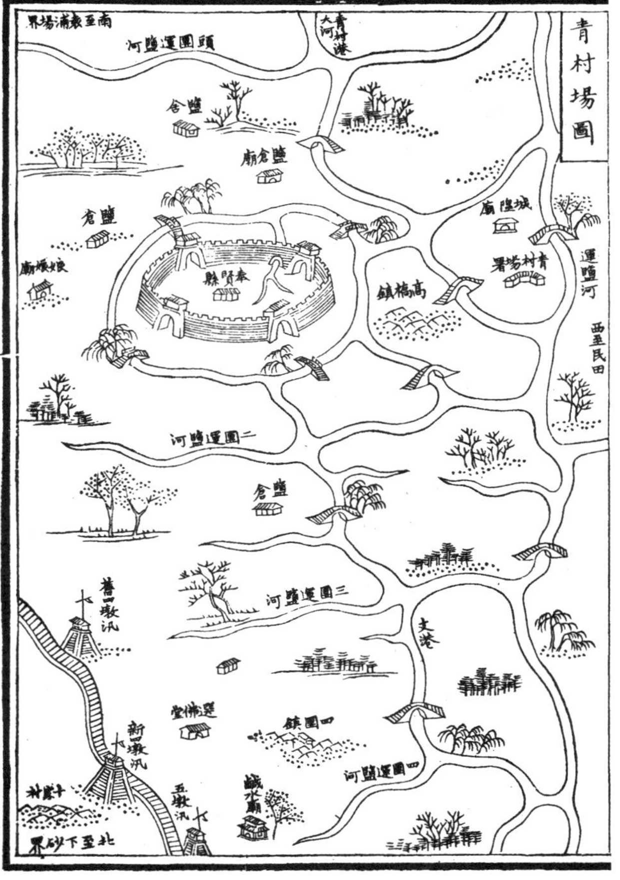
青村場圖
南至袁浦場界
頭圍運鹽河
青村港
大河
鹽舍
鹽倉廟
城隍廟
鹽倉
娘娘廟
奉賢縣
高橋鎮
青村場署
運鹽河
西至民田
二圍運鹽河
鹽倉
三圍運鹽河
舊四墩汛
支港
堅佛堂
四圍鎮
新四墩汛
四圍運鹽河
十墩村
五墩汛
鹹水廟
北至下砂界
頭圍竈舍
朱家墩
大門墩
二圍竈舍
椒墩汛
小普陀
三圍竈舍
頭墩
海塘
東至海
四圍竈舍
萬三墩汛
五滧竈舍

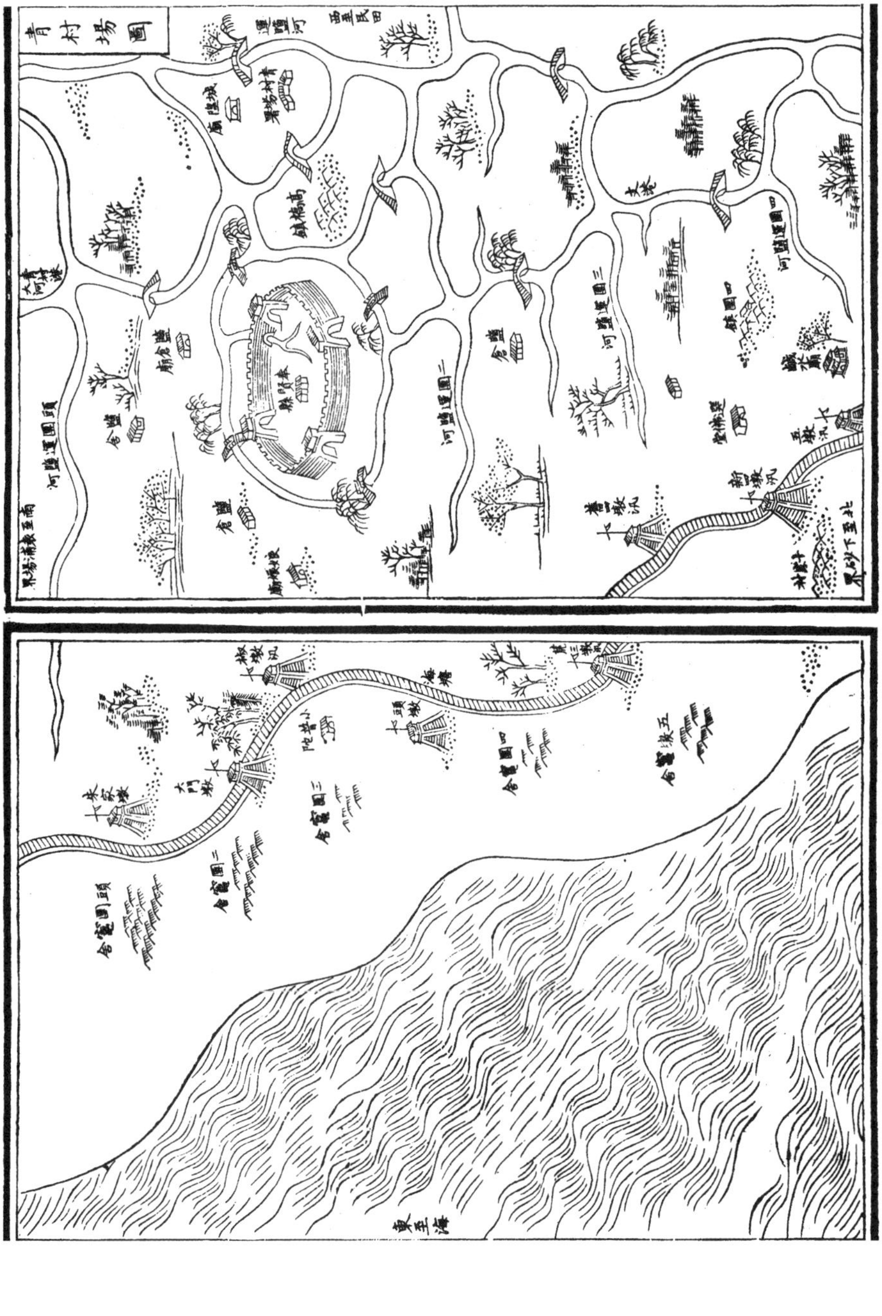

青村場圖説

青村鎮在華亭縣，一名青林，宋設鹽場於此。明置鹽課司。東爲青村城，洪武間安遠侯建，永樂中增修，萬曆間濬池，深一丈六尺，闊十丈，國朝康熙二十二年重修。雍正三年，分華亭爲奉賢縣，即以青村城爲治，場亦改隸焉。城臨大海，左吴淞，右柘林，青村與南匯、川砂居中，皆不遠六十里，首尾相應，爲南直巨防場境。陸路南北接袁浦、下砂，運鹽河有二道，自青村鹽倉北流，會諸水，一西由岡涇塘出浦，一北由閘港出浦。海塘三十里，塘内外皆竈舍，鹽運嘉、松二所分掣。

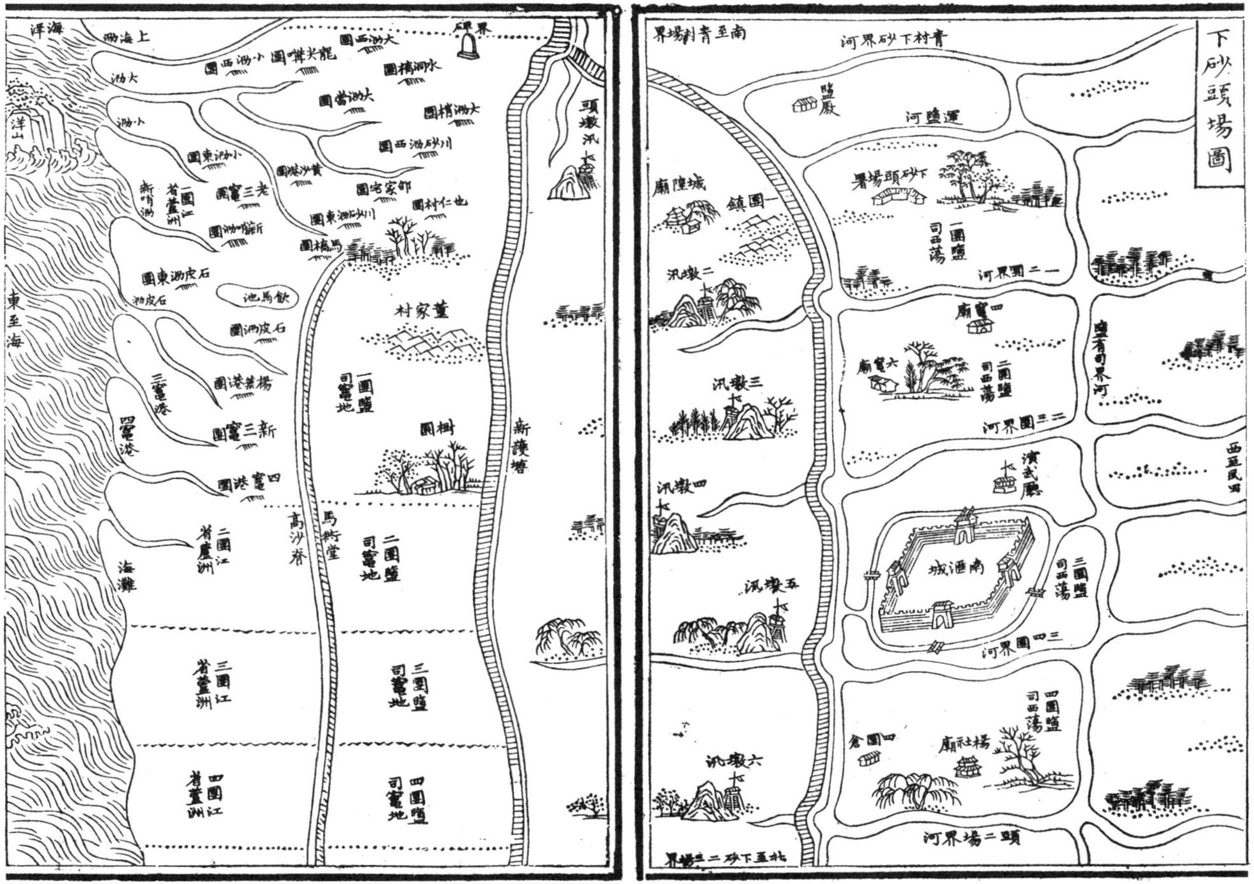
下砂頭場圖
南至青村場界
青村下砂界河
鹽廒
運鹽河
下砂頭場署
城隍廟
一團鎮
一團鹽司西蕩
一二團界河
二墩汛
四竈廟
六竈廟
二團鹽司西蕩
三墩汛
二三團界河
東至青司界河
演武廳
四墩汛
西至民田
南滙城
三團鹽司西蕩
五墩汛
三四團界河
四團鹽司西蕩
楊社廟
四團倉
六墩汛
頭二場界河
北至下砂二三場界
海洋
上海洋
界碑
頭墩汛
洋山
東至海
新護塘
董家村
樹園
飲馬池
高沙脊
馬繞塘
海灘
一團鹽司竈地
二團鹽司竈地
三團鹽司竈地
四團鹽司竈地
二團江省蘆洲
三團江省蘆洲
四團江省蘆洲
一團江省蘆洲

下砂頭場圖説

下砂鎮在上海縣，由縣而北勢灑下，因名下砂，一名隺砂，今屬南匯縣。宋建炎中，設松江分司。元，遷鹽場於石筍里，名新場，復移周浦鹽倉於下砂。明初，下砂仍設分司，以横浦、浦東、袁浦、青村、下砂五場鹽課司隸焉。正統二年，移鹽場於新場鎮，如元舊。國朝，設大使場，署在縣之南二墩，東濱海，西通鹽鐵塘。世傳吴越王爲此以運鹽，錢後[六]，宋人開港二十八所，鹽商舟楫，往來交通，改名下砂浦。又西爲周浦，宋詩人儲泳故里也。東爲運鹽河場，鹽出浦皆經此。又按邑《志》：下砂多巧工，精刺繡，稱下砂繡云。

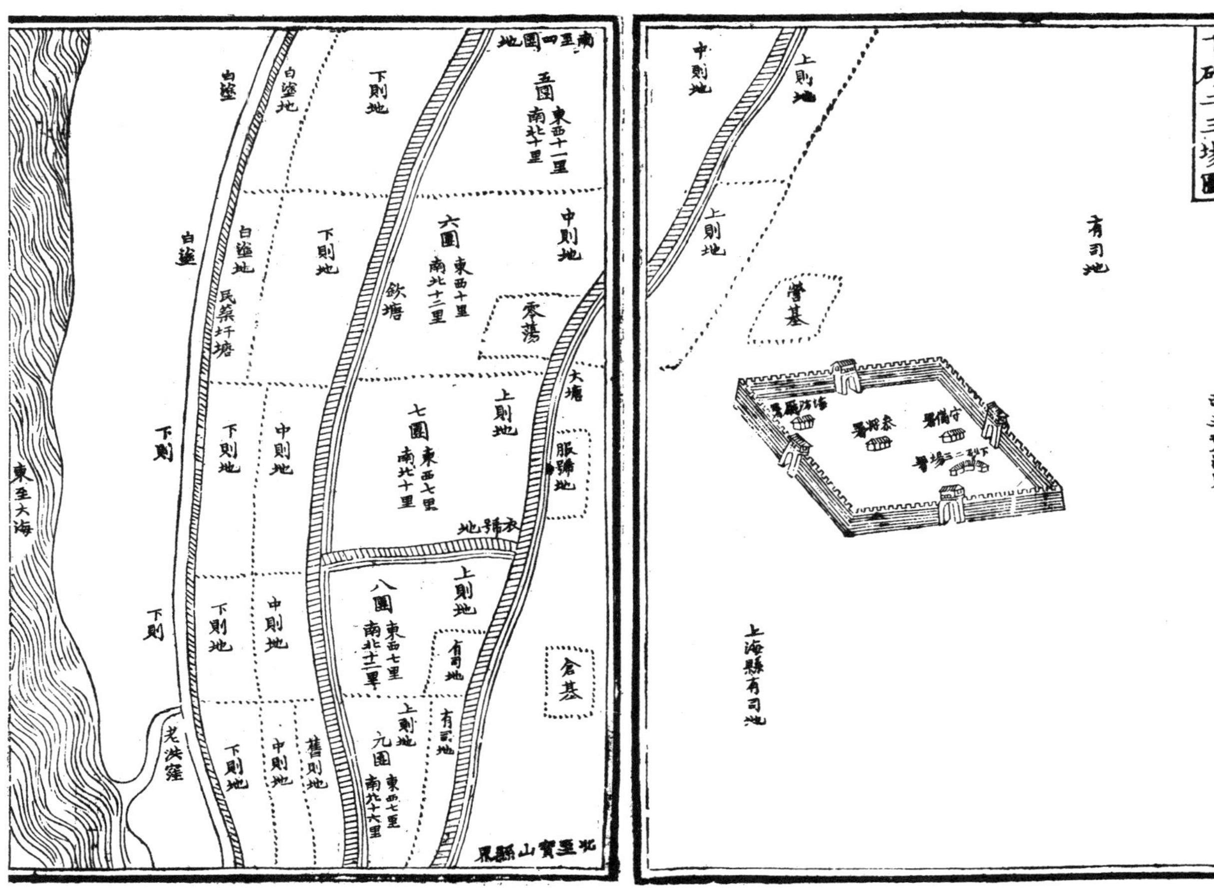
下砂二三場圖
西至黄浦界
有司地
上海縣有司地
營基
守備署
泰將署
海防廳署
下砂二三場署
上則地
中則地
南至四團地
五團 東西十一里 南北十里
六團 東西十里 南北十三里
七團 東西七里 南北十里
八團 東西七里 南北十二里
九團 東西七里 南北十六里
北至寶山縣界
東至大海
白塗
白塗地
民築圩塘
欽塘
大塘
零蕩
服歸地
衣歸地
倉基
有司地
下則
下則地
中則地
上則地
舊則地
老洪窪

下砂二三場圖説

下砂二三場，明正統五年，都御史朱與言奏分下砂爲三：東北者爲二場，二場之北爲三場，設大使、副使各一領之。嘉靖時，二、三場竈户逃亡，不設煎竈。至國朝康熙四十一年，題汰三場大使，并入二場。雍正二年，又裁二場，總歸頭場兼理。七年，復設二場，場官一員。乾隆五年，又復設三場，是爲下砂二三場，署在南匯縣之川砂堡。《江南通志》云：『川砂，舊名八團鎮，有三場鹽司。』按之，即今處字，本從水，以多水患改作砂，賦爲兩浙最。南界南匯，北過慶寧寺，寺爲宋建炎間造，古刹也。西有三林莊、沈莊塘，皆通黄浦要道。又有北蔡市，市心有虹橋，東爲運鹽河，循海塘北行，通諸團運鹽支渠。

崇明場圖

南
北
太倉州城
通州城
海
西至海門
東至大洋
九豐沙
協泰
銅沙
三條港
二條竪河
頭條竪河
南門港
施翹河
炮臺
崇明縣
鎮標
演武廳
金鰲山
白米沙洪
冀家沙
長安沙
小竪河
老墩
灣港
海沙
行港
漲張港
竈戶
狼山
海門鎮
戲臺沙
堡城
當沙頭港
鹽廠
崇明場署
二墩
五墩
六墩
七墩
八墩
十墩
蝦撇墩
漲水洪
朝日頭港
分防廳
七滧營汛
竈舍
大斜路口
北當沙頭港
寶山縣

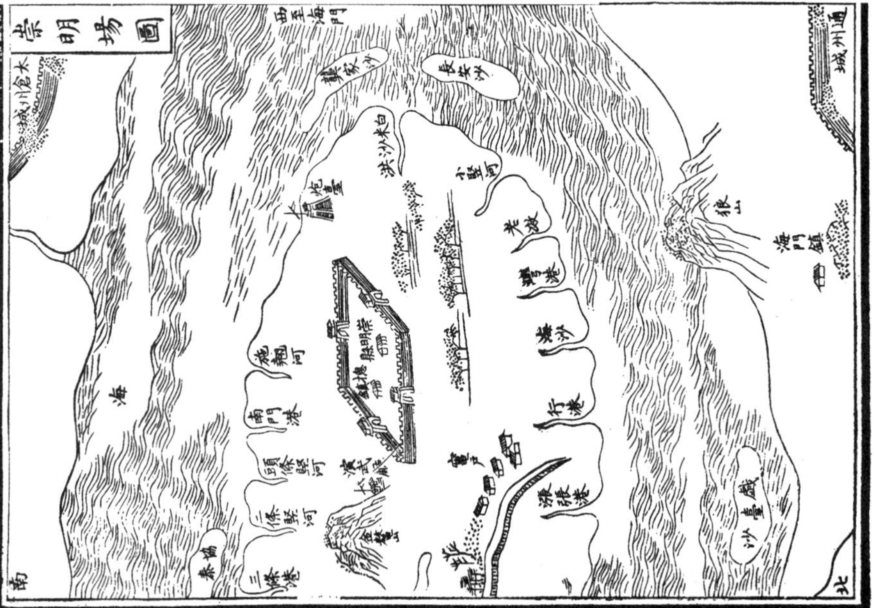

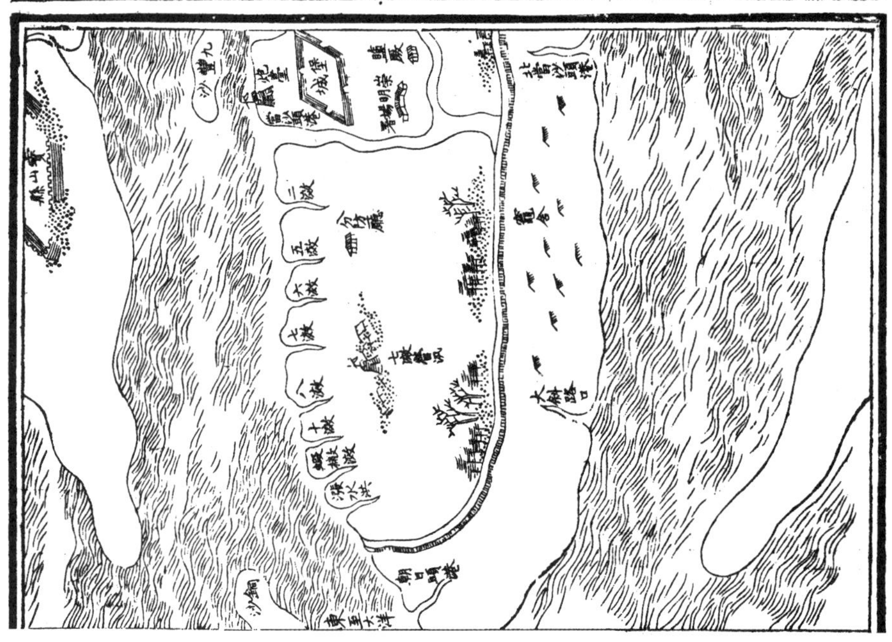

崇明場圖説

崇明，本通州海濱地。唐武德間，海中湧出二州，謂之東、西沙，楊吴因置崇明鎮。宋天聖三年，續漲一沙，名姚劉沙。嘉定間，變爲斥鹵，置天賜鹽場，崇明之鹽場自此始。元至元中，升姚劉沙爲崇明縣。明成化十八年，置天賜溝場并大使副使一員，以莞瀆鹽課，派撥三分之二煎辦。弘治間，全沙淪没。隆慶間，裁革大使。國朝乾隆四年，復設，易今名。場署在沈安狀堡，有大通、富民、天仙諸河，是爲支河。北施翹河，乃幹河也。河自長沙逶迤達於袁、吴、孫三沙，三沙有金鳳山，舊名金鼇。三沙之北有寶慶寺，文天祥有『海上瀛洲』遺篆；其東北海中有蛇山、洋山、鶯游山，洋山爲江浙會哨之所。場向屬包課，並無歲額，亦不設團，唯置巡船捕役，以緝私爲盡職耳。

錢清場圖
南
北
西小港
批驗所
新閘河
湘湖
安山
蕭山
蕭山縣
西至仁和場界
南沙圖
鳳皇山
瓜瀝塘
長山
張神廟
龍王堂
昌圖
泰圖
豐圖
寧圖
盛圖
盈圖
馬塘
牧地
馮家河
西興場起界
官河
型塘埠
獨山
一錢亭
劉寵廟
錢清圖
南倉
新寧圖
戴家橋圖
廣聚倉
錢清鎮
錢清場署
北倉
東至三江場界
安昌圖
安昌倉
湖門圖
三祇菴
九墩倉
瓜瀝圖
盛陵圖
九墩圖
航塢山
洛思山
龕山
龜山
雷山
鶯子山
赭山

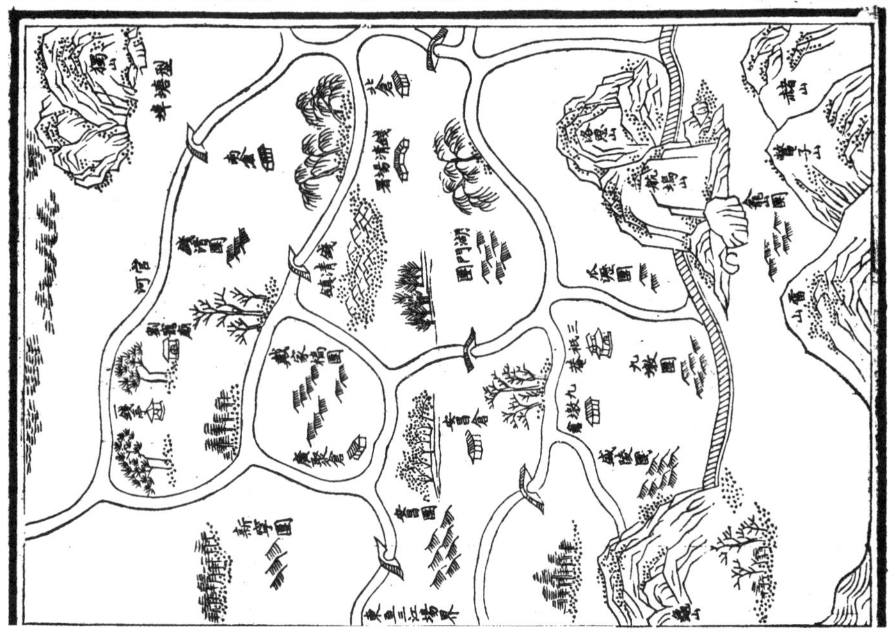

錢清場圖説

錢清場，宋初置。至明，以元蕭山縣興善寺運米倉基改設。其名錢清者，或云後漢父老持百錢送太守劉寵，各取一大錢納之，因以此表其清。一云錢武肅王誅董昌得名。廨在縣之鳳儀鄉，初隸蕭山，後屬山陰。

國朝雍正二年，以西興場竈舍無幾，并錢清，故場境益大。東西兼有航塢、蕭然諸山，而湘湖亦在其南，澄泓泛灩，中産蓴菜，不減江東。其地之最古者，爲固陵。《越絶書》云：『范蠡敦兵城也。』又有劉寵祠，在錢清鎮。會稽郡丞江革祠、漕運官張夏廟，皆在西興，咸有功德於民者。場北自龜山起至西興，爲瓜瀝塘，沿塘皆竈舍。運鹽赴所，多支河小港，有營汛盤詰。若由他道，即爲私鹽。

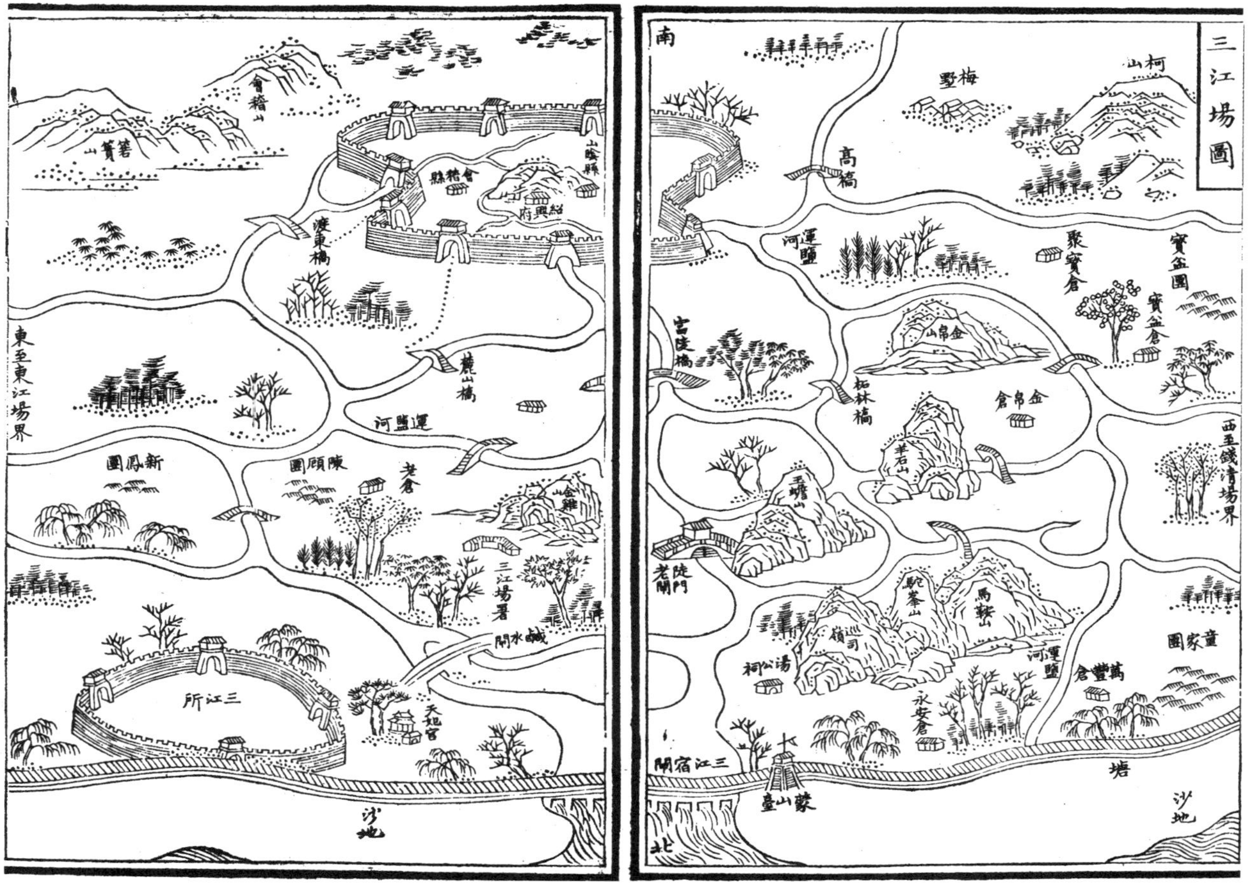
三江場圖
南
柯山
梅墅
高橋
運鹽河
聚寶倉
寶盆圃
寶盆倉
宮陡橋
柘林橋
金帛山
金帛倉
西至錢清場界
羊石山
玉蟾山
陡門
老閘
駝峯山
馬鞍山
司嶺
湯公祠
運鹽河
萬豐倉
永安倉
童家圃
三江宿閘
蒙山臺
塘
沙地
北
會稽山
善寶山
山陰縣
會稽縣
紹興府
渡東橋
東至東江場界
麓山橋
運鹽河
新鳳圃
陳顧圃
老倉
金雞山
三江場署
減水閘
三江所
天妃宮
沙地

三江場圖説

三江場，在山陰縣東。北宋熙寧改鹽法，以錢清分爲三場[七]：一曹娥，一三江。明設鹽課司於縣治之陡亹鎮。陡亹舊有閘，唐貞元間，觀察使皇甫政建，凡七門，以洩鑑湖之水，出三江口入海。明郡守湯紹恩建閘於三江，上應斗宿，凡二十八洞，以時啓閉，而三縣無水患，陡亹閘遂廢，縣民德之，建祠閘上。國朝雍正三年，敕封寧江伯。萬曆間，閘稍壞，知府蕭良幹增石修之，改旁四洞爲常平閘，以洩暴漲。閘口有三江城，明湯和設，城西北隅爲海口，西連浙江，北通瀓浦，其地廣産牢筴。乾隆五年，始析爲二：一名東江，一名三江。歲額爲不減云。

東江場圖
南
北
紹興府
運鹽河
運河
梅山
安城廟
新安團
共肩倉十五條
西至三江場界
長盈倉
徐神廟
華藏菴
萬灣廟
竈田
三江所
巫山
閘
沙地
海
新寧倉
運河
張神殿
運河
寧桑廟
馬山鎮
隆慶寺
馬山
東至曹娥場界
運鹽河
永豐倉
永裕倉
永濟倉
長興倉
寶勝倉
偁浦團
共季倉三條
桑盆殿
鎮塘殿
茶亭
塘角廟
永濟新倉
真武殿
東江場署
新寧團
姚宋團
東江流水爲界
瀝海所

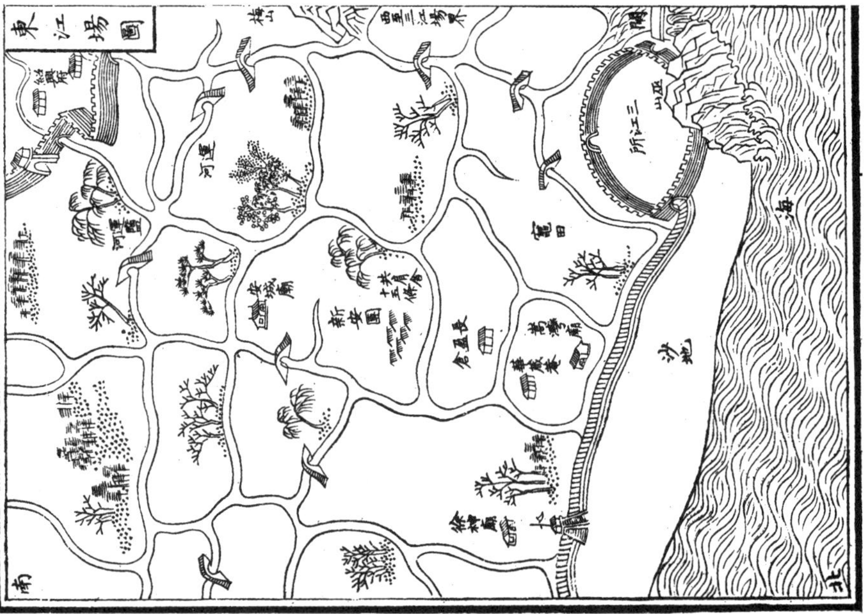

東江場圖説

東江場在會稽縣，乾隆五年，由三江場分設。宛委諸山在場之西南，所稱『藏金簡玉』字之書者也。西有巫山，一名梅山。相傳，越王翳避位於巫山之穴，越人薰而出之，後葬其上，因名。《縣志》：『漢梅福居此，故又名梅山，下有子真泉。』梅山之北有浮山，在海口。東爲車家浦，接曹娥場界，北至海塘竈舍。向撥四團，今存三團，鹽由陸家橋出西小港，抵所候掣。

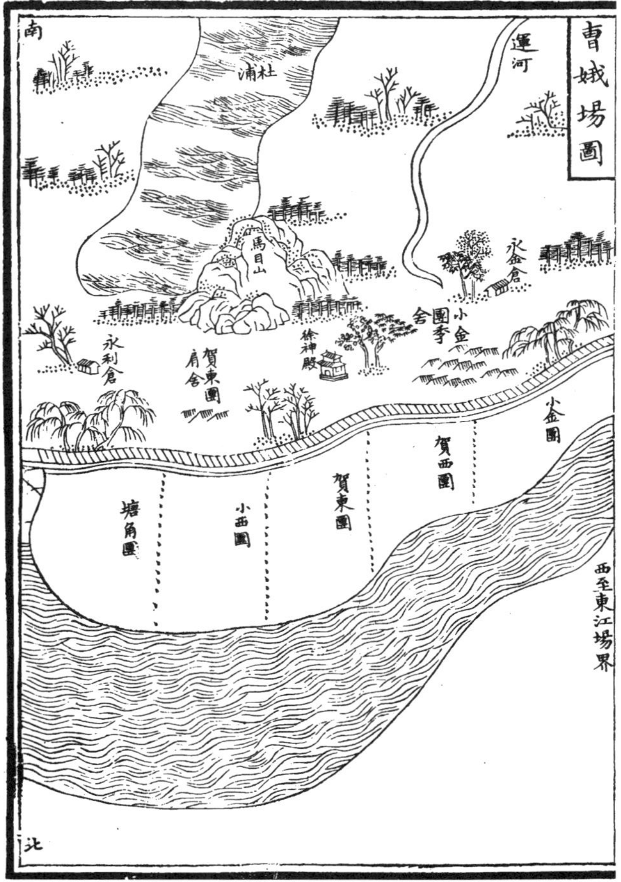
曹娥場圖
運河
浦杜
南
馬目山
永金倉
小金
季圖
舍
徐神殿
賀東圖
肩舍
永利倉
小金圖
賀西圖
賀東圖
小西圖
塘角圖
西至東江場界
北
龜山
孝女廟
曹娥場署
運鹽各就近
出場赴紹所
曹娥江
本倉圖
屠家埠圖
亂石塘
東至金山場界

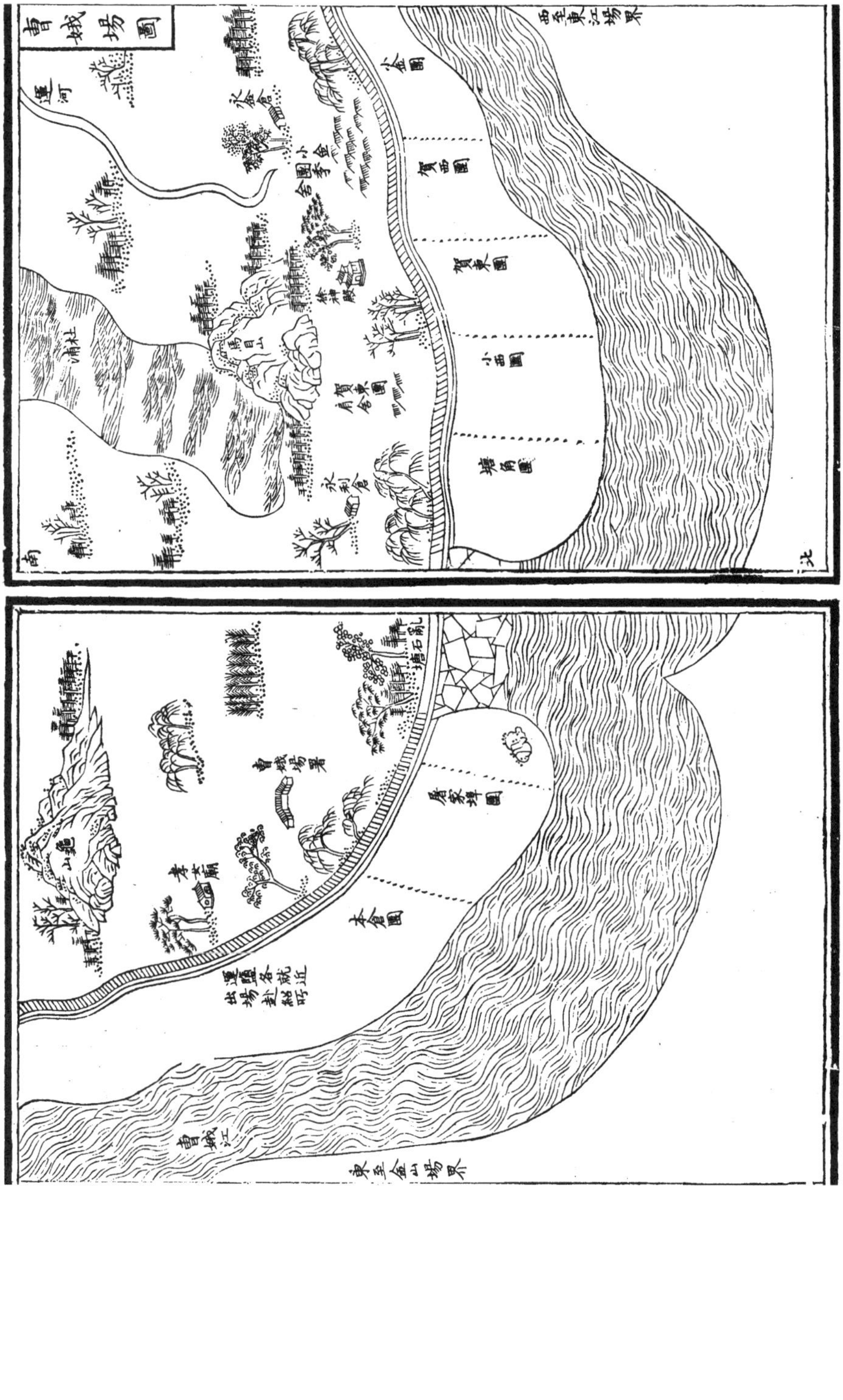

曹娥場圖説

會稽縣東有曹娥江，舊名浦陽，以漢孝女曹娥尋父屍，自沉於此，因更今名。江上有埭，埭上有孝女廟，宋增建娥父曹府君祠，旁有娥墓。場爲宋熙寧間錢清場分出，元、明并仍其舊。迤東，臨江爲鹽課司，又東爲百官渡，西南有馬目山，《水經注》『洪濤一上，波隱是山，勢淪嵊亭』者是也。下爲杜浦江，左右皆鹽場，分東、西二扇，西扇在會稽，東扇在上虞。國朝乾隆五年，分設金山場，以東扇隸新場，西扇歸曹娥。運鹽各就近出場，赴紹所掣驗。

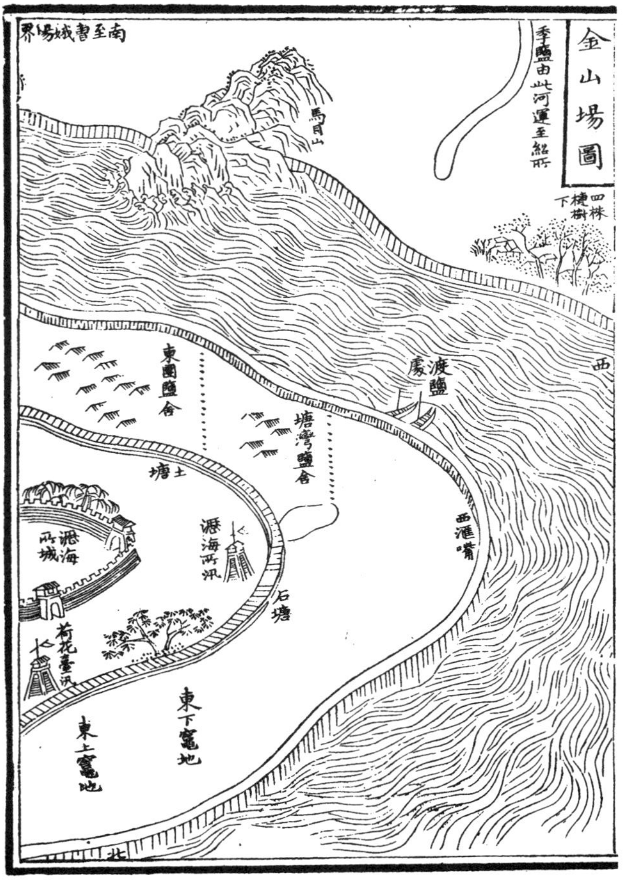
金山場圖
南至曹娥場界
馬目山
四株樹下
西
渡鹽處
東圍鹽舍
塘灣鹽舍
土塘
西滙嘴
瀝海所城
瀝海所汛
石塘
荷花臺汛
東下竈地
東上竈地
北

落星石
孝女廟
曹娥江
梁湖竈地
梁湖汛
上虞縣
蘭芎山
梁湖渡
龍山
後郭竈地
前江竈地
百官鹽舍
百官渡
金山場署
大舜廟
東至石堰場界
梁湖司署
夏蓋湖
夏蓋山
南上竈地
南下竈地
顧家臺汛

金山場圖説

場於乾隆四年，由曹娥場分出，中隔一江，凡東扇之百官、雁埠諸團，皆隸焉。設鹽課大使一員，專領團事。金山者，以地有金雞山，在下竈之前，世傳有金雞二鳴石上，石爲迸裂，故名。廨設上虞縣治之。百官鎮場北爲夏蓋山，舊傳夏禹駐蓋於此。下即夏蓋湖，南唐長慶二年，引灌永豐、上虞、寧遠、新鄉、孝義五鄉田，兼有魚、蝦、茭、葦之利，俗謂『日産黄金方寸』。自湖而西爲纂風鎮，有瀝海所城，明設千户防守，今裁。其地濱臨江海，各就淋地熬煮，運鹽由外江至會稽四株槤樹下，過壩赴掣。

石堰場圖
南
禾山
屯山
大湖門山
廟山司
女仇湖
運鹽由山河經餘姚縣溪曹娥江
西至金山場界
臨山衛
鹽倉
界塘
梁下西圍
梁上圍
梁下東圍
石堰場署
上林湖
梅梁山
燭溪湖
眉山
日入山
烏山
滸山所
三山司
東至鳴鶴場界
勝山墩
柏上圍
柏下圍
埋下圍
埋上圍

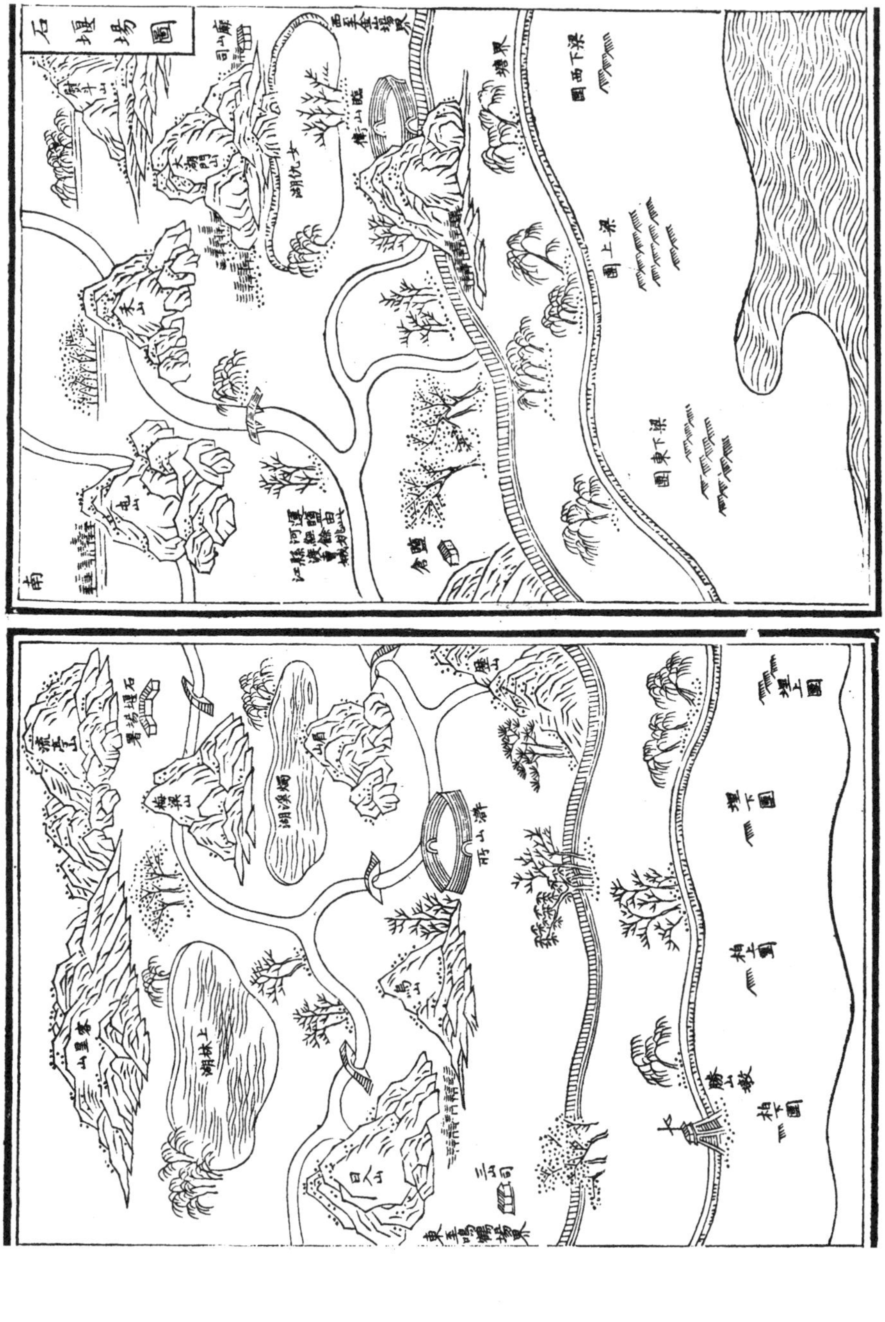

石堰場圖説

餘姚縣石堰場，舊名買納場。宋分石堰爲東、西場，與鳴鶴鼎居鄞、越之交，後并東場於鳴鶴，而西場獨存。元建鹽課司於流亭山，明仍其舊。今場署在縣治之東北二十里，場北有大塘，名蓮花，其下有周、潮、榆、柳、利濟五塘。周塘爲推官周進隆築，進隆因軍民與竈户争地，築此界之，因呼周塘。上有臨江衞，坐衝大海，爲番舶咽喉必由之路，民設武弁防守。北瀕海爲歷山，相傳舜封支庶於餘姚，思舜，故取像於此。南爲梅梁山，山左右有女仇、燭溪諸湖，而北堰爲鎮海等邑，回潮傾注，鹽船守候稽時，因築通明壩，分導壅遏，以通官民舟楫。北堰則專達鹽運，莫不便之。場廣産土滷煎辦外，餘滷許別場買濟云。

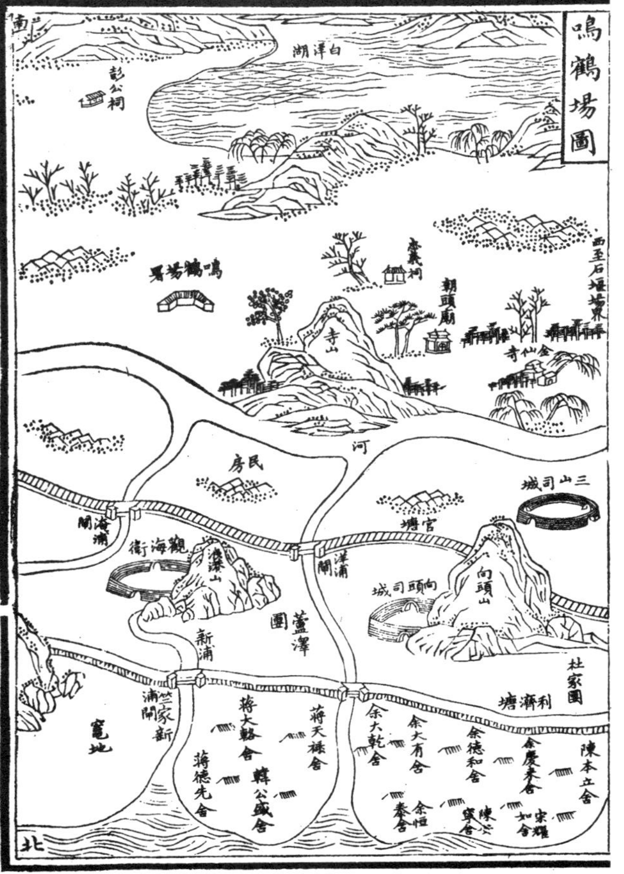
鳴鶴場圖
南
白洋湖
彭公祠
鳴鶴場署
西至石堰場界
朝頭廟
金仙寺
寺山
三山司城
官塘
觀海衛
洋浦閘
淹浦閘
向頭山
向頭司城
蓋澤圖
新浦
杜家圖
利濟塘
新家竺浦閘
竈地
蔣天祿舍
蔣大駱舍
蔣德先舍
韓公盛舍
余大乾舍
余大有舍
余德和舍
余慶來舍
陳本立舍
宋耀如舍
陳公寶舍
余恒泰舍
北
河
民房

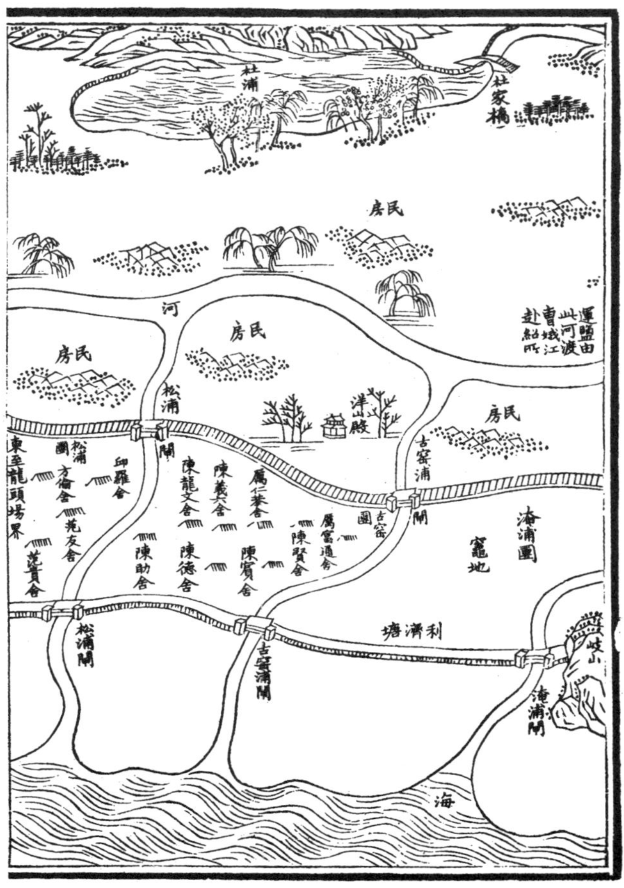
杜浦
杜家橋
民房
河
運鹽由此河渡曹娥江赴紹所
松浦閘
洋山殿
古窑浦
古窑浦閘
淹浦圖
竈地
東至龍頭場界
松浦圖
方倫舍
印羅舍
陳龍文舍
陳義舍
厲仁來舍
古窑圖
厲富通舍
陳賢舍
陳賓舍
陳德舍
陳助舍
苑友舍
范貴舍
利濟塘
松浦閘
古窑浦閘
淹浦閘
岐山
海

鳴鶴場圖説

宋咸平間，置場於慈谿縣之鳴鶴鄉，後改隸越州。元元貞初，合鳴鶴、東、西石堰爲一場。明洪武二十五年，重置。弘治時，侍郎彭韶題改折鹽倉，場署在寺山之側。其名鳴鶴者，相傳地有山如鶴飛鳴然。或云唐元和時，虞九皋，字鳴鶴，第進士，鄉人重之，因以名其所居。内有松浦、古窑浦、淹浦、洋浦四水，而古窑、淹浦爲鳴鶴一鄉之關鎖，内以蓄杜湖之水，外以捍海上之濤，鹽丁載滷，悉由於此。其北爲觀海衛，明設指揮使，以三山、龍山爲左、右翼者也。衛西即向頭，所設烽堠蕩地，悉在塘外，團舍棊布，運鹽赴所，絶曹娥而西，無他繞道。肩販多在長溪一帶，偵緝宜加謹焉。

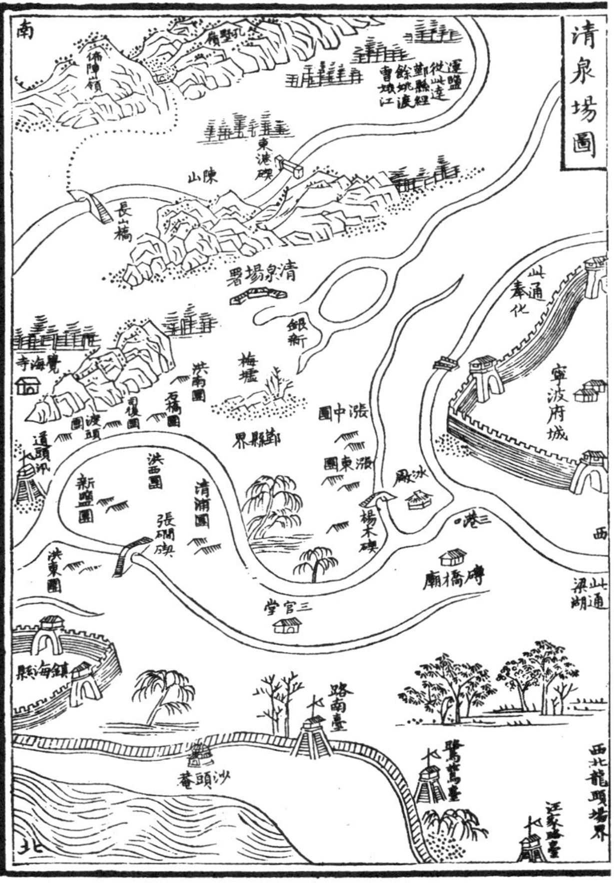
清泉場圖
南
運鹽從此達鄞縣經餘姚渡曹娥江
佛陣嶺
東港碶
陳山
長山橋
清泉場署
銀衖
梅墟
覺海寺
洪南圖
中張圖
東張圖
鄞縣界
通頭汎
洪西圖
新盤圖
清涌圖
張碶
楊木碶
冰廠
三港
洪東圖
磚橋廟
三官堂
山通奉化
寧波府城
西
北通山湖
鎮海縣
路南臺
沙頭庵
鷺鶿臺
西北龍頭場界
北

大嵩臺
打鼓臺
青嶼嶺
張師橋
東
王北圖
後砂圖
戴家圖
義成橋
小港口
葫蘆圖
金雞汎
笠城
鎮海大關
金雞山
招寶山
游山

清泉場圖説

清泉場在鎮海縣崇邱鄉，宋崇寧三年置。明設鹽課司，去縣僅十里。縣濱海，有招寶、金雞二山對峙，以爲屏障。招寶，舊名候濤，以諸番入貢停舶，改名招寶，四向無際，琉球、日本諸國，皆在指顧間。原設臺堠，明嘉靖間建城後改所，外又有虎蹲、蛟門二山，《輿記》所謂『天設之險』是也。其東境之水，自義成、長山二橋，歷東江碶，南達鄞縣，爲運鹽道路。場界自遷棄後，近惟内港開煎。運鹽從鄞縣達餘姚、上虞二邑，過曹娥江抵紹所候掣。

龍頭場圖
南
北
達蓬山
松浦城
山居管團
宜家橋
中管團
佛泉亭
上管團
東管團
聖壽寺
沈窖湖
鳳浦湖
龍頭場署
運河
石塘東團
中甲西團
中甲東團
大悲菴
海雀菴
施公臺
西管團
秦公橋
黃艸路亭
下管團
伏龍山臺
赤石廟
石塘西團
石塘山臺
息雲山臺
南門路亭
洋山殿
洞門菴
西至鳴鶴場界
九龍山
北管西團
梅林中團
北管東團
蟹浦山
汪家路臺
東至清泉場界
息雲寺
東霍山

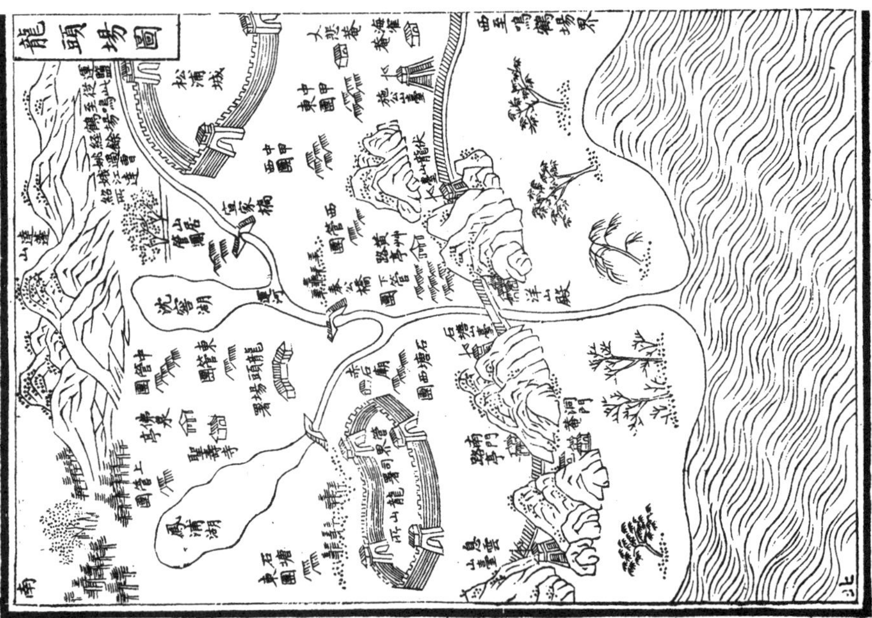

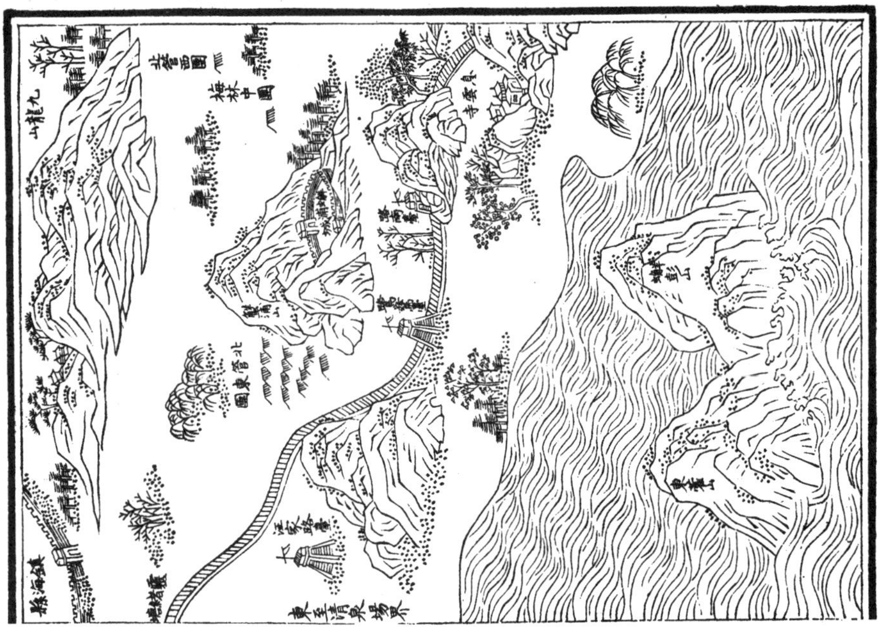

龍頭場圖説

龍頭場在鎮海縣，宋開熙元年置。明初設鹽課司，天啓間，并入清泉。國朝乾隆五年，復設，場廨在九龍山之東，而九龍山左、右及施公山下皆有倉，俱毁。北至海有靈緒塘，又有護塘繞龍山城，城即石塘團舊址。明初，築龍山，北對金山，東對烈港，爲臨海咽喉。東霍山在東北海中，吴淵穎《記》所謂『東南望東霍山，多大樹，徐福蓋駐此』是也。塘内外皆有團舍，運鹽經曹娥江，與清泉、鳴鶴同設巡檢司，以備巡察。

穿長場圖
南
北
西
穿長場署
關帝廟
土地廟
東嶽廟
東盟頭廟
東都臺
五龍汊
長山大碶
貝家碶
楊家碶
畢家碶
蛟浦碶
烏金碶
大魚臺
打鼓臺
長碶
路石山臺
東碶
西碶
備碶
樓浦碶
永豐塘
貫山新碶
丁西園
樓橋園
樓上園
樓大園
楊青園
妙林園
樓浦
貫山浦
貫茅山
運鹽經蛟門轉入鎮海關
霸衢衛所
穿山後所
康頭園
鼓山
寨山
雷臺
梅山港
司前臺
東門碶
下林碶
東山臺
老雷臺
馬墓山
康頭山
東閣山
楊亭廟
穿山臺
山門碶
山門園
林太山臺
鼓山
小山碶
傅家碶
厥東園
樓東園
穿山碶
合灣
白峯浦
下林浦
小門浦
東門浦
山門浦
秧子浦運鹽出此
穿山浦運鹽出此

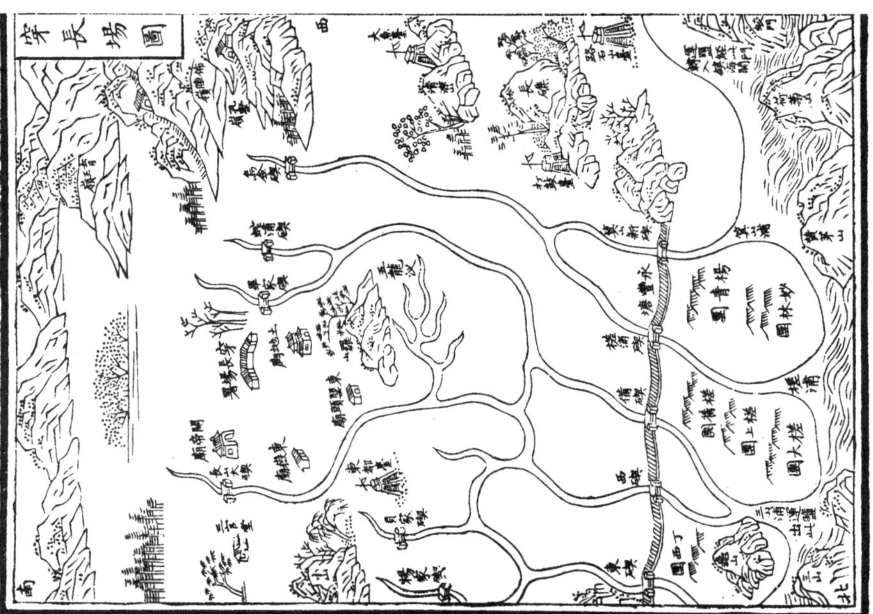

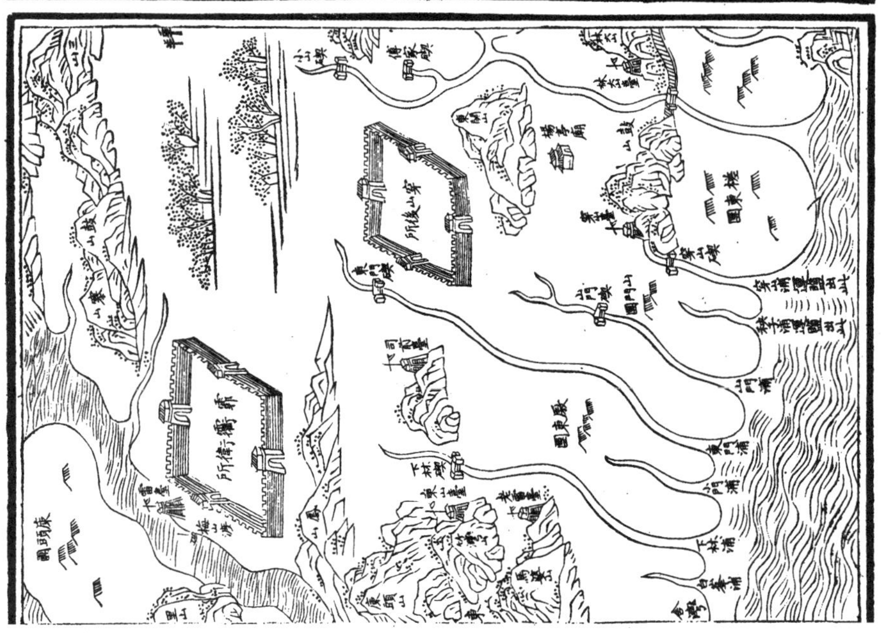

穿長場圖説

穿山、長山本二場，宋時，場在定海者四：長山、清泉、龍頭、穿山。穿山本乾道中清泉子場，開禧間，易今名。明洪武時，各設官領之。天啓間，并長山於穿山，因名穿長場，今仍之。定海，今改鎮海，而長山舊署在羅山者，遂廢。場東有二所：曰霩衢、穿山，明洪武間，皆設屯堠，西有五龍汊、蛇浦諸水，皆海水分入，上各置碶，以通鹽運。國朝雍正間，鹽大使耿昭需增築永豐塘，内以衛墾灘，外以捍潮患，而竈舍悉移塘外刮煎，誠善政也。

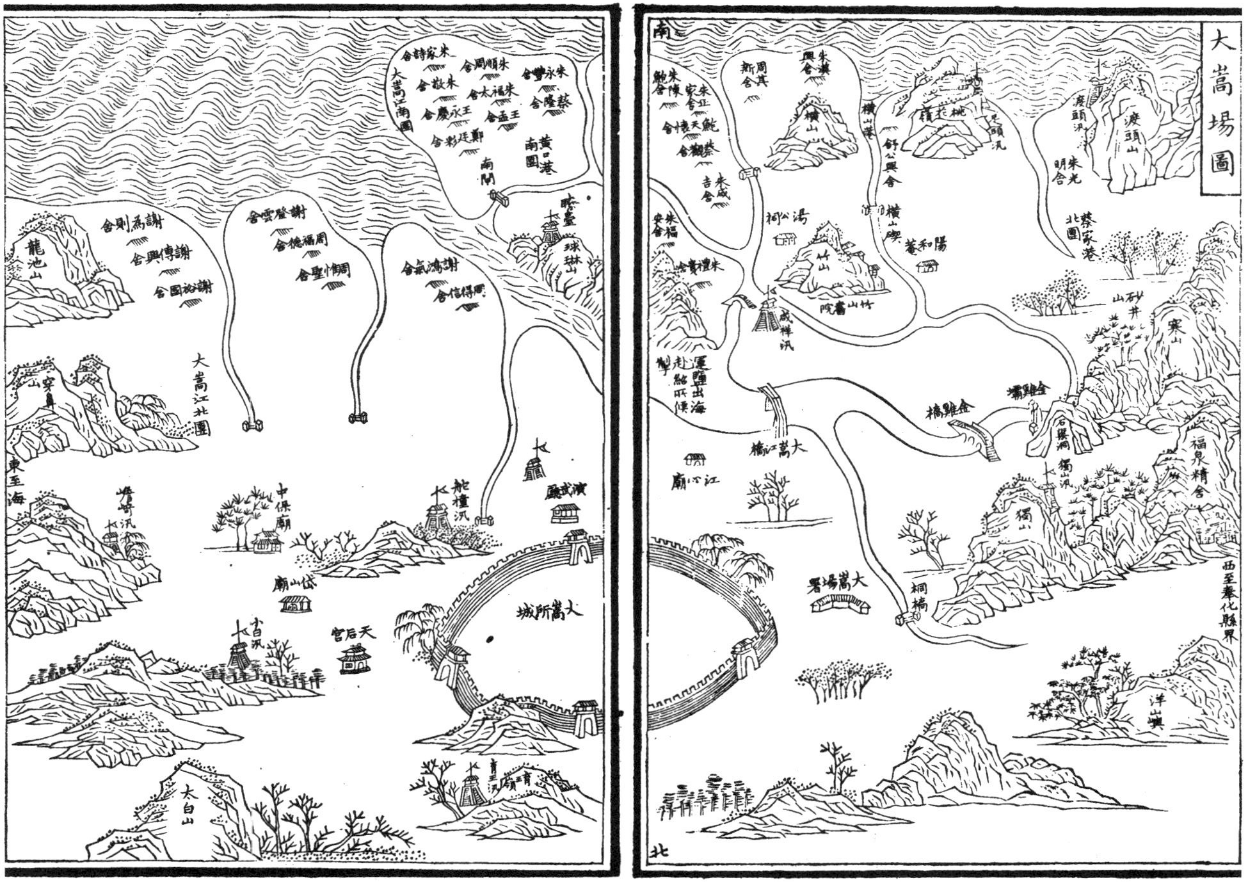
大嵩場圖
南
北
西至奉化縣界
東至海
大嵩所城
大嵩場署
大嵩江北團
大嵩江南團
太白山
龍池山
寒山
獨山
竹山
橫山
天后宫
中保廟
江公廟
湯公祠
竹山書院
福泉精舍
金雞橋
桐橋
大嵩江橋

大嵩場圖説

宋，明州置監。明洪武三年，設場於鄞之大嵩江，因名。正統二年，裁岱山、蘆花二場，并入大嵩。國朝因之。大嵩江之北有港，亦名大嵩，對峙韭山，直衝外海，極爲險要，明湯和建所於此。南有桃花山，産茶甚美；北有太白山，視諸山最高，上有龍池，歲旱禱雨，輒應。場三面瀕海，恆苦潮患。雍正四年，鄞縣知縣楊懿請帑開渠，建立塘堛，得以禦鹽蓄淡，民爲立祠。黄牛礁在灘外海中，爲全場屏蔽，近因鑿石傾陷煎灘，有潮水直入之虞。運鹽赴所，皆經黄牛礁下。

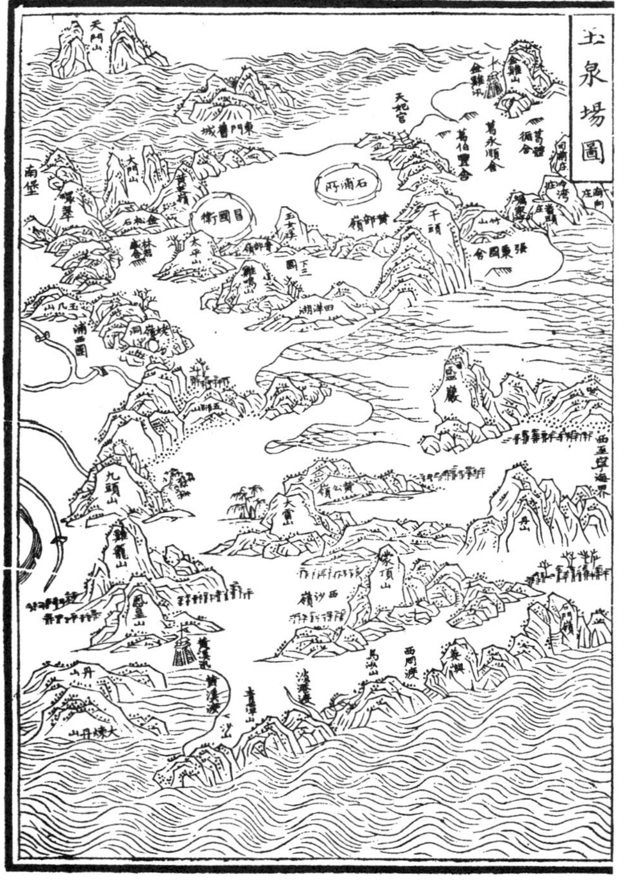
玉泉場圖
石浦所
昌國衛
天門山
南堡
大佛頭山
西至寧海界

南至大洋
大目洋
爵溪所
錢倉所
東至大洋
象山縣
玉泉場
象山協
浦東圖
北至大嵩場界

玉泉場圖説

玉泉場，在象山縣治東南十里，因玉泉山得名。明設鹽課司。國朝康熙十八年，裁并大嵩，名嵩玉場。乾隆五年，復設。舊署在玉泉山下，後移建縣城。縣治四面皆山，而象山爲縣主山，秀出雲表，有白鹿飲泉亭、觀瀾亭諸勝；稍西爲陶貞白鍊丹山，下有盤桓徑，多翠篠繞級，而登望之人在竹上行；東濱海爲鋸門洞，相傳爲五龍聚會所。至境内之昌國衛及爵溪、錢倉二所，皆明設，備於海岸者。場竈自順治間遷入内地，運鹽北經湖頭渡達鄞縣，以赴紹所。

長亭場圖
南
寧海縣
西至寧海縣
靈興圖舍
楓林圖舍
益字圖舍
青珠山
香花山
古洞山
大字厰
豐字厰
張字厰
利字厰
宋時場基
港頭
白蓮二竈
大林二竈
石柱二竈
古洞三竈
下浸二竈
上浸三竈
青珠四竈
屋東二竈
沙灣三竈

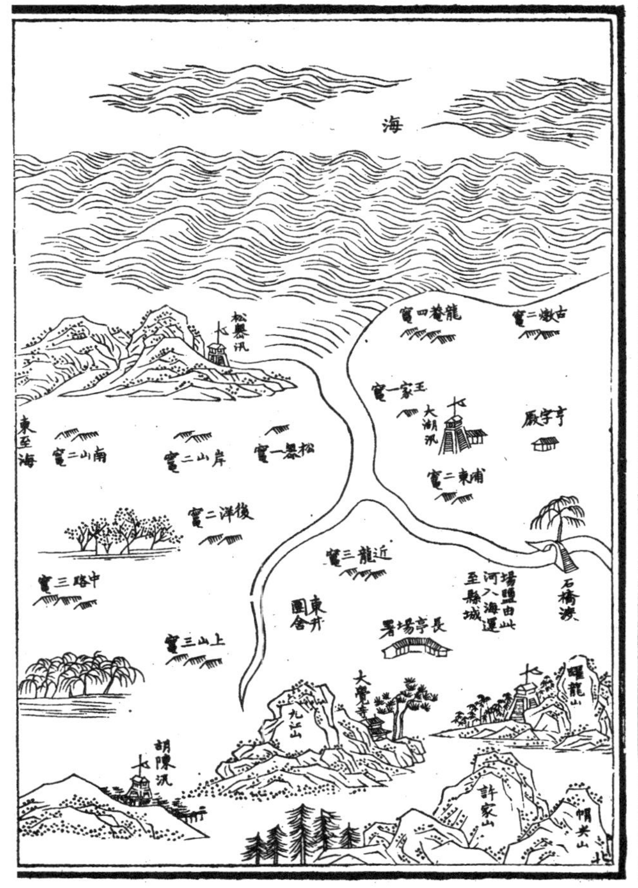
海
東至海
松嶴汛
大湖汛
胡陳汛
九江山
大覺寺
曙龍山
許家山
帽光山
亨字厰
長亭場署
東井圖舍
場鹽由此河入海運至縣城
石橋渡
龍巷四竈
古嶴二竈
王家一竈
浦東二竈
南山二竈
岸山二竈
松嶴一竈
後洋二竈
近龍三竈
中路三竈
上山三竈

長亭場圖説

長亭場，宋時置，在寧海縣之港頭，有大覺堂，爲鹽課司習儀處。大觀三年，徙長亭，去縣治一百三十里。明洪武初，設鹽課司。國朝順治年間，鹽場遷徙，止存山竈。康熙九年，遷復其地爲罘罳山，山如圍屏，左獅子巖，右香花山，長亭場在其下，場西有山名躍龍者，上有方正學先生祠，其麓即正學故里。又宋樓鑰有送其弟元衛歸長亭場詩，即此地也。其鹽由海赴掣，故於亭頭及海口多設防汛營寨，以時協緝，以絶諸弊。

黃巖場圖
太平縣
恒豐團
恒盛團
恒茂團
恒興團
廣成團
上王廠
下王廠
總廠
澤庫
西
南鑑
黃巖場署
路橋
迂浦
羽山
方山
黃巖縣
家子
柵浦
廣發團
廣泰團
南
石塘山
通富團
蒼山
通源團
淋頭
松門山
通亨團
通裕團
通盈團
通順團
大前廠
烏沙廠
青林倉
平溪倉
盤馬山
第四倉
白峯山
戴山
寺前橋
拔雲山
新河所
錦雞山
金清港
東
海門衛
沙南倉
沙北倉
赤山倉
上蕩
中蕩
三蕩
四蕩
五蕩
北

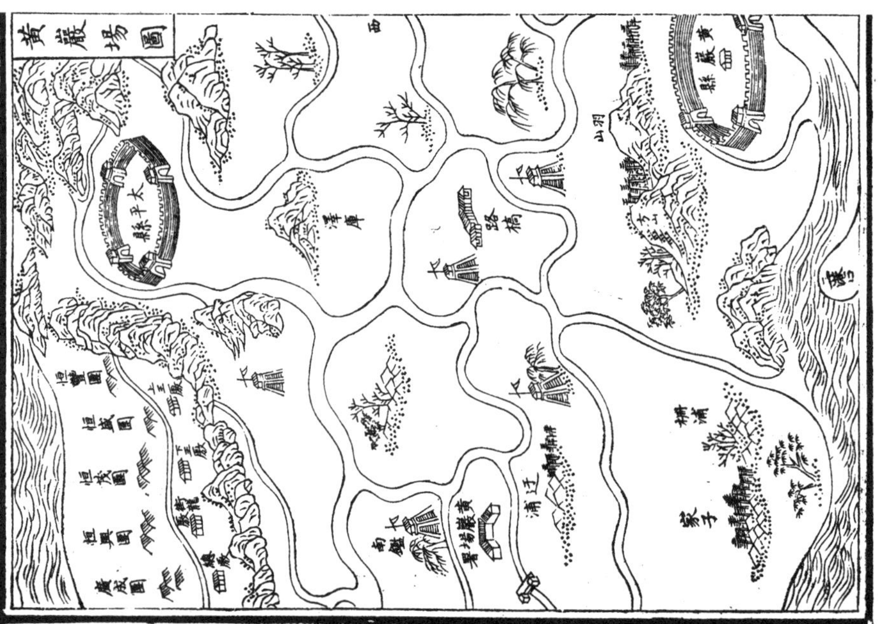

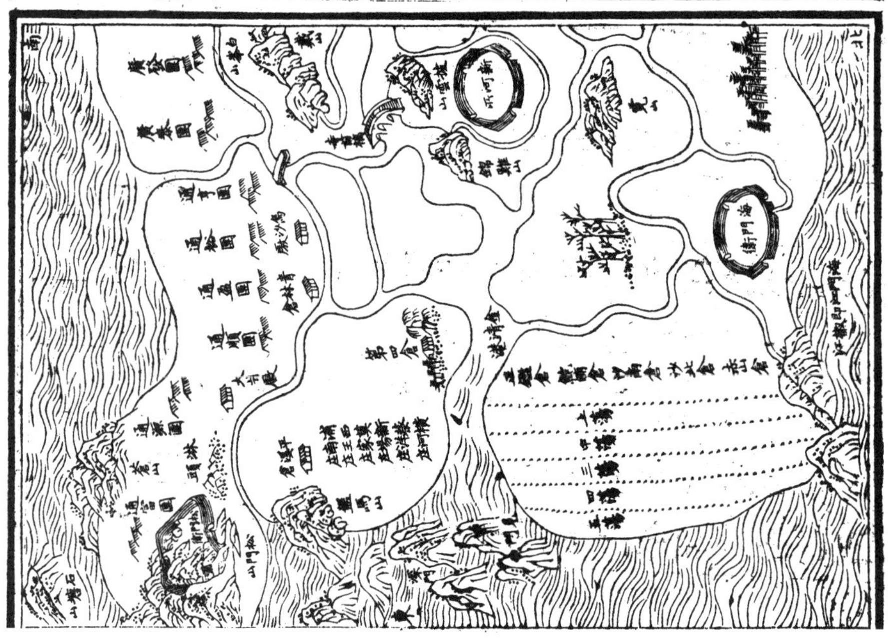

黄巖場圖説

宋天聖中，設監。熙寧五年，置於太平縣之南監街，曰迂浦監，去黄巖縣六十里。元改爲黄巖場監，元貞元年，陞鹽司，大德三年，設團竈。明洪武初，置百夫長，凡九倉，黄巖、太平二縣各隸其四，惟赤山團倉屬臨海，今場屬於黄，而舊址則仍在太平縣之十都。國朝康熙四十一年，建大使，署東有松門山，晉王羲之《西郡記》謂『永寧縣海中有松門島嶼，上皆生松』[八]即此。下有松門衛，衛之西有新河所，並明置。東北有海門衛，爲台郡咽喉，今改衛爲寨。康熙間，增設礮臺防守。團竈皆在松門山下，運鹽經新河，所場枕江襟海，篰私易集，各隘非嚴設巡邏不可。

杜瀆場圖
南
北
東
西
海
連盤團
塗下團
大芬團
鹽廒
老鼠岬
竹嶼臺
竹嶼
推船溝
長沙浦
后浦
東王溝
杜下浦
下珠溝
杜浦
李山浦
崇梵禪寺
東路
椒江
前所巡檢司
杜瀆場署
六柱閘
三石汎右營
洗門頭
巡檢司舊基
三官堂
塗下橋街
大芬街
縣捕廳
平橋
白鶴山
關帝廟
臨海縣
巾子山
白石營駐防
雞埠汎
隆口頭
輕盈團
浪銀山
上盤街
輕盈臺
輕盈山
舊城
輕盈浦
東洋團
海門山
尤堂
北澗
桃渚所
峻嶺
白蓮嶺
官塘港
白蓮溪
黃泥山頭

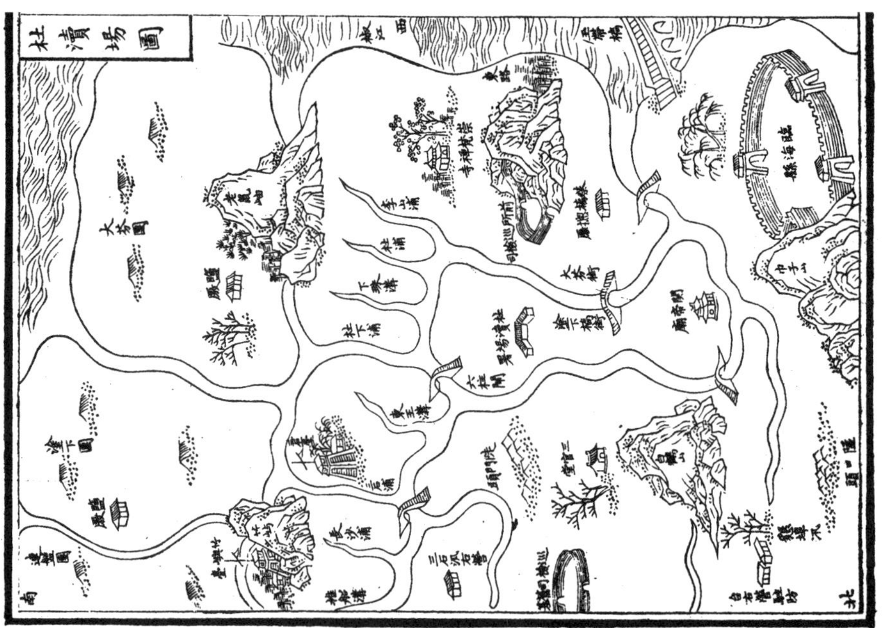

杜瀆場圖説

臨海縣之承恩鄉，昔時海水漲成溝澮，因以瀆名，是曰杜瀆。宋熙寧五年，鹽場置東洋、鑑羅地方，今名北澗。明，設鹽課司。國朝康熙三年，題并黄巖場。雍正六年，改設署在塗下橋場。東南有海門山，明《一統志》云『相對如闕』；北有白鶴山，上有懸溜，遠望如倒挂白鶴，因名挂鶴泉；右爲椒江。《府志》云：『南則海門衛，北則前所兩城對峙，爲台區要隘。』其水合靈江、永寧江，同流入海。運鹽則自輕盈浦以入江。場本瘠薄滷味，遇雨即淡，惟在鐺户之勤於守瀝而已。

長林場圖
黃花關
大日圖
地圖
岐頭圖
天圖
六都
古塔山寺
永安圖
長林場署
館頭
白塔寺
沙角圖
西至永嘉場界
柳市
峽門山
芳林嶺
白石山
西塔山
南至海
海洋
星圖
辰圖
蒲岐所
東至太平縣界
芙蓉山
白沙嶺
南門
副府署
樂清縣
縣學
東門
北門
北至北監場署

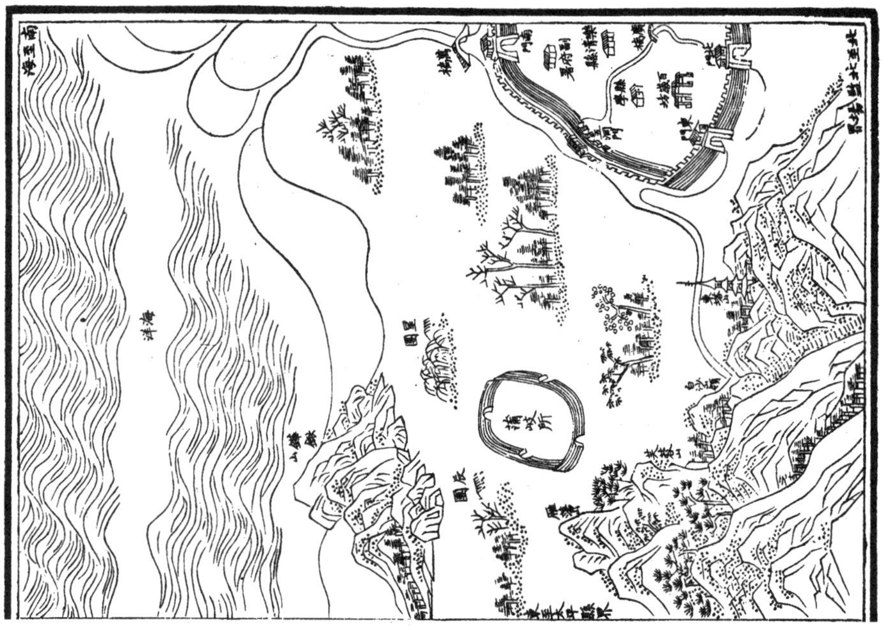

長林場圖説

樂清縣，宋置場，元即名樂清鹽場，明設鹽課司於東塔山下，今所稱『塔頭』者是。國朝，官仍舊制，廨署、厫舍悉遷置翁洋古塔山寺。其縣治之最著者爲雁蕩山，本諾矩羅尊者道場，有大小龍湫、經行、晏坐諸勝場。西有白石山，謝靈運有《白石巖下經行田詩》，其餘白沙、芳林、大小芙蓉，皆鹽丁開坦地。萬橋爲萬規所建，有《記》，運鹽皆經此。迤東爲蒲岐所，明洪武年置，獨居隘口，較方山、婁澳爲尤要，今改寨。天富北鹽，宋初，與南監並置，見《食貨志》。明洪武間，隸樂清縣，在玉環鄉。國朝設大使，後因竈舍遷棄山鄉，不能煎燒，康熙三十九年并入長林。

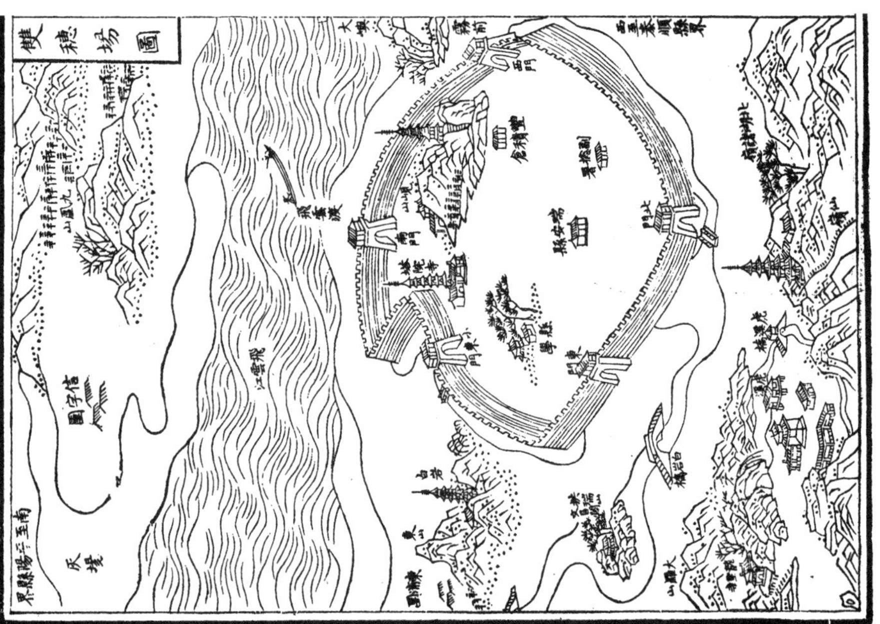
雙穗場圖
信字圍
飛雲江
瑞安縣
東門
南門
西門
北門

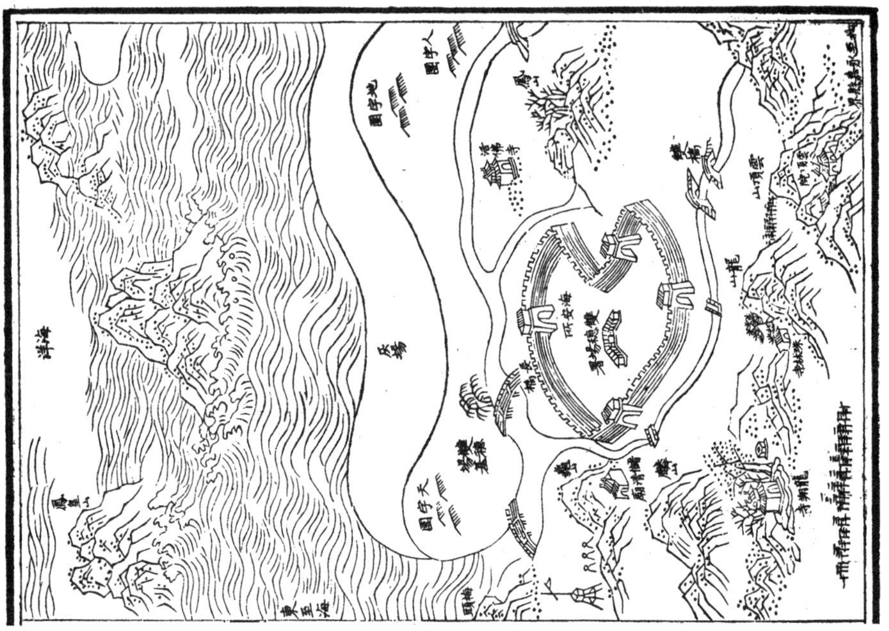
洋海
東至海
天字圍
地字圍
人字圍

雙穗場圖説

瑞安縣之五都，宋熙寧間置雙穗場，元、明仍之。國朝設大使，場署在今之長橋。場東爲篔簹山，宋儒林石隱此；西北爲仙巖山，上有仙巖寺，爲宋陳傅良讀書處；其南爲飛雲江，江南北皆鹽丁開坦地。天富南監場，先設於平陽縣之東鄉，宋乾道時，遷十一都。元至正間，徙市東河西。明洪武八年，又徙蘆浦，建立場廨。弘治四年，建倉儲以濟貧竈，俱久圮。國朝康熙二十六年，裁并雙穗，以兩場地址相接也。

永嘉場圖
南
北
大梅頭汛
巡檢司
梅頭嶺
白水山
永茂團
永盛團
永豐團
永興團
永阜團
永思團
永昌團
永壽團
新城
永興堡
天柱寺
大羅山
青山
西至雙穗場界
一都公廨
五甲課廨
永昌堡
倉頭河
金鷄山
茅竹嶺汛
茅竹嶺城
金鳳橋
華蓋山
關帝廟
市前街
海口陡門
龍灣汛
東至海
海山
南虎
東蘆
永福團
永寧團
永吉團
永慶團
永安團
永通團
永遠團
永裕團
永聚團
永益團
永常團
永保團
永增團
永康團
永源團
永益團
永洪團
永清團
清涼庵
老城
寧村城
沙村汛
范公橋
甌山

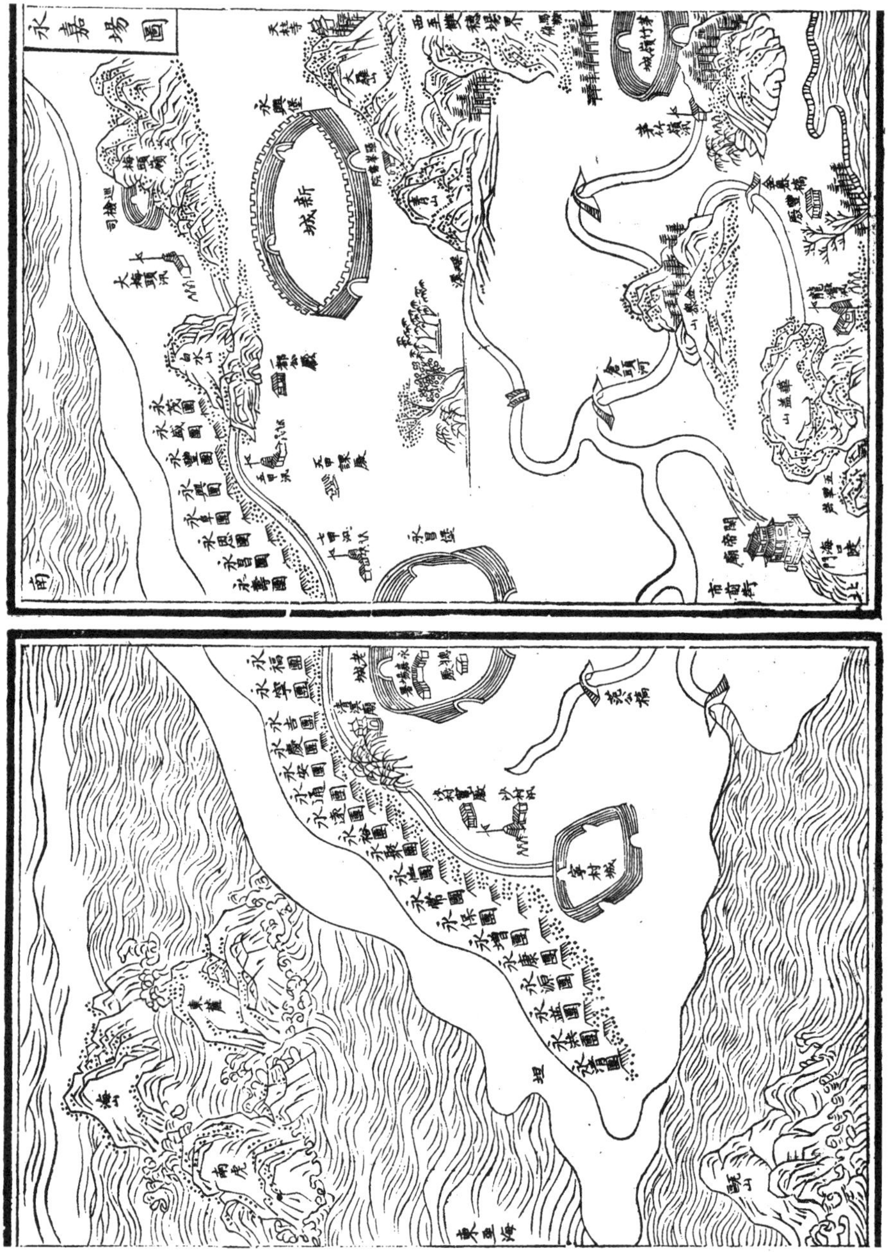

永嘉場圖説

唐置十監，永嘉居一。宋改爲場，明設大使一員。國朝順治十八年，裁大使，并入雙穗場。雍正七年，復設場，署在永昌堡城内。永昌堡，明築爲一方巨鎮，東北海濱，又有寧村所城，亦明設，隸盤石衛，撥軍分守。北爲青山，下有瑶溪，其水北出海口陡亹，上有關聖廟。又北爲華蓋山，天下第一十八洞天，相傳容成子修道於此。西爲大羅山，一名泉山，朱買臣言越王居泉山，『一夫守險，萬夫不得上』即此。上有菊花潭、茶山、霹靂尖諸勝，下爲明張孚敬羅峯書院。場竈在東南一帶，自復設以來，墾灘漸復，歲額無虧，所配引鹽仍運温、處二府，屬住賣。

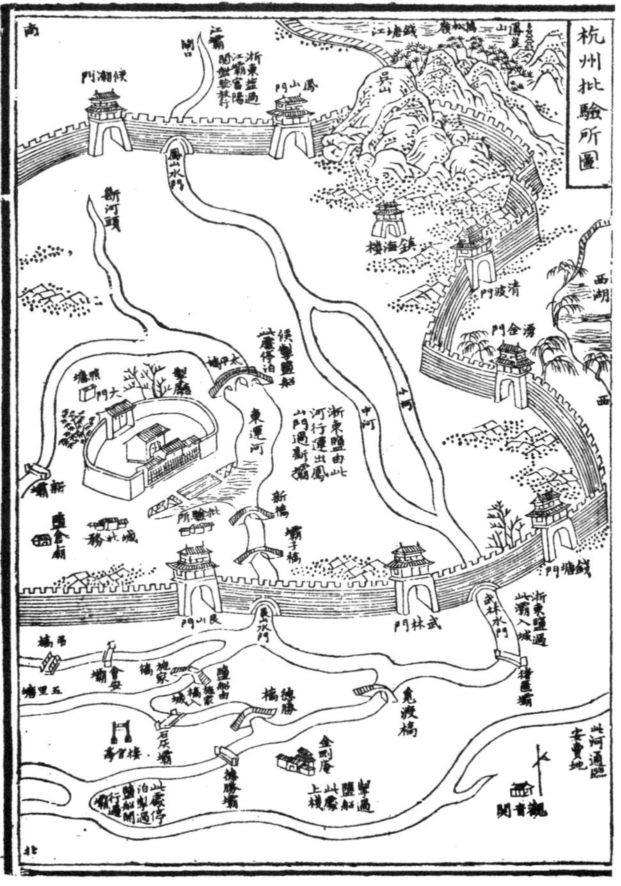
杭州批驗所圖
南
候潮門
鳳山門
鳳山水門
新河頭
錢塘江
吳山
鎮海樓
清波門
湧金門
西湖
西
錢塘門
武林門
武林水門
艮山門
東運河
中河
小河
新橋
北
觀音關

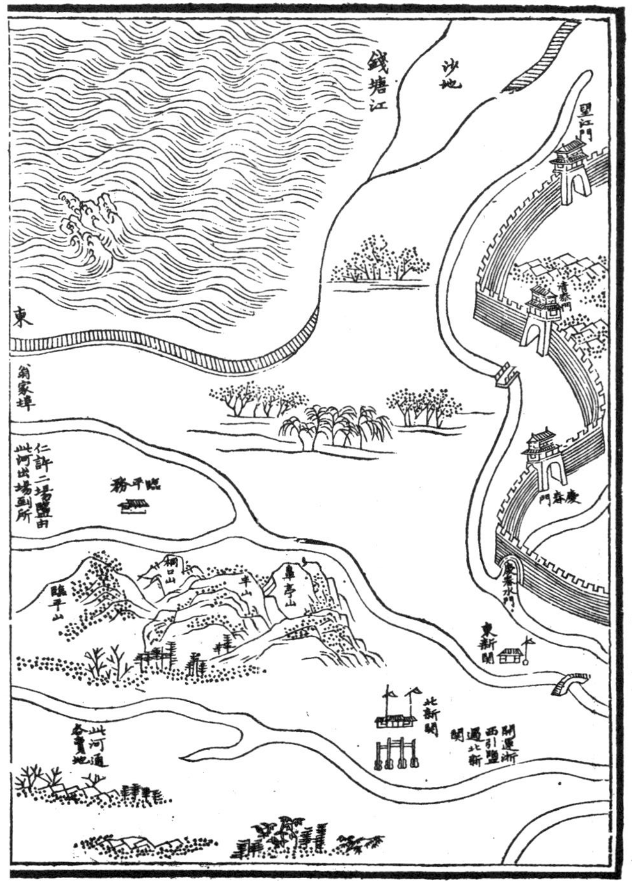
錢塘江
沙地
東
望江門
清泰門
慶春門
翁家埠
仁許二場鹽由此河出場到所
臨平務
皋亭山
半山
臨平山
東新關
北新關

杭州批驗所圖説

鹽引以杜私販，而鹽或逾額引，或詐冒，此批驗所之由設也。元大德三年，始立檢校所四：杭州、嘉興、紹興、温台，專驗鹽帒。延祐六年，罷之。至正二年，復各立檢校批驗所，兼驗鹽引。明初，立批驗所四：杭、紹、嘉、温，復增寧波、台州二所，爲六。弘治間，廢寧、台二所。崇禎十三年，增松江批驗所。國朝順治初，設杭、紹、嘉、温四所。十三年，增松江批驗所。康熙五十年，裁温州批驗，額存四所。杭所在省城艮山門内新橋之南，即元時檢校所舊址，去運司五里。南至掣廳門；東向中爲甬路，爲正廳；西向瀕東運河，以便掣驗；北爲所署。巡鹽御史按掣時，鹽船三日前齊入艮山水門，泊太平橋，掣畢，給號票、實帖，分泊德勝、豬圈二壩，候程開運。運分二道：浙東者，經富、桐、嚴三關盤驗；浙西者，經蘇、湖二府盤驗。

嘉興批驗所圖
黃灣鮑郎西路三場鹽由此河運入
桑田民居
通海鹽官塘
堰橋
一指庵
桑田民居
煙雨樓
鴛鴦湖
小鹽倉橋
大鹽倉橋
西水驛
西麗橋
南門
嘉興府
嘉興縣
東門
秀水縣
北門
宣公橋
秀城橋
七里橋
娘娘廟
北麗橋
掣過鹽船由此河開運
萬里堰橋
熙春橋
東馬橋
接官亭
東塔寺
居民
大王廟
秋涇橋
南
西
北

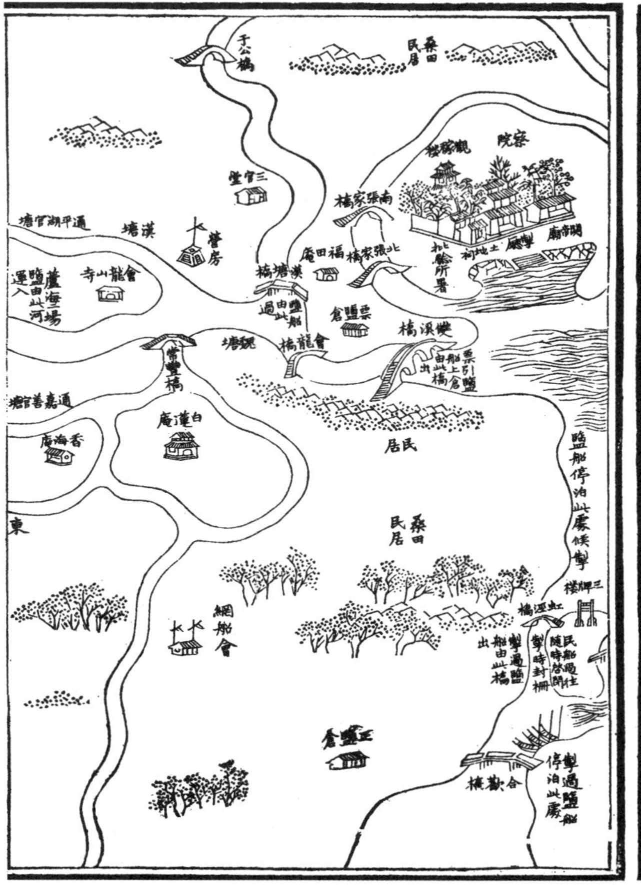
桑田民居
三官堂
南張家橋
北張家橋
福田庵
批驗所署
土地祠
關帝廟
通平湖官塘
漢塘
營房
漢塘橋
鹽船由此過
會龍山寺
蘆瀝海沙場鹽由此河運入
會龍橋
樂溪橋
票引鹽船上倉由此橋出
通嘉善官塘
白蓮庵
香海庵
居民
桑田民居
鹽船停泊此處候掣
三牌樓
虹涇橋
民船隨時啓閉
掣時封栅
掣過鹽船由此橋出
網船會
正鹽倉
合歡橋
掣過鹽船停泊此處
東

嘉興批驗所圖説

所在府治之春波門外三里，即宋玉霄萬壽宫故址。元嘉祐間[九]，置檢校所於鹽倉坊，後燬於兵。明洪武時，以水次便利，移建於此。萬曆三十五年，巡鹽御史方大鎮重建，距運司二百里。國朝因之，建掣廳，北向正中名『仰德堂』，爲架門，爲左右廊，後爲觀稼樓。樓前蒔花疊石，架亭鑿池，以備公餘燕息，旁爲所署掣廳，外爲運河。場鹽到所，俱泊運河橋下。巡鹽御史臨掣，於大奚家橋、吴涇橋、豐橋三處封栅，掣畢，開栅放行。鹽船俱出合歡橋，分貯倉廒，候商領程開運，經蘇、湖二府盤驗。

紹興批驗所圖
此河直臨浦止
義橋新壩堆貯官鹽壩外即大江達富陽桐廬各處
義橋新壩
掣廳
南
西
陸路
鹽船由此河入橋閘候掣達義橋新壩
蕭山縣
龍王廟
張神廟
民地
長山閘
海塘
長山
潮溝
北
察院
所署
西小港
官河
各場到所商鹽堆貯此處掣配候掣
東
金山曹娥三江東江等場由錢清新閘河達所
新開河
運鹽官河
航塢山
諸山
錢清塘起界

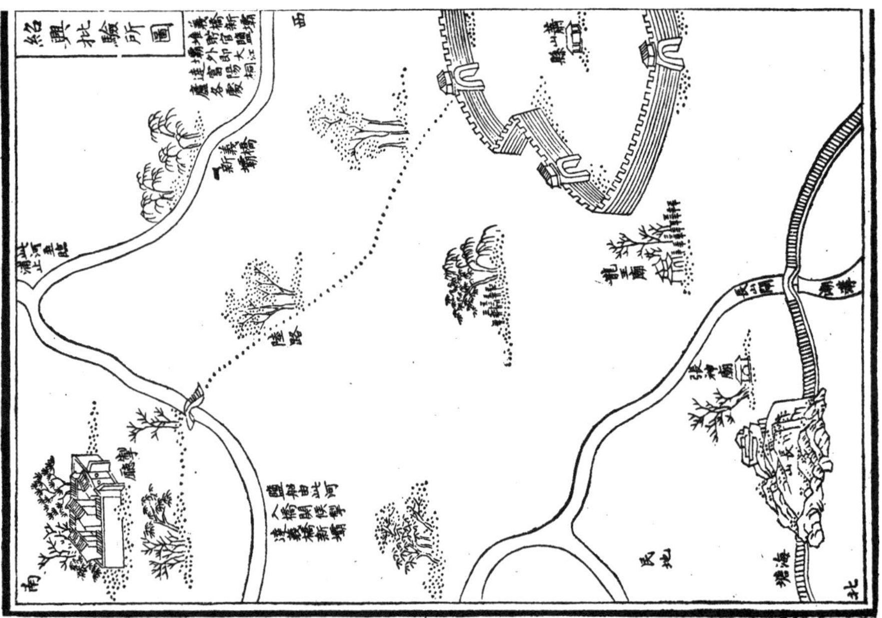

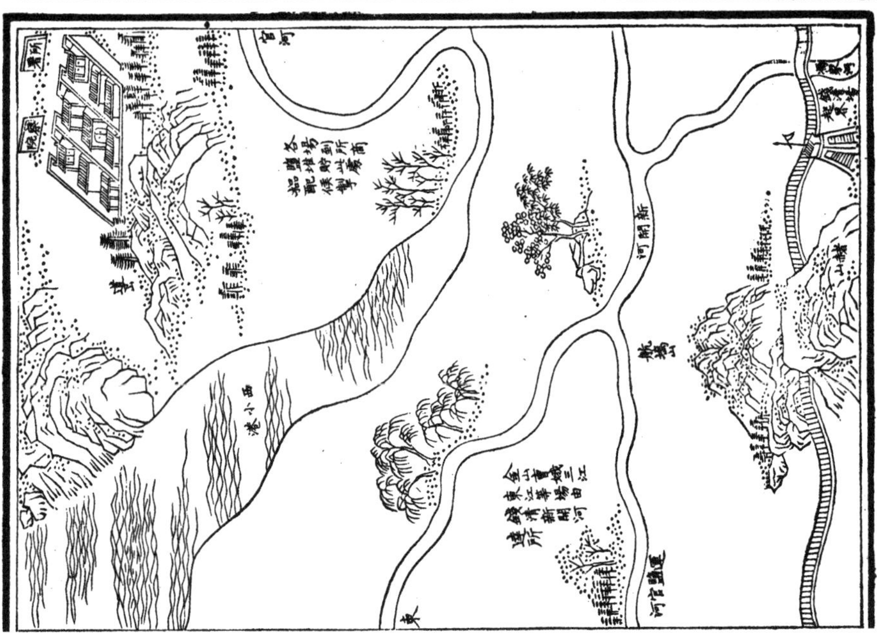

紹興批驗所圖説

元代，批驗所在府治西北六十里。明正統間，遷山陰縣錢清鎮。弘治時，又移建蕭山縣之白鷺塘，去運司六十五里。國朝因之，置掣廳。西向臨運鹽河，又別建巡鹽御史院，署在導山之陽，有正廳、有大堂、有左右司廳、有公廨，東爲所署掣廳。右以橋爲關，鹽船由場抵所候掣，掣畢放行，運至新壩、義橋，堆貯江岸，所官不時巡察。又於發鹽處所編立保甲，候商領程開運，經富陽等關盤驗。

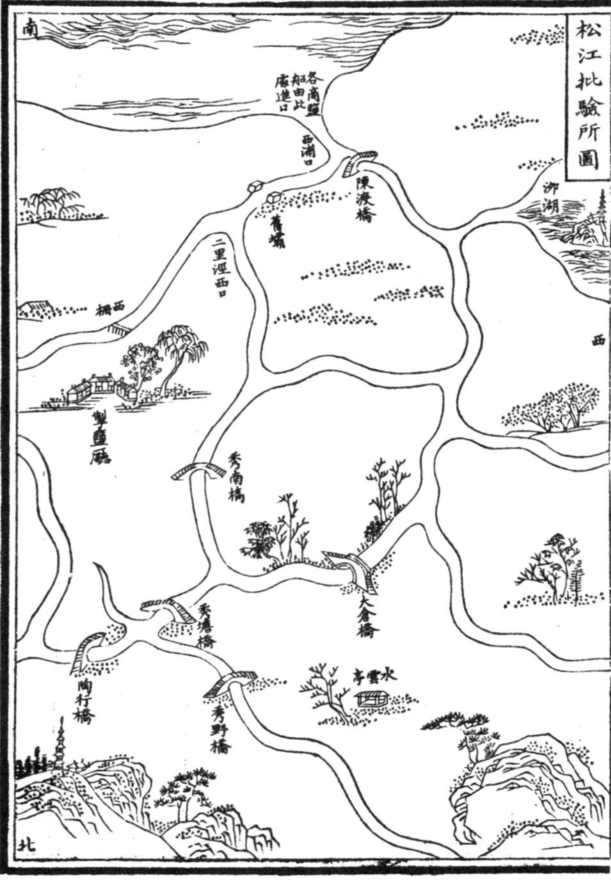
松江批驗所圖
南
各商鹽船由此處進口
西浦口
陳渡橋
沙湖
西
二里涇西口
西柵
製鹽廠
秀南橋
大倉橋
秀塘橋
陶行橋
秀野橋
水雲亭
北

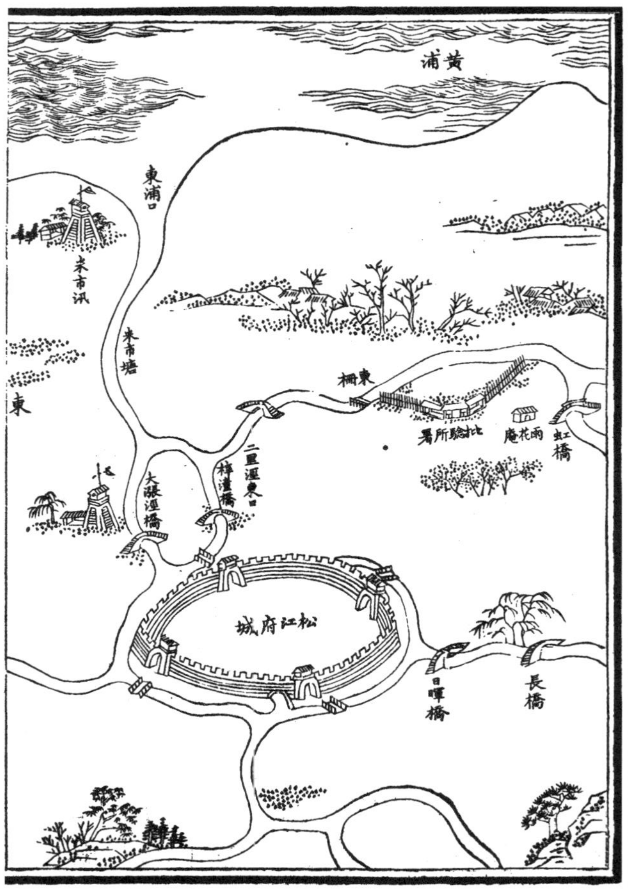
黄浦
東浦口
米市汛
米市塘
東
東柵
批驗所署
雨花庵
虹橋
二里涇東口
梓潼橋
大漲涇橋
松江府城
日暉橋
長橋

松江批驗所圖説

松江所，原名蔣涇埠，向行票鹽，故前代不設批驗所。至明崇禎十三年，用御史馮垣登言，改票行引，始設批驗所於闞武濱，在府城西南二里。國朝順治十三年，改下砂場副使爲批驗所大使。其地有掣廳，南瀕運鹽河；東爲雨花庵，即宋買納場故址；西爲所署，有倉厫若干間。商鹽由東汊港進口，經米市河進放生橋東栅候掣，巡鹽御史掣畢，泊二里涇西栅，領程開運。至嘉慶六年，兩浙鹽政延豐奏請：移改東之掣廳爲批驗所，西之批驗所爲掣廳。鹽船改從西浦口抵所候掣，仍留西栅，責成所官稽查，奉旨允行。郡城西南，舊有放生河，自建所後，改名運鹽河。河西爲二里涇，今亦名運鹽河；其南即黄浦江，浦東爲東汊港，西爲西浦口，皆通二里涇。向時，運鹽皆進東汊港抵所，涇之西舊有石壩蓄水，以濟商運。乾隆六年，因商民争訟，將壩拆毁，從此東、西兩路進潮，水流沙積，歲久湮淤，而東汊港尤甚，商鹽臨掣，皆舟泊港外，不能直抵掣所。今奏准，將二里涇西口淤淺處開濬，即令商鹽改進西浦口，運所仍於新移掣廳之東築小石壩，攔截東流，以資農田灌漑。至舟楫往來，則有米市河可通云。

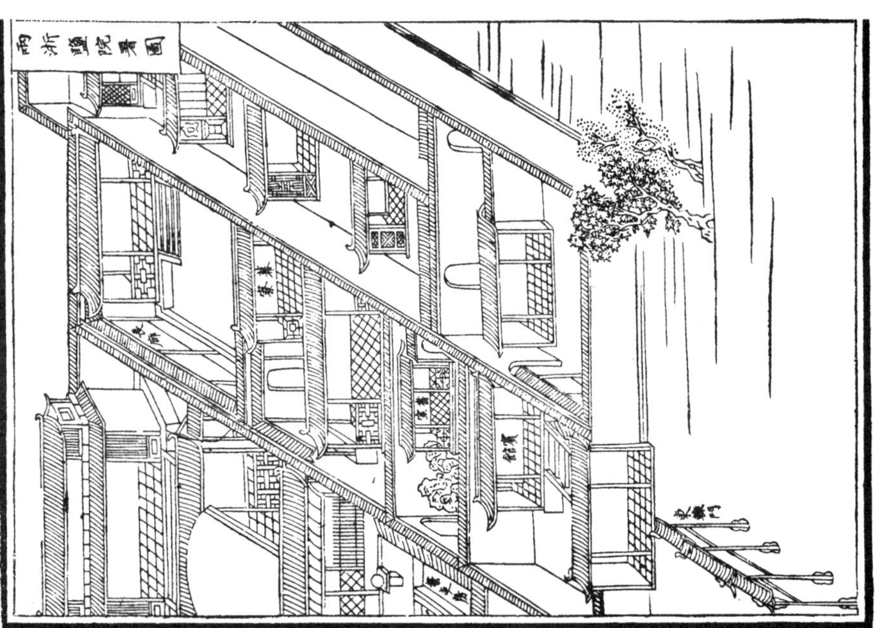
兩浙鹽院署圖
東轅門

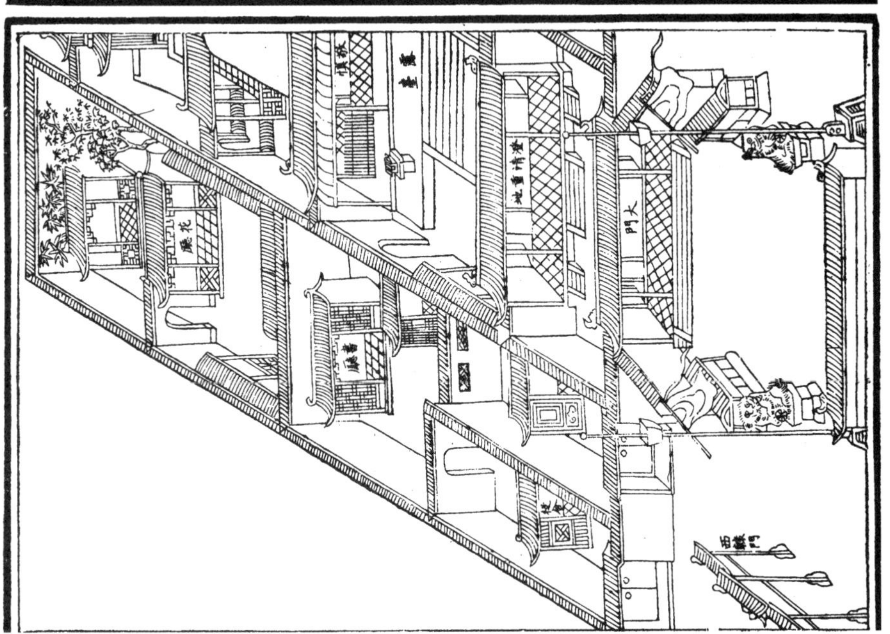
大門
澄清重地
花廳
西轅門

兩浙鹽院署圖説

唐乾元元年，置巡院十二，浙江其一也。後屢廢屢設。五代時，罷巡院，置轉運使。宋設都大發運使以總之。明永樂間，始差監察院御史，閘支天下鹽課。至正統三年，於兩淮、兩浙各差巡鹽御史。自景泰以後，裁兩浙巡鹽。嘉靖三十一年，復設浙江巡鹽都御史。國朝順治元年，差御史巡視鹽課。十年，停差。十二年，復差。康熙六年，議准於六部郎中、員外郎及監察御史内選擇一員差遣。八年，停差六部官，專差御史。十一年，停差御史，歸并巡撫。十二年，仍差御史。雍正二年，以副都御史管理兩浙鹽政，四年，仍歸浙江巡撫。乾隆五十八年，專設兩浙鹽政兼管織造，即以織造舊署改建院署。明時，巡鹽御史署在武林驛前，爲宋太平興國傳法寺基。今在南關廠前，正中爲大堂，上奉御書『敬慎』二字匾額。前爲露臺，爲甬道，爲儀門，東、西廊爲候官廳，爲書吏房，後爲穿堂，爲勤熙堂，爲内宅，東爲書廳，後爲長廊，爲花廳，又東爲庖湢，爲廩庮，爲從舍，西爲書室，爲幕寮，爲賓館。大門外爲東、西轅，爲巡捕廳，左、右有二坊，蓋簡畀隆則體制宜肅，莅斯職者，其敢不精白一心，興利除弊，以勉思報稱也與。

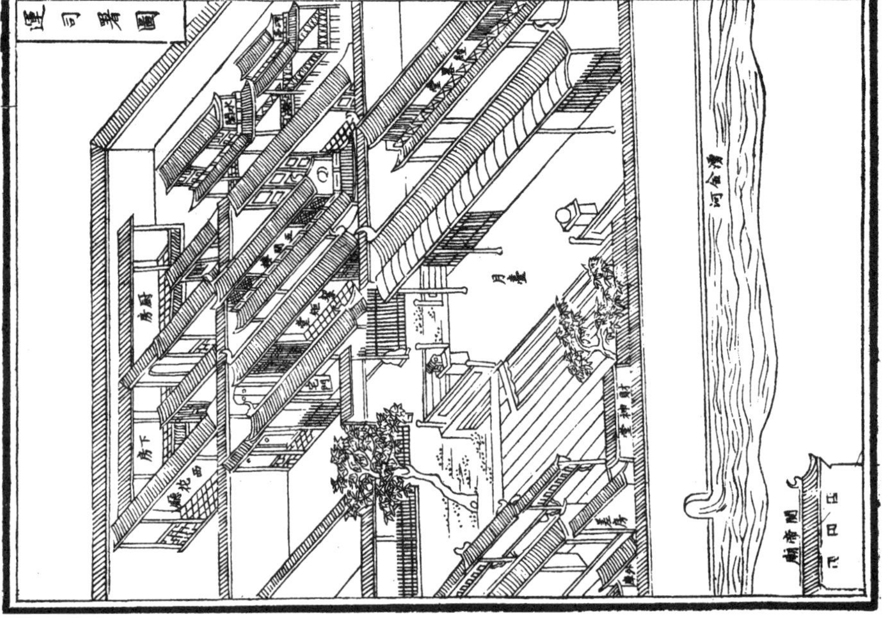
運司署圖
清金河
月臺
財神堂
廚房
下房
關帝廟

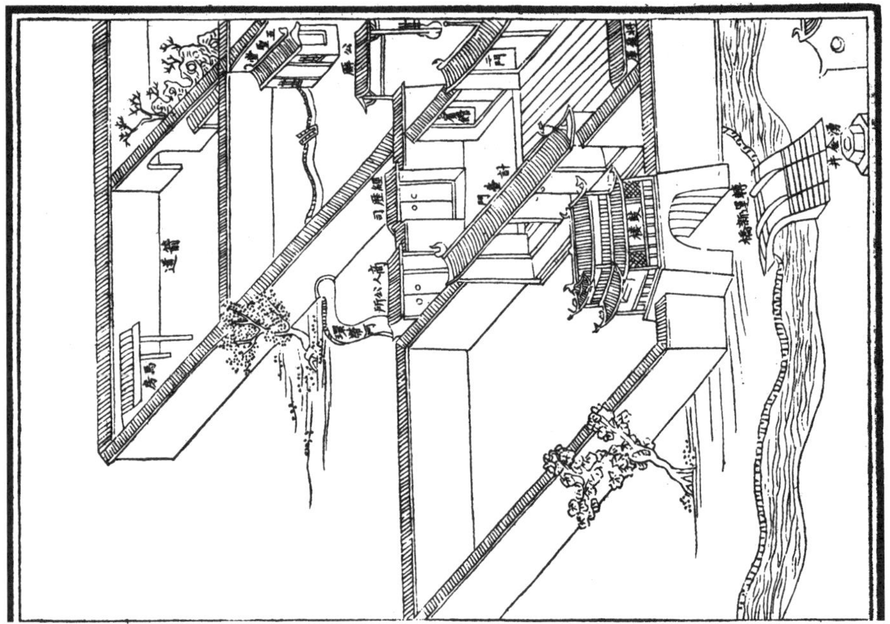
轉運橋
清金井
鼓樓
經歷司
馬房

運司署圖説

唐開元間，置江淮都轉運司，以中書平章兼領，無專職。天寶中，始置鹽鐵使。寶應元年，鹽鐵兼轉運。貞元間，廢江淮轉運使及水陸轉運使，後復置榷鹽使。宋設諸道轉運使，太平興國三年，開兩浙路轉運使署於鳳山雙門内，分南北兩衙，熙寧間，移置錢塘之太平坊。元，改爲兩浙轉運鹽使司。明代因之。國朝初，稱都轉運鹽使司鹽法道。康熙四十九年，兼驛務，名鹽驛道。雍正四年，又兼水利。乾隆間，裁水利驛務，至五十八年，改運司，專管兩浙鹽課。典司經入勾考歲成，任綦重矣。署瀕湧金河，跨河有橋，名轉運新橋，上建譙樓，東向進西爲計臺門，南向左爲將盈庫，右爲經歷司。署中爲甬路、爲儀門、爲露臺、爲大堂；東、西廊爲六房吏舍；大堂後爲經略堂，西爲使宅，有宅門，内爲絜矩堂、爲五間樓，西爲花廳、爲書室、爲水閣、爲碑亭，又西爲庖湢、爲從舍。環署有水，名環帶河，明許穀《都轉運使題名記》云：『本以憂勤，操以廉白，行以寬裕，察以精嚴，則聞譽彌光。』即以是言爲官箴，可也。

寧紹分司署圖
大門
大堂
二堂
三堂

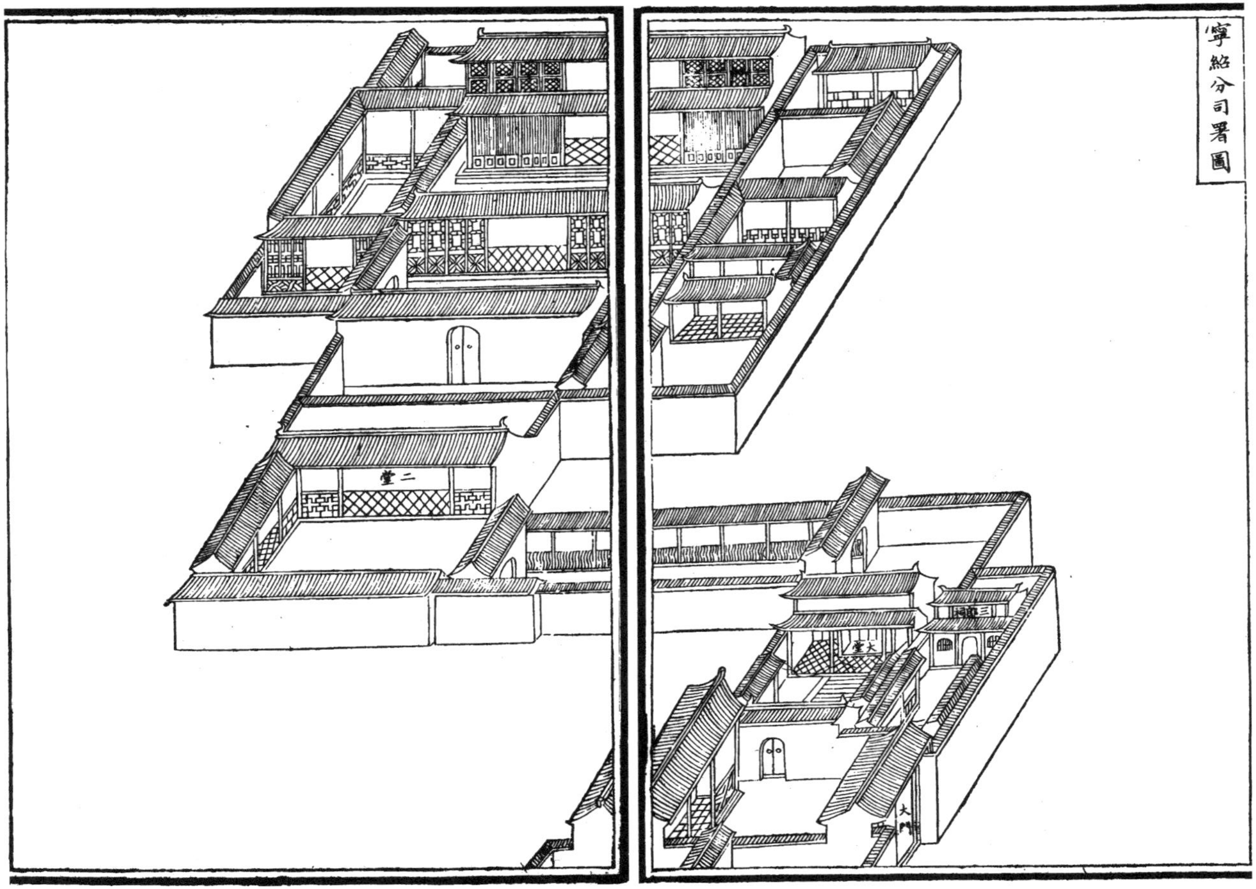

寧紹分司署圖説

唐轉運使有副使。宋初，增判官。建炎中，更置運鹽使司分司。元，設同知二員、運判二員。明，置兩浙都轉運使，有同知一員、副使一員、判官二員。又設四分司，以同知領松江，以副使領寧、紹，兩判官分領嘉興、温台。寧紹分司署在紹興府治之火珠山側，即宋録事司故址，元大德間置，明因之。國朝康熙二十年，裁運判一員，并温台分司於運副。而紹興之署亦久廢不居，遂建於運司計臺門之右。乾隆五十八年，改爲商人辦公之所。今分司署移錢塘縣東之奎垣巷，門東向進内爲大堂，南向折而西爲甬道、爲二堂、爲花廳、爲内宅，左、右皆有耳房，比舊制較軒敞焉。

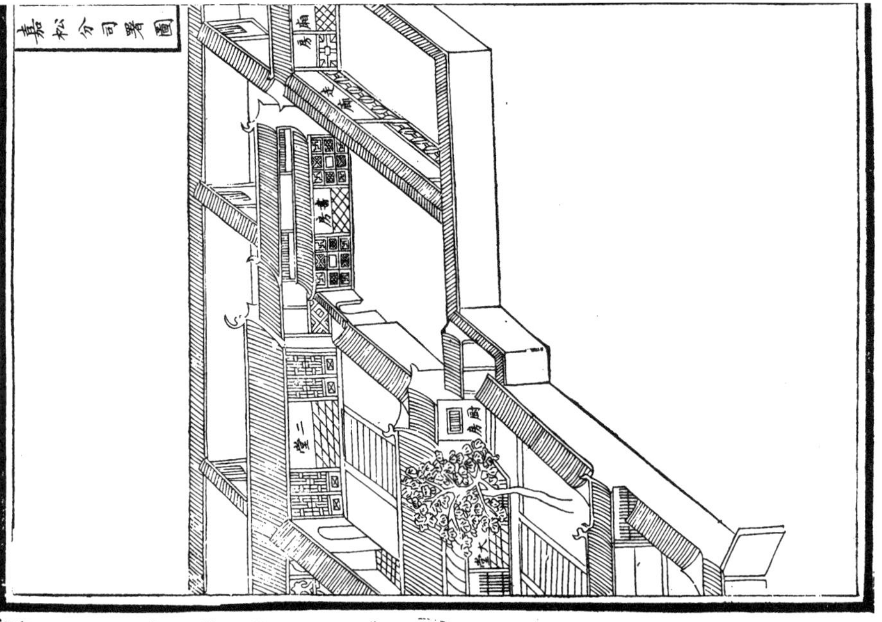
嘉松分司署圖
廚房
走廊
書房
二堂
大堂

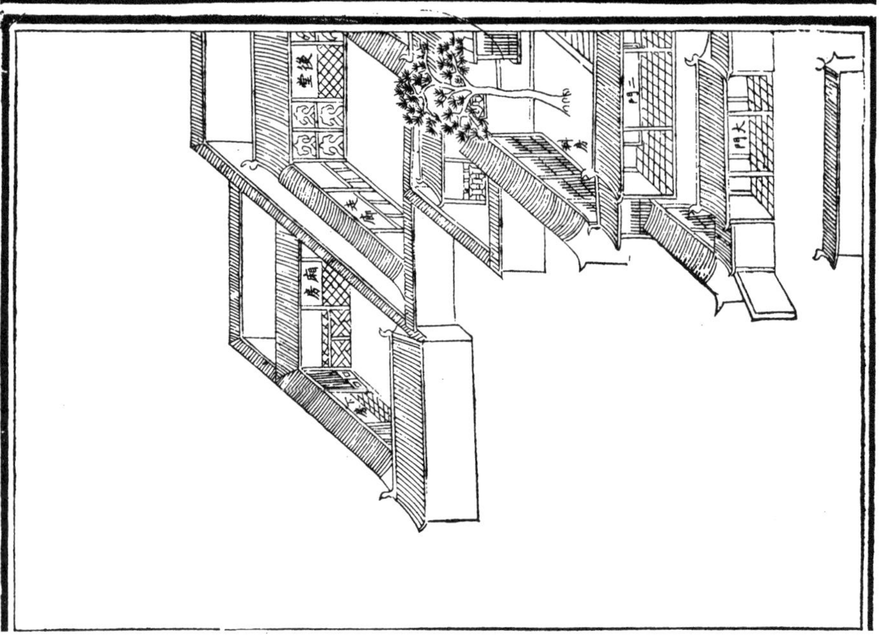
後堂
走廊
廚房
二門
大門

嘉松分司署圖説

嘉興分司，明設署，在察院西，爲招提寺故址，後改楊公祠。宋時，華亭有茶鹽分司，黄震《記》謂即轉運幹官之在外者。又設買納官、支鹽官各一員，署在下砂鎮，建炎間置。明嘉靖間，燬於火，移建新場鎮之北，久廢。國朝康熙十六年，裁松江分司運同。四十三年，歸嘉興分司運判接管，署在運司二門内之左。乾隆四十三年，以將盈庫地窄，改入庫内。今移建於錢塘縣治之西壁坊，去運司署不及一里。外爲大門，入爲班房、爲二門、爲吏舍、爲大堂、爲二堂，東爲花廳，又東爲書室，西爲住房。其公廨規制比舊時有加云。

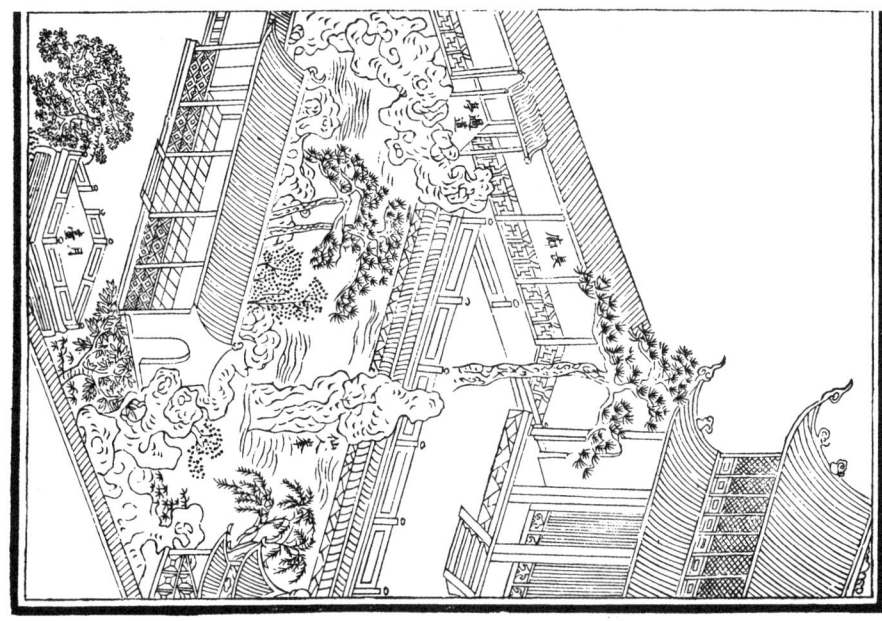

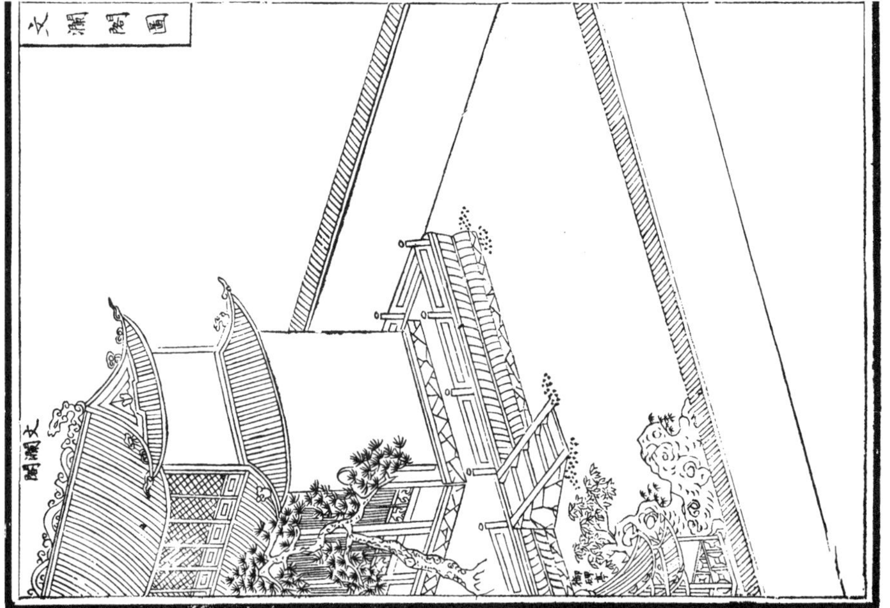

文瀾閣圖

文瀾閣圖説

高宗純皇帝命儒臣編輯《四庫全書》，建文淵、文溯、文源、文津四閣，藏庋群籍。復念江浙爲人文淵藪，宜廣布以光文治。命再繕三分，賜江南者二，浙江者一。浙江即以舊藏《圖書集成》之藏經閣，改建文瀾閣，并仿文淵閣格式藏貯。閣在孤山之陽，左爲白隄，右爲西泠橋，地勢高敞，攬西湖全勝。外爲垂花門，門内爲大廳，廳後爲大池，池中一峯獨聳，名仙人峯。東爲御碑亭，西爲遊廊，中爲文瀾閣。閣建三成：第一成中藏《圖書集成》，後及兩旁藏經部；第二成藏史部；第三成藏子、集二部，皆分庋書格。凡四庫書，三萬五千九百九十册，爲匣六千一百九十一；《圖書集成》五千二十册，爲匣五百七十六；《總目》《考證》二百二十七册，爲匣四十，委員掌之。有願讀中祕書者，許其借觀、傳寫，設檔登注，勿令遺失、污損，所以嘉惠藝林者至矣。夫前代書籍，多藏祕府，牙籤錦帙，外人莫得而窺，間有頒賜給借，已屬僅事。如我朝之以《四庫》縹緗，津逮末學，嫏嬛福地，徧及東南，誠曠古所未有也。猗歟盛哉！

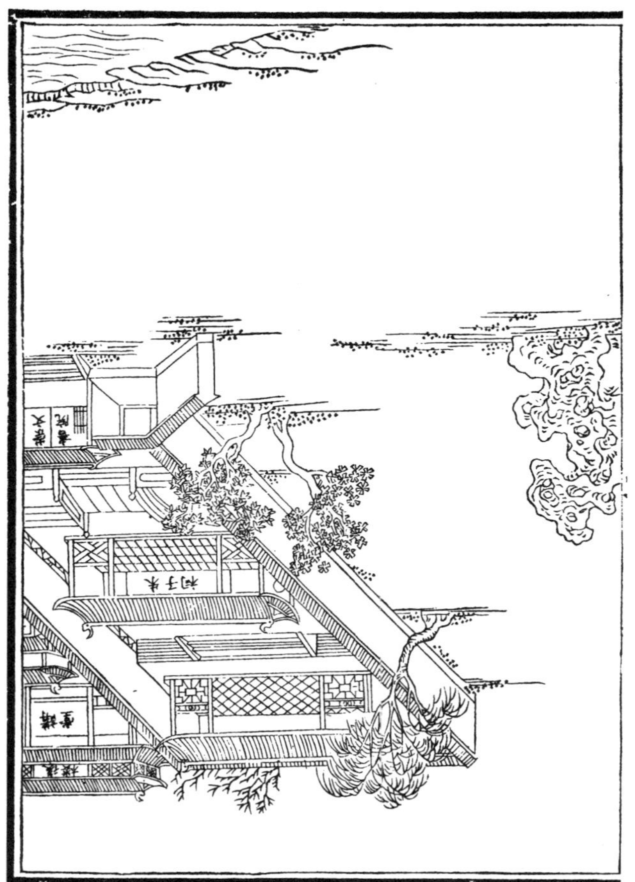

崇文書院圖

崇文書院圖説

西湖，自南宋時相傳有書院，在瑪瑙坡之後岡。元至元間，廉訪使徐子方即宋西太乙宫故址，移建『三賢堂』，祀唐白居易，宋林逋、蘇軾。因仿書院規制，列志仁、集義、達道、明德等齋。明布政使甯良改建於成化間，有書院贍田，名『西湖書院』。正德時，楊孟瑛於『三賢祠』增唐李泌爲『四賢祠』。萬曆間，巡鹽御史葉永盛移築葛嶺之南、孤山之右，顔曰『崇文』。以浙商多籍新安，故疏新安諸博士弟子，自爲籍，以隸於浙，聚書院爲講讀地。每於湖舫會文，名曰『舫課』。後人思之，即四賢祠西偏建堂，中奉朱子而祀永盛，於其後寢。國朝，督學王掞重搆講堂，名『西湖書院』，延師課士。康熙四十四年，聖祖仁皇帝南巡，賜御書『正學闡教』四大字。鹽驛道張若震鼎新其制，仍榜曰『崇文書院』。疏其泉爲月池，中爲饗堂，闢其左爲亭，敬摹御書，勒石以奉之。後爲敬修堂，再後爲諸生齋舍，爲守祠人住居。朔望有課，有膏火，有筆資，造士之制備焉。其後，巡撫常安、按察使徐恕、運司阿林保，俱重修之。嘉慶五年，鹽政延豐復加修葺，諸生肄誦其中者，並增餼廩，多士彬彬稱盛矣。

紫陽書院圖
文昌閣
樂育堂

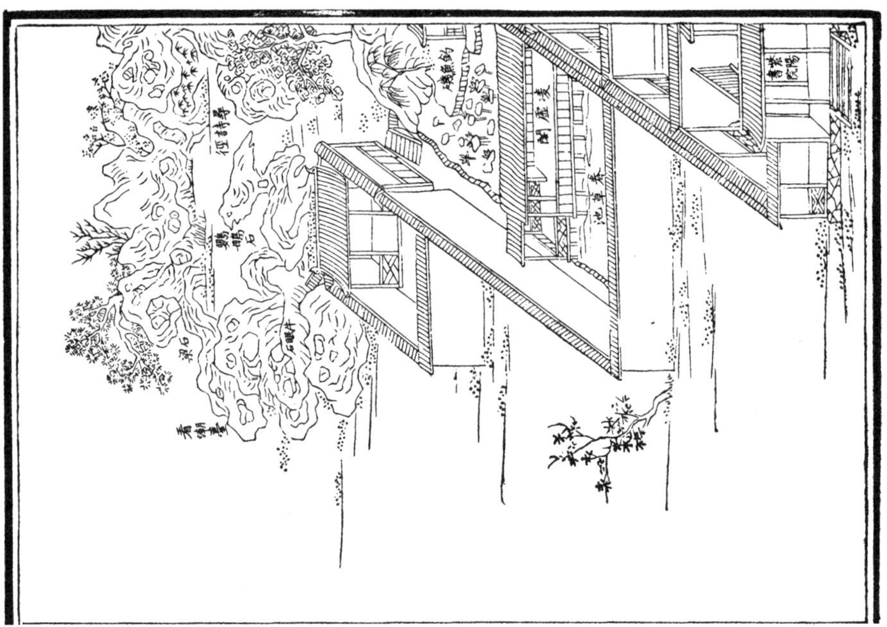
紫陽書院
尋詩徑

紫陽書院圖説

紫陽別墅者，武林商籍士子會文之地。西湖既建崇文書院，前鹺使高熊徵以去城稍遠，諸生往返爲艱，遂買宅於鳳山門内，割俸經營。鹺商等踴躍捐貲，助成其事。以其地當紫陽山麓，適與新安之『紫陽』同名，遂以別墅別之。中爲樂育堂，奉朱子木主；後爲講堂；東爲凌虚閣，皆諸生誦習之所。又折而東爲春草池，上有校經亭，又上爲看潮臺、尋詩徑，其巔爲文昌閣；又有小瞿塘、石蕊峯、鸚鵡石、筆架峯、螺泉、葡萄石諸勝。寧紹分司徐有緯、按察使徐恕，先後修葺。當事每延名師主講，悉仿白鹿洞規條。嘉慶五年，鹽政延豐與崇文同加葺治，其螺泉歲久就湮，至是復顯，形如旋螺，澄清映徹在筆架峯下，咸以爲文明之應。

又，江南無錫亦有紫陽書院，地在惠山寺河塘之上，舊爲浙引商人子弟讀書處，因祠祀朱子，故亦以紫陽名其門樓，曰『溪山第一』。有廳事五楹，廳前有池。今講誦久虚，爲鹺商議事公所，僅存書院之名，是以圖不具列。

《欽定重修兩浙鹽法志》卷二終

校勘記

[一] 地事　原書作『王事』。據《周禮・地官》改。

[二] 大聚落置官司兼二　臺北成文出版社 1983 年影印《海鹽澉水志》卷七所録常褚《澉浦鎮題名記》作：『自郡邑外，每因大聚落而置官司，或至於兼二。』

[三] 庚辰詔典銓註專官是矣　《嘉定題名記》即《海鹽澉水志》卷七所録常褚《澉浦鎮題名記》，作：「庚辰，詔典銓。註：顓官，毋與鎮稅事。」

[四] 北通故邑西達貢湖南入於海　臺北成文出版社 1983 年影印《至元嘉禾志》卷五作：「橫浦在縣東二里，闊一十二丈。考證：東北通故邑，西通貢湖，南入海。」

[五] 南遊　亦作「東遊」。《續修四庫全書》本《紹熙雲間志》卷一「古跡」之「金山城」條：「昔周康王東遊，鎮大海，遂築此城。」

[六] 錢後　原書作「鐵後」。據文意改。

[七] 三場　疑爲「二場」之訛。

[八] 「縣」後或闕「界」字。文淵閣《四庫全書》本所録《浙江通志》卷一〇五引王羲之《遊西都記》：「永寧縣界海中有松門島嶼，上皆生松。」

[九] 元嘉祐間　元無「嘉祐」年號，疑爲元仁宗「延祐」之訛。

欽定重修兩浙鹽法志卷三　課額一

課程以額，按額以徵，所謂惟正之供也。世祖章皇帝順治二年，恩詔裁免前明兩浙加派名色，額定鹽課，後因户口繁盛，鹽引暢銷，竈地漸廣，賦税遞有增益。舊《志》成於雍正五年，鹽課税額共四十二萬五千兩有奇。乾隆元年，因兩浙食鹽價貴，高宗純皇帝加惠商民，每引增鹽五十斤而課不加益，至各場蕩地少有坍没，即邀恩豁免。核計現行課額，較舊時徵榷之數有減無增。我國家惠商恤竈，澤普海隅，信乎能以美利利天下者矣。兹謹仍舊《志》，將奏銷正項商課、縣場課等款按次分列。其改引匀課，杭、嘉、紹三所更定課則，併松、台撥引陞課，靖江包課改引各案及各縣場陞科報豁，今昔情形不同，續爲《補正》。至公費以下雜款，或裁陋規以歸公用，或除浮費而得盈餘，均一一詳紀焉，並附載解支各款於後。志課額。

兩浙鹽課總額共四十一萬八千六百六十九兩八錢一釐。

舊《志》總額共四十二萬五千四十三兩九錢五分八釐，今查商課項下新增：乾隆二年，松引改歸紹、台，陞課銀二百一十二兩五錢一分二釐；三十七年，松引改紹，陞課銀一千七百九十三兩五錢四分六釐；三十八年，台改紹所諸、義、浦三縣，陞課銀四百兩五錢四分三釐；又雍正十二年，靖江一縣由包課改引，陞課銀一百八十九兩七錢九分七釐。縣場課項下：雍正五年後，各縣場新陞課銀一萬四千七百二十七兩九錢五分四釐，展復課銀一千七十六兩五錢一分七釐，共新增額銀一萬八千四百兩八錢六分九釐。内除縣場課項下，雍正四年後，坍缺豁免銀二萬三千四百七十五兩八分。同雜餉項下：雍正四年後，坍缺豁免銀三百二十三兩四錢一分三釐。功績項下：雍正八年，題明將餘引租價撥抵外，劃入藩庫，徵收銀九百一十三兩四錢二分五釐。滴珠項下：隨數減額銀六十三兩一錢八釐。共減額二萬四千七百七十五兩二分六釐。正額比舊《志》少銀六千三百七十四兩一錢五分七釐，遵照嘉慶四年奏銷，報册編纂。

謹按：乾隆三十一年，上諭：各省徵收錢糧及一切奏銷支放等事，俱著以釐爲斷。兹所纂各銀數目，絲、毫以下均不載入，并將前《志》所存亦概從删節，以符體例。

商課

一商人正課等銀一十一萬一千八百五十一兩七錢九分。

明初，邊中海支，每引支鹽二百斤給商運賣抵本，後每引加餘鹽七十斤，徵課銀八萬二千二百八十二兩二錢六分五釐，是爲正餘。後每引又加帶餘鹽三十斤，加徵銀一萬四千九百二十七兩六錢四釐，是爲加餘。又因小票奉革，引商代票納課銀一萬四千四百五十九兩四錢八分四釐，是爲代票。又靖江一邑，始因逼近淮竈，民皆食私，該縣條議，召民充認土商納課領票，赴崇明縣買鹽運賣。後復停票，包納課銀一百八十二兩四錢三分七釐，是爲靖課，均係解京之項。國朝以正餘、加餘、代票、靖課彙并一款，總爲商課，按年徵解。

一商人生引價銀五萬八千七百九兩五錢八釐。

明，邊商與内商交易，邊商得價售引，計四十四萬四千七百六十九引，每引一錢三分二釐科算。國朝不設邊商，引從部發，價歸解額。

一溧陽引課銀四千兩。

江南溧陽一邑，原食淮鹽，後改食浙鹽，按引定額。

一小票改引正課引價銀八千三百四十兩四錢三釐。

明季，兩浙正引之外有仁、錢等縣小票一十四萬九千五百張。國朝革票行引，兩票折行一引，計引七萬四千七百五十道，額徵正課引價。

一加引增課銀四萬五千六十七兩四錢九分五釐。

順治十三年間，因兵餉緊急，奉部題增兩浙鹽引十萬道。續於十六年，因鹽引歷年雍積，題請徵課不加引，經部覆准，應徵前數。

一台所改嘉、松增課銀九百四十四兩三錢七分九釐。

康熙元年，台所因户口凋殘，引壅課絀，將台所額引内劃出六千引於嘉所行銷，四千引於松所行銷，隨照二所之則納課陞額。

謹按：撥引陞課各條細核後，開科則銀引每有參差，自係科則内將引價加斤，一總算入陞科條下，註内未經申説除明。今詳考歷年奏銷册檔，銀數、引數均屬相符，合仍其舊。

一松所增引課價銀四千四百九十三兩一錢七分三釐。

康熙七年，松所因海禁森嚴，梟販斂蹟，商人汪嘉正等呈請增引一萬道，於太倉、崑山、常熟三州縣行銷，每歲增課銀三千一百五十八兩三錢一分一釐。又商人黄都等呈請加引三千五百道，於華亭、婁縣、青浦、嘉定四縣行銷，每歲增課銀八百五十兩九錢八分。又商人程淇等呈請加引一千四百道，於嘉定縣行銷，每歲增課銀四百八十三兩八錢八分二釐，共徵前數。

一紹引改杭、嘉、松三所陞課價銀八百六十一兩八錢九分九釐。

康熙七年，紹所大嵩等五場遷徙界外，産鹽不敷，題將紹額改於杭所行銷二千八百引，於嘉所行銷八千引，均照上則陞課；於松所行銷四千一百十六引，均照中下等則陞課，共徵前數。

一紹引改嘉定縣陞課價銀三百九兩六錢五分四釐。

康熙二年，紹所引目壅滯，每季暫改一千六百九十六引，於嘉定縣代銷。後因大嵩等場遷徙，産鹽不敷，難歸舊額，自康熙七年爲始，照上則納課陞額。

一紹所下則陞上則陞課價銀一百六十一兩五錢一分五釐。

康熙五年，紹所下則商人消乏，引課懸虚。著令上則商人代銷三千二十四引，照上則納課陞額。

一台引改杭所陞課價銀三百八十六兩二錢三分。

康熙九年，台所場地遷徙，無場買鹽，題改紹場買補。内有懸額二千六百二十五引，杭所商人汪時皋等願爲代銷，照杭所科則陞額。

一温引改杭所陞課價銀一千三百一十二兩二錢。

康熙十年，温所因土瘠民貧，額引壅滯，衆商呈請題改杭所六千引行銷，照杭所上則納課陞額。

一松所下則陞中則陞課價銀二百九十七兩二錢四分五釐。

康熙十五年，松所太倉州下則將新加引目三千道，請改於本所常熟縣行銷，照中則納課陞額。

一加增鹽斤引，課銀三萬一千三百八十九兩一錢六分三釐。

康熙十六年，科臣條奏部議革除割没名色，每引加鹽二十五斤，按各則分别徵課。兩浙應增課銀六萬二千七百七十八兩五錢二分五釐，後於康熙三十八年，聖祖仁皇帝南巡特恩豁免一半，止輸前数。

一票引加增陞課銀二千二百八十四兩二錢七分六釐。

康熙十七年，題覆票引課銀，每引一錢三分四釐。今照温所課價，每引增銀三分零，通計年額票引七萬四千七百五十引，應增前數。

一江、浙計丁加引增課銀一萬一千五百四十六兩九錢四分五釐。

康熙十八年，科臣條奏浙江計丁，應加正票引目二萬七千三十五引五分；江南蘇、松、常、鎮、徽五府，廣德一州，應加正票引目一萬五百五十八引，共增課如前數。

一仁、錢二縣加票引增課銀一千二百五十七兩六錢一釐。

康熙二十年，以仁、錢二縣省會之區，商民聚集，議加票引六千道，應徵前數。

一仁、錢二縣續加票引增課銀二百九兩六錢。

康熙二十二年，又議加仁、錢二縣票引一千道，應徵前數。

一紹所金華等三縣增引課銀三百六十九兩九錢一分一釐。

康熙二十二年，諸暨、義烏、浦江三縣鹽引難銷，請改於金華、西安、常山三縣代銷。户部以金華、西安、常山既可改銷，遂議加引一千道於三縣行銷，應徵前數。

一紹所下則陞中則陞課價銀一千四百四十一兩三分五釐。

康熙三十五年，紹所下則商人呈請，將下則引一萬八千三百七十八引，情願照依中則一例起科，納課陞額。

一温引改紹所陞課價銀一千一百七十九兩七錢六分七釐。

康熙五十一年，温所商人以地近場竈，僻處山陬，銷鹽較少，請將額内量減七千九百四十八引歸入紹所行銷。自康熙五十年春季爲始，照中則納課陞額。

一松所改歸紹、台陞課銀二百一十二兩五錢一分二釐。

乾隆二年，因紹、台兩所官鹽旺銷，奏撥松所一萬引歸紹，二千引歸台，照該所課則行銷，應徵前數。

一松引改紹陞課銀一千七百九十三兩五錢四分六釐。

乾隆三十七年，因松所額引壅滯，奏撥二萬引改歸紹所入額行銷，照紹所均課輸納，應徵前數。

一台引改紹所諸、義、浦三縣陞課銀四百兩五錢四分三釐。

乾隆三十八年，因諸暨、義烏、浦江三縣額引暢銷，奏請將台引三千三百八道改歸紹所，照該所科則行銷，應徵前數。

一靖江包課改入額引輸課銀七百七十八兩八錢三分。

靖江一縣孤懸江北，逼近淮竈，向照崇明之例，輸納包課銀五百八十九兩三分三釐。雍正十一年，題明撥商認辦配額三千引，運崇明、岱山兩處帑鹽銷售，共輸課銀，應徵前數。

縣場課

一縣場課税、餘糧銀二萬五千三百三十三兩二錢一分。

明初，竈户授地，不納課而納鹽，迨成化年間，准令支鹽一半，徵銀一半。嘉靖年間，廢本色納鹽之名而盡徵折色，將所徵折色銀内除給還邊商本價之外，餘糧等銀二萬五千三百三十三兩二錢一分解充京儲。國朝，照額徵解。

一縣場水鄉庫價銀六萬三千四十二兩四錢六分七釐。

明自嘉靖年間，鹽場俱徵折色，所有邊商輸納粟料資本，償以每引二錢一分八釐計，歲行引四十四萬四千七百六十九引零，定徵給客銀九萬六千九百五十九兩六錢四分二釐，統於各縣場派納。但各縣場課銀款項名目不一，有水鄉不諳煎鹽，竈户應納鹽斤俱准折納解司，名曰折色；又有竈丁不諳煎鹽，發縣與民一體當差，其名下應納之銀，該縣通融均派於秋糧餘米内徵收，名曰水鄉；又有各名下得分草蕩，召人佃種追價，名曰白塗；有竈餘地，佃與人追價，名曰墩塗、曰倉基、曰灰場，此外并有無徵課銀，均於民户秋糧餘米内包納，名曰包補；又崇明縣多增蕩地税銀，名曰羨餘。國朝，商不邊納，引從部頒，縣糧照額多寡完納，竈課按地肥瘠起科。後於順治十六年，豁免定海縣舟山無徵額課銀八百七十四兩六錢三分九釐；又於康熙二十年，蠲除温、台、寧場分遷徙後所缺之課，攤派[二]各場銀九千五百六十七兩四錢五分六釐。續自雍正四年起至嘉慶五年止，各縣場歷年坍缺蕩地、園倉，豁免課銀二萬三千四百七十五兩八分，現在實徵如前數。

謹按：水鄉庫價一款，原係給發邊商，是以明代《鹾志》中，一切盈縮均歸此款。雍正年間，舊《志》將坍豁課銀亦於數内開除，今仍其舊，以昭畫一。其坍豁細數，詳載分徵項下。

一京書節省銀一百二十九兩四錢。

明，巡鹽御史奉差出京俱隨帶京書，給有前項銀兩，其後裁革，節省解充京餉。國朝，於各場課項下撥解。

一各縣場應陞蕩地税銀一千三百五十二兩一錢五分六釐。

順治十四年，題報許村等一十九場丈出漲蕩及新墾成熟地，共陞税銀八百八十二兩一錢一分七釐零；又題報仁和等場，應陞税銀二百三十一兩一錢七分八釐零。康熙二年，題報餘姚縣并石堰、鳴鶴等場清出沙地，應陞税銀一百五十兩六錢五分四釐零，俱於順治十四年爲始徵收。又下砂場開墾沙地，應陞税銀八十八兩二錢，於順治十八年爲始，徵收入額。

一温、台内地開煎應陞税銀三百兩一錢一分。

温、台各場竈户先因遷徙，場不産鹽，商人自杭運赴，未免鹽價增值，軍民買食維艱。康熙五年，題明於温之永嘉、瑞安等縣，台之臨海、黄巖等縣界内攤沙起竈。長林、雙穗二場於白沙、飛雲、茅竹等處開煎，黄巖一場於沿港等處開煎，陞税。

一各縣場清丈應陞税銀五百九十五兩三分。

康熙六年，題報餘姚縣浦東等場丈出沙蕩等地，丁税銀兩加增爲額。

一各縣場自康熙十六年起至康熙六十一年止，逐年應陞税銀共二千七百四十九兩三錢三分五釐。

歷年海地漲闢，應陞税銀。雍正三年，巡鹽副都御史謝賜履因逐年增款繁多，咨請并款，彙爲前數。

一各縣場康熙十九年爲始，歷年展復課税銀四千三百二十一兩八錢二分六釐。

温、台、寧各場遷徙之後，續經展復。雍正三年，巡鹽御史謝賜履因逐年增款繁多，咨請并款，彙爲前數。

一定海縣康熙二十九年爲始，歷年展復課税銀八百三十七兩六錢九分一釐。

定海縣先因遷棄，續經展復。雍正三年，巡鹽御史謝賜履因逐年增款繁多，咨明并款，彙爲前數。

一各場雍正元年爲始，應陞税銀二千五百六十一兩二錢四分七釐。

西興等場，雍正元年起至十三年止，遞有陞課，徵如前數。舊《志》載：元年、二年共陞科銀九兩六錢三分，餘二千五百五十一兩六錢一分七釐，爲四年以後所陞。

一各場雍正元年爲始，展復課銀二十五兩七錢九分一釐。

舊《志》：雍正元年，長林等場展復課銀六兩九錢四分八釐零，穿山等場展復課銀一十一兩一錢五釐零，雙穗場展復課銀七兩七錢三分七釐零。今彙爲一款，徵如前數。

一定海縣雍正元年爲始，展復水鄉課銀一百四十四兩二錢八分四釐。

定海縣，自雍正元年起至十三年止，遞有展復，課税徵如前數。舊《志》載：元年至三年，共陞科銀三兩四錢九分二釐，餘一百四十兩七錢九分二釐爲四年以後新陞。

一各場乾隆元年爲始，所陞税銀一萬二千八十兩七錢五分三釐。

一各場乾隆十一年爲始，展復課銀五百九十二兩四錢二分六釐。

乾隆十一年，西路場報陞展復課銀四百五十兩二錢五分二釐，黄灣場報陞展復課銀一百四十二兩一錢七分四釐，共徵如前數。

一定海、慈谿二縣，乾隆元年爲始至六十年止，展復水鄉銀三百四十三兩二錢九分九釐。

一各場，嘉慶元年爲始至現在四年，奏銷新陞課税銀三十二兩三錢六分三釐。

一定海縣，嘉慶二年爲始，新陞水鄉銀六十三兩二錢二分一釐。

以上自雍正四年起嘉慶四年止，共展復陞科銀一萬五千八百四兩四錢七分一釐，其應徵細數詳載分徵項下。

功績

撥抵功績銀六千九百一兩五錢七分五釐。

謹按：舊《志》『明季功績』一項，責之府、廳、州、縣。凡巡司設有巡捕、弓兵，給與工食、賞課，限獲船鹽，將所獲私鹽變價充餉，每年額解銀七千三百一十五兩；又捉獲裝載私鹽船物，變價充餉，每年額解銀四百兩。又萬曆二十八年，議革上江座船，其水手工食一百兩節省充餉，共七千八百一十五兩入額徵解。雍正八年，總督兼管鹽政李衛題定，因各屬每年挐獲私鹽船隻變價抵補不敷，請於餘引租價款内撥抵銀六千九百一兩五錢七分五釐，其九百一十三兩四錢二分五釐請歸入藩司，於各縣地丁項下編徵。嘉慶四年，兩浙鹽政蘇楞額以餘引租價徵收不敷撥補，咨准改於京協餉餘平項下通融劃抵。

牙税

各州縣場鹽牙税銀八百七十五兩。

凡各縣場，額設鋪户、秤手，俱經商人保舉，每名按年納税銀五錢，請給牙帖，方准充當。康熙十七年，於通查經紀案内，將各州縣鹽牙税銀共八百四十二兩、場牙税銀共三十三兩解充京餉。

包課

一崇明縣計丁按引包課銀六百七十七兩五錢一分八釐。

崇明一縣，以海外之區，商艘難運，康熙十八年間，題定以十三丁派一引，每年計丁應派行鹽引二千八百五十六引，照温所課則，包課銀七百四十一兩四錢一分八釐，嗣於乾隆三十八年劃歸海門廳徵解。浙省包課銀六十三兩九錢，本邑額徵前數。

一定海縣計丁按引包課銀四十二兩一錢四分六釐。

康熙三十三年，准照崇明之例，以十三丁派一引，包課徵納。

一海門廳徵解浙省包課銀六十三兩九錢。

崇明之半洋等沙田地劃隸海門同知管轄，應於地丁項下編徵崇明額内包課銀六十三兩九錢。向隨水鄉備荒并款解江寧司庫報部撥用。乾隆三十九年間咨明，自乾隆三十八年起，一并解浙歸款。

雜餉

一扣留裁冗工食銀三百九十四兩四錢。

役色等項工食銀兩向在備荒沙地銀内支給，康熙八年間議裁冗項，節省充解。

一節省備荒雜餉銀一千四百六十六兩八分五釐。

謹按舊《志》：兩浙備荒沙蕩課銀，向留支銷計典紙張及差承齎奏、起解錢糧、置辦木鞘、守庫防夫、更夫工食、修理院司署庫等項公務。康熙八年，奉文議裁冗費，除節省工食外，又節省銀一千七百八十九兩四錢九分八釐，解充京餉。嗣於雍正六年起至乾隆三十一年止，仁和、許村、東江、三江等場蕩地圍倉坍缺，題明豁免課銀三百一十三兩四錢一分三釐，實徵銀一千四百六十六兩八分五釐，報部解京；餘存沙地、車輪、滷税等款，正、珠銀三千三百六十兩零，留存運庫，照款支銷。

滴珠

額徵銀四千一百四十五兩二錢四分八釐。

明季，鹽課每兩例徵滴珠銀一分，解充京餉。國朝因之，按額徵解，或減或增，悉隨正數。

一商人正課滴珠銀一千一百一十八兩五錢一分八釐。

一商人生引價滴珠銀五百八十七兩九分五釐。

一溧陽引課滴珠銀四十兩。

一小票改引正課引價滴珠銀八十三兩四錢四釐。

一加引增課滴珠銀四百五十兩六錢七分五釐。

一台引改嘉、松增課滴珠銀九兩四錢四分四釐。

一松所增引課價滴珠銀四十四兩九錢三分二釐。

一紹引改杭、嘉、松三所陞課價滴珠銀八兩六錢一分九釐。

一紹引改嘉定縣陞課價滴珠銀三兩九分七釐。

一紹所下則陞上則陞課價滴珠銀一兩六錢一分五釐。

一台引改杭所陞課價滴珠銀三兩八錢六分二釐。

一温引改杭所陞課價滴珠銀一十三兩一錢二分二釐。

一松所下則陞中則陞課價滴珠銀二兩九錢七分二釐。

一加增鹽斤引課滴珠銀三百一十三兩八錢九分三釐。

一票引加增陞課滴珠銀二十二兩八錢四分三釐。

一江、浙計丁加引增課滴珠銀一百一十五兩四錢七分。

一仁、錢二縣加票引增課滴珠銀一十二兩五錢七分六釐。

一仁、錢二縣續加票引增課滴珠銀二兩九分六釐。

一紹所金華等三縣增引課滴珠銀三兩六錢九分九釐。

一紹所下則陞中則陞課價滴珠銀一十四兩四錢一分。

一温引改紹所陞課價滴珠銀一十一兩七錢九分八釐。

一松引改紹、台二所陞課價滴珠銀二兩一錢二分五釐。

一松引改紹所陞課價滴珠銀一十七兩九錢三分五釐。

一台引改紹所諸、義、浦三縣陞課價滴珠銀四兩五釐。

一靖江包課改引課滴珠銀七兩七錢八分八釐。

一縣場課税餘糧滴珠銀二百五十三兩三錢三分二釐。

一縣場水鄉庫價滴珠銀六百三十兩四錢二分七釐。

一京書節省滴珠銀一兩二錢九分四釐。

一各縣場蕩地所陞課税滴珠銀一十三兩五錢二分一釐。

一温、台内地開煎所陞課税滴珠銀三兩一釐。

一各縣場清丈所陞課税滴珠銀五兩九錢五分。

一各縣場康熙十六年爲始，各年所陞課税滴珠銀二十七兩四錢九分三釐。

一各場康熙十九年爲始，各年展復課滴珠銀四十三兩二錢一分八釐。

一定海縣康熙二十九年爲始，各年展復課税滴珠銀八兩三錢七分七釐。

一各縣場雍正元年爲始，各年所陞展復課税滴珠銀二十五兩八錢七分。

一定海縣雍正元年爲始，各年展復課税滴珠銀一兩四錢四分三釐。

一各場乾隆元年爲始，各年所陞展復課税滴珠銀一百二十六兩七錢三分四釐。

一定海、慈谿二縣乾隆九年爲始，各年展復課税滴珠銀三兩四錢三分三釐。

一各場嘉慶元年爲始至現在四年，分奏銷新陞課税滴珠銀三錢二分四釐。

一定海縣嘉慶二年爲始至現在四年，分奏銷新陞課税滴珠銀六錢三分二釐。

一功績滴珠銀六十九兩一分六釐。

一各州縣場鹽牙税滴珠銀八兩七錢五分。

一崇明縣計丁按引包課滴珠銀六兩七錢七分五釐。

一定海縣計丁按引包課滴珠銀四錢二分一釐。

一海門廳乾隆三十八年爲始，徵解浙省包課滴珠銀六錢三分九釐。

一扣留裁冗工食滴珠銀三兩九錢四分四釐。

一節省備荒雜餉滴珠銀一十四兩六錢六分一釐。

謹按：以上各款均入奏銷正數册内，計引課二十八萬九千五百九十九兩三錢二分，水鄉並竈課一十一萬四千五百四兩六錢九釐，功績六千九百一兩五錢七分五釐，牙税八百七十五兩，包課七百八十三兩五錢六分四釐，雜餉一千八百六十兩四錢八分五釐，滴珠四千一百四十五兩二錢四分八釐，合前總額。

雜徵

一車腳，歲徵銀二千八百四十七兩二錢三分八釐。

鹽課每兩加滴珠銀一分之外，又徵銀七釐以給解餉路費，於康熙二十五年奉文起徵，應徵前數。

一紙、硃，歲徵銀二千四百一十六兩一錢八分八釐。

鹽引，舊從引部辦發。順治八年，撤引回部，引從户部印發。所需紙、硃等項以及匠役工食，每引應費銀三釐，以八十萬五千三百九十六引科算，合徵前數。

一贓罰，歲無定額。

贓罰，原額歲定銀七千兩。康熙十二年，御史胡三祝題准限額害民，請以每年招擬之多寡爲報解之等差。

一公費，歲徵銀一十七萬七千一百三十一兩五錢。

兩浙正引舊額，每引行鹽二百五十斤，巡鹽御史并筆帖式應得分規銀二錢五分。雍正二年，巡鹽御史噶爾泰奏准歸公，除免輪各地外，應徵前數。又餘引公費，歲無定額。

一河餉，隨正加輪，歲無定額。

康熙三十八年，起輪商引正課及縣場課，每兩輪加平三分，每年約銀一萬二千餘兩。

一引費，歲徵九七平色銀八萬五千三百九十一兩五錢一分八釐。

引費舊額，原定銀一十七萬九十一兩九錢，係甲商經收造册報銷。雍正三年，鹽政謝賜履奏減銀四萬四千四百八十兩，徵銀一十二萬五千六百一十一兩九錢。雍正六年，總督兼管鹽政李衛奏准歸庫徵收。乾隆元年，大學士兼管浙閩總督嵇曾筠奏減銀四萬二百二十兩三錢八分二釐，應徵前數。

謹按：此款例收九七平色銀。雍正八年，鹽道王鈞詳明總督兼管鹽政李衛核定，以庫紋九三折實。

一充公程費，歲徵銀二萬六千兩。

雍正五年，巡撫兼管鹽政李衛奏准衆商具呈，情願捐輸移解藩司備充地方公用，應徵前數。

一減存程費，歲徵銀一萬五千兩。

乾隆九年，巡撫兼管鹽政常安咨明，抵解運司應捐銅斤腳價内，各地票商輸銀九百五十兩，雜費項下徵銀一萬四千五十兩，合成前數。

一引目腳價，歲徵銀五千六百兩。

兩浙鹽引，每任巡鹽御史領出，各商公繳引目腳價。雍正二年，巡鹽御史噶爾泰奏請節省解充京額，應徵前數。

一鹽規，歲徵銀六千三百八十兩。

雍正四年，總督兼管鹽政李衛奏准酌與將軍織造等官分給鹽規，共五千七百六十兩，餘銀六百二十兩，爲將軍屬下旗員進京路費之用，應徵前數。乾隆五十七年，浙江巡撫兼管鹽政福崧咨明，除留給各官共五千三百二十兩外，停給各官共四百四十兩，按年入額，聽部撥解。

一貼解，歲徵銀三萬兩。

京協各餉例有加平、餘平、飯食等款，乾隆十年統歸貼解徵收，隨餉多寡報部開銷。以上五款，均於雜費項下彙徵。

一餘引課銀，歲無定額。

雍正七年，總督兼管鹽政李衛奏准歲請餘引十萬道，發鹽斤旺銷。正引不敷各地分領。乾隆三十七年，巡撫兼鹽政富勒渾增請五萬道，共十五萬道，仍照分編各所科則完納。正公各款核數報部，如有不敷，暫借下年領到餘引配銷。倘年額掣不足數，將所剩餘引隨同奏銷，繳部銷毁。

一餘引租價，歲無定額。

浙商正引内有租賃行銷者，而餘引無須租賃。雍正八年，總督兼管鹽政李衛奏准商領餘引，每引輸銀四分作爲租價，内解紙、硃四百五十兩及請引、繳引、盤費外，移解藩庫充武職養廉。

一陞折溢餘，歲無定額。

兩浙商人輕課行鹽改行重課地方銷售，及重課餘鹽改抵輕課存引，悉照重課輸納。除歸輕課本額，餘銀彙入季報聽撥。

一契稅，歲無定額。

乾隆五十九年，鹽政全德奏定各場竈産稅契，照地方州縣田畝之例，由場徵解，附入奏銷，歲約計銀一千餘兩，或數百兩不等。

一引規，額徵銀七千五百五十兩四錢八分。

引規一項，自乾隆十年起由場徵解。乾隆五十九年，鹽政全德咨明，由商輸納正、餘引徵銀一分，票引徵銀五釐，應徵如前數。

一耗羨，額徵銀一千七百六十三兩五錢。

竈課耗羨，乾隆十年定案：浙省每兩二分，江省每兩三分。由各場隨正徵解，應徵如前數。

一鹽船變價，歲無定額。

鹽船變價向歸『功績』項下，嗣因不敷撥解，定於租價及餘平項下劃抵。乾隆五十九年定案，無論巡役兵民，但能緝私人鹽並獲者，即將所獲全行給賞；如獲鹽不獲人者，將所獲一半給賞，一半報解充公。

一西湖租息，歲無定額。

雍正二年，副使王鈞捐資開濬西湖，餘剩銀四千六百兩，置買海寧田一千餘畝，每年約收息銀二三百兩，由海寧州徵解。又乾隆二十三年，清丈出田畝約徵銀一百六十五兩零，由錢塘縣徵解，均係米平市色。

引課分徵

杭州所

每引派輸正、珠銀三錢九分七釐七毫八絲四忽九纖六沙六塵二埃九渺三漠。

謹按：各所引目爲數繁多，援照乾隆三十一年案内部議細款散數仍存零尾之例，附載於下，以憑核算。

該課銀四萬六千七百一十四兩八錢一分九釐、滴珠銀四百六十七兩一錢四分八釐，共正、珠銀四萬七千一百八十一兩九錢六分七釐。

嘉興所

每引派輸正、珠銀科則與杭所同。

該課銀一十萬三千九百三十三兩八錢九分五釐、滴珠銀一千三十九兩三錢三分九釐，共正、珠銀一十萬四千九百七十三兩二錢三分四釐。

嘉所代銷温引

每引派輸正、珠銀一錢九分一毫一絲五忽一纖八沙八塵四埃九渺八漠。

該課銀九十七兩八錢八分一釐、滴珠銀九錢七分九釐，共正、珠銀九十八兩八錢六分。

紹興所

每引派輸正、珠銀科則，與杭、嘉二所同。

該課銀九萬三千四十九兩九錢六分九釐，滴珠銀九百三十兩五錢。共正、珠銀九萬三千九百八十兩四錢六分九釐。

紹興所諸暨、義烏、浦江三縣

每引派輸正、珠銀科則，與杭、嘉二所同。

該課銀一千三百二兩八錢四分二釐、滴珠銀一十三兩二分八釐，共正、珠銀一千三百一十五兩八錢七分。

靖江縣

每引派輸正、珠銀二錢六分二釐二毫六忽二微二纖九沙二塵八埃七渺八漠。

該課銀七百七十八兩八錢三分、滴珠銀七兩七錢八分八釐，共正、珠銀七百八十六兩六錢一分八釐。

松江所

中則，每引派輸正、珠銀四錢二釐四絲二忽二微六纖一沙五塵一埃四渺五漠。

該課銀一萬二千七百九兩三錢一分三釐、滴珠銀一百二十七兩九分三釐，共正、珠銀一萬二千八百三十六兩四錢六釐。

下則，每引派輸正、珠銀二錢八分六釐五絲九忽八微四纖六沙五渺九漠。

該課銀四千三百十一兩八錢五分七釐、滴珠銀四十三兩一錢一分八釐，共正、珠銀四千三百五十四兩九錢七分五釐。

下下則，每引派輸正、珠銀二錢五分一釐四毫二絲九忽四微七纖一沙九塵四埃一渺一漠。

該課銀三千一百七兩二分二釐、滴珠銀三十一兩七分，共正、珠銀三千一百三十八兩九分二釐。

温州所

每引派輸正、珠銀一錢九分一毫一絲一忽一微八纖七沙八塵一埃八渺七漠。

該課銀一千四百九十六兩六錢八釐、滴珠銀一十四兩九錢六分六釐，共正、珠銀一千五百一十一兩五錢七分四釐。

台州府

每引派輸正、珠銀二錢七分五釐四毫九絲一微九纖六沙五塵三埃九漠。

該課銀三千一百四十二兩二分、滴珠銀三十一兩四錢二分，共正、珠銀三千一百七十三兩四錢四分。

各縣票引

每引派輸正、珠銀一錢九分一毫一絲九忽八纖六沙八塵一埃八渺。

該課銀一萬八千九百五十四兩二錢六分四釐、滴珠銀一百八十九兩五錢四分三釐，共正、珠銀一萬九千一百四十三兩八錢七釐。

商課共銀二十八萬九千五百九十九兩三錢二分、滴珠共銀二千八百九十五兩九錢九分二釐，共正、珠銀二十九萬二千四百九十五兩三錢一分二釐。

縣課分徵

杭州府

仁和縣額徵沙地、草蕩銀三兩七錢三分五釐、滴珠銀三分七釐，共正、珠銀三兩七錢七分二釐。

海寧州額徵水鄉銀一千七百六十四兩二錢、滴珠銀一十七兩六錢四分二釐，共正、珠銀一千七百八十一兩八錢四分二釐。

舊《志》：額徵銀二千四百二兩三錢一分八釐，又經徵錢江漲沙佃租銀三百六十三兩一分九釐。乾隆二年起至十四年止，坍豁挖廢銀一兩一錢三分七釐，應徵前數。

嘉興府

嘉興縣額徵水鄉銀八百九十八兩七分六釐、滴珠銀八兩九錢八分一釐，共正、珠銀九百七兩五分七釐。

秀水縣額徵水鄉銀三百三十七兩八錢三分六釐、滴珠銀三兩三錢七分八釐，共正、珠銀三百四十一兩二錢一分四釐。

嘉善縣額徵水鄉銀二百六十兩三錢三分四釐、滴珠銀二兩六錢三釐，共正、珠銀二百六十二兩九錢三分七釐。

海鹽縣額徵水鄉銀四千三十七兩八錢三分一釐、滴珠銀四十兩三錢七分八釐，共正、珠銀四千七十八兩二錢九釐。

平湖縣額徵水鄉、草蕩等銀六千二十七兩二錢一釐、滴珠銀六十兩二錢七分二釐，共正、珠銀六千八十七兩四錢七分三釐。

石門縣額徵水鄉銀一百一十八兩四錢六分一釐、滴珠銀一兩一錢八分五釐，共正、珠銀一百一十九兩六錢四分六釐。

桐鄉縣額徵水鄉銀九十四兩六錢一分五釐、滴珠銀九錢四分六釐，共正、珠銀九十五兩五錢六分一釐。

湖州府

歸安縣額徵水鄉銀二兩八分一釐、滴珠銀二分一釐，共正、珠銀二兩一錢二釐。

舊《志》：額徵銀二兩三錢一分二釐，雍正六年減豁銀二錢三分一釐，應徵前數。

寧波府

鄞縣額徵水鄉銀六百七十九兩八錢九分九釐、滴珠銀六兩七錢九分九釐，共正、珠銀六百八十六兩六錢九分八釐。

慈谿縣額徵水鄉銀一千六十四兩五錢九分八釐、滴珠銀一十兩六錢四分六釐，共正、珠銀一千七十五兩二錢四分四釐。

鎮海縣額徵水鄉銀三百八十七兩七錢九釐、滴珠銀三兩八錢七分七釐，共正、珠銀三百九十一兩五錢八分六釐。

舊《志》：額徵銀一千六十三兩三錢四分七釐，乾隆三十五年，新陞銀一兩二錢五分一釐，應徵前數。

定海縣額徵水鄉銀一千三百八十七兩二錢四分三釐、滴珠銀一十三兩八錢七分二釐，共正、珠銀一千四百一兩一錢一分五釐。

舊《志》：額徵銀八百四十一兩一錢八分四釐，雍正四年起至嘉慶二年止，新陞銀五百四十六兩五分九釐，應徵前數。

紹興府

山陰縣額徵水鄉銀一千五百七十七兩七分六釐、滴珠銀一十五兩七錢七分一釐，共正、珠銀一千五百九十二兩八錢四分七釐。

會稽縣額徵水鄉銀三百八十九兩四錢六分一釐、滴珠銀三兩八錢九分五釐，共正、珠銀三百九十三兩三錢五分六釐。

蕭山縣額徵水鄉銀七百八十四兩三分五釐、滴珠銀七兩八錢四分，共正、珠銀七百九十一兩八錢七分五釐。

餘姚縣額徵水鄉銀四百七兩七錢二分六釐、滴珠銀四兩七分七釐，共正、珠銀四百一十一兩八錢三釐。

舊《志》：額徵銀四百二兩九錢六分五釐，又帶徵三山所商税銀四兩七錢六分一釐，應徵前數。

上虞縣額徵水鄉銀四十二兩九錢八分一釐、滴珠銀四錢三分，共正、珠銀四十三兩四錢一分一釐。

嵊縣額徵苦滷税銀三兩、滴珠銀三分，共正、珠銀三兩三分。

温州府

永嘉縣額徵水鄉銀一千二百六十一兩二錢三分一釐、滴珠銀一十二兩六錢一分二釐，共正、珠銀一千二百七十三兩八錢四分三釐。

樂清縣額徵水鄉銀四百三十六兩二錢九分二釐、滴珠銀四兩三錢六分三釐，共正、珠銀四百四十兩六錢五分五釐。

舊《志》：額徵銀二百五十九兩四錢二分三釐，又附徵長林、北監二場課税銀一百七十六兩八錢六分九釐，應徵前數。

瑞安縣額徵水鄉銀一百五十五兩二錢四分四釐、滴珠銀一兩五錢五分二釐，共正、珠銀一百五十六兩七錢九分六釐。

平陽縣額徵水鄉銀三百二十四兩四錢五釐、滴珠銀三兩二錢四分四釐，共正、珠銀三百二十七兩六錢四分九釐。

舊《志》：額徵銀六十五兩七錢五分五釐，又附徵南監場課税銀二百五十八兩六錢五分，應徵前數。

台州府

黄巖縣額徵水鄉銀五百四十三兩七錢四分二釐、滴珠銀五兩四錢三分七釐，共正、珠銀五百四十九兩一錢七分九釐。

太平縣額徵水鄉銀一百九十九兩五錢六分一釐、滴珠銀一兩九錢九分六釐，共正、珠銀二百一兩五錢五分七釐。

舊《志》：額徵銀一百四十二兩九分八釐，又附徵北監場課税銀五十七兩四錢六分三釐，應徵前數。

蘇州府

長洲縣額徵水鄉銀六兩七錢八分八釐、滴珠銀六分八釐，共正、珠銀六兩八錢五分六釐。

吴江縣額徵水鄉銀二兩四錢七分八釐、滴珠銀二分五釐，共正、珠銀二兩五錢三釐。

震澤縣額徵水鄉銀二兩四錢七分八釐、滴珠銀二分五釐，共正、珠銀二兩五錢三釐。

太倉州

鎮洋縣額徵水鄉銀五兩、滴珠銀五分，共正、珠銀五兩五分。

崇明縣額徵水鄉銀三千四百九十七兩五錢七分四釐、滴珠銀三十四兩九錢七分六釐，共正、珠銀三千五百三十二兩五錢五分。

舊《志》：額徵銀三千八百二十六兩二錢二分，除乾隆三十五年劃歸海門廳徵解銀三百三十八兩六錢四分六釐，應徵前數。

海門廳額徵崇明縣分徵，水鄉銀三百三十八兩六錢四分六釐、滴珠銀三兩三錢八分六釐，共正、珠銀三百四十二兩三分二釐。

松江府

華亭縣額徵水鄉銀一千二百二十八兩二錢二分九釐、滴珠銀一十二兩二錢八分二釐，共正、珠銀一千二百四十兩五錢一分一釐。

奉賢縣額徵水鄉銀一千四百五十一兩九錢六分七釐、滴珠銀一十四兩五錢二分，共正、珠銀一千四百六十六兩四錢八分七釐。

婁縣額徵水鄉銀一千七十六兩二分九釐、滴珠銀一十兩七錢六分，共正、珠銀一千八十六兩七錢八分九釐。

金山縣額徵水鄉銀一千七十六兩二分九釐、滴珠銀一十兩七錢六分，共正、珠銀一千八十六兩七錢八分九釐。

上海縣額徵水鄉銀二千八百三十七兩一錢五分八釐、滴珠銀二十八兩三錢七分二釐，共正、珠銀二千八百六十五兩五錢三分。

舊《志》：額徵銀二千八百七十兩九錢二分四釐，雍正八年分入南匯縣徵解銀三十三兩七錢六分六釐，應徵前數。

南匯縣額徵水鄉銀二千一百三十六兩四錢六釐、滴珠銀二十一兩三錢六分四釐，共正、珠銀二千一百五十七兩七錢七分。

舊《志》：額徵銀二千一百二兩六錢四分，雍正八年，徵解上海縣分入銀三十三兩七錢六分六釐，應徵前數。

青浦縣額徵水鄉銀一千七百八兩九分八釐、滴珠銀一十七兩八分一釐，共正、珠銀一千七百二十五兩一錢七分九釐。

舊《志》：額徵銀七百五十兩三錢八分，又乾隆七年，並徵福泉縣課銀九百五十七兩七錢一分七釐，應徵前數。

以上共額徵縣課正、珠銀三萬八千九百四十一兩六釐。又嘉定縣舊《志》：額徵銀三百二十四兩七錢六分九釐，乾隆六十年全坍豁免。寶山縣舊《志》：『額徵銀三百一十三兩六分三釐，乾隆四年起至三十六年止，全坍豁免。』以上二縣均無徵額，續有新陞，再行題報。

《欽定重修兩浙鹽法志》卷三終

校勘記

［一］攤派 原書『攤』作『灘』，誤。

欽定重修兩浙鹽法志卷四　課額二

場課分徵

仁和場額徵銀二千二百六十二兩七錢七分八釐、滴珠銀二十二兩六錢二分七釐，共正、珠銀二千二百八十五兩四錢五釐。

舊《志》：額徵銀五千九百四兩二錢八分三釐。雍正四年至嘉慶二年止，新陞抵補本場坍課銀一百五十一兩五錢五分七釐，又場實陞銀一千七百八十三兩六錢八分三釐，共陞銀一千九百三十五兩二錢四分。雍正四年至乾隆六十年止，坍課錢清場代抵銀一百六十一兩七錢四分二釐，又長林場代抵銀九十一兩三錢三分二釐，又本場自抵銀一百五十一兩五錢五分七釐。本場實坍課銀五千一百七十二兩一錢一分四釐，共坍豁銀五千五百七十六兩七錢四分五釐，應徵前數。

錢清場額徵本場銀二千一百七十五兩三錢二分三釐、滴珠銀二十一兩七錢五分三釐，共正、珠銀二千一百九十七兩七分六釐。

舊《志》：額徵銀一千九百三十兩八錢九分三釐。雍正四年至乾隆五十二年止，新陞撥抵西路仁和等場坍課銀一百九十七兩三錢三分七釐，又撥抵長亭場丁課銀三百六十八兩六錢七分四釐。本場實陞銀六百八兩八錢九分七釐，共新陞銀一千一百七十四兩九錢八釐。乾隆二十年至二十二年止，共實坍豁銀九百三十兩四錢七分八釐，應徵前數。

額徵西興場銀六千九百八十二兩一分三釐、滴珠銀六十九兩八錢二分一釐，共正、珠銀七千五十一兩八錢三分四釐。

舊《志》：額徵銀一千五百七兩一錢一分三釐。雍正四年至乾隆五十年止，新陞撥抵長亭場丁課銀二錢五分九釐，本場實陞銀八千三百四十一兩二錢一分八釐，共新陞銀八千三百四十一兩四錢七分七釐。乾隆六年至嘉慶元年止，共實坍豁銀二千八百六十六兩五錢七分七釐，應徵前數。内嘉慶元年坍豁正、珠銀三百七十六兩六錢六分八釐，四年正月，奉部駁令委員覆勘，六年九月，勘明題咨，共豁正、珠銀四百七十兩二錢六分一釐，七年五月，奉部覆准。

謹案：額徵項下仍照原咨舊數開除，以符五年分奏銷册内總額。

三江場額徵銀三百七十七兩九錢八分四釐、滴珠銀三兩七錢八分，共正、珠銀三百八十一兩七錢六分四釐。

舊《志》：額徵銀二千四百二十五兩一錢九分八釐，内分設東江場，劃徵銀一千一百五十八兩二錢九分七釐。乾隆五十年，實新陞銀二百三十六兩六錢九分七釐。乾隆五年至四十二年止，共實坍豁銀一千一百二十五兩六錢一分四釐，應徵前數。

東江場額徵銀四百六十一兩二分二釐、滴珠銀四兩六錢一分，共正、珠銀四百六十五兩六錢三分二釐。

是場從三江分出，應徵額課銀一千一百五十八兩二錢九分七釐。乾隆八年至三十年止，共實坍豁銀六百九十七兩二錢七分五釐，應徵前數。

曹娥場額徵銀七百六十二兩四錢四分七釐、滴珠銀七兩六錢二分四釐，共正、珠銀七百七十兩七分一釐。

舊《志》：額徵銀七百一十八兩三錢四分五釐。乾隆九年至十六年止，共實新陞銀四十四兩一錢二釐，統徵前數。

金山場額徵銀七百八十四兩七錢五分三釐、滴珠銀七兩八錢四分八釐，共正、珠銀七百九十二兩六錢一釐。

是場，乾隆五年分設，應徵上虞縣屬曹娥場額課銀七百一十五兩三錢三分三釐。乾隆九年至十六年止，共實新陞銀六十九兩四錢二分，統徵前數。

石堰場額徵銀五千五百九十六兩七錢、滴珠銀五十五兩九錢六分七釐，共正、珠銀五千六百五十二兩六錢六分七釐。

舊《志》：額徵銀五千一百一十二兩二錢六分九釐。雍正四年至嘉慶二年止，共實新陞銀四百八十四兩四錢三分一釐，統徵前數。

清泉場額徵銀二千九十四兩七錢六分二釐、滴珠銀二十兩九錢四分七釐，共正、珠銀二千一百一十五兩七錢九釐。

舊《志》：額徵鄞縣、鎮海二邑課銀二千五十六兩七釐。乾隆十一年，實新陞銀三十八兩七錢五分五釐，統徵前數。

龍頭場額徵銀一千二百二兩四錢五分四釐、滴珠銀一十二兩二分五釐，共正、珠銀一千二百一十四兩四錢七分九釐。

舊《志》：額徵銀一千二百一兩四錢八分八釐。乾隆四十四年，實新陞銀九錢六分六釐，統徵前數。

穿長場額徵穿山課銀八百三十二兩一錢二釐、滴珠銀八兩三錢二分一釐，共正、珠銀八百四十兩四錢二分三釐。

額徵長山課銀七百八十七兩五錢五分九釐、滴珠銀七兩八錢七分六釐，共正、珠銀七百九十五兩四錢三分五釐。

大嵩場額徵銀一千一百六兩二錢七分五釐、滴珠銀一十一兩六分三釐，共正、珠銀一千一百一十七兩三錢三分八釐。

玉泉場額徵銀四百五十九兩一錢八分七釐，滴珠銀四兩五錢九分二釐，共正、珠銀四百六十三兩七錢七分九釐。

鳴鶴場額徵銀二千八百八十八兩八錢二分三釐，滴珠銀二十八兩八錢八分八釐。共正、珠銀二千九百一十七兩七錢一分一釐。

舊《志》：額徵銀二千二百八十四兩五錢四分。雍正四年至嘉慶二年止，新陞撥抵海沙場丁課銀七兩一分三釐，又撥抵長亭場丁課銀一百九十四兩九錢二分四釐。本場實陞銀四百二兩三錢四分六釐，共新陞六百四兩二錢八分三釐，應徵前數。

永嘉場額徵銀七百一十四兩二錢九分三釐、滴珠銀七兩一錢四分三釐，共正、珠銀七百二十一兩四錢三分六釐。

長林場額徵銀二百七十五兩八錢五分六釐、滴珠銀二兩七錢五分八釐，共正、珠銀二百七十八兩六錢一分四釐。

舊《志》：額徵銀一百五十四兩二錢七分六釐，又代徵雙穗場丁課銀三十兩二錢四分八釐。乾隆五十年至五十九年止，新陞撥抵仁和場坍課銀九十一兩三錢三分二釐，共徵前數。

雙穗場額徵銀二千六十五兩四錢五分六釐、滴珠銀二十兩六錢五分四釐，共正、珠銀二千八十六兩一錢一分。

舊《志》：額徵銀二千九十五兩七錢三分六釐，内劃入長林場代攤課銀三十兩二錢四分八釐。乾隆三十六年，新陞銀一十一兩六錢七分，即抵補坍豁銀一十一兩七錢二釐，實坍豁銀三分二釐，應徵前數。

南監場額徵銀九十七兩六錢五分五釐、滴珠銀九錢七分七釐，共正、珠銀九十八兩六錢三分二釐。

乾隆三十八年，報陞歸蒲門巡檢經徵。

杜瀆場額徵銀一千三百六十七兩六錢三釐、滴珠銀一十三兩六錢七分六釐，共正、珠銀一千三百八十一兩二錢七分九釐。

舊《志》：額徵銀八百四十七兩二錢五分八釐。乾隆十二年至五十九年止，共實新陞銀五百二十兩三錢四分五釐，應徵前數。

黄巖場額徵銀三千一百三十三兩四分五釐、滴珠銀三十一兩三錢三分一釐，共正、珠銀三千一百六十四兩三錢七分六釐。

舊《志》：額徵臨海、黄巖、太平三邑，共銀一千七百二十一兩五錢二分七釐。乾隆六年至五十八年止，新陞撥抵下砂場坍課銀一百五兩一錢四分，又本場實陞銀一千六百一十八兩八錢一分八釐，共陞銀一千七百二十三兩九錢五分八釐。乾隆三十一年，實豁除銀三百一十二兩四錢四分，應徵前數。

長亭場額徵銀二百三十七兩四錢一分三釐、滴珠銀二兩三錢七分四釐，共正、珠銀二百三十九兩七錢八分七釐。

舊《志》：額徵銀七百一十三兩九錢四釐，内除無徵丁課銀六百九十一兩九錢四分二釐，係將鳴鶴等場陞銀代補。乾隆十四年至五十九年止，新陞撥抵仁和場攤丁課銀八十五兩三錢一釐，又本場實陞銀一百三十兩一錢五分，共陞銀二百一十五兩四錢五分一釐，應徵前數。

黄灣場額徵銀八十一兩三錢一分七釐、滴珠銀八錢一分三釐，共正、珠銀八十二兩一錢三分。

是場，乾隆五年爲始，應分徵西路場課銀四十兩四錢一分七釐。乾隆十一年，實新陞應復課銀一百四十二兩一錢七分四釐。乾隆二十五年，實坍豁銀一百一兩二錢七分四釐，應徵前數。

海沙場額徵銀二千二百二十七兩八錢八分一釐、滴珠銀二十二兩二錢七分九釐，共正、珠銀二千二百五十兩一錢六分。

鮑郎場額徵銀五百四十六兩七錢二釐、滴珠銀五兩四錢六分八釐，共正、珠銀五百五十二兩一錢七分。

舊《志》：額徵銀五百一十二兩二錢八分六釐。雍正四年至嘉慶二年止，共實新陞銀三十四兩四錢一分六釐，統徵前數。

蘆瀝場額徵銀四千六百七十三兩三錢一分六釐、滴珠銀四十六兩七錢三分三釐，共正、珠銀四千七百二十兩四分九釐。

舊《志》：額徵銀四千六百七十二兩八錢一釐。乾隆五十年，實新陞銀五錢一分五釐，應徵前數。

横浦場額徵銀二千九百三十五兩八錢七分、滴珠銀二十九兩三錢五分九釐，共正、珠銀二千九百六十五兩二錢二分九釐。

舊《志》：額徵銀二千九百四十六兩八分七釐，應加雍正三年陞課銀三錢四分二釐，實額徵銀二千九百四十六兩四錢二分九釐。乾隆四年，實坍豁銀十兩五錢五分九釐，應徵前數。

浦東場額徵銀五千三百九十四兩五錢一分七釐、滴珠銀五十三兩九錢四分五釐，共正、珠銀五千四百四十八兩四錢六分二釐。

舊《志》：額徵銀五千四百五十一兩八錢五釐，内應除築塘挖廢銀一百六十四兩八錢，實額徵銀五千二百八十七兩五釐，又代攤袁浦丁課銀一百一十一兩三錢。雍正四年至十二年止，實坍豁銀三兩七錢八分八釐，應徵前數。

袁浦場額徵銀一千六百五十三兩九錢五分八釐、滴珠銀一十六兩五錢四分，共正、珠銀一千六百七十兩四錢九分八釐。

舊《志》：額徵銀二千五百四兩三錢九分六釐，内應除攤丁課銀七百八十二兩八錢五分六釐，劃入青村場代補。雍正十一年，實坍豁銀八十八兩二錢一分四釐。乾隆二十四年，實新陞銀二十兩六錢三分二釐，應徵前數。

青村場額徵銀六千四百九十九兩二錢四分四釐、滴珠銀六十四兩九錢九分二釐，共正、珠銀六千五百六十四兩二錢三分六釐。

舊《志》：額徵銀六千一百六十七兩八錢二分五釐，又徵青村所税銀二百六十九兩一錢九分二釐，内除築塘挖廢銀一百九十七兩七錢五釐，實額徵銀六千二百三十九兩三錢一分二釐，又代攤袁浦場丁課銀九十八兩七錢九分一釐。乾隆四十四年，實新陞銀一百六十一兩一錢四分一釐，應徵前數。

下砂場額徵銀七千八百八十九兩五分一釐、滴珠銀七十八兩八錢九分一釐，共正、珠銀七千九百六十七兩九錢四分二釐。

舊《志》：額徵銀七千六百八十四兩四分九釐，又附徵南匯所課銀一千四十七兩九錢四分五釐，又代攤袁浦場丁課銀二百一十三兩一錢八分五釐，又分徵下砂二場課銀二千三百六十五兩二分七釐。雍正十一年至乾隆六年止，共實坍豁銀三千四百二十一兩一錢五分五釐，應徵前數。

下砂二三場額徵銀七千三百八十一兩七錢九分六釐、滴珠銀七十三兩八錢一分八釐，共正、珠銀七千四百五十五兩六錢一分四釐。

舊《志》：額徵二場課銀六千八百二十七兩六錢七分八釐，三場課銀七千七百七十八兩二分四釐，内除二場歸入頭場，分徵課銀二千三百六十五兩二分七釐，實該徵銀一萬二千二百四十兩六錢七分五釐，又代攤袁浦場丁課銀三百五十九兩五錢七分九釐。雍正十一年至乾隆六年止，坍課黄巖等場撥抵銀一百五兩八錢一分九釐，又本場實坍銀五千一百一十二兩六錢三分九釐，共坍豁銀五千二百一十八兩四錢五分八釐，應徵前數。

以上共額徵場課正、珠銀七萬六千七百八兩六錢四分八釐。又許村場，舊《志》額徵銀一千六百八十兩六錢，雍正六年至十年止，坍豁銀一千六百七十一兩四錢一分四釐。乾隆三十四年，報陞銀七十兩五錢四分七釐，共額徵銀七十九兩七錢三分三釐。乾隆四十四年，全行豁免。西路場，舊《志》額徵銀八百三十二兩七錢四分一釐，乾隆五年，坍豁銀七百九十二兩三錢二分四釐，餘銀四十兩四錢一分七釐劃歸黄灣場分徵。乾隆十一年，新陞復課銀四百五十兩二錢五分二釐。乾隆二十五年，全坍豁免，俟續有新陞，再行題報。

謹按：場竈蕩地歷年陞豁不一，且有此漲彼坍、互相抵補之例。今將逐歲報部，由單細核，詳載各條數内，以憑稽考。

牙税分徵

杭州府

錢塘縣額徵税銀五錢、滴珠銀五釐。

富陽縣額徵税銀二兩、滴珠銀二分。

臨安縣額徵税銀六兩、滴珠銀六分。

於潛縣額徵税銀六兩五錢、滴珠銀六分五釐。

新城縣額徵税銀三兩、滴珠銀三分。

昌化縣額徵税銀六兩五錢、滴珠銀六分五釐。

嘉興府

嘉興縣額徵税銀五兩五錢、滴珠銀五分五釐。

秀水縣額徵税銀八兩五錢、滴珠銀八分五釐。

嘉善縣額徵税銀五兩五錢、滴珠銀五分五釐。

石門縣額徵税銀一兩五錢、滴珠銀一分五釐。

桐鄉縣額徵税銀五兩五錢、滴珠銀五分五釐。

湖州府

烏程縣額徵税銀八兩、滴珠銀八分。

歸安縣額徵税銀九兩、滴珠銀九分。

長興縣額徵税銀二十兩、滴珠銀二錢。

德清縣額徵税銀四兩五錢、滴珠銀四分五釐。

武康縣額徵税銀四兩、滴珠銀四分。

安吉縣額徵税銀九兩五錢、滴珠銀九分五釐。

孝豐縣額徵税銀六兩、滴珠銀六分。

寧波府

鄞縣額徵税銀一兩、滴珠銀一分。

奉化縣額徵税銀七兩、滴珠銀七分。

紹興府

山陰縣額徵税銀四兩、滴珠銀四分。

會稽縣額徵税銀三兩、滴珠銀三分。

蕭山縣額徵税銀二兩、滴珠銀二分。

諸暨縣額徵税銀一兩五錢、滴珠銀一分五釐。

餘姚縣額徵税銀一兩五錢、滴珠銀一分五釐。

上虞縣額徵税銀二兩五錢、滴珠銀二分五釐。

新昌縣額徵税銀三兩、滴珠銀三分。

嵊縣額徵税銀一十兩五錢、滴珠銀一錢五釐。

金華府

金華縣額徵税銀七兩五錢、滴珠銀七分五釐。

蘭谿縣額徵税銀一十六兩、滴珠銀一錢六分。

東陽縣額徵税銀五兩五錢、滴珠銀五分五釐。

義烏縣額徵税銀五兩五錢、滴珠銀五分五釐。

永康縣額徵税銀八兩、滴珠銀八分。

武義縣額徵税銀三兩、滴珠銀三分。

浦江縣額徵税銀三兩、滴珠銀三分。

湯溪縣額徵税銀五兩五錢、滴珠銀五分五釐。

衢州府

西安縣額徵税銀一十一兩五錢、滴珠銀一錢一分五釐。

龍游縣額徵税銀一十一兩、滴珠銀一錢一分。

江山縣額徵税銀六兩、滴珠銀六分。

常山縣額徵税銀一十七兩、滴珠銀一錢七分。

開化縣額徵税銀六兩、滴珠銀六分。

嚴州府

建德縣額徵税銀一十三兩五錢、滴珠銀一錢三分五釐。

淳安縣額徵税銀一十六兩五錢、滴珠銀一錢六分五釐。

遂安縣額徵税銀一十一兩、滴珠銀一錢一分。

壽昌縣額徵税銀一兩五錢、滴珠銀一分五釐。

桐廬縣額徵税銀一十兩五錢、滴珠銀一錢五釐。

分水縣額徵税銀六兩五錢、滴珠銀六分五釐。

温州府

永嘉縣額徵税銀五兩五錢、滴珠銀五分五釐。

樂清縣額徵税銀一兩五錢、滴珠銀一分五釐。

瑞安縣額徵税銀三兩、滴珠銀三分。

平陽縣額徵税銀一兩五錢、滴珠銀一分五釐。

泰順縣額徵税銀一兩五錢、滴珠銀一分五釐。

台州府

臨海縣額徵税銀二兩、滴珠銀二分。

黄巖縣額徵税銀二兩、滴珠銀二分。

寧海縣額徵税銀二兩、滴珠銀二分。

太平縣額徵税銀一兩、滴珠銀一分。

天台縣額徵税銀二兩、滴珠銀二分。

仙居縣額徵税銀三兩、滴珠銀三分。

處州府

麗水縣額徵税銀一十一兩五錢、滴珠銀一錢一分五釐。

縉雲縣額徵税銀一兩、滴珠銀一分。

青田縣額徵税銀四兩、滴珠銀四分。

松陽縣額徵税銀一十一兩、滴珠銀一錢一分。

遂昌縣額徵税銀五兩、滴珠銀五分。

龍泉縣額徵税銀八兩、滴珠銀八分。

慶元縣額徵税銀一兩五錢、滴珠銀一分五釐。

景寧縣額徵税銀一兩、滴珠銀一分。

宣平縣額徵税銀五兩五錢、滴珠銀五分五釐。

蘇州府

長洲縣額徵税銀一十九兩、滴珠銀一錢九分。

元和縣額徵税銀一十九兩、滴珠銀一錢九分。

吴縣額徵税銀一十七兩、滴珠銀一錢七分

吴江縣額徵税銀四兩五錢、滴珠銀四分五釐。

震澤縣額徵税銀四兩、滴珠銀四分。

崑山縣額徵税銀九兩五錢、滴珠銀九分五釐。

新陽縣額徵税銀九兩、滴珠銀九分。

常熟縣額徵税銀三兩、滴珠銀三分。

昭文縣額徵税銀三兩、滴珠銀三分。

太倉州

本州額徵税銀五兩五錢、滴珠銀五分五釐。

鎮洋縣額徵税銀五兩五錢、滴珠銀五分五釐。

嘉定縣額徵税銀一十五兩、滴珠銀一錢五分。

寶山縣額徵税銀一十五兩、滴珠銀一錢五分。

崇明縣額徵税銀七兩五錢、滴珠銀七分五釐。

松江府

華亭縣額徵税銀九兩、滴珠銀九分。
奉賢縣額徵税銀九兩、滴珠銀九分。
婁縣額徵税銀九兩、滴珠銀九分。
金山縣額徵税銀八兩五錢、滴珠銀八分五釐。
上海縣額徵税銀六兩、滴珠銀六分。
南匯縣額徵税銀六兩、滴珠銀六分。
青浦縣額徵税銀三十兩、滴珠銀三錢。

舊《志》：青浦額徵銀一十五兩、滴珠銀一錢五分，福泉縣分徵銀一十五兩、滴珠銀一錢五分。今福泉已裁并青浦，合徵前數。

常州府

武進縣額徵税銀九兩、滴珠銀九分。
陽湖縣額徵税銀八兩五錢、滴珠銀八分五釐。
無錫縣額徵税銀一十二兩、滴珠銀一錢二分。
金匱縣額徵税銀一十二兩、滴珠銀一錢二分。
宜興縣額徵税銀一十二兩五錢、滴珠銀一錢二分五釐
荆溪縣額徵税銀一十二兩、滴珠銀一錢二分。

江陰縣額徵税銀一十四兩五錢、滴珠銀一錢四分五釐。
靖江縣額徵税銀三兩、滴珠銀三分。

鎮江府

丹徒縣額徵税銀七兩、滴珠銀七分。
丹陽縣額徵税銀九兩五錢、滴珠銀九分五釐。
金壇縣額徵税銀九兩五錢、滴珠銀九分五釐。
溧陽縣額徵税銀一十六兩五錢、滴珠銀一錢六分五釐。
溧陽一縣，舊《志》爲江寧府所屬，今已改隸鎮江，謹移入纂載。

廣信府

上饒縣額徵税銀四兩、滴珠銀四分。
玉山縣額徵税銀三兩五錢、滴珠銀三分五釐。
弋陽縣額徵税銀四兩、滴珠銀四分。
貴溪縣額徵税銀一兩五錢、滴珠銀一分五釐。
鉛山縣額徵税銀一兩五錢、滴珠銀一分五釐。
廣豐縣額徵税銀二兩、滴珠銀二分。
興安縣額徵税銀一兩五錢、滴珠銀一分五釐。

徽州府

歙縣額徵税銀二十三兩五錢、滴珠銀二錢三分五釐。

休寧縣額徵税銀三十五兩五錢、滴珠銀三錢五分五釐。

祁門縣額徵税銀四兩五錢、滴珠銀四分五釐。

黟縣額徵税銀七兩、滴珠銀七分。

績溪縣額徵税銀四兩五錢、滴珠銀四分五釐。

廣德州

本州額徵税銀一十二兩、滴珠銀一錢二分。

建平縣額徵税銀一十兩五錢、滴珠銀一錢五釐。

各場額徵税銀三十三兩，滴珠銀三錢三分。

各場店秤、灰滷、柴腳等牙，由商人保結請帖，充當輸税。因商人興廢不一，鹽場坍漲不常，彼盈此縮，原無定處。向於各場統徵完納，以足年額。

雜餉分徵

慈谿縣額徵備荒銀一百三十二兩五錢、滴珠銀一兩三錢二分五釐，共正、珠銀一百三十三兩八錢二分五釐。

鎮海縣額徵備荒銀二百三十二兩八錢七分三釐、滴珠銀二兩三錢二分九釐，共正、珠銀二百三十五兩二錢二釐。

額徵龍山所備荒銀一兩七錢八分六釐、滴珠銀一分八釐，共正、珠銀一兩八錢四釐。

餘姚縣額徵備荒銀七百三十九兩九分二釐、滴珠銀七兩三錢九分一釐，共正、珠銀七百四十六兩四錢八分三釐。

上虞縣額徵備荒銀八兩、滴珠銀八分，共正、珠銀八兩八分。

崇明縣額徵備荒銀二百七十兩三錢九分一釐、滴珠銀二兩七錢四釐，共正、珠銀二百七十三兩九分五釐。

舊《志》：額徵銀二百九十七兩一錢四分二釐。乾隆三十五年，劃歸海門廳，徵解銀二十六兩七錢五分一釐，應徵前數。

海門廳額征備荒銀二十六兩七錢五分一釐、滴珠銀二錢六分八釐，共正、珠銀二十七兩一分九釐。

仁和縣額徵備荒銀五百九兩一錢七分七釐、滴珠銀五兩九分二釐，共正、珠銀五百一十四兩二錢六分九釐。

舊《志》：額徵銀六百七十九兩八錢八分一釐。雍正十年十二年，共坍豁銀一百七十兩七錢四釐，應徵前數。

鮑郎場額徵備荒銀三十一兩六錢四分二釐、滴珠銀三錢一分六釐，共正、珠銀三十一兩九錢五分八釐。

海沙場額徵備荒銀五十八兩七錢六分二釐、滴珠銀五錢八分八釐，共正、珠銀五十九兩三錢五分。

蘆瀝場額徵備荒銀三百七兩八錢三分六釐、滴珠銀三兩七分八釐，共正、珠銀三百一十兩九錢一分四釐。

橫浦場額徵備荒銀九兩九分二釐、滴珠銀九分一釐，共正、珠銀九兩一錢八分三釐。

大嵩場額徵備荒銀四十八兩三錢七分六釐，滴珠銀四錢八分四釐，共正、珠銀四十八兩八錢六分。

鳴鶴場額徵慈谿縣備荒銀四十二兩九釐、滴珠銀四錢二分，共正、珠銀四十二兩四錢二分九釐。

額徵餘姚縣備荒銀一百一十三兩一錢七分八釐、滴珠銀一兩一錢三分二釐，共正、珠銀一百一十四兩三錢一分。

清泉場額徵備荒銀六錢六分五釐、滴珠銀七釐，共正、珠銀六錢七分二釐。

龍頭場額徵備荒銀六錢八分八釐、滴珠銀七釐，共正、珠銀六錢九分五釐。

長山場額徵備荒銀二百三十六兩九釐、滴珠銀二兩三錢六分，共正、珠銀二百三十八兩三錢六分九釐。

錢清場額徵山陰縣竈地備荒銀一十五兩九錢二分七釐、滴珠銀一錢五分九釐，共正、珠銀一十六兩八分六釐。

額徵蕭山縣竈地備荒銀四兩二錢八分九釐、滴珠銀四分三釐，共正、珠銀四兩三錢三分二釐。

三江場額徵備荒銀二十九兩三分一釐、滴珠銀二錢九分，共正、珠銀二十九兩三錢二分一釐。

舊《志》：額徵銀六十三兩一錢五分八釐，内除分設東江場額徵銀三十一兩五錢七分九釐，乾隆四十二年坍豁銀二兩五錢四分八釐，應徵前數。

曹娥場額徵備荒銀八兩五錢九分二釐、滴珠銀八分六釐，共正、珠銀八兩六錢七分八釐。

西興場額徵備荒銀一十二兩一錢四分五釐、滴珠銀一錢二分一釐，共正、珠銀一十二兩二錢六分六釐。

石堰場額徵備荒銀一千四百二十五兩四錢三分四釐、滴珠銀一十四兩二錢五分四釐，共正、珠銀一千四百三十九兩六錢八分八釐。

北監場樂清縣代徵額徵備荒銀一十三兩二錢三分二釐、滴珠銀一錢三分二釐，共正、珠銀一十三兩三錢六分四釐。

黄巖場額徵備荒銀七兩一錢九分八釐、滴珠銀七分二釐，共正、珠銀七兩二錢七分。

袁浦場額徵備荒銀一十二兩一錢三分四釐、滴珠銀一錢二分一釐，共正、珠銀一十二兩二錢五分五釐。

青村場額徵備荒銀二百一十七兩四錢七分七釐、滴珠銀二兩一錢七分五釐，共正、珠銀二百一十九兩六錢五分二釐。

浦東場額徵備荒銀一百二十三兩七錢九分六釐、滴珠銀一兩二錢三分八釐，共正、珠銀一百二十五兩三分四釐。

金山場分徵上虞縣屬曹娥場，額徵備荒銀五十一兩、滴珠銀五錢一分，共正、珠銀五十一兩五錢一分。

東江場額徵備荒銀二十五兩一錢七分四釐、滴珠銀二錢五分二釐，共正、珠銀二十五兩四錢二分六釐。

從三江場分出，額徵備荒銀三十一兩五錢七分九釐。乾隆三十一年，坍豁銀六兩四錢五釐，應徵前數。

下砂場額徵備荒銀二百八十三兩四錢五分三釐、滴珠銀二兩八錢三分五釐，共正、珠銀二百八十六兩二錢八分八釐。

額徵南匯所備荒銀一十八兩八錢七分、滴珠銀一錢八分九釐，共正、珠銀一十九兩五分九釐。

下砂二三場額徵備荒銀一十六兩三錢九分三釐、滴珠銀一錢六分四釐，共正、珠銀一十六兩五錢五分七釐。

又許村場，舊《志》額徵銀一百四十三兩七錢五分五釐，雍正六年至十年，全坍豁免，俟續有新陞，再行題報。

仁和場現徵車輛税銀一百四兩二錢一分一釐、滴珠銀一兩四分二釐，共正、珠銀一百五兩二錢五分三釐。

西興場現徵車輛税銀一十兩八錢六分、滴珠銀一錢九釐，共正、珠銀一十兩九錢六分九釐。

滷商税銀，歲無定額。

永康、義烏、浦江、仁和、許村、錢清等縣場，滷商運賣苦滷例須納税，歲納銀二十餘兩，歸入雜餉款内報銷。

謹案：縣場課内，嘉慶六年五月，奉部覆准浙江巡撫阮元、鹽政延豐會奏，清、龍、穿三場應徵丁課銀一千二十三兩零，劃入鎮海縣徵解。六年，分奏銷，應照數核歸更定。又嘉慶六年九月，奉部覆准浙江巡撫阮元、鹽政延豐會題，西興場坍豁沙地竈課銀一千餘兩。六年，分奏銷，應照數核准開除。

解支款目附

雍正二年，户部題准直省該管錢糧衙門，限於二、八兩月將應徵款項若干、現存款項若干，造具清册送部，聽候户部於春、秋二季酌撥，歲終大撥。兩浙鹽課正項現年奏銷共四十一萬八千兩零，聽候部撥。京餉、協餉照數支解外，其餘公費等項下節省存留諸款，及商衆隨時捐輸銀數，逐年入册報部者，分別撥解。撥餉。

康熙五十九年，户部議覆刑部尚書張廷樞等回奏，查定例，兩浙額行正引每引行鹽二百五十斤。因有巡鹽御史應得公費，每引銀一錢八分；筆帖式應得分規，每引銀七分，共二錢五分，每引多給鹽三十五斤，並非正引派行鹽額，理應禁革。今既稱兩浙商課每年全完，從無缺額，若將此項鹽斤盡行禁革，恐正課公費商人不能兼顧，或至拖欠錢糧等語，應將多給之鹽暫停禁止。雍正二年，經巡鹽御史噶爾泰奏明歸公，共銀一十七萬七千一百三十一兩五錢，收貯道庫。內應解前鋒、護衛等官養廉及庶吉士飯食、銅斤、腳價及劃支鹽政、運司養廉，共銀三萬七千八十兩外，餘銀一十四萬五十一兩五錢，報撥充餉。以下公費。

康熙十八年，兩浙捐辦銅十五萬斤腳價；四十二年，添捐二十五萬斤腳價；五十二年，添捐二十萬斤腳價，每斤應捐銀五分。今鹽政、運司將所得餘銀各捐一萬五千兩，共輸銀三萬兩，嗣因餘銀歸公，每年即於歸公費內奏文扣存起解。乾隆五年，巡撫兼管鹽政常安咨准運司應捐銅斤腳價銀一萬五千兩，改於裁存程費項下劃解，其鹽政應捐銅斤腳價銀一萬五千兩，仍於公費項下劃解。

康熙四十二年，聖祖仁皇帝特念庶吉士初入仕途，清苦可憫，恐其艱於衣食，不獲專心讀書，令各省鹽差、關差各出銀兩幫俸。兩浙鹽差例照原定之數出銀八十兩，每年十月解交户部，移送翰林院。雍正五年，定於公費項下劃解。

雍正五年，奉旨將兩浙鹽課盈餘銀內動用一萬兩，給與兩翼前鋒統領、護軍統領、前鋒參領、護軍參領、前鋒護衛等官分用。户部議覆，定於公費內支解，每年十月，同飯食等銀一并解部。

乾隆元年，大學士、總督兼管鹽政嵇曾筠奏減引費，酌存鹽政養廉銀四千八百兩。嗣於四十三年，巡撫王亶望奏准巡撫兼管鹽政無須再給，節省歸公。五十八年，兩浙鹽政全德請給養廉，部議復設鹽政，自應酌予，以資公用，每年給銀一萬兩，將七千兩支給各商備辦貢物外，實給銀三千兩，於公費款内動支。

乾隆三十年，大學士公傅恒奏稱：『運使舊食養廉銀五千兩，請撥出銀五百兩歸入杭、嘉、湖道養廉。』嗣於四十五年，驛務改歸臬司案内，部議減銀一千五百兩，實支銀三千兩，於臬司衙門飯食及商課平費項下動支。五十八年，户部議准運使養廉，除平費項下照舊支銀一千兩，其臬司衙門飯食項下所支二千兩，統歸公費項下動支。

雍正二年，巡鹽御史噶爾泰奏請，將引目水脚銀五千六百兩歸公，於每年春、秋二季造册報部，候撥起解，於雜費册内報銷。以下雜費。

雍正四年，巡撫兼管鹽政李衛具奏奉部議覆，酌定每年留給鹽規銀六千三百八十兩，按年分給將軍銀一千兩，乾隆四十二年，裁扣銀三百七十一兩八分移解藩庫，另册報部外，實支銀六百二十八兩九錢二分。織造銀一千六百兩、杭協銀二百兩、撫標中軍銀二百四十兩、杭協、撫標二處鹽規共銀四百四十兩，於乾隆四十八年停給，移解藩庫抵充養廉。寧紹分司銀八百兩、嘉松分司銀八百兩、杭捕同知銀二百四十兩、理事同知銀二百四十兩、杭通判銀四百兩、杭東海防同知銀一百二十兩、西海防同知銀一百二十兩，共銀五千七百六十兩。其餘銀六百二十兩，聽爲將軍、都統等官員進京盤費之用，俱於逐年雜費册内報部。

乾隆四十二年，奉旨行知新定杭州將軍養廉案内，於鹽庫留給鹽規項下銀一千兩内扣裁銀一百兩，又扣豆草折銀二百七十一兩八分，共三百七十一兩八分，每年移解藩司。

雍正五年，總督兼管鹽政李衛奏明，衆商具呈情願捐輸程費，移解藩司備充地方公用。復於乾隆七年，巡撫兼管鹽政常安續經具奏在案，每年銀二萬六千兩，於夏、冬兩季移解藩司，歸於雜費内報部。

乾隆九年，巡撫兼管鹽政常安咨覆，鹽屬分司以及場所各官養廉、耗羡、引規等項案内，咨明裁存程費銀一萬五千兩，照各商掣過鹽數完納，係存抵每年鹽運使衙門應解，銅斤、腳價銀一萬五千兩，按年造入雜費册報部。

雍正八年，奏准起解京協餉銀，每千兩例有餘平銀二十五兩，一半隨餉解部，一半存留本省公用。乾隆三年，欽奉諭旨，一概停解，附入春、秋季報册内，按季報部聽用。又乾隆十八年，奉部咨明浙江鹽課等餉，每千兩例支隨餉加平銀一十五兩。又乾隆二十六年，户部奏准定例，起解京餉每千兩添兑銀一十兩，按數咨明備帶，以副彈兑。雍正十一年，户部咨准動支鹽課銀兩，每千兩隨餉解部飯銀一十五兩，如動支公費盈餘等銀，每千兩部飯銀二十九兩，分别隨同正餉填批彙解。其餘水腳餉鞘等款，遇加撥餉銀、車腳雜餉項下不敷，隨數多寡均歸雜費，按年造册報部。

雍正十二年，總督兼管鹽政程元章、織造隆昇額會奏，於不解部之鹽規支領五千兩，接濟織造不敷之用。經户部議覆奏准鹽課餘平項下撥支銀五千兩，解赴織造衙門，以充公用，按年報部。

乾隆六年，兩江總督楊超曾會同浙江巡撫兼管鹽政盧焯，題准松郡二里涇歲修銀五百兩，於京協餘平項下撥給。嘉慶六年，奏歸商辦。嗣後，毋庸開支。

雍正三年，鹽政謝賜履奏明：引費舊額原定一十七萬九十一兩九錢，向係商人經收，自捐自用。請減銀四萬四千四百八十兩，徵銀一十二萬五千六百一十一兩九錢，造册報銷。雍正十年，總督兼管鹽政李衛奏案内聲明：『前鹽臣謝賜履奏准衆商公備減存銀一十二萬五千餘兩，向係商人各項各事支銷，不入奏册。因其自收自用，所費不資，設法調劑，責成寧紹、嘉松分司經理出入用款，仍循其舊歸庫徵收，逐年支銷報部。』乾隆元年，大學士、總督兼管鹽政嵇曾筠奏明：『酌減引費以裕商力，將兩浙減存引費一十二萬五千六百一十一兩九錢零，裁減銀四萬二百二十兩三錢零，留存銀八萬五千三百九十一兩五錢零。』奉旨俞允，所有酌減存款備巡費養廉等用，如有盈餘，備充海塘公用，分司查照册内款項，定數給發，逐年報部支銷。以下引費。

乾隆四十三年，巡撫兼管鹽政王亶望奏請裁減引費項下鹽政養廉銀四千八百兩，鹽政衙門四所掣鹽路費賞賚巡緝員弁、辦事書吏，以及雜項公用公費銀五千兩，一并照數歸入海塘經費，報部支銷。四十四年，又請裁引費項下寧、嘉兩分司養廉，原額各給銀四千二百兩，内各存給一千二百兩，各裁銀三千兩，共銀六千兩一并歸入海塘經費項下，報部充公。均經奉旨俞允。

謹按：引費項下，前閣臣嵇曾筠奏准裁存九三，折實銀八萬五千三百九十一兩五錢一分八釐。乾隆七年，巡撫兼管鹽政常安於奏明鹽務案内聲明，引費一項係部科飯食，各衙門心紅紙張請領引目，起解殘引，巡緝私鹽，賞給兵役各項工食路費及商家一切雜用，俱在此内動支等因。内除節省暫存等項多寡不等，及巡撫王亶望裁汰養廉巡費，各款每年約計餘銀二萬七八千兩，移解藩庫，充備海塘公用外，約計支銷銀五萬七八千兩，按年造册，報部核銷。

順治八年，撤回引部鹽引，從户部印發所需紙、硃等項以及匠役工食，每年照額銷引目科算額引紙、硃銀二千四百一十六兩一錢八分八釐。雍正七年，總督兼管鹽政李衛奏准歲請餘引十萬道。乾隆三十七年，巡撫兼管鹽政富勒渾請增餘引五萬道，共十五萬道。三十九年，巡撫兼管鹽政三寶奏請增給五萬道。五十六年，經署鹽道明保詳請仍照前撫富勒渾奏，定餘引十五萬道之數，咨部請領，每年餘引紙、硃銀四百五十兩一并科算解部。紙硃。

康熙二十五年，奉部文，歲徵車腳銀兩以給解餉路費，京餉解官水腳，每員例支銀一百五十兩，爲隨役飯食及沿途犒勞兵役，并守候、劈鞘、掣批、房租等費。乾隆三十二年，户部咨准，每員扣除節省水腳銀一十五兩九錢五分八釐，隨餉解部，實支銀一百三十四兩四分二釐。其協餉解官水腳向無定額，按餉之銀數多寡、道路遠近核算給發，造册報部。如遇撥有本省協餉，則無路費，將車腳銀兩計數扣存，解充京餉。車腳。

康熙三十八年，爲欽奉上諭事案内，兩浙運使應節省河餉銀一萬兩，每年四月、十月分爲兩次解送河工，於平費項下動支題銷，又運司劃支養廉銀一千兩，其餘剩銀兩及各款溢餘并封積餘銀兩，歲共約銀三、四千餘兩不等，儘數移解藩司，抵充公用，按年報部。平費。

乾隆八年，户部議定場所等官養廉：緣浙江向有引規耗羨，場所等官各自收用，今既徵輸歸庫，理宜酌與養廉。杭州、紹興、嘉興、松江四所暨仁和、許村、西路、黄灣、三江、東江、錢清、青村、下砂、下砂二三等十場，各支養廉銀三百兩；海沙、蘆瀝、鮑郎、曹娥、金山、石堰、清泉、杜瀆、永嘉、横浦等十場，各支養廉銀二百六十兩；鳴鶴、龍頭、穿長、大嵩、玉泉、長亭、黄巖、雙穗、袁浦、浦東、長林十一場，各支養廉銀二百兩，歲共支銀九千兩，定於引規項下按額支給。鹽政全德奏准乾隆五十八年起，按年造册奏銷。崇明向係包課，不歸場轄。乾隆四年，設大使一員，以資巡察，動支引費項下銀二百四十兩，作爲養廉巡費之用，另於引費册内逐年報銷。引規耗羨。

雍正五年，巡撫兼管鹽政李衛奏明，鹽驛副使王鈞捐銀四萬二千七百兩零開濬西湖，剩有餘銀五千一百兩零置買海寧田畝，每年約計收銀二三百兩，由海寧州徵解。又於乾隆二十三年，開濬西湖，清出侵佔田畝，編徵銀一百六十五兩零，由錢塘縣徵解貯存，以爲挑濬西湖、增添歲修之用。西湖租息。

乾隆二年，欽奉諭旨：『浙省佐雜等官照江南之例賞給養廉，經大學士、總督兼管鹽政嵇曾筠定議奏准，將台、温各帑地行銷鹽斤向有盈餘銀兩，額定溢課盈餘項下一萬二千四百六十兩移解藩庫，抵充佐雜養廉之用。』帑鹽溢課。

乾隆四十七年，户部議覆各省武職養廉動支銀款，題定浙江武職養廉，向有配銷餘引，徵收租價項下移解藩司，轉移滿營賞兵銀三千二百兩，改爲武職養廉之用。餘引租價。

乾隆四十八年，軍機大臣奏准，武員緝私已經給與養廉，自應停給鹽規。内杭協銀二百兩，撫標中軍銀二百四十兩，嘉、湖、紹三協各巡費銀二百兩，嚴協巡費銀一百兩，台協巡費銀二百兩，合計停給銀一千三百四十兩，按年移解藩庫，抵充武職養廉。又裁除杭、嘉、湖、寧、紹等府屬巡鹽弁兵巡費，共銀一千四百二十八兩二錢四釐。内有引費項下銀一千二百兩二錢四釐，仍彙入節省引費項下，移解藩庫，撥充海塘公用。商捐銀二百二十八兩，按年造入，停給武職鹽規，季册報部聽撥。又江南省行銷浙引之長、元、吴等縣，裁除委弁，停給商捐巡費銀六百三十四兩二錢四分五釐，又停支商捐松江提督參將等官鹽規巡費銀一千八百二十一兩。均係按年分別提繳運庫，造報聽撥。停給鹽規。

乾隆五十一年，欽差大學士阿桂查勘海塘，奏准動撥藩庫塘工餘銀五十萬兩，按引發商領運，歲輸息銀六萬兩，又五十四年，巡撫兼管鹽政琅玕奏准，於藩司塘工銀兩續發帑銀五十萬兩，歲輸息銀六萬兩。共一十二萬兩，爲柴塘生息，按年移解藩司，以資塘工之用。以下各項帑息。

乾隆三十九年，巡撫兼管鹽政三寶奏，備生息銀兩在於商捐辦差，餘銀内發給四所商人銀十萬兩承領營運，每歲輸息銀一萬兩，按季完繳運庫，於次年彙解藩司，爲西湖景亭歲修之用。

乾隆四十五年，浙江布政司國棟奏准，於商捐差務銀内借給四所商人銀十萬兩，照奏備之例，歲輸息銀一萬兩，按季繳納，於次年彙同奏備息銀一并解交。

乾隆六十年，巡撫吉慶奏准，海洋緝匪捐造同安船隻分給鎮營配駕，請於藩庫借撥銀十萬兩發商承領，歲輸息銀一萬兩移解藩司，以資修造、更换篷索等用。

嘉慶四年，浙江巡撫玉德奏准，將鹽商輸還藩庫臺城銀三十萬兩，再撥藩庫銀十萬兩，共四十萬兩，按引分給四所各商，歲輸息銀四萬八千兩，按季移解藩司，以爲緝匪兵船各項經費。

乾隆五十二年，浙江將軍寶琳奏准，將杭州滿營存庫馬價銀二萬兩發給各商營運，歲輸息銀二千四百兩，按月彙解滿營左、右二司，以爲兵丁養贍之需。

乾隆五十八年，巡撫長麟奏准，紹興士庶公捐西江塘工餘銀一萬三千兩，每兩制錢一千二百文，發商生息。嘉慶元年，復因三江閘急須修整，經巡撫吉慶奏明，於此項內動用銀六千兩，餘銀七千兩，計該錢八千四百串，仍請發商承領，每年應輸息錢八百四十千文，按季移解藩司，爲塘工歲修之用。

雍正十一年、乾隆四年兩次奉特旨：浙江敷文書院恩賜帑銀各一千兩，於藩司地丁銀內動支，移交鹽道發商營運，年輸息銀三百兩，以爲生童膏火。乾隆五年，浙江巡撫兼管鹽政盧焯具題，候補知州王時煦願捐銀二千兩，除以一千二百兩作育嬰堂生息外，以八百兩襄敷文膏火，發交商人承領，年輸息銀九十六兩，又於王店義倉內撥出銀八千兩，一并發商，年輸息銀九百六十兩，彙成一千三百五十六兩，爲敷文生童膏火之資。

乾隆四年，巡撫兼管鹽政盧焯題明，候補知州王時煦願捐銀二千兩，內以一千二百兩發商承領營運，歲輸息銀一百四十四兩，助省城育嬰堂經費。十三年，浙江巡撫兼管鹽政方觀成奏請，將義倉項下餘息內撥銀八千兩，分給杭、衢等府屬鹽典各商生息，爲嬰堂哺育等費。

康熙八年爲始，兩次奉文，將雜餉項下向支鹽務各衙門役色工食各款裁省解部銀一千八百六十兩四錢八分五釐外，存留銀三千三百餘兩，內應支鹽院衙門商人急公獎賞一百五十兩、紙劄五十兩、皮包銅鎖等五十兩、承差路費二百四十兩、執事四十五兩六錢七分、修理衙門九十兩、告示工價八兩、辦取書籍二兩七錢九分、寫本吏二十九兩三錢二分、聽事官四十八兩、聽事吏二十一兩六錢、健步六十四兩八錢、看司甲首二十一兩六錢、軍牢四十三兩二錢、把柵軍健四十兩八錢、館夫二十一兩六錢、火夫二十一兩六錢、箱水夫七十六兩六錢、更夫三十六兩、燈籠夫一十四兩四錢、下河船水手一百五十一兩二錢、划船兵二百七十二兩八錢、後擁五十四兩、吹手四十三兩二錢、馱牌夫役等四十五兩六錢六分八釐。運司衙門計典紙張及病故官員路費，修庫衙宇，奏銷柬、帖、紙價，轎傘、桃符、憲書及加給役食等項五百八十兩一錢八釐，各房科紙劄一百四十兩。遇閏，加給解餉鐵木鞘匠各工約計一百兩、護解會手三百六十兩、庫丁七十九兩一錢、各房科防夫二百一十六兩、壯勇二百一十六兩、包封夫十八兩八錢、總甲七兩二錢、更夫三十六兩、衣箱十四兩四錢、寧嘉兩分司衙門修理衙署銀三十三兩三錢二分，逐年照額支銷。雜餉。

謹案：雜餉存留一款，悉照舊《志》支銷，逐年報部，但有總數，不列細目，故附載較詳。

《欽定重修兩浙鹽志》卷四終

欽定重修兩浙鹽法志卷五　引目

引以導鹽，鹽憑引售，所以利民食、杜私販也。我朝開國之初，正票引目共七十萬有奇，嗣後户口殷繁，遞有增益。高宗純皇帝臨御元年，因浙鹽價貴，特諭增斤，而引不加額。即遇海沙新闢，場鹽廣産，亦衹給餘引，配銷商力，以紓民食，以便咸詠樂利於無疆矣。浙中引目派分六所，嘉、紹二所行銷最廣，杭與松次之，台與温又次之。或票引並銷，或餘引兼掣，惟境有廣狹，故引有多寡。按引配鹽，按縣派引，引有定額，銷有定限，皆秩然不可紊也。兹先列諸所以綜其綱，繼臚各府以條其目。而請領之關乎經制，繳銷之繫乎考成者，悉本舊《志》而補輯之。志引目。

正引

原額六十六萬七千一百五十三引一百斤。

明萬曆年間，兩浙行鹽四十四萬四千七百六十九引一百四十九斤二兩，每引鹽三百斤。本朝順治三年，兩浙巡鹽御史王顯題稱：『兩浙舊額，大引四十四萬四千七百六十九引，每引原重三百斤，今各運司鹽法俱以二百斤爲一引，則兩浙當以二引分三引，共該行小引六十六萬七千一百五十三引一百斤，定爲歲額。』

松江所增引一萬四千九百道。

康熙七年，兩浙巡鹽御史敖哈、楊毓蘭題稱：松所商人汪嘉正等呈請加引一萬道，在崑山、常熟、太倉三州縣行銷。商人黄都等呈請加引三千五百道，在華亭、婁縣、青浦、嘉定四縣行銷。商人程淇等呈請加引一千四百道，在嘉定縣行銷。

集商酌議，因松所民居稠密，食鹽稍廣，且海禁森嚴，巡緝謹於往昔，增引加額有裨國課。部議覆准，加引一萬四千九百道。

計丁加引一萬八千六百四十五引五分。

康熙十七年，陝西道試監察御史傅廷俊條奏長蘆事宜，部議，凡丁多引少之州縣衛所，概行加引增課。康熙十八年，兩浙巡鹽御史孫必振題加兩浙正引一萬八千六百四十五引五分。

金華、西安、常山三縣增引一千道。

康熙二十二年，兩浙巡鹽御史詹哲題請，將諸暨、義烏、浦江三縣鹽引改金華、西安、常山三縣行銷。部議三縣既可改銷八千餘引，應將三縣議增本年。兩浙巡鹽御史巴錫覆稱，諸、義、浦下則地方凋殘，行銷無策；中則，商人暫認足額，權宜急公。今勉增一千引，派金華、西安、常山三縣行銷。

靖江縣新加正引三千道。

靖江孤懸江北，逼近淮場，歷來商人從無領運赴銷，祇令土商包課完納。康熙十八年，計丁加引二千二百六十四道，仍包浙課。雍正十一年，江省議撥淮商運銷該縣引鹽，浙江巡撫兼管鹽政程元章題稱，靖江改運淮鹽，則蘇、常引地盡爲淮私透越，自應行銷浙鹽，暫以三千引爲率，於每年餘引内照數配運，俟銷有定數，請頒額引行銷。乾隆六年，江南河道總督高斌等會題，以崇明餘鹽海運赴靖以濟民食，每年額引三千道，設崇鹽不敷，即撥岱山之鹽接濟。經户部議覆准行。

以上正引，總額共計七十萬四千六百九十九引。

票引

原額七萬四千七百五十引。

明季，兩浙正引之外，有票鹽一十四萬九千五百張，每張行鹽一百斤，係仁和、錢塘、海寧、海鹽、石門、平湖、鄞縣、慈谿、奉化、鎮海、象山、山陰、會稽、蕭山、餘姚、上虞等一十六縣行銷。

本朝順治三年，巡鹽御史王顯題請，兩浙票鹽不係額引之内，當照例改票行引。部覆，將前票折引七萬四千七百五十道，每引二百斤爲額。但是時，地方初定，商人未集，止派五萬七千二百九十五引，而仁和等一十六縣尚未能全銷，遂於餘杭、嘉興、秀水、嘉善、桐鄉五縣代銷壅引。迨順治八九年間，仁和等一十六縣居民復業，請歸本額納銷，而餘杭等五縣食鹽不敷，且嵊縣亦屬票地，是以續經題請，加復票引一萬七千四百五十五引，以足原定七萬四千七百五十引之數。

計丁加引一萬八千九百四十八引。

康熙十七年，御史傅廷俊條奏長蘆事宜，部議，凡丁多引少之州縣衛所，概行加引增課。康熙十八年，巡鹽御史孫必振題加兩浙票引一萬八千九百四十八引。

仁和、錢塘二縣加增七千引。

康熙十七年，御史傅廷俊條奏長蘆事宜，部議，商民聚集之處亦應酌量加增。康熙二十年，兩浙巡鹽御史成其範題稱，仁和、錢塘二縣竈舍逼近城垣，票引恆苦壅淤，集商勉諭，加引六千道。部議，仍令議增。康熙二十二年，巡鹽御史詹哲題增引一千道，連前共加七千引。

以上票引總額共計一十萬六百九十八引，通計正票引總額共八十萬五千三百九十七引。

正引派額

杭州所派行引目一十一萬八千六百一十二引。

原額一十萬四千七百三引。康熙七年，巡鹽御史敖哈因紹所鹽場遷徙界外，額引難銷，題改杭所行銷二千八百引。康熙八年，巡鹽御史詹里布、張鳳起因台州府被災，商人無力辦課，題改杭所行銷二千六百二十五引。康熙十年，兩浙巡鹽御史杭奇、常錫允因温所土瘠民貧，額引壅積，題改杭所行銷六千引。康熙十八年，奉文計丁加引，加增二千四百八十四引。共銷一十一萬八千六百一十二引。

嘉興所派行引目二十六萬四千四百一十五引七分五釐。

原額二十四萬七百二十引七分五釐。順治十六年，兩浙巡鹽御史遲日巽因温引難銷，題改嘉善縣行銷五百二十引。康熙元年，兩浙巡鹽御史蕭震因台所場竈遷徙，户口凋殘，不能銷引，題改嘉所行銷六千引。康熙七年，巡鹽御史敖哈因紹所額引難銷，題改嘉所行銷八千引。康熙十八年，奉文計丁加引，加增九千一百七十五引。共銷二十六萬四千四百一十五引七分五釐。

紹興所派行引目二十三萬九千五百六十八引。

原額二十一萬七千五十引。康熙二年間，紹所引目壅滯，巡鹽御史顧如華批准暫改嘉定縣代銷六千七百八十四引後，紹商疲困如故。康熙七年，遂歸嘉定縣入額行銷。是年，巡鹽御史敖哈又因紹所、大嵩等五場遷徙界外，産鹽不敷，題改杭所代銷二千八百引，嘉所代銷八千引，松所代銷四千二百一十六引。除改銷二萬一千八百引，紹所實銷一十九萬五千二百五十引。康熙十八年，奉文計丁加引，加增二千六十二引。康熙二十二年，巡鹽御史巴錫題加一千引，派金華、西安、常山三縣行銷。康熙五十年，巡鹽御史顒圖因温所引壅課絀，題改紹所行銷七千九百四十八引。乾隆二年，浙江總督兼管鹽政嵆曾筠因松所鹽數加多，引目壅滯，奏請改歸紹所一萬引。乾隆三十七年，浙江巡撫兼管鹽政熊學鵬因松所私鹽充斥，商本微薄，行銷壅滯，奏請改銷紹所二萬引。又諸暨、義烏、浦江三縣，先因康熙年間私鹽充斥，片引不行，兩浙巡鹽御史穆和倫題請，將該三縣額引一萬八千三百七十六道均入本所行銷。雍正五年，浙江總督兼管鹽政李衛設法整頓，以台所壅引三千三百八道招商認領，於諸、義、浦三縣代銷。至乾隆三十八年，浙江巡撫兼管鹽政三寶奏稱，該三縣自整頓以來，每年正引之外兼銷餘引，著有成效，請將代銷台引改歸紹所，入額造報。共銷二十三萬九千五百六十八引。

松江所派行引目五萬九千六百三十三引。

松所，向掣票引。崇禎年間，御史馮垣登據商人汪逢章呈請建所，具題改票行引，原額六萬三百五十引。康熙元年，巡鹽御史蕭震因台所不能銷引，題改松所行銷四千引。康熙二年間，紹引壅滯，巡鹽御史顧如華暫改嘉定縣行銷六千七百八十四引，後竟入額。康熙七年，巡鹽御史敖哈因紹所五場遷徙，額引難銷，題改松所行銷四千二百一十六引；是年，又因松所海禁森嚴，易銷鹽引，題增一萬四千九百引。康熙十八年，奉文計丁加引，加增一千三百八十三引，共銷九萬一千六百三十三引。乾隆二年，總督兼管鹽政嵆曾筠奏准，改銷紹所一萬引，台所二千引。乾隆三十七年，巡撫兼管鹽政熊學鵬奏改紹所行銷二萬引。除共改銷三萬二千引，松所實銷五萬九千六百三十三引。

溫州所派行引目七千九百五十一引。

原額二萬八百八十引。順治十六年，巡鹽御史遲日巽題改嘉所代銷五百二十引。康熙十年，巡鹽御史杭奇題改杭所代銷六千引。除改銷六千五百二十引，溫所實銷一萬四千三百六十引。康熙十八年，計丁加引，加增一千五百三十九引，共一萬五千八百九十九引。康熙五十年，巡鹽御史顯圖題改紹所代銷七千九百四十八引。溫所實銷七千九百五十一引。

台州所派行引目一萬一千五百一十九引二分五釐。

原額二萬三千四百四十九引七分五釐。康熙元年，巡鹽御史蕭震題改嘉所代銷六千引，松所代銷四千引。康熙八年，巡鹽御史詹里布題改杭所代銷二千六百二十五引。除改銷一萬二千六百二十五引，台所實銷一萬八百二十四引七分五釐。康熙十八年，奉文計丁加引，加增二千二引五分。乾隆二年，總督兼管鹽政嵇曾筠因松所鹽數加多，引目壅滯，奏改台所行銷二千引，共銷一萬四千八百二十七引二分五釐。乾隆三十八年，巡撫兼管鹽政三寶奏准紹所諸、義、浦三縣代銷台所壅引三千三百八道，歸入紹所正額行銷。台所實銷一萬一千五百十九引二分五釐。

以上六所，正引派額共七十萬一千六百九十九引，又新加靖江縣三千引，共七十萬四千六百九十九引。

票引派額

嘉興、秀水、嘉善、桐鄉四縣，派行引目二萬三千七百四十二引。嘉所附掣。

仁和、錢塘、海寧、餘杭、海鹽、石門、平湖、鎮海、山陰、會稽、蕭山一十一州縣，派行引目五萬三千七百九十引。俱肩銷。

奉化、嵊縣二縣，派行引目一萬一千六百引。俱商銷。

鄞縣、慈谿、象山、餘姚、上虞五縣，派行引目一萬一千五百六十六引。商、肩並銷。

以上票引派額，共一十萬六百九十八引。

正引分銷

杭州府

富陽縣年銷正引二百七十九引，又計丁加引四百二十一引，松改三十四引，共銷七百三十四引。紹所掣銷。

臨安縣年銷正引四千二百一十引。杭所掣銷。

新城縣年銷正引四千五十一引。杭所掣銷五百七十六引，紹所掣銷三千四百七十五引。松改一百六十八引，又松改一百四十八引，紹所掣銷。共銷四千三百六十七引。

於潛縣年銷正引三千六百二十二引，杭所掣銷一千四百二十二引，紹所掣銷二千二百引。松改一百七引，又松改二百四十八引，紹所掣銷。共銷三千九百七十七引。

昌化縣年銷正引四千七百四引，杭所掣銷五百三十五引，紹所掣銷四千一百六十九引。松改二百二引，又松改三百八十八引，紹所掣銷。共銷五千二百九十四引。

嘉興府

嘉興縣年銷正引三百一十引。嘉所掣銷。

秀水縣年銷正引三百一十引。嘉所掣銷。

嘉善縣年銷正引三百一十引，又代銷温引五百二十引，共銷八百三十引。嘉所掣銷。

桐鄉縣年銷正引三百一十引。嘉所掣銷。

湖州府

烏程縣年銷正引一萬七千一百八十三引。杭所掣銷四千七百一十三引，嘉所掣銷一萬二千四百七十引。

歸安縣年銷正引一萬一千六百六十九引。杭所掣銷三千四百引，嘉所掣銷八千二百六十九引。

長興縣年銷正引二萬三千四百七十六引。杭所掣銷六千四百八十引，嘉所掣銷一萬六千九百九十六引。

德清縣年銷正引四百六十六引，又計丁加引一千八百八十九引，共銷二千三百五十五引。杭所掣銷。

武康縣年銷正引二千七十引。杭所掣銷。

安吉縣年銷正引五千七十七引。杭所掣銷一千三百引，嘉所掣銷三千七百七十七引。

孝豐縣年銷正引四千四百五十九引。杭所掣銷一千九百九十五引，嘉所掣銷二千四百六十四引。

紹興府

諸暨縣年銷正引九千七百引，松改二百九十引，又代銷台引一千四百八十八引。内除派歸常山縣九千九百九十引，實銷一千四百八十八引。紹所掣銷。

台州府

臨海縣年銷正引一千二百七十五引，又計丁加引六百三十三引，又松改二百九十八引。内除改紹四百九十二引，實銷一千七百一十四引。台所掣銷。

黄巖縣年銷正引一千八百七十五引，又松改二百九十二引。内除改紹四百八十三引，實銷一千六百八十四引。台所掣銷。

寧海縣年銷正引七百五十引，又計丁加引一百九十二引，又松改一百四十八引。内除改紹二百四十三引，實銷八百四十七引。台所掣銷。

太平縣年銷正引三百八十八引，又松改六十引。内除改紹一百引，實銷三百四十八引。台所掣銷。

天台縣年銷正引一千二百一十三引，又松改一百九十引。内除改紹三百一十三引，實銷一千九十引。台所掣銷。

仙居縣年銷正引一千九百八十七引，又松改三百十引。内除改紹五百一十三引，實銷一千七百八十四引。台所掣銷。

金華府

金華縣年銷正引一萬五百七十六引，又新增三百三十四引，又代銷温引四百引，松改五百四十八引，又松改五百引。共銷一萬二千三百五十八引。紹所掣銷。

蘭谿縣年銷正引一萬三千五百四引，杭所掣銷七百五十四引，紹所掣銷一萬二千七百五十引。又代銷温引五百八十八引，松改六百四十七引，又松改五百四十四引。紹所掣銷。共銷一萬五千二百八十三引。

東陽縣年銷正引九百七十二引五分，又計丁加引七百八十五引五分，又松改二百七十四引。内除改紹四百五十三引，實銷一千五百七十九引。台所掣銷。

義烏縣年銷正引六千引，松改一百三十一引，又代銷台引一千一百六十引。内除派歸黟縣六千一百三十一引，實銷一千一百六十引。紹所掣銷。

永康縣年銷正引二千二引二分五釐，又松改三百一十二引。内除改紹五百一十七引，實銷一千七百九十七引二分五釐。台所掣銷。

武義縣年銷正引七百五十引，又計丁加引四引，又松改一百十六引。内除改紹一百九十四引，實銷六百七十六引。台所掣銷。

浦江縣年銷正引二千六百七十六引，松改四百七十引，又代銷台引六百六十引。内除派歸黟縣二千引、常山縣一千一百四十六引，實銷六百六十引。紹所掣銷。

湯溪縣年銷正引一千九百三十九引，杭所掣銷四百九十五引，紹所掣銷一千四百四十四引。松改七十引，又松改一百二十八引。紹所掣銷共銷二千一百三十七引。

衢州府

西安縣年銷正引九千五百五十六引，又新增三百三十二引，杭所掣銷一千二百八十八引，紹所掣銷八千六百引。又代銷温引六百引，松改四百四十六引，又松改七百二十四引。紹所掣銷。共銷一萬一千六百五十八引。

龍游縣年銷正引九千七百三十九引，杭所掣銷一千四百五引，紹所掣銷八千三百三十四引。松改四百四十引，又松改四百八十引。紹所掣銷。共銷一萬六百二十三引。

江山縣年銷正引三千六十二引，又計丁加引一千一百八十八引。杭所掣銷七百一十七引，紹所掣銷三千五百三十三引。松改一百七十一引，又松改三百二十八引。紹所掣銷。共銷四千七百四十九引。

常山縣年銷正引二萬六千四百七引，又新增三百三十四引，杭所掣銷七千九百一十九引，紹所掣銷一萬八千八百二十二引。又代銷温引六百八引，松改九百四十二引，又松改五千八十八引，又派銷諸暨縣額引九千九百九十引、浦江縣額引一千一百四十六引。紹所掣銷。共銷四萬四千五百一十五引。廣信府屬七縣分銷。

江西廣信府轄七縣，因全銷常山縣額引，故系於常山縣之後

上饒縣年銷正引三百引。
弋陽縣年銷正引三百引。
玉山縣年銷正引五百引。
廣豐縣年銷正引一百引。
鉛山縣年銷正引一百引。
貴溪縣。無額。
興安縣。無額。
以上七縣，俱分銷常山縣引鹽。
開化縣年銷正引三千二百六十引，又計丁加引四百七十三引，杭所掣銷七百三十三引，紹所掣銷三千引。松改一百四十五引，又松改四百六十四引，紹所掣銷。共銷四千三百四十二引。

嚴州府

建德縣年銷正引三千八十六引，杭所掣銷二百一十六引，紹所掣銷二千八百七十引。松改一百三十九引，又松改一百二十八引。紹所掣銷。共銷三千三百五十三引。

淳安縣年銷正引五千六百八十六引，杭所掣銷三百一十五引，紹所掣銷五千三百七十一引。松改二百六十引，又松改二百八十八引。紹所掣銷。共銷六千二百三十四引。

遂安縣年銷正引四千四百二十六引，杭所掣銷四百七十五引，紹所掣銷三千九百五十一引。松改一百九十二引，又松改三百八引。紹所掣銷。共銷四千九百二十六引。

壽昌縣年銷正引一千二百一十一引，杭所掣銷四百八十二引，紹所掣銷七百二十九引。松改三十五引，又松改五十二引。紹所掣銷。共銷一千二百九十八引。

桐廬縣年銷正引一千九百七十八引，又計丁加引五百七十五引，杭所掣銷八百四十一引，紹所掣銷一千七百一十二引。松改八十三引，又松改一百五十六引。紹所掣銷。共銷二千七百九十二引。

分水縣年銷正引二千一百八十五引，杭所掣銷三百八十四引，紹所掣銷一千八百一引。松改八十七引，又松改九十二引，紹所掣銷。共銷二千三百六十四引。

温州府

永嘉縣年銷正引一千一百六十引，又計丁加引四百五十七引。内除改紹行銷一千二百一十七引，實銷四百引。温所掣銷。

樂清縣年銷正引一百引，又計丁加引一百引。内除改紹行銷一百引，實銷一百引。温所掣銷。

瑞安縣年銷正引一百二十引，又計丁加引一百二十引。内除改紹行銷一百四十引，實銷一百引。温所掣銷。

平陽縣年銷正引一百二十引，又計丁加引一百二十引。内除改紹行銷一百四十引，實銷一百引。温所掣銷。

泰順縣年銷正引一百二十引，又計丁加引八十九引。内除改紹行銷一百九引，實銷一百引。温所掣銷。

處州府

麗水縣年銷正引四千引。内除改紹行銷一千九百引，實銷二千一百引。温所掣銷。

縉雲縣年銷正引三百引，又計丁加引二百七十二引。内除改紹行銷一百七十二引，實銷四百引。温所掣銷。

青田縣年銷正引二百引，又計丁加引二百五十引。内除改紹行銷二百五十引，實銷二百引。温所掣銷。

松陽縣年銷正引四千八十引。内除改紹行銷一千九百五十引，實銷二千一百三十引。温所掣銷。

遂昌縣年銷正引四百引，又計丁加引一百三十一引。内除改紹行銷二百一十引，實銷三百二十一引。温所掣銷。

龍泉縣年銷正引三千三百六十引。内除改紹行銷一千五百六十引，實銷一千八百引。温所掣銷，慶元縣分銷。

慶元縣。分銷龍泉縣引鹽二百二十五引。

宣平縣年銷正引四百引。内除改紹行銷二百引，實銷二百引。温所掣銷。

蘇州府

吴縣年銷正引二萬五千七十七引。杭所掣銷三千五百三十引，嘉所掣銷二萬一千五百四十七引。

長洲縣年銷正引一萬二千二百三十八引。杭所掣銷一千五百二十引，嘉所掣銷一萬七百一十八引。

元和縣年銷正引一萬二千二百三十七引。杭所掣銷一千五百二十引，嘉所掣銷一萬七百一十七引。

吴江縣年銷正引五千三十七引。杭所掣銷一千二百九十七引，嘉所掣銷三千七百四十引。

震澤縣年銷正引五千三十六引。杭所掣銷一千二百九十六引，嘉所掣銷三千七百四十引。

常熟縣年銷正引七千六百一十四引。内除改紹行銷五百引，改台行銷二百五十引，又改紹行銷八百引，實銷六千六十四引。松所掣銷。

昭文縣年銷正引七千六百一十四引。内除改紹行銷五百引，改台行銷二百五十引，又改紹行銷八百引，實銷六千六十四引。松所掣銷。

崑山縣年銷正引四千七百引。内除改紹行銷三百引，改台行銷一百引，又改紹行銷一千引，實銷三千三百引。松所掣銷。

新陽縣年銷正引四千七百引。内除改紹行銷三百引，改台行銷一百引，又改紹行銷一千引，實銷三千三百引。松所掣銷。

太倉州

太倉州年銷正引五千七百五十引。内除改紹行銷一千引，改台行銷二百引，又改紹行銷四百引，實銷四千一百五十引。松所掣銷。

鎮洋縣年銷正引五千七百五十引。内除改紹行銷一千引，改台行銷二百引，又改紹行銷四百二引，實銷四千一百四十八引。松所掣銷。

嘉定縣年銷正引一萬一千三百六十四引。内除改紹行銷二千四百五十引，改台行銷二百引，又改紹行銷一千七百四十四引，實銷六千九百七十引。松所掣銷。

寶山縣年銷正引一萬一千三百六十四引。内除改紹行銷二千四百五十引，改台行銷二百引，又改紹行銷一千二十八引，實銷七千六百八十六引。松所掣銷。

松江府

華亭縣年銷正引三千八百七十七引。内除改紹行銷一千七百八十三引，實銷二千九十四引。松所掣銷。

奉賢縣年銷正引三千八百七十七引。内除改紹行銷二千五百三十引，又劃歸金山縣四十五引，實銷一千三百二引。松所掣銷。

婁縣年銷正引三千三百七十五引。内除改紹行銷一千九百九十五引，實銷一千三百八十引。松所掣銷。

金山縣年銷正引三千三百七十五引。内除改紹行銷二千八百一十八引，又奉賢縣劃歸四十五引，共銷六百二引。松所掣銷。

謹按：奉賢、金山二縣額引除改紹行銷外，奉賢應存一千三百四十七引，金山應存五百五十七引。今查歷年奏銷册報，奉賢縣額銷一千三百二引，金山縣額銷六百二引，係以奉賢縣所餘四十五引劃入金山縣抵銷。該二縣原屬同地通銷，應綜計年額銷數爲準。上海、南匯二縣同。

上海縣年銷正引二千五百八十六引，又計丁加引六百九十一引五分，又南匯縣并歸五分，共銷三千二百七十八引。松所掣銷。

南匯縣年銷正引二千五百八十六引，又計丁加引六百九十一引五分，内除并歸上海縣五分，實銷三千二百七十七引。松所掣銷。

青浦縣年銷正引五千八百五十九引，又并歸福泉縣年銷正引五千八百五十九引。內除改紹行銷一千五百引，改台行銷五百引，又改紹行銷三千七百引，實銷六千一十八引。松所掣銷。

常州府

武進縣年銷正引一萬五千二百九引。杭所掣銷二千一百二十五引，嘉所掣銷一萬三千八十四引。

陽湖縣年銷正引一萬五千二百九引。杭所掣銷二千一百二十五引，嘉所掣銷一萬三千八十四引。

無錫縣年銷正引一萬七千一十引。杭所掣銷二千一百二十五引，嘉所掣銷一萬四千八百八十五引。

金匱縣年銷正引一萬七千九引。杭所掣銷二千一百二十五引，嘉所掣銷一萬四千八百八十四引。

江陰縣年銷正引五千一百三十七引，又計丁加引九千一百七十五引，共銷一萬四千三百一十二引。杭所掣銷八百引，嘉所掣銷一萬三千五百一十二引。

宜興縣年銷正引二萬三百九十五引。杭所掣銷四千二百九十五引，嘉所掣銷一萬六千一百引。

荆溪縣年銷正引二萬三百九十五引。杭所掣銷四千二百九十五引，嘉所掣銷一萬六千一百引。

靖江縣年銷正引三千引。崇明縣餘鹽運銷。

鎮江府

丹徒縣年銷正引四千四百七十二引。杭所掣銷二百七十二引，嘉所掣銷四千二百引。

丹陽縣年銷正引一萬二千五百一十七引七分五釐。杭所掣銷七百引，嘉所掣銷一萬一千八百一十七引七分五釐。

金壇縣年銷正引一萬三千六百八十九引。杭所掣銷五百五十引，嘉所掣銷一萬三千一百三十九引。

溧陽縣年銷正引二萬四千六百九十九引。杭所掣銷六千三百引，嘉所掣銷一萬八千三百九十九引。

徽州府

歙縣年銷正引四萬四千七百八十三引，杭所掣銷一萬四千一百五十七引，紹所掣銷三萬六百二十六引。又代銷温引三千一百七十六引，松改一千六百四十引，又松改二千一十二引，紹所掣銷。共銷五萬一千六百一十一引。績溪縣分銷。

休寧縣年銷正引五萬七千七百八十九引，杭所掣銷一萬二千八百五十引，紹所掣銷四萬四千九百三十九引。又代銷温引二千五百七十六引，松改二千三百四引，又松改五千一百四引，紹所掣銷。共銷六萬七千七百七十三引。婺源縣分銷。

婺源縣。雍正元年，題定分銷休寧縣引鹽，無額。

祁門縣。雍正元年，題定分銷黟縣引鹽，無額。

黟縣年銷正引一萬三千五百一十三引，杭所掣銷三千五百一十三引，紹所掣銷一萬引。松改四百八十五引，又松改二千八百二十引，又派銷義烏縣額引六千一百三十一引、浦江縣額引二千引，紹所掣銷。共銷二萬四千九百四十九引。祁門縣分銷。

績溪縣。分銷歙縣引鹽，無額。

廣德州

廣德州年銷正引一萬二千八百八十六引。杭所掣銷三千九十八引，嘉所掣銷九千七百八十八引。

建平縣年銷正引一萬四千二百六十四引。杭所掣銷五千三十九引，嘉所掣銷九千二百二十五引。

以上正引分銷，共七十萬四千六百九十九引。

票引分銷

杭州府

仁和縣年銷票引八千引，又加增三千五百引，共銷一萬一千五百引。

錢塘縣年銷票引八千引，又加增三千五百引，共銷一萬一千五百引。

海寧州年銷票引四千九百引，又計丁加引二千二百九十四引，共銷七千一百九十四引。

餘杭縣年銷票引六千引。

嘉興府

嘉興縣年銷票引一千二百五十五引，又計丁加引七千四十引，共銷八千二百九十五引。

秀水縣年銷票引五千九百七十五引，又計丁加引一十六引，共銷五千九百九十一引。

嘉善縣年銷票引五千九百七十五引。

海鹽縣年銷票引一千引，又計丁加引一千四百五十二引，共銷二千四百五十二引。

平湖縣年銷票引二千引，又計丁加引九百四十九引，共銷二千九百四十九引。

石門縣年銷票引五千引，又計丁加引一百一十一引，共銷五千一百一十一引。

桐鄉縣年銷票引一千二百五十五引，又計丁加引二千二百二十六引，共銷三千四百八十一引。

寧波府

鄞縣年銷票引二千九百引，又計丁加引一千四百六十四引，共銷四千三百六十四引。

慈谿縣年銷票引二千四百引，又計丁加引六百一十四引，共銷三千一十四引。

奉化縣年銷票引六千一百引。

鎮海縣年銷票引二百引，又計丁加引二百引，共銷四百引。

象山縣年銷票引一百引，又計丁加引一百引，共銷二百引。

紹興府

山陰縣年銷票引二千九百引。

會稽縣年銷票引二千一百引。

蕭山縣年銷票引一千引，又計丁加引六百八十四引，共銷一千六百八十四引。

餘姚縣年銷票引一千五百四十引，又計丁加引七百五十七引，共銷二千二百九十七引。

上虞縣年銷票引六百五十引，又計丁加引一千四十一引，共銷一千六百九十一引。

嵊縣年銷票引五千五百引。新昌縣分銷。

新昌縣。分銷嵊縣引鹽，無額。

以上票引分銷，共一十萬六百九十八引。

餘引

每年請領十五萬道，銷無定額。

正引配掣之外，場有餘鹽，額外請引若干道給商配運，儘銷儘報，年無定額，謂之『餘引』。起於雍正七年，浙江總督李衛奏請歲增餘引十萬道，聽憑各所之商通融配掣，嗣後多至二三十萬，或十餘萬不等。乾隆元年，總督嵇曾筠以餘引遞增，商多稱貸，易滋挪後補前之弊，奏請暫停。遇有餘鹽，先由鹽政衙門給照掣配，請發餘引抵銷，並於乾隆三十一年咨准部覆，統俟奏銷截數時，按依該年銷過照數請領餘引抵照，送部核銷。至乾隆三十七年，浙江巡撫富勒渾奏稱，餘鹽給照配掣原係權宜之計，至奏銷時，始請餘引抵照。維時商鹽久已配運請到之引即應繳銷，一領一繳，徒屬具文，應於請領正引時酌定餘引十五萬道，一同給領。如不敷配用，即暫借下年領到餘引配銷，俟奏銷時赴部補領。倘掣不足數，繳部銷燬。經户部議准，將暫給印照之例永行停止。又於乾隆三十九年，浙江巡撫三寶奏准部覆，原領餘引十五萬道不敷掣配，與其逐年借用致紊年例，不若量爲加增。請增給五萬道，以乾隆四十年爲始，隨同正引領回備掣。如有不敷，先期酌數補領以清年款，不准借銷。乾隆五十年間，因參票繳燬太多，奉上諭：『嗣後參票每年辦給十分之二三，鹽引亦照此辦理等因。欽此。』是年，請領五十六年分餘引，經署鹽道明保詳請，仍照前撫富勒渾奏定餘引十五萬道之數，咨部請領，給商行運，歷年隨同正引奏銷。

請領引目

明初，設南京户部印給鹽引，各運司例委首領官一員，同邊商及典吏各一名前赴關請。後邊商告免跋涉，止遣官吏請領。

本朝順治二年，引從部發，歲差關引吏赴部請給。順治三年，因京師道里遥遠，設立引部，駐劄揚州。順治七年，奉旨撤回引部，引仍部發，巡鹽御史出給咨文，差運司所屬官吏請領。順治十五年，因各省引目繁多，用印不及，巡鹽御史差出之時，將用過印引盡數帶去，用印不完者，陸續給發。康熙十一年題定，長蘆、山東、兩淮、兩浙、河東各御史任内應用鹽引，自十二年爲始，俱交與新差御史親身帶去。雍正四年，巡撫兼管鹽政之後，歲差承差請領。乾隆十二年，浙江巡撫兼管鹽政顧琮以請領引目責任綦重，飭司議准委員請領，并派甲商同往，以昭慎重。嗣後，每年請領正、餘各引，先於上年由運司遴委商員，詳請鹽政給咨，赴部請領。

給配引目

引目未經掣運，謂之『生引』。鹽運司刷用引背，驗截出司，給商配運。雍正十二年，以鹽引破損，恐有模糊影射之弊，經部查詢，鹽政程元章咨明，引紙未經到地，責成於商人；投繳到縣，責成於書吏。令各加謹收貯，不致破損，以滋弊竇。

繳銷殘引

凡引鹽掣過運往各賣地，即將鹽引并水程投縣驗截，其肩引計日銷完之後，亦將引目投縣驗截，四角俱經截去，引爲無用之物矣，名曰『退引』，又曰『殘引』。恐有商胥從中爲奸，或鹽到而引不投，或引投而角不截，影射重照，莫可究詰。故律嚴不繳退引之條，飭令各州縣按季造册，責令經承齎繳運司核對引數，毋許短少，并查到縣有無違限沉匿不繳者，按律究問，每歲由運司差吏起解一次。嘉慶元年，因殘引到部遲延，准部咨，令按限起解，並將起程日期先行專案報部查核。

引目奏銷

引目銷數歲有限額，向係按年奏銷。康熙六年，兩浙巡鹽御史李之芳題稱，冬引尚未到浙，奏銷業已届期，州縣完欠考成安能懸定？請於復命時造册奏銷。乾隆十九年六月，户部咨開，各處鹽引俱係按照年額，查明各州縣已、未完分數，按年造册奏銷，惟兩浙引目止於鹽政考核案内將銷過引數題報，其各年未完數目從未開造清册送部。但查鹽引考核例，係照依鹽政起至月日，按任造報，而鹽引奏銷乃係按年造報之項，應將兩浙正票引目，除考核案内仍按任造報外，其鹽引奏銷，查明年額引目，分別各州縣已、未完分數，隨同正課奏銷一并按年造册具題，並將商名綱册送部。

《欽定重修兩浙鹽法志》卷五終

欽定重修兩浙鹽法志卷六　場竈一

伊昔府海之國，爰有鹽筴。自管夷吾興其利，而歷代承之，瀕海居民，遂成恆業。唐乾元時，有漣水、湖州、越州、杭州四場。宋，鬻鹽之地曰亭、場，民曰亭户，又謂之竈户，皆載《食貨志》，此場竈之名所由昉也。明初，始立聚團公煎法，即宋兩浙提舉盧秉所定『十竈爲甲』之遺意。國初，置三十五場，今并爲三十二場。雍正三年，巡鹽御史謝賜履奏請復古聚團法，使各場自相什伍，迄今不改，誠令典也。産鹽之地隸於兩浙者，西連三泖，東接八閩，爲縣二十有二，懸海之玉環、舟山、崇明亦隸焉。地多斥鹵，人習勤勞，各場團竈錯列，其間棊布星羅，霜飛雪積，商課裕而國用舒，其利溥矣。而法立弊生，亦由場竈始。興利必正其本，除弊必清其源，是在司令者。志場竈。

仁和場

在仁和縣，元大德三年，定産鹽之地，立場有差，浙江三十四，仁和其一也。西界富陽，東連海寧，延袤一百餘里；北爲石䓫塘，迤邐而東爲護水塘；又南爲范公塘。舊時，竈舍錯處塘之内外，散漫集私，難於稽緝。雍正三年，聚團爲五，煎竈八十有三，今并爲四，而竈仍其舊。向無刮淋樵採之地，柴滷皆買自外場，所産鹽斤除配仁和、錢塘、餘杭三縣肩引外，餘鹽發帑收買貯倉，配季給商領運富陽、德清二縣行銷，並設老少籌販三百名。其捆運出場在銀跳觀者，過會安壩；在三圍者，過打鐵關；在翁、范二埠者，過東新關，俱進艮山水門抵所。場署舊在省城，乾隆三十九年，移建清泰門外仁邑會保之五啚。各團隘口均設肩販引房，就團稽查。蓋地近城市，清場竈以遏弊源，莫先乎此。

舊聚團額：觀音堂團、二圍、三圍、五圍海豐庵西、五圍海豐庵東。

現煎團額：共四團八十三竈。銀跳觀團六十九竈、三圍團三竈、范埠團四竈、翁埠團七竈。

謹按：宋吴自牧《夢粱録》云：『市肆謂之團，因官府向買而立此名。』[二]城西有花團泥路，有果團。鹽之有團，亦古意也。元陳椿《熬波圖》『團竈説』云：『歸并竈座，建團立盤。圍墻外向遠匝濠塹，置關設鎖，撥軍巡警以絶奸僞。』今每團有團長、竈長，絭地有團兵，責以稽察墻溝、門栅，猶循古制。

鍋盤：共八十三副。俱鐵鑄，每竈盤一面，鍋四口。舊《志》：鍋一口。乾隆三十五年，詳添温滷鍋三口。

謹按《史記·平準書》：『募民自給費，因官器作鬻鹽，官與牢盆。』注：牢，價值；盆，煮鹽盆，即今之盤。謂以官器煮鹽，給以價值也。盤有二種：一篾編，一鐵鑄，各隨其宜。鐵者，用鐵版湊合，薄則易裂，厚則經久。底平如盂，四周高一二尺，其合縫處以滷和灰嵌之，一經滷汁塞結，永無罅漏。篾盤，將竹編成闊丈餘，深一二尺，糊以蜃灰，大小不等，易燬不耐用，究不如鐵鑄之堅固也。今仁和、許村等場煎鹽鍋盤，於嘉慶四年詳定，設立官廠，領帖開鑪，不許私鑄，猶官與牢盆之意歟。鑄盤之法，詳載元陳椿《熬波圖》。

煎辦：煎法，用刀刮土，以牛挽之，貧則人力挑積。傍築小槽如坑，廣四尺，長八尺，封塗于底，覆以刮竹，鋪以淨茅，實土二十四擔于槽上，灌沃清水，滲及週時，泥融水溢，滷方流出。池内隨土之鹹淡，而爲滷之多寡。此係舊《志》原文，於煎辦之法，尚未明悉，詳考于左。

謹按《西溪叢語》及《海鹽圖經》所載：煎鹽有刮土、捎灰、刺漏、澳滷、攤曬、試蓮諸法。其法：於傍海近潮之處開闢坦地，削去草根，光平如鏡，名曰『攤場』，又謂之『灰場』。分上、中、下三節，近海爲下場，以潮水時浸，不易乘日曬也；其中爲中場，以潮至即退，恆受日，易成鹽也；遠于海爲上場，潮小不至，必擔水灌灑，方可曬土也。凡潮汛，上半月以十三日爲起水，至十八日止；下半月以二十七日爲起水，初三日止，潮各以此六日大滿，故當潮大，三場皆没。自初三、十八以後，潮勢日減，先曬上場，次曬中場，最後曬下場。故上、中每月得曬二場，下場或僅得其一也。灰場者，言其土細如灰也。

盛夏二日或三日，秋冬四日，曬力方足；嚴冬，則西北風尤勝日曬也。所刮之土，三月者，俗謂之桃花土；六月者，謂之伏土；九月者，謂之菊花土。伏土最鹹，桃土、菊土次之。試蓮之法，採廣東石蓮，用兩竹管約長六七寸，並縛於細竹竿頭，分置十蓮於管内，管口用竹絲隔定，探入滷井，滷沃蓮浮，浮三四蓮，味重；五蓮俱浮，尤重。浮取其直，若横直相半，則味薄；蓮沈於底，則其味更薄，滷不成鹽。

鹽斤：每滷一擔成鹽二十斤。

謹按，《爾雅・釋言》：「鹵，苦也。」謂厥鹵可鬻鹽者。《周禮》：「鹽人共散鹽。[三]」註：煮水爲之，出於東海。浙鹽，皆散鹽也。凡鹽産淮揚者，質重而黑，其他質輕而白。以量較之，淮揚一升重十兩，廣、浙、長蘆一升重六七兩。煎鹽末即凝結，將皂角末和米糠攪沸滷中，頃刻結成，蓋皂角結鹽猶石膏之結腐也。説見《天工開物》。至鹽斤之多寡，全視滷味之厚薄，原非可以地界論，而土性之鹹淡，各場亦微有異同，兹仍其舊。

色味：其色白，其味淡。

謹按，《宋史・食貨志》：元豐初，盧秉議鹽法定分數，自錢塘縣楊村，上接睦、歙等州，水勢稍淡，以六分爲額；下接仁和縣湯村，爲七分。故仁和場之鹽，其味獨淡也。

倉厫，共三所：觀音上倉，貯鹽房九間；跳門中倉，八間；銀杏下倉，八間。均係店户自建收貯帑鹽，於捆配時，商給倉租、飯食，每年每户例赴運庫完税，領帖經辦。

謹按，《四朝國史》：劉贄監衡州鹽倉，核減宿弊。迨至明正統元年，置贍鹽倉於各場，鹽之有倉，舊矣。今兩浙各場，皆有鹽倉，温、台帑地係官建，餘皆商建，間有店户建造，給帖賃商貯鹽者，惟配肩引，各場則對竈支鹽，向不設倉。舊《志》未詳，兹爲補入。

又按萬曆《兩浙鹽運司會計録》云：「國初，原徵本色。正統以來，本折中半兼徵，後因倉厫倒塌，盡徵折銀，驗商下場買補。」則官建倉厫之廢，蓋在嘉靖二十四年鹽課一例折徵之後。於是或建或租，聽商自便，沿至于今，不改。

場地：本場額設仁和、錢塘二倉，向係分縣徵輸，分産承辦。産有課蕩、税蕩之分，課蕩者，煎鹽辦課之蕩，徵丁而不徵税；税蕩者，其地潮水不上，無由刮煎，故祇種花、豆，徵税而不徵丁。仁和倉竈丁，皆給課蕩樵煎。雍正三年奉文，丁歸地徵，所有丁課攤歸課蕩，按畝均輸，其餘蕩地皆照則完税，不加丁課。錢塘倉逼處江濱，頻遭坍没，惟浮山一帶有地，而非刮煎之土，故竈丁不諳煎燒。凡課蕩、税蕩，皆種花、豆、木、棉，自丁歸地徵，故丁課亦同仁和均攤，按則輸税，而仁、錢兩倉課蕩、税蕩續有坍没。仁和倉自雍正四年起至乾隆六十年止，錢塘倉自雍正四年起至嘉慶二年止，改則、新陞、加陞、減豁，詳載由單，與舊《志》所載原額蕩畝不符。故照現徵蕩畝開列爲准，而仍載原額於前。

本場原額，仁、錢二倉課蕩共七萬四千一百八十一畝九分八釐七毫一絲五忽。

本場原額，仁、錢二倉上、中、下各則税地沙蕩共五萬一千五百六十二畝一分九釐八毫六絲三忽七微七纖四沙五塵八渺三漠。

本場原額，仁倉、官塘、牛路、水浦九十八畝六分三釐二毫六絲四忽八微，係給竈户車運柴滷，例不徵税起科。

本場現額，仁、錢二倉課蕩二萬六千一百九十九畝八分二釐三毫五絲八忽。内：

仁和倉課蕩二萬四千五百四十七畝一分七釐五絲八忽。

錢塘倉課蕩一千六百五十二畝六分五釐三毫。

本場現額，仁、錢二倉上、中、下各則税地沙蕩、備荒影沙等蕩，共七萬七千一百六十七畝五分二釐二毫二絲六忽九微二纖一沙九塵八埃四渺四漠。内：

仁和倉各則税蕩，五千八百六十九畝三釐七毫七絲一忽。

水鄉二圍税蕩，七百三十畝六分九釐五毫四絲八忽。

報陞沙塗蕩地車路，共四千五百七十三畝一釐三絲七忽二微。

樵淋備蕩，共一萬二千五百三十二畝五分九釐一毫九絲。

錢塘倉各則税蕩，一萬九百一畝二釐六毫八絲。

報陞沙塗蕩地，共二萬五千五百二十畝四分五釐三絲一忽一微二纖一沙九塵八埃四渺四漠。

各則備荒影沙等蕩，一萬七千四十畝七分九毫六絲九忽六微。

謹按：各場地畝，雍正四年，丁歸地徵。前督臣李衛題明，查各場之中或有灘場蕩地，向給竈丁樵淋供煎，並不徵課者，議將應納丁銀或按弓、或按畝攤派徵輸。其各場之中，或雖有給丁課蕩而沙磧荒蕪，刮煎無幾；或海潮侵削坍没無存者，免其攤派；更有本無給丁之地，無可攤徵者。議將各場舊有科税灘蕩暫行通融，均加攤納。此係一時權宜，如有漲地陞銀，應予抵除，以免無地光丁及辦糧蕩户攤賠之累。自奉行後，遇有新陞，各就該場情形辦理。如本場並無賠攤銀兩，即以抵補别場。又各場税蕩向係計畝，各場灘蕩則或以畝計，或以弓計，情形不同。以弓計者，只定横闊之數，不定直長之數，以其地處海濱，朝坍暮漲，不能鑿實，所以每丁幾弓，僅言其横闊也，一丁到海，乃不計其直長也。此項灘場，如一場中丁少而地多，則多給以地；如地少而丁多，則少給以地，各場各自匀派，故亦多寡難齊。至各場起徵科則并攤辦丁銀，俱詳載達部總册及刊刻由單，逐年更定不一。兹第按本年現行由單，登載現在地畝成數，後各場倣此。至錢糧尾數，新例以釐爲斷，而地畝仍以塵、埃、渺、漠爲止，蓋非此不能以地畝核糧數也。今每年咨部簡明科則册，如此遵照登載。

本場竈丁：一萬七千七百一十四丁。

許村場

在海寧州，元大德間，并宋時蜀山、巖門、上管、下管四場爲一場者也。西連仁和，東接西路，延袤七十餘里。近場沙地坍没無存，各竈自置船隻於對江之石堰等場買滷煎燒。柴薪則資于嚴郡所産。鹽斤除配海寧、石門肩販外，其餘悉配季鹽，由臨平達所。場署舊在安化坊，今移置州城之北寺巷。

舊聚團額：天字堡墻裏南一團、墻裏北一團、地字堡海慧庵一團、石橋倉一團、元字堡老鹽倉一團、老鹽倉前一團、黄字堡忠盛倉一團、龍舌嘴一團、宇字堡謝家倉一團、大金倉一團、宙字堡南門倉一團、孫家亭一團、楊家東昇倉中一團、九里橋一團、老相公殿西一團、丫叉塘一團。

現煎團額：共二十一團一百九十五竈。天字堡西新倉團七竈、華家倉團二竈、祥里倉團五竈、地字堡胡兜倉團二十五竈、石橋倉團二竈、孫亭團十五竈、楊莊倉團七竈、元字堡老鹽倉團十九竈、黄字堡龍舌嘴團六竈、忠盛倉團十六竈、馬牧倉團十七竈、宇字堡東昇倉團七竈、楊家倉團二竈、小荆倉團四竈、大荆倉團十一竈、厚福倉團二竈、陸家倉團六竈、丫叉團九竈、宙字堡南門倉團九竈、九里橋團二十一竈、南沙團三竈。

鍋盤：一百九十五副。每竈鐵盤一面，鍋一口，温滷鍋三口。

煎辨：煎法與仁和場同。

鹽斤：每滷一擔成鹽二十五斤。

色味：其色白，其味鹹。

倉厫：一十六所，共三百五十間。

場地：本場分東、西二倉，所有原給横闊沙蕩、沙埰，皆係坍後復漲。雍正三年奉文，丁歸地徵，積弓按畝，均攤丁課，其餘税地、税蕩仍照舊則徵税。雍正四年後，沙場税蕩坍陷既盡，逼侵内地，并民地亦有没入海者。故乾隆三年，西倉沙漲，大學士嵇曾筠題定劃分，儘西歸民三分，迤東歸竈七分，旋即坍没。十三年，復漲，四十年又坍。錢糧豁免在案，俱載由單。

本場原額，東、西横闊課蕩共一萬三千八百八十九丈三尺六寸二分九釐三毫，内分段丈實草蕩三萬三千四十二畝八釐八毫五絲，又沙埰四千五百七十八丈三尺五寸九分五釐九毫，坍後復漲，故址已失，丈見實地九萬三千七百二十畝七分一釐七毫二絲一忽。今俱坍没無存。

本場原額，各則税地共七千七百一畝七分七釐五毫九絲，今俱坍没無存。

本場現額，無。

本場竈丁：三百五十三丁。

西路場

在海寧州之新倉鎮，元并宋時所置南路、黄灣、新興、袁花四場立今名，延袤僅一十五里。刮淋無地，買滷煎燒，而竈業充裕，產鹽甚廣，配銷嘉所各州縣。乾隆五年，分設黄灣場，自黄灣倉一、二、三圍起并尖山以内之四圍及五圍之一、二、三、四、五、六等團，劃歸新場管轄。其五圍内之七團起并六、七、八圍，仍歸西路管理。

舊聚團額：一圍一團、二團，三圍一團、二團，四圍一團、二團、三團、四團、五團、六團、七團，五圍一團、二團、三團、四團、五團、六團、七團、八團、九團、十團、十一團，六圍一團、二團、三團、四團、五團，七圍一團、二團、三團、四團、五團、六團、七團、八團，八圍一團、二團、三團、四團。

現煎團額：共十八團一百九十八竈。五圍七團四竈、八團十竈、九團三竈、十團八竈、十一團十七竈，六圍一團十四竈、二團十一竈、三團二十竈、四團三竈、五團十一竈，七圍一團十四竈、二團七竈、三團十五竈、四團九竈、五團十五竈、六團五竈，八圍三團四竈、四團二十八竈。

鍋盤：一百九十八副。每竈鐵盤一面，鍋二口。

煎辦：煎法與仁和場同。

鹽斤：每滷一擔成鹽二十五斤。

色味：其色白，其味鹹。

倉廒：新、舊兩倉。

謹按，《海寧州志》云：西路場倉廒創自明天啓間，邑人、僉都御史陳祖苞見其地瀕海，皆荒土，思墾荒建廒，以濟海上貧民。與休寧吴萬鎮相度地勢，呈明當事，爲開河道、辟草萊，建廒十所。越三載而告竣，迄今廒房櫛比，商賈雲集，較他場爲盛。

場地：本場竈地舊分東三團、西六團。康熙六十一年間，西六團被潮衝没沙亭三千二百三十三丈九尺，并陞地二畝，窮丁失業，缺課銀五百五十一兩零。前鹽臣楊爲梓題請攤於同所之海沙、蘆瀝二場，代納銀三百八十六兩三錢零，餘仍令本場勉力自完。雍正三年，丁歸地徵，又丈缺東三團竈地八千六百七十五畝五分零，缺課銀兩遵照由單，以漲補坍之例，將許村場新陞銀兩抵補，至海沙、蘆瀝二場代納課銀，已于乾隆五年籲請題豁攤課事案内照數豁除。是年，分東三團并尖山以内之四團，及五團之一、二、三、四、五、六團爲黄灣場。乾隆十一年，西路漲復沙亭二千六百三十九丈八尺零，徵復課銀四百五十兩六分，漲復地二畝，徵復税銀一錢八分八釐零，後又被潮，坍没無存。乾隆二十五年，循例題豁。

本場原額，東三團課蕩一千三百四十八畝六釐五毫六絲一忽。

本場原額，税地二十二畝六分。内：

黄灣倉基地一十畝六分，

舊倉基地一十二畝。

謹按：前項地畝，已分撥黄灣管轄。

本場現額，無。

本場竈丁：二千九百一十五丁。

黄灣場

在海寧州之舊倉鎮，乾隆五年，從西路分置，延袤二十餘里。《圖經》有黄灣間建鹽倉，即舊時之黄灣倉也。各團俱有沙亭，足資淋刮，而柴薪則採自富、桐及舟、象等山，毘連西路之陳家橋，爲緝私要地。而廣福橋即屬下河一水，横截於西、黄兩場之間，輕舟飛渡，巡緝尤嚴。

舊聚團額已載西路場額。

現煎團額：共十六團一百三十八竈。一圍一團一竈、二團二竈，二圍一團二竈，三圍一團三竈，四圍一團二竈、二團十一竈、三團八竈、四團十七竈、五團十三竈、六團三十九竈、七團十九竈，五圍一團五竈、二團三竈、四團二竈、五團六竈、六團五竈。

鍋盤：一百三十八副。每竈鐵盤一面，鍋二口。

煎辦：煎法與仁和場同。

鹽斤：每滷一擔成鹽二十五斤。

色味：其色白，其味鹹。

倉厫：舊倉黄灣二所，共二百二十六間。

場地：本場額分，現存沙地一千三百四十八畝零，倉基二十二畝六分。乾隆十一年，二、三兩圍共漲復沙地一千四百七十三畝五分零；又四圍起至五圍一甲止，漲復横闊沙亭五百九十四丈三寸。後沙亭被潮坍没，乾隆二十五年，循例豁除。

本場原額，分轄沙地二千八百二十一畝五分，又沙亭五百九十四丈三寸，倉基地二十二畝六分。

本場現額，沙地二千八百二十一畝五分，倉基地二十二畝六分。

本場竈丁：二千四百五十八丁。

鮑郎場

在海鹽縣澉浦鎮之東，延袤二十餘里。其地有鮑郎浦，故名。《宋·地理志》止載沙腰、蘆瀝二場，不載鮑郎，而《元史》三場俱載。澉浦城内、通江橋側，有宋時廨址碑記，是場非始元矣。各團向設團保，并置有煎牌，起煎，則懸挂；停火，則繳查。場北宋亭、秦駐塢一帶，山僻小徑通達河港，水陸錯雜，最易漏私。所産鹽斤，由常川壩駁運大船抵所，配銷嘉所各縣。

舊聚團額：東團正東團、總寨團、北團北正團、常川團、南團長山團、湯家團、金家塘缺團、老舍團、西團小海團、中立團、東寨圩團、北備團、南寨前團、頭團、顧家團、新團、李家團、軍團、周家團。

現煎團額：共二十團一百六十一竈。頭團十竈、西軍團六竈、常川團六竈、新團六竈、北備團九竈、北正團十一竈、東正團九竈、東寨團六竈、周家團七竈、顧家團七竈、湯家團十六竈、小海團五竈、總寨團五竈、老舍團四竈中立團十竈、金塘團十一竈、寨前團十一竈、長山團四竈、李家團十一竈、李備團七竈。

鍋盤：一百六十一副。每竈鐵盤一面，鍋二口。

煎辦：煎法與仁和場同。

鹽斤：每滷一擔成鹽二十五斤。

謹按，鮑郎、海沙兩場竈户煎鹽，向有攙和石灰、苦滷之弊，蓋灰性燥烈，苦滷凝滯，力能速收，餘瀝斤兩，沈重且省柴薪，而苦滷、灰漿糜爛醬菜，爲害甚烈。乾隆八年，大使張中善詳請照三江、曹娥等場之例，用斛收買，官秤五十斤爲一斛，十斤爲一斗，煎丁力求乾鬆浮泛，可以過斛平量，其弊自絶，誠良法也。

色味：其色白，其味鹹。

倉厫：二百六十六間。

場地：本場海灘、竈山、草蕩，向給竈户樵煎，計丁徵課，皆爲課蕩。雍正三年奉文，丁歸地徵，將丁課匀攤于原額海灘、竈山、草蕩之上，計弓按畝完納，其餘原額熟蕩及新墾蘆薪等地畝陞税，照舊徵輸。嗣於雍正四年起至雍正九年，又自乾隆二年起，至六十年及嘉慶二年止，續陞草蕩、熟蕩、亭垛、蘆薪、墳山等地畝，仍照舊則徵納。

本場原額，課蕩一萬二百九十畝三分四釐七毫五絲二忽，又海灘四千三百五十弓一尺二寸。

本場原額，各則税地七千六百二十七畝八分三釐一毫八絲六忽四微。

本場現額，課蕩一萬二百九十畝三分四釐七毫五絲二忽，又海灘四千三百五十弓一尺二寸。內：

竈山六千六百九十一畝一分九釐五毫二絲二忽。

草蕩三千五百九十九畝一分五釐二毫三絲。

海灘四千三百五十弓一尺二寸。

本場現額，各則税地七千六百二十七畝八分三釐一毫八絲六忽四微。內：

原額税蕩四千五百五十四畝九分。

蘆薪一百九十九畝二分。

亭垛二百二十畝。

團基五十五畝六分五釐四毫四絲九忽。

倉基一十畝四分五釐。

父子山四十二畝。

丈報新墾及加陞熟蕩、蘆薪、亭垖、倉基山等，共二千一十一畝七釐八毫九絲三忽四微。

備荒亭垖五百三十四畝五分四釐八毫四絲四忽。

本場續陞草蕩、熟蕩、亭垖、蘆薪、墳山等地畝，共一千五百一十三畝一分七釐九毫六絲三忽六微八纖。

謹按：前項續陞地畝，即在原額草蕩、竈山等蕩内陞墾輸税，故現額畝分與原額同。

本場竈丁：三千一百四十一丁。

海沙場

在海鹽縣十六都之沙腰村，《漢志》海鹽有鹽官，設官置場，海鹽爲最古。元并宋所置沙腰、海鹽二場爲一，故名。海沙自東九團之西爲海鹽界，西九團之東爲平湖界，直接乍浦，延袤六十餘里。南至海里許，沿海爲石塘，石塘之内爲土備塘，正統間，築以備不測者。竈舍錯列塘之内外，各竈設立木籌，領則起煎，停則查繳。所産鹽斤，除配平湖、海鹽二縣肩引外，餘俱配季。每團設有團保一名，甲長一名，配販交商，專司稽察。平湖肩販，必由包家埭至雅山過渡；海鹽肩販，必由南、東兩門。重照夾帶之弊，於此嚴查。

舊聚團額：南四團、南四團[三]、北四團、北四中北團、北四中坊團、北四北方團、五團、轉塘團、九里團、一團、六團、八團、西七團、東一團、二團、西九團、東七團、東九團、西十團、東十團、三團。

現煎團額：共二十三團一百四十一竈。一團十竈、東一團四竈、二團七竈、三團四竈、五團十竈、六團八竈、大七團四竈、小七團四竈、八團二十竈、東九團六竈、西九團八竈、東十團二竈、西十團六竈、九里團十竈、轉塘團二竈、南四長川壩團八竈、南四鄧衙橋團五竈、南四楊爺廟團二竈、北四臺頭團五竈、北四唐家舍團二竈、北四藍田廟團四竈、北四湯家鋪團四竈、南九團五竈。

鍋盤：一百四十一副。每竈鐵盤一面，鍋二口。

煎辦：煎法與仁和場同。

鹽斤：每滷一擔成鹽一十五斤。

色味：其色白，其味鹹。

倉厫：一百十二間。

場地：本場辦課地畝貼近海濱，坍漲不一，向係荒蕪。雍正三年奉文，丁歸地徵，除原額復墾加陞地畝外，所有丁銀均攤於闔場課蕩，弓柴存荒草蕩、海灘并内地成熟各則，税蕩之上，按畝計弓完納，以免光丁苦累。自雍正四年起至乾隆三十三四等年，及嘉慶二年止，續陞草蕩、灰場及改建屋基、墳山等地，均與抵除，加攤丁課並不加額。内場基一十畝八分三釐二絲，係場署基址，例不徵税。又代納西路場坍課一百二十五兩，已於乾隆五年豁免。

本場原額，課蕩二萬四千二百七十五畝六分八釐五毫七忽，又海灘一萬三百九十四弓四寸。

本場原額，上、中、下各則税蕩三萬九千六百九十八畝八分八毫四絲七忽。

本場現額，課蕩二萬四千二百七十五畝六分八釐五毫七忽，又海灘一萬三百九十四弓四寸。

内：

原額課蕩一萬七千一百五十二畝八分八釐六毫六絲。

弓柴存荒草蕩七千一百二十二畝七分九釐八毫四絲七忽。

長海三千七百二十弓四寸。

短海六千六百七十四弓。

本場現額，上、中、下各則稅蕩三萬九千六百九十八畝八分八毫四絲七忽。內：

原額各則稅蕩三萬五千七百八十一畝三分八毫四絲七忽。

備荒稅蕩三千九百一十七畝五分。

本場續陞草蕩、灰場及改建屋基、墳山等地，共四千一百三十二畝五分三釐二毫四絲一忽六微七纖四沙九塵九埃九渺六漠。

謹按：前項續陞地畝，即在原額草蕩、灰場各地内開墾加陞，故現額畝分與原額同。

本場竈丁：五千七百二十丁。

蘆瀝場

在平湖縣新倉鎮，地有蘆瀝浦，故名。萬曆四年，移場署於縣治之南門。國朝康熙三十九年，因離場太遠，復移新倉，延袤五十餘里。南爲捍海塘，團竈皆聚塘外，故有運鹽河十二里，後土積水淤，農商俱病。嘉靖間，郡倅陳守義修復之。又有新開運鹽河，在舊河之東，亦嘉靖時縣令顧廷對所濬，至今利之。所産鹽斤，除配平湖肩引外，餘配季鹽。與横浦分界之裴家衖爲盤詰私鹽要地，縣場營汛兵役兼巡。

舊聚團額：山西團、山東團、江門團、南正團、南備團、南二團、沮二團、中正團、東正團、中上團、沮三團、西下團、沮一團。

現煎團額：共十三團一百五額。山西團三竈、中正正備團七竈、南備正團十六竈、汨二備團六竈、東正團六竈、山東團五竈、南正團九竈、南備備團九竈、汨二正團八竈、江門團六竈、西下團十六竈、中上團六竈、汨一團八竈。

鍋盤：一百五副。每竈鍋二口。

煎辦：煎法與仁和場同。

鹽斤：每滷一擔成鹽二十五斤。

色味：其色白，其味鹹。

倉厫：一所計七間。

場地：本場自明萬曆年間，竈户逃亡殆盡，丁課已歸蕩地徵輸。又鹽臣楊爲梓題，攤本場代納西路場銀二百六十一兩零，俟西路復漲，仍歸自辦，已於乾隆五年豁免。嗣於乾隆五十年，報陞灰場，照上則熟蕩陞科加額。

本場原額，上、中、下各則課蕩九萬四千三百六畝四分九釐四毫五絲三忽。

本場原額，上、中、下各則税蕩五千二百三十八畝五分一釐九絲三忽七微，又各則海灘灰場四千八百七十八弓。

本場現額，上、中、下各則課蕩九萬四千三百六畝四分九釐四毫五絲三忽，内：

原額各則課蕩四萬五百七十六畝二分六釐四毫。

新耕課蕩四萬七千五百五十二畝六分九釐六毫。

續耕課蕩六千一百七十七畝五分三釐四毫五絲三忽。

本場現額，上、中、下各則税蕩五千二百三十八畝五分一釐九絲三忽七微，又各則海灘灰場四千八百七十八弓，内：

丈報加陞新墾税蕩五百八十四畝三分二釐四絲六忽七微。

備荒税蕩四千六百五十四畝一分九釐四絲七忽。

丈陞海灘六弓。

新墾海灘六弓。

灰場九十九弓。

備荒海灘四千七百六十七弓。

本場續陞周家堰灰場九畝四分四釐四毫。

謹按：前項續陞地畝，即在原額灰場地内加陞，故現額畝分與原額同。

本場竈丁：八千八百一十一丁。

横浦場

在金山縣西倉鎮，界連江、浙，延袤一十餘里。地有横浦，西達賁湖，南入於海。明初，置鹽課司於其上，遂以名場。南爲捍海塘，竈聚塘外。每團設團役二名，甲長一名，在團稽煎。每竈設挨煎籖正附煎丁，毋許越次。所産鹽斤分配嘉、松二所，運嘉者由廣陳鎮，運松者由全公亭。陸路之裴家衖，水路之白涇河，毗連江、浙，稽察爲難。

舊聚團額：西興團、西二團、中正團、東二團、東新團。

現煎團額：共五團四十九竈。西興團十竈、中正團九竈、東二團九竈、西二團十竈、東新團十一竈。

鍋盤：四十九副。每竈鍋四口。

煎辦：煎法與仁和場同。

鹽斤：每滷一擔成鹽二十五斤。

色味：其色白，其味鹹。

倉厫：五所共五十二間。

場地：本場自明嘉靖年間，竈户逃亡殆盡，丁課已歸蕩地徵輸，故仍按畝計弓，照各則完税。雍正四年、七年，報陞蕩四畝八分四釐零，照則完納。又乾隆四年，築塘，挖廢蕩二百三十一畝九分一釐零，按畝豁除，與原額不符，今照現徵開列：

本場原額，上、中、下各則課蕩二萬八百七十六畝八分七釐六毫五微六纖七沙三塵七埃五渺九漠。

本場原額，各則税蕩一萬八千九百七十二畝一分二釐四毫八絲九忽四微三纖二沙六塵二埃四渺一漠，又沙塗二千八百九十五弓。

本場現額，上、中、下各則課蕩二萬七百八十一畝三分一釐四毫八忽三微六纖七沙三塵七埃五渺九漠。內：

各則原額，新墾課蕩一萬九千九百七十三畝六分七釐四毫八忽三微六纖七沙三塵七埃五渺九漠。

重税課蕩八百七畝六分四釐。

本場現額，各則税蕩一萬八千八百四十畝六分一釐六毫三絲二忽二微七纖四沙六塵二埃四渺一漠，又沙塗二千八百九十五弓。內：

水鄉各則，原額、新陞税蕩一萬八千六百八十八畝九分九釐六毫一絲六忽。

團基税地一十七畝八分二毫。

備荒税蕩一百二十八畝九分六釐八毫七絲九忽四微三纖二沙六塵二埃四渺一漠。

丈出海底沙塗二千八百九十五弓。

續陞丁蕩四畝八分四釐九毫三絲六忽八微四纖二沙。

本場竈丁：四千七百七十七丁。

浦東場

五代漢乾祐時，華亭有五場，浦東其一也。今在金山縣之北倉鎮，舊并横浦。乾隆四年，奏請復設，延袤十餘里。南爲護塘，塘外即青龍江，通滬瀆入海。塘外僅二團，每團設團差一名，水手一名，在團稽察，領辦一名，往來巡查。所産鹽斤行銷上海、青浦二縣，北由張堰，東從蔣家橋運鹽抵所，而私鹽亦由此透漏，皆爲要隘。

舊聚團額：浦一團、浦二團、浦三團。

現煎團額：共二團一十五竈。浦一團八竈、浦二團七竈。

鍋盤：十五副。每竈鍋四口。

煎辦：煎法與仁和場同。

鹽斤：每滷一擔成鹽二十斤。

色味：其色白，其味鹹。

倉厫：一所。

場地：本場自明嘉靖年間，倭寇内訌，竈户逃亡，丁課已歸地畝徵輸，内代攤袁浦場丁課一百一十一兩三錢，出于一時權宜，如有漲墾地畝，仍行抵除。雍正四年，報陞蕩税一十九畝五分五釐零，即抵除前報税蕩暫攤丁課外，又雍正二年、十一年築塘，挖廢各則蕩二千五百二十八畝四分九釐八毫。按畝豁除，與原額不符，今照現徵開列：

本場原額，上、中、下各則課蕩四萬三千二百二十二畝二分八釐。

本場原額，各則税蕩三萬三千五百一十三畝七分五釐六毫三絲四忽三微七纖五沙。

本場現額，上、中、下各則課蕩四萬八百八十三畝七分八釐二毫，内：

課蕩三萬七千六百六十九畝二分八釐三毫。

灰場一千六百九十一畝七分九釐九毫。

海灘一千五百二十二畝七分。

本場現額，各則税蕩三萬三千三百四十三畝七分一釐一毫六絲一忽二纖五沙，内：

原額各則水鄉税蕩地，二萬九千七百八十三畝一分一釐二毫。

報陞各則税蕩，一千九十五畝五分三釐四毫三絲四忽三微七纖五沙。

備荒各則税蕩，二千四百四十五畝一分一釐。

續陞蕩，一十九畝九分五釐五毫二絲六忽六微五纖。

本場竈丁：四千八百四十六丁。

袁浦場

在華亭縣舊袁部，宋置場廨於柘林城，延袤二十餘里，逼近海塘。竈舍錯處城外，自立墩塗，刮淋煎辦。鹽配嘉、松二所分掣。所經之葉謝塘，居民稠雜，商賈輻輳，西通張澤，東抵横涇，歧途錯出，最易漏私，而近場之漴，缺口尤甚。

舊聚團額：袁部團、西灣塘、西横林團、中横林團、何家大團塘、東横林團、廟路口塘、戚漴墩塘、石橋頭塘、朱家墩塘。

現煎團額：共一十八團一百二十四竈。朱家墩團四竈、鹽房頭團八竈、焦鹽團六竈、戚漴墩團十一竈、吴家路團九竈、廟路口團十三竈、横林團六竈、王家墩團十竈、何家大團十五竈、牛郎廟團七竈、石橋頭團十竈、西灣團七竈、唐家大團六竈、陸鶴團四竈、城東團二竈、城西團二竈、東新團二竈、西新團二竈。

鍋盤：一百二十四副。每竈鍋四口。

煎辦煎法：用刀刮土，候潮水入溝内，灑水攤曬七次，總積成堆，實泥於坑。其瀝滷與仁和場同。

謹按：浙東各場煎鹽，止須刮土，浙西青、下等場，都係曬灰。曬灰之法：亦築浄場，四圍開挑圍溝，每淋約廣二十四五步，長七八十步，四圍刮土實之，又築圍岸，車戽鹹潮入内浸灌七次，鹹味透入，然後將土敲碎成粉，再用木杴攤開，竹條均平，烈日中曬至極鹹，謂之鹹灰。

此舊《志》所載，今復詳敘如左。

鹽斤：每滷一擔成鹽二十斤。

色味：其色白，其味鹹。

倉厫：二十八所。

場地：本場蕩地除現存備荒蕩外，其餘課税兩蕩坍没，僅存一萬七千有奇，前將丁課均攤各則地蕩之上。所有缺課，雍正三年，鹽臣謝賜履攤於同所之青村、浦東、下砂頭二三場代納，俟有各場新陞，即予歸抵。雍正十年，築塘，挖廢蕩七百四十畝四分零。又乾隆七年、二十四年，續陞塗蕩一千三十九畝一分零，抵減本場攤徵。丁課與原額不符，今照現徵開列：

本場原額，上、中、下各則課蕩六千九十八畝九分九釐四毫。

本場原額，各則稅蕩一萬九百一十七畝六分二釐七毫。

本場現額，上、中、下各則課蕩五千七百八十三畝四分九釐一絲二忽。

本場現額，各則稅蕩一萬一千五百三十一畝七分八釐四絲四忽，内：

各則水鄉稅蕩二千八百四十七畝四分八釐四絲四忽。

各則墩塗五千三百四十六畝一分三釐一毫五絲。

報陞塗蕩二千二百九十九畝六釐二毫五絲。

續陞塗蕩一千三十九畝一分六毫。

本場竈丁：六千七百二十丁。

青村場

華亭縣十五堡有青村鎮，亦名青林，西負橫溪，東濱大海。宋設鹽場，今屬奉賢縣。場署在高橋鎮海塘外，延袤八十里，皆煎鹽竈舍，而四墩五墩爲多。運鹽，每團各有支渠，循塘北行，以通橫浦。

舊聚團額：頭團夏家路、大門墩、團基、椒墩、南門、二團東門、盤基、紅廟、陳家路、三團團基、夾路、四團西港、楮家路、白衣廟、護塘角、堂子墩、趙家路、坎上、四團港、東港、偷安泐、牌樓港、老坎、二泐、五墩魚羊泐、翁家港、上坎、上海泐。

現煎團額：共五團二百六十八竈。頭團七十七竈、二團六十三竈、三團三十一竈、四團三十七竈、五墩六十竈。

鍋盤：二百六十八副。每竈鍋四口。

煎辦：煎法與仁和場同。

鹽斤：每滷一擔成鹽二十斤。

色味：其色白，其味鹹。

倉廒：二十七所。

場地：本場丁課，自明嘉靖年間竈户逃亡，已歸地徵，照依實在蕩地輸納。所有坍海墩塗，及雍正十一年築塘挖廢各則蕩地一千三百八畝三分四釐零，俱載入由單。嗣于乾隆四十四年，續陞沙塗，係屬加額。今照現徵開列：

本場原額，上、中、下各則課蕩三萬二千六百五十三畝六毫二絲五忽。

本場原額，各則税地四萬三千五百五十畝一分三釐六毫五絲。

本場現額，上、中、下各則課蕩三萬一千三百八十八畝六分四釐九毫三絲九忽，内：

各則課蕩二萬九千六百四十二畝三分七釐八毫七絲八忽。

各則水鄉課蕩一千七百八畝六分六釐四毫一絲一忽。

各則團地三十七畝六分六毫五絲。

本場現額，各則税地三萬二千二百四十四畝五分八釐三毫五絲七忽，内：

原額天漲墩塗四千七百五十三畝八釐八毫四絲六微。

原額各則墩塗一萬八千八百六十六畝三分三釐三毫一絲七忽。

報陞塗蕩一百七十七畝七分八釐三毫四絲。

歸并青村所税蕩一千五百六十七畝七分四毫。

備荒墩塗七千八百七十九畝六分七釐四毫五絲九忽四微。

本場續陞草塗一萬畝。

本場竈丁：一萬二千八百丁。

下砂頭場

在南匯縣，古鶴沙鎮也。因縣居上洋南峙，而海沙迤北爲下，故曰下砂。延袤八十餘里，東南逼近海塘。塘外沙地遥遠，舊有泐道十一處，引潮入内，土旺滷足，産鹽極廣。近因漲沙漸高，泐道淤塞，竈丁貪種花、豆，産鹽大減於前。故是場以疏濬泐道爲最要。

舊聚團額：一團沙塗廟南邵家宅團、水口橋團、沙塗廟北黄沙港團、大泐西團、大泐稍廠基團、川沙泐團、二團黄家窪團、三竈港團、石皮泐南團、四竈港團、楊葉港團、嚴家路團、大泐當團、馬橋團、小窪團。

現煎團額：共二十團一百七竈。現煎二十二竈，餘因土淡停煎。邵家宅團四竈、大泐西團四竈、大泐稍團七竈、川沙泐東團四竈、也仁村團二竈、黄沙港團六竈、小泐東團五竈、石皮泐團十四竈、楊葉港團四竈、老三竈團七竈、水洞橋團五竈、龍尖嘴團四竈、大泐當團八竈、川沙泐西團七竈、馬橋團三竈、新哨泐團八竈、小泐西團四竈、石皮泐東團三竈、新三竈團二竈、四竈港團六竈。

鍋盤：一百七副。每竈鍋四口。

煎辦：煎法與仁和場同。

鹽斤：每滷一擔成鹽二十斤。

色味：其色白，其味鹹。

倉廒：四所。

場地：本場自明嘉靖年間，倭亂，竈户逃亡，丁課已歸地畝徵輸。雍正十一年，築塘，挖廢蕩一千三百四十三畝七釐零。又乾隆五年，被潮，坍没地蕩一萬四千一百七十九畝三分八釐零，與原額不符，今照現徵開列：

本場原額，各則課蕩一十萬五百二十四畝七分九釐八毫。

本場原額，各則税蕩六萬四千五百五十七畝四釐七毫，又鹽墩四千一百二十三所半。

本場現額，各則課蕩九萬七千四百七畝九分一釐六毫五絲五忽，内：

各則課蕩九萬七千二百三十一畝九分一釐六毫五絲五忽。

上海民圖田内原額鹽倉地一百七十六畝。

本場現額，各則税蕩五萬二千一百三十七畝六分七釐四毫，又鹽墩四千一百二十三所半，内：

水鄉税蕩八千六百四十四畝三分四釐四毫。

報陞各則墩塗税蕩二萬七千三十九畝五分六釐二毫。

備荒税蕩六千五百四十六畝八釐八毫。

南匯所税蕩九千九百七畝六分八釐。

又各號各則鹽墩四千一百二十三所半。

本場竈丁：一萬四千四百丁。

下砂二三場

在南匯縣之川砂城。明季，分下砂爲三。我朝康熙四十一年，奉裁三場。雍正二年，奉裁二場。雍正七年，復設二場。乾隆五年，復設三場，并爲下砂二三場。其地久不産鹽，不設團竈，而督徵竈課爲場員專責焉。

場地：下砂二場

本場自明嘉靖年間，倭亂，竈户逃亡，丁課已歸地徵。雍正十一年，築塘，挖廢蕩一千一百三十畝八分零。又乾隆五年，被潮坍没各則蕩塗六千一百六十二畝一分三釐零，與原額不符，今照現徵開列：

本場原額，上、中、下各則課蕩一十萬六千八百一十四畝八分七釐三毫。

本場原額，各則税蕩一萬二千二十五畝一釐二毫一絲七忽四微。

本場現額，上、中、下各則課蕩九萬九千五百九十五畝三分二釐二毫六絲二忽六微，内：

各則課蕩九萬九千五百六十五畝三分二釐二毫六絲二忽六微。

倉基蕩三十畝。

本場現額，各則税蕩一萬一千九百八十一畝六分二釐六毫七絲七忽四微，内：

水鄉税蕩三千五百二十六畝二分。

報陞各則税蕩七千八百七十四畝一釐九毫一絲一忽四微。

備荒税蕩五百八十一畝四分七毫六絲六忽。

場地：下砂三場

本場自明嘉靖年間，倭亂，竈户逃亡，丁課已歸地徵。雍正十一年，築塘，挖廢蕩一千五百六十二畝七分五釐零。又乾隆五年，被潮坍没蕩一萬八千六百三十九畝七分零，與原額不符，今照現徵開列：

本場原額，上、中、下各則課蕩八萬三千七百四十畝八分九釐二毫九忽六微九纖。

本場原額，各則税蕩六萬四千五百一十九畝三分二釐四毫二絲七微一纖。

本場現額，上、中、下各則課蕩六萬四千六百六十畝五分一釐八毫四絲七忽三微九纖，内：

各則課蕩六萬四千六百三十六畝五分一釐八毫四絲七忽三微九纖。

倉基地二十四畝。

本場現額，各則税蕩六萬三千三百七十三畝二分三釐七毫二絲二忽五微一纖，内：

水鄉税蕩三萬二千四百三十二畝四分四釐三毫四絲二忽一微一纖。

丈報各則税蕩及加陞蕩三萬九百四十畝七分九釐三毫八絲四微。

本場竈丁：二萬四千一百丁。

《欽定重修兩浙鹽法志》卷六終

校勘記

[一] 市肆謂文團因官府向買而立此名　「團」後闕「行者蓋」，「向」爲「回」之訛。大象出版社 2019 年版《夢粱録》第 334 頁作：「市肆謂之團行者，蓋因官府回買而立此名。」

[二] 鹽人共散鹽　《周禮・天官》：「鹽人掌鹽之政令，以共百事之鹽。祭祀，共其苦鹽、散鹽。」

[三] 兩處「南四團」，疑有一處誤。

欽定重修兩浙鹽法志卷七　場竈二

錢清場 兼理西興場

在蕭山縣鳳儀鄉。元至正間，以蕭山縣興善寺爲運米倉。明初，以寺基爲鹽場，近錢清江，故名。塘外有鼈子山，與海寧之赭山對峙，即鼈子亹是也。雍正二年，裁西興場并入錢清，地方遼闊，延袤一百二十餘里。竈户揭領商本煎燒，所産鹽斤，除配蕭山、山陰肩引外，餘俱貯倉配季，由西小港達所。

舊聚團額：龕山一團、中插一團、九墩一團、安倉一團、湖門一團、瓜瀝一團、盛陵一團、戴家橋一團。

現煎團額：共十團七十六竈。錢清團三竈、湖門團六竈、龕山團六竈、盛陵團十一竈、九墩團七竈、安昌團七竈、戴家橋團二十二竈、瓜瀝團十竈，現煎二竈，餘停煎、南沙團一竈、新寧團三竈。

鍋盤：七十六副。每竈盤一面，内鐵盤二十一面，篾盤五十五面。

煎辦：煎法與仁和場同。

鹽斤：每滷一擔成鹽二十斤。

色味：其色白，其味鹹。

倉厫：安昌、九墩、廣聚、南倉、北倉共五所。

場地：本場向有灘場，給竈丁刮土淋煎，輸納丁課。雍正三年奉文，丁歸地徵，按弓攤辦，其餘税蕩仍照舊則輸税。雍正三年起至乾隆二十二年，坍没灘場共三千九百六十五弓零。又自雍正四年起至八年止，乾隆二十四年至五十二年止，共報陞税蕩一十四萬五千四百八十九畝四釐零，與原額不符。今照現徵開列：

本場原額，辦課灘場七千五百三十二弓六寸。

本場原額，上、中、下各則税蕩二萬一千七百四十八畝八釐六毫八絲六忽。

本場現額，辦課灘場三千五百六十六弓八分五釐九毫二絲八忽。

本場現額，上、中、下各則税蕩一十六萬七千二百二十九畝一分三釐二毫一絲六忽四纖，内：

原額税蕩一萬三千九百三十七畝八分六釐八毫。

報陞各則税蕩共一十五萬一千七百四十畝九分二釐四毫一絲六忽四纖。

備荒税蕩一千五百五十畝三分四釐。

西興場

舊聚團額：永昌團、永泰團、永豐團、永寧團、永盛團、永盈團。

場地：本場丁課向攤於刮土淋煎之灘場，按畝輸納，其蕩地仍照各則辦税。雍正八年，前督臣李衛飭行通場并丈，共田地、池蕩一十九萬九千八百七十畝一分零，核定輸税，攤徵丁課。又自雍正九年起至乾隆五十年止，共報陞各則税蕩一十九萬六千三百四十一畝八分三釐零。又自乾隆六年起至四十年止，共坍没各則税蕩一十萬四千四百三十八畝一釐零，俱詳載由單，與原額不符。今照現徵開列：

本場原額，課蕩七千六百六十九畝三分。

本場原額，上、中、下各則税蕩六萬七千三百一十二畝一分九釐九毫九絲四忽。

本場現額，上、中、下各則税蕩二十九萬一千七百七十三畝一分二釐三毫八絲六忽九微。內：

上則田地蕩并改則地二萬九千七百六十二畝二分三釐四毫七絲七微。

中則田地蕩并改則地一十八萬三百二十二畝五釐七毫六絲五微。

下則田地蕩并改則地七萬五千二百七十三畝七分七釐二毫七絲九忽二微。

草蕩六千一百八十四畝四分四釐七毫九絲二忽五微。

上、下則沙田地蕩二百三十畝六分一釐八絲四忽。

謹按：西興場於雍正二年裁并錢清，不設煎竈，故無新聚團額及煎辦、鍋盤、鹽斤、色味，而每年咨部科則册及由單仍分兩場，故仍存其名，附於錢清之後。穿長之於長山仿此。

本場竈丁：六千六丁。

三江場

山陰縣東北三十里有三江城，又東爲陡亹鎮，場署之所駐也，延袤僅二十餘里，而産鹽之廣甲於浙東。乾隆五年，分設東江場，以姚宋、新安、新寧、倆浦四團分屬新場管轄，其新鳳、陳顧、寶盆、童家四團仍歸三江管理。所産鹽斤，除配會稽肩引外，餘由漁臨關運所過掣配季。東浦、柯橋，其要隘也。

商廒收鹽以斛爲準，每斛五十斤。

舊聚團額：新鳳團、陳顧團、姚宋團、童家團、倆浦團、新安團、新寧團、寶盆團。

現煎團額：共四團一百五十三竈。童家團九十四竈、陳顧團十三竈、新鳳團二竈、寶盆團四十四竈。

鍋盤：一百五十三副。每竈篾盤一面。

煎辦：煎法與仁和場同。

鹽斤：每滷一擔成鹽二十斤。

色味：其色白，其味鹹。

倉厫：金帛、老倉、寶盆、聚寶、萬豐、永安，共六倉。

場地：本場向有灘場草蕩，給竈丁刮土樵煎，輸納丁課。雍正三年奉文，丁歸地徵，計弓按畝，均攤辦納，其餘各則地畝仍照舊則完稅。乾隆五年，分三江場東隅爲東江場，將灘場蕩畝劃分。乾隆五年、八年、二十五、四十二等年，被坍，額存灘場八千七百四十八弓，及坍卸挖廢課稅各則蕩一萬七百四十畝三分二釐零。又乾隆五十年，報稅蕩共二萬九千二百二十六畝六分八釐零，詳載由單，與原額不符。今照現徵開列：

本場原額，分給灘場八千七百四十八弓，又課蕩九千二百八十一畝七分二釐五毫三絲三忽四微九纖五沙一渺五漠。

本場原額，分給上、中、下各則稅蕩三千六百一十六畝九分八釐六毫五忽六微二纖七沙八塵三渺二漠。

本場現額，課蕩四十一畝四分七釐二毫八絲五忽七微六纖六沙九塵一埃四渺六漠。

本場現額，上、中、下各則稅蕩三萬二千七百九十六畝八釐八毫九絲三忽二微七沙八塵五埃一渺八漠，內：

原額稅蕩二千三百一十三畝三分五釐五絲二忽三微三纖五沙六塵九埃七渺八漠。

報陞税蕩二萬九千二百二十六畝六分八釐八毫九絲三忽。

原存備荒税蕩一千二百五十六畝四釐九毫四絲七忽八微七纖二沙一塵五埃四渺。

本場竈丁：二千三百九十五丁三分八釐。

東江場

在會稽縣姚家埭，乾隆五年從三江分設，以地處三江場東隅，故名。東江延袤三十餘里，産鹽少遜于三江，而竈户揭領商課煎燒，無虞缺乏。鹽斤亦照三江之例，用斛量收。新安一團配山陰、會稽肩引。

現煎團額：共四團九十六竈。姚宋團三十七竈、新安團十五竈、係浦團三竈、新寧團四十一竈。

鍋盤：九十六副。每竈盤一面，内鐵盤二面，餘俱篾盤。

煎辦：煎法與仁和場同。

鹽斤：每滷一擔成鹽二十斤。

色味：其色白，其味鹹。

倉廒：永豐、永濟、新永濟，共倉三所。

場地：本場係三江場分設，所有劃給灘場蕩畝於乾隆八年至三十一年，共坍卸灘場五千五百九十二弓五尺七寸零，又被坍挖廢課税各則蕩七千五百四十九畝二分零，詳載由單，與原額不符。今照現徵開列：

本場原額，分給灘場七千七百一十八弓，又課蕩七千八百八十六畝一分一釐四毫六絲六忽五微四沙九塵八渺五漠。

本場原額，分給上、中、下各則税蕩三千四百四十九畝五分二釐六毫五絲九忽三微一纖二沙一塵九埃六渺八漠。

本場現存灘場，二千一百二十五弓四尺二寸六釐九毫七絲二忽一微三纖一沙七塵四埃六漠。

本場現額，課蕩二千五十四畝一分三釐六毫四絲三忽五微一纖四沙七塵二埃七渺二漠。

本場現額，上、中、下各則税蕩六千一百一十九畝三分七釐六毫九絲六忽八微九纖二沙一塵九埃六渺八漠。內：

額分上、中、下各則税蕩三千四百四十九畝五分二釐六毫五絲九忽三微一纖二沙一塵九埃六渺八漠。

現存報陞税蕩一千四百八十二畝五分七釐四毫九絲三忽。

現存備荒税蕩一千一百八十七畝二分七釐五毫四絲四忽五微八纖。

本場竈丁：二千七十三丁一分二釐。

曹娥場

在會稽縣曹娥鎮，去曹娥江百官渡一里，甬東之孔道也。北通大海，海口纂風鎮有瀝海所，城江左右皆場地，而土滷甚少，在金山、石堰購運煎燒。所産鹽斤，除配會稽、上虞肩引外，餘鹽過壩運所。小金團河設立橋栅，晨夕啓閉，以防偷越。收鹽用斛，與三江、東江同。乾隆五年，分設金山場，將百官、雁步、東團、塘灣等四團歸新場管轄，其賀東、小金二團仍歸曹娥管理。

舊聚團額：百官團、塘角團、屠家埠團、南團、小金團、賀東團、雁步團。

現煎團額：共二團十六竈。賀東團三竈、小金團十三竈。

鍋盤：十七副。每竈篾盤一面。

煎辦：煎法與仁和場同。

鹽斤：每滷四擔成鹽一石。

色味：其色白，其味鹹。

倉廒：永金、永利二倉。

場地：本場東、西兩扇向有灘場，給竈丁刮土淋煎，輸納丁課。雍正三年奉文，丁歸地徵，按弓攤納，其餘各則税蕩仍照舊則徵税。乾隆五年，分設金山場，將西扇劃歸曹娥所有，額分灘場、蕩塗、田地，并原報陞税蕩畝。及乾隆九年、十一、十六等年，續陞塗地五千七百二十八畝零，詳載由單。今照現徵開列：

本場額分，辦課灘場一萬二百五十弓二寸八分。

本場額分，上、中、下各則税蕩八千五畝三分九釐一毫二絲五忽。

本場原報續陞備荒税蕩一萬四十三畝四分一釐六毫五絲四忽，内：

報陞税蕩三千九百一十二畝二分二釐七毫九絲六忽。

續陞塗地五千七百二十八畝七毫五絲八忽。

備荒税蕩四百三畝一分八釐一毫。

本場竈丁：二千二百五十六丁。

金山場

在上虞縣之百官鎮，乾隆五年分曹娥地添設，其地有金雞山，故名。延袤四十餘里，所産鹽斤配銷上虞、嵊縣肩、票二引外，餘配季鹽，竈户均領商本煎燒。定例，每竈按旬交鹽一萬斤。

現煎團額：共四團三十一竈。百官團一竈、雁埠團十一竈、塘灣團五竈、東團十四竈。

鍋盤：三十一副。每竈篾盤一面。

煎辦：煎法與仁和場同。

鹽斤：每滷四擔成鹽一石。

色味：其色白，其味鹹。

倉廒：永金、永利二倉。

場地：本場係曹娥場分設，所有劃給東扇灘場、蕩田、塗地，及乾隆九年、十六年續陞塗蕩六千七百九畝八分零，詳載由單。今照現徵開列：

本場額分，辦課灘場八千七百二十七弓九尺七寸二分。

本場額分，上、中、下各則税蕩一萬六千二百三十一畝四分七釐七毫二絲五忽。

本場續陞塗蕩，六千七百九畝八分三釐二絲八忽五微。

本場竈丁，一千二百九十一丁。

石堰場

在餘姚縣龍泉鄉，延袤七十餘里，舊名買納場。宋分石堰爲東、西場。慶元初，置倉設官，後并東場於鳴鶴，而西場獨存。元至正間，置鹽課司於流亭山。明仍其舊。北爲大塘，築於宋，潰於元，至正元年，州判葉恆作石堤，綿亘一百餘里，西接慈谿，東抵上虞，名蓮花塘。天順間，以新塘至海口盡給於竈，輸課辦鹽，豪強争訟不已。弘治初，推官周進隆於新塘之下築塘界之，塘以南與軍民共利，塘以北惟竈是業，争遂得息，至今不改。所産鹽斤，除配餘姚肩、票外，餘鹽由百官渡過船運所。

舊聚團額：埋上團、埋下團、梁上團、梁下東團、梁下西團。

現煎團額：共七團三十竈。埋上團三竈、埋下團一竈、栢上團一竈、栢下團一竈、梁上團十竈、梁下東團十一竈、梁下西團三竈。

鍋盤：三十副。每竈盤一面，内鐵盤五面，篾盤二十五面。

煎辦：煎法與仁和場同。

鹽斤：每滷一擔成鹽二十餘斤。

色味：其色白，其味鹹。

倉廒：竈鹽例配肩、住引目，向不設倉。

場地：本場向有實在原額三則蕩地，給竈丁刮土淋煎，輸納丁課。雍正三年奉文，丁歸地徵，按畝照則攤辦，其餘各則蕩地仍照舊則徵税。雍正四年至乾隆元年、二十四年，嘉慶二年止，共陞税蕩四萬五千三百七十九畝八分零，詳載由單，與原額不符。今照現徵開列：

本場原額，上、中、下各則税蕩七萬七千九百三十七畝三分五釐二毫六絲七忽。

本場原額，上、中、下各則税蕩一十一萬七千六百七十八畝二分五釐二毫七絲三忽。

本場現額，各則課蕩七萬七千九百三十七畝三分五釐二毫六絲七忽。

本場現額，上、中、下各則税蕩一十六萬三千五十八畝一分八釐一毫二絲八微，内：

原額各則税蕩五萬七百八十五畝七分六釐五毫二絲二忽四微。

報陞税蕩六萬九千九百一十三畝一分二毫九絲五忽八微。

備荒税蕩四萬二千三百五十九畝二分六釐三毫二忽六微。

本場竈丁：一萬三千九百六丁。

鳴鶴場

宋咸平間，設場於慈谿之鳴鶴鄉。明洪武二十五年，重置。延袤二十里，東爲松浦城，西爲觀海衛，北爲捍海塘。竈聚塘外，有松浦、古窑、淹浦、洋浦四水，通官河，注大海。置四閘於塘上，内以障杜湖之水，外以捍海潮之勢，煎丁運滷，悉由於此。肩、住、季並配，慈谿之肩販由長溪、杜湖、雁門、鳳浦四嶺，重照釁私從此影射，稽緝宜加謹焉。

舊聚團額：杜家團、蘆澤團、淹浦團、古窑團、新浦團、松浦團。

現煎團額：共四團二十四竈。松浦團四竈、古窑團八竈、蘆澤團四竈、杜家團八竈。

鍋盤：二十四副。每竈鐵盤一面，鍋一口。

煎辦：煎法與仁和場同。

鹽斤：每滷一擔成鹽二十餘斤。

色味：其色白，其味鹹。

倉廒：共三所。

場地：本場各管團，向有中、下二則蕩地，給竈丁刮土淋煎，輸納丁課。雍正三年奉文，丁歸地徵，按畝攤辦，其餘税蕩仍按舊則納税。雍正四年至嘉慶二年止，續陞塗蕩五萬九千八百四十九畝六分七釐零，詳載由單，與原額不符。今照現徵開列：

本場原額，課蕩二萬六千一百二十三畝一分一釐六毫四絲。

本場原額，税蕩二萬五百二十九畝三分三釐五毫二絲八忽。

本場現額，課蕩二萬六千一百二十三畝一分一釐六毫四絲。

本場現額，税蕩八萬三百七十九畝九毫七絲四忽。内：

原額税蕩四千八百三十四畝八釐七毫二絲。

報陞塗蕩六萬八千五百一畝九分八釐二毫五絲四忽。

備荒税蕩七千四十二畝九分四釐。

本場竈丁：二千二百一十五丁。

清泉場

在鎮海縣崇邱鄉，宋崇寧三年置。南隔布陣、孔墅二嶺，北鎖金雞、招寶兩山，延袤三十餘里。潮水直達甬東，外界久坍，團竈悉遷内港，共十八團。内翁西、王南、銀新三團向不産鹽，止徵竈課，俗名謂之『乾團』。所産鹽斤，除配鄞縣、奉化、鎮海三縣肩、票外，餘配季、住、漁三項引目。季鹽過曹娥江抵所，住鹽配銷鄞縣之鄞江橋、奉化之大橋等處，漁鹽則例配温關及本郡捕魚船隻。水路之小港口、陸路之王家洋，皆爲場境要隘。

舊聚團額：王北團、新鹽團、戴家團、洪南團、石橋團、後沙團、清浦團、渡頭團、漲中團、洪西團、葫蘆團、漲東團、翁家團、司後團、洪東團。

現煎團額：共十五團一百六十竈。新鹽團五竈、漲東團三竈、漲中團三竈、洪西團四十三竈、洪東團十七竈、清浦團九竈、石橋團六竈、司後團四竈、洪南團二竈、渡頭團一竈、王北團三十一竈、葫蘆團十六竈、後沙團十三竈、翁東團五竈、戴家團二竈。

鍋盤：一百六十副。每竈篾盤一面。

煎辦：煎法與仁和場同。

鹽斤：每滷一擔成鹽二十斤。

色味：其色白，其味鹹。

倉廒：季鹽倉一所。

場地：本場舊給灘場二萬二千二百四十六弓，皆堅硬荒沙，久爲廢壤，不行攤課。其丁銀攤於刮土淋煎之海灘，并竈田、地蕩、倉基及節年展復地畝之上，按則均辦，查有新漲陞課，即與抵除。雍正四年，陞蕩一百五畝，照例，將新陞税銀抵除暫攤丁課。又乾隆十年，續陞蕩地一千九百四十八畝四分二釐零，詳載由單，與原額不符。今照現徵開列：

本場原額，辦課海灘三千四百八十七畝七分。

本場原額，上、中、下各則辦税竈田、地蕩四萬一千九百八十畝五分六釐九毫九絲三忽六微六纖六沙六塵。

本場現額海灘，三千四百八十七畝七分。

本場現額，上、中、下各則辦税竈田、地蕩四萬四千三十三畝九分九釐一毫五絲九忽六微六纖六沙六塵，内：

鄞、鎮二縣竈田、竈地三萬九千六百三十九畝九分二釐六毫三絲八忽。

原額各則税蕩一千六百九十四畝五分九釐八毫五絲八忽。

倉基税地六十五畝一分一釐六毫九絲六忽二微。

報陞税蕩一百一十三畝三分二絲八忽四微六纖六沙六塵。

展復竈田、地蕩四百三十八畝七分二釐三毫。

備荒税蕩二十八畝九分四毫七絲三忽。

續陞蕩地二千五十三畝四分二釐一毫六絲六忽。

本場竈丁：三千八百八十一丁五分。

龍頭場

在鎮海縣松浦城之東，宋開熙間置。明天啓時，并入清泉場。乾隆五年，復設廨，在九龍山下。其北爲靈緒塘，洪武間湯和築，團竈聚於塘外。所産鹽斤，季、住、肩、漁並配。運所者，西由宣家堰，東從貴勝堰，皆出場之要隘也。

舊聚團額：中甲西團、山居管團、中甲東團、施公山西管團、施公山中管團、施公山東管團、齊家埠上管團、齊家埠下管團、石塘西團、石塘東團、梅林團、北管西團、北管東團。

現煎團額：共十三團六十三竈。中甲西團五竈、山居管團三竈、中甲東團五竈、西管團三竈、中管團四竈、東管團二竈、上管團十二竈、下管團九竈、石塘東團二竈、石塘西團三竈、梅林中團一竈、北管東團十三竈、北管西團一竈。

鍋盤：六十三副。每竈篾盤一面。

煎辦：煎法與仁和場同。

鹽斤：每滷一擔成鹽二十五斤。

色味：其色白，其味鹹。

倉厫：本立、本有、本盈、本豐，共四倉。

場地：本場分給灘場，潮來爲海，潮去爲塗，不能獨攤丁課，並於各則竈田、地蕩、倉基之上相度肥瘠，按畝驗攤，俟有新漲，即與抵除。雍正四年起至嘉慶二年，續陞蕩四千五百八十一畝八分八釐零，均照例抵減。本場加攤丁課與原額不符，今照現徵開列：

本場原額，辦課灘場一萬二千九百五十六弓。

本場原額，中、下各則辦税竈田、地蕩四萬九百三十畝六分七釐二毫二絲七忽四微九纖七沙四塵四埃八渺四漠。

本場現額，辦課灘場一萬二千九百五十六弓。

本場現額，中、下各則辦税竈田、地蕩四萬五千四百八十五畝五分五釐二毫七絲二忽四微九纖七沙四塵四埃八渺四漠。內：

原額各則竈田地三萬九千九百七十九畝五分四釐四毫一絲九忽二微。

倉基税地二十九畝三分七釐三毫二絲四忽九微二纖三沙四塵一埃八渺四漠。

原陞中、下各則税蕩八百九十四畝七分五釐四毫八絲三忽三微七纖四沙三埃。

續陞中、下各則税蕩四千五百八十一畝八分八釐四絲五忽。

本場竈丁：一千七百一十一丁五分。

穿長場

宋置穿山、長山二場，一在鎮海縣之海晏鄉，一在鎮海東南之羅山城。明天啓二年，并長山於穿山，故名曰穿長。其庲頭之梅山十六門，路隔重洋，孤懸海島，運鹽赴廒必由海道，潮汛難憑，遲速無定。而穿長、鼓寨二處山海交錯，最易漏私。所産鹽斤，除配鎮海肩引外，餘由鎮海開運所。

舊聚團額：傅東團、廒東團、山門團、庲頭團。以上係隸穿山。楊青團、槎上團、槎大團、丁西團、朱塘團、槎舊團、妙林團。以上係隸長山。

現煎團額：共十團五十七竈。傅東團十二竈、山門團四竈、廒東團三竈、庲頭團五竈。以上係隸穿山。楊青團三竈、妙林團六竈、槎舊團六竈、槎大團十四竈、槎上團一竈、丁西團三竈。以上係隸長山。

鍋盤：五十七副。每竈盤一面，内鐵盤三十六面，篾盤二十一面。

煎辦：煎法與仁和場同。

鹽斤：每滷一擔成鹽二十斤。

色味：其色白，其味鹹。

倉廒：竈鹽配銷肩住引，向不設倉。

場地：本場竈田、地蕩向係按畝辦税，兼納丁課。雍正三年奉文，丁歸地徵，加攤於各則税地之上，查有漲陞，即與抵補。雍正四年起至嘉慶元、二兩年止，報陞各則塗蕩九千七百四十五畝三分六釐零，詳載由單，與原額不符，今照現徵開列：

本場原額，各則辦税竈田、地蕩一萬六千六百畝五分二釐七毫六絲四忽。

本場現額，各則辦稅竈田、地蕩二萬六千五百八十五畝五分八釐九毫九絲六忽。內：

原額竈田竈地八千九百九十七畝三分六釐八毫二絲四忽。

展復竈田、地蕩七千八百四十二畝八分五釐九毫四絲。

報陞塗蕩九千七百四十五畝三分六釐二毫三絲二忽。

長山場

場地：本場刮煎灘塗，今昔異時，坍存無幾，丁課不能儘派攤於各則竈田、地蕩之上，按畝均輸，查有新漲陞課，即與抵除。雍正四年至嘉慶二年止，報陞塗蕩荒灘一萬一千六百七十畝一分八釐零，照例抵除。加攤丁課，詳載由單，與原額不符，今照現徵開列：

本場原額，辦理灘塗一千九百六弓九分。

本場原額，辦稅竈田、地蕩二萬五千一百八十三畝一分四釐三絲五忽七微八纖四沙七塵七埃三渺。

本場現額，辦課灘塗一千九百六弓九分。

本場現額，辦稅竈田、地蕩三萬六千八百五十三畝五分九釐八毫七絲九忽二微八纖四沙七塵七埃三渺。內：

原額竈田、地蕩一萬七千四百六十一畝六分七釐八毫五絲一忽六微五纖七沙五塵。

報陞稅蕩一千一百七畝七分三釐四毫七忽一微二纖七沙二塵七埃三渺。

續陞稅蕩一萬一千六百七十畝一分八釐七毫八絲五忽五微。

展復稅蕩八十七畝四分一釐四毫七絲五忽。

備荒税蕩六千五百二十六畝五分八釐三毫六絲。

本場竈丁：八百四十丁四釐。

大嵩場

洪武二年，并岱山、蘆花二場爲大嵩場，在鄞縣十一都。中貫一江，紆迴盤折，西抵金雞橋，曰大嵩江。江以北爲瞻歧汛，江以南爲球琳山，皆團竈之所聚也。所産鹽斤，除配鄞縣、奉化票引外，餘由海道運所，盡歸季商配領。鄞縣、奉化之松澳，鎮海之合澳，以及場境之廟墩、金雞橋等處，私鹽出没，地方遼遠，稽察難周。

舊聚團額：大嵩港南團、黄口港南團、蔡家港北團、大嵩港北團。

現煎團額：共四團二十九竈。大嵩港南團十竈、黄口港南團五竈、蔡家港北團五竈、大嵩港北團九竈。

鍋盤：二十九副。每竈篾盤一面，鍋一口。

煎辦：煎法與仁和場同。

鹽斤：每滷一擔成鹽二十斤。

色味：其色白，其味鹹。

倉厫：竈鹽例配肩引，向不設倉。

場地：本場灘塗、草蕩實係地磽，難以獨辦丁課，於通場各則田蕩地，并新墾、丈增倉基等地畝之上，計弓按畝均攤，俟有漲墾，即與抵除。雍正四年起至十一年、乾隆二十三年至五十九年及嘉慶元年止，續陞田蕩地八千六百三十六畝七分四釐零，遵例抵減。本場加攤丁課與原額不符，今照現徵開列：

本場原額，辦課灘塗草蕩六百五十二弓二分。

本場原額，辦税各則蕩地四萬一千五百七十畝五分六釐八毫四絲七忽九微二纖。

本場現額，辦課灘塗草蕩六百五十二弓二分。

本場現額，辦税各則蕩地五萬二百七畝三分九毫三絲八忽四微二纖。內：

原額税田二萬五千一百五十六畝三分三毫一絲二忽三微。

倉基税地一十二畝一分六釐三毫二絲六忽六微二纖。

報陞税田地蕩一萬七千三百七十八畝二分三釐五毫六絲九忽五微。

展復税田六千一百四十九畝八分九毫。

備荒税田一千五百一十畝七分九釐八毫三絲。

本場竈丁：六百四十八丁七分五釐。

玉泉場

在象山縣，三面皆海，北自錢倉由爵溪折而南至石浦，迂迴一百餘里，竈舍環列其間。康熙十八年，并入大嵩。乾隆五年，復設，照舊分理番頭一團。其西爲三門，其南爲下灣門，逼近南田、石浦，爲商漁船隻往來必經之處，偵緝稍懈，巨梟奸販出入無時。通場所産，儘配本邑肩、漁二引外，運所無多。

舊聚團額：浦東倉干門團、浦西倉仇家山東團、下三倉番頭團。

現煎團額：共三團十六竈。浦東團四竈、浦西團七竈、下三團五竈。

鍋盤：一十六副。內三竈，每竈篾盤一面，餘俱鐵鍋。

謹按：本場舊皆篾盤，自康熙十八年歸并大嵩後，鍋盤雜用。緣舊盤，每盤容滷二十四擔，改鍋，亦以滷數爲准，每鍋僅容滷一擔。故每竈設鍋二十四口，額外多設，即以私論。

煎辦：煎法與仁和場同。

鹽斤：每滷一擔成鹽二十斤。

色味：其色白，其味鹹。

倉厫：竈户自搭草厰存貯捆配，向不設倉。

場地：本場並無原給刮煎之土，所有竈田、地蕩并新墾荒地、荒田，皆係按則納税。雍正三年奉文，丁歸地徵，俱攤於税地之上，按畝均輸，俟有新墾，仍與抵除。雍正四年、十一年、十三年，續陞地蕩五百六十九畝六分九釐。緣本場竈田、地蕩歷憑象山縣經管，場惟徵課。嗣於乾隆六十年間咨部，將玉泉原額竈田、竈地劃歸場管，據象山縣劃出歸仁、政實、遊仙三鄉民竈田地，一萬九千七百六十三畝一分二釐，刊載由單，每年咨達。

本場原額，辦税竈田、地蕩一萬九千一百九十三畝四分二釐六毫七絲九忽九微五塵。

本場現額，辦税竈田、地蕩一萬九千七百六十三畝一分二釐。內：

劃歸民田一萬四百五十八畝四分。

劃歸竈田六千五百四十一畝六分。

劃歸竈地二千七百六十三畝一分二釐。

本場竈丁：四百九十六丁。

長亭場

在寧海縣。宋時，本在縣之港頭。大觀三年，徙於長亭。明初，始設鹽課司。三面環海，有大港二，其由裏市、牛灣、白蓮而至大林諸團者，西港也；其由松澳、浦東而至石柱諸團者，東港也。環港皆團竈，雍正六年，發帑收鹽歸寧海營參將經理。所産鹽斤，儘銷寧海一縣外，餘鹽由海運至乍浦，發季商領銷。

舊聚團額：東井團、青嶼團、楓林團、靈嶼團。

現煎團額：共五團二十竈。東井團四竈、青嶼團四竈、楓林團四竈、靈嶼團四竈、益字團四竈。

鍋盤：二十副。每盤鐵鍋四口。

煎辦：煎法與仁和場同。

鹽斤：每滷一擔成鹽十五斤。

色味：其色白，其味鹹。

倉廒：豐、亨、豫、大、益、利，共六廒。

場地：本場分山、海二竈：山竈，人居山谷，不諳煎燒，徒手辦課；海竈，居近海濱，刮煎是業，雖有蕩地山沙，俱係瘠土，丁課難以均攤，照例查陞抵補。乾隆十四年起至五十九年止，續陞田地塗蕩一萬一千八百一十八畝二分一釐一毫，與原額不符，今照現徵開列：

本場原額，展復辦税倉基一所。

本場原額，展復辦税山蕩、田塘、沙地二千一百八十七畝二分三釐八毫三絲。

本場現額，展復辦税倉基一所。

本場現額，山蕩、田塘、沙地、塗蕩共一萬四千五畝四分四釐九毫三絲，内：

山蕩、田塘、沙地二千一百八十七畝二分三釐八毫三絲。

新陞塗蕩一萬一千八百一十八畝二分一釐一毫。

本場竈丁：九百二十四丁。

黄巖場

宋熙寧五年，置迂浦監於太平縣之南監街，元改爲黄巖場。大德三年，設團竈，凡九倉，正鑑倉之南爲太平界，自松門至石橋，皆團竈之所聚也；正鑑以北爲黄巖界，皆蕩田、柴薪之所蓄也。赤山、半倉爲臨海界，逼近海門，私煎藪澤，地連三邑，延袤一百餘里。太平之箬黄、黄巖之雙橋、臨海之岳頭，水陸總匯，私梟出没，最爲要隘。所産鹽斤，雍正六年發帑招商，歸黄巖鎮中營遊擊經理。

舊聚團額：恆豐團、恆茂團、恆興團、廣發團、廣泰團、廣成團、通裕團、通源團、通順團、通盈團、通和團。

現煎團額：共十三團五十竈。恆豐團八竈、恆茂團五竈、恆盛團二竈、恆興團五竈、廣發團四竈、廣泰團四竈、廣成團二竈、通亨團一竈、通裕團二竈、通盈團三竈、通順團四竈、通源團七竈、通富團三竈。

鍋盤：五十副。每竈鍋四口。

煎辦：煎法與仁和場同。

鹽斤：每滷一擔成鹽一斗。

色味：其色白，其味鹹。

倉厫：松門、烏沙、街龍、大爿、上王、下王，共六厫。

場地：本場止有税蕩，並無額給樵煎之地，且丁多蕩少，課難攤派，仍照舊徵輸，俟有新漲陞課撥抵。雍正四年至乾隆五十八年止，續陞蕩地一十五萬二千三百四十六畝八分四釐零。乾隆三十七年，被潮淹没三萬二千五百一十畝九釐零，缺課無徵，俱詳載由單，與原額不符，今照現徵開列：

本場原額，辦税地蕩一萬二千一百一十二畝三分六釐八毫六絲五忽二微六纖。

本場現額，辦税地蕩一十三萬一千九百四十九畝一分二釐二毫一忽六微五纖二沙二塵七埃一渺五漠。內：

原額報陞蕩地二千四百七十畝五分四釐五毫四絲五忽二微六纖。

續陞蕩地一十一萬九千八百三十六畝七分五釐三毫三絲六忽三微九纖二沙二塵七埃一渺五漠。

展復蕩地九千二百九十八畝二釐六毫二絲。

倉基税地二十畝。

備荒税地三百二十三畝七分九釐七毫。

本場竈丁：一萬六千一百三十七丁。

杜瀆場

在臨海縣之承恩鄉，宋熙寧五年置。昔時，因海水漲入，遂成溝澮，因以瀆名。雍正六年，發帑收鹽歸台州府經理，而團兵則台協分撥，厫書則台府簽點，事權不一，稽察頗難。所産鹽斤，除銷臨海、天台、仙居三縣外，處屬之東陽、永康、縉雲、武義全賴焉。有餘鹽，則運至乍浦配銷。

舊聚團額：東洋團、連盤團、輕盈團、塗下團、大芬團。

現煎團額：共五團一百二十一竈。大芬團二十二竈、塗下團十八竈、連盤團二十六竈、輕盈團四十二竈、東洋團十三竈。

鍋盤：一百二十一副。每竈鐵鍋四口。

煎辦：煎法與仁和場同。

鹽斤：每滷一擔成鹽一斗，計十斤。

色味：其色白，其味鹹。

倉厫：洪德、塗東、上盤、下東、砂基、舊城、高嶴，共七厫。

場地：本場丁多地少，難以攤加，照舊徵輸。查有漲墾地畝，陞課撥抵。雍正七年，攤徵蕩田地一萬四千七十三畝六分零。又自雍正四年起至乾隆三十四、五，五十、五十九等年止，續陞二萬二千一百二十六畝二分一釐零，詳載由單，與原額不符，今照現徵開列：

本場原額，辦税地蕩一萬二千一百七十六畝三分三釐四毫。

本場現額，辦税地蕩田四萬八千三百七十六畝一分八釐六毫五絲，内：

原額田坦、地蕩七千三百二十三畝六分四毫。

包補南、北二岸沿港等處，借墾民地竈坦七百八十畝。

倉基税地六畝三分三釐一毫。

原陞税蕩三百四畝六分四釐。

展復田地坦蕩三千七百六十一畝七分五釐九毫。

攤徵蕩田地一萬四千七十三畝六分三釐八毫五絲。

續陞竈蕩田地二萬二千一百二十六畝二分一釐四毫。

本場竈丁：八千七十二丁。

雙穗場

在瑞安縣，宋嘉定二年，麥生雙穗，遂以名鄉，而場亦以是名。自飛雲渡至梅頭城，延袤三十餘里，皆刮淋地，收發帑鹽，歸平陽協經理。雍正六年，與永嘉、長林同時題定。

舊聚團額：天字團、地字團、人字團、東浦團、信字團。

現煎團額：共五團三十九竈。天字團十四竈、地字團九竈、人字團九竈、東浦團二竈、信字團五竈。

鍋盤：三十九副。每竈鍋四口。

煎辦：煎法與仁和場同。

鹽斤：每滷一擔成鹽十五斤。

色味：其色黑，其味苦。

倉厫：天團、地團、人團、信團、東浦，共五厫。

場地：本場竈地、竈丁，順治十八年間遷棄無存，後經會同永嘉場，于飛雲渡内地開煎，認辦課銀七十七兩七錢四分八釐四毫六絲二忽三微。續經展復，故址内地各竈俱行犁毁，地已還民，原認飛雲渡課銀，丁多地少，難以均攤，仍照舊徵納，俟有新陞抵補。雍正四年起至乾隆五十年止，共陞蕩地二萬八千五十四畝八釐零，照例撥抵，加攤丁課，除乾隆三十六年坍没税蕩五十八畝七分外，俱詳載由單，與原額不符。今照現徵開列：

本場原額，辦課飛雲渡南、北兩岸等内地九百八十畝。

本場原額，辦税蕩地一萬三千四百二十三畝七分四釐九毫八絲八忽七微四纖。

本場現額，辦課内地九百八十畝。

本場現額，辦税蕩地四萬一千四百一十九畝一分三釐五毫七絲一忽九微四纖。内：

原陞蕩地五千六百一十八畝八分一釐三毫六忽七微四纖。

續陞蕩地二萬七千九百九十五畝三分八釐五毫八絲三忽二微。

展復蕩地七千八百四畝九分三釐六毫八絲二忽。

本場竈丁：八千八百二十九丁五分。

長林場

在樂清縣。縣有兩塔山，東、西對峙，場署在東塔下。南爲黄花關，北爲白沙嶺，其間芳林、大小芙蓉等處皆開坦熬波之地。所産鹽斤，歸樂清協收發，配銷温引。

舊聚團額：天字團、大日團、小日團、永安團、星字團。

現煎團額：共十團九十五竈。天團十五竈、地團十八竈、大日團十七竈、小日團十八竈、永安團七竈、沙角團七竈、歧頭團四竈、鹽盤團四竈、星團五竈、辰團竈舍犁毁。

鍋盤：九十五副。每竈鍋六口。

煎辦：煎法與仁和場同。

鹽斤：每滷一擔成鹽二斗。

色味：其色白，其味鹹。

倉廒：天、地、星、辰、大日、小日、永安、歧頭、沙角，共九廒。

場地：本場丁課，于内地坦地之上按畝驗攤外，其節年招徠竈丁與展復地畝，各納課税。緣丁多地少，難以一例均攤，仍照舊徵辦，俟有新漲陞課抵補。續據温州府樂清縣詳稱，查無新漲可抵，議照南監丁課攤于民條之例統徵，分解所有。康熙六年起至雍正二年止，除原額展復坦地外，又自雍正十一年起至乾隆五十九年止，續後展復坦地及報陞蕩田地二千七百五十四畝四分四釐零，詳載由單，與原額不符。今照現徵開列：

本場原額，辦税坦地一千三百一十四畝三釐一毫九絲九忽。

本場現額，辦税坦地及續陞蕩田地四千六十八畝四分一釐四毫二忽。内：

白沙、芙蓉等處税地一百五十六畝二釐三毫。

展復坦地一千六百十三畝七釐五毫九絲九忽。

報陞蕩田地二千二百九十九畝三分一釐五毫三忽。

本場竈丁：一千九百九十五丁。

永嘉場

在永嘉縣之華蓋鄉，場署在永興堡。收發鹽斤，歸温州府經理，行銷温、處二郡外，餘鹽接濟台郡，并運乍浦。必由内河至龍灣過壩，掣發海船裝運。

舊聚團額：一都股團、南門股團、北門股團、沙村股團。

現煎團額：共二十六團一百十竈。永茂團二竈、永盛團七竈、永豐團五竈、永興團八竈、永阜團五竈、永恩團五竈、永昌團七竈、永壽團三竈、永福團五竈、永寧團四竈、永吉團三竈、永慶團五竈、永安團三竈、永遠團三竈、永通團三竈、永裕團四竈、永聚團六竈、永恤團四竈、永常團五竈、永增團五竈、永保團五竈、永康團二竈、永源團二竈、永清團三竈、永洪團四竈、永益團二竈。

鍋盤：一百十副。每竈鍋四口。

煎辦：煎法與仁和場同。

鹽斤：每滷一擔成鹽二十六斤。

色味：其色白，其味鹹。

倉廒：恤、竈、裕、課、公、豐，共六廒。恤、竈、裕、課、公、豐六字，每一字爲一廒。

場地：本場竈地，順治十八年遷棄無存，後經會同雙穗場，於瑞安縣飛雲渡内地開煎，認辦課銀九十三兩六錢五分九釐四毫一絲七忽七微，續經展復，故址内地各竈俱行犁毁。原認飛雲渡課銀，于展復丁坦内均輸，其餘丁地相配者，將丁按畝，均攤丁地各納。其丁多地少，難以攤加者，仍行照舊徵輸，俟有新陞抵補。雍正四年起至乾隆三十八年止，續陞蕩坦各地一萬五千一百六十四畝五分三釐零，照例抵減。本場加攤丁課，詳載由單，今照現徵開列：

本場原額，辦課地八百五十一畝六分。

本場原額，辦税地蕩八百九十三畝六分八釐四毫五忽。

本場現額，辦課地八百五十一畝五分。内：

茅竹嶺内地開煎，本場展復頂補坦地一百一畝五分。

沙村老城等處配丁課地七百五十畝。

本場現額，辦税地蕩一萬六千五十八畝二分一釐七毫四絲九忽一微三纖三沙。内：

原辦税蕩地八百九十三畝六分八釐四毫五忽。

續陞蕩地一萬五千一百六十四畝五分三釐三毫四絲四忽一微三纖三沙。

本場竈丁：四千五百二十二丁五分。

崇明場

在崇明縣，孤懸海外，去縣治六十里，係包課地方，即舊名天賜場也。乾隆四年，因産鹽甚廣，奏請添設大使一員，管理巡緝收鹽，並無額徵場課，不聚團額，亦無竈丁，竈舍八十有六，不給竈帖，散列永寧、永盛、龍珠、洪勳、仙景、昇成六沙。嗣因土淡，有遷至七滧、小陰各沙者。每竈鐵鍋三口，所産鹽斤不設引，亦不運所，聽民挑銷。先濟本地民食，如有餘鹽，發帑收買，儘數運赴靖江銷引。鹽倉二所：一在署旁，一在向化鎮。額設緝私哨船一隻，派撥鎮標右營外委一員、兵丁二名協同鹽捕，一名駕船巡緝。又陸路鹽捕六名，在縣境巡緝。其運靖帑鹽，在沙頭汛挂號出口。

北監場

北監，即天富北監場也，在太平縣之玉環鄉，明初隸樂清。國朝康熙三十九年，奉裁，不設煎竈，而蕩田由單仍存未改，共存稅蕩地七百九十三畝四分四釐六毫八絲七忽五微，歸入長林場兼理徵收。

本場竈丁：一千二百三十六丁。

南監場

南監，即天富南監場，先設於平陽縣之東鄉，宋乾道時，遷置十一都。元初，仍舊址。國朝康熙二十六年，裁并雙穗場。乾隆二十九年，因沙塗增漲，土滷甚旺，奏請於舥艚地方設竈，招丁煎辦，動帑收買，委令就近之蒲門巡檢經理，俟有成效，再行酌定章程。今設有八團三十竈，竈丁三百十七名。每丁給坦地二畝、塗田四畝，共坦地、塗田一千九百零二畝，即係竈地。額徵竈課銀九十七兩六錢五分五釐，但不給由單，亦未復設場員，仍遵舊例，附列於後。

本場竈丁：七百九十七丁。

《欽定重修兩浙鹽法志》卷七終

欽定重修兩浙鹽法志卷八　帑地

鹽成於竈，竈售於商，商行鹽以便民，鹺政之常也。若夫隨時制宜，則有以內府之儲，資轉輸之本者。蓋斥鹵饒足之地，孤懸海外，熬波充溢，商人力難盡收，每致私販爲姦，未易究詰。我朝雍正年間，恩允臣工所請，將所餘之鹽發帑收存，仍給商領售，轆轤轉運，所以濟商力之窮，杜私銷之弊也。嗣是出納有專司，倉貯有定所，酌盈劑虛，籌畫加詳。其正課之外，免輸公費雜費者，又因地而爲之制，或遇瀕海風潮，則豁免帑本，動以萬計。聖主深仁，霑被無涯矣。至商人循例借領帑項者，自場請曰場帑，自商請曰商帑，均各分析備載焉。志帑地。

帑鹽緣起

雍正五年十月，浙江總督兼管鹽政李衛題稱：『松所袁浦、浦東、青村、下砂四場，因浙商資本微薄，不能盡收場鹽，致多私販，必當大爲變通。請將發浙効力之同知、通判州縣等官，擇其身家殷實者管理四場事務。將竈鹽盡入倉厫，除商人收買外，請動公項銀兩交與場員，照依價值，儘數收買，再擇殷實商人領鹽分賣，繳完帑課。場員等復將此銀源源買發，多出之銀作爲盈餘。』又於雍正六年七月復奏，請以松場公項所收鹽斤交與松江提標五營分賣，并請以崇明一邑飭委發浙管場人員遵照辦理。並令寧波、處州、台州、温州四府屬一體動帑廣收，給發官商運銷。奉旨，令怡親王、張廷玉、蔣廷錫議覆准行。嗣於乾隆元年，大學士、浙江總督兼管鹽政嵇曾筠，以各商赴場先收帑鹽，其自出己資之商無鹽配引，奏明停發商帑，復於乾隆二年，仍令給帑收辦。後惟温、台二府，黄巖、寧海兩營，樂清、平陽兩協，崇明、岱山兩地，及袁浦、青村、下砂、仁和等場，領帑收買。尚有續辦帑鹽，各地如太平、樂清二縣之玉環山，平陽縣之舥艚，定海縣之舟山，均照温、台、松帑鹽之例辦理。以上各處發帑收鹽，皆係轆轤轉運。現在各協營、府縣場均各遵辦，惟松營於乾隆三十六年改食定鹽，故袁浦、青村、下砂三場帑項停發。其仁和場竈鹽僅敷肩引挑銷，並無餘鹽，歸德清、富陽商人掣配。是以邇年以來，亦未請帑。

帑鹽本羨

雍正六年，户部覆准浙江總督兼管鹽政李衛具題，發帑收鹽請動筆帖式歸公成規項下銀八萬兩，分給温、台、寧、松四府屬鹽場收買竈鹽，給商領銷繳帑，出有溢課盈餘，接續放給。乾隆元年八月，將原發帑本八萬兩解部歸款，積存盈餘銀三十六萬一千餘兩。乾隆八年，户部提解盈餘二十四萬一千餘兩，留銀一十二萬兩作爲收鹽本項。十二年，崇明、岱山猝遇風潮，漂失鹽斤，恩准豁除銀一千五百五十兩零，實存帑本一十一萬八千四百四十九兩零。十四年至二十六年，積有未解盈餘銀五萬一千七十三兩零，部行追繳，并奏明於二十八年起，所有盈餘應令年清年款，不准留存。復於三十年，浙江巡撫兼管鹽政熊學鵬請再於公費分規内酌留銀八萬一千五百五十兩零，合之原存帑本共成二十萬兩，爲各地收鹽之本。三十六年，奏明開闢定海、舟山案内，請撥鹽道庫貯銀四萬兩彙入舊帑辦理，共計常存帑本銀二十四萬兩。此内於乾隆三十二年，有參革乍浦參將陳朝瑗虧賠盈餘銀四百四兩七錢七分九釐，於四十二年，欽奉諭旨豁免扣除。及嘉慶元年八月，温、台二府風潮漂没鹽斤，題豁帑銀二萬一千六百六兩四錢二分四釐。二年七月，温、台、寧三屬風潮沖失厫鹽，題豁銀一萬六千六百二十九兩一錢三分一釐。五年六月，台屬被水，鹽觔漂失，請豁帑銀二千二百三十七兩五錢六分六釐五毫。詳見後『優恤門』。現在實存帑本銀一十九萬九千一百二十二兩九分九釐五毫。

各府、廳、縣庫存貯帑銀自二三千兩至二三萬兩不等，並無額存定數，惟玉環廳存帑二千兩、舥艚存帑四千兩、定海營縣存帑四萬兩，係屬奏定，然亦不能畫一。如發帑濟煎，則帑在竈；給商領運，則帑在商；商課繳司，則帑在司。旋繳旋發，轆轤轉運，均于逐年帑鹽奏銷册内分别。某地原存帑本若干兩，有無本年請領，現經繳還司庫若干兩，仍存若干兩，開註明晰，報部備查。各帑地商人完繳帑本，均照各地收鹽竈價核計。其輸納帑羨，自雍正七年初次帑鹽册報時聲明一掣繳本者，每本銀百兩，輸羨五兩五錢五分五釐，若兩掣繳本，每本銀百兩輸羨十兩。

温、台、寧等處辦帑，各商繳納餘課及鹽價歸完帑本支銷，餘剩銀兩名曰『帑鹽盈餘』。又嘉興府屬之海鹽、平湖，寧波府屬之鄞縣、奉化、象山、鎮海，紹興府屬之山陰、會稽、蕭山、餘姚、上虞、嵊縣，並大嵩、玉泉、穿長等場，溢銷肩住餘課，自雍正七年初次帑鹽造報起，概行彙入帑鹽盈餘項下造册入奏，均係歲無定額。乾隆二年，欽奉諭旨：『浙省微員俸薄，加恩賞給養廉。經大學士、浙江總督兼管鹽政嵇曾筠奏明，浙江司府首領州縣佐貳共二百七員，請以兩司首領每員歲給八十兩，其餘佐貳每員歲給六十兩，共歲給銀一萬二千四百六十兩，于鹽道庫帑鹽餘銀項下動支，每年三月、九月，兩次解貯藩庫分給。』又於是年題明，台所旺産，請以松引二千道改歸台所行銷，但松引向輸公費，台商例不輸納，所缺公費銀每年五百兩，在台所帑鹽盈餘項下劃補。以上二款，按年撥解抵充，餘銀報部聽撥。

帑鹽例案

乾隆四年，浙江巡撫兼管鹽政盧焯題明，各帑地，年底文、武互相盤查結報。乾隆十六年，署浙江巡撫兼管鹽政永貴奏稱，從前雖有互盤結報之例，並無虧空著賠之條。嗣後聲明，分別盤查結報，如有那移虧空，照地丁錢糧之例，將會辦文、武各官及盤查之府、道分別著賠。如係武員，將監盤提鎮一并議賠。倘有欺隱侵蝕等弊，即照侵盜錢糧例治罪。

各協營，向赴鹽道衙門支領帑本，給竈收鹽。除岱山、松營有江、浙提督大員親臨督察外，其餘並無地方官員稽察。乾隆十六年，署巡撫兼管鹽政永貴奏請，嗣後各協營會同各該縣具批，由道詳准給領帑本寄貯縣庫，至給竈之時，聽營員會同場大使移縣支領，照例遵用庫戥給發，毋許絲毫短扣，仍令各縣場將收發銀數隨時具報鹽政及各道衙門查核。倘有通同揑報，察出參賠。其帑商課輸鹽本等項亦令會同徵收，寄貯縣庫，分別起解支發，毋許那前掩後。其營員收發鹽斤，亦令會同場大使遵照較准官秤辦理，責成場大使按旬册報所有各處司廒巡緝收鹽之弁，俱令副參等詳明巡撫，給發委牌，以便稽查而專責守。

辦帑文、武各員，原有緝私疏引之責。乾隆十六年，署浙江巡撫兼管鹽政永貴又奏稱，辦帑地方如有失察私鹽之案，將副參等照兼轄官失察例議處，委辦之備弁照專汛官例議處，其本係專管統轄者，免其重科。如拏獲大夥私鹽，照例按其所獲起數分別議敘。四十二年，浙江巡撫兼管鹽政三寶咨部，請定定海帑地售私處分，如在定海縣經辦帑界内，即將知縣、巡檢及管廒文員照專管官開參；若在定海營經辦帑界内，即將營員、廒弁照專管官開參；其守口汛弁，應照派辦之員一體議處，汛廒捕巡各兵役分别責革，知情故縱者，照律治罪。經部咨覆遵行。

商人領銷帑鹽，應先納課，方准領鹽。窮竈借帑，必得先清前鹽，再領後帑。乾隆十六年，署浙江巡撫兼管鹽政永貴奏稱，向有温、台商人虚領厫鹽，先納外輸，名爲已領未運鹽斤，且有窮竈，柴滷無資，有預發帑銀然後收鹽，以致銀鹽虚實混淆，均應禁止。務令温、台各商先納課程，方准領鹽運銷，不得虚領。每領以四百引爲率，完足前帑，再領後鹽。其給竈銀兩按月支發，先清前鹽，再領後帑，或非實在窮竈，不得預行借給。倘有借欠混淆，通同舞弊，一并嚴參。均經户部覆准遵行。

帑鹽成規

台州所

杜瀆場鹽，行銷台州府屬之臨海、天台、仙居三縣，及金華府屬之東陽、永康、武義三縣，處州府屬之縉雲一縣。其帑存台州府庫，知府經理收發，寧、紹、台道盤查銀鹽，年終結報。場内設總厫一、散厫七。凡官厫，俱動帑修建。

黄巖場鹽，行銷台州府屬之黄巖、太平二縣，并配銷本地漁户。鹽斤帑貯黄巖縣庫，黄巖鎮中軍經理收發，經理收發，原係黄巖鎮掌管。乾隆十六年，改歸黄巖鎮中軍。台州府知府會同該鎮盤查銀鹽，年終結報。場内設厫六。

長亭場鹽，行銷台州府屬之寧海一縣。帑貯寧海縣庫，寧海營經理收發，台州府知府會同黄巖鎮盤查銀鹽，年終結報。場内設厫六。

該所年額，引目一萬一千五百一十九引二分五釐。商有額商、帑商之分，同地住賣。額商配銷額引，其場産餘鹽歸帑商領銷，均以四百斤成引，照各場收鹽竈價積計完繳。額商正課，每引二錢七分五釐二毫一絲四忽九微八纖一沙五塵四埃九渺三漠，滴珠每引二毫七絲五忽二微一纖四沙九塵八埃一渺六漠。赴運司衙門完納，歸正引册報。帑商納課與額商同，至行銷臨海等七縣課，赴運司衙門完納；黄、太、寧三縣課，赴給鹽衙門完納，均解司庫入帑鹽册報。額、帑商人每引外輸三錢六分，帑商每引餘息六分六釐九毫六絲，均赴給鹽衙門完納，充該地裝鹽蓆草及廒巡官弁、兵役經費，餘銀入帑鹽册報。

黄巖配銷漁鹽，每引正課、滴珠，與額、帑商同。又漁鹽每引經費三錢六分，此款向充玉環城工之用，工竣解司。又漁鹽每引餘息一錢二分，此款充該地公用，餘銀解司。以上均赴黄巖營完納，解司入帑鹽册報。

官收竈鹽，每百斤加收耗鹽二十斤，給商配運；每百斤加給耗鹽一十斤，爲沿途折耗。其餘流滷積存於廒，謂之『餘耗』，變出價值，盈絀無定。乾隆三年，大學士、浙江總督兼管鹽政嵆曾筠奏明，各帑地餘耗，遇有各該地隄塘等工，即於此款通融辦理，册報鹽政核銷。

温州所

永嘉場鹽，温州府經理收發，帑存府庫，温、處道盤查銀鹽，年終結報。場内設廒五。

長林場鹽，樂清協經理收發，帑存樂清縣庫，温州府會同温州鎮盤查銀鹽，年終結報。場内東鄉設廒二，西鄉設廒八。

雙穗場鹽，平陽協經理收發，帑存平陽縣庫，温州府會同温州鎮盤查銀鹽，年終結報。場内設廒四。

該所年額，引目七千九百五十一引。商有額商、帑商之分。額商行銷額引，亦銷餘鹽，於處屬之麗水、青田、松陽、遂昌、雲和、龍泉、慶元、景寧、宣平九縣住賣；帑商配銷餘鹽，於温屬之永嘉、樂清、瑞安、平陽、泰順五縣住賣。又該所配銷漁户鹽斤，歲無定額。除本地配銷外，民食有餘，例聽台所乏鹽商人自賫商本赴温借買并撥運，乍浦歸嘉、松二所商人掣配，仍照各所科則完課，隨程繳帑歸款。

額商正課，每引一錢八分九釐九毫二絲一忽二微六纖六沙五塵五埃二渺一漠，滴珠一毫八絲九忽九微二纖一沙二塵六埃六渺六漠，赴運司衙門完納，歸正引册報。

帑商餘課并配銷餘鹽，每引正課、滴珠，與額商同赴給鹽衙門完納，歸帑鹽册報。

額、帑商人并配銷漁鹽，每引外輸二錢，赴給鹽衙門完納，充該地廒巡官弁、兵役各項經費之用，餘銀彙入帑鹽册報。

官收竈鹽，每百斤加收耗鹽二十斤，給本所商人領配；及台所借買，每百斤加耗鹽一十斤，給嘉、松商人；由海運掣，每一百五十斤加耗鹽一十斤。其餘積存餘耗，照例變充公用。

温州府之舥艚地方，係平陽縣所屬，向設南監一場，因地坍人棄，致奉裁汰。乾隆二十九年，總督楊廷璋、巡撫熊學鵬奏稱，該地沙塗遠漲三十餘里，計地六千餘畝，民多私刮私煎，聚匪侵課，請仍前設竈招丁，動帑收買。經部覆准，旋即咨明，計需帑本四千兩，於温州府帑鹽項内動支收買，該地設廒三，所收鹽斤交帑商承領，運往平陽縣住賣。尚有餘鹽，運往乍浦，歸嘉、松二所商人領配，附入温帑册内造報。蒲門巡檢經理收發，温州府督理温、處道盤查銀鹽，年終結報，帑鹽餘課，每引正課、滴珠，與温所帑商同赴温府衙門完納，解司歸帑鹽册報。

帑商及嘉、松商人領配該地餘鹽，每引經費一錢，赴温府衙門完納，充該地廒巡兵役飯食經費之用。

官收加耗，及給配本地並運交嘉、松商人加給耗鹽，均與温所永嘉等場同，積存餘耗，照例變充該地公用。

松江提標五營在於松江郡城内、外設店銷賣豁鹽，起自雍正六年。每年額銷袁浦、青村、下砂三場豁鹽，每場各九百引，共二千七百引。又撥銷華亭、婁縣商鹽一千六百引，共銷鹽四千三百引。乾隆三十六年，開闢定海之舟山，經總督崔應階、巡撫兼管鹽政熊學鵬以袁浦、青村、下砂三場供奉賢、金山、上海、南匯、青浦等縣商人買配，奏明更定每歲額撥定海豁鹽四千三百引，運交松營分賣，預繳豁課承辦運銷，松江提標中營參將經理收發，提督督銷，又率同松江府盤查銀鹽，年終結報。

辦商領鹽運松，每引正課二錢五分一釐一毫七絲八忽二微九纖三沙六塵四埃七渺四漠，又滴珠二毫五絲一忽一微七纖八沙二塵九埃三渺七漠，又公費二錢五分，赴運司衙門完納，歸豁鹽册報。

辦商每引經費三錢二分，赴運司衙門完納，聽定海營、縣隨時請領，充厫巡官弁、兵役工食、歲修厫房之用，餘銀彙入豁鹽册報。

謹按：松營銷賣豁鹽款下有營中賣出鹽價，每引扣除營員兵目養廉伙作等銀，計九錢四分，内有官弁分得規例二錢七分。乾隆四十七年停給鹽規案内，欽奉諭旨，停其支給，按年提貯運庫，報部聽撥。餘銀六錢七分，係爲弁兵飯食、賞賚及辦鹽書識人等伙食、房租之用，按年彙入豁鹽外，輸册内報部。

五營守備分設官店，銷賣豁鹽：左、前、後三營開設東、西、北三門，近城處所各一店，中營開設城中廣明橋一店，城守營開設南門外大張涇一店。雍正十二年，因城守營開設大張涇一店離城二里，近城之家未能遠涉，酌議在於近城地方增設一店，以便民食。

定海所屬之舟山，孤懸海外，共三十七澳，曠衍五百餘里。内港十五澳，附近城邑，其内洋二十二澳離城較遠，原係包課之區，聽民自煎自食。嗣緣民利刮煎，多有餘鹽，串梟興販。乾隆三十六年，總督崔應階、巡撫兼管鹽政熊學鵬奏准，令定海縣定標中軍遊擊分理，於鹽道庫中動銀四萬兩，分給營縣收買。該地仍前不設團竈，不設商引，聽民煎食，繳納包課銀兩。該地設内港四厫、内洋四厫，所收鹽斤於本地配銷漁鹽，以八百斤成引，歲無定額。餘鹽自乾隆三十七年爲始，每歲由海運往乍浦，撥交松江營四千三百引，内營撥二千三百引，縣撥二千引，交商完帑領撥。除撥松并配本地漁鹽外，再有餘鹽，亦運乍浦，聽嘉、松商人領配，仍照各所科則完課，隨程繳帑歸款。定海縣經理内港十五澳，帑存縣庫，定標中軍游擊經理内洋二十二澳，帑存營庫，寧波府會同定海鎮盤查銀鹽，年終結報。商領運松餘鹽，每引正課、滴珠載入松營條内。本地配銷漁鹽，每引正課一錢八分九釐九毫二絲九忽一微五纖七沙六塵六埃三漠，又滴珠一毫八絲九忽九微二纖九沙一塵五埃七渺七漠，赴運司衙門完納，歸帑鹽册報。

商領運松餘鹽，每引餘息三錢二分，又漁鹽每引餘息六錢四分，赴給鹽衙門完納，充辦鹽官弁、兵役歲修厫房之用，餘銀彙入帑鹽册報。

官收竈鹽，每百斤加收耗鹽二十斤，給商運乍，每百斤加給耗鹽十斤，爲沿途折耗，其餘積存餘耗，照例變充公用。

定海縣之岱山，地屬山澳，附近有秀山、長塗二澳，亦係刮滷淋煎之地。雍正十二年，浙江總督兼管鹽政程元章飭委場員齎帑前往，會同定海縣丞經辦，即於是年十二月咨明浙江提督，選委幹練備弁一員赴岱山收辦鹽斤，旋經選委提督中營經理。該地設厫四，所收之鹽配銷本地漁鹽，以八百斤成引，歲無定額，餘鹽捆運靖江交商配銷。運靖足敷外，岱鹽廣産，改運乍浦，配掣嘉所引地，仍歸靖商經理，繳納帑課。浙提中營經理收發，帑存營庫，浙江提督督銷，又率同寧波府盤查銀鹽，年終結報。

商配運靖餘鹽，每引正課、滴珠載入靖邑條内配銷。漁鹽，每引正課一錢八分九釐九毫二絲九忽一微五纖七沙六塵六埃三漠，又滴珠一毫八絲九忽九微二纖九沙一塵五埃七渺七漠，赴浙提中營完納，解司歸帑鹽册報。

漁鹽每引餘息六錢四分，赴浙提中營完納，充官弁兵役各項經費之用，餘銀彙入帑鹽册報。官收竈鹽，每百斤加收耗鹽一十五斤，給商；運靖、運乍，每百斤加給耗鹽十斤。其餘積存餘耗，照例變充公用。

崇明縣係包完浙課之區，煎出鹽斤止爲本地民食，不許透越别縣。後因産鹽日多，任意廣煎，梟徒興販，有礙官引。雍正六年，浙江總督兼管鹽政李衛奏明，遴選管場人員并委千總一員，於崇明隘口稽查，發帑收鹽。乾隆四年，浙江巡撫兼管鹽政盧焯請設立場員責成經理，所收鹽斤專運靖江，交商銷賣。該地仍納包課銀兩，場内設廒六。

崇明場經理收發，帑存崇明縣庫，太倉州盤查銀鹽，年終結報。

商配運靖餘鹽，每引正課、滴珠載入靖邑條内。官收竈鹽，每百斤加收耗鹽一十五斤，給商；運靖，每三百三十五斤加一，給與耗鹽。其餘積存餘耗，作爲流滷之需。

靖江縣隸江南常州府，從前原係包完浙課，計引二千二百六十九引，包課銀五百八十九兩零，聽民自行買食，不設官引。雍正十一年，總督兼管鹽政程元章會同江南督撫疏稱：『靖邑包課，恐淮私飛渡。蘇、常各府請改食浙鹽，以三千引爲率，選商經理納課，所有包課銀兩應請豁除，題准遵行。』旋於乾隆元年，江南臬司郭朝鼎請暫撥淮鹽就近運靖行銷，經户部議駁。又經浙江巡撫兼管鹽政盧焯奏請，以崇明帑鹽運靖減價行銷，照肩引例募販挑銷，免輸引雜。乾隆五年，兩江總督楊超曾仍請改食淮鹽，奉旨：『令高斌會同兩江總督、浙江巡撫、兩淮鹽政，妥議具奏。』旋經會議，以崇鹽由海撥運，如有不敷，即撥岱鹽接濟，減價便民。責令辦商繳完帑本，課輸額引三千引外，如有餘鹽，配銷餘引，題准遵行。辦商運銷崇、岱帑鹽，每引正課二錢六分一釐九毫四絲四忽二微八纖五沙二渺七漠，又每引滴珠二毫六絲一忽九微四纖四沙二塵八埃五渺一漠，赴運司衙門完納，歸正引册報。

餘引，每引正課、滴珠與額引同赴運司衙門完納，歸餘引册報。

玉環山在台屬太平、温屬樂清兩縣之間，雍正六年四月，户部議覆總督李衛疏稱，玉環山地方遼闊，周圍七百餘里，其山澳多有寬平土地，肥饒可耕，各澳潮水浸灌成灘者尚可煎鹽。招徠太平、樂清二縣民人入籍，編甲開墾，專設玉環同知管理，俟規模已定，即將糧米、鹽課分歸。奉旨依議。又於乾隆二十年，浙江巡撫兼管鹽政周人驥准户部咨覆，玉環山歲徵租穀，由布政司造報；鹽課，鹽政造報。至該處存貯帑本，原係一千五百兩，止有洋塘、後坋、鹽盤三處出滷，配給本地民食，并漁户、蜇户之用。二十九年，總督楊廷璋奏請增給帑本銀五百兩，合之原存共二千兩，爲收鹽本項。該地於洋塘、後坋、鹽盤分建三厫，玉環同知經理收發，帑存廳庫，温、處道盤查銀鹽，年終結報。

該處不立商引，惟於賣出鹽價歸還帑本，餘銀謂之鹽斤餘息，除歲支鹽厫丁役工食七十二兩，遇閏加增外，計有盈餘，由同知批解，歸帑鹽册報。

各場借帑

雍正六年，浙江總督兼管鹽政李衛奏明，發帑收鹽始於松所袁浦、浦東、青村、下砂四場。是年十一月，動給仁和場帑銀，令該場於配銷肩引外儘收竈鹽，歸德清、富陽商人領配。德、富二縣係新闢整頓之區，止完帑本，免其加羨。旋復借給許村場帑本，因該場與仁和場同隸杭所，亦援照仁場之例，不輸帑羨，至歲底造報。袁、青、下等場，歸松江府盤查結報；仁、許二場，歸杭州府盤查結報，其餘各場借帑。乾隆四十三年，大學士、兩江總督高晉會同浙江、江蘇、安徽、江西四省巡撫具奏老少貧難鹽斤摺内聲稱：『兩浙各場原有發帑收鹽之例，嗣後如果土滷旺起，商力不繼，則酌借帑銀，儘數收買，以杜梟販囤積之弊。』經户部覆准，行令浙江巡撫隨時酌看，悉心經辦。其各場帑收鹽斤，給與某所商人配銷，即照某所科則納課，繳還帑本。如係杭、嘉、紹三所場分借帑，援照仁、許二場之例，不輸帑羨；若係松所各場借帑，援照袁、青、下之例，每帑本百兩輸羨五兩五錢五分五釐，均按年列入帑鹽册報。

商人借帑

乾隆二十二年，松所場鹽旺産，商力拮据，乏資收買，恐致售私。浙江巡撫兼管鹽政楊廷璋奏明，在帑鹽盈餘項下提借銀六萬兩給商營運收配，分作六年完繳，加一輸羨，羨隨本納，按年歸入帑鹽册報全完。

乾隆三十二年，松商力薄，轉輸不繼。浙江巡撫兼管鹽政熊學鵬奏明，於公費項下動支銀六萬兩給予松商承領，分限六年完繳，均照二十二年成例辦理。

乾隆五十九年，袁浦、青村、下砂等場土滷正旺，商人乏本收買。兩浙鹽政全德奏明，借支運庫公費銀四萬兩，照例輸羨。於乾隆六十年，動發本銀給予松商收鹽掣配，分限三年完繳，歸入乾隆六十年，嘉慶元、二兩年帑鹽册報全完。

乾隆五十九年，杭、嘉二所場鹽絀産，兩浙鹽政全德奏請，借撥運庫銀二十萬兩暫買淮鹽，以五萬引爲率，俾資接濟。先在運庫動銀一十萬五千兩，委員率同總商赴淮收買鹽三萬引，照依浙省引斤捆定鹽包，運浙赴所掣驗，抵配浙省正、餘引目，按引完納錢糧，分運銷賣。旋因浙場土滷漸起，即經停止所有動撥本銀，各商隨引輸繳全完。

免費地方附

雍正七年四月，浙江總督兼管鹽政李衛題稱，德清、富陽等縣及江南松江沿海之區，從前原係住賣引地，久被私販竊占，片引不行，課餉俱係改撥攤補。近今設法禁逐，令商人配引住賣，但各該處居民向食私販賤鹽，若商本重，則鹽價昂，又於民情未便。請將此數縣鎮行銷引目課餉照數完納外，其每引公費、雜費，酌量減免，令商減價銷售，民間樂食官鹽，私販便可永杜等因。經部議覆，奉旨准行。乾隆三年正月，户部行查兩浙免費地方章程，經大學士、浙江總督兼管鹽政嵇曾筠咨覆，德、富等縣及松江沿海之區，自前督李衛題明免費以來，廢壞疏通，正餉無缺，餘引溢銷，商民稱便。若使仍令輸費，則費增價貴，小民趨賤食私，引地課餉必致仍前廢缺，自應遵照舊章，將公費、雜費全免等因。户部覆准在案。

富陽縣毘連仁和、錢塘二縣，肩票越銷最多，且該邑地方遼闊，稽察難周。雍正年間，仁和、許村二場鹽斤旺産，動帑官收，交該縣商人銷售。嗣仁、許二場鹽斤未裕，富邑商人自行買配辦銷，免輸公費、雜費，仍照杭所科則完納正課。

德清縣貼近許村、西路等場，毘連石門、海鹽，肩票當官河往來之地，盤查較難，私販一帆直達，不特德邑引地廢弛，即湖屬正引地方皆有唇齒之慮。雍正年間，銷買仁和、許村二場官收帑鹽，嗣仁、許二場産鹽較少，德邑商人自行買配，減價暢銷，禦私衛正，免輸公費、雜費，仍照杭所科則完納正課。

嘉興、秀水、嘉善、桐鄉四縣，貼近西路黄灣、海沙、鮑郎等場，毘連石門、平湖、海鹽，各肩票向係以票行鹽，旋復改票爲引，謂之正票引目。雍正年間，該四縣私鹽充斥，幾成廢壞，酌量於私鹽出没最爲扼要之新豐、王店、鍾埭、新行、大雲寺、石佛寺、螞蝗塘橋、新塘橋、鳳喈、餘鹽埭等鎮，設店配銷。因各該處向已片引不行，事屬新闢，謂之新票引目，與正票分别銷賣，專配餘引，減價暢銷。不特正票藉以捍衛，即嘉所正引亦倚爲藩籬，免輸公費、雜費，仍照票引科則完納正課。

丹陽縣之埤城鎮對渡淮場，私鹽最易侵越。令商人於該鎮設店，行運配銷餘引。因路途寫遠，水陸、舟車，運鹽腳價倍於正地，商衆裹足，是以酌量調劑，免輸公費、雜費，仍照嘉所科則完納正課。

諸暨、義烏、浦江三縣，自康熙三十五年，鹽政穆和倫以該三縣私鹽充斥，無商辦銷，題請將原額引目一萬八千餘道攤入紹所正引，各地照中則完課行銷。雍正年間，浙江總督兼管鹽政李衛整頓各地，將壅銷台引三千三百八道撥令該三縣商人配辦，如有溢銷，添配餘引，照台所下則完課，免輸公費、雜費。乾隆三十八年，巡撫兼管鹽政三寶奏明，將代銷台引三千三百八道改歸紹所，即作諸、義、浦額銷正引，照紹所正引科則完納，正課仍免輸公、雜二費，以資減價禦私。

常熟、江陰二縣間之永壽沙，係合永寧、壽興二沙而并名之，孤懸海外，迤西六十餘里爲如皋之扁擔沙，最近爲斷山紅，地方叢雜，私販往來，莫能禁止，若令居民航海赴内地買鹽，殊多未便。是以令常熟商人運鹽設店售賣配銷餘引，海巡公用需費浩繁，免輸公費、雜費以資運鹽、巡緝之用，仍照松所中則完納正課。

南匯縣之南下砂，係附近下砂場沿海沙塗之地，該地居民赴内地零買食鹽，往來未便。乾隆四年，令南匯商人運鹽該處行銷，配用餘引，即於是年奏銷册内列款聲敘，照永壽沙之例免輸公費、雜費，仍照松所下下則完納正課。

以上各縣鎮，皆係題明免輸公、雜二費。尚有雍正年間，題明歸安縣之璿連鎮，該鎮年約銷二千餘引，不准多配，恐致侵越烏程、歸安二縣正引課餉。丹徒縣之丁角鎮，松江沿海之南匯、奉賢、金山、寶山等縣，免輸雜費，仍納公費。其上海縣並嘉、秀、善、桐正票地方，向例雜費減輸。

《欽定重修兩浙鹽法志》卷八終

欽定重修兩浙鹽法志卷九　掣驗

引鹽之有季掣，節商力而齊鹾政也。舊《志》『掣掣』一門，今更爲『掣驗』，蓋掣以掣鹽，驗以驗引。鹽由場出，場官監之；鹽由所掣，所官監之。第其間耗折不齊，輕重易混，此夏、冬兩季監掣，必鹽政親臨，始能權衡平準，而軒輊胥淆之弊，自無所藏姦也。未掣之前，捆運則憑驗單引，出場則審辨官、私，到所則核查額數，其先事防維者固已密矣。臨期掣掣、持掣，悉遵部頒加斤，實沾聖澤，法良意美，感浹靡涯。至於截驗有制而影射無從，程限有期而轉販以息。操奇贏者，恪守成規，庶不至罔利營私，有干咎戾，而便民裕課之道，益可垂諸久遠焉。志掣驗。

季掣

明制，各所商鹽四季掣驗：定以孟月中旬報掣，以仲月中旬開掣，以季月中旬掣畢。凡違限者，引鹽即行銃毁。

本朝順治三年，兩浙巡鹽御史王顯疏稱：杭、嘉、紹、温等所，四季委官掣驗，孟起季竣，凡掣鹽過限半月者，銃引目十分之二；過限一月者，銃引目十分之五，此外免銃等語，部議覆准在案。迨後，巡鹽御史奉停巡方，鹽皆親掣，一季不能偏歷四所，遂定爲一歲兩掣，每掣兩季，首掣以孟冬月爲期，次掣以仲夏月爲期。乾隆二十六年，浙江巡撫兼管鹽政莊有恭奏明，浙省額引例分夏、冬兩掣，夏掣定於六月，冬掣定於十二月。現在遵行掣法，係奉部頒掣子，秤較商鹽有浮重者，即爲額外多斤，歷奉嚴禁。順治十七年，兩浙巡鹽御史余司仁題覆科臣楊雍建疏稱：『商人赴所秤掣，輕重原自不齊，有照額品搭準者，有浮重一二斤者，其承滷底包，或重五六斤及七八斤不等，總不外於平則放行、多則割沒之例。』部議覆准。嗣後，嚴禁各商，如有多帶至四五十斤，即以私鹽律究治。又，《鹺規》開載行鹽事宜，惟嚴於走水夾帶之巨奸，而寬恤斤數多寡之小過，准令裒多益寡，通融牽算，每引多餘五斤免究，十斤以裏照舊倍納價銀，十斤以外割沒問罪。康熙十六年，户部等會議覆准科臣余國柱條議：『凡割沒溢斤，公罪名色，永行停止，遵行在案。其間有搭配不齊，或承滷底皮重五斤以内者，量爲發搭；重至七八斤者，按通船引目科算，割斤補引，令其納課，餘引追銃。』雍正五年，浙江總督兼管鹽政李衛嚴申重斤罰規，嗣是各所季掣分别照辦，如有不肖奸商影射夾帶，必按律重懲。

明弘治年間，令各處秤掣引鹽，止許批驗所官，若本所無官，方委運司官，有司不得干預。萬曆十五年，始委附近府佐、縣正等官秤掣。

本朝順治六年，巡鹽御史楊義題准親查掣放，但鹽差例係一年報滿，次掣正值瓜代之期，未能徧歷四所，或不得已而行委掣之法，然必慎擇廉員，頒示規則，遵照發到掣册逐名對驗單引，毋許空名上掣，並酌量地方遠近、行鹽多寡限日掣足，造具清册，同截角單引，送院查核。若有弊竇，即時申究，如親掣法。

温、台二所僻處山陬海澨，去省城六七百里，水路則綫谿、小港，陸路則重岡、複嶺，不惟巡鹽御史難以親歷，即商人領引赴掣亦難限運到時日。況温所各商，例先納課銀，領給單引水程，然後入場買補、搭配、上掣。台所各商，悉屬召募土著。是以二所商鹽向委温、台知府或兩府通判，亦有轉委縣正官就近隨到隨掣，不限按季。

二十二縣票引，若嘉、秀、善、桐四縣引目，附嘉所掣放。其仁、錢、海等十八州縣票引，除肩銷不掣外，內有商銷埠引，如鄞、慈、奉、象、餘、上、嵊七縣，向委寧紹分司或就近府縣正佐官秤掣。

杭、嘉、紹、松四所配銷額外鹽引，謂之『餘引』。雍正七年，浙江總督兼管鹽政李衛因商鹽暢銷，年額正引不敷，奏准頒給餘引，聽各商通融配掣，盈絀隨時，不在額定考成、限銷、攤賠之內。乾隆三十七年，浙江巡撫兼管鹽政富勒渾奏准，責成鹽道監掣等官，飭令各商儘銷正引，如正引未經掣竣，概不得先掣餘引，致滋遲壓。各所整頓、新闢各地，如富陽、德清、嘉、秀、善、桐、諸、義、浦等縣，及江南松江所屬沿海之區，原係住賣引地，嗣被私梟佔賣，除嘉、秀、善、桐稍有銷售，此外各地片引不行。雍正七年，浙江總督兼管鹽政李衛嚴切禁逐，設法調劑，仍令商人配引住賣，於奏請餘引案內，將此數縣每引公費、雜費酌量減免，令其酌減鹽價，俾得官引疏銷，私販永杜。現今季掣減免，各地另行分編船號過掣，以便稽查。

靖江一縣向係包課。雍正十二年，經浙江總督兼管鹽政程元章題明，撥商行引運銷崇明、岱山餘鹽，其岱山餘鹽，例應運赴乍浦轉運靖江，給商配販挑銷。

台、溫二所發帑官收之鹽起於雍正六年，浙江總督兼管鹽政李衛奏明在案。其所收鹽斤，除配銷本地民食，餘鹽運至乍浦，例聽嘉、松商人領配過掣。緣過掣鹽斤有商鹽、帑鹽之別，帑鹽係官辦船隻運乍，向來另編官帑字號，以憑稽核；各商即隨引繳完帑本，以杜混漏。

松江營鹽始自雍正六年，浙江總督兼管鹽政李衛題定，銷賣袁浦、青村、下砂三場。帑鹽向係隨時就近交營，祇由松江府秤驗，嗣恐商運有擅撥混淆之弊，稽察無憑，於乾隆三十五年議定，由所過掣，方准運銷。迨乾隆三十六年，浙江巡撫兼管鹽政富勒渾奏明，改撥定海帑鹽，仍照成規赴所過掣，交營銷賣。查松所商鹽向委松江府掣驗，故營鹽附掣，除行松江批驗所官外，並知照松江府，亦時有飭委嘉松分司掣驗，一并知照分司。但地屬江蘇，距杭州省城四百餘里，向來鹽政皆未親臨掣驗，恐其日久弊生。嘉慶六年，兩浙鹽政延豐曾經奏明請旨赴松親掣。

各所商鹽赴掣，商人將單引投所，開明引鹽數目、船户姓名，所官挨次編立號册。如第幾號商人某聽掣某季鹽若干引，雇船户某裝載若干引，船内第幾艙裝鹽若干引，申報掣官驗對，單引、鹽數相符，即指艙提包，照部頒摯子秤掣明白，隨給旗一面、籌一枝、封條一張，放出各所應封橋栅之外。掣畢，即行封固，次早驗封無弊，方與開栅再掣，毋許影射夾帶，仍分差工腳或所大使在於停泊船鹽處所晝夜巡邏，以防船户挖包偷賣及偷買私鹽之弊。

杭所之鹽，從前有將未掣者透漏栅外，已掣者復入栅内，乘機錯混，名曰『掉頭』。緣運鹽河窄，船式頭尾相同最難辨别，未掣鹽船往往掉頭混冒。經浙江總督兼管鹽政李衛設立方紙印封，上填『某號某商鹽若干引』，實貼船頭，俾頭尾判然，以杜挪移混冒之弊，此船頭號票所以專爲杭所設也。今更遵循舊例，於未掣之時預令排幫，自南而北不致参差，嚴絶弊竇。

嘉所運河四通，鹽船寬大，向來弊端有散艙夾底、鴛鴦搭配名色，往往夾帶鹽斤，分藏掩飾。今於運掣之時，將篷板盡行拆卸，抽查、候掣，積弊以除。

紹所河窄船少，出場到所輪流趲運，預將場鹽堆置所地，臨時裝船過掣，掣後裝赴義橋、新壩，仍復將鹽堆地，趕船輪運，每有灌包之弊，稽察宜嚴。

松所運河，往來潮汐盈涸不時，向亦有夾底散艙之弊，各商設有公盤鹽廒，鹽船赴廒，各商彼此公盤，仍將篷板拆卸，以便搜查。

商鹽運賣或停泊發漏，或開船遇風因而沉没者，據該商呈報，例取地方官及商人船户印甘各結，許令給帖買補附掣。但或有奸商將鹽暗連私販，中途截賣，或不法船户偷賣商鹽，故意鑿船致漏，捏稱沉没，賄緣保結，誑申院司，以圖重掣。所以掣過引鹽務令依限領運，如有捏稱沉没，賄緣有司，朦朧具結及以少報多者，除不准附掣外，仍追鹽價入官。

謹按：乾隆五十九年題定吏部處分則例開載，鹽船失風失火，責成州縣會同營員勘實，定限出結，通詳，鹽道核轉，飭商補運。仍令沿途督撫及該管官隨時查察，如有勒索、捺擱及受賄扶同捏報情弊，即將該員題參治罪；如有結報不實，後經發覺者，照不行查明給結例，罰俸一年。

杭、嘉、紹、松四所掣過商鹽，俱於挂帖之後方運行照縣住賣。然船鹽停泊水濱，候領限帖經久不運，未掣之鹽接踵而至，以致移新掩舊，影射飛渡，莫可究詰。舊《兩浙鹺志》開載，如春季引鹽定於四月初五日，以裹呈掣，限日掣畢，造册呈報；餘鹽定以六月初旬完納，納畢，呈挂限帖水程，通令各商於六月中旬領帖，運往住賣地方，不許停留。如有一帖不領，即坐以轉販之罪，引鹽入官。比及七月初旬，夏季引鹽應該呈掣，則前掣之鹽發運已盡，奸弊自息矣。今查掣過商鹽分銷各地，必先完納商課，呈挂限帖，配同引目，方能赴所驗封、開運。雖爲日無多，而停泊水濱，或遇天時陰雨，未免滲濕之虞，兼之船户奸頑，亦宜杜偷挖攙和之漸，故於四所陸續建設倉厫，暫行堆貯，以昭慎重。杭所鹽船停泊德勝、豬圈二壩内，并有催令上棧取具船户、棧夫甘結，以防飛渡、漏課、偷挖等弊。嘉所建有正、票兩倉收貯，其正倉建設虹涇橋外，票倉建設雙谿橋外。紹所運至義橋、新壩堆貯，松所於婁縣下四圖鹽倉收貯。停留者既易稽查，偷漏者尤嚴防範，相沿日久，官商俱便焉。

捆運

商人行鹽，首先捆運。故鹽政下車之始，即飭編兩季單引，分給各商，催令入場買補。先取在場買補商人甘結，開明某商重鹽配銷某所，商人某某若干引，協同場牙、店手對竈收鹽、上厫，照額買足，然後用草簾打築成包，出厫發運。該場官驗明單引、鹽數相符，截角蓋印，不許西場買鹽，東場打引。

若無憲單到場及無單引截角，搆串牙儈私捆私運，夾帶多斤，官攢、團保、商竈人等一並究治。各遵頒發稽煎稽賣簿式，按日填註團竈、煎鹽額數並配商引數，場員季終造册，申送院司查考。其買補商人不得受竈户囑託，虚出商收，朦混應比，以啓售私之竇。至捆運鹽斤，杭、嘉、紹三所正引及嘉、秀、善、桐四縣票引，每引三百三十五斤作爲一包；松、台、温三所及票地住鹽，每引四百斤分爲兩包，運掣俱連包索在内。獨紹所包用兩皮，索用兩倍，以其由海運過三塘、九壩，掣後堆垛盤駁，非堅厚不可。而杭所鹽船停泊上河，上江有壩，下河有壩，不能直達賣地，未免提駁損包，是以二所捆鹽宜寬恤焉。如用餘引，向無季單，只憑部引驗捆。

杭所商鹽，於仁和、許村二場捆運。

嘉所商鹽，於西路、黄灣、鮑郎、海沙、蘆瀝、横浦等場捆運。

紹所商鹽，於錢清、三江、東江、曹娥、金山、石堰、鳴鶴、穿長、大嵩、玉泉、清泉、龍頭等場捆運。

松所商鹽，於浦東、袁浦、青村、下砂等場捆運。

温所商鹽，於雙穗、長林、永嘉等場捆運。

台所商鹽，於黄巖、長亭、杜瀆等場捆運。

各場捆運雖分屬各所商人，亦隨時通融就近買補，即今嘉所場鹽不敷，入浦東、袁浦、青村、下砂場收買；松所場鹽不敷，入蘆瀝、横浦場收買；温所借買台場，與台所引鹽一體掣放，運銷本邑。皆量地之遠近，便商捆運、配掣，并許各商就於借買場分打截引目，照例查驗填註。

仁和、錢塘二縣肩引，於仁和場支鹽。

海寧州肩引，於許村場支鹽。

餘杭縣肩引，於仁和場支鹽。

石門縣肩引，於許村場支鹽。

海鹽縣肩引，於海沙場支鹽。

平湖縣肩引，於蘆瀝、海沙二場支鹽。

山陰縣肩引，於錢清、東江二場支鹽。

會稽縣肩引，於東江、曹娥二場支鹽。

蕭山縣肩引，於錢清場支鹽。

餘姚縣商肩票引，於石堰場支買。

上虞縣商肩票引，於曹娥、金山二場支買。

嵊縣商銷票引，於金山場買補。

鄞縣商肩票引，於大嵩、清泉二場支買。

慈谿縣商肩票引，於鳴鶴場支買。

象山縣商肩票引，於玉泉場支買。

鎮海縣肩引，於穿長、清泉二場支鹽。

奉化縣商銷票引，於清泉、大嵩二場買補。

嘉、秀、善、桐四縣商銷票引，通在嘉屬五場買補。

各縣商銷票引又名『住引』，其於正引之地，距場竈尚近，而於肩引之地，場竈較爲窵遠，准令商人設店住賣，以便民食。當商鹽捆運，仍齎單引入場，以符定例。

各縣票引，原有派定配銷場分，法禁肩販越買以侵引地，亦藉以歲稽各場竈户煎鹽數目，以杜售私，但許小販肩挑，不得違例船載，致滋影射、夾帶、轉販之弊。其各縣肩引，止於本縣城鄉市鎮貨賣，越境者治罪。至商人給引肩販，限滿，即准繳引，不得刁蹬擔擱，以苦窮民。

謹按：肩販定例，由商結保領引挑銷，額引一道，赴挑八日，對竈支鹽，每日一百斤，由場秤驗、蓋戳，按照定界挑銷，各於要路設有巡役盤查。前經乾隆四十三年兩江總督高晉會奏浙江老少鹽斤案内奏明：各縣肩販人數多寡不等，嗣後間有增添，亦規仿貧籌之式，設立販籌，載明姓名、年貌、居址，由司申詳鹽政烙給，不許籌、引相離，以嚴稽察。陸續定有額數，其已定者：海寧、海鹽、平湖、石門、山陰、會稽、蕭山、餘姚、上虞、鄞縣、慈谿、鎮海十二州縣；其未定者：仁和、錢塘、餘杭、象山四縣。

海寧州三百五十名。

海鹽縣一百八十一名。

平湖縣二百六十名。

石門縣二百四十名。

山陰縣三百十二名。

會稽縣二百五十一名。

蕭山縣一百二十五名。

餘姚縣二百名。

上虞縣十六名。

鄞縣一百三十六名。

慈谿縣九十名。

鎮海縣五十六名。

崇明一縣，向係包納引課，祇設肩販，定額八百八十一名，每名按給木籌，赴崇明場支鹽。如遇頂退事故，由縣詳明，繳舊領新，於乾隆四十三年聲明在案，現在照行。

各縣貧難鹽斤，向例，老小年六十歲以上、十五歲以下，及少壯之有殘疾、老年婦女孤寡無依者，方准赴竈買鹽挑賣，亦止許於附近場分地方肩挑背負，易米度日。鹽不得過四十斤，人不得過五六名，地不得過十里之外，奸鋪不得窩頓，違者以私鹽論罪。嗣因承平日久，生齒漸繁，乾隆元年，經大學士、浙江總督兼管鹽政嵇曾筠奏准：照場分之大小、銷地之廣狹，設給木籌，加有定額。每逢出退頂補，由縣查驗，取具保鄰各結，退繳舊籌，刊刻新籌，載明住址、年貌，由司申詳，鹽政烙給。所支鹽斤，按照定界零售。乾隆四十三年，奏請案内又將各地額數聲明在案，歷久遵行，開列如左：

杭州府

仁和縣一百五十名，赴仁和場支鹽。

錢塘縣一百五十名，赴仁和場支鹽。

海寧州五十名，赴許村場支鹽。

嘉興府

海鹽縣五十名，赴海沙場支鹽。

平湖縣四十名，赴海沙、蘆瀝二場支鹽。

石門縣二十名，赴許村場支鹽。

寧波府

鄞縣五十名，赴清泉場支鹽。

慈谿縣四十二名，赴鳴鶴場支鹽。

鎮海縣四十名，赴穿長場支鹽。

象山縣二十名，赴玉泉場支鹽。

紹興府

山陰縣五十名，赴錢清場支鹽。

會稽縣五十名，赴三江、東江二場支鹽。

蕭山縣五十名，赴錢清場支鹽。

餘姚縣四十名，赴石堰場支鹽。

上虞縣五十名，赴金山場支鹽。

以上十五州縣，所有額設貧籌名數，或人少缺額，或有額無人，亦未能拘定。

出場

鹽産於場，商鹽私販皆出於此。若非該場保伍實力稽查，不但私鹽透漏，並難免奸商借引夾帶之弊。是以商鹽捆足出場，該場官親驗，鹽、引相符，方許打截，即於單帖上填註出場日期，呈報院司，仍出具不扶甘結，隨文繳查。其入場、出場引目扣算違限者，不許打截，徑申没官，違者究治。稽查之法，先於出場之日驗明官鹽，給以印信、號票，開明某所某商船共若干隻、鹽共若干引，遴選誠實工脚押運到所。倘多帶鹽斤，或於杭場之臨平、沙河、東新關，嘉場之朱涇、廣陳、榆城，紹場之富陵、羅山、蛟門及曹娥江漁臨關，松場之張堰、松隱、黄浦、金山營等處，被巡鹽員役及汛防弁兵盤獲、發覺，一體究處。至出場經由路徑，務遵應行運道，不得舍近走遠。違者，將押運工脚、船户一並挐究。

到所

商鹽到所，該所大使即將運到鹽共若干引、船共若干隻，驗明鹽、引相符，册開到所日期，陸續報院，以便按查某所應掣額數與各場所報捆出鹽斤是否相符，務使捆運在場者，盡行趕掣出場；在途者，不致逗遛，庶季掣如期，額引配足。倘有不符情弊，許該所密切申報，查驗得實，將該場官攢坐贓究革，商人問罪，鹽入官。所官録功，註以優考。如該所通同徇隱，或被人首告，或經訪出，該所官攢一并坐贓究革。該所先出不扶印結，及取船户出具某商鹽引若干並無重斤夾帶并借名蓋引甘結，仍不時差役於停泊船鹽處所晝夜巡查。

凡商鹽出場到所，未經秤掣，或私渡關津，驀越過壩，雖係有引官鹽，定以私鹽論罪，但不許應捕緝拏混抵限獲鹽斤之數。

掣掣

在場捆出之鹽，輕重自難畫一。各商遵照掣所部摯及奉加鹽斤，逐包秤準，按引掣齊，然後開單報明，批驗所列號上掣，此定制也。或有將未掣毛鹽，明知斤重，藏匿船頭、梢尾及上下底皮，賄通胥役，提輕置重，以一概十，希圖僥倖漏掣，或有本商不親視秤掣，混託船户，以致輕重不一者，查出，輕則示罰，重則没官。更有奸商故意延挨到所，及到所河下逗遛十餘里外，將出場毛鹽竟不秤掣，窺伺封所之際，詭稱在場趕出，求緩須臾，希圖混掣，或借稱掣配不及，可以倖免罪罰。掣官輕信，遂墮術中。務宜逐引全盤没官問罪，以息刁弊。

摯子

掣用摯子，鹽法之權衡也。查杭所大摯重二百斤者一件，係奉部頒，今稱祖摯。其餘重五十斤者二件，重三十斤者一件，重五斤者一件，俱於歷次奉旨加斤之時，每次較照部頒祖摯斤兩添鑄，由運司詳請鹽政鐫押頒用，共成三百三十五斤準秤額鹽斤數。平時大小各摯存貯運庫，每逢季掣，所官先期請領，督商掐配，掐准後，候掣官到所呈請驗明，並無弊竇，委員提包，照例逐一秤掣。嘉、紹二所額定每引三百三十五斤，與杭所相同；松、温、台三所額定每引四百斤，其摯子亦俱照辦，以符畫一，不致有畸重畸輕之患。

部頒摯子以銅爲之，上有紐環鈎以承環，而索以懸鈎繫於秤木之上，名曰『鈎索』。康熙五十八年，兩浙巡鹽御史哈爾金及筆帖式閻三格借『鈎索勒索』一案，欽差刑部尚書張廷樞等查審覆稱，秤驗三格所收掣過鈎索，索重一斤八兩，鈎重十七斤八兩，及將杭所製鹽鈎索秤驗，索重一斤八兩，鈎重十七斤六兩，題明在案。嗣後，鈎索斤兩均照杭所秤掣。

加斤

國課出於引鹽，引有定額，則鹽有定斤。明洪武初，每引行鹽四百斤；二十三年，以一引改爲二引，每引行鹽二百斤；隆慶、萬曆間，先後續增餘鹽七十斤，又增加餘鹽三十斤，共每引三百斤；萬曆七年，議減浙西引價，獨紹興所每引加餘鹽銀一分，以紹所隔越三塘、九壩，發運最艱，鹽斤消折，餘鹽加重，議每引加耗鹽十斤。是以杭、嘉、松三所以三百斤爲一引，紹興所以三百一十斤爲一引。

本朝順治三年，以二引改爲三引，遂以二百斤爲定額，外加包索、滷耗二十五斤，共二百二十五斤。康熙十六年，户部等衙門會覆户科給事中余司仁條奏案内，嗣後，應收割没溢斤公罪名色等銀，於鹽引内均行攤入，作正額徵收，此等名色永行停止，應比照兩淮，每一引均加鹽二十五斤。奉旨准行在案。

康熙五十九年，户部議覆欽差刑部尚書張廷樞等回奏：『查定例，兩浙每年額行正引七十萬一千六百九十八引，每引行鹽二百五十斤。因歷來有巡鹽御史并筆帖式應得公費銀共二錢五分，每引予鹽三十五斤。此項每引多給鹽三十五斤并非正引派行額鹽，理應禁革。』今尚書張廷樞等既稱兩浙鹽課每年全完，從無缺額，若將此項鹽斤盡行禁革，恐正課、公費，商人不能兼顧，或致拖欠錢糧，亦未可定等語，應將商人現多給三十五斤之鹽暫停禁止。奉旨：『依議。』

雍正三年，户部題覆署理兩浙鹽政、浙江布政使佟吉圖疏稱：『兩浙定例，每引行鹽二百五十斤，又有鹽差并筆帖式應得公費銀共二錢五分，每引予鹽三十五斤。前經刑部尚書張廷樞等據實具奏，業蒙聖祖仁皇帝俞允，部議免其禁革在案。今請循照從前部議，每引加鹽三十五斤，免其禁革等因，應如所奏，准其每引仍舊加鹽三十五斤，仍行該鹽政，將地方之大小、銷鹽之多寡據實查明，酌量配銷，造册報部查核，如有鹽多引壅、銷不能完之處，亦據實題報。』奉旨：『依議。』

乾隆元年，遵奉諭旨，酌定增斤改引，將杭、嘉、紹三所引鹽，循照兩淮舊額，每引加增鹽五十斤，連包索共重三百三十五斤。至松所額設季引，循照温、台等處之例，每引給鹽四百斤，令商人設店住賣。嗣後，杭、嘉、紹三所每引行鹽定以三百三十五斤，松所每引行鹽定以四百斤。

截驗

單、引截角，所以杜影射重照之弊，蓋引以照鹽斤，單以定場分，均用截四角法。《鹺規》開載：「本商引目一道，齎赴某場照律支給鹽斤，將引截去第一角；押赴該所印封，申司截去第二角；封送委官掣畢，行令該所截去第三角；付商照鹽住賣，衙門截去第四角。」但引目給發之後，再行申司請截，商人不無煩苦。

本朝立法便商，凡引目蓋印給商，即於出司之日將引截去第一角；商人齎引買補，該場查驗買完，蓋用場印，截去第二角；申送掣官畢，當令該所截去第三角；付商照鹽運往賣地，投送該州縣驗明蓋印，截去第四角。其各縣肩引印給票商，即於出司之日，將引截去第一角；投縣挂號印發，截去第二角；肩販齎引到場支鹽，該場查驗鹽完，截去第三角；賣完繳收，截去第四角，遂爲退引，該州縣彙解鹽運司，轉繳户部。其買鹽單帖，亦於用印出司之日，截去第一角；同引入場捆運，截去第二角；到所掣驗掣畢，截去第三角；隨申繳鹽運司，截去第四角。如無單引下場及鹽、引相離，即以私論。

各商運賣引鹽，經過關津，例嚴盤驗，務照發到驗放册稽查限帖，比對引目鹽數，逐船逐艙盤驗明白，方許放行。即於引帖之上，填註「某年、月、日，某官盤驗無弊」字樣，如有不符，即便申究。

杭所商鹽運往浙西臨安、武康、德清三縣住賣者，例過杭關，係杭州批驗所查驗，於限帖之上打用出關月日木印。其烏程、歸安、長興、廣德、安吉、孝豐六州縣住賣者，由湖州府盤驗。長洲、元和、吴縣、宜興、荆溪、溧陽、武進、陽湖、金壇、丹陽、丹徒、江陰、無錫、金匱、建平等縣住賣者，由蘇州府盤驗，皆先經杭關到府查驗出關月日，方許過門。惟吴江、震澤二縣，如係杭掣之鹽，止由杭關稽查；係嘉掣之鹽，止由嘉分司稽查。其嘉掣之嘉、秀、善、桐四縣，亦由嘉分司稽查，并用出關木印。運往浙東金華、蘭谿、湯溪、常山、開化、江山、西安、龍游、建德、淳安、遂安、歙縣、休寧、黟縣等縣住賣者，由富陽、桐盧、嚴州三關盤驗，其新城、富陽不入桐關，分水、於潛、新昌、壽昌不入嚴關，俱係富陽關盤查。

嘉所商鹽，除臨安、武康、德清三縣定派杭所外，其餘浙西縣分不經杭關，悉照杭所之例，俱由蘇、湖二府分別盤驗。

紹所商鹽，除諸暨、義烏、浦江三縣自有諸暨關盤驗外，其餘浙東縣分悉照杭所之例，俱由富、桐、嚴三關分別盤驗。

松所商鹽，從前俱於掣後停泊尤墩。康熙六十年，嘉松分司鄭一楓詳定，於沈埭地方前後建柵停泊鹽船，分司差役把守，並所大使不時查點，候完課領程後，查明程、引相符，方許開運。雍正九年，浙江總督兼管鹽政李衛添設巡船員役，嚴立水柵、營房，復飭建所倉，暫貯掣過官鹽。嘉慶六年，兩浙鹽政延豐奏准，改建掣廳，開濬二里涇迤西河道，掣過鹽船停泊河内，掣廳之東，於西口建立木柵，責成所大使稽查。

温所商鹽行銷處屬者，自温掣過，運至青田縣關口盤驗、蓋印，至處州府總巡廳呈引查點，然後拆包分簍。水路則用竹簰或梭船，所載不過十引及七八引；陸路則雇夫肩挑，逾山越嶺，到縣投驗程引，起店開賣。其温屬各縣，或附近郡城，或地逼場竈，自温州府掣後亦多改簍，就委該縣盤驗。惟永嘉縣引鹽原包上店，不用分簍。

台所商鹽，自台州府掣放之後，運至仙居縣挂號盤驗，即於蟠灘鎮解包分簍，運往各縣，驗明程引，開賣。惟黄巖、臨海、寧海三縣因無起駁，故不分簍，亦有地近場竈者，就便委令該縣秤盤。

前明舊有滸墅關盤查之例，因關榷專司貨務，難以兼查鹽引，萬曆四十五年間，將限帖内删去滸墅關盤驗一款。至今住賣商鹽定爲蘇、湖二府盤驗，其滸墅關及經過别處衙門俱免投驗。

杭所運往浙西之鹽，盤過德勝壩，發往下河，經由北新關，雖歷有蘇、湖二府盤驗，然私鹽出關，即任其他往，莫可稽察。有將引、帖分爲二船者；有無引、無帖照商鹽一樣裝包，恣意走水者；有船户乘機夾帶者。舊時，巡鹽御史專委員役於關口查驗，至雍正六年，浙江總督兼管鹽政李衛派定杭州批驗所官盤查，打用木印，填注『某年月日出關』字樣，以專責成，是爲杭關。但不許重複秤掣，致滋苛擾。

錢塘江口一帶多係煎燒鹽舍，易生姦弊，是以杭所運往浙東之鹽俱應過豬圈壩入武林門，由城河出山門，至江口過船，不得徑自本所擡至江口，及由别門過船。如違例越行，各地方捕役人等嚴拏報究。

紹所商鹽，於新壩、義橋發運處所，挨户編立保甲，稽察船户夾帶、商夥添灌之弊。其浙東富陽、桐廬、嚴州並浙西蘇州、湖州五關，每關較鑄摯子，鹽船停泊官埠，印官照引秤盤，如有夾帶，究問如律。

船户夾帶，惟温所爲甚，緣巡役受賄，船户得以營私，即有青田關盤驗之設，亦復有名無實。康熙五十年間，温所各商具呈鹽驛道遴選本所老成勤慎之商，每歲點出二人，在於青田關督查，捐輸捕役工食，分路巡緝，而私鹽少斂矣。

例限附

單引入場

各按季掣引目先期編定，鹽運司印給單引，單内填註『某年某季某所商人某，上納某場若干引』，各商齎領下場買補。單帖入場，違限問罪，違限一個月者，引目没官，各場稽賣文簿登填申報，扶捏者重究。

仁和場、許村場，各限三日。

西路場、黄灣場、鮑郎場、海沙場、蘆瀝場、横浦場、錢清場、三江場、東江場、曹娥場、金山場，各限五日。

浦東場、袁浦場、青村場、下砂場、石堰場、鳴鶴場、清泉場、龍頭場、穿長場、大嵩場、玉泉場，各限十日。

長亭場、黄巖場、杜瀆場、長林場、雙穗場、永嘉場，各限二十二日。

買補出場

《鹺規》開載：『買補單引，並以入場之日爲始，扣算至出場之日爲止。十引至一百引，違限一日以外問罪，四十日者十分追二，照依量寬事例，每百引追没引鹽二十六引；二個月者，十分追四，每百引追没引鹽三十二引；三個月者，應全追没官，照依量寬事例追没引鹽八十引；四個月者，引鹽全没。一百十引至二百引，違限三日以外問罪，二個月者，十分追二，照依量寬事例，每二百引追没引鹽三十二引；三個月者，追没引鹽六十四引；四個月者，應全追没官，照依量寬事例，追没引鹽一百六十引；五個月者，引鹽全没。二百十引至二百五十引以上，違限五日以外問罪：二個月零十日者，十分追二，照依量寬事例，每二百五十引追没引鹽四十引；三個月零十日，追没引鹽八十引；四五個月者，應全没，查照量寬事例，追没引鹽二百引；六個月者，引鹽全没。』

十引以上，限一個月。

二十引至四十引，限一個月十五日。

五十引至七十引，限二個月。

八十引至一百引，限二個月十五日。

一百十引至一百三十引，限三個月。

一百四十引至一百六十引，限三個月十五日。

一百七十引至一百九十引，限四個月。

二百引至二百二十引，限四個月十五日。

二百三十引至二百五十引，限五個月。

出場到所

各商在場買補既足，運鹽聽掣，並以號票實填出場之日爲始，如到所違限，三日以裏，免究；十日以裏，問罪；十五日以裏，引鹽三分之一没官；二十五日以外，引鹽全没。仍究轉販情弊，若該所填報不實，通同作弊者，坐贓重究。

仁和場、許村場、西路場、黄灣場、錢清場，各限四日。

鮑郎場、海沙場、三江場、東江場、曹娥場、金山場，各限九日。

蘆瀝場、横浦場，各限十一日。

浦東場、袁浦場、青村場、下砂場，各限十五日。

石堰場、長亭場、黄巖場、杜瀆場、長林場、雙穗場、永嘉場，各限十九日。

清泉場、龍頭場、穿長場、大嵩場、玉泉場，非海運，各限四十五日；果從海運，有指實執照，限七十五日。

鳴鶴場，非海運，限二十五日；若内河水涸，仍從海運，有指實執照，亦限七十五日。

到縣住賣

商鹽運到住賣州縣，俱以領帖出司日爲始，扣算到縣告投引程之日爲止。各該印官查驗引、鹽數目相同，親筆填註運到月日，上用印蓋，將引目、限帖封收在官，其鹽聽商發賣。如杭、嘉、紹三所，引鹽違限五日以外問罪：四十日者，引鹽十分追二；兩個月者，十分追四；三個月者，引鹽全没。浙東江山、開化、常山三縣引鹽，過富、桐、嚴三關，至蘭谿縣汝埠鎮，灘高水淺，皆拆包分簍。廣信府七縣分買常山簍鹽，領院頒常山憲單，聽商認銷引數多寡，填單發運，其零星小商不成一引者，另給小單水程引目，俱由常山縣查繳。

杭州所

黟縣祁門縣分銷、開化縣限六十日。

休寧縣婺源縣分銷、常山縣廣信府七縣分銷、江山縣限五十四日。

歙縣績溪縣分銷、西安縣、龍游縣限四十七日。

蘭谿縣、湯溪縣、淳安縣、溧陽縣、遂安縣、建德縣、建平縣限三十七日。

丹徒縣限三十三日。

宜興縣、丹陽縣、金壇縣、荆溪縣限三十二日。

廣德州、武進縣、長興縣、無錫縣、陽湖縣、金匱縣限三十日。

安吉縣、孝豐縣、分水縣、吴縣、長洲縣、元和縣、歸安縣、烏程縣、於潛縣、昌化縣、桐廬縣限二十三日。

富陽縣、臨安縣、武康縣、德清縣、新城縣限十四日。

嘉興所

宜興縣、荆溪縣、丹陽縣、金壇縣限三十二日。

武進縣、陽湖縣、無錫縣、金匱縣、長興縣、廣德州、江陰縣限三十日。

丹徒縣限三十三日。

建平縣、溧陽縣限三十七日。

長洲縣、元和縣、吴縣、吴江縣、震澤縣、烏程縣、歸安縣、安吉縣、孝豐縣限二十三日。

嘉興縣、秀水縣、嘉善縣、桐鄉縣限十四日。

紹興所

歙縣、西安縣、龍游縣限四十七日。

休寧縣、常山縣、江山縣限五十四日。

義烏縣、黟縣、開化縣限六十日。

金華縣限四十日。

湯溪縣、蘭谿縣、淳安縣、遂安縣、浦江縣、建德縣、壽昌縣限三十七日。

桐廬縣、分水縣、於潛縣、昌化縣限二十三日。

諸暨縣、新城縣限十八日。

富陽縣限十四日。

松江所

原名蔣涇埠，向掣票鹽。崇禎年間，巡鹽御史馮垣登據商人汪逢章呈請建所，改票行引，陞課增額，將崑山、常熟等縣額引并歸内場買補，認地分銷各守口岸。

本朝順治十三年，以下砂場副使題改批驗所大使掣驗引鹽，而淮北越界私鹽漸以堵禦。其水程填限，亦照三所例，各商完課請領，運司即填出司日期及到縣限期，蓋印給商分運。

崑山縣、新陽縣、常熟縣、昭文縣限十日。

嘉定縣、寶山縣、青浦縣福泉縣裁并、太倉州、鎮洋縣限八日。

華亭縣、奉賢縣、婁縣、金山縣、上海縣、南匯縣限五日。

温州所

商鹽因風濤多阻，不拘季分，隨到隨掣。引、帖俱投委官掣畢，填限給賣，違限十日以外問罪：四十日者，引鹽十分追一；兩月者，十分追二；三月者，十分追五；再違三月者，全追没官。至於近場附郡屬邑離所不遠，故無例限。松陽、遂昌引鹽，向同長、元、吴三縣之例，彼此兼銷，不分界域。

瑞安縣限九日。

青田縣限十五日。

泰順縣限二十七日。

松陽縣限四十三日。

麗水縣限三十四日。

龍泉縣限五十日。

宣平縣限四十三日。

遂昌縣限四十九日。

景寧縣限四十八日。

縉雲縣限四十四日。

雲和縣限四十五日。

慶元縣限六十一日。

台州所

原名中津橋。向行引鹽，因山海隔越，難便商運，將引改認西興、錢清、三江、曹娥四場買補，以致長亭、黄巖、杜瀆場鹽盡歸私販。嘉靖十六年，設税票六萬張，照鹽三百斤，召土商買補掣銷，分縣發賣。

本朝革票行引，仍在中津橋聽鹽院委官掣放，限帖即令委官填給。其貼近場竈之邑，就近掣驗，原無例限。

天台縣限十日。

仙居縣限十日。

武義縣限四十八日。

永康縣限四十九日。

東陽縣限五十日。

票引一項，即明之大、中、小票也，其銷賣限期，舊《鹺志》開載：『每大票十票至十五票，限二個月二十日；六十票至一百票，限四個月；中票折半扣限。至小票，如仁和、錢塘、山陰、上虞、慈谿、會稽、鄞縣等縣，定限四日；蕭山、餘姚、奉化、象山、海鹽、平湖等縣，定限五日；而餘縣不列焉。』又開載：

『萬曆十一年，鹽院孫旬案行，凡小民願領小票者，量加寬限，准於六日内銷繳。』

本朝改票行引，因肩銷票引原以地近場竈，私鹽熾盛，不得已而行票，使無業窮民領引納課，收羅私販而悉歸於官。故各販赴場支鹽，許挑賣八日，自某日赴場起至某日止，引上塔用木印立限，如期繳銷，毋許過違，該場驗明日期，不得混支。

《欽定重修兩浙鹽法志》卷九終

欽定重修兩浙鹽法志卷十　奏議一

鹽筴之興，始於管仲。牢盆之制，則始於漢孔僅之議鹽鐵。自此以降，整飭興革，見於名臣奏疏者，代不乏人。而或行之稱善，或施之不得其宜，則由於聽言者未能博採衆論，權衡可否以垂爲經久之法也。洪惟聖朝深仁厚澤，淪浹商民，自順治元年設兩浙巡鹽御史以董其政，於是瀕海亭場均沾樂利。而又慮利之所在，弊竇滋繁，不可不大爲之防，爰置員弁以靖私梟，制盤查以杜偷越。選初試之官，增場司之秩，以及老少鹽籌、借帑收貯，凡臣工之入告、計部之集議，莫不仰荷宸慮周詳，因地制宜，隨時通變，非漢唐以來言心計者所能擬議於萬一。謹按次編輯，敬見聖聖相承，權衡至當，即東南鹺法，而紀綱整肅，睿照靡遺。膺斯任者，益當精白一心，夙夜匪懈，豈徒以敷陳塞責已哉！志奏議。

順治三年正月，户部爲禁私鹽以通商、定經制以起課等事，覆兩浙巡鹽御史王顯題稱：私鹽不止則商鹽不通，經制不定則姦蠹不清。臣未歷他府，不敢懸揣，即就鎮江一府言之。府北長江，江北則淮揚境也，淮鹽過江即爲私鹽，往來船隻保無夾帶，沿江棍徒保無興販，必於該府廳官擇其廉幹事簡者，專司捕緝，細心嚴防。今新制未定，官商莫決從違；新引未發，臣等無憑稽驗。商人不敢違法鬻鹽，户口不能舍鹽淡食，必待新《引法》乃立。竊臣一面商榷招商通鹽，以待新引，祈敕速頒每引約定税價若干，以便遵行等因。

臣部議得：鹽法之弊，莫甚於私販。今議擇廉幹事簡官，專司捕緝、嚴防，則私鹽可杜，實與鹺務有裨，應令鹽臣實意舉行。至起課經制，查兩浙舊額：大引四十四萬四千七百六十九引，每引原重三百斤，今各運司鹽法俱以二百斤爲一引，則兩浙當以二引分三引，共該行小引六十六萬七千一百五十三引。一百斤引制既定，則課銀亦可因之以定。兩浙引價，每引三錢五分，共銀一十五萬五千六百六十九兩一錢五分；又每引納餘鹽課銀一錢八分五釐，共銀八萬二千二百八十二兩二錢六分五釐，二項通共銀二十三萬七千九百五十一兩四錢一分五釐。但查明時額解舊餉原系一十四萬五千兩，除將餘課銀八萬二千二百八十二兩二錢六分五釐起解外，尚缺額銀六萬二千七百一十七兩七錢三分五釐，向以雜項湊解補足。此外，又有給商庫價等項錢糧，應各開款數報部酌奪。至於票鹽、功績鹽，不係額引之内，所當照例改票行引，以杜奸弊。以上鹽斤額例，新定經制開載甚明，自宜照例奉行。今念地方初定，商人未集，姑先發十萬引以示招徠，以後仍照舊例納課領引可也。奉旨：『依議行。欽此。』

順治三年正月，户部爲恭陳鹽政要務等事，覆兩浙巡鹽御史王顯題稱：鹽之要務有二，招商、恤竈而已。浙商今雖漫散，在前朝已掣鹽斤分發各府州縣者，未必全無，今概以私鹽繩之，則商本虧而不來；概以引鹽寬之，則國課缺而非法。惟見鹽計引、按引徵税，既不虧商又不虧課，而商可漸次招徠矣。竈户煎鹽最苦，原有水鄉草蕩，漲則成田，耕種衣食，歲久法敝，或被勢豪侵佔，或苦課税重疊，惟清查侵佔、蠲減銀糧，而竈可次第復業等語。臣部議得：國家鹽課，欲歲額無虧，必商、竈雲集。查各商現在鹽斤，皆自捐資以稱掣者，今令其見鹽計引、按引納課，應敕鹽臣查明確數，給發新引，照新定經制辦課。至於水鄉、草蕩，原係竈户餬口之需，自宜并聽鹽官清查，俾竈户復業，庶煎鹽有人而辦課亦易矣。奉旨：『是。依議行。欽此。』

順治三年九月，户部爲申明掣驗之規等事，覆兩浙巡鹽御史王顯題稱：浙鹽濱海，私販繁興。舊設杭、嘉、紹、温等所，四季委官專司掣驗，杜絶私鹽，一切夾帶有禁、影射有禁、越渡漏掣有禁、借引重照有禁，以及觀望耽延、違限停泊莫不有禁。孟起季竣，過限銃毁，法綦嚴也。今開創之始，招徠爲先，各商急公者固多，而營私者亦復不少。每遇掣期，或觀望以待市價之高，或漏掣以釀重照之弊，或越渡以開影射之門，及藉口亢旱、河涸不能赴掣者有之，雨久場壞、買補缺鹽者有之。一繩以銃毀之法，則藉口傷本，掉臂而散；不加以懲創，則挨季墮壓，國課必虧。今臣立法，掣鹽過限半月者，銃引目十分之二；過限一月者，銃引目十分之五。此外免銃。如此，則奸商既憚銃毀之法，又懷免銃之仁，庶掣放依期等語。臣部查鹽引掣驗原有定期，過限即爲銃毀，此舊例也。但國家當定鼎之初，浙江值兵燹之後，鹽臣酌定日期分別銃毀，以示招徠，相應允從等因具題。奉旨：『依議行。欽此』

順治四年六月，兩浙巡鹽御史王燮爲引課規制未定，款項宜清，謹會計分疏臚列上陳事：臣查部劄開兩浙引價銀一十五萬五千六百六十九兩一錢五分，又開舊餉銀一十四萬五千兩，新舊參差，致有缺額。夫引額鹽斤既已奉行新制，而餘鹽加課仍欲取盈舊數，此固萬萬不能者也。臣謂欲求畫一，總不越部劄中『引制既定，課銀亦可因之以定』二語。夫每引三錢五分爲率，此無論四十四萬與六十六萬俱可按引而計也。就中分別正、雜二項，不因引課起者，應列爲雜項；因引課起者，總歸於正項。除明季續加，各遵奉恩詔蠲免外，如各縣場課税銀一萬八千八百四十一兩五分，係給商庫價之餘，又功績鹽銀七千八百一十五兩、船物銀四百兩、水手銀一百兩，係派之各州縣者，應作雜項，不當混入正項。如庫價銀九萬六千九百五十九兩六錢四分二釐，即各場竈水鄉蕩價銀兩。舊例，邊商中粟於邊，支鹽於場，每引各竈給鹽二百斤，各竈折價以給邊商，原屬引課，應歸正項。引價銀四萬四千四百七十六兩九錢，原屬引課，應歸正項。餘鹽銀八萬二千二百八十二兩二錢六分五釐，原屬加鹽八十斤者，今已減斤增引，應作引課以歸正項。加餘銀一萬四千九百二十七兩六錢四釐，亦屬加鹽者，應作引課以歸正項。代票引銀一萬四千四百五十九兩四錢八分三釐五毫，係代票行引者，今票已盡革，原屬引課，應歸正項。溧課銀四千兩，因溧陽原食淮鹽，後改食浙鹽而增者，亦屬引課，應歸正項。靖江縣包引銀一百八十二兩四錢三分七釐五毫，原屬引課，應歸正項。合計正項銀共二十五萬七千二百八十八兩零，即以六十六萬七千有奇之引計之，尚有浮額。與其頭緒紛繁多開名目，曷若統歸畫一，總撒相符等因具題。奉旨：『户部知道。欽此。』

順治四年六月，兩浙巡鹽御史王燮題爲改引無庸再議，課價相去懸殊，謹酌則額以便通行事：臣考兩浙鹽法，於正引之外設有小票，蓋因近場産鹽之地，鹽價既賤，肩販重多，其勢必不能行引，故行票耳。除前朝已改台引之外，尚有仁和等處一十六縣向行小票，共一十四萬四千一百張，即前鹽臣王顯所援敕書爲肩販之民請命者也。業經部覆，務期畫一，以絶弊源，則改票行引，無庸别議。然自去冬徂春，票既不行，引亦無認。臣遵旨曉諭貧民，設法調劑，或招商立埠，或責成州縣認銷，數月之中，始少有頭緒。惟是負販窮民既無重資就彼販賣，又鮮厚利。舊例，税票每張不過三分，今引價則以三錢五分爲率，欲少定引數，則鹽斤有限，不足充本地方之食；欲多定引數，則以一倍之利而責十餘倍之償，其勢不能。臣查浙中引課，原有上、中、下三則，即前朝代銷台引，亦原照下則派納。今統計一十四萬四千一百張之票，共不過四千三百二十三兩之税，議改行引五萬七千二百九十五引，照温所下則，每引納課銀八分四釐九毫、引價二分六釐六毫七絲，共引課價銀六千三百九十二兩四錢三釐一毫，較之前税已爲增浮。蓋此項改引，原在正額六十六萬之外者，即涓滴皆爲贏餘，而在民力有限，不得不因時制宜，以免壅墮者也。伏乞敕部議覆施行。奉旨：『户部議奏。欽此。』

順治十三年四月，户科給事中王益朋爲直陳鹽政本末，請敕徹底澄清以足軍餉事：查私鹽之弊始於竈户，極於商人，兩者有官鹽爲之外護，而私鹽遂不可稽。由是，場司等官朋比作奸，而四境之販私者又即巡鹽之官役計，惟有嚴查竈户一日所燒之鹽幾引，所買於商之鹽幾引，所贏餘又幾引，其餘官買盛貯，即抵場蕩糧銀。至引多鹽少，官府即行給賣，商人計引領鹽，打包之時，責在場官。如掣驗鹽包不與引合，即係夾帶，並查場官、竈户與捕巡私鹽官役而重治之。《私鹽法》嚴官引自銷，其府州縣有不依限銷引者，立爲參罰，則地方官巡查之法自嚴，而弊去矣。禁嚴弊去，商人又當寬恤也。四境有窮商，九賦將何賴？上自巡鹽御史以至轉運分司諸官，必盡得清廉精敏之人，而後可聞。今引鹽浮費多於正課，當管御史嚴爲察核，如有借公費常例掣驗名色、科斂於正額外者，即行參治。而各衙門書、皂等役悉照經制，多一名盡行革去，去官鹽之一蠹，即少官鹽之一害矣。其恤商之大要，又當嚴禁窩方造訪之門，商人不能無不肖，但此端一起，人人自危，裹足不前，非公家之利也。今浙、直、長蘆等處已極釐剔矣，而繼猛者，必濟之以寬，招徠優恤，去弊興利，是在巡鹽諸臣耳。奉旨：『户部議奏。欽此。』

順治十三年十月，兩浙巡鹽御史祖建明爲賦役事關垂遠，捕兵工食奉裁功績難以責成事：查兩浙行鹽銷引，南界：蘇、松、常、鎮、徽五府，廣德一州，西連江西廣信一府，地方遼闊，時多大夥私販，致礙商引官鹽。故各府州縣巡司衛所設立捕兵巡緝，給以工食，限獲鹽船，歲解功績銀七千八百餘兩，欠獲擬罪，有功給賞，載在《鹺規》，相沿已久。順治三年，督臣將賞課、工食二項具題充餉。五年，鹽臣王燮題請，奉旨照數復給工食在案。今又止息兩載，糾劾無人，不特地棍、鹽梟興販復熾，而武弁營兵更多列械連䑸，私侵國利，公行無忌。責之鹽官，藉口鹽捕奉裁；責之捕兵，委稱裁汰乏役。私鹽日熾，引課日虧，此鹽捕之萬不可裁也。但日給工食二分，尚不及一升之粟，何能使其鼓勇？此賞課之又不得不請也。查賞課銀兩，順治七年以前，解充兵餉應聽藩司於餉部交存銷算，每年額該臣衙門支賞者四千九百七二九兩九錢五釐。八年起至十一年止，臣衙門不行支給，各屬多有不解。藩司乞敕布政司，清追解部。而十二年起，應歸臣衙門照舊給賞巡鹽官捕以責用，命臣職掌攸關，不敢不據實題請。伏乞皇上敕部議覆施行。奉旨：『户部議奏。欽此。』

順治十四年，浙江巡撫陳應泰會同巡按御史王元曦、巡鹽御史于嗣登爲敬陳財賦之先著等事：臣等覆查得庫價一項，明季原因邊商納粟赴浙支鹽，後因守候艱苦，設内商買補銷引，得引價五萬八千餘兩之外，復令竈丁不納鹽而納丁蕩，每年徵銀九萬六千九百五十九兩有奇，以其徵貯司庫，而後給發，謂之『庫價』，是以明季解京鹽課額止一十四萬五千兩。我朝鼎建，無邊商中引之例。前項引價、庫價俱歸正額，故解京鹽銀共三十萬六百六十餘兩之額。是竈丁賦税昔以給償邊商者，今以起解赴部，在竈户未嘗加多，而内商未嘗減少，蓋非代商完課，而有欺隱情弊也。今若議庫價九萬六千九百餘兩另徵解部充餉，不入正課，似應於各商名下徵解，但竈丁勢必煎鹽以償各商之配掣，是竈户既供煎辦，不能復納課税，羸於商納者，絀於竈辦。鹽筴，國家大務，勢難於定額款項之外加編，相應據實查奏，伏乞睿鑒施行。奉旨：『該部知道。欽此。』

順治十六年閏三月，兩浙巡鹽御史遲日巽題爲鹽政敝壞已極，立法亟宜疏通，謹陳芻蕘末議，仰祈睿鑒事：

一京口盤驗之宜密也。兩浙食鹽全賴括海濱之土，淋滷煎燒，工力不易，較之淮鹽，價相懸殊。所以淮、浙接壤之人爭趨賤值，莫不利食淮鹽，往往回空糧艘、官座兵差船隻悉帶淮北鹽斤，進鎮江、蘇、常各府貨賣，以致官鹽阻滯，官引壅銷。伏乞敕令鎮江府海防同知並協守鎮江副將，日在沿江閘口躬親巡綽，遇有前船進閘，即便登舟盤驗，一有夾帶，許即嚴挐，報臣審實題參。倘本官疏於覺察，並行糾處。庶淮鹽戢而浙鹽行，官引漸次疏通矣。

一借巡私販之當嚴也。駐防將領原以捍衛疆圉、乂安黎庶，今則有等不肖兵弁，每借巡哨名色，坐駕雙桅船隻興販私鹽，或護送鹽梟發賣村市，狐假虎威，横肆無忌。雖經前鹽臣歷歷參挐，恬不知警。臣入境即大書禁示，重懸賞格，嚴飭巡獲，近日稍爲戢斂。伏乞敕著各督鎮將領，務須嚴加鈐束，不得借巡鹽以逞私販。如有營兵違犯，容臣特疏題參，則悍丁不敢撓法，鹽政自可肅清矣。

一分司督課之宜核也。兩浙設分司官四員，其一松江運同，一寧紹運副，又嘉興運判、温台運判，各有督催場課、稽煎竈鹽之責。但分隸之地遠則千里，近亦不下五六百里。今則共駐省城，差檄追呼，鞭長莫及。伏乞敕部酌議，移駐松、嘉、寧紹、温台，就近督課稽煎，將每月催過鹽斤造册報臣，嚴加查核。倘有後時缺額者，臣以參處隨之，於是呼應可靈，國賦永賴矣。

一諸商勸懲之典宜明也。商人輸資納課向有優恤之典，況今軍需告急，朝奉部撥，夕當措解，兼以地方不寧，轉輸不繼，半多徙業，所賴見在各商急公告完。臣自抵浙於兹，綏來恐後，凡有司封船阻運、差撥滋擾及地棍以砌訪嚇詐，兵丁以低銀強買，俱通行嚴飭。俾商困少甦，以安厥業。但諸商爭公好義者固多，而奸頑逋課者恒有，若非申明勸懲之道，則喫緊軍需從何疾應？容臣一差事竣，查諸商完課缺額者，開列花名欠數報部，嚴敕究追，庶勸懲明而人心肅，玩愒振而夙弊清矣。

以上四款，雖未能振刷積窳，亦可挽回頽敝，抑於兩浙今日之鹽政不無小補。如果臣言可採，伏乞敕部議覆施行。奉旨：『該部議奏。欽此。』

順治十六年八月，兩浙巡鹽御史遅日巽題爲引積鹽壅，商資困竭，懇設法疏銷以靖商命事：奉部咨送，據商人朱永祚等呈前事，劄行到臣，就行運司查覆。據署司覆稱，看得商人業鹽，輸本求利，宜招徠撫恤，使之樂趨，非可強也。浙，自我朝定鼎以來，損益變通，酌定六十六萬之額、三十一萬之課，遵守徵解，毋或有改。但浙瀕年以來海氛未靖，寧波、温、台三府沿海一十五場商竈逃竄，廬舍多墟，正引、加引多在塵封。按額，比商苦難挖肉，更有歷年壓欠之課並八十餘萬帶銷之引壅滯不楚。揆厥所自，實由淮、浙歸誠，先後有別。浙東通江，實在順治三年始得聚其流鴻，而行引徵課則又在三年十月間也。今計部以軍需告匱，持籌賦額，淮、浙引課一例起科清算，故有欠課壅引。殊不知淮、浙歸版各有前後，自難同日與之一概起科。且今日之浙地凋疲已極，非比平時，任此一方者得完惟正蓋亦稱幸，況乎又新增課銀四萬五千兩？雖加引十萬，年來皆屬不行，各商比照長蘆經制，情願完課，不敢請引，即請引無地行銷，若再責以帶徵、帶銷，縱日事鞭撻，時勢斷不能行。此朱永祚等所以遠叩長安，哀籲户部行文查勘，統祈具題，敕户部將淮、浙行引徵課年分逐一確查，萬難一例起科。其加引照長蘆例，督商照額納課，不敢請引，以壅益壅。俟温台寧謐，再行關請加引，帶行十四年冬引課，俾商、竈少蘇，不致無米爲炊，徒耽譴責等因。相應具題，伏乞敕部議覆施行。奉旨：『户部議奏。欽此。』

順治十七年二月，禮科給事中楊雍建題爲鹽法有難清之弊，積蠹多盤踞之奸，請敕户部轉行該差御史嚴查釐飭，以銷壅引，以足額課事：兩浙年額，行鹽六十六萬七千引零，每引額鹽二百斤，加包索、滷耗二十斤，浙西包補漂課又加七斤，此定例也。比聞邇來運鹽有重至二百六十斤者，及赴所秤掣，尚有餘斤割沒。夫每包之數加重至三四十斤，是十引之中夾帶幾及二引，通計一歲額銷正引内帶無引私鹽十余萬包矣。民間食鹽有數，引内夾帶無窮，五六年間必且壅一年之課，此當清釐者一也。引鹽掣發過所，浙東由富陽三關，浙西由蘇、湖二門。向例，府縣秤盤，及到應賣地頭，亦聽印官抽驗，然後開引。近聞闔門概行點包，地頭不復秤驗，不惟引鹽原重，而沿途添灌夾帶彌多。鹽斤之重逾甚，則引目之銷愈艱，此當稽核者一也。杭郡之餘杭，地連徽、嚴，向止有肩挑小票，不設引鹽。比聞新立小引，乘機夾帶私販。他如松屬之華亭、上海、青浦三縣引鹽，例於蔣涇埠秤掣，以其僻在江濱，無礙他處行鹽地方也。若蘇屬之崑山、常熟、嘉定、太倉，舊例必於嘉興所秤掣，近且移并蔣涇埠，改爲松江所秤掣之後，不由嘉興，竟往各州縣，地僻港多，無從查核，聞有加重至四五百斤者。私販行則正引滯，鹽斤重則銷額遲，此當更革者一也。商人骫法爲奸，營私射利，宜若立見肥家，而往往傷財力之重困，苦額税之難清者，蓋有積蠹奸胥從中蠶食，先飽其狼貪之欲，而後縱商人以鼠竊之奸。故國受其弊，而商不蒙其利。

臣聞兩浙巡鹽衙門書吏、承差各役多屬積年奸棍，或父子兄弟相繼占戀，或伯叔甥舅表裏爲奸，隱姓更名，移甲换乙，荼毒商、竈，紊亂鹽規。該差未見指名參奏，至其作弊，嚼商科派索詐之事，不可枚舉。大抵書吏把持於中，承差奔走於外，户部一例之舉行，動謂由承差之幹辦；鹽臣一事之興革，即稱係掌案之轉移。派京費，則每引均攤；勒使用，則挨家需索。如部發引目、包索油布、腳價盤費，乃所必需，及解部紙硃，每引不過分釐之間，而比聞派至六分以外。秤掣鹽斤照額爲準，平則放行，多則割没，本有定規，何須使費？近聞每次掣鹽未掣之際，先定鹽斤割没之多寡，悉聽書、承講定，任意低昂，及秤掣之時，書役有免委、減斤、加鈎、批掣、供應、公費之需求，承差有監掣、監艙、傳旗、叫牌、填封、發封、催掣、擺幫之横索，名目甚多，費用難記。無怪乎商人重困，而妄欲取償於加重之鹽斤也。且如沿海縣場，歲徵本折額課，定以三限全完，邇來未至限期，運司、分司紛紜差擾，重以巡鹽、承差接踵屢催，動輒科索差錢，不飽不已。嗟此窮竈，其何以堪！又如私鹽之禁，職屬官捕，遇有大夥鹽梟及勢豪窩頓，捕役力不能剿者，應該地方府縣官據實申詳，設法擒拏，亦須船、鹽現獲，始有實證。乃或止憑承差片紙之申報，即差提四出，嚇詐咆哮，審質則事無確憑，而差拏則家已立破。夫承差止供齎奏之用，豈應承票催餉提人？總由與蠹書表裏交通，多方作弊，凡可以嚇詐誅求之法，無所不行。如此，則商安得不貧，引安得不壅？

臣請敕部嚴行該差御史，將逐一弊端徹底清查，是否有無，詳確具奏，并察積蠹壞法之奸，訪實嚴究以後大加釐刷，剔弊蘇商，庶舊課可以漸銷，新引不致復壅矣。奉旨：『該部嚴察議奏。欽此。』

順治十七年五月，兩浙巡鹽御史余司仁題爲引壅商困，懇准援例變通等事：兩浙額行小引六十六萬七千一百五十三引，向緣寇逆交訌，買銷匪易，歷年遂多壅積。邇復加引十萬道，原無別地行銷，故自順治三年至今，共壅已領未銷及未領在部之引一百二十餘萬，即議分年帶銷，亦屬紙上空談。前此欲求年銷年額而不可得，以致壅積如此。今日仍此行鹽之地，仍此食鹽之人，豈能兼銷於額外乎？當兹軍需孔亟，若必按引辦課，則額引不能全銷，額課奚從取足？今各商仰體國課爲重，因援兩淮減斤銷引之例，行之兩浙。其法，納兩引之課止行引半之鹽，以引半之鹽並作一包，以一包之鹽兼銷兩引，則鹽少易銷，將累年已領之壅引可以漸次疏通，及未關之部引，亦可漸次領用，爲國課軍需計，至便也。在各商，鹽減雖有虚賠之課，而包並亦省腳價之費，公私兩便，似可允從。俟壅積舊引行銷完足，仍照舊奉行。伏乞敕部議覆施行。奉旨：『户部議奏。欽此。』

順治十七年十二月，兩浙巡鹽御史余司仁爲鹽法有難清之弊，積蠹多盤踞之奸等事，覆禮科給事中楊雍建題前事：查鹽課仰給軍需，盈虧關於國計，使或蠹弊因仍，則引壅課絀，鹽法必致大壞。故臣朝奉命而夕飲水，自矢清弊除奸，以襄盛治。乃入境伊始，即有科臣楊雍建疏陳從前諸弊，敕臣逐一清查指參。一則曰鹽斤加重當清釐，一則曰關門、賣地所當稽核，一則曰松所秤掣所當更革。查松所設於明朝，又復新經題定司議，遵行已久，商、國兩便，似難更張。至於關門、賣地，向例，印官秤盤，乃日久因循，不無廢弛之處。臣遵即嚴行申飭，惟是商鹽赴所秤掣，輕重原自不齊，有照額掃準者，有浮重一二斤者，甚至承滷底包重至五六斤、七八斤不等，總不外於平則放行，多則割没，累年報解割没銀十萬餘兩，即此等通盤積算之數也。是科臣之言非屬無因，而加重之鹽已歸公帑，又無可深求者。若引目一項，紙、硃銀兩每引三釐，自有常額解部；他如腳價、包索等費，皆係商人自備，時有低昂，商夥清算不經院司衰核。今後或部定數目，嚴飭遵行，毋許絲毫浮派。若衙役一項，骫法蓋其素習，使覺察稍疏，便至作奸叢弊，科臣請敕訪實嚴究，誠屬剔弊甦商起見。但查臣衙門書、承等役，自順治十三年奉例納銀之後陸續參撥，俱非久戀，至於按其作奸實蹟，到處行查，從無揭報，徧示招告，竟無的憑。

臣亦不敢冒昧上聞，仍當嚴加細訪，俟有確據，另行補參，嗣後更加整刷，務使弊絶風清。伏乞敕下户部覆核施行。奉旨：『該部議奏。欽此。』

康熙元年五月，户部爲敬陳台所行鹽之法等事，覆兩浙巡鹽御史蕭震題稱：温、台二所，近經遷徙之後，場竈既廢，引地空懸，惟有兼銷一策，議將台所之引買補於紹所。台引年額二萬三千四百五十道，蓋向來台屬户口繁多，故照數派鹽，今屢遭盜寇，人煙減少，台商必不能全銷，而紹場多不産鹽。若以台所之引盡買補於不産鹽之場，恐鹽缺而引益壅，課益絀。臣令六所各商從長酌議，願將台額改嘉所六千引、改松所四千引，即在二所買補行鹽以代台所銷額，仍隨二所納課，計多課銀九百四十四兩零。其存額一萬三千四百五十道，令買補於紹所各場，運賣於台所各縣，事屬妥便等因。查鹽場既移，務應權變徵課、疏鹽。今該鹽臣既稱台所場竈遷移，户口凋殘，議改嘉、松二所買補代銷台額，仍隨二所納課，應如所議，其多出課銀，每年照數解部。尚有引一萬三千四百五十道，准令台所商人買鹽于紹所各場，運銷於台所各縣。至於秤掣、盤驗、改銷、緝販等項事宜，應令該御史一并嚴禁奉行，無弊可也。奉旨：『依議。欽此。』

康熙三年十月，兩浙巡鹽御史張志尹題爲鹽價遠運日增，兵民淡食致病，謹將巡歷真情，懇祈睿鑒，敕部議覆事：查温、台二府攤沙起竈一案，事出創始，必期上足國課，下濟民生，方克經久。温、台各場地臨濱海，順治十八年間，奉旨遷徙界外，竈無煎辦，商無買補。前經鹽臣蕭震酌議，將温、台二所引商改於杭、紹二所買補行銷，題奉俞旨，遵行在案。兹因督臣趙廷臣巡歷温、台二郡，目擊各竈以播遷失業，商鹽以遠運價重，民多淡食之苦，故有攤沙起竈之請。然《鹺法》，有地則有税，有竈則有丁，有丁則有糧，是以前鹽臣顧如華因事關重大，屢行司、道、府、廳條議長便，未獲就緒，疏請寬限。今奉部題勒限議覆，備劄到臣，遵即嚴行，運司梁知先覆議前來，其温所年行二萬三百六十之小引，既經巡温道取有土商王伯龍等領引認課甘結，可以按額領辦。界内攤沙起竈之所，則有册報，永嘉縣之茅竹嶺、瑞安縣之飛雲渡、樂清縣之芙蓉嶺等處，共竈丁之糧、地畝之税，俟奉旨開煎之日，確有定數，照例派納另報。由是温引復行温所，杭鹽無煩遠運，誠商、民兩便之策也。至於台所每年額行小引一萬三千四百五十引，除寧海縣認行小引七百五十引外，尚有一萬二千七百引，行據運司詳稱，取有遷徙竈丁陳季明等八百七十人可以煎燒，認結在案，計歲可煎鹽一百五十萬斤，足配小引六千三百五十。猶有六千三百五十引，仍行金屬東陽、永康、武義三邑，責令紹商買補行銷。第今遷徙之後，台所引鹽已行紹所買補，運台附銷，台商星散，僅有張汪洋等數人，不能全認。臣思有地可以起竈、有竈可以煎鹽、有鹽可以配引，所争者商不足耳。今有張汪洋等願認一千七百引外其餘引目，臣即行有司官多方招徠舊商認銷完課，使台屬行台引，而紹鹽止行於金屬，兩不相礙，鹽課亦不至於有虧。其竈丁地税，俟奉旨開煎之日清丈，按數照例輸納另報，庶於國計民生均有裨益矣。奉旨：『户部知道。欽此。』

康熙四年三月，掌京畿道、山東道監察御史顧如華爲遵諭陳言事：兩浙鹽課積年陞税，至溢明季舊例幾倍。臣於康熙二年八月内奉差抵浙，各鹽商、竈户投呈申訴不啻數百紙，皆因邊海數郡禁其燒鹽，所該引課俱攤别所各場，是以課重，又竈户丁蕩俱廢，奉有鹽漕未與恩赦之例，遂至壓欠，不得蠲免。商竈實多貧苦，力不能辦，而竈户尤爲可憫。蓋商人領引自應納課，至竈户錢糧派自地畝，同屬赤子，遇赦不得沾恩。民竈異例，亦豈法之平乎？臣在任時，以職掌攸關，力勸誘諸商竈勉强完納，幸而無虧，此於臣責雖寬，而於臣心實未安也。臣聞兩淮、長蘆、山東等處商竈，亦皆力困不支，此衆耳所共聞，非臣一人敢私議者。應請皇恩一視同仁，均沾浩蕩，將鹽漕不赦舊例，俯賜通融，稍紓十分之一二，則商心樂於輸，將不生怨讟，亦可爲培養元氣之一助也。奉旨：『該部議奏。欽此。』

康熙六年十月，户部爲清丈各省之地以除積弊事，覆兩浙巡鹽御史傅世舟題稱：鹽規開載各縣鹽課，原有竈丁不諳煎鹽，發縣與民一體當差，其名下應納之銀，該縣通融均派於秋糧餘米内徵收，名曰『水鄉』。有無徵課銀，於民户秋糧餘米内包納，名曰『包補』。其徵解雖歸於鹺司，而輸納總出於民户，編入會計，款項分明。此在浙省各縣無不皆然，《藩司全書》班班可考也。即江南松屬之華、婁、上、青，與蘇屬崇明等縣鹽課，亦皆載入《全書》。惟吴江、長洲、太倉三州縣，一係糧長賠完，一係現總輸解，一係縣址官地浮棚業户完納，考其從來，據稱先年沿海竈丁流落在縣，並無蕩地，年遠丁絶，課額難虧，是以派諸里遞，自明迄今，相沿久矣。雖徵解未入條鞭，然總於民糧編派，即《鹺規》所云『包補』者。至於青村等場丈缺蕩地税銀，據松、嘉二分司咸稱，各場照額辦課亦非一日，毋庸減除，共各縣場丈陞税銀五百九十五兩三分零，統候部示徵解。臣部議得，水鄉、包課銀兩，既經該御史會同該撫查明，在於民地内徵解，毋庸查議，其丈出陞税銀五百九十五兩三分零，應照原丈年分徵解，每年入額考成可也。奉旨：『依議。欽此。』

康熙七年三月，雲南道監察御史徐旭齡爲請革鹽法之三大弊等事：一曰割没稽餘鹽也，實則官收無額之課便侵欺，商行無引之鹽便夾帶，是以罰私鹽之法反爲行私鹽之一大孔也。臣愚以爲，虚解割没之鹽，不若實添割没之引，商人鹽斤重稱者，令其割斤配引以行之，永禁割没名色，則商無私帶、官無私收矣。一曰場竈産鹽地也，實則奸竈利於私煎、奸商利於私買、場官利於私放，是以國家額設之場反爲私鹽縱横之藪也。臣愚以爲，正引即不榜派以便商，而餘鹽必當榜派以革弊，凡場竈餘鹽報官派發，毋得私鬻，則場無私出、鹽無私販矣。一曰關津查鹽所也，實則獲鹽之賞有限，漏鹽之利無窮。私利重而官賞輕，則隱漏多而緝獲少，是以巡緝私鹽之人，即爲護送私鹽之人也。臣愚以爲，賞緝鹽之功，不若嚴漏鹽之罪，凡獲私鹽，必追漏過口岸，一體連坐，則賄縱技窮、越販路絶矣。伏乞睿鑒敕部酌議施行。奉旨：『該部確議具奏。欽此。』

康熙十二年十一月，陝西道監察御史胡三祝題爲巡鹽例有罪贖所限，實爲害民，仰祈睿鑒，酌加變通以善法制事：浙鹽一差，例有年額，贓罪銀七千兩，皆各屬緝獲鹽徒，究擬招報之罪贖也。臣思犯法興販何能必其有定人，則緝獲招擬亦安能必其有定數？前人立法之意，不過曰嚴立一定之限，則官與役不敢怠忽，鹽政加意巡緝耳。豈知流害於今，竟爲小民無窮之累乎？蓋此法既定，則鹽臣畏考成，不得不嚴督之各屬；各屬畏參罰，不得不嚴責之鹽捕；至於鹽捕畏比較，而其害遂有不可勝言者。夫限比迫於其外，箠楚切於其身，於是大夥鹽梟不能得，而擒挐肩挑背負以塞責者有之；真正鹽徒已免脱，而旁及親鄰以充數者有之。該管有司豈盡聾聵，不恤民冤？誠恐罪贖如不足額，則參罰有所不免，故隱忍遷就，雖負販之小民、株連之無辜，皆在問擬追比之中而不遑恤也。臣愚以爲，嗣後巡鹽贓罰，請敕部酌議，多則報多，少則報少，不必限以年額，庶幾公平無弊之法也。或者曰年限不立，則官捕怠巡，私鹽愈致充斥。不知私鹽所以横行者，或爲奸商之夾帶、影射，或爲豪強之官座藏私，或爲地棍串通兵弁、旗丁，借名興販，如此等類私鹽之數，必是累千而累萬。凡在差鹽臣果能鼓舞各府總巡與所屬有司不畏強禦，不惜勤勞，則挐獲大梟一起，勝於小民數百輩矣。或曰年限不立，則鹽差必是報少，不肯報多。夫與其必及額以害吾小民，何如不必及額以惠我百姓？况官役相私，則有鹽臣察核之；鹽臣徇私，則外而督、撫內而科道得以糾舉之。且各屬緝獲私鹽，例皆通詳督、撫，鹽臣安得獨徇其私哉！臣目擊病民之法，詳陳一得之愚，伏乞睿鑒，採擇施行。奉旨：『該部議奏。欽此。』

康熙十八年十月，兩浙巡鹽御史孫必振題爲商引之歲額有限、竈鹽之歲産無窮，請敕清查，酌加商引，嚴禁私販，以裕國課事：據運司閻廷謨詳稱，浙省行鹽州縣鹺制向有等則，蓋昔年立法之時，原因人丁多寡、地方豐歉而定。是以前御史奉行加引，細按兩浙上、中、下三則之鹺規，仿照長蘆七丁、十丁、十三丁之成例，分别酌加，即所謂『計丁加引』，名雖異而實則同也。況『上則』雖云地方豐饒，而當日原定經制之時，業將引目多派，已不及七丁即銷一引矣，今豈能責令民間多食乎？至『中則』『下則』，委係地瘠民貧，中則已不及十丁一引，下則已不及十三丁一引，故因時度勢，實難再加。又如濱海近場，議以二十丁一引者，查御史傅廷俊原題條陳内開明，附近鹽場不在按丁均派之例，今將附近鹽場之海鹽等十二縣亦勉力酌加，已有壅絀之虞，萬難復事增添。再查，不計人丁加引一倍之定海等五縣，實係坐臨海角，水性酷鹹，最難銷引。矧寇擾之餘，元氣未復，仍於原額之外再加一倍出之，萬不獲已，豈能更爲置議？

再照浙江衛、所人丁，除領運漕糈者往來南北外，其餘俱散處各縣，即在前報民丁之内，徒有衛、所之名，並無專城之實，非若天津衛之不隸有司，可以額外行鹽者比，毋庸另議等因，造册詳覆前來。臣以杭州地居省會，往來衝要，可否酌加，復行批駁，而該司堅覆如初。臣惟計丁行引，固足課均鹺之善策，前鹽臣衛執蒲奉文之時，緣浙省地方遼闊，恐草率定議，未免斟酌失宜，故特具題展限講求。半載有餘，毫無賸義。兹蒙部駁，奉旨：敕臣再行議增。臣敢不悉心籌畫，以期仰副？但浙江一省自浙東寇亂之後，雖漸承平，而賣地凋殘，食鹽莫售。即杭州府，名爲商民聚集，又係逼近鹽場，歷來正引不行，無商住買，皆係肩販領票挑賣，以濟民食。仁、錢二邑，年額票引一萬六千道，不爲不多，況浙省今歲饑荒，額引尚苦壅滯，實不能再爲加增，相應仍照原議加引二萬七千三十五引零、增課八千八十二兩六錢三分零。第所增引目，計部覆奉文之時將届春初，欲更銷前季之引，又所不能合并，請自康熙十九年春季爲始，聽户部給引行銷、徵課佐餉。除將運司造到丁引册籍送部查核外，伏乞皇上敕部議覆施行。奉旨：『該部議奏。欽此。』

康熙十九年十二月，兩浙巡鹽御史成其範題爲折引無虧國課，減鹽可救商艱，恩賜再疏請折等事：據運司閻廷謨及衆商俱稱，折引並包額課之數仍照舊全輸，而鹽包、繩索、水陸夫船、脚價，諸凡之雜費俱可以省，必不至有高價累民之弊。前鹽臣趙之鼎、孫必振已專疏具題部議，恐減鹽而鹽不足，或擡價累民，故未覆允。在我皇上愛民之心，群工自當共相仰副，使其略有不便於民，臣等又何敢不遵前日之部議而屢瀆聖聰？惟是商人願自減鹽，不過欲速於銷售，實爲疏引裕課之計，況所減鹽斤適符連年節次加增之鹽數，較之向年之原額仍復不少。鹽既不少，價安得昂？鹽既不昂，民亦何累？此又不但臣籌之甚熟，即今身任地方之督、撫莫不目擊輿情，深知並無擡價累民之弊，更有便商疏引之益，亟當剴切爲之再請者也。仰祈皇上軫念商艱，敕令部臣詳加確議，即允臣等所請，將兩浙杭、嘉二所浙西引鹽，自康熙十九年冬季起，令商人納二引之課行引半之鹽，用一引運往賣地，以一引存司繳部，其每引加鹽二十五斤，不在折并之内。俟三年後課裕，引疏仍復舊額行銷，庶幾商困可以漸蘇，而國課、民用均有攸賴矣。伏乞睿鑒施行。奉旨：『該部議奏。欽此。』

康熙二十六年十月，兩浙巡鹽御史常翼聖題爲攤課代輸年久、窮竈髓竭難支，值兹恩詔普頒，亟懇具題減豁以廣皇仁事：兩浙鹽場竈户向多貧困，而二十餘年之積苦，又莫過於攤課一事。當順治年間，因温、台、寧各場遷置界外，地廢人空，課銀無著。部議將無徵銀九千五百六十七兩零，暫令内地各場均攤徵補，俟遷民復業之日仍即減除。此不過因曩時軍需孔亟，爲一時權宜之計，不意歷今多年，攤代無已。兹雖遷界展復，嚴督招墾，而哀鴻未集、土曠人稀，復業甚少，以故前任各鹽臣節次招覆，僅報過丁蕩課銀共二千八百六十一兩零，尚不足原額三分之一。且系運司陸續詳報具題，未敢遽議扣減，是以暫歸額外徵收，而窮竈二十餘年代輸之攤課，至今未得釋肩，苦累已極。今值皇上大赦，詔款普頒，凡康熙十三年以後加增税銀，概蒙豁免，各竈際此聖恩，望蘇尤亟，是以迫切哀籲。臣奉命視鹺，有撫循商、竈，蘇困裕課之職，而博采利弊，酌便請行。又，敕諭之所開載，況伏讀詔款内開：凡有不便於民之事，該督、撫詳察具題。臣今身在兩浙地方，目擊窮竈之仳傷、代賠之艱苦，用是仰體皇仁，冒昧奏請。伏祈皇上敕下部臣詳議，或將見在展復課銀二千八百六十一兩五分零，先與扣除原攤之數，其未復課銀，仍督該管各官設法招墾以足原額，或恩詔普頒，加增概免。仰懇聖慈一視同仁，將此攤課一項悉與減除，將見高天雨露，率土同沾，而竈困獲蘇，課源亦培裕於無窮矣。奉旨：『該部議奏。欽此。』

康熙三十四年十二月，户部爲謹就管見地方事宜等事，覆江西道御史任觀瀛題前事：據該督郭世隆、巡撫王維珍、巡鹽御史穆和倫疏稱，仁、錢二十二縣皆緣逼近場竈，不便概行正引，沿海窮黎既無耕種恒産，又無别業謀生，惟賴領引貨賣，易米度日。今若議設鹽店，概改商銷，則數萬貧民謀生乏策，相應仍循舊掣等因。應將御史任觀瀛條奏票引改行正引之處，無庸議。奉旨：『依議。欽此。』

康熙三十六年十月，兩浙巡鹽御史博泰題爲敬陳引地私販情形，請旨嚴飭防緝，靖梟販以裕引課事：臣查，兩浙引地有浙東、浙西之分，而防緝各有要隘，如浙西鎮、常等府，則界連江北，深受淮海私鹽之害，梟徒越販，潑横異常，拒捕傷人，每每見告。然督緝之責，惟鎮江府海防官爲要，若本官防緝嚴謹，則浙西之私販可杜矣。再如浙東之諸暨、義烏、浦江等縣奸民百十爲群，聚夥販私，所販之鹽收之於紹屬場竈，而侵賣於金華、嚴州等府引地，妨害鹺業，爲患已久。然私販發運，必從諸暨地方經過，若此縣之防緝綦嚴，則販徒無從透越，浙東私鹽自可屏息矣。今則官役弛防，梟多縱漏，商人有鹽壅課絀之虞，額引無疏銷轉運之策，因循日久，整頓不易，非奉嚴綸申飭，無以儆怠玩而肅鹺法。奉旨：『該部議奏。欽此。』

康熙三十七年九月，户部爲請禁崇明私竈偷賣以全内地引課事，覆兩浙巡鹽御史舒述布題稱：兩浙所屬州縣皆有部引派銷，惟崇明一縣地居海外，止徵計丁之包課，自食本地之鹽斤。歷任鹽臣行縣，酌定設竈八十六副。不意奸徒恃居偏僻，遂私添竈座，恣肆煎燒，越海興販，侵入内地，爲害官鹺。而該管官弁漫不查拏，以致海外私竈繁多，内地引課受害。請令該地方總兵官并縣衙印巡等官一體嚴禁。再，兩浙鹽場俱有大使專管稽煎，禁止私賣。今崇明既有鹽竈，應照大使專管之例，著令縣丞、巡檢專司稽察，庶内地引課可全等因。議得：崇明一縣私竈繁多，引課受害，應行該御史嚴飭地方官稽查，如有私添，即行拏獲，照私鹽例治罪。再，奸徒既有私設竈座，恣肆煎燒、興販，爲害官鹺，而該管官弁何得並不查拏？應令將從前不行查拏各官查參。其崇明縣既無大使，嗣後，責令崇明縣縣丞、巡檢不時巡查，如有失察，一并指名題參可也。奉旨：『依議。欽此。』

康熙五十年正月，江南道監察御史董宏彪題爲鹽課宜加嚴察以杜積弊，以實公帑事：查得各省地丁，總歸藩司，各處鹽課，統屬運司，責任相同。凡藩司交代，必將任内收放錢糧交盤出結造册，呈詳巡撫具題，分送部科查核。但各處運司交代，並無印册咨送，亦不題報，所以上下之官得以彼此徇隱。如原任廣東運使陸曾、原任兩浙運使李文獻，俱虧空至數十萬，皆職此。故臣請嗣後運使交代亦照藩司交代之例，將舊官任内收放錢糧、新官交盤出結造具四柱清册，呈詳巡鹽御史具題，分送部科稽察，如有徇隱情弊察出，一體議處追賠。至運同、運判，有催徵錢糧者，亦應照州縣交代，令御史取具册結，呈報部科，庶虧空易於覺察矣。奉旨：『該部議奏。欽此。』

康熙五十五年正月，户部爲請嚴保甲等事，覆兩浙巡鹽御史諸米題稱：兩浙地連山海，界接江淮，奸徒貪利，違禁私販，以致正引壅滯，若不申嚴保甲，無以盡絶根株。臣思兩浙州縣向有編設保甲之令，稽查奸宄，法誠善也。臣請以現行保甲之法，更申以嚴察私鹽之條，責任地方官力行查緝，使總保里民互相稽察。如同甲内有窩頓及外來興販等人，有能告獲者，照律給賞；有容隱徇縱等情，發覺之日，即治以連坐之罪。庶小民咸知畏法，遠近匪類無從託足，則私鹽絶而正引得銷，正引銷而國課自裕矣等因。應如該御史所題，嚴飭所屬行鹽地方該管官員，將奸宄聚衆興販私鹽者，令總保里民互相稽察，有能拏獲者，照律給賞；倘容隱徇縱，發覺之日，照例治罪可也。奉旨：『依議。欽此。』

雍正元年十月，户部爲查取鹽法事宜事，覆兩浙巡鹽御史噶爾泰題前事：查得先經兩浙巡鹽御史傅色納將兩浙鹽法事宜造册送部，册開休寧縣額行引鹽婺源縣分銷，黟縣引鹽祁門縣分銷等語。查從前兩浙造送《鹾規》開載，休寧縣額引祁門、婺源、黟縣三縣分買，今所送册開前後互異。行令仍照《鹾規》所載分銷去後，今據該御史呈稱，鹾政歷有興革不同，從前送部《鹽法事宜册》内，俱載休寧引鹽婺源分銷，黟縣引鹽祁門分銷，兹奉部飭仍照《鹾規》舊例，自應祇遵。但休寧引鹽婺源分銷，黟縣引鹽祁門分銷，商民咸稱大有裨益，遵行已久，不可更改等語。且又與額課額引毫無虧缺，應如該御史所請，將休寧引鹽婺源分銷，黟縣引鹽祁門分銷可也。奉旨：『依議。欽此。』

雍正二年二月，兩浙巡鹽御史噶爾泰題爲除私派以息商事：查兩浙所屬地方廣闊，浙江十一府、一州，七十六縣，江南五府、二州，二十七縣，江西一府、七縣，鹽係每日必需，查各處應銷正引俱照丁均派，而不能銷者，實州縣官不行嚴禁私鹽、縱私横行之所致。臣不時行查州縣，有此等事即題參處分。再，臣一年應銷正引七十萬一千六百九十九引，又查先年御史、鹽道將該年額引全銷照數完課具報外，尚有數任鹽引不能完銷，雖將所缺照數著落商人，而歷年積存七十萬引。臣託聖主福，去年至今雨水應時，額引必可全銷。倘額數錢糧，任滿之時不能完足，臣願將應得銀兩抵出，同鹽道照數完課。臣所得者每引一錢八分，又查歷年御史所得商人水腳銀五千六百兩，又承差銀四千八百兩，此項臣不敢隱瞞入已，以負皇上高厚之恩。因此將臣所得公費并水腳銀兩收貯道庫，其承差四千八百兩内量臣所需，陸續取收，節省用度。臣於五月二十八日一年任滿，應將細數逐一開明具奏，恭請皇上指示。再，兩浙筆帖式不曾差出，其筆帖式應得分銀每引七分亦收貯道庫，俟差滿之後，令鹽道差員解送，廣儲司庫。爲此謹題。奉旨：『該部知道。欽此。』

雍正二年七月，兩江總督查弼納爲請將鎮郡改食淮鹽，以永杜大江南岸私梟事：竊查鎮江舊食浙鹽，浙鹽産於松江，沿海鹽臣盤掣之後，船載赴鎮六七百里，道路既遠，脚費自多，官鹽所以價貴。淮鹽産於如皋、通、泰等處，去鎮江止隔帶水，私販片帆渡江即至鎮郡，脚費無幾，比浙鹽價值甚賤。且浙鹽灰多味苦而淡，淮鹽味潔而鹹，其價又賤，民情惟利是趨，避浙鹽之貴而偷買淮私，勢所必至。淮私至鎮，透越甚易；大江遼闊，稽查甚難。鎮江私販既多，遂流行内地，如句容、溧陽、高淳等處，無非私鹽充斥矣。欲絶鎮江買私，莫若將鎮江所屬三縣改食淮鹽。鹽臣在儀徵盤掣之後，船載渡江，相隔百有餘里，抵鎮甚易，則價自賤。官鹽既賤，則民不食私，梟棍何從射利？將不禁而自散矣。鎮江既食淮鹽，則鎮江府屬所行鹽引照數，即令淮商承充，其應納鹽課銀兩，即令淮商交納。如浙引鹽課與兩淮相同，則令各商照浙例完納；若浙課比兩淮爲輕，則令淮商照淮例完納。一轉移間，於國課、民生均有裨益，果否可行，統候聖主睿鑒裁奪。七月十三日，奉旨：『鎮江之鹽，起初舍近而就遠者，其中或有不便情由所致爾。與謝賜履、黄叔琳、噶爾泰公同詳確議奏。欽此。』遵移咨兩浙巡鹽御史謝賜履、浙江巡撫黄叔琳、兩淮巡鹽御史噶爾泰會同布政司鹽驛道遵照奉旨事理，妥議會詳，以憑覆奏。據浙江布政司佟吉圖、兩浙鹽驛道王鈞詳稱：會查得兩浙行鹽辦課，原以江南鎮江爲界，鎮屬行鹽隸於浙省者，揆厥畫疆之始，蓋緣淮以瓜洲爲門户，浙以鎮江爲咽喉，有大江以爲之限，則彼此不相侵害，原屬因地制宜。是以京口奉旨設立盤鹽官廳，專責防守稽查，以杜淮私侵浙之患。歷年以來，兩浙引課從無虧缺者，職是故也。今兩江督臣奏請改食淮鹽，恐販徒借官行私，連艙飛越，并奸商飛渡夾帶、影射、重照之弊更難稽查。且梟販尚能私渡大江，蘇、常之地支河小港繁多，尤易透入。至於價值久經核定飭遵，味之鹹淡，水土相宜，況節次嚴飭地方文武實力巡查，梟販自可屏絶。鎮江改食淮鹽，在兩淮幅員遼闊，增此一府不足見多；而在浙地，失此大江之界，將來蘇、常以西，淮私透入，不無侵越之虞。兩淮、兩浙總屬引地，淮商、浙商總屬辦課，應否仍循舊界疏引行鹽，則淮、浙諸商各安其業，而永保國餉於無虧矣。雍正二年九月，准兩淮巡鹽御史噶爾泰移會内開：兩江總督已將仍舊行銷浙引、毋庸改食淮鹽緣由奏明，相應移覆，遵照施行。

雍正二年十二月，户部爲請定酌撥條例等事：臣部每年春、秋二撥，年終大撥，舊例，按各省本年額徵錢糧及各年各案登記銀兩，通計酌撥。而各省本年額徵，未經奏銷徵收存庫之數不能確知多少，其各年各案登記銀兩，本省或已於别案動撥，亦以未經奏銷部内登記仍未開除，故部撥款項，各省撫臣以業經動支、或以未經徵收不敷撥給爲詞。蓋緣部撥款項定例，必照所指何項動用，藩庫即有别項存庫，以非部所指不敢擅動，故往往咨請改撥。查各省兵餉、驛站、官役俸工等項，皆按月支給，不容遲緩。其别省協餉亦不可稽時日，乃一經咨題改撥，往返動隔數月，既於兵餉不能無誤，而别項已徵銀兩徒貯藩庫，恐反或致虧空，此皆因部内不知各省實在存庫款項數目也。臣等公同酌議雍正二年已撥款項或動支不敷者，各省撫臣題明暫移存庫、别項支給，將部撥本款徵收還補。自雍正三年爲始，令直、省每春、秋二季，造具現年徵收何項若干、現存何項若干，清册送部。臣部於二季酌撥、年終大撥時，將其確存款項數目酌撥各省兵餉、驛站官役俸工及充協餉外，餘悉令解充京餉。如此，則臣部所撥皆係實徵在庫之數，直、省不得以不敷未徵藉口，既可省文書駁詰之往返，亦可除改撥挪移之紛擾，錢糧各歸款項，不致混淆，似於國帑、兵餉均有裨益。恭候命下之日，即通行直、省，遵照奉行。春季應送清册，務於二月二十以前到部；秋季應送清册，於八月二十以前到部。如違限不到，臣部即行題參，交部議處。奉旨：『著照行。欽此。』

雍正三年正月，户部爲欽奉上諭酌加鹽斤事，覆署理兩浙鹽政、浙江布政司佟吉圖題稱：兩浙商人行鹽辦課素屬急公，歲額錢糧從無缺誤。但緣資本微薄，未免轉輸拮据。恭逢聖主仁慈，軫恤商民艱苦，俞旨：每引量加鹽斤，户部欽遵行令詳議具題。據該道王鈞詳稱，兩浙定例，每引行鹽二百五十斤，又有鹽差并筆帖式應得公費銀共二錢五分，每引予鹽三十五斤。前經刑部尚書張廷樞、内閣學士德間察審原任鹽差哈爾金一案，謂公費出於鹽斤，已將加鹽三十五斤之處據實奏聞，業蒙聖祖仁皇帝俞允，免其禁革在案，今應請循照舊例等因。查得兵部尚書盧詢條奏加引不加額一案，行令兩淮并兩浙御史照長蘆之例，每引量加鹽斤之處詳加確議在案。又查康熙五十九年刑部尚書張廷樞等審明哈爾金一案奏稱，兩浙舊例，每引行鹽二百五十斤，其後鹽院筆帖式逐漸加費至二錢五分，故亦漸加鹽至三十五斤，若將此項加斤之鹽盡行禁革，恐商人不能兼顧，或至拖欠錢糧亦未可定等語。經從前臣部議覆，將多給商人三十五斤之鹽暫免禁止等因，具題亦在案。今署鹽政、布政使佟吉圖既稱兩浙商人資本微薄，若照長蘆之例，每引加鹽五十斤，誠恐引課有虧，請照從前部議每引加鹽三十五斤，則衆商均邀皇恩等語。應如所奏，准其每引仍舊加鹽三十五斤，仍行該鹽政，將地方之大小、銷鹽之多寡，據實查明，酌量配銷造册，報部查核。如有鹽多引壅不能完之處，亦據實題報可也。奉旨：『依議。欽此。』

雍正三年十一月，户部爲請將竈丁歸并竈地徵收以免苦累事，覆原署浙江巡撫印務、按察使甘國奎題前事：查蘆瀝等七場竈丁課銀，原係歸地徵收，并南監場光丁課銀，已議民條統徵分解，應毋庸議。至仁和倉暨許村等八場，以及錢塘倉暨西路等九場，峽門、華巖二倉，該撫等雖稱將舊有給丁之蕩酌議定則，攤納丁銀，其原無給丁蕩地之處，分别暫爲通融攤納，以足丁課等語。但各場原有給丁之地作何定則？攤納并原無給丁蕩地之處作何通融足課？疏内並未分晰聲明，此係立法之始，務期酌派公勻，方可永爲定例。應令該撫等逐一查明，妥議造册具題。其温、台二屬黄巖等六場，與北監場白沙、岳頭二倉，該撫等既稱光丁居多無地可攤，勉令照舊輸納等語。應如該撫等所題，將各場應徵丁銀暫令照舊輸納。又寧、台、温三府屬穿山、玉泉等場，該撫等以續復之地，將新攤丁課，請同原額蕩地通算均減，如止復竈丁，應否照康熙五十二年滋生人丁之例，免其科徵丁銀等語。應令該撫等將該處續復竈地同原額蕩地通算均減，如止復竈丁，應准其照舊免徵丁銀，仍將丁名報部，以便頂補。至温、台二府屬無地攤丁，並錢塘倉暨西路等九場，北監場，峽門、華巖二倉，黄巖等六場，與北監場白沙、岳頭二倉無蕩地之處，相交與該鹽政查明漲墾新陞并應否抵補減免之處，造册定議具題可也。奉旨：『依議。欽此。』

雍正四年九月，户部爲遵旨查議事，據浙江巡撫李衛、都察院左副都御史傅敏等遵旨查議兩浙浮派鹽規一案，册開自康熙六十年五月起至雍正二年十一月止，鹽臣傅色納、楊爲梓、噶爾泰三任内，甲商所派雜費，除減存銀兩外，實浮費銀七十一萬一千六百二十七兩八錢二分，以應否追免，請旨。其雍正二年十一月起至三年十一月止，謝賜履任内，甲商已派未得之浮費，除應減外，餘銀四萬四千四百八十兩九錢，令於甲商名下著追。各衙門規銀内，除督撫等大吏鹽規充公外，其文武各官應否存留之處，出自聖恩等語。臣等公同詳議：查兩浙鹽課正額不過二十八萬九千餘兩，而每年浮費至四十二萬餘兩。前噶爾泰將鹽臣應得陋規十六萬六千六百餘兩歸公，謝賜履又議存公費銀十二萬五千六百兩，即將其餘盡行減除，於正額之外，浮派已多，若再以各衙門規禮程費充公，則所減無幾，似不足以紓商力而裕正課也。除每年需用十二萬五千六百兩，該撫等既稱係必需之費，無可再減，應如所議存留外，其從前鹽臣規禮、各衙門年規、甲商浮用，及已派未用等項，應追、應免與嗣後應減之，處臣等詳細酌議，分列於後，恭候皇上睿鑒。特降諭旨：『施行。』

一李衛等奏稱：鹽臣傅色納得過鹽規銀十萬四千三百六十三兩零，楊爲梓得過鹽規銀七萬二千六十二兩零，筆帖式蘇岱得過銀五萬六千一百七十兩零，傻塞得過銀四萬四百七十四兩零。以上各員共得過銀二十七萬三千七十兩零，雖屬陋規，然未經奏明，理應照追入官。但向例鹽差回京，俱應當差效力，此四員曾否當差，臣等未敢懸擬。懇請敕部就近查明，如未當差，仍於各名下照追等語。查兩淮核減浮費案内未經定議之先，鹽臣所得陋規皆免行追。但鹽臣職司鹽政，乃每引規費加至二錢七分，以致商力艱絀，鹽價昂貴，此項銀兩應於本員名下著追。該撫等稱鹽差俱應當差效力，此四員曾否當差請敕部就近查明。臣部查得御史傅色納回任後，于雍正元年二月交銀三萬兩，又賞給銀八千兩，此外未曾當差，傅色納名下仍應追銀六萬六千三百六十三兩；御史楊爲梓在任病故，未曾當差，楊爲梓家屬名下，應追銀七萬二千六十二兩；筆帖式蘇岱回任後，雍正元年正月交銀一萬四千兩，又賞給銀九百兩，此外未曾當差，蘇岱名下仍應追銀四萬一千二百七十兩；傻塞在任病故，未曾當差，傻塞家屬名下應追銀四萬四百七十四兩，共應追銀二十二萬一百六十九兩。但李衛等稱鹽務陋規，銀色高低不同，更有折頭短少、綢緞抵算，亦有奸猾甲商抗賴不與者，今傅色納等所得銀兩係每年額規之數，其中有無短折、抵算、抗賴之處，俱未可定。若照額規追補，恐有冤抑。查蘇岱，見任中書傅色納，見差奉天，可以質問。楊爲梓、傻塞雖經物故，當時必有經手家人，亦可查訊。並應行令李衛將傅色納、楊爲梓二任内實得鹽規若干，筆帖式蘇岱、傻塞實得若干，細訊各商務，得確數奏報於各員名下，照實收之數追還。

一李衛奏稱：噶爾泰、傅色納、楊爲梓三任内，甲商派送將軍、督撫、織造及府、廳、縣武職各衙門每年銀五萬二千兩，共三年有奇，派送過銀十八萬二千兩，内除衆商未給原撫臣屠沂銀一萬二千兩，其餘俱已收得訖。又，各甲商浮用過十八萬二千五百七十二兩，俱應照追。但兩淮鹽務匣費、雜費一案，經侍郎李周望等查明，減去每年四十九萬兩，俱蒙皇恩寬其已往，免其查追。今應否照兩淮之例，出自聖恩？其見任鹽驛道王鈞應得未用程費銀二萬六千四百一兩零，現貯在庫，情願充公，以後照掣引多寡，盡數貯庫。原任鹽道馬鐘華得過程費銀三萬九千九百九十四兩零，應於奉旨嚴查該道案内，另作追結。至護道分司徐有緯得過程費銀七千五百八十七兩零，應照數查追等語。查兩淮匣費案内，督、撫等所得，雖蒙恩免，但兩淮督撫等所得匣費係補還無著之項。今兩浙浮費，係歷任督撫等員入已銀兩，不可援引兩淮之例。應將康熙六十一年至雍正二年各督、撫、司、道所得規禮，除原任浙江巡撫屠沂未收規禮毋庸議外，原任浙閩總督滿保名下應追銀四萬九千兩，原任浙江巡撫李馥名下應追銀三萬四千五百兩，原任江南巡撫吴存禮名下應追銀一萬七千兩，原署江南巡撫何天培名下應追銀四千二百五十兩，原任江南布政使李世仁名下應追銀五千二百四十兩，原任江南布政使楊朝麟名下應追銀一千六百兩，原任浙江按察使王之麟名下應追銀一萬三千八百兩，原任浙江按察使甘國奎名下應追銀三千三百兩，原任江南按察使葛繼孔名下應追銀六千六百兩，原署江南按察使王璣名下應追銀五百兩，護鹽驛道徐有緯名下應追銀七千五百八十七兩，原任鹽驛道馬鐘華另案追給銀三萬九千九百九十四兩。其府縣等官，雖非大員，然本任内皆有耗羡養廉，無藉於此，亦應追出。原任杭州府知府張爲政名下應追銀七千二百七十六兩，原署杭州府知府陳良策名下應追銀七百九十二兩，仁和、錢塘二縣知縣黄在瓚、芮復傳等五員名下應追銀五千六百兩。共應追銀十九萬七千三十九兩。至將軍、織造以及巡捕等廳分司、協鎮等員，本任實無資藉，藉此鹽規以供日用，相沿已久，似可邀恩寬其已往，則三年六個月内，各員所得規禮應免追銀二萬一千二百十二兩。至甲商浮用銀共十八萬二千五百七十二兩，該撫等稱並應追出充公，其應否照兩淮之例未敢擅便等語。臣等細查册内開載，每年所用銀兩皆有款項，其中多銷、冒開之弊，所不能免，實非甲商盡行入已。今應寬其行追年限，分作十年帶完，庶輸將易便，不至有虧正課。其鹽驛道王鈞應得未用程費銀二萬六千四百一兩零，既收貯在庫，王鈞情願歸公，應歸入公帑。至未收之項，既經裁革，若仍照掣引之多寡盡數貯庫，殊非減費之意，應將該撫所請鹽驛道將來公費貯庫之處，毋庸議。

一李衛等奏稱：謝賜履任内，甲商已派未用銀七萬八千二兩零。從前據甲商供稱，核減在後，浮派在先，情願充公。今臣等公同細訊，據稱雖經預派，尚在衆商名下，俟二次掣鹽方得取齊。臣等恐甲商因奉格外洪恩，分別追免，希冀中飽，狡供未收，嚴審實情，甲商堅供如一。復喚齊散商，及原控汪與韓等，亦稱預派是實，尚未收存甲商處。臣等再四思維，若係甲商已派收存，豈容將衆商血本聽其中飽，自當照追。況此内有修《鹺志》銀四千兩，留賠無著，商欠銀七千八十兩并功尖銀二萬二千四百四十二兩零，皆不在十二萬五千六百兩應費數内，此非歲有之事，亦應裁去。此内，尚有已派未收銀四萬四千四百八十兩，甲商從前並不與衆商議明代認，情願充公，今復妄思倖免，情殊可惡。應將此項銀兩即於甲商汪恒豐等名下追賠入官，伊等亦俯首無辭。若一時并追，恐妨正課，懇請均作五年追完，以抵加派妄供之罪等語。查修志留賠、功尖銀兩，非歲有之事，自應裁去。其已派未收銀四萬四千四百八十兩，從前雖有充公之議，但現在衆商名下收存，若令甲商賠補，未爲允協，似可邀恩免追。

一李衛等奏稱：前撫臣法海所奏，除鹽道程費歸公外，其各衙門年規銀五萬二千兩，自應永遠充公。誠恐年有豐歉，引銷多寡拖欠不一，似難永作章程。況督撫、織造大僚，雖不當藉此養廉，而亦有地方應辦公事之需，尚可停止給與，若將軍府廳文武各官陋規盡行裁去，未免拮据，更恐緝私懈弛，有關非輕。誠恐將來設有不肖大員別生枝節，更有礙於鹽務。我皇上明並日月，無微不照，此等下情，久在聖明洞鑒之中。今臣等謬議，將浙閩總督、江浙兩省巡撫、杭州織造諸臣鹽規充公外，其餘文武各官應或仍給養廉之處，出自聖恩等語。查兩浙商人請減浮費，原因兩淮商人既沐皇上浩蕩之恩，冀蒙照例裁減。我皇上軫念窮商，特命清查減存，以紓商力。今該撫等既議裁減，而又以所裁督撫等陋規爲充公之用，則有減之名，無減之實，於商人究無裨益。臣等酌議，以此項陋規，督撫、兩司、府縣俱有耗羨以爲養廉之資，不應更於鹽務分潤，所有年規俱應裁革，歸之於商，共應裁銀四萬五千六百二十兩。其將軍、協鎮、捕巡、各廳分司等員，本任實無別項資藉；而織造一員，李衛雖稱係大僚，然本任內亦無別項可爲養廉，俱藉此鹽規以供日用，似應存銀六千三百八十兩，每年仍令商人照舊分給。臣等通計每年浮費除歸公外，尚存二十四萬八千兩零，今將各衙門規禮、鹽道程費及甲商浮用等項議減銀一十一萬六千二十兩。其應存之項于謝賜履議存之外，加以將軍等存留公費六千三百八十兩，共存銀一十三萬一千九百八十兩零。其應追之數，除雍正三年甲商已派未得銀四萬四千四百八十兩零在浮費之外，應免其追出，自康熙六十年至雍正二年共浮費銀七十一萬二千三百四十二兩零，内除傅色納、蘇岱名下已交銀五萬二千九百兩、屠沂未收銀一萬二千兩、王鈞歸公銀二萬六千四百一兩零、將軍等衙門應免追規禮銀二萬一千二百十二兩，實應追銀五十九萬九千八百二十九兩零。再查李衛等奏稱：歷年浮費銀七十一萬一千六百二十七兩，與臣等核查數目不符，緣楊爲梓任内各衙門規禮，李衛等所造總數内少開銀七百餘兩，是以不符，合并聲明。奉旨：『依議。欽此。』

雍正四年十一月，户部爲請將竈丁歸并竈地徵收以免苦累事，覆浙江巡撫兼理兩浙鹽務李衛題前事：查仁和場之仁和倉及許村等八場，該撫李衛等既稱向有給丁蕩地，例非按畝徵銀，實皆計丁輸課者，今即以每丁應納之課，攤於給丁蕩地徵輸等語。應如該撫等所請，將有地倉、場應徵竈丁銀兩，攤於給丁蕩地之内，按數徵收，仍將所攤銀數，刊入各倉、場由單内，送部查核。至台、温二府屬之無地攤丁，并錢塘倉及西路等九場，北監場之峽門、華巖二倉、黄巖等六場，與北監場之白沙、岳頭二倉，該撫既稱或係無地可攤，暫令各丁照舊輸納者；或雖有給丁蕩畝，而地少丁多，因而酌量分别於舊有納税蕩灘之上加攤者。此特一時權宜，原非經久，必須清查升漲抵補。今許村等場，通共報升蕩地三萬四千六百九十二畝三分三釐，共應陞税銀五百七十一兩八錢六分三釐零，均應抵補丁銀。惟是應補丁銀爲數尚多，陞科銀兩不敷歸足。如本場無地攤丁者，應即抵補本場丁銀；如本場不須抵補者，即抵鄰近場分之無地丁銀。請於雍正四年由單内分晰刊入，給發商竈，曉示輸將，另將改刊由單詳咨送部。如有續漲及坍缺地蕩，照例將增減抵補各數刊入每年由單内，曉諭輸將，達部查核等語。應如該撫所請，將許村等場新升蕩地税銀，抵除前報暫攤納税蕩灘之丁銀，並抵補各場無地可攤丁銀。但蕩地攤課，原爲撫恤竈丁起見，該撫等務須酌派公匀，使無偏累，仍將所攤銀兩造入雍正四年由單内，送部查核。仍令該撫嚴飭各場，如有續漲及坍缺蕩地，即行呈報，該撫查明，照例將新陞蕩地税銀抵補無地丁銀，其坍缺蕩地税銀照例匀派升科蕩地，仍將抵補匀派數目造入該年由單，送部查核可也。奉旨：『依議。欽此。』

雍正五年九月，吏部爲據實直陳以備聖明採擇事，准都察院據浙江巡撫臣李衛咨稱兼理鹽務應有敕印，將應否另給敕諭之處請旨。奉旨：『兩廣鹽務交與總督楊琳，在先；河東鹽務交與年羹堯，在後。年羹堯曾奏行銷鹽引用伊總督印信，將巡鹽御史敕印繳回。再，督撫敕諭内，有無「兼理鹽務」字樣，爾等查明，應否領給之處議奏。欽此。』續於四月内，都察院查奏：原任總督楊琳等兼理鹽務，前任巡鹽御史敕印俱經繳回。再查，兩廣總督孔毓珣、福建巡撫毛文銓敕諭内，亦無『兼理鹽務』字樣，俱用督撫印信辦理。相應將李衛所請敕諭不必領給，所有前任謝賜履敕印一并繳回等因，奉旨：『依議。欽此。』是各省兼理鹽務之督撫，俱用督撫印信，例應畫一，不便異同。應將巡撫李衛請給巡鹽御史印信之處，毋庸議。奉旨：『著照該撫所請給與巡鹽御史印信，凡兼理鹽務之督撫，理應給與印信，著照此例行。欽此。』

《欽定重修兩浙鹽志》卷十終

欽定重修兩浙鹽法志卷十一　奏議二

雍正六年四月，户部爲謹陳鹽政錮弊酌量疏銷等事，覆浙江總督兼理鹽政李衛題：前事内稱，查浙地私鹽出没之所，獨海寧、海鹽、平湖、桐鄉爲最，且係嘉、湖二府販私門户，而海寧之長安鎮，乃其往來適中孔道。請專設巡鹽把總一員、兵一百名，在此鎮分巡隘口，歸臣標左營管轄，於海寧等四縣及嘉湖要汛、接壤江南之處，周圍巡查，選募勇健兵丁充當，以商人向日雇用巡役之工食給爲月餉，不足者，即以所獲私鹽變價添補。請將監生韓景琦給與把總，劄付俸薪，帶領各兵巡緝，三年果能有效，授以千總職銜，仍留營再緝三年。如能始終不懈，各處得以銷引保題到部，以守備陞用，另換巡官。但恐兵少地廣，不能周巡。查撫標額兵八百名，可於此中暫爲抽派一百名，酌委千把總一員幫同巡鹽，把總協緝，令其彼此稽查。至出門船腳盤費，即以商家所出鹽院承差巡費撥給，俟一二月後酌量調换，使不致熟識，久而作弊等語。均應如該督所請，俟命下之日，臣部給與監生韓景琦把總劄付，令其帶兵，於海寧等處要汛周徧巡查，果能恪其汛守，杜絶販私，多銷額引，著有成效，於三年之後，該督照例具題拔擢，以示鼓勵。至於地廣兵少或不敷差巡，准該督咨部，於撫標弁兵内酌量抽派，協同巡鹽，把總彼此稽查，一二月後酌量調换。仍令該督將選募巡鹽兵丁花名并監生韓景琦年籍履歷另造清册，送部查核。仍令該督不時查察，如有不肖弁員賄縱私販等弊，即行題參議處。

又疏稱，各場員官卑職小，唯知利慾熏心，萬萬不能改革，應將現任場員分别優、劣，酌量咨部改補。請以捐納候補、候選録用之同知、通判、州縣等官，如有家道殷實，情願效力者，發浙，量才分往各場管事，專其杜絶竈丁私煎私賣之責，俟三年實有成效，即予保題請旨，勅部准照原銜即用，在任候選。其不能稱職者題明休致回籍，不准再選。倘有仍蹈故轍，劣蹟昭著者，題參革職治罪。伊等原有身家，自能顧惜功名，實心出力等語。應如該督所題，吏部於候補、候選同知、通判、州縣等官內，有家道殷實、情願效力具呈到部者，帶領引見，恭候欽點，命往浙江，該督酌量分給各場管理鹽務。

又疏稱，所轄江南數郡，除徽州一屬每年實可多銷，其餘鹽政情形更有與浙不同，應爲另行設法者。蓋江南止有松所四場，民竈雜居，向係就團買食賤鹽，孰肯舍近圖遠；加以私鹽横行，商皆虧折消乏，棄業逃避。上海、南匯二縣數年片引不銷，前鹽臣噶爾泰曾將上海縣令傅之詮參革，而壅滯如故。臣雖剴切招商，著令買補、配銷，無如浙商資本微薄，非兩淮富厚可比。既不能盡收竈煎之鹽，竈户有鹽餘剩，安能禁其枵腹以待而不肯售與私販？莫若將松所之浦東、袁浦、青村、下砂四場場官，於前項候補同知等官內，再選最爲殷實有身家者，令其管理各竈所煎之鹽，盡入官倉。除商人收買外，餘剩者，請借動鹽臣筆帖式歸公成規項下銀兩，交與管場各員，照依場價盡數收買，再擇商人內之殷實者將鹽發與領去。如能照引數完課，聽其歸完本銀自行配銷。倘不能完課，則於原本之外酌量增價些須，令其領出，分於城鄉市鎮，多設店鋪賣出。價銀按季繳還，場員即以此銀源源買發，多出之價作爲盈餘，逐年將數目造册，報部查核。此四場事務更爲緊要難辦，管理之官三年内仍行考核保題，果能錢糧清楚、引鹽多銷上等出衆者，以原銜應陞之缺，准其即陞；急公稱職稍次者，照其原銜即用；倘照舊無益者，分别參革。在竈户，鹽既得售，必不定欲賣與私販，而梟徒無鹽可買，亦可望其改業耕耘。且使平素不銷引之縣得以疏銷，則歷來多銷之處皆可溢出課額。即管理之各場員，先使習學歷練，亦可將來臨民有益等語。應如該督所請，將松所之浦東、袁浦、青村、下砂四場，亦准其於命往同知等官内，該督酌量身家最爲殷實者，令其管理。仍令嚴飭該管之員不時稽查，如有不肖商人串同梟棍藉設店銷賣名色，囤積販私、高擡時價、射利病民等弊，即行揭報，將該商斥革，照例治罪。其各屬疏銷引目，既經設法疏通，應令該督將平素少銷、不銷之處得疏引目若干，歷來多銷之處應增課額若干，一并查明，分晰造册，具題查核可也。奉旨：『依議。專設官弁有巡緝鹽梟之責，把總微員不足以資彈壓。韓景琦著授千總，令其任事六年，如六年内著有成效，該督奏聞，再加恩擢。倘有過失，即當從重處分。欽此。』

雍正六年五月，户部爲請專道員盤緝帶私之責以杜透越錮弊事，覆浙江總督兼理鹽政李衛題前事，内稱：江南蘇、松、常、鎮四府屬縣爲浙引疏銷最巨之區，而京口地方尤爲兩浙行鹽之門户，此地接壤淮界，僅止一江之隔，而淮北私鹽片帆可渡，朝發夕至，便捷異常。始而瓜揚偷渡不過透越於鎮屬，繼且蔓延四出，漸至偏達於蘇、常，甚有北來官差糧座貨物、民商各船，莫不夾帶淮私運入内港，换物發賣，以致官鹺恒多壅滯，鹽政阻壞亦由於此。案查順治十六年間，鹽臣遲日巽題請責成鎮江府海防同知並鎮江副將，在於沿江閘口躬親巡綽，遇有糧艘、兵差等項船隻自北進閘者，即便登舟盤驗。閘口地方建立官廳，專責盤查。又康熙三十六年間，復經鹽臣博泰具題，浙西私鹽責成鎮江府海防同知巡緝，各在案。今盤查之名雖存，而該管文武各官俱不親身盤驗，所有官廳僅存基址形跡，經臣屢次嚴飭，止差一二兵役在於彼處虚應故事，漫不盤查。近聞江北梟販勾通往來差船，並京口旗營駐防及各項大小頭舵水手，無不裝載淮鹽透越進口者，或藉稱公差名色，假寫燈籠旗號，揚帆竟過，不服盤驗。或有軟弱勢微之人稍知畏懼，將銀二三錢送與守口兵役，即任其開行，並不過問。此淮私之所以日益透越者，實由官不親身臨驗，而盤查之法廢弛不行耳。仰請皇上勑部，將鎮江閘口盤驗淮私交與江常鎮道，就近專司其事，仍令督同鎮江府海防同知並京口將軍標下副將及鎮江城守參將，輪流分班經管，不論糧艘、兵座、大小差船，俱必親身盤查，如無弊端立即放行進口，嚴禁生事阻撓。如有夾帶淮私在船，許即嚴拏，詳明道員，照律治罪等語。應如所請。嗣後，鎮江閘口盤查私鹽，責成江常鎮道督同鎮江府海防同知並京口將軍標下副將及鎮江城守參將，就近分班輪流盤驗，無論糧艘、兵座、大小差船，俱令親身查驗。如有夾帶整包私鹽，即行拏究，照《興販律》治罪。其一切水陸私販，並嚴飭該管官弁分頭查拏，如有疏縱失察，照例參究。仍嚴禁官弁兵役，毋得借拏私鹽名色故意勒掯商民，需索進閘使費。倘該道員不能實力整頓，或有挾私而不能查拏，或兵役勒索而不能懲禁，該督即行指參，俱照例議處。俟命下之日，行文浙江總督及江南江西總督、蘇州巡撫、京口將軍一體遵行。奉旨：『依議。盤查私鹽著該管官員實力奉行，毋得虛應故事，並令江南巡察御史不時訪察。欽此。』

雍正六年八月，吏部爲遵旨議覆事，七月二十一日奉旨：大使管理鹽務關係錢糧，若職任卑微，不足以彈壓商、竈，其應揀用何項人員及量加品級之處，該部定議。臣部查，本年三月內浙江總督李衛題請揀選人員辦理場務，續經臣部將楊維清等二十三員揀選引見，命往。又於六月內奉上諭：管理鹽務之人與河工效力，事同一轍，不若照河工例，就本省或他省內有果係人去得而家道殷實者，令其赴總督衙門具呈，著李衛詳加揀選，具題委用。如李衛有確知灼見之人，亦令其調取赴浙，具題委用。欽遵在案。今學士繆沅、巡鹽御史鄭禪寶等奏稱，大使一員職微任重，皆由吏員銓選，甚難得人，請旨勅部揀選等語。查《品級考》內開，鹽課大使、鹽引批驗大使俱係未入流，今臣等酌量給與正八品職銜，與按察司知事、府經歷、縣丞等官一體較俸、陞轉。其揀選人員除縣丞品級相當外，餘俱以原銜管大使事，仍照原銜陞轉。至各省現任大使，令該督撫鹽政詳加甄別，有在任廉幹勤慎、剔除鹽弊者，准其保題，以所定品級留任。保題之後，如該大使有貪劣款跡，一經發覺，即將原保題之上司照濫舉匪人例議處。其僅係尋常供職者，照無任可到之例仍留本省，遇有未入流之缺，咨部改補，庸劣者即行咨革。如此，則辦理場務得人，於鹽政實有裨益。奉旨：『依議。欽此。』

雍正六年八月，户部爲續陳辦理鹽法事，題覆浙江總督兼理鹽政李衛題前事：内稱，查松郡原係商人不肯開店之處，而雲南、福建皆有文武官弁督銷之例，莫若將公項所收鹽斤量行發交提標五營，挑選誠謹千把總在於松郡城之内外監賣，除出完課，將鹽本解完，源源接續，則既予以責成，又不無稍有餘利，自必實力巡緝。臣仍與提臣時常留心稽查，庶錮弊可除。但産鹽之四場，臣既俟委官到日遵照辦理，酌量收買，發商完課，盡力督銷，自然有益。惟所慮者崇明一邑，向係海外包額之區，煎出鹽斤止爲本地民食，例禁不許透越别縣，充斥内地。後漸産鹽日多，梟徒勾通鎮兵、縣役任意廣煎，不但往來領餉運米船隻順便裝載，亦且渡海各船夾帶進内，殆無虚日。文武衙門向來皆有陋規，屢次行文，從不攔阻。昨見臣在松江，恐被差員内港截拏，始據該署縣祖秉震報獲一起。近日，鎮標左奇兩營盤鹽甚屬上緊，但恐不能久遠。如此，若不派官協巡、稽查、堵禦，則蘇、松、常、鎮等屬雖收餘鹽發商，終被崇明廣産私煎攘奪，引目仍舊難銷。臣愚昧之見，將現在命發管場各員内挑選明白强健者一人，再派千把總一員發給盤費，專在崇明要口駐劄，並可往來稽察竈地。其鹽應禁者嚴禁，應收者酌收，令其轉運發商辦課。其私販小則移知營、縣協緝，大梟就近稟報總兵嚴拏，解交蘇松道審究，分别治罪，翦除窩頓，毋許流入内地，實於江省鹽政大有裨益。至浙之寧、處二府尚有官鹽一半，台、温壅引久不行銷，此非專係私販衆多之故，實緣梟棍强横，動成命案，各商但有本錢者俱不肯彼處貿易。現在止有消乏數人，每家不過三二百金，大處不能行運，始向此等地方賒欠竈鹽，拉扯零賣，按索微利。臣前疏，業將四府場員亦在更换准行之内，宜一體動項廣收，發給官商分頭運銷，於産鹽多處添造廒座，出入要路堵防隘口，一有成效，增課何止加倍。即如從前諸、義、浦等縣梟徒潑横難治之地，業已漸次斂跡，大銷引目，此其明驗。

奉旨，怡親王、張廷玉、蔣廷錫議奏：查浙江鹽引之壅滯，皆由梟棍販私、營兵窩匿所致。今該督李衛請於松江府屬之華、婁、奉賢、金山四縣，將公項所收鹽斤量行發交提標五營，選擇誠實千把總監賣。既予之以責成，又令其稍獲餘利，自必實力巡緝，且協同提臣不時稽察，則營兵窩私之弊自可漸除。其崇明一縣，於命發管場人員内揀選一員，再派千把一員，在要口駐劄，往來稽察，以杜夾帶外運，則鹽梟販私之弊亦可漸止。其浙江之寧、處、温、台四府更換場員動項，廣收鹽斤，給發官商銷運以招徠商販，嚴禁私梟，則正課可以漸增。均應如所請。令該督乘今年秋、冬之時，悉照所奏速行辦理。奉旨：『依議速行。欽此。』

雍正六年十一月，户部爲題定起解鹽課京餉之規以重帑項、以除錮弊事，題覆浙江總督兼理鹽政李衛題前事：内稱，浙省歷來所收鹽課公費各項錢糧，俱係商、竈自行傾鎔小錠交納，即以原銀起解，較之藩庫京餉元寶成色不能畫一。本年二月内所解鹽課等項銀三十六萬餘兩，奉部以内有九八等色銀攙雜題參照例議處，荷蒙皇上天恩，格外從寬，止將臣銷去紀録一次，免其罰俸。鹽驛道王鈞銷去加一級，抵其降調，其就京傾銷折耗銀兩著落，王鈞自行解補。今又有部撥起解銀一十九萬二千余兩，王鈞以庫内收存原銀，俱與從前一例。若照近奉部估九八之色，每兩加銀一分傾銷起解，或恐仍有未合。隨於補色二分之外又每兩多加銀一分，以爲人工炭火、飯食等項折耗之需，在於道署大堂委令庫官、庫吏設鑪鎔化，按數計算，宜無不足之色矣。乃今正在釘鞘起程之際，該道細察成色尚有未足，向臣面稟。臣親加估看，雖比從前小錠之式已改成五兩大錠，而其色終覺未佳，當交該道領回，會同署臣標中軍台協副將吴進義、杭州府郭朝端公視再銷數錠，實止九八五色，若照元寶核算成色，每兩仍缺一分五釐，其中自有情弊。因將管庫官吏發審，嚴加訊問，銀匠隨據供出，伊等於該道每兩加銀三分之内，庫官定要分銀五釐估色兑平之，庫吏二名，每人各分銀五釐，皆與銀匠通同，令其暗中代爲扣取，即去人工炭食，而匠人於折耗之内亦不無餘潤。是所加三分之中，竟有一分六七釐爲衆人分肥。似此骫法欺公，實爲藐玩極矣。除將庫官高士鳳咨部斥革，同庫吏、銀匠等飭發按察司嚴審究，擬從重治罪，所扣之銀照數追出，仍行添補侵去成色。將已經傾就銀兩再令鎔化元寶起解外，但積習相沿，若仍聽其俱用小錠，恐通同減色，錮弊難除，相應題明。嗣後，凡鹽課錢糧奉撥京餉，俱照藩庫起解元寶大錠色樣，庶吏役、銀匠難於從中侵漁，而錢糧亦有畫一成規。

再查此案管庫官吏偷減情弊，係鹽驛道王鈞自行會同審出，其所扣銀兩現在追還、添補傾銷，未能即完。并請於常限外稍寬半月之期，不致倉猝再誤等因。查前項撥解京餉銀，該督以每兩加銀三分鎔化五兩大錠，其色終覺未佳，因將管庫官吏發審嚴訊，銀匠供出前情，所扣之銀照數追出添補侵去成色，題請再令鎔化元寶起解，應將通同侵扣之管庫官吏、銀匠等，行令該督嚴審究擬具題。其所撥京餉一十九萬二千五百二十一兩四錢一分四釐零，現據該督題報，傾鎔足色元寶，差委永嘉縣縣丞邱上嵩等於雍正六年八月十六日給批起解。應俟解到之日，臣部照數查收、發批外，至疏稱，嗣後凡鹽課錢糧奉撥京餉俱照藩庫起解元寶大錠色樣，庶吏役、銀匠難於從中侵漁而錢糧亦有一定之成規等語，應令該督，嗣後凡解京鹽課錢糧俱照藩庫起解大錠元寶色樣鎔足解部，倘仍有不肖官吏串同銀匠從中侵漁等弊，該督察出，即行題參可也。奉旨：『依議。欽此。』

雍正七年四月，吏部爲遵旨題覆事：會議得總督管理浙江巡撫事務李衛疏稱，江、浙兩省從前共有三十三場，裁去十處，有兩場而歸并一場，甚至有一官而管三處者。如松江、南匯縣之下砂，原設三場，自康熙四十二年、雍正二年兩次并爲一場，皆因從前所出引鹽不及額數。見今産鹽復廣、竈地遥遠，自非一官所能稽查周徧。又浙江黄巖縣杜瀆場於康熙三年歸并黄巖場，查杜瀆地方山海交錯，寬廣百餘里，與黄巖南北相隔，又有椒江之險，近日丁竈殷繁，一員實難兼顧。又永嘉縣之永嘉、南監二場，於康熙二十一年歸并雙穗場。以三處之竈舍引鹽，而責一人之督煎、稽緝，殊有顧此失彼之虞。請將下砂三場原地酌量中分，除頭場有官外，復設二場一員。其杜瀆一場仍與黄巖分管，永嘉則須另立一場。以上，共復設場官三員，給與印記，各自緝私、督煎。至横浦、浦東二場，俱設金山衛之城外，向將横浦場課歸并平湖縣徵解，但以附城竈户令赴數百里完納，殊多苦累。應請將横浦場仍歸江南金山縣完課，庶爲得宜。兩場相去不過二十里，一官足可辦理，并請裁去浦東場官一員以節冗費。又竈課向屬場員徵解，因係微職，難任錢糧重寄，所以改令縣徵，見在場員，既皆改用通判、知縣、州同等官，應仍將各場課銀，令場官就近設櫃徵收，原封解交各縣拆并等語。均應如所請。

又疏稱，場員惟司代比催納，而完欠解給仍屬於縣，若定以考成，竟照經徵一體處分，則各員因代縣催比使之詿誤停陞，孰肯踴躍急公？臣愚以爲，催比場員如有未完分數，除止於罰俸外，其應降職、降級、停陞者俱照離任官例罰俸一年，免其停陞。倘催徵不力，許該縣提比經識挪用侵漁者，仍即揭報，另行從重議處。如該縣不能稽察致有虧空，仍照直隸州之例參處，著落分賠。至有一場而坐落兩縣者，場官應合算未完分數，毋庸兩地處分。其從前欠課即令場員就近察核，會縣詳報著追等語。查兩浙各場鹽課錢糧，既令場員就近設櫃徵收，原封解交各縣拆并，是代徵之場員并非專管官可比。若照經、徵舊例一體處分，原屬太過；若概將降職、停陞者俱改爲罰俸一年，則輕重不分，於法亦未允協。臣等請嗣後除專管各員仍照舊例處分外，其代徵場員如初參，欠不及一分者，舊例罰俸六個月，今應免其議處；欠一分者，舊例罰俸一年，今應罰俸三個月；欠二分者，舊例降職一級，今應罰俸六個月；欠三分者，舊例降職二級，今應罰俸九個月；欠四分、五分者，舊例降職三級、四級，今應罰俸一年，俱免其停陞。督催至欠六分以上者，舊例俱行革職，今若止於罰俸，則欠數既多而處分太輕，又恐場員視爲泛常，代徵不力。臣等請嗣後欠六分者，降職一級；欠七分者，降職一級，仍令戴罪督催；欠八分以上者，即行革職。再，初參處分既已改輕，則原參各官亦不便仍照舊例議處，臣等并請嗣後代縣催比之場員，原欠不及一分、年限内不全完者，舊例降一級留任，今應罰俸六個月；原欠一分、年限内不全完者，舊例降三級調用，今應罰俸一年；原欠二分、三分，年限内不全完者，舊例降四級、五級調用，今均應降一級留任，再限一年督催，如再不完，照所降之級調用；原欠四分、五分，年限内不完者，舊例革職，今應降一級調用；原欠六分以上、年限内不全完者，革職。如該場員催徵不力，許該縣提比經識，倘將已徵錢糧内有挪移、侵欺情弊，即行揭報，照挪移、侵欺例分別處分。若該縣平時不能稽察查揭，致有虧空，别經發覺者，將該縣照直隸知州失察屬員虧空例議處。至有一場坐落兩縣者，其場員兩地未完分數應合算并案處分。再，從前未完課項，即令各該場員就近查明，會縣詳報著追。

又疏稱，仁和、許村二場，向日惟係鹽驛道所轄，不由分司稽考，但道員事繁，難以親自查核。請將二場歸於宁紹分司管轄，仍聽鹽道統屬，請裁之。浦東場俸工，原係江南地方應抵補復設之，下砂二場毋庸另增；其浙江之杜瀆、永嘉兩場官役俸工照舊額給等語。亦應如該督所請，遵照施行可也。

奉旨：『依議。欽此。』

雍正七年六月，户部爲請頒額外預備引目以資疏銷事，題覆浙江總督兼理鹽政李衛：奏稱，兩浙鹽務歷係壓銷二季，每逢春、夏掣驗，僅可行銷上年秋冬之引。臣兼理以來，雨暘時，若場鹽廣産，文武同心竭力緝私，梟風漸息，引地得以疏通，商皆樂於買補。又發帑盡收竈户賣剩餘鹽給商配掣，在向不銷引地方運賣，以濟民食，因此額引較前預銷二季，但上年場有餘鹽，乏引配運，應將所存之肩票陞課改銷。近今肩引亦復廣售，而預提引目一時不能接濟，是以設法變通，暫執印照捆鹽赴所掣驗，現令停泊河干，候領新引，到浙給商抵補開賣。但給照赴掣不過一時權宜，未可據以爲例。此時若竟請加引，則日後行銷未及必致貽累商竈，而聽其積鹽不收則私梟復萌。請預爲頒給額外引目十萬道，發浙貯庫應用，其年月季分暫停預定，每於掣期額引配足之外，如遇場有餘鹽，准令商人完納課費，呈明請領，現填某年某季發給配銷。原係額外多備之引，聽憑各所之商通融配掣。倘一年期内尚不敷用，再行咨部請領。若有餘剩，報部存，俟下年續銷。盈絀隨時，不在額定考成、限銷、攤賠之内。仍於每年奏報時，將銷引若干道、增出課費若干兩附同奏册，一體造送，聽候查核。再如富陽、德清、嘉、秀、善、桐、諸、義、浦等縣及江南松江所屬沿海之區，從前原係住賣引地，久被私梟佔去。除嘉、秀、善、桐些須銷售，此外各縣地方片引不行，每年課餉俱係改撥、攤補、均賠。近今竭力禁逐，設法調劑，已令商人配運住賣，頗見成效。但向來多食私販賤鹽，倘商本太重，鹽價稍昂，又於民情未便。是以臣斟酌通融，凡此數縣行銷引目課餉照數完納外，其每引公費、雜費酌量多寡，稍爲減免，將鹽價令其比別處每斤賤賣，使官引得銷。價值仍減，民間樂於盡赴商買，私販便可永杜等語。

查河東自雍正三年爲始，每年預發餘引十萬道，如遇額引不敷之處，令運使填給，照例納課，將已行餘引盡數題報，存剩餘引仍繳内部遵行在案。今兩浙請頒額外引目十萬道，應如該督所請，照依河東預發餘引之例，自雍正七年爲始。臣部每年照數刷印，令該督按年差役赴部承領，到浙貯庫，每於掣期額引配足之外，准令商人呈領配賣餘鹽，照所領數目完納課餉，均於歲底即行繳部。仍於每年奏銷之時，將所銷引目、增出課費一同造册，報部查核。並令該鹽道將此項額外引張商人呈領數目、通融配銷地方俱按引填註，鈐蓋印信，給發該地方官驗明銷售。其從前該督所給印照，於部引頒到之日，迅速解部查銷。至所請每引公費、雜費酌量減免，鹽斤價值亦量爲稍減，均應如該督所請，仍令將減免各數報部查核可也。奉旨：『依議。欽此。』

雍正八年七月，户部爲敬陳鹽法相沿陋弊酌議調劑清釐事宜仰祈睿鑒事，題覆浙江總督兼理鹽政李衛：疏内稱，鹽課錢糧額徵款内，有各州縣功績等銀七千八百一十五兩、滴珠銀七十八兩一錢五分，内除各縣地丁項下編徵抵課水手銀九百九十二兩五錢五分九釐有款可徵外，其餘銀六千九百七十兩五錢九分一釐並無原款可徵。此項課銀派於各州縣解納，照縣分大小分别多寡，限定一年獲變私鹽船物之價起解充餉，少者罰令賠出，在州縣以爲有款無徵，又皆責之鹽捕、弓兵賠墊完納，此項錢糧久列額徵款内，未便竟請豁除，而每年實獲船鹽變價、罪贖等銀又不足七千八百一十五兩之數。再四思維，查各處商家本多引少者，向係租賃本少乏商引目配掣，每張給銀五、六、七、八分不等，今額外所發餘引俱係給商，不須租價，止有交部引張紙硃及往來領繳路費，爲數無多。臣擬自雍正八年爲始，凡有情願請領餘引之商人，每引輸銀四分内，以六釐留爲紙朱領繳路費，以三分四釐交貯鹽驛道庫所。有功績款下銀六千九百七十兩五錢九分一釐，除將每年實獲船鹽變價、罪贖等銀解抵之外，其餘不敷數目即於餘引租價之三分四釐内補解抵款，不復再派各州縣捐解。維是餘引行銷多寡無定，若遇銷多之年，抵解有餘，即留爲下年湊解。倘有銷少不敷之時，於鹽務准留應用公費十二萬五千兩内節省之項暫行墊解，俟次年餘引充裕，仍行扣完補項，務使年清年款，不致虧額。至於此外各縣編徵抵課等銀九百二十二兩五錢五分九釐，原係『地丁』項下之款，請從雍正八年爲始，令各縣照編解交，藩司解部，造入地丁題銷案内，聲明彙算考成，毋庸再入鹽政以滋牽混等語。應如所請行。

又稱，歷任鹽臣銷過殘引例應追出繳部，其中或有水火、盜賊、遺失及肩挑小販道路碎裂鹹浸、漁户波濤漂没，不能完全，從前每將後任殘引抵數繳送。又撥解定限止有八十日之期，而行銷州縣共有一百餘處，未能如期解足，故有後引先到者即行墊解，而以續解之前引反抵後發之引，其事不知起自何時，至今數十餘年，歷任皆照前例而行。臣兼理以來嚴飭設法清查，惟將本任銷過之引隨時追繳貯庫，不許挪移、牽混而已，往者莫可究詰，以前所缺殘引至今未能追清。臣查，每年引目數十萬張分散各處行銷，原不能一無缺少，在當日初起之時豈能保無重照之弊？今遠年舊引難於影射，亦屬無用，謹據實題明，將歷任見在者盡數繳銷，其已經抵還別任及實係遺失無著者，免其輾轉追究。此後逐年清出，次歲遞繳，果屬水火遺失、肩販漁户損壞，取具官商印甘各結聲明存案，扶同捏結加倍治罪等語。查雍正六年十一月内，臣部覆准河東鹽政題清，查雍正三年鹽引案内，令嗣後嚴飭各商、牙將引目務須小心收藏，不得任意疎忽。設有遺失之處，即將遺失情由立時報明，地方官取具印甘各結轉詳上司，報部查核。倘於清查繳引時始行具報，即將經手之人照遺失公文律治罪。如有捏稱遺失，重複影射情弊，即將該商照販私例治罪在案。應將兩浙嗣後繳銷殘引，悉照臣部題定之例遵行。至從前遺失引張，浙省向不報部，據該督稱，係歷任鹽臣前後挪移墊解，迄今數十餘年莫可究詰，是從前已經遺失者自難責其繳銷，應令該督將現在者即行盡數送部。如查係實在遺失者，取具該管官不致捏飾印甘各結送部，遺引免其追究。倘有扶同捏結等情，即將官商指名題參，分別議處治罪。

又稱，兩浙引課除江南松所外，杭所每引徵課銀四錢四分零，嘉所每引徵課銀四錢二分三釐零，紹所每引徵課銀三錢四分零，在當日原因地方衝僻、行銷難易分別等差酌定課則。今各處私鹽漸少，官引疏通，完課似應畫一。臣經飭行鹽驛道王鈞，委令寧紹、嘉松兩分司傳集各所衆商公同酌議。三所引目通共五十八萬八千七百六十七引七分五釐，課銀二十三萬四千二百二兩一錢四分九釐零，照額攤算，杭、嘉、紹三所每引均納課銀三錢九分七釐零。使額課均平，不致偏有輕重，群情允洽，相應一并題明，均於本年遵照奉行。又稱，前任鹽臣噶爾泰題定，每引輸腳價七釐，乃就年額八十萬引目計算。今臣題請之餘引係額外之款，不入考核，已有每引六釐爲紙硃、路費，不復另輸腳價以滋重複等語。均應如該督所請可也。奉旨：『依議。欽此。』

雍正八年五月，户部爲再懇續頒餘引以速配銷事，議覆浙江總督兼理鹽政李衛：疏稱，兩浙年行引目，除票引外，額銷正引七十一萬三百道。雍正七年，分掣驗商鹽共有一百二萬二千六百五十引，查該年額外七十一萬三百引内，除六年冬掣已經預提透銷過一十六萬六千四百五引外，僅存本年引目五十四萬三千八百九十五引，同前請發餘引十萬道，因未足用，又於上年十二月内題請餘引二十萬道，今尚不敷引目一十七萬九千有奇，理合題請再發餘引十八萬道到浙配銷。雍正七年已掣全數，其應完課費銀兩，核明造册奏報，但此項餘引原於年額之外溢銷，並非每歲一定之數，盈縮難以預期，所增正課公費并請額外銷算，不入考成之内，稍有餘剩之引，遵例送部繳銷等語。應如所請，將兩浙雍正七年分鹽引再發十八萬道，臣部照數刷印給發行，令該督轉發該商運鹽辦課，其所增課費銀兩准其額外銷算，造册奏銷，如有餘剩之引，即行繳部可也。奉旨：『依議。欽此。』

雍正十年七月，大學士張廷玉等爲遵旨速議事：據原任浙江總督、今署理直隸總督事務李衛將原在浙江額外節省盈餘銀兩撥充公用各款，奏請勅部存案等因内稱，衆商公備減存雜費銀十二萬五千餘兩，原係伊等各項公事支銷，不入奏册，向因甲商自收自用，所費不貲。臣爲設法調劑，凡有支用量爲折減，是以每年遞有節省。雍正七、八、九年内，通共約有十三萬餘兩，如各處修葺城垣、建築隄塘等項緊要公事，俱未動用公帑，將此額外節省浮費湊撥辦理，署督臣可於各案造册送部查考等語。應令署直督李衛將前項節省銀十三萬餘兩按年分晰，每年節省若干，其修葺城垣、建築隄塘等項公事動用銀數按款查造，并令署浙督程元章將現存銀兩一并咨報存案。

又稱，杭城總督舊署年久坍損，查鹽務内商買竈鹽向有秤頭并餘剩零鹽，變出價銀又在溢額盈餘之外，將此修理督署。原估銀七千餘兩，今稍有未敷，於九年秤頭鹽内撥補，竣日，聽署督查實核銷等語。應如所奏，并行令署督將動用銀兩核實報部存案。以上各項俱係李衛於浙省任内額外節省盈餘銀兩，應令程元章亦照例辦理，并將現存銀數及嗣後節省盈餘，如遇地方緊急公務湊撥辦理之處，一面動用，一面即行奏明，於年底將支存款項彙册具奏，交部查核。奉旨：『依議。欽此。』

雍正十二年三月，户部爲遵旨議奏事：據浙江總督、管理鹽政事務程元章疏稱，靖江縣逼近淮揚，而從前題明包納浙課不歸淮屬者，誠以靖江以南俱係行銷浙鹽，若以運銷淮鹽，則蘇、常引地盡爲淮私透越。今浙商楊恒裕既承認行銷靖江食鹽，自應仍歸浙省，至於現在包課銀五百八十九兩零，係照下下則例算引二千二百六十九道。今該縣户口繁盛，暫以三千引爲率，在於每年餘引照數配運。但浙鹽路遠費繁，難同淮鹽科則，應請仍照下下則例，每引完課銀二錢五分九釐零，共完課銀七百七十八兩八錢三分零。倘銷不及數，責商賠補，額數有增，再行陞報等語。應如所請，將靖江食鹽仍歸浙省銷售，每年加引三千引，在於兩浙餘引内暫行配運，俟銷有定數，即請頒額引行銷，按年照數徵收，造入鹽課奏銷案内具題查核。

又稱，靖邑與通州場竈接壤，向食淮私，今既運浙鹽，應專令文武員弁協力稽察，添設巡役分路查緝，所需工食，商人自行捐給，緝獲私鹽照例充餉，其一切審詳私鹽案件仍由浙省鹽政衙門管理，所有三江營同知巡緝核轉之處，題明更正等語。查靖江縣雍正十年二月内，據兩江總督高斌奏准，令三江營同知兼管總緝私梟案件，令該縣詳報核轉在案。今既行運浙鹽，應令該督飭令靖江縣文武官弁協力稽察，添設巡役姓名并捐給工食銀兩數目，逐一分晰造册，送部查核。所有從前奏准令三江營同知巡緝核轉之處，相應准其更正。至疏稱淮鹽已經運賣，應請撤回，令浙商楊恒裕運鹽接銷，包課銀兩請於雍正甲寅年豁除等語。應令該督將已運淮鹽速飭撤回，令該商楊恒裕運鹽接銷，并照例取具該商身家殷實、不致誤課印甘各結送部。其靖江縣包課銀兩，應請豁除之處，查該縣每年已增引課銀七百七十八兩零，所有從前包課銀五百八十九兩三分二釐零，相應准其自雍正甲寅年爲始，概行豁除。倘有不肖官吏私收情弊，即行指名題參，分别究治可也。奉旨：『依議。欽此。』

雍正十三年十一月，户部爲敬陳鹽政要務恭請聖訓事，議覆總督銜管浙江巡撫、原管兩浙鹽政程元章：疏稱，管理兩淮鹽政布政使臣高斌請將淮鹽接界鹽店移置城市一案，查浙江行銷口岸，惟徽州、廣信府屬各縣并常山、溧陽、建平、丹徒、金壇及靖江等縣，與淮界接壤，各商領引配銷向皆因地制宜，相度民居稠密之處四散設店，以濟民食。其附近人民亦並樂有官店隨時可以零星赴買，不廢生業。循行已久，商民均便。今若撤回城市，則店鋪聚會一處，引鹽壅積，銷售維艱，商本漸難轉輸課餉，因虞缺誤。且鹽爲日用必需之物，其在有力之家或能遠涉城市，整頓買備，若日趁貧民時需時買，就近既無官店，動須往返奔馳，勢必貪食私鹽，奸宄之徒借此更易於販售，雖竭力查禁，恐難保其絕迹。是近淮之境移店城廂，非惟不便於民食，抑且有虧於浙課，況梟販人等得以乘間行私，即淮鹽界内亦恐日久受累。臣愚以爲，淮、浙銷引官店均屬承辦國課，凡係接壤地方應請仍聽各商照舊開設。惟有嚴飭文武官弁督率兵役實力查緝，各巡各地，各銷各引，庶奸梟無從起覬覦之端，而鄰境亦兩杜透越之弊矣。應如所請，并令管理兩浙鹽政、浙江布政使張若震飭令各商各銷各引，毋致侵越，並嚴飭文武官弁督率兵役實力查緝，如有多積鹽斤、結梟興販等弊，即行申報，按律究治。倘該管官失於覺察，事發之日一并指參，交部議處可也。奉旨：『依議。欽此。』

乾隆元年六月，户部爲遵旨議奏事，題覆大學士、管理浙江總督兼理鹽政嵇曾筠：題稱，兩浙近竈之地例設票引，遠竈之地例設正引。正引地方距竈既遠，是以向無老少簍鹽。其票引地方共計二十四縣，内嘉屬之嘉興、秀水、嘉善、桐鄉四縣，每歲附所掣驗，與引地一例設店賣銷；餘杭、嵊縣、奉化三縣並不近竈，不設木簍，鎮海、平湖二縣亦未設簍。其餘石門、海鹽、山陰、會稽、上虞、蕭山、餘姚、鄞縣、慈谿、象山、海寧、仁和、錢塘等縣，前督臣李衛任内俱設有貧難老少簍鹽，每縣一二十名至百餘名不等，仍行照舊辦理外，臣仰體皇上子惠元元、有加無已之至意，業於另案請發帑銀十萬兩收買餘鹽，以備積貯。請於十萬兩内劃出四萬兩，内華亭、奉賢、南匯、金山四縣每場各發銀三千兩，仁和場發銀三千兩，許村、西路二場每場各發銀二千兩，鮑郎、海沙、蘆瀝、石堰、清泉、穿長六場每場各發銀一千五百兩，錢清、三江、曹娥、鳴鶴、大嵩五場每場各發銀二千兩。共發銀三萬八千兩，交場員收買餘鹽，分給濱海近竈實在貧難老少，肩負貨賣，免致對竈交鹽、售私偷販等弊。其下剩銀二千兩，俟辦有頭緒，再行酌量發收。但事屬創始，若不定以章程，則争端易起。臣查察情形，當以場分之大小、銷地之廣狹定給籌之多寡，每逢三、六、九日，令場員會同該縣佐雜官一員，於卯、辰二時在廒監放，每名准給二三十斤至四十斤爲準。老幼貧難不能負重至遠，止許在附近場竈十里之内挑賣，不許逾越境外及往城市有引之地與商争售，亦不許令竈丁代挑，用船裝載，致滋影射。如有故違，仍以私鹽論罪，將鹽入官。其給籌之處，則責成有司循例確查，親驗取結，備籌由道申送鹽政衙門烙發。凡年六十歲以上、十五歲以下及少壯之有殘疾、老年婦女孤獨無依者，查明實在貧難，方爲合例。若非近竈之人與有親可靠、有業可守、年力壯盛者，不在此列。所收之鹽，如有商人賫本入場，則聽商人收買；如商人未到場，有餘鹽，則令場員將銀發竈收取，歸廒待放。收鹽之時，必藉書役登記、照料。現在每場僅止數人，各有管理鹽課、催辦竈糧之責，不能兼顧，每場應設書辦二名、衙役二名、更夫二名，每日將收放鹽斤、出入銀錢數目逐一核算登記，所需飯食及一切紙張、房租、紙筆、燈油等項，不便議動正項，應照竈價，每斤量加一釐，除歸本之外，即爲前項飯食、紙筆等需及修廒之用。至收鹽存廒不無滷耗，零星給發亦多拆折，竈户未給、商人未經捆運之時，堆貯場内原有折耗，今官收餘鹽，隨煎隨即交廒，應於每百斤量加滷耗七斤、拆折三斤，共加十斤，庶幾兩無所虧。其在浙省者，責令嘉松分司、寧紹分司不時督察；其在松江者，令松江府知府、海防同知就近會同分司督察，毋使場員短發竈價，賤收貴賣，侵虧挪移。如有情弊，據實揭參，通同徇隱一并參究。倘場員遇有事故，照依州縣之例，限兩個月交代，造册出結。老少赴廒支鹽，准其銀錢並收，所賣銀錢按旬解貯縣庫，逐月解道，每於年底銷算一次，至次年再發新帑。不許場員將銀久存在場，展轉發竈，暗中行私漁利。如老少殘疾之内或係成丁、或有事故，令有司查實，追籌繳銷，另選合例之人領籌頂充等語。伏查，貧難老少既經設有腰牌、木籌，該場官果能於赴場買鹽之時實力稽查，倘有梟販混冒即行緝拏，則貧難不致拮据，而梟販無從竄囤。應令管鹽浙督仍照定例辦理，其所請發帑分給各場員收買餘鹽，令貧難老少買賣之處，應毋庸議。

又稱，温、台有竈之地共計七縣，内惟黄巖、太平、寧海三縣各設有貧難老少一百名，給以腰牌，每日許赴公店挑賣數十斤。照依民間買價每斤減銀一釐，貧難老少將鹽轉售，每日可得數十文，儘足餬口。其臨海、永嘉、樂清、瑞安四縣尚未舉行。茲蒙聖恩矜恤邊海無靠窮民，自應一體給與腰牌。臣請仍照黄巖、太平、寧海成規，各以一百名爲准，令有司悉心甄别，非實在貧難老少不得濫給腰牌，倘有事故，另選充補等語。應如所請，仍將貧難老少花名一并造册送部。

又稱，商人自雇之商捕雖係私設，奸良難辨，原應停止。但此輩係壯健有力之人，熟悉梟販往來蹤迹，每月工食幾及守兵兩分名糧，一旦革除，數千人頓然失業，情極無聊，勢將轉成梟販，誠有如督臣李衛所云者。臣參酌情事，有官始有役，商人固無設役之理，而縣役有限，不能四處查緝，商捕亦有難裁之勢。查商捕工食俱係商輸，請嗣後將商輸銀兩按季交與該地方官，照數按名給發，不許剋扣絲毫，此項商捕改爲官役，即令該地方官造入卯簿，同鹽捕一體派差，并不時約束稽查，如妄拏平人、縱放鹽梟，按律治罪等語。應如所請，飭令各商將一切商捕報明地方官，造入卯簿，以便約束。至所稱嗣後商輸銀兩按季交與該地方，按名給發之處，查此項銀兩向係各商自行給發，今若責令交官轉給，未免紛擾，且恐不無扣剋情弊，應仍照舊例，聽各商自行交收。又此項商捕係商人專爲緝私而設，亦未便同鹽捕一體派差，致滋分身。倘有妄拏平人、縱放私梟等弊，一經察實，即行按律究治。

又稱，水路之有巡船，猶陸路之有馬匹，若無巡船，則私梟揚帆飛渡，兵役在岸徬徨，莫能追趕。

況兩浙引地濱沙帶河，巨梟積販多係用船裝載，尤藉兵役駕舟巡緝。但向日巡船或係商人承造，或將所獲私鹽船隻撥給，或係兵役自備，均未畫一，易滋紛擾。請將緊要水陸隘口必須巡船地方，令有司會同營汛逐一確查，責商修整，編列字號，造册通報存案，以備巡緝之用。所獲私鹽船隻俱變價解抵功績，亦不必令兵役自備，致啓藉詞需索之漸。至巨商領運官鹽，每有飛渡、灌包、夾帶情弊，鹽、引相離即屬行私，應令巡船兵役一體查拏，交與地方官據實訊究，按律定擬，其人鹽並獲者，亦交有司速審完結，不得株連平人等語。應如所請。

又稱，巡查私鹽惟賴兵役，若賞罰不當，則兵役志氣易隳，不克盡力巡查。臣查閱舊案，細加斟酌，應以功過之大小定賞罰之次第。請嗣後巡鹽兵役能拏大號海船，人鹽並獲者，將鹽船入官，私鹽變價，即於變價銀內賞給十分之四。船鹽已經拏獲，人被脱逃或未全獲者，減賞一半。小海船鹽並內河整船載運及商人假公行私，與大夥挑販鹽數甚多，有能拏獲者，將船入官，私鹽變價，亦於變價銀內賞給十分之三，獲鹽不獲人與人未全獲者，減賞一半。鹽雖獲而鹽數無多者，將鹽變價，亦於變價銀內賞給十分之二；獲鹽不獲人者，將鹽變價，賞給十分之一。如係兵丁拏獲，全數賞兵；捕役拏獲，全數賞役；兵、役同拏，各半均分。倘兵、役圖賞，混拏官鹽，誣指平人者，照誣告例治罪。見有私梟並不上前追獲者，兵、役各責四十板，革糧革役；受賄賣販者，照枉法贓計贓科斷。兵、役自行夾帶私販及通同他人運販者，照《私鹽法》再加一等治罪等語。亦應如所議，分别賞罰。如有混拏、誣指等弊，應令報明刑部，按律分别究治。

又稱，私鹽出没、梟徒往來以及商人假公行私，全賴地方官弁實力查拏，按律懲治，始足儆戒。向來緝私一道並無鼓勵之方，且恃鹽政衙門有委巡兵弁，每致彼此推諉，不能殫力查緝。查鹽政衙門派委兵弁寥寥數人，設遇夥衆興販，豈能勇往直前？必須責成專一，設法勸懲。應令本地文武印汛兵弁互相查緝，不得少存推諉之念。嗣後如有聚衆販私、拒捕殺傷人等案，仍循舊例查察外，其有奸徒搶奪鹽店及哄鬧場竈等事，地方文武官弁不遺餘力即行拏獲，究出主使、同夥，如獲犯過半並獲首犯者，仍參疎防照依盗案之例，免其處分。如獲犯不及一半、或不獲首犯者，照依盗案例參處，限年緝拏，限滿不獲，亦照盗案處分。如平時漫無約束，臨時不即巡拏，有意姑息，致長刁風者，即將該管員弁題參，照依溺職例革職，各犯交與接任官照案緝拏，該管巡道府廳、直隸州將備不行揭報，一并查參。如地方官弁整頓有方，鹽引疏銷、私販斂跡，一年之内並無應參之案者，准其紀録一次；三年之内整飭有方，鹽引疏銷、私販斂跡並無應參之案者，准其加一級。比遇大計之年，必查明，如無鹽案參罰，方准卓薦。若希圖議敘，隱匿不報，或將大夥之案揑作偶然湊合，巧爲開脱，一經查出，隱匿者亦照盗案例革職，巧爲開脱者照失察例處分等語。應如所請，並令嚴飭所屬實力奉行，毋致虚應故事。臣部仍行文吏部、兵部、刑部，一體遵照辦理。

又疏稱，鹽務以緝私爲先，防範斷宜周密。兩浙引地幅員極廣，向例，松江提臣、寧波提臣、黄巖鎮臣、温州鎮臣、樂清平陽副將俱分管緝鹽，京口、江陰副將責司巡緝，或俱沿海重地、或當淮私要衝，並懇勅下提、鎮諸臣就近彈壓，嚴飭弁兵加意巡防，毋致疎懈，更與鹽政地方兩有裨益等語。相應行文各該提、鎮，遵照舊例，加意巡緝可也。奉旨：『依議。欽此。』

乾隆三年十一月，大學士、管理浙江總督兼理鹽政嵇曾筠奏爲預籌濱海塘埭工程修守事宜，仰祈睿鑒事：竊照浙省温、台二郡屬縣多近海濱，民間地土全賴塘埭陡亹等工蓄淡禦鹹，以資灌溉。向因歷久未修，盡皆殘缺，遂至蓄洩失宜，每遇潮汐稍大，則鹹水灌入，難於播種；或雨澤偶稀，内河之水不能存蓄，則易致乾涸，車戽維艱，均妨農業。臣仰體皇上軫念海疆之至意，遴委南河隨帶之諳練工員，會同該地方官酌撥充公銀兩相度機宜，一律興修，約共用銀九千九百餘兩。業據温州道府詳報完竣，今年濱海億兆，外無鹹潮沖刷之患，內獲水泉灌溉之資，早晚兩禾，秋收有慶，靡不感戴皇仁均沾樂利矣。惟是此項工程，若非隨時修補，勢必日漸坍卸，終爲民累。伏查温、台二郡向有滷耗銀兩，係雍正六年間，經前督臣李衛奏明撥帑收買鹽斤，貯入本處官廒，給商運銷，量加耗鹽，以備出入折耗之用。第此項滷耗，以發銷之遲速定耗折之多寡，每年計有餘存，原無定額。該處塘埭等工若即於此項閒款內通融辦理，足資修守之需，既可不動正項錢糧，且省估銷案牘之繁，而以公辦公，實於工程有益。至每歲應修工段動支銀兩，即令該縣申報鹽道，該府加意經理，仍報明臣衙門察核，以專責成。愚昧之見是否有當，伏祈訓示遵行。奉旨：『著照卿所請行，交與盧焯悉心辦理。欽此。』

乾隆四年二月，户部議覆大學士、前管理浙江總督兼管鹽政嵇曾筠籲請改歸額引等事：疏稱，松所未奉加斤之先，每引給鹽二百八十五斤，計原額九萬一千六百三十三引，僅歲銷鹽二千六百一十一萬五千四百五斤。今每引給鹽四百斤，除改歸紹、台二所一萬二千引外，向存額引七萬九千六百三十三引，共歲銷鹽三千一百八十五萬三千二百斤，比之原數，實多鹽五百七十三萬七千七百九十五斤。鹽數既增，價值自減。且松所僻處海濱，而鹽斤增至五百七十余萬斤之多，較前已屬充裕。現在減價售食，以復還十數年前之原價，實屬兩便。其改歸紹所一萬道、台所二千道，自乾隆二年爲始入額辦銷等語。查松所鹽斤既屬充裕，應如所題，將松所鹽引一萬二千道，自乾隆二年爲始，改撥紹所一萬道、台所二千道入額辦銷。其改撥引張，前據浙督嵇曾筠題報，各照該所課則行銷，松所該課銀四千三百一十四兩一錢八分四釐零，今歸紹、台二所，其應完課銀四千五百二十八兩八錢二分一釐零，較之松所，計餘銀二百一十四兩六錢三分六釐零。又松所尚該完公費銀三千兩，今改歸紹所一萬道，例應完公費銀二千五百兩，其改台所二千道例不輸納公費，所少公費銀五百兩在於台所盈餘項下劃補清款等因在案。今松所鹽引一萬二千道，既改紹、台二所行銷，應令新任巡撫盧焯，將紹、台二所應完引課公費并盈餘劃補公費銀兩，俱自乾隆二年爲始，造入各項奏銷册内，具題查核，并將松所鹽斤現賣價值查明報部。奉旨：『依議。欽此。』

乾隆四年四月，户部爲遵旨議覆事：據浙江巡撫兼管鹽政盧焯疏稱，台、温、鎮府營場，以及崇明、岱山等處領帑收鹽給發商販配銷，其支放、解存各數雖按年造册題銷，然盤查之法未奉定有章程。今請自乾隆三年起，台、温、鎮府營場及崇明、岱山等處領帑收鹽支放、解存各項，均於歲底截數，責令文武各官調换盤查，以清帑項。所有温州府經辦帑鹽，責令樂清副將盤查；樂清副將暨平陽副將經辦帑鹽，責令温州府盤查；台州府經辦帑鹽，責令黄巖鎮盤查；黄巖鎮暨長亭場管鹽守備經辦帑鹽，責令台州府盤查。松屬袁浦、青村、下砂三場經辦營鹽，責令三場調换盤查，以袁浦場盤查下砂場，下砂場盤查青村場，青村場盤查袁浦場，務各據實結報。其松江提標中營收賣帑鹽，責令松江府盤查結報。崇明縣經辦帑鹽，銀係存貯縣庫，責令收鹽之委官盤查；鹽係委官收貯，責令崇明縣盤查。浙江提標遊擊經辦岱山帑鹽，應聽提督委員盤查結報。其各員盤結，俱限次年二月送道查核，統於該年奏銷案内彙送核題，再查經辦帑鹽文武各員，如遇交代，責令接任官一例盤查，足則結報，虧則揭參。章程既定，則遞年遵循照辦，不特帑項肅清，亦免侵挪、虧欠之弊等語。查兩浙經領帑銀收買竈鹽支放、解存各項，向係管鹽督撫及該管鹽政按年造册報銷，並無盤查之例，其中款項繁多，誠恐不無侵挪、影射情弊。今道庫正、雜錢糧既據該撫奏准照巡撫盤查藩庫之例，責令鹽政察盤，而各鎮府營場經領帑銀亦關國賦，自應如該撫所請，責令就近文武各官調换盤查，倘有隱匿扶同等弊，一經發覺，照例查參可也。奉旨：『依議。欽此。』

乾隆五年七月，吏部爲遵旨議奏事：據浙江巡撫兼管鹽政盧焯疏稱，横浦、青龍、嵩玉三場，從前原係兩場裁并，第查今日情形，一官委難兼轄，題准復設，應請仍循舊制分爲浦東、龍頭、玉泉三場，給予印記，以昭信守。其界址、額課、竈舍，均照舊時成規分隸管轄，其西路一場，通計八團，東西竈舍請自黄灣倉一、二、三圍起，并尖山以内之四圍及五圍之一、二、三、四、五、六團，共計煎竈一百三十八連，劃歸新場管轄。請於舊倉地方建署，係屬扼要，其五圍内之七團起，并六、七、八圍，共計煎竈一百九十八連，仍歸西路舊場管理。界限既清，偵巡稽察各有專司。其分設新場，請以黄灣命名。又三江一場地處山、會二邑，查三江場署居西，在山陰縣陡亹地方，即就近管轄。陳顧、新鳳、童家、寶盆四團，計竈舍一百五十二條，分場居東，原有協員，舊署在會稽姚家埭地方，亦就近管轄。姚家、新寧、新安、偁浦四團，計竈舍九十七條。其他滷埠竈課均照團界分管，各有攸責，緣分場地處東隅，擬名東江場。又曹娥一場向分東、西兩扇，西扇在會稽縣地方，聚有十金、賀東、塘角等團，共竈五十條，歸曹娥舊場管理，仍駐劄西扇原署；東扇在上虞縣地方，聚有百官、雁步、東南等團，共竈二十四條，歸新設場員管理，衙署即於東扇百官鎮擇地建造，其地有金雞山，即擬名金山場。以上分場，各照新名請給印記，所有員缺仍照原題。請以王滙宗管理新分黄灣場，沈昂管理復設龍頭場，王宏勳管理復設玉泉場，王道升管理復設浦東場。其三江、曹娥新設二缺，查三江分場竈廣鹽多，必得諳員管理，查有曹娥場大使易宗瀛明白諳練，籌畫得宜，請將易宗瀛調補新分東江場。至曹娥場亦需嫺員經理，方有裨益，查有鳴鶴場大使任樾，在浙年久，熟悉鹽務，請將任樾調補曹娥場。所有新分金山場，請以部發人員胡宏智補授。其鳴鶴場任樾調補員缺，請以部發人員朱厚植補授。所有新分、復設各場員下俸銀，應請於就近縣分正項内編設，每年支給，照例報銷。至駐劄衙署，除原有舊署止須修葺，或已坍壞僅存署基者，各分别估計工料動項興修。其原未建署者，請照佐貳等官建署之例，每場撥給銀一百六十兩，飭令創造。應設攢典、門皁、馬夫等役，照各場之例額設募充，所需役食銀兩亦於就近縣分編設支給。至崇明巡鹽一缺，請照原題，仍以張逢泰補授，所有俸銀及應設攢典、門皁、馬夫，請照場員之例一體頟設編給，其印記即擬『崇明巡鹽大使』字樣，以專信守等語。均應如所請，臣部行文禮部，照例鑄給印記，仍令該撫將各該場分徵課税數目及建造衙署動用銀兩款項造册，咨報户部查核可也。奉旨：『王匯宗等依議補授，餘依議。欽此。』

乾隆六年六月，工部爲奏聞事：據江南總督楊超曾等奏稱，二里涇一河係黄浦江宣洩要路，田疇資其灌溉，舟楫藉以通行，亟宜開放舊壩以順輿情。於壩基處所設立木柵一道，中留柵門二扇，一届六月十二月掣鹽之時，依期封固，以防私鹽偷漏等語。查從前原任撫臣張渠以應行拆壩建閘、通流水道，而鹽政則以應改魚背石壩、多開涵洞，民田已受其利，私販仍難越渡，各執一見，初無定論。是以臣部覆令該督撫、鹽政會同確勘、妥議。今該督等既經親臨確勘，應如所奏，准其開放。仍於壩基處所設立木柵一道，中留柵門兩扇，責令婁縣主簿、批驗所大使就近管理，撥役看守，於冬、夏二季掣鹽之時，依期封固，以防私渡。工完，據實報銷，仍令先行造册，送部查核。

又稱，建柵之後，潮汐衝激柵木，難免損壞，必須酌量歲修。并該處拆壩通流，泥沙易積，亦須歲加撈濬。所需物料夫工之費，應於蘇州藩庫、兩淮匣費及浙江鹽庫留半餘平銀内，每年各動支五百兩給商承辦等語。查，修柵、濬淺所需木植工費諒亦無多，每年共需銀一千兩給商承辦，不無縻費，相應行令該督等斟酌辦理，據實報銷，如有餘剩，留爲下年之用可也。奉旨：『依議。欽此。』

乾隆七年六月，浙江巡撫兼管鹽政常安爲奏明鹽務事：竊查引費一項，係部科飯食，各衙門心紅紙張，請領引目，起解殘引，巡緝私鹽，賞給兵役各項工食、路費及商衆一切雜用，俱在此内動支。前鹽臣謝賜履任内，按款核實奏存銀一十二萬五千六百餘兩，各商自捐自用。迨至雍正六年間，督臣李衛以商派未公，責成寧紹、嘉松二分司經理出入用款，仍循其舊。遞年以來，存有節省，皆充公用，辦理地方有益諸務及海塘工程。乾隆元年，前閣臣嵇曾筠因場鹽少産，價值昂貴，籌輕鹽本，又將引費款内奏減四萬二百二十兩零，止存銀八萬五千三百九十餘兩，循例按引輸納，以應支用。查此項引費如撙節辦理，原可無虞虧絀，祇因三四年來巡緝之費比前較浮，以致歲歸海塘公款銀一萬兩，計有二三千兩之不敷，雖據各商情願補輸，實非經久良圖。且引鹽爲民食所必需，苟價值稍昂，即於閭閻未便；鹺商爲辦課所攸賴，苟調劑未當，則恐營運有虧。果能節省一分浮費，即輕一分鹽本，鹽本既輕，價自平減，恤商惠民端在於此。臣現在飭行鹽道分司事事核實，從儉辦理，總期寬減合宜，年敷年用，一面飭竈勤煎，依期驗掣。現今市價雖平，仍復預爲運濟，務使商情踴躍，民食充裕，不致缺鹽昂價，有累商民。伏祈皇上睿鑒。奉旨：『覽。欽此。』

乾隆八年閏四月，浙江巡撫兼管鹽政常安奏：爲相沿陋弊應事清釐者，臣悉心訪察，逐一查明、細加釐剔，所有裁減事宜，謹開列條款，恭陳皇上睿鑒：

一浙省場所各員向來未定養廉，凡一切用度皆取足於引規耗羨之内。前准部文飭行查議，臣逐加體察并行。據鹽驛道趙侗斆開報，分別議定養廉各員用度，皆已有所資給。向有商、竈捐補陋規，如仁和場每歲商捐轎費銀四十三兩零；許村場商捐朱價銀四兩；三江場竈捐船價銀二十八兩；石堰場竈捐公費銀四十四兩八錢，又場書飯食銀八兩四錢，場役飯食銀一十一兩二錢；鳴鶴場商捐硃費銀四兩；清泉場竈捐飯費銀五十五兩六錢；龍頭場竈捐飯食銀七十九兩零，又商捐硃費銀一十二兩；長林場竈捐公費銀三百六十餘兩；雙穗場竈捐陋例銀二百一十餘兩；永嘉場竈捐公費銀一百八十餘兩。以上通計銀一千餘兩，相沿未革。臣查此項陋規，祇因從前未定養廉，是以有此捐備。今養廉既已議給，自不宜復行巧取，應請一概永行禁革，毋令再取絲毫，庶商、竈均得免於滋累矣。

一杭、嘉、紹等所商鹽完課開運之後，因恐商人有中途灌包、夾帶以及影射、飛渡等弊，是以於要隘處所設立口次，該管官員盤驗放行，名爲『過門』，載在《鹽志》，由來已久。所以該衙門硃費、紙張以及巡役工食、房租、船價、辦事辛資一切費用，俱於過門引鹽之上計引抽收，按款開發。查蘇州府每年約過門鹽二十萬引，每引收銀二分一釐零；湖州府每年約過門鹽六萬五千引，每引收銀五分六釐；富陽縣每年約過門鹽二十八萬引，每引收銀一分二釐；桐廬縣每年約過門鹽二十七萬引，每引收銀八釐；嚴州府每年約過門鹽二十五萬引，每引收銀一分八釐。以上所收之費，除蘇松巡道並蘇、杭、湖、嚴等府廳暨富陽、桐廬二縣養廉、硃費及盤驗引鹽一切零星飯食、辛資外，每處歲有盈餘銀二、三百兩不等，解交鹽道庫内。凡關無款工食與錢塘江救生船賞項及添補巡費，俱於此項内詳明辦理。經前督臣李衛核定前數，飭行遵照在案。臣查，此項銀兩惟應計收量出，倘將來或因從前未經報部，稍不節制必致增加，一有增加必致取償鹽價，任意花銷，累商困民不少。臣是以敬爲奏明，即照前數定爲規則，俾引鹽無所增加，斯鹽價不致昂貴，閭閻得沾實惠矣。

一江南蘇屬之長洲、元和、吴縣、吴江、震澤，浙省湖屬之烏程、歸安，各有私鹽出没之所，向設公堂緝查梟販，於引鹽上派收堂費，以爲各該衙門紙張及巡查官快弁兵船只、房租、火藥、油燭、飯食、薪水，并各官到任賀禮、節禮、壽禮與各衙門内供支醬食二鹽，其費並無定數。雍正五年，經前督臣李衛酌定：長、元、吴三縣每年約計額鹽四萬九千四百五十八引，每引收銀二分六釐；吴、震二縣約計額鹽一萬七十三引，每引收銀三分二釐；程、安二縣約計額鹽三萬引，每引收銀三分一釐。後因長、元、吴三縣支用不敷，雍正九年又加增每引銀九釐，乾隆四年又加增每引銀四釐，令每年報銷，尚有商人賠補。臣查，捐費資巡原爲靖私疏引起見，所有巡費各項在所必需，至文武員弁賀壽等禮及醬食二鹽，每年各計二三百金至四百餘金不等，實屬濫取。夫商税關乎課餉，裕課必先恤商，文武員弁已蒙皇上賞給養廉，足以資用，且地方一切陋規久奉裁革，則此項規禮自應分别革除。請嗣後年節、壽禮、賀禮及醬食二鹽俱行禁止，毋許呈送收受，庶官無濫取，則商有餘力，恤商裕課，官方且由之整飭矣。

一杭嘉湖道、金衢嚴道二缺，管轄三府屬縣兼有巡鹽之處分，且差委查緝、賞項、辛資甚有繁費，從前歲定養廉心紅銀二千四百兩，未免不敷。乾隆四、五年，相繼請增巡費，經前撫臣盧焯批行，鹽道議覆，於嘉、秀、善、桐四縣票引及湖州、桐廬等處過門引鹽之上，加捐釐許，各湊解銀九百兩以補兩道養廉之未逮。臣查，過門引鹽費不宜多，已於前條備議，但兩道責兼巡鹽，養廉不敷，實宜稍爲增益。而前此所增之九百兩又未免過多，應各減銀三百兩，止給銀六百兩。至各協副將亦有督緝私鹽之責，均不無有藉巡費，是以杭協於鹽規項下每年支給銀二百四十兩，湖協於湖屬門費内支給銀二百四十兩。乾隆四、五等年，添給嘉協巡費二百四十兩，係嘉、秀、善、桐四縣票商按引公捐；紹協巡費二百四十兩，係諸、義、浦三縣及嵊縣商人按引公捐；嚴協巡費一百二十兩，原定富、桐、嚴三關溢餘引費内撥給。臣查，杭、嘉、湖、紹、嚴各協巡緝私販，實宜撥給巡費，而斟酌允當亦應量爲減少。請將杭協、湖協、嘉協、紹協各給銀二百兩，嚴協地處上游，私販減少，酌給銀一百兩。此項所減各費雖爲數無幾，而錙銖悉屬商脂，不無少補。再查，温州鎮協巡費亦於乾隆四、五年間，經前撫臣盧焯飭議，據温所各商每引願捐四分，以一分爲温鎮獎賞之用，以二分爲樂、平二協勦巡之費，以一分爲温城守及右營巡緝之資，按引鹽之盈絀計輸費之多寡，每年約銷二萬五六千引不等，原無定數，分給資巡尚非過多。今經奏明酌定，嗣後應給之文武各員不敢於引鹽之上額外加增，借名濫索，於鹽政實有裨益矣。奉旨：『知道了。欽此。』

《欽定重修兩浙鹽法志》卷十一終

欽定重修兩浙鹽法志卷十二　奏議三

乾隆十六年十二月，户部會議得署理浙江巡撫永貴等將浙省武員辦理帑鹽事宜核議八款，恭呈御覽：

一帑鹽宜令地方官監同出納也。查，浙省原領帑本銀八萬兩已經照數歸還，嗣於流積羨餘銀內截存銀十二萬兩，以作收鹽帑本。現在轆轤轉運，每年約可銷鹽數萬餘引，除增出課餉正項之外，計歲獲盈餘銀二三萬兩不等，均係報撥充餉，所收餘鹽尚有差撥弁兵由海運至乍浦、靖江等處，交商酌運。立法以來，引疏課裕，各處行鹽地方商人不畏梶梟滋生事端，實藉武員之力居多。但向來各鎮協營請領帑本俱係赴道庫支領，差弁給竈收鹽，文武不相統屬，非如地方官，有道府上司可以隨時稽察者。比若不立法變通，恐日久弊生，以啓侵挪扣剋之事。今除浙江提督委員承辦之岱山地方並無文職駐劄，江南提標中營亦不請領帑本，且皆有提督大員親臨督察，均毋庸再行置議。惟温、台二處就近均有文員，應請嗣後黄巖鎮、樂清協、寧海營均會同黄巖、樂清、平陽、寧海等縣具批，由道詳准給領，寄貯縣庫，給竈之時，聽營員會同各場大使移縣支領，收鹽照例遵用庫戥據實給發，毋許絲毫扣短，俾文武互相稽察，不能擅行挪動。仍令各縣場將收發銀數隨時具報鹽政及各道衙門查考，倘有通同捏報情弊，察出即行參賠。其帑商課程鹽本外輸等項亦令會同徵收，寄貯縣庫，分別起解、支發，毋許挪前掩後。如此，則帑項出納愈爲慎重等語。應如該署撫等所奏辦理。

一鹽斤宜令各場員會同收發也。查，收買餘鹽向歸營員經理，秤收、發賣俱得自由，臣等鹽政衙門無從核其實數，致有私運出洋貨賣及重秤浮收等弊。應請嗣後温、台二府之各鎮協營赴竈收鹽，均令會同該場大使遵照較准官秤秤收入廒，貯廒之後，或交商領、或運乍浦，亦照例會同秤發出廒，仍令該大使按旬册報鹽政及各道衙門查考，庶鹽斤收、發皆歸實在，而私售、浮收之弊亦可漸除等語。均應如所奏辦理。

一承辦之員宜定也。查，提鎮大員責任綦重，本不宜親身會計，致有廢弛營伍之事。且鹽政爲巡撫衙門專政，承辦之員自應聽巡撫節制，方得指臂相使。今除樂清、平陽、寧海皆係副參、江南松江提督及浙江提督亦俱委中軍參將，例聽巡撫節制外，惟黄巖原係鎮臣經理，應請嗣後黄巖鎮收發銀鹽改委該鎮中軍承辦，仍照江、浙提督之例，責成鎮臣督察。其各處司、廒巡緝收鹽之弁，俱令該副參等詳明，臣衙門給發委牌以專責守，則政歸畫一，庶該鎮協營俱不致藉名辦鹽，有疎操練，廢弛營伍等語。應如該署撫等所奏辦理。

一盤查之例宜嚴也。查，浙省各處辦帑銀鹽先於乾隆四年題奉定例，歲底文武互盤結報，但彼此不相統轄，且無虧空著賠之條，不免瞻徇情面，虚應故事。嗣後，應將黄巖縣黄巖場協辦之黄巖鎮中營帑鹽、寧海縣長亭場協辦之寧海營帑鹽，均令台州府會同黄巖鎮歲底盤查結報；樂清縣長林場協辦之樂清協帑鹽，均令温州府會同温州鎮盤查結報；其江、浙提標中營所辦銀鹽，責成兩處提督率同寧波府、松江府結報。倘有挪移虧空，照地丁錢糧之例，將會辦各該文武及盤查之知府分別著賠參處，如係武員，將監盤之提鎮一并議賠。其台州、温州二府，令温處道、寧紹台道盤查；崇明場，令太倉州盤查；仁和場，令杭州府盤查；青村、下砂、袁浦三場，令松江府盤查，倘有虧缺，亦照前例辦理。如此，則責任既重，稽查益密，不致有扶同徇隱之弊等語。均應如所奏辦理。

一收發商竈鹽價宜徹底清釐也。查，向來商人領鹽繳價另有外輸公費銀兩，有時銷鹽稍少，公用不敷，每令商人虛領廒鹽完納外輸，以充公用，名爲已領未運鹽斤。又因海濱窮竈柴滷無資，往往預發帑銀，然後收鹽，以致銀鹽虛實混淆不清。應請嗣後各商務令先納課程，方准領鹽運銷，毋許預領先繳外輸。每商領鹽總以四百引爲率，完足前帑，再領後鹽。其給發竈價，非實在無力窮户不得預行借給。乏本之竈，亦飭該大使會同按月支發，先清前鹽，再領後帑。倘有借次混淆，通同舞弊，察出一并嚴參。如此，則商、竈之欠項可清等語。均應如所奏辦理。

一代商收賣餘鹽宜立法稽查也。各處辦帑武職，江南、浙江提督及黄巖鎮三處均有私梟充斥，素不銷鹽地方，代商售賣引鹽，非屬附近場竈，即係濱臨海澨，原非武職不能彈壓。自前督臣李衛立法至今，歲銷引鹽頗廣，但江、浙提標所辦之松城、岱山二處尚屬歷久相安，而黄巖鎮不免奉行有弊，總緣該處收發鹽斤向無專責，且賣獲餘利每包約計三錢有零，均應給商收領，弁目所得飯食每包秖有四分，公用不敷，是以不肖之員任意侵扣。應請照江、浙提標之例，於大陳、石浦、石塘等處，令該鎮委定弁目專司經理，廣爲銷售，預行報明立案。所賣引鹽餘利酌量增給飯食、公費之外，盡歸帑鹽盈餘項下報撥充餉，毋庸再行給商，亦毋許違例多賣。倘有欺隱侵蝕者，察出，即照侵盜錢糧例治罪。如此，則辦員責有攸歸，而帑羨益不敢有侵扣等語。應令該署撫等，將黄巖鎮帑鹽令該鎮委定弁目廣爲銷售，預行報明立案。所賣引鹽餘利，該撫酌定給與飯食、公費外，下剩銀兩統歸帑鹽盈餘項下造報充餉。倘有欺隱侵蝕等弊，即照侵盜錢糧例治罪。

一緝私之法宜嚴也。查，浙省辦帑各屬從前均係私鹽充斥之所，自歸武弁辦帑，業已引疏課裕，數年以來未免從事因循，漸不若從前奉行之力。若非大加整飭，恐致積玩成疲，各處地棍、梟徒復萌故智。應請嗣後各武職辦鹽地方、收鹽場竈，遇有失察大小私鹽之案，將副參等照兼轄官例議處，委辦之備弁並照專汛官例議處。其本係專管統轄者，免其重科。倘有實力巡緝、拏獲大夥私鹽，照例按其所獲起數分別議敘，仍俟部議覆准之日，飭將各官弁辦鹽地方、收鹽場竈逐一查明報部。其各該沿海地方，務令實力嚴行巡緝，如有奸民私煎、私販以及越境私賣者，概准查拏稟究。如此，則定例綦嚴，私鹽既靖，官鹽益疏等語。應如所奏，仍令該署撫等將各官弁辦鹽地方、收鹽場竈逐一查明，報部備案。其各該沿海地方，務令實力嚴行巡緝，如有奸民私煎、私販以及越境私賣者，一并查拏究治。

一各處經費宜清也。查，各該文武既經兼理鹽務，則一切文書紙劄、弁兵工食、緝私賞號等項，原屬必不可少之公用。故松江提標每引給與養廉、伙作等銀九錢四分，浙江提標每引亦給有工食、水腳等銀六錢四分。惟台所每引祗給外輪銀四錢，温所每引祗給外輪銀二錢，爲裝鹽蒲草、水腳、建倉、巡費等項公用，有餘則歸盈餘造報。從前立法之始，原屬參差不齊，是以温、台二處，復有該商等捐備引費、公費等項名色，以供各衙門紙劄、飯食、賞號之需，歷久相沿，已非一日。雖前督臣李衛原奏，本由各處皆屬積私廢地，欲其實力緝私，明使稍獲餘利，但臣伏思鹽斤爲民食攸關，價羨即國課所係，若仍循陋習，不爲明定章程，保無再有如參故黃巖鎮孟伍進之剋剥商竈、暗裏多收者。應請將各府協營現在所收經費，令其逐一據實開報，所有現設之巡鹽兵役虚糜廪禄者，并令逐一删除裁汰，容臣另行查明，分別應留應革，奏明定案，此外如再有浮收侵剋之弊，即行嚴參究處等語。查浙省各府協營辦銷帑鹽所收經費，向聽各員自行收支，並無報部核銷。其每年所收若干、應支若干，以及可否删除裁汰之處，必須該撫等詳細確查，據實分別，始可酌定章程。今該署撫等既奏稱，現在另行查明，分別應留、應革，奏明定案，應俟查明具奏到日，户部另行核議。奉旨：『依議。欽此。』

乾隆二十六年二月，户部爲遵旨議奏事，覆浙江巡撫兼管鹽政莊有恭：題稱，浙省額引例分冬、夏兩掣，夏掣定於六月，冬掣定於十二月，俟掣驗上倉，然後陸續完課，去奏期不及五月。浙商資本微薄，轉運不前，委難趕副。請照粤省歲底造册報銷之例辦理，將開參展限舊習永行停止等語。查，錢糧奏銷原有例限，今將奏銷展至歲底，蓋緣錢糧不能依期完納之故。但歷年既已遞壓，自難以驟復定期。與其開參展限以沿虚名，莫若酌予定期以歸實在。從前粤省鹽課例於六月奏銷，因粤商資本微薄，不能依限完納，先據兩廣總督李侍堯奏請更定例限，統歸年底奏銷，經臣部覆准在案。今兩浙鹽課，該撫既稱遞相遲壓，期近力微，委難趕副。臣等查兩浙情形既與粤省相同，應如所請，將兩浙鹽課錢糧奏銷統展至次年歲底造册報銷，其開參州縣之積習永行停止。仍令該撫嚴飭各商，將每年應完引課務於奏銷前一月輸納全完，造册奏報，如再遲延，即行指名題參可也。奉旨：『依議。欽此。』

乾隆二十六年二月，吏部爲人員補用無期，恭請特恩准予酌立年限，分别借補，以疏積滯事，議覆浙江巡撫兼管鹽政莊有恭：奏稱，運副降補通判既准部臣議覆，例得告降。今該員等在浙年久，歷經差委，於浙省風土事宜尤所熟悉，請即留浙，以應降之缺酌量補用，似於銓政尚無妨礙。至以指捐運判人員逕請借補在外，揀調知縣員缺，誠與定例未符，但查候補運判中實有效用年久、才具可用之員，若今廢棄終身，誠屬可惜。合無仰懇皇上天恩，於此等人員擇其到浙在五年以上者，度其才力尚堪驅策，遇有中簡知縣調補所遺員缺，准其與試用人員一體酌量試署，如才堪勝任並無貽誤，試署期滿出具確考，送部引見，可否准其補授之處，恭候欽定。其運副中有自願告降人員，並懇聖恩准其就近呈明咨部，留浙候補。至兩項人員一經補實，即應照現缺計俸、陞轉，不得仍照原銜。如有運副、運判缺出，並不得再議該員請補，致令候補人員仍多壅滯等語。臣部查，運副一項告降通判例應赴部具呈，歸部按班輪選，方爲平允。如告降人員即留於該省補用，未免過優，且於選法亦有未協。至奏稱，近年以來如直隸候補運判陳宏模、吴元楷，山東候補運判張德履，浙江候補運判施繩武，借補知縣即蒙覆准等語。查，運判陳宏模等借用知縣俱係欽奉特旨准行，並無著爲成例，不得援引。比照今請將運判度其才力尚堪驅策，遇有中簡知縣調補所遺員缺，准與試用人員一體酌量、試署之處，與陞任浙江巡撫楊廷璋條奏運判借補知縣事同一例。且知縣爲地方正印官，急公人員報捐時定例即有差别，若遽令運判借補，恐轉開巧取之漸。應將該撫所請運副告降通判留浙補用、運判借補知縣之處，均毋庸議。奉旨：『著照該撫所請行。欽此。』

乾隆二十九年七月，户部爲遵旨議奏事，題覆前任浙閩總督楊廷璋、浙江巡撫兼管鹽政熊學鵬會奏玉環之塘洋等處産鹽甚多，請動帑辦理事：應如所奏，將塘洋、後坟、鹽盤三處，准其增給帑本五百兩，令竈户常川煎辦。仍令玉環同知官收官賣南監一場，即於温州府庫内酌給數千兩設竈煎鹽，歸官收買，仍令該督等將酌給若干銀兩之處報部查核。至該處鹽斤甚廣，温郡民人不能盡數銷售，既據該督等以嘉、松二所商人樂於赴温領運，自可通融辦理，但亦應聽從商便，不得抑勒配運，致滋苦累。其玉環、南監二處每年增出鹽斤暨庫額盈餘各若干，應令該撫熊學鵬確查造册，送部核議。至一切收管銀鹽稽比巡緝事務，應照該督等所議，委令就近之蒲門巡檢照永嘉成例實力承辦，仍歸温州府知府督理，温處道盤查結報，並令該地方文武員弁、兵役協辦巡查，以杜漏私。再查南監一場荒廢已久，此次設竈煎鹽，事屬創始，應令該督撫等留心察勘，俟果有成效，再行酌定章程，定額徵收。其玉環所屬塘洋等三處增出鹽斤將來如何增引行銷之處，一并酌議具奏。奉旨：『依議。欽此。』

乾隆三十年十月，户部爲遵旨議覆事，題覆浙江巡撫熊學鵬奏浙省現在産鹽旺盛，原存帑本不敷，酌請增添帑銀收買鹽斤事：應如所奏，將兩浙收鹽帑本准其酌增銀八萬一千五百五十兩零，並原存帑本十一萬八千四百四十九兩零，共成二十萬兩之數存留，轆轤轉運所增銀兩應照例在於公費分規銀内動支給發。其每年所得盈餘並存給帑本各數，按年造入帑鹽盈餘奏銷案内，報部查核。仍令該撫每年收穫盈餘銀兩，務令年清年款，報部撥解。倘有侵挪情弊，即行查明參奏。奉旨：『依議。

欽此。』

乾隆三十三年正月，浙江巡撫兼管鹽政熊學鵬爲奏聞事，據布政使永德、鹽驛道徐綿、温處道蘇凌阿會詳，據温州府知府李琬稟稱，温州府所轄永嘉、長林、雙穗三場，分隸永嘉、樂清、瑞安、平陽四縣，丁竈三千餘户，男婦户口二萬數千餘人，向遇市米昂貴，赴該四縣糶借。如或縣倉貯穀僅敷縣屬民食，不能接濟竈丁，即赴省城鹽義倉，請借銀兩買穀運往。按自省至温州道途遥遠，每每緩不及事，請趁此本年豐收，將省城鹽義倉項下撥銀二萬兩，就近買穀，存貯温州府城倉內，以資儲備等因，具詳到臣。臣查，倉儲預備民食，最關緊要。浙江省城鹽義倉項下現存有商捐銀六萬餘兩在鹽道庫內，係專爲預備各場竈歉收接濟之需，但必俟歉收年分始行領銀、買穀、運往，實屬緩不濟事。温州濱臨大海，距省千有餘里，道途遥遠，與其俟至歉收之年由省領銀、買穀、撥運，海洋風信靡常，難以剋期，不若即於該處預爲貯穀存倉，更屬有備。臣細加確核，本年温屬豐收，温州所屬永嘉縣乃係首邑，樂清、瑞安、平陽三縣俱附近府城，買谷甚易。查温州城內原建府縣倉廒盡有多餘空閒廒間，足資貯穀，現係永嘉縣經管，應如該司道等所請，即於省城鹽義倉項下劃出銀二萬兩交與温州府，飭令永嘉、樂清、瑞安、平陽四縣買穀，存貯温州城倉內，仍交永嘉縣經管，毋庸另議建倉。其每年存七糶三及還補各數，悉照省城鹽義倉例，彙册報部。仍責成温處道、温州府不時稽查督辦，倘有侵蝕扣剋等弊，嚴察詳參。緣關倉儲預備民食事宜，理合恭摺奏聞。奉旨：『好，知道了。欽此。』

乾隆三十五年十二月，户部爲遵旨議奏事：據調任浙閩總督崔應階、前署浙江巡撫熊學鵬會奏收買定海餘鹽，議列六款，繪圖具奏一摺。臣等伏查，浙江定海縣舟山地方孤懸海外，曠衍五百餘里，統計三十七澳，居民數千户，素以煎鹽爲業，歲納正課銀四十餘兩，除自食外，所有餘鹽向係本地自行售賣。乾隆二十八年，撫臣熊學鵬奏請發價收買，經臣部以海外情形與各省竈地迥别，請交督臣楊廷璋會同該撫通盤籌畫。嗣據接任督臣蘇昌等奏請於十四處大澳設廠收買，復據楊廷璋以該處懸山濱海，若處處設立兵役所費不貲，得不償失，稽察稍疎，易致聚匪滋事，莫若俯順輿情，仍令按例輸課，經臣部據楊廷璋之言議令照舊輸課在案。今據前署浙江巡撫熊學鵬會同調任總督崔應階據陞任布政司富勒渾親詣定海、舟山一帶逐加覆勘詳報緣由，請將該處三十七澳餘鹽通行收買，議列六款繪圖具奏，自屬該處實在情形，應如所奏辦理。臣等謹按款核議，恭呈御覽：

一奏稱，收買餘鹽宜文武和衷分辦，各專責成也。查定海孤懸海外，米薪少産，增添員役，於民食亦有妨礙，應請即令定海縣知縣、鎮標中軍遊擊，文武均匀分管，則以原有之官弁、兵役就近辦理，經費可省，食指無增。至通計三十七澳應行酌設八廒，所需鹽本並宜充裕民食，餘鹽方得盡數入官。應請於鹽道庫收存公費銀内動撥銀四萬兩，以爲收鹽帑本，文武各自承領，所需建廒工價亦即於此内墊發。俟收鹽餘息充裕，按數歸還，按年將文武領帑、收鹽、配引、輸課、支存餘息各數，一并造入帑鹽盈餘册内題銷。其定海縣營會同分廒收買餘鹽，歲底盤查奏銷事務，如係營員所辦帑鹽，責成定海鎮總兵不時稽察，於歲底會同寧波府知府盤查結報。如係知縣所辦帑鹽，責成寧波府知府不時稽察，於歲底會同定海鎮總兵盤查結報。如有虧挪，照例參處等語。應如所奏辦理。

一奏稱，收鹽各澳應因地分任，以便查辦也。查定海各山澳，除岱山、秀山、長塗山澳係提標收買餘鹽，應照舊辦理外，其餘尚有内港十五澳、内洋二十二澳，計共三十七澳。今若祇收内港而不兼收内洋，則仍留售私之地，且同一餘鹽辦理亦不畫一。若廒過少，則交鹽有遠涉之勞，又覺於民未便，臣等酌議，請將此三十七澳概行收辦。查内港十五澳附近城邑，該縣耳目易周，應歸定海縣，於適中之地酌設四廒，就在近收辦。其内洋之二十二澳離城較遠，原非縣役所常到之地，而武職弁兵巡洋緝匪則所常到，乃係武職責成，請歸定海鎮標中軍收辦，亦於適中之地酌設四廒，俾民易於交納。其各澳煎户之多寡仍應聽民自便，有餘交官即給現價，不得限數追取等語。應如該督等所奏概行收辦，以昭畫一。仍令該撫飭屬妥協經理，無任玩忽。

一奏稱，收鹽價值宜酌中定數，以免偏枯也。查收買餘鹽價值過多則商運不前，過少則煎户又恐虧本，必使商運及煎户兩有裨益，方可永遠遵行。查定海現在民食鹽價每百斤值錢二百四五十文，今收鹽存廒、交商配運應需耗鹽，每百斤請酌加二十斤，以抵存廒流滷及捆配狼藉之數，定價三百文收買，俾與現在民食鹽價相等，商、竈兩無偏枯。再查定邑海外鄉愚不識銀戥，通用錢文，而商人則例係以銀繳庫，自應仍聽商人按錢文時價折銀完帑，營、縣照時價易錢散給煎户，庶覺於民稱便。至收發鹽秤，應由鹽道照依部摯較釘平準，呈送臣鹽政衙門烙發應用，其引秤之外另釘自十斤起至百斤。官秤亦同部摯較準烙發，以便零星收買。如各煎户内有願釘官秤者，亦許自釘呈送，烙發給用，以免争執。倘在廒丁役有輕出重入等弊，即行查拏治罪等語。亦應如該督等所奏辦理。

一奏稱，商人買配宜酌輸餘息，以資辦公經費也。查浙省辦理帑鹽一切文書、紙劄、弁兵工食、緝私賞號等項，原屬必不可少之經費。如杭、嘉、紹、松四所商配引鹽，於正課公費之外，每引另輸引費、雜費三錢有零。至如浙江提標中營在於岱山地方配銷餘鹽，每百斤於正課之外收餘息銀八分，並無另有引費、雜費等項。今定海收鹽，其配銷餘鹽請亦照岱山之例免輸引費、雜費，每百斤於正課科則外收納餘息銀八分，其商配引鹽除正課公費之外，每百斤令輸經費銀八分，一切引雜各費概行免繳。再查江南松江城内係食浙省之鹽，由松江提標中營於府城設店銷賣。其松江所屬之袁浦、青村、下砂三場所産鹽斤，止供松江郡城以外并奉賢、金山、上海、南匯、青浦等縣民食，而松江城内民食鹽斤每致不敷接濟。查定海至松江海運甚便，請將定海所有收買餘鹽，先盡撥運松江提標銷賣，每年定以四千三百引爲額，其餘再聽浙省各所之鹽商領運，以裕掣額等語。應如所奏辦理。至收買鹽斤撥運松江郡城銷賣，歲以四千三百引爲額，係該督等就該處情形酌量定議，亦應如所奏辦理。岱山收買鹽斤所收餘息經費銀八分，從前如何核定銀數及有無報部之處，未據聲明，應令該督等確核報部，以憑查核。

一奏稱，各澳居民自食鹽斤應悉循其舊，毋庸更張也。查得定邑係産鹽之區，民食之外，其餘鹽不售於官必售於私，是以發帑官收，俾賣私之奸民盡爲供煎之良户，並非勒令民間食鹽概由官賣，其該處民間自食之鹽，應悉仍舊包完鹽課，煎户聽其零賣，以便民食。如煎鹽各户或因本貴停煎、或因滷廣多煎，均聽其便。倘有外來游匪聞風會聚，在彼搭寮起竈，擅行私煎興販，侵害引地，即行拏究治罪，以靖海疆等語。查定海居民自食鹽斤向係納包課銀四十餘兩，該督等既稱仍循其舊，聽民自行賣買，自屬便民之道，應如該督等所奏辦理。

一奏稱，收鹽應設立書吏、秤手、巡丁也。查設廒收鹽，廒書、秤手、巡鹽兵役均屬必不可少之人，請每廒酌定兵役四名，派委官弁一員專責經理，其文職於寧波屬下派撥，武弁於定海鎮所屬派撥，不必另有添設，照例按年更换。再查岱山向例，每員每月各給薪水銀四兩，書役每名每日給飯食銀二分三釐，俱於餘息項下支銷。今定海與岱山均屬一體，所有一應支銷薪水、飯食等項，均應悉循岱山之例辦理，在於餘息項下支銷。至巡查兵役拏獲奸匪，向有賞賚之例，應請照例亦於餘息内支銷，仍分晰造册，報部查核等語。應如所奏辦理，仍令該督等將岱山支給官役薪、食各項銀兩，從前如何核定銀數及有無報部之處，查明報部，以憑核查。

以上各款，臣等統按該督等所奏情節悉心酌議，請旨遵行。再查該省巡撫即兼管鹽政，地方鹽務均其專責，且近在浙省，較之總督稽察易周。此案舟山沿海各澳動帑收鹽，事屬創始，責成巡撫留心妥辦。應令該撫嚴飭派委員弁秉公實力辦理，并令將該處情形悉心體察，隨時經理，務使商、民均無擾累，以靖海疆。俟命下之日，行令該督撫等遵照辦理可也。奉旨：『依議。欽此。』

乾隆三十七年二月，户部爲遵旨議奏事：據浙江巡撫兼管鹽政富勒渾奏稱，各商每至掣期往往正引與印照一并請掣，正引未竣，即將印照過掣，自此正引轉至遲壓，又給照行銷之後，至奏銷截數時，始行請領餘引抵照。維時商鹽久已配運，請到之引即應繳銷，一領一銷徒屬具文。請嗣後請領正引時，即酌定餘引十五萬道隨同給領行銷，如正引未完，概不得先掣餘引等語。臣等伏查，官鹽、私鹽之別全以部引爲憑，定例鹽、引相隨，所關綦重。從前兩浙奏明，於餘引未到之前暫借印照，交商配掣，原屬一時權宜之計，未可沿以爲例。至鹽斤引目，既有正、餘之分，其行銷次序自宜有先後之別。該省從前以額引暢銷，不敷配運，始請頒發餘引，自應於正引銷竣之後，再銷餘引。乃行之既久，竟致正引與印照同時並掣，不免有遲壓正引之弊。而且餘引領到之時，已屬應行繳銷之候，一領一繳全屬具文，尤非核實辦公之道。應如該撫所奏，嗣後兩浙行銷引目，除額引外，每年酌定餘引十五萬道，隨同正引檢發，責成鹽道監掣等官飭令各商儘銷正引，如正引未經掣竣，概不得先掣餘引，致滋遲壓。其所領餘引或不敷配用，准其暫借下年領到餘引先行配銷，俟奏銷截數之後，赴部補領下年缺數引張。倘年額掣不足數，所剩餘引隨同奏銷繳部銷毁，所有從前暫給印照之例永行停止。俟命下之日，臣部行令該撫遵照辦理。奉旨：『依議。欽此。』

乾隆三十七年十月，户部爲遵旨議奏事：據署理浙江巡撫兼管鹽政熊學鵬奏前事等因，臣等伏查，兩浙鹽引原係分所行銷，而各所情形不同，其有此盈彼絀，經該督撫據實陳奏，亦准通融改撥。今松所地方年銷引額，既據該署撫查明，該所附近鹽場商力微薄，轉運不前，紹所商力充裕，銷鹽亦廣，請將松所難銷引目分出二萬引，改撥紹所行銷，自屬調濟鹽法之意。應如所奏，將松所額引七萬九千六百三十三引内，准其分出二萬引，自乾隆三十七年爲始，歸於紹所入額行銷，即照紹所科則按引完納。查紹所《均課則例》，每引三錢九分七釐零。松所引課向分三則：中則每引四錢二釐零，下則每引二錢八分六釐零，下下則每引二錢五分一釐零。應令該署撫將前項松所分出二萬引，按照該所三則課數通盤核算，務使分出引目照依紹所《均課則例》完納，核與松所原額無虧，以裕課款。仍造具兩所商人分出添辦商名、引地、課項各數清册，送部查核。至松所應銷額引，既經撥出二萬引，所有現存額引五萬九千六百三十三引爲數較少，行銷自易，應令該署撫嚴飭該地方官，飭令松所商人各按引地照數行銷，年清年款。如有墮誤，立即嚴參究處。

又據該署撫稱，該所近場之區私鹽充斥等語。查緝私乃地方官專責，如果留心緝查，何至私鹽肆行無忌，致令官引難銷？此自係松江所屬文武員弁以鄰省行鹽視同隔膜，雖有緝私之名，仍以具文了事，遂致私販奸徒毫無顧畏。應請旨勅下江南督撫，嚴飭松所地方各官，遇有私鹽興販，立即嚴拏究治，不得以鄰省鹽務稍分畛域，且不得恃有撥引一法愈置緝私於不問。該督撫仍不時稽查，如地方官不實力奉行，即行嚴參究治。恭候命下。臣部行令該署撫等遵照辦理，並纂入則例遵行。奉旨：『地方私鹽承緝不嚴，官引必致壅滯。在江省各屬文武員弁，并所行乃浙省鹽斤，未免意存歧視，雖有緝私之名，不肯實力從事。而浙江鹽政又以緝私官弁、兵役皆隔省所轄，呼應不靈，松所鹽務之疲率由於此。從前，李衛以浙江總督兼令節制江南捕盜諸事，是以緝私盡力，鹽法暢銷，然亦間有過當之處。其後歷任巡撫兼管鹽政，未嘗無考核緝私之責，而令不能行之。江省地方官往往陽奉陰違，因循已非一日，不知行鹽雖在隔境，而銷引同屬辦公，司鹺者固不便因鹽務所在之區越俎干預他事，其有關鹽政者原可隨時核計。如果江省地方官視緝私爲具文，不肯留心整頓，以致梟徒充斥，膜視誤公，即當指參一二，予以應得處分，各員弁等自不敢仍前玩忽干咎。若僅如户部所議，專責江省大吏督查，恐日久尚成故套，於浙鹽仍無裨益。嗣後松所緝私之事，除交江省督撫董飭各該地方文武盡力嚴掣外，倘有稍分畛域、不肯實心緝私者，並准浙江巡撫核實參奏，照例議處，該上司等亦難辭督率不嚴之咎。如此，則江省有司既無敢膜視卸肩，而松所商人亦無由推託藉口，方爲兩得。餘依議。欽此。』

乾隆三十八年十月，户部爲遵旨議覆事：據浙江巡撫兼管鹽政三寶奏前事等因，臣等查，諸暨、義烏、浦江三縣引地，前因行銷壅滯，致將該三縣應銷額引均入别縣行銷。今自整頓以來，每年除代銷台引三千三百八道外，尚溢銷餘引二萬餘道。是該三縣引目暢銷，業經著有成效，所有代銷引目即與該三縣額引無異。自應如該撫所奏，將紹所之諸暨、義烏、浦江三縣每年代銷台引三千三百八道即作爲該三縣額引，照《均課則例》按引增課，其應銷餘引亦即照均課完納。統自乾隆三十八年爲始，按年造入奏銷册内，具題查核。再查紹所行銷引目，每引於正課之外例徵公費等銀二錢五分，前因諸、義、浦三縣引地廢弛，是以奏明免徵。今既引目暢銷，將代銷台引入額行銷，所有從前奏免公費等銀是否仍應照舊徵納之處，應并令該撫查明實在情形，報部查核可也。奉旨：『依議。欽此。』

乾隆三十九年三月，吏部爲遵旨議奏事：議得浙江巡撫兼管鹽政三寶奏稱，鹽場大使與批驗所大使因其經管無地方民事之責，是以例不迴避本省，即有由本處商籍中式及以貢監報捐例得以大使用者，内而在部揀選，外而督撫鹽政題調，均不以其本處商籍另行迴避。竊思大使一官，品秩雖卑，督煎、稽私、掣驗引目乃其專責，若本係該處商籍，其父兄、叔侄、外姻、親交即在其地行鹽，雖不必現屬所管，而官與商同在一處，分密情親，則攀援瞻顧亦難保其必無。倘上司查察稍疎，更易從中滋弊。與其懲治事後，不若預定防閑。臣請嗣後如止係籍隸本省，並無商籍行鹽者，仍照舊例毋庸迴避外，若係商籍之員，應令迴避本省，即於起文時，在文結内聲明『某省商籍』字樣，咨送吏部註册，俾揀選分發以憑查核迴避。倘敢捏飾隱諱，别經發覺，即以規避論。所有現在各省場所大使内如有係隸本處商籍者，應請一體查明迴避，與鄰省場所大使對調，似於鹽政既覺整肅，而防杜尤爲周密等語。應如該撫所奏，嗣後鹽場大使、批驗所大使如止籍隸本省並非商籍者，仍照舊例毋庸迴避外，若係商籍之員，於起文赴選時，在文結内聲明『某省商籍』字樣，咨送吏部註册，銓選時照例呈明，以憑查核迴避。倘敢捏飾隱諱，别經發覺，照規避例革職。所有見在各省場所大使内，如有籍隸本處商籍者，均令該督撫、鹽政等查明，分别題咨，到日另行辦理。恭候命下臣部，載入例册，並通行各省一體遵奉施行。奉旨：『依議。欽此。』

乾隆三十九年七月，户部爲遵旨議奏事：據浙江巡撫三寶奏稱，兩浙商人行銷各地引鹽，正引掣足之外，例請餘引配掣。乾隆三十七年間，經前撫臣富勒渾於停照用引案内奏准，每年酌定餘引十五萬道，隨同正引給發，飭令各商先銷正引後銷餘引。如所領餘引或不敷配用，准其借動下年餘引先行配銷，俟奏銷時分别，缺則補領，餘則繳銷，按年遵照辦理在案。臣查自定例以來，乾隆三十七、八、九三年請領餘引四十五萬道，已於三十七年分奏銷案内銷過餘引二十八萬二千五百餘道，三十八年分掣過餘引十四萬餘道，尚存餘引二萬餘道。現在接掣三十八年秋冬並三十九年春夏各引鹽，所存餘引不敷配掣，雖本年已赴部請領四十、四十一兩年餘引三十萬道，尚未接到，算來亦衹足敷三十八、九兩年之用。近來引地暢銷，所有每年請領餘引十五萬道，約計現在情形不敷掣配，與其逐年借用致紊年例，不若量爲加增，俾得從容配運。應請每年增給餘引五萬道，連前共計二十萬道。如蒙俞允，請以乾隆四十年爲始，按年預期請領，給發該商等配掣，以裕課餉。仍俟奏銷時，照例查明銷數盈絀，分别補領、繳銷。再查，嘉興、紹興二所現在開掣所存餘引無幾，雖新引將次可到，而各商收買餘鹽急需引目捆配，請暫用印照，飭令過掣，以免遲誤，一俟領到新引，仍即按數换給，以便行銷等語。臣等伏查該省額領餘引，如本年不敷配運，原有借動下年餘引行銷之例，今各所行鹽引地既據該撫查明日漸暢銷，每年餘引均屬不敷，并聲明預領下二年餘引三十萬道，衹敷三十八、九兩年之用。與其逐年借用致滋混淆，自不若酌增年額以敷配掣。應如所奏，准其於定例十五萬道之外，每年增給餘引五萬道，共二十萬道，自乾隆四十年爲始，臣部按年照數刷印，行令該撫隨同正引領回備掣，仍照例，餘則繳銷。倘尚不敷配運，即行先期酌數咨部補領，按年造入奏銷，以清年款。至該省向例，餘引未到之先暫給印照行銷，誠恐行之日久，未免有遲壓正引之弊，已據前撫臣富勒渾奏明，將印照永行停止。且查本年預領餘引三十萬道，前經該撫咨部請領，臣部已於五月内照數刷印給發，委員賫回備掣，按程約計已應到浙足敷配運之用。應令該撫仍照舊例辦理，毋庸輕議更張，致滋弊混。奉旨：『依議。欽此。』

乾隆四十二年九月，户部爲遵旨議奏事：會議得，准兵部咨稱，浙江陞任巡撫三寶咨稱，乾隆三十五年奏條款内開定海各山澳，除岱山、秀山澳係提標收買餘鹽，應照舊辦理外，其内港十五澳附近城邑，該縣耳目易周，應歸定海縣於適中之地酌設四廒，就近收辦。内洋之二十二澳離城較遠，原非縣役常到之地，而巡洋緝匪乃係武職責成，請歸定海鎮標中軍收辦，亦於適中之地酌設四廒，俾民易於交納。又每廒酌定兵役四名，派委官弁一員專責經理，其文職於寧波府屬下派撥，武職於定海鎮所屬派撥，兵役均於本地營、縣内派撥，所需薪水、飯食及拏獲奸匪賞賚，於餘息項下支銷等因。細繹原奏，各澳地界之遠近、巡查之難易，以及查緝之飯食、賞賚，均經明晰指陳，不惟照此界限分營、縣之辦鹽，即以此分兵役緝私之責成也。今請酌定處分以專責守，嗣後如定邑有售私案件，應先查明何澳售販，何汛出口，如售私在内港十五澳，即將知縣、巡檢及管廒之文員，均照專管官開參；或售私在岱山、内洋各澳，即將營員、廒弁照專管官開參，其守口汛弁悉照派辦之員一體議處，至汛廒捕巡各兵役分别責革，知情故縱者照例治罪等因。查地方巡緝私鹽，自應將文武員弁所管地界分晰核定，俾營、縣各有考成以專責守。今據該撫所咨，自係就地方情形分别定議，應請嗣後定海縣如有失察私鹽之案，查係内港十五澳，將知縣、巡檢及管廒之文員查參，吏部照例議處。如在岱山、内洋各澳，即將營員、廒弁及守口之武職查參，兵部照例議處。奉旨：『依議。欽此。』

乾隆四十三年閏六月，户部爲遵旨議奏事：臣等查得大學士、仍管兩江總督高晉等奏稱，浙鹽引地共計十七府二州，如浙江之湖州、金華、衢州、嚴州、處州，江南之蘇州、常州、鎮江、徽州、廣德，江西之廣信，十一府州俱係腹裏内地，不近場竈，民户食鹽皆係商人配掣運銷。台、温二府所産之鹽，奏明發帑官收，儘數招商領運，向例雖有額設老少，但令向公店挑賣，貧民沾潤無幾，又復憚於遠涉，是以數十年並無頂替認充，現在亦無老少挑賣鹽斤之事。太倉州之崇明縣孤懸海中，向不設商行引，例准包課，聽竈煎鹽，設有肩販挑賣以資民食，所有餘鹽專責崇明巡鹽大使領帑儘收，運交靖江縣行銷，無從越界私販。松江府屬場竈歲産鹽斤，松所商人儘收儘配尚不足數，設遇乏産，每向别所通融借撥，實無餘鹽可供老少挑賣。以上各府均無老少鹽斤，惟杭州、嘉興、寧波、紹興四府屬，凡有逼近場竈地方給販挑銷，設立肩引。計行銷肩引者，則有仁和、錢塘、海寧、餘杭、海鹽、石門、平湖、慈谿、鄞縣、象山、鎮海、山陰、會稽、餘姚、上虞、蕭山等十六州縣。每縣額設肩販自五六十名至二百二三十名不等，由商保結，給與引目，每引一道許其赴場挑鹽八百斤，每日賣鹽百斤，按照定界銷賣，期滿另給。既經納課銷引，即與商鹽無異，歷年久遠，從不聞侵害引地，接濟私梟，自可仍循其舊。至於近場附竈窮黎，年在六十以上、十五歲以下及少壯之有殘疾者、婦女之年老而孤獨無依者，在於本州縣報明、驗實，註册，設立腰牌、木籌，印烙給發。每日卯辰二刻赴場支鹽，數不得過四十斤，地不得過十里，如有事故開除，頂補計額。設老少鹽者，則有仁和、錢塘、海寧、海鹽、鄞縣、慈谿、鎮海、象山、山陰、蕭山、餘姚、上虞等十二州縣，每縣自二十名至一百五十名不等，其多有缺額之處實止不過六百餘名。此等貧難小民，生長濱海，素無恒業，藉此零鹽提攜售賣以資餬口，積久相安，從無違犯。而濱海竈地向無官店，村落民居就近買食，亦頗稱便。若一經停止，另籌贍養，不無失所，且去其肩負之力，使之安坐而食，轉恐流爲遊惰，滋生事端。即近場居民，既無老少鹽可買，勢必遠赴城市買食，往來跋涉亦多未便。第念窮黎固當矜恤，而私鹽之流弊斷不可不除。欲杜私鹽，惟有嚴查場竈，蓋竈户煎鹽有餘，不售於官即售於私，若早官爲收買，在窮竈同一得價，原不必賣與私販，而梟徒無鹽可買，亦當改業營生。浙江地方各場竈原有發帑收鹽之舊例，自當隨時體察。如果土滷旺盛，商力不繼，酌借帑銀儘數收買，務使竈户之鹽除商買外悉歸於官，則梟販囤積之弊可以杜絶，而貧難老少均沾浩蕩皇仁，於靖地安良之道自有裨益等語。

臣等伏查，兩浙近場之温、台等處，前於雍正六年，經原任總督李衛以各該處私鹽充斥、官引不銷，奏請發帑官收，杜絶私梟。嗣後據歷任巡撫常安等陸續增加帑本，共有二十四萬兩，每年收買餘鹽，除足商人應配引鹽外，餘剩鹽斤就近官爲銷賣，每年約有盈餘銀二三萬兩不等，計收餘鹽，各處並無老少鹽斤及設立肩引納課銷鹽，既據該督等查明，歷年久遠，從不聞有越界私販侵害引地情事，應毋庸置議外，至設立老少籌鹽之仁和等十二州縣，據該督等聲稱，原額自二十名至一百五十名不等，現在多有缺額，實止不過六百餘名，爲數無多，藉此餬口，積久相安，從無違犯，而附近居民就近買食亦頗稱便。是此數州縣向係肩販持引行銷納課，即與官鹽相仿，雖有肩販未經之地，其逼近場竈處所向有老少鹽斤以便民食，而十二州縣通共額數僅止六百餘名，實屬爲數無多，稽查甚易，與兩淮鹽場情形不同，應准其照舊辦理，仍令該督撫飭所屬悉心經理，勿使日久法弛，致滋流弊，并各州縣現存老少名數分晰造册，報部查核。至該省場竈餘鹽原有發帑官收之例，自應儘數收買，以杜其私賣之源。應令該撫隨時酌看旺産情形，悉心經理，據實核辦，并嚴飭文武員弁督率兵役人等於私鹽出没處所不時實力查緝，勿致懈弛可也。奉旨：『依議。欽此。』

乾隆四十四年七月，兵部爲遵旨會議事：據浙江巡撫兼管鹽政王亶望奏稱，原設驛傳道，康熙四十九年裁汰，改歸兩浙都轉鹽運使兼管，緣運使無兼郵政之例，改爲鹽驛道。今驛務既不令兼管，應否復還舊銜，抑或改爲浙江鹽道關防，其各巡道關防内應添鑄『兼管驛務』字樣，均請另行换給。至鹽道傳敕内開載『兼管水利』字樣，查通省水利已責成巡道兼管，其鹽道應毋庸添載水利。惟臬司兼管驛務，原頒印信毋庸改鑄，其傳敕内應添載『總理驛務』，各巡道傳敕内均添載『兼管驛務』字樣，以照信守等語。查驛務既經改歸各巡道管理，鹽驛道僅止專管鹽務，應准改爲浙江鹽道關防，其所請復還舊銜運使之處，毋庸議。奉旨：『依議。欽此。』

乾隆四十四年八月，禮部爲遵旨會議事，議覆浙江巡撫王亶望等奏請裁商籍學額等因：臣等伏查，浙江省杭府仁、錢二邑向爲人文淵藪，原設商籍學額，現商、乏商准俱一體收考。今據該撫奏稱，現在清釐商籍中，乏商後裔竟居十之七八，其實係業鹽正商親子弟侄，與例符者不過寥寥數人，是浙省現商子弟人數無幾，商籍學額實爲仁、錢士子進身之一途，久在聖明洞鑒之中。況該省商學向無專設教官及廩增額數，取進各生即分撥杭府、仁、錢三學，凡幫補、廩增、出貢、中式即占仁、錢之額，其中人才輩出，誠如聖諭，與長蘆、山東情形不同，自未便議請裁汰。臣等謹遵旨酌議，嗣後浙江商籍歲、科兩試取進名額仍應照舊辦理，其真正商人後裔與現在領引行鹽之商人子弟，准其一并收考，仍飭令該撫及該學政隨時查察，責成甲商廩保認識保送，勿滋頂冒影射等弊。至商籍各生，既係附入杭府、仁、錢三學，即與民籍生員無異，亦應仍照舊例，鄉試之年俱令散入民卷，憑文取中，不必另行編立『鹵』字號。再該撫所稱現在清釐商籍，勒限改歸之處，除已經改歸本籍各生毋庸議外，其未及呈請改歸者，查無冒濫情節，即停其改籍，無事更張。内有曾經出仕中式者，俱照此畫一辦理，庶民、商均沐樂育之仁，而聖朝益昭文化之盛，是否有當，伏乞皇上睿鑒。奉旨：『依議。欽此。』

乾隆五十六年八月，户部爲浙省鹽務仍照舊定章程事：據浙江巡撫兼管鹽政福崧奏稱，浙省引鹽係行銷本省十一府及江蘇之蘇松常鎮四府、太倉一州，安徽之徽州一府、廣德一州，并江西之廣信一府，向係各銷，各地俱有隘口、關津，藉以遮攔、稽察。核計賣地水程，近則二三百里，遠亦不逾千里，商、民兩便，積久相安，並無舍近就遠、扞格難行之弊。其廣信一府，昨准江西撫臣姚棻以鄰近之饒州府屬例食淮鹽，可否將廣信府屬亦改食淮鹽之處移咨商辦，臣當即督同藩司、鹽道體察情形虚衷籌酌。查浙鹽運至廣信共計程九百餘里，若由淮安配運計有二千四百餘里，程途遠近懸殊，價值貴賤不一，是以久食浙鹽商民稱便。惟在嚴緝私販，自毋庸另議更張，臣現已詳細咨覆，仍循其舊。至浙省鹽務，近年以來官引積壓，諸多廢弛，臣現已逐一清理，惟有嚴督所屬隨時整飭，實力稽察，務使私販斂戢，官引暢銷，以冀仰副聖主恤商惠民恩施無已之至意。奉旨：『知道了。欽此。』

乾隆五十八年二月，吏部奏稱：奉旨，將浙江鹽法道一缺改爲鹽運使。查鹽運使各缺内，惟直隸係繁要缺，向來請旨補放，其兩廣係繁疲難要缺，兩淮係繁難中缺，山東係繁簡缺，向皆開列具題。查均係鹽運使之缺，有請旨、開列不同，辦理稍覺參差。且鹽運使與道員相同，均係知府應陞之缺，現在鹽運使遇有缺出，屢經奉旨補放，自應一體酌定。將直隸、兩廣、兩淮、山東各缺及新改浙江鹽運使員，均改爲請旨之缺，恭候簡用。其浙江鹽法道一缺，原係衝繁中缺，今改爲運使，仍定爲衝繁中缺，以昭畫一。至浙江杭州織造，改爲鹽政兼管織造事務，鹽道改爲運使，一切應行酌辦事宜以及印信各項，統令浙江巡撫、鹽政等確核現在情形分别妥議，題咨到部，再行辦理。奉旨：『依議。欽此。』

乾隆五十八年三月，户部爲遵旨議覆事：據兩浙鹽政全德奏稱，本年癸丑已届開綱，而舊引積壓過多，有礙新綱地步。請將積引内銃銷壬子綱引七十萬道，其正、雜錢糧，自癸丑綱起分五年帶完等語。查兩浙年額，應銷引目八十萬五千餘道，今積引一百二十八萬餘道，幾逾一年半之額，該鹽政奏請銃銷壬子七十萬引，分爲五年完課，係爲疏通積滯起見，應准照所奏辦理。但兩浙鹽務向係年清年額，從無銃銷之案，此次積引過多，自應量予調劑，嗣後不得援以爲例。至前項積引，除銃銷外尚有五十餘萬道，摺内既稱一二年内可以帶銷完竣，並臚陳積引既疏新綱必暢等語。該鹽政調任浙江，係該省專設鹽政之始，一切緝私趲運事宜是其專責，務當實力疏銷，俾積壓引目剋期帶竣，以收實效。應令該鹽政將帶銷年月勒定限期，先行呈報，仍俟帶竣之日專案報部查核，此後倘再仍前壅滯，即將該鹽政從重治罪。再查，該處既有積引一百二十八萬餘道，歷任兼管鹽政之巡撫並不及早籌辦，殊屬墮誤，應行該鹽政按積引年分，查明歷任巡撫、鹽道職名，送部嚴加議處。是否有當，伏祈皇上訓示。奉旨：『依議。欽此。』

乾隆五十八年五月，吏部爲遵旨酌定會核章程事，議覆浙江巡撫覺羅長麟等：奏稱，浙江鹽政向係巡撫兼管，兹奉諭旨，改設鹽政專司其事，令巡撫隨時稽查，仰見皇上杜弊周詳之至意。伏查巡撫、鹽政同駐省城，有例應會核會辦事件，現屆改設之初，自宜議定章程，以重考核而免歧誤。查例載鹽場各官，該鹽政會同督撫考核，分别舉劾具題，臣全德前在兩淮任内，凡所屬大小官員題陞、調補暨大計舉劾，以及盤查運庫、奏銷考成等案，悉與督撫札商，由鹽政衙門主稿，會同督撫題達。今奉調浙，情事相同，謹將兩淮奏定條列逐一酌核，依照辦理，另繕清單，恭呈御覽等因。奉旨：『該部議奏。欽此。』臣等謹就該撫等所奏各款分别核議，請旨遵行：

一奏稱，鹽屬運副、運判各一員，如遇缺出，在外題補，應由運司會同藩司揀員具詳，巡撫、鹽政會同題奏，仍列總督銜等語。查各省鹽運司運副、運判缺出，定例令該督撫會同鹽政揀員具題，今巡撫會同鹽政題奏，仍列總督銜，與例相符，應如所奏辦理。

一奏稱，場所庫各大使并運司經歷等官遇有缺出，將試用人員揀補，亦有將現任之員調補，而將試用人員補所遺之缺者，俱由運司會同藩司具詳，鹽政主稿，會同督撫題咨等語。查地方鹽務官員各有統轄，以專責成，場所庫大使、運司經歷等官係鹽政專管，遇有缺出，題請、調補、署理應由鹽政主稿，會同督撫題咨，與例相符，應如所奏辦理。

一奏稱，鹽屬各官凡遇大計三年，由運司將應舉、應劾之員填册，主稿密封，通詳督撫、鹽政會核、彙題等語。查運司職司鹽務，其鹽屬各官三年計典，應舉、應劾，應由運司填册，主稿密封，通詳督撫、鹽政會核、具題，與例相符，亦應如所奏辦理。

一奏稱，試用人員將次補完，續請揀發，應鹽政專摺奏請，毋庸會同督撫等語。查本年二月，吏部條奏各省員缺原有定額，其應在外揀調者，由該督撫揀選、調補，其應歸部銓選者，由臣部按班議選。查在部候補候選人員各有班次得缺，不致參差，若一經揀發，不論先後名次，到省後即可題咨得缺，徑途似覺捷便。應請嗣後除直隸爲畿輔重地，政務殷繁，雲南、貴州、四川、廣東、廣西、福建、奉天、甘肅或有額設滿缺，或係邊遠省分，仍准酌量奏請揀發，其餘江南等近省及各省鹽場等缺，所有奏請揀發之處概行停止等因，奉旨：『諸凡皆妥，如議行。』欽遵在案，應將該撫等所請揀發人員，應由鹽政專摺奏請，毋庸議。

一奏稱，鹽政衙門應解京協各餉，應委鹽屬官員領解，巡撫衙門應解京協各餉，應委地方人員領解，不必互相差委等語。均應如所奏辦理。

一奏稱，每年鹽課奏銷及遇運司交代盤查庫項，應巡撫、鹽政會同盤查出結，由鹽政主稿、會題等語。亦應如所奏辦理。

一奏稱，每年綱竣，各官銷引考成等册應由運司造送鹽政核題等語。查兩淮鹽引奏銷向係鹽政會同兩江總督具題，今兩浙正、餘鹽引奏銷考核等案，亦應會同巡撫具題，以昭畫一。

一奏稱，浙江鹽道已奉旨改爲鹽運使，所有該道關防應請改鑄『兩浙江南都轉鹽運使司』之印。又鹽道衙門傳敕一道亦應照新銜换給，以昭信守，俟内閣禮部頒發到日，將舊敕、舊關防照例繳銷等語。查新改鹽運使所需印信，應如該撫等所擬『兩浙江南都轉鹽運使司』之印，吏部兼寫清、漢，移咨禮部鑄給頒發。所需傳敕，移咨内閣撰給頒發。其原設鹽道傳敕關防，照例咨送繳銷。奉旨：『依議。欽此。』

乾隆五十八年九月，户部爲酌改竈課徵收事，議覆兩浙鹽政全德：奏稱，竊照兩浙竈地向由場員設櫃徵收，原封解交州縣拆并轉解鹽庫，良由巡撫兼管鹽政地方皆其管轄，可以隨時提解。今奉上諭，復設鹽政，州縣已非專管，且以場員徵收現成之錢糧轉手於州縣，徒滋周折，更慮有挪移延宕之弊。查兩淮竈課由場徵場解，浙省自不應獨異。請將各場歲徵竈課錢糧，即由場員徑解運庫兑收，毋庸解交州縣轉解，以專責成，如場員經徵不力，亦照兩淮之例處分。又竈户置買産業例應税契，以杜詐僞，乃浙江惟寧波府屬鄞縣、慈谿、象山、鎮海四縣竈地由縣税契，此外各場並不投税，僅由鹽大使印給方單，以爲執守。查方單不過聽竈户自行填單，送場印發，其與契券是否相符並無稽考，且匿報無單者亦多以致控争之案，毫無依據斷理。現據司府等議請，改用官設契尾，以杜訟端，具詳前來，覆核契尾之設，原所以絶假冒而裕税課，民竈事同一例，應請嗣後由運司照例刊頒契尾，印發各場。凡竈户頂買地土，將契赴場投税，粘用契尾給業户收執。至從前舊置産業，原頒方單限一年之内繳换契尾，如限滿不换，以漏税論。其税銀照例每兩三分，年終彙解報部。如有徵多報少情弊，察出治罪。所有寧屬之鄞、慈、象、鎮四邑竈户産契一體，歸場投税等語。臣等伏查，徵解竈課原係場員專責，今兩浙設立鹽政專管鹽務，自宜督率場員徵解竈課，以專責成，應如所奏。即將各場應徵竈課，查照兩淮之例，由場員徑解運庫，以免州縣拆并轉詳之煩，且杜周折挪延之弊。倘場員經徵不力，即照兩淮之例處分，仍將督催不力之運司，一併於題銷疏内聲明報參。至竈户置買産業，例應税契，以杜詐僞。今該鹽政等請將向來税契之各場竈户，凡有置買産業者，將契赴場投税，粘用契尾，給業户收執之處，亦應如所奏，轉飭運司刊頒契尾，印發各場。凡竈户頂買地土，將契赴場投税，粘用契尾給業户收執，以爲確據。其向來由縣投税之鄞縣、慈谿、象山、鎮海四處竈户，一體歸場投税，均照例每兩收税三分，彙解運庫，由該鹽政於年終核明確數，專案咨報。並據奏稱，從前竈户舊置産業原頒方單，限一年之内繳換契尾，既係該省自定限期，並令接准部文之日起，依限清釐辦理。奉旨：『依議。欽此。』

乾隆五十八年十一月，户部爲請給鹽政養廉事，議覆兩浙鹽政全德奏前事等因：臣等伏查，兩淮鹽政每年養廉銀二萬兩内，除奏准於歲支養廉銀二萬兩内支給各商代辦貢物銀一萬七千兩，每年實止支養廉銀三千兩。長蘆鹽政每年養廉銀二萬兩内，除歸公捐修等銀五千三百兩外，又奏明撥發辦貢銀一萬一千七百兩，每年實止支銀三千兩。經臣部於每年報銷册内稽核在案。今據兩浙鹽政全德奏稱，兩浙鹽政自改歸巡撫兼管後，即將鹽政養廉奏裁。又杭州織造兼管關務，每年支給養廉銀一萬兩并鹽規銀一千六百兩，本年將關務改歸巡撫兼管，又經前撫臣長麟將關務養廉奏請歸公，現在鹽政、織造均無養廉可支。其織造鹽規銀一千六百兩内，以一半例解内務府飯食等項外，實支銀八百兩。今兩浙鹽政復設專員，應否議給養廉之處，恭摺具奏等語。查設官分職，議給養廉，原資辦公之用。今兩浙復設鹽政，正當清釐整飭、另立章程之際，自應酌與養廉，以資公用。今臣等悉心酌議，兩浙鹽政每年給予養廉銀一萬兩，内將銀七千兩循照兩淮長蘆鹽政之例支給各商備辦貢物外，每年實止支銀三千兩，如此辦理，其實支銀數既與兩淮長蘆鹽政相同，而備辦貢物亦係照該二處之例，以臻畫一，且免致藉口攤派，以杜日久弊生之漸。如蒙俞允，臣部即行文該鹽政遵照辦理，并將支給養廉銀款按年造册，報部備核可也。奉旨：『依議。欽此。』

乾隆五十九年四月，户部爲浙省産鹽短少請暫買淮鹽接濟事：據兩浙鹽政全德奏稱，浙省去冬今春艱産場鹽，不能存積，若遇大雨時行必至缺乏。查明兩淮各場積存鹽斤甚爲充裕，儘可通融，請照二十九年之例，浙商暫買淮鹽，以五萬引爲率，俾資接濟。並請在於浙省運庫内，暫撥銀二十萬兩，委員帶領浙省總商會同淮商照依時價，在通泰各場收買，按照浙引斤兩捆定鹽包，令浙商各計該岸應需若干引之處，先在浙省運庫按引完納錢糧，並繳清買價等語。查係爲浙鹽存積不多，恐致缺乏，量爲調劑之意，且兩淮距浙路程較近，運鹽較速，淮鹽既屬充裕，援照二十九年改運淮鹽成案通融籌備。應如所奏，飭令浙商暫買淮鹽，以五萬引爲率，並准暫撥浙省運庫銀二十萬兩，即令暫護兩浙鹽政阿林保照數撥給，委員帶領浙省總商會同淮商，照依時價收買。仍按照浙引斤兩捆包，令浙商計岸需引若干，先在浙省按引完納錢糧，繳清買價，始准給與照票，齎赴泰州過壩掣驗，務將浙商名下應完錢糧、應繳借項全數繳完運庫，不得任有零欠不清等事，仍將應完銀數日期專案報部。至稱察看浙省産鹽情形，如足敷接濟，則不必運足五萬引，倘或不敷，量加增買之處，均令該鹽政察看浙省情形妥爲籌辦，隨時報部備核可也。奉旨：『依議速行。欽此。』

乾隆五十九年十二月，户部爲遵旨議奏事，題覆浙江巡撫兼署鹽政吉慶：奏稱，本年七八月，松江所沿海猝被風潮，竈地歉收，業將竈課錢糧奏請緩徵。惟是該所竈鹽除配運外，存貯尚多，若不歸商收買，竈本支絀，續煎無力，不獨缺誤來年民食，且恐現鹽透漏售私，於官引更有關礙。但該所商本微薄，現又散在各地，一時難以收買，請循照從前借帑輸羨之例，賞借銀四萬兩，於運庫公費項下動支、承領，加一輸羨，分限三年完繳，羨隨本減等語。臣等伏查，竈户以煎鹽爲業，全賴商人收買配運，源源煎辦。今松所竈户值此歉收之際，有鹽無售，則於來年民食或有缺誤，且難免現鹽透漏售私，致礙官引之弊。所有該鹽政奏請，循照向例借帑輸羨，俾商人收買有力，竈户得本資煎，自爲因時調劑鹽務起見，應如所奏，准其於公費項下支領銀四萬兩，加一輸羨，自乾隆六十年起分限三年完繳，羨隨本減，即令該鹽政將領銀日期先行報部，仍將完繳本、羨銀兩按年造入帑鹽案内，具題查核，并令該鹽政嚴飭所屬實力緝私，毋得絲毫透漏，務期於商運、民食均有裨益。奉旨：『依議。欽此。』

嘉慶四年十一月十七日，兩浙鹽政延豐奏爲鹽屬計典展限事：竊照本年届當舉行大計，鹽屬各員例應於十二月内由鹽政主稿，會同督撫恭疏具題。臣仰蒙聖恩，補授兩浙鹽政，於本年十月初五日到任，計至年終未滿三月，所有鹽運使及兩分司并近省鹽場大使等官，隨時接見，講論公事，尚可悉其梗概。其離省各鹽場或相距五六百里至千餘里不等，該場員等未經接見者尚多，賢否不能周知。若僅據運使、分司稟報以定舉劾，似非慎重考核之道。理合照例恭懇聖恩俯准，將本年鹽屬各官大計展至嘉慶五年三月舉行，俾臣得以悉心考察，會同督臣、撫臣詳加甄别，以昭激勸。奉旨：『准展限，應詳慎。欽此。』

嘉慶六年五月，户部爲遵旨議奏事：據浙江巡撫阮元、鹽政延豐會奏，寧波府屬之鎮海縣境設有清泉、龍頭、穿長三場，該地民竈相錯，其竈産而隸籍輸糧者謂之『竈課』，其海塗刮土煎鹽完納課税者，謂之『丁課』。名目雖殊，俱歷由該縣徵解。迨後奉文將丁課交場代收，仍由縣彙解。旋於乾隆五十九年專設鹽政，議改章程案内，經該縣、場會議，以地丁歸并界限難分，請循舊章，將竈課一并歸縣徵解，當經前撫臣吉慶於乾隆六十年咨部覆准在案。嗣該場等以雍正四年丁歸地輸原案有新漲應予抵除之議，嗣後地有坍漲，課應抵減，或有隔手未便之處，請將丁課一項劃作場徵，經前鹽政臣蘇楞額於嘉慶二年據詳咨部，户部以事出兩歧，令再確查妥議。續據藩司、運司議詳咨覆請照前撫臣吉慶咨案辦理，復經部臣行令臣等會議具奏等因。臣等會查，該三場多有地坍丁存之户，海塗無幾，即將縣徵竈地一律均攤，是以該地竈産不禁民買，由縣税割，與場員專管海塗例禁出售於民者迥别。今若地課歸縣，丁課歸場，是一地而兩徵，倘或彼此查察未週，則重複脱漏之弊即由此起。若謂地有坍漲，課應抵減，該場儘可隨時移縣核辦，並非窒礙難行。又課歸縣徵，竈籍未裁、竈丁不改，亦不至引蹇課絀，且由縣統徵，年久相安，自不若循舊徵收，較爲妥善。至該縣場暨運司等中間議辦兩歧之處，臣等詳加體察，尚爲便民便竈起見，並無別情，應請俯如所議，將清泉、龍頭、穿長三場應徵丁課銀一千二十三兩零，仍同竈地課銀，由鎮海縣按數徵收報解，以免紛更，而歸畫一等因。應如所奏，將清泉等三場竈課、丁課統歸鎮海縣徵收，以歸畫一。奉旨：『依議。欽此。』

嘉慶六年七月，兩浙鹽政延豐爲籌濬松江運鹽河并將掣鹽廳與批驗所衙署互換移建事：竊查松江郡城之西南有河一道，名『二里涇』，爲松所商人運鹽河道。涇之北岸東首建有掣鹽廳，西首建有批驗所大使衙署。涇以南有江，名『黄浦』，黄浦以西，由舊壩河可通二里涇之西口，黄浦以東由米市塘河可通二里涇之東口。各場鹽捆運赴掣向俱從東浦進口，經由米市塘河，至二里涇掣鹽廳前停泊、候掣、開行。查二里涇西口舊有石壩，攔截黄浦江潮水兼杜偷越諸弊，乾隆六年，因此壩於兩岸農田灌溉有礙，經原任兩江督臣楊超曾等奏准開壩通流，於西口要隘添建木柵，以時啓閉，責成批驗所大使隨時稽查。又以二里涇東、西受潮易於淤塞，鹽船行運不便，請每年於江蘇藩庫、浙江運庫各動支銀五百兩發商，以爲挑河修柵之用，工竣報銷，迄今六十年。兩岸淤泥堆積日高，挑濬未久，一經雨淋，仍復淤積。既帑項不無虚糜，且各商於開河時運沙堆積，未免農田稍礙，商民往往因之以起争端，兩有不便。近八、九年，或雨水充足、或東作方興、或雨雪凍阻，未曾領項辦理，歷經聲明咨部在案。臣今春至松掣驗引鹽，各商鹽船俱停泊黄浦江東口候掣，因沙淤河淺，不能直抵掣廳，應提鹽包俱用小船載至二里涇東口，又用人夫擡至掣廳，方始掣驗。各商未免費繁，并恐不肖商人難保無從中勾串滋弊等情，兼之船停江口，風潮時虞，實多未便。臣乘坐小舟週圍履勘，二里涇迤東河窄淤厚，開復爲難；迤西河寬淤淺，疏濬較易，今昔情形實有不同。臣愚見，擬將東首之掣鹽廳改爲批驗所衙署，其西首之批驗所衙署改爲掣鹽廳，於二里涇西口開濬深通，即令各商鹽船改進西浦口，由舊壩河運抵新改掣廳前停泊、候掣，仍留木栅，責成批驗所大使稽查鹽船出入，用昭嚴密。第查二里涇西口既經濬挖，則迤東泥淤益高，恐致下卸而水亦有泄無蓄。擬於自西至東挑挖交接之處築小石壩一座，攔住東流，以資該地農田灌溉。其來往行船，另有米市塘河可通此涇，雖經築壩斷流，於舟楫亦無不便。如此一酌改間，不但商民兩益，以後每年亦無需歲修之費。并據松所甲散各商具禀，改濬河道、移建掣廳所署，實爲衆商一勞永逸之計，一切經費情願公捐辦理，即將來日久稍有淤積，商等亦情願自行捐濬等情。臣伏思二里涇河本爲松所商人運鹽而設，與其歲糜帑項無所底止，不若酌量改移一勞永逸。況現擬開濬西口河道工段不長，移建掣廳所署本有舊料，需費無多。該商等既願捐資自辦，亦不致有苦累。嗣後每年應領挑河銀一千兩應請停止，以歸簡省，洵於商民帑項均有裨益。臣由松過蘇時，與撫臣岳起面加商確，并札商兩江督臣費淳，意見均屬相同，謹繪圖貼説，合詞恭摺具奏，伏祈皇上睿鑒。奉旨：『依議，任其自辦可也。欽此。』

《欽定重修兩浙鹽法志》卷十二終

欽定重修兩浙鹽法志卷十三　律例一

溯自《周官》，始和布令，而法制具有成書。蓋以利之所在，即弊之所叢，不嚴定其法，則利無以興，而弊無由革。世祖章皇帝命諸廷臣採輯律例，百餘年來遞有增刪，律一成而不易例，因時而制宜。國家法令精詳寬嚴，胥得其平，損益悉歸於當所，謂繩之於既然之後，不若禁之於未然之先也。舊《志》載律例鹽法一卷，附以則例數十條，今依新頒及現行者補輯之。其有前後各殊者，仍兩存焉，以備稽考。自課額、考成、罪名輕重以及官制之因革、巡緝之勸懲，凡以剔弊防姦、通商裕課者，於是乎在。若夫有治人無治法，立法之周，尤賴奉行之善，是深有望於良有司也。志律例。

大清律例

鹽法

凡犯無引私鹽凡有確貨即是不必贓之多少。者，杖一百，徒三年。若帶有軍器者，加一等。流二千里。鹽徒誣指平人者，加三等。流三千里。拒捕者，斬，監候。鹽貨、車船、頭匹並入官。道塗引領秤手、牙人及窩藏鹽犯、寄頓鹽貨者，杖九十，徒二年半。受雇挑擔馱載者，與例所謂肩挑背負者不同。杖八十，徒二年。非應捕人告獲者，就將所獲私鹽給付告人充賞。同販中有一人能自首者，免罪，一體給賞。若一人自犯而自首，止免罪不賞，仍追原贓。○若私鹽事發，止理見獲人、鹽。如獲鹽不獲人者，不追；獲人不獲鹽者，不坐。當該官司不許聽其輾轉攀指，違者，官吏以故入人罪論。謂如人、鹽同獲，止理見發；有確貨無犯人者，其鹽没官，不須追究。

凡鹽場竈丁人等，除歲辦正額鹽外，夾帶餘鹽出場及私煎鹽貨賣者，同私鹽法。該管總催知情故縱及通同貨賣者，與犯人同罪。

凡婦人有犯私鹽，若夫在家或子知情，罪坐夫、男。其雖有夫而遠出，或有子幼弱，罪坐本婦。決杖一百，餘罪收贖。

凡買食私鹽者，杖一百。因而貨賣者，杖一百，徒三年。

凡管理鹽務及有巡緝私鹽之責文武各衙門，巡獲私鹽即發有司歸勘，原獲各衙門不許擅問。若有司官吏通同原獲各衙門脱放者，與犯人同罪。受財者計贓，以枉法從其罪之重論。

凡管理鹽務及有巡緝私鹽之責文武各衙門，設法差人於該管地面并附場緊關去處，常川巡禁私鹽，若有透漏者，關津把截官及所委巡鹽人員，初犯笞四十，再犯笞五十，三犯杖六十，公罪並留職役。若知情故縱及容令軍兵隨同販賣者，與犯人同罪。私罪。受財者計贓，以枉法從重論。○其巡獲私鹽入已不解官者，杖一百，徒三年。若裝誣平人者，加三等。杖一百，流三千里。

凡起運官鹽，每引照額定斤數爲一袋，並帶額定耗鹽，經過批驗所依引目數掣摯、秤盤，隨手取袋摯其輕重。但有夾帶餘鹽者，同私鹽法。○若客鹽越過批驗所，不經掣摯及引上不使關防者，杖九十，押回，逐一盤驗。盡盤鹽，而驗之有餘鹽，以夾帶論罪。

凡客商販賣有引官鹽，當照引發鹽。不許鹽與引相離，違者同私鹽法。○其賣鹽了畢，十日之内不繳退引者，笞四十。○若將舊引不繳影射鹽貨者，同私鹽法。

凡起運官鹽，并竈户運鹽上倉，將帶軍器及不用官船起運者，同私鹽法。

凡客商將驗過有引官鹽插和沙土貨賣者，杖八十。

凡將有引官鹽不於拘定應該行鹽地面發賣，轉於別境犯界貨賣者，杖一百；知而買食者，杖六十；不知者不坐。其鹽入官。

條例

一越境如淮鹽越過浙鹽地方之類。興販，官司引鹽至三千斤以上者，問發附近地方充軍。其客商收買餘鹽，買求掣摯至三千斤以上者，亦照前例發遣。經過官司縱放，及地方甲鄰里老知而不舉，各治以罪。巡捕官員乘機興販至三千斤以上，亦照前例問發。須至三千斤，不及三千斤，在本行鹽地方雖越府省，仍依本律。

一凡僞造鹽引印信、賄囑運司吏書人等，將已故并遠年商人名籍中鹽來歷填寫在引轉賣，誆騙財物，爲首者依律處斬外，其爲從并經紀牙行店户、運司吏書一應知情人等，但計贓，滿數應流者，不拘曾否支鹽出場，俱發近邊充軍。

一各鹽運司總催名下該管鹽課納完者，方許照名填給通關，若不曾納課總催買囑官吏，并覆盤委官假指課已上倉、指上囤，扶同作弊者，俱發近邊充軍。

一各處鹽場無籍之徒，號稱『長布衫趕船』『虎光棍好漢』等項名色，把持官府，詐害客商，犯該徒罪以上及再犯杖罪以下者，俱發近邊充軍。

一凡豪強鹽徒聚衆至十人以上，撑駕大船，張挂旗號，擅用兵仗響器拒敵官兵，若殺人及傷三人以上者，比照強盜已行得財律皆斬，爲首者仍梟首示衆。傷二人者，爲首斬決，爲從絞監候。傷一人者，爲首斬監候，爲從發黑龍江等處，給與披甲人爲奴。其雖拒敵不曾殺傷人，爲首絞監候，爲從流三千里。若貧難軍民將私鹽肩挑背負易米度日者，不必禁捕。

一凡兵民聚衆十人以上，帶有軍器，興販私鹽，拒捕殺人及傷三人以上，爲首并殺人之犯斬決，傷人之犯斬監候，未曾下手殺傷人者發近邊充軍。傷二人者，爲首斬，下手者絞，俱監候。傷一人者，爲首絞監候，下手者發黑龍江等處，給與披甲人爲奴，爲從滿流。其雖帶有軍器不曾拒捕者，爲首發近邊充軍，爲從流二千里。若十人以下拒捕殺人，不論有無軍器，爲首者斬，下手者絞，俱監候；不曾下手者，發近邊充軍。傷至二人以上者，爲首者斬監候，下手之人絞監候。止傷一人者，爲首絞監候；下手之犯杖一百，流三千里；其不曾下手者，仍照私鹽本律治罪。其不帶軍器、不曾拒捕，不分十人上下，仍照私鹽律杖一百，徒三年；若十人以下，雖有軍器、不曾拒捕者，爲首亦照私鹽帶有軍器加一等律，杖一百，流二千里，爲從杖一百，徒三年。其失察文武各官，交部議處，有拏獲大夥私販者，交部議敘。

一凡竈丁販賣私鹽，大使失察者革職，知情者枷號一個月發落，不准折贖，該管上司官俱交該部議處。

一凡回空糧船，如有夾帶私鹽闖閘、闖關，不服盤查，聚至十人以上持械拒捕，殺人及傷三人以上者，爲首并殺人之人，擬斬立決；傷人之犯，斬監候；未曾下手殺傷人者，發近邊充軍；其雖拒捕不曾殺傷人，爲首絞監候，爲從流三千里。十人以下拒捕殺傷人者，俱照兵民聚衆十人以下例，分別治罪。頭船旗丁、頭舵人等，雖無夾帶私鹽，但闖閘、闖關者，枷號兩個月，發近邊充軍，隨同之旗丁、頭舵照爲從例，枷號一個月，杖一百，徒三年；不知情不坐。賣私之人及竈丁將鹽私賣與糧船者，各杖一百，流二千里；窩藏寄頓者，杖一百，徒三年。其雖不闖閘、闖關，但夾帶私鹽，亦照販私加一等，流二千里。兵役受賄縱放者，計贓以枉法從重論；未受賄者，杖一百，革退。販私地方之專管官兼轄官及押運官，並交部議處，隨幫革退。其雖無夾帶私鹽，倚恃糧船闖閘、闖關者，押運等官革職，隨幫責三十板，革退。不服盤查持械傷人者，押運等官革職，隨幫責四十板，革退。倘關、閘各官勒索留難，運官呈明督撫參處。

一拏獲販私鹽犯，承審官務須先將買自何人、何地以及買鹽月日、數目究明，提集犯證，並密提竈户煎鹽火仗、簿扇，查審確實，將賣鹽及窩頓之人均與本犯按照律例一體治罪。若查審無據，即屬虚誣，將本犯依律加三等治罪。如承審官不能審出誣扳者，交部分別議處。若審出買自場竈，即將該管鹽場大使並沿途失察各官題參議處。其不行首報之竈丁，均照販私例治罪。

一凡大夥興販，聚衆拒捕，及執持器械殺傷巡役人等，脱逃之梟徒照強盜例勒緝，地方文武各官疎縱及上司容隱不參，交部議處。

一拏獲私鹽，限四個月完結。其案内私鹽交與本處鹽商照官鹽價值立即變價，所獲騾、馬、牛、驢，如延挨不變以致倒斃，著落該州縣官照中等價值賠補，車、船等物亦照依時價據實變價，報部查核。倘有侵漁捏報情弊，並逾限不行完結及不即變價報解者，將該州縣分別議處治罪。

一鹽船在大江失風失水者，查明，准其裝鹽復運。倘有假捏情弊，以販私律治罪。

一除行鹽地方大夥私販嚴加緝究外，其貧難小民年六十歲以上、十五歲以下及年雖少壯、身有殘疾，并婦女、年老、孤獨無依者，於本州縣報明驗實註册，每日赴場買鹽四十斤挑賣，只許陸路，不許船裝，并越境至别處地方，及一日數次出入，如有違犯，仍分别治罪。

一巡鹽兵捕自行夾帶，私販及通同他人運販者，照私鹽加一等治罪。

一凡收買肩販官鹽越境貨賣，審明實非私梟者，除無拒捕情形，仍照律例問擬外，其拒捕者，照罪人拒捕律加罪二等；如與販本罪應問充軍者，仍從重論；倘拒捕毆人至折傷以上者絞，殺人者斬，俱監候，爲從，各減一等。

一鹽商雇募巡役，如遇私梟大販，即飛報營汛，協同擒拏，其雇募巡役不許私帶鳥鎗，違者照私藏軍器律治罪，失察之地方官，交部照例議處。

一凡運鹽船户偷竊商鹽整包售賣者，照船户行竊商民例，分别首、從，計贓科罪，各加枷號兩個月，仍盡本法刺字。所賣之贓照追給主，如追不足數，將船變抵。其押運商厮起意通同盗賣者，依奴僕勾引外人同盗家長財物計贓，遞加竊盗一等例治罪；如非起意，止通同偷賣分贓者，依奴僕盗家長財物，照竊盗例計贓科斷；若商厮稽察不到，被船户乘機盗賣者，照不應重律，杖八十；如押運之人或係該商親族，仍分别有服、無服，照親屬相盗律例科斷。

一埠頭明知船户不良，朦混攬裝及任意扣剋水脚，致船户途間乏用，盗賣商鹽者，照寫船保載等行恃强代攬、勒索使用、擾害客商例治罪，外加枷號一個月，船户變賠不足之贓，並令代補；如無前項情弊，止於保雇不實，照不應重律，杖八十。

一販賣私鹽數至三百斤以上及盤獲糧船夾帶，訊係大夥興販，均即究明買自何處，按律治罪。如不將賣鹽人姓名據實供出者，即將該犯於應得本罪上加一等定擬；若向老幼孤寡零星收買、數在三百斤以下、實不能供出賣鹽人姓名者，仍以本罪科斷；如承審各員有心庇縱，含混完結，該管上司不行詳揭，一并題參議處。

一拏獲船載、車裝、馬馱私鹽，該地方官如不按律治罪、曲爲開脱者，該管上司察出，即照故出人罪律，從重參處。

一引鹽淹消具報到官，該地方州縣官即會同營員查勘確實，限一月内通詳鹽道。該道於詳到之日起，限半月内核轉，以憑飭商補運，限三月内過所，運口岸，該鹽政仍將淹消補運鹽斤數目報部。其沿途督撫及該管鹽道、知府隨時查察，如有州縣營員扶同商人捏報及勒索掯擱情弊，即行指名題參，商人照例治罪。

一大夥梟徒拒捕傷差案內，凡得贓包庇之兵役，俱擬斬監候；私售之竈丁及窩頓之匪犯，俱發伊犁、烏魯木齊等處爲奴。

監臨勢要中鹽

凡監臨鹽法官吏詭立僞名，及內外權勢之人中納錢糧，於各倉庫。請買鹽引，勘合支領官鹽貨賣。侵奪民利者，杖一百，徒三年，鹽貨入官。鹽引勘合追繳。

阻壞鹽法

凡客商赴官中買鹽引、勘合，不親赴場支鹽，中途增價轉賣，以致轉賣日多、中買日少，且詭冒易滋因而阻壞鹽法者，買主、賣主各杖八十，牙保減一等，買主轉支之。鹽貨賣主轉賣之價錢並入官。其各行鹽地方鋪戶轉買本主之鹽而拆賣者，不用此律。

人户虧兑課程

凡民間週歲額辦茶、鹽商税諸色課程，年終不納齊足者，計不足之數，以十分爲率，一分笞四十，每一分加一等罪，止杖八十，追課納官。○若茶鹽運司、鹽場、茶局及税務、河泊所等官，不行用心催辦課程，年終比附上年課額虧欠兑缺者，亦以十分論，一分笞五十，每一分加一等罪，止杖一百。所虧課程，著落追補還官。○若人户已納而官吏人役有隱瞞不附簿因而侵欺、借用者，並計贓，以監守自盗論。

條例

一鹽課錢糧不完者，將經督各官照分數議處外，其各商名下應完鹽課作爲十分，欠不及一分者，責二十板；欠一分者，枷號一個月，責二十板；欠二分者，枷號一個月半，責二十五板；欠三分者，枷號兩個月，責三十板；欠四分者，枷號兩個月半，責三十五板；欠五分者，枷號三個月，責四十板。以上欠課各商題參之後，扣限一個月全完者，免處；如逾限不完，照此例枷責；如於枷限内照數全完者，釋放免責；如枷限滿日仍全不完納，除杖責外，將該商咨參革退，并帶徵等項俱以引窩變抵。欠六分者，將該商杖六十，徒一年，所欠課項限四個月全完；欠七分者，杖七十，徒一年半，限六個月全完；欠八分者，杖八十，徒二年，限八個月全完；欠九分者，杖九十，徒二年半，限十個月全完；欠十分者，杖一百，徒三年，限一年全完。以上自六分至十分，將該商鎖禁，嚴查家産，如限内全完，革退商人，免其杖徒；倘逾限不完，即將該商所配、所欠新課、帶徵等項，著落引窩家産變抵。

現行則例

鹽差遇閏考核

康熙六年十一月，户部題：以後差出御史遇閏月之年，應令連閏在任十二個月算一年，差滿考核。奉旨：『依議。欽此。』

旗人興販私鹽

康熙九年，户部題定：一私鹽事犯係旗下人，本犯主係官，罰兩個土黑勒威勒；不係官，鞭七十；屯撥什庫及窩頓之兩鄰以不行查，首鞭八十；係民人窩頓者，總甲、兩鄰各責三十板；佐領分得撥什庫、包衣大各罰一個土黑勒威勒，小撥什庫、催莊撥什庫各鞭五十。放馬人等興販私鹽者，照定例治罪外，其不行嚴禁總管去的旗下章京、每札籃去的章京等，俱各罰兩個土黑勒威勒，撥什庫各鞭八十，八旗各省駐防官員各罰一個土黑勒威勒。

别營兵丁煎賣私鹽

康熙十二年，兵部題准定例，内軍民人等在伊界内私煎鹽斤、私行販賣者，降三級調用等語。查武職各官無管民稽查之責，防守地方緝拏盜賊外，有不係伊營兵丁，爲别兵丁、民人私行煎賣，將專汛、兼轄、統轄各官俱降三級調用，太過。以後武職伊營兵私行煎賣，至鹽徒拒捕不能拏獲者，仍照例處。若有别營兵丁及民人爲煎賣不行查拏情由，免其處分。

衙役私煎

康熙十五年，吏部等衙門題定《户部則例》一定例，官員該管界内有伊衙役私行煎鹽或私賣者，革職；其軍民人等在伊界内私行煎鹽或私賣者，降三級調用；如旗下人私鹽事發，犯主係官，罰俸兩個月；如本官自行拏獲者，免議。至鹽池未經修築，以致池墻倒壞，行鹽無術，商販不前，或不遵行食鹽舊例，借端不行鹽者，俱罰俸一年。

鹽課大小錠參解

康熙二十一年三月，户部覆准，兩浙巡鹽御史常翼聖既稱零星小商納課多寡不一，大小錠參解有便於商等語，應行該御史大小錠參解，可也。

夾帶私鹽沿途推卸比案

康熙二十三年五月，吏部議：鳳陽衛運丁夾帶私鹽，沿途失察。静海縣知縣曹元並未因公出境，謊稱出境，明係推卸，相應將曹元比照官員奉修衝決地方或稱非係本汛推卸，降一級調用例，降一級調用。奉旨：『依議。欽此。』

興販私鹽

康熙二十五年，吏部等衙門題定《户部則例》内一定例，凡興販私鹽民人、兵丁，俱照律治罪。其地方官失於覺察、被人首告一次者，降職一級；二次者，降職二級，俱准其戴罪，限一年内緝獲私鹽一次者，還職一級，二次者，還職二級；被人首告三次者，革職爲民等語。凡旗人、兵、民聚衆十人以上、帶有軍器興販私鹽、失於覺察者，將失事地方專管文武官員革職，兼轄官降二級，俱留任限一年，緝拏獲一半以上者，還其官級；若不獲者，題參之日照此定例革職、降級。仍請勅下各該督撫、巡鹽御史、提督、總兵嚴加督緝，如有失察官員，即行題參，倘徇庇不參，或被旁人出首，或科道糾參，照徇庇例議處。專管官一年内拏獲十人以上、帶有軍器大夥私販一次者，紀録一次；二次者，紀録二次；三次者，加一級；四次者，加二級；五次者，不論俸滿即陞。兼轄官一年内拏獲三次者，紀録一次；六次者，紀録二次；九次者，加一級；若拏獲次數多者，俱照次數紀録加級。

巡鹽御史考核

康熙二十五年，吏部等衙門題定：《户部則例》一定例，巡鹽御史鹽課欠不及一分者，罰俸一年；欠一分以上者，降俸二級；欠二分以上者，降職一級；欠三分以上者，降職二級；欠四分以上者，降三級調用；欠五分以上者，降四級調用；欠六分以上者，降五級調用；欠七分以上者，俱革職等語。今議得巡鹽御史鹽課欠二分以上者，止有降職一級；欠三分以上者降職二級，並未定有或留任、或調用之處。嗣後欠二分、三分以上應降級者，分別降級，仍行留任。餘款仍照定例遵行。

鹽課初參

康熙二十五年，吏部等衙門題定《户部則例》一定例，兼管鹽務之知縣、知州、知府、布政使各道欠不及一分者，停其陞轉；欠一分以上者，降俸一級；欠二分、三分者，降職一級；欠四分、五分者，降職三級；欠六分、七分者，降職四級。以上，俱令戴罪督催，停其陞轉，完日開復。欠八分以上者，革職。

一運司、提舉司、分司大使等官，係專管鹽課之官，欠不及一分者，停其陞轉，罰俸六個月；欠一分者，罰俸一年；欠二分者，降職一級；欠三分者，降職二級；欠四分者，降職三級；欠五分者，降職四級。以上，俱令戴罪督催。欠六分以上者，俱革職。

一署運司、提舉司、分司大使等署事官員，欠不及一分者，罰俸三個月；欠一分者，罰俸六個月；欠二分者，罰俸九個月；欠三分者，罰俸一年；欠四分、五分者，降一級調用；欠六分、七分者，降二級調用；欠八分以上者，革職；不及一月者，免議。署司、道、府、州、縣事兼理官員，欠一分、二分者，罰俸三個月；欠三分、四分者，罰俸六個月；欠五分、六分者，罰俸九個月；欠七分、八分者，罰俸一年；欠九分、十分者，降一級調用；署印不及半月者，免議等語。今議得：署運司、提舉司、分司大使等官員署事不及一月者，既經免議，其署司、道、府、州、縣事官員過半月者，仍行議處，例屬不一，應將署司、道、府、州、縣事不及一月者，亦免議。餘款仍照定例遵行。

鹽課限滿

康熙二十五年，吏部等衙門題定：《户部則例》一定例，鹽課被參後，州縣大使等官限一年，其年限内不完，不復作分數，照原參分數處分：州縣等官欠不及一分，一年内不全完者，降一級調用；欠一分、二分，一年内不全完者，降三級調用；欠三分、四分，一年内不全完者，降四級調用；欠五分、六分，一年内不全完者，照原品降五級調用；欠七分以上，一年内不全完者，革職。

一兼管鹽法之布政使、各道并知府、直隷知州被參後，限一年半全完，如欠不及一分，年限内不全完者，降職一級，停其陞轉；欠一分、二分，年限内不全完者，降三級調用；欠三分、四分，年限内不全完者，降四級調用；欠五分、六分，年限内不全完者，降五級調用；欠七分以上，年限内不全完者，革職。

一各省兼管鹽法之巡撫，限二年全完，如欠不及一分，二年内不全完者，停其陞轉；欠一分、二分，二年内不全完者，降職一級；欠三分、四分，二年内不全完者，降職二級；欠五分、六分，二年内不全完者，降職三級；欠七分、八分，二年内不全完者，降職四級；欠九分、十分，二年内不全完者，照原品降職五級。

一運使、提舉分司被參後，限年半全完。至運使、提舉係專管鹽課之員，應照布政使地丁錢糧例處分；分司、大使，照州縣官地丁錢糧例處分。如年限鹽課係原被參之官限内不完者，不復作分數，仍照原參分數題參；如係接徵、接催官員，以到任之日爲始，限半年催完，如不能完，題參之日照初次分數例處分等語。今議得：地丁錢糧，州縣官原欠不及一分，年限内不能全完者，既降一級留任，再限一年督催；如又不能完，照伊所降一級調用。今鹽課錢糧將原欠不及一分之州縣分司、大使等官，年限内不能全完即降一級調用，似屬太過。應將原欠不及一分錢糧，年限内不能全完者，亦降一級留任，再限一年戴罪催完；如再不能完，照伊所降一級調用。至兼管鹽法之巡撫，欠一分至九分、十分，年限内不全完者，止有降職幾級，並未定有或留任、或調用之處。嗣後，欠一分至十分應降級者，仍行分別降級留任，督催完日開復。其初參未完錢糧，原被參之官既限一年催徵，將接徵、接催官員半年即行參處，日期太迫，應將接徵州縣大使等官，亦限一年；接催布政使，道、府、直隸知州，運使等官，限半年；接催巡撫，限二年，如不全完，題參之日，仍照初參例處分。餘款仍照定例遵行。

銷引

康熙二十五年，吏部等衙門題定《户部則例》一定例，銷引欠一分者，停其陞轉；欠二分者，降俸一級；欠三分者，降俸二級；欠四分者，降職一級；欠五分者，降職二級；欠六分者，降職三級；欠七分者，降職四級。以上，俱令戴罪督銷。欠八分以上者，革職。其戴罪督銷者，限一年銷完，如年限内不完，照徐、淮等倉錢糧年限内未完例處分。如行鹽地方各官有私派户口、勒買銷引者，州縣官革職；未經查報之司、道、府等官，各降三級調用；巡鹽御史及兼理鹽法巡撫不行查參者，將御史降一級調用，巡撫降一級留任。如鹽引不行題明、私自挪撥者，該管官具各降一級調用，巡鹽御史降一級留任，兼管巡撫罰俸一年。其前官已完銷引不行送部者，及題報鹽引遲延者，或申報鹽引前後矛盾者，將該管官罰俸一年，巡鹽御史及兼管巡撫俱各罰俸六個月。

一《鹽法考》開載，各運司銷引未完各官，年終題參後有續完、解繳運使者，向據巡鹽御史具題，即與開復。其續完引目，有經越數年而未行解部者，必致奸徒借端影射重行。以後銷引未完參罰各官，如有續完應開復者，必令註明銷完年、月并所銷引目，一并送部查明，方准開復。

又《鹽法考》開載，署印官銷引未完欠一、二分者，罰俸三個月；欠三、四分者，罰俸六個月；欠五、六分者，罰俸九個月；欠七、八分者，罰俸一年；欠九分、十分者，降一級調用；不及一月者，免議。

十人以下帶軍器販私

康熙二十七年十月，刑部覆東撫錢珏題楊會尹等同夥九人帶有軍器，拒捕傷人。定例，以十人以上爲重。楊會尹等未及十人，照十人以上例俱擬立決，與例不符。其十人以下帶有軍器、拒捕殺人作何治罪之處，又無定例。楊會尹等應比照十人以下、原無兵仗，遇有追捕拒敵因而傷至二人以上律，爲首之楊會福應擬斬，下手之楊會洪等俱擬絞，未下手之楊會尹等應僉妻發邊衛充軍。鹽商王景初不察明來歷，即將十九驢鹽賣與私販，明係知情，王景初合依犯私鹽者律杖一百，徒三年。嗣後，十人以下、執有軍器、拒捕殺人者，俱照此治罪。奉旨：『依議。欽此。』

申飭弁兵緝私

康熙二十七年十二月，户部覆浙江巡鹽御史席米圖請勅下江南提督總兵官轉行所屬將弁，於海邊隘口率兵嚴緝，毋許大夥梟徒私販透漏，如兵弁知情故縱，并借端生事、擾害商民者，該督撫、巡鹽御史題參到日，從重治罪；至兵弁若不嚴行查獲，該御史亦行題參。奉旨：『依議。欽此。』

失察私鹽限滿無獲

康熙二十八年四月，刑、兵二部爲報明事覆江寧巡撫洪之傑題前事，嗣後降職戴罪限年緝獲鹽犯，如一年限滿不獲者，專汛兼轄文武等官酌量各罰俸一年，仍帶原降之級緝拏；如有年限已滿不獲，該撫題參，仍罰俸一年，戴所降之級，令其緝拏，俟拏獲私鹽之日開復。奉旨：『依議。欽此。』

窩頓私鹽藉口貧難

康熙二十九年五月，户部覆長蘆巡鹽御史題：查該御史既稱奸猾之徒將私鹽潛行窩頓，咸藉口於易米度日。如張虎、尚大等並非貧難，贓物亦非易米，乃狡稱易米，將鹽斤驗秤一二百斤至九千五百餘斤不等，實非貧難，亦非易米等語。果係貧難小民肩負易米者，例不禁外，如有奸猾之徒藉此將私鹽潛行窩頓，似張虎等藉口易米度日者，即拏獲，照私鹽例治罪。奉旨：『依議。欽此。』

鹽課歸并府縣考成

康熙二十九年三月，户部覆浙江鹽政禪布：查兩浙各場鹽課錢糧已歸府縣徵收，其府縣各官照專管例考成，鹽場大使即不徵收錢糧，停其考成。奉旨：『依議。欽此。』

積引通融代銷

康熙二十九年七月，户部覆直撫于成龍題各商如有積引難銷，情願告運別屬易銷之處通融代銷，令該商先具呈運司，取地方官印結呈報鹽臣并臣衙門，如地方官勒措徇情，將該地方官議處等因。查鹽引通融代銷，原期商、民兩便，嗣後，各商積引應如所題，許其呈明，運使轉報該御史及該撫，因時代銷。如地方官有勒措徇情等弊，該御史指名題參，其代銷引數仍於奏銷案内註明查核。奉旨：『依議。欽此。』

十人以上私梟別汛全獲准其開復

康熙三十年十月，兵部爲欽奉上諭事覆江撫鄭瑞題通州王二官等興販私鹽，犯已全獲一案，嗣後，十人以上帶有軍器、興販私鹽者，失察各官係本汛將此賊獲一半以上者，照例免其處分外，其本汛雖未拏獲，被別汛全獲者，亦免其處分。別汛雖拏獲，少一二人者，仍行照例處分。十人以下鹽梟別汛全獲，不准開復。

康熙三十一年三月，兵部爲報明事覆安撫江有良題邵二六等販鹽一案，鹽犯係別汛全獲，援十人以上例開復。前來查十人以下興販私鹽，拏獲別汛私鹽一次，即准還職一級，與十人以上帶有軍器被別汛全獲者免其處分之例不同。應將原失察、限滿不獲之宿州汛千總李如僊，仍照例罰俸一年，帶原降一級緝拏可也。奉旨：『依議。欽此。』

十人以上販私拒捕殺人無軍器者

康熙三十六年十月，刑部爲題明事會覆浙撫線一信：疏稱，任良文等一十九人駕船三隻興販私鹽，被寧海縣捕役趙宇等撞獲，王學信等拒捕毆傷捕役，又連船帶往，適風浪狂湧，巡船被鹽船撞破，致趙宇等一十三人並遭溺死，任良文等似應照律擬絞等因，具題前來臣部等衙門，以趙宇等一十三人雖稱風浪破船溺死，何趙宇同舟之章天德又未畢命，趙宇等溺死之處並無證據，且章天德先供捕役水手俱被打下水去等語。揆此趙宇等一十三人，或係王學信等拒捕殺死亦未可定，行令該撫再行詳審定擬，具題到日再議等因，具題咨行在案。今據該撫會同總督、巡鹽御史疏稱，任良文等原非同夥，章天德先供捕役水手下水去一語，慮罪供吐不清，實無改捏情弊。至天德已從學信威脅幫打，隨登學信之船，故不與趙宇等同舟共溺，相應均照原擬，仍候部奪等因前來。除任良清取供後病故不議外，任良文、何良進、章時斗、董老二、任六斤、邵小夭、鄭長老、章崇赤、鄭日升合依鹽徒聚衆十人以下、原無兵仗，遇有追捕拒敵因而傷至二人以上者，下手之人比照聚衆中途打奪罪人因而傷人律絞，律均應擬絞監候；助毆之章天德合依爲從、發邊衛充軍律，應發邊衛充軍；將水程限單影射私鹽之吴叔成、黄念和、方永怡，合依將舊引影射鹽貨者同私鹽法，杖一百，徒三年律，應各徒三年。奉旨：『依議。欽此。』

隱匿私鹽船隻比案

康熙三十七年七月，吏部覆准長蘆鹽政赫雅圖題静海縣知縣鍾尚志二次捉獲私鹽船隻，已經七月有餘，隱匿不報。照定例，官員凡入官田産隱匿不報者，革職。

違例給照販鹽

康熙三十八年五月，吏部覆廣東鹽政沈愷曾題，先經户部議覆，查遂溪縣知縣李一騶，本汛竈丁私煎又不拏解，反給關大等四人印照，越界興販，應將李一騶不便照軍民人等煎賣之例，降三級調用，應照衙役私行煎賣之例革職。其失察各官職名，移咨都察院，轉行該御史查參在案。查定例内，軍民人等在界内私行煎鹽或私賣者，降三級調用等語。應將遂溪縣典史毛日昇照例降三級調用，無級可降，相應革職。署雷州府同知事該管地方任其竈丁私煎，越界興販，並不查拏，知縣李一騶違例給照運鹽，又無詳報，明係徇情故縱，應將署雷州府同知照徇庇例，於現任内降三級調用。奉旨：『依議。欽此。』

鹽斤不預定價值

康熙三十九年十月，户部覆准兩淮鹽政黑碩色請令湖廣、江西、江南、河南四省有司弗禁鹽價等因，具題：查鹽斤係民生日用之物，商人計本經營，價貴則有累於民，價賤則有病於商，不便預定價值。相應行令該御史並同該督、撫等照時價之貴賤，務使商、民兩便之處酌行可也。奉旨：『依議。欽此。』

巡緝私梟兵丁雖被殺傷專兼各官免議

康熙三十九年十二月，兵部爲請定緝私等事，該臣等會議，得江南、江西總督阿山疏稱，水師遊擊李應彪報獲鹽梟王胖子等，其賊梟帶有鳥鎗、弓箭俱被天雨淋濕，不能相拒，賊衆逃散，其拒捕之王胖子等勢孤被獲。但向來此等鹽梟抗拒傷兵不能全獲，即罹重罪，故遇有械賊犯不無躊躕卻顧。臣思販私之徒盡屬輕生亡命之輩，巡緝勢必拒捕，拏獲十人以下私梟不能敘功，若不幸兵丁有被殺傷，專汛官即罹重譴，則人皆自顧其功名、性命，反生懈心。臣請嗣後巡緝小夥鹽徒不論外，若大夥船鹽，有能人、鹽全獲者，臣與巡鹽御史酌量捐賞。凡私販知風預行逃去，止獲私鹽，變價充餉；設或私梟党衆，官兵不能全獲，或止獲二三名，兵丁雖被殺傷，專兼各官從寬概與免議；其有縱私不擒，仍定嚴例緝之。庶幾將弁感激思奮，地方實獲寧謐之效等因，具題前來。應如所題，嗣後除巡緝小夥鹽徒不議外，若遇大夥船鹽有能全獲者，該督與巡鹽御史酌量捐賞。如私梟知風預行逃去，止獲私鹽，即將所獲私鹽變價充餉。倘或私梟黨衆，官兵不能全獲，或止獲二三名，及兵丁反被殺傷者，專兼各官俱免其處分，限一年緝獲，如不獲仍照舊例處分。若有縱放私梟、不行擒拏者，專汛官革職，兼轄官降二級調用，不知情者，仍照失察私鹽例處分。俟命下之日，載入例册，并通行直隸各省督、撫、提、鎮等一體遵行可也。奉旨：『依議。欽此。』

私鹽經過地方無處分

康熙四十一年七月，刑部爲鹽梟殺捕事，覆浙撫趙申喬題吕慶如等販私、拒殺捕役黄子佩一案，查先經該督撫查參專管地方各官，吏、兵二部照例議處在案。其私鹽經過，各地方官並無處分定例，且鹽犯吕慶如等已經緝獲，審明定擬，應將山陰縣三江場大使周禹吉、都司崔武等均毋庸議等因。奉旨：『依議。欽此。』

更定失察私鹽

康熙四十四年十二月，户部爲欽奉上諭事，康熙四十四年五月初十日，大學士馬齊等奉上諭：『今看得私鑄小錢，販賣私鹽者甚多，如何嚴行禁止之處，著户部定例具奏。欽此。』户部議覆，奉旨：『九卿、詹事、科道會議具奏。』續經九卿議覆，奉旨：『制錢展限之事，著另議具奏。其私鑄錢之人并販賣私鹽者，斷不可寬免。此事進京之日，著大學士等九卿大人會同議奏。欽此。』除將私錢另行具題外，該臣等會議得，鹽課關係國用，而興販私鹽甚多者，係該管官員懈弛，不盡心嚴緝，奸宄之徒圖利藐法所致，不可不再行嚴加定例。查定例内，十人以上、帶有軍器興販私鹽者，立斬；凡竈丁人等私煎私賣及奸宄之徒興販私鹽不及十人及十人以上、不帶軍器者，俱杖一百，徒三年等語。相應仍照舊例，再行嚴飭各省。至舊例，該管文武官員失於覺察一次者，降職一級；失察二次者，降職二級；失察三次者，革職。今改爲該管吏目、典史、知州、知縣、千總、把總、守備等官失察一次者，降二級；失察二次者，降四級留任；失察三次者，革職。舊例內，將道、府、直隸州知州、副將、參將、遊擊等官未定有處分之例，恐怠玩不行嚴緝私鹽，亦未可定。嗣後，興販私事發，道、府、直隸州知州、副將、參將、遊擊等官失於覺察一次者，降職一級；失察二次者，降職二級；失察三次者，降三級留任；失察四次者，降三級調用。查運使、運同、運判、鹽場大使俱係管查鹽務之員，查挐私鹽係伊等專責，而舊例內未定有處分之處。嗣後，竈丁販賣私鹽，大使失於覺察者，革職；知情者，革職，杖一百，枷號一個月，不准折贖；運同、運判照該管州縣官之例處分；運使照道、府之例處分。此外別款，仍照現行則例遵行。奉旨：『依議。欽此。』

保甲查挐私販

康熙五十五年閏三月，户部爲請嚴保甲等事，查得兩浙巡鹽御史諸米以兩浙州縣現行保甲之法更申以嚴察私鹽之條，責任地方官力行查緝，使總保里民互相稽察等因，會同兩淮鹽政李陳常具題前來。應如該御史所題，嚴飭所屬行鹽地方該管官員，將奸宄聚衆興販私鹽者，令總保里民互相稽察，有能挐獲者，照律給賞；倘有容隱徇縱等情，發覺之日，照律治罪可也。奉旨：『依議。欽此。』

私鹽務究場竈

康熙五十六年十二月，户部爲恭報續招等事，會議得，江督常鼐以私販之未絕，皆因各省侉棍結黨而至，地方各官不行查挐，失察一次至四次者，俱各按次降職一級；其失察五次者，革職留任；如有能拏獲者，按次開復。失察至六次者，革職離任；如未經失察之先而能拏獲者，每二次准紀録一次，後有失察按次抵銷。再，近審鹽犯，每取路途，轉買供詞，以避大使等之處分，遂致私販不絶如故。嗣後拏獲私鹽千斤以上者，務令究出係某場竈丁，據實報參，如不審明白，即照不取緊要口供之例議處。奸徒無由圖利，自不復來等因，會題前來。查康熙四十四年，九卿會議竈丁人等私煎私賣，及姦徒興販私鹽，失於覺察之該管地方文武官員處分，通行在案。今該督等題請外省侉棍來境販私，地方各官失察之處分，比四十九年九卿所定處分之例甚輕。若照所題，則地方官員不遵九卿定例，必致懈弛，私鹽斷不能杜絶。應仍照從前九卿所議之例遵行。其地方各官有能拏獲侉棍販私千斤以上者，應照該督等所題，將該管官核實，題請紀綠，後有失察，准其抵銷；如有不肖官員貪圖紀録，將貧難軍民肩挑背負易米度日之人及外省來境貿易平民混作私販侉棍查拏者，即將該員指名題參，嚴加議處。再，該督等疏稱，近審鹽犯，每取途路，轉買供詞，以避大使等之處分，遂致私販不絶如故。嗣後拏獲私鹽千斤以上者，務令究出係某場竈丁，據實報參，如不審明，照例議處等語。亦應如所題，嗣後承審官員將鹽犯不據實究審私鹽出自何場、竈丁偷賣之處詳報，即將承審官員照不取緊要口供之例題參，交與該部照例議處可也。奉旨：『依議。欽此。』

失察私鹽不准因公出境

康熙五十七年閏八月，吏部題爲報明事，議得浙江巡撫朱軾具題諸暨縣鹽捕阮爾端等拏獲私鹽一案，所有疎防署諸暨縣典史事、蕭山漁浦司巡檢陳天俊等相應題參，其紹興府通判李天植、知府俞卿俱因公出境合并聲明等因，具題前來。查例内並無因公出境免議之條，應將紹興府通判李天植照例革職留任，知府俞卿照例降二級留任，俱限一年緝拏；署典史事、蕭山漁浦司巡檢陳天俊係署事官，應於現任内革職留任;其鹽驛道并該管鹽場大使,行令該撫補參。奉旨:『依議。欽此。』

已撫鹽梟復行販私

康熙五十九年二月,刑部爲詳明請示事,該本部會同吏部、兵部議得鹽梟劉龍裔、劉自然等相率就撫一案,據江南、江西總督常鼐會同京口將軍何天培等疏稱,歷審劉自然等,咸供當日誤聽劉龍裔以招撫人多有可聳聽,故爾隨聲附和,尚有三四百人俱欲受撫,實在並無其人,將姜天篤等審擬徒罪等因,具題前來。除妄供之劉龍裔已經病故,劉自然等十六名留充效用,龔三等四名應照獲人、不獲鹽不坐律,均不議外,姜天篤、張世榮、鬼頭王四、周五、王謨章、楊吉甫俱合依犯無引私鹽者杖一百,徒三年律,均應徒三年,至配所杖一百,各折責四十板,船鹽變價入官。再查定例,興販私鹽失察,並無因人、鹽俱獲免議之例。應將失察姜天篤等販私之泰州吏目陳士傑等,均照例各降二級留任;其失察之大使、運判并運使職名,應行令該督查參。又定例,州縣官不確查盜數申報者,罰俸一年等語。又據該督既稱同知許珏不察劉龍裔所供虚實,即應通詳應將江寧府同知許珏照例再罰俸一年。該督等疏稱,梟棍聚衆靡常,嗣後招撫,内或有一次販私,許其投首,願食糧者,發營考驗入伍;願歸農者,量給盤費,遞回原藉,取各該地方官及本管官印甘各結存案。日後如有復出販私者,將本犯發充口外;其出結之地方及本管官,請照失察卦子例議處。至三江口,如有已撫復販之梟、失於查拏者,該同知亦照失察卦子例議處等語。應如該督等所請,嗣後如有撫梟復行販私審實者,將本犯解部發往和撲多、烏蘭古木地方,其出結之地方專汛兼轄及該管各官,俱照失察卦子例降級議處等因。奉旨:『依議。欽此。』

肩挑四十斤以上之鹽仍行禁緝

康熙五十九年，户部爲行知事，查兩廣巡鹽御史常保以疏引裕課全賴緝私，肩挑背負之鹽五六十斤之外方許緝拏，則私鹽借此公行，病商誤課莫此爲甚等因具題，本部以《鹽法考》内開，貧難小民肩挑鹽四十斤以下者，准其免納課税；易米四十斤以上者，仍令納課。如有奸民改包興販，嚴行拏究，以絶私販之弊等因。應令該御史、該撫嚴飭該管文武各官，除附近場竈真正貧難小民，將鹽肩挑易米度日者，四十斤以下照例不必禁捕；至四十斤以上者，仍行禁緝。如有奸民借端改包興販者，嚴行拏究治罪。倘該管文武各官不行嚴緝，以及故縱失察等弊，該御史即行指名題參，嚴加議處等因議覆。奉旨依議，欽遵行文在案。但各處行鹽地方應同一例，相應行令該御史遵照兩廣之例，除附近場竈真正貧難小民，將鹽肩挑背負易米度日者，四十斤以下不必禁捕；四十斤以上者，仍行禁緝。此外，如有奸民假稱貧難，三五成群，借端興販私鹽者，嚴行拏究治罪。倘該管文武各官不行嚴緝，以及故縱失察等弊，即行指名題參可也。

拏獲糧船私鹽議敘

雍正四年三月，户部議覆總漕張大有、陞任安徽巡撫李成龍爲欽奉上諭事，查漕船夾帶私鹽，以及地方各官失察處分，已經刑部會同吏、兵二部定議，遵行在案，應毋庸議。其長蘆、兩淮産鹽之處應如該督等所請，遇回空糧船經由産鹽處所，該地方文武各官并押空官弁晝夜嚴行稽查，催趲前進，不許借故逗遛，并嚴行拏禁，風客、囤户亦毋許乘間私相交易。如回空糧船在産鹽處所不行力催，任其逗遛，與風客、囤户等私相交易，致有夾帶之事者，將該地方文武各官并押空官弁查參，照刑部所定之例議處；運丁、風客、囤户等，照販賣私鹽人等之例，加等治罪。該管鹽務運司等官掣鹽出場，務將餘鹽嚴行巡查，不許夾帶。如有徇隱疎縱，於發覺之日，將運司等官令該巡鹽御史照失察私鹽之例題參議處；其竈丁人等亦照販賣私鹽律治罪。又疏稱，向例每年糧船回空之時，臣於標下副參遊之中分派二員，一在德州桑園鎮，協同德州衛守備搜查；一在揚州儀徵，協同揚儀營汛并地方官搜查。今應更於瓜洲江口，派委瓜洲營協同廳員搜查。如此，則沿途既少裝載，出江又有稽查，糧船私帶之弊似可由此斂戢。倘或仍有私鹽事發，遵照定例，究明買何場竈、是何月日、在於何處裝運上船，查取彼地該管官失察職名，一并參處等語。查瓜洲係江口地方，恐糧船夾帶私鹽或從此出口，應如該督等所請，每年糧船回空之時，於瓜洲江口派委瓜洲營協同廳員實力搜查，以杜夾帶之弊。至仍有私鹽事發，應令該督等遵照定例，將所獲私鹽究明買何場竈、是何月日、在於何處裝運上船，即將該管地方各官失察職名題參。又疏稱，私鹽失察既有處分之例，其拏獲私販亦有議敘之條。定例開載：凡專管官一年拏獲十人以上、帶有軍器大夥私販一次者，紀録一次；二次者，紀録二次；三次者，加一級；四次者，加二級；五次者，不論俸滿即陞。兼轄官一年拏獲三次者，紀録一次；六次者，紀録二次；九次者，加一級；若拏獲次數多者，俱照此次數紀録加級等語。嗣後，除沿途文武以及押運官弁有能拏獲糧船夾帶私鹽者，照例議敘外，其運司等官拏獲竈丁、船户夾帶餘鹽，亦照此例議敘等語。應如該督等所請，嗣後沿途文武官弁有能拏獲糧船夾帶私鹽，及運司等官有能拏獲竈丁、船户夾帶餘鹽者，均照地方官拏獲私鹽之例議敘。其押運官弁，有能於該管幫船一年之内並無私鹽事故者，准予紀録一次；再隨幫，一定專管回空，最爲切近，今應特加激勵。如該隨幫能拏獲首明私鹽三次，及該幫船三次回空並無私鹽事故者，准其從優議敘，即以領運千總補授等語。應如該督等所請，嗣後該隨幫果能拏獲首明私鹽三次，及該幫船三次回空並無私鹽事故者，該管上司出具印結，咨以千總推用。又疏稱，窮丁南北往返，必須食鹽，應請每船量給食鹽若干，使之遵守，違者治罪等語。查定例，民間肩挑背負四十斤以下者，准其易米度日。今出運糧船，每船旗丁、水手約十餘名，南北往返，必須食鹽，應令該督等比照此例，准其於受兑上船處帶鹽四十斤，於交卸回空處，亦准其帶鹽四十斤，多帶者同私鹽法從重治罪等因。奉旨：『依議。欽此。』

承審鹽案遲延處分

雍正四年九月，吏部等爲請嚴承審等事，會議覆長蘆巡鹽御史顧琮一疏，查肩挑背負鹽犯，罪不至死，其案亦易完結，承審各官若不速行完結以致拖累監斃，其情實可憫惻。嗣後，除大夥興販、持械拒捕，有窩頓地棍賣私店主者，仍照定限審結，至實係老幼、貧難、男婦肩挑背負四十斤以下，易米度日者，例不緝捕，無庸監禁外，其餘拏獲私鹽肩挑背負四十斤以上等犯易結之案，應如該鹽政條奏，務令地方官將現獲之犯即行審結，其有遲延緣由，咨部照承審官例議處。倘再有任意不結、拖累至四月外，以致一案監斃至三人，一年監斃至三案者，該鹽政會督撫查參，將州縣照司獄監斃例議處可也。奉旨：『依議。欽此。』

經歷公同用印

雍正四年十一月，吏部爲請專職守以復舊例，以正官常事，覆長蘆巡鹽御史顧琮題前事，查設官分職，頒給印信，各有職司，屬員印信豈可令上司掌握？今該御史既稱鹽道衙門經歷印信，竟掌於鹽道之手，請將經歷印信仍歸經歷，於鹽道衙門復設經歷公署，以便公同用印。并飭各省藩臬、知府，凡有經歷衙門一體奉行等語。應如該御史所請，經歷印信仍歸經歷自掌，於鹽道衙門設經歷公署，凡有文移往來，令其公同用印。并行文各省督撫，飭令藩臬、知府，凡有經歷者，其印信悉歸經歷掌管，如有仍前專擅，將經歷印信收掌自用，致生挪移情弊，該督撫察出，即行題參可也。奉旨：『依議。欽此。』

《欽定重修兩浙鹽法志》卷十三終

欽定重修兩浙鹽法志卷十四　律例二

現行則例

場員揀發同通試用并取身家殷實結

雍正六年五月，吏部爲謹陳鹽政等事，本年三月，户部會覆浙江總督李衛疏稱，場員有稽查竈丁之責，非潔己奉公不克勝任。應將現任場員分别優劣，咨部另補，吏部於候補、候選同知、通判、州縣等官内有家道殷實具呈到部者，帶領引見，恭候欽點，命往浙江。該督酌量分給各場管理鹽務，三年内果能杜絶私煎等弊，保題以應得之缺即用；如不能稱職，勒令休致；劣蹟昭著者，題參革職。至江南松所四場私鹽横行，商皆虧折，非大爲變通不能補救。應於命往同知等官内，該督酌量身家最爲殷實者，令其管理三年，任滿果能錢糧清楚，引鹽多銷，保題以應陞即用；稍次者，以原銜即用；倘不能稱職，分别題參等因。奉旨依議，欽遵在案。再查到部各員，照例取有同鄉京官、家道殷實印結，但果否殷實之處，臣等未能確知，應令該督詳加查問，并取原籍地方官印結，果係身家殷實，令其留辦場務，如有虚揑等情，即咨明臣部具奏等因。於雍正六年五月十六日，將候選通判楊維清等帶領引見。

奉旨：『楊維清等二十三員，命往浙江，交與李衛派委管理鹽場事務。欽此。』

逃徒加等治罪，私販十人以上不分首從

雍正六年九月，九卿、詹事、科道會議：得刑部議覆浙江總督兼理鹽務李衛條奏内稱，鹽犯脱逃罪止杖一百，法輕易犯，請加等按擬等語。應如所請，嗣後販私案内，各項徒犯已經發配逃走者，照徒犯未獲、到官逃走之例，分别加等按擬，俱除去役過月、日，面上刺『逃徒』二字。原犯徒一年者，枷號一個月，加倍杖八十，徒二年；徒一年半者，枷號三十五日，加倍杖一百，徒三年；徒二年者，枷號四十日，加倍杖一百，流二千里；徒二年半者，枷號四十五日，加倍杖一百，流二千五百里；徒三年者，枷號五十日，加倍杖一百，流三千里。其發往流所又逃者，面刺『逃流』二字，枷號兩個月，照依地里遠近，改發充軍。查徒犯脱逃加等治罪，面上刺字易於稽查，則徒犯皆知警惕，應照刑部等衙門所議。又議覆該督疏稱，例載旗人兵民聚至十人以上、帶有軍器興販私鹽者，無論拒捕傷人，俱照强盗已行得財律，立斬。查現在殺傷事主盗案，未經下手之夥盗，尚得量邀寬減，而此不曾致死兵役之鹽徒，悉皆駢斬，似覺援照之條反重於本律。臣愚以爲，十人以上鹽犯，當論其殺傷已死及傷而不死與未曾傷人、有無疊犯之處，將首、從略爲分别斬決、監候，并酌量按擬絞罪、軍流等語。查鹽梟聚衆拒敵官兵，兇惡已極，嗣後除十人以上拒捕，若殺人及傷三人以上者，仍照例不分首、從皆斬立決，爲首者梟首示衆外，其餘十人以上曾否拒捕，有無殺傷之案，亦應照盗案例，令該督撫嚴行究審，分别法所難宥及情有可原者，一一分晰，於疏内開明，仍照例不分首、從定擬斬決具題。大學士會同三法司酌量分别，詳議具題，將應正法者正法，應發遣者發遣，庶皆平允。再議覆該督疏稱，幫梟拒打奸民若歸於十人以上案内，則皆應斬決；若摘出問擬，律無正條，似應就人多寡與傷而未死之處，分别首、從，按擬斬決、監

候、軍流、徒罪、枷責等語。查此輩奸民，既同拒捕，即屬鹽梟，自應歸并。前議鹽梟案内分别首、從及傷人與未傷人之處，按例定擬，若於一案之内又另立一項首、從罪名，不特頭緒紛繁，且恐以拒捕官役之重犯減至枷責發落之輕條，轉得避重就輕，益致借端私販。應將該督所請，無庸議。奉旨：『依議。欽此。』

場課仍歸場徵并考成處分

雍正七年四月，吏部等爲遵旨題覆事，議得浙江總督兼理鹽務李衛疏稱，竈課向屬場員徵解，因徵職難任錢糧重寄，是以改令縣徵。現在場員既皆改用通判、知縣、州同等官，應仍令場官設櫃徵收，原封解交各縣拆并等語。應如所請，將各場竈課錢糧，令場官就近徵收、解縣。又疏稱，場員惟司代比催納，若定以考成，竟照經徵一體處分，孰肯踴躍急公？如有未完分數，除止於罰俸外，其應降職、降級、停陞者，俱照離任官例罰俸一年，免其停陞；倘催徵不力，許該縣提比經識，挪用侵漁者，仍即揭報，從重議處等語。查代徵之場員並非專管官可比，若照經徵舊例處分，原屬太過。請嗣後代徵場員如初參欠不及一分者，舊例罰俸六個月，今應免其議處；欠一分者，舊例罰俸一年，今應罰俸三個月；欠二分者，舊例降職一級，今應罰俸六個月；欠三分者，舊例降職二級，今應罰俸九個月；欠四分、五分者，舊例降職三級、四級，今應罰俸一年，俱免其停陞。督催欠至六分以上者，舊例俱行革職，今若止於罰俸，則欠數既多而處分太輕，恐場員視爲泛常，代徵不力。請嗣後欠六分者，降職一級；欠七分者，降職二級，仍令戴罪督催；欠八分以上者，即行革職。再，初參處分既已改輕，則原參各官亦不便照舊議處。請嗣後代縣催比之場員原欠不及一分、年限内不全完者，舊例降一級留任，今應罰俸六個月；原欠一分、年限内不全完者，舊例降二級調用，今應罰俸一年；原欠二分、三分，年限内不全完者，舊例降四級、五級調用，今均應降一級留任，再限一年督催，如再不完，照所降之級調用；原欠四分、五分，年限内不全完者，舊例革職，今應降一級調用；原欠六分以上、年限内不全完者，革職。如該場員催徵不力，許該縣提比經識，倘將已徵錢糧内有挪移侵欺情弊，即行揭報。若該縣平時不能稽察查揭，致有虧空者，照直隸知州失察屬員虧空例議處。至有一場而坐落兩縣者，其場員兩地未完分數，應合算并案處分。奉旨：『依議。欽此。』

鹽課初參罰俸毋庸具題開復

雍正七年七月，吏部等衙門爲遵旨會議等事，護理兩浙鹽政布政使高斌咨稱，催徵錢糧各官奉文議處之後，若將未完錢糧照數通完，其原參部議革職、留任及降職、降俸與夫停陞、戴罪督催之案，俱應題請開復。若止奉議罰俸而無停陞、督催之案者，其原參錢糧後雖通完所奉，議罰之俸仍應完解，並無可以開復之處，乃鹽課案内此等罰俸之官，於錢糧通完之後亦均具題開復。以後似應照地丁等案現行事例，將續解通完銀兩，於年限案内彙册報部，庶奉行畫一，而案牘亦免紛繁等因前來。查鹽課錢糧未完各官，或議處降俸、降職并停陞、戴罪督催者，如參後全完，仍照地丁等案具題開復；若初參止以罰俸議結，續報全完者，嗣後俱應照地丁等案例免其具題，仍令該員將罰俸銀兩完解，於年限内彙册，咨報户部核明，移咨本部銷案，仍劄該鹽政知照。

殘引遺失官商具結存案捏結加倍治罪

雍正八年六月，户部爲敬陳鹽法相沿陋弊酌議調劑清釐事，議覆浙江總督兼理鹽務李衛題稱，歷任鹽臣銷過殘引，例應追出繳部。其中或有水火、賊盜遺失，及肩挑小販道路碎裂、鹹浸、漁户波濤漂没，不能完全。從前每將後任殘引抵數繳送，又撥解定限止有八十日之期，而行銷州縣共有一百餘處，未能如期解足。故有後引先到者，即行墊解，而以續解之前引，反抵後發之引。臣嚴飭設法清查，惟將本任銷過之引，隨時追繳貯庫，不許挪移、牽混。而在已往者，莫可究詰，今遠年舊引難於影射，亦屬無用，謹據實題明，將歷任、現在者儘數繳銷，其已經抵還別任及實係遺失無著者，免其輾轉追究。此後逐年清出，次歲遞繳，果屬水火遺失、肩販漁户損壞，取具官、商印甘各結聲明存案，扶同捏結，加倍治罪等語。均應如該督所議可也。奉旨：『依議。欽此。』

奏銷限期

雍正十年十二月，户部奏，奏銷錢糧均關經制國帑，現今各省奏銷登答，有延遲二三年至數十年始行次第清結者。切思數十年内，州縣各官陞轉遷换，勢不能皆係承辦原人，而臣部堂司各官亦多非經手辦理之員，胥吏上下其手、增改牽混，實滋弊竇。請行文各省，一切本年登答，務於次年十月内按限清理，如果頭緒繁多，實有不及清查者，該督撫題明緣由，量予展限。倘任意延遲逾限，臣部即行查明題參，交部嚴加議處。奉旨：『依議。欽此。』

越境買鹽四十斤以上挐解

乾隆元年三月，户部爲敬陳鹽政等事，查行鹽地方各省疆界，原毋許彼此侵越。應令該督嚴飭各該文武官弁嚴查禁遏，如有越境買食零鹽過四十斤以上者，即行挐究，該管上司將買賣一同治罪等因具題。奉旨：『依議。欽此。』

私販拒捕傷止一人

乾隆二年三月，刑部爲人鹽并獲事，議覆東撫岳濬題蘭山縣張漢等販私拒捕、打傷巡役郭太一案，查張漢拒捕實止傷及一人，若遽照傷至二人例擬斬監候，殊未允協。但止傷一人，爲首之犯例無明文，應請將爲首毆傷巡役一人之張漢，改照罪人拒捕、毆所捕人至折傷以上者絞監候，秋後處決。下手之張臻、張天珏應照爲從律減一等僉妻流三千里，至配所杖一百，折責四十板。嗣後凡有此等案件，悉照此辦理。奉旨：『依議。欽此。』

場庫大使停取殷實結并揀選及期滿年分

乾隆三年十一月，吏部爲澄敘官方事議覆御史褚泰奏請，場員庫大使停取身家殷實印結一摺，應概行停止，以杜冒濫情弊。嗣後臣部於候補場員、庫大使人員并舉人候選知縣內，如有情願改就者，令其自行赴部具呈。其恩拔副榜貢生考授州同、州判、縣丞職銜，取具赴選，文結到部，及曾經該督撫驗看，以州判咨部者，准與舉人一體具呈。臣等公同揀選，帶領引見，恭候簡用。至各員補授之後，除貢生考授縣丞，與大使品級相當，應停其報滿照缺陞轉外，其舉人候選知縣及貢生候選州同、州判借補者，三年期滿未免太速，應令於到任後計算歷俸五年，果能才守兼優，整飭鹽務，准其保題，以應得之缺分班選用，如係循分供職之員，即行咨部，停其報滿，與各省現任場員、庫大使一體較俸陞轉。奉旨：『依議。欽此。』

承審私鹽扣限查參

乾隆四年七月，吏部爲請旨事：承審私鹽，私鑄燒鍋、賭具、姦拐等項事件，向未著有定限，嗣後一切未經定有限期案件，俱請照命竊等案定例，以六個月扣限完結。如逾期不結，該管上司即行查參，將遲延各官照事件遲延例議處。至命盜等案，有以報官之日起限、扣滿年限查議者，如限滿不能完結，又復查報遲延，即照本案定限扣算，分別議處，不便再予六個月之限，以致牽混。

鄰甲連坐分夥販大小

乾隆五年閏六月，刑部爲請定竈户等事議覆長蘆鹽政伊拉齊疏稱，十家牌甲民、竈原係一體編立，第蘆東竈户錯居民莊，煎曬處所又相隔窵遠，奸竈漏私，鄰甲無從知覺，若不分大夥、小起，即將同甲之人連坐，未免無辜牽累，似應因地制宜等語。應如所題，嗣後凡屬鄰近灘鍋竈户，五家互具連環保結，呈送州縣場司存查。如有一家賣私事發，互結四家未經首出者，照例分別夥販大小，治以不首及連坐之罪；如有一家舉首者，三家均予免議，仍將私鹽變價分別賞給出首之人。至鄉鎮窩囤之家事發，亦應分別究治，如係窩留尋常興販，亦止治兩鄰甲長以不首之罪；如係窩囤聚衆大夥鹽梟，將同甲地鄰人等一并坐罪；如有一家舉首者，八家亦予免議，仍將窩囤之鹽分別賞給出首之人，以示勸懲。奉旨：『依議。欽此。』

鹽徒拒捕傷人不得一案以兩人爲首

乾隆五年閏六月，刑部會議得王恆斯等販私拒捕致傷巡役王世基等一案，先據山東巡撫疏稱，緣張寶珍糾約胡五、王恆斯等販鹽，王恆斯趕驢至道岔鹽店，張寶珍與胡五踵至，又有大李四等各自販私，先後到店買鹽，行至崔家莊，被巡役王世基等撞遇喊拏，各犯俱棄驢鹽而逸。惟王恆斯被趕，情急拾磚擲傷王世基鼻梁，高萬銀亦拾土塊撩擲，擦傷王大止額顱，奔逸。查王恆斯等鹽販九人，原非一夥，並未持械拒敵，亦無爲首之人，實非豪强鹽徒聚衆拒敵者可比。將王恆斯、高萬銀均照鹽徒聚衆拒捕、毆傷一人例減等擬流，張寶珍等擬以徒、杖具題，經臣部以例内鹽徒聚衆十人以下、原無兵仗，遇有追捕拒敵、毆傷至二人以上，爲首者斬，又例内若傷止一人，爲首者絞監候等語。該撫將王恆斯等擬流，與例不符，題駁去後，今據東撫碩色疏稱，覆查王恆斯等越境販鹽，趕驢馱載，實屬興販鹽徒。王恆斯、高萬銀應改鹽徒聚衆拒捕、止傷一人例，均擬絞監候，餘俱仍照前議具題。查鹽徒聚衆本例，必分首、從，若使難分首、從，即屬與例不符，從無於一案之内將兩人俱以爲首論死之事。如果本非一夥，難分首、從，則應分疏題結，毋使傳疑於後。應令該撫妥議具題，到日再議。奉旨：『部駁甚是，依議。欽此。』

承審私鹽不實議處

乾隆六年三月，刑部爲請定竈户私賣等事，議得兩淮鹽政準泰奏，查定例，拏獲私鹽務須究出買何場竈、是何竈丁偷賣并窩囤之家，據實報參。并雍正六年户部議覆，嗣後凡州縣場司俱令設立十家保甲，互相稽查，一有私販，據實首明，並每季出結呈送。倘有私梟未經首出，被旁人告發者，本犯及竈丁照興販私鹽例治罪，如係尋常興販，止治兩鄰甲長以不首之罪；若大夥窩囤，聚衆拒捕者，將首犯及同甲地鄰一并連坐。以上二條，現在遵行無異。惟是積慣梟徒串同奸竈興販私鹽，及被獲到官，每不將賣鹽竈户據實供出，反將殷實良善之人任意誣扳，藉端索詐。而承審各官聽其狡飾，不爲窮究，含混完結，以致積梟、奸竈兩無顧忌等因，具題前來。應再行通飭各州縣，嗣後凡審理鹽案務須究明來歷，私鹽是何場竈，買自何人，嚴提究擬。如係誣扳，將被誣之人即行釋放，其誣扳之鹽犯照例加等治罪，并嚴飭各分司場員，再行明白曉諭十家牌甲，實力稽查，一有私販即行首明，如敢窩藏隱匿，或經審出，或被旁人告發，即照例治罪。如承審各官聽其狡飾，含混完結，即照不取緊要口供例題參議處。

私販誣扳平人照律加三等治罪

乾隆六年四月，刑部爲敬陳芻蕘等事議覆廣東按察使潘思榘奏，查私販誣扳，照鹽徒拒捕傷人律定擬，係雍正三年九卿議覆大理寺少卿王廷揚條奏，而律例館均未纂入。臣等伏思，販私罪止滿徒，而誣扳平人即加至斬候，是反重於誣告人，死罪未決者，原未允協。查雍正九年，臣部議覆陞任江蘇巡撫尹繼善題，孫士貴等販私誣扳耿文美等爲同夥，將孫士貴仍照例律擬以滿流，欽遵在案。請嗣後私販誣扳平人者，仍照律加三等，杖一百，流三千里，再誣告例載，拖累致死一二人者，絞監候。今私販誣扳既與誣告同科，則拖累致死亦應照誣告例定擬。

停止重解飯銀

乾隆六年七月，户部爲呈明通行知照事准銀庫付稱，查本庫凡收地丁鹽課、關税一應批解銀兩，例有隨解飯銀，是以從前湖南所解黄白蠟折價并飯銀等項，亦照起解正項之例俱收隨解飯銀在案。後經緞、顔兩庫奏明，將各省折價飯銀俱解交銀庫查收，本庫因照向例，每千兩元寶收飯銀七兩，散碎收飯銀十兩，亦在案。查各處辦解物料原有應解緞、顔兩庫飯銀，續因停辦，改解折價，其飯銀仍隨折價解交，是停解物料價值既得緞、顔兩庫飯銀一并隨解本庫，似無庸。又照正項之例，另收飯銀，相應呈明通行各省。嗣後凡有起解緞、顔兩庫各項停解腳價，除將原有隨解兩庫飯銀照舊解交本庫外，其本庫查收元寶七兩、散碎十兩之飯銀，免其重解。

場員交代定限

乾隆七年八月，户部爲請定場員交盤等事題覆兩淮鹽政準泰奏稱，兩淮鹽屬二十五場大使均有徵解、折解錢糧之責，按照奏銷分數考成。惟交盤未有部限，應如所請，將兩淮鹽場大使照州縣例，勒限兩月交盤，將經徵、經解折價錢糧并奏定報銷公項銀兩造册，由該管分司核具印結，申詳鹽運使，加結呈詳鹽政，咨報部科查核。倘逾限未清，查明新、舊兩任係何任遲延，分别參處，仍照限清交册報，如有侵挪虧空，即行參追。再兩淮場員交盤既定例限，則凡經管鹽課大使等官自應一例遵照，應行文各省管鹽督撫、鹽政，一體遵行。

各買食鹽非聚衆販私可比

乾隆八年三月，刑部議覆安撫審理虹縣馬康侯等販私拒捕一案，該撫將馬康侯、董奇俱依鹽徒十人以下、遇有追捕拒敵傷止二人以上律絞候具題。此案私鹽人、贓並未現獲，一任兵役開報姓名，陸續拏解，除馬康侯曾經犯案外，餘犯僉供止此一次，各買各鹽，邂逅相遇，其鹽斤自二十斤至八十斤不等，營兵擒截，俱各驚竄。惟馬康侯等七人拒捕，至所買鹽斤俱换糧食喫用等語。是贓無實據，人非現獲，既非糾夥興販，何得引聚衆之條，偶然攜帶换糧，亦難與販私同罪等因。題駁去後，嗣據署撫將馬康侯等仍照原議具題，以被搶鎗刀業經起獲，實係拒捕確憑，即係販私實據，雖人、鹽不獲，律有不坐不追之條，而拒捕傷兵並無不究不擬之例等語。查被搶鎗刀係在五河關獲，並非現犯馬康侯家起出，何以即指爲拒捕確憑，更坐以販私實據？即令拒捕屬實，亦必果係販私方擬死罪，豈因其拒捕遂不問其果否，鹽徒竟行擬絞之理？此等案件自應詳加分别，不應緝捕者概行開釋，其例應緝究者照買食私鹽例科罪，至拒捕人犯，既與鹽徒聚衆、兵民聚衆等例不符，自應照罪人拒捕傷人律科斷等因。二次題駁去後，續據該撫將馬康侯、董奇改依買食私鹽律加拒捕罪二等擬徒，馬康侯年逾八旬，照律勿論具題，應如所題完結。奉旨：『依議。欽此。』

場員拏獲奸匪移解地方官審理

乾隆十一年十一月，刑部爲請增場員約束等事議兩淮鹽政吉慶奏，嗣後除商、竈因命、盜、賭博、窩娼、奸拐、匪竊、鬬毆、打降、私宰、私鑄以及海洋商漁透漏米鹽告發案件，聽地方官查辦，大使不得干預外，其未經告發事件，應准該場大使申禁約束，一有干犯，立即就近查拏，移解地方官審理，并報明運使查核。如將無干之人混行捉拏，及有意借端生事擾害地方，將該場員題參議處。再，奏稱場員應管事件，如營私擾累，例令地方官稽察，則場員與有司原屬一體，亦應如所奏。嗣後場員拏獲賭博、奸匪、私宰、犯禁等案，准照文武官拏獲私鑄賭具例，將地方官免其失察處分。奉旨：『依議。欽此。』

稽查糧船沿途貨買私鹽

乾隆十四年十一月，户部爲奏請因時調劑等事議總漕瑚寶奏，查鹽法定例，各省貧難老幼許其負鹽四十斤易米度日，原所以養惠窮民，但只令其各自挑負易賣，若結隊成群湊合興販，即干嚴禁。今據該總漕瑚寶奏，天津阿城、淮安儀徵等産鹽之鄉，老幼男婦貨賣鹽斤者，一遇漕艘經過，即充塞河干，混行售賣，甚有黑夜傍船私相包送，無知舵丁、水手暗行夾帶等語。是若輩挑負鹽斤，充塞河干，即與結隊成群湊合興販無異，且糧舵夾帶私鹽，例有明禁。今老少鹽斤充塞販賣，以致舵丁、水手暗行夾帶，殊干法紀，總由地方官不實心查辦所致，應如所奏。嗣後貧難老幼負賣鹽斤，行令沿途督撫轉飭地方營汛員弁，於糧艘經過之時嚴行稽查，毋許老幼男婦跟隨貨賣；其舵丁、水手應需食鹽，只許向官鋪售買，每人以三、五斤爲率，每船總不許出定例四十斤之外。如有多斤、夾帶私鹽等弊，即行查拏究治。若不實力稽查，以致夾帶過四十斤之外者，一經發覺，參送兵部，照不行詳查議處。

越境興販官鹽致死巡丁照鬭殺問擬

乾隆十八年八月，刑部爲私販戳死埠巡事會，看得梁亞紅等謀毆鎗傷巡丁尹賓身死一案，據廣撫定長疏稱：查譚勝彬等各買各鹽，並未同夥，且均有埠標確據，其非私鹽無疑。至遇巡丁捕捉之時，均即棄鹽逃遁，並未抗拒。後欲謀毆洩忿，已事越兩日，與臨時拒捕不符。而梁亞紅並非同買鹽之人，聽從譚勝彬討鹽、謀毆，以致鎗傷巡丁尹賓，當夜身死。應將梁亞紅照例擬絞，共毆之梁幼貞等擬以軍、流、杖、徒等因，具題前來。查梁亞紅與梁幼貞共毆尹賓身死，但梁幼貞先戳尹賓太陽，係屬微傷，而梁亞紅鎗戳尹賓右臂膊深透血盆，實因此傷殞命，且尹賓係下午被傷，死于是夜丑時，又非當時身死。梁亞紅不應如該撫所題，照共毆人傷皆致命、當時身死以後下手者，當其重罪例絞候，應改依共毆人傷皆致命、當時未死而過後身死，究明何傷致死，以重傷者坐罪例擬絞監候，秋後處決，餘均應如該撫所題完結。奉旨：『依議。欽此。』

私鹽案件巧脱罪名將承審官議處

乾隆二十三年八月，吏部爲遵旨速議等事，會覆户部侍郎吉慶署兩廣總督李侍堯奏，地方官承審私鹽案件，必須究其鹽斤來自何場，審明實在數目，將場員照鹽法透漏成例議革，如有多開人犯，均其斤數爲場員巧脱罪名，將承審官嚴加議處等語。查私鹽案件，一經拏獲，理應逐加究訊，誠恐地方官往往爲場員巧爲開脱，遇大夥私梟非多開人犯即均其斤數，以便輕減罪名，而私梟反得肆行無忌。應如所請。嗣後地方官承審私鹽案件，必須究其來自何場，審明實在數目，即將失察之場員照鹽法透漏成例議革。如有仍聽多開人犯、巧脱罪名者，即將承審官照徇庇例，降三級調用。奉旨：『依議。欽此。』

巡兵鎗斃旁人

乾隆二十四年十二月，刑部議覆浙撫莊有恭審題，德清革兵徐明瑞巡鹽放鎗，致傷民人徐元芳身死，并張雲友鎗傷林君顯一案，緣徐明瑞、張雲友均係兵丁，隨同該營外委巡緝私販，各帶鳥鎗防虎，遇有私鹽兩擔，衆兵喝拏，鹽犯棄擔奔逸，追趕無蹤。地民徐元芳等八人赴山挑椽，徐明瑞、張雲友望見多人，疑爲鹽犯糾夥奪鹽，恐被毆搶，徐明瑞隨手提起鳥鎗望空點放，計圖嚇退。不意鎗火誤傷徐元芳左肩甲腋肒倒地，旋即殞命，張雲友同時亦放鎗恐嚇，致傷林君顯左腳腕腳面。將徐明瑞比依鬭毆殺人律擬絞監候，張雲友擬軍具題。臣部以火藥殺人最爲猛烈，向來辦理鳥鎗致傷人命之案，即事由鬭殺，尚以故殺論。此案，徐元芳等既無争角之勢，亦無拒捕之形，該犯等輒用鳥鎗點放致令一死、一傷，謂之意圖嚇退並無欲殺之心，殊難憑信等因，題駁去後，續據該撫將徐明瑞改依故殺律斬候，張雲友病，故不議具題。應如所題完結。奉旨：『依議。欽此。』

鹽政關差任滿應繳舊敕送科查驗

乾隆二十五年六月，户部爲通行事准户科移會，出差各省鹽政、各關監督，向有坐名敕諭，例由本科挂號頒發，任滿之日，其應繳舊敕，先送本科查驗、銷號。近有赴科查驗銷號者、有徑送内閣者、亦有僅報文移而未送科查驗者，辦理殊未畫一。相應移會轉行，務將應繳舊敕，專具文批，先送本科查驗、銷號，轉交内閣，以符定例等因前來，相應移文各管關督撫監督，一體查照辦理可也。

鹽課銀兩照例添兑

乾隆二十六年七月，户部爲移付事，近年各處解到錢糧，名爲按照部頒法馬彈兑入鞘，竟有每鞘短少十兩至八九十兩不等，殊非慎重錢糧之道。查銀庫向例漕項，關鈔鹽課例用小錠及散碎銀兩，前于乾隆四年，關鈔鹽課每千兩加銀十五兩，漕項加銀五兩，仍計一千兩兑收等因，奏准在案。向祇照例兑收，並未行知各處。嗣後飭令於起解時，遵照銀庫奏准定例，每鞘按數添入，詳細彈兑，毋許絲毫短少。仍慎選解員押運，如到庫兑收時短少十兩以内者，仍照例准令解員即時補交足數，倘有短少銀數懸殊者，臣等即行指參，照例議處。仍令將緣何致有短少之處查明，自行奏聞。奉旨：『依議。欽此。』

鹽課考核定限

乾隆二十六年九月，户部爲鹽課考核事，查兩浙考核先經本部，以二十四年考核遲至二十五年始行造册具題，行令查取遲延職名，送部查參在案。今據該撫咨稱，兩浙考核錢糧，向照該撫經管日期扣算，至一年限滿造報考核，其間正、署各任久暫不同，而任内應徵錢糧引目，必待課完引銷方入册報，此項考核，錢糧雖與奏銷兩案，而徵收解完册報委係彼此相因，所有奉取遲延職名應請邀免等語。查兩淮考核，例於奏銷後扣限兩月具題。今兩浙鹽課具題，與兩淮考核定限兩月之例尚屬相符，應毋庸議。嗣後鹽課考核，無論正任、署任，總於奏銷後定限兩月題報之處，應如所咨辦理，如有遲逾，即行查明報參可也。

鹽庫大使分别五年保題六年甄别

乾隆二十七年八月，吏部爲敬陳管見等事准浙江巡撫莊有恭咨稱，鹽場大使向無兩任接算保題之例，乾隆十一年部議，將鹽大使准照教職六年俸滿、一體接算前俸之例，五年期滿，分别保題。惟前任歷俸四年以上者，雖年限已滿，應俟到任一年後方准接算。今准部示内開，除舉人候選知縣補用鹽庫大使人員届期五年仍照舊例辦理外，其有恩拔副榜考授州同、州判借補等官，照佐雜之例，一體以六年爲期，甄别一次其扣俸之處。查鹽庫大使向係專計本省本任之俸，並不通算從前他處之俸，今既入於甄别案内，紬繹文意，似惟借補及改捐等官始准照佐雜之例接算前後俸次，至舉人補用鹽庫大使，仍應照舊專計本省本任之俸，似與前奉部行不符，咨請示覆等因前來。查舉人候選知縣補用鹽庫人員，届期五年，原有保題之例，其有前、後兩任者，亦准照十一年通行案内接算，兩任分别辦理。是以本部議覆案内，舉人補用鹽庫人員，届期五年，仍照舊例辦理，正謂照舊報滿，亦即照舊接算俸次，五年期滿即不在六年甄别之例，例意甚明，並非前後互異。至借補捐納人員，俱係照缺陞轉，即在六年甄别之例，是以與佐雜等官一體甄别，相應咨覆該撫可也。

運副運判缺出應補捐納輪用

乾隆三十二年二月，吏部爲請旨事，浙江巡撫熊學鵬咨稱，寧紹分司運副員缺，例應在外題補，若遵先用捐納新班之例，似應將豫工例之徐觀政題補，但尚有丁憂服闋之劉祖佑一員，前經部覆，俟在先捐班人員補用後，將該員題補。今分發在先之潘榮爕等俱經補用，及告降在案，又似應將劉祖佑題補。應將何員題補之處，咨請示覆等因。前該省捐納分發運副人員，已無在劉祖佑已前之人，其豫工捐納之徐觀政，雖係新班而分發在後，此次應照咨准將劉祖佑照例擬補，庶與原奏相符。臣等附有請者，此等運副、運判等官各省題補，不歸月選，但不酌定班次，必俟分發在先人員補用完日，方准題補，則起復應補之員不無偏枯。請嗣後各省運副、運判缺出，均照銓選定例，按一應補，一捐納，輪流間用等語。查《銓選則例》内開，各項應補開復人員，俱歸單月，一應補，一捐納，輪流間用。如無捐納之員，專用應補；如無應補之員，專用捐納。其捐納官員有新班、舊班不同，亦照銓選等例，按四新一舊挨次補用。如新班無人，專用舊班；如舊班無人，專用新班。如應補及新班、舊班俱無人到省，再遵舊例，於現任屬員内揀選具題。奉旨：『依議。欽此。』

大夥私鹽議處議敘

乾隆三十五年五月，吏部奏准酌改《文職處分則例》：一十人以上帶有軍器興販私鹽，失察各官，係本處拏獲一半，照例免其處分；其本處並未拏獲被别處全獲者，將專管官降二級留任，三年無過開復，兼轄官罰俸一年；若别處雖拏獲一二人者，仍照失察大夥私鹽例處分。至限年緝獲之後，計未獲人數自行拏獲一半以上者，將原參降級并限緝之案准其開復；未經拏獲，仍照二參例處分；若係别處拏獲者，仍照別處拏獲例，專管官降二級調用，兼轄官罰俸一年。

大夥私鹽拒捕

乾隆三十五年五月，吏部奏准酌改《文職處分則例》：一私梟黨衆官兵不能拏獲，或止獲二三名，及兵丁被殺傷者，將失事地方專兼各官，仍照失察大夥私鹽例處分。

鹽課耗羨未清不得請敘

乾隆三十六年二月，吏部爲經徵事議覆四川布政使劉益奏稱，鹽課耗羨向不隨正課完納，嗣後必須正課、耗羨均於奏銷前通完，方准請敘，倘止完正課，羨餘未清，止應免其處分，不得濫邀敘典等語。查經徵鹽課并額徵耗羨，均爲國帑攸關，自應俟一體通完予以議敘，應如所奏。嗣後奏報州縣鹽課全完議敘案内，并將額徵耗羨一起全完之處，隨案聲明。如正課已完、耗羨不清，不得遽行議敘。奉旨：「依議。欽此。」

運司交代限期

乾隆三十六年十二月，吏部爲司庫交代等事議覆江寧布政使閔鶚元奏稱，藩庫爲錢糧總匯，款目紛繁，交代限期太促或致鹵莽麤疎，所關不細。請嗣後藩司遷調限半月清交庫存銀兩起身外，其交代仍聽新任實力稽查，悉循照舊例扣限，以昭慎重。各省鹽運司庫亦屬錢糧數多，似亦應照舊限等因前來。查舊例，藩司交代定限兩月，臣部從前議覆尹嘉銓條奏給憑案内定議，改爲一月。本爲交任之員，嚴其限期，俾得速赴新任。至接任之員，凡一切支收例應分款造册，原可另給限期。嗣後布政使遇有遷調，仍照奏准定例，勒限一個月交代，至接任布政使逐款釐查，時日稍寬，綜核愈細。應如該布政使所奏，仍循照舊例扣限，無庸更改。鹽運司新、舊各官，俱照藩司之例辦理。奉旨：『依議。欽此。』

場員知府師生迴避

乾隆三十七年十月，吏部爲遵例詳明事准署浙江巡撫熊學鵬咨，據下砂二三場大使、試用知縣吴元潛詳稱，松江府知府韓錫胙曾充江南鄉試同考官，該大使係由本房呈薦中式，今現爲親臨本府，該場賦歸浙省徵收，地隸江南管轄，該場一切催徵、舉劾事宜統由松江府稽查考核，似與州縣無異，但場員、知府迴避，例無明文。應否比照州縣之例，一體迴避，咨部核覆等因。應照州縣迴避之例，令該撫於現任場員内酌量具題更調。

場員赴選聲明商籍

乾隆三十九年三月，吏部爲請定場所等事，議覆浙江巡撫兼管鹽政三寶奏前事等因，查鹽大使一項，無牧民之任，例不迴避本省。至商籍人員，向無迴避之例，是以赴選文結内並不聲明。今該撫以大使一官品秩雖卑，督煎稽私、掣驗引目，乃其專責，若本係該處商籍，其父兄親友即在其地行鹽，而官與商同在一處，分密情親，則攀援瞻顧亦難保其必無。奏請迴避本省，即於起文時在文結内聲明『某省商籍』字樣，咨部查核迴避，應如所奏。嗣後鹽場大使、批驗所大使，如止籍隸本省並非商籍者，仍照舊例，毋庸迴避外，若係商籍之員，於起文赴選時，在文結内聲明『某省商籍』字樣，咨送吏部註册，銓選時照例呈明，以憑查核迴避。倘敢捏飾隱諱，别經發覺，照規避例革職。奉旨：『依議。

欽此。』

鹽庫大使缺出在外題補者毋得咨補

乾隆四十年六月，吏部爲通行事定例，各省鹽庫大使缺出，按班輪用引見補授，如該鹽政以辦理需人奏請揀發候補、捐納並舉人、知縣一體揀選引見，命往効用，遇缺酌量題補等語。是鹽庫大使缺出在外，例應具題補授，今各直、省間有咨部辦理者，俱經本部照例更正，並將該督撫隨本察議題覆，奉旨在案。相應行文各督撫，嗣後遇有鹽庫大使等缺出在外題補者，俱應照例具題，毋得咨補。

鹽庫大使前後接算俸次

乾隆四十年八月，吏部爲詳請等事准山東巡撫楊景素咨稱，查鹽庫大使由舉人候選知縣借補者，向係計俸五年報滿，是以乾隆二十七年部議，有屆期五年仍照舊例辦理之文，即乾隆三十四年部議內，亦統言鹽庫大使，而未分晰由舉人出身者，一體應以六年扣俸。迨三十七年，由舉人出身之西繇場大使王志夔五年報滿，始奉部議，令照六年扣俸。現如遇有舉人鹽庫大使俸滿，應否扣俸六年，抑仍照舊例扣俸五年，并其中有前任庫大使今補鹽大使，亦有前任鹽大使今補庫大使者，應否准其接算前俸扣滿之處，咨部示覆等因前來。查乾隆三十七年，本部纂修《則例》內開，各省首領、佐貳、雜職并鹽庫大使等官，接算前後歷俸已滿六年者，督撫調取驗看甄別，咨部彙題等語。是鹽庫大使六年俸滿，例有明文，至由舉人揀補、捐納者，歷俸五年果能整飭鹽務，惟在該鹽政督撫核實保題，候旨録用。如係循分供職之員，咨部停其報滿。又鹽庫大使出缺定例，如無專項人員，俱准通融補用，與別項專補原官者不同，自應准其前後接算俸次，如前任歷俸已逾四年以上，雖年限已滿，亦應俟到任一年之後，核其才守果優，方准接算保題。其由貢監生捐納鹽庫大使人員，歷俸已滿六年，其中實有才具出衆、堪膺保薦者，照首領、佐雜等官之例出考具題保薦，其甄別留任、勒休，俱應前後接算六年，照例查辦。相應咨覆該撫，并通行各督撫、府尹、鹽政查照可也。

捐發鹽經歷不准通融借補

乾隆四十三年五月，吏部爲詳請咨部示覆事，准浙江巡撫王亶望咨稱，浙省鹽經歷祇有一缺，而指捐分發人員現有五人，若俟次第挨補，未免壅滯。前因分發試用佐雜，俱人浮於缺，將試用布政司經歷、府經歷等，以縣丞咨署，均蒙覆准。雖指捐鹽缺，稍與地方官有間，而五員一缺，補用無期，似當酌爲調劑。查鹽經歷係從七品，照布政司經歷借補縣丞事同一轍，但浙省未經辦有鹽屬經歷借補地方官缺之例，咨部查照示覆等因前來。查鹽務等官俱係指項報捐，向例加捐分發之員，本部查無鹽務額缺省分，即行扣除，不准分發。原以地方與鹽務各有專司，並無准其通融借補之條，自不便以補用需時稍爲遷就，且鹽經歷既可以借補地方，將來各省大使、知事等官勢必以守候無期紛紛借補，於銓法更屬有礙。所有該撫咨請鹽運司經歷倣照布政司經歷借補縣丞例通融辦理之處，不便准行。

本省充商子弟原籍應試冒籍借引商人一并治罪

乾隆四十三年閏六月，禮部爲知照事，議覆山東學政姚梁奏嚴冒考商學、運學之例，以杜弊濫等因一摺，商人行鹽別省，距本省地方窵遠，其子弟自當列入商籍考試，以免往來守候之艱。若係本省之商，去本籍不遠，原毋庸以商籍應試，且恐彼此跨考，父子兄弟籍貫兩歧，其弊均所不免。應如該學政所奏，嗣後本省商人即領有鹽引者，均令歸入本州縣原籍應試，以免混淆。至冒籍之夤緣得入者，必假有引商人冒認子弟名色，方能入籍，亦應如所請，嗣後有冒入商籍者，除本人及綱保、廩保照例治罪外，其借與鹽引之商人，亦一并分別治罪。再該學政又稱，有原引已售、引名未改者，不得仍以原引爲據。查本年大學士公阿桂等查辦冒籍原案内開，商籍童生考試結内註明『現行何地引鹽』字樣，以憑查核。原指現在執引行鹽之人，而言應行文各該督撫會同鹽運使遵照查辦。奉旨：『依議。欽此。』

墮銷處分及巡鹽標弁敘罰

乾隆四十三年八月，吏部爲遵旨議奏事會覆大學士、仍管兩江總督高晉等奏請，將墮銷處分略爲變通，自五分至七分以上，均改爲實降，只准以加級抵銷，不准以融銷開復等語。查鹽引未完，舊例惟八分以上者革職，其自一分以至七分者降俸、降職，俱令戴罪督銷，且以融銷別案，准其開復，是有虚降之名而無處分之實。應如所奏，除未完在四分以下，仍照舊例辦理外，其五分以上舊例降職二級者，即改爲降二級調用；六分以上舊例降職三級者，即改爲降三級調用；七分以上舊例降職四級者，即改爲降四級調用，不准融銷開復。任内有軍功錢糧、加級紀録者，准其抵銷，至別項級紀，仍不准其議抵。再該督等奏稱，巡緝私鹽標弁，自應分別勤惰，酌予敘罰，請於私鹽要隘派委候補千總前往巡緝，半年更换，如有獲私至四千斤以上者，准其留巡一次；如半年期内能緝獲大夥私鹽、久慣窩頓并積算鹽斤在一萬斤以上者，遇缺先行補用，兵役加倍賞給等語。應如所奏辦理，如巡弁懈忽疎縱，被鄰境拏獲，該督奏請按照鹽斤多寡分別參處、斥革，兵役一體懲究之處，臣等悉心酌議，嗣後派出巡鹽標弁，如半年期内疎縱漏私數至四千斤者，降一級留任；四千斤以上者，降一級調用；一萬斤以上者，革職，兵役嚴行究處。奉旨：『依議。欽此。』

失察私鹽過境

乾隆四十四年十一月，吏部奏准酌改《銓選處分則例》：一失察私鹽過境，宜照武職增定處分也。查兵部奏准條例内開定例，興販私鹽照大夥、小夥分別議處，其沿途經過地方，因向無成例，遂與失察、興販、囤賣者一律處分。第思私鹽過境不過片刻，經由該汛雖有失察究，與在境販賣者輕重懸殊，若一例辦理未免漫無區别。嗣後失察經由地方、並無留住販賣情事者，如係大夥，專汛官罰俸一年；小夥，罰俸六個月等語。文職事同一例，應請嗣後將失察私鹽經過之地方官即照武職例，查係大夥，議以罰俸一年，小夥罰俸六個月。

武弁鹽規分别停支

乾隆四十七年十二月，户部奏爲奏聞事，查各省巡鹽官兵向有收存鹽規、房地租銀作爲巡緝之費，今已給予養廉，其向得鹽規等銀自應停給。至兵丁得項無多，往返緝查不無所需，若一體删除恐形竭蹷，仍請照舊支給。其巡緝私鹽，均責成專汛及鄰汛額缺員弁經管，設有身離本汛、委派他處巡緝堵禦者，仍于節省銀内酌量給予盤費，以資辦公。奉旨：『依議。欽此。』

紙硃銀兩於領引時隨文解部

乾隆四十八年正月，户部爲行催事，長蘆每年應解額餘鹽引紙、硃銀兩，查四十、一、二、三、四、五、六等年，共積有未解銀八千二百三十二兩六錢四分，先經本部行文飭即查明報解。迄今日久，應再行文直隸總督、長蘆鹽政迅即報解，并行令各該管鹽督撫、鹽政，嗣後赴部領引時，即將紙、硃銀兩按引核明，隨文解部，以清年款。

鹽場缺出輪補

乾隆四十八年九月，吏部爲詳請調補場員等事，議覆兩淮鹽政伊齡阿等疏稱，現奉部議各省員缺，應先儘揀發及補班人員補用，不得以分發人員越次攙補等因。但兩淮尚有分發人員多年未經得缺，若俟全行補用方請揀發，則各項差委必致貽誤；若補用未完預請揀發，則揀發人員一到，即須先儘補用，及補用將竣，又須續請揀發。如此層積壓班，勢必從前分發人員永無得缺之期，應請通融輪補等語。查臣部議覆陞任湖南巡撫李世傑條奏案内，將各省試用人員定以分班、按序題咨補缺，原因近年議敘捐納并大挑一等分發各員人數較多，是以議定分班輪用，俾免偏枯。至鹽屬各員，除丁憂服滿仍赴原省人員之外，止有揀發、分發二項爲數無多，與地方州縣佐雜不同，如盡用揀發人員，勢必層積壓班，從前分發人員永無得缺之日。應如該鹽政等所請，嗣後凡各省屬缺出，毋庸分班，仍照舊例，聽該鹽政等酌量人地相宜，通融輪補。奉旨：『依議。欽此。』

場員迴避本省

乾隆五十二年十月，吏部爲大使試看期滿請旨實授事，議覆浙江巡撫兼管鹽政覺羅琅玕等疏稱，崇明巡鹽大使陸費鑒試看一年期滿，該員年力强壯，辦事勤能，仰懇天恩，准其實授等因前來。查陸費鑒與實授之例相符，應如所請，准其實授等因具題。奉旨：『吏部議覆琅玕題請以陸費鑒實授崇明巡鹽大使一本，陸費鑒著該部於調補别省後，即准其實授。向來鹽大使因無地方之責，並不迴避本省，是以陸費鑒籍隸浙江，仍發浙江委用。但思鹽場各員與州縣官專司民社者，雖屬有間，然鹽斤既關係民食，且所屬曬丁竈户錢糧、詞訟俱係該員經理，究恐有徇私瞻顧等弊。嗣後鹽務各員銓選分發，俱令迴避本省。其現在各省鹽務各員有籍隸本省者，著該部一體查明，籤掣更調，以示慎重官方之意。著爲令。欽此。』

攙和沙土

乾隆五十五年，户部題定《則例》：

一竈户將官鹽攙和沙土者，照丁舵已經攙和漕糧例治罪。管鹽提舉、大使如係縱容，照攙和漕糧運弁不行查禁例議處；如止失於覺察，量減一等；若知情受賄，照枉法贓從重治罪。官鹽著令經管官名下煎賠。

一各省官辦鹽斤，每年開煎時，管鹽官將鹽樣呈送鹽政衙門驗，發鹽道收貯。如分發各屬行銷，有夾帶泥沙者，許承銷州縣呈報參究。倘明知攙和不行呈報，將瞻徇容隱之員一并題參。

場鹽離垣

乾隆五十五年，户部題定《則例》：一鹽場設立公垣，場官專司啓閉，竈户煎鹽俱令堆貯垣中，與商交易。如藏私室及垣外者，即以私鹽論。商人領引赴場，亦在垣中買築，場官驗明放行。倘有私販夾帶等弊，該場官、役一并參處。

糧船食鹽

乾隆五十五年，户部題定《則例》：一漕船受兑回空，每船往返各准帶食鹽四十斤，於查鹽處聽官稱驗，如有多帶，照《私鹽律》科罪。若零星稱出，餘數僅及二十斤，非係影射夾帶，不坐。所餘之鹽，仍變價入官。

船户盜賣商鹽

乾隆五十五年，户部題定《則例》：一各省商運鹽斤，如船户實有勾串私梟盜賣、爬搶情事，准該商呈明地方官，一面將船户等查拏治罪，一面轉報該鹽政核實所失鹽數，補配行運，將失去原鹽在各犯名下勒追，變價報部充餉。若地方官於商人呈報時不即據報准理，故行抑勒者，指名題參。倘查係商人串通船户盜賣，捏報搶竊者，照私鹽例治罪。

隱佔竈地

乾隆五十五年，户部題定《則例》：一各場竈地，止准竈户管業，不准豪右隱佔，違者治罪。

遺失引票

乾隆五十五年，户部題定《則例》：一商人領運引票在内河失水，呈明地方官詳查確實，結報鹽政、運司，鹽政印給照票，飭商補運鹽斤；在大江失水，州縣官會同營員查勘確實，限一月内通詳鹽道，於州縣詳到日起限半月内核轉鹽政，印給照票，飭商補運，限三個月過所運岸。若係殘引、殘票、失火、失水，所有遺失引票數目由營汛地方官出結，鹽道加結，申報督撫、鹽政核實送部，仍於奏銷册内聲明題銷，至補給印票，同殘引一并繳部。倘有奸商捏報，查究治罪。營汛地方官或有藉端勒索及通同捏報，一并查參，分别究擬。

繳引遲延督催處分

乾隆五十五年，户部題定《則例》：一各省商人領引賣鹽後，各該管鹽督撫、鹽政將鹽引截角，於本年奏銷後解部繳銷。如繳引遲延，除將經銷州縣送部議處外，並將督催運司、鹽道各職名一并查參，分别議處。

彙奏鹽務期限

乾隆五十五年，户部題定《則例》：一各省鹽務應完雜項、應繳殘引，如有歷久墮積並未勒限完解者，每届五年，由部彙查一次，開單具奏，以示清釐。

加增鹽價

乾隆五十五年，户部題定《則例》：一凡商人運鹽有定價者，照額發賣，不准加增；無定價者，不得高價病民，違者治罪。兩浙行銷各屬鹽斤，價隨時售，並無一定。

場員考成期限

乾隆五十五年，户部題定《則例》：一各場柵額收鹽斤，俱以業經配運開行者，方准作爲收數，入於旬月報之内。每半年由運司會核一次，如實較定額多配鹽若干，即予記功奬賞；實較定額少配鹽若干，即查照分數參處，以杜場員虚報、走私等弊。

盤查庫貯

乾隆五十五年，户部題定《則例》：一直、省按察司庫貯驛站錢糧每遇交代，造具册結，會同藩司查核，詳請題報糧鹽道。庫錢糧每值奏銷、交代，照盤查布政司庫之例，責成同城督撫及鹽政盤查、出結，具疏題報。督撫、鹽政新任受事，亦一例盤查。一布政司、鹽道庫貯錢糧，該司、道倘有侵挪，許庫官徑行揭報，該督撫、鹽政盤查得實，將庫官題請議敘。若庫官通同徇隱，事發，一體治罪。庫官已經揭報，而督撫、鹽政不行題參者，照徇庇例議處。

拏獲鹽梟照例分别給賞

乾隆五十九年六月，户部爲移付事，護理兩浙鹽政阿林保疏稱，浙江省乾隆五十八年分各屬私鹽變價，除五月奉文以後，凡有拏獲私鹽，照例全行給賞外，所有未奉文以前各屬解完私鹽變價銀九十六兩八錢，相應遵例，詳題等因。奉旨：『該部知道。欽此。』查兩淮各屬獲報私鹽，先經軍機大臣議准，嗣後無論巡役兵、民，但能拏獲梟販者，即將所獲鹽貨、車船、頭匹全行給賞。嗣于乾隆五十七年十一月内復准護理江西巡撫託倫咨稱，嗣後人、鹽並獲者，照依新例全行給賞；如獲鹽不獲人者，概以一半給賞，一半照舊報解充公。經本部覆准在案。今浙省事同，一律相應鈔録原案，劄付該鹽政遵照辦理。

巡撫鹽課考成

乾隆五十九年，吏部題定《處分則例》：一巡撫兼管通省糧餉，其鹽課考成：欠一分者，罰俸三個月；欠二分者，罰俸六個月；欠三分者，罰俸九個月；欠四分者，罰俸一年；欠五分者，降俸一級；欠六分者，降俸二級；欠七分者，降職一級；欠八分者，降職二級；欠九分者，降職三級；欠十分者，降職四級。以上俱令戴罪督催，停其陞轉。其署官催徵、督催處分，俱照正官例議處，署印不及一月者，免議。

鹽引賣與別縣處分

乾隆五十九年，吏部題定《處分則例》：一此縣之引賣與別縣者，未經查報之府廳官，罰俸一年，道員罰俸九個月，布政使、按察使罰俸六個月。

徵課銷引全完議敘

乾隆五十九年，吏部題定《處分則例》：一各省經徵鹽引，催徵各官能於奏銷前催徵全完，或前官並未徵解、接任官於奏銷前催徵全完，總以一官全完一年課引者，無論正、署，俱照地丁錢糧例議敘。其兩浙代徵場員全完五萬兩以上者，准其紀録一次；不及五萬兩、奏銷前全數通完者，統兩年合算，將兩年應徵之數徵收全完，亦准其紀録一次。通融銷售地方，及正課雖完、耗羨未完，并本年帶銷之項未完者，俱不准議敘。該督撫、鹽政於題銷疏内分晰聲明，以憑核議。如有未完捏報全完者，俱照地丁錢糧捏報全完例議處。

煎販私鹽

乾隆五十九年，吏部題定《處分則例》：一官員該管界内，有伊衙役私行煎販或私賣者，本官不能覺察，别經查出者，革職；其軍、民人等在伊界内私行煎鹽或私賣，不能覺察，别經查出者，降三級調用；兼轄官降一級，罰俸一年。該管官自行拏獲者，免議。或自行查出未經拏獲、詳報通緝者，俱照例革職、降級留任，限一年緝拏，逾限不獲，仍照例降革，其兼轄之上司俱免議。如旗下人私鹽事發，伊主係官罰俸兩個月，自行拏獲者，免議。至官員行鹽無術，以致商販不前，或不遵行食鹽舊例，借端不行鹽者，俱罰俸一年，或苦累需索以致商販不前者，降一級調用。

匿報鹽犯

乾隆五十九年，吏部題定《處分則例》：一大夥興販隱匿不報，及人、鹽並獲輕爲開脱者，專管官革職，兼轄官降二級調用。至大夥私鹽必有爲首之人，若該地方官明知不報，事發，將匿報各官革職，嚴加議罪。

糧船回空夾帶私鹽

乾隆五十九年，吏部題定《處分則例》：一凡關津過往回空糧船，如有夾帶私鹽貨賣，管船同知、通判等官知情故縱者，革職；不知情者，降三級調用。

鹽船失風失火

乾隆五十九年，吏部題定《處分則例》：一鹽船失風、失火，責成州縣官會同營員查勘確實，限一月內出結通詳。鹽道於詳到日起，限半月内核轉以憑飭商補運，限三個月過所運岸。仍令沿途督撫及該管鹽道、知府、直隸州隨時查察，如實係失風、失火，而有勒索、捺擱及受賄、扶同捏報情弊，即將該員指名題參治罪。如將淹消火燬之案勘訊不實，即行結報，後經發覺者，將結報不實之員照不行查明給結例，罰俸一年。

鎮江閘口盤查私鹽

乾隆五十九年，吏部題定《處分則例》：一鎮江閘口盤查私鹽，責成常鎮道督同鎮江府海防同知，就近分班輪流盤驗，無論糧艘、兵座、大小差船，俱親身查驗。如有夾帶整包私鹽，即拏究，照興販律治罪。其一切水陸私販，並嚴飭該管官分頭查拏，如有疎縱失察，照例參究。仍嚴禁官、役，毋得借拏私鹽名色勒揹商民，需索進閘使費。倘該道員不實力整頓，或有夾帶而不能查拏，或有勒索而不能懲禁，督撫指參，失察私鹽，照失察例處分；不能懲禁勒索，照失察衙役犯贓例處分；不能查禁屬員，照約束不嚴例處分。

鹽徒搶奪鬨鬧

乾隆五十九年，吏部題定《處分則例》：一地方有奸徒搶奪鹽店及鬨鬧場竈等事，文武官弁即行拏獲，究出主使、同夥。如獲犯過半並獲首犯者，仍參疎防，照盜案例免其處分；如獲犯不及一半，或不獲首犯者，照盜案例參處，限年緝拏，限滿不獲，亦照盜案例處分。如平時漫無約束，臨時不即擒拏，有意姑息，致長刁風者，將該管官弁照溺職例革職，各犯交與接任官照案緝拏，該管巡、道、府、廳、直隸州將備等不行揭報，一并查參。如地方官弁整飭有方，鹽引疏銷，私販斂跡，一年内無應參之案，准其紀録一次；三年内無應參之案，准其加一級；若有希圖議敘，隱匿不報，或將大夥之案揑作偶然湊合，巧爲開脱者，一經查出，即照匿報鹽犯例議處。

給照販私

乾隆五十九年，吏部題定《處分則例》：一官員不能拏獲私煎及給印照與販者，革職提問。上司知情故縱者，亦革職，一并審究。失察者降一級留任，再罰俸一年。

侵入私鹽贓物

乾隆五十九年，吏部題定《處分則例》：一地方官拏獲私販，務將人、鹽數目據實詳報，一切私鹽贓物例應入官者，不得有一毫隱諱。如將所獲私鹽侵入己槖，或與各役分肥，並大夥拒捕之案從中漁利，將人、鹽數目以多報少者，將該管官弁題參革職，計贓照枉法律治罪；其未曾侵匿者，照徇隱例議處；上司各官知情故縱者，照徇庇劣員例議處；雖不知情而未經揭參者，照不揭報劣員例分别議處。

失察私鹽因公出境免議

乾隆五十九年，吏部題定《處分則例》：一私鹽經過境内，如有實係因公出境之員，即於查參案内據實確查聲明，准其免議；如並非因公出境，混行詳請者，降一級調用，該管上司並未確查，代請免議者，罰俸一年。

鹽員大計考核

乾隆五十九年，吏部題定《處分則例》：一凡舉行大計之年，鹽員内有操守廉潔、才具優長、政事勤敏者，令各該鹽政會同該督撫或兼管鹽務之督撫，密行考核賢否，開具事實保題，有干『六法』者，亦照『六法』例題參議處。

《欽定重修兩浙鹽法志》卷十四終

欽定重修兩浙鹽法志卷十五　條約一

《周官》：大司徒掌教萬民，州長、黨正以下皆有月吉讀灋之典，至周備也。鹺業上關國課，下切民生，兩浙、三吳幅員修廣，尤稱繁劇。莅兹任者，有緝私之責，有裕課之方，有恤商惠竈之政。利何以興，道在勸之而勿壞；害何以去，法在禁之於未然。是故煎銷有定所，毋許越畔，則畛域宜嚴也；交易有成規，毋許違制，則稽防宜密也；官攢團保以及分巡兵役毋許作奸犯科，則儆戒宜申也。與以範圍而不過，示以功令之當遵，俾刁頑者知所警惕，醇良者識所據依，庶幾令出惟行，法立不犯，烝烝臻上理焉。志條約。

一順治四年正月，巡視兩浙鹽政爲整飭官方事，照得有司賢否黜陟，攸關官評輿論，耳目難掩。本院職司鹽課，唯以通商惠民爲官方第一義，國課之盈絀，民生之安擾，政事之廢修，利弊之興革，地方各官苟不殫心竭力，貽害地方，即以白簡從事，斷不瞻徇情面，致負簡命。功令森嚴，各宜愛鼎，共砥名節，如或敗檢溺職，國典具存，勖哉！無斁。

一順治四年二月，巡視兩浙鹽政爲季掣引鹽事，照得兩浙行鹽引額繁多，派分四季疏銷，歷來成例。今逢聖世，惠商恤竈，加意撫綏，産鹽甚廣。本院遵照舊例，及時親臨按所秤掣，誠恐各商賢愚不一，罔利行私，亦未可定。若不嚴加懲創，何以儆戒奸頑。爾等務遵功令，將捆運到所官鹽照依部頒摯子掘配較準，勿得逾額重斤。本院臨掣之日，逐引秤盤，敢有浮重斤數、夾帶餘鹽、影漏飛渡等弊，定將該商按法嚴處。引鹽入官，斷不姑寬，致滋漏網。

一順治四年四月，巡視兩浙鹽政爲清查漲墾等事，查得新漲沙地俱勘明給竈，如有占據不吐，挐究。其有民間開墾成田者，於竈户名下追償工本，其田俱歸竈户。

一順治四年五月，巡視兩浙鹽政爲嚴禁煎鹽插和灰土事，查得各場煎燒竈户不許插和灰土，貨賣官商，亦不得圖賤買掣，以致民食不堪。違者依律治罪。

一順治九年二月，兩浙鹽法道爲亟救窮黎設法保全課命事。據仁和場竈户張豪等呈稱，豪等貧竈，所靠沙地刮土、樵薪養蘆、煎燒完課。今祖分辦課命地坐落清泰門，盡爲營兵牧放牛馬，薪爲踐食，地爲蹂躪，憑何刮土煎燒？貧竈豈能點金完課？哀叩普救生黎，賜文詳院示禁，庶國課有賴等情。該本司隨查，看得：民竈錢糧皆從産辦，今兵丁放牧牛馬蕩地，蘆薪悉爲蹂躪踐食，刮土煎燒盡歸烏有，各竈歷辦無産之課，故有斯控。蕩地乃國課民命攸關，伏候憲批嚴禁等因，詳奉總督、部院、巡撫、都察院、固山額真、巡按察院、兩浙鹽院批示：嚴禁，毋許兵丁牧放，合行給示，勒石永遵。

一順治九年八月，巡視兩浙鹽政爲禁遏鹽徒妄扳以安善良事，照得私鹽之禁，經過地方層層盤詰，立法可謂無遺矣。然而無賴亡命怙惡不悛，或聯舸列艦，或聚党成群，一遇盤獲，動輒狡口飛噬某爲竈産、某爲秤手、某爲發本，及至拘提到案，百無一實，或狹睚眦小嫌，或涎家道殷實，甚至從無一面，奸囑妄扳，庭鞫之下搶地呼天覆盆求雪者，比比而是。而真竈、真夥即使窮加拷訊，不肯供報，如此刁風，殊堪髮指。嗣後凡遇情輕鹽少者，依律止理現獲，其大夥至千斤以上者，務必直窮到底，何處收買，何處窩頓，何人引領，情真乃坐，敢有妄扳良善、希圖嚇詐者，即將被誣人當堂省釋，本犯仍於本罪外加等示懲。

一順治十二年六月，巡視兩浙鹽政爲捕緝宜勤等事，照得兩浙、三吴幅員修廣，襟江帶湖，奸宄難詰，窩秤私販實繁。有徒各屬設立捕兵，原以巡緝私鹽，每至季終，聽總巡官彙報，以定功罪。夫何法久弊生，不但不行巡緝，甚且公然搆通，得受巨梟月利，聽其逍遥出没，遇見孤舟，借稱盤鹽，剽掠資囊，執鹽誣賴，種種不法，倚捕興販，又特其餘耳。嗣後總巡、縣捕巡司、衛所巡鹽各官，另選殷實者充捕巡緝，毋許仍用積捕，務要實獲配引行銷，敢有獲不如額，以工食扣抵及以零星小販塞責者，立拏重處。其實獲船鹽，盡行貯廒，非奉憲批，不許私變。本院不時差官秤盤，如有虚揑，官參吏究。其捕兵照規按季解比，如有踰期不解、鹽不及額，經承，一并提究。

一順治十二年六月，巡視兩浙鹽政爲禁約事，照得遏兵販比官捕，惟欲私販斂迹，官引疏通，不知私販之源盡出場竈。竈户煎鹽盡售官商配引，顆粒不售兵販，則兵販豈能自煎？然竈户售私，皆緣保伍疎於覺察，官攢怠於稽查，立法不嚴，故滋其弊也。嗣後拏獲私鹽，問官必當嚴鞫鹽出何場、煎自何竈、竈秤是何姓名，直窮到底。官攢懲以疎縱，保伍治其通同，一并招解。又有奸竈借名移滷就柴，依山搭舍，如紹之夏履橋、興塘埠、海山等處鹽舍煎燒，潛通山販，大侵諸、義、浦、武引地，業經前院行道差官拆毁，因衙蠹爲之護持，未能盡去，而此輩竟不知有三尺矣。除一面訪拏外，所有依山盤舍盡當拆毁，止許沿海煎燒，不許仍留舍基，以滋重創。再如杭之螺螄埠係泊舟通津，金、衢、嚴、廣行鹽要道，一帆可通，奸販不用包捆，不懼巡緝，不須掣放，日夜搬運私行，則官壅勢所必然。著將各舍速行拆去，應移蓋觀音堂處所，不許遲違。至於各商給單買補，必須赴場掛號方許收鹽入廒，印單截角，照引額裝包，然後出廒運所聽掣，不許仍借東場打引，西場買鹽，既無憲單到場，又無引目截角，搆串牙儈私揺私運，官、商自恣私販之路，紊亂《鹺規》，大干法紀。嗣後各場官攢、團保、商竈人等務遵憲頒部式，按月實填團竈煎鹽額數并配引商名、引數、商結，送院查核。敢有故違怠玩，定提究逐，毋致噬臍。

一順治十二年七月，巡視兩浙鹽政爲懇復舊額以甦偏累事。據嘉所綱商汪錫等呈稱，切照嘉、紹二所派額行銷，俱有一定之規。嘉所原額歲銷二十一萬六千一百二十引，自七年春季，紹稱山寇竊發，一時權宜，暫移代銷增額至二十六萬八千二十四引，歷今五載，引壅三季，課缺半年。今紹所寧戢如故，户口繁集，理應復舊改正。伏祈准飭運司，嘉、紹俱照舊則納課，錢糧俱照舊則徵收，庶嘉所偏累之苦獲蘇，紹所應有之額仍復，國課攸賴等情。批運司確議詳報去後，隨據運司詳稱，該本道司查看得，嘉所舊額每歲行鹽二十一萬六千一百二十引，自七年之春，以紹所額引内議改四萬七千三百零三引於嘉所代銷，此一時權宜酌盈劑虚之策，總期鹽法疏通，國課無虧，原非經久之常制也。邇年以來，嘉所額數繁多，以致引壅課墮，紹所寧戢如故，户口繁集，則嘉所代銷之壅引自應改歸紹所行銷，各仍其舊，是以綱商汪錫等有懇復舊額之請。今據杭、嘉、紹、松各所綱紀，衆商從公酌議，紹所雖稱寧戢，猶有産場未平，收回一萬八千引，念杭居嘉、紹二所之間，左右皆可就利，亦收代銷七千三百三引，以十一年秋季爲始，入額輸課編單，嘉所仍代銷二萬二千引以足引額等因。又查十二年十月初一日，蒙批允紹所綱商章同春等爲壅額仍歸原地等事呈稱：紹所收回額引之内改歸嘉定縣二千二百引、常熟縣八百引。查照嘉所納課行銷等因，紹所實收回一萬五千引，則引目均平，課額無缺，各商咸得其宜矣。今公議允協，理合據實呈覆等情前來，擬合呈詳，伏乞裁奪批定，以便行令遵照，永爲遵守。隨批：課引各所通融，裒益均算，似或可行，但須酌定經久可守，纂入《鹺書》，著成令典。復行運司去後，據運司詳稱：據杭、嘉、紹、松四所綱商戴茂等覆稱改額、收額緣由，前經酌議妥便，具呈回覆，已蒙恩准，商等取具遵依，永遠遵守。今具遵依二紙，伏乞准賜粘繳覆院批允，纂入《鹺書》，庶獲經久等情。該本道司覆看得：嘉所舊額，每歲引鹽二十一萬六千一百二十引，自七年春季，紹稱兵戎竊發，改額四萬七千三百零三引於嘉所代銷。近年以來嘉所引壅課墮，故綱商汪錫等具呈憲臺批司，請復舊額，仍歸原地行銷。前據四所綱商議覆，歸還紹所一萬五千引，嘉所仍代銷二萬二千引，杭所收銷七千三百三引，嘉定縣二千二百引，常熟縣八百引，以足引額，前詳已明。兹蒙憲批，備行各綱商覆議妥確，并具遵依前來，擬合據詳。伏祈准賜批允，以便纂入《鹺書》，行令衆商經久遵行等因前來。隨批：既經議妥，准如詳纂入《鹺書》，永遵。

一順治十二年十二月，嘉興分司爲引鹽久不至州，懇憲飭司督商運賣事。據廣德州申詳，鹽關國課，欲足課額必禁私販。本州界在東南僻隅，四塞皆山，北連浙地安吉、孝豐、長興等州縣，山徑崎嶇，陸道多歧，肩販者多係浙省奸民。越境之私鹽，細查先年原有腳票，每鹽一引計二百四十斤，小民肩販每百斤給與腳票一張。衝要隘所著巡鹽人役查驗，故江、浙有分，而官、私之鹽有辨等緣由。蒙批：腳票當年奉裁必有深意，據詳復設，以緝私鹽，是否可行，該司從長酌議確詳。蒙此遵即檄行杭、嘉二所綱商從公酌議，腳票應否可行，據實呈覆。今據杭、嘉二所綱紀衆商汪玉澄等公議呈覆，浙西廣德州，地轄江南，鹽食浙省，引赴州開，鹽貯四安，以俟四鄰肩販運州變賣，年有定額，向銷無虧，事經久而商、民兩便，禁勒石而案墨未乾。蓋緣州離四安鎮六十里，水窮陸起，人力最少，腳費極重，民苦價高難食，商畏費重難銷，且州城民有幾何？仍賴四鄉販賣，抵州赴鎮，路亦相等，販甚樂從。無柰本州俗悍民刁，凡市棍、捕僧以及好事子衿串通經承蠹胥，思借巡緝作奸，利給小票不顧病國，厲商奉禁不啻再三。又經頑衿朦州詳請，已蒙前院移會江南按院督學提犯究懲，行學戒飭取具，不違甘結在案，仍立碑永禁，相安有年，久而不變。今該州未審來歷，不察成規，以缺額爲詞，兼思給票，非但滅經久之成規，是將驅商入穽，罄商膏以厭奸貪。商盡裹足，額課奚賴？將來定成廢地。伏乞詳覆永禁遵守等情。該本司查看得：廣德州之引鹽，向例各商引投州開，鹽在四安鎮拆賣與民，挑送入城轉鬻，則商無陸運之艱，民免淡食之苦，法至善而歷行久矣。案查順治九年間，該州據劣衿鄭啓晨等呈詞，欲更舊制，令商陸路運鹽至州住賣，請詳前院，致蒙查究行鹽事宜，悉照舊例，行州勒石，永遵在案。何該州復有腳票之請，欲借稽察之名，以遂奸胥科索之術。兹據杭、嘉二所綱紀衆商公議呈覆前來，所當亟請憲批，嚴行禁革，以安商業，永遠遵行。至如該州詳文内云，長興縣查則云江南廣德之鹽，及本州則云長興之鹽，未免趨此失彼。引鹽缺額并飭住商此後照額派銷，仍循舊例，引投州開，鹽在四安鎮拆賣轉運入城，以濟民食等因具詳。鹽院奉批：腳票不便重設，本院蚤已洞悉奸蠹之術，該司嚴行勒石永禁，仍飭住商循行舊例，毋許踰紊，纂入《鹺書》，蒙此合行勒石永禁遵行。

一順治十三年八月，巡視兩浙鹽政爲鹽竈事，照得稽煎竈户煎鹽私售，設有憲簿稽查，法誠至善。邇來官攢、團保不肯實力奉行，惟是虚揑填報，是不澄其源而欲清其流，不可得也。今後煎鹽數目開報不實，罪治保伍，各商領單買補，必先赴場挂號，方許收鹽入厫，印單截角，照額裝包，然後出厫運所候掣，填明入場、出場日期繳院磨對。若無憲單、引目，敢搆串牙儈私掮，或憲單日期填不以實，查出，官攢責逐。

一順治十三年八月，巡視兩浙鹽政爲鹽竈均關鹽課，除蠹棍以安善良事。照得商人挾資輸將、竈丁煎鹽辦課，皆關軍國急需，朝廷著有優恤之典。近來奸婪胥吏、場蠹霸棍掯勒索詐，靡費無窮。若非痛加禁革，何以甦兹商、竈？凡有鹽務，衙門皆宜悉心撫恤，務使商、竈樂業。苟有前弊，許被害之人據實赴告，以憑拏究。如有悍將彊兵掗賣彊買，致虧商本，有司聽信衙蠹，私派雜差派買官物及逞私欺壓鹽商，許商人赴院告理，官弁參處、兵蠹拏問。至於六所綱商爲衆商領袖，凡有興革事宜不妨從公條議。如有不肖奸商作弊害鹺，及喇虎光棍冒充商夥呼朋引類、假公濟私、挾仇詐害、妄借條陳、擅行瀆擾者，立行枷號問遣，綱紀徇庇、不行舉發，治以連坐之罪。

一順治十三年八月，巡視兩浙鹽政爲禁約事，照得官鹽之阻塞固由私販之横行，而今日浙西劉河、吴淞、福山沿海一帶兵販更甚。緣三吴與淮泗對峙，假以會勦爲名，連䑸列艦，挾矢張弓，卸買城市，彊掗官商，勒限完價，有司莫敢詰問，官捕無敢攖鋒，此皆水師將領鈐束不嚴，以致梟惡婪弁通同貿易、坐享厚利、侵課撓法，莫此爲甚。雖經前院題參一二以儆不肖，而根株猶未盡絶。除一面嚴飭外，如敢仍蹈故轍，將領參挐，兵丁置法。庶幾源潔流清，各宜自愛，勿嗜小利，致干重典。

一順治十四年正月，巡視兩浙鹽政爲區別民竈以杜紊占事，照得民田、竈蕩各有界域，近有附場縣分里遞人等將開墾竈地報入有司，以抵民産，而有司亦即丈入民田數内，攘爲己功。夫蕩地坍、漲不常，今因其開熟改爲民田，倘一時坍塌，從何抵補？若聽其開墾而不令陞科，固啓奸人影射之弊；如因其開墾而奪以與民，又重貧竈包賠之苦，亟當遴委賢員徧歷丈量。在民田界内者，聽有司丈入民額均糧；在竈田界内者，仍入竈籍陞科。勒石杜争，違者治罪。

一康熙元年八月，巡視兩浙鹽政爲嚴飭實力巡查事，照得兩浙地方原屬水鄉，支河港汊遍地，皆通舟楫。若不嚴加防範，勢必銜尾聯檣，莫可遏抑。本院念關國課，不得不爲未雨綢繆之計。除有汛防地方照舊盤緝外，其向未設兵處所，又係私鹽出没必經之河道，該管汛弁酌量撥兵，晝夜巡查。果能擒獲大夥私梟報官者，分别奬賞，務使私梟盡絶、官引疏通。倘有借巡興販及賄通縱放情弊，察出，定行重究。

一康熙三年五月，巡視兩浙鹽政爲飛渡最爲蠹害，稽察在所首嚴特飭不時查驗以肅功令事。照得掣過引鹽，一時不能盡運，在杭，則停泊德勝、猪圈二壩；在嘉，則停泊瀛塘橋；在松，則停泊沈埭；在紹，則過三塘九壩，堆貯義橋新壩，以便稽查，此相沿舊例也。乃有不肖奸商竟不完課領程，密地飛渡，又有船户欺謾該商，肆竊偷賣，恐致敗露，則販買私鹽，捆包充數。兩者弊端，神出鬼没，以致引壅課絀，較之私販罪又甚焉。嗣後該批驗所大使不時親身查驗，如無前弊，按月具結送查；倘有奸徒仍蹈故轍、弁髦功令，該員飛報本院，以憑銷挐，無論商人、船户一并嚴行究處，該員受賄庇縱，察出，題參。

一康熙四年十月，巡視兩浙鹽政爲嚴查私秤以清鹽法事，照得鹽徒之有私秤，猶盜賊之有窩主也。盜無窩主，則無地潛蹤；鹽無私秤，則無從售買。近訪各場埠有等無藉棍徒，公然招引梟販執秤抽牙，而票引肩販利於速賣，遂相率蟻聚，是私秤之弊實爲阻壞鹽法病根。嗣後各須痛改前非，毀轅易轍，私絶則引疏，引疏則課足。本院專司鹽法，蚤夜思維，必拔此病根，則私鹽自無捷徑，將不禁而自絶矣。敢有仍蹈前弊，告發訪聞，立拏枷斃，速宜悛改。

一康熙五年八月，巡視兩浙鹽政爲嚴拏場棍，安商裕課事。照得禁治無藉，爲清理鹽場首務。訪得仁和等場有等棍徒，名爲『長布衫』，又名『好漢』，又名『場虎』，專一在場兜攬官商、包買引頭，玩法作弊，生事害人。每遇商人到場買補，則三五成群扛幫把持，卻將鹽銀總領入手，攙和銅、鉛，散與竈户。及至還商鹽斤，則又攙和灰土，商、竈吞聲飲恨，莫敢誰何。若不急爲禁戢，蠹害何極！嗣後商人入場買補，聽其自行憑牙面同竈户交易，收買完足，速令打引出場，不許前項棍徒干預，病竈、病商。敢有仍前扛幫兜攬、肆行不法者，許被害人呈告，以憑拏問。

一康熙十二年，巡視兩浙鹽政爲禁約事，查得舊例，有司設立捕兵，鹽場編立保伍，各行巡緝，定有界址爲憑。捕兵、保伍在於團界之外巡緝販徒，不許下團騷擾，各有明禁，毋容違越。但今巡緝兵役多有不遵禁例，仍復下團騷擾，一遇竈户挑運上倉，賣商官鹽，概作私鹽妄拏送官，致貧竈不得安業。應令各該分司及各府廳衙門出給告示，嗣後捕役止許在於團界外巡緝販徒，不許下團騷擾。其各竈有離團界，或於村野空僻去處私煎、通同販徒貨賣者，不論保伍、捕役人等，俱許緝拏報官。至於各場竈煎下鹽斤，務堆在倉聽，商買補仍赴本場報數，場官即給印信號票一紙，上書商竈煎買鹽斤數目，齎付挑運人役收照。敢有捕兵下團妄拏騷害，許竈户執票送官，依律究治，其鹽票仍付商人齎繳，本場查考。

一康熙十二年，巡視兩浙鹽政爲申嚴船户應捕妄告事，照得商鹽出場雇船裝載，各有船户，類多積猾，一經掣畢，黄夜收買私鹽，倣照引鹽大包裝灌，混於艙内，運到住賣地方，引鹽未發，私鹽先賣，或遇盤驗事露，往往罪及商人。以後商鹽經過盤驗地方，該府行委廉能官二員照引盤鹽，止點包數，不必逐包秤盤，致滋多事，設有夾帶，罪及船户，仍行文并究窩家秤手，不許累及商人。若果商人夾帶，許船户於灌包之時密切首告，據實罪懲。事後扳擿，決不准理。再查各處巡鹽應捕，俱係無藉之棍充補，大夥鹽徒、窩家、腳頭内外交通，暗受詭巡月錢常例，非惟不肯捕緝，反爲護送出境。如遇查比鹽斤，慮數不足，小則挐肩挑以塞責，大則誣商鹽以邀功，甚將自己鹽斤裝入平人船隻，誣陷重罪，鹽船没官。以後各該總巡、巡鹽等官嚴加禁約，不許積捕人等挾詐騙害，敢有故違，定依律例究遣。

一康熙十二年，巡視兩浙鹽政爲嚴禁鹽徒用强逼買私鹽事，查得浙東商鹽，由漁浦出大江；浙西商鹽，在瀛塘橋停泊。有等鹽徒專一裝載私鹽，恃强逼買，不問船户允否，亂拋過船，無銀逼令寄搭，浙東至富陽，浙西至蘇州起賣。若船户報辨，反誣夾帶，百般索詐。以後凡遇此等，密報所在官司，依律挐究，如容隱不舉，一并治罪。

一康熙十二年，巡視兩浙鹽政爲嚴禁關津刁索等事，本院訪得，所屬關津遇有真正私販鹽徒，反行賣脱，至於運到商鹽，每每託名盤驗，多方刁索。商人利在速放，甘心受騙。又有地方豪棍索要斗面、搭地等錢，而巡鹽官捕亦多藉口盤詰，需求常例。以後關津及巡鹽官捕，非奉院文，不許擅將商鹽指稱盤詰，掯索常例，市棍奸牙亦毋得用强科擾。如有此等，許商人指名陳告，以憑挐究。

一康熙十二年，巡視兩浙鹽政爲嚴禁龍潭尹村棍徒索詐商鹽事，查得武進、無錫、宜興三縣界龍潭尹村地方，乃商鹽必由之路。有等棍徒視鹽船爲奇貨，多般紮詐，或將各橋下填塞石塊，覬覦起駁，需索駁鹽；或挐米豆數升，指稱换鹽，竟自上船下手强挖，屢致控告，抗不投審，商船畏不敢前，致令各縣户口缺鹽，民嗟淡食。除已往不究外，今後如敢復蹈故智，定行差官親拏，決不姑縱，勒石永禁。

一康熙十二年，巡視兩浙鹽政爲嚴禁江防乘機搶匿商鹽事，查得浙江紹興府坐臨山陰、蕭山二縣，地勢低窪，乃商鹽堆垛要處。每遇江漲，全賴塘壩圍護，若漲水生發，衝坍塘壩，地方船户、脚夫人等乘機搶匿，運往鄉鎮貨賣。以後春水泛溢之時，各該捕役地方人等務要嚴防前盜，但有違犯，即便密拏，從重究遣。

一康熙十二年，巡視兩浙鹽政爲飭禁女埠地棍借端挾詐事，照得浙東商鹽運往開化、常山等縣住賣，先在蘭谿女埠鎮分簍，許將包索燒灰、瀝滷煎鹽，每被棍徒指爲私鹽索詐。以後勒爲定限，包索煎鹽，聽商人、船户徑自變賣，不許措私勒索。

一康熙十二年，巡視兩浙鹽政爲嚴禁市棍把持以肅鹺政事，照得兩浙商鹽因時出産，價有低昂。若值沙場坍塌，雨暘失調，産鹽甚少，商人貴買於場，安肯賤賣於市？乃各處棍徒假以鹽貴，欲平市價，或鼓衆把持，沿門索詐，甚至乘機聚搶，相率成風，深爲商厲。以後凡有商鹽貿易，俱要貴賤兩平交易，如有地棍把持搶詐，拏究即以白晝搶奪論。

一康熙十二年，巡視兩浙鹽政爲嚴禁巡船入場以安竈業事，照得從來設立巡鹽員役，例在離場十五里之外、鹽梟出没處所，防禦協擒，猶恐倚捕興販，嚴禁巡船不許入場，在場，責令官攢、稽煎團保協緝，公私互察，立法最良。近訪巡鹽員役假緝獲爲由，遍歷各場，恣意夾帶，場官不能遏，團保莫敢問。間有事敗，將逃販私鹽掩飾，是委牌爲護鹽之符，巡鹽爲興販之路，無怪乎買補之不前，而官引之壅滯也。嗣後止許在於離場州、縣、鄉、鎮地方偵緝，除一面行令各場立榜遵飭外，敢再故違，仍前入場興販者，許官攢、商、竈人等協拏送院，比民販私鹽之條加等究擬。

一康熙十二年，巡視兩浙鹽政爲嚴飭邊陲遏販以固藩籬事，查浙西太倉、常熟，浙東諸暨、義烏爲私鹽出没要津，土著捕役每係鹽梟詭變姓名積戀充當，刊刻小票照驗，月受常例，且有朋分本利，倚借挐解功鹽批文，影射夾帶，護送交卸窩家秤手。間或敗露，則爲打點賄脱司巡，釀縱成風，侵害引地，蠹蝕國課，咎將誰諉？嗣後該州縣務期禁遏，毋使疎縱，虧墮額引。考成之典，法在必行，斷不姑息。

一康熙十二年，巡視兩浙鹽政爲禁約事，照得常、鎮二府乃民人繁庶之處，應宜鹽食數多，因孟河口對直淮鹽吕四場分，僅隔一江，私販甚易。若不亟爲截捕，爲害匪淺。議於孟、劉二河口岸亟督防守，將領常住把截，嚴杜興販，以遏越江私販之奸，勿得疎懈。

一康熙十二年巡視兩浙鹽政爲禁挨賣以疏積滯事，查得賣鹽地方，憑水程到日先後挨次發賣。近有豪惡巨商搶運先登，希圖貨賣，以萬室之邑盡食一商之鹽，致奸商視爲專鋪生理，坐勒高價，串通經紀，任意低昂。即鹽色如土，價值倍增，小民艱於買食，其勢必歸私販，私販既行，商鹽日阻。無論後到商人坐受覊縻，即豪力占先者，亦不免初通而終塞矣。以後凡遇引鹽運到地方，驗無夾帶等弊，不拘到埠先後，並聽公平發賣，不得仍前挨次，致生壅滯。違者，即以阻撓鹽法挐究。

一康熙十九年七月，巡視兩浙鹽政爲飭挐兇蠹以安商業事，照得商人運銷，與私梟勢不兩立，每有奸商借官營私，灌包飛渡，自蹈法網者，固不足惜。至於殷實良商，兢兢守法，愛惜身家者，奚止什居八九？開運住賣，從無點汚。竟有地方官弁擒獲私梟到官，不指爲某商發本，則指爲某商銷賣，因而承審，有司不分情僞，視鹽商爲几上之肉，恣意勒索，不飽不休。迨至辨理得雪，梟徒不過治以本罪，而良商之身家無不立破矣。嗣後該地方官挐獲大夥私梟，務必嚴究的實夥、竈，依律審擬。倘有衙門積蠹拴通巨梟，扳累良商者，承審官訊明，即予開釋，勿得借端詐害。倘有不法奸商違禁行私以及灌包飛渡者，許地方官察挐詳院，倍究不貸。

一康熙十九年八月，巡視兩浙鹽政爲嚴禁竈户拖欠商鹽以速轉輸事，照得商人入場買補，例將課銀憑牙預期付竈以備柴滷，日逐煎鹽交商貯厫，聽候捆配。其有馴良竈户按季交清，商、竈均便。有等刁頑之徒，商課到手視同己資，鹽交過半，任催不應，反有鑽領商課，恣意花費，粒鹽不交，致誤配掣，深堪髮指。嗣後敢有刁竈仍蹈前轍，經年累月吞蝕課本，臨掣無鹽，病商轉輸者，一經告發，定將頑竈提挐重究。

一康熙二十年六月，巡視兩浙鹽政爲清查鹽船夾帶之弊等事，照得兩浙行鹽地方，上通徽、嚴、衢、廣，下達蘇、松、常、鎮，發運全憑船隻。是以掣册填註『某商鹽若干引、船户某』，以便稽查也。遂有不肖船户乘機夾帶，賄通鹽捕，縱放濫行，并有夾底夾艙，攙和添灌，欺謾耳目，一至發覺，累及本商，身家立破。若不嚴行查究，弊將何底？嗣後鹽船入場捆運，報明場官親身查驗，無弊方許裝載，掣後運銷所官親身查點程引相符，方許開行。至於沿途隘口應行盤驗之處，照例逐引點清，逐包過秤，無夾底夾艙、添灌等情方許過關。如有前弊，登時飛報，以憑提挐法究，巡鹽官役亦不得故爲勒掯。

一康熙二十三年五月，巡視兩浙鹽政爲牙鋪務在得人，遴選以保商課事。照得商鹽到地全憑牙鋪發賣，倘或委託匪人，則商本因之虧耗，及至控官追理，十無二三，總由不能慎始之故。嗣後各縣住商鹽牙慎選殷實之家，由縣取結申報，方准納税，給帖充當，以杜侵漁之弊。如有棍徒混結濫充，蠹商病鹺，耗折課本，事發，查明具結之人，責令賠補。務使商本無吞噬之患，慎勿故違。

一康熙二十四年七月，江南蘇州府常熟縣爲海禁悉開貿，捕奸梟横販無稽等事。案照先奉前鹽院憲牌前事内開：理鹺之法，首重緝私，裕課之方，必先疏引。兩浙歲額正引七十餘萬道，派銷於浙江者什三，派銷於江南者什七，而江南行鹽地方雖其間形勢不同，大率以襟江帶海、運跨淮場者爲私鹽易入之邊隅，江浙屏藩之門户矣。兹查常熟等邑，隸係蘇州鹽銷，松所祇因對峙兩淮之金沙，餘西、餘中、餘東、呂四等場又比鄰崇明之天賜場，越販私梟，一帆立渡。自康熙二十年，福山港奉開官渡，船隻往來如織，奸梟滿載淮私，揚帆直侵内地，并借鮝、蜇、醬、麫插和私鹽，公行興販。今奉大開海禁，下遂民生，而梟徒從此愈繁，夾帶因之益盛。蓋常熟等縣，與淮場相距水面不過百里，朝發可以夕至。故淮鹽欲入，先此經由，若法網稍疎，則常、太、嘉、崑等州縣，松所十萬之引課，首被其殃，江南内地什七之正供累數十萬繼遭其害，關係誠非渺小。雖經節次嚴飭，其如該管官弁泄視鹺綱，梟徒奸棍巧販疊出，以致淮鹽遍侵浙地，爲害無窮。兹特具疏題請部議，甚爲嚴切，詎容仍前藐玩？況各地住賣官鹽，民間日食不過零銷，所賴醬、菜二市方能多售。冥頑之輩謂醬、菜非關禁例，任意横販，插和私鹽，更兼魚、鮝、蜇、蝦等項無不夾帶。試問派銷之引，安望疏通？應徵之課，焉能充裕？合行申飭備牌，仰縣即便移行各文武官，將一體欽遵，在於沿海、沿江一帶各港汛墩，嚴行查緝。凡收税衙門，於報鈔船隻概行僉驗，并禁渡船徇縱，官役夾帶私鹽，申飭保甲不許容隱。嗣後内地捉獲鹽犯，如有前項醬、麫、鮝、菜、蜇、魚等物爲囮插和私鹽者，根究何場出産、何竈所賣、何處入境，將該管疎縱各官照例題參，人犯按律治罪，船隻、鹽貨一並入官。仍於單開各地方勒石立碑，永遠遵行。該縣仍大書告示，遍行曉諭，俱毋違錯。先具遵依送查等因，并奉鈔粘原題疏稿内單開，并福山、徐六涇、白茆、鹿苑等地方勒石遵行。

一康熙三十六年七月，巡視兩浙鹽政爲嚴禁赤棍冒商㨿詐以安鹺業事，照得兩浙鹽商資本厚薄不同，一遇消乏，其家子弟身無片引，猶然冒商。遂有光棍唆聳，結黨害人，飛殃燒詐，殷實良商疊受荼毒，痼弊已非一日。本院莅任以來，訪得此等惡習，最爲兩浙大害。除已往不究外，嗣後敢有前項棍徒仍然冒商、嚼商、夥告、夥證者，一經告發審實，定行按律重究。各宜改圖，勿再甘心罹罪。

一康熙三十年十二月，江南常州府武進縣爲叩憲勒石，永禁恣擾以安商業事。蒙本府信牌開，蒙鹽院批，據商人王臣等呈前事詞稱：伏讀鹺制，遵旨奉憲，凡商人遠來貿易，寄居浮住，一應雜派差徭概行優免。商等掣配武進縣引鹽，急公辦課，全賴住賣獲安，庶幾課餉不匱。柰地方匪棍串通奸胥，欺商異籍，視爲魚肉，如修城、修學、造壇、修船、開河、牽夫等項，非苛索出銀即強派力役，以致商等礙難安業。竊思商人辦課終歲不遑，從無苛派差徭之事，且優免既蒙恩恤，豈容胥捕擾害？伏乞憲批常州府轉行廉縣勒石，永禁科派等情。奉批：引商例有優恤，豈可混派科擾？仰常州府飭縣勒石永禁等因，奉此查達部《鹺規》開載『商人優免雜差事例』内開，鹽商遠來貿易，寄居浮住，委當給帖優免，但不依期换給，恐改業者得以影射，新充者反無執照。以後令綱紀商人將現在充商寄居浮住者，開報花名、住址，與綱紀册符同，該司即便置帖呈送本院鈐印，發司轉給執照。凡遇一應僉報大户督工辦餉、火夫差役等項，盡行優免，其帖仍須一年一换，以絶弊端等因。又查本縣前任知縣黨文任内，曾給有奉憲優免文帖，舊帖現憑，今奉鹽憲批：據各商呈請勒石緣由，相應仰遵勒禁，但恐有冒商邀恩情弊，除勒石遵守外，仍應查照住賣引名，置帖給與印照。庶鴻恩不致濫邀，商業永無淪替等因具詳，蒙本府批開：商民總屬朝廷赤子，皆當矜恤。今既蒙憲恩恤商，須分涇渭，毋使奸儈、販户冒濫夤充，以致偏累窮民。仰縣查照現在完課引商，置帖給照，不得一帖數户影射，朦朧賄免等因到縣，蒙此，除經查照現在住賣完課引商，造册開報，置帖給照外，相應遵憲勒禁。爲此仰闔邑里甲民人知悉，鹽商辦課行鹽寄居、浮寓，凡遇雜徭如修城、修學、造船、修壇、開河、牽夫等項，概行優免，該經承里甲，毋得混派滋擾。

一康熙四十三年九月，西路場鹽課司爲鹺制首嚴竈籍收鹽，懇憲加給，嚴示永禁，善政久垂事。康熙四十三年八月二十九日，蒙鹽法道憲牌内開，蒙鹽院批，據商人汪文瑞等呈詞開稱：切商等祖父相承買補西路場，其中有自己掣銷者，有代親族收買者，俱係徽籍充商，急公遺掣，其住場竈户以及土著編氓，從無挂秤收鹽之事。鹺制禁令，首嚴毋容紊越，蓋因竈户只許煎燒，歸商配引，不得收積鹽斤，自煎自賣，而土著民户一經收買，則搆梟興販，其弊害有不可勝言者。近蒙憲令，整肅鹺綱，嚴示申飭，但恐不法之徒串通豪竈，結連私梟，陽奉陰違，均未可定，必得勒石永禁，庶可杜絶將來。伏乞恩賜，加示嚴禁，飭場取具，遵依勒石豎場，永禁。如有覬覦不法，立即嚴提，盡法究處，俾鹺政肅清、弊害杜絶等情。蒙批：竈籍收鹽，重干鹺禁，運司確議速詳。蒙此，本司查得：兩浙引目歲計八十萬餘道，掣銷引鹽全藉各場買補。諸商真僞莫辨，故必編挂憲單，開載某某季分、商名、引數，照場搭派，限以月日，法綦嚴也。各所商人領給憲單，有自行赴場收買者，有辦課在省、商夥代爲買補者。鹽斤貯廒、捆運、候掣是掣銷之商，雖非買補之商，而掣銷之鹽是即買補之鹽，各場皆同，不特西路一場爲然也。今據商人汪文瑞等呈稱，住場竈户以及土著編氓挂秤收鹽，有干鹺禁，連名具呈，蒙批查議。第不法奸民惟知射利，罔顧鹺制，並無商人保結，私自開秤，收買鹽斤寄頓，搆梟興販，均未可定。非奉憲行嚴禁，恐蔓延滋甚。况竈户日煎鹽斤除配商外，止令存留在倉，毋許攙歸，以防囤積。今住場竈户、土著編氓一概不許挂秤收買，以絶違例寄頓之弊，似亦杜私肅鹺之法也。詳候憲臺俯賜察奪，頒示該場，勒石永禁。庶奸徒知有法紀，鹽盡歸商，課掣無誤，裨益鹺政匪淺矣。蒙批：該司速飭西路場勒石，豎立通衢曉諭，永爲遵守。敢有住場竈籍、土著編氓、勢豪奸棍違禁，挂秤收買，致滋私弊，立即詳解，以憑盡法究處。倘該場徇隱不報，别有發覺，定以溺職參斥。仍取遵依并碑摹呈驗，蒙此仰場遵照，立即鐫碑，豎立通衢，曉諭闔場竈籍以及土著編氓，一概不許挂秤收鹽，以杜豪強奸竈囤積，搆梟興販。至竈户日煎鹽斤，仍令買補各商照常收買，歸廒配引，毋許攙歸，囤積私售等因，遵奉勒石。

一康熙四十五年七月，鮑郎場鹽課司爲瀝陳剥竈陋弊，籲憲詳請勒石永禁事。康熙四十年五月初三日，蒙鹽法道奉巡撫都察院批本道呈詳，看得鹽場竈户居處海濱，惟賴刮土淋煎，辦課資生，風雨寒暑不輟，最稱勞苦。本司莅任，稔知各竈難苦，訪聞不肖官、役沿習往例，借端滋擾，隨將總催諸項名色並本場一切陋例，嚴加禁革，屢經頒示通飭在案。今據鮑郎場竈户姚沖謨等連名籲請，禁止海鹽縣公捐之項。查民竈各有版籍，而該場地界雖屬海邑，該縣奉有應捐，理應自備，未便派累場竈。且公捐名色，現奉撫憲頒示通行禁革，毋許仍前派擾里民，官、役尤當凜遵奉行。兹據呈請，在縣有公捐及差役，至場供給當日飯食等費，在場有現催保伍諸役督煎、稽煎、稽賣、查比鹽斤、過堂、滚簿、查竈鍋、鏈捆運、各衙門書差規例等項名色各款，查以上錮弊，該竈户所控屬真，相應詳請憲臺批示，通飭場縣一體凜奉禁革，勒石遵守。庶各場竈户得以安業煎辦，而積蠹奸胥不復藉派擾累等因。奉批：如詳通飭，勒石永禁，倘再違犯，定行嚴參究處，仍候鹽院批示等因。又奉鹽院批：據詳海鹽縣仍借公捐名色，派及於場，科累竈户，殊屬不合。姑念已往免究，如詳嚴禁。其凡有場竈之縣，亦一體飭令遵照，通飭取遵依碑摹送核，仍候撫院批示録報等因。蒙此合行轉飭勒石永禁，爲此仰鮑郎場官攢、竈户人等遵照，即將詳内所開各場總催等項名色，并一切陋例及有司派取場竈公捐等項，及差役至場供給飯食等費，并現催保伍諸役稽煎、督煎、稽賣、查比鹽斤、捆運、各衙門書差規例，一並禁革，勒石場前，以垂永久。俾各竈得以安業煎辦，不致積弊復萌擾累。倘有違犯，或經訪聞告發，官則詳參，役則解究，文到即具碑摹馳送，轉繳察核等因，備行到場，蒙此合行立碑禁革，一體遵奉毋違。

一康熙五十五年三月，嚴州府遂安縣爲商鹽攸關國計，轉輸全藉疏通，合行禁遏刁風，遵例隨時貿易，以培鹺政事。鈔奉鹽院憲示，照得商人挾本行鹽，服勞王事，歲銷八十萬之引目，年徵數十萬之額課，莫不由此。諸商掣銷辦納，是商人責任不爲不重。然兩浙課地，邇來外遭私梟侵害，内受地棍把持，所以課引日壅，鹽法日弛，而商業困敝矣。本院奉命視鹺，下車以來，細加體訪。蓋緣『引鹽』一項，價值消長不齊，皆因天時之旱澇、出産之盈縮。查今歲自春徂秋，霪雨連綿，更兼風潮時作，塘隄坍陷，積澇淋漓，沙土多被衝蕩，煎舍半没波濤。海不産滷，場不産鹽，竈價日增，倍於往昔，在商人不惜重價購買，終難足額。是以前院次掣引鹽，掣運不及十之五六，再歷任壅引數十餘萬，皆因無鹽配掣，引不獲銷，積引之課悉皆賠納。況課價場本之外，水腳、舟車、關津盤駁，船隻有風波之虞，河道有羈阻之患，遲則經年，速亦必逾半載方得到地開賣，工用浩繁，成本甚重。今之市價尚慮虧折，奚堪再爲阻抑？第查民間食鹽每口日用止約三錢，以此計算，終月不及斤許，即市價尚有低昂不過在釐忽之間，何至藉口借端傾害？本院復檢，查達部《鹺規》内開，兩浙鹽斤因時出産，價有低昂，商人貴買於場，安肯賤賣於市？俱要貴賤兩平交易。又康熙四十四年間，部議，應令各鹽差御史務須嚴禁，俾私鹽永行杜絶，官鹽勿致壅滯，隨時得價發賣，額課不致缺欠。奉旨：『依議。』劄付欽遵在案。今商人已經貴買於場，若使之抑價賤賣，課源虧耗，將何轉輸？商、民均屬朝廷赤子，本院豈因責任視鹺厚於商而薄於民？但鹽本即是課源，若虧耗日深，本空課絶，倘或歇業逋懸，關礙國賦、考成，均非淺鮮。況市廛百物，民間需用甚多，如米、薪、布帛等類悉皆隨時貿易，並未抑之賤售、預定價值之理。而食鹽一項，豈可獨爲預定價值耶？此皆蠹胥、地棍借端侵陷，希圖挾制擾詐，除一面再加確訪拏究外，合行嚴禁示。仰該府屬官吏、胥役、商鋪、兵民、地方里保人等一體知悉，凡商人運銷引鹽、接濟民食、轉輸國課，必俱凛遵部議，恪守《鹺規》，隨時得價發賣，貴賤兩平交易。如有不法棍豪、奸徒、胥蠹仍敢抑勒把持、借端欺詐、剥削商脂、擾害商業，致使引壅課虧、轉輸不繼者，或經訪聞，或被受害商人指控，輕則飛拏法處，重則特疏參究，斷不姑寬。該府縣身任地方，務當留心疏裕，勒石永禁等因，蒙此勒石遵行。

一康熙五十五年四月，兩浙鹽驛道爲通飭遵行，永塞私徑事，案奉鹽院批，據商人王益豐等呈請崇明縣改設倉場緣由，行道查議，隨據杭、嘉、紹、松四所商人汪行遠等呈稱，崇邑孤處海中，私煎最易，偏緝爲難，欲保内庭，必嚴外户。是以國朝定制，不設倉場，衹徵計丁之包課，自食本地之鹽斤，額設鍋竈八十六副，添設即爲私竈，出境即爲私鹽。復經前院特疏題請申禁在案，是一鍋猶禁私添，若竟全更定法，一害於本商，再害於國課，三害於地方等由。本道查得，額設鍋竈，尚多私鹽侵入；如竟明聽煎燒，勢必公行無忌。不但近崇引地受害漸深，而杭、嘉亦遭流毒，開海販入徑之門，引梟棍出洋之路，欲靖梟而梟愈熾，欲足引而引反壅，所請不便准行。並將歷年崇奸袁陞等、施枚等、顧一鳳等、施仁政等各案疊奉歷憲駁飭，不准添設事由備詳申覆，蒙批：崇梟易侵引地，定制不設倉場，即邑自食煎鍋。奉旨：『猶嚴添設法，防透漏内外。』截然歷案具存，據詳已悉，除將商人王益豐等一詞註銷不行外，該道即飭該府縣實力查拆私鍋，杜絶透越私販，仍一面摘敘簡明事由，勒石該道府縣衙門，通諭永塞私徑，取具遵依碑摹報查立案等因。到道，奉此合行，通諭遵行。

一康熙六十一年七月，江南、浙江各府州縣爲豁除年限船犯以勵巡緝事，奉鹽驛道憲牌開：奉福浙總督、部院批，據太倉州、長洲、吴縣、吴江、崑山、常熟、嘉定七州縣會詳，船犯季招銀兩，奉陞任浙撫、都察院批開，前任鹽驛道議詳，蕭山縣呈詳功績、贓罰，將實獲鹽斤、船犯分抵功贓，免於捕兵名下追賠，以勵力巡緣由。奉批：季招船犯銀兩，業經鹽院准審事大人移咨，永行禁革，緣由到道，通飭到縣。其院額功鹽等，又蒙鹽院通飭豁免，窮役得甦積困，各邑巡役銜沐憲仁，復恐日久朦混重徵，籲請通詳浙江各院憲批示勒石，永垂不朽等因，奉批：如詳勒遵，仰鹽驛道即行飭知，仍候各院批示。又奉撫院批開，仰鹽驛道查明，勒石永禁，遵報仍候各院批示各等因到道，仰縣遵照憲批勒石，即將碑摹申送，奉此除各州縣分行勒石外，案照事屬一例，爲此將原奉憲行及呈請申詳事由勒石，永垂不朽。

一雍正元年九月，兩浙鹽驛道爲運鹽官船例無封捉，叩詳飭禁以全額課事，據商人葉如春等稟稱：浙東行銷引地上至廣信府屬，凡運到廣信之鹽，例由玉山用船裝載抵信，每歲行銷浙鹽課以萬計。向蒙豫省各憲栽培，商等無不感載。不意去歲秋間，遭信屬蠹胥輒借漕運爲囮嚇詐鹽船，船户稍不遂欲，硬將篗鹽拋擲河灘，雨打日曬，消耗鹽斤，虧折課本，且將鹽船封捉，躭誤銷賣，阻絶運課。竊思漕項固屬國儲，鹽課亦關軍餉。今信屬蠹胥擅將鹽船封捉索詐，爲此連名公叩恩准，詳憲檄行嚴禁，引課有賴等情。到道。據此爲查，兩浙引課全賴賣地轉輸，邇年以來，引課壅墮，商力維艱，歷蒙各憲洞悉優免差徭，運鹽船隻飭禁不得封捉，即浙江漕船連年凍阻，悉雇船駁運，亦不封及鹽艘。今據衆商呈稱，信屬胥役借漕運爲囮需索船户，躭誤引鹽，不得不據情詳請，恩賜嚴飭廣信府屬禁止封捉鹽船，便商裕課，戴德無既矣。爲此備由，具詳奉江西巡撫、都察院批，候檄廣信府飭禁。

一雍正二年正月，江南徽州府黟縣爲查取鹽法事宜事，奉鹽驛道憲牌内開：案蒙兩浙鹽院案驗，奉户部劄付内開，山東清吏司案呈奉部題銷等因，奉旨：『依議。』欽遵在案，轉行各縣遵照外，今據商人汪恒聚、汪宏茂等呈爲公叩飭禁等事，蒙本院憲批，鹽驛道示禁給碑遵守，報蒙此合行知照飭禁，爲此仰縣官吏遵照。嗣後黟縣官鹽祁門分銷，凡黟商運鹽到邑，俱令彙齊漁埠，著落官埠腳夫扛擡上店銷賣，不許載入八都、葉村、檀口等處鄉鎮地方，影射作弊，紊鹺越販。其現在達部行銷官鹽之商人汪恒聚、汪宏茂、汪恒泰、汪時源、汪開源、汪濟生、汪德昌、汪聚和等八店俱有本道頒給印烙招牌住賣，不許違例，無結無牌、私開滋弊，并移知祁門縣申飭各鋪户，照例分銷黟縣官鹽，不得縱私越境，挑販紊鹺，致干察究，仍勒石禁約，以垂永久，取具碑摹呈繳備案等因。奉此，合遵録檄勒石，以垂永久，毋得故違。

一雍正三年二月，都察院左副都御史管理兩浙鹽政爲頒示掣驗規例，釐積弊以肅法紀事，照得兩浙鹺賦爲國計軍需所關，而掣銷運賣又爲疏引裕課之本，不容悖紊成規，有干律禁。本都院日以剔弊蠹奸，靖販除梟爲念，至於商衆之良頑、掣驗之利弊早已悉心採訪，無不了然胸臆。兹當開掣之期，特爲嚴切告誡，所有禁飭事宜亟應臚列曉諭，凡爾官吏、商民人等共相遵守，倘敢違悖，三尺隨加，慎勿輕試，自干法網。

一禁科擾。商人辦理課掣，効力公家，本都院巡視浙鹺，時存軫恤。凡有厲商諸弊，俱經嚴飭禁革。目今按所掣鹽，本都院向甘淡泊，一切日用，蔬、薪、紙、筆等物俱發現銀備買，如有借名科派，滋擾商民，苦累行鋪者，察出，定行提究。

一重糾舉。本都院躬臨按掣，執法維嚴，但知按剔弊端，毫無情面可顧。爾商等各遵禁令，謹守《鹺規》，毋萌欺詐之心，甘蹈森嚴之法。至於甲商爲一所表，倡發奸摘，伏分所宜。然凡有私弊，亦即指名糾舉，不得避嫌容隱干咎。

一察灰鹽。各商買鹽配掣，乃係國課轉運根源，且爲民生日用之需，故攙和有禁。詎今各場竈户嗜利作奸，慣以灰滷、漿鹽混交商厫，以致掣後行銷每多灰滓，難於售賣，厲商病民，害莫大焉。爾商等各將運到之鹽自宜淘驗，如有灰滓即行指報，以憑提究，不得容隱，自誤行銷。

一稽引目。所官職司查驗必須細心檢截，如有舊季引紙夾雜攙混，即刻稟明查究；若檢驗不清，致被本都院察出，治以扶同之罪。至於攢書備造艙口文册，必要季分分明，數目無錯，先日呈送，聽候察核，不得草率錯訛。

一稽秤掣。商人捆配引鹽，必有輕重不齊，各商遵部法，衡準斤兩，預期搵配，上掣之日，本都院衡鑒在心，低昂寓目。爾工脚須細心彈兑，秉公敲擊，毋得簸弄手法，任意輕重，舞弊滋奸。如有重斤情弊，察出，重處不饒。

一嚴到所。杭所掣署獨在城中，河路窄狹，船式相同，最難辨别。向聞有輕、重兩船掉頭影射之弊，其來已久，所以設立號票，粘帖識認。令各商船鹽概于掣前三日盡抵所下，編定號數，不許臨時進城。其掣過鹽船，給票實帖，便于查驗，則首尾有判然之分，可無前項影混之弊。敢有藏匿及鹽船逗留城外，臨時趕入者，即以違例查究。

一禁夾帶。杭所鹽船有藏頭之名，每于裝鹽出場之時，串通押運人等夾帶私鹽，窩頓僻地，俟本船掣後過壩，偷運上船帶販，更有壩上奸徒包做私鹽，售與船户發賣，大干法紀。本都院察訪甚確，除一面查拏究治外，今鹽船過壩，著令壩夫、船户開具逐日鹽數并具不致夾帶甘結送查，如有前弊，嚴拏重處。

一釐夙弊。嘉所河港四通，支流雜出，兼之地近鹽場，販徒絡繹，運掣之際，流弊極多。如裝鹽船户藉以船隻寬大，有散艙、夾底、鴛鴦搭配名色，以致夾帶零鹽分藏遮掩，其弊繁滋。本都院知之甚詳，除之必力。凡赴掣鹽船必要預期編排，臨時將篷板盡行拆卸，以便搜查。至於掣過鹽船，俱令停泊瀛塘橋外，不許附近所下，致滋奸弊。如有故違，定將船户究處。

一速運賣。掣驗之後，即應領程開運，豈容逗留？如杭、嘉、松三所停泊水次，紹所起堆壩地，不過一時權宜，若使久延不發，保無船户、地棍偷灌影混之弊？嗣後所掣引鹽，通限一月内領取水程，到地銷賣，不得故延。其盤驗及住賣，衙門官役敢有悖違鹺禁，生端科擾，致誤行銷，許該商控究。

一禁勒措。紹所商鹽掣驗之後，運至壩上，必用脚夫扛擡。壩夫人等自恃非伊莫能過壩堋，商船回空緊要，故意留難，勒索重利。若遇風雨泥濘，反將鹽包傾擲，滲漏沾污，示以不得不從之勢，積習相沿，由來已久。以商人辦課之引鹽，竟視爲若輩索詐之奇貨，殊堪痛恨。除現在查究外，嗣後再有壩夫仍蹈前轍，故行勒措，該商赴稟，立提嚴處。

一雍正三年十一月，都察院左副都御史管理兩浙鹽政爲奏明兩浙公費事，照得兩浙所轄温、台、寧三郡銷引無多，商力單薄，一切雜費向不派及，衹杭、嘉、紹、松四所每年於每所内僉點甲商數人，經管鹽務内一切公私之費。查内中有關工食、盤費、食用必不可省者固多，而不急之務亦復不少，大約每年所派不下四十余萬兩，除題明歸庫者共二十五萬八千六百九十兩，其餘雜費陋規勢必不能盡行裁去。若不斟酌量減，核爲一定之規，恐甲商因而多派，則散商資本消乏，課額難完。是以仰體皇上愛民恤商、徹底澄清之至意，倣照兩淮雜費之例，將浮費量行裁減。總計舊存銀十七萬九十一兩九錢，除酌減銀四萬四千四百八十兩，仍存銀十二萬五千六百十一兩九錢。若將此應存銀兩仍令甲商收支，則一切無藝之費必仍向甲商需索，而甲商不能遏絶勉強應付，抑或借名肥己，則諸費仍難永減。今議，將應存銀兩，令該道於每年開徵之時齊集衆商核定，每引應攤銀若干。議明之後，每所各給一用印議單，照單付送，置一公匣收貯。臨時動用應支若干，著甲商稟明院、道、分司，公同照依定數給發，不許於定數外分毫多支。即或此外有不得已之處，亦於應存十二萬五千六百餘兩數内通融，節省支銷，不得另派。院、道仍不時稽查，如有違例私派、私收及官、役需索商人應付情弊，即行題參拏問，徇縱並難辭咎。庶幾商力不致困乏，而課額亦得早完，隨經分別應存、應減款項，造册具摺奏明在案。擬合就行，爲此牌仰該道官吏，查照牌内奏明事理，即便轉飭該分司，并傳諭各甲商齊集衆商人等，將册内核存公費銀十二萬五千六百十一兩九錢，每所每引應攤若干，公同議定，各所立一議單，呈送核明印發，照數交貯公匣。該分司率同甲商經理出入，務在畫一均平，不得絲毫偏私。凡有應支各項，俱稟明本都院暨該道公同給發，不許額外多支，並各設立收支、循環二簿，送候印發登填。其收者，必註明某商若干引、交銀若干兩；其支者，必註明某項動用係某商領給。每至半月將印簿一留收支填註，一送院道查核，其各項銀兩並須加意節省。至此外，或有必不得已應用之處，俱令稟明公議，於應存數内通融支銷。仍俟一年將滿，將收支數目款項並節省銀兩，該分司備造清册呈送，以憑核明酌奪。如有違例私派、私收及各役需索商人應付等弊，該道立即據實詳揭，以憑題參拏問，毋得徇縱，並干咎戾。本都院仰荷聖恩，惟有一秉至公，以期培商裕課，斷不瞻徇情面，代人受過，仍將作何奉行，歷久無弊之處妥議詳奪，均毋違延。

一雍正四年四月，巡撫、都察院兼理兩浙鹽政爲足課首重買補恤商，務在安業事。照得本都院、巡撫，浙江凡屬商、民均同一視，必期共安樂利以躋敦龐，況復欽奉恩綸，暫理鹽務。其所以裕課恤商之道，亦難稍緩。兹准部頒引目八十萬二千餘道到浙，除現飭鹽道印作，并飛檄各場上緊煎燒外，爾商等務必多齎課本，廣爲買補，本額掣足有餘，方著急公。其有無力之商，覓令有力代銷，不得留難措阻，致誤課掣。至於兩浙鹺商之内，每有片引不銷、蓋引過掣、遇事興波、駕題捏控，此等惡習殊堪痛恨，合并嚴飭。爲此示仰杭、嘉、紹、松、温、台正票甲、散各商知悉，嗣後務須各安本業，上緊配買場鹽，照額趲運赴掣，竭蹷辦納課餉，慎毋玩延挂欠。倘敢仍蹈前轍，本都院執法從事，斷不稍爲寬徇也。慎毋輕試，凛之。

一雍正四年四月，巡撫、都察院兼理兩浙鹽政爲飭禁刁訟誣告之積習，以安商業以肅法紀事。照得浙屬痼弊每多健訟，而鹺業中尤甚，或微隙小嫌，輒起争端；或捉影捕風，動成告訐。更有一等借他人之鹽，蓋自己之引，巧立名色，希圖取利，每以告狀作生涯，竟視公庭爲兒戲，稍不遂意，即以科派大題妄行上瀆，結黨挾制，牢不可破。本都院下車之始即已訪察得實，今復欽奉諭旨，暫理兩浙鹽務，若即行拏究，未免不教而誅，合亟嚴禁。爲此示仰兩浙衆商知悉，爾等務要洗心滌慮，痛改前非，倘有怙惡不悛，仍前借端生釁、駕題妄控者，一經察出，定即拏赴轅門，立斃杖下。本都院言出如山，法在必行，各宜猛省，毋致噬臍，凛之慎之。

一雍正四年四月，巡撫、都察院兼理兩浙鹽政爲剴切勸導私販亟圖別業謀生，免罹國法以保身家事。照得私鹽之禁，律例森嚴，若有違犯，拏獲到官，輕則杖、徒、軍、流，重則絞、斬、梟示，煌煌功令孰敢不遵？今查兩浙地方，邇年私鹽充斥，漸至莫可禁遏。蓋因無知愚民或被梟徒煽惑，或爲地棍誘引，俱以販私爲業，甚而結黨成群，假冒貧難名色，船裝陸運，潑膽公行，一遇兵捕巡查輒肆逞兇格鬬，以致拒捕傷人，釀成大案者，不知凡幾。推原其意，不過圖利起見，殊不知事發之日，本利盡屬烏有，而且身禁囹圄，迨至審擬成招，身首異處者有之，遣配他方者有之。試問斯時本利，而本利已歸贓款，求其卸罪而卸罪又不可得，別父母、拋妻子、棄家園，受痛苦，一慘至此，求免得乎？總因愚而且貪，不知朝廷律例，只圖興販獲利，罔顧身干法網，言念及此，不勝痛恨。玆本都院日據州縣詳報患病斃獄者，案牘若鱗，披閱之下深堪憫惻。用是開誠勸諭，以期悔過遷善，爲此示仰按屬官、捕兵、民人等知悉，當此昇平盛世，各宜安分，或農或賈，各執一業，皆可謀生，切勿仍前販私，自罹法網。若有藐玩不遵，許所在官役、兵捕立時拏獲詳報，定即按法倍處，斷不稍爲寬宥。本都院諄諄勸戒，無非爲爾等惜性命，保身家，仰副聖天子愛養元元之至意，其各猛省，毋貽後悔，凛之慎之。

一雍正四年六月，巡撫、都察院兼理兩浙鹽務爲特飭酌減鹽價，以期商民兩便事。照得商鹽運賣，上關國課，下濟民食，必須公平貿易，庶幾兩無虧損。今本都院辦理鹽務以來，訪得蘇屬鹽價每斤賣錢十四文，因市價過昂，不便於民，是以每斤核減二釐，俟新鹽製後再減二釐。其太、常、崑、嘉四處，亦照現賣之價量減二釐，隨經出示，飭遵在案。今查崑山、青浦、長、吴等處市價仍屬高昂，以致民食艱難，殊失本都院商、民一視之初心。除檄飭蘇、松、常、鎮四府并太、倉州再行查禁，并出示曉諭外，合亟嚴飭，爲此示仰該屬官吏、商民人等知悉，務將商鹽按遠近運腳工本合算，照市價秉公酌減定數，飭令商民遵照，務使公平交易，不許徇隱偏袒，有礙國課民用。至於不法鋪户膽肆攙和灰沙、擅用短秤發賣等弊，所在官役即行查拏究詳，聽候本都院核批發落。如敢故違不遵，任意昂價病民，以及地棍借端抑勒生事擾商者，該管官吏扶同徇縱，仍前偏累，本都院一有見聞，定即參處，決不寬宥，均當凜遵慎之，毋忽。

一雍正四年八月，兩浙鹽驛道爲懇詳運鹽之弊，恩准更運裕課事。本年四月初十日，奉巡撫、都察院兼理鹽務批温州府通判詳稱，據處州府宣平縣知縣詳據商人龐宏盛呈稱，切宣邑鹽額二百引，緣邑坐山僻，水陸運鹽，船簰遞換，肩挑過嶺，交替多次，沿途不免鼠偷，是以攙灰抵重，遲延到縣，不堪食用，以致官鹽壅滯，遞年欠課，若非設法更運，勢必國課仍然疊欠。請將宣邑以後發運引鹽不用草包裹引，特設竹筐裝運，先將竹筐較秤斤兩，除筐合算引數，封蓋過關，則一路鼠偷、攙灰之弊得除，净鹽到宣，永久裕課等情。據此，理合詳請憲臺批示遵行。奉批：據詳草包改用竹筐，則沿途得免鼠竊、攙灰，似屬可行。但筐裝之鹽務要仍符包裝斤兩之處，均未議及，作何飭遵，恐滋重斤等弊，仰鹽驛道查議詳奪等因。奉此，轉行温巡廳查覆去後，今據該廳申稱，遵即轉行批驗所，傳集各商妥議。間據温所商人王大椿等呈稱，查得温所僻處一隅，産鹽於海濱之外，銷賣於萬山之中。自鹽場裝至賣地，幾經盤駁换簰，其製運艱辛惟温所爲最。而灰鹽之弊，害商害民，流毒甚深。今考其弊有三：一在場竈之攙和，一在船户之偷拌，一在衙蠹地棍之生事。三者不禁，而徒改换竹筐，其弊終莫能止也。温所三場竈産，惟永邑一場最廣，派銷處屬額引亦多，查場竈用灰之始，鹽將煎乾，用灰少許和以清滷，名曰『灰飲』，一鍋之中不過杯勺，取其易成。今則不然，平日浮面清滷私煎上白鬆鹽，父兄煎燒，子弟興販，餘下濁滷煎燒交配，不待煎乾，多用生灰攙和。先年常蒙院憲差取各場鹽樣，尚有顧忌，續念温所窎遠，專差難免滋擾，寬恩免取。豈期竈户不仰體院憲恤竈之苦心，反爲若輩叢奸之弊藪。今欲斷除此弊，乞飭該場大使取具各竈户甘結，五竈互結，嗣後煎鹽不許多用生灰，只許照前少用『灰飲』。

如有故犯，除將該煎丁照律究擬外，仍將五竈失察同科。更於每月起煎之期，著令保伍赴就近司掣衙門呈驗鹽樣，日後衆商掣運到所，驗明包内之鹽，照依鹽樣一色潔浄，如係濕爛黑色灰鹽，即查買自何場、何竈，立提該竈並五竈一體嚴究，庶幾竈户畏法，其用生灰之弊可止。温所載運官鹽，或用本地梭船，或用福建三板船，每船僅載十引，假如一商掣鹽百引，需船十隻，不能分身押運，此船户鼠竊拌灰之由來也。細查其弊，只用銀二三錢買灰百斤拌入鹽内，見滷生重，即可偷竊二百餘斤，價值一兩五六錢，不但草包易於作弊，即分簍後亦可作弊。今欲斷除此弊，乞檄行温郡司掣衙門，將本地梭船情願載鹽者報名入册，編爲鹽字號，免其差使，只令裝鹽。五船立一船長，列爲一幫，取具互結，并取船長甘結，如有一船作弊，四船同罪，倍治船長以失察之罪。其福建三板船，散居處郡松、龍二縣，檄行總捕廳照依一體飭行，庶幾船户畏法，其鼠竊拌灰之弊可止。商人銷引辦課，用價買鹽，豈不欲置買好鹽易於脱賣？無如鹽遭竈户、船户之害，色味兩變，疾首痛心，非不欲出首呈究，而官良胥暴，地棍借事生風，或挐詐銀兩，或公呈陷害，所以衆商隱忍不敢首報。今欲斷除此弊，乞檄行温、處兩郡各衙門，嗣後船户拌灰，許令商人首報，只將該船治罪，不許胥蠹、地棍生事詐害，波累商人。如有挐詐陷害，許受害商人控告，即以光棍律論，庶幾蠹棍畏法，商不受害，而灰鹽之弊可止。伏乞轉詳上憲，恩准飭行，其弊既去，則商人龎宏盛呈請改用竹筐之處未免紛更，不如仍循舊制之爲便也，等情。據此，擬合據情申覆等情到道。該本道查得，商人龎宏盛因買補掣運，每遭脚夫、船户沿途偷竊，以致攙灰抵重，病民病商，呈請將裝鹽之草包改用竹筐，此不過一商一邑補偏救弊之意。奉憲批，查本道遵行本議，今據該廳申據温所衆商會議，公呈三款，殊爲明切。查竈户攙灰，久奉查禁，而船户偷拌與胥棍生事尤爲商害，似應俯如所請，轉飭廳縣各官，嚴加查禁，實力遵行，則裝鹽可以仍用草包，無事更張，而偷竊、攙和之弊可絶，其於引課似屬有益。相應詳覆，伏候憲臺批示飭遵，奉巡撫、都察院批，仰即轉飭廳縣嚴加查禁，先取各遵結報，查其改用竹筐之處，併飭宣邑商人，仍循舊例，遵用草包裝鹽，不得更張滋弊。

一雍正四年十月，巡撫、都察院兼理兩浙鹽政爲愚民始終不悟，再行開誠勸諭，務期盡行改業以全身命事。照得鹽務關係國課，私煎私賣重干禁令，本都院披閱案牘，各屬報獲無日不有。夫興販私鹽，一經拏獲，輕則杖徒，重則戍辟，豈爾民果盡不畏刑法，不顧身命耶？良由止知嗜利，未曾通盤算計，以冀倖免一時，並不清夜自思。士、農、工、賈以及百業皆可營生，爾民果能安分，竭力謀生，何患乎衣食之不豐足？況鹽捕一役，最爲爾輩蟊賊。爾輩販私必欲買通鹽捕，若能多錢賄囑，始得安然販賣，稍拂其欲，即行拏獲報解。是爾等販私利歸鹽捕，罪坐本身，懵懵然如飛蛾之投火，小民愚昧，殊堪憫惻。今本都院因愛惜民命起見，故不憚諄切告誡爾等，自今以後急當猛省，常以父母、妻、子爲念，官刑、國法爲心，自不致妄干非義，各守本分，專務本業，以爲循良百姓，豈不身安心樂？況一切捕役，爾等素受其累，今一旦幡然改業，其柰爾何？是止有嚴比捕役之期，斷無刑訊爾等之事矣。嗟爾愚氓，何難猛省。本都院不厭諄切用，再出示勸諭，三令五申，無非要爾等作一好人以享昇平之福耳。爲此示仰按屬一應軍民人等知悉，嗣後有能當下改悔、務本守正者，即係良民，縱有以前私販舊跡，因別案牽連發覺者，概可從寬不究。其有兄、弟、子、姪以及親戚、鄰、友輩販私之人，即以此示大義，轉相勸導，令其悔悟，改過自新，營謀正業，以保身家。如不悔悟，反以苦口爲讐，准勸導之人于就近地方官具實，將所販私贓一并出首，按查得實，定加獎賞，亦不得以無據虛詞妄行栽害。倘終不悛改，執迷故犯，一經被獲，王法無私，何能更爲？爾輩祝網，各宜痛改，毋致噬臍，凜之慎之。

一雍正五年三月，兩浙鹽驛道爲場鹽倍貴賣價難虧，呈請隨時貿易以濟商本，以保課源事。本年三月十六日，奉巡撫都察院兼理兩浙鹽務批：據杭、嘉、紹、松四所商人吴永豐等呈稱，兩浙商小本微，買場賣地惟憑時價。今值秋、冬陰雨，土滷不起，柴草又貴，場價騰長，公籲賜檄各賣地隨時發賣等情。奉批，據呈陰雨，土滷不起，場價騰貴，若今長價有累民食，若照價發賣恐妨課税，仰鹽驛道從公妥議分析，具覆奪。奉此，該本道查得，食鹽一項，民間日用必需，全賴價值公平，貴賤隨時，庶幾商、民兩利。上年因時價過昂，蒙憲出示酌減。今場價既增，則市價不能仍減，亦理勢之必然者。似應俯念課額所關，賜復上年核減之價，以免誤公，俟場鹽旺産，仍令照時核減，庶免累民等因具詳。奉批，時值陰雨，滷希柴少，場價加增，姑如詳准復核減原價，隨時貿易，以全課餉。該道星即轉行各道、府，并飭四所衆商一體遵照，仍不時查訪，毋使借端高擡病民。俟場鹽旺産之日，具詳檄行核減可也。奉此除移行各道、府遵奉外，合行出示曉諭，爲此示仰商民、鋪户人等知悉，嗣後運到引鹽悉遵院批，隨時貿易，公平買賣，俟場鹽旺産之日，再行照時核減。該地方官捕仍不時查察，倘有奸民用強短價，生事擾鹺及潑販售私者，立即查拏，詳報究懲，各宜凜遵。

一雍正五年閏三月，巡撫、都察院兼理兩浙鹽政爲禁除陋弊以甦竈困事。照得兩浙場竈計丁授地，創舍煎鹽，專爲配銷官引而設，實有關于國計民生。祇緣場地坍、漲不常，遂致廣闊靡定，乃竈丁作奸，乘此私煎偷售，或掩映私竈，弊端種種，難以枚舉。故鹺制頒給印帖，以別官、私，例應三年一换，以杜影混，法至善也。然而除竈弊即貽竈害，又不可不亟爲釐剔。查往年换給之時，鹽政衙門俱令承差齎發，向有紙硃、飯食等費，每張派取四五錢，多至一兩上下，而該場官役又以挂號、蓋印名色，任意勒取，即保伍、工腳亦有派給奔走酬勞，再加鹽道、分司衙門换給竈帖、門牌，俱有索取，計每竈領帖約費二三兩不等。嗟此煢煢竈户，何堪層層朘剥！今團聚已定，且當换給之候，故特捐備竈帖，飭發各場大使頒給衆竈收領。所有給帖陋規概不許索取分毫，除行鹽道、分司各衙門一體禁革外，誠恐各竈未能週知，合亟出示曉諭。爲此示仰該場官攢、保竈人等知悉，即將發來竈帖該大使于比鹽之期，傳齊各竈親行分給，即取領狀彙送查考，慎勿違禁派擾，致滋竈困。如敢索取分釐，告發訪聞，立即拏究問擬，決不輕爲姑縱。倘有不法棍徒串同場霸人等，借名派取擾累者，許竈户就近呈控，該大使飛報本都院提究。若竈户私行派送，一有發覺，與受之人俱必按名嚴拏，從重治罪。該大使徇隱不報，察出，一并究處。本都院言出法隨，各宜凜慎，毋致噬臍。

一雍正七年六月，兩浙鹽驛道爲積弊宜除等事，奉總督兼理兩浙鹽院批：本道呈詳，查得本道衙門商縣課項下，每兩例有加平三分與同裁存程費驛務項下公費等項，以充起解河工、銅斤、正腳等項公用之外，每年餘存銀三千餘兩。及鹽、驛兩項下庫銀，一年出入積零攢總，約盈餘銀二千八百餘兩，每年約共銀六千餘兩以爲養廉之用，曾蒙憲臺奏明在案。此三分加平銀兩，現在收充公用。又縣課每百兩向例有火工一分，以爲傾鎔之費，上年六月間已經詳明鹽憲，通飭各州縣印官，務將足色大錠起解，其一分火工停其收取，取有遵依在案。本道復恐管庫官吏、書役需索陋規，又經屢次嚴加禁革，并飭各縣不得聽信不肖解役哄騙，仍借解規使費名色，妄捏開銷，并不得於正額之外多給銀錢資其浪費，再三申禁，現有案卷可據，並無每千收銀六十二兩之處。再查原報鹽、驛兩項一年出入積零，攢總盈餘銀二千八百餘兩，乃係從前通收小錠時約計之數，自上年奉憲議定各官養廉，通飭遵照之後，所有驛務項下錢糧，本道悉原收原放，出入如一。其商縣課銀，亦奉鹽憲題明改收元寶，間有零星小錠，亦屬無幾，約計盈餘一項，每年止及數百金，並無二千八百餘兩矣。然本道恪遵功令，斷不敢於三分加平之外分釐多收，上干嚴例，亦不敢以不敷六千之數妄思請補。惟是既奉憲檄行查，理合備細詳覆等緣由。奉批，舊例添平之外，尚有過半無著者，是否書役需索，或係解差假捏，仰即查明釐剔具覆。奉此，又該本道查得上年平湖縣原詳内稱，每千給解費銀六十二兩，原指向來舊例而言，内中或係書役需索，亦有解役冒銷，難逃憲臺洞鑒。自上年本道凜遵督憲嚴飭禁革之後，現今道庫實止加平三分，此外並無浮費。凡各縣解銀兑收時，取有解役，並無需索陋規，甘結在案。本道仰體憲剔弊除奸至意，又經嚴加申飭各縣，解到錢糧俱係隨到隨收，不許需索分文，以期弊絶風清，仍現在不時查察，倘有陽奉陰違、勒索陋規情弊，即當嚴拏究處，斷不敢稍爲寬縱，上干咎戾等緣由。於雍正七年五月二十二日，奉督憲批開，既據查明禁革，並無浮費，仰即勒石永禁，取碑摹送查，仍一面檄飭各屬遵照。奉此，除經通飭各屬遵照外，合行勒碑永禁。凡各屬解到鹽課錢糧務須隨到隨收，庫官、吏書各役不許仍蹈故習需索陋規，如敢陽奉陰違，一經察出，定即嚴拏重究，决不寬貸。

一雍正八年三月，總督兼管兩浙鹽政爲調劑買賣鹽價，速濟民食事。照得各屬收買帑鹽，原因竈户煎出之鹽甚多，商人本少不能盡買，勢必偷售，梟徒充斥各郡，任意潑販，壅引阻課。定制，將帑鹽盡數收厫，原爲恤竈杜私起見，並非欲圖官鹽利息盈餘，是以收存帑鹽與轉販民食俱經酌定價值，以爲折中，使民不食貴鹽，梟徒不敢霸佔地方。近因上年秋冬以至今春陰雨不時，奸刁竈户見不能賣私自便，遂乘機藉口竟不趕煎濟配，以致出鹽甚少。目前又届漁、菜之期，需用正殷，若不設法將收鹽之價酌增，賣出之值平減，在場竈未能踴躍多煎，而民間或有貴鹽之慮。且從前帑本已經歸補，則現在買鹽之銀原屬盈餘項款，當此土滷偶絀之時，亟應將收買之價暫行酌量加增，並將賣價照前再爲平減，俾竈户趕煎濟配，而民間得食賤鹽，方合因時調劑之道。爲此示仰商竈、軍民人等知悉，本部院已飭承辦鹽務各官，凡收買帑鹽，俱稍爲量增價值；其轉賣民人之鹽，俱照從前分別道路、腳價遠近酌減交易。爾等場竈務須星夜趕煎，交貯官厫，接濟漁、菜二市之用，毋得聽信奸竈阻撓，惰煎觀望。爾民亦須安分守業，不得藉名滋事。倘有仍前揹勒囤積販私，不肯交上官厫及鼓衆不法者，本部院立即嚴拏，盡法重處，悔之無及。倘吏役短價抑勒，店鋪肩販，許赴所在有司指名控告查處，如不理論，無拘文武各衙門稟報詳究，各宜凜遵毋違。

一雍正九年九月，總督兼管兩浙鹽政爲嚴催乘時收買以速掣配運銷事。照得各所秋、冬額引，例於十一月掣驗，前已飭催各商上緊買補在案，届今菊土旺起，正場鹽廣産之候，若不乘時收貯，必致貽誤掣期。除專差勒催外，合亟曉諭，爲此示仰杭、嘉、紹、松四所正票甲、散衆商知悉，務各多齎課本，星速入場，乘時收買，貯厫配引，聽候示期運掣。倘敢延挨觀望，不即入場收買者，一經查出，定行究處不貸，各宜凜之慎之，毋輕忽。

一雍正十年十一月，總督兼管兩浙鹽政爲嚴行飭禁事，照得嘉所商鹽捆載抵所，例應停泊奚家橋等處一帶河干，聽候掣驗。今查，向有不法船户將運到引鹽每於黑夜偷挖鹽斤，易換薪米，有虧商本，甚有串通不肖商鹽鋪户賤價收買，借官行私，殊屬膽玩，合行嚴禁。爲此示仰該所商人、船户、軍民人等知悉，如有前項不法船户仍循故習，偷挖鹽斤，希圖偷售，以及官店偷買私鹽者，務將人、鹽並獲，解候究處，毋得賄縱。倘巡役玩不查拏，徇情疎縱，一經查出，定即嚴拏究處，該員亦大有未便。各宜凜遵，毋忽。

一雍正十一年七月，總督兼管兩浙鹽政爲嚴禁煎燒灰鹽以除積弊事，照得鹽爲五味之首，乃閭閻日用所必需，而醬菜鹽斤，尤關民間終歲之食用，毋許商竈燒售灰鹽，攙和砂土，久經飭禁在案。今查得，各場不法竈户仍煎灰鹽，暗通場客，買貯商厫，混行運掣，及至到地行銷，民間買用，合醬醃菜，易於腐壞，即日用調和，味亦苦澁。至於場員領帑買鹽，原爲商課未經接濟，誠恐竈户售私，是以發帑收買。今場員所收之鹽，貪圖價賤，得以浮冒開銷更多灰土，且挨至臨掣之際，方始比追上倉。滷濕暴鹽不堪民食，甚爲𨓺害，合行嚴禁。爲此示仰該場官商、保竈人等一體知悉，凡各竈煎燒商帑鹽斤，務須乾鬆潔白浄鹽，交商貯厫配掣，如有奸竈仍前糝灰以及插和砂土等弊，立即指名詳候提究。若買商仍敢暗通竈户，貪圖價賤買補灰鹽捆配者，掣驗之時一經察出，除提奸竈重處外，定將買商一并嚴加究處，斷不寬恕。該場稽察不嚴，亦干未便。各宜凜遵，毋得輕忽。

《欽定重修兩浙鹽法志》卷十五終

欽定重修兩浙鹽法志卷十六　條約二

一乾隆元年二月，護理兩浙鹽政、浙江布政使爲嚴飭實力稽查，杜私弊以裕國課事。照得鎮海一縣，所有年額引目全藉漁汛行銷，凡有採捕商漁各船，例照樑頭丈尺領引支鹽，不許對竈私售以及重斤夾帶，滋害引課。至於巡鹽員役，亦不得徇情疎縱，講規賣放，久經嚴禁在案。今當春汛，届期恐有不法漁竈仍前通同作弊，合行嚴禁。爲此示仰該縣官役、漁竈人等知悉，嗣後漁户出洋捕魚，必要按照樑頭大小領引支鹽，填明斤數，赴縣挂號，驗明放行，不許偷越外洋買鹽夾帶，致干法紀。其巡鹽兵役亦必實力稽查，切勿徇情賄縱。倘敢仍蹈故轍，一經察出，定行提解究處，决不寬貸。

一乾隆元年四月，大學士、總督兼管兩浙鹽政爲嚴禁藉詞横販以肅法紀事，照得丹徒一邑，爲浙鹽鎖鑰，向被淮私侵越，歷有案據。本閣部奉命兼視鹺務，察知其弊，隨經嚴檄察禁。又慮該地民人受奸商擡價之累，復行出示平價，并責有司勿徇情面，留心查察，半月一報，如有奸商違犯，立拏解究在案。詎聞京口等處不法奸徒藉稱貧難老少，串結無藉竈丁，慫恿瞽、廢人等，以浙鹽價貴爲詞，勒令店户罷市。不知私鹽價輕，官鹽價重，到處皆然。况行鹽各有地界，淮鹽之不許入浙，亦猶浙鹽之不許入淮。官鹽越境即同私論，律書備載，矧行私乎？今丹徒引地奸徒肆行不法，必非一二殘廢所爲，其中明有主使，梟棍往來煽惑，殊難輕縱。除嚴行常鎮道查拏究處外，合亟嚴禁。爲此示仰該屬居民人等知悉，爾等當思『四十斤以下不許禁捕』之諭旨，乃指附近場竈實在貧窮老少無可營生，藉此易米度日者而言，徒邑並非附竈地方，並不在准其挑賣之例。爾等殘、廢、老、少、男、婦本身獲罪，雖不忍即加以王法，而罪坐家長夫男，律有正條，倘有違犯，勢必累及親屬。且爾等原係被人煽惑，本屬愚氓，再不洗心滌慮，聽人指使，迨至被累，彼則脱然事外，而爾等親屬皆在牽連之中矣。爾等務須恪守法紀，安分樂業，勿受奸棍之愚，勿貪意外之利，勿越境以滋事，勿聚衆以犯科，彼此警惕，共爲盛世之良民。若執迷不悟，一經根究，噬臍何及！地方官弁職司守土，查拏奸匪責任綦嚴，如遇殘、廢、老、少被惑之人，即當諄切開導，使之改行遷善；如有主謀奸徒，查訪確實，即當協力擒拏，通詳嚴究，不得稍存姑息，以貽地方之害。倘敢疎縱，嚴參不貸。再如擺渡船户，雖係無業窮黎，理當矜恤，但貪得舟資，擅將鹽梟渡江侵越地界，法實難寬，亦當凜遵告戒，切勿渡私致干並處。至奸商網利，任意擡價，地方有司務遵前檄，實力查察，敢有違犯，通詳究處。慎之慎之，毋忽。

一乾隆元年六月，大學士、總督兼管兩浙鹽政爲特嚴閘夫賄縱之禁以除載運積弊事，照得石堰一場，素爲私鹽充斥之區。蓋緣地廣幽僻，水陸四通，其出没要隘之處，惟石堰、横河二閘爲最。查石堰閘東一帶地方，自鳴鶴、龍頭二場，與夫本場埋馬上、下兩團之私鹽，皆由二閘經過。梟徒夤賄閘夫，膽肆縱放販賣，以致私鹽不能盡絶，而閘夫人等又復藐視場員，一任嚴飭驗放，竟不實力遵行，殊屬不法。爲此示仰該縣官捕及閘夫人等知悉，凡有往來船隻，務必報明場員查驗，方始開閘放行，毋得婪賄縱放，致干法紀。倘敢玩違不遵，定行提解究治。若該縣徇縱滋奸，亦即嚴參不貸。各宜凜遵，毋忽。

一乾隆元年八月，大學士、總督兼管兩浙鹽政爲疏通肩引以便民食事，照得杭城地廣人稠，全賴仁和一場竈煎鹽斤給配，肩販接濟民食。祇以向例，該場收買帑鹽交商配掣德、富二縣引目，近又發帑收買積貯鹽斤，以致肩販購買維艱，竈户藉詞昂價，有累民食，殊屬未便。除檄飭該場員將德、富二縣引目及積貯帑鹽概行停止，統歸肩販挑賣外，查目下伏土旺起，滷廣價平，計算煎竈成本每斤不過四五文，肩販挑賣不過六七文，自兹以往有減無增，誠恐民間未得周知。竈販仍需前價，合亟出示曉諭。爲此示仰仁和場居民、竈販人等知悉，目下帑鹽既已停收，趁此土旺滷充，各竈户務須上緊勤煎，照本配販，各肩販趁此竈鹽盈溢，各宜争先買配，公平售賣。爾居民須知鹽價已減，彼此互相傳述，以免貴食。倘竈販抗不遵示，惰煎擡價，故誤民食，一經訪聞，定即嚴拏重處，斷不寬宥。凜之，毋忽。

一乾隆二年正月，大學士、總督兼管兩浙鹽政爲諄切曉諭以安生業事，照得松屬濱海臨場，十數年前食鹽甚賤，嗣因私鹽充斥，設立巡船、巡役稽查偵緝，官引疏通，賣價漸貴。欽惟我皇上念切民瘼，屢頒諭旨，設法平價以便民食。又蒙聖恩，以行鹽資本攸關，惟本輕而賣價可平，奉特旨改行票引，加增鹽斤，欽遵在案。本閣部又恐鹽數過多，將松所代銷紹、台引目一萬五千道仍撥歸台所行銷，豁免松所課費，并將未增斤之舊鹽許照前價銷售課則仍舊辦理，各歸口岸裁減引費，停止餘引并未絲毫有損于商。在該商等理應交相踴躍，克勤生理以固世守基業。乃聞爾等將應出巡費，竟不照例按時給發，觀望延挨，甘置引地於不問，此非有奸徒從中煽惑，即係散衆各商未知原委，合亟諄切曉諭。爲此示仰松所甲、散各商知悉，自今後務宜守分急公，各安生業，所有應出巡費照常給發，以保引地。倘或果有不便之事，不妨據實公稟，以憑斟酌調劑，萬勿聽信浮言，違旨病民，自貽伊慼。凜遵，毋違。

一乾隆三年五月，大學士、總督兼管兩浙鹽政爲再行曉諭，以警愚頑，以保引課事。照得常、昭、太、鎮、嘉、寶、上、南等州縣逼近淮場，濱臨海口，每有奸販藉魚、鮝、瓜、蔬、醬、麪爲囮，插和淮私，侵害引地。康熙二十四年，前院李題請汛防兵捕以及收税衙門嚴行簽驗，如有暗藏插和等弊，即行拏解，按律究問。奉旨：『依議。』勒石永遵，載入《鹺志》。本閣部兼管鹽政以來，屢經諄切誡諭，通飭查拏在案。詎有嗜利之徒，罔知法紀，借名醃切，恣意營私，甚有置貨航船往來如織，裝載小包假充貨物，雖有緝獲，率多倖漏，妨鹺病課，莫可枚舉。在地方有司，每以鄉愚無知輒行輕縱，迨至梟風肆起，引壅課絀，而後設法偵巡，予以嚴譴，是姑息適所以養奸，示恩反陷以不義，殊失化導斯民之意矣。今當魚汛盛行，又值民間醬市，合再通行曉諭。爲此示仰蘇、松二屬商民、船户人等知悉，凡爾小民，或醃魚爲業，或裝貨爲生，守分經營，本有自然之利，毋行險儌倖，自罹法網。倘冥頑不靈，復蹈前轍，一經挐獲，定行按律究擬，斷不能爲爾等寬也。凜之，慎之。

一乾隆三年十二月，巡撫浙江兼管兩浙鹽政爲酌定賞罰規條以示勸懲事，照得兩浙鹺商甲、散衆多，良頑不一，其中額引有多寡，辦課有殿最，若不酌定賞罰成規，無以別優劣而分勤惰。今本部院以掣驗完課分爲二項，每項各分等次，如本名下額引三千以上配足之外，復辦有餘鹽請照過掣者，受上賞，各給靴、帽、花紅，賞酒三杯，用鼓樂導出；額引二千以上配足之外，辦有餘鹽者，受中賞，給以靴、帽、花紅；額引一千以上，辦有餘鹽及額引僅止數百而所辦餘鹽數倍於額者，受下賞，止給花紅。至於完課，如首掣三千引以上，不論正、餘引照至次掣前全完課費運銷者，與上賞同，加給『獎勵良商』四字大銀牌一面；二千引以上至次掣前全完課費者，與中賞同，加給二號銀牌一面；一千引以上至次掣前全完課費者，與下賞同，加給三號銀牌一面；若額止千引以內、三百引以上爲數無多，能於次掣前清完課費者，量給花紅，此外無庸獎賞。乃若引不買補、課不早完，亦分等次示罰，如消乏商人名下額引，力既不能配鹽，不將引目早爲交付有力商人辦銷，直待掣畢查追者，例應銃毁賠課，近俱抵截餘照，是以疲商任意藐玩，今酌定不配；八九百以至千引以上匿不交出者，銃毁十分之一，罰賠課費，其九分准抵餘照，不配；六七百引匿不交出者，銃毁十分之二，罰賠課費，其八分准抵餘照，不配；五百以内匿不交出者，銃毁十分之三，罰賠課費，其七分准抵餘照。再，掣過引鹽，按照各名下掣數，不論多寡，統以十分爲率，如首掣引鹽至次掣畢，尚有未運一二分者，寬限一月内完課運銷；如再不完，分司提比未運三四分者，寬限兩月内完足；如再不完，該道提比，若未運五六分者，寬限三月内全完；如再不完，詳報本都院提比。總期掣數充盈，課費早足，俾得年清年款，免致引壅課墮。所有製備靴、帽、銀牌、花紅等物隨時辦給，兩分司造册報銷。惟是各所情形不同，而各商引名俱非的號，且有一商辦銷十數名者，易滋并數邀榮情弊。除行鹽驛道將各商名下辦運各號引名，倣照《錢糧歸户實徵册》式造具歸户的《名確册》，登明住賣某縣，即日先行呈送察核。每年定於夏、冬兩掣後查明應賞、應罰商人的名造册，詳請舉行，慎勿以少報多，以欠作完，致干查究。再，兩浙尚有專領帑鹽商人，同屬辦課，自應一視同仁，但年無定額，今應作何稽核以示賞罰，除行道確議詳奪外，合亟出示曉諭。爲此示仰四所甲、散衆商知悉，務各遵照指示規條，急公買補，早完課費，群相鼓舞，慎勿疲頑墮課，自蹈罰規。各宜凜遵，毋得輕忽。

一乾隆三年十二月，巡撫兼管兩浙鹽政爲特飭商竈公平交易以免偏累事，照得鹺商赴竈買鹽，竈户煎鹽配引，均屬以本謀利，覓取蠅頭，以辦國課兼贍家口，自應公平交易，庶彼此兩不相虧。乃訪聞兩浙各商俱不親自入場，惟託一二夥計及親屬家人代爲買補，若輩止知圖博主家之歡心，罔恤窮竈之艱苦。銀則輕平潮色，錢則攙搭低小，及至收鹽，復暗用重秤明勒加斤，甚有借此餘頭冒銷商本，實則侵收入己。因而竈户攙和灰沙以抵價值，煎交滷鹽以償秤頭，及至捆運折耗過多，抑且灰鹽艱於銷售，課本難以轉輸，此皆各商圖計便宜而反自誤也。今本都院欽承簡命，調撫兩浙兼管鹽政，惟以培商恤竈爲先務，商人、竈户同爲辦課之人，並不分别歧視，致有偏枯，合先示飭。爲此示仰商、牙、竈户、秤手人等知悉，嗣後各商齎課入場買補，務與竈户照時面同定價，銀錢畫一給發，不得攙搭潮銀、小錢及輕短平戥，收鹽入廒遵照部頒官秤，公平秤收，毋許私用重秤，明勒暗加。至於夥計、家人等輩，各宜查察，切勿縱令侵冒商資，剥削窮竈。爾竈户人等亦各矢天良，加工煎煮，鹽須收乾，色須潔白，不許違禁攙和灰漿沙土，帶滷挖交，有誤民食，亦不許結黨團行，任意昂價，有虧商本。本都院諄諄告誡，無非欲使爾等轉輸便易，成本無虧，以仰副皇上惠恤商、竈之至意。倘敢玩違不遵，仍踵故習，一經告發訪聞，定即嚴挐重處不貸。各宜凜遵，毋忽。

一乾隆三年十二月，巡撫兼管兩浙鹽政爲嚴禁飛渡之大弊以除奸宄事，照得掣驗之候，鹽船雲集所下，有即欲領程開運者，有即時上棧貯廒者，各聽本商之便。有等奸商詭以大船貯鹽，停泊水次，故意俄延時日，潛將船内之鹽撥入小船，不納課費，不領引程，私赴地頭開賣運鹽。之後，原船未免輕浮，恐露奸跡，暗挑磚石土塊壓艙，上蓋數引鹽包，則船仍沈重而水跡不浮，旋即通梟買私補數，人莫能覺。更有在倉堆貯之鹽，雖有經管之人，奸商乘其不備，潛地開倉撥船飛運，抑或行賄串通，移新掩舊，種種弊端，嘉、松二所皆然，而嘉、秀、善、桐之票引爲尤甚，其中嘉、秀票商離所不遠，隨時私運更爲便捷。除現在密訪查挐外，合行嚴禁。爲此示仰該所官商、巡役人等知悉，嗣後掣過鹽船，如有即欲開賣、領有水程者，方許原船存貯，該所員督令即日開船，不許停泊水次。其有未領水程、藉詞延挨者，即係奸商圖舞前弊，該所員立押上倉，不許存留片引在船。至於倉廒前後，無分雨夜不時加謹查察。凡赴倉領鹽者務須查對程引相符，方准提撥，不得偷漏片引。爾各商挾本經營，各宜自顧身家，毋得再蹈前轍膽肆飛渡，此係蠹蠹害課之大弊，本都院除之必力，一經密訪察實，除將該所員嚴參外，定提本商、船户、倉夫、巡役一體大法痛處，斷不寬貸，各宜猛省，毋致噬臍。

一乾隆四年正月，巡撫兼管兩浙鹽政爲嚴飭查禁事，照得仙居一邑運到商挈引鹽，向例台州府掣後，雇覓簰夫載運，自台至仙，路經一百五十餘里。該縣過門點驗，運至皤鎮，又經六十餘里方能到店賣銷。今訪得有等不法簰夫，在途故意逗遛延挨，沿溪偷賣，慮恐交商數缺，膽將蠣殼之灰攙和鹽内，冬時天凍，或將溪水灌入引包。及至到鎮，復又串通地棍黑夜偷售轉賣東、永、武、縉四縣私販，在於山村越賣，侵害引地。種種情弊不特有虧商本，抑且關係民食，此皆該縣捕兵怠巡故縱所致。除現在訪查拏究外，合亟出示嚴禁。爲此示仰該屬官吏及應巡捕兵、簰夫人等知悉，嗣後凡遇簰夫載運商鹽到鎮，倘敢仍前在途故意延挨逗遛，偷賣商鹽及攙灰滋弊，許即查拏報究，若兵捕怠巡賄縱，一經察出，定即一並究處，均不姑貸。凜之，毋忽。

一乾隆四年正月，巡撫兼管兩浙鹽政爲嚴飭查禁事，照得肩販挑鹽納課領引，肩挑度日，稍覓蠅頭以資餬口，若敢違例多斤，久經立有規條，不許干犯。今訪得蘆瀝場額設平湖縣肩販一百二十名赴場領引，在於該場江門、山東等團支鹽領配，經由場署秤驗，每日無論輕重，每擔留鹽三、五、六斤，方許挑往鄉鎮銷賣，名爲『鍬出餘鹽』，每年計數甚多，從未報出充公，竟歸私橐，甚至管、協二員派撥家丁、場役坐管。若逢天雨連綿，土滷少產之候，假以配商季鹽上厫要緊爲由，措留不發。第肩販領引一道，計挑八日，若一日無鹽勢必有賠課本，挾以不得不從之勢，每擔則出錢百文或七八十文不等餽送家丁、場役以飽慾壑，方許支配。倘遇天晴土旺，無由措留，則又藉稱飯費名色，每擔勒索五六十文不等。煢煢肩販何堪剥削？除現在密訪查拏，並較置官秤烙發外，合亟嚴禁。爲此示仰該場肩販、場役人等知悉，嗣後遵照成規，秉公秤驗，不得違例混鍬，至於縱派家人、場役藉詞勒索之處，永行禁革。倘敢陽奉陰違，一經察出，定即官參役處。爾肩販人等亦不得違例多斤挾帶，自取咎累。如敢故違不遵，一並重處，決不輕貸。

一乾隆四年正月，巡撫兼管兩浙鹽政爲飭諭場員因時比煎以恤竈苦事，照得竈户煎配引鹽，先視天時晴霽，再得地土旺産，更須人事克勤，三者俱備然後場鹽廣産，掣額充盈。各場身爲竈牧，查比鹽斤，咸宜仰體皇上恤竈之至意，隨時寬嚴，亦猶有司徵比錢糧當寓撫字於催科也。今訪得管、協各員，不視天時之晴雨，不察地利之土滷，不查人事之勤惰，並不論地方之遠近，一概按卯查比，敲扑頻施，以爲盡職。殊不知竈情無從膚訴，惟有賄賂攢保，囑託場差，鑽營倖免，以致每卯使費數錢不等，則是徒爲胥役作生涯，究竟無裨於實政。及至奸竈私煎販運，則又漫無覺察，有忝厥職，莫此爲甚，合亟示諭。爲此示仰該場官攢、保伍、煎竈人等知悉，嗣後查比煎鹽務須體察天時、地利、人事，隨時寬嚴並用。如果天晴土旺，自應倍數嚴比；倘遇天雨滷少，亦當酌量從寬，不得概施敲扑。其有路途遠離場署者，不妨并卯查比。至於奸竈私煎透漏，尤當不時偵緝，加謹堵禦，以培課源，不得怠玩從事。爾煎竈人等，咸宜仰體本都院一片婆心，勤煎足配以裕掣額，不得怠惰偷安，通梟濟販，自蹈法綱以害身家。其各凜遵，毋得泛視。

一乾隆四年二月，巡撫兼管兩浙鹽政爲嚴禁梟徒扳陷無辜以安良善事，照得奸徒運販私鹽，《律》載：凡有確貨，即是不必贓之多少，拏獲到官，杖一百，徒三年；誣指平人加三等，流三千里；拒捕者斬。是私鹽犯案，即應得杖、徒罪名。功令何等森嚴，乃梟徒迷而不悟，本都院屢經剴切曉諭在案。第查私鹽事發，例究出産，詎梟販將實在賣鹽之人匿不供出，惟將安分良民或平日挾有微嫌，或現在計圖索詐混指扳扯，更有巡役兵丁，奪取零鹽并總售販，一經拏獲，鹽非竈産，又畏兵役而不敢供扳，非擇柔懦鄉愚即噬殷實良竈，而原獲兵役復又從中講貫，不饜不休，如滿其慾則改供別陷，否則一口堅供，有冤莫訴。而承審有司並不虛衷研鞫，惟事刑訊，所謂三木之下，何求不得其中？被誣陷害者不知凡幾，或偶遇昭雪，則身家已破。言念及此，梟販誣良加等之罪，實無可逭，無如地方各官止圖開脱梟徒，罔顧故勘人命，縱梟害民，莫此爲甚，合亟示禁。爲此示仰該屬官吏、商竈、軍民人等知悉，嗣後拏獲私販到官，務必究訊切實産竈，若供吐游移，即屬誣良飛陷，遵照止理現獲人鹽定律，仍向梟徒是問，不得混行捉拏。如初供切實，及至對簿之下審屬虛誣，亦即按律加等問擬，不許聽其輾轉指扳，改供別陷。至於實在售私濟販之人，不論兵役、竈丁務必直窮到底，毋得藉稱誣良，故意脱致，使奸徒漏網。所在有司果能虚衷研訊，勿事刑求，則真情斷難掩飾。倘敢漫不經心，仍前任梟飛陷無辜，擇殷詐害，一經本都院提審究出實情，除將梟販依律加等治罪外，定將承審州縣以故勘平人嚴參，并提經捕痛處，斷不姑寬。凜之，毋忽。

一乾隆四年二月，巡撫兼管兩浙鹽政爲剴切曉諭便民遵守事，照得行銷引鹽各有界限，是以《律》載，凡將有引官鹽，不於拘定鹽地面犯界貨賣者，杖一百；知而買食者，杖六十，其鹽入官。蓋因各州縣歲有定額，考成攸關，不容侵越。詎今有等愚民罔知功令，竟行越境買食，在爾等無非貪圖釐毫便宜，不知一經官捕挐獲，不特鹽斤入官，抑且身罹法網。言念及此，殊堪憫惻，合行剴切曉諭。爲此示仰該屬官吏、軍民人等知悉，嗣後務各凜遵成法，買食本縣引鹽，不得仍前貪賤越境購買，致干法紀。若敢玩違不遵，一經巡捕人役查挐詳報，定行按律究治，斷不姑寬。爾商鋪人等亦不得借官營私，違禁越賣，致干察究。各宜凜遵，毋貽後悔。

一乾隆四年三月，巡撫兼管兩浙鹽政爲嚴飭曉諭實力偵巡以收疏銷實效事，照得常、昭二縣地方廣闊，甲於通所，全賴巡緝綦嚴，私梟屏絶，方克引疏課裕，是以特設内海巡船往來堵禦，毋使海梟侵越。今查岸巡一十六處，未免冗繁，其中輕重失宜，徒糜商費，自應斟酌損益，方收實效。如該邑之福山、鹿苑、白茆、徐六涇爲海船進口要隘，原有巡查簽驗之責，其耿涇、海洋塘、高浦又與江陰接壤，石牌與崑山聯界，而永壽等沙又孤懸海外，地俱新闢，實爲内地藩籬，巡緝稽查不容稍懈。至若唐橋、陳浦、西洋、高浦、大沙、奚浦，雖通海口，然水港窄淺，重船難以出入，均非關鍵要隘。飭將唐橋等六處旱巡悉行裁汰，即以所省之費雇募勤慎水手，派入内巡，各船督令實力梭織遊巡，毋許仍前停泊，坐守一隅。至於商捐巡費，原爲緝私疏引而設，奚容遲緩，致滋守候？並有以貨抵算，任意扣折，以致各商不能督責，巡役得以藉詞，徒具虚名，難收實效，合亟出示曉諭。爲此示仰該縣公、散各商知悉，嗣後給發巡費每月定以初八日，務以現銀按期實給，不得剋扣準折，致滋守候。倘敢陽奉陰違，仍蹈故轍，徇私誤公者，該公商即行據實指名稟報，以憑差拏，從重究處，斷不寬恕。

一乾隆五年四月，巡撫兼管兩浙鹽政爲嚴禁買食私鹽以肅鹺法事，照得德清一邑，乃係行銷正引之區，地處水鄉，支港繁多，梟徒運販私鹽橫行踞賣，以致引壅課絀。自前督院李竭力禁緝，設法整頓以來，發帑收鹽，飭商領運，減價賣銷，商民兩便。詎今不法之徒復萌故智，雖不敢公行運賣，然自十斤以至數十斤隨時包裹，潛匿攜帶，殊干鹺法，合亟嚴禁。爲此示仰官捕、保甲、里民人等知悉，各宜安分守己，買食本邑官鹽，切勿貪賤越買私鹽，干犯法紀。自禁之後，倘有仍前越買包裹、潛藏攜帶者，一經拏獲到官，定行按律究處，決不稍爲寬宥。

一乾隆六年九月，總督兼管兩浙鹽政爲戒諭梟徒改業營生，免罹法網事。照得稂莠每害嘉禾，私鹽最妨官引，欲使引疏課裕，端在靖販除梟。本都院披閱各屬案情，以私鹽具報者殆無虛日。此雖場員疎縱，奸竈偷漏，亦由爾等貪利横販之所致也。第念挾本經營，何業不可？乃必欲以販私爲利藪，妨課蠹鹺，殊不知巡鹽兵役星羅棊布，梭織往來，斷不使爾等漏網。拏獲到官，輕則枷杖，重則徒流，鹽貨照例入官，資本悉歸烏有。至於拒捕傷人，又應問擬斬絞，是利未得而害即隨之。更有賄串兵捕，通行販賣，若輩惟知索詐，谿壑難填，稍不遂欲，釁端立起，又不得不從厚餽送，究之歸已仍屬無多，一旦敗露，即身罹法網，利少害大，爾私販何不思之甚也。本都院念爾等原屬良民，貪利犯法，不教而誅，在所不忍，合先出示開誠曉諭。爲此示仰按屬官弁、軍民、私販、竈户人等知悉，嗣後爾等販私，急宜洗滌肺腸，痛改前非，另圖别業，仍不失爲盛世良民。此番告誡之後，倘仍怙惡不悛，興販如故，則冥頑不靈，化導無益。一經獲報本都院，惟有執法除奸，從重治罪，斷不曲爲姑息以長梟風。爾等固乏身家，豈無性命？切勿以身試法，噬臍莫及。至於所在應巡官弁，尤須嚴督兵役在於水陸要隘晝夜巡查，凡有船裝、陸運，大夥、小販私鹽俱必人、鹽並獲，毋許疎縱。敢有通梟賄放以及誣良訛詐、擾害閭閻情事，該管官立即嚴拏詳報，以憑大法懲處，慎毋瞻徇容隱，並干參處。各宜凜遵。

一乾隆七年三月，巡撫兼管兩浙鹽政爲嚴禁冒捏遺失鹽引以杜重照滋弊事，照得部頒引目攸關行鹽辦課，原爲區別真僞，杜絶營私，自應慎重收藏，不容遺失。至查票引一項，乃係商人轉給肩販赴竈支鹽，挑賣行銷，每一肩販給引一道，部限八日挑銷，期滿交商彙解，此定例也。今本部院下車以來，披閱失引案情，非藉云火患，即詭稱水失，或云人亡物故，或言途次遺忘，種種飾詞不一而足。其中固或有此等情事，而冒捏遺失、希圖弊混者亦復不少。此雖商販作奸，亦由該管官不留心覺察所致，合亟出示嚴禁。爲此示仰各屬商販人等知悉，嗣後領運銷賣引目，務於運銷限滿之日遵例即行收繳解道，聽候彙解大部察銷，切勿藉詞捏報，致滋私弊。敢有故違不遵，希圖藏匿，重照影射，一經察出，定即嚴拏商販究治，失察之該管官，照例參處，斷不輕宥。

一乾隆八年九月，巡撫兼管兩浙鹽政爲請嚴越買以免商累事，據浙江鹽驛道詳稱，查得靖江一邑奉旨行銷浙鹽，官收崇鹽運靖，由官秤驗，然後商領配引、貯廒、驗籌、給販、定價售賣，杜私便民。在商人，鹽必由官秤驗，給領配引，已無借官行私之處，照依定價憑驗官籌給販，亦無敢增添毫末之弊，祇緣鄰境就近民人或在靖江向販買食，語言服色相同，在販焉能人人察其來歷？然小民貪賤之情亦不能必其盡無，若不請定嚴禁越買之條而徒事闗提，則輾轉扳累無窮。相應詳請通飭屬縣，照例私鹽止理現獲，治以違禁越買之條，不得一任指扳，輾轉提質，致滋擾累。仍請飭行江陰縣多設兵役，在於沿江處所週行密布，實力巡緝，則越買之弊不禁而自絶矣等情，到本部院，據此除移咨江南督撫、部院飭禁外，合亟出示曉諭。爲此示仰該縣官捕、商販、軍民人等知悉，嗣後除買食場私及越境侵販者，仍嚴查提究外，如係買自靖邑，照例止理現獲，治以違禁越買之條，毋得任其指扳，輾轉提質，致滋擾累。

仍嚴飭應巡捕兵，在於境内晝夜往來巡查，毋得怠巡縱漏。倘敢故違捏飾混供者，一經察出，除拏兵捕究處外，定將該縣指參，斷不寬貸。

一乾隆九年五月，巡撫兼管兩浙鹽政爲嚴飭查禁事，照得海寧至省一帶河道，爲商鹽輓運及重載往來要道，全藉閘壩蓄積，水勢深通，運行無阻。近緣有等地棍奸民，每遇捆運之時糾合漁户、壩夫暗行挖洞，將水放流下河；每至乾涸，希圖雇船駁運，乘機勒索重費，習爲錮弊。今時值商鹽捆運之候，更兼民間種植田禾灌溉之時，查有海邑之王家板閘地方水缺，尚未修整，難以延緩，有誤商民運載，合行嚴禁。爲此示仰該地居民、漁户、壩夫及總保人等知悉，即將王家板閘坍卸水缺即行堵塞，修築堅固，其餘一帶壩堰，務著地保晝夜防護，如有滲漏之處即行修築完固，務使河水深通，重載遄行。倘有前項不法棍徒希圖勒價駁載，偷挖閘壩，漏洩河水者，即行嚴拏交縣詳究，如地保徇縱有誤鹽艙重運，定行一并拏究，斷不寬貸。

一乾隆九年七月，巡撫兼管兩浙鹽政爲嚴禁肩販違例挑銷，杜弊源以疏額引事。照得仁、錢二縣地當省會，户口紛繁，商賈雲集，所需食鹽倍於他郡，是以設立票引給販定期挑銷，接濟民食，以疏額引。而肩販挑鹽行走及餘杭隔界入場支鹽，與賣完繳引，俱有定制，難容違玩。今當醬市甚殷，正民户需鹽之候，誠恐不法肩販故違成制，私走別路，影射重照，以及梟徒假冒貧難，挈妻帶子并老販恃有官籌，多斤轉擔等弊，有礙引課，合行出示曉諭。爲此示仰仁、錢二縣肩販及巡鹽員役人等知悉，嗣後凡有肩販，務遵成例領引一道，每日支鹽一擔，每擔止許百斤，照限挑賣，八日繳舊换新，毋許影射重照。其入場支鹽，照例於卯、辰二時由清、望二門進出，不許違例私走別門，希圖轉擔重挑，影射滋弊。至於老販，每日赴場支鹽必須照依木籌定數，倘有年貌、籌摺不符，多斤轉擔，以及冒稱貧難、老小、婦女攜筐籃挈，侵害引地，即行嚴拏。其餘杭肩販入場買鹽亦須遵照時限，由清、望二門行走挑鹽，回縣仍出武林門，由餘杭塘歸縣挑賣，不許私走東新關、留下等處地方。如敢故違，即行拏究，斷不輕恕。

一乾隆九年九月，巡撫兼管兩浙鹽政爲特飭查禁，清弊源以衛商課事。照得商人挾本行鹽，上輸國課，下濟民食，顆粒無容竊賣，而船户受雇裝載，理宜小心輓運，潔己無私，以盡典守之責。乃有不法船户，凡杭、紹二所商鹽雇船裝載，運往徽屬各縣住賣者，竟敢沿途偷换食物，零星售賣。今更訪得船户之最不肖者，莫如淳邑撑駕梭船之人，自嚴至徽，水淺灘高，船身宜小，撑駛伶便，方于客貨無礙。惟有此等船户不善撑駕，又將梭船放寬貪圖多載，往往上灘致令船壞失水，凡百貨物一遭滲漏，大虧商本。即今各商所雇梭船户俱係淳邑民人，是引鹽裝運在船，罔顧商本，輒敢恣意偷挖，舟至淳邑，勾連奸猾土棍搬運頓積，轉爲興販，甚至竊運歸家，復令子姪提筐挈籃擺賣街市，藉稱饑民，横行無忌。而無知各鋪亦有以貨换易，致淳邑引地被其侵害，官鹽難銷。而應巡兵捕概置不問，殊堪痛恨！若不嚴行查禁，不特有害商資，抑且大爲鹺害，合亟曉禁。爲此示仰該屬軍民、兵捕、船户人等知悉，嗣後凡裝載貨物務須小心撑駕，毋致踈虞，有損商貲，其輓運引鹽尤宜謹慎，毋許違禁偷取顆粒。倘敢仍前勾連土棍頓積興販，及無知店鋪换易私鹽，並竊運歸家、提擺街市、藉名横賣者，立行查拏詳究。應巡官弁嚴督捕役、汛兵在於沿河各處晝夜巡緝，務使經過鹽船毋許粒鹽上岸，實力禁緝，以遏梟風。如敢怠巡庇縱，或經訪聞，或被告發，定行官參役處，斷不寬貸。

一乾隆十三年七月，巡撫兼管兩浙鹽政爲嚴禁兵捕賄縱之弊以靖引地，以肅功令事。照得私梟運販無非步擔船裝，經由往來處所，俱經設有塘汛遊巡兵目，在廳縣又有應巡捕役，若平日果能加意偵巡，稽查嚴密，梟徒何從託足？浙省幅員廣闊，或濱臨江河，港汊紛歧，奸徒偷漏出没無定；或地處偏僻，廣漠叢山，結隊聯群，肆行潑販；或逼近場竈，勾串煎丁，朝偷暮運，恣意營私，更有肩販之重照影射，越境侵擾，奸民之刮土成窌、積滷私煎，種種弊端難以枚舉。至江省行銷引地，如常、照、太、鎮、嘉、寶、上等州縣俱係濱海之區，對峙淮、崇，梟徒每多潛蹤口岸，在於崇、岱等處裝載私鹽，希圖越販。如華、奉、婁、金、崑、新、青、南等縣俱係逼近場竈，毘連湖泖，梟徒串通奸竈營私舞弊，不一而足。然在汛防弁兵、應巡捕役，莫不深悉其蹤跡，熟知其逋藪，若文武員弁果能實心督緝，梟徒何難盡除？乃今各營將弁、印巡各官以緝私爲末務，並不實力偵巡，一任兵捕骫法作奸，受賄包庇，以致梟徒肆横，侵擾引地，甚至案未審結，仍然復販，毫無忌憚，大干功令。除現在密訪查拏外，合行出示曉禁。爲此示仰闔屬文武員弁、兵捕人等知悉，嗣後務須凜遵法紀，嚴督應巡兵捕在於水陸要隘、私鹽出没處所周流巡緝，加緊堵禦，毋論大夥、小販及窩囤奸梟，務必人、鹽並獲，該地方官執法審究。倘敢仍前怠玩，賄庇縱漏，别經發覺，審明私鹽由何處塘汛地方經過者，除提兵捕到轅，大法究處外，定將該管文武員弁以縱私失察一並嚴參。各宜凜遵，毋違。

一乾隆十三年十二月，巡撫兼管兩浙鹽政爲曉諭事，照得海寧縣屬之黄灣、西路兩場沙地，於題復竈丁課地案内，仍循一丁到海之説，按丈徵課不計頃畝，是以課少地多。兹據原竈潘朗山等呈請，情願一體報陞按畝認課，由司道查明具詳前來。本都院念該處沙地，雖已起徵，而未經開墾成熟者尚多，尚無漏課情弊，准仍給各該場竈照舊認墾管業，將復課案内地畝查照課額，扣除截清，現在畝數造册核題，并將緣由奏明。荷蒙俞允，欽遵在案，合行出示曉諭。爲此示仰該竈户人等知悉，爾等各宜感戴皇恩，勤力墾治，按畝報課，按年起徵，不得仍前稍有隱漏致干，察出嚴究。再，此項地畝與天漲沙塗、准民竈並墾者不同，如有胥役棍徒妄生覬覦，希圖侵佔，許該竈户具稟該地方官查究，爾等亦不得藉端滋事干咎。

一乾隆十七年八月，巡撫兼管兩浙鹽政爲嚴禁奸商夾帶之錮弊以肅鹺法事，照得商人買配引鹽，自應遵照《鹺規》，捆運赴掣，若夾帶營私，必干功令。今查得鄞、奉二縣住賣引鹽，一月之中定以三、

六、九日期，由府就近親臨掣驗，或該府遇地方公務殷繁，每每轉委在城佐雜等官代掣，以致該商等毫無畏忌，是以運掣之時，每有不肖奸商勾通船户預備夾艙、夾底等船，或鋪散鹽艙底面蓋引鹽混行過掣，或藏小包夾帶，種種積弊皆緣轉委之官並不嚴加稽察，一味庇縱滋奸，不特營私漏課，更且敝壞鹺法。除現在嚴飭查究外，合亟出示嚴禁。爲此示仰鄞、奉二縣住商、船户及掣驗應巡官役人等知悉，嗣後各商赴掣引鹽務須恪守《鹺規》，捆運到所，聽候秉公掣驗，該委員亦應先將赴掣引鹽按查明白，然後驗放。所在應巡官弁協同差承，務必實力巡查。倘有不肖奸商仍前勾串船户，夾帶滋弊，立即嚴拏，交縣究報，船、鹽封貯，毋得徇情庇縱，亦不得滋生事端。如敢故違，一經本部院察出，定即官參役處，均不姑寬。

一乾隆十九年四月，巡撫兼管兩浙鹽政爲特檄嚴行查禁，靖販源以保引課事。照得平湖縣所屬之乍浦鎮，逼近海、蘆二場，爲私鹽出没之藪。今訪有海沙場三、九兩團竈户每多充當衙役，暗令子弟持負籃鹽二三十斤不等，絡繹成群，充塞城市。又有地棍冒名兵卒，凡有海運帑鹽過塘之處，勾連船户、脚夫乘機偷挖，公然售私，若遇查拏，藉稱食鹽，逞刁抗拒。該地民人利賤食私，見有拏獲，群相衛護，惡習成風，肆無忌憚，遂致該地肩販官鹽艱於銷賣。所在文武亦不設法查禁，以致伊等滋弊叢奸，害鹺誤課，殊屬不法。除現在嚴飭查究外，合行出示曉禁。爲此示仰該縣竈、販、兵役及地方人等知悉，嗣後各宜凛遵法紀，倘敢仍前怙惡不悛，藉名緝私及地棍勾串、偷挖帑鹽，公然運賣者，所在應巡兵役立即嚴拏解縣，按擬究詳。倘兵役賄縱滋奸，一經本部院察出，定行提轅，一並盡法究處，均不姑貸。

一乾隆二十年九月，巡撫兼管兩浙鹽政爲特飭誡諭積梟痛改惡習以保身命事，照得鹽法首嚴私販，一經有犯法，在必懲查。松所引地，非濱臨海隅，即界連場竈，更兼對峙淮、崇，梟徒興販最爲便捷。屢經嚴飭所在文武員弁實力偵巡，以冀官疏私靖；并經前各院訪確大梟姓名，諄諄誡諭，開誠曉禁；並嚴飭所在地方官交明總保管束，并押令朔、望赴縣點卯過堂，不時稽察，取具自新遵依，及保甲、鄰右不敢縱販，切結存案。近訪得犯案發驛，鹽徒悉皆赦回故土，尤當感戴皇恩，痛改前非，别圖良業，無如若輩不思悛改，以爲販私利重，故智復萌，紛紛再犯，甚至煽惑鄉愚，誘其犯法。此皆由所在印官並不將前院立法稽查梟徒緣由實力遵奉辦理，一任不肖書役受賄寢擱，以致各梟仍敢販私，恣意侵擾，壅引誤課，官、商受害，殊堪髮指。所有積惡巨梟姓名，本部院現在訪確何難？按名立拏到轅，悉置嚴刑，第不教而誅，情有不忍，姑暫從寬典飭，取甘結予以自新，合再頒示曉諭。爲此示仰該屬官弁、兵民、捕役及梟販人等知悉，爾等積梟速宜洗滌肺腸，别圖生計，仍不失爲盛世良民。倘此番誡諭之後，怙惡不悛，膽敢仍前興販，煽誘愚民，擾害引地，一經拏獲，定行先提到轅，盡法重處，保結鄰右一并治罪，斷不姑寬。至所在巡印官弁，務須嚴督兵役實心偵緝，遇有後開積梟仍行潑販，立即協拏，人、鹽交明有司，從重究擬。倘敢通梟賄放，以及不肖書役寢擱不行，一經察出，官則嚴參，役則杖斃。各宜凛遵，毋致噬臍。

一乾隆二十三年十一月，巡撫兼管兩浙鹽政爲示禁竈户私耕漏糧之積弊，以重國帑事。照得竈地一項，攸關國課，私墾漏糧，定例森嚴，一經干犯，法難寬貸。今查大嵩場竈户住居邊海，樵薪山川，罔知禁令，每多竈地私墾，佈種禾苗、雜糧等項。其中稍有畏法之户，赴場具投一呈，終年並不陞科，至頑梗之輩竟行私種私墾，有害課餉。除現在嚴飭查究外，合行出示曉禁。爲此示仰該場竈户及應巡、保户、場役人等知悉，嗣後該墾户務須凛遵法紀，如已墾各地，統限一月内據實具報。若逾限欺隱，一經查出，照欺隱田糧例計畝科罪，追田入官，斷不姑貸。所有應巡、保伍、場役必須時加巡查，遇有奸竈私墾隱匿，立即稟場嚴拏詳究。該役等倘敢扶同徇縱以及滋事，該場員亦即嚴拏究革具報。

均毋違忽。

一乾隆三十二年正月，巡撫兼管兩浙鹽政爲再行曉禁以濟運掣事，照得杭所商鹽運掣，例由艮山門外河道運赴杭所前掣驗。緣艮山門外覓渡、施家橋等處，向有佃户築簖蓄魚，鹽艘過簖，易於滲漏，據杭商汪肇豐等具呈，以該佃户蓄魚多有暗樁硬簖，阻截水道，願請認完佃課，拔簖起樁等情。本部院軫念商、民係屬一體，若將樁簖盡行起拔，固利於鹽艘遄行，但於民間蓄魚生計恐有妨礙之處。當經批飭該鹽道會同布政司妥議詳覆去後，嗣據該司、道勘詳，覓渡橋并濫口港二處中留行船河道二丈九尺，施家橋四丈四尺，大船三隻可行，並飭該漁户不得再有多佔。復經批令出示嚴禁，各佃所該簾簖務遵定址，在於兩旁簽簖，毋得暗插中流，致礙運艘在案。兹當驗掣之期，誠恐各佃户人等復有多佔，致害運艘，合再通行曉禁。爲此示仰各佃及運商、船户人等知悉，務各遵照前勘定址丈尺留出，俾鹽艘遄行其所，設簾簖只許在於兩旁簽簖，毋得暗插中流，致礙運掣。倘敢玩不凛遵，定將該佃户等重懲，斷不稍貸。至該運商、船户亦不得藉端滋事，並干究處。

一乾隆三十五年十二月，江南徽州府祁門縣爲查訪事，奉本府牌開，蒙按察使司詳議，查越販私鹽必以越境爲據，徽郡行銷浙鹽應行地面俱有一定章程。如已越境，即應照律問擬，亦祇究本犯，不得累及商店；如未越境，豈容違例滋擾？應請飭令該縣在於界口勒石曉示，毋得在應銷内地妄禁妄阻，藉端滋擾，庶鋪、販得有遵循，縣役不致匿案滋事，阻誤鹽法。倘地棍人等阻撓勒石，即行詳究，並取具碑摹及遵禁緣由，通報查考等因。奉總督部堂批，仰即如詳飭遵。又奉巡撫部院批，仰即如詳勒石曉示，毋許在應行之地妄拏滋事，取具碑摹及遵禁緣由通報。又奉兩浙鹽院批，仰安徽按察司查照兩江總督部堂、安徽巡撫部院批示，飭遵具報，至所議引鹽在於應銷地面，毋得以私鹽妄報混拏，勒石曉示以杜滋事之處，如詳飭照等因。奉此，查祁邑民間食鹽分銷黟邑浙引，各子店赴黟邑漁亭，商户領買到祁拆賣，縣屬之東關及南鄉之蘆溪到湖西鄉之高塘等處，俱係應銷引鹽地面。查西鄉高塘領賣之鹽，必由南湖出，到湖入楊村，借浮河繞道而過，始至高塘，誠恐巡役、船户、地棍無知，仍前混阻滋事，合并出示曉諭。爲此示仰縣屬商鋪、鹽捕、巡役、船户人等知悉，嗣後黟、祁兩邑分銷拆擔及船裝領運引鹽，各聽商鋪貿易，巡役人等遵照憲行詳定章程，或有奸販偷越楊村之下，只就本犯律擬，不得波累商店。如在縣屬之東關及蘆溪到湖高塘等處應銷地面，毋許妄拏滋擾。倘有巡役、船户、地棍阻撓生事，許商店指名呈稟，定即嚴拏詳究，斷不寬貸。合行勒石嚴禁，以垂永久，各宜凜遵毋違。

一乾隆四十一年四月，巡撫兼管兩浙鹽政爲通行曉諭事，案據紹所商人許紹泰等呈稱，商等紹所掣過引鹽，堆存蕭山縣地方義橋、新壩兩處。於本月十一日至十四日夜半霪雨連綿，江水過塘，所存已掣引鹽共十餘萬引盡被水浸，極力搶救者，僅止二萬餘包。現蒙委員查勘，乃水歸下游，又將紹邑各場場竈倉鹽又遭淹浸，商等困苦情形莫此爲甚，不但將來倍價難購，抑且現在無鹽可配。查各店存鹽無幾，補買、趲運不免較常稍遲，恐各地民人不知商等趲辦緣由，致生事端，商等雖現在實處計窮力竭，斷不敢漠視。合將現在補水趲辦實情先行稟報，叩賜給示，飭知各縣曉諭民人、商等自應凜遵設法，不惜成本上緊竭蹶赴場趕買、補掣、配運，以濟民食等情，當批。已掣倉鹽遭水前，據所員稟報業已行道，確查實在沖没數目，照例補掣。嗣又據場員稟報，知三江場鹽亦有被水消浸之事，因慮該商等買補維艱，又已札道確查，如有就近別所之場鹽可以撥買者，詳報，以憑借給買運。爾等各商均應多備鹽本銀兩，一俟查確，速行買運，毋誤民食爲要。仰鹽驛道仍即速催各商先將撈獲之鹽上緊趲運，以資接濟，並據該道查有乍存帑鹽可以借撥，經本部院確核飭辦，並飭該道將存場之鹽飭商速行補掣。但查該商等存壩、存場各鹽既有漂没，雖督飭各商不惜重價上緊趕買捆運，以濟爾等民食，但一時購補較常不無稍稽，恐有無知棍徒藉端滋擾以及各肩販故意多買囤積，均未可定。除通飭各該縣查察外，合行給示曉諭。爲此示仰該縣民人知悉，該商等鹽雖被水，現已不拘借撥買補，均飭上緊趲運，以期民食有濟，斷不許其脱銷外，倘有棍徒故意藉端擾累者，許該商指名赴該地方官稟明，究擬詳報，毋稍容隱。各宜凜遵。

一乾隆四十三年八月，護理兩浙鹽驛道、嘉興府知府詳爲商累同情等事，查杭、嘉、松三所商運引鹽，自場運所，自所運地，悉藉船裝。在各商課本資重，惟期輓運迅速，然船户衆多，良頑不一，每有不肖船户罔顧法紀，或私自夾帶，或沿途偷竊，商本暗遭侵蝕，無可隄防。間有沿途發覺，非奸船藉口誣扳，即胥役串囑飛噬，本商無辜遭累，羈留轉運，殊於掣期引課均有窒礙。業經噶前道將紹所商困情形詳報憲案，凡獲有竊盜、夾帶鹽船到官，只就本犯治罪；倘敢供扯商人，概免傳質等因，飭遵在案。旋據杭所衆商稟請一例詳明飭禁等情，當經前道批飭嘉松分司查議去後，今據該分司具詳，以杭所引地例係嘉所通銷，飭據杭、嘉二所甲商等分别議稟，查明商人挾本營生，斷無沿途自偷自鹽，賤售虧本，反罹法網之理。又經該分司復查《鹽法志》載，康熙十二年鹽院憲行，船户夾帶或遇盤驗事露，罪及船户，不許累及本商，并給商運賣限帖内載明。倘有不肖船户沿途偷竊包鹽，易換貨物，或經捕獲，許於就近衙門呈報，毋許波及本商，稽留轉運等語。應如商請，詳明立案等情，詳覆到道。又據松所八地商人具稟，松鹺全隸江南，逼臨海浦，船户偷竊尤甚，每被誣扳飛噬，叩請並詳飭禁前來，應請俯如所議，通飭各縣場所各官照《志》勒石永遵。嗣後船户裝載引鹽，如敢偷竊、夾帶，一經捕獲發覺，許于就近衙門呈報，止就本犯審擬，計斤科罪，船隻照例入官，變價抵償，毋任胥役作奸，串累本商。所有該商引鹽仍聽另雇船隻提裝開運，以濟民食。倘敢違例稽留轉運，並許該商上控提究。如此立法森嚴，船户各知警惕，庶使商業得安，引課有裨，理合詳明。奉鹽部院王批，如詳通飭，勒石遵照。

一乾隆五十一年七月，巡撫兼管兩浙鹽政爲曉諭事，照得常山引鹽分銷廣信府屬七縣，向爲紹所銷鹽之要地。逐年私鹽充斥，官引壅滯，皆緣義、新兩壩逼近場竈，爲私鹽出没之區。而錢邑之江干，荷葉包私鹽尤易藏帶，甚有積慣梟販滿船裝載，揚帆直上，以致常邑引地被其侵擾，官引壅銷，大爲鹺政之害。今據鹽道詳據紹所商人等具稟，各項船隻夾帶私鹽，俱由常山縣城外之三里灘起卸，但近城路徑叢雜，易於分散，向來所設巡役無幾，稽察難於周密。惟常邑之焦堰地方，離城四十餘里，爲大小船隻赴常必由之要隘，請於此處設立商捕二十四名、巡船四隻，商等督率各捕會同營、縣兵役，在於該處境内梭織遊巡，晝夜偵緝，凡有上常船隻逐一稽查，如遇私鹽隨時拏獲，稟縣究詳等情。應如所請，分别移行辦理。所有商捕巡船各費應聽該商自行捐辦，毋庸動支公項，免其造報，並賜檄行文武衙門一體緝巡等情，除批如詳速飭遵照外，合亟出示曉諭。爲此示仰商捕、兵役、軍民、船户人等知悉，爾等商捕、兵役在於焦堰地方，務須晝夜偵緝，凡有上常大小船隻，無論官、民乘坐均須逐一稽查。如遇私鹽，即行拏獲，稟縣究詳。倘有不法船户夾帶私鹽，或藉裝差使，不服稽查，亦即指名稟究，務使奸梟净絶，官引暢銷。倘敢徇縱滋事，察出，定干嚴究，至爾船户等亦各安分營生，毋再仍前膽玩夾帶，自投法網，致貽後悔。

一嘉慶元年九月，兩浙鹽運使司爲崇儉黜華以裕商本事，照得浙商資本微薄，屢蒙恩綸體恤，本非淮商可比，自宜克敦節儉，充輸國課。乃向來風氣尚號樸，近時漸尚奢華，以祖父艱辛之産業供子孫衣食之花銷，蕩廢資財，日甚一日，以致不數年間更形疲乏。本司分巡温、處者一載，總理糧儲者三年，浙商情形久經稔悉，今蒙恩擢授鹺衡，專司鹽運，惟以恤商爲本，亦願商自恤其家，務宜斂無窮之谿壑，培有限之脂膏，庶幾經營貿易，資本充盈。俾國課早輸，家豐人樂，於各商等有厚望焉。

一嘉慶二年二月，兩浙鹽運使司爲飭商加價收買場鹽以杜竈户售私事，照得各場煎丁均屬無藉貧民，惟恃煎鹽以爲餬口，既無升斗之儲，更無負販之業，惟賴商人課本赴場源源接濟，隨煎隨售，盡付現錢，竈户即可謀生，何必冒險售私，自取罪戾？更可慮者，售與商人，價不過數文，而售與私販，增價或至十之二三，竈户等但知重利，罔顧嚴刑，該各商務須通盤籌畫，將收鹽場價量予加增，現錢收買。俾竈户既有贏餘，又無拖欠，上不畏縣場稽查之擾，下可省胥役挾索之需，是雖驅之漏私而不願矣。商人雖少加成本，而少賣一斤私販即多銷一斤官鹽，貪賈三之，廉賈五之，小往大來，正在多錢善賈耳。各宜遵行，毋違。

一嘉慶二年四月，兩浙鹽運使司爲嚴禁肩引侵銷以護正地事，照得各地行銷肩引原爲逼近場竈起見，於便民食鹽之中隱寓禁民售私之法，所以最近各地行銷肩票，次近各地行銷住票，離場漸遠，輸課漸增，立法之初，原爲至善。乃查近年銷數，其界接票引之各正地往往不能旺銷，推原其故，皆由肩販侵銷所致。荷葉包等類，此其小焉者也，甚者轉擔重挑，囤積船載，肩販即爲有恃之私梟，而票商即爲無形之窩户，漏私墮課，職此之由。爲此仰各正地經商，於票地交界處嚴行設隘，晝夜巡查，毋使肩販越入。其額支肩鹽，各場員尤宜悉心查察，親自驗給，毋許影射重挑。如有以身試法者，立即嚴挐稟報，以憑重究。

一嘉慶四年二月，署理兩浙鹽運使、浙江督糧道爲曉諭設巡事，案奉巡按、兩浙鹽政批：前司詳孝豐衆商具稟，錢邑肩私囤積瓶窑，梟販假道餘杭之瓶橋、關王嶺、石門村、瓜村、黄湖、十五梯等地。請諭該地巡商在黄湖鎮設隘稽查，選販坐銷協挐錢邑肩私，復可限制餘杭衆販侵越。并據餘杭巡商程公裕稟保肩販三十二名坐銷黄湖，立法稽查，選捕八名督同協緝，分别飭遵試辦。未幾，旋有張公位、姚大鵬等阻撓滋事，飭據寧紹分司會同錢、餘二縣提挐到案訊究杖責，並聲明黄湖設隘於緝私有益，詳覆批飭發落。又據商人王寧裕、舒丙榮等稟請立碑勒石。批據甲商吴康成等稟覆，黄湖由錢、餘侵孝出入要道設隘定販，在鎮坐銷，無虞民食，所請誠爲疏引杜弊起見，詳請示遵等緣由。奉批，仰即諭飭該商等照案設隘稽查，勒石，并飭餘邑及委員督巡，如有梟販阻撓滋事，即查拏究報，一面飭巡商督同販捕實力堵緝，以衛正地。又奉巡撫、部院憲牌，准鹽院咨開，據該司具詳孝豐商人稟請餘杭黄湖鎮設隘稽查勒石一案，仰司即便轉飭各等因。奉此，除諭該巡商程公裕照案設隘稽查、督販坐銷，并設捕協緝行，餘杭縣及委員督巡外，合行頒示勒石永遵。爲此示仰捕保人等知悉，嗣後坐銷黄湖各販務須遵照填引，憑摺挑鹽，赴隘掛號，蓋戳銷賣，日逐賣剩餘鹽寄貯隘口，次日帶銷，并協商捕隨同巡商在黄湖等處堵緝，遇有錢邑肩私及非商保坐銷販鹽過隘，扭拏送究。倘有梟販、地棍阻撓滋事，即稟官嚴拏究報，如該販等不憑引摺夾帶偷漏及商捕徇縱，均干究革。各宜凛遵。

一嘉慶四年七月，江南蘇州府常熟縣、昭文縣爲環叩一例飭禁以裕引課事，奉署理兩浙鹽運使司、浙江督糧道咨開：查得常、昭二縣行銷松引，與長、元、吴三縣連界，同屬蘇郡。該二縣福山等處對渡淮界，與通州場竈毘連，向有藉販醃臘鮝魚到地，其中貨少鹽多，借名影射，牙行通同窩頓，恣意侵越，以致引地歷年缺銷。查醃臘各貨，定例，每貨一石祇准在沿途官店酌買二斤以禦潮濕，不准多帶，違犯照例究治，貨物入官，牙行通同，一并辦理。又鮝魚投行抖下餘鹽，責成牙行儘數交商歸垣，每斤償價四文，如竟係潔鹽灌包，或外更有備帶，明係串販亦照私鹽例分别治罪。又于乾隆六十年間，據常、照二縣議詳，凡葡乾、瓜丁、醃貨進口每有夾帶，請飭鹽役協同牙行逐包簽驗，前司批飭遵行各在案。今據松所商人吴常順等具稟前來，飭據甲商稟覆前情，自應俯如所請，一體勒禁，並由司給簿，飭令按月填注、稽考，取具行户依結，通送備案，頒示曉諭，俾知遵守。相應據情詳明，伏候憲臺批示，以便轉飭遵照，另取碑摹呈送等因，除報明兩江督部堂、江蘇撫部院查考外等因到縣，奉此合行勒石永遵。爲此示仰商民、行鋪、牙户、客販、應巡兵捕人等知悉，爾等販運醃臘鮝魚鹽貨，遵照成例，每百斤祇准備買二斤以禦潮濕，不許混帶多斤，如貨進口投行，該牙户協同巡役逐包簽驗，如有夾帶立即查挐，解候究辦，船貨入官，牙行隱混，一體治罪。各行抖下餘鹽務須隨時交商入垣，按斤領價，不得藉護稽延，希圖囤積營私，致干咎戾，巡役人等均各凜遵。

一嘉慶四年十月，巡視兩浙鹽政爲嚴切曉諭事，照得運庫錢糧按卯清完款項，飭令迅速開運，乘時銷賣，不致有虧成本。所有聯票木戳、水程引目尤應趕緊辦理，不得輾轉遲延，藉生弊竇。兩浙商力微薄，轉運維艱，固宜優加體恤，堅其輸將恐後之心，方於庫貯有裨。至聯票等項，既經承辦，經書各司其事，亦宜勉矢天良，仰副恤商、裕國之誠，乃各款清完，給發聯票。查搭木戳，聞有遲至二、三卯不等，非心存勒索，何事稽延？而給程提引又復稽留時日，計其完課、領運相隔旬餘，在外省别府各商馳赴杭省完課，道遠途艱，一經守候，資斧較重，成本益加，殊非培恤商艱之意。除札飭運司轉飭庫官、書吏人等遵辦外，合飭出示曉諭。爲此示仰兩浙商人知悉，爾等業在行鹽輸完課項，自宜向上急公，一律按卯全完，不得絲毫欠缺，一切聯票、木戳、水程引目，定限三日内逐件全數給發該商開運，如逾限不給，許該商稟明本院，並稟運司究辦，該商等亦不得藉端滋事。其各凜遵。

一嘉慶五年二月，兩浙鹽運使司爲鄰私侵擾等事，照得兩浙行鹽地方，有肩、住之分。肩販每將輕課票鹽侵銷漁利，兵捕規縱，奸民窩頓，以致正引減銷，私梟愈横，殊爲蠹害。旋據住商具稟，杭、紹票鹽直達嘉、湖，通同地方梟棍乘各商掣竣，運銷旺市，混擾正地。叩賜檄飭杭、紹各屬查挐，並懇頒示嚴禁等情。當查肩販賤鹽，膽敢越銷正地，大干法紀，兵捕規縱，尤屬膽玩。現在掣運商鹽趕銷菜市之候，若再仍前擾混，勢必正引壅銷，除密訪查挐外，合亟示禁。爲此示仰應巡兵捕及肩販人等知悉，爾等捕兵責任緝私，務于要隘上緊巡查，凡有前指不法肩販敢再仍前越銷横擾，有礙正地，務即人、鹽並獲，解縣究詳。倘敢規縱怠巡，察出，定干究革。爾民户人等務須買食官鹽，不得貪賤食私，自取咎戾。各肩販人等出具不致侵銷正地甘結，送縣察轉，均毋違延。

一嘉慶五年五月，巡視兩浙鹽政爲嚴飭查拏私販，據實審擬以肅鹺政事。照得兩浙商人行銷引鹽，上輸國課，下資民食，是以設有專管場員稽查竈鹽透漏，又有地方文武協力巡緝，於防範之法至周至密，各地方官場員果能認真查辦，按法懲治，則梟販何難斂跡？官引自能暢銷。本院欽奉恩命，巡按兩浙鹽政，亟思實力整頓，首重疏引緝私。兹查各屬報獲私販，俱稱場竈並無透漏，不過希圖從輕完結，規避處分。所有巡緝防守竟同虛設，以致私販充斥，官引滯銷，實於帑課大有關礙。今届醬市盛行，正閭閻疏銷之候，除通飭各屬遵照外，合行曉諭。爲此示仰闔屬官弁、兵捕、軍民人等知悉，爾等鄉愚各宜安分謀生，毋得輕蹈法網。應巡員役在於水陸要隘，私鹽出没處所，實力堵禦，上緊截拏，無論大夥、小販，船裝、陸運，務期人、鹽並獲，解交該縣究擬詳報，毋得怠巡疎漏，得規包庇，及姑息養奸，顢頇率結。一經本院查出，定即嚴究參辦，斷不輕宥。各宜凜遵，毋貽後悔。

一嘉慶五年七月，巡視兩浙鹽政爲嚴禁捆做重斤以疏引課事，照得兩浙四所商鹽過掣，内有重斤夾帶漏課之弊，疊經各前院出示，諄諄告誡，嚴行防範，本院密加察訪，錮弊雖漸屏除，而積習仍難盡絶。蓋各商賢、愚不一，在守法者，固知自保身家，不敢再蹈前轍；其不肖之商妄冀僥倖，一時積弊牢不可破。任意捆做重斤，每届掣驗，並不争先掣配，挨至時臨昏暮，故作倉卒情形，挨擠上掣，或串通掯手簸弄手法，或賄通胥役重疊扛擡，種種弊竇難以枚舉。殊不思此等伎倆不過倖免一時，豈有日久不破之理？該商等具有身家，何樂以身試法？現届各所開掣之際，本院親臨驗掣，因念衆商挾本辦課，不忍臨期坐視科罰，合先出示曉禁。爲此示仰四所各地配商知悉，嗣後商鹽出場務須按引捆配，抵所照掣掯準，不得加斤夾帶，惟利是圖。倘不肖之商怙終不悛，一經掣出重斤，定即嚴提該本商及船户、掯手，分别訊明究辦，從重懲治，勿謂言之不早也。凜之，慎之。

一嘉慶五年七月，兩浙鹽運使司爲申嚴掣鹽條約以肅鹺政事，照得：紹所，嘉慶四年分引鹽，本司親臨赴所掣驗，除嚴催各場飭商捆運抵所候掣外，所有應行事宜合行出示曉諭。爲此示仰官役、商民人等知悉，務須共相遵守，倘有違犯，斷不輕貸。

一到所引鹽，務須先期照摯掮準，依次停泊柵外，不得臨時壅擠及先後參差。

一上摯秤驗商鹽，例係工脚敲兑，務使從公敲擊，畫一彈兑，毋許絲毫弊混。如敢簸弄手法以致多寡失實，一經察出，立即究處。

一船户裝載引鹽，必須鹽數相符，自底至面，逐引堆疊。敢有上下互異、輕重不同、違禁夾帶者，察出，定將船、鹽封貯，詳究不貸。

一各商投引編號，該所官攢須按季分編列，細心查驗引目，不得遺漏，致干查究。

一所橋等處，該所官役務將柵欄修整堅固，船鹽編號停泊，聽候按號唤掣，給發旗籌，過所呈繳，毋許壅擠攙越。至於往來客船，該所驗明請匙放行，若正在掣放引鹽之時，客船不得夾雜亂行，如敢故違，定行究處。

一商人請填餘引過掣，原因鹽多引少之故。現在欽奉諭旨，飭禁多請餘引等因，各商應將本名額引及子户引目掣足之外，如有餘鹽，方准請給餘引過掣；若本名額引未經掣足，先行混請餘引過掣，除不准外，定將該所書識暨本商重處不貸。

一掣過船鹽，船户駕至義、新兩壩堆地，空船飛駕回所，復裝應掣。如敢延挨時刻，致誤掣期，定行重究。

一本司訪聞該所，每有無賴棍徒在於各商掮鹽處所，三五成群擁擠强討、攘奪情弊，該所官務須不時查逐，不得容留取咎。

一嘉慶五年九月，浙江巡撫兼署兩浙鹽政爲嚴禁興販私鹽以疏引課事，照得兩浙引地濱臨江海，近接鹽場，最易透漏私販。該管場員如果實心稽察所産鹽斤，儘數交官，則竈不售私，梟徒何從興販？無如該場員怠玩成習，並不親歷稽查，任聽差役庇縱，竈户串同私販透漏，毫無顧忌；又有肩販挑賣票鹽，在於馬頭、船埠，荷葉包紮，售與船户；更有私煎、窩頓積梟，勾通興販，兵捕、地保徇私包庇。地方官膜視鹽務，並不認真查緝，甚至獲犯到案，亦不根究販私來歷，任聽狡供，總以買自不識姓名鹽擔，曲爲開脱，或將鹽斤分認，詭稱同夥在逃，化大爲小，從輕擬結，經由營汛，又不上緊截拏，因循玩縱。種種弊端，竟成錮習，以致私梟肆行無忌，官引日漸絀銷，殊爲鹺害。兹當菜市盛行，正閭閻銷鹽之候，除通飭各屬查拏梟販，盡法究處外，合行曉諭。爲此示仰按屬文武員弁、兵捕、竈販人等知悉，爾等愚民各宜安分謀生，毋得販私，輕蹈法網。應巡兵役在於水陸要隘、私鹽出没處所實力堵禦，加緊截拏，毋論大夥、小販，船裝、陸運，務期人、鹽並獲，交縣究詳，不得怠巡疏漏，得規賣放，該縣亦不得顢頇率結。倘敢故違，一經本部院察出，定即分別嚴參，從重治罪，決不寬貸。

一嘉慶五年十一月，巡視兩浙鹽政爲嚴飭曉諭事，照得杭所鹽商開掣在邇，查該所堆鹽掣房俱建掣廳南北，每逢掣驗，各商鹽船定例應由南至北，以憑過掣放行。近查臨掣之時，俱在北掣房，臨期掣運過南，致有由北至南之鹽船往來攙混其中，不免影射、飛渡之弊。查該所候掣鹽船，其在南掣房，自應仍照前例預行掣準、裝船，候掣放行；而在北掣房，務須前兩三日内掣準，預日盡行裝船運至廳南，以憑屆期按臨，同廳南之船，挨順船號過掣，魚貫北出新橋放行。除行該所官轉飭遵照外，合行出示曉諭。爲此示仰該所掣廳南、北掣房商衆知悉，爾等候掣引鹽，務須遵照預日裝運，挨順船號至掣廳以南排泊，聽候按臨掣驗，毋許仍前紊亂，致滋隱混。倘敢違誤，以致臨期參差不齊，定即查究不貸。

一嘉慶五年十一月，巡視兩浙鹽政爲嚴飭恪遵鹺制以裕引課事，照得商鹽運掣，著有一定規條，難容違法滋弊。兹當開掣之期，商衆繁多，工腳、船户良頑不一，誠恐奸狡貪利之輩舞弊營私，輕蹈法網，合行出示嚴禁。爲此示仰該所官攢及衆商、船户人等知悉，凡赴掣鹽船務須照例編排，聽候按册稽查，挨次换掣，各商務須遵照定數畫一掐準。倘敢違例多斤，輕則照例示罰，重則按律究治。至於夾帶、飛渡以及添灌、影射等弊，本院現在嚴行察訪，敢有違犯，即行從重究處。再，該所官攢查驗引目必須細檢，毋許攙混滋弊。彈兑工脚更須奉公敲擊，不得簸弄手法，輕重失實。裝鹽船户，尤當守法載運，勿得夾帶營私。如敢故違，定行提究，斷不寬貸。

一嘉慶五年十一月，巡視兩浙鹽政爲嚴禁興販私鹽以疏引課事，照得兩浙引地濱臨江海，近接鹽場，透漏販私，最易滋弊。本院欽奉恩命，巡視兩浙，下車以來，訪聞積弊多端，現在設法查辦。但兩浙行鹽幅員廣闊，全在地方文武實力督挐，盡法究治，以冀引地日有起色。今查各屬報獲私鹽之案，俱稱場竈並無透漏，不過規避處分，而巡緝地方亦屬虚應故事，有名無實，以致梟徒充越，官引壅滯，有虧國帑，實爲鹺害。除大夥梟販，現在嚴飭察訪截挐，分别提究外，查巡緝私販地方文武均有考成，自應嚴督兵捕加緊查挐，據實究詳，務使梟、竈咸知畏斂，方於鹺政有裨。現屆春菜盛行，正民户需鹽之候，業經嚴飭各屬實力偵巡外，合行出示曉諭。爲此示仰闔屬文武員弁、兵捕、軍民人等知悉，爾等愚民各宜安分謀生，不得販運私鹽，自罹法網。應巡兵役在於水陸要隘實力堵禦，認真躧緝，凡遇大夥、小販，船裝、陸運，務必人、鹽並獲，解縣究詳，毋許偷安怠玩，得規縱放，以及因循從事，匿不稟報，一經察訪確實，大干重咎。各宜凜遵，毋忽。

一嘉慶五年十一月，巡視兩浙鹽政爲曉諭事，照得本院巡按兩浙，凡鹽務利弊理應博採衆論，兼聽並觀。上年下車伊始，即經出示曉諭，准爾等甲、散各商隨到隨見，毋許攔阻遲緩，但不許單身一人私自稟見，所以杜夤緣而絶浮議也。今本院欽奉恩綸，仍留兩浙之任，凡有商情，尤須體恤。竊念四所甲商，各有應辦之事，若每日正、副八人同集轅門，一班進見，在本院固可以隨時詢問事宜，恐該商等於應辦公務不免顧此失彼，轉致躭延貽誤。爲此示諭甲、散各商知悉，嗣後四所正、副甲商分作四班，每日輪值上轅，以便傳唤進見。若非值日之甲商，而適有該所緊急公事，亦准投稟請見。如此分班辦理，庶可兩無歧誤。至於各所散商，如有公事，仍准其隨時稟見，不必拘定所分，但須值日之正、副甲商帶同進見，以杜嫌疑。此係本院於恤商之中寓剔弊之意。各宜凛遵，毋違。

一嘉慶六年二月，兩浙鹽運使司爲嚴行飭禁事，案，查各縣毘連地方，均有開設鹽店，每有鄉民赴店買鹽，勢難逢人盤詰，逐一問其來歷。即有鄉民容心越販，其罪原在越買之人，本與商店無涉。是以例定，凡有鄉民越境買鹽，毋論獲犯鹽數多寡，只就本犯治罪，不得株連商店，闞查擾累，有礙行銷，節經通飭，遵照在案。兹當菜市旺銷之際，倘有不肖販徒踰界越賣出境被獲，誠恐胥役人等奉行不力，匿案滋擾，提累商店，有誤行銷，大爲鹺害。合再嚴飭所有拏獲越界販鹽，毋論獲犯鹽數多寡，照例只就本犯治罪，不得匿案、妄闞株連商店，有誤行銷，致干未便。

《欽定重修兩浙鹽法志》卷十六終

欽定重修兩浙鹽法志卷十七　成式

《周官・小宰》：『聽買賣以質劑，司市通貨賄以璽節。』復有『門關』諸職，嚴其禁令。蓋以徵信防姦，使市無僞飾，道無滯貨也。兩浙鹽利盛於東南，其散煎場竈分銷途程、鋪住、肩販，往往欺詐萌生，非稽驗有定式，不足以資信守。舊《志》『成式』一門，所載引帖、單照，憑查核而便往來者，其式具備。嗣是七十餘年間，國家增斤改引，隨時釐定，覈之舊章，分合增易多有不同，兹更詳悉補載。蓋鹽、引無許相離，行止無容逾限，鈐印、截角收繳，循環定其道里，註其年月、姓名，俾關隘既易稽查，商運亦無阻滯，所謂較若畫一、民以寧壹者，即鹽筴之政，寧不可爲萬世法程與。志《成式》。

行鹽引式

户部爲鹽法事山東清吏司案呈照得兩浙鹽法題

准各項事例已經通行，遵奉訖。所有引目，除有犯私鹽分別治罪，各條毋許輕縱，另文申飭外，其題定鹽斤、繳引二款，并行鹽地方合行開列鑄造銅版、印刷引目，給付客商收執，照鹽前去發賣施行，須至引者。

一兩浙凡各商賣鹽，每引正鹽二百斤爲一引，給付半印引目，每引完納引價，隨即給引支鹽。

謹案：乾隆元年，奉旨增斤改引，杭、紹、嘉每引給鹽三百三十五斤，松、台、温每引給鹽四百斤。此仍舊式。

一凡客商興販鹽貨，不許鹽、引相離，違者同私鹽追斷。如賣鹽畢，十日内不繳退引者，笞四十。

將舊引影射鹽貨，同私鹽論罪，偽造者處斬。

一行鹽地方：

浙江

杭州府　紹興府　寧波府　台州府　衢州府　處州府　嘉興府　湖州府　嚴州府　金華府　温州府

江南

蘇州府　松江府　常州府　鎮江府　徽州府　太倉州　廣德州

江西

廣信府

右引付客商某收執照鹽。准此。

嘉慶　年　月　日

部押

外另文申飭七款：

一各場竈丁人等，除正額鹽外，將煎到餘鹽夾帶出場及私鹽貨賣者，絞；百夫長知情故縱或通同貨賣者，同罪；兩鄰知私煎鹽貨不首告者，杖一百，充軍。

一凡守禦官吏、巡檢司巡獲私鹽，俱發有司歸問。犯人絞，有軍器者斬，鹽貨、車船頭匹没官；引領牙人及窩藏寄頓者，杖一百，發煙瘴地面充軍；挑箱駄藏者，杖一百，充軍；有能自首者，免罪；商人捉獲者，賞銀一十兩。仍須追究是何場分竈户所賣鹽貨，依律處斬。鹽運司拏獲私鹽，隨發有司審訊，不許擅問。有司通同作弊脱放，與犯人同罪。

一凡諸色軍民、權豪、勢要人等，乘坐無引私鹽船隻，不服盤驗者，杖一百，軍民俱發煙瘴地面充軍，有官者依上斷罪罷職。

一將官運鹽貨偷取或將砂土插和抵换者，計贓比常盜加一等；如係客商鹽貨，以常盜論；客商將買到官鹽插和砂土貨賣者，杖八十。

一起運官鹽，許場户往來搬運上倉，將帶軍器者并行處斬。

一諸人買私鹽食用者，減犯私鹽人罪一等，因而販賣者，處絞。

一凡各處鹽運司運載官鹽，許用官船搬運，如竈丁、鹽丁卻用別船裝載，即同私鹽科斷。

以上七款原於鹽法疏内題明另文申飭。其鑄造銅版引内不能載入，仍行該管衙門嚴加申飭。

謹案：七款原係另文申飭，不在引式之内。所載罪名，如貨賣私鹽問絞、有軍器者問斬之類，查與《大清律例》輕重懸殊。現在各直、省辦理私鹽案件，亦並無照此七款問擬。因係舊《志》所列，不便節去，仍存之以備參考。

票引式、餘引式俱與正引同

引背式正引、餘引俱用此式

鹽運使爲鹽法事除外，今給本商引目一道，赴場支鹽二百斤，照例外加餘鹽包索引目。出司之日，將引截去第一角；該場查驗鹽完，截去第二角；押所印封，申送製官掣畢，行令該所截去第三角；付商照鹽住賣，衙門截去第四角。如有鹽、引相離，即以私鹽論罪。其退引收候彙解本司銷繳，若或過違後開出司行用例限者，鹽、引俱追入官，合將關到引目照例重刊刷印，便商行用。須至出給者。

計開：

浙鹽引目一道　本司驗訖

嘉慶　年　月　日出司，限嘉慶　年　月　日繳，違限入官。

鹽運使司

第一角

本司截去第一角訖。

第二角

年　月　日出場，某場大使某驗截。

第三角

年　月　日過所，某所大使某　驗截。

第四角

年　月　日到縣，某縣掌印官某驗截。

票引背式

鹽運使爲鹽法事，今給本販引目一道，赴某場買鹽，限日賣銷。出司之日，截去第一角；該縣印發，截去第二角；該場查驗鹽完，截去第三角；賣完繳收，截去第四角。每日限鹽若干斤，定限幾日銷繳。如引、鹽相離，即以私鹽論罪，其退引收候彙繳本司，轉繳户部。若或過違，鹽、引俱追入官。今將關到引目，照例刷印給發行用。須至給者。

計開：

某縣肩販某年　歲　身　面　鬚某縣人

嘉慶　年　月　日給，限嘉慶　年　月　日繳，違限解究。

鹽運使司

正引單式

杭、嘉、紹、松、温、台六所，并嘉、秀、善、桐四縣，俱用此單。謹按，舊《志》，台所另有單式，自乾隆元年奉旨加斤後，並用此

買鹽憲單

兩浙、江南等處都轉鹽運使司鹽運使　爲欽奉上諭事。乾隆元年九月十五日，奉護理兩浙鹽院布政使張案驗，乾隆元年九月十二日接准户部咨開，乾隆元年八月二十四日内閣奉上諭：『浙江濱海，地皆斥鹵，向來鹽價甚賤，居民稱便。十餘年來，鹽價增長，近則加至二三倍不等。夫以小民日用必須之物，而昂貴若此，朕心深以爲憂。即中外之人，亦無不知兩浙鹽貴之爲累者。朕屢次切諭大學士嵇曾筠，令其悉心經理。乃數月以來，雖據奏稱鹽價漸平，然較之十數年前仍屬昂貴。朕再四圖維，並留心察訪，鹽價之貴固在於場鹽少産，亦由於商本艱難。惟有使商人鹽斤充裕，則鹽價自然平減。今酌定增斤改引之法，將杭、嘉、紹三所引鹽循照兩淮舊額，每引加增鹽五十斤，連包索共重三百三十五斤。至松江一所，原屬濱海産鹽之區，向因額設季引九萬餘道，分别上、中、下三則徵收，正課公費銀五萬四千餘兩，遂使近場州縣多有鹽貴之苦。今循照沿海温、台等處之例，改行票引九萬餘道，每引給鹽四百斤，令商人設店住賣。如此增斤改引，一爲變通，則商本寬裕，轉輸便易，商人不受減價之累，百姓多受減價之益。大學士嵇曾筠再爲多方調劑，加意體恤，庶可復還十數年前之原價，以便民

用。著該部行文大學士嵇曾筠，遵旨辦理。欽此。』欽遵業經通行各屬外，所有買鹽憲單合行給發買補。爲此帖給本商，單、引給發，截去第一角；齎赴該場，照後開季分、引數，依限買鹽，照規捆運，截去第二角；運所聽掣，該所查對單、引相符，截去第三角；單帖繳司，截去第四角。引目仍給本商運賣，如無單、引下場及鹽、引相離，數目不符，并違出入限期者，照例究治，斷不寬貸。須至帖者。

今開：

某所商人某上納某場若干引

某所某年某季

右帖給商人某　准此。

嘉慶　年　月　日給發，限於　月　日入場，　月　日出場。

工腳某 船户某定限　月　日到所。

嘉慶　年　月　日入場，違限　日，應查究。

嘉慶　年　月　日出場，違限　日，應查究。

嘉慶　年　月　日到縣，違限　日，應查究。

帖

票引單式

買鹽憲單

兩浙、江南等處都轉鹽運使司鹽運使　爲改引奉行已久等事。案奉户部咨山東司案呈該巡鹽御史題准革票行引緣由。奉旨：『該部知道。欽此。』隨奉部劄，俱改行引，無庸再議等因在案。爲照單票改行之引，原係年額六十六萬之外，引目彙附正引一例頒發，俱登《鹺志》。各商下場買鹽、押運，原以單引爲憑，嚴督限期，稽查出入，方許下場買補、運掣。所有買鹽單帖合行刊給，爲此帖給本商，照帖事理，即將憲單并同引目給發出司，截去第一角；齎付該場，照數依限買鹽，該場填註限期明白，截去第二角；運至，掣官查對鹽、引相符，截去第三角；單帖繳司，查覈引目并同水程，運賣鹽完，將引截去第四角，繳司查覈施行。如無單帖下場買補及鹽、引相離，數目不對，并違出入限期者，照律究罪，鹽斤入没，斷不姑貸。須至帖者。

計開：

某縣商人某上納某場若干引

嘉慶　年　季　　　　　　　　右帖給商人某准此。

嘉慶　年　月　　日給

嘉慶　年　月　日出司，限　月　日入場　月　日出場。

工腳某船户某限　月　日到縣。

嘉慶　年　月　日入場，違限　日，應查究。

嘉慶　年　月　日出場，違限　日，應查究。

嘉慶　年　月　日到縣，違限　日，應查究。

帖

杭、嘉、紹三所帖式

給商運賣限帖帖右上角註『州縣住賣，截去此角』八字

欽命巡按兩浙鹽漕察院兼管杭州織造　爲給帖照運以速轉輸事。照得兩浙商鹽奉部頒引目，按季配掣，運往各屬住賣，例給限帖照運，法綦嚴也。查帖文開載，某所商名、引目若干、課銀若干。住賣州縣，浙東例於富陽、桐廬、嚴州三關盤驗，浙西例於蘇州、湖州二關盤驗。凡各商引鹽運至各該盤驗衙門，先將引程投驗，查明鹽數相符，帖内填註『無弊』字樣，蓋印，即與放行，毋許留難阻滯，胥捕索詐害商。鹽船經過衙門，俱無越阻盤驗之事，運到住賣州縣，該印官驗明程引、鹽數俱相符合，即行起店開賣，亦毋許借端遲留等因，久經遵奉在案。今本院任内，商鹽已經掣放，合行給帖照運。爲此帖仰本商收執，嗣後商鹽盤驗，填註定例，住賣州縣恪守成規，敢有違例盤驗以及借端稽阻，課餉攸關，斷無寬假。倘有不肖船户沿途偷竊包鹽，易换貨物，或經捕役撞獲，抑或經本商察出，許於就近衙門呈稟申報，毋許胥捕作奸，累及本商，稽留轉運，敢有故違，即行挐究。運鹽到縣驗明，填註『某日運到』字樣，蓋印，隨到隨繳，本院以憑查核。若填註差訛，或遲延不繳及遺漏滋弊者，官聽考核，經胥提究，均毋違忽。須至帖者。

鹽運司填註：

某所商人某納若干引，應納餘鹽、正生鹽課銀若干。正課於　年　月　日完庫訖，引鹽派往某縣住賣。　年　月　日領程出司，限　日到縣。如違嚴究。

州縣官填註：

本商某引鹽若干，的於　月　日運到，違限　日，免罪；違限　日，查部律問擬訖；違限　日，問擬追没訖；違限　日，查部律問擬，全追没訖。

經驗衙門印蓋：

某府某縣　年　月　日盤驗訖。

某所　年　季　右給商人某准此。

嘉慶　年　月　日給

巡按兩浙鹽漕察院押　隨到隨繳

松所帖式

給商運賣限帖帖右上角註『住賣州縣，截去此角』八字

欽命巡按兩浙鹽漕察院兼管杭州織造　爲給帖照運以速轉輸事。照得兩浙商鹽奉部頒引目，按季配掣，運往各屬住賣，例給限帖照運，法綦嚴也。查帖文開載，松所商名引目若干、照則納課若干。凡各商引鹽運到住賣各該州縣衙門，先將引程投驗，該印官查明程引、鹽數俱相符合，帖内填註『無弊』字樣，蓋印，即行起店開賣，毋許留難阻滯，胥捕索詐害商。船鹽經過衙門，俱無阻越盤驗之事，或借端遲留等因，久經遵奉在案。今本院任内，商鹽已經掣放，合行給帖照運。爲此帖仰本商收執，嗣後商鹽凜遵定例，住賣州縣恪守成規。敢有違例盤驗以及借端稽阻，課餉攸關，斷無寬假。倘有不肖船户沿途偷竊包鹽，易换貨物，或經捕役撞獲，抑經本商察出，許於就近衙門呈稟申報，毋許胥捕等作奸，波及本商，稽留轉運。敢有故違，即行革究。運鹽到縣驗明，填註『某日運到』字樣，蓋印，隨到隨

繳，本院以憑查核。若填註差訛，或遲延不繳及遺漏滋弊者，官聽考核，經胥提究，均毋違忽。須至帖者。

鹽運司填註：

松江所商人某告　則若干引，應納正課、餘鹽、正生等銀若干，正課於　年　月　日完庫訖，派往某地住賣。於　年　月　日領程出司，限　日到。

掣官填註：

據商人某運到引鹽若干道，於　年　月　日掣畢，定限　月　日到縣。如違，照例問罪。

州縣官填註：

本商某引鹽若干道，的於　月　日運到。違限　日，免罪；違限　日，查律問擬訖；違限　日，問擬追没訖；違限　日，查律問擬，全追没訖。

經驗徵門蓋印：

某府某縣　年　月　日盤驗訖。

松江所　年　季　右給商人某准此。

嘉慶　年　月　日給。

巡按兩浙鹽漕察院押　隨到隨繳

温所帖式

温所運賣限帖帖右上角註『該縣住賣，截去此角』八字欽命巡按兩浙鹽漕察院兼管杭州織造　爲給帖照運以速轉輸事，照得兩浙商鹽奉部頒引目，按季配掣，運往各屬住賣，例給限帖照運，法綦嚴也。查帖文開載，某所商名、引目若干，課銀完庫，運往各縣住賣。查温所商鹽，例於青田關盤驗，凡各商引鹽運至該盤驗衙門，先將引程投驗，查明鹽數相符，帖内填註『無弊』字樣，蓋印，即與放行，毋許留難阻滯，胥捕索詐害商。鹽船經過衙門，概無越阻盤驗之事，運到住賣各縣，該正印官驗明程引、鹽數俱相符合，即行起店發賣，亦毋許借端遲留，久經遵奉在案。今本院任内，温所商鹽亦已經委掣，合行給帖照運。爲此帖仰本商收執，嗣後商鹽盤驗，凛遵定例，住賣各縣恪守成規。敢有違制，擅委佐貳盤驗以及借端稽阻，課餉攸關，斷無寬假。倘有不肖船户沿途偷竊包鹽，易換貨物及夾帶等弊，或經盤驗，或遇捕役撞獲，或經本商察出，許於就近衙門呈稟究處。毋許胥捕作奸，波及本商，稽留轉運。敢有故違，即行拏究。運鹽到縣驗明，填註『某日運到』字樣，蓋印，隨到隨繳，送本院以憑查核。若填註差訛，或遲延不繳及遺漏滋弊者，官聽考核，經胥提究，均毋違忽。須至帖者。

鹽運司填註：

温州所商人某告納下則若干引，應納正課引價、加斤等銀若干正，於　年　月　日完庫訖，引鹽派往某縣住賣。如違，照規嚴究。

掣官填註：

據商人某運到引鹽若干引，　年　月　日掣畢，限　月　日到縣。如違，照例問罪追没。

盤驗衙門印蓋：

某府某縣　年　月　日驗放訖。

該縣填註：

本商若干引鹽，　月　日到縣。違限　日，免罪；違限　日，查部律問罪訖；違限　日，問擬追没訖；違限　日，查部律全追没訖。

右給付商人某准此。

温州所　年　季

嘉慶　年　月　日給。

巡按兩浙鹽漕察院押

隨到隨繳

台所帖式

台所運賣限帖

欽命巡按兩浙鹽漕察院兼管杭州織造　爲欽奉上諭事。乾隆元年九月十二日，内閣奉上諭：『浙江濱海，地皆斥鹵，向來鹽價甚賤，居民稱便。十餘年來，鹽價增長，近則加至二三倍不等。夫以小民日用必須之物，而昂貴若此，朕心深以爲憂。即中外之人，亦無不知兩浙鹽貴之爲累者。朕屢次切諭大學士嵇曾筠，令其悉心經理。及數月以來，雖據奏稱鹽價漸平，然較之十數年前仍屬昂貴。朕再四圖維，並留心察訪，鹽價之貴固在於場鹽少産，亦由於商本艱難。惟有使商人鹽斤充裕，則鹽價自然平減。今酌定增斤改引之法，將杭、嘉、紹三所引鹽循照兩淮舊額，每引加增鹽五十斤，連包索共重三百三十五斤。至松江一所，原屬濱海産鹽之區，向因額設季引九萬餘道，分别上、中、下三則徵收，正課公費銀五萬四千餘兩，遂使近場州縣多有鹽貴之苦。今循照沿海温、台等處之例，改行票引九萬餘道，每引給鹽四百斤，令商人設店住賣。如此增斤改引，一爲變通，則商本寬裕，轉輸便易，商人不受減價之累，百姓多受減價之益。大學士嵇曾筠再爲多方調劑，加意體恤，庶可復還十數年前之原價，以便民用。著該部行文大學士嵇曾筠，遵旨辦理，特諭。欽此。』欽遵在案，每引計徵銀二錢七分五釐七毫二絲三忽，照例填註姓名、引數、派賣縣分。如遇商鹽運到，即便對帖驗鹽，數目相符，遵照舊掣官秤，俱要正官盤驗『無弊』二字，隨即放行，不得留難阻滯，毋縱捕卒索詐害商。敢有故違，指名申究，鹽商亦不得夾帶。所有掣出多鹽，照《鹽規》，五斤免究，十斤以外即將本包入没，報院。如遇盤驗衙門及住賣各縣，于商人投帖赴驗之日，親於式内墨筆填註『某日運到』，蓋印。毋容違限、洗改，如違詳究。限帖隨到隨繳，如填註差訛、稽留，限帖一到不繳不投及遺漏滋弊者，官聽考核，吏書提究，俱毋違錯。須至帖者。

鹽運司填註：

商人某告納下則若干 引，應納正生等銀若干，於　年　月　日完庫訖，引鹽派往某 縣住賣。

掣官填註：

某縣商人某運到引鹽若干 引，於　年　月　日製畢，定限　月　日到縣。如違，照例問罪。

縣官填註：

商人某引鹽若干引，的於　月　日運到，違限　日，免罪；違限　日，查部律問擬訖；違限　日，問罪追没訖；違限　日，查部律問擬，全追没訖。

右給商人某准此。

台州所　年　季

嘉慶　年　月　日給。

巡按兩浙鹽漕察院押　　隨到隨繳

嘉、秀、善、桐四縣帖式

給商運賣限帖帖右上角註『該縣住賣，截去此角』八字

欽命巡按兩浙鹽漕察院兼管杭州織造　爲給帖照運以速轉輸事。照得兩浙商鹽奉部頒引目，按季配掣，運往各屬住賣，例給限帖照運，法綦嚴也。查帖文内開載，某所商名、引目若干、課銀若干。住賣州縣，浙東例於富陽、桐廬、嚴州三關盤驗，浙西例於蘇州、湖州二關盤驗。凡各商引鹽運往各該盤驗衙門，先將引程投驗，查明鹽數相符，帖内填註『無弊』字樣，蓋印，即與放行。毋許留難阻滯，胥捕索詐害商。鹽船經過衙門，俱無越阻盤驗之事。再嘉、秀、善、桐四縣商鹽向隨嘉所正引掣驗，例無盤驗，運到住賣縣分，該印官驗明程引、鹽數相符，即行起店開賣，毋許借端遲留等因，久經遵奉在案。今本院任内，商鹽已經掣放，合行給帖照運。爲此帖仰本商收執，嗣後商鹽盤驗，凛遵定例，住賣州縣恪守成規。敢有違例盤驗以及借端阻掯，課餉攸關，斷無寬假。倘有不肖船户私自偷竊包鹽，易换貨物，或經捕役撞獲，抑經本商察出，許於就近衙門呈稟申報，毋許胥捕作奸，累及本商，稽留轉運。敢有故違，即行挐究。運鹽到縣，驗明『某日運到』字樣，隨到隨繳，本院以憑查核。若填註差訛，或遲延不繳及遺漏滋弊者，官聽考核，經胥提究，均毋違忽。須至帖者。

鹽運司填註：

某縣商人某納若干引，應完餘、正生等課銀若干，於嘉慶　　年　　月　　日完庫訖，於　　年

月　　領程出司，限　　日到縣。

盤驗住賣官填註：

本商引鹽的於　年　月　日盤驗訖，的於　月　日運到，違限　日，免罪；違限

日，查部律問擬訖；違限　日，問擬追没訖；違限　日，查部律問擬，全追没訖。

嘉慶　年　月　日，某府盤驗訖。

嘉興所　年　季　右給商人某准此。

嘉慶　年　月　給。

巡按兩浙鹽漕察院押　隨到隨繳

票引住賣等縣帖式

給商運賣限帖帖右上角註『該縣截角』四字

欽命巡按兩浙鹽漕察院兼管杭州織造　爲改引奉行已久等事。照得兩浙商鹽奉部頒引目，按季配銷，運往各屬住賣，例給限帖照運，法綦嚴也。查帖文開載商名、引目若干、照則納課若干。凡各商引鹽運到住賣該縣衙門，先將引程投驗，該印官查明程引、鹽數俱相符合，帖内填註『無弊』字樣，蓋印，即行起店開賣，毋許留難阻滯，胥捕索詐害商。鹽船經過衙門，俱無越阻盤驗之事，借端遲留等因，久經遵奉在案。今本院任内，商鹽合行給帖照運，爲此帖仰本商收執，嗣後商鹽凛遵定例，住賣州縣恪守成規，敢有違制盤驗以及借端稽阻，課餉攸關，斷無寬假。倘有不肖船户沿途偷竊包鹽，易换貨物，或經捕役撞獲，抑經本商察出，許於就近衙門呈稟申報，毋許胥捕作奸，波及本商，稽留遲運。敢有故違，即行拏究。運鹽到縣驗明，填註『某日運到』字樣，蓋印，隨到隨繳，本院以憑查核。若填註差訛，或遲延不繳及遺漏滋弊者，官聽考核，經胥提究，均毋違忽。須至帖者。

鹽運司填註：

某縣商人某告下則若干引，應納餘鹽、正生等銀若干課，於　年　月　日完庫訖，派往某縣住賣。　年　月　日領程出司。

掣官填註：

據商人某運到引鹽若干道，於　年　月　日掣畢，定限　月　日到縣。如違，照例問罪。

縣官填註：

本商某引鹽若干道，的於　月　日運到，違限　日，免罪；違限　日，查部律問擬訖。違限　日，問擬追没訖；違限　日，查部律問擬，全追没訖。

右帖給商人某准此。

嘉慶　年　月　日給。

巡按兩浙鹽漕察院押　　隨到隨繳

常山大單式

奉旨賣鹽憲單

欽命巡按兩浙鹽漕察院兼管杭州織造　爲營弁興販私鹽等事。案奉都察院勘劄准户部咨山東清吏司案呈奉本部，送户科鈔出前院題『覆常山縣引鹽革除縣票止用院單，照運簍鹽緣由』，奉旨：『依議。』通行在案。蒙此案查鹺例年額，歲派常山縣引鹽二萬八千餘引，廣信府八縣行銷。乃因山路修阻，負運艱難，引帖認繳，常山鹽聽零星分賣廣信。復因淮、福混入侵越，設置憲單。凡遇本商分賣，認商分買，隨其多寡運至玉山，鹽齊告給之日，即將驗繳過引内，分填引數，印官將憲單截去第一角，親註出限的日，定限付商，往運各縣，以杜侵越。如細民分食，零擔隻簍，原不成引，難以概給。大單惟以小單分簍挑運，其開化縣原派有額引三千引，如引鹽不敷，方分常鹽。凡商鹽到各縣，印官將格内親註『運到月日』，截去第二角，隨與發賣。其運到日期，開化縣限三日，玉山縣限五日，廣豐縣限七日，上饒縣限十日，鉛山縣、興安縣、弋陽縣並限十三日，貴溪縣限十五日，違限五日以外問罪。其住賣限期，每十引至五十引有零，限二個月十五日賣畢；六十引至一百五十引有零，限三個月十五日；一百六十引至二百引之上，限四個月。如俱違限五日以外，問罪。凡有故違運到及賣畢定限過三個月者，即係影射。本商賣畢日，賫單告投，印官即於格内親註『投繳月日』，季終通查各單有無違限，應否問罪，同退單繳院查銷，遵奉前因，合行給單，爲此單給本商執照，認往某縣投驗住賣，查對商、民引數相同，即給發賣，毋得重複秤科，累商滋弊。須至單者。

今開：

商人某，某縣人，憑牙某分買商人某，某年某季引鹽若干引，計簍鹽若干擔。

右給某縣住賣商人某准此。

鹽運司填註：

嘉慶　　年　　月　　日出司

第幾號

運鹽到縣日期：

嘉慶　　年　　月　　日到縣

掌印官查驗發訖

賣畢的註日期：

嘉慶　年　月　日賣畢

投繳掌印官查收：

嘉慶　年　月　日給

常山縣嘉慶　年　月　日給發

定限　年　月　日運到

定限　年　月　日賣畢

巡按兩浙鹽漕察院押

分賣引鹽單式

奉旨分賣引鹽憲單

欽命巡按兩浙鹽漕察院兼管杭州織造　爲營弁興販私鹽等事。案准都察院勘劄准户部咨山東清吏司案呈奉本部，送户科鈔出前院題『覆常山縣引鹽革除縣票止用院單，照運簍鹽緣由』，奉旨：『依議。』在案。爲查常山縣引鹽，每引行鹽三百三十五斤，應分十五簍，内十四簍每簍計重二十二斤，一簍計重二十七斤，分賣廣信府屬行銷。今奉前因，合應給單挑運。爲此仰常山縣商人某即將運到引帖投縣，驗明開銷。至前項引鹽，除大單給商運縣外，肩販零挑不成引者，給此小單填明簍數。如遇所在捕兵執此爲驗，不得留難。限六日賣畢，即行繳銷。如有違限及仍執縣票挑運者，立刻拏送所在官司，鎖押解院，究處施行。今給肩販前往某縣分賣，照大單定限幾日到縣外，限六日賣畢，毋許過期，亦有得藉執此單衝越淮界，如違重究。須至單者。

嘉慶　年　月　日，給肩販某挑鹽若干簍。

巡按兩浙鹽漕察院押

三聯印票完課串式

存司查核

欽命兩浙江南等處都轉鹽運使司鹽運使　爲請行三聯印票之法等事。奉案驗内開，仰司照案備查户部咨文，奉旨：『事理，即將徵收一切錢糧均給三聯印票等因。』行司在案。合將商人完納課銀照數填明，送印存司查核。須至票者。

計開：

某所商人某完納

嘉慶　年　季課銀若干

嘉慶　年　月　日

給商繳查領程

欽命兩浙、江南等處都轉鹽運使　司鹽運使爲請行三聯印票之法等事。奉案驗内開，仰司照案備查户部咨文，奉旨：『事理，即將徵收一切錢糧均給三聯印票等因。』行司在案。合將商人完納課銀，照數填明，送印，繳查，領程。須至票者。

計開：

某所商人某完納

嘉慶　年　季課銀若干

嘉慶　年　月　日

給商收執

欽命兩浙、江南等處都轉鹽運使　司鹽運使爲請行三聯印票之法等事。奉案驗内開，仰司照案備查户部咨文，奉旨：『事理，即將徵收一切錢糧均給三聯印票等因。』行司在案。合將商人完納課銀，照數填明，送印，給商收執。須至票者。

計開：

某所商人某完納

嘉慶　年　季課銀若干

嘉慶　年　月　日

由單式

某場奉旨頒發　年分竈户丁地徵課易知由單

兩浙嘉興、松江、寧紹、温台分司某場鹽課司爲飭刊竈户丁地由單以昭畫一之法事。奉案驗内開，准户部咨山東清吏司案呈本部題『覆巡視兩浙鹽課監察御史題前事等因』，奉旨：『該部知道。欽此。』欽遵鈔出到部。該臣等查得：今據該御史疏稱，兩浙竈户蕩地坍漲靡定，遇有坍没之課例，著衆竈均納，若刊定由單，則將來虧缺無從攤補等因前來。查由單俱係每年更換，刊刻頒給，如有增缺，無有不可即行明白載入本年由單之内，相應仍行該御史刊刻由單，頒發商竈，通行曉示，一面送部查核可也等因。題覆，奉旨：『依議。欽此。』欽遵等因，歷經刊造在案。又爲請將竈丁等事：奉案驗内開，准户部咨前事，議得蕩地攤課原爲撫恤竈丁起見，務須酌派公匀，使無偏累。仍將所攤銀兩造入雍正四年由單内，送部查核。仍嚴飭各場，如有續漲及坍缺蕩地，即行呈報查明，照例將新陞蕩地税銀抵補無地丁銀，其坍缺蕩地税銀照例匀派，陞科蕩地仍將抵補匀派數目造入由單，送部查核等因。題覆，奉旨：『依議。欽此。』欽遵鈔部，咨院行道備行到場，歷經刊造在案。又於乾隆四十九年一件報叩等事：仁和場四團二百弓坍地豁糧科則，舛開銀八釐案内，奉部行取各場科則，總撤各册送部等因。奉某分司牌，奉鹽道牌行詳，奉鹽部院批道詳請，單内銀畝重複繁文，折中删正，造具歸簡各册咨部。嗣後由單，請自乾隆五十年爲始，照依今次咨部之册刊單，按年報部等因。行場蒙此，合行刊單頒發，爲此仰闔場竈户遵照單開課税，蕩地分别輸納。如有由單之外私加暗派、包攬、侵漁，查出，定行究解。須至單者。

今開：

嘉慶　年分

某場

原額實在某團、倉、縣屬　竈丁若干　每丁應徵課銀若干　該徵銀若干

共該徵正課銀若干

原額實在草蕩、團基、水鄉、墩塗、沙田、山塘、備荒地等項共若干　畝零。内：

上則蕩若干　每畝徵銀若干　該徵銀若干

中則蕩若干　每畝徵銀若干　該徵銀若干
下則蕩若干　每畝徵銀若干　該徵銀若干
次下則蕩若干　每畝徵銀若干　該徵銀若干
上則稅地若干　每畝徵銀若干　該徵銀若干
中則稅地若干　每畝徵銀若干　該徵銀若干
下則稅地若干　每畝徵銀若干　該徵銀若干
上則課地若干　每畝徵銀若干　該徵銀若干
中則課地若干　每畝徵銀若干　該徵銀若干
下則課地若干　每畝徵銀若干　該徵銀若干
上則田若干　每畝徵銀若干　該徵銀若干
中則田若干　每畝徵銀若干　該徵銀若干
下則田若干　每畝徵銀若干　該徵銀若干
上則墩若干　每畝徵銀若干　該徵銀若干
中則墩若干　每畝徵銀若干　該徵銀若干
下則墩若干　每畝徵銀若干　該徵銀若干
某字號則　團　基若干　每畝徵銀若干　該徵銀若干
水鄉中、上、下則蕩若干　每畝徵銀若干　該徵銀若干
外倉基幾塊　計稅若干
以上共中、上、下蕩地等項共若干畝　共解京銀若干　備荒地銀若干

某年分爲某事，丈出新漲沙地等項若干畝　每畝徵銀若干　該徵銀若干
又爲某事展復沙蕩等項若干畝　每畝徵銀若干　該徵銀若干
原額海灘若干　每弓攤徵丁課銀若干
竈山若干　每畝攤徵丁課銀若干
草蕩若干　每畝攤徵丁課銀若干
實在某田、地、蕩除抵減外　每畝攤徵丁課銀若干
以上共攤徵丁課銀若干　共現徵銀若干
本場　團　倉　甲　竈户：
實在竈丁若干　每丁徵銀若干　該徵銀若干
各則課地若干　每畝徵銀若干　該徵銀若干
某年報陞若干　每畝徵銀若干　該徵銀若干
某年丈出若干　每畝徵銀若干　該徵銀若干
某年展復若干　每畝徵銀若干　該徵銀若干
右給竈户某收執，照此輸納　嘉慶　年　月　日給

牙鋪帖式

鹽牙鋪帖

欽命兩浙、江南等處都轉鹽運使　司鹽運使爲清查牙鋪事。案蒙鹽漕察院案驗准户部行查各屬

鹽牙鋪户，照例徵收税銀充餉給帖、著役等因在案。又爲一件，嚴飭清查以杜私店影混事。奉總督、鹽漕、部院批本司詳覆各州縣，鹽牙、鋪户坐落都啚，商保姓名、招牌字號，按名納税，本司頒給印帖照充，仍令懸挂。分别官、私，一年限滿，繳舊换新，庶牙税無從隱漏混淆等因，除經通飭，遵照在案。今據商人某於本年某月某日，保納某縣某年分名下税銀，前來合行給帖充當。爲此帖仰本役遵照懸挂，分别官、私，凡遇商鹽運到，即便照引代爲拆賣，毋許通同作奸，夾帶私鹽，致妨引課。仍照例定限一年爲滿，將帖投繳、納税，另换新帖。倘有奸徒頂替授受，無帖混冒，假官行私及逾期匿帖戀充者，許各商鋪互相覺察，即赴該州縣舉首查拏，詳究治罪。如敢通同容隱，察出，一并重究不貸。須至帖者。

右帖給某鋪户某准此。

嘉慶　年　月　日給

兩浙鹽運使司　定限次年爲滿，納税繳换，違限拏究。如無印帖，查出重處。

場牙帖式

欽命兩浙、江南等處都轉鹽運使司　爲嚴禁私售以杜通販事。照得各場店秤、脚夫、灰滷等牙必由商、竈公同結報殷實竈丁充當，期年役滿納税、换帖，此其定制。近查各場奸竈多有朋充影射，夾民更名及無帖私充，漏税滋販，種種弊端難以枚舉，業經通行申飭在案。今據商人某保納某場竈某家道殷實，行止端方，老成練達，堪充本場某所有名下税銀五錢，已經收庫訖，合行給帖著役。爲此帖仰本役收執，如遇商人齎投單引到場買補，與竈從公貿易，恪遵鹺例，周年役滿完税、給帖。如有逾期漏税，串名朋充及擅執無税批照，影射私充等弊，定行拏究，解院施行。須至帖者。

右帖給某收執

定限按年繳舊换新，如違詳究。

嘉慶　年　月　日給

帖

煎舍帖式

煎舍官帖

欽命巡按兩浙鹽漕察院兼管杭州織造　爲給帖煎辦以杜私弊事。照得場丁計户煎鹽，每季有煎辦之數，配製有一定之額。《鹾例》按舍給以煎帖，懸挂門首，三年一换，以杜私竈影射煎販之弊，立法至善。詎今有等竈户往往增設煎舍，添置鍋盤，構販興私，無弊不作，甚而奸徒場霸執持遠年舊帖，或稱鹽運司、分司衙門給牌煎辦，掩映私舍者，尤屬不法。今竈舍聚團已定，合行頒給。爲此仰該場官、攢團、保煎竈人等知悉，凡竈丁一户，鍋盤一副，須給官帖一張，在於本團煎鹽配引，計日交貯官廒，登記單簿送核。如敢以遠年舊帖影射支吾，或將鹽斤暗售私販及無新給憲帖私自煎燒者，許官攢、團保、伍長人等據實呈首，以憑嚴提重處。如通同容隱，事發，一并重究不貸。須至帖者。

今開：

某場　團長某保長某伍長某

第幾號煎竈某年　歲，身　面　鬚

右帖給竈户某收執

嘉慶　年　月　日給

竈船户帖式

憲帖

兩浙、江南等處都轉鹽運使司鹽運使　爲給帖行運以别官私事。照得《鹽場柴滷竈船鹺制》，止許在於内江河道裝柴、運滷以供煎配，不許擅出大洋，採捕貿易，攬載貨物，偷漏關税，已經申嚴在案。所有該場見在行運竈船例應給帖，以杜混冒，合行給帖遵守。爲此帖仰某場竈船户某遵照，務遵《鹺制》，止許内江河道裝運柴滷以供煎辦，不許擅出大洋採捕貿易，攬載違禁貨物，偷漏關税，如違，按律重究。若無印帖，即係私船，嚴拏解處。倘有置造以及更换停閣，即報註册，不得執舊影射，均毋違忽。須至帖者。

右帖給某場竈船户某收執

嘉慶　年　月　日給

定限三年繳换

本牌式

煎舍官照

欽命兩浙、江南等處都轉鹽運使司鹽運使　爲鹽法廢弛已極等事。案於康熙三十三年八月十二日，蒙鹽漕察院批前道詳據六所商人條議，清刷竈舍，分别去留，頒給牌照，懸豎舍門，以杜私創私煎等緣由，蒙批如詳飭行繳，蒙此已行該場查明，取具册結前來，合行頒給偵查，爲此牌仰某場煎竈某知悉，遵照條款，晝夜煎燒，鹽斤上厫配商，毋許私煎售販，交通梟徒。如有一舍違犯，保伍鄰舍不舉，一同治罪；官攢徇庇，不行嚴加勤察，定行斥革究處。如海灘舍毁，立行報明，不得將牌移此就彼，輾轉滋弊。查無牌照懸挂舍門，即係私舍，立行詳明拆毁，仍治私創之罪，決不輕貸。須至牌者。

計開：

保長某伍長某

舍長竈户某年　歲，身　面　鬚，人丁幾口

附煎竈户某年　歲，身　面　鬚，人丁幾口

一創舍不許偏僻深遠及附近海口、海塘通達水陸之處，以杜創煎通販。

一禁勢豪冒商買補，掗買鹽斤以及勾捕擾害，蠹商病竈。

一禁劣衿場霸包攬竈舍，私煎私賣，抗商誤掣。

一禁煎鹽不許插和灰泥，煎成板裝塊片，務要鬆白潔浄，以濟民食。慎勿拖欠商課，勒價停煎。

一禁鹽换貨物，并鹽滷售賣奸徒，遠運私煎，并不得將鹽斤越海，私售船户醃蜇魚筍。

一禁無引肩販混買竈鹽，務須驗明肩引月日方行售與，每擔不得過百斤之外。

一煎燒鹽斤毋許囤積在舍，俱要隨煎隨即交商收厫，并不許私運至家，窩頓濟販。

一在籍竈户毋許躲避、惰煎，致誤課掣，并不得招攬軍民混煎滋弊。

右照給煎竈某收執

嘉慶　年　月　日給

鹽運使司　定限按年倒换。如隱匿牌、無懸挂舍門者，究治。

契尾式乾隆五十八年新設

兩浙、江南等處都轉鹽運使司　爲遵旨等事。奉准户部咨開，乾隆五十八年八月二十九日，内閣鈔出兩浙鹽政全德等奏稱：竊照兩浙竈地，向由場員設櫃徵收，原封解交州縣拆，並轉解鹽庫，良由巡撫兼管鹽政地方，皆其管轄，可以隨時提解。今奉上諭復設鹽政。州縣已非專管，且以場員徵收現成之錢糧轉手於州縣，徒滋周折，更慮有挪移、延宕之弊。查兩淮竈課場徵、場解，浙省自不應獨異。請將各場歲徵竈課錢糧，即由場員徑解運庫兑收，毋庸解交州縣轉解，以專責成。如場員經徵不力，亦照兩淮之例處分。又，竈户置買産業，例應税契，以杜詐偽。乃浙江，惟寧波府屬鄞縣、慈谿、象山、鎮海四縣竈地由縣税契，此外各場並不投税，僅由鹽大使印結方單，以爲執守。查方單不過聽竈户自行填單，送場印發，其與契券是否相符，並無稽考。且匿報無單者，亦多以致控争之案，毫無依據斷理。現據司府等議，請改用官設契尾，以杜訟端，具詳核奏前來。覆核契尾之設，原所以絶假冒而裕税課，民、竈事同一例。應請嗣後由運司照例刊頒契尾，印發各場，凡竈户頂買地土，將契赴場投税，粘用契尾，給業户收執。至從前舊置産業，原頒方單限一年之内繳换契尾，如限滿不换，以漏税論。其税銀，照例每兩三分，年終彙解報部，如有徵多報少情弊，察出治罪。所有寧屬之鄞、慈、象、鎮四縣竈户産契，一體歸場投税。以上二條酌改章程，於竈課、竈産均專責成，而有裨益。臣與撫臣長麟核商，意見相同，謹合詞具奏等因前來。臣等伏查，徵解竈課原係場員專責，今兩浙設立鹽政，專管鹽務，自宜督率場員徵解竈課，以專責成，應如所奏，即將各場應徵竈課查照兩淮之例，由場員徑解運庫，以免州縣拆并轉解之煩，且杜周折、那延之弊。倘場員經徵不力，即照兩淮之例處分，仍將督催不力之運司等一并於題銷疏内聲明報參。至竈户置買産業，例應税契，以杜詐僞。今該鹽政等請將向未税契之各場竈户凡有置買産業者，將契赴場投税，粘用契尾，給業户收執之處。查浙江惟鄞縣、慈谿、象山、鎮海四縣竈地由縣投税，此外各場僅由鹽大使印給方單，殊不畫一，亦應如所奏，轉飭運司刊頒契尾，印發各場。凡竈户頂買地土，將契赴場投税，粘用契尾，給業户收執以爲確據。其向來由縣投税之鄞縣等四處竈業，一體歸場投税，均照例每兩收税三分，彙解運庫，由該鹽政於年終核明確數，專案咨報。並據奏稱，從前竈户舊置産業，原頒方單，限一年之内繳換契尾，既係該省自定限期，並令於接准部文之日起，依限清釐辦理等因，於九月初七日奏，本日奉旨：『依議。欽此。』相應鈔録原奏，行文兩浙鹽政遵照等因，咨院。行司奉此，除經通行一體遵照外，合置契尾印發該場，聽業户投納買價，一兩納税三分，隨收價税數目大字填寫，鈐印之處令業户看明，當面騎字截開前幅，給業户收執，後幅同季册彙送本司查核。所收税銀儘收儘解，不許隱匿侵蝕。所頒契尾務要一契一尾，不許數契粘連一尾朦混。均毋故違，凛遵。須至契尾者。

計開：

業户某置買某産若干畝若干，分用價銀若干兩，納税銀若干兩　錢　分　釐

某字幾號　　右給某場業户某准此。

嘉慶　年　月　日

置買産價銀　千　百　拾　兩，税銀　拾　兩　錢　分　釐

右契尾據某場業户某置買某産幾畝幾分，用價銀若干兩，呈契驗税前來。今於某月某日收税銀

兩　錢　分　釐，填給訖。

嘉慶　年　月　日　　發某場某字幾號

老少鹽籌式

奉旨頒給某府某縣，爲遵旨議奏事，奉總理兩浙、江南等處都轉鹽運使司憲票備奉鹽漕部院批，某縣呈詳若干老販，遵旨奉憲飭行歸縣查點、註册、給換籌摺、稽查等緣由。奉批到司，行縣除經點驗外，合行頒給。爲此牌仰該販遵照，定於每日卯、辰二時，由某處赴某場竈支鹽，官秤三十斤，貿易度日，毋許額外多挑轉擔，違例夾帶，越境別處貿鹽以及竈販頂挑，人鹽、籌摺相離，私行頂替。一有違犯，定將該販按律詳究，追籌繳銷。各宜凜遵，毋違。須至籌者。

嘉慶　　年　　月　　日給。

某字第幾號

籌背式

年　　月　　日，給某甲販首某名下第幾號。

鹽漕察院　院烙　肩販人圖貌

老販某年　歲身　面　某縣某啚人

正實收式副實收式同

欽命兩浙、江南等處都轉鹽運使司鹽運使　爲出給實收等事。　等解到後項錢糧上庫兑收外，合行出給實收。須至實收者。

某月某日實收

以上共收銀若干

嘉慶　年　月　日給

鹽字第幾號

存司備查實收式給商備查式、發庫備查式俱同

欽命兩浙、江南等處都轉鹽運使司鹽運使　爲出給實收事。據批差　解役解到　後開錢糧，除經收庫并給實收外，合行備案。須至實收者。

今開：

月　日實收

嘉慶　年　月　日給

《欽定重修兩浙鹽法志》卷十七終

欽定重修兩浙鹽法志卷十八　優恤

布德以惠民生，而裕商以資國計。我朝定鼎之初，德音疊沛，凡明季横徵苛斂，蕩滌維新。商困既甦，竈丁無不被澤。嗣是列聖相承，廑念民依，恫瘝在抱。惟恐商力或有拮据，時下蠲緩之詔。復爲之汰其浮費，貰其追逋，所以惠恤者甚。至而瀕海之區，間遇風潮衝溢，則鹽場竈户均與災黎一律撫賑，湛闓恩施，有加靡已，實爲史册所罕覯矣。舊《志》有『蠲恤』一門，今分爲『恤商』『恤竈』名目，俾商人、亭户群知涵泳無涯。至如省方有典，祝嘏無疆，雨露之霑無微不逮。其各商能急公向義者，心嘉予而褒賞之，斯優渥爲何如者乎？志優恤。

恤商

順治二年六月奉恩詔，蠲免鹽課，分外科收。是時，浙東、全閩尚爲唐藩竊據，未得一例邀恩。順治三年，既定浙東，遂平閩越。順治四年二月十二日，欽奉恩詔，内一款：浙、閩運司鹽課，前代天啓、崇禎年間加派名色甚多，深爲商厲，令盡行蠲免，止按萬曆年間舊額按引徵解。

順治三年九月，户部覆准兩浙巡鹽御史王顯具題：浙東初定，應廣示招徠。開徵日期與蠲免分數，應遵恩詔，以地方歸順之日徵收爲始，而蠲免分數當從三分之一。

康熙十三年十月，兩浙巡鹽御史許賓題稱：紹所引鹽，例派金、衢等屬地方運賣，因閩逆變亂，前掣之鹽既無處運銷，應將金、衢、嚴、廣四府康熙十三年夏季起鹽引行銷一半，其餘一半繳部，俟地方蕩平之日，仍照原額行銷。

康熙十四年四月，浙江巡撫陳秉直題覆：紹所引鹽，向由嚴屬淳安縣谿河運至徽州府發賣。上年四月間，閩逆之亂，土寇竊發，淳安運道阻絶，徽州郡城失守，屬邑鄉市先遭蹂躪，商民逃散，徽屬地方不能行鹽。實自夏始，所有額引，應與金、衢、嚴、廣四府一例，減半行銷等因，户部覆准：『一例減半行銷。』

康熙十五年二月，兩浙巡鹽御史單壁題稱：紹所引地金、衢等府，雖經平復，但兵燹之後民多逃失，户口廖廖。而江、常、開三邑仍然阻路，廣信一郡隔絶未通，商力凋敝，額引難銷等因。户部覆准：『紹所暫減三分行銷，俟江、常等縣恢復，廣信路通之日，即照舊行。』

康熙二十年十二月二十日，欽奉恩詔，内一款：康熙十七年，各行鹽地方徵收閏月課銀，除已完外，如拖欠者，該巡撫御史保題到日優免。此後閏月停其徵收。

康熙二十三年二月，兩浙巡鹽御史巴錫題稱：前任御史詹哲任内應行引目，因霪雨連緜，場鹽缺少，未銷一十二萬六千四引。今各商議以康熙二十三年爲始，分爲三年附銷，庶新、舊之引無礙，而各商之本無虧等因。户部覆准：『前任御史未銷鹽引鹽課銀兩既已全完，其分年帶銷之處，應如所題分年帶銷。』

康熙三十八年四月初五日，浙閩總督郭世隆題稱：兩浙鹽課額徵銀四十萬兩，自康熙十六年奉文加增銀六萬二千七百餘兩，歷年照額徵解。今據該商方永昇等以拮据難支，懇將加增之銀豁除等情。伏查兩淮加增鹽課，蒙皇上軫念商民，恐致匱乏，於康熙三十八年四月初二日特霈綸音，將加增四十萬兩内豁免二十萬兩，欽遵在案。今兩浙加增課銀應否豁免，出自聖裁等因，具題。本月十九日，奉旨：『這所增銀兩，著免一半。該部知道。欽此。』

雍正四年九月十三日，户部議覆：浙江巡撫兼管鹽政李衛、都察院左都御史傅敏等遵旨查議兩浙浮派鹽規一案，奏稱，噶爾泰、傅色納、楊爲梓三任内，甲商浮用過銀一十八萬二千五百七十二兩，俱應照追等語。查甲商浮用銀兩册内開載，每年所用皆有款項，其中多開、冒銷，所不能免，實非甲商盡行入己。今應寬其行追年限，分作十年帶完。鹽驛道王鈞應得未用程費銀二萬六千四百兩零，既收貯在庫，王鈞情願歸公，應歸入公帑。至未收之項，竟行裁革。又，謝賜履任内，甲商已派未用銀七萬八千二兩零，從前甲商供稱核減在後，浮派在前，情願充公。今訊據雖經預派，實未收受，此内有非歲有之事，自應裁去。其已派未收銀四萬四千四百八十兩，若令甲商賠補，未爲允協，似可邀恩免追。又，撫臣法海所奏，除鹽驛道程費歸公外，其各衙門年規銀五萬二千兩，自應永遠充公。誠恐年有豐歉，引銷多寡拖欠不一，似難永作章程。議將督撫、織造諸臣鹽規充公外，其餘文武各官或仍給養廉之處，出自聖恩等語。查兩浙商人請減浮費，原因兩淮商人既沐皇上浩蕩之恩，冀蒙照例裁減。我皇上軫念窮商，特命清查減存，以紓商力。今該撫等既議裁減，而又以所裁督撫等陋規爲充公之用，則有減之名，無減之實。督撫、兩司、府縣俱有耗羨以爲養廉，不應更於鹽務分潤，所有年規俱應裁革，歸之於商，共應裁銀四萬五千六百二十兩。臣等通計，每年浮費除歸公外，尚存銀二十四萬六千三百八十兩零，今將各衙門規禮、鹽道程費及甲商浮用等項，議減銀一十一萬六千二十兩。其雍正三年甲商已派未得銀四萬四千四百八十兩零，在浮費之外，應免其追出。具題請旨。奉旨：『依議。欽此。』

乾隆元年，高宗純皇帝以浙江鹽價增貴由於商本艱難，商人鹽斤充裕，則鹽價自然平減。特降恩旨，酌定增斤改引之法，將杭、嘉、紹三所每引加增鹽五十斤；松所改行票引，每引給鹽四百斤。俾商本寬裕，庶可復還原價。

乾隆二十七年，高宗純皇帝巡幸江、浙，欽奉恩旨：『將嘉、松、寧、紹等所運銷引鹽，每引各加五斤，以一年爲限。俾民食足而商力紓，稱朕恤商愛民至意。欽此。』

乾隆三十五年，高宗純皇帝恭奉孝聖憲皇后安輿巡幸天津，浙商迎鑾祝嘏。欽奉恩旨：『該商等歡欣踴躍，忱悃可嘉，自應量加恩賚。將每引額定鹽斤外，加鹽五斤，免其輸納課項，以一年爲滿，俾商力益臻饒裕。該部即遵諭行。欽此。』

乾隆三十六年，欣逢孝聖憲皇后八旬萬壽，各省商人恭辦慶典，仰蒙賞賚優加，復奉恩綸，總商、甲商叨恩獨厚，其餘商衆未能徧逮。因傳旨，令兩浙商人准每引加餘鹽五斤，以三年爲限，庶總、散各商得以同霑愷澤。

恤竈

順治十六年二月，兩浙巡鹽御史于嗣登題稱：定海縣年額，水鄉、蕩塗商稅，正、雜鹽課，共銀一千七百三十餘兩，舟山派徵銀八百七十四兩零，越居海外。十二年十月內海逆盤踞，十三、十四兩年錢糧一概虛懸，所有從前之舊欠、以後之正額似當並爲開除等因。户部覆准：『查舟山自十三年奉旨起遣人民錢糧，既無追徵，相應免其徵解。』

康熙四年四月，户部議覆掌京畿道御史顧如華具題：兩浙運司遷徙，無徵銀兩，屢經巡鹽御史題請除豁。臣部具覆，仍令攤派見在各場認納。今康熙四年三月初五日，欽奉恩詔，一款內開鹽課積逋催徵不得者，著察明，亦准酌量蠲免。已經通行各省，果於催徵不得，應令該御史查明，具題蠲免。

康熙四年七月，松屬下砂三場、袁浦場、海寧許村場、山陰錢清場、嘉興西路場産鹽之地，遭颶風、霪雨、海嘯、潮衝，房舍漂流，田禾淹没，各竈多有離散。九月，兩浙巡鹽御史張志尹會同督撫具題，敕下户部行令，該御史速將被災各場竈、民設法招徠賑恤，毋誤煎鹽辦課。

康熙二十六年十一月，户部議覆兩浙巡鹽御史常翼聖題稱：兩浙温、台、寧各場遷置界外，課銀無著。部議將無徵銀九千五百餘兩，暫令内地各場均攤徵補，歷經多年。今值大赦，凡康熙十三年以後加增税銀，概蒙豁免。伏乞恩詔普頒，將攤課悉與減除等因。查該御史身在地方，目擊兩浙遷海闕課，窮竈代輸，年久苦累，會同該督撫具題請蠲，相應悉與減除，可也。奉旨：『依議。欽此。』

康熙五十一年二月户部議覆兩浙巡鹽御史顧圖具題：松江府屬華亭、上海等縣竈課歷年拖欠，自康熙三十五年起至四十六年止，十年積欠共銀一十萬四千八百餘兩，新、舊並徵，窮竈委難兼顧。請自康熙五十一年爲始，隨同新課一年帶追一年，務限全完等因。查該御史既稱十年積欠，新、舊並徵，各竈户委難兼顧，應如所請，隨新課分年帶追徵收，可也。奉旨：『依議。欽此。』

雍正二年七月十八、十九兩日，江南、浙江沿海地方海潮衝溢，鹽場漂没，竈户、場丁尤爲艱食。九月二十四日，上諭：『山東巡撫陳世倌、河南巡撫田文鏡、湖廣總督楊宗仁、江西巡撫裴倖度，今歲各省秋成大有，惟浙江、江南沿海地方七月十八九等日海潮泛溢，近海田禾不無損壞。朕軫念災黎，惟恐失所。業經嚴飭兩省督撫發倉賑濟，多方撫恤，但杭、嘉、蘇、松等府人稠地狹，向來出米無多，雖豐年亦仰給於他省。今沿海被災，恐將來米價騰貴，小民艱食。河南、山東二省壤接江南，秋成豐稔；湖廣、江西地居上流，今歲豐收，爾可速動司庫銀兩，山東買米六萬石，河南買米四萬石，湖廣買米一萬石，江西買米六萬石，選委廉幹賢員，陸續運交蘇州巡撫、浙江巡撫平糶，所糶之銀，仍移還補庫。其米應於何處交卸，爾即咨商蘇州巡撫、浙江巡撫酌議速行，毋得怠緩遲誤。特諭。欽此。』

雍正三年五月，左副都御史、管理兩浙鹽務謝賜履，將雍正二年七月間華亭、婁縣、上海、海寧、餘姚、蕭山、慈谿等縣海潮漂没情形摺奏，本月十七日，上諭户部：『去歲，江、浙海潮衝溢，沿海場竈淹没之處甚多。兩淮鹽政所屬地方，經噶爾泰奏聞，朕即發帑賑恤，并將雍正元年、二年竈户未完折價銀四萬餘兩悉行蠲免。其兩浙鹽政所屬地方，該巡鹽並未將被災之處題報。今諭賜履以摺奏聞，去秋海濤漂没情形，兩浙與兩淮無異。朕博施一體之心，務使率土均霑膏澤，著將華亭、婁縣、上海、海寧、餘姚、蕭山、慈谿等縣雍正元年、二年未完場課銀兩悉行蠲免。該鹽政通行曉諭，俾各場丁户人人得霑實惠，將已、未完場課數目確查報部。倘有不肖有司將已完作欠，或借端朦混，私行重徵者，即指名題參。若隱匿通同，後經察出，將該鹽政一併從重治罪。該地方督撫仍嚴加稽察，毋使胥吏中飽，以副朕勤恤窮丁、普濟同仁至意。爾部即遵諭行。欽此。』户部行文兩浙鹽政：查將雍正元年分，除蕭山、華亭、慈谿等三縣俱批解全完外，婁縣、上海、海寧、餘姚等四縣未完場課銀五千三百一十兩四錢一分零；雍正二年分，除蕭山一縣已經批解全完外，華亭、婁縣、上海、海寧、餘姚、慈谿等六縣共未完場課銀三萬一千四十四兩四分零，欽遵上諭悉行蠲免。備造完、欠清册，送部核題。

雍正十年七月，蘇、松等屬各州縣沿江濱海地方猝遇風潮，田廬漂没。欽奉諭旨：『令江省督撫、布政司誠心撫綏，當經查明被災民人，分三次賑給口糧。其被災竈丁，即動鹽義倉米散給。』又於雍正十一年正月奉上諭：『上年江南沿海被水地方，如常熟等二十二州縣並續報之華亭等六縣，該督撫已遵旨撫綏軫恤，定議大賑三次，每賑以一月爲期。窮民存養有資，不致失所矣。朕念二三月，正青黄不接之時，著再加賑四十日，以昭格外之恩。再被水之鹽場竈户，亦照貧民例加賑。該督撫、鹽政務須實力奉行，以副朕恤災拯困之至意。欽此。』是年八月，又奉恩旨：『上年江南松江地方潮水泛溢爲災，南匯之下砂頭二三場，奉賢之青村場被災稍重，所有本年額課銀兩及歷年舊欠，著將本年額課緩至十月秋收後開徵，其歷年舊欠分作三年帶徵，以紓竈力。欽此。』

雍正十一年八月，户部遵奉諭旨：『各省官員名下應追贓銀及侵欺、那移、分賠、代賠等事，雍正三年以前者，陸續查奏。』今將原任松江府知府李文淵於該府屬華亭、上海二縣，康熙三十五年至四十六年竈欠場課分賠，除該知府先經完繳外，尚欠銀二百三十七兩四錢九分五釐，開册具題，奉旨：『悉行寬免。欽此。』

雍正十三年十二月，奉特旨：『朕前降旨，傳諭江南督臣將雍正十二年以前兩淮場課舊欠，查明奏聞蠲免。今朕聞兩浙、山東、福建、廣東諸處各有舊欠場課鹽折銀兩，事同一體，宜並施恩。著該部傳諭各該督撫查明具奏，一并豁免。欽此。』經浙江總督查明浙省竈課錢糧並無欠項，惟江省所屬縣場尚有未完，奏請恩免。

乾隆三年八月，松江府下砂二三場潮水浸溢，大學士、浙江總督兼管鹽政嵇曾筠、浙江巡撫兼管鹽政盧焯先後奏明：蕩地成災，秋成失望，竈力維艱，請以該二場被災六分蕩地，每畝給籽本銀二分；被災八分、十分蕩地，每畝給籽本銀四分，通共給籽本銀一千二百三十六兩九錢二分一釐零。至被災房屋，每間給修葺銀五錢，共給銀一百兩，均於鹽庫餘平項下動支。再於青黄不接，竈户乏食之時，請動鹽義倉穀石，極貧被災竈户賑給四月，次貧者賑給三月，又次貧者賑給兩月。其應免蕩地錢糧，分别新、舊緩徵，應查明具題。部覆：『准行。』

乾隆十二年七月，海寧等十四縣、石堰等八場猝被風潮，浙江巡撫常安題報，是年十二月，巡撫顧琮奉部覆准：『石堰等場被災貧竈，就近動支縣庫賑給，在鹽道庫撥還款。其下砂頭二三場被災較重，准於京協餉餘平項下支銀賑給，並動鹽義倉及就近縣分銀穀，先給口糧一月，並撫恤淹斃人口、坍倒瓦屋。至崇明、岱山官收厫鹽漂没，核計帑本銀一百十六兩八錢五分九釐零，又漂失鹽斤包索，核計帑本銀二十二兩一分一釐，題明恩准豁除。』又欽奉諭旨：『將崇明縣乾隆十三年地丁錢糧全行豁免。』經浙江巡撫方觀承查明，該縣額徵鹽課、水鄉雜餉包課等銀共四千九百五十七兩六錢五分一釐零，請照依民糧一體豁免。奏奉俞允，遵行。

乾隆二十二年，欣逢高宗純皇帝南幸，江、浙蠲免經由各省積欠。又奉特旨：『因浙省所免獨少，將舊欠漕項籽本銀兩、屯餉公租，概行蠲免。』浙江巡撫兼管鹽政楊廷璋查明，原動鹽道庫鹽義倉米價給發仁和場，借給貧竈籽本，未完銀三千四百一十三兩二錢五分，奏明蠲免。

乾隆二十七年，欣逢高宗純皇帝三幸浙江，先經降旨：『江蘇、安徽、浙江積欠地丁，概予豁免。』駐蹕浙江後，又奉恩綸：將乾隆二十三、四、五、六等年災緩帶徵未完地丁、屯餉及二十五年以前民欠未完漕糧並水鄉竈課未完銀兩，通行蠲免。』經浙江巡撫兼管鹽政熊學鵬查明，江、浙水鄉竈課原奉蠲免銀一十萬一千餘兩，未經接奉恩旨之前，各縣場續完銀二萬八千七百一十兩九錢零，實未完銀七萬二千四百八兩九錢零，具題豁免。

乾隆三十年，欣逢高宗純皇帝翠華臨幸，先經降旨：『將江、浙省積欠錢糧全數豁除。』駐蹕浙江後，又奉恩綸，著再加恩：『將浙江省乾隆二十六、七、八等年積欠未完漕項及仁和、袁浦等場未完竈課一萬八千六百餘兩，二十四、六、七、八等年因災緩帶積欠未完南米及借給各場竈户倉米一萬八千九百餘石，二十六、八兩年錢糧，諸暨、玉環等廳縣借給農民，緩徵租穀一萬六千九百餘石，概行豁免。該督撫其率屬實力奉行，務俾恩膏下逮，稱朕惠愛黎元至意。欽此。』經浙江巡撫兼管鹽政熊學鵬欽遵具題豁免，其漕項竈課銀兩，除漕項歸糧道造報蠲免外，所有二十七、八兩年未完竈課據續完銀一百一十九兩一錢七分一釐零，實在蠲免銀七千一百三十二兩一分六釐零。

乾隆三十一年七月，杜瀆、黄巖二場猝被風潮，沿海塗田、民舍、場竈皆被沖刷，人口淹斃。浙江巡撫兼管鹽政熊學鵬查明成災田畝，題請蠲免：正課、滴珠、車腳銀一千一百三十三兩七錢一分四釐，撫恤災竈一月口糧共米一千六百二十九石六斗，又散給籽本穀一千六百六十六石五斗一升六合七勺，又賑恤坍倒房屋銀五千五百九十五兩二錢五分，麑口銀一千七百二十七兩。又，被災七分及八、九分竈田除蠲免外，尚應徵銀一千五百八十四兩一錢七分八釐，分別二年、三年帶徵。均經户部議覆，奉旨：『准行。』

乾隆四十六年秋，江南崇明等縣被水，浙江巡撫兼管鹽政福崧具題：崇明縣請蠲免鹽課等銀二千七百八十六兩四錢三分五釐，請分年帶徵銀五百二十五兩五錢六分二釐；海門廳請蠲免鹽課銀二百六十二兩二錢二分六釐，請分年帶徵銀五十二兩七錢一分八釐。經部議准，奉旨：『依議。欽此。』

乾隆五十八年，江南松江府屬之青浦、婁縣民田被水，江蘇巡撫奏明緩徵。兩浙鹽政全德查明，婁縣應緩徵鹽課銀一百三十六兩四錢四分，青浦應緩徵鹽課銀二百九十九兩三錢六分一釐，請至來年秋間，分作二年帶徵完款。經部覆：『准行。』

乾隆五十九年八月，江南松江、太倉等屬竈地積雨連緜，禾稻木棉歉收。巡撫署鹽政吉慶具題：松江府屬之青村、袁浦、横浦、浦東、下砂及下砂二三等六場，並太倉州屬之崇明場暨該府州所屬之華亭、婁縣、奉賢、金山、上海、南匯、青浦、崇明八縣，請將本年應徵錢糧緩徵。奉旨：『著一并加恩，緩至來年秋收後帶徵，以紓竈力。欽此。』旋據兩浙鹽政岳謙咨部，借給青村、袁浦、下砂頭二三場竈户口糧兩月，共借給銀四萬九千三十五兩五錢二分，先由江蘇藩庫墊發，委員按户放給，即於兩浙運庫照數撥還。經部覆：『准行。』

乾隆六十年正月，欽奉恩旨：『普免天下應徵漕糧。各省尚有積年民欠及因災帶緩未完銀穀，著各督撫詳悉查明，按照該省所屬之某州某縣實欠在民銀穀若干，速行開單具奏，到日降旨豁免等因。欽此。』兩浙鹽政全德查明，兩浙積欠竈課及因災緩徵，共銀六萬九千二百九十二兩，開單奏請。奉旨：『並著一體加恩豁免，以示朕一視同仁至意。欽此。』

嘉慶元年八月，温州、台州二府屬猝被颶風驟雨，浙江巡撫玉德奏請恩撫，並查明永嘉、肥𦡔、長林、雙穗、玉環、杜瀆、黄巖等處倒折鹽廒，沖失官收帑鹽，核計帑本銀共二萬一千六百六兩四錢二分四釐，取具各該管官印結題，請豁除帑本。經部覆：『准行。』

嘉慶二年七月，台州、温州、寧波三府沿海各屬猝被風潮，海塘工段潑損，場竈均遭淹浸。浙江巡撫玉德奏明請恤，並查明杜瀆、黄巖、長林、玉環、定海、岱山等處鹽廒倒折，漂失官收帑鹽，核計帑本銀一萬六千六百二十九兩一錢三分一釐，取具各該管官印結題，請豁除帑本。經部覆：『准行。』

嘉慶三年，江省淮安、徐州、海州等屬間被水災，松江府屬木棉歉收。江蘇巡撫費淳查明，上海、南匯、華亭、奉賢、婁縣、青浦等縣本年鹽課銀一千四百三十四兩七錢二分二釐，奏請緩至來年秋成後，分作二年帶徵完款。經部覆：『准行。』

嘉慶四年秋，江省淮安、徐州、海州等屬被水，江蘇巡撫岳起查明具奏：請蠲阜寧、銅山、豐縣、沛縣、蕭縣、碭山、邳州、宿遷、睢寧、海州、沭陽、崇明等十二州縣，並大河、徐州二衛民屯起存地丁屯，折雜辦漕項麥折、蘆課、鹽課、學租、灘租等銀，共三萬四千五百五十四兩零；又山陽、阜寧、清河、桃源、安東、鹽城、東臺、興化、寶應、銅山、豐縣、沛縣、碭山、邳州、宿遷、睢寧、海州、沭陽、崇明、通州、海門等二十一州廳縣，應緩各項民屯、糧漕學租、蘆課、鹽課銀，共一十六萬二千九百七十四兩零；又崇明縣未完舊欠嘉慶元年鹽課銀一千二百一十七兩零。奉旨：『分别蠲免，帶徵。』

嘉慶四年十一月，欽奉恩詔内開：『各省六十年以前積欠緩徵地丁耗羨及民欠耔種、口糧、漕糧銀兩，俱著豁免。欽此。』兩浙鹽政延豐查明，松屬青村、下砂頭二三場於乾隆五十九年，因災借給貧竈口糧，除完解外，尚未完銀二萬二千八百七十五兩六錢一分八釐，題明請豁。

嘉慶五年六月，浙江金華、台州各府屬猝遇風潮，沖失臨海縣界之杜瀆場帑收鹽斤，計帑本銀二千二百三十七兩五錢六分六釐五毫。巡撫阮元會同鹽政延豐題明請豁。

謹按：此項請豁帑本，部議飭委隔屬文武各員往勘，由運司、分司加結造報，并查臨海縣被水成災分數核辦等因，隨經取結送部。並查明臨海縣被水並未成災，已另案題奏覆准。惟田禾被水尚堪救補，㴲鹽被水即皆濕化，聲請援例豁除。兹仍照原題開，除以符嘉慶五年分帑鹽奏銷册報額數。

獎賞

雍正四年十月，浙江巡撫兼管鹽政李衛以兩浙商人汪中立等情願公輸銀一十萬兩解歸藩庫，分發買穀，以備積貯等因，具題。奉旨：『兩浙衆商公輸銀兩爲地方預備積貯，甚屬可嘉。著議政大臣、大學士、九卿悉照兩淮鹽義倉之例定議，具奏。欽此。』雍正七年十二月，浙江總督兼管鹽政李衛又以商人吴永豐等前項捐銀一十萬兩已經交足，請全數買米積貯，願再捐銀二萬兩以作建倉之費等因，具題。奉旨：『該部議奏。欽此。』均經户部議准，行令開造商捐名册，題請議敘。嗣據該商等以衆商樂輸仰答皇恩，稍圖報効，不敢濫叨議敘等情，呈請邀免。咨部覆准。

雍正五年十月，户部題覆浙江總督兼管鹽政李衛疏稱：准部行追前任鹽臣傅色納、楊爲梓、噶爾泰三任甲商名下浮費銀一十八萬二千五百七十二兩。現據商人沈公盛等以從前商名已有消乏，呈請按引公輸，分作十年輸足等因。奉旨：『依議。兩浙鹽商急公効力，甚屬可嘉。著議敘具奏。欽此。』雍正七年，吏部題：據總督兼管鹽政李衛將四所商人公舉首創完銀及趲催完繳之商，造册咨送辦理。請將創首完銀之商人沈公盛即捐職州同，沈芳仁、汪渭即捐職州同，汪兆綸准加以應陞通判職銜，方允泰即監生，方大承准給以九品頂帶，趲催完繳之甲商吴永豐即候選主簿，吴焯准加以應陞縣丞職銜。奉旨：『依議。欽此。』

雍正十年二月，户部題覆浙江總督兼管鹽政李衛疏稱：浙商前後捐輸銀兩買穀建倉，俱經題請俞允。上年，淮北、山東交界地方偶爾被水。現荷皇仁，撥運浙省鹽義倉米一十八萬餘石，運往賑糶。該商等以積貯具有成效，請照雍正五年之例，再捐銀一十萬兩并建倉銀二萬兩，於嘉興縣王店鎮地方建倉買穀，以補備儲等因。蒙恩准行。

雍正十二年五月，工部題覆浙江總督兼管鹽政程元章疏稱：浙省仁、寧二邑海塘關係重大，荷蒙動帑修築，以資捍衛。商人汪恒豐等請按引捐輸銀一十萬兩，聽候撥濟海塘工用等因。奉旨：『依議。捐助塘工之汪恒豐等，著令該部分别議敘，具奏。欽此。』嗣據該商等以急公報効，分所當爲，不敢濫叨議敘，呈請代叩天恩。經鹽政程元章據情咨部，覆准。

乾隆八年，浙江巡撫兼管鹽政常安，以商人吴玉如等情願捐銀一十萬兩歸入鹽義倉項下，以廣積貯等因，具奏。欽奉硃批：『知道了。若合議敘疏中陳請，以嘉任恤之誼。欽此。』嗣以商衆懇辭議敘，該撫奏明，酌給匾額、花紅，以示鼓勵。

乾隆十一年，浙江巡撫兼管鹽政常安，以商人吴玉如等又請捐銀一十萬兩，將來遇有遠場需賑，運穀難艱，即可酌撥此項，以爲兼賑之用等因，具奏。蒙恩允准。

乾隆十三年十一月，浙江巡撫兼管鹽政方觀承，以商人吴玉如等因金川小醜跳梁，仰承天威震疊，疛奏膚功，請公捐銀一十萬兩，稍佐大軍沿途芻秣之費等因，具題。奉硃批：『該部知道。欽此。』乾隆十五年，吏部題准：將倡捐之四所甲商及捐數較多各商造册咨部，酌量捐數分别議敘。請將商人捐職州同金肇鐸、葉世紀、鮑峻，各准以應得之缺，不論雙、單月即用；捐職州同薛景暄、薛澂、吴家焯、汪湛，各准以應得之缺，歸雙月即用；捐職州同汪世沐，准以應得之缺，歸雙月四選一陞、輪用兩班之後選用；捐貢生汪燮、監生吴玉垣，免其考職，准以主簿、吏目二項兼掣，掣得之缺歸雙月即用。其餘各商，該撫既稱捐數零星，請給予匾額、花紅、羊酒以示獎勵。奉旨：『依議。欽此。』

乾隆二十四年二月，浙江巡撫兼管鹽政楊廷璋以商人吴玉如等請公捐銀二十萬兩，稍佐屯餉等因，具題。欽蒙恩允，並將該商等交部議敘。乾隆二十六年，吏部題：據浙江巡撫兼管鹽政莊有恭將捐數較多之商造册咨部，請將捐職州同金海、薛棠、鮑清、王一紳俱准加頂帶一級，仍以本項應得之缺，不論雙、單月即用；捐職州同吴份、候選州同汪湛、主簿吴玉垣准以應得之缺，不論雙、單月即用；捐職員外郎葉以嘉，准其以應得之缺，歸雙月即用；貢生方濂、監生朱峻，各給州判職銜，不論雙、單月即用；監生許嗣抗、薛世儁，各給縣丞職銜，不論雙、單月即用。其餘各商，該撫既稱捐數零星，請給予匾額、羊酒、花紅以示獎勵。奉旨：『依議。欽此。』

乾隆三十八年九月，浙江巡撫兼管鹽政三寶，以商人何永和等因金川小醜尅日勦除，請輸銀一百萬兩，稍佐軍營芻秣之用等因，具題。奉旨：『何永和等踴躍急公，情殷報効，著三寶即查明各商捐數多寡，核定等差，報部照例分别議敘。欽此。』

乾隆四十六年，吏部題：據浙江巡撫兼管鹽政李質穎將捐數較多之商造册咨部，請將捐職知府汪思蔚，准以本項應得之缺，不論雙、單月即用；捐職主事吴廷侃、程光國、王仕基，均准以應得之缺，不論雙、單月即用，仍各加頂帶一級；捐職主事吴余棫、同知許立綱、何元度、方毬，均准以本項應得之缺，不論雙、單月即用，仍各加頂帶二級；候選州同汪立名，准加頂帶四級，仍以本項應得之缺，不論雙、單月即用；捐職布政司經歷史世驊、王炎、吴一悳，州同鮑惠、何琳、顧天爵，布政司理問方治，均准加頂帶三級，仍以本項應得之缺，不論雙、單月即用；捐職布政司經歷姚賓、州同葉道立，均准加頂帶一級，仍以本項應得之缺，不論雙、單月即用；捐職布政司理問汪本乾，准以本項應得之缺，不論雙、單月即用；貢生鮑立然、朱喬、朱有信，給與州同職銜，不論雙、單月即用，仍准各加一級；監生程雲、俞文漣，給予州同職銜，不論雙、單月即用；監生汪日文、祝棟、汪廷模，給予州判職銜，不論雙、單月即用；捐職同知潘奕珖，准加頂帶一級；捐職布政司理問何宗方，已受伊姪何俊遊擊貤封，應照該員所得封典，加頂帶一級，捐雙、單月補用之；鹽大使孫慰祖准以應陞之知縣，不論雙、單月即用；俊秀程立杞、汪思鑑，給予五品職銜；俊秀許榮暢，給予四品頂帶。其餘各商，該撫既稱捐數零星，請錫匾額、花紅、羊酒以示獎勵。奉旨：『依議。欽此。』

乾隆四十五年，高宗純皇帝巡幸江、浙，衆商恭辦景工迎鑾。欽奉恩旨：『呈出漪園玉件之商人姚經，又據該撫奏稱爲浙商中最得力之人，著加恩從優，賞四品頂帶。其辦事出力，列爲一二等之各商內，除何宗方已授遊擊封典，汪立名、金海業經議敘州同即用，均可毋庸加恩。其捐職主事王仕基，捐職同知方樾，捐職布政司經歷吴世驊、許世斌，捐職布政司理問許擎，捐職州同葉道立六員，俱著加恩，各照原捐職銜加一級頂帶。欽此。』

乾隆四十五年十月，浙江巡撫兼管鹽政李質穎以商捐塘工銀二十萬兩具奏。蒙恩允准，並奉硃批：『知道了。此係有益彼桑梓之事，可行耳。欽此。』

乾隆四十六年十一月，浙閩總督兼管兩浙鹽政陳輝祖，以商人何永和等情願捐購塘柴二千萬斤，預爲貯備，以濟工用等因，具奏。欽奉恩旨：『准其捐辦。並著查明捐資各商咨部，照例議敘，以示獎勵。』

乾隆四十七年九月，浙閩總督兼管兩浙鹽政陳輝祖，以商人何永和等公捐豫省河工銀八十萬兩具奏。奉旨：『准其所請。並以該商等急公抒悃，著該督查明咨部，照例議敘。』又，乾隆四十九年二月，浙江巡撫兼管鹽政福崧以商人捐輸賞賚、塘工等項，共銀六十萬兩具奏。蒙恩允准，並著交部議敘。乾隆五十五年，吏部題：據浙江巡撫兼管鹽政覺羅琅玕將兩次捐餉商名造册咨部，請將捐職道金泳，給予從三品鹽運司職銜；捐職道金柯，給予從三品鹽運司職銜，仍准其加三級；捐職知府何銓、運同何元亨，給予正四品道員職銜；捐職同知吴世騶、許政、汪之均、龍光斗、田慶豐，給予從四品運同職銜；捐職同知何琳、候選同知許立綱，給予從四品知府職銜；捐職主事金枝、王養度、王沅、郭世琯，給予從五品員外郎職銜；捐職主事陳廷訓，止准其加一級；捐職員外郎湯煦、汪之泳、金榑、汪世銓，給予正五品郎中職銜；捐職司務韓文顯，給予從七品國子監助教職銜；捐職員外郎金棻，給予正五品頂帶；捐職通判汪大臨、馮官慶、顧學汲、吴汝臨，給予正五品同知職銜；捐職布政司理問許斓、潘奕璵，州同鮑念曾，候選布政司經歷吴世驊，給予從五品提舉職銜；捐職布政司理問許世敏、候選布政司理問許世昌，給予從五品提舉職銜，仍准其加一級；捐職布政司理問朱瑞熊、鄭啓、王廷桂、金潤生，捐職布政司經歷汪本、王汝熙、祝棠、顧應亭、吴印心、吴士濤，捐職州同楊夢璋、孫錫鼎、俞棫、吴同琯、汪萬寧、許祖興、洪業、陸塏、吴河、汪立成、吴鼎金、狄垣、孫復元、王瑞龍，均給予正六品通判職銜；捐職布政司理問汪槐，布政司經歷汪慶年，州同葉道傳、徐源，均止准其加一級；捐職布政司理問王來儀，止准紀録二次；應補直隸州州判諸以敦、州判汪廷謨，均給予從六品州同職銜；就職直隸州州判汪嗣勳，給予正七品按察使經歷職銜；捐職庫大使李熙載，鹽大使方世然、姚光弼、汪芳、方穮、陳慶雲、孫啓元、許世敦、錢承祖、湯景、祝俞晉、范相琦、潘錫美、汪衡，候選鹽大使王卓，給予正七品按察司經歷職銜；捐職縣丞陳志正、王相濟、金誠、汪崇本、吴兆熊、許林、張載春、孫清慶、吴訢、胡濤、楊文治、汪焱、金世沅、周棫、許立朝、關森、陳崇祚、郭與高、吴崇儉、許立廷、胡長庚、吴夢龍、吴嵩基、李春馥、吴平心、孫敬元、方坤，均給予從七品直隸州州判職銜；捐職從九品趙承鎬，給予正九品主簿職銜；捐職未入流許瑗，給予從九品吏目職銜；舉人雷載、朱蔭槐、殳芳，給予正六品通判職銜；舉人陸炳、副貢殳夔龍，止准於得官日加二級；監生吴從、朱鉞，給予正八品縣丞職銜；監生李繩武、王國杓、汪連、王念祖、汪應啓、葉恕、汪之迦、王中簡、胡鈐、陸希曾、方景登，給予從八品鹽知事職銜，貢監生陳大臨、張玉堂、葉道重，給予從九品吏目職銜；俊秀葉盛、戴道立、汪福、汪長堃，給予從八品鹽知事職銜；捐職布政司理問吴樹卓，准其加一級隨帶；捐職衛守備陳鈺，給予四品都司職銜，以示獎勵。奉旨：『依議。欽此。』

乾隆五十三年正月，浙江巡撫兼管鹽政覺羅琅玕以臺灣大功即日告竣，商人情願輸銀四十萬兩，以爲賞恤兵丁之用等因，具奏。蒙恩允准，並著查明咨部，照例分别議敘，以示獎勵。

乾隆五十三年二月，浙江巡撫兼管鹽政覺羅琅玕，以商人何永和等聞欽派大臣前詣臺灣建築城工，請捐銀三十萬兩，以爲添備城工之用等因，具奏。蒙恩允准。

乾隆五十五年六月，浙江巡撫兼管鹽政覺羅琅玕奏：據商人何永和等呈稱，本年聖壽慶典，現已遵照派定段落，先後起程赴京敬謹辦理。惟是商等仰荷洪慈亦得共與王會，尤爲欣幸，敬公備銀一百萬兩，稍供慶典賞賚之需。奉旨：『知道了。欽此。』八月十二日，奉上諭：『今歲朕八旬慶節，率土臚歡。現在來京祝嘏臣民俱已疊沛恩施，同霑愷澤。所有承辦慶典之浙江商人，亦宜一體加恩，用昭嘉獎。著將該商等本年應交柴塘生息銀十二萬兩，於五十六年爲始，分作三年帶完，以示朕錫福施恩至意。欽此。』八月二十日，奉旨：『頒賞三、四品職銜兩淮商人洪箴遠、鄭於吉、汪日初、王履泰、江正大、張大安、巴敬順，浙江商人何永和、方瑞登、吴志仁、姚泰、許紹泰；五、六品職銜兩淮商人程儉德、巴恒泰、黄溁泰、俞晟瑞，浙江商人楊恒昌、汪順、吴本初、吴仁豐，天津商人王佩、第愷、劉克昌、楊世安、張永锐、金起霖、楊秉檖、徐都、齊嘉穀、魏臨、任振宗、張天瑞、李金監、李文録；七、八品職銜兩淮商人尉濟美，浙江商人汪立本，天津商人及貢監商人朱晉、郭鴻、宋思德、展秉禮、董調元、于義升、李汝士、韓鴻起、范承業、張帝臣、張爾發等四十七人《耕織圖》、詩、畫十二分，《九老會詩》四十七張，漳絨、寧綢、宫綢絹共三百二十八匹，大、小荷包一百十八對，貂皮二百三十四張。並賜八宴。

乾隆五十七年二月，浙江巡撫兼管鹽政福崧，以廓爾喀賊匪滋擾後藏，剋日蕩平，商人何永和等請捐輸銀一百萬兩，以備凱旋賞賚之需等因，具奏。奉旨：『賞收銀五十萬兩。捐餉商人查明，照例議敘。』是年四月，巡撫兼管鹽政福崧又以商等請捐銀兩出自至誠，所有未蒙賞收銀五十萬兩，仰乞恩施，格外俯准捐輸等因，具奏。蒙恩賞收。

嘉慶四年三月，兩浙鹽政蘇楞額以川陝著名首逆陸續就擒，大功告竣後，需用較繁，商人吴康成等請公捐銀一百五十萬兩，以爲凱旋賞恤之用等因，具奏。蒙恩賞收銀一百萬兩，仍將該商等交部，照例議敘。

嘉慶五年二月，兩浙鹽政延豐以川陝大功即日告竣，商人吴康成等請公捐銀一百萬兩以備賞賚等因，具奏。欽奉恩旨：『兩浙商人上年請捐銀一百五十萬兩，當經酌收銀一百萬兩；今該商等復行籲請捐輸餉項，著加恩，將上年未收銀五十萬兩再行賞收，其餘五十萬兩著不必交納。欽此。』

嘉慶五年七月，兩浙鹽政延豐以浙商續捐川楚賞賚銀一百萬兩，並捐温、台緝匪公需銀一十萬兩等因，具奏。奉上諭：『浙江温、台等處，皆係商人等刮滷銷引之區，現在添備兵船礮位於該處巡緝防守。商人等捐銀十萬兩以濟公需，自應准其所請。至報捐軍需，該商等業已兩次奏懇，節經賞收銀共一百五十萬兩，且此時帑藏充盈，川陝連獲勝仗，大功指日告蕆，原無需續有捐項。但該商等情詞懇切，若不俯准所請轉，無以遂其報効之誠。著賞收銀五十萬兩。仍著加恩，交部議敘，以示獎勵。欽此。』

嘉慶五年七月，兩浙鹽政延豐以本年六月台州、處州、金華、紹興等府屬間被水災，商人吴康成等請捐穀一十萬石以備賑濟，並請於鹽義倉内借動應用等因，具奏。欽蒙恩旨允准，並以該商等急公尚義，殊屬可嘉，交部議敘。

嘉慶六年三月，兩浙鹽政延豐以商人吴康成等捐備川楚賞賚銀一百萬兩等情，具奏。蒙恩賞收五十萬兩。欽奉諭旨：『著造該商等人數、銀數、履歷清册，咨部，給予議敘，以示獎勵。』

嘉慶六年七月，兩浙鹽政延豐以商人吴康成等捐備永定河賑銀三十萬兩等情，具奏。蒙恩賞收，並奉上諭：『該商等急公報効，情殊可嘉。著查明各姓名，咨部議敘，以示獎勵。欽此。』

《欽定重修兩浙鹽法志》卷十八終

欽定重修兩浙鹽法志卷十九　沿革一

自鹽絺致貢見於《夏書》，成周有山澤之賦，有商賈阜貨通財，雖不專爲鹽設，而鹽亦寓乎其中。至《管子》以《海王》名篇，實爲鹽法權輿矣。漢興，鹽鐵置官，會稽有海鹽鹽官，載於班固《地理志》。唐多設鹽鐵之使，惟劉晏爲最善，其上鹽法輕重之宜，立常平鹽法，輕税減價，課以日增。宋元法制，迭有改易。明代，始因邊儲告匱，召商報中，以淮、浙存積鹽給之，其繼也，商人候支無期，報中寖怠，存積之弊，遂與常股相等。蓋委用不得其人，重爲税額，復加以格外徵求，倚勢作威，剥商病民，窮村遠壤有經月不得鹽食者。至於商民交困而邊餉亦絀，國家亦不得收其利矣。舊《志》「沿革」一門，上遡三代，下訖勝朝，時異政殊，有良有秕，條而列之，亦是非得失之林也。兹復詳加采摭，補其闕遺，志沿革。

《書·禹貢》：海、岱，惟青州厥貢鹽絺。《大學衍義補》：鹽之名，始著於此。《浙江通志》：此海鹽入貢之始。

《禮記》：醢醢之美而煎鹽是尚，貴天産也。

《周禮》：鹽人，掌鹽之政令，以共百事之鹽。祭祀，共其苦鹽、散鹽。《注》：散鹽，鬻水爲鹽。《疏》：苦當爲盬，盬謂出於鹽池，今之顆鹽是也。散鹽，煮水爲之，出於東海。賓客共其形鹽、散鹽。《注》：形鹽，鹽之似虎形。王之膳羞，共飴鹽，后及世子，亦如之。《注》：飴鹽，鹽之恬者，今戎鹽有焉。《疏》：戎鹽，即石鹽是也。凡齊事鬻鹽以待戒令。《注》：齊事，和五味之事。

《管子·海王篇》：海王之國，海王者，言以負海之利而王其業。謹正鹽筴。正，税也，音征。十口之家，十人食鹽，百口之家，百人食鹽。終月，大男食鹽五升少半，大女食鹽三升少半，吾子食鹽二升少半，吾子，謂小男小女也。此其大曆，也。曆數。鹽百升而釜。鹽十二兩七銖一黍十分之一爲升，當米六合四勺也。百升之鹽，七十六斤十二兩十九銖二絫爲釜，當米六斗四升。今[一]鹽之重升加分彊，釜五十也。分彊，半彊也。今使鹽官税其鹽之重，每一斗加半合爲彊，而取之則一釜之鹽，得五十合，而謂之彊。升加一彊，釜百也；升加二彊，釜二百也。鍾二千，十釜之鹽，七百六十八斤爲鍾，當米六斛四斗。十鍾二萬，百鍾二十萬，千鍾二百萬，萬乘之國，人數開口[二]千萬也。舉其大數而言之也。開口，謂大男大女之所食鹽也。禺荚之商，日二百萬，禺，讀爲偶。偶，對也；商，計也。對其大男大女食鹽之口數，而立荚以計所税之鹽，一日計二百萬，合爲二百鍾。十日二千萬，一月六千萬，萬乘之國，正九百萬也。萬乘之國，大男大女食鹽者千萬人，而税之鹽，一日二百鍾，十日二千鍾，一月六千鍾。今又施其税數，以千萬人如九百萬人之數，則所税之鹽，一日百八十鍾，十日千八百鍾，一月五千四百鍾。月人三十錢之籍，爲錢三千萬。又變其五千四百鍾之鹽，而籍其錢計。一月每人籍錢三十，凡千萬人爲錢三萬萬矣。以此籍之數比其常籍，則當一國而有三千萬人矣。今吾非籍之諸君、吾子，而有二國之籍者，六千萬。諸君，謂老男老女也。六十以上爲老男，五十以上爲老女。既不籍於老男老女，又不籍於小男小女，乃能以千萬人當三千萬人者，蓋鹽官之利耳。使君施令曰：『吾將籍於諸君、吾子。』則必囂號，令夫[三]給之鹽筴，則百倍歸於上，人無以避此者，數也。』桓公曰：『然則國無山海不王乎？』管子曰：『因人之山海假之，名有海之國，雖無海，假名有海，則亦雖無山，假名有山。讎鹽於吾國。彼國有鹽而糶于吾國，爲售耳。釜十五，吾受，而官出之以百。受，取也。假令彼鹽平價，釜當十錢者，吾又加五錢而取之，所以來之也。既得彼鹽，則令吾國鹽官又出而糶之，釜以百錢也。我未與其本事也，與，用也。本事，本鹽也。受人之事，以重相推，以重相推，謂加五錢之類。此人用之數也。彼人所有，而皆爲我用之。』

《管子·輕重篇》：齊有渠展之鹽，渠展，齊地，可煮鹽之所也。請君伐菹薪，使國人煮水爲鹽，正音征。

而積之，十月始正，至於正月，成鹽三萬六千鍾。下令曰：『孟春既至，農事且起，大夫無得繕冢墓、理宮室、立臺榭、築墻垣。北海之衆，無得聚庸而煮鹽。庸，功也。若此，則鹽必坐長十倍。以令糶之，梁、趙、宋、衛、濮陽，彼盡饋食之地，本國自無鹽，遠饋而食。國無鹽，則腫。守圉之國，用鹽獨甚。』桓公乃使糶之，得成金萬一千餘斤。《古今原始》：鹽之立政，始此。

《左氏傳》：海之鹽蜃，祈望守之。服虔注：祈望，官名。《爾雅・釋地》：中有岱岳，與其五穀、魚、鹽生焉。

《說文》：鹽，鹹也。古者宿沙，初作煮海鹽。《山堂肆考》：黃帝時，諸侯夙沙氏以海水煮乳成鹽。《魯連子》：宿沙瞿子，善煮鹽。使煮潰沙，雖十宿不能得也。《宋志》曰：宿沙衛，在齊地。齊居海濱，故多魚、鹽之利。

《史記・吴王濞傳》：濞煮海水爲鹽，以故無賦國用富饒。《浙江通志》：兩浙煮鹽，始此。

《史記・貨殖傳》：彭城以東，東海、吴、廣陵，此東楚也。浙江南則越，有海鹽之饒。

《漢書・食貨志》：秦鹽、鐵之利，二十倍於古；漢興，循而未改。

《通鑑綱目》：武帝元狩四年冬，置鹽鐵官。

《西漢會要》：元狩中，兵連不解，縣官大空，富商大賈冶鑄、鬻鹽，財或累萬金而不佐公家之用。於是，以東郭咸陽、孔僅爲大農丞，領鹽鐵事。《大學衍義補》：鹽雖始於齊，然未設官也。置鹽官始此。

《漢書・食貨志》：武帝時，大農上鹽鐵丞孔僅、東郭咸陽言：『山海，天地之臧，宜屬少府，陛下弗私，以屬大農佐賦。願募民自給費，因官器作鬻鹽，官與牢盆。』蘇林曰：『牢，價直也。今世人言雇手牢。』如淳曰：『牢，廪食也；盆者，鹽盆也。』浮食奇民欲擅斡山海之貨，以致富羨，役利細民。其沮事之議，不可勝聽，敢私鬻鹽者，鈦左趾，没入其器物。使僅、咸陽乘傳舉行天下鹽鐵，作官府，除故鹽鐵家富者爲吏。

《漢書·食貨志》：元封元年，桑弘羊請置大農部丞數十人，分部主郡國，各往往置均輸鹽鐵官。

《漢書·地理志》：會稽郡縣海鹽，故武原鄉，有鹽官。《文獻通考》：鹽官凡二十八郡：河東安邑、太原晉陽、南郡巫、鉅鹿堂陽、勃海章武、千乘、琅琊海曲長廣、會稽海鹽、犍爲南安、蜀臨卭、益州連然、巴朐䏰、安定三水、北地弋居、上郡獨樂、西河富昌、朔方沃埜、五原成宜、雁門樓煩。天陽，有長、丞、漁陽泉州、隴西、遼西海陽、遼東、南陽番禺、蒼梧高要、東平、北海、東萊曲城、㡉、東牟、當利、陽樂。

《漢書·食貨志》：武帝拜弘羊爲御史大夫。昭帝即位六年，詔郡國舉賢良文學之士，問以民所疾苦，教化之要。皆對願罷鹽鐵、酒榷均輸官，毋與天下争利，視以儉節，然後教化可興。弘羊難，以爲此國家大業，所以制四夷、安邊足用之本，不可廢也。

《漢書·宣帝紀》：地節四年九月，詔曰：『今年郡國頗被水災，已賑貸。鹽，民之食，而賈咸貴，衆庶重困，其減天下鹽賈。』聖祖仁皇帝御製論漢宣帝減鹽賈詔：『民隱之壅於上聞者多矣，軫恤之方，自當無微不至。』

《漢書·元帝紀》：初元五年，罷鹽鐵官。永光三年，復鹽鐵官。

《漢書·翟方進傳》：成帝綏和二年，責丞相增鹽鐵税。詔曰：『朕維往時之用，與今一也，百寮用度各有數。君不量多少，一聽群下言，用度不足，增益鹽鐵，變更無常。朕誠怪君，何持容容之計，無忠固意。』

《後漢書·百官志》：郡有鹽官者，隨事廣狹置令長及丞。本注曰：凡郡縣出鹽多者，置鹽官主鹽税。

《文獻通考》：明帝時，官自鬻鹽。《晉書·食貨志》：章帝時，穀貴，縣官經用不足。尚書張林言：『鹽者，食之急。縣官自賣鹽，武帝時施行之，名曰「均輸」。』帝用林言，少時復止。

《後漢書・馬稜傳》：章和元年，遷廣陵太守。時穀貴民饑，奏罷鹽官以利百姓。後數年，轉會稽太守。

《文獻通考》：和帝即位，罷鹽鐵禁。《後漢書・和帝紀》：詔曰：『昔孝武皇帝致誅吴越[四]，故權收鹽鐵之利，以奉師旅之費。自中興以來，匈奴未賓，永平末年，復修征伐。先帝即位，務休力役，然猶深思遠慮，安不忘危。探觀舊典，復收鹽鐵，欲以防備不虞，寧安邊境。而吏多不良，動失其便，以違上意。先帝恨之，故遺戒郡國，罷鹽鐵之禁，縱民鬻鑄，入税縣官，如故事。其申勑刺史二千石，奉順聖旨，勉行德化，布告天下，使明知朕意。』聖祖仁皇帝御製論漢和帝罷收鹽鐵詔：『昭帝時，舉四方賢良，即言願罷鹽鐵官。迨此時，邊方寧謐，故毅然去之。』

《文獻通考》：獻帝初，置使者監賣鹽。《册府元龜》：建安初，治書侍御史衛覬曰：『鹽，國之大寶也。自亂來放散，今宜如舊制，置使者監賣。』太祖從之，始遣謁者僕射監鹽官。

《通典》：魏制九品，第六品，司鹽都尉；第八品，司鹽監丞。

《晉書・王允之傳》：除錢唐令，領司鹽都尉。

《通典》：陳文帝天嘉二年，太子中庶子虞荔、御史中丞孔奂，以國用不足，奏立鬻海鹽税。從之。

《資治通鑑》：魏神龜中，中尉甄琛乞弛鹽禁，與民共之。尚書邢巒以爲琛之所陳，坐談則理高，行之則事闕。今鹽之禁，積而散之，以濟軍國，既利不在己，則彼我一也。出納之間，或不如法，使細民嗟怨，負販輕議，此乃用之者無方，非作之者有失也。參論理要，宜如舊式。魏王卒從琛議。既而，利皆爲富强所專，復收鹽利入公。聖祖仁皇帝御製論甄琛請罷鹽禁：『鹽之産利甚厚，不操之自上，則豪强互相漁奪，閭閻之間必紛囂多事矣。況取山澤之資，以薄田疇之賦，使民力寬然有餘，其爲益不已多乎？若不審度時勢，輒弛其禁，則南畝之農夫不獲沾豪末之利，而國用既絀，税斂漸加，亦必至之勢也。凡爲政者，祇求實惠及民而已，何必以美名自託哉。』

《隋書·食貨志》：後周大祖作相，創制六官掌鹽，掌四鹽之政令：一曰散鹽，鬻海以成之；二曰鹽鹽，引池以化之；三曰形鹽，物地以出之；四曰飴鹽，於戎以取之。凡鹽鹽、形鹽，每地爲之禁，百姓取之皆税焉。

《册府元龜》：隋高祖開皇元年三月戊子，弛山澤之禁。

《隋書·食貨志》：開皇三年正月，通鹽池、鹽井，百姓共之，遠近大悦。

《隋書·百官志》：鹽池，置總監、副監、丞等員，管東、西、南、北面等四監，亦各置副監及丞。

《地理通釋》：唐，天下有鹽之國一百五，江南自嘉興至彭水，縣十二。

《唐書·食貨志》：唐有鹽池十八、井六百四十，皆隸度支。

《文獻通考》：開元元年，左拾遺劉彤請檢校海内鹽鐵之利，從之。《舊唐書·食貨志》：開元元年十一月，左拾遺劉彤表曰：『先王之作法也，山海有官，虞衡有職，輕重有術，發禁有時，一則專農，二則饒國，濟人盛事也。夫鬻海爲鹽，採山鑄錢，農餘之輩，寒而無衣，饑而無食，傭貧自資者，窮苦之流也。若能以山海厚利資農餘之人，厚斂重徭，免窮苦之子，所謂損有餘而益不足，帝王之道，可不謂然乎？臣願陛下詔鹽鐵本等官收興利，貿遷於人，則不及數年，府有餘儲矣。』上令宰臣議其可否，咸以鹽鐵之利，甚益國用，遂令將作大匠姜師度、户部侍郎强循，俱攝御史中丞，與諸道按察使檢責海内鹽鐵之課。

《玉海》：開元十年八月十日，勑諸州鹽鐵令、刺史、上佐，檢察收課。

《唐書·食貨志》：負海州，歲免租，爲鹽二萬斛以輸司農。青、楚、海、滄、棣、杭、蘇等州，以鹽價市輕貨，亦輸司農。天寶、至德間，鹽每斗十錢。乾元元年，鹽鐵鑄錢使第五琦初變鹽法，就山海井竈近利之地置監院，游民業鹽者，爲亭户，免雜徭；盜鬻者，論以法。及琦爲諸州榷鹽鐵使，盡榷天下鹽，斗加時價百錢，而出之爲錢一百一十。

《唐書·食貨志》：鹽鐵使劉晏上鹽法輕重之宜，以鹽利多則州縣擾，出鹽鄉因舊監置吏，亭户糶商人，縱其所之。江、嶺去鹽遠者，有常平鹽，每商人不至，則減價以糶民，官收厚利而人不知貴。晏又以鹽生霖潦則鹵薄，暵旱則土溜墳，乃隨時爲令，遣吏曉導，倍于勸農。吴、越、揚、楚鹽廩至數千，積鹽二萬餘石。有漣水、湖州、越州、杭州四場，嘉興、海陵、鹽城、新亭、臨平、蘭亭、永嘉、大昌、侯官、富都十監，歲得錢百餘萬緡，以當百餘州之賦。自淮北置巡院十三：曰揚州、陳許、汴州、廬壽、白沙、淮西、甬橋、浙西、宋州、泗洲、嶺南、兖鄆、鄭滑，捕私鹽者，姦盜爲之衰息。然諸道加榷鹽錢，商人舟所過有税。晏奏罷州縣率税，禁堰埭邀以利者，晏之始至也。鹽利歲纔四十萬緡，至大曆末，六百餘萬緡。天下之賦，鹽利居半，宫闈服御、軍饟、百官禄俸，皆仰給焉。

《唐書·食貨志》：劉晏鹽法既成，商人納絹以代鹽利者，每緡加錢二百，以備將士春服。

《册府元龜》：建中三年五月，詔榷鹽每一斗更加百文。

《册府元龜》：興元元年十月，詔諸道榷鹽，宜令中書門下及度支，裁減估價兼條疏利害以聞。

《唐書·崔造傳》：貞元二年，以給事中、同中書門下平章事造，久在江左，疾錢穀諸使罔上，或乾没自私，乃建言：『以度支、鹽鐵務還尚書省，六曹皆宰相分領。』以户部侍郎元琇判諸道鹽鐵，諸道有鹽鐵處，仍置巡院。歲盡，宰相計殿、最以聞。《玉海》：貞元二年，元琇以京師錢重物輕，發江東鹽監院錢四十萬緡入關。

《唐書·食貨志》：貞元四年，淮西節度使陳少游奏加民賦。自此，江淮鹽每斗亦增二百，爲錢三百一十，其後復增六十。江淮豪賈射利，或時倍之，官收不能過半，民始怨矣。

《文獻通考》：貞元二十年，停鹽鐵使。月進舊鹽鐵錢總悉入正庫，以助給費，而主北務者，稍以時市珍玩、時新物充進獻，以求恩澤。其後，益費歲進錢物，謂之羨餘，而給入益少。至貞元末，逐月有獻，謂之月進，及是而罷。

《唐書·食貨志》：順宗時，始減江淮鹽價，每斗爲錢二百五十。其後鹽鐵使李錡奏，江淮鹽每斗減錢十以便民。未幾，復舊。

《舊唐書·食貨志》：順宗即位，有司重奏鹽法，以杜佑判鹽鐵轉運使，理於揚州。元和二年三月，以李巽代之。巽既爲鹽鐵使，大正其事，其堰埭先隸浙西觀察使者，悉歸之，因循權置者，盡罷之。又奏：『江淮、河南、峽内、兖鄆、嶺南鹽法監院，去年收鹽價緡錢七百二十七萬，比舊法張其估一千七百八十餘萬，非實數也。今請以其數，除鬻之外，付度支收其數。』鹽鐵使鬻鹽利繫度支，自此始也。

《册府元龜》：憲宗即位。九月，度支使奏江淮鹽每斗減錢一百二十，榷二百五十。

《册府元龜》：元和元年五月，鹽鐵使奏請每州所貯鹽，若遇價貴斗至二百二十，減十文出糶，以便貧人，公私不缺。其鹽倉，每州各以留州錢造一十二間，委知院官及州縣官一人同知，所糶錢送院市輕貨送上都。從之。

《舊唐書·食貨志》：元和十三年，鹽鐵使程异奏：『應諸州府先請置茶鹽店收税，伏准今年正月一日敕文，其諸州府因用兵以來，或慮有權置職名，及擅加科配，事非常制一切禁斷者。伏以榷税茶鹽，本資財賦，贍濟軍鎮，蓋是從權。昨兵罷，自合便停，事久實爲重斂。其諸道先所置店及收諸色錢物等，雖非擅加，且異常制，伏請准敕文勒停。』從之。

《册府元龜》：長慶元年正月，制：度支、鹽鐵使、户部應納税茶兼糶鹽中，須納見錢者，亦與時估匹段及斛㪷。如情願納見錢，亦任穩便，仍永爲常式。

《唐會要》：鹽鐵使王播奏：『諸道監院糶鹽付商人，請每斗加五十通，舊三百文價；諸處煎鹽亭場置小鋪，糶鹽每斗加二十文，通舊一百九十文價。』又奏：『應管煎鹽户及鹽商，並諸監院亭場官吏所繇等，前後制敕，除兩税外，不許差役追擾。今請更有違越者，縣令貶黜，刺史罰俸。』從之。

《唐書・食貨志》：穆宗命罷榷鹽，户部侍郎張平叔議榷鹽法弊，請糶鹽可以富國，詔公卿議可否。中書舍人韋處厚、兵部侍郎韓愈條詰之，以爲不可。平叔屈服。

《玉海》：自乾元元年至天祐元年，爲鹽鐵使者四十有二人。貞元二十一年，鹽鐵、度支合爲一使，以杜佑兼領。杜悰、王涯亦兼領。寶應元年，劉晏領度支、鹽鐵、轉運、鑄錢、租庸使，鹽鐵兼轉運自晏始。長慶二年，張平叔請宰相領使，韋處厚曰：『論道之地，不宜雜以鹺務。』

《册府元龜》：開成二年三月乙酉，鹽鐵使奏得蘇州刺史盧商狀分鹽場三所，隸屬本州。元糶鹽七萬石，加至十三萬石，倍收税額，直送價錢。五月，以商爲潤州刺史、攝御史大夫，充浙江西道都團練、觀察等使。《唐書・盧商傳》：商爲蘇州刺史，吏以鹽法求贏貲，民愈困。商令計口售鹽，無常額，人便之，歲貲反增。宰相上其勞，進浙西觀察使。

《唐書・食貨志》：文宗時，李石爲相，以茶税兼歸鹽鐵，復貞元之制。

《唐會要》：文宗開成末，禁私鹽。詔曰：『私鹽月再犯者，易縣令，罰刺史俸。十犯，則罰觀察、判官課料。』

《唐書・食貨志》：宣宗即位，茶、鹽之法益密，糶鹽少，私盜多者，謫觀察、判官，不計十犯。是時，江、吴群盜，以所剽物易茶、鹽，不受者焚其室廬，吏不敢枝梧，鎮戍、場鋪、堰埭以關通致富。宣宗乃擇嘗更兩畿輔望縣令者，爲監院官。

《唐書·食貨志》：户部侍郎裴休爲鹽鐵使，上鹽法八事，其法皆施行。

《唐書·杜中立傳》：中立出爲義武節度使。舊傜車三千乘，歲輓鹽海濱，民苦之。中立置『飛雪將』數百人，具舟以載，自是民不勞，軍食足矣。

《通典》：自兵興上元以後，天下出鹽，各置監司節級權利，每歲所入九百餘萬貫文。

《文獻通考》：後唐同光三年，勅：『魏府每年所徵隨絲錢，每兩與減放五文，逐年俵賣蠶鹽，食鹽，火鹽，甜、淡、冷鹽，每斗與減五十；灤鹽，與減三十。』

《文獻通考》：天成元年，勅：『諸州府百姓合散、蠶鹽，二月内，一度俵散，依夏税限納錢。』

《五代會要》：後唐長興四年五月七日，諸道鹽鐵轉運使奏：『諸道州府鹽法，條流元末，一[五]概定奪。如違犯者，委本州府檢條流科斷訖，申奏，别報省司。』

《册府元龜》：晉天福二年九月，左補闕李知損上章曰：『臣聞衆議云，國家將變鹽法，有司即欲宣行。竊以諸道所糶賣鹽，令逐處更添一倍，委州司量其屋宇，均配城内人户，每歲勒兩限俵鹽，隨二税納價。此法若行，甚非穩便。』尋有旨，寢其事。

《舊五代史·少帝紀》：天福七年，詔：『州郡税鹽，過税斤七錢，住税斤十錢，州府鹽院並省司差人勾當。』《册府元龜》：出帝以天福七年六月即位，十一月詔：『州郡税鹽，先是諸州府除蠶鹽外，每年海鹽界分約收鹽價錢一千七萬貫，高祖以所在禁法抵犯者衆，遂開鹽禁，許通商，令州郡配徵人户食鹽錢。上户千文，下户二百文，分爲五等，人亦便之。』至是，掌賦者欲增財利，難於驟變前法，乃重其關市之征，蓋欲絶其興販，歸利於官也。其後，鹽禁如故，鹽錢亦徵。

《册府元龜》：周太祖廣順元年九月，詔改鹽法。凡犯五斤以上者，處死；煎鹻鹽者，犯一斤以上，處死。先是，漢法不計斤兩多少，並處極刑，至是始革之。

《五代會要》：廣順二年，定百姓請鹽法。詔曰：『州城、縣鎮郭下人户，依屋稅合請鹽者，若是州府，並於城内請給；若是外縣、鎮郭下人户，亦許將鹽歸家供食，仰本縣預取逐户合請鹽數目，攢定文帳，部領人户請拔勒本處官吏及所在場務同點檢入城，若縣、鎮郭下人户城外别有莊田，亦仰本縣預先分擘開坐，勿令一處分給支使[六]。』

《五代會要》：廣順二年，勑：『條流禁私鹽麴法，一，應諸道今後若捉獲犯私鹽麴人，罪犯分明，正該條法，便仰斷遣訖奏。若稍涉疑誤，衹須申奏取裁。』

《五代會要》：廣順三年，罷俵鹽。詔曰：『諸州府并外縣、鎮城内，其居人屋稅鹽，今後不俵其鹽錢，亦不徵納所有鄉村人户合請蠶鹽。所在州、城、縣、鎮，嚴切檢校，不許放入城門。』

《舊五代史・食貨志》：周顯德元年，令侍臣通融食鹽地方。詔曰：『朕覽食末鹽州郡，犯私鹽多於顆鹽界分。蓋卑濕之地易爲刮鹻煎造，豈惟違我榷法，兼又汚我好鹽。况末鹽煎錬、般運費用，倍於顆鹽。今宜分割十餘州，令食顆鹽，不惟輦運省力，兼且少人犯禁。』自是，曹、宋已西十餘州，皆盡食顆鹽。

《宋史・食貨志》：宋自削平諸國，天下鹽利皆歸縣官。官鬻、通商，隨州郡所宜，然亦變革不常，而尤重私販之禁。

《宋史・食貨志》：五代時，鹽法太峻。建隆二年，始定官鹽闌入法，禁地貿易至十斤、鬻鹻鹽至三斤者乃坐死；民所受蠶鹽以入城市三十斤以上者，上請。三年，增闌入至三十斤、鬻鹻鹽至十五斤坐死[七]。蠶鹽入城市百斤以上，奏裁。自乾德四年後，每詔優寬。太平興國二年，乃詔闌入至二百斤以上，鬻鹻及主吏盜販至百斤以上，蠶鹽入城市五百斤以上，並黥面送闕下。

《宋史・食貨志》：鬻海爲鹽，曰京東、河北、兩浙、淮南、福建、廣南，凡六路。其鬻鹽之地曰亭場，民曰亭户，或謂之竈户。户有鹽丁，歲課入官，受錢或折租賦，皆無常數，兩浙又役軍士定課鬻焉。諸路鹽場廢置，皆視其利之厚薄，價之盈縮，亦未嘗有一定之制。末鹽之直，斤自四十七至八錢，有二十一等。至道三年，鬻錢總一百六十三萬三千餘貫。

《宋史·食貨志》：其在兩浙曰杭州場，歲鬻七萬七千餘石，明州昌國東、西監三十萬一千餘石，秀州場二十萬八千餘石，温州天富南北監、密鸚永嘉二場，七萬四千餘石，台州黄巖監一萬五千餘石。以給本州及越、處、衢、婺州。越州舊有鹽澗監，歲鬻三千餘石，後罷。天聖中，杭、秀、温、台、明各監一，温州又領場三，而一路歲課視舊減六萬八千石，以給本路及江東之歙州。

《文獻通考》：開寶七年，詔三司校諸州鹽、麴、市征、地[八]課而殿最之。令諸州知州、判官、兵馬都監、縣令所掌鹽麴及市征地課等，並親臨之，月具籍供三司，秩滿，較其殿最。欺隱者，置於法；募告者，賞錢三十萬。

《玉海》：太平興國元年，詔茶、鹽、榷酤以開寶八年額爲定，不得復增。

《通鑑長編》：宋初，鹽鈔未行。是時，於建安軍置鹽倉，乃令真州發運使[九]李沆爲發運使，運米轉入其倉。空船回皆載鹽，散入江浙、湖廣。諸路各得鹽資船運，而民力始寬。

《文獻通考》：雍熙後，以用兵乏饋餉，令商人輸芻粟塞下，增其直。令江淮荆湖給以顆末鹽。

《文獻通考》：端拱二年，置折中倉，聽商人輸粟。京師優其直，給江淮茶鹽。《大學衍義補》：按，此後世召商中納之始。

《玉海》：淳化三年，命雷有終爲江淮、兩浙制置茶鹽使，張觀、薛暎副之。上欲更立新制，初以趙昌言爲使，昌言極陳非便，以有終代之。

《宋史·太宗紀》：淳化四年五月，罷鹽鐵、户部、度支等使，置三司使。七月，置諸路茶鹽制置使。

《宋史・張綸傳》：綸除江淮制置發運副使，奏置鹽場於杭、秀、海三州，歲入課百五十萬。

《玉海》：至道二年十一月，發運使楊允恭言：『淮南十八州軍，其九禁鹽，餘不禁。商人由海上販鹽，官倍數而取之。至禁鹽地，則上下其價。今請悉禁，遣吏主之。』詔知制誥張秉與鹽鐵使陳恕等會議，恕等言不可，允恭力請，詔從之。是歲，收利巨萬。

《宋史・真宗紀》：至道三年，罷鹽鐵、度支、户部副使。咸平六年，復鹽鐵、度支、户部副使。景德二年，詔天下榷利，勿增羡爲額。

《宋史・食貨志》：東南鹽利，視天下爲最厚。鹽之入官，淮南、福建、兩浙之温、台、明斤爲錢四，杭、秀爲錢六，廣南爲錢五。其出，視去鹽道里遠近而上下其估，利有至十倍者。咸平四年，祕書丞、直史館孫冕請：『令江南、荆湖通商賣鹽，緣邊折中糧草，在京入納金銀錢帛，則公私皆便，爲利實多。』詔吏部侍郎陳恕等議。恕等謂：『江、湖官賣鹽，蓋近鬻海之地，欲息犯禁之人，今若通商，住賣官鹽，立乏一年課額。』冕議遂寢。

《玉海》：大中祥符四年十月，以江、淮鹽價不等，命三司與發運使李溥規定。有司言：『慮失税課。』帝曰：『苟便於民，何顧歲入？』

《玉海》：大中祥符九年十月，詔曰：『山澤之禁，慮傷厚斂。令翰林學士李迪、中丞凌策與三司同議茶鹽制度，俾園亭户無失所，商旅便興販，百姓供用不匱。入中算射，一依往列。』

《宋史・食貨志》：天禧初，始募人入緡錢、粟帛京師及淮、浙、江南、荆湖州軍易鹽。乾興元年，入錢貨京師總爲緡錢一百十四萬。會通、泰鬻鹽歲損，所在積貯無幾，因罷入粟帛，第令入錢。久之，積鹽復多。明道二年，參知政事王隨建言：『願權聽通商三五年，使商人入錢京師，又置折博務於揚州，使輸錢及粟帛，計直與鹽。鹽一石約售錢二千，則一十五萬石可得緡錢三千萬[一〇]以資國用，一利也；

江、湖遠近皆食白鹽，二利也；歲罷漕運縻費，風水覆溺，舟人不陷刑辟，三利也；昔時漕鹽舟可移以漕米，四利也；商人入錢，可取以償亭户，五利也。』時范仲淹安撫江、淮，亦以疏通鹽利爲言，即詔知制誥丁度等與三司使、江淮制置使同議。皆謂聽通商恐私販肆行，侵蠹縣官，請敕制置司益漕船運至諸路，使皆有二三年之蓄。復天禧元年制，聽商人入錢粟京師及淮、浙、江南、荆湖州軍易鹽。其入錢京師者，增鹽予之，并敕轉運司經畫本錢以償亭户。詔皆施行。

《宋史・仁宗紀》：天聖八年，詔詳定鹽法。明道元年，廢杭、秀二州鹽場。

《文獻通考》：仁宗時，詔天下茶鹽酒税，取一歲中數爲額，後雖羨益勿增，毋得抑配人户，苛阻商旅。

《宋史・食貨志》：景祐二年，諸路博易無利，遂罷，而入錢京師如故。康定元年，詔商人入芻粟陝西並邊，願受東南鹽者加數與之。慶曆二年，又詔：『入中陝西[二]、河東者持券至京師，償以錢及金帛各半之，不願受金帛者予茶鹽、香藥，惟其所欲。』而東南鹽利厚，商旅皆願得鹽。天聖九年，三司請榷貨務入錢售東南鹽，以百八十萬三千緡爲額，後增至四百萬緡。嘉祐中，諸路漕運不足，榷貨務課益不登，於是即發運使置官，專領運鹽公事。治平中，京師入緡錢二百二十七萬，而淮南、兩浙、福建、江南、荆湖、廣南六路歲售緡錢，皇祐中二百七十三萬，治平中三百二十九萬。江、湖運鹽既雜惡，官估復高，故百姓利食私鹽，而並海民以魚鹽爲業，用工省而得利厚。由是盜販者衆，捕之急則起爲盜賊，江、淮間雖衣冠士人，狃於厚利，或以販鹽爲事。

《宋史・食貨志》：慶曆初，制置司言：比年河流淺涸，漕運艱阻，縻費益甚。請量增江、淮、兩浙、荆湖六路糶鹽錢。下三司議，三司奏荆湖已嘗增錢，餘四路三十八州軍，請斤增二錢或四錢。詔俟河流通運復故。既而江州置轉運般倉，益置漕船及雇客舟以運，制置司因請六路五十一州軍斤增五錢。

民苦官鹽估高，無以爲食，諸路皆言其不便。久之，韓絳安撫江南還，亦極言之。其後，兩浙轉運使沈立、李肅之奏：『官鹽估高，故私販不止，而官課益虧。請裁官估，罷鹽綱，令鋪户衙前自趨山場取鹽，如此，則鹽善而估平，人不肯冒禁私售，官課必溢。』詔可。立嘗論東鹽利害，條亭户、倉場、漕運之弊，集《鹽策》二十卷以進，其言亭户困乏尤甚。然自皇祐以來，屢下詔書輒及之，命給亭户官本，皆以實錢；其售額外鹽者，給粟帛衣糧[一三]；亭户逋歲課久不能輸者，悉蠲之。所以存恤之意甚厚，而有司罕有承順焉。

《宋史・食貨志》：熙寧五年，以盧秉權發遣兩浙提點刑獄，仍專提舉鹽事。異時竈户鬻鹽，與官爲市，鹽場不時償其直，竈户益困。秉先請儲發運司錢及雜錢百萬緡以待償，而諸場皆定分數：錢塘縣楊村場上接睦、歙等州，與越州錢清場等，水勢稍淡，以六分爲額；楊村下接仁和之湯村爲七分；鹽官場爲八分；並海而東爲越州餘姚縣石堰場、明州慈谿縣鳴鶴場，皆九分；至岱山、昌國，又東南爲温州雙穗、南天富、北天富場，爲十分，蓋其分數，約得鹽多寡而爲之節。自岱山以及二天富鍊以海水，所得爲最多。由鳴鶴西南及湯村則刮鹻淋滷，十得六七。鹽官、湯村用鐵盤，故鹽色青；自湯村及錢清場織竹爲盤，塗以石灰，故色少黄；石堰以東近海水鹹，故雖用竹盤，而鹽色尤白。秉因定伏火盤數以絶私鬻，自三竈至十竈爲一甲，而鬻鹽地什伍其民，以相譏察。及募酒坊户願占課額，取鹽於官賣之，月以錢輸官，毋得越所酤地。而又嚴捕盜販者，罪不至配，雖杖者皆同妻子遷五百里。仍益開封府界、京東兵各五百人防捕。

《宋史・薛向傳》：監東京榷貨務，連歲羨緡錢。董沔議改河北便糴，行鈔法，向曰：『如此，則都内之錢不繼，茶、鹽、香、象將益不售矣。』有司主沔議。既而邊糴滯不行，沔坐黜。神宗知向材，以爲江、浙、荆、淮發運使。綱舟歷歲久，篙工利於盜貨，嘗假風水覆溺以滅迹。向募客舟分載，以相督察。

官舟有定數，多爲主者冒占，悉奪畀屬州，諸運皆詣曹受遣。以地有美惡，利有重輕，爲立等式，用所漕物爲誅賞。

《宋史·食貨志》：時惟杭、越、湖三州格新法不行，發運司劾奏虧課，皆獄治。王安石爲神宗言捕鹽法急，可以止刑。久之，乃詔兩浙提舉鹽事司，諸州虧課者未得遽劾，以增虧及違法輕重分三等以聞。

《宋史·食貨志》：熙寧七年，以盧秉鹽課雖增，刑獄實繁，慮無辜即罪者衆，徙其職淮南，以江東漕臣張靚代之，且體量其事。靚言秉在事，越州監催鹽債[一三]至有母殺子者，詔劾其罪，然竟免，仍以增課擢太常博士，升一資。元祐初，言者論秉推行浙西鹽法，務誅剥以增課[一四]，所配流者至一萬二千餘人，秉坐落職。

《宋史·食貨志》：兩浙鹽亭户計丁輸鹽，逋負滋廣。元祐二年，詔蠲之。後更積負無以償，元符初，察訪使以狀聞，有司乃以朝旨不行，右正言鄒浩極疏其害。明州鳴鶴場鹽課弗登，撥隸越州。宣和元年，樓異爲明州，請仍舊，且於接近台州給舊鹽五七萬囊。詔曰：『明州鹽場三，昨以施置不善，以鳴鶴一場隸越，客始輻輳。猶有二場積鹽以百萬計，未見功緒，此而不圖，東欲取於越，西欲取於台，改令害法，動摇衆情。』令狀析以聞。

《宋史·食貨志》：崇寧元年，蔡京議更鹽法，列七條：一、許客用私船運致，仍嚴立輒踰疆至夾帶私鹽之禁。二、鹽場官吏概量不平或支鹽失倫次者，論以徒。三、鹽商所繇官司[一五]、場務、堰牐、津渡等輒加苛留者，如上法。四、禁命吏、蔭家、貢士、胥史爲賈區請鹽。五、議貸亭户。六、鹽價太低者議增之。七、措置官博盡利害以聞。

《宋史·食貨志》：崇寧二年，詔鹽舟力勝錢勿輸，用絶阻遏，且許舟行越次取疾，官綱等舟輒攔阻者坐之。遂變鈔法，置買鈔所於榷貨務，定民間買鈔之價。

《宋史・食貨志》：崇寧四年，以算請鹽價輕重不等，載定六路鹽價。舊價二十錢以上，皆遞增以十錢。東南末鹽，欲折以金銀、物帛者，聽其便。亭户貸錢，舊輸息二分者蠲之。

《宋史・食貨志》：大觀四年，侍御史毛注言：『崇寧以來，鹽法頓易元豐舊制，不許諸路以官船迴載爲轉運使[一六]之利，許人任便用鈔請鹽，般載於所指州縣販易，用爲課額。提舉鹽事司苛責郡縣，以賣鹽多寡爲官吏殿最。由是東南諸州每縣三等以上户，俱以物産高下，勒認鹽數之多寡。上户歲限有至千緡，第三等末户不下三五十貫，籍爲定數，使依數販易，以足歲額。稍或愆期，鞭撻隨之，實爲害之大者。』未幾，張商英爲相，議仍變通損益，復熙、豐之舊。

《玉海》：大觀四年閏八月，修《東南鹽法》百餘條。

《宋史・食貨志》：政和元年，詔商旅願依熙、豐法轉廊者，許先次用三路新鈔算請，往他所定價給賣。優存兩浙亭户額外中鹽，斤增價三分。已而張察均定鹽價，視紹聖斤增二錢，詔從其説。

《宋史・食貨志》：政和元年，議者謂：『異時鹽商於榷貨務入納轉廊，惟視東南諸郡積鹽多寡，鹽多則請鈔者衆，所入亦倍，其闕鹽地，客不肯往。在元豐時，遠地須預備二年或三年，次遠一年或二年，最近亦半年及一年，謂之準備鹽，而後鈔法乃通。紹聖時，遵用舊制，廣有準備，故均價之後，課利倍增。宜嚴責轉運使[一七]般運準備鹽。』詔施行之。

《宋史・食貨志》：政和元年，議者復謂：『客人在京榷貨務買東南末鹽者，其法有二：一曰見錢入納，一曰鈔面轉廊。今既許三路文鈔得以轉廊，若更循舊制，許以見錢入納，則客旅之錢當入於榷貨，而不入於兼并，見錢留於京師，客旅走於東南。』詔采用焉。

《宋史・食貨志》：蔡京復用事，大變鹽法。罷官般賣，令商旅赴場請販，已般鹽並封樁。商旅赴榷貨務算請，先至者增支鹽以示勸。復置諸路提舉官。商旅終以法令不信爲疑，算請者少，乃申扇摇之令，增賞錢五百緡。

《宋史·食貨志》：崇寧間，蔡京始變法。俾商人先輸錢請鈔，赴産鹽郡授鹽。欲囊括四方之錢盡入中都，以進羡要寵，鈔法遂廢。東南鹽禁加密，犯法被罪者多。大概常使見行之法售給才通，輒復變易，名對帶法，季年又變對帶爲循環。循環者，已買鈔，未授鹽，復更鈔；已更鈔，鹽未給，復貼輸錢。凡三輸錢，始獲一直之貨。有魏伯芻者，京委信之，專主榷貨務。政和六年，鹽課通及四千萬緡，官吏皆進秩。

《通鑑長編》[一八]：政和七年，詔曰：『昨改鹽法，立賞至重，抑配者衆，計口敷及嬰孩，廣數下逮駝畜[一九]，使良民受斃，比屋愁歎。悉從初令，以利百姓。三省具申嚴近制，改奉新鈔。』

《東萊集》：徽宗時，兩浙之鹽多有變更。自蔡京秉政，廢轉般倉之法，使商賈入納於官，自此爲鈔鹽法。請鈔於京師，商賈運於四方，有長引、短引，限以時日，各適所適之地，遠近以爲差。蔡京專利罔民，所以鹽法數十日一變。鹽法既變，則鈔鹽亦不可用，商賈既納錢之後，鈔皆不用，所以商賈折閲甚多，此海鹽之一變也。

舊《兩浙鹺志》：舊制，授人以鹽而徵錢，謂之蠶鹽。熙寧五年，因漕臣陳知儉言，乃罷之，第令輸錢。七年，復詔折以糧者，三等户以下許代錢。元祐初，乃詔給散。初，東南歲制，即不欲鹽計其歲輸價直六分，如京東之制。政和二年，慮州縣抑民，詔淮、浙支俵蠶鹽去處，依市賣客鹽價，其丁口鹽錢亦依上件指揮散納。中興後，亦不復散鹽，而差損民間所納之數。

《宋史·食貨志》：紹興元年，詔臨安府、秀州亭户二税，依皇祐法輸鹽，立監官不察亭户私煎及巡捕漏泄之法。

《宋史·高宗紀》：紹興二年，提轄榷貨務張純浚立淮、浙鹽法，增其算。《宋史·食貨志》：二年九月，詔淮、浙鹽令商人每袋帖輸通貨錢三千，已算請而未售者亦如之，十日不自陳，如私鹽律。十一月，詔淮、浙鹽以十分爲率，四分支今降旨符以後文鈔，四分支建炎渡江以後文鈔。先是，吕頤浩以對帶法不可用，令商人貼輸錢，至是復以分數如對帶法。

《宋史·高宗紀》：紹興三年，減淮、浙蠶鹽錢。四年正月，增淮、浙路鹽鈔貼納錢。九月，減淮、浙路鹽鈔所增貼納錢。《宋史·食貨志》：四年正月，詔淮、浙鹽鈔錢，每袋增貼輸錢三貫，並計綱輸行在。九月，以入輸遲綱[三〇]，減所添錢。然自建炎三年改鈔法，及今所改，凡五變，而建炎舊鈔支尚未絶，乃命以先後并支焉。

《朝野雜記》：東南鹽行於江淮，舊爲江、湖六路漕計。蔡京爲政，始行鈔法，取其錢以贍中都。自是淮、浙鹽則官給亭户本錢，諸州置倉，許商人買鈔算請。舊淮、浙鹽息歲八百萬緡。紹興初，才三十五萬緡而已。後朝廷益修其政，至紹興末年，東南歲産鹽二萬七千八百六十萬斤，每五十斤爲一石，六石爲一袋，鈔錢十有八千。紹興四年正月，增三千。九月，以入納遲，請罷之。

《文獻通考》：紹興六年，趙鼎奏：『久不變法，建康日納鹽錢甚盛。』上曰：『法既可信，自然悠久。』

《宋史·葉衡傳》：紹興時，鹽課大虧，衡奏：『年來課入不增，私鹽害之也。宜自鬻鹽之地爲之制。司火之起伏，稽竈之多寡，亭户本錢以時給之，鹽之委積以時收之，擇廉能吏察之，私販自絶矣。』仍命措置官三人：淮南於通州，浙東於明州，浙西於秀州。

《宋史·高宗紀》：紹興十三年，蠲浙西貧民逋負丁鹽錢。九月，均科處州丁鹽錢。二十八年正月，遣户部郎中莫濛等檢淮南、浙西、江東沙田蘆場；六月，增浙西、江東、淮東沙田蘆場租課，置提領官田所掌之。二十九年二月庚辰，禁諸州科賣倉鹽；癸未，蠲沙田蘆場爲風水所侵者租之半；六月，罷江、浙、淮東沙田蘆場所增税課。

《玉海》：紹興二十一年七月二十八日，宰臣上鹽法勅令、格式并目録、續降指揮，共一百五十五卷。《茶》《鹽》二書共二百六十卷册。先是八年七月，陳康伯請編成一書，詔以《紹興編類茶鹽法》爲名。

《玉海》：紹興三十二年鹽額，浙西路秀州有鹽場十，平江四，臨安十；浙東路紹興府有場四，明州有場六，台州三，温州五。

《宋史·孝宗紀》：乾道六年，詔以沙田蘆場歲收租税六十餘萬緡，入左藏南庫。

舊《兩浙鹺志》：淳熙初，給諸路鹽本，詔曰：『節聞勘會諸路鹽場，昨緣不依時支散本錢及有減剋之類，致有歲額不敷去處，累降指揮約束，尚虞奉行不虔。仰諸路提舉司常切遵守，約束所部須管依時支給，不得減剋。如有違戾，許亭户越訴，將當職官吏按劾以聞。』

《宋史·食貨志》：淳熙八年，詔住賣帶賣積鹽，以朝廷徒有帶賣之名，總所未免有借撥之弊故也。

《朝野雜記》：淮、浙鹽額最多者，泰州歲産鹽一百六十一萬石，嘉興八十一萬石，慶元三十九萬石。淮、浙鹽一場十竈，每竈煎鹽晝夜六盤，一盤三百斤，遇雨則停。淳熙末，議者謂：總轄甲頭權制亭竈，兜請本錢，恣行刻剥，懼其赴愬，縱令私煎。且如一日雨乃妄作三日申，若一季之間十日雨，則一場私煎三十六萬斤矣。而又有所謂鑊子鹽，亭户小火，一竈之下，無慮二十家，家皆有鑊，一家通夜必煎兩鑊，得鹽六十斤。十竈二百家[三]，以一季計之，則鑊子鹽又百餘萬斤矣。一場之數既如此，諸路可知。十三年九月，遂罷總轄，令亭户自請本錢焉。

《宋史·食貨志》：孝宗乾道六年，户部侍郎葉衡奏：『今日財賦，鬻海之利居其半，年來課入不增，商賈不行，皆私販害之也。且以淮東、兩浙鹽出入之數言之，鹽額淮東之數多於兩浙五之一；以去歲賣鹽錢數論之，淮東多於兩浙三之二；及以竈之多寡論之，兩浙反多淮東四之三，蓋兩浙無非私販故也。望遣官分路措置。』

《宋史・寧宗紀》：紹熙五年即位，蠲兩浙路丁鹽身丁錢一年。慶元六年五月，除茶鹽賞錢。嘉定三年，遣朝臣二人往兩浙，與提舉官議收浮鹽；四年，禁兩浙、福建州縣科折鹽酒；七年，除兩浙路茶鹽賞錢；八年，蠲臨安府茶鹽賞錢。

《海鹽澉水志》：鮑郎鹽場，東亭元五竈，南亭四竈，緣東亭人貧額重，南亭人多盤少，嘉定十四年十二月，申明倉臺移東亭一盤，南亭添作五舍，東亭減作四舍。

《文獻通考》：寧宗慶元元年二月，詔循環鹽鈔住罷，將增剩鈔名改作正支文鈔給算，與日前已投在倉通理資次支散。以淮東提舉陳損之言：『循環、增剩兩等文鈔，據客人稱，循環鈔多有弊。蓋自宣和間，客人先買一鈔，卻更重買一鈔，其先鈔號爲舊鈔，而重買謂之新鈔，舊鈔可以攙支，重買復爲舊鈔，如此循環，實商賈之利也。乞截日住罷，只用一色增剩鈔支請。』於是，富商巨賈有頓爲貧民者矣。

嘉泰四年十二月，詔支客鹽並以舊鈔七分，新鈔三分，以舊鈔理資次。

《宋史・食貨志》：寶慶二年，監察御史趙至道言：『産鹽固藉於鹽户，鬻鹽實賴於鹽商，故鹽户所當存恤，鹽商所當優潤。慶元之初，歲爲錢九百九十萬八千有奇，寶慶元年，止七百四十九萬九千有奇，乃知鹽課之虧，實鹽商之無所羸利。爲今之計，莫若寬商旅，減征税，庶幾慶元鹽課之盛，復見於今日矣。』從之。

《宋史・食貨志》：紹定元年，以侍御史李知孝言，罷上虞、餘姚海塗地創立鹽竈。

《宋史・理宗紀》：紹定二年，詔台州水災，除民田租及茶、鹽、酒酤諸雜税，郡縣抑納者，監司察之。

《宋史全文》：端平二年，都省言：『淮、浙歲額鹽九十七萬四千餘帒，近二三年積虧一百餘萬帒，民食貴鹽，公私俱病。』詔三路提舉茶鹽司各置主管文字一員，專以興復鹽額、收買散鹽爲務，歲終，尚書省課其殿最。

《宋史·食貨志》：淳祐元年，臣僚奏：『南渡立國，專仰鹽鈔，紹興、淳熙，率享其利。嘉定以來，二三十年之間，鈔法或行或罷，而浮鹽之説牢不可破，其害有不可勝言者。望付有司集議，孰爲可行，孰爲可罷，天地之藏與官民共之，豈不甚盛？』從之。

《文獻通考》：淳祐五年，殿中侍御史鄭寀乞括淳祐初創糴本鹽，可以資糴，又省造楮。從之。

《宋史·食貨志》：寶祐五年，殿中侍御史朱熠言：『環海之湄，有亭户，有鍋户，有正鹽，有浮鹽。正鹽出於亭户，歸之公上者也；浮鹽出於鍋户，鬻之商販者也。正鹽居其四，浮鹽居其一。端平初，分置十局，以收買浮鹽。十餘年來，鈔法屢更，公私俱困。正鹽視昔猶不及額，尚何暇爲浮鹽計耶？鬻竈户，列處沙洲，日藉銖兩之鹽，以延旦夕之命。今商賈既不得私販，朝廷又不與收買，則是絶其衣食之源矣。爲今之計，莫若遵端平之舊式，收鍋户之浮鹽。所給鹽本，當過於正鹽之價，則人皆與官爲市。所得鹽息，徑輸朝廷，一以絶戎閫争利之風，一以續鍋户烹煎之利。』從之。

《宋史·理宗紀》：開慶元年，詔給還浙西提舉常平司歲收上亭户沙地租二百萬，永勿復徵。

《宋史·孫子秀傳》：通判慶元府，主管浙東鹽事。先是，諸場鹽百袋附五袋，名五釐鹽。未幾，提舉官以爲正數，民困甚，子秀奏蠲之。與丞相丁大全議不合，開慶元年爲浙西提舉常平。先是，大全以私人爲之，盡奪亭民鹽本錢充獻羨之數，不足，則估籍虚攤，一路騷動。子秀還前正鹽本錢五千餘萬貫，又奏省華亭茶鹽分司官，定衡量之非法多取者，於是流徙復業。

《續文獻通考》：度宗咸淳四年正月，陳宜中奏鹽法抑配之害：『比年以來，越界有禁，鹽之滯者無所泄，鈔之增者不復除，重以銀價倍蓰、綱解廹促，鹽司徧追鈔户，多致抑賣，繼責諸吏立限倍輸，食鹽之户口不加多，日納之銀錢不加少，鈔户殞身蕩産不足填償。諸吏剥牀及膚，肆行抑配，分鄉置局，計口敷鹽，雜以灰泥減其斤兩；沿門强委，剋日責償，前欠未銷，後逋踵至；甚至搜抉煎熬誣以私販，棄抑人家許爲私鬻，攤執偏及於温飽，科罰不問其是非。昨者，臺臣嘗以計口食鹽之害爲言，弊端紛如，未易頓革。欲乞下監司，痛行禁戢。』從之。

《宋史・恭宗紀》：德祐元年，詔復茶鹽市舶法。

《欽定重修兩浙鹽法志》卷十九終

校勘記

[一] 今　原書作「令」。據顔昌嶢《管子校釋》卷二二改。
[二] 開口　原書作「問口」。據顔昌嶢《管子校釋》卷二二改。
[三] 令夫　原書作「今夫」。據顔昌嶢《管子校釋》卷二二改。
[四] 吴越　《後漢書》卷四《孝和帝紀》作「胡越」。
[五] 一　原書作「已」。據《五代會要》卷二六《鹽鐵雜條》改。
[六] 支使　《五代會要》卷二六《鹽鐵雜條》作「供使」。
[七] 鬻鹻鹽至十五斤坐死　原書闕「鹻」字，據《宋史》卷一八一《食貨志下三》補。「十五斤」，《宋史》卷一八一《食貨志下三》作「十斤」。
[八] 地　原書闕。據後文補。
[九] 使　原書作「適」，誤。
[一〇] 可得緡錢三千萬　原書「千」作「十」。據《宋史》卷一八二《食貨志下四》改。
[一一] 入中陝西　原書「陝西」作「陜東」。據《宋史》卷一八二《食貨志下四》改。

〔一二〕給粟帛衣糧　《宋史》卷一八二《食貨志下四》作「給粟帛必良」。

〔一三〕催鹽債　《宋史》卷一八二《食貨志下四》「債」作「償」。

〔一四〕務誅剥以增課　《宋史》卷一八二《食貨志下四》「剥」作「利」。

〔一五〕官司　原書作「官吏」。據《宋史》卷一八二《食貨志下四》改。

〔一六〕轉運使　《宋史》卷一八二《食貨志下四》作「轉運司」。

〔一七〕轉運使　《宋史》卷一八二《食貨志下四》作「轉運司」。

〔一八〕此段引文載於《宋史》卷一八二《食貨志下四》，而非出自《通鑑長編》。

〔一九〕駝畜　原書作「馳畜」。據《宋史》卷一八二《食貨志下四》改。

〔二〇〕入輸遲綱　《宋史》卷一八二《食貨志下四》「綱」作「細」。

〔二一〕十竈二百家　原書作「一竈二百家」。據《建炎以來朝野雜録》甲集卷十四《財賦一·淮浙鹽》改。

欽定重修兩浙鹽法志卷二十　沿革二

《元史·食貨志》：太宗庚寅年，始行鹽法。每鹽一引重四百斤，其價銀一十兩。世祖中統二年，減銀爲七兩。至元十三年，既取宋，而江南之鹽所入尤廣，每引改爲中統鈔九貫。二十六年，增爲五十貫。元貞丙申，每引又增爲六十五貫。至大己酉至延祐乙卯七年之間，累增爲一百五十貫。凡僞造鹽引者皆斬，籍其家産，付告人充賞。犯私鹽者徒二年，杖七十，止籍其財産之半。有首告者，於所籍之内以其半賞之。行鹽各有郡邑，犯界者減私鹽罪一等，以其鹽之半没官，半賞告者。

《元史·食貨志》：兩浙之鹽，至元十四年，立運司，歲辦九萬二千一百四十八引，每引分作二袋，每袋依宋十八界會子，折中統鈔九兩。十八年，增至二十一萬八千五百六十二引。十九年，每引於舊價之上，增鈔四貫。

《元史·百官志》：至元十四年，置兩浙都轉運鹽使司於杭州[一]。大德三年，定其産鹽之地，立場有差，仍於杭州、嘉興、紹興、温、台等處設檢校四所，專驗鹽袋，毋過常度。鹽場三十四所：仁和場、許村場、西路場、下砂場、青村場、袁部場、浦東場、横浦場、蘆瀝場、海沙場、鮑郎場、西興場、錢清場、三江場、曹娥場、石堰場、鳴鶴場、清泉場、長山場、穿山場、岱山場、玉泉場、蘆花場、大嵩場、昌國場、永嘉場、雙穗場、天富南監、長林場、黄巖場、杜瀆場、天富北監、長亭場、龍頭場。

《元史·世祖紀》：至元十九年四月，議設鹽使司賣鹽引法，擇利民者行之，仍令按察司磨刷運司文卷。五月，遣浙西道宣慰司同知劉宣等理算各鹽運司出納之數。十月，增兩浙鹽價。十二月，罷解鹽司及諸鹽司，令運司官親行調度鹽引。二十年四月，申私鹽之禁，許按察司糾察鹽司。二十二年正月，立諸路常平鹽鐵坑冶都轉運司[二]。三月，詔依舊制，凡鹽一引四百斤，價銀十兩，以折今鈔爲二十貫。

《元典章》：至元二十二年十一月，中書省咨請：欽依鹽局官從各處官司近上户計内選保有抵業人，通商賈、信實、不作過犯之人，充每局大使一員、副使一員。鹽局房舍，於各處係有官房内從便標撥；如無，係官錢内起蓋。合賣年銷鹽數，驗各處人户多寡，斟酌可用鹽俗開坐數目，移行宣慰司總管府，各差管押官一員齎擎公文，將引各處局官前去合於運使關切，支撥交割，明白到局。若有短少，著落原關局官賠償。如是，在場鹽數不敷，分作兩次搬運，合用脚力，運司就便和雇，仍將賣過鹽引逐旋申繳本路，轉申省部。合設鹽局，除各縣置立一處外，各路并户多州郡及人烟湊集官市可以添設去處，本路就便斟酌設立。

《元史·世祖紀》：至元二十六年八月，詔兩淮、兩浙都轉運使司諸人，毋得沮辦鹽課。十月，尚書省臣言：『沙不丁以便宜增置浙東二鹽司，合浙東、西舊所立者爲七，乞官知鹽法者五十六人。』從之。閏十月，尚書省臣言：『南北鹽均以四百斤爲引，今權豪家多取至七百斤，莫若先貯鹽於席，來則授之爲便[三]。』從之。桑哥言：『初改至元鈔，欲盡收中統鈔，故令天下鹽課以中統、至元鈔相半輸官。今中統鈔尚未可急斂，宜令税賦並輸至元鈔，商販有中統料鈔，聽易至元鈔以行，然後中統鈔可盡。』從之。

《元典章》：至元二十九年，中書省照到辦課，條畫兩淮、兩浙運司辦課，其間，諸衙門無得擾攪沮壞，亦不得將辦課官吏擅自差占，勾攝兩淮、兩浙運鹽。綱船、車輛并辦課官吏、巡鹽弓手騎坐、馬匹，諸人不得奪要拘撮。如有違犯之人，從行省就便科斷。

《元史・食貨志》：至元三十年，置局賣鹽魚鹽於海濱漁所。三十一年，并煎鹽地四十四所爲三十四場。

《續文獻通考》：至元三十一年，增捕私鹽人賞格，禁諸司豪奪鹽船遞運官物、僧道權勢之家私匿鹽販。

《續文獻通考》：世祖舊制，鹽亭竈户三年一比附推排，任事者恐斂怨，久不舉行。王都中請於行省，偏歷三十四場，驗其物力高下，以損益之，役亦平而課亦足，公私便之。

舊《兩浙鹺志》：《草木子》云世祖立鹽法，瀕海州郡立場，差官主治，差鹽亭户丁[四]煎鹽，至十月結場住煎，及額而止。鹽商於各省府運司買引[五]，就各處[六]鹽場支鹽。後鹽積不售，均派户口收買，令其入錢縣官收市。其中貧富不等，皆令入錢，吏胥並緣爲姦，民甚苦之，皆言其不便。事尋罷，復令富商收市。

《元史・成宗紀》：元貞元年閏四月，罷各處鹽使司，鹽場改設司令、司丞。十月，給江浙、河南巡邏私鹽南軍兵仗。二年七月，詔茶鹽轉運司仍舊以三年爲代。八月，命江浙行省以船五十艘、水工千三百人，沿海巡禁私鹽。九月，增鹽價，鈔一引爲六十五貫，鹽户造鹽錢爲十貫，罷民間鹽鐵鑪竈。

《元史・食貨志》：大德三年，立兩浙鹽運司檢校所，四、五年增額爲四十萬引。至大元年，又增餘鹽五萬引。

《元史・成宗紀》：大德七年二月，禁内外中書省户部轉運司官不得私買鹽引。

《續文獻通考》：大德十一年，中書省臣言：『比獻實貨者，勅以鹽萬引與之，仍許市引九萬。臣等竊謂所市實貨，既估其直，止宜給鈔。若以引給之，徒壞鹽法。』帝曰：『此朕自言，非臣下所請，其給之後，勿視爲例。』

《元史·武宗紀》：大德十一年七月，江浙、湖廣、江西、河南、兩淮屬郡饑，於茶、鹽課鈔内折粟，遣官賑之。十一月，中書省臣言：『前爲江南大水，以茶、鹽課折收米，賑饑民。今商人輸米中鹽，以致米價騰踴，百姓雖獲小利，終爲無益。臣等議，茶、鹽之課當如舊。』從之。十二月，中書省臣言：『國用甚多，帑藏已乏，用及鈔母，非宜。鹽引向從運司與民爲市，今權時制宜，從户部鬻鹽引八十萬，便。』詔：『今歲姑從所請，後勿復行。』至大元年二月，淮安等處饑，從河南行省言，以兩浙鹽引十萬貿粟賑之。二年十二月，尚書省臣言：『鹽價，每引宜增爲至大銀鈔四兩。其煮鹽工本，請增爲至大銀鈔四錢。』制：『可。』

《元典章》：至大四年十一月，江浙行省左右司都事言巡鹽不便事理，除運司依例差委有職，復請俸。巡鹽人員，每道不過三人，約會所屬提點官一同依理巡禁私鹽外，其餘鹽司不許濫設無職役之人，豪強巡禁，亦不許竈户人等擅自搜捉，擾民生事。』

《元典章》：皇慶元年二月，中書省奏預買來年鹽引，除邊遠中糧鹽引外，但依先例，十分中收一分銀在先，一錠銀折二十錠鈔；來如今添五錠，每一錠銀做中統鈔二十五錠。

《元典章》：江浙等行省准中書省咨，據兩浙運司申，延祐元年八月奉旨：經國之費，鹽課爲重。比歲以來，所司失於關防，以致私鹽犯界，鹽貨生發，侵礙官課，澀滯鹽法。應令所在管民、管軍，官常用心提調，關防禁治。

《元史·仁宗紀》：延祐元年六月，增置兩浙鹽運司判官一員。六年十月，置兩浙鹽倉六所，秩從八品官二員，惟杭州、嘉興二倉設官三員，秩從七品。鹽場三十四所，場設鹽運一員，正八品。罷檢校所。

《續文獻通考》：延祐五年，曹伯啓遷司農丞。至江浙，議鹽法，罷檢校官，置六倉於浙東、西，設鹽運官。輸運有期，出納有次，船户、倉吏盜賣、漏失有罰。歸報，著爲令。

《元典章》：延祐五年，江浙行省准中書省咨，兩浙運司申錢塘縣靈隱寺僧人謝心玘違限不納退引四十五道，若不立法禁治，其餘豪富土户作弊影射私鹽無可關防，請立制以杜之。尋，刑部與户部等同議，今後似此有犯，若依私鹽法一體籍配，終非真犯，如蒙比例止科其罪。相應都省准擬依上施行。

《元史・英宗紀》：泰定元年，温州路樂清縣鹽場水，民饑，發義倉粟賑之。

《續文獻通考》：泰定二年，祝大明管勾台州杜瀆鹽場。海潮溢，損鹽以千百計，竈民鬻家貲償官不足，相率逋逃，前吏莫敢爲計。大明請於朝，得減額三之一。

《元史・文宗紀》：天曆二年，免各處煎鹽竈户雜泛夫役。至順二年二月，中書省臣言：『天曆二年，嘗以鹽賦十分之一折銀納之，凡得銀二千餘錠。今請以銀易官帑鈔本，給宿衛士卒。』從之。

《續文獻通考》：文宗天曆二年夏四月，行省復請令商賈入粟中鹽，計一歲總辦之數，約鹽總二百五十六萬四千餘引，鹽課鈔總七百六十六萬一千餘錠。

《續文獻通考》：至順元年，降璽書，申鹽治[七]之禁。三年，定婦人犯私鹽罪，著爲令甲。

《元史・食貨志》：兩浙運司上言：『自至元十三年創立運司，當時未有定額，至十五年始立額，辦鹽十五萬九千引。自後引增十倍，價增三十倍。課額愈重，煎辦愈難，兼以行鹽地界所拘户口有限，前時聽從客商就場支給，設立檢校所稱檢出場鹽袋，又因支查停積。延祐七年，比兩淮之例，改法立倉，綱官押船到場，運鹽赴倉收貯，客旅就倉支鹽。始則爲便，經今二十餘年，綱場倉官任非其人，惟務掊克。況淮、浙風土不同，兩淮跨涉四省，課額雖大，地廣民多，食之者衆，可以辦集；兩浙地界，居江枕海，煎鹽亭竈散漫海隅，行鹽之地，裏河則與兩淮鄰接，海洋則與遼東相通，番船往來，私鹽出没，侵礙官課，雖有刑禁，難盡防禦。鹽法隳壞，亭民消廢。望選委德望重臣與拘該官府參酌時宜，更張法制，惠濟黎元，庶望大課無虧。』六年五月，中書省奏，選官整治江浙鹽法，命江浙行省右丞納麟及首領等官提調。

《元史·順帝紀》：至元元年四月，以兩浙水災，免歲辦餘鹽三萬引。十二月，增設嘉興等處鹽倉。二年，杭州、嘉興、紹興、温州、台州等路各立檢校批驗鹽引所，權免兩浙額鹽十萬引。

《元史·脱脱傳》：至正元年，脱脱爲中書右丞相，減鹽價，蠲積逋。

《元史·食貨志》：至正二年十月，中書右丞相脱脱、平章鐵木兒塔識等奏：『兩浙食鹽，害民爲甚，江浙行省官、運司官[八]屢以爲言。擬合依世祖舊制，除近鹽地十里之内令民認買，罷見設鹽倉綱運，聽從客商赴運司買引，就場支鹽，許於行鹽地方發賣，革去派散之弊。及設檢校批驗所四處，選任廉幹之人，直隸運司，如遇客商載鹽經過，依例稱盤，均平㑲法，批驗引目，運司官常行體究。又，自至元十三年，歲辦鹽課，額少價輕，今增至四十五萬，額多價重，轉運不行。今户部定擬，自至正二年[九]爲始，將兩浙額鹽量減一十萬引，按《元史·鐵木兒塔識傳》作歲減額一十三萬引。俟鹽法流通，復還原額，散派食鹽，擬合住罷。』從之。

《續文獻通考》：至正十二年，盧琦、尹永春奏減口鹽一百餘引。

《松江府志》：趙之章同知兩浙轉運，特浚河運鹽，以省陸運勞費。又留粟賑亭户，活饑民一萬四千一百七十二口。

《明史·食貨志》：太祖初起，即立鹽法，置局設官，令商人販鬻，二十取一，以資軍餉。既而倍徵之，用胡深言，復初制。丙午歲，始置兩淮鹽官，吴元年置兩浙。

《明會典》：洪武元年，置兩浙都轉運鹽使司，定歲辦鹽數，每引四百斤給工本米一石，以米價低昂爲準，兼支錢鈔。

《明史・食貨志》：洪武初，諸産鹽地次第設官，都轉運鹽使司六：兩淮、兩浙、長蘆、山東、福建、河東。兩浙所轄分司四：曰嘉興、曰松江、曰寧紹、曰温台。批驗所四：曰杭州、曰紹興、曰嘉興、曰温州。鹽場三十五，各鹽課司一。

《明史・食貨志》：洪武時，歲辦大引鹽二十二萬四百餘引。弘治時，改辦小引鹽，倍之。萬曆時同。鹽行浙江，直隸之松江、蘇州、常州、鎮江、徽州五府及廣德州，江西之廣信府。所輸邊，甘肅、延綏、寧夏、固原、山西神池諸堡，歲入太倉餘鹽銀十四萬兩。

《明會典》：諸司職掌，凡天下辦鹽去處，每歲鹽課各有定額，年終，各該運司并鹽課提舉司將周歲辦過鹽課，出給印信，通關，具本入遞，奏繳本部，委官於内府户科領出。立案，附卷作數及查照繳到通關。内該辦鹽課比對原額，有虧照數追理。其客商興販鹽貨，各照行鹽地方發賣，不許變亂。合用引目，各運司申報本部，委官關領。本部將來文立案，委官於内府印造，候畢日，將造完引目呈堂關領，回部督匠編號，用印完備，明立文案，給付差來官收領，回還，取領狀入卷備照。其各處有司，凡有軍民客商中賣官鹽，賣畢，隨即將退引赴住賣官司，依例繳納。有司類解各運司，運司按季通類解部，本部塗抹不用。凡遇開中鹽糧，務要量其彼處米價貴賤及道路遠近、險易，明白定奪，則例立案，具奏出榜，給發各司府州并淮、浙等運司張挂，召商中納。

《明會典》：兩浙都轉運鹽使司，許村場、仁和場。嘉興分司，西路場、鮑郎場、蘆瀝場、海沙場、横浦場。松江分司，下砂場、青村場、袁浦場、浦東場、天賜場、青浦場、下砂二場後增、下砂三場後增；寧紹分司，西興場、錢清場、三江場、曹娥場、龍頭場、石堰場、鳴鶴場、清泉場、長山場、穿山場、玉泉場、大嵩場、昌國正監場正統五年裁革。温台分司，永嘉場、雙穗場、長林場、黄巖場、杜瀆場、長亭場、天富南監、天富北監。

《明會典》：洪武初，定鹽引目内條例：凡客商興販鹽貨，不許鹽、引相離，違者同私鹽追斷。如賣鹽了畢，五日之内不行繳納退引者，杖六十。將舊引影射鹽貨，同私鹽論罪。僞造鹽引者，處斬。

《御撰資治通鑑綱目三編》：洪武三年，立開中鹽法。

《明史·食貨志》：山西行省請，令商人於大同倉入米一石，太原倉入米一石三斗[一〇]，給淮鹽一小引。商人鬻畢，即以原給引目赴所在司繳之[一一]。帝從之。

《明史·食貨志》：召商輸糧而與之鹽，謂之『開中』。其後各行省邊境，多召商中鹽以爲軍儲。鹽法邊計，相輔而行。計道里近遠[一二]，自五石至一石有差。道遠地險，則減而輕之。鬻鹽有定所，刊諸銅板。犯私鹽者，罪至死；僞造引者，如之。勤竈有餘鹽送場司，每二百斤爲一引，給米一石。其鹽召商開中，不拘資次給與。

《明會典》：洪武三年，令浙江等布政司并直隸府、州、縣官、民人等，户口食鹽各隨地方徵收，歲用糧多處徵米，用糧少處徵鈔。

《明會典》：洪武四年，令未食鹽官、民人等一體見丁納鈔支鹽，大口十五歲以上，月支鹽一斤，納鈔一貫；小口十歲以上，月支鹽半斤，納鈔五百文。

《明會典》：洪武二十三年，定兩浙各竈户每丁歲辦小引鹽丁六引，引重二百斤，復鹽工丁半之，其餘工丁四引。

《明會典》：洪武二十七年，令優免鹽丁雜泛差役，凡公、侯、伯及文、武四品以上官，不得令家人、奴僕行商中鹽，侵奪民利。

《明會典》：洪武二十八年，令各處邊方缺糧，本部奏請開中納米，定爲則例。出榜召商於缺糧倉分上納，仍先編置勘合并底簿發各該布政司并都司、衛所[一三]及收糧衙門收掌。如遇客商納完糧，填寫所納糧并該支引鹽數目，付客商齎，各該運司及鹽課提舉司照數支鹽。其底簿發各運司及鹽課提舉司收掌，候中鹽客商納米完，齎執勘合到，比對硃墨字號，相同，照數行場支鹽。

《明會典》：洪武二十八年，令兩淮、兩浙鹽運司煎鹽工本，照各場額辦鹽數關鈔，遣監生管運給散。

《御撰資治通鑑綱目三編》：永樂十四年九月，始命御史巡鹽。

《明會典》：永樂十七年，令各處客商原中不拘資次，鹽引遇到即支。又令中鹽客商齎倉鈔赴運司，運使查原來印信，比對明白，即與派場支鹽。

《明史・食貨志》：仁宗立，以鈔法不通，議所以斂之之道。户部尚書夏原吉請令有鈔之家中鹽，遂定各鹽司中鹽則例，俱減舊十四。

《明史・食貨志》：宣德元年，停中鈔例。三年，夏原吉以北京文武官吏、軍夫、工匠糧餉不支，條上預備之策，言：『中鹽米舊則太重，商賈少至，請更定之。』乃定每引自二斗五升至一斗五升有差。

《續文獻通考》：宣德四年，令兩淮、兩浙貧難竈丁，除原額鹽課照舊收納，其有餘鹽者不許私賣，俱收貯本場，運司造册，發附近州縣，每一小引給米麥二斗。

《明會典》：宣德四年，令各運使提舉司查勘中鹽，客商、土民年遠事故者行原籍，官司每引給資本鈔二十錠。五年，罷，差監生於兩淮、兩浙給散煎鹽工本鈔，每歲照山東例，於官庫内關領給散。

《明史・食貨志》：正統元年，始令侍郎何文淵、王佐，副都御史朱與言提督兩淮、長蘆、兩浙鹽課，命内臣[一四]御史同往。未幾，以鹽法已清，下敕召還。後遂令御史視鹺依巡按例，更代以爲常。

《明史・食貨志》：松江鹽課分司，故隸兩浙鹽使官司，處置失宜，負課六十餘萬。民訴於朝，命直隸巡撫周忱兼理。忱條上四事，且請於每年正額外帶補逋課一分。帝從其請。命分逋課爲六，以六載畢償之。

《明史·食貨志》：商人有自永樂中候支鹽，祖孫相代不得者，乃議仿洪武中例，而加鈔錠以償之。願守支者，聽。又以商人守支年久，雖減輕開中，少有上納者，議他鹽司如舊制，而淮、浙、長蘆以十分爲率：八分給守支商，曰『常股』；二分收貯於官，曰『存積』。遇邊方急需，召商中納。常股、存積之名，由此始。凡中常股者價輕，中存積者價重，然人甚苦守支，爭趨存積，而常股壅矣。

《明史·食貨志》：初，浙江軍民計口，月納米三升，買鹽一斤，而商賈持盈赴官，官爲斂散，追徵之急過於租賦。正統時[一五]，帝從給事中鮑輝言，令民自買食鹽於商，罷計口，月給之。令私鬻鹽十斤以下者，勿以私鹽論。

《明會典》：正統元年，令各處有首獲私鹽者，鹽入官，以鈔照時直給償。

《明會典》：正統二年，裁革寧波府岱山、蘆花二場，鹽課歸并大嵩場鹽課司催辦。

舊《兩浙鹺志》：正統二年，令各處竈丁有犯，俱免納米及調場，除歲辦額鹽外，令每日煎鹽三斤，計日贖罪。

《明會典》：正統三年，令兩淮、兩浙、長蘆等運司每歲各差御史一員，領敕巡視禁約，催督鹽課。

《明會典》：正統三年，令各處徵收户口鹽鈔俱減半，徵收官吏并隨任，大口全徵，未出幼男、女及孤、寡、殘疾、軍、匠人口免徵。

《明史·食貨志》：正統三年，寧夏總兵官史昭以邊軍缺馬，奏請召商納馬中鹽，上馬一匹與鹽百引，次馬八十引。既而，定邊諸衛遞增二十引。其後，河州中納者，上馬二十五引，中殺五引；松潘中納者，上馬三十五引，中殺十引[一六]。久之，復如初制。中馬之始，驗馬乃掣鹽，既而納銀於官以市馬，銀入布政司。宗禄、屯糧、修邊、賑濟、輾轉支銷，銀盡而馬不至，其弊日甚，而邊儲告匱。於是，召商中存積鹽以給之，令甘肅中鹽者，淮鹽十七、浙鹽十三。淮鹽惟納米麥，浙鹽兼收豌豆、青稞。因淮鹽值貴，商多趨之，故令淮、浙兼中也。

《浙江通志》：正統三年，用侍郎周忱議，以竈去場三十里者爲水鄉竈户，不及三十里者爲濱海滷丁。水鄉丁歲出米六石，給濱海滷丁代煎。

《浙江通志》：正統四年，復竈户税糧，毋遠運，工本鈔自此罷給。

《浙江通志》：正統五年，并昌國場於穿山，設下砂二三場。

舊《兩浙鹺志》：兩浙年額，引鹽四十四萬四千七百六十九引，一百四十九斤二兩。内常股鹽三十一萬一千三百三十八引，一百六十四斤六兩二錢；存積鹽一十三萬三千四百三十引，一百八十四斤一十一兩八錢。

《明會典》：正統六年，令兩淮、兩浙勸借支鹽，客商米麥收積該場，賑給貧難竈丁，其該支引鹽仍挨次放支。

《明會典》：正統八年，奏准永樂、洪熙、宣德年間客商原中淮、浙、長蘆運司引鹽，願兑支河南、山東、福建運司者，每一引支與二引，不願者，聽其守支。十年，令客商年久不得支鹽、願兑支者，如係原中地方，准量各場遠近三七關支，非原中地方，一引兑與二引者，量地遠近，中半關支。

舊《兩浙鹺志》：正統九年，令各鹽課司，每竈户添撥餘丁二人，免其差役，專一採薪煎鹽。

《明會典》：洪武間，户部鹽引印及鹽糧勘合，并引由、契本、銅版，俱收貯内府户科，編號木記，收貯户部。凡遇各處急缺糧草，則户部奏請印刷編定，召商開中。正統十一年，以户部改爲南京户部，具奏鑄换印與銅版，各增『南京』二字於户部之上，仍收貯在京内府。户部遇開中，本部差官至彼印刷編定，齎赴開中處所給發。

舊《兩浙鹺志》：兩浙額鹽，分派各鎮，坐派各倉，上納糧草完日，該倉出給倉鈔，類申巡撫衙門，出給勘合。每勘合一張，或填二千引，或填二千一百引。各鎮勘合，俱係南京户部發各該巡撫管糧衙門填給。兩浙額鹽，共計勘合二百九十五道，各鎮額鹽，淮、浙兼支，七分派淮，三分派浙。蓋因淮引稍貴，其餘各運司鹽引稍賤，故以淮爲主，以兩浙、長蘆、山東爲配。

《明會典》：正統十四年，令增兩淮、兩浙存積鹽爲四分，召商供給邊儲。

《明會典》：景泰元年，差侍郎二員清理兩淮、兩浙鹽課。二年，取回兩浙巡鹽御史，令鎮守侍郎兼理鹽法。三年，令巡河御史兼理兩浙鹽法，裁省巡鹽御史。

《明會典》：景泰元年，奏准兩浙運使各場，凡近場滷丁，令於鹽場煎辦鹽課；水鄉竈户，離場三十里之外者，每丁歲出米六石，或折收價物，置立倉庫收貯，委官專掌，按季查算。滷丁代納鹽數若干，照名給與食用。

《明會典》：景泰元年，令各商中到存積官鹽，人到即支。其常股鹽，每年依期，將見在商人挨次量高低、場分派搭，封驗引目，赴場關支，備將商名、貫址、勘合字號、米鹽數目、搭派場分，造册繳部。年終，仍將放支過商名、鹽數類造總册，送部查照。

《明會典》：景泰元年，令增兩淮、兩浙存積鹽爲六分。又令竈丁餘鹽每引給米，淮鹽六斗，浙鹽四斗。又令各處商人引鹽出，遷延三月不去者，拘收入官。

舊《兩浙鹺志》：景泰元年，令各運司、提舉司及所屬鹽課司，原有山場、灘蕩供採柴薪者，不許諸人侵占。其年久逃移竈丁，即於見在竈户内以空閒竈丁撥補。

《明會典》：景泰二年，令客商報中鹽數，遷延一年之上不報完者，即於常股鹽内派撥，挨次關支。

《明史·食貨志》：時官吏食鹽多冒增口數，有一官支二千餘斤，一吏支五百餘斤者。乃限吏典不過十口，文武官不過三十口。大口鈔十二貫，支鹽十二斤，小口半之。景泰六年[一七]，始以鹽折給官吏俸糧，以百四十斤當米一石。

舊《兩浙鹺志》：景泰七年，詔淮、浙、長蘆、山東運司所屬鹽稅課司地方，近因災傷，人民饑窘，各該巡鹽御史通行取勘逃亡事故竈丁，無人頂補，遺下未辦。本年五月以前，各處鹽課明白具奏報除豁，以蘇民困。

舊《兩浙鹺志》：天順元年，詔淮、浙、長蘆等鹽運司，景泰七年十二月以前拖欠未完鹽課，悉與蠲免。原派客商引鹽，改派別鹽，於天順元年以前課內關支。

《明會典》：成化二年，令户口鹽應納米者，仍舊納米；應納鈔者，錢、鈔中半兼收。

舊《兩浙鹺志》：成化四年，禁官員占中引鹽。詔曰：『朝廷開中鹽糧，本爲實邊儲、省轉輸，乃利國經久良法。近聞各邊開中鹽糧，内外官員家詭名開報包中鹽引，又令家人子弟將不堪米麥上納。有或轉賣與人，徒手得錢。及轉賣之人先用價錢過多，卻稱斗頭太重，具告官府，因而減數上納。各邊鎮守總兵、巡撫等官非但不行禁革，并有曲徇人情，聽令通同官攢斗級，或將官軍應支月糧指廒作數，或將關中積年陳米相沿進納，虚出通關。有自行包占鹽引轉賣與人，先將本處米麥收積，臨期增價，或插和糠粃，糶與客商上納。似此姦弊非止一端，以致邊廪空虚，軍餉缺乏。今後遇有開中，都依户部奏准事理，並不許内外官員家中納包占，其各商引數亦不許過多。附近，許户部報名；路遠并見在各邊居住者，赴巡撫等官處報名。都在監臨等官務存公道，不許扶同作弊，虧損邊儲。如違，在内從户科給事中參奏，在外從巡撫并巡按御史糾察。』

《浙江通志》：成化五年，户部疏：令水鄉竈丁歲辦鹽二引以上者，輸米四石；三引以上者，米六石，併故所得草蕩，仍給瀕海竈丁代煎。

《明會典》：成化六年，令免今年各處户口鹽鈔，以後不許折收銀米。

《明會典》：成化七年，令兩淮、兩浙運司各場存積鹽課仍舊，止作四分，常股增爲六分。

舊《兩浙鹺志》：成化七年，詔各處鹽場有因風雨損壞倉廒，消化鹽課，曾經風憲官驗勘明白者，盡行蠲免。其成化六年有因災傷無力煎辦，曾經奏報勘實者，應辦鹽課以十分爲率，減免三分。

《浙江通志》：成化九年，令兩浙巡鹽御史督同分巡、分守并運司官，清查竈丁。其絶户及寡婦鹽課，照數開豁，以清出多餘滷丁頂替，再有餘丁，照例辦課，幼丁候長成辦鹽。俱造册備照，仍類造送部，自後每十年一次。

《明會典》：成化十年，令户口鹽價起解京庫，錢鈔兼收，每鈔一貫折錢千文，存留本處。願納米者，聽；願納鈔者，照舊。

《浙江通志》：成化十年，巡撫、右副都御史劉敷以濱海逋課累水鄉，疏改水鄉鹽引，折銀五錢三分，場各輸於其長運司，會而輸户部，備邊用。此水鄉輸銀之始。

舊《兩浙鹺志》：成化十二年，奏准鹽丁除正役里甲該辦糧草外，其餘雜泛差役，丁少者，蠲免；丁多者，亦量加減除。

《浙江通志》：成化十二年，詔蕩水鄉蕩價解運司，此草蕩徵銀之始。

《明會典》：成化十八年，增置天賜溝場并大使、副使二員，以莞瀆場原額鹽課，派撥三分之二煎辦。

《明會典》：成化十九年，令兩浙鹽課：浙西場分，每正鹽一引折銀七錢；浙東場分，每正鹽一引折銀五錢。解送太倉銀庫，候餘鹽支盡，仍納本色。

《浙江通志》：成化二十年，御史林誠以廒鹽多耗，疏令濱海竈鹽並許輸半價，浙西引三錢五分，浙東引二錢五分，歲十月，輸京師。此濱海本折色鹽之始。

舊《兩浙鹺志》：成化二十一年，詔：『成化二十年十二月以前各處鹽運司鹽課，提舉司拖欠鹽課，悉與除豁。其有被水淹没鹽課，曾經風憲官勘實及折罰鹽糧年久追未完，客商失落截角退引，亦皆免追。』

舊《兩浙鹺志》：成化二十一年，禁勢要中鹽。詔曰：『茶、鹽之利，國用所資。近年以來，招商不肯上中，皆因勢要之家攙支攙買及夾帶私販，侵其利。令後開中茶、鹽，不許勢要及現任官員之家上中及夾帶販賣，侵奪民利。違者治以重罪，茶、鹽入官。』

《浙江通志》：成化二十一年，增邊商浙鹽價，每大引輸銀一錢六分。松江府知府樊瑩疏，請以蕩價抵水鄉鹽課之半，立蕩户收之餘半，於各縣秋糧加耗餘米帶徵，而丁盡歸有司應民役。此州縣包補水鄉額鹽之始。

舊《兩浙鹺志》：成化二十三年，禁勢要中鹽。詔曰：『糧、鹽，國用所資。近年以來，欽賞數多，及被内外勢要之人奏討奏買存積、常股，盤剥私餘鹽斤，攙越支賣，夾帶私販，以致上損國課，下奪民財。詔書到日，各該巡按、巡鹽御史即查前項鹽課已支賣外，其未支掣者，各住支還官。今後行鹽各照地方，不許越境販賣。各邊開中、引鹽及糶賣糧草，俱不許勢要及内外官員之家求討占窩，領價上納，亦不許巡撫、管糧等官徇情受囑。違者，許巡按御史糾舉。』

舊《兩浙鹺志》：成化末，奏准水鄉不諳煎燒竈丁該辦鹽斤，每年小引出銀三錢五分，傾銷五十兩作一大錠解司。年終，類解户部。

《明史・食貨志》：初，存積之開中也，商人樂有見鹽，報中者争至。淮、浙鹽不給，乃配支長蘆、山東鹽以給之。道遠不能赴支，邊商輒貿易於近地富人。自是有邊商、内商之分。邊商之鹽不能速獲，内商之引又不賤售，報中寖怠，存積之滯遂與常股等。

《明史·食貨志》：憲宗末年，閹宦竊勢，奏討淮、浙鹽無算。孝宗初，鹽法壞，户部尚書李敏請簡風憲大臣清理，乃命户部侍郎李嗣於兩淮，刑部侍郎彭韶於浙，俱兼都御史，賜敕遣之。

《明史·彭韶傳》：韶以商人苦抑配，爲定折價額，蠲宿負。憫竈户煎辦、徵賠、折閱之困，繪八圖以獻，因條利病六事，悉允行。

《浙江通志》：弘治元年，侍郎彭韶疏減濱海折半鹽價，浙西引輸銀三錢，浙東引一錢七分五釐。二年，疏鬻兩浙餘鹽，引價一錢四分，此本處賣鹽之始。又疏減水鄉歲課，引輸銀三錢；濱海歲課，常股引一錢五分，存積輸鹽如故。

《明史·食貨志》：侍郎彭韶言：『近日，有勸借鹽商銀米賑濟之令，請令買商人餘鹽以補官引，而免其勸借，且停各邊開中，俟課完之日，於本司發賣，三分價值，二充邊儲，而留其一以補商人未支之價。』又言：『鹽課宿逋，不可復徵，請酌久近量爲輕減。』皆命從之。於是竈丁獲寬卹。

《明會典》：弘治二年，令兩浙水鄉竈丁，每鹽一引納銀六錢。煎辦竈丁存積鹽課，仍納本色，常股每引折銀三錢，候商支給，將價照例於勤煎竈户餘鹽内插買補課，各項該納銀兩解到運司，聽巡鹽御史委官解京。

《明會典》：弘治二年，令兩浙運司，各場竈丁有離場三十里内者，全數煎辦；三十里外者，照水鄉事例全准折銀。每年十月以裏徵完，解送運司，類解本部。

《明會典》：弘治二年，令各處秤掣引鹽，止許批驗所官，若本無所官，方委運司官，有司不得干預。

《御撰通鑑綱目三編》：弘治五年冬十月，更中鹽法。明初，於各邊開中，令商人募民墾種，築臺堡，自相保聚，邊儲以充。成化時，始以銀易米，然未嘗著爲令也。至是，户部尚書葉淇召商納銀，令運司類解太倉，分給諸邊，每引輸銀三四錢有差，視國初直加倍，而商無守支之苦。一時，太倉銀累至數百萬。然赴邊開中之法廢，商屯撤業，菽粟翔貴，邊儲日虚矣。

《明會典》：弘治八年，令兩浙運司，竈户若事故例當新僉者，止許府縣查補，照例報銀。滷丁事故，方許運司勾充。俱明立簿籍，查考其場官、催目人等。敢有將銀課改作鹽課，竈户揑作滷丁，一概朦朧勾擾者，俱問以枉法贓罪。

《浙江通志》：弘治十二年，廢寧、台二批驗所。御史藍章增餘鹽價引一錢八分，都御史王瓊、御史邢昭繼增之，引價二錢。

舊《兩浙鹺志》：正德五年，詔曰：『各處商人，先年報中糧草已納在官、未給鹽引者，照數給與見鹽。未納者，悉皆釋放免賠。各年風雨消折等項殘鹽，已有旨准買外。今後一應商人、勢要人等，俱不許違例奏討，以致阻壞鹽法，有誤邊儲。違者，定行重治。』

《續文獻通考》：正德五年，議准鹽課，不許於腹裏地方中賣，亦不許奏開殘鹽，以遂商人姦計。待各邊奏有缺乏，本部開送各邊，報中本色糧草，不許折納銀兩。

舊《兩浙鹺志》：正德五年，詔淮、浙各鹽運司，近年查追拖欠遠年鹽課，將竈追逼逃竄，或有淹禁致死者，除已經開中有引照舊煎辦給商，及存積在官聽候中賣外，其餘自正德四年以前未經開中、額數拖欠，或堆積年久、風雨消折等項，巡鹽御史勘實，一體蠲免。遇有納剩餘鹽、或小民自行煎辦、鹽斤不多者，仍照舊例，許令本處貿易，不在興販私鹽之例。

舊《兩浙鹺志》：正德五年，除賠價。詔曰：『各處商人報中糧草，近因新例，不給價銀及反賠原價，已令該部給價免追。詔書到日，俱依舊例報中上納，照數給價。原欠者陸續補給，官糴糧米盡行停止。』

《浙江通志》：正德六年，增邊商浙鹽價，每大引輸銀一錢八分。八年，減除鹽價，仍一錢八分。

《浙江通志》：正德九年，御史師存智疏，請以本色引鹽即於兩浙開中，引價三錢，鹽貴則稍昂其直。批驗所割没餘鹽，亦遂與商聽輸價。嘉興批驗所引五錢，温州二錢，紹興四錢，杭州四錢五分，歲輸户部。凡商鹽、餘鹽及包索，不得過三百斤，違者，没入之。

舊《兩浙鹺志》：正德十三年，令各運司，但係濱海竈應辦額鹽及應納囚鹽，俱收本色給商，不許折收價銀，派及各商買補。違者，聽巡鹽御史等官嚴加禁治。

《續文獻通考》：正德十四年，令各運司，今後割没餘鹽，不拘多寡俱令本商照依時估納銀，中賣量加火耗，以資解人路費。若本商乘機夾帶，賄通官吏，不行盡數掣割者，盤鹽入官。官吏坐以枉法贓罪，照例問遣。

《續文獻通考》：正德十六年，奏准織造段匹，再不許奏討鹽價，違者，許部科論奏。

《浙江通志》：嘉靖六年，增邊商浙鹽價，每大引輸銀四錢。七年，御史王朝用疏，令瀕海折色水鄉竈鹽，引輸銀二錢三分七釐貯運司，而以二錢給商買鹽，曰『買補』，其三分七釐暨諸割没餘鹽價，仍輸京師。此給買補之始。

舊《兩浙鹺志》：嘉靖六年，嚴禁私鹽。詔曰：『鹽利乃民生所須。近來，官鹽阻滯不通，鹽價高貴，民食艱難。而濱江、濱海鹽徒興販無忌，私鹽船隻多至數百，往來大江，張打旗號，擅用火器、兵器，停泊地方。貪利之徒，公然替伊轉販。遇有商民船隻，因而劫掠。即今江南各府民間所食多是私鹽，官引阻塞。著巡鹽、巡江御史，督令各該巡鹽、巡捕官司，將鹽徒上緊設法挨拏，務要盡絶。仍根究官鹽何以不通，私鹽何以盛行。應自處置者，逕自處置；事體重大者，奏請定奪。務使官鹽疏通，鹽商得利，課額不虧，邊儲有賴。若鹽徒勢衆，原設巡鹽、巡捕人役不敷，巡按、巡江都御史酌量緩急，調兵擒捕，無令滋蔓，以貽地方之害。』

舊《兩浙鹺志》：嘉靖七年戊子春，敕户部曰：『甘肅邊儲久缺，其詳畫經久之策以聞。』胡世寧曰：『永樂中，邊儲悉藉鹽法，每鹽一引輸粟二斗五升。富商悉聚邊鄙，自行耕墾樹藝兼築保聚，所以兵强食足。天順、成化中，輸金户部，商賈不復在邊芻粟，悉資挽運，轉販艱難。益以饑荒，價遂騰踴。宜復鹽法，以舒邊困。』霍韜亦云：『宜復鈔法以存竈户，輕引銀以來商賈。』上嘉納之。

舊《兩浙鹺志》：常股鹽，逐年開中，聽商上納糧料以備主兵之用。存積鹽，遇有緊急缺乏，聽商上納糧料以備客兵之用。自嘉靖十年以後，不分常股、存積，盡數開邊，召商中納。

《浙江通志》：嘉靖十一年，户部疏減甘肅浙鹽價，每大引輸銀三錢。

舊《兩浙鹺志》：嘉靖十二年，題准清理竈丁，均分蕩地，將實在鹽課通行各場，照依見在丁數均匀辦納。其草蕩先爲豪强兼并，逐一查出均撥，聽巡鹽御史每五年一次親詣各場，將竈丁逐一清審。事故者，開除；成丁者，僉補。先年，有將竈蕩丈量入民額者，有徵銀充兵餉者，有司見蕩成熟，輒議陞課。今後新漲荒蕩及開墾熟蕩，盡數分給各竈煎辦，計畝徵銀，不許有司容令部民妄行争奪。

《浙江通志》：嘉靖十六年，題准兩浙官商不到之處，立爲山商。鉛山、弋陽、貴溪、永豐、清江、昌化、浦江、武義、東陽、義烏、湯溪、永康、建德、桐廬、壽昌、慶元、宣平、縉雲、景寧、雲和二十縣，每程一張納銀六錢。餘杭、富陽、臨安、新城、嘉興、秀水、嘉善、崇德、桐鄉、德清、武康、諸暨、新昌、嵊縣、奉化、泰順、青田十七縣，每程一張納銀四錢三分。其餘坐場縣分，容令竈丁肩挑易賣。仍修復松江分司，令分司官駐劄督課。

《明史·食貨志》：令山商每百斤納税銀八分，給之票，使行於僻邑、官商不至之處。其後，票鹽多侵奪正引，官商日少，課引壅二百萬，候掣必五六載。於是，有預徵、執抵、季掣之法。預徵者，先期輸課，不得私爲去留；執抵者，執見在運鹽水程，復持一引以抵一引；季掣，則以納課先後爲序，春不得遲之夏，夏不得超於春也。然票商甫納税即掣而賣，預徵諸法徒厲引商而已。

《浙江通志》：嘉靖二十年，題准台州府長亭、黄巖、杜瀆三場引目，一票作爲一引，每票照鹽三百斤，納銀九分。

舊《兩浙鹺志》：嘉靖二十四年，題准兩浙運司，歲辦水鄉鹽課照舊折價解部，存留在場鹽課徵收折色，解貯運司，給商自行下場買鹽，聽掣。

《浙江通志》：嘉靖三十年，題准將給商正鹽二百斤外，再加餘鹽一百斤，連前餘鹽五十斤，共一百五十斤。

《明史・食貨志》：嘉靖三十一年，添設兩淮、浙江諸處巡鹽都御史。

《御撰通鑑綱目三編》：嘉靖三十九年春正月，以鄢懋卿總理鹽政。舊制，無一人總理四運司者。至是，懋卿以嚴嵩力，總理兩浙、兩淮、長蘆、河東鹽政，驟增鹽課四十餘萬。

舊《兩浙鹺志》：先年，關引原無定期。嘉靖四十年，都御史鄢懋卿題定關引，以四月爲期。

《明史・食貨志》：舊事，官民户口食鹽，皆計口納鈔，自行關支。京官歲遣吏下場，恣爲姦利，錦衣吏益暴，率聯巨艦私販，有司不能詰。巡鹽御史乃定百官食鹽數，攟束以給吏，禁毋下場，納鈔、僦輓費無所出，吏多亡。吏部郎中陸光祖言於尚書嚴訥，疏請革之。自後，百司停支食鹽，惟户部十三道歲支如故。

《明史・食貨志》：嘉靖四十四年，巡鹽御史朱炳如奏罷兩淮工本鹽。自工本鹽之行，引鹽不易掣，邊商多乞掣河鹽。河鹽者，在河徑掣，不上廩囷，易支而獲利疾。迨工本既罷，掣河鹽如故。後復議於正鹽外附帶餘鹽，以抵工本之數云。

《明史・食貨志》：隆慶二年，屯鹽都御史龐尚鵬疏陳鹽法二十餘事，多所興革，帝皆從之。其論邊商、内商，曰：『邊商報中，内商守支，事本相須。但内商安坐，邊商遠輸，勞佚不均，故掣河鹽者以惠邊商也。然河鹽既行，淮鹽[一八]必滯，内商無所得利，則邊商之引不售。今宜停掣河鹽，但別邊商引價，自見引及起紙關引到司勘合，別爲三等，定銀若干。邊商倉鈔已到，内商不得留難。蓋河鹽停，則淮鹽日速，引價定，則開中自多，邊商、内商各得其願矣。』

《浙江通志》：隆慶二年，題准額課改行小鹽，以隆慶三年爲始，每引定以正鹽二百斤，外加包索三十斤，帶餘鹽七十斤，共三百斤爲定例。每引餘鹽七十斤，納銀一錢四分五釐，比舊每引少銀一錢五分五釐。將内商派引執照紙張中津橋票稅與各近便場户買補折色引鹽等項銀兩，加增抵補，仍查照户部。近議存積三分改中本司，每引加銀二錢上下，以抵補前課之額。

《明史・食貨志》：隆慶四年，御史李學詩議罷官買餘鹽。帝從之。

舊《兩浙鹺志》：隆慶四年，總理巡鹽撫臣龐尚鵬奏：『寧夏鹽引俱係土人中納，本重利微，勘合常不得給，往往爲姦商所截買。宜如近例，各商勘合，凡足三千引以上者，悉行填給。其應補勘合，聽撫臣咨部給發，但本鎮浙鹽多，淮鹽少，而淮鹽利浮於浙，宜通融派補。其中途截買者，仍酌議定價，以祛抑勒之姦。』

《浙江通志》：隆慶六年，奏准寧波府所轄五縣，松江所轄二縣共一十四場，俱無住賣商引。又未議行票鹽，令僉選牙埠置立簿票，每票一張照鹽三百斤，納銀一錢四分。

《續文獻通考》：萬曆六年，題准兩浙鹽課，每年終總計完欠分數，將各運司、縣場掌印、管鹽官照依京庫錢糧事例，分別參奏。

《續文獻通考》：萬曆六年，題准兩浙巡鹽御史嚴督運司，將杭、嘉、紹三批驗所每季掣鹽，俱以掣畢日爲始，五十日内盡數交完餘鹽等銀，印給限帖，發運行鹽地方住賣，違者問罪。如違十日以外，即將引鹽追没三分之一；二十日以外，追没三分之二；一月以外，盡没入官。如有風雨等項阻滯，量行寬假。

舊《兩浙鹺志》：萬曆六年，題准南京户部，自萬曆二年以後鹽引勘合以二千引爲一道，照數刷完，轉發各邊收掌。如遇商人完納糧草，即行填給邊商投遞底簿，隨即領出，日後領價撥引專以底簿爲憑。商人報中，浙鹽責令該倉出給倉鈔，比對底簿相同，用印鈐蓋，付與本商，隨便投遞運司。其底簿另封付商，齎至管糧衙門挂號，聽本商親領、親執、親投，領價撥引。

舊《兩浙鹺志》：萬曆七年十一月，户部覆准永嘉等場改認仁、許二場買補引目，減去引價一錢五分，止追銀二錢。浦東、青浦、袁浦改認下砂、青村買補引目，減去銀三分，止追銀一錢四分。蘆瀝場改認西路買補引目，減去銀四分，止追銀八分。恐京解不敷，將紹興所餘鹽每引加銀一分，及將續增稅票、沙蕩等銀抵補前數。

舊《兩浙鹺志》：萬曆七年，題減仁、許等場搭派折色銀兩。議將浙東場分引目，每引加增餘鹽銀一分，續將紹興所引鹽，每引加耗鹽十斤，以補多徵餘鹽之數，杭州等所不得援此例。

舊《兩浙鹺志》：萬曆十年，巡鹽御史孫旬疏言：『往年，關引以四月爲期，然回司無定限，邊商得以賄囑遷延，而新引不繼，則不免於停鹽以待引；行用無定時，内商得以營求分撥，而舊引以壅，則不免於減價以速沽。莫若酌關請之期，嚴往回之限，定行引之規，平撥引之價。』旋定每年關請引定於四月初旬，毋得過初十之外。計程往返，限以五個月内，毋得過八月之終。

舊《兩浙鹺志》：萬曆十年，題准各直省，凡遇商人運到引鹽，掌印官驗，令原編牙鋪照依時值貨賣，不許仍前分派里甲、大户、馬頭、鄉長，致害小民。其緝獲私鹽，秤驗上廒，開報運司，撥商支掣。如有消折，量減斤數，毋致鋪户賠累。

舊《兩浙鹺志》：萬曆十四年，議定竈户煎鹽，除完課給商外，多餘鹽斤無人收買，必歸私販。請動支沙地銀關發四分司，轉給各場官，隨時對竈收買。各場官以報鹽之多寡，定考績之殿最。

《明史·食貨志》：萬曆二十六年，百户高時夏奏浙、閩餘鹽歲可變價三十萬兩，巡按勘皆妄，因言：『浙江歲課，正額止十四萬，今餘鹽乃十五萬乎？』疏入不省。於是，浙江解三萬七千兩有奇，借名增加，商困而引壅。户部尚書趙世卿指其害，言：『内取一分之税，則課少一分之供，而徵解愈遲，國計愈絀，請悉罷無名浮課。』不報。

《鹽法考》：萬曆三十七年，巡鹽御史韓浚，以國初丁蕩有額，鍋盤有數，法本至善。乃今昔變遷，有昔稱多鹽而今坍没殆盡者，買補不足，多守候而誤季掣；有昔稱無鹽而今斥滷有餘者，買補不盡，悉輾轉而入私販。宜概行清審，坍損者捐之，新漲者增之。悉按見在之丁蕩爲損益之多寡，而場竈商支無不均之患矣。

舊《兩浙鹺志》：萬曆三十九年十月，巡鹽御史張惟任奏：『兩浙各場竈、蕩之隱占、漏匿者，清出税銀一萬八千四百餘兩，徵補商價積負。』從之。

《明史·食貨志》：帝用李太后遺誥，蠲各運司浮課，商困稍甦。

舊《兩浙鹺志》：萬曆四十二年四月，陝西道御史劉廷元疏稱：『加税貽累非法，乞將兩浙新陞蕩税立賜全免。』敕令新增蕩税一萬八千有奇，減去一半。

舊《兩浙鹺志》：萬曆四十二年九月，巡鹽御史楊鶴題請，每年帶銷五萬餘引之數，量銷一萬，其五年清丁清蕩，著實舉行。令民户占種竈産者，於常課之外量加包補新漲沙塗之税，以抵坍塌蕩地之課。

舊《兩浙鹺志》：萬曆四十三年九月，户部議覆巡鹽御史崔爾進題：每年帶銷舊引一萬，每引加銀三鳌，於原派京庫正解，毫髮無虧，公私兩便。從之。

《明史・食貨志》：時，行鹽中引者曰『邊商』，支掣者曰『内商』，運賣者曰『水商』。而三商之外，别有囤户，阻壞鹽法，大抵由之，三商盡困，鹽引大滯。於是，巡鹽御史龍遇奇奏立鹽政綱法，以舊引附見引行之，計十餘年，則舊引盡行矣。

《東陽縣志》：天啓間，尚書許宏綱建議，將原裁弓兵工食抵扣鹽斤，聽民肩挑勿禁。於是台鹽盛行，而貧民皆得自食其力。後邑商以課額具呈所司，而復其禁。

《明史・食貨志》：天啓時，言利者恣搜括，魏忠賢黨郭興治、崔呈秀等巧立名目以取之，所入無算，論者比之絶流而漁。崇禎中，給事中黄承昊條上鹽政，頗欲有所更革，是時，兵餉方大絀，不能行也。

《浙江通志》：崇禎十四年，用御史馮垣登言，建松江所，轄掣崑、常、嘉、太、華、婁、上、青等州縣引鹽。

《上海縣志》：崇禎時，都運使張繼孟蠲無業丁銀，又令水鄉與濱海一體僉充催役。

《欽定重修兩浙鹽法志》卷二十終

校勘記

[一] 置兩浙都轉運鹽使司於杭州　原書作『置司杭州』。據《元史》卷九一《百官志七》補。

[二] 諸路常平鹽鐵坑冶都轉運司　原書闕『坑冶』二字。據《元史》卷一三《世祖紀十》補。

[三] 授之爲便　原書『授』作『售』。據《元史》卷一五《世祖紀十二》改。

[四] 鹽亭户丁　原書闕『丁』字。據《草木子》卷三下《雜制篇》補。

[五] 買引　原書闕『引』字。據《草木子》卷三下《雜制篇》補。

［六］就各處　原書闕「各」字。據《草木子》卷三下《雜制篇》補。

［七］鹽治　原書「治」作「冶」，誤。

［八］行省官運司官　原書二「官」字均闕。據《元史》卷八〇《食貨志五》補。

［九］至正二年　《元史》卷八〇《食貨志五》作「至正三年」。

［一〇］商人於大同倉入米一石太原倉入米一石三斗　原書作「商人於大同倉入米一石三斗」。據《元史》卷八〇《食貨志五》補。

［一一］即以原給引目赴所在司繳之　原書闕「目」「司」二字。據《元史》卷八〇《食貨志五》補。

［一二］計道里近遠　原書闕「計」字。據《元史》卷八〇《食貨志五》補。

［一三］衛所　原書「所」作「分」，誤。

［一四］内臣　《元史》卷八〇《食貨志五》作「中官」。

［一五］正統時　原書闕此三字。據《元史》卷八〇《食貨志五》補。

［一六］中殺十引　《元史》卷八〇《食貨志五》作「中減五引」。

［一七］六年　《元史》卷八〇《食貨志五》作「三年」。

［一八］淮鹽　原書「淮」誤作「堆」。據《元史》卷八〇《食貨志五》改。下同改。

欽定重修兩浙鹽法志卷二十一　職官一

設官分職，由來舊矣。漢制，鹽官於會稽郡；唐多設鹽鐵之使；宋代鹽官，或以監司兼管，或特設提舉兼監司之事；明，始立都轉運司、鹽道、鹽提舉等官，以巡鹽御史統之。我朝釐正鹽法，建官綜理。以兩浙、江南地方遼闊，政務殷繁，置四所三十二場，各掌其政，分轄於運副、運判，總屬於鹽運使，而以鹽政受其成。康熙四十九年，改運使爲鹽驛道。雍正四年，以巡撫兼理鹽政，嗣於乾隆五十八年，復特簡鹽政，以資監察，仍改設運司，以重責成。法制愈備，吏治益精，理財用人之大法，舉於鹽筴見之矣。舊《志》有『職官表』，今昔沿革之制，可備考證。他如官紀，以載其爵里宦跡，以列其事實，皆志例也。第閱時已多，官制既有更改，仕籍亦有遞增，謹循其舊而加蒐采焉。志職官。

職官表[二]

歷代命官稱名不一，而職守所係，今古略同。謹遵國朝定制，分部院、户部、户科、都察院。巡察、巡鹽御史，即今鹽政。轉運、運使及運同、運判。場所批驗鹽課各大使。等官，依舊《志》列爲四階，按其職守，表其世次，庶鹽官制置得所考據云。

	周	秦	漢
部院 統領鹽法	《周禮·天官》：大府，掌九貢、九賦、九功之貳，以受其貨賄之入。《鄭注》：若今司農。《周禮·天官》：司會，掌國之官府[二]、郊野、縣都之百物財用。凡在書契、版圖者之貳，以逆群吏之治，而聽其會計。《鄭注》：若今尚書。	《漢書·百官公卿表》：少府，秦官。掌山海池澤之稅。治粟内史，秦官，掌穀貨。《晉書·職官志》：秦御史大夫有二丞，其一御史丞，其二爲中丞。外督部刺史，内領侍御史，受公卿奏事，舉劾按章。	《漢書·百官公卿表》：治粟内史，景帝後元年，更名大農令。武帝太初元年，更名大司農，有兩丞。《漢書·食貨志》：武帝以大農丞領鹽鐵事。《漢書·百官公卿表》：少府，有六丞。《食貨志》：山海天地之藏，宜屬少府。《後漢書·百官志》：成帝[三]初，置尚書四人，分四曹。民曹尚書，主凡吏上書事。注：蔡質《漢舊儀》：主繕治功，作監池，苑囿，盜賊[四]事。謹按：監池，《晉·職官志》作鹽池。《晉書·職官志》：成帝建始四年，置尚書，置丞四人。尚書郎，西漢舊置四人，以分掌尚書，其一人主財帛委輸。《漢書·百官公卿表》：御史大夫，成帝綏和二年更名大司空，置長史如中丞，官職如故。哀帝建平二年，復爲御史大夫。元壽二年，復爲大司空。御史中丞更名御史長史。
巡察 督理考核	《周禮·天官》：鹽人，掌鹽之政令，以供百事之鹽。其屬有奄二人，女鹽二十人，奚四十人。	《漢書·百官公卿表》：監御史，秦官。《通典》：秦以御史監理諸郡，謂之監察御史。	《漢書·食貨志》：元封元年，桑弘羊爲治粟都尉，領大農，斡天下鹽鐵，請置大農部丞數十人，分部主郡國，各往往置均輸、鹽鐵官。《通典》：惠帝初，遣御史監三輔郡，其後又置監御史。注：《漢官儀》：侍御史，出督州郡賦税、運漕、軍糧。《漢書·百官公卿表》：侍御史，有繡衣直指，出討姦猾，治大獄。武帝所制，不常置。
轉運 綜匯鹺課			《漢書·百官公卿表》：大司農，有斡官鐵市，兩長丞。初，斡官屬少府；中，屬主爵；後，屬大司農。注：如淳曰：斡，主也，主均輸之事，所謂斡鹽鐵也。[五]
場所 分掌稽查	《左傳·昭公二十年》：晏子曰：『海之鹽蜃，祈望守之。』《服注》：祈望，官名。		《通鑑綱目》：武帝元狩四年冬，置鹽鐵官。《西漢會要》：元帝初元五年，罷鹽鐵官。永光三年，復。《漢書·地理志》：會稽郡縣：海鹽，故武原鄉，置鹽官。

续表

	部院 統領鹽法	巡察 督理考核	轉運 綜匯鹾課	場所 分掌稽查
後漢	《後漢書·百官志》：大司農[六]，卿一人，中二千石。注曰：掌諸錢穀金帛諸貨幣。[七]郡國四時上月旦見錢穀簿，其逋未畢，各具別之。邊郡諸官請調度者，皆爲報給，損多益寡取相給足。丞一人，比千石。部丞一人，六百石。本注曰[八]：部丞主帑藏。 《晉書·職官志》光武始置左右丞。尚書郎分六曹，合置三十四人，秩四百石。 《後漢書·百官志》『御史中丞一人，千石[九]。本注曰[一〇]：御史大夫之丞也。侍御史十五人，六百石。』	《文獻通考》：獻帝初，置使者，監賣鹽。 《通典》：侍御史，十五人。 《後漢書·百官志》：太尉掾史屬，金曹，主貨幣[一一]、鹽、鐵事。	《後漢書·百官志》：郡有鹽官、鐵官，隨事廣狹，置令、長及丞，秩次[一二]皆如縣、道，無分士，給均本吏[一三]。凡郡縣出鹽多者，置鹽官，主鹽税。 《後漢書·百官志》：郡國鹽官、鐵官，本屬司農，中興，皆屬郡縣。	《後漢書·和帝紀》：郡國罷鹽鐵之禁，縱民煮鑄，入税縣官如故事。
三國	《通典》：大司農，建安中，爲大農。魏黄初元年，改爲司農。 《晉書·職官志》：魏有度支尚書，有金部、度支、農部、民曹郎。《事文類聚》：魏文帝置度支尚書，專掌軍國支計。 《通典》：吴有户部。注：孫休初即位，户部尚書階下讀奏。 《事文類聚》：吴張温爲户曹郎。 《通典》：魏初改中丞爲官正，後復爲中丞。	《晉書·食貨志》：魏武遣謁者僕射監鹽官。 《宋書·百官志》：魏置御史八人，有治書曹，掌度支運；課第曹，掌考課。	《蜀志》：先主定益州，置鹽府校尉，司鹽校尉。 《通典》：魏制九品，第六品司鹽都尉。 《吴書·孫休傳》：海鹽司鹽校尉駱秀。 《蜀書·王連傳》：遷司鹽校尉，較鹽鐵之利。簡取良材以爲官屬；遷蜀郡太守、興業將軍，領鹽府如故。	《通典》：魏置九品，第八品司鹽監丞。

续表

	部院 統領鹽法	巡察 督理考核	轉運 綜匯鹺課	場所 分掌稽查
晉	《晉書·職官志》：晉置度支曹。太康中，有度支、左民尚書，惠帝世又有右民尚書。《晉書·杜預傳》：拜度支尚書，較鹽運，制課調。 《晉書·職官表》：魏尚書郎有金部、度支。 《宋書·百官志》：大司農，晉哀帝末省並都水。孝武世復置。 《通典》：晉因漢以中丞爲臺，主分督百寮，無所不糾。	《晉書·職官志》：侍御史，晉置員九人。有課第曹、算曹。及江左初，省課第曹，置庫曹，後復分曹，置外左庫、内左庫。《通典》：晉侍御史，頗用郡守爲之。	《晉書·王允之傳》：除錢唐令，領司鹽都尉。	
南北朝	《通典》：宋、齊度支尚書，領度支、金部、倉部、起部四曹。梁亦有之。後魏度支，亦掌支計。北齊度支，統度支、倉部、左户、右户、金部、庫部六曹。後周，置大司徒，卿一人，如周禮之制。 《通典》：宋，中丞一人。齊中丞，職無不察。梁初，置御史大夫，天監元年，復曰中丞，掌督司百寮。自齊梁皆謂中丞爲南司，陳因梁置，後魏爲御史中尉，後周有司憲中大夫二人。	《隋書·食貨志》：後周太祖作相，創置六官。掌鹽，掌四鹽之政令。 《通典》：侍御史，宋並諸曹，凡十御史。齊有十人，陳梁皆九人，居曹糾察不法。後魏御史甚重，北齊八人，後周有司憲中士。 《魏書·官氏志》：天興四年九月，罷外蘭台御史，總屬内省。	《魏書·官氏志》：司鹽都尉，從第五品。 《文獻通考》：後魏宣武，立鹽司。	《玉海》：後魏神龜元年，復置鹽官。

	隋	唐
部院 統領鹽法	《隋書・百官志》：度支尚書統户部侍郎各二人，[一四]金部、倉部侍郎各一人。《通典》：隋初，度支尚書並後周民部之職，開皇三年，改度支爲民部，統度支、民部、金部、倉部四曹。《隋書・百官志》：御史臺大夫一人監察御史各十二人	《唐書・百官志》：户部尚書一人，侍郎二人，掌天下土地、人民錢穀之政，貢賦之差。其屬有四：曰户部，曰度支，曰金部，曰倉部。郎中、員外郎爲之貳。注：高宗即位，改民部曰户部。龍朔二年，改户部曰司元，度支曰司度。光宅元年，改户部曰地官。《通典》：神龍元年，改地官爲户部，總判户部、度支、金部、倉部事。《唐書・食貨志》：廣德二年，廢勾當度支使。《唐書・崔造傳》：貞元二年，以度支、鹽鐵務還尚書省。《通典》：度支郎中，龍朔二年改爲司度[一五]，咸亨元年，復舊[一六]，掌支使國用。至德二年，侍郎充勾當度支使。貞元二年[一七]，以宰相加度支使，自後亦有他官判，或云權判、亦云專判。
巡察 督理考核	《隋書・百官志》：司農寺統太倉等署，各置令。太倉又有鹽倉督二人。	《唐書・百官志》：監察御史十五人，掌分察百寮，巡按州縣。凡十道巡按，以判官二人爲佐，務繁則有支使。其一，察官人善惡。其二，察户口流散，籍帳隱没，賦役不均。《舊唐書・食貨志》：開元元年，令將作大匠、户部侍郎俱攝御史中丞，與諸道按察使簡責海内鹽鐵之課。
轉運 綜匯鹾課	《隋書・百官志》：鹽池置總監、副監、丞等員，管東西南北面等四監，亦各置副監及丞。鹽池總監爲視從六品，鹽池總副監爲視從七品，鹽池總監丞爲視從八品。	《唐書・食貨志》：乾元十八年，宣州刺史裴耀卿朝集京師，元宗拜爲黄門侍郎，同中書門下平章事，兼江淮都轉運使。謹按：轉運使之置，始見於此，初以運漕，後兼鹽鐵。《唐書・第五琦傳》：天寶中，遷司金郎中兼監察御史、諸道鹽鐵鑄錢使。鹽鐵名使，自琦始。
場所 分掌稽查	《隋書・百官志》：鹽池四面監，視正八品；鹽池四面監丞，視從九品。《隋書・食貨志》：天平元年，於滄、瀛、幽、青四州之境，傍海置鹽官，以煮鹽。	《唐書・食貨志》：乾元元年，就山海井竈近利之地，置監院。又宣宗即位，擇嘗更兩畿輔望縣令者，爲監院官。《唐書・食貨志》：乾元元年，吳、越、揚、楚有漣水、湖州、越州、杭州四場，嘉興、海陵、鹽城、新亭、臨平、蘭亭、永嘉、大昌、侯官、富都十監。

续表

	部院 統領鹽法	巡察 督理考核	轉運 綜匯鹺課	場所 分掌稽查
唐	《唐書・百官志》：司農寺，卿一人，少卿二人，掌倉儲委積之事，總四監及鹽池諸屯等監。 《唐書・百官志》：御史臺大夫一人，中丞二人。其屬有三院，曰臺院、殿院、察院。注：龍朔二年，改御史臺曰憲臺。文明元年，改肅政臺。光宅元年，分左右臺，至德後，諸道使府參佐皆以御史爲之，謂之外臺。	《玉海》：開元十年，敕諸州鹽鐵，令刺史、上佐檢察收課。 《唐書・食貨志》：乾元元年，自淮北置巡院十三，曰揚州、陳許、汴州、廬壽、白沙、淮西、甬橋、浙西、宋州、泗州、嶺南、兖鄆、鄭滑，捕私鹽者，姦盜衰息。又貞元初，廢諸道巡院。 《唐書・崔造傳》：方歲饑，諸道有鹽鐵處仍置巡院。歲盡，宰相計殿、最以聞。 《唐書・食貨志》：其後，諸道鹽鐵轉運使張滂復置巡院。	《唐書・食貨志》：初，轉運使掌外，度支使掌内。永泰二年，分天下財賦、鑄錢、常平、轉運、鹽鐵，置二使。《玉海》：貞元二十一年，鹽鐵、度支合爲一使。寶應元年，鹽鐵兼轉運。 《唐書・百官志》：宰相事無不統，自開元以後，常領他職，時急財用，則爲鹽鐵轉運使。 《唐書・食貨志》：貞元初，廢諸道水陸轉運使及江淮轉運使，以度支、鹽鐵歸尚書省。 《唐書・食貨志》：第五琦爲諸州榷鹽鐵使[一八]，盡榷天下鹽，斗加時價，百錢而出之[一九]。至皇甫鎛，又奏置榷鹽使。 《事文類聚》：裴耀卿爲江淮轉運使，崔希逸、蕭炅爲副，副使之名始此。	《通典》：上元以後，天下出鹽，各置監司，節級權利。 《唐書・百官志》：諸鹽池監一人，正七品下，掌鹽功簿帳，有餘事一人，史一人。

	部院 統領鹽法	巡察 督理考核	轉運 綜匯鹺課	場所 分掌稽查
五代	《五代史·張延朗傳》：唐制，户部、度支，以本司郎中、侍郎判其事，而有鹽鐵轉運使，其後以宰相領其職。乾符以後，始置租庸使，用兵無常，隨時調斂[二〇]，兵罷則止。梁興，始置租庸使職，以大臣一人判户部、度支、鹽鐵，號曰判三司，因置三司使，班在宣徽使下。三司置使，自此始。 《五代史·孔謙傳》：明宗罷租庸使額，分鹽鐵、度支、户部爲三司。又《劉審交傳》：歲餘，三司益煩弊，復合爲一。 《舊五代史·職官志》：敕鹽鐵、度支、户部三司，凡關錢物並委租庸使管轄。天成元年四月，詔廢租庸院，依舊爲鹽鐵、户部、度支三司，委宰臣一人專判。長興元年，以許州節度使張延朗行工部尚書、充三司使，班在宣徽使下。三司置使，自延朗始也。	《文獻通考》：五代罷巡院官，置轉運使。		《五代會要》：一諸官場官務羨餘鹽，許盡底報官。又，贍國軍堂場務[二〇]，邢、洺州鹽務，有見垛貯[二一]鹽貨處，並須修置。

续表

	部院 統領鹽法	巡察 督理考核	轉運 綜匯鹺課	場所 分掌稽查
宋	《宋史·職官志》：三司之職，國初沿五代之制，置使以總國計，通管鹽鐵、度支、户部，號曰計省，位亞執政，目爲計相。太平興國八年，置三使。淳化四年，復置使一員，總領三部。又分天下爲十道，在京東曰左計，京西曰右計，置使二員分掌，又置總計使。五年，罷十道左、右計使，復置三部使。咸平六年，罷三部使[三三]，復置三司一員，闕正使，則以給、諫以上權使事。使一人，以兩省五品以上及知制誥雜學士、學士充。亦有輔臣充使者。使闕，則有權使事；又闕，則有權發遣公事。三部副使各一人，通簽逐部之事；判官各一人，分掌逐案之事；鹽鐵分掌七案：一兵案、二胄案、三商税案、四都鹽案、五茶案、六鐵案、七設案。元豐官制行，三司使並歸户部。《宋史·職官志》：國初，財計歸三司。元豐並歸户部，掌天下錢穀之政令，其屬三：曰度支，曰金部，曰倉部。尚書一人，侍郎二人，郎中，員外郎，左右曹各二人，度支、金部、倉部各二人。左曹設科曰課利，掌人户買撲鹽場、酒務租額酒息，金部郎中、員外郎掌勾考平準市舶榷易商税、茶鹽之數，以周知其登耗。	《宋史·太宗紀》：淳化四年七月，置諸路茶鹽制置使。《宋史·職官志》：乾道六年，以户部侍郎史正志[三四]爲兩浙、京、湖、淮、廣、福建等路都大發運使。《宋史·職官志》：發運使，掌經度山澤、財貨之源，漕淮、浙、江、湖六路儲廩以輸中都[三五]，而兼制茶鹽、泉寶之政，及專舉刺官吏之事。至崇寧三年，始別差官提舉茶鹽。《宋史·食貨志》：嘉祐中，榷貨務課益不登，即發運司置官，專領運鹽之事。《宋史·職官志》：提舉茶鹽司，掌摘山煮海之利，以佐國用，皆有鈔法。視其歲額之登損，	《宋史·職官志》：轉運使，掌經度一路財賦而察其登耗有無，以足上供及郡縣之費；歲行所部，檢察儲積，稽考帳籍。凡吏蠹民瘼，悉條以上達，及專舉刺官吏之事，或諸路事體當合一，則置都轉運使以總之。廢置不常，而正使不廢。若副使、若判官，皆隨資之淺深稱焉。其屬有主管文字、幹辦官各一員，文臣準備差遣、武臣準備差使，員多寡不一。《文獻通考》：宋乾德以後，始置諸道轉運使以總利權。開寶六年，除徐澤爲判官，轉運判官始此。轉運使之名，國初但曰勾當某路水陸計度轉運事。太平興國初，皆曰使，兩省以上即爲都轉運使，又置副使與諸路判官焉，又置同勾當運使事，俄罷諸路副使。《宋史·食貨志》：明道二年，敕轉運司經畫本錢以償亭户。又政和元年，議嚴責轉運司搬	《宋史·職官志》：監當官掌茶鹽、酒税，場務征輸之事。諸州，軍隨事置官，其征榷提務歲有定額，歲終，課其額之登耗以爲舉刺。建炎初，詔監當官缺，許轉運使具名奏辟。《宋史·張綸傳》：淳化間，除江淮制置發運使。時鹽課大虧，置鹽場於杭、秀、海三州，歲入課百五十萬。《宋史·食貨志》：兩浙曰杭州場，明州昌國東、西兩監，秀州場，温州天富南、北監，密鸚、永嘉二場，台州黄巖監。天聖中，杭、秀、温、台、明各監

续表

	宋
部院 統領鹽法	《宋史·職官志》：太府寺，元豐官制置卿、少卿各一人，丞、主簿各一人。掌邦國財貨之政令及帑藏出納、商税平準貿易之事，歲以茶鹽鈔募人入豆穀實邊，置交引課，掌給印出納交引錢鈔之事。建炎詔罷太府寺，以所掌撥隸金部。紹興元年，復以寺丞措置印，給發鹽鈔引。
巡察 督理考核	以詔賞罰，凡給之不如期、鬻之不如式，與州縣之不加恤者，皆劾以聞。政和改元，詔江、淮、荆、浙六路共置一員，既而諸路皆置。中興後，通置提舉常平茶鹽司。建炎元年，常平職事並歸提刑司，錢歸行在。紹興六年[二六]，復置主管，其後置經制司。十五年，詔諸路提舉茶鹽官，改充提舉常平茶鹽公事。茶鹽司置官提舉，本以給賞[二七]鈔引，通商阜財，巡歷覺察，禁止私販，按劾不法，其屬有幹辦官。 《宋史·職官志》：提舉制置解鹽司，掌鹽澤之禁令，使民入粟塞下，予鈔給鹽，以足民用，而實邊備。凡鹽價高下及文鈔出納多寡之數，皆掌之。 《宋史·食貨志》：熙寧五年，以發遣兩浙提點刑獄仍兼提舉鹽事。 《萬曆杭州府志》：宋初，爲茶鹽制置使。政和以後，始置諸路提舉茶鹽與常平爲二司。紹興十五年，合常平爲一司，分浙東、浙西，置司蘇州，大觀中，徙杭州。
轉運 綜匯鹺課	運準備鹽。 謹按：此轉運司實兼鹽事。 《咸淳臨安志》：二浙，自錢氏國除，太平興國二年五月始，以刑部郎中楊克遜爲西南路轉運使，宗正寺丞趙齊副之，祠部郎中劉保勳爲東北路轉運使，拾遺鄭遜副之。至道三年，分天下爲十八路，兩浙合爲一，獨得視京東、西等並置使、副，或皆爲使，或皆爲副，或爲同轉運使，或以一員爲判官。熙寧七年，檢正沈括乞分爲兩路，於杭州置司，詔從之。建炎四年，車駕所幸，未有定居，乃於東、西二使之外添差一員一隨。行在應辦錢糧，以方孟卿爲之，又以李承造爲劉光世隨軍轉運[二八]，未幾，省。至紹興二年，添差亦罷。淳熙初，始置一員，或除運副，或由判官而陞，至今爲定制。 《松江府志》兩浙都轉運使司[二九]、分司，宋建炎中置，領鹽課司、八西鹽倉。乾道中，廢爲茶鹽分司。景定元年，革罷華亭茶鹽分司。
場所 分掌稽查	一，温州又領場三。 《宋史·職官志》：巡檢司有巡檢江河淮海及巡捉私鹽等，各視其名，以修舉職業。 《海寧縣志》：太平興國四年，以舊臨平監置買納官，總出納入場鹽課，曰鹽監。 《玉海》：紹興三十二年，鹽額：浙西路：秀州有鹽場十，平江四，臨安十；浙東路：紹興府有場四，明州有場六，台州三，温州五。 黄震《論復祖額狀》：浙西諸場，舊各置催煎官一員，縣市置買納官、支鹽官各一員，而提舉司總其權。

续表

	元
部院 統領鹽法	《元史・百官志》：户部　尚書三員、侍郎二員、郎中二員、員外郎三員，掌天下户口、錢糧、田土之政令。凡貢賦出納之經、金幣轉通之法、府藏委積之實、物貨貴賤之直、斂散准駁之宜，悉以任之。中統元年，以吏、户、禮爲左三部。至元元年，分立户部。大德五年，設主事八員，其屬有都提舉萬億寶源[三〇]庫，印造茶鹽等引局大使、副使。《元史・百官志》：御史臺　大夫二員，中丞二員，侍御史二員，治書侍御史二員。掌糾察百官善惡[三一]、政治得失。
巡察 督理考核	《元史・百官志》：中統、至元間，始分立行中書省，皆以省官出領其事。凡錢糧漕運、軍國重事，無不領之。至元十三年，初置江淮行省，治揚州；二十一年，以地理民事非便，遷於杭州。二十二年，割江北諸郡隸河南[三二]，改曰江浙行省。至正十二年，江浙行省除添設平章[三三]，置淮南、江北等處行中書省於揚州，以淮西宣慰司、兩淮鹽運司[三四]，皆隸焉。《元史・百官志》：至元十四年，始置江南行御史臺於揚州，尋徙杭州，以監臨東南諸省，統制各道憲司，而總諸内臺。《元史・世祖紀》：至元十九年，遣浙西道宣慰司同知劉宣等理算各鹽運司，及財賦府茶場都轉運司出納之數[三五]。《元史・仁宗紀》：皇慶元年[三六]，遣官同江西、江浙省整治茶、鹽法。
轉運 綜匯鹺課	《元史・百官志》：都轉運鹽使，掌場竈，榷辦鹽貨以資國用。兩浙都轉運鹽使司，使二員，同知二員，運判二員，經歷、知事各一員，照磨一員。至元十四年，置司杭州。《元史・世祖紀》：至元十九年，罷諸鹽司，令運司官親行調度鹽引。《元史・仁宗紀》：延祐元年，增兩浙鹽運司判官一員。
場所 分掌稽查	《元史・百官志》：大德三年，定産鹽之地，立場有差，鹽場三十四所，每所司令一員，司丞一員，管勾一員。仁和場、許村場、西路場、下砂場、青村場、袁部場、浦東場、横浦場、蘆瀝場、海沙場、鮑郎場、西興場、錢清場、三江場、曹娥場、石堰場、鳴鶴場、清泉場、長山場、穿山場、岱山場、玉泉場、蘆花場、大嵩場、昌國場、永嘉場、雙穗場、天富南監、長林場、黄巖場、杜瀆場、天富北監、長亭場、龍頭場。《元史・百官志》：大德三年，於杭州、嘉興、紹興、温台等處，設檢校四所，掣驗鹽佾，毋過常度。《元史・百官志》：批驗所大使一員，副使一員，掌批驗鹽引。謹案：大德間，惟兩淮運司設批驗所於真州、采石等處。兩浙止置檢校四所而無批驗之稱，至正二年，始合檢校、批驗爲一官。

续表

	元
部院 統領鹽法	
巡察 督理考核	
轉運 綜匯鹺課	
場所 分掌稽查	《元史·食貨志》：延祐六年，罷四檢校所，立嘉興、紹興等處鹽倉官三十四場，各場監運官一員。 《元史·百官志》：至正二年，中書省奏准，於杭州、嘉興、紹興、温台四處，各置檢校批驗所，隸運司，批驗鹽商引目、均平佾法稱盤等事。每所置檢校批驗官一員。 《元史·食貨志》：至元二十一年，置常平局，平民間鹽價；置局賣鹽、魚鹽於海濱漁所。《大元典章》：鹽局官，從各處官司於近上户計内選保有抵業人充，每局大使一員，副使一員。

续表

	明
部院 統領鹽法	《明史・職官志》：户部尚書一人，左、右侍郎各一人，其屬司務廳司務二人。浙江、江西、湖廣、陝西、廣東、山東、福建、河南、山西、四川、廣西、貴州、雲南十三清吏司，各郎中一人、員外郎一人、主事二人。尚書掌天下户口、田賦之政令，侍郎貳之。十三司各掌其分省之事，兼領所分兩京、直隸貢賦，並各倉場鹽課、鈔關。其山東司帶管兩淮、兩浙、長蘆、河東、山東、福建各鹽運司，條爲四科：曰民科、曰度支、曰金科、曰倉科。其金科，主市舶、魚鹽、茶鈔税課。宣德十年，凡天下鹽課，山東司兼領之。 《明會典》：户部鹽引之印篆文一顆，鹽糧勘合銅版一片，兩浙都轉運使銅版三十二片。洪武間，茶鹽引印及鹽糧勘合，并茶鹽引由契本銅版，俱收貯内府户科編號木記，收貯户部。正統十一年，以户部改爲南京户部，印與銅版各增『南京』二字，仍收貯於京内府户科，遇開中，本部差官至彼印刷。
巡察 督理考核	《明史・職官志》：都察院左、右都御史，其屬在外有巡鹽御史，兩淮一人、兩浙一人、長蘆一人、河東一人。永樂十四年初，命御史巡鹽。 《明會典》：永樂十三年，差御史、給事中、内官一員，於各處閘支鹽課。正統元年，差侍郎及監察御史巡視長蘆等處私鹽。三年，取回兩淮、兩浙、長蘆，整理鹽法内外官，又令兩淮、兩浙、長蘆等運司，每歲各差御史一員，領敕巡視，禁約及督催鹽課。景泰元年，差侍郎二員清理兩淮、兩浙鹽法；二年，取回兩浙巡鹽御史，令鎮守侍郎兼理鹽法；三年，令巡河御史兼理兩浙鹽法，裁省巡鹽御史；又差監察御史於兩淮、兩浙巡鹽。弘治元年，差侍郎二員，兼僉都御史，清理兩淮、兩浙鹽法。
轉運 綜匯鹺課	《明史・職官志》：都轉運鹽使司都轉運使一人，同知一人，副使一人，判官無定員。其屬，經歷司經歷一人、知事一人，庫大使、副使各一人。都轉運使掌鹽監之事，同知、副、判分司之。都轉運鹽使司凡六：曰兩淮、曰兩浙、曰長蘆、曰河東、曰山東、曰福建。分司十四：泰州、淮安、通州隸兩淮，嘉興、松江、寧紹、温台隸兩浙，滄州、青州隸長蘆，膠萊、濱樂隸山東，解鹽東場、西場、中場隸河東。分副使若副、判莅之，督各場倉鹽課司，以總於都轉運使，共奉巡鹽御史，或鹽法道之政令。洪武元年，置兩浙都運司於杭州，歲辦鹽數。
場所 分掌稽查	《明史・職官志》：批驗所大使一人，副使一人，掌驗茶、鹽引。都轉運鹽使，其屬所轄各場鹽課司大使、副使，各鹽倉大使、副使，各批驗所大使、副使，並一人。 《明史・食貨志》：兩浙所轄批驗所四：曰杭州、曰紹興、曰嘉興、曰温州。鹽場三十五，各鹽課司一。 《明會典》：鹽課衙門　兩浙都轉運鹽使司：許村場鹽課司，本司仁和場鹽課司。嘉興分司：西路場、鮑郎場、蘆瀝場、海沙場、横浦場鹽課司。松江分司：下砂場、青村場、袁浦場、浦東場、天賜場、青浦場、下砂二場、三場鹽課司。寧紹分司：西興場、錢清場、三江場、曹娥場、龍頭場、石堰場、鳴鶴場、清泉場、長山場、穿山場、玉泉場、大嵩場、昌國正監場鹽課司。温台分司：永嘉場、雙穗場、長林場、黄巖場、杜瀆場、長亭場、天富南監場、天富北監場鹽課司。

续表

	明
部院 統領鹽法	
巡察 督理考核	
轉運 綜匯鹾課	《續文獻通考》：兩浙都轉運鹽使司，轄嘉興、松江、寧紹、温台四分司，鹽場三十五處。
場所 分掌稽查	《明會典》：正統二年，裁革寧波府岱山、蘆花二場鹽課司，鹽課并歸大嵩場鹽課司催辦。五年，裁革昌國正監鹽場，其鹽課歸并穿山場管理；添設下砂二場、三場鹽課司，官吏皆如下砂場設置。成化十八年，增置天賜溝場并大使、副使二員，以莞瀆場原額鹽課派撥三分之二煎辦。舊《鹾志》：隆慶時，裁天賜場大使；天啓時，裁龍頭場歸并清泉場大使，裁長山場歸并穿山場大使。《浙江通志》：崇禎十三年間，建松江所，轄掣崑、常、嘉、太、華、婁、上、青等州縣引鹽。《明會典》：凡衝要去處，設立巡檢司，專一盤詰往來姦細及販賣私鹽。

续表

	部院 統領鹽法	巡察 督理考核	轉運 綜匯鹺課	場所 分掌稽查
國朝	謹按：本朝官制，依《周禮・天官》太府之法，合秦漢少府、大農之職，并唐、宋民部、度支、金部、倉部之屬，而統歸於户部。置滿、漢尚書以專掌之，秩從一品；滿漢左、右侍郎各一人，以爲之貳，秩正二品。其屬因明制，分直、省，各置清吏司一，而益以江南爲十四司，郎中正五品，員外郎從五品，主事正六品。各省鹽政專屬山東清吏司管理，而仍聽都察院官稽察焉。都察院置左都御史，滿、漢各一員，秩從一品；左副都御史，滿、漢各一員，正三品。分直省爲十五道監察御史，而以河南道爲之長，江南道監察御史掌稽察户部，秩從五品。又於内府置户科給事中，專察核户部錢穀之數，而鈔其章奏之出入。掌印給事中，正五品；給事中，正五品。雍正元年，增設會考府於六部之上，統會内外官府財賦之簿籍而考覈之，即《周禮・天官》司會之制也。特命親王及大學士或他部尚書領其事，分左、右二司，而以各部	《鹽法考》開載，兩浙巡鹽御史管轄浙江省之十一府屬，江南省之蘇、松、常、鎮、徽五府屬，及廣德州屬，江西省之廣信府屬。 謹按：順治元年至九年，歲差監察御史一員巡視兩浙鹽課。順治十年，吏部等衙門會議，覆准停差巡鹽御史鹽務事宜，交與運司管理。十二年，户部覆准，以運司權輕，難以糾劾鎮將、抑制豪強，禁止私販，請敕都察院選擇廉能風力御史巡察。康熙七年，欽奉上諭議覆，嗣後鹽差不分滿、漢，應將六部郎中、員外郎及監察御史内選擇賢能官一，差滿、漢官各一員。康熙八年，兵部條議覆准，仍差滿、漢監察御史各一員，筆帖式各二員。康熙十年，覆都察院條議，題准鹽差御史不拘滿、漢，止差一員。十一年，令鹽政歸并各該巡	《鹽法考》開載司鹺官制：兩浙都轉鹽運使司，管鹽法道事，運使一員，駐劄省城，隸浙江全省，江南、蘇松、常、鎮、徽五府及廣德、全州、江西廣信全府。松江分司運同一員，寧紹分司運副一員，嘉興分司運判一員，温台分司運判一員，經歷一員，知事一員，將盈庫大使一員。《大清會典》：品級鹽運使，從三品；運同，從四品；運副，從五品；運判，從六品；經歷，從七品；知事，從八品。 謹按：康熙四十九年，户部覆浙閩總督、浙江巡撫等疏，題准將浙江驛傳道裁并，運使兼管改爲鹽驛道，秩正四品，更换敕印。康熙十六年，議將各處運司衙門	《鹽法考》開載兩浙鹽場分屬，凡三十有三，在省城附運司屬者二：仁和場、許村場，松江分司屬者六：浦東場、袁浦場、青村場、下砂場、下砂二場、下砂三場，寧紹分司屬者十二：西興場、錢清場、三江場、曹娥場、石堰場、鳴鶴場、清泉場、龍頭場、大嵩場、穿山場、長山場、玉泉場，嘉興分司屬者五：西路場、鮑郎場、海沙場、蘆瀝場、横浦場，温台分司屬者八：雙穗場、永嘉場、長林場、南監場、北監場、長亭場、黄巖場、杜瀆場。明天啓間，裁并龍頭、長山二場。本朝康熙二年，裁并永嘉、杜瀆二場，見在二十九場。舊設仁和場副使一員，康熙十八年裁去。 謹按：康熙十八年，玉泉場奉裁歸并大嵩；三十五年，裁南監并雙穗；三十九年，裁北監并長林。康熙四十一年，裁下砂三場並下砂二場。雍正二年，裁下砂二場歸下砂一場兼理，又裁西興並歸錢清場爲二十三場。

部院 統領鹽法	巡察 督理考核	轉運 綜匯鹺課	場所 分掌稽查
國朝			
院郎中、員外郎、主事充。雍正三年，奉旨撤回會考府官，事權一歸户部。又，順治三年，户部題准添差理事官一員，加升户部右侍郎，督理淮、浙引務。順治七年，内三院、六部、都察院等衙門會議覆准：引部裁撤回京，淮、浙鹽引，仍赴户部給領	撫，停差巡鹽。十二年，覆差巡鹽御史。十六年，停止鹽差筆帖式，如差不習漢文滿御史，仍帶筆帖式一員。於康熙七年間，題定兩浙巡鹽御史駐劄省城。雍正元年，議准各鹽差筆帖式並無承辦鈔寫檔案事件，應照各關差之例，停其差遣。雍正二年，以副都御史管理兩浙鹽務。雍正四年，奉旨，浙江巡撫兼理兩浙鹽政。乾隆五十八年，奉旨，仍專差鹽政。	運同、運副、運判等官俱行裁去，分司官仍留。十七年，復設兩浙運同一員，運副一員。二十四年，奉旨，温、台運判裁去，將寧紹運副改爲寧紹、温台分司。四十三年，吏部准户部咨，開松江分司運同，前經議裁，遵將松江分司事務交與嘉興分司運判接管。又三十九年，裁知事一員，并歸經歷司鹽驛道統轄，批驗所大使二四員，鹽課司場大使二十四員，并通省驛傳等官。雍正四年，題准鹽驛道兼水利。乾隆四十四年，題准驛務改歸臬司，裁去驛傳，改爲鹽道。乾隆五十八年，題准仍設運使統轄。寧紹、温台分司運副、嘉松分司運判二員，經歷一	又《鹽法考》開載，兩浙批驗所大使五員，杭州所、嘉興所、紹興所、温州所、松江所。康熙三十九年，裁温州批驗所，令温州府經歷掣驗，額存四所。 謹按：雍正六年，吏部題准鹽課大使、鹽引批驗大使改爲正八品。雍正七年，復設下砂二場、杜瀆場、永嘉場，裁浦東場，歸并横浦場；又題准仁和、許村二場，改歸寧紹分司管轄。乾隆五年，復設浦東場、龍頭場、玉泉場；又復設下砂三場，并爲下砂二三場；又添設黄灣場，由西路場分置；東江場，由三江場分置；金山場，由曹娥場分置；又添設崇明巡鹽大使一員，共三十二場。其温州府南監一場，不設場員，令蒲門巡檢專管；他如隸府州縣之縣丞、巡檢等官，亦均有巡查私販之責，皆不隸鹽司。兹不具載。

续表

國朝	
部院 統領鹽法	
巡察 督理考核	
轉運 綜匯鹺課	員，庫大使一員，批驗所大使四員，鹽課司場大使三十二員。
場所 分掌稽查	

官紀

漢

東郭咸陽　武帝時，爲大農丞，領鹽鐵事。

孔僅　同上

桑弘羊　元封元年，爲治粟都尉，領大農，代孔僅斡天下鹽鐵。

褚盛　漢末爲鹽官，因居由拳。

三國

王連　字文儀，南陽人。昭烈時，遷司鹽校尉，轉興業將軍，領鹽府如故。

駱秀　吴永安中，爲海鹽司鹽校尉。

晉

王允之 字深猷，舒子。明帝時，除錢唐令、領司鹽都尉。

北周

寇儁 字祖儁，上谷昌平人。孝昌中，爲鹽池都將。

唐

姜師度 魏州魏人。開元元年，以將作大匠攝御史中丞，與諸道按察司簡責天下鹽課。

強循 字季先，鳳州人。開元元年，以户部侍郎攝御史中丞，與諸道按察司簡責天下鹽課。

第五琦 字禹珪，京兆長安人。乾元元年，遷司金郎中兼侍御史、諸道鹽鐵鑄錢使。

劉晏 字士安，曹州南華人。天寶中，進户部侍郎兼御史中丞、度支、鑄錢、鹽鐵等使。代宗立，復爲户部侍郎，領度支、鹽鐵。德宗立，又加關内、河東、三川轉運鹽鐵及諸道使。

穆寧 懷州河内人。上元初，爲殿中侍御史，佐鹽鐵、轉運，累遷租庸、鹽鐵轉運使。

張滂 貞元初，竇參薦爲户部侍郎、鹽鐵轉運使。

元琇 貞元二年，以户部侍郎判諸道鹽鐵。

韓滉 字太沖，宰相休第三子。德宗時，爲浙西觀察使，尋任鎮海節度。貞元二年，以左僕射加度支、諸道轉運、鹽鐵等使。

包佶 字幼正，潤州延陵人。劉晏罷，以佶充諸道鹽鐵輕貨錢物使。

王緯　字文卿，并州太原人。德宗時，進浙西觀察。貞元十年，加御史大夫、諸道鹽鐵轉運使。淄川王孝同五世孫。德宗時，出爲杭、湖二州刺史，尋遷浙西觀察、諸道鹽鐵轉運使。

李錡

齊抗　字遐舉，瀚孫，定州義豐人。德宗時，改倉部郎中，斡鹽利。

李若初　爲劉晏所辟用，尋代王緯爲浙西觀察、諸道鹽鐵使。

王紹　本名純，字德素，自太原徙京兆之萬年。佐包佶領租庸、鹽鐵使署判官。

王悰　貞元時，遷諸道鹽鐵使。

潘孟陽　德宗時，任浙西鹽鐵轉運副使。

盧坦　德宗時，任諸道鹽鐵轉運使。

杜佑　字君卿，京兆萬年人。順宗初，攝冢宰，進檢校司徒兼度支、鹽鐵使。

李巽　字令叔，趙州贊皇人。順宗立，擢兵部侍郎，杜佑表爲鹽鐵轉運副使，俄代佑使任。

李鄘　字建侯，北海太守邕之從孫。元和初，入爲刑部尚書、諸道鹽鐵轉運使。

程異　字師舉，京兆長安人。由監察御史爲鹽鐵揚子院留後，遷衛尉卿、鹽鐵轉運副使，遂兼御史大夫、爲鹽鐵使。元和十三年，以工部侍郎、同中書門下平章事，仍領鹽鐵。

柳公綽　字子寬，京兆華原人。元和中，爲刑部侍郎，領鹽鐵轉運使。

王播　字敏敭，其先太原人，貞元中進士。憲宗時，進刑部侍郎，領諸道鹽鐵轉運使。長慶初，召爲刑部尚書，復領鹽鐵。

王涯　字廣津，太原人。舉進士，又登博學鴻詞科。長慶三年，爲御史大夫，遷户部尚書、鹽鐵轉運使。文宗嗣位，拜太常卿，以吏部尚書代王播復總鹽鐵。建中時，詔合度支、鹽鐵爲一使，兼領之。

高重　字文明，士廉五世孫。以明經中第。敬宗朝，李巽表爲鹽鐵轉運判官。

令狐楚　字殼士，逮冠貢進士。文宗時，以左僕射、彭陽郡公，爲諸道鹽鐵轉運使。

李石　字中玉，襄邑恭王神符五世孫。元和中進士。太和中，擢工部侍郎、判鹽鐵案。

楊嗣復　字繼之。舉進士，登博學鴻詞科。開成初，以户部侍郎召領諸道鹽鐵轉運使，俄拜同中書門下平章事、弘農縣伯，仍領鹽鐵。

韋温　字宏育，綬之子。太和中，遷尚書右丞、鹽鐵推官。

崔珙　博陵人。開成末，累進刑部尚書、諸道鹽鐵轉運使，俄同中書門下平章事，仍領鹽鐵。

裴休　字公美，孟州濟源人。擢進士第，舉賢良方正。大中時，以兵部侍郎領諸道鹽鐵轉運使。

夏侯孜　字好學，亳州譙人。宣宗朝，繇兵部侍郎、諸道鹽鐵轉運使，俄同中書門下平章事，仍領鹽鐵。

馬植　字存之，舉進士。宣宗朝，以刑部侍郎領諸道鹽鐵轉運使。

柳仲郢　字諭蒙，公綽子。元和進士。宣宗時，爲户部侍郎，俄改兵部、領鹽鐵轉運使。

周墀　宣宗時，以兵部侍郎判度支使。

盧弘正　字子彊。宣宗時，以户部侍郎領度支使。

劉鄴　字漢蕃，潤州句容人。懿宗立，進户部侍郎、諸道鹽鐵轉運使。

徐商　字義聲，新鄭人。擢進士第。咸通初，以刑部尚書爲諸道鹽鐵轉運使。

崔彦昭　字思文，清河人。擢進士第。僖宗立，授兵部侍郎、諸道鹽鐵轉運使。

孔緯　字化文，孔子三十九世孫。舉進士。僖宗時，領諸道鹽鐵轉運使。

王凝　字成庶。舉進士。僖宗立，召爲兵部侍郎、領鹽鐵轉運使。

李襲吉　洛陽人。乾符中，爲河中節度使李都榷鹽判官。

高駢　字千里，南平郡王崇文孫。僖宗時，授鎮海節度使，加諸道行營都統、鹽鐵轉運等使。

錢鏐　字具美，杭州臨安人。乾寧元年，進充本道營田招討、鹽鐵發運等使。

錢元瓘　字明寶，鏐第七子。乾寧元年，授鹽鐵發運判官。

李知柔　惠宣太子業之子。昭宗朝，判度支、充諸道鹽鐵轉運使。

盧澄　昭宗時，舉進士，爲鹽鐵出使巡官。

裴樞　字紀聖，絳州聞喜人。咸通中進士。昭宗時，進右僕射、諸道鹽鐵轉運使。

劉贊　魏州人。昭宗時，爲孔謙鹽鐵判官。

韋子諒　京兆人，由縣主簿署杭州場。

五代

張延朗　汴州開封人。長興元年，拜三司使、特進、工部尚書、充諸道鹽鐵轉運使。

任圜　京兆三原人。同光中，同中書門下平章事、兼判三司。

王建立　遼州榆社人。唐明宗時，爲右僕射、判三司。

李崧　深州饒陽人。唐明宗朝，任圜判三司，用爲鹽鐵判官。

劉審交　字求益，幽州文安人。明宗分户部、度支、鹽鐵爲三使，歲餘，復合爲一，拜審交三司使。

劉昫　涿州歸義人。廢帝立，遷吏部尚書、門下侍郎、判三司。晉高祖時，爲東都留守、判鹽鐵。

史圭　常山石邑人。晉高祖立，拜刑部侍郎、鹽鐵副使。

錢宏佐　字元祐，元瓘第六子。天福八年，册爲杭州、越州大都督、鎮海鎮東等軍節度、浙江東西等道管内觀察處置兼兩浙鹽鐵、制置發運、營田等使。

馮玉　字璟臣，定州人。晉出帝時遷禮部郎中，爲鹽鐵巡官。

錢俶　字文德，元瓘第九子。乾祐三年，授東南兵馬大元帥兼兩浙制置、發運等使。

孫承佑　杭州錢塘人。五代時，累遷浙江東道鹽鐵副使。

宋

錢惟濬　字禹川，俶嫡子。開寶二年，授兩浙制置發運等使。

薛居正　字子平，開封浚儀人。晉天福中，署鹽鐵判官。宋開寶五年，兼淮、浙、荆湖等道都提點[三七]、三司水陸發運使。

劉保勳　字修業，河南人，處讓之子。太平興國三年，任兩浙東北路轉運使。逾年，會鹽鐵使闕，命權領其事。

鄭遜　太平興國三年，以拾遺爲劉保勳副使。

楊克讓　字慶孫，馮翊人。太平興國三年，以刑部郎中爲兩浙[三八]西南路轉運使。　謹按：《咸淳臨安志》「讓」作「遜」。

趙齊　太平興國三年，以宗正寺丞爲楊克讓副使。

徐休復　字廣初，濮州鄄城人。太平興國初，舉進士。六年，加右補闕、充兩浙東北路轉運副使。

雷德驤　字善行，同州郃陽人。周廣順癸丑進士。太平興國七年，爲兩浙轉運使。

柴成務　字寶臣，曹州濟陰人。太平興國八年，爲兩浙轉運使。

李繼凝　太平興國時，兩浙轉運使。

張觀　字仲賓，常州毗陵人。太平興國間，遷左司，改鹽鐵判官，俄出爲諸路茶鹽制置副使。

陳彭年　字永年，撫州南城人。太平興國中，舉進士。雍熙間，爲大理寺詳斷官，出監湖州鹽稅。

喬惟岳　字伯周，陳州南頓人。太平興國中，以度支郎中轉兩浙轉運使。

張諤 字昌言，歙州新安人。太平興國中，遷荆湖、江浙等道制置茶鹽副使，復爲鹽鐵判官。

周渭 字得臣，昭州恭城人。賜進士。太平興國間，任兩浙東西路轉運使，入爲鹽鐵判官。

李若拙 字藏用，京兆萬年人。雍熙三年，充鹽鐵判官。淳化三年，出爲兩浙轉運使。

雷有終 字道成，德驤子。雍熙中，爲鹽鐵判官。淳化三年，歷度支、鹽鐵副使，領江淮、兩浙、荆湖、福建、廣南路茶鹽制置使。

魏羽 字垂天，歙州婺源人。端拱間，判三司，改鹽鐵判官、兩浙轉運使。

張雍 德州安德縣人。淳化二年，加諫議大夫，徙兩浙轉運使。

裴莊 字端巳。淳化三年，拜監察御史、荆湖淮浙等路轉運使，改三司鹽鐵判官。

趙昌言 字仲謨，汾州孝義人。太平興國戊寅進士。淳化三年，命爲江淮、兩浙制置茶鹽使。

張綸 字公信，潁州汝陰人。淳化間，除江淮制置發運副使。

趙賀 字餘慶，開封封邱人。淳化中，爲江淮制置發運使，歷三司户部、度支、鹽鐵副使。

王子輿 字希孟，密州莒人。太平興國癸未進士。淳化中，爲江浙、荆湖茶鹽制置使判官。至道中，轉江淮、兩浙制置茶鹽。真宗即位，命爲鹽鐵判官。

陳恕 字仲言，洪州南昌人。太平興國進士。淳化間，判吏部選事，拜鹽鐵使。

張秉 字孟節，新安人。舉進士。淳化間，爲兩浙制置茶鹽副使，入爲鹽鐵判官、度支員外郎。

胡則 字子正，婺州永康人。淳化間，提舉兩浙茶鹽，就知睦州，改江淮制置發運使。

楊允恭 漢州綿竹人。至道元年，轉江淮、兩浙都大發運，擘畫茶鹽事。

薛映[三九] 字景陽，四川人。舉進士。太宗時，與張秉同爲江淮、兩浙茶鹽制置副使。

任中正 字慶之，曹州濟陰人。舉進士。真宗時，擢監察御史、兩浙轉運使。

李建中　字得中，其先京兆人。太平興國癸未進士。太宗時，出爲兩浙轉運副使。

姚鉉　字寶之，盧州合肥人。太平興國癸未進士。咸平五年，京東轉運使，徙兩浙路。

劉師道　字損之，一字宗聖，開封東明人。雍熙乙酉進士。咸平三年，改淮南轉運副使兼淮南、江浙、荆湖發運使。

卞袞　字垂象，益州成都人。咸平六年，爲刑部員外郎、充鹽鐵副使。

王嗣宗　汾州人。咸平中，爲淮南、兩浙制置發運使。

胥致堯　字正臣，撫州南豐人。太平興國癸未進士，出爲兩浙轉運使。

孫何　字漢公，蔡州汝陽人。權户部判官，徙兩浙轉運使，景德初代還。

陳世卿　字光遠，南劍人。景德初，爲兩浙轉運使。

李溥　河南人。景德中，爲發運副使，遷制置江淮等路茶鹽税兼發運使。

邵曄　字日華。大中祥符初，出爲淮南、江浙、荆湖制置發運使。

楊覃　字申錫，漢太尉震之後。大中祥符二年，代馮亮爲淮南、江浙、荆湖發運制置使。

陳堯佐　字希元，其先河朔人。端拱己丑進士。大中祥符五年，爲兩浙轉運副使。

孫長卿　字次公，揚州人。天禧中，歷江浙、荆淮發運使。

張傅　字巖師，唐功臣公瑾之裔，譙人。天禧間，遷工部郎中，出爲兩浙轉運使。

李沆　字太初。真宗朝，爲江淮發運使。

梅詢　字昌言，宣州宣城人。真宗時，徙兩浙轉運副使。

張逸　字大隱，鄭州滎陽人。真宗時，使契丹，爲兩浙轉運使。

劉平　字士衡，開封祥符人。舉進士。仁宗即位，任淮南、江浙、荆湖制置發運使。

徐奭　建安人。仁宗初，任兩浙轉運使。

范仲淹　字希文，唐宰相履冰之後，蘇州府吴縣人。明道間，監西溪鹽場。

段少連　字希逸，開封人。爲三司判官，景祐二年，出爲兩浙轉運使。

方偕　字齊古，興化莆田人。舉進士。慶曆五年，擢淮南、江浙制置發運使、知杭州。

蔣堂　字希魯，常州宜興人。慶曆間，歷户部鹽鐵副使，擢天章閣待制、江浙制置發運使。

田瑜　字資忠。河南壽安人。慶曆中，徙兩浙轉運按察使，改江淮制置發運使。

鍾離瑾　字公瑜，盧州合肥人。慶曆中，擢江淮制置發運使。

王益柔　字勝之，曙之子，河南人。慶曆中，爲鹽鐵判官，出爲兩浙轉運使。

胡宿　字武平，常州晉陵人。慶曆間，知湖州，久之，爲兩浙轉運使。

沈遼　字叡達，遘之弟，錢塘人。慶曆間，以奉禮郎監杭州軍資庫[四〇]。

吴奎　字長文，濰州北海人。皇祐中，直集賢院，徙兩浙轉運使。

范師道　字貫之，蘇州長洲人。皇祐中，召爲鹽鐵判官，改兩浙轉運使。

孫甫　字之翰，許州陽翟人。天聖間進士。皇祐間，歷江東兩浙轉運使。

司馬池　字和中，晉安平獻王孚之後，夏縣人。康定間，知河中府，徙杭州轉運副使。

江鈞　康定二年，與張從革同爲兩浙轉運使。

沈立　字立之，歷陽人。舉進士。嘉祐間，遷兩浙轉運使。

徐的　字公準，建州建安人。嘉祐間，除江浙、荆湖制置發運副使。

張夏　字伯起，雍邱人。太宗朝進士。嘉祐間，以司封郎中爲兩浙轉運使。

王琪　字君玉，珪從兄，成都華陽人。仁宗時，歷兩浙、淮南轉運使，轉鹽鐵判官。

王鼎　字鼎臣，大名館陶人。舉進士。仁宗時，鹽鐵判官，遷兩浙、荆湖制置發運副使，入爲鹽鐵副使。

劉夔　字道元，建州崇安人。舉進士。仁宗時，歷兩浙、淮南轉運使。

杜杞　字偉長，常州無錫人。仁宗時，爲兩浙轉運使。

孫瑜　字叔禮，博平人。仁宗時，加兩浙轉運使。

楊日嚴　字垂訓。仁宗時，使契丹，還爲兩浙轉運副使，徙江淮制置發運使，歷三司鹽鐵副使。

鄭向　字公明，開封陳留人。仁宗時，遷度支員外郎、鹽鐵判官，出爲兩浙轉運副使。

葉清臣　字道卿，蘇州長洲人。天聖甲子進士。仁宗時，改鹽鐵判官。寶元初，爲兩浙轉運司副使。

馬尋　須城人。仁宗時，歷提點兩浙刑獄，淮南、兩浙轉運使。

方慎言　興化人。咸平庚子進士。仁宗朝，歷兩浙轉運副使。

李肅之　字公儀，迪弟之子。神宗即位，改江東、兩浙轉運使，察訪淮、浙常平農田水利差役事，進度支副使、江淮發運使。

李復圭　字審言，徐州豐縣人，若谷之子。任兩浙轉運使，熙寧時，爲鹽鐵副使。

薛向　字師正。熙寧二年，爲江浙、荆淮發運使。

劉彝　字乾中，福州人。熙寧初，爲兩浙轉運判官。

盧秉　字仲甫，湖州德清人。舉進士。熙寧五年，奉使淮、浙治鹽法，提點兩浙淮東刑獄、專提舉鹽事，進制置發運副使。

許懋　兩任兩浙轉運副使。

元絳　字厚之，錢塘人。舉進士。元豐間，歷兩浙、河北轉運使，召爲鹽鐵副使。

蔣之奇　字穎叔，常州宜興人。元豐間，擢江淮、荆浙發運副使。

蔡京　字元長，興化仙遊人。元豐末，改江淮、兩浙發運使。

韓縝　字玉汝，億之子。登進士第。仁宗時，出爲兩浙、淮南轉運使，改鹽鐵副使。

董敦逸　字夢授，吉州永豐人。元祐六年，出爲湖州運判。

程元鳳　字申甫，徽州人。元祐七年進江浙都大提點，開寶兵興，起判平江府兼淮浙發運使。

龔原　字深之，處州遂昌人。元祐間，加秘閣校理，爲兩浙轉運判官。

莫濛　字子蒙，湖州歸安人。元祐間，撥置浙西沙田蘆蕩，除兩浙轉運副使。

葉温叟　西安人。元祐間，任兩浙轉運使。

章楶　字質夫，建州浦城人。紹聖初，徙江淮荆浙發運使。

毛漸　字正中，衢州江山人。舉進士。元祐間，歷兩浙轉運副使。　謹按：《上海縣志》作「紹聖中任」。

曾孝藴　字處善，泉州晉江人。紹聖中，提舉兩浙常平，改轉運判官。大觀元年，兼淮浙發運使。

郭茂恂　崇寧五年，除江淮、荆浙六路發運使。

賈偉節　開封人。舉進士。崇寧間，擢兩浙轉運判官，加江淮發運副使。

徐鑄　字元鈞，建州建安人。政和初，提舉兩浙常平。越四年，除轉運副使。

莊徽　江都人。政和初，任兩浙轉運使。

應安道　無爲軍人。政和五年，任兩浙轉運副使。

王汝明

劉既濟

詹度

蔣彝

李祉

侍其傳

胡紼　以上七人見《轉運使廳壁題名記》。

向子諲　字伯恭，臨江人。宣和初，除江淮發運司主管文字。紹興六年，徙兩浙路爲都轉運使。

趙霆　宣和元年，以徽猷閣待制爲江淮、荆湖等路發運使。

陳遘　字亨伯。宣和元年，任發運副使。

陳建　宣和元年。　謹按：陳建以下，凡有年月不書官者，並見《轉運使題名記》。

蘇莊　宣和二年。

王復　宣和二年。

王仲閎　宣和四年。

胡直孺　字少汲，洪州奉新人。宣和五年，爲兩浙轉運使。

孟庾　宣和五年。

李堯夫　宣和六年。

曾讜　宣和六年。

程昌㝢　宣和七年。

李弼儒　宣和七年。

盧知原　字行之，湖州德清人。宣和中，爲江淮、荆浙發運使。紹興元年，召爲添差兩浙轉運使。

曾浩　字德充。宣和中，改兩浙提舉茶鹽司勾當公事。

黄惇書　靖康元年，任兩浙轉運使。紹興十一年，任兩浙轉運副使。

顧彦誠　靖康元年。

吴昉　靖康元年。

莫琮　字叔方，杭州仁和人。建炎初，以特科一等入仕。歷官曹娥鹽場，四明、三山幕職。

劉蒙　建炎元年。

范沖　建炎元年，運副。

劉寧止　字無虞，湖州歸安人。建炎二年，改兩浙轉運判官。紹興元年，爲兩浙轉運副使。

王琮　建炎二年，運副。

朱巽　建炎二年，添差。

成大亨　建炎二年，運副。

陳國瑞　建炎三年，運副。

李承造　建炎三年，運副；四年，再任。

權邦彦　字朝美，河間人。建炎四年，改江淮、荆浙等路制置發運使。

李迨　東平人。建炎四年，爲淮南、江浙、荆湖等制置發運使。紹興五年，除兩浙轉運使。

徐康國　建炎四年，運副。

方孟卿　建炎四年，添差運判。

曾紆　建炎四年，運副。

梁汝嘉　字仲謨，處州麗水人。建炎中，提舉浙西茶鹽。紹興二年，除兩浙轉運判官，陞轉運副使。

張致遠　字子猷，南劍州沙縣人。紹興二年，添差運副。

馬承家　紹興三年，運副。

孫逸　紹興三年，運副。

吳革　紹興四年，任兩浙轉運副使；八年，再任。

王俁　紹興四年，運副。

李謨　紹興四年，添差運判。

朱綍　紹興五年，運副。

張澄　紹興六年，運使。

張匯　紹興六年，任兩浙轉運副使；十年，再任；二十一年，又任。

汪思温　紹興七年，運副。

梁擇民　紹興八年，運判。

蔣璨　宜興人。紹興九年，任兩浙轉運副使，知臨安府。

林正　紹興十年，運判。

王喚　華陽人。紹興十二年，任兩浙轉運副使。

張叔獻　紹興十二年，運副。

李椿年　紹興十二年，運副。

王鐵　紹興十三年，運副。

趙伯牛　紹興十四年，運副。

吳坰　紹興十四年，運副。

洪邁　字景盧，皓之子。紹興乙丑進士，即授兩浙轉運司幹辦公事。

錢端禮　字處和，吳越王鏐八世孫。紹興十五年，爲兩浙轉運副使；二十九年，再任。

湯鵬舉　紹興十六年，運判。

沈該　紹興十六年，運副。

王珏　字德全，安石孫。紹興十七年，提舉浙西茶鹽。

唐遵　紹興十七年，運副。

曹泳　紹興十八年運副。

榮薿　紹興二十年，運判。

曹戬　紹興二十年，運判。

趙士剸　紹興二十一年，運判。

魏彦悦　紹興二十一年，任鹽監買納場大使[四二]。

趙不群　字介然，太宗六世孫。紹興二十二年，運副。

李莊　紹興二十二年，運判。

韓璡　紹興二十三年，運判。

黄然　紹興二十四年，運判。

趙公豫　字仲謙，常熟人。紹興二十四年進士，提舉浙東常平茶鹽。

潘湧　紹興二十四年，任鹽監買納場大使。

鍾世明　紹興二十五年，運判。

閻彦昭　紹興二十六年，運判。

陳壔　紹興二十六年，運判。

張偁　紹興二十六年，運副。

李邦獻　紹興二十六年，運副。

周階　紹興二十七年，任鹽監買納場大使。

趙子潚　字清卿，秦康惠王六世孫，孝靖公令奧之子。宣和中進士。紹興二十九年，除直秘閣、兩浙轉運使。

湯沂　紹興二十八年，運副。

呂廣問　紹興三十年，運副。

林安宅　紹興三十年，運副。

黄仁榮　紹興三十年，運副；隆興二年四月，再任。

王時升　紹興三十一年，運副。

求多譽　紹興三十一年，任鹽監買納場大使。

龔濤　紹興三十二年，添差。

陳漢　紹興三十二年，運判。

陳輝　紹興三十二年，運判。

顔師魯　字幾聖，漳州龍溪人。紹興中進士，遷國子丞，除江東提舉，改使浙西。

米友仁　字元暉，襄陽人，芾子。紹興中，召見，擢尚書郎，提舉浙西茶鹽。

姚舜明　由左司員外郎，任兩淮、荆浙等路發運副使。

劉穎　字公實，衢州西安人。紹興間，提舉浙西茶鹽。

朱倬　字漢章，唐宰相敬則之後，閩縣人。高宗時，除浙西提舉。

劉鏞　高宗朝，爲紹興錢清場丞。

朱夏卿　隆興元年，運副。

陳爾作　隆興二年，運判。

薛良朋　隆興二年，運副。

胡公邁　隆興二年，任鹽監買納場大使。

王炎　乾道元年，任兩浙轉運副使。謹按：《雙溪集》本傳：炎，字晦叔，婺源人。登鄭僑榜進士第。嘗爲浙運使官。又《宋史·王炎傳》，係乾道四年進士。此云元年運副，本《咸淳臨安志》。疑別一王炎也。

姜詵　乾道元年，任兩浙轉運判官。謹按：《上海縣志》作「隆興間任」。

方滋　吴江人。乾道元年，任兩浙轉運判官。

周淙　字彦廣，湖州長興人。乾道二年，除兩浙轉運副使。

沈度　乾道三年，運副；七年，再任。

劉敏士　乾道三年，運判。

黄向直　乾道三年，任鹽監買納場大使。

姚憲　字令則，越州嵊縣人。乾道五年，任兩浙轉運判官。

吕正己　乾道五年，運判；九年，再任運副。

胡昉　乾道六年，運判。

錢端誠　乾道六年，任鹽監買納場大使。

沈复　湖州德清人。乾道七年，除兩浙轉運判官。《題名記》作「運副」。

胡堅常　字秉彝，晉陵人。乾道七年，兩浙轉運判官；九年，任副使。謹按：《蘇州府志》作「浙西提舉」。

曾逮　乾道八年，運判。

張宗元　乾道九年，運副。

呂揩　乾道九年，運判。

劉環　乾道九年，任鹽監買納場大使。

黄洧　字清臣。乾道間，監紹興府錢清鹽場。

孫峴　字舉善。淳熙初，爲浙西提舉，除兩浙轉運使。謹按：《題名記》有『陳峴』，舊《志》有『孫峴』，其官不同。故兩存之。

陳峴　淳熙二年，運判。

趙磻老　字渭師，東平人。淳熙二年，任兩浙轉運副使。

吴淵　字道文，寧國人，勝柔子。嘉定間進士。淳熙三年，運判。五年，再任。

高得全　淳熙三年，任鹽監買納場大使。

趙彦賢　延安人。淳熙五年，任兩浙轉運判官；七年，再任。謹按：《咸淳臨安志》作『韓彦質』。

朱熹　字元晦，一字仲晦，徽州婺源人，紹興戊辰進士。淳熙六年，提舉浙東常平茶鹽公事。

李知言　淳熙六年，任鹽監買納場大使。

燕世良　淳熙七年，運判。

吴琚　字居父，益子。淳熙七年，任兩浙轉運判官；九年，任轉運副使。

朱佺　淳熙九年，運副。

景秉　淳熙九年，任兩浙轉運判官；十五年，任轉運副使。

張杓　字定叟，浚之子，漢州綿竹人。淳熙九年，遷兩浙轉運判官；十一年，陞轉運副使。

樓鐵　淳熙九年，任鹽監買納場大使。

錢沖之　淳熙十一年，兩浙轉運判官；十二年，陞轉運副使。

劉敏修　淳熙十一年，任鹽監買納場大使。

趙不流　淳熙十二年，運判；十五年，任運副。

田渭　字伯清，縉雲人。紹興庚辰進士。淳熙十四年，任浙東提舉。

邱崈　字宗卿，江陰軍人。淳熙十四年，提點浙東刑獄，知平江府，改兩浙轉運副使。

鄭汝諧　淳熙十四年，運副。

蔣藺　淳熙十四年，任鹽監買納場大使。

潘景珪　淳熙十六年，運副。

葉適　字正則，温州永嘉人。淳熙中，改浙西提舉司幹辦公事。

潘畤　字德鄘，上虞人。淳熙中，任浙西提舉。

羅點　字春伯，撫州崇仁人。淳熙中，任浙西提舉。

詹體仁　字元善，建寧浦城人。隆興癸未進士。光宗即位，提舉浙西常平茶鹽。

沈詵　紹興元年，運判；三年，陞副使。

龐師偃　紹興元年，任鹽監買納場大使。

郭琴　海鹽人。紹熙二年，任鹽監買納場大使。

黄黼　字元章，臨安餘杭人。舉進士。紹熙四年，兩浙路轉運判官；五年，陞副使。

王厚之　諸暨人。紹熙四年，運判。

唐仲義　金華人。紹熙四年，任鹽監買納場大使。

王墀　山陰人。紹熙四年，任鹽監買納場大使。

胡撙　字崇禮，越州餘姚人。紹熙、慶元間，爲浙西提舉茶鹽司幹官。

王溉　慶元二年，運副。

趙師羃　字崇善，系出燕懿王。慶元二年，爲兩浙轉運副使。

趙善悉　慶元三年，兩浙轉運判官；四年，陞轉運副使。

吴澤　慶元三年，任鹽監買納場大使。

韓邈　慶元四年，運判。

趙善堅　慶元五年，兩浙轉運副使；六年，知臨安府。

沈作賓　字賓王，吴興歸安人。慶元六年，除兩浙轉運副使。

汪熙　慶元六年，任鹽監買納場大使。

葉延年　慶元六年，任鹽官縣上管催煎場大使。

葉籛　嘉泰元年，運副。

趙彦勵　嘉泰二年，運副。

陳景思　嘉泰三年，運判；四年，陞副使。

顧熹　嘉泰四年，運判。

陳璹　嘉泰四年，任鹽監買納場大使。

詹徽之　開禧元年，運判。

廖俁　開禧二年，運判。

程準　開禧二年，運判。

史彌堅　慶元人。開禧二年，任兩浙轉運判官；四年，陞轉運副使。

孟猷　開禧三年，運判；嘉定元年，陞副使。

尤熻　開禧三年，任鹽監買納場大使。

劉伯正　字直卿，饒州人。開禧乙丑進士，辟荆襄制置司機宜，遷兩浙轉運使。

李宗勉　字強父，富陽人。開禧乙丑進士，尋授浙西茶鹽司。

趙汝讜　字蹈中。寧宗時，調華亭、浦東鹽場。後登嘉定元年進士。

陳耆壽　嘉定二年，運判。

黄犖　嘉定二年，運判。

劉彌正　嘉定三年，運判；四年，陞副使。

吴鐙　嘉定五年，運判；六年，陞副使；七年，再任。

程覃　字會元，湖州人。嘉定六年，提舉兩浙常平茶鹽，權沿海制置司事。

趙時侃　嘉定八年，以臨安府兼權，一月免。

章良肱　湖州人。嘉定八年，任兩浙轉運判官；十年，以朝散郎、直寳謨閣，爲兩浙轉運副使。

趙伸夫　嘉定十一年，任兩浙轉運判官；十三年，任轉運副使。

沈皡　嘉定十三年，運副。

邱壽雋　嘉定十四年，運副。

朱在　字敬之，熹季子，建安人。嘉定十六年，兩浙轉運副使。謹按：舊《兩浙鹺志》作「浙西提舉」。

徐鹿卿　字德夫，隆興豐城人。嘉定間，爲浙東轉運判官；淳祐五年，兼兩淮浙西發運副使。

程珌　字懷古，休寧人。紹熙癸丑進士。嘉定間，提舉浙西常平茶鹽。

吕午　字伯可，歙縣人。嘉定辛未進士，監温州天富北監鹽場。

朱俯　湖州人，宰相勝非之孫。嘉定間，任鮑郎場大使。

趙崇穌　寶慶元年，任兩浙轉運副使；三年，除工部侍郎，再任。

孫夢觀　字守叔，慶元府慈谿人。寶慶間，授浙西提舉司幹辦公事。

陳宗仁　紹定元年，運判。

羅叔韶　紹定三年，爲澉水鎮鹽税官。

林介　紹定四年，運副。

趙汝憚　紹定四年，運副。

衛璞　紹定四年，運判；六年，陞副使。

趙汝捍　紹定六年，運判。

李日邁　端平元年，運判。

趙與憲　字德淵，太祖十世孫，居湖州。端平二年，爲兩浙轉運判官。嘉熙三年，任浙東安撫使兼淮浙發運使。

顏頤仲　字景正。知嚴州，端平二年，遷運判。

趙以夫　端平三年，運判。

林申　端平三年，運判。

孫子秀　字元實，越州餘姚人。紹定五年進士。通判慶元府，主管浙東鹽事。

王埜　字子文，金華人。嘉定間進士。嘉熙元年，爲兩浙轉運判官。淳祐元年，陞轉運副使。

曾穎秀　嘉熙二年，運判。

趙崇賀　嘉熙三年，運判。

項容孫　嘉熙四年，運判。

厲夢龍　嘉熙四年，任鮑郎場大使。

劉漢弼　字正甫，上虞人。嘉熙間，歷浙西提舉茶鹽司幹官。

魏峻　淳祐元年，運判；二年，陞副使。

袁立儒　淳祐三年，運判；五年，陞副使。

黎安朝　淳祐五年，運判。

趙汝暨　淳祐五年，運判。

吴子良　淳祐五年，運判。

尹焕　淳祐六年，運判。

章大醇　淳祐七年，任兩浙轉運判官；八年，任轉運副使，知慶元府。

余天任　淳祐八年，運判；九年，陞副使。

趙與旹　字中甫，秀安禧王五世孫。初辟監海昌鹽場，淳祐十年，知嘉興府，除直秘閣、兩浙轉運判官，改提舉浙西常平茶鹽公事。寶祐元年，兼權淮浙發運；十月，差知平江府兼主管浙西、兩淮發運使公事。景定五年，除兩浙轉運判官兼提領，撥置兩浙鹽事。　謹按：《題名記》：『與旹，景定元年十月，爲運副。』

翁甫　建寧人。淳祐十二年，任兩浙轉運判官。

王克仁　紹興人。淳祐十二年，兩浙轉運判官。寶祐元年，陞轉運司副使；二年，除兩浙轉運使。

王應麟　字伯厚，慶元府人。淳祐辛丑進士，調浙西提舉常平茶鹽主管帳司。

陳桂　永嘉人。淳祐間，監鹽官縣南路場。

翁南　淳祐中，兩浙轉運判官。

張即之　字温夫，溧陽人，參知政事孝伯之子。寶祐初，添差兩浙轉運司，主管文字。

徐㮚　寶祐四年，副使。

饒虎臣　字宗召，寧國人。嘉定甲戌進士。寶祐四年，除副使。

趙孟高　寶祐五年，任兩浙轉運判官；六年，除轉運副使。

馬揚祖　字改度，東陽人。以朝奉郎知常州；寶祐六年，兼權發運司公事。

黄震　字東發，慶元府慈谿人。寶祐間，沿海制置使辟幹辦公事，提領浙西鹽事。

洪濤　臨安於潛人。開慶元年，知平江府兼淮浙發運司事。景定元年，任轉運判官，陞副使。謹按：舊《志》作『燾』。

葉隆禮　開慶元年，運判。

陶熾　開慶元年十一月，爲運判。

王爚　字仲潛，一字伯晦，越州新昌人。嘉定庚辰進士。開慶二年，遷吏部尚書，知平江府、淮浙發運使。

魏克愚　邛州人。景定二年五月，爲兩浙轉運判官；十一月，陞轉運副使。

陳宜中　字與權，永嘉人。景定三年，爲江東提舉茶鹽公事。

趙與可　景定三年五月，爲運判。

吴勢卿　景定三年八月，爲運判；十一月，陞副使。

季鏞　括蒼人。景定三年十二月，爲兩浙轉運副使。

朱熠　温州平陽人。以觀文殿學士，景定三年知平江府、淮浙發運大使。

包恢　字宏甫，建昌人。景定四年，以華文閣直學士節制許浦都統司水軍兼淮浙發運使。

胡太初　景定五年，任兩浙轉運判官。咸淳二年，除太府卿、兩浙轉運使。

吕沆　字叔朝。理宗時，差充提領兩浙轉運鹽事。

陳塏　字子爽，嘉興人。理宗時，知平江府兼淮浙發運使，加户部侍郎、提領江淮茶鹽。

趙崇絢　咸淳二年二月，爲運判；十二月，除淮東總領。

潛説友　字君高，處州縉雲人。淳祐辛丑進士。咸淳二年，授兩浙轉運判官；三年，遷副使；九年，兼浙西提舉。

常楙　字長孺，同之曾孫，邛州臨邛人。淳祐丁未進士。咸淳四年閏五月，爲兩浙轉運判官；十月，遷副使。

曹元發　咸淳五年，任兩浙轉運副使；六年，除檢正權户部侍郎。

趙與植　咸淳六年，任兩浙轉運判官；七年，陞轉運副使，除户部判官，知臨安府。

吴益　江州人。咸淳七年，運判。

洪起畏　咸淳八年七月，爲運判；十月，罷。

朱浚　咸淳八年，運判官。

趙順孫　字和仲，縉雲人，淳祐庚戌進士。咸淳間，知平江府、淮浙發運使。

朱鉉　字子玉，建安人，熹孫。咸淳間，任兩浙轉運判官。

周應旂　姑蘇人。任鮑郎場大使。

元

陳思濟　字濟民，柘城人。至元五年，同知紹興路總管府事，轉同知兩浙都轉運使司事。

忙兀台　蒙古達達兒氏。至元二十一年，拜江浙行省平章政事。

完者都　欽察人。至元二十三年，拜驃騎上將軍，江浙行省左丞相。成宗即位，授江浙行省平章政事。

滅里　至元二十四年，任兩浙鹽運使。

忽辛　賽典赤贍思丁次子。至元三十年，授兩浙鹽運使。

阿散　西域人。至元間，由松江府判官任兩浙轉運使。

朱虎　大德二年，爲兩浙轉運使。

赤琖顯忠　字遂良，遼東人。大德三年，任杭州檢校所提領大使。皇慶二年，任兩浙都轉運使同知。

孫拱　渾源人。大德五年，遷兩浙都轉鹽運使。

梁曾　字貢父，燕人。大德七年，除潭州路總管；明年，遷兩浙都轉運鹽使。

張思明　字士瞻，其先獲嘉人，後徙居輝州。至大三年，遷兩浙鹽運使，改中書省左司郎中。皇慶元年，再授兩浙鹽運使。

王都中　字元俞，福寧州人。武宗時，除兩浙都轉鹽運使。

瞿霆發　字聲父，上海人。至大中，以功授承務郎、兩浙轉運司副使。仁宗時，拜轉運使。

胡長孺　字汲仲，婺州永康人。延祐元年，轉兩浙都轉運鹽使司長山場鹽司丞。

黄溍　字晉卿，婺州義烏人。延祐二年，授台州、寧海丞，遷兩浙都轉運鹽使司石堰場監運。

曹伯啓　字士開，濟寧碭山人。延祐五年，遷司農丞，奉旨至江浙議鹽法。

王克敬　字叔能，大寧人。泰定初，出爲紹興路總管，轉兩浙轉運司。

張伯威　泰定二年，任兩浙轉運鹽使分司。

文殊　泰定二年，任鳴鶴場鹽課司。

陳椿　天台人。元統中，爲下砂場鹽司。

王艮　字止善，紹興諸暨人。泰定間，除兩浙都轉運鹽使司經歷。

楊維楨　字廉夫，紹興諸暨人。舉進士。泰定間，署天台尹，改錢清場鹽司令。

贍思　字得之，其先大食國人。至元三年，除僉浙西肅政廉訪司按問、都轉運鹽使等官。

趙知章　字伯常，河南睢陽人。至元時，以淮西道廉訪副使、同知兩浙都轉運鹽使司。

李守中　字正卿，東潁人。至元中，任兩浙都轉運鹽副使。謹按：舊《兩浙鹾志》作「至順二年任」。

智受益　鄧州南陽人。至元中，進兩浙轉運使。

戴文璧　字君章，沂州琅琊人。至正元年，遷兩浙轉運判官。

別兒怯不花　字大用，燕只吉解人。至正二年，拜江浙行省左丞。

脱歡察兒　字彦明。至正二年，由户部郎中出爲兩浙鹽運司同知。

李廷佐　字唐卿，陝西人。至正七年，由禮部侍郎出爲兩浙都轉運鹽使。

蘇天爵　字伯修，真定人。至正七年，拜兩浙行省參知政事，復爲兩浙都轉運使。

程芝　字應壽，徽州人。至正十二年，除兩浙都轉運鹽使司副使，分治松江亭場。

野先脱目　字仲禮，高昌畏吾兒人。至正十三年，爲兩浙轉運判官。

木八剌沙　至正十三年，爲兩浙轉運副使，分治嘉禾五場。

信合世禮　新昌州人。至正二十一年，任兩浙轉運司副使。

貢師泰　字泰甫，寧國宣城人。至正中，授兩浙都轉運鹽使。

納速剌丁　字士瞻，家大名。至正間，補兩浙轉運司掾。

任耜　字子良，蜀綿竹人。至正間，歷兩浙轉運司照磨兼承發架閣事。

趙鞏　字安國，縉雲人。至正間，任兩浙轉運使。

周南老　字正道，敦頤之後。元季，辟浙省掾，除兩浙轉運司知事。

沈仲　字長卿，餘姚人，任青村場典史。

明

梁貞　字叔亨，新昌人。洪武初年，任兩浙都轉運鹽使。

李世傑　洪武三年，任兩浙都轉運鹽使。
李信　洪武五年，任兩浙都轉運鹽使。
楊德春　洪武五年，任兩浙鹽運司同知。
傅士進　洪武五年，任兩浙鹽運司判官。
李泰　洪武六年，任兩浙都轉運鹽使。
鄭伯謙　洪武六年，任兩浙鹽運司副使。
世家寶　洪武七年，任兩浙鹽運司同知。
夏禮　洪武九年，任兩浙都轉運鹽使。
薛成　洪武九年，任兩浙鹽運司副使。
張惟一　洪武九年，任兩浙鹽運使判官。
吕本　洪武十年，任兩浙都轉運鹽使。
史伯温　洪武十三年，任兩浙都轉運鹽使。
劉惟信　洪武十三年，任兩浙鹽運司同知。
傅德昌　洪武十三年，任兩浙鹽運司副使。
胡梅　洪武十三年，任兩浙鹽運司判官。
張真　洪武十四年，任兩浙都轉運鹽使。
潘麗　洪武十四年，任兩浙鹽運司判官。
卞都　洪武十六年，任兩浙鹽運司同知。
羅守道　洪武十六年，任兩浙鹽運司副使。

俞鳳　洪武十七年，任兩浙鹽運司判官。

韓儒　洪武二十年，任兩浙都轉運鹽使。

蕭中順　洪武二十年，任兩浙鹽運司同知。

賈鏞　洪武二十年，任兩浙鹽運司判官。

陳龔　洪武二十二年，任兩浙都轉運鹽使。

王世安　洪武二十二年，任兩浙鹽運司同知。

豖直　洪武二十二年，任兩浙鹽運司判官。

顔可德　洪武二十三年，任兩浙鹽運司判官。

趙彦銘　洪武二十五年，任兩浙都轉運鹽使。

龐典　洪武二十七年，任兩浙鹽運司同知。

陳忠　洪武二十九年，任兩浙鹽運司副使。

李鎮　洪武三十三年，任兩浙都轉運鹽使。

崔富　任松江鹽運分司。

蘇守道　永樂元年，任兩浙鹽運司副使。

朱祐　永樂元年，任兩浙鹽運司判官。

李溟　永樂四年，任兩浙都轉運鹽使。

樊亨　永樂四年，任兩浙鹽運司副使。

隋良　永樂六年，任兩浙鹽運司副使。

王煜　永樂八年，任兩浙鹽運司同知。

吴炯　永樂九年，任兩浙鹽運司同知。

謝芳　永樂十年，任兩浙鹽運司同知。

王泰　永樂十一年，任兩浙都轉運鹽使。

劉源　永樂十二年，任兩浙鹽運司副使。

向寶　江西進賢人。洪武乙丑進士。永樂十二年，遷兩浙鹽運司判官。

蘇珏　永樂十五年，任兩浙鹽運司同知。

韓傑　永樂十六年，任兩浙都轉運鹽使。

李泰　永樂二十二年，任兩浙都轉運鹽使。宣德間，左遷兩浙鹽運司副使。

張鑑　洪熙元年，任兩浙鹽運司同知。

李懋　宣德元年，任兩浙鹽運司副使。

朱忠　宣德二年，任兩浙都轉運鹽使。

黄惠　宣德二年，任兩浙鹽運司判官。

張禮　宣德三年，任兩浙鹽運司同知。

党忠　宣德三年，任兩浙鹽運司副使。

司詳　宣德四年，任兩浙都轉運鹽使。

張祥　宣德四年，任兩浙鹽運司同知。

周忱　字恂如，江西吉水人。永樂初進士。宣德五年，工部侍郎巡撫江南兼理松江鹽課。

胡軫　字敬同，江西豐城人。永樂乙未進士。宣德八年，遷兩浙鹽運司同知。

丁鎡　正統元年，任兩浙都轉運鹽使。　謹按：《成化杭州府志》：「鎡」作「資」，南直隸人。

朱璿　正統元年，任兩浙鹽運司同知。

何諒　正統元年，任兩浙鹽運司判官。

劉溶　正統四年，任兩浙鹽運司副使。景泰七年，陞鹽運司同知。

丁昶　正統九年，任兩浙鹽運司副使。

許聰　正統九年，任兩浙鹽運司判官。

盧政　正統十年，任兩浙鹽運司同知。

吴方大　正統十一年，任兩浙都轉運鹽使。

黄裳　字元吉，廣東曲江人。由進士，正統十三年，兩浙巡鹽御史。

鄭崇　正統十三年，任兩浙鹽運司同知。

耿九疇　字禹錫，山西平定州人。正統十四年，刑部右侍郎、清理兩浙鹽法。

林廷舉　字雲鵬，廣東潮州人。由進士，正統十四年，兩浙巡鹽御史。

謝騫　字鵬舉，江南太平人。由進士，景泰元年，兩浙巡鹽御史。

張杰　景泰元年，任兩浙鹽運司判官。

軒輗　字惟行，鹿邑人。永樂甲辰進士。景帝立，以右副都御史鎮守浙江。景泰元年，命兼理兩浙鹽課。

龔謙　字廷益，江南高郵州人。景泰辛未進士，二年，兩浙巡鹽御史。

李奎　字文輝，河南汲縣人。由進士，景泰三年，兩浙巡鹽御史。

柳華　江南吴縣人。景泰四年，兩浙巡鹽御史。

李日良　字期佐，江西弋陽人。景泰甲戌進士，兩浙巡鹽御史。

姚政　景泰四年，任兩浙都轉運鹽使。

黄彪　景泰四年，任兩浙鹽運司同知。

李淮　景泰四年，任兩浙鹽運司副使。

閻鼎　字仲甫，灤州人。景泰五年，兩浙巡鹽御史。　謹按：《明實録》，「閻」作「嚴」，《杭州府志》作「鄭宏」。

丁慈　字元愷，福建建陽人。由進士，景泰六年，兩浙巡鹽御史。

裴斐　陝西渭南人。由進士，天順元年，兩浙巡鹽御史。

胡琳　天順二年，任兩浙鹽運司副使。

焦顯　字文明，山東鉅野人。由進士，天順三年，兩浙巡鹽御史。

李慶　字積善，湖廣沔陽人。天順三年，任兩浙都轉運鹽使。

劉慶　直隸河間人。由進士，天順四年，兩浙巡鹽御史。

李文輝　天順五年，任兩浙都轉運鹽使。

方佑　字廷輔，江南桐城人。由進士，天順七年，兩浙巡鹽御史。

王福　天順七年，任兩浙都轉運鹽使。

張黼　字廷甫，江西臨江人。由進士，成化元年，兩浙巡鹽御史。

袁露　成化二年，任兩浙鹽運司判官。

高明　字上達，江西貴溪人。景泰辛未進士。成化三年，僉都御史、清理浙江鹽法。

羅明　字文昭，福建南平人。由進士，成化三年，兩浙巡鹽御史。

陳宏　字丕道，福建龍溪人。天順甲申進士。成化四年，兩浙巡鹽御史。

戴用　字廷憲，江西萬安人。由進士，成化五年，兩浙巡鹽御史。

李瑢　字廷璋，江西安福人。由進士，成化六年，兩浙巡鹽御史。

張燧　成化六年，任兩浙都轉運鹽使。

王浩　字德宏，江南上元人。由進士，成化七年，兩浙巡鹽御史。

胡澄　山東堂邑人。由進士，成化八年，兩浙巡鹽御史。

方珪　字純潔，福建莆田人。成化己丑進士，十年，兩浙巡鹽御史。

陳紀　字叔振，福建莆田人。由進士，成化十一年，兩浙巡鹽御史。

朱穩　字伯承，江南婺源人。由進士，成化十一年，任兩浙都轉運鹽使。

石寶　直隸薊州人。成化十一年，任兩浙鹽運司副使。

李介　字守真，山東高密人。由進士，成化十三年，兩浙巡鹽御史。

李延壽　字宗仁，山東新城人。由進士，成化十四年，兩浙巡鹽御史。

王鉉　字邦器，江西鉛山人。由進士，成化十五年，兩浙巡鹽御史。

徐世安　成化十五年，任兩浙都運鹽使。

戴仁　字以德，江南句容人。由進士，成化十六年，兩浙巡鹽御史。

朱洪　字宗海，河南歸德人。由進士，成化十七年，兩浙巡鹽御史。

胡搢　成化十七年，任兩浙鹽運司同知。

王炎　字良璧，湖廣棗陽人。由進士，成化十八年，兩浙巡鹽御史。

王文　成化十八年，任兩浙都轉運鹽使。

王明　成化十八年，任兩浙鹽運司判官。

林誠　字貴實，福建莆田人，天順甲申進士。成化二十年，兩浙巡鹽御史。

賀霖　字時望，江西鄱陽人。由進士，成化二十一年，兩浙巡鹽御史。

宋漢　字天章，山東膠州人。由進士，成化二十二年，兩浙巡鹽御史。

彭韶　字鳳儀，福建莆田人，天順丁丑進士。弘治初，刑部右侍郎巡視兩浙兼都御史。

謝罃　字廷憲，江南祁門人。由進士，弘治元年，兩浙巡鹽御史。

晏輅　四川人。弘治元年，任兩浙都轉運鹽使。

趙哲　弘治元年，任兩浙鹽運司同知。

張文言　字道顯，河南衛輝人。弘治二年，兩浙巡鹽御史。

黃昌　字景文，江西臨川人。弘治二年，任兩浙鹽運司判官；八年，陞鹽運司同知。

彭程　字萬里，江西鄱陽人。成化丁未進士。弘治三年，兩浙巡鹽御史。

王溫　字景和，山東長清人。由進士，弘治四年，兩浙巡鹽御史。

于茂　字時俊，山東寧海人。由進士，弘治四年，兩浙巡鹽御史。

林芳　弘治五年，任兩浙鹽運司判官。

羅珣　弘治六年，任兩浙鹽運司同知。

劉紳　字大用，河南汝陽人。弘治七年，兩浙巡鹽御史。

宋明　字惟遠，直隸大名人。由進士，弘治七年，任兩浙都轉運鹽使。

王凱　字文相，直隸蠡縣人。由進士，弘治八年，兩浙巡鹽御史。

李嗣　字宗述，廣東南海人。弘治九年，户部左侍郎、清理淮浙鹽法。

姚壽　字維祺，江南舒城人。由進士，弘治九年，兩浙巡鹽御史。

亢通　弘治九年，任兩浙鹽運司同知。

黃世經　字時澤，陝西秦州衛人。由進士，弘治十年，兩浙巡鹽御史。

李從輔　弘治十年，任兩浙鹽運司判官。

李良佐　弘治十一年，任嘉興分司。

藍章　字文繡，山東即墨人。成化甲辰進士。弘治十一年，兩浙巡鹽御史。正德十年，刑部右侍郎、清理淮浙鹽法。

孫簡　弘治十一年，任兩浙鹽運司副使。

汪璧　字叔元，河南商城人。由進士，弘治十二年，兩浙巡鹽御史。

方溢　字文粹，廣西柳州人。由進士，弘治十三年，兩浙巡鹽御史。

羅欽德　江西泰和人。弘治十三年，任兩浙鹽運司副使。

莊表　弘治十三年，任兩浙鹽運司判官。

鄭洪　字克容，山東沂州人。弘治十四年，任兩浙鹽運司同知。

王璟　字廷采，山東沂州人。成化壬辰進士。弘治十四年，拜右僉都御史，理兩浙鹽政。

梁萬鍾　字天賜，四川温江人。成化戊戌進士，由知仁和縣擢知杭州。弘治十四年，任兩浙都轉運鹽使。

饒榶　字文中，江西進賢人。由進士，弘治十五年，兩浙巡鹽御史。

徐紹先　山東沂水人。由進士，弘治十六年，任兩浙鹽運司同知。

邢昭　字孟明，順天三河人。由進士，弘治十七年，兩浙巡鹽御史。正德五年，再任。

張憲　字廷式，江西德興人，成化辛丑進士。弘治十八年，工部侍郎兼僉都御史、清理浙福鹽法。正德二年，以僉都御史督理閩浙鹽法。

張璡　字伯純，山西澤州人。由進士，弘治十八年，兩浙巡鹽御史。

楊寄　字秀夫，山西壺關人。由進士，弘治十八年，任兩浙都轉鹽使。

王瓊　字德華，山西太原人。正德元年，副都御史、清理浙江鹽法。

朱儼　字居正，福建莆田人。由進士，正德元年，兩浙巡鹽御史。

甯舉　江西新城人。由進士，正德元年，任兩浙都轉運鹽使。

黎盤　廣東電白人。由舉人，正德元年，任兩浙鹽運司判官。

王潤　字敷仁，河南臨潁人，弘治二年貢士。正德二年，兩浙巡鹽御史；十年，起副都御史、清理兩浙鹽法。

李和　山東益都人。由郡掾任兩浙運司知事，正德二年，任鹽運司判官；五年，任副使。

喬岱　字希申，山東章邱人。由進士，正德三年，兩浙巡鹽御史。

劉經　字天常，京衛人。由進士，正德四年，兩浙巡鹽御史。

張吉　字克修，江西餘干人，成化辛丑進士。正德四年，任兩浙都轉運鹽使。

李璣　字天儀，武驤右衛人。由進士，正德六年，兩浙巡鹽御史。

梁辰　廣東人。由進士，正德六年，任兩浙都轉運鹽使。

仲本　正德六年，任兩浙鹽運司同知。

林季瓊　字時獻，福建莆田人。由進士，正德七年，兩浙巡鹽御史。

白翺　正德七年，任兩浙鹽運司同知。

吴大有　字元亨，江南崑山人。由進士，正德八年，任兩浙都轉運鹽使。

馮崑　江南崑山人。正德八年，任兩浙鹽運司同知。

師存智　字汝愚，河南太康人。由進士，正德九年，兩浙巡鹽御史。

林堂　福建侯官人。由舉人，正德九年，任兩浙鹽運司副使。

閻邦重　山西澤州人。正德九年，任兩浙鹽運司判官。

王雲鳳　山西和順人。正德十年，副都御史、清理淮浙鹽法。

趙春　字體仁，四川巴縣人。由進士，正德十年，兩浙巡鹽御史。

朱表　江南崑山人。由進士，正德十年，任兩浙鹽運司判官。

成英　字秀卿，順天遵化人。由進士，正德十一年，兩浙巡鹽御史。

董天錫　字壽敷，江西寧都人。由進士，正德十一年，任兩浙都轉運鹽使。

陳天祥　江南吴江人。正德十二年，右副都御史、清理浙福鹽法。

趙斌　正德十二年，任兩浙鹽運司同知。

趙鑑　山東壽光人。正德十三年，刑部尚書兼右副都御史、清理浙福鹽法。

劉廷簠　字器重，江西安福人。由進士，正德十三年，兩浙巡鹽御史。

劉欒　字汝喬，山西陽曲籍，雲南中屯所人。由進士，正德十四年，兩浙巡鹽御史。

羅其祥　江西人。由舉人，正德十四年。任兩浙鹽運司判官。

王秀　字士英，山東萊陽人。正德甲戌進士，十五年，兩浙巡鹽御史。

王公大　福建閩縣人。由舉人，正德十五年，任兩浙鹽運司同知。

萬嵩　雲南人。由舉人，正德十五年，任兩浙鹽運司判官。

鍾卿密　字宣猷，江西太和人。由進士，正德十六年，兩浙巡鹽御史。

張偉　字汝賢，四川成都人，舉進士。正德十六年，任兩浙都轉運鹽使。

韓奕　字大之，江南吴縣人。由進士，嘉靖二年，兩浙巡鹽御史。

鄭諫　嘉靖二年，任兩浙都轉運鹽使。

李棠　字師召，直隸清苑人。嘉靖二年，任兩浙鹽運司同知。

王俊　山東臨清人。由舉人，嘉靖二年，任兩浙鹽運司判官。

李暘　直隸棗強人。由進士，嘉靖三年，任兩浙都轉運鹽使。

劉楫　直隸獻縣人。由舉人，嘉靖三年，任兩浙鹽運司判官。

張鵬翰　字運甫，陝西慶陽衛人，正德丁丑進士。嘉靖四年，兩浙巡鹽御史。

簡沛　字一川，江西靖江人。由進士，嘉靖四年，任兩浙都轉運鹽使。

方選　江西人。嘉靖四年，任兩浙鹽運司同知。

李信　嘉靖四年，任兩浙鹽運司副使。

吴瓚　江南休寧人。由進士，嘉靖五年，任兩浙都轉運鹽使。

曹蘭　湖廣咸寧人。由進士，嘉靖五年，任兩浙鹽運司同知。

王朝用　字行甫，陝西隴西人。正德辛巳進士。嘉靖六年，兩浙巡鹽御史。

錢灦　字希孟，直隸阜城人。正德戊辰進士。嘉靖六年，任兩浙鹽運司同知。

王化　字子涵，山東濱州人。由進士，嘉靖七年，兩浙巡鹽御史。

陳世輔　字汝鄰，直隸定遠人。由進士，嘉靖八年，兩浙巡鹽御史。

方仕　字克學，河南固始人。正德戊辰進士。嘉靖八年，任兩浙都轉運鹽使。

林同　福建晉江人。由舉人，嘉靖八年，任兩浙鹽運司判官。

方禾　江南泰州人。由舉人，嘉靖八年，任兩浙鹽運司判官。

梁尚德　字祖容，江西星子人。嘉靖丙戌進士，九年，兩浙巡鹽御史。

楊表　字汝中，福建龍溪人。由進士，嘉靖十年，任兩浙都轉運鹽使。

李磐　字伯固，河南固始人。由進士，嘉靖十一年，兩浙巡鹽御史。

黎伯興　廣東番禺人。由舉人，嘉靖十一年，任兩浙鹽運司副使。

楊春芳　字伯生，江南宿遷人。由進士，嘉靖十二年，兩浙巡鹽御史。

盧瓚　字宗獻，又字廷美，直隸新城人。嘉靖十三年，兩浙巡鹽御史。

黄行可　字兆見，福建莆田人。由進士，嘉靖十三年，任兩浙都轉運鹽使。

焦昇　字汝和，山西馬邑人。由進士，嘉靖十三年，任兩浙鹽運司同知。

周全　字伯修，江西貴溪人。由吏員，嘉靖十三年，任兩浙鹽運司判官。

夏禄　字允吉，直隸宛平人。由官生，嘉靖十三年，任兩浙鹽運司判官。

李遂　字良伯，湖廣江陵人。由進士，嘉靖十五年，兩浙巡鹽御史。

陶轍　字行之，江南宣城人。由監生，嘉靖十五年，任兩浙鹽運司副使。

楊麟　字仁仲，江西上饒人。由監生，嘉靖十五年，任兩浙鹽運司副使。

宫潮　字惟信，江南壽州人。由舉人，嘉靖十五年，任兩浙鹽運司判官。

黄臣　字伯齡，山東濟南人。嘉靖十六年，副都御史、清理兩浙鹽法。

劉仕賢　字以道，江西南昌人。嘉靖壬辰進士，十六年，兩浙巡鹽御史。

舒柏　字國用，江西靖安人。由舉人，嘉靖十六年，任兩浙鹽運司同知。

殷學　字成甫，山東東阿人。嘉靖壬辰進士，十七年，兩浙巡鹽御史。

高尌　字仲龍，雲南太和人。由進士，嘉靖十九年，兩浙巡鹽御史。

洪富　字國昌，福建晉江人。由進士，嘉靖十九年，任兩浙都轉運鹽使。

胡應徵　字子賢，直隸永平人。由官生，嘉靖十九年，任兩浙鹽運司同知。

羅傅　湖廣荆門州人。由進士，嘉靖十九年，任兩浙鹽運司判官。

王廷甫　山西静樂人。由監生，嘉靖十九年，任兩浙鹽運司判官。

唐臣　字止敬，江南天長人。由進士，嘉靖二十年，兩浙巡鹽御史。

沈子明　字惟遠，江西浮梁人。由監生，嘉靖二十年，任兩浙鹽運司副使。

徐敦　字子學，江南江寧人。由監生，嘉靖二十年，任兩浙鹽運司判官。

陳策　字時偕，福建莆田人。由進士，嘉靖二十二年，兩浙巡鹽御史。

楊鏐　字美之，江南華亭人。由監生，嘉靖二十二年，任兩浙鹽運司判官。

高節　字爾瞻，直隸永清人。由進士，嘉靖二十三年，兩浙巡鹽御史。

陶治　字時泰，山西絳州人。由官生，嘉靖二十三年，任兩浙鹽運司同知。

王積　字子崇，江南太倉人。由進士，嘉靖二十三年，任兩浙鹽運司副使。

吕經　山東掖縣人。由監生，嘉靖二十三年，任兩浙鹽運司判官。

曹忭　字子誠，湖廣江陵人。嘉靖辛丑進士。二十四年，兩浙巡鹽御史。

許穀　字仲貽，江南上元人。嘉靖乙未進士。二十四年，任兩浙鹽運司副使。

鄢懋卿　字景修，江西豐城人。嘉靖二十五年，兩浙巡鹽御史；三十九年，右副都御史、清理兩浙鹽法。

周堯祖　字宗道，山東東平人。由進士，嘉靖二十五年，任兩浙都轉運鹽使。

羅烣　字用晦，湖廣茶陵人。由監生，嘉靖二十五年，任兩浙鹽運司判官。

李復　字師顔，福建邵武人。由監生，嘉靖二十五年，任兩浙鹽運司判官。

董威　字重夫，河南信陽州人。由進士，嘉靖二十七年，兩浙巡鹽御史。

井震　河南襄城人。由舉人，嘉靖二十七年，任兩浙鹽運司同知。

王紳　直隸滄州人。嘉靖二十八年，僉都御史、清理兩浙鹽法。

宿應麟　字季瑞，山東掖縣人。由進士，嘉靖二十八年，兩浙巡鹽御史。

白若圭　江南無錫人。由進士，嘉靖二十八年，任兩浙鹽運司副使。

杜聰　江南壽州人。嘉靖二十八年，任兩浙鹽運司判官。

韓思靖　陝西涇陽人。由舉人，嘉靖二十九年，任兩浙鹽運司同知。

李沔　山東曹縣人。由舉人，嘉靖二十九年，任兩浙鹽運司判官。

胡志夔　字鳴和，山西安邑人。由進士，嘉靖三十年，兩浙巡鹽御史。

郭俊　山西陽曲人。嘉靖三十年，任兩浙鹽運司副使。

張定　山西代州人。由進士，嘉靖三十一年，任兩浙都轉運鹽使。

汪九仞　江南貴池人。由官生，嘉靖三十一年，任兩浙鹽運司判官。

陳觀衡　字季平，山東東平人。由進士，嘉靖三十二年，兩浙巡鹽御史。

王廷幹　字惟楨，江南涇縣人。由進士，嘉靖三十二年，任兩浙鹽運司同知。

李秋　字伯成，順天薊州人。由進士，嘉靖三十三年，兩浙巡鹽御史。

張朝棟　字隆吉，江蘇常熟人。由舉人，嘉靖三十四年，任兩浙鹽運司副使。

李時春　河南光州人。由進士，嘉靖三十四年，任兩浙鹽運司判官。

王廷儒　湖廣黄岡人。由舉人，嘉靖三十四年，任兩浙鹽運司判官。

王極　字伯準，順天薊州人。由進士，嘉靖三十五年，兩浙巡鹽御史。

黄日敬　字時簡，福建莆田人。由進士，嘉靖三十五年，任兩浙都轉運鹽使。

蕭立業　江西新喻人。嘉靖三十五年，任兩浙鹽運司同知。

左文麟　江西南城人。由舉人，嘉靖三十五年，任兩浙鹽運司副使。

羅元貞　字汝符，江西鄱陽人。由進士，嘉靖三十六年，兩浙巡鹽御史。

蔣時行　字惟可，廣西全州人。由舉人，嘉靖三十六年，任兩浙鹽運司同知。

倪雲梯　字允步，直隸阜城人。由監生，嘉靖三十六年，任兩浙鹽運司判官。

朱希陽　字懋功，江南崑山人。由監生，嘉靖三十六年，任兩浙鹽運司判官。

李守仁　字與安，陝西鳳翔人。由進士，嘉靖三十七年，兩浙巡鹽御史。

王度　字公雅，江南吴江人。由官生，嘉靖三十七年，任兩浙鹽運司判官。

凌儒　字真卿，江南泰州人。由進士，嘉靖三十八年，兩浙巡鹽御史。

柴輔喆　字子熙，江南崑山人。由監生，嘉靖三十八年，任兩浙鹽運司判官。

袁淳　字育真，江西雩都人。由進士，嘉靖三十九年，兩浙巡鹽御史。

劉甞　江西萬安人。由舉人，嘉靖三十九年，任兩浙都轉運鹽使。

曾子欽　江西泰和人。由舉人，嘉靖三十九年，任兩浙鹽運司同知。

雷金科　字公憲，福建建安人。由進士，嘉靖四十年，任兩浙鹽運司判官。

伍令　字思行，江西安福人。由進士，嘉靖四十一年，兩浙巡鹽御史。

謝教　江南武進人。由進士，嘉靖四十一年，任兩浙都轉運鹽使。

張柱　字汝輔，山東壽光人。嘉靖丁未進士。四十一年，任兩浙鹽運司同知。

温如玉　字孟純，湖廣鄖縣人。由進士，嘉靖四十二年，兩浙巡鹽御史。

李謙然　江南貴池人。由進士，嘉靖四十二年，任兩浙鹽運司同知。

何尚賢　山西猗氏人。由進士，嘉靖四十二年，任兩浙鹽運司副使。

夏雷　江西南城人。由舉人，嘉靖四十二年，任兩浙鹽運司判官。

曹子朝　江南長洲人。由進士，嘉靖四十二年，任兩浙鹽運司判官。
楊鈴　字希尹，直隸邢臺人。由進士，嘉靖四十三年，兩浙巡鹽御史。
杜嘉孝　字純父，四川成都人。由進士，嘉靖四十三年，任兩浙都轉運鹽使。
孔惟德　字恒夫，河南汝陽人。由進士，嘉靖四十四年，任兩浙鹽運司同知。
楊肇　福建建安人。由舉人，嘉靖四十四年，任兩浙鹽運司判官。
蔚元康　字良甫，河南籍，山西孝義人。由進士，嘉靖四十五年，兩浙巡鹽御史。
林應鵬　字志萬，福建莆田人。由舉人，嘉靖四十五年，任兩浙鹽運司副使。
曹獲　江南句容人。由監生，嘉靖四十五年，任兩浙鹽運司判官。
麻永吉　字伯貞，陝西慶陽衛人。由進士，隆慶元年，兩浙巡鹽御史。
胡文　字宣文，福建詔安人，嘉靖丙辰進士。隆慶元年，任兩浙鹽運司判官。
鄒慶龍　字德化，陝西長安人，嘉靖丙辰進士。隆慶二年，右副都御史、總理兩浙屯鹽。
周思久　字子徵，湖廣麻城人。嘉靖癸丑進士。隆慶二年，任兩浙鹽運司同知。
蕭九成　江西廬陵人。由進士，隆慶二年，任兩浙鹽運司副使。
徐大經　江南興化人。由舉人，隆慶二年，任兩浙鹽運司判官。
吴從憲　字惟時，福建晉江人。嘉靖壬戌進士。隆慶三年，兩浙巡鹽御史；萬曆五年，再任。
戴冕　河南洛陽人。由進士，隆慶三年，任兩浙鹽運司同知。
史桂芳　江西鄱陽人。由進士，隆慶四年，任兩浙都轉運鹽使。
介一清　山西解州人。由進士，隆慶四年，任兩浙鹽運司同知。
曾可耕　江西盧陵人。由舉人，隆慶四年，任兩浙鹽運司副使。

陳賢　四川滄溪人。由進士，隆慶四年，任兩浙鹽運司判官。

楊雨　直隸豐潤人。由歲貢，隆慶四年，任兩浙鹽運司判官。

張更化　字德孚，山西汾州人，嘉靖乙丑進士。隆慶五年，兩浙巡鹽御史。

王基　字啓亨，山東青州衛籍，萊陽人。嘉靖乙丑進士。隆慶五年，任兩浙鹽運司同知。

陶梓　山西絳州人。由舉人，隆慶五年，任兩浙鹽運司副使。

馬應夢　字仕徵，山東曹州人。由進士，隆慶六年，兩浙巡鹽御史。

朱炳如　字仲甫，湖廣桂陽人，嘉靖乙未進士。隆慶六年，任兩浙都轉運鹽使。

張九歌　山東曹州人。萬曆元年，任兩浙鹽運司同知。

楊斐　福建建陽人。由進士，萬曆元年，任兩浙鹽運司同知。

張瑞　四川石泉人。由歲貢，萬曆元年，任兩浙鹽運司判官。

萬一貫　字汝唯，江西安福人。由進士，萬曆二年，兩浙巡鹽御史。

葛綸　江南崑山人，嘉靖丙辰進士。萬曆二年，任兩浙都轉運鹽使。

吳宗吉　江西浮梁人。由舉人，萬曆二年，任兩浙鹽運司同知。

王翰奇　直隸任縣人。由歲貢，萬曆二年，任兩浙鹽運司副使。

孫舜咨　江西德興人。由監生，萬曆二年，任兩浙鹽運司判官。

王藻　字叔華，直隸真定籍、山西清源人。由進士，萬曆三年，兩浙巡鹽御史。

熊炯　福建漳浦人。由舉人，萬曆三年，任兩浙鹽運司判官。

房如式　字憲甫，山東益都人，隆慶戊辰進士。萬曆四年，兩浙巡鹽御史。

林應雷　字宗復，福建閩縣人。由進士，萬曆四年，任兩浙都轉運鹽使。

王稟齡　江南吳縣人。由監生，萬曆四年，任兩浙鹽運司副使。

刁騰蛟　廣東海康人。由舉人，萬曆四年，任兩浙鹽運司判官。

許天贈　字德夫，江南黟縣人，嘉靖乙丑進士。萬曆五年，任兩浙都轉運鹽使。

林敬晃　字紹周，福建莆田人。由進士，萬曆五年，任兩浙鹽運司同知；萬曆九年，再任。

費懋謙　江西鉛山人。由官生，萬曆五年，任兩浙鹽運司副使。

吳惟金　江南宜興人。由監生，萬曆五年，任兩浙鹽運司判官。

李棟　字尚隆，河南涉縣人。由進士，萬曆六年，兩浙巡鹽御史。

龔元成　江南高郵人。由舉人，萬曆六年，任兩浙鹽運司副使。

張程　江西安福人。由進士，萬曆六年，任兩浙鹽運司判官。

陳瑚　山東曹縣人。由舉人，萬曆六年，任兩浙鹽運司判官。

劉竟成　字惠卿，河南確山人。隆慶戊辰進士。萬曆七年，任兩浙鹽運司判官。

馬象乾　字體良，廣東廉州人。由進士，萬曆八年，兩浙巡鹽御史。

游應乾　江南婺源人。嘉靖乙丑進士。萬曆八年，任兩浙都轉運鹽使。

王以纁　直隸文安人。由進士，萬曆八年，任兩浙鹽運司同知。

路犀　河南新鄉人。由歲貢，萬曆八年，任兩浙鹽運司副使。

宋偉　江西南康人。由舉人，萬曆八年，任兩浙鹽運司判官。

楊時寧　字子安，江西鄱陽人。隆慶戊辰進士。萬曆八年，任兩浙鹽運司判官。

孫旬　字若穆山，東萊陽人。萬曆二年進士，九年，兩浙巡鹽御史。

黃文魁　福建光澤人。由歲貢，萬曆十年，任兩浙鹽運司副使。

姚燭　河南襄城人。由舉人，萬曆十年，任兩浙鹽運司判官。

李玉芳　雲南泰和人。由舉人，萬曆十一年，任兩浙鹽運司判官。

羊可立　字子豫，河南汝陽人。萬曆丁丑進士，十二年，兩浙巡鹽御史。

傅性冕　河南睢州人。由進士，萬曆十二年，任兩浙鹽運司同知。

詹事講　字明甫，東西樂安人。萬曆丁丑進士，十三年，兩浙巡鹽御史。

俞鎰　江南婺源人。由恩貢，萬曆十三年，任兩浙鹽運司判官。

李天麟　字仲仁，順天籍、山西武定人。萬曆庚辰進士，十四年，兩浙巡鹽御史。

王命爵　福建南靖人。由舉人，萬曆十四年，任兩浙都轉運鹽使。

唐守欽　福建莆田人。由進士，萬曆十四年，任兩浙鹽運司同知。

黄學顔　字近復，江南吴縣人。由進士，萬曆十四年，任兩浙鹽運司副使。

章邦翰　字公佐，江西南昌人。萬曆庚辰進士，十五年，兩浙巡鹽御史。

劉自化　字伯時，陝西高陵人。嘉靖乙丑進士。萬曆十五年，任兩浙都轉運鹽使。

郭治統　山西高平人。由官生，萬曆十五年，任兩浙鹽運司同知。

鄒雲鵬　江南吴江人。由進士，萬曆十五年，任兩浙鹽運司判官。

胡載道　山西太原人。由進士，萬曆十五年，任兩浙鹽運司判官。

歐陽韓　直隸武強人。由監生，萬曆十五年，任兩浙鹽運司判官。

王道增　字蓋甫，江南潁州人。由進士，萬曆十六年，兩浙巡鹽御史。

吴撝謙　字汝則，江西臨川人。隆慶辛未進士。萬曆十六年，任兩浙鹽運司判官。

韓介　字子石，山東臨淄人。萬曆庚辰進士，十七年，兩浙巡鹽御史。

貢靖國　字元忠，江南宣城人。由進士，萬曆十七年，任兩浙都轉運鹽使。

陳九敘　福建漳平人。由進士，萬曆十七年，任兩浙鹽運司同知。

帥機　字惟審，江西臨川人。由進士，萬曆十七年，任兩浙鹽運司副使。

彭惟紹　江西安福人。由監生，萬曆十七年，任兩浙鹽運司判官。

孫三省　江南通州人。由選貢，萬曆十八年，任兩浙鹽運司副使。

李廷華　字明凡，直隸永年人。由舉人，萬曆十八年，任兩浙鹽運司判官。

牛應元　字子仁，陝西涇陽人。萬曆庚辰進士，十九年，兩浙巡鹽御史。

李道先　福建安溪人。由舉人，萬曆十九年，任兩浙鹽運司同知。

蕭音　江南涇縣人。由監生，萬曆十九年，任兩浙鹽運司判官。

張光緒　字少泉，直隸河間人。萬曆癸未進士，二十年，兩浙巡鹽御史。

陸從平　字素履，江南華亭人。由進士，萬曆二十年，任兩浙都轉運鹽使。

孔祖堯　廣西臨桂人。由舉人，萬曆二十一年，任兩浙鹽運司副使。

但貴元　江西星子人。由進士，萬曆二十一年，任兩浙鹽運司判官。

龍膺　字君善，湖廣武陵人。由進士，萬曆二十一年，任兩浙鹽運司判官。

王立賢　字聘卿，山西太原人。萬曆丙戌進士，二十二年，兩浙巡鹽御史。

霍蓋臣　廣東南海人。由舉人，萬曆二十二年，任兩浙鹽運司同知；二十九年，再任。

王業宏　字德徵，山東安邱人。萬曆己丑進士，二十三年，兩浙巡鹽御史。

周必元　江西寧州人。由官生，萬曆二十三年，任兩浙鹽運司副使。

范岷望　字和一，四川富順人。由舉人，萬曆二十三年，任兩浙鹽運司判官。

汪體陽　江西弋陽人。由選貢，萬曆二十三年，任兩浙鹽運司判官。

劉允祚　湖廣衡山人。由舉人，萬曆二十五年，任兩浙鹽運司同知。

袁九臯　字君鳴，江南通州人。萬曆己丑進士，二十六年，兩浙巡鹽御史。

蘇養蒙　山西安邑人。由舉人，萬曆二十六年，任兩浙都轉運鹽使。

林汝詔　萬曆間，任兩浙鹽法道右參議。

黄世典　字汝憲，江西南豐人。由監生，萬曆二十六年，任兩浙鹽運司副使。

原乘雲　山西長治人。由舉人，萬曆二十六年，任兩浙鹽運司判官。

馮喃　江南宣城人。由舉人，萬曆二十七年，任兩浙鹽運司同知。

李季芳　江南臨淮人。由監生，萬曆二十七年，任兩浙鹽運司判官。

蘇萬方　四川安居人。由監生，萬曆二十七年，任兩浙鹽運司判官。

葉永盛　字子木，江南涇縣人。萬曆己丑進士，二十八年，兩浙巡鹽御史。

郭逵　河南密縣人。由舉人，萬曆二十八年，任兩浙鹽運司判官。

張紀　四川華陽人。由舉人，萬曆二十九年，任兩浙鹽運司副使。

周家棟　字隆之，湖廣黄岡人。萬曆己丑進士，三十年，兩浙巡鹽御史。

薛鳳翔　江南武進人。由監生，萬曆三十年，任兩浙鹽運司判官。

黎應鳳　廣東增城人。由舉人，萬曆三十一年，任兩浙鹽運司判官。

韓初命　山東掖縣人。由舉人，萬曆三十二年，任兩浙鹽運司判官。

温如璋　字孚德，福建海澄人。萬曆己丑進士，三十三年，兩浙巡鹽御史。

劉啓先　字士元，山東文登人。由進士，萬曆三十三年，任兩浙鹽運司判官。

左宗郢　字景賢，江西南城人。萬曆己丑進士，三十四年，兩浙巡鹽御史。

詹孝達　江西永豐人。由舉人，萬曆三十四年，任兩浙鹽運司判官；三十七年，陞鹽運司同知。

方大鎮　字君静，江南桐城人。萬曆己丑進士，三十五年，兩浙巡鹽御史。

董邦治　直隸豐潤人。由選貢，萬曆三十五年，任兩浙鹽運司副使。

徐元暘　江南華亭人。由恩生，萬曆三十五年，任兩浙鹽運司判官。

韓浚　字邃之，山東淄川人。萬曆戊戌進士，三十七年，兩浙巡鹽御史。

李永固　山東益都人。由選貢，萬曆三十六年，任兩浙鹽運司同知。

吴從誠　湖廣潛江人。由舉人，萬曆三十六年，任兩浙鹽運司同知。

許亨魁　福建長泰人。由舉人，萬曆三十七年，任兩浙鹽運司判官。

張惟任　字仲伊，陝西潼關人。萬曆己卯舉人，三十八年，兩浙巡鹽御史。

柯鳳翔　字志德，福建同安人。由進士，萬曆三十八年，任兩浙都轉運鹽使。

王瀚　字溟之，直隸雞澤人。由監生，萬曆三十八年，任兩浙鹽運司副使。

王岳錫　字子正，山東膠州人。由進士，萬曆三十九年，任兩浙鹽運司同知。

楊鶴　字修齡，湖廣武陵人。萬曆甲辰進士，四十一年，兩浙巡鹽御史。

王皞如　字翁淳，陝西朝邑人。由舉人，萬曆四十一年，任兩浙都轉運鹽使。

強有義　字子宜，江南泰州人。由舉人，萬曆四十一年，任兩浙鹽運司同知。

喬供宿　字仲元，江南上海人。由監生，萬曆四十一年，任兩浙鹽運司副使。

羅周翰　江南歙縣人。由監生，萬曆四十一年，任兩浙鹽運司判官。

崔爾進　字漸逵，陝西長安人。萬曆甲辰進士，四十一年，兩浙巡鹽御史。

賀懋任　江南丹陽人。由監生，萬曆四十二年，任兩浙鹽運司判官。

周宗文　字以謨，江西臨江人。由例監，萬曆四十三年，任兩浙鹽運司判官。

陳以耀　字司霖，江西泰和人。由舉人，萬曆四十四年，任兩浙都轉運鹽使。

周子允　陝西河州人。由選貢，萬曆四十四年，任兩浙鹽運司副使。

許國忠　湖廣潛江人。由選貢，萬曆四十四年，任兩浙鹽運司判官。

洪啓聰　福建南安人。由進士，萬曆四十四年，任兩浙鹽運司判官。

胡繼升　字進甫，四川銅梁人。萬曆甲辰進士，四十五年，兩浙巡鹽御史。

沈鳴韶　湖廣臨湘人。由選貢，萬曆四十五年，任兩浙鹽運司副使。

吴光龍　字用潛，廣東南海人。由進士，萬曆四十七年，兩浙巡鹽御史。

徐則卓　山東人。由選貢，萬曆四十七年，任兩浙鹽運司判官。

林時喬　四川重慶人。由舉人，萬曆四十八年，任兩浙都轉運鹽使。

陳見龍　廣東潮陽人。由舉人，泰昌元年，任兩浙都轉運鹽使。

張師孟　字浩之，直隸曲周人。由進士，天啓元年，兩浙巡鹽御史。

周天允　字綿祚，山西安邑人。由舉人，天啓元年，任兩浙都轉運鹽使。

林剛中　字灝水，福建莆田人。由舉人，天啓元年，任兩浙鹽運司判官。

梁綱　直隸人。由舉人，天啓元年，任兩浙鹽運司判官。

傅宗龍　字獻可，雲南昆明人。由進士，天啓二年，兩浙巡鹽御史。

杜階　字升宇，江南高郵人。由舉人，天啓二年，任兩浙鹽運司判官。

何懋灼　福建人。由監生，天啓二年，任兩浙鹽運司判官。

楊維垣　字豐之，山東文登人。由進士，天啓三年，兩浙巡鹽御史。

唐允恭　字欽甫，江南華亭人。由官生，天啓三年，任兩浙鹽運司副使。

金士衡　直隸人。由進士，天啓三年，任兩浙鹽運司副使。

程寅賓　字澹石，四川富順人。由舉人，天啓三年，任兩浙鹽運司判官。

介夢龍　山西解州人。由舉人，天啓三年，任兩浙鹽運司判官。

田唯嘉　字秀實，直隸饒陽人。由進士，天啓四年，兩浙巡鹽御史。

張正學　河南睢州人。由進士，天啓四年，任兩浙都轉運鹽使。

劉宏　江南泰州人。由進士，天啓四年，任兩浙鹽運司副使。

田珍　字玉溪，河南虞城人。由進士，天啓五年，兩浙巡鹽御史。

田一藝　字何埶，福建大田人。由選貢，天啓五年，任兩浙鹽運司判官。

丁啓瀚　字赤初，福建晉江人。由貢生，天啓五年，任兩浙鹽運司判官。

沈仰　字士望，四川綿州人。由舉人，天啓六年，任兩浙都轉運鹽使。

王際逵　字參漢，福建晉江人。由進士，天啓七年，兩浙巡鹽御史。

徐有恒　江南常州人。由選貢，天啓七年，任兩浙鹽運司副使。

趙光宁　字倚虹，直隸滄州人。由例貢，天啓七年，任兩浙鹽運司判官。

王熙明　字載之，山東商河人。由例貢，天啓七年，任兩浙鹽運司判官。

何可及　字若谿，雲南劍州人。由進士，崇禎元年，兩浙巡鹽御史。

丁如瀾　字士文，河南鄧州人。由例貢，崇禎元年，任兩浙鹽運司副使。

曲沖如　字心元，山東長山人。由貢生，崇禎元年，任兩浙鹽運司判官。

韓灛　字澤宇，山東淄川人。由例貢，崇禎元年，任兩浙鹽運司判官。

吳之仁　字育萬，江西臨川人。由進士，崇禎二年，兩浙巡鹽御史。

祝徽　字文柔，江西臨川人。天啓進士。崇禎三年，兩浙巡鹽御史。

亢孟棟　字清寰，山西臨汾人。由例貢，崇禎三年，任兩浙鹽運司判官。

李宗著　字用晦，福建莆田人。由進士，崇禎四年，兩浙巡鹽御史。

楊湛然　字無欲，湖廣鄖縣人。由舉人，崇禎五年，任兩浙都轉運鹽使。

張任學　字留儒，四川安岳人。天啓乙丑進士。崇禎六年爲御史，尋命出視兩浙鹽法。

林銘几　字慎日，福建莆田人。由進士，崇禎七年，兩浙巡鹽御史。

賈多男　字道乾，直隸南宫人。由進士，崇禎八年，兩浙巡鹽御史。

田起鳳　字葵蓼，陝西城固人。由進士，崇禎九年，兩浙巡鹽御史。

許都　湖廣江夏人。崇禎九年，任兩浙鹽運司副使。

吳炳　江南宜興人。崇禎九年，任兩浙鹽運司判官。

褚德培　山東嶧縣人。由進士，崇禎十年，兩浙巡鹽御史。

梁雲構　字眉居，河南蘭陽人。崇禎戊辰進士，十一年，兩浙巡鹽御史。

吳鼎泰　廣東吳川人。由進士，崇禎十一年，任兩浙鹽運司判官。

崔琳　崇禎十二年，以司禮監、清理兩浙鹽課。

馮垣登　字薇圃，江西新昌人。由進士，崇禎十三年，兩浙巡鹽御史。

陳象明　廣東東莞人。崇禎十四年，任兩浙鹽運司判官。

李瑞和　字賓弓，福建漳浦人。由進士，崇禎十五年，兩浙巡鹽御史。

梁招孟　湖廣興國州人。由進士，崇禎十五年，任兩浙都轉運鹽使。

葉景先　字仲光，江西餘干人。由貢生，崇禎十五年，任兩浙鹽運司判官。

李珽　字梅溪，四川井研人。由選貢，崇禎十六年，兩浙巡鹽御史。

張繼孟　字泰巖，陝西扶風人。萬曆己未進士。崇禎間，任兩浙都轉運鹽使。

《欽定重修兩浙鹽法志》卷二十一終

校勘記

〔一〕『職官表』所引史籍多有删略，難以補全。遇删節不當、有礙文義處，方據史籍訂補。

〔二〕官府　原書作『宮府』。據《周禮・天官》改。

〔三〕成帝　原書作『武帝』。據《後漢書》志第二六《百官志三》改。

〔四〕盜賊　原書闕。據《後漢書》志第二六《百官志三》補。

〔五〕此條所引注文，原置於『兩長丞』之後。據《漢書》卷一九上《百官公卿表上》改。

〔六〕大司農　原書闕『大』字。據《後漢書》志第二六《百官志三》補。

〔七〕注曰掌諸錢穀金帛諸貨幣　原書作『掌國金帛諸貨幣』。據《後漢書》志第二六《百官志三》改。

〔八〕本注曰　原書闕。據《後漢書》志第二六《百官志三》改。

〔九〕千石　原書作『十石』，誤。

〔一〇〕本注曰　原書闕，補。

〔一一〕貨幣　原書作『貨帛』，誤。

〔一二〕秩次　原書闕『次』字，補。

〔一三〕無分士給均本吏　原書『士』作『土』，『均』『給』二字互倒。據《後漢書》志第二八《百官志五》改。

〔一四〕度支尚書統户部侍郎二人　原書作『尚書度支統度支户部侍郎二人』。據《隋書》卷二八《百官志下》改。

〔一五〕司度　原書作『司徒』，誤。

〔一六〕復舊　原書闕『舊』字。據《通典・職官典》補。

〔一七〕貞元二年　原書作『寶應二年』。據《通典・職官典》《舊唐書・德宗紀》《舊唐書・韓滉傳》改。

〔一八〕鹽鐵使　原書闕『鐵』字，補。

〔一九〕斗加時價百錢而出之　原書於『百錢』前衍『外』字。據《新唐書》卷五四《食貨志四》删。

〔二〇〕用兵無常隨時調斂　原書闕『無常隨時』四字。據《新五代史》卷二六《唐臣傳・張延朗傳》補。

〔二一〕軍堂場務　原書作『軍當陽務』。據《五代會要》卷二七《鹽鐵雜條下》改。

〔二二〕垜貯　原書作『堆垜』。據《五代會要》卷二七《鹽鐵雜條下》改。

〔二三〕罷三部使　原書闕此四字。據《宋史》卷一六二《職官志二》補。

〔二四〕史正志　原書闕此三字。據《宋史》卷一六七《職官志七》補。

〔二五〕以輸中都　原書闕此四字。據《宋史》卷一六七《職官志七》補。

〔二六〕六年　原書引《宋史・職官志》作『二年』。據龔延明《宋史職官志補正》校正。

〔二七〕賞　原書作『賣』，誤。

〔二八〕隨軍轉運　原書『軍』作『車』，誤。

〔二九〕都轉運使司　原書作『都轉運鹽使司』，誤，宋無此官職。

〔三〇〕賨源　原書作『賦源』。據《元史》卷八五《百官志一》改。

〔三一〕百官善惡　原書無『善惡』二字。據文意補。

〔三二〕割江北諸郡隸河南　原書闕此八字。據《元史》卷九一《百官志七》補。

〔三三〕添設平章　原書闕此四字。據《元史》卷九二《百官志八》補。

〔三四〕以淮西宣慰司兩淮鹽運司　原書闕『淮西』『兩淮』四字，補。

〔三五〕原書所引史料删減不當，多有歧義。據《元史》卷一二《世祖紀九》補正。

〔三六〕皇慶元年　原書作『皇慶三年』，誤。

〔三七〕提點　原書作「提舉」。據《續資治通鑑長編》卷一三太祖開寶五年十一月庚辰條改。

〔三八〕兩浙　原書闕此二字。據《續資治通鑑長編》卷一三太平興國三年一月丙戌條補。

〔三九〕薛映　原書「映」作「暎」。據《宋史》卷三〇五《薛映傳》改。

〔四〇〕原書於「杭州軍資庫」衍「轉運使」三字。查《宋史》卷三三一《沈遼傳》，沈遼並未任轉運使，删。

〔四一〕宋無「鹽監買納場大使」之職，疑爲「監買納場」之誤。以下凡書「鹽監買納場大使」者，均誤。

欽定重修兩浙鹽法志卷二十二　職官二

官紀

國朝

兩浙巡鹽御史　雍正四年，以巡撫兼理鹽務，至乾隆五十八年，復專設鹽政。

陳誠　本姓佟，奉天遼陽。貢生。順治二年任。

王顯　直隸曲周。進士。順治二年十二月任。

王燮　順天籍湖廣黄陂。進士。順治四年正月任。

張中元　奉天廣寧。生員。順治五年三月任。

楊義　山西洪洞。進士。順治六年四月任。

裴希度　山西太原。進士。順治七年八月任。

潘朝選　奉天義州。拔貢。順治八年五月任。

趙維祺　山東萊陽。進士。順治九年九月任。

祖建明　奉天錦州。進士。順治十二年六月任。

石維崑　直隸清苑。進士。順治十三年八月任。

于嗣登　直隸清苑。進士。順治十四年十一月任。

遲日巽　奉天廣寧。貢士。順治十五年十二月任。

余司仁　順天宛平。貢士。順治十七年正月任。

王鼐　山西長治。進士。順治十八年五月任。

蕭震　福建侯官[二]。進士。順治十八年八月任。

趙祥星　奉天義州。貢士。康熙元年八月任。

顧如華　湖廣漢川。進士。康熙二年九月任。

張志尹　陝西臨潼。進士。康熙三年八月任。

雷學謙　陝西郃陽。進士。康熙四年八月任。

李之芳　山東武定。進士。康熙五年八月任。

傅世舟　河南嵩縣。進士。康熙六年七月任。

敖哈　滿洲人。康熙七年七月任。

楊毓蘭　河南新鄉。進士。康熙七年七月任。

詹里布　滿洲正黄旗人。康熙八年七月任。

張鳳起　山西翼城。進士。康熙八年七月任。

杭奇　滿洲鑲紅旗人。康熙九年七月任。

常錫允　河南鄢陵。舉人。康熙九年七月任。

噶爾泰　滿洲正白旗人。康熙十年七月任。
熊焯　陝西咸寧。進士。康熙十年七月任。
胡三祝　直隸永平人。由特用，康熙十一年七月任。
許賓　福建侯官。恩貢。康熙十二年十一月任。
郭維藩　奉天遼陽。廕生。康熙十三年十一月任。
單璧　滿洲正白旗人。河南道監察御史，康熙十四年五月任。
張泰　滿洲鑲紅旗人。江南道監察御史，康熙十五年五月任。
趙之鼎　直隸滿城。會副。康熙十六年五月任。
衛執蒲　陝西韓城。進士。康熙十七年五月任。
孫必振　山東諸城。進士。康熙十八年五月任。
成其範　山東樂安。進士。康熙十九年五月任。
常錫布　滿洲人。監察御史，康熙二十年五月任。
詹哲　滿洲人。翰林改授監察御史，康熙二十一年五月任。
巴錫　滿洲鑲藍旗人。山東道監察御史，康熙二十二年五月任。
李紹聞　山東蒙陰。進士。廣東道監察御史，康熙二十三年五月任。
德古　滿洲正白旗人。河南道監察御史，康熙二十四年五月任。
馬光　山東鄒平。進士。雲南道監察御史，康熙二十五年五月任。
常翼聖　河南鄢陵。進士。福建道監察御史，康熙二十六年五月任。
席米圖　滿洲正紅旗人。監察御史，康熙二十七年五月任。

禪拜　滿洲正紅旗人。掌江南道監察御史，康熙二十八年五月任。

安布禄　滿洲正白旗人。江南道監察御史，康熙二十九年五月任。

羅密　滿洲鑲藍旗人。監察御史，康熙三十年五月任。

覺羅恩特　滿洲鑲紅旗人。掌浙江道監察御史，康熙三十一年四月任。

禪布　滿洲鑲紅旗人。山東道監察御史，康熙三十二年四月任。

常在　滿洲鑲黄旗人。監察御史，康熙三十三年四月任。

穆和倫　滿洲鑲藍旗人。山東道監察御史，康熙三十四年四月任。

白碩色　滿洲鑲紅旗人。掌山東道監察御史，康熙三十五年四月任。

博泰　滿洲正白旗人。陝西道監察御史，康熙三十六年四月任。

舒述布　滿洲正紅旗人。監察御史，康熙三十七年四月任。

綽奇　滿洲人。康熙三十八年五月任。

永泰　滿洲鑲紅旗人。康熙三十九年五月任。

雅思泰　滿洲正白旗人。康熙四十年五月任。

楊柱　滿洲鑲白旗人。山西道監察御史，康熙四十一年五月任。

阿密達　滿洲鑲藍旗人。監察御史，康熙四十二年五月任。

胡錫塔　滿洲正黄旗人。江南道監察御史，康熙四十三年五月任。

金寶　滿洲正紅旗人。陝西道監察御史，康熙四十四年五月任。

巴霽納　滿洲正紅旗人。浙江道監察御史，康熙四十五年五月任。

星鼐　滿洲正紅旗人。山東道監察御史，康熙四十六年五月任。

關保　滿洲正藍旗人。山西道監察御史，康熙四十七年五月任。

勒什布　滿洲鑲紅旗人。由世襲，監察御史，康熙四十八年十一月任。

顗圖　滿洲正藍旗人。浙江道監察御史，康熙四十九年十一月任。

石芳柱　滿洲人。康熙五十一年八月任。

巴什山　滿洲正藍旗人。山東道監察御史，康熙五十二年五月任。

陶彝　順天大興人。江西道監察御史，康熙五十三年五月任。

諾米　滿洲鑲藍旗人。江南道監察御史，康熙五十四年九月任。

鄂起善　滿洲正黃旗人。巡視南城監察御史，康熙五十六年五月任。

阿爾金　滿洲鑲黃旗人。巡視北城監察御史，康熙五十七年五月任。

吴達禮　滿洲正紅旗人。監察御史，康熙五十八年五月任。

覺羅莫禮博　滿洲鑲黄旗人。監察御史，康熙五十九年五月任。

傅色納　滿洲正黃旗人。監察御史，康熙六十年五月任。

楊爲梓　奉天正黃旗人。監察御史，康熙六十一年五月任。

噶爾泰　滿洲正藍旗人。雍正元年五月任。

謝賜履　廣西全州。舉人。雍正二年十一月，以都察院左副都御史管理鹽務。

李衛　江南徐州。監生。雍正四年，以浙江巡撫、都御史兼理兩浙鹽務；五年，總督浙江，仍理鹽務。

王國棟　漢軍鑲紅旗人。雍正九年十一月署任。

程元章　河南上蔡。進士。雍正十年九月署任，十二年十月，以總督銜管巡撫鹽政事。

嵇曾筠　江蘇無錫。進士。乾隆元年，以大學士、吏部尚書、總理浙江海塘兼管巡撫鹽政。

張若震　安徽桐城。舉人。乾隆元年九月，以浙江布政使護任；三年十月、五年十月、六年七月，俱護任。

盧焯　漢軍鑲黃旗人。乾隆三年十一月，以浙江巡撫任。

宗室德沛　滿洲人。乾隆六年七月，以閩浙總督兼任。

常安　滿洲正黃旗人。乾隆七年二月，以浙江巡撫任。

唐綏祖　江蘇甘泉人。乾隆十二年正月，以浙江布政使護任。

顧琮　滿洲正白旗人。乾隆十二年十月，以浙江巡撫任。

方觀承　安徽桐城。監生。乾隆十三年五月，以浙江巡撫任。

永貴　滿洲正白旗人。乾隆十四年八月，以浙江巡撫任。

喀爾吉善　滿洲正黃旗人。乾隆十四年十二月，以閩浙總督署任；二十一年二月，又署任。

覺羅雅爾哈善　滿洲正紅旗人。乾隆十六年十二月，以浙江巡撫任。

周人驥　直隸天津。進士。乾隆十九年六月，以布政使護任；十一月，以浙江巡撫任。

鄂樂舜　乾隆十九年八月，以浙江巡撫任。

楊廷璋　漢軍鑲黃旗人。乾隆二十一年四月，以浙江巡撫任；二十四年，以閩浙總督兼任。

楊應琚　漢軍正白旗人。乾隆二十四年二月，以閩浙總督署任。

明山　滿洲正藍旗人。乾隆二十四年四月，以布政使護任；二十五年十一月，又護任。

莊有恭　廣東番禺。進士。乾隆二十四年五月，以浙江巡撫任。

索琳　滿洲正藍旗。廕生。乾隆二十七年十月，以布政使護任。

熊學鵬　江西新建。進士。乾隆二十七年十一月，以浙江巡撫任；三十四年十二月，復任；三十七年，署任。

覺羅永德　滿洲鑲藍旗人。乾隆三十三年三月，以浙江巡撫任。

崔應階　湖南湘陰人。乾隆三十三年十月，以閩浙總督署任。

富勒渾　滿洲正藍旗人。乾隆三十五年十二月，以浙江巡撫任；四十五年十一月，以閩浙總督署任；四十七年十月，又署任。

王亶望　山西汾水。舉人。乾隆三十八年正月，以布政使護任；四十二年九月，以浙江巡撫任。

三寶　滿洲鑲藍旗人。乾隆三十八年三月，以浙江巡撫任；四十五年三月，以大學士仍管閩浙總督署任。

李質穎　漢軍正白旗。進士。乾隆四十五年五月，以浙江巡撫任。

陳輝祖　湖南祁陽人。乾隆四十六年二月，以閩浙總督兼任。

王晉泰　漢軍正白旗人。乾隆四十七年九月，以浙江將軍署任。

福長安　滿洲鑲黃旗人。乾隆四十七年十月，以户部侍郎署任。

福崧　滿洲正黃旗人。乾隆四十七年十一月，以浙江巡撫任；五十五年十一月，又任。

伊齡阿　滿洲正白旗人。乾隆五十一年四月，以浙江巡撫任。

覺羅琅玕　滿洲正藍旗人。乾隆五十一年十月，以浙江巡撫任。

顧學潮　江蘇元和。副貢。乾隆五十四年三月以布政使護任

海寧　滿洲正藍旗人。乾隆五十五年九月，以浙江巡撫任。

歸景照　江蘇常熟。廕生。乾隆五十五年十一月，以布政使護任。

覺羅長麟　滿洲正藍旗。進士。乾隆五十八年正月，以浙江巡撫任。

全德　内務府鑲黃旗人。乾隆五十八年正月，以郎中銜任浙江鹽政兼管織造事務，五十九年接任。

阿林保　滿洲正白旗人。乾隆五十九年二月，以運使護任。

覺羅吉慶　滿洲正白旗人。由中書，乾隆五十九年七月，以浙江巡撫署任；六十年二月，又署任；嘉慶元年五月，

又署任。

岳謙　内務府正白旗人。乾隆六十年閏二月，以内務府郎中兼三品頂帶任。

玉德　滿洲正紅旗人。由中書，嘉慶元年八月，以浙江巡撫署任；二年九月，又署任。

蘇楞額　内務府正白旗人。嘉慶元年九月，以三品卿銜兼佐領任，二年接任。

延豐　内務府正白旗。生員。嘉慶四年十月，以内務府郎中兼佐領任；五年九月，織造大運進京，十一月回任。

阮元　江蘇儀徵。進士。嘉慶五年九月，以浙江巡撫署任。

兩浙都轉運鹽使鹽法道　康熙四十九年，改爲鹽驛道。

潘映婁　江南桐城。貢生。順治二年任。

強於義　奉天瀋陽。生員。順治三年八月任。

李長春　奉天遼陽。生員。順治四年十二月任。

畢元彩　滿洲。監生。順治六年七月任。

崔源　滿洲。貢士。順治八年二月任。

王宏猷　山東平原。恩貢。順治十一年九月任。

曹振彦　奉天遼陽，生員。順治十三年任。

遲日豫　奉天廣寧。貢士。順治十五年九月任，十八年四月再任。

席式　陝西咸寧。進士。順治十六年十月任。

梁知先　山東鄒平。進士。康熙二年十二月任。

石琳　滿洲人。康熙六年十二月任。

李月桂　奉天瀋陽正白旗。貢士。康熙十二年十月任。

閻廷謨　河南孟津。進士。康熙十五年四月任。

楊茂祖　奉天正白旗。廕生。康熙二十一年二月任。

王國泰　奉天。廕生。康熙二十三年七月任。

任風厚　陝西臨漳。拔貢。康熙二十七年八月任。

楊聲遠　奉天瀋陽正白旗人。康熙三十年八月任。

郎廷極　奉天廣寧鑲黄旗。監生。康熙三十一年十月任。

李濤　山東德州。進士。康熙三十六年十月任。

高熊徵　廣西岑溪。副贡。康熙四十年九月任

李文獻　奉天鑲紅旗。監生。康熙四十五年任。

吕猶龍　遼陽正紅旗。貢生。康熙四十八年五月任。

驛鹽道[三]

黄炳　奉天正白旗人。由理藩院主事，康熙五十一年任。

裴𢙐度　山西曲沃。貢生。康熙五十五年六月任。

馬鍾華　山西介休。貢生。康熙五十九年十月任。

王鈞　山西鳳臺。歲貢。雍正二年六月任。

江承玠　江南歙縣。附生。雍正五年八月任。

張若震　江南桐城。舉人。雍正十一年二月任。

顧濟美　江南長洲。附生。雍正十二年六月任。

趙侗斆　江蘇陽湖。附監廕生。乾隆元年六月任。

唐漸　直隸玉田人。乾隆四年八月，以寧紹分司護任。

鄭基　福建侯官。舉人。乾隆十三年四月任。

鄂敏　滿洲鑲藍旗。進士。乾隆十五年五月任。

陳樹蓍　湖南湘潭。廕生。乾隆十五年十二月，以杭嘉湖道署任。

蘇崇阿　滿洲正白旗。監生。乾隆十六年二月任，

塔永寧　滿洲正紅旗。繙譯生員。乾隆十六年九月任。

劉祖佑　安徽南陵人。乾隆十八年六月，以寧紹分司護任。

鄭景莊　江蘇如皋。監生。乾隆十八年十月，以嘉松分司護任。

伊靖阿　滿洲正紅旗。監生。乾隆十八年十一月任。

湯任　順天宛平。恩廕生。乾隆二十一年十一月任。

朱椿　江蘇婁縣人。由保舉，乾隆二十二年三月，以温處道署任。

張惟寅　直隸南皮。進士。乾隆二十二年十月任。

永德　滿洲正白旗。舉人。乾隆二十三年三月，以杭嘉湖道署任。

原衷戴　陝西蒲城。進士。乾隆二十三年七月任。

張逢堯　直隸滄州。舉人。乾隆二十五年四月任。

袁守侗　山東長山。舉人。乾隆二十六年十一月任。

雷暢　四川井研。拔貢。乾隆二十八年六月，以糧道署任。

張琦　陝西涇陽。監生。乾隆二十八年九月任。

徐綿　漢軍正藍旗。繙譯舉人。乾隆三十一年九月任。

達爾吉善　滿洲鑲紅旗。繙譯舉人。乾隆三十五年二月任。

徐恕　江蘇青浦。進士。乾隆三十七年二月任。

蕭志鵬　廣東始興。附貢。乾隆三十九年十二月任。

噶爾弼善　滿洲鑲黄旗。舉人。乾隆四十一年八月任。

陳虞盛　湖北漢陽。監生。乾隆四十三年六月，以嘉興府知府護任。

鹽道　乾隆四十四年，驛務改歸臬司總理，裁去驛傳，改爲鹽道。

陳淮　河南商邱。拔貢。乾隆四十三年十月任。

王站柱　漢軍正白旗。舉人。乾隆四十五年三月，以糧道署任。

盛住　滿洲正白旗。中書。乾隆四十五年閏五月，以杭嘉湖道署任。

舒其紳　直隸任邱。增貢生。乾隆四十七年十二月任。

清泰　滿洲鑲黄旗。中書。乾隆五十二年十月，以杭嘉湖道署任。

盧崧　漢軍鑲黄旗。副貢。乾隆五十三年三月任。

王貽桂　山東濟寧州。監生。乾隆五十四年四月任。

明保　滿洲鑲藍旗。貢生。乾隆五十五年，以杭州府知府護任。

柴楨　貴州安化。舉人。乾隆五十六年四月任。

張愼和　福建晉江。進士。乾隆五十七年八月任。

李亨特　漢軍正藍旗。監生。乾隆五十八年正月，以杭州府知府護任。

鹽運使司　乾隆五十八年，改設運司。

阿林保　滿洲正白旗。監生。乾隆五十八年二月任。

秦震鈞　江南金匱。監生。乾隆五十九年十二月任。

李國麒　安徽懷寧。進士。嘉慶元年四月，以金衢嚴道署任。

鳴鐸　滿洲正白旗。官學生。嘉慶元年七月，以杭州府知府護任。

張映璣　山東海豐。貢生。嘉慶元年八月任，嘉慶四年俸滿引見，六月回任。

恩特赫謨　滿洲人。嘉慶四年正月，以糧道兼任。

兩浙鹽運司同知　分司松江，康熙四十三年奉裁。

楊朝楨　滿洲人。康熙元年任。

王廷議　康熙十一年任。

劉維新　山海衛人。康熙二十一年任。

楊茂英　奉天正白旗。廕生。康熙二十六年任。

盧承恩　奉天鑲黄旗。監生。康熙三十五年任。

兩浙鹽運司副使　分司寧紹，康熙二十四年，裁温台運判，改爲寧紹温台分司。

傅作霖　康熙九年任。

范景賢　奉天人。康熙十八年任。

劉瑜　奉天人。康熙二十四年任。

高必騰　奉天鑲紅旗。監生。康熙二十八年任。

尤應運　福建晉江人。康熙三十三年任。

佟賦魯　奉天正藍旗。監生。康熙三十七年任。

劉章澄　順天。監生。康熙四十六年任。

李繼謨　奉天鑲紅旗人。康熙四十六年任。

徐有緯　安徽休寧。貢生。康熙五十三年任。

汪德馨　河南夏邑。監生。雍正九年任。

謝棠　順天宛平。監生。雍正十一年任。

唐漸　直隸玉田人。由考授州同，乾隆元年任。

孔德鋐　山東曲阜。監生。乾隆五年任。

李秀　漢軍鑲白旗。監生。乾隆六年任。

席襄　江蘇常熟。監生。乾隆十年任。

劉祖佑　安徽南陵人。由捐職州同，乾隆十五年任，三十二年又任。

范全孝　江蘇如皋。監生。乾隆十九年任。

潘榮燮　安徽休寧。監生。乾隆二十二年任。

方漢烈　江蘇甘泉。監生。乾隆二十六年任。

潘世拔　廣東河源。廩貢。乾隆三十七年任。

羅興堯　江蘇甘泉。監生。乾隆四十一年任。

徐觀政　江蘇如皋。貢生。乾隆五十一年任。

梁森　廣東順德，監生。乾隆五十七年任。

郝敏安　漢軍鑲黃旗。監生。嘉慶三年任。

兩浙鹽運司判官　分司嘉興一員，分司温台一員。康熙二十四年，裁温台運判；四十三年，裁松江運同並嘉興運判，改爲嘉松分司。

張令甲　山西汾陽人。

周時盛　康熙十一年任。

王錫域　山東人。康熙二十二年任。

姚廣運　山西平陽人。康熙二十五年任。

彭如玠　陝西靈寶。貢生。康熙二十七年任。

王鴻鐸　奉天鑲紅旗人。康熙三十三年任。

曹邦傑　奉天鑲紅旗人。康熙四十四年任。

鄭一楓　福建。貢生。康熙四十九年任。

劉銓　順天。監生。雍正二年任。

李朝枚　陝西。監生。雍正三年任。

寶善　漢軍鑲藍旗。監生。雍正六年任。

孔毓鉉　山東曲阜。監生。雍正十一年任。

閆沛　直隸蔚州。拔貢。乾隆六年任。

周宣猷　湖南長沙。進士。乾隆八年任。

鄭景莊　江蘇如皋。監生。乾隆十五年任。

陳燮　陝西盩厔。貢生。乾隆二十一年任，三十六年又任。

王燧　江蘇如皋。監生。乾隆二十七年任。

方受疇　安徽桐城。監生。乾隆四十三年任。

宋猶龍　直隸長垣。貢生。乾隆四十五年任。

温從秩　順天。附監生。乾隆五十三年任。

梁森　廣東順德。監生。乾隆五十四年任。

劉杲修　山西洪洞。監生。乾隆五十七年任。

薛湘　江蘇江都。監生。嘉慶二年任。

兩浙鹽運司經歷

尹同元　康熙六年任。

李瑛黄　黎城人。

梁士濟　直隸真定人。康熙二十一年任。

吴廷樞　山西人。康熙三十六年任。

王夢熊　直隸人。康熙四十八年任。

楊俊　山西人。康熙五十年任。

羅興祖　江西人。康熙五十年任。

鄭維翰　漢軍鑲藍旗。監生。雍正七年任。

成師灝　順天宛平人。由吏員，乾隆八年任。

倪萬仞　江蘇震澤。監生。乾隆十四年任。

劉毅可　河南睢州。監生。乾隆二十年任。

李維善　山西絳州。監生。乾隆二十七年任。

沈成元　安徽石埭人。宗人府供事。乾隆三十二年任。

于紹曾　江蘇金壇。監生。乾隆四十五年任。

陳廷實　陝西盩厔。監生。乾隆四十五年任。

謝鴻謀　廣東連平。貢生。乾隆五十五年任。

章道基　安徽績溪。貢生。嘉慶五年任。

兩浙鹽運司知事　康熙三十九年裁，并經歷。

李承銓　康熙四年任。

王金　湖廣人。康熙十八年任。

陳大謨　福建人。康熙二十九年任。

兩浙鹽運司將盈庫大使

陳至善　康熙二年任。

何焴　直隸人。康熙二十年任。

張惇　陜西人。康熙三十四年任。

章欽　康熙三十九年任。

吴之臣　陜西人。康熙四十八年任。

張文智　陜西人。康熙四十九年任。

高士鳳　順天人。雍正二年任。

楊玉生　甘肅蘭州衛。監生。雍正六年任。

倪知本　安徽桐城。監生。雍正十三年任。

張愉　山西陽曲。舉人。乾隆六年任。

方超然　浙江淳安。拔貢。乾隆十一年任。

席紹雯　江蘇常熟。監生。乾隆二十二年任。

鞠御蕤　山東榮城。貢生。乾隆三十四年任。

華瑞潢　江蘇金匱。監生。乾隆三十九年任。

司馬駛　江蘇江寧。監生。乾隆四十四年任。

徐綬　漢軍正監旗。監生。乾隆五十五年任。

李堯文　漢軍鑲紅旗。舉人。乾隆五十八年任。

范光復　山西介休。監生。乾隆五十九年任。

許元仲　江蘇婁縣。增監生。嘉慶元年任。

杭州鹽引批驗所大使[三]

沈德輝　順天人。順治十八年任。

霍麟游　山東人。康熙十八年任。

姜壯圖　直隸人。康熙三十一年任。

阮廷貴　江南人。康熙四十一年任。

王克勤　順天人。康熙四十七年任。

張浮　山西人。康熙四十七年任。

盧名成　湖廣人。康熙四十八年任，五十八年又任。

林之奇　山西人。康熙五十二年任。

鄒宏業　順天宛平。附生議敘。雍正六年任。

劉聖培　陝西平利人。由吏員，雍正七年任。

任樾　江南宜興。監生。雍正十一年任。

張元文　河南寧陵。副貢。乾隆五年任。

王睿　貴州貴筑。舉人。乾隆十八年任。

朱舒　四川通江。舉人。乾隆二十七年任。

周銘　山東安邱。貢生。乾隆三十三年任。

楊如本　貴州餘慶。舉人。乾隆三十九年任。

雙德　漢軍鑲白旗。舉人。乾隆三十九年任。

宋聖熊　河南商邱。貢生。乾隆四十一年任。

田起磻　山東濰縣。貢生。乾隆四十四年任。

鄭德莊　直隸豐潤。監生。乾隆四十七年任。

盧惟慈　安徽無爲。附貢。乾隆五十一年任。

于飛熊　山西永寧。附貢。乾隆五十三年任。

鍾祥　漢軍正白旗。監生。乾隆六十年任。

阮允實　四川樂山。舉人。嘉慶元年任。

嘉興鹽引批驗所大使

宋之傑　康熙十年任。

王士麟　順天人。康熙十八年任。

石明俊　河南人。康熙三十一年任。

趙茂　陝西人。康熙四十五年任。

張安世　順天人。康熙五十年任。

劉聖培　陝西平利人。由吏員，康熙六十一年任。

陳鴻斌　雍正八年任。

方超然　浙江淳安。拔貢。乾隆九年任。

王世仁　江蘇上元。監生。

王紹統

王述裕

白志圖

萬象昭　浙江仁和。貢生。乾隆二十六年任。

王璐　山東諸城。監生。乾隆三十八年任。

閆錫履　山西徐溝。附貢。乾隆四十一年任。

沈錫爵　浙江德清。監生。乾隆四十八年任。

程元豸　江蘇如皋。監生。乾隆五十四年任。

范光復　山西介休。監生。乾隆五十七年任。

陸敞　江蘇吴縣。監生。乾隆六十年任。

任紹濂　順天宛平。附生。嘉慶元年任。

德豫　漢軍正白旗。舉人。嘉慶三年任。

紹興鹽引批驗所大使

嚴泰　康熙六年任。

王以臨　順天人。康熙十七年任。

詹天茂　順天人。康熙二十七年任。

蔣廷輔　順天人。康熙四十一年任。

孫霽　直隸人。康熙五十三年任。

董思仁　順天人。雍正二年任。

汪爲湕　雲南人。由吏員，雍正八年任。

湯紹宗　江南碭山人。雍正十年任。

張廷樂　乾隆元年任。

姚珠　安徽桐城人。乾隆三年任。

井樹柟　直隸文安。貢生。乾隆九年任。

熊昭吉　江西新昌。舉人。乾隆二十六年任。

楊如本　貴州餘慶。舉人。乾隆三十九年任。

于鼒臣　漢軍正藍旗。舉人。乾隆四十二年任。

湯懋霖　河南睢州。監生。乾隆四十五年任。

王兆熊　江蘇金壇。監生。乾隆六十年任。

李一元　直隸天津。監生。嘉慶元年任。

松江鹽引批驗所大使

王任　康熙二年任。

葉士襄　康熙十四年任。

李梗　直隸人。康熙二十五年任。

馬建章　山東人。康熙二十二年任。

左懋聖　順天人。康熙四十一年任。

戴昊　順天人。康熙五十一年任。

耿珩　直隸人。康熙六十年任。

馬逢樂　湖北大冶。舉人。雍正七年任。

胡世芳　四川宜賓。附貢。乾隆二年任。

范煒　山西太谷。優貢。乾隆十四年任。

張星垣　山西介休。監生。乾隆十九年任。

李杜　直隸河間。貢生。乾隆三十一年任。

顧瓚　江蘇無錫。舉人。乾隆三十五年任。

宋復璟　山西聞喜。舉人。乾隆四十三年任。

漆洛美　江西新昌。監生。乾隆四十四年任。

李秉政　山東棲霞。舉人。乾隆四十七年任。

周瑞熊　江蘇長洲。監生。乾隆四十七年任。

周桐　江蘇上元。附監生。乾隆五十年任。

沈文封　湖北安陸。舉人。乾隆五十二年任。

張緯明　貴州甕安。舉人。乾隆六十年任。

温州鹽引批驗所大使　康熙三十五年裁，并温州府經歷兼管。

余元祐　康熙四年任。

趙之文　陝西人。康熙二十三年任。

楊兆龍　直隸人。康熙二十四年任。

蔡相墉　河南人。康熙三十年任。

傅國梓　順天人。康熙三十六年任。

仁和場鹽課司大使

馬鳴鑾　康熙三年任。

王養仁　康熙十年任。

傅國亮　直隸人。康熙十六年任。

許元鼎　順天人。康熙二十八年任。

劉崇仁　山西人。康熙四十三年任。

張文玉　河南人。康熙四十五年任。

胡奕釗　順天人。康熙五十一年任。

施錦雲　順天人。康熙五十三年任。

李燦如　山西人。雍正四年任。

鄭重　江南高郵。進士。雍正七年任。

李宗典　江南懷寧。監生。雍正八年任。

石山　安徽宿松。附監生。乾隆三年任。

王日楝　漢軍正白旗。監生。乾隆十八年任。二十九年復任。

石大成　安徽宿松人。乾隆二十二年任。

梁樹本　山西絳州。監生。乾隆三十一年任。

何紹芝　廣東順德。貢生。乾隆三十二年任。

李綱　江蘇上元。貢生。乾隆三十七年任。

蔣照　江蘇常熟。貢生。乾隆三十八年任。

張廷綍　山西榆社。舉人。乾隆四十五年任。

徐雙桂　漢軍正藍旗。舉人。乾隆四十六年任。

陸德燦　江蘇金山。附監生。乾隆五十一年任。

居念祖　江蘇丹徒。附監生。乾隆五十八年任。

謝玉田　甘肅靈州。監生。乾隆六十年任。

永年　漢軍鑲黄旗。監生。嘉慶二年任。

增壽保　漢軍正黄旗。監生。嘉慶三年任。

許村場鹽課司大使

王京　山陰人。順治六年任。

卜國弼　陝西富平人。順治十二年任。

余慎　陝西臨潼人。順治十八年任。

張爾瑄　順天人。康熙十三年任。

唐日升　直隸人。康熙二十五年任。

平憲高　順天人。康熙三十一年任。

張昌宗　陝西人。康熙三十五年任。

郁希雲　山西人。康熙四十年任。

徐立功　順天人。康熙四十四年任。

王化　河南人。康熙五十八年任。

莊楚寶　江蘇武進，監生。雍正四年任。

于庭輔　雍正六年任。

張荩　順天宛平。監生。雍正九年任。

盧燮　漢軍鑲黄旗。監生。雍正十一年任。

陳式玉　山西鳳臺。舉人。雍正十二年任。

張卿千　直隸南皮。拔貢。乾隆元年任。

沈方直　浙江烏程。監生。乾隆四年任。

王起龍　江西樂平。舉人。乾隆十三年任。

梁樹本　山西絳州，監生。乾隆二十年任。

程鍾元　安徽休寧。舉人。乾隆二十七年任。

徐成瀛　安徽青陽。舉人。乾隆三十一年任。

范泰元　福建上杭。舉人。乾隆三十七年任。

于鼐臣　漢軍正藍旗。舉人。乾隆三十九年任。

初之椿　山東萊陽。舉人。乾隆四十二年任。

路錞　湖北漢陽。監生。乾隆四十八年任。

孟廷烺　漢軍鑲紅旗。舉人。乾隆五十八年任。

增壽保　漢軍正黄旗。監生。嘉慶二年任。

任紹濂　順天宛平。附生。嘉慶三年任。

紀汝仲　直隸獻縣。廩貢。嘉慶五年任。

西路場鹽課司大使

羅光遠　順治十七年任。

劉永祥　直隸人。康熙二十年任。

郭永維　山東人。康熙二十六年任。

劉廷璧　順天人。康熙四十三年任。

馮起銓　順天人。康熙五十一年任。

謝瑛　順天人。雍正四年任。

陳詢　順天香河。舉人。雍正六年任。

周碩勳　湖南寧鄉。舉人。雍正八年任。

張中善　順天大興籍，山西汾陽人。由吏員，雍正九年任。

張任秀　湖北漢陽。監生。雍正十二年任。

盧燮　漢軍鑲黃旗。監生。乾隆二年任。

楊廷俊　順天大興。監生。乾隆四年任。

李歲芳　江蘇通州。貢生。乾隆十二年任。

席紹雯　江蘇常熟。監生。乾隆十三年任。

楊泌　漢軍鑲藍旗。舉人。乾隆二十二年任。

宋成綏　江蘇長洲。監生。乾隆二十七年任。

王思全　山東單縣。舉人。乾隆三十二年任。

張韶　陝西郃陽。舉人。乾隆三十四年任。

徐成瀛　安徽青陽。舉人。乾隆三十五年任。

于鼐臣　漢軍正藍旗。舉人。乾隆四十五年任。

張珩　順天通州。廪貢。乾隆五十九年任。

黃灣場鹽課司大使　乾隆五年分設。

王匯宗　直隸大興。監生。乾隆五年任。

王錫命　直隸寧津。廪生。乾隆十年任。

朱連銓　湖北江夏。舉人。乾隆十二年任。

佟士苞　漢軍鑲白旗。舉人。乾隆二十七年任。

李秉仁　江蘇通州。監生。乾隆二十九年任。

楊守禮　江蘇金匱。舉人。乾隆三十三年任。

吴元潛　安徽休寧。舉人。乾隆三十八年任。

陸京鎬　江蘇昭文。附貢。乾隆四十一年任。

徐蘁　安徽歙縣。監生。乾隆四十四年任。

郭汾　江蘇常熟。監生。乾隆四十七年任。

張友柏　順天宛平。舉人。乾隆五十七年任。

沈成均　江蘇元和。監生。乾隆五十八年任。

鮑郎場鹽課司大使　雍正七年，添副使一員，已於乾隆五年奉裁，兹不列。

王泰亨　康熙二年任。

李定本　康熙十七年任。

李明良　直隸人。康熙二十五年任。

祝延齡　陝西人。康熙三十二年任。

申執中　山西人。康熙四十一年任。

林顯耀　順天人。康熙四十八年任。

馮起銓　順天人。康熙五十年任。

唐宏勳　陝西人。康熙五十一年任。

楊自俊　陝西人。康熙五十一年任。

吕賢臣　直隸人。康熙五十二年任。

葉顯成　順天人。雍正二年任。

王一元　順天宛平人。雍正二年任。

劉志仁　直隸饒陽。舉人。雍正六年任。

張蒝　順天宛平。監生。雍正十二年任。

莊楚寶　江蘇武進。監生。乾隆元年任。

鄧日連　湖北荆門。拔貢。乾隆二年任。

張中善　順天大興籍，山西汾陽人。由吏員，乾隆五年任。

李興讓　雲南新興。舉人。乾隆十八年任。

王錫位　貴州遵義。舉人。乾隆二十一年任。

王序端　漢軍正紅旗。舉人。乾隆二十八年任。

盧紹麟　漢軍正黄旗。舉人。乾隆三十四年任。

查涉　浙江嘉善。監生。乾隆三十六年任。

漆洛美　江西新昌。監生。乾隆三十九年任。

陸京鎬　江蘇昭文。附貢。乾隆四十四年任。

徐綬　漢軍正藍旗。監生。乾隆五十年任。

孫永祺　江蘇吴縣。監生。乾隆五十五年任。

海沙場鹽課司大使

于得亨　康熙二十二年任。

陳元化　直隸人。康熙二十八年任。

彭三泰　陝西人。康熙三十年任。

朱豐德　順天人。康熙四十年任。

方時騰　江南人。康熙五十四年任。

程國魁　江南全椒人。由吏員，康熙六十年任。

唐治　湖北麻城。舉人。雍正六年任。

楊維祖　山西洪洞。監生。雍正十年任。

陳詰章　江蘇休寧人。由供事，雍正十二年任。

張任秀　湖北漢陽。監生。乾隆元年任。

侯日耀　直隸南皮。拔貢。乾隆二年任。

田開　山東德州。優貢。乾隆四年任。

王嘉俊　山西興縣。優貢。乾隆十一年任。

王文郁　浙江會稽。舉人。乾隆十八年任。

高其昌　四川成都。舉人。乾隆二十五年任。

俞亦臨　浙江錢塘。監生。乾隆二十五年任。

荆培　湖南漵浦。舉人。乾隆二十七年任。

戴文熾　湖南湘陰。舉人。乾隆二十八年任。

華瑞潢　江蘇金匱。監生。乾隆三十五年任。

詹紹輔　四川筠連。舉人。乾隆三十七年任。

歐陽蟠　江西安福。監生。乾隆四十六年任。

明安　漢軍正黄旗。監生。乾隆五十七年任。

四達塞　漢軍正白旗。監生。乾隆五十八年任。

周澄　雲南嶍峨。監生。乾隆六十年任。

蔣大鎔　江蘇長洲。監生。乾隆六十年任。

沈彬　江蘇武進。監生。嘉慶二年任。

蘆瀝場鹽課司大使

周成勳　康熙七年任。

陳國鼎　順天人。康熙二十年任。

紀琮　直隸人。康熙二十五年任。

周焕　直隸人。康熙三十六年任。

陳尚賓　順天人。康熙五十年任。

宋璽　順天宛平人。由供事，雍正四年任。

向上　四川巴縣。舉人。雍正六年任。

劉鉽　山東汶上人。由州判，雍正七年任。

魏紀　直隸蔚州人。由縣丞，雍正八年任。

徐鳳　江西金谿。舉人。雍正十年任。

盧燮　漢軍鑲黄旗。監生。雍正十三年任。

俞維鏞　浙江錢塘。舉人。雍正十三年任。

張瑄　江蘇長洲人。由州判，乾隆元年任。

田勳　順天昌平人。由州同，乾隆二年任。

沈昂　浙江海寧。拔貢。乾隆二年任。

胡儋　浙江鎮海。舉人。乾隆九年任。

王坡　河南武安。監生。乾隆十三年任。

陸廷鉽　江蘇元和。副貢。乾隆十五年任。

方瑽　河南封邱。舉人。乾隆十八年任。

王世仁　江蘇上元。監生。乾隆二十一年任。

王睿　貴州貴筑。舉人。乾隆二十四年任。

梁文蓮　廣東。舉人。乾隆三十二年任。

廖逢泰　廣東龍門。舉人。乾隆三十二年任。

許振　浙江仁和。附貢。乾隆三十八年任。

張元愷　奉天正白旗。舉人。乾隆四十年任。

郎永德　奉天鑲紅旗。舉人。乾隆四十六年任。

丁名敬　江蘇上元。監生。乾隆五十二年任。

李堯文　奉天正白旗。舉人。乾隆五十三年任。

張友柏　順天宛平。舉人。乾隆五十八年任。

方春澍　安徽桐城。監生。乾隆五十九年任。

周澄　雲南嶍峨。監生。乾隆六十年任。

橫浦場鹽課司大使

姚連衡　康熙十年任。

趙毓連　康熙十三年任。

王朝卿　河南人。康熙二十五年任。

沈允忠　順天人。康熙二十七年任。

劉生玉　河南人。康熙二十八年任。

陳邦佐　順天人。康熙四十三年任。

楊秉智　陝西人。康熙四十五年任。

賈銓　陝西人。康熙五十九年任。

向上　四川巴縣。舉人。雍正七年任。

鄭重　江南高郵。進士。雍正八年任。

楊國英　順天大興人。由供事，雍正十三年任。

石山　安徽宿松。監生。乾隆元年任。

陳士雋　江蘇無錫。監生。乾隆三年任。

嚴之綸　安徽含山。拔貢。乾隆四年任。

方學沆　浙江桐鄉。舉人。乾隆七年任。

梁樹本　山西絳州。監生。乾隆十七年任。

吴先舉　湖南長沙。舉人。乾隆二十一年任。

李暵　貴州平越。舉人。乾隆二十七年任。

王鏜　浙江會稽。監生。乾隆三十一年任。

張澍　直隸撫寧。舉人。乾隆四十七年任。

黄光中　福建連江。舉人。乾隆四十七年任。

楊光祖　漢軍鑲藍旗。監生。乾隆四十九年任。

吴焯　江蘇江陰。監生。乾隆五十年任。

陳昌平　安徽潛山。廩生。乾隆五十三年任。

方春澍　安徽桐城。監生。乾隆五十四年任。

翟世模　湖南南陽。舉人。乾隆六十年任。

浦東場鹽課司大使　雍正六年奏裁，乾隆五年，奉議復設。

蔡揚聲　康熙十年任。

王士佩　直隸人。康熙二十二年任。

馬閎鉽　順天人。康熙三十七年任。

鄒士章　直隸人。康熙四十一年任。

苗光玉　山東人。康熙五十五年任。

吉賓　山西人。康熙五十八年任。

楊國英　順天大興人。由供事，雍正三年任。

王道升　江西廬陵。廩生。乾隆五年任。

陶一楷　湖南巴陵。監生。乾隆十五年任。

董甘霖　雲南南寧。舉人。乾隆二十二年任。

楊方正　四川華陽。副貢。乾隆二十九年任。

白子圖　貴州施秉。舉人。乾隆三十二年任。

蔣華　江蘇吴縣。監生。乾隆四十一年任。

張振衡　浙江開化。監生。乾隆四十三年任。
于天澤　山東文登。監生。乾隆四十四年任。
李聯登　雲南河陽。舉人。乾隆五十五年任。
舒敏　漢軍鑲黄旗。監生。嘉慶元年任。
張先錡　湖北漢陽。監生。嘉慶五年任。

袁浦場鹽課司大使

師加福　康熙十年任。
楊維翰　陝西人。康熙十七年任。
陳元化　直隸人。康熙三十三年任。
李振英　直隸人。康熙三十八年任。
陳衡　順天人。康熙五十年任。
孫謙　順天宛平人。由吏員，康熙五十九年任。
魏紀　福建莆田。貢生。雍正七年任。
王開藩　湖北江夏。舉人。雍正八年任。
池上鳳　湖北孝感。監生。乾隆三年任。
高兆麟　江蘇上元。監生。乾隆九年任。
董三英　陝西寶雞。附貢。乾隆十六年任。
朱祖章　廣東英德。舉人。乾隆十七年任。

常德　漢軍正黃旗。舉人。乾隆二十九年任。

漆洛美　江西新昌。監生。乾隆三十四年任。

鄭朝柱　江西高安。監生。乾隆三十九年任。

張春宇　江西永豐。監生。乾隆四十二年任。

鄭均　江蘇溧水。監生。乾隆四十七年任。

陳德純　雲南姚州。舉人。乾隆五十一年任。

紀汝仲　直隸獻縣。廪貢。乾隆五十三年任。

孟廷烺　漢軍鑲紅旗。舉人。嘉慶五年任。

青村場鹽課司大使

蔣尚逵　康熙二十年任。

王衡　順天人。康熙三十四年任。

吴永盛　山東人。康熙三十八年任。

姚漢臣　江南人。康熙四十五年任。

范焕　順天人。康熙四十七年任。

陳景星　福建人。康熙五十四年任。

劉鉽　山東汶上。監生。雍正八年任。

張任秀　湖北漢陽。監生。雍正十一年任。

莊楚寶　江蘇武進。監生。乾隆二年任。

顧天顏　江蘇江寧。監生。乾隆十五年任。

俞亦臨　浙江錢塘。監生。乾隆二十二年任。

胡瑩　浙江山陰。監生。乾隆二十二年任。

朱家慶　漢軍鑲白旗。舉人。乾隆三十五年任。

華瑞潢　江蘇金匱。監生。乾隆三十六年任。

李景謨　漢軍正黄旗。監生。乾隆三十九年任。

張怡熊　直隸南皮。監生。乾隆四十一年任。

路錞　湖北漢陽。監生。乾隆四十四年任。

張許　陝西潼關。監生。乾隆四十五年任。

巴哈布　漢軍正黄旗。監生。乾隆五十八年任。

托雲　漢軍正白旗。監生。嘉慶二年任。

下砂頭場鹽課司大使

孟連舉　康熙八年任。

王裕奇　康熙二十年任。

周紀　江南人。康熙三十三年任。

張國典　康熙三十三年任。

李瀚　康熙四十年任。

楊全德　山西人。康熙五十二年任。

錢開秀　昌平州人。雍正元年任。
梁炳文　山東人。雍正四年任。
陳上齡　江南人。乾隆四年任。
謝偉　江西人。乾隆二十年任。
蔡廷斗　浙江人。乾隆二十三年任。
柴麒生　浙江人。乾隆二十八年任。
李文奎　山西臨汾人。乾隆三十三年任。
旃兆鵬　雲南人。乾隆三十六年任。
陳秉光　廣東陸豐。監生。乾隆三十八年任。
李鏡　山東人。乾隆四十一年任。
彭高　江西人。乾隆四十九年任。
李芝秀　順天人。乾隆五十二年任。
黃玉澍　直隸人。乾隆五十七年任。
任紹濂　順天宛平。附生。乾隆六十年任。
謝玉田　甘肅靈州。監生。乾隆六十年任。
托雲　漢軍正白旗。監生。嘉慶二年任。
林鍾傅　山東文登。附貢。嘉慶三年任。
康偉　廣西臨桂。監生。嘉慶四年任。
范光離　山西介休。監生。嘉慶四年任。

下砂二三場鹽課司大使

楊維清　陝西華州。監生。雍正七年任。

沈方直　浙江烏程。監生。雍正七年任。

李昌樟　乾隆元年任。

袁涵　乾隆三年任。

胡鳴鸞　乾隆四年任。

李泰　直隸豐潤。舉人。乾隆七年任。

陳上齡　江寧人。乾隆十一年任。

馮聖世　漢軍鑲紅旗。舉人。乾隆十二年任。

劉希清　山東蒲臺。舉人。乾隆十七年任。

張之永　湖南湘潭。舉人。乾隆二十六年任。

顧瓚　江蘇無錫。舉人。乾隆二十九年任。

吴元潛　安徽休寧。舉人。乾隆三十五年任。

楊守禮　江蘇金匱。舉人。乾隆三十八年任。

張承訓　江蘇甘泉。監生。乾隆四十二年任。

方性恒　安徽桐城人。乾隆四十七年任。

蔣大鎔　江蘇長洲。監生。乾隆四十七年任。

熊之垣　江西南昌。監生。乾隆五十三年任。

下砂二場鹽課司大使　雍正二年裁，并下砂頭場。

任必耀　康熙六年任。

姚永銘　直隸人。康熙二十年任。

盧大成　陜西人。康熙三十四年任。

王以誠　順天人。康熙五十三年任。

下砂三場鹽課司大使　康熙四十一年裁，并下砂二場。

楊作楫　山西人。康熙二十三年任。

張君一　康熙三十年任。

錢清場鹽課司大使

楊永吉　山西人。康熙二十八年任。

薛文如　順天人。康熙三十七年任。

郭培元　康熙四十年任。

張玿　康熙四十五年任。

閆文升　康熙五十年任。

馮宿重　順天人。康熙五十四年任。

方以恭　山西前衛人。由吏員，雍正四年任。

倪知本　江南桐城。監生。雍正九年任。

易宗瀛　湖南湘鄉。歲貢。乾隆二年任。
陳士雋　江蘇無錫。舉人。乾隆四年任。
紀從樸　順天文安。監生。乾隆十年任。
黄匯　浙江仁和。貢生。乾隆二十七年任。
李祖嶠　湖廣漢川。舉人。乾隆三十六年任。
王思全　山東單縣。舉人。乾隆三十九年任。
曾瞻雲　江西寧都。舉人。乾隆四十四年任。
岱毓　漢軍鑲黄旗。舉人。乾隆四十八年任。
陶珠琳　江蘇吴縣。監生。乾隆五十年任。
李浩　漢軍鑲白旗。舉人。乾隆五十一年任。
甘運洲　漢軍正藍旗。舉人。乾隆五十七年任。
明安　漢軍正黄旗。監生。乾隆五十八年任。
王紹祖　廣東增城。舉人。乾隆六十年任。
繆汝芬　江蘇江陰。監生。嘉慶元年任。

西興場鹽課司大使　雍正二年裁，并錢清場。

趙文傑　康熙三十一年任。
王言　康熙四十三年任。
張䋲　康熙四十四年任。

張振昌 康熙五十六年任。

三江場鹽課司大使

馮俊 康熙二十二年任。

周禹吉 順天人。康熙三十七年任。

張斌 大興人。康熙五十一年任。

鄭重 江南高郵。進士。雍正六年任。

楊玉生 甘肅蘭州衛人。雍正三年任。

段玉文 河南濟源。附生。雍正七年任。

劉聖培 陝西平利人。由吏員，雍正十一年任。

嚴際盛 江蘇元和。監生。乾隆元年任。

潘翀 江西上饒。拔貢。乾隆二年任。

王康 山西太原。舉人。乾隆七年任。

梁鴻羽 順天宛平。監生。乾隆十四年任。

楊汝傅 湖南耒陽。舉人。乾隆十六年任。

程開源 安徽歙縣。監生。乾隆三十四年任。

俞仲英 安徽婺源。貢生。乾隆四十年任。

程嘉瓚 安徽績溪。監生。乾隆四十三年任。

楊光祖 漢軍鑲藍旗。監生。乾隆五十一年任。

張樹德　陝西耀州。舉人。乾隆五十六年任。

慶福　漢軍鑲黄旗。監生。乾隆六十年任。

東江場鹽課司大使　乾隆五年分設。

易宗瀛　湖南湘鄉。歲貢。乾隆五年任。

王鑒　山東濟寧。舉人。乾隆八年任。

譚仁元　湖南安化。舉人。乾隆二十年任。

陳崧　江蘇長洲。附貢。乾隆二十五年任。

宋京　山東膠州。舉人。乾隆三十二年任。

竇本書　河南河内。舉人。乾隆三十四年任。

萬象昭　浙江仁和。貢生。乾隆三十八年任。

鄭德莊　直隸豐潤。監生。乾隆五十一年任。

慶福　漢軍鑲黄旗。監生。乾隆五十八年任。

張先錡　湖北漢陽。監生。嘉慶元年任。

胡燮元　順天通州。附監生。嘉慶二年任。

董和培　漢軍鑲白旗。舉人。嘉慶六年任。

曹娥場鹽課司大使

張騰龍　康熙十六年任。

楊進義　康熙二十八年任。

沈繼謨　康熙三十一年任。

傅維屏　直隸人。康熙四十五年任。

戴銓　江南句容人。由供事，康熙五十五年任。

何培　直隸阜城，舉人。雍正六年任。

陳洵　順天香河。舉人。雍正七年任。

馬格　湖北蒲圻人。雍正十一年任。

易宗瀛　湖南湘鄉。歲貢。乾隆元年任。

胡宏智　四川巴縣。舉人。乾隆五年任。

任槐　江蘇宜興。監生。乾隆八年任。

夏朝正　乾隆十九年任。

劉志世　江西新昌。監生。乾隆二十六年任。

季棐忱　江蘇江陰。舉人。乾隆三十七年任。

蔣鎬　浙江平湖。監生。乾隆三十八年任。

路承天　雲南曲靖。舉人。乾隆四十五年任。

曾大士　福建長樂。舉人。乾隆四十九年任。

增壽保　漢軍正藍旗。監生。乾隆六十年任。

福順　漢軍鑲黄旗。監生。嘉慶二年任。

金山場鹽課司大使　乾隆五年分設。

胡宏智　四川巴縣。舉人。乾隆五年任。

李世盛　四川涪州。舉人。乾隆十年任。

龔錦　江蘇江寧。舉人。乾隆十三年任。

吕若誨　河南孟津。舉人。乾隆十八年任。

歸熙　江蘇常熟。監生。乾隆二十七年任。

鞠御蕤　山東滎城。貢生。乾隆二十八年任。

徐必達　福建南靖。舉人。乾隆三十四年任。

四德　漢軍鑲黄旗。舉人。乾隆四十年任。

李聯登　雲南河陽。舉人。乾隆四十四年任。

蔣濂　江蘇長洲。監生。乾隆五十五年任。

石堰場鹽課司大使

宋廷楷　順天人。康熙二十三年任。

陳振業　康熙二十七年任。

金國俊　康熙三十一年任。

柳威鎮　康熙四十年任。

張桂林　康熙五十四年任。

趙繼興　順天人。康熙五十六年任。

金全　雍正三年任。
李友綸　雍正六年任。
倪知本　江南桐城。監生。雍正八年任。
汪天來　江南碭山。監生。雍正十二年任。
王宏勳　江西廬陵。監生。雍正十三年任。
沈于鵬　江蘇上海。舉人。乾隆十四年任。
張尚忠　湖南湘陰。貢生。乾隆二十三年任。
蔣照　江蘇常熟。監生。乾隆二十五年任。
萬年豐　湖北黄岡。舉人。乾隆三十六年任。
雙德　漢軍鑲白旗。舉人。乾隆四十一年任。
鄭朝柱　江西高安。監生。乾隆四十二年任。
蔣鎬　浙江平湖。監生。乾隆四十六年任。
康傑　廣西臨桂。監生。乾隆五十年任。
盧惟慈　安徽無爲。貢生。乾隆五十三年任。
漆洛美　江西新昌。監生。乾隆五十四年任。
高光祖　山西洪洞。監生。乾隆五十六年任。
于天澤　山東文登。監生。乾隆五十八年任。
聶庭珠　江西萬年。優貢。嘉慶四年任。

鳴鶴場鹽課司大使

韋學聰　康熙十七年任。

方廷銓　江南人。康熙二十四年任。

盧大成　陝西人。康熙二十七年任。

郭景明　康熙三十二年任。

陳尚賓　康熙四十六年任。

劉全德　康熙四十七年任。

杜宏信　順天籍山西人。康熙五十八年任。

王作楫　雍正六年任。

張埰　湖南人。雍正九年任。

趙湘　浙江錢塘。監生。雍正十年任。

井樹枬　直隸文安。貢生。乾隆元年任。

朱厚植　廣西臨桂。舉人。乾隆五年任。

任櫆　江蘇宜興。監生。乾隆五年任。

梁樹本　山西絳州。監生。乾隆十一年任。

王昺　陝西涇陽。舉人。乾隆十五年任。

林宗黯　廣西義寧。舉人。乾隆二十年任。

王璐　山東諸城。監生。乾隆二十七年任。

崔永齡　陝西岐山。舉人。乾隆三十八年任。

韓毓樞　江蘇銅山。舉人。乾隆四十年任。

金德厚　江蘇吴縣。監生。乾隆四十一年任。

徐承奭　江西高安。優貢。乾隆四十二年任。

戴純　江蘇丹徒。舉人。乾隆四十七年任。

何炳然　廣西平樂。拔貢。乾隆五十三年任。

蕭咸　廣東大浦。舉人。乾隆六十年任。

清泉場鹽課司大使

彭三泰　陜西人。康熙二十四年任。

邵秉敬　康熙二十四年任。

王邦超　康熙二十七年任。

劉天貴　康熙三十一年任。

丁國良　康熙三十二年任。

牛光斗　康熙四十年任。

陳琦　康熙五十二年任。

姚正聲　康熙五十六年任。

王廷芳　順天人。康熙五十六年任。

吴大成　順天人。雍正四年任。

武文郁　直隸柏鄉。舉人。雍正六年任。

沈廷璟　江蘇長洲。監生。雍正十三年任。

陳上齡　江蘇上元。監生。乾隆三年任。

王日棟　漢軍正白旗。監生。乾隆十四年任。

董大銓　漢軍鑲白旗。舉人。乾隆十八年任。

黄匯　浙江仁和。貢生。乾隆二十六年任。

李玉臺　順天宛平。舉人。乾隆二十七年任。

楊有澳　江西清江。舉人。乾隆二十八年任。

杜倬　雲南阿迷。舉人。乾隆三十三年任。

王作賓　陝西岐山。舉人。乾隆四十六年任。

陳昌平　安徽潛山。舉人。乾隆四十七年任。

吴焯　江蘇江陰。監生。乾隆五十三年任。

巴哈布　漢軍正黄旗。監生。乾隆五十八年任。

康偉　廣西臨桂。監生。乾隆五十八年任。

唐懋修　江西金谿。監生。嘉慶四年任。

豐紳圖　漢軍鑲紅旗。舉人。嘉慶五年任。

龍頭場鹽課司大使

沈昂　浙江海寧。貢生。乾隆五年任。

林中梅　福建南靖。舉人。乾隆十七年任。

張擬芳　貴州餘慶。舉人。乾隆二十一年任。

李鍾嵋　四川南部。舉人。乾隆三十年任。

俞仲英　安徽婺源。貢生。乾隆三十八年任。

歐陽蟠　江西安福。監生。乾隆四十一年任。

盧昌時　浙江仁和。貢生。乾隆四十四年任。

甘運洲　漢軍正藍旗。舉人。乾隆四十六年任。

王兆熊　江蘇金壇。監生。乾隆五十七年任。

劉英　福建永安。舉人。乾隆六十年任。

李燧　直隸河間。監生。嘉慶四年任。

穿長場鹽課司大使

李鼐　康熙十九年任。

蔣永年　康熙二十四年任。

錢朝宗　康熙二十八年任。

袁士緯　山東人。康熙二十九年任。

王衡　康熙三十年任。

高捷　康熙三十一年任。

孫琳　康熙三十四年任。

王傑　康熙四十八年任。

陳紹興　順天人。雍正元年任。

靳文龍　直隸元氏人。由吏員，雍正四年任。

耿昭需　湖廣黄安。舉人。雍正八年任。

徐鳳　江西金谿。舉人。雍正十三年任。

王匯宗　順天大興。監生。乾隆二年任。

王康山　山西太原。舉人。乾隆五年任。

趙文炳　順天涿州。廩生。乾隆六年任。

章堯仁　浙江會稽。監生。乾隆九年任。

楊如璋　廣西北流。舉人。乾隆十六年任。

楊楷　甘肅張掖。舉人。乾隆二十七年任。

胡方晟　雲南昆明。舉人。乾隆三十年任。

周瑞熊　江蘇長洲。監生。乾隆四十二年任。

洪策　浙江錢塘。監生。乾隆四十七年任。

居念祖　江蘇丹徒。附監生。乾隆五十四年任。

張先錡　湖北漢陽。監生。乾隆五十八年任。

王柏齡　漢軍正白旗。監生。嘉慶元年任。

玉麟　漢軍正白旗。監生。嘉慶六年任。

大嵩場鹽課司大使

劉聲　順天人。康熙十八年任。

孟如舜　康熙二十五年任。

李管　直隸人。康熙二十九年任。

婁大紀　康熙三十一年任。

周國楨　康熙五十二年任。

汪寧　江南人。康熙五十六年任。

李銑　直隸人。雍正四年任。

馬豫吉　江蘇高郵。附貢。乾隆四年任。

李綱　江蘇上元。貢生。乾隆十八年任。

韓毓樞　江蘇銅山。舉人。乾隆三十八年任。

許龍章　河南商邱。舉人。乾隆四十年任。

曾聞勇　江西泰和。舉人。乾隆四十五年任。

陸德燦　江蘇金山。監生。乾隆四十八年任。

唐懋修　江西金谿。監生。乾隆五十二年任。

林鍾傅　山東文登。附貢。乾隆五十八年任。

董荃　安徽桐城。監生。嘉慶三年任。

玉泉場鹽課司大使　康熙十八年裁，并大嵩；乾隆五年，復設。

李鼐　康熙十六年任。

王宏勳　江西廬陵。監生。乾隆五年任。

鄧曰連　湖北荆門。拔貢。乾隆五年任。

郭存仁　山東汶上。舉人。乾隆二十年任。

陳煦　廣東興寧。舉人。乾隆二十一年任。

湯竣　江西南豐。舉人。乾隆二十八年任。

曾瞻雲　江西寧都。舉人。乾隆三十七年任。

張怡熊　直隸南皮。監生。乾隆四十五年任。

謝玉田　甘肅靈州。監生。乾隆五十二年任，五十八年復任。

李中美　山西文水。舉人。乾隆五十三年任。

孟廷烺　漢軍鑲紅旗。舉人。乾隆五十五年任。

金部榮　順天大興。監生。嘉慶元年任。

恒禄　漢軍正藍旗。繙譯生員。嘉慶二年任。

吴焯　江蘇江陰。監生。嘉慶四年任。

長亭場鹽課司大使

黄應科　山西人。康熙十九年任。

祁東立　康熙二十六年任。

關所芳　廣東人。康熙三十五年任。

賈暵　康熙三十五年任。

顧玉宸　康熙三十六年任。

李宗泌　康熙三十八年任。

王傑　康熙四十三年任。

楊樾　康熙五十二年任。

黄良猷　康熙五十三年任。

傅廷煌　順天人。雍正元年任。

李模　順天人。雍正三年任。

耿昭需　湖廣黄安。舉人。雍正六年任。

陳貽穀　浙江海鹽。監生。乾隆元年任。

韓珂　陝西澄城。監生。乾隆三年任。

蔣禹疇　江蘇吴縣。監生。乾隆十四年任。

陳如珪　福建福清。舉人。乾隆十八年任。

陳永舒　順天大興。舉人。乾隆二十二年任。

程開源　安徽歙縣。監生。乾隆二十七年任。

陳秉光　廣東陸豐。監生。乾隆三十四年任。

盧儲　四川瀘州。舉人。乾隆三十八年任。

四德　漢軍鑲黄旗。舉人。乾隆四十六年任。

盧昌時　浙江仁和。貢生。乾隆四十九年任。

謝三錫　雲南蒙化。舉人。乾隆五十三年任。

黄巖場鹽課司大使

李大生　河南人。康熙二十一年任。

張法祖　康熙三十一年任。

吕相鵬　康熙三十四年任。

張庭　康熙四十一年任。

金耀祖　直隸人。康熙五十四年任。

陳堯映　順天大興人。由供事，雍正四年任。

楊理範　江南山陽。監生。雍正五年任。

毛崙　江南碭山。監生。雍正六年任。

鄒廷楫

張中善　順天大興籍，山西汾陽人。由吏員，乾隆元年任。

王鑒　山東濟寧。舉人。乾隆五年任。

吴兆亨

鍾肇基　浙江蕭山人。由吏員，乾隆八年任。

劉傅　貴州平越。舉人。乾隆三十九年任。

華瑞潢　江蘇金匱。監生。乾隆三十一年任。

袁文暻　江西崇仁。舉人。乾隆三十五年任。

翟述曾　山東掖縣。監生。乾隆四十二年任。

李長茹　山東安邱。貢生。乾隆四十七年任。
黄冠軍　安徽含山。監生。乾隆四十八年任。
張元鼎　四川涪州。舉人。乾隆四十九年任。
汪致基　安徽休寧。監生。乾隆五十三年任。
周荇　江蘇宜興。監生。乾隆五十七年任。

杜瀆場鹽課司大使

楊理範　江南山陽。監生。雍正六年任。
吴艾　江南徐川。監生。雍正十二年任。
白如瑛　陝西神木。拔貢。雍正十三年任。
湯紹宗　江蘇碭山。監生。乾隆元年任。
張卿子　直隸南皮。拔貢。乾隆二年任。
易祖愉　順天籍，湖南湘鄉人。由吏員，乾隆四年任。
鄒象治　湖北鍾祥。拔貢。乾隆五年任。
曾祖蕃　江西寧都。監生。乾隆十三年任。
趙椿　湖南巴陵。監生。乾隆十五年任。
韋誠　浙江仁和。舉人。乾隆十七年任。
趙士正　貴州開泰。舉人。乾隆二十一年任。
徐聯元　雲南河陽。舉人。乾隆二十五年任。

佟士苞　漢軍鑲白旗。舉人。乾隆二十九年任。

朱嘉慶　漢軍鑲白旗。舉人。乾隆三十年任。

喬萃榮　山西樂平。舉人。乾隆三十五年任。

李名世　江西龍泉。監生。乾隆四十四年任。

陳經　廣東南海。舉人。乾隆四十八年任。

林維錦　福建連城。舉人。乾隆五十三年任。

長林場鹽課司大使

楊霖　康熙二十二年任。

王含美　康熙三十四年任。

丁偉　康熙四十六年任。

沈鉉　康熙四十七年任。

谷文純　山東人。康熙六十年任。

鄭朝極　福建人。

何培　直隸阜城。舉人。雍正八年任。

吴熙成　浙江錢塘人。雍正十三年任。

韓珂　陜西澄城。監生。乾隆元年任。

翟文鳳　直隸灤州。生員。乾隆三年任。

張士果　湖北江夏人。乾隆五年任。

李綱　江蘇上元人。乾隆十一年任。

饒仁美　雲南。舉人。乾隆十九年任。

李文奎　山西臨汾人。乾隆二十七年任。

單炳　山東高密。舉人。乾隆三十三年任。

董荃　安徽桐城。監生。乾隆四十二年任。

王翼經　河南。舉人。乾隆四十四年任。

于飛熊　山西永寧。附貢。乾隆四十五年任。

李鍾靈　廣西宣化。舉人。乾隆四十七年任。

劉國安　福建南靖。貢生。乾隆五十三年任。

朱希光　山東平陰。增貢。乾隆五十五年任。

張緯明　貴州甕安。舉人。乾隆五十七年任。

永年　漢軍鑲黃旗。監生。嘉慶元年任。

方玉堡　安徽定遠。監生。嘉慶二年任。

劉寶箴　山西洪洞。舉人。嘉慶四年任。

天富北監場鹽課司大使　康熙三十九年裁，并長林場。

趙起鵬　康熙二十二年任。

劉永芳　康熙三十四年任。

雙穗場鹽課司大使

祝錫章　康熙十九年任。

趙國章　康熙二十六年任。

繆綸　順天人。康熙二十八年任。

惠麟鳳　康熙三十一年任。

曹華　康熙四十年任。

王進學　康熙四十四年任。

金國棟　康熙四十五年任。

陶釗　順天大興人。雍正元年任。

陳誥章　江南休寧人。由供事，雍正四年任。

唐治　湖北麻城。舉人。雍正七年任。

盧燮　漢軍鑲黄旗。監生。雍正十年任。

池上鳳　湖北孝感。監生。乾隆二年任。

馬豫吉　江蘇高郵。附貢。乾隆三年任。

沈廷景　江蘇長洲。監生。乾隆四年任。

許雲　江西南城。舉人。乾隆十一年任。

曾時亨　湖北天門。舉人。乾隆二十一年任。

宋聖熊　河南商邱。貢生。乾隆四十四年任。

田中原　河南閿鄉。監生。乾隆五十三年任。

鍾祥　漢軍正白旗。監生。乾隆六十年任。

閆錫履　山西徐溝。貢生。乾隆六十年任。

顧亦寀　江蘇元和。監生。嘉慶四年任。

天富南監場鹽課司大使　康熙三十五年裁，并雙穗場。

楊友林　康熙二十二年任。

李廷璧　康熙三十三年任。

永嘉場鹽課司大使

孫執中　康熙二年任。

胡環　江南銅山。貢生。雍正六年任。

王昆　江南婁縣。監生。雍正九年任。

孫百枝　山東蓬萊。監生。乾隆元年任。

薛蜚䰕　陝西韓城人。

洪之昭　漢軍正藍旗。舉人。乾隆十八年任。

李興讓　云南新興。舉人。乾隆二十四年任。

曹世顯　漢軍正紅旗。舉人。乾隆三十二年任。

李景謨　漢軍正黄旗。監生。乾隆三十四年任。

宋復璟　山西聞喜。舉人。乾隆三十九年任。

明安　漢軍正黄旗。監生。乾隆四十三年任。
周彬如　河南密縣。貢生。乾隆五十年任。
師象瓚　湖南長沙。舉人。乾隆五十三年任。
孟廷烺　漢軍鑲紅旗。舉人。嘉慶二年任。
郭汾　江蘇常熟。監生。嘉慶五年任。

崇明巡鹽大使　乾隆五年添設。

張逢泰　浙江鄞縣。監生。乾隆五年。
王世仁　江蘇上元。監生。乾隆十二年任。
俞亦臨　浙江錢塘。監生。乾隆二十三年任。
潘隆甲　浙江天台。監生。乾隆二十六年任。
陳永舒　順天大興。舉人。乾隆二十九年任。
秦其昭　順天東安。舉人。乾隆三十六年任。
張振衡　浙江開化。監生。乾隆四十四年任。
俞芝　浙江錢塘。監生。乾隆四十七年任。
陸費鑒　浙江桐鄉。附監生。乾隆五十年任。
陳文烺　江蘇江寧。附貢。乾隆五十三年任。

《欽定重修兩浙鹽法志》卷二十二終

校勘記

〔一〕侯官　原書作『候官』。據《清史稿》卷七〇《地理志一七》改。下引各條同。

〔二〕驛鹽道　原書作『鹽驛道』。據《清史稿》卷一一六《職官志三》改。

〔三〕鹽引批驗所大使　原書闕『鹽引』二字。據《清史稿》卷一一六《職官志三》補。下引各條同。

欽定重修兩浙鹽法志卷二十三　職官三

宦蹟[一]

凡志職官，例於官紀外別載宦蹟，所以表前賢之軌躅，俾後來者知所興起也。考歷代職官，其生平事實彪炳史册者，美不勝書。兹專志鹽法，故第舉其有關鹺政者，登載如左。至名號爵里，已見前官紀内，兹不重出。

東郭咸陽　漢武帝時，與孔僅同爲大農丞，領鹽鐵事。上言：『山海，天地之藏，宜屬少府，陛下勿私，目屬大農佐賦。願募民自給費，因官器作鬻鹽，官與牢盆[二]。敢私鬻鹽者[三]，鈦左趾，没入其器物。』使乘傳舉行天下鹽鐵，作官府，除故鹽鐵家富者爲吏。《漢書·食貨志》

孔僅　見上

王連　先主時，遷司鹽校尉，較鹽鐵之利，有裨國用。於是，簡取良材，以爲官屬，若吕乂、杜祺、劉幹等，皆至大官，自連所拔也。《蜀志》本傳

姜師度　開元元年，以將作大匠簡責天下鹽課。安邑鹽池涸廢，師度大發卒，洫引其流，置鹽屯，公私收利不貲。《唐書》本傳

第五琦　乾元元年，兼諸道鹽鐵鑄錢使。鹽鐵名使，自琦始。當軍興，隨事趣辨，人不益賦，而用以饒。《唐書》本傳琦初變鹽法，就山海井竈近利之地置監院，遊民業鹽者爲亭户，免雜徭；盜鬻者，論以法。及爲諸州榷鹽使，盡榷天下鹽斗，加時價百錢，而出之爲錢一百一十。《唐書・食貨志》

劉晏　天寶、廣德間，屢任户部侍郎領度支、鹽鐵、轉運等使。因平準法斡山海，排商賈，制萬物低昂，常操天下贏資以佐軍興。雖挐兵數十年，斂不及民而用度足。唐中儩而振，晏有勞焉。代宗嘗勞之曰：『卿，朕酇侯也。』《唐書》本傳晏上鹽法輕重之宜，出鹽鄉因舊監置吏，亭户糶商人，縱其所之。江嶺去鹽遠者，有常平鹽，每商人不至，則減價以糶民，官收厚利而人不知貴。又以鹽生霖潦則鹵薄，暵旱則土溜墳，乃隨時爲令，遣吏曉導，倍於勸農。吴、越、揚、楚鹽廩至數千，積鹽二萬餘石。有四場十監，歲得錢百餘萬緡，以當百餘州之賦。置巡院十三捕私鹽者，姦盜爲之衰息。晏之始至也，鹽利歲四十萬緡，至大曆末，六百餘萬緡。天下之賦，鹽利居半，宫闈服御、軍饟、百官禄俸，皆仰給焉。《唐書・食貨志》

元琇　貞元二年，判諸道鹽鐵，國無横斂而軍旅濟。《唐書・劉晏傳》琇以京師錢重物輕，發江東監院錢四十萬入關。《玉海》

王緯　貞元十年，兼諸道鹽鐵轉運使裴延齡，以諸道負錢四百萬緡獻爲羡餘，以圖寵。緯奏『此諸州經費』，大忤延齡意。居官以清白稱。《唐書》本傳

李若初　貞元十四年，爲諸道鹽鐵轉運使，整理鹽法頗有次敘。《册府元龜》

李巽　順宗立，杜佑表爲鹽鐵轉運副使。既爲鹽鐵使，大正其事，其堰埭先隸浙西觀察使者，悉歸之。因循權置者，盡罷之。又奏：監院，去年收鹽價緡錢比舊法張其估，非實數也。請以其數，除煮之外，付度支。煮鹽利繫度支，自此始。《舊唐書・食貨志》元和元年，李巽以鹽利歸度支，物無虚估，初

歲之利如晏，季年後，三倍晏時。《唐書·食貨志》巽天資長於吏事，至治家，亦勾檢案牘簿書如公府。本傳

李琦　順宗時，江淮鹽價每斗爲錢二百五十。其後，鹽鐵使李琦奏：江淮鹽，斗減錢十，以便民。《唐書·食貨志》

程异　由監察御史爲鹽鐵揚子院留後，遷鹽鐵轉運副使，遂兼御史大夫，爲鹽鐵使，厲己竭節，悉矯革征利舊弊，故所至不刻下，不加斂，經用以饒。以錢穀奮而至宰相。身歿，官第無留資，世重其廉。《唐書》本傳

裴休　大中時，爲鹽鐵使。上『鹽鐵八事』，其法皆施行。《唐書·食貨志》

錢鏐　乾寧元年，充本道營田招討、鹽鐵、發運等使。嘉禾鹽鐵塘，在府城東三十里，世傳吳越王錢鏐運鹽鐵於此，因以爲名。《至元嘉禾志》梁開平中，吳越王築捍海塘在候潮門外，隄岸既固，民居乃奠。謹按：仁和場鹽團竈舍皆列其下。《宋史·河渠志》國朝雍正三年，敕封『誠應武肅王』。李衛《西湖志》

雷有終　淳化三年，歷度支、鹽鐵副使。時茶、鹽價不一，細民冒禁私販，多陷重辟。詔有終領江淮、兩浙路茶鹽制置使，就出産鹽茶之地，以便宜裁制。《宋史》本傳

張綸　淳化間，除江、淮制置發運副使。時鹽課大虧，乃奏除通、泰、楚三州鹽户宿負，官助其器用，鹽入，優與之值，由是歲增課十萬石。復置場於杭、秀、海三州，歲入課又百五十萬。《宋史》本傳

王子輿　淳化中，雷有終爲江浙、荆湖茶鹽制置使，奏子輿爲判官，轉江淮、兩浙制置茶鹽。真宗即位，命爲鹽鐵判官，仍領制置，增歲課五十餘萬貫。子輿精於吏事，久掌茶鹽，周知利害，裁量經制，公私便之。《宋史》本傳

陳恕　淳化間，拜鹽鐵使。恕有心計，釐去宿弊，太宗深器之，親題殿柱曰『真鹽鐵陳恕』。《宋史》

本傳塘河水源自西湖來，達於運河。由臨平至長安鎮過東二十五里，宋轉運使陳恕浚河築塘，加廣一丈，民甚利之，號『甘棠堤』。《海寧縣志》

楊允恭　至道初，命允恭爲發運使，始改擘畫爲制置。允恭與王子輿、秦羲同主茶鹽之政，多所條置，遂變新法。《宋史》本傳

胥致堯　咸平間，監温州天富鹽監，治鹽三歲，增其舊二百餘斛。監杭州推排岸司，浚浙江龍山二閘，廢河堰以通杭，人便之。歐陽修《胥致堯墓誌》

陳世卿　真宗知其才幹，代姚鉉爲兩浙路轉運使。郡有計口買鹽之制，人多不便，至即奏除之。《宋史》本傳

李溥　景德中，遷制置江淮等路茶鹽税，嘗請盜販茶鹽者，贓仗皆没官。可之。《宋史》本傳祥符四年，以江淮鹽價不等，命溥規定有司，言：『慮失歲課。』帝曰：『苟便於民，何顧歲入。』《玉海》

楊覃　大中祥符二年，代馮亮爲淮南、江浙、荆湖制置發運使。覃勤於吏事，所至以幹濟稱。《宋史》本傳

陳堯佐　大中祥符間，爲兩浙轉運副使。錢塘江篝石爲隄，隄再歲輒壞，堯佐請下薪實土，乃堅久。丁謂不以爲是，後卒如堯佐議。《宋史》本傳

孫長卿　天禧中，歷江浙、荆淮發運使。性務廉潔，以能臣稱。《宋史》本傳

李沆　宋初，鹽鈔未行。是時，於建安軍置鹽倉，乃令真州發運。適沆爲發運使，運米轉入其倉，空船回皆載鹽，散入江浙、湖廣諸路，各得鹽資，船運而民力寬。《文獻通考》

范仲淹　明道時，安撫江淮，以疏通鹽利爲言，詔江淮制置使同議。謂聽通商則私販肆行，請敕制置使益漕船運至諸路，使皆有二三年之蓄。聽商人入粟京師及淮、浙、江南、荆湖州軍易鹽。《宋

史・食貨志》

沈立　嘉祐中，遷兩浙轉運使。蘇、湖水，民艱食，縣戒强豪民發粟以賑，立亟命還之，而勸使自稱貸，須歲稔，官爲責償。《宋史》本傳立奏：『本路鹽課緡錢歲七十九萬，嘉祐三年，纔及五十三萬。弊在官鹽估高，故私販不止，而官課益虧。請裁官估，罷鹽綱，令鋪户、衙前自趨山場取鹽，則鹽善而估平，人不肯冒禁私售，官課必溢。』發運司難之，立固請試用其法，詔可。立嘗論東鹽利害，集《鹽策》二十卷以進，其言亭户困乏尤甚。《宋史・食貨志》

張夏　嘉祐間，以司封郎中爲兩浙轉運使。江潮爲患，故堤率用薪土，常被衝激輒壞，重困民力。夏始作石堤，上自六和塔，下至東青門，長一十二里，州人德之。《萬曆杭州府志》

李肅之　慶曆初，江淮、兩浙糴鹽錢斤增五錢，民苦官鹽估高，無以爲食，諸路皆言其不便。兩浙轉運使沈立、李肅之奏請裁官估、罷鹽綱，詔可。《宋史・食貨志》

盧秉　熙寧五年，奉使淮、浙治鹽法，與薛向究索利病，出本錢業鬻海之民，戒不得私鬻。還奏，遂爲定制。提點兩浙、淮東刑獄，顓提舉鹽事，進制置發運副使。先是，發運使多獻餘羨，以希恩寵。秉言：『職在董率六路財賦，以時上之，安得羨？今稱羨者，率正數也。』自是罷獻。《宋史》本傳

元絳　民多盜販鹽，制置使建言：『滿二十斤者，皆坐徒。』絳曰：『海濱之人恃鹽以爲命，非群盜比也。』笞而縱之。歷兩浙轉運使。《宋史》本傳

毛漸　元祐間，歷江東、兩浙轉運副使。浙部水溢，詔賜緡錢二百萬以賑之。漸言：『數州被害，即捐二百萬。倘仍歲如之，將何以繼？』乃案錢氏有國時故事[四]，起長安堰至鹽官，徹清水浦入於海。開無錫蓮蓉河，武進廟堂港，常熟疏涇、梅里，入大江；又開崑山七耳、茜涇、下張諸浦；東北道吴江，開大盈、顧匯、柘湖，下金山小官浦以入海。自是水不爲患。《宋史》本傳

梁汝嘉　建炎中，提舉浙西茶鹽。長於吏治，在臨安風績尤著。《洪武蘇州府志》紹興初，奏：『亭民未嘗墾田，令輸本色，非便。』詔進秩一等。舊《兩浙鹺志》

王珏　紹興二年，起家鹽官，丞秀州。歲以錢給亭民煮鹽。至十五年，積十九萬七千餘緡，不給民，訴於朝，除珏提舉浙西茶鹽。逾年，盡償亭民，且羸鉅萬。開華亭海河三百餘里，鹽滋得流通，且溢以溉田。《洪武蘇州府志》經界法行，甚害者三百六十餘事，其七千二百餘户爲尤病，珏奏除之。舊《兩浙鹺志》

趙子潚　紹興二十九年，除兩浙轉運副使[五]。朝廷遣人檢沙田蘆蕩，欲概增租，子潚以承買異冒占，力止之。時田並太湖者[六]被水患，浚雉浦、鑿福山塘，分殺其勢，水患用息。《宋史》本傳

顔師魯　紹興中，除江東提舉，改使浙西。鹽課歲百鉅萬，本錢久不給，亭竈私鬻，禁不可止，刑辟日繁。師魯撙帑緡，盡償宿負，戒官吏毋侵移，比旁路課獨最。《宋史》本傳

朱倬　高宗時，除浙西提舉，且命自今在内除提舉官，令朝辭上殿，蓋爲倬設也。既對，上曰：『卿以朕親擢，出爲部使者，使咸知内外任均。』每上疏，輒夙興露告，若上帝鑒臨。奏疏凡數十，如發倉廩、蠲米價、減私鹽、覈軍食，率焚其稿不傳。《宋史》本傳

劉鏞　高宗朝，爲紹興錢清場丞。撫存亭民，剔蠹疏源，代輸鹽席三十八户，欣然如更生，課亦隨羨。又修山陰海上石堤，創兩埭石橋以便民。舊《兩浙鹺志》

黄洧　乾道間，監紹興錢清鹽場。治以寬簡，先教後刑。訟者反覆曉譬之，或失所争而去。朱子《轉運判官黄公墓碣》

孫峴　淳熙初，爲浙西提舉，以措置支還亭户本錢及增買鹽帒、興修水利，除兩浙轉運判官。《松江府志》

朱熹　淳熙六年，提舉浙東常平茶鹽公事。即日單車就道，日鈎訪民隱，按行境内。郡縣官吏憚其風采，至是引去，所部肅然。凡丁錢、和買、役法、榷酤之政，有不便於民者，悉釐而革之。隨事處畫，必爲經久之計。《宋史》本傳是年冬，下《社倉法》於諸路，條奏救荒[七]事宜、諸州利病，乞取會福建下四州見行産鹽法，於本路沿海四州。舊《兩浙鹺志》

潘畤　淳熙中，爲浙西提舉，至則罷中都饋餉之不如法者，豪貴多不樂。而平江庫錢失陷，守誣富室以取償，一郡大擾，有致死者。畤檄罷之。舊《志》

詹體仁　光宗即位，提舉浙西常平，散鹽本錢數萬，以紓亭民之力。歲終課利增羨。《洪武蘇州府志》

胡擀　爲浙西提舉茶鹽司幹官。紹熙、慶元間，浙西先旱後水，亭民死無虚室。擀泣訴於朝，急轉米，緣門糜飲之民賴以蘇。《洪武蘇州府志》

王墀　監鹽官買納場，其所轄八場，歲額以石計者，十三萬九千有奇。墀治事游刃有餘，而以其暇，寄情翰墨。《海寧州志》

徐鹿卿　嘉定間，浙東提舉。言罷浮鹽，經界鹻地，先撤相家所築。就捕者自言：『我相家人。』鹿卿曰：『行法必自貴近始。』卒論如法。舊《兩浙鹺志》

孫子秀　開慶初，通判慶元府、主管浙東鹽事。先是，鹽場鹽百停附五停，名『五釐鹽』。未幾，提舉官以爲正數，民困甚。子秀奏蠲之。開慶元年，爲浙西提舉常平。先是，丁大全以私人爲之，盡奪亭民鹽本錢充獻羨之數。不足，則估籍虚攤，一路騷動，亭民多流亡。子秀還前正鹽本錢五十餘萬貫，奏省華亭茶鹽分司官定衡量之非法多取者，於是流徙復集。《宋史》本傳

陳桂　淳祐間，監南路場。桂勤廉有吏幹，躬課督，亭民感奮復業，歲額日增。條上十事，皆有裨

鹽政，如浚河、築倉舍，咸於場便，尤其鉅者。舊《兩浙鹺志》

包恢　景定間，兼浙西發運使。所至，破豪猾、去吏姦、治蠱獄、課盆鹽、理鋃欠，政聲赫然。《宋史》本傳

常楙　咸淳間，爲兩浙轉運使。禁戢吏姦，不爲急符督常賦。海鹽歲爲鹹潮患稼，楙請於朝，蠲金發粟，復輟己帑，修築新塘三千六百二十五丈，名曰『海晏塘』。是秋，風濤大作，塘不浸者尺許，民得奠居，歲復告稔，邑人德之。《宋史》本傳

陳思濟　至元五年，同知紹興路總管府事，轉同知轉運使。胥吏侵漁，民困於賦役，悉蠲除之。《元史》本傳

忙兀台　至元二十二年，鎮江浙。時浙西大饑，乃弛河泊禁，發府庫官貨，以抵其直，貿粟以賑之。二十三年，奏以販私鹽者，皆海島民，可募爲水工。從之。《元史》本傳

完者都　至元二十三年，拜江浙行省。初，浙西私鹽，吏莫能禁，完者都躬詣松江、上海，收鹽徒五千隸軍籍。《元史》本傳

阿散　至元間，任兩浙轉運使。浙西，故轄浙東錢清、西興及江北六場，爲地甚廣，故鹽倉傾廢爲瓦礫。散率僚吏，即故基峙屋八十一楹。舊《兩浙鹺志》

赤閔顯忠　大德三年，授杭州等處檢校所提領，檢校鹽引、掣羨、易鈔、輸官政事，畢舉。無何，同知南劍。視事之日，省檄委僉，補浙西竈户。顯忠監民之病，撥户無不當。皇慶二年，授同知兩浙都轉運鹽使司事；三年，轉運鹽一百五十萬引，鹽法大行。《山左金石志》

張思明　至大三年，遷兩浙鹽運使。歲課充贏，僚屬請上增數，思明曰：『贏縮不常，萬一以增爲額，是我希一己之榮，遺百世之害也。』《元史》本傳

王都中　武宗時，除兩浙都轉運鹽使。中書省臣奏，國計莫重於鹽筴，乃如前除鹽亭竈户，三年一比附推排，世祖舊制也。任事者恐斂怨，久不舉行。都中曰：『爲臣子者，使皆避謫，何以集事。』乃請於行省，遍歷三十四場，驗其物力高下以損益之。役既平，而課亦足，公私便之。《元史》本傳

瞿霆發　至大中，授兩浙都轉運司副使。海潮壞鹽場，死者萬計，霆發傾力救之，流亡復還。浙東饑，亭民死徙，霆發稽户數，第物力而均之課。仁宗時，拜兩浙都轉運使，更以最聞。《浙江通志》

黄溍　延祐二年，授寧海丞。寧海地瀕鹽場，亭户恃其不統於有司，肆毒害民。編户隸漕司及財賦府者，亦謂各有所憑，暴横尤甚。溍皆繩以法，吏白以利害，勿顧也。遷石堰場監運。《元史》本傳

曹伯啓　延祐五年，遷司農丞，奉旨至江浙議鹽法，罷檢校官，置六倉於浙東、西，設運鹽官，輸運有期，出納有次，船户、倉吏盜賣漏失者有罰。歸報，著爲令。《元史》本傳

王克敬　至治初，拜監察御史。言：『兩浙煎鹽户牢盆之役，其重者尤害民，當免其他役。』從之。泰定初，出爲紹興路總管，郡中計口受鹽，民困於誅求，乃上言乞減鹽五千引。運司弗從，因歎曰：『使我爲運司，當令越民少蘇矣。』轉兩浙鹽運使司，首減紹興民食鹽五千引。温州逮犯私鹽者，以一婦人至，怒曰：『豈有逮婦人千百里外，與吏卒雜處者，污教甚矣。自今毋得逮婦人。』建議著爲令。《元史》本傳

王艮　除兩浙都轉運鹽使司經歷。時紹興路總管王克敬，以計口食鹽不便，嘗言於行省，未報，而克敬爲轉運使，集議欲稍損其額，以紓民力。沮之者以爲有成籍不可改，艮毅然曰：『民實寡而强賦多民之錢，今死、徙已衆矣，顧重改民籍而輕棄民命乎。且浙右之郡，商賈輻輳，未嘗以口計也。移其所賦，散於商旅之所聚，實爲良法。』於是議歲減紹興食鹽五千六百引。尋有復排前議者，艮欲辭職去，丞相聞之，亟遣留艮，而議遂定。《元史》本傳

李守中　元統二年，除兩浙轉運鹽司副使。嘗言：『法久則弊，理宜變通。今兩浙竈民凋弊日甚，當驗其恒産差爲上下。竈民既爲國輸課，不當復役，里正代償民租。』在官五年，熟知其弊，工本親給與民，官屬不敢稍有所掊克，比終更增鹽五萬餘引。《浙江通志》

陳椿　元統中，爲下砂場鹽司。因前提幹之舊爲圖四十有七，圖各有説，後係以詩。凡曬灰打滷之方，運薪試蓮之細，纖悉畢具，亦樓鑄《耕織圖》，曾之謹《農器譜》之流亞也。《熬波圖》

趙知章　至元時，同知兩浙都轉運鹽使司。因陸運民困，請因歲饑浚河，民得錢以爲食，官得河以浮運，稽姦貪兼户之弊，察私鹺濫及之冤。《萬曆杭州府志》亭民歲有科糧，爲請於省留賑亭户，活饑民一萬四千一百七十二口。《松江府志》

戴文璧　至元元年，遷兩浙鹽運司判官。嘗分職巡鹽官場，疏潮渠浚運河，去亭場之私設者。舊給工費有掊克，包領之弊，罔及細丁，文璧集衆唱名面予，杜絶請托，人服其廉。舊《兩浙鹺志》

別兒怯不花　至正二年，拜江浙行省左丞相。請歲減江浙、福建鹽課十三萬引。在鎮二年，雖兒童、婦女莫不感其恩。《元史》本傳

賽典赤氏脱歡察兒　至正二年，爲兩浙轉運使同知。嘗言：『鹽者，於國爲利，於民爲病。急之則民怨，緩之則政弛。』乃先具條教，嚴立期約，而加以寬恤。民感奮，盡力奉令，莫敢緩。每曰：『吾榷鹽充數，足矣。若求羨餘，以希秩賞，吾不忍也。』居鹽司之職，而設施若漢循吏。《成化杭州府志》

李廷佐　至正七年，出爲兩浙都轉運鹽使。嚴明有才幹，悉心鹽筴。凡亭民所不便者，盡罷之。吏胥黷貨，有蠹法者，悉屏除之。《成化杭州府志》

蘇天爵　至正七年，爲兩浙都轉運鹽使。江浙財賦，居天下十七。事務繁劇，天爵條分目別，細鉅不遺。時鹽法弊甚，天爵拯治有方，所辦課爲鈔八十萬錠，及期而足。《元史》本傳

程芝　至正十二年，除兩浙都轉運鹽使司副使。未抵任，偵知吏胥作姦，至則分别懲治，舉亭凜然。從前敝商之政，悉爲汰去。砥礪廉隅，不以塵介自緇，每公事與僚佐議，必引經據史，斟酌盡善，衆咸屈服。值亭民饑、死、徙者甚衆，力請行省發廪賑之，全活無算。其暴者，往往群聚私鬻，商不能支，多方化導，不足者，補助之，俾各安農業。由是梟販斂跡，鹺業大興。《徽州府志》

木八剌沙　至正十三年，分治嘉禾五場場課，惟蘆瀝爲尤重。斥地廣拓，私販多誣人以自脱，沙下令犯者鈦之，相牽引者抵繫，由是編氓安業。舊《兩浙鹺志》

貢師泰　至正十五年，授兩浙都轉運鹽使。至則剔除積蠹，通其利源，大課以集，國用資之。《元史》本傳

任耜　至正間，爲兩浙轉運司照磨兼承發架閣事。上官以耜老成習法事，多倚辦督課。會稽、四明、申其三則，民競勸，毋敢後。貝瓊《任耜墓誌銘》

周南老　元季，辟浙省掾。上書言時政六事，内『通鹽政』一疏尤裨於轉輸。除兩浙鹽運司知事。舊《兩浙鹽志》

吕本　洪武十年，任兩浙轉運使。奏：『亭户丁産額鹽，未經覈實，今與各分司詣所屬鹽場，驗其人丁，别其地利，分爲等則，損益相較，實增鹽萬一千九百引充課。』詔從之。舊《兩浙鹺志》

向寶一作珤　永樂十二年，左遷兩浙鹽運司判官，力修鹺政，介節不渝。舊《兩浙鹺志》

周忱　忱巡撫江南，正統中，敕兼理松江鹽課。時華亭、上海逋課至六十三萬餘引，竈丁逃亡。忱謂：『田賦宜養農夫，鹽課宜養竈丁。』因上便宜四事，命速行之。忱爲節竈户運耗，得米三萬二千餘石，亦倣濟農倉法，置贍鹽倉，益補逃亡缺額。由是鹽課大殖。《明史》本傳　忱條上四事，且請於每年正額外，帶補逋課一分。帝從其請，命分逋爲六，以六載畢償之。《明史·食貨志》

邢宥　宥以右僉都御史代宋傑巡撫，兼理兩浙鹽政。考察屬吏，黜不職者百七十餘人。《明史・附周忱傳》

丁鎡一作資　正統元年，進兩浙郡轉運鹽使。清白自持，益勵其操，一錢不私。朝廷察其廉，擢刑部侍郎，以旌之。《成化杭州府志》

龔謙　景泰間，授御史，巡鹽兩浙。時中官汪直家人怙勢開市，論罷之。浙西亭民饑，開運河，使食其力，發帑賑濟，政聲大起。《杭州府志》

李慶　天順初，陞兩浙轉運使。澡身潔白，持法公平。時豪商巨賈投券者，踵相躧於庭，請給無已，慶一以歲月先後爲斷，權貴請托，杜絶不行，鹺政肅然。《浙江通志》

林誠　成化二十年，來巡浙鹽，掺蠹剔姦，威名丕著。疏言：兩浙鹽課缺商報中，積滯有二三十年者。各邊中賸餘鹽，除賣過，猶賸六十六萬餘引，課鹽除已賣者，猶賸小引二百七十六萬餘引。今將兩浙二十年課分作五年開賣，每年得價銀四萬餘兩，取給邊用。舊《兩浙鹺志》

彭韶　孝宗即位，命兼僉都御史整理鹽法。韶以商人苦抑配，爲定折價額，蠲宿負；憫竈户煎辦、徵賠、折閲之困，繪八圖以獻，因條利病六事，悉允行。《明史》本傳

藍章　弘治十一年，按兩浙鹽政，嚴禁私販，以通商賈。勤恤貧竈，寬其宿逋，百度犂然，鹺政修舉。正德乙亥，以刑部侍郎清理淮浙鹽法，政聲益振於昔，民忻然戴之。舊《兩浙鹺志》

羅欽德　弘治十三年，任運司副使。先是，越州之民業煮海，歲徵課，取盈故額，而有司復以庸調責之，有二役焉。德以分司至，力蠲其庸調。凡事多所興革。舊《兩浙鹺志》

李和　弘治十四年，任兩浙運司知事。清白自勵，常俸之外，皭然不緇。嘗攝分司督課，果決精明，姦胥莫不畏服。豪竈憚其風采，不敢以家衆應役。正德二年，陞本司判官；五年，進副使，釐姦革

弊，鹽政一清。《杭州府志》

王潤　正德間，按浙鹽課。性耿介，恥以公法徇人，或有過，輒面斥之。時逆瑾播弄威福以要賄賂，諸道部使者率厚賂以脱禍，潤獨挺然不撓。瑾中以危法，得白起副都御史，理鹺淮、浙。《萬曆杭州府志》

王秀　正德十五年，巡鹽兩浙。時中貴稽留水程勢要，侵牟民利，商賈不行。秀預授水程以便商，立水栅於要害，設巡兵於海濱，以遏私販，嚴糧船夾帶之禁，整巡司盤詰之法。豪右屏跡，積弊肅清。《杭州府志》

張鵬翰　嘉靖丙戌，巡兩浙鹽課。時權力者阻撓鹽法，鵬翰一切罷絶，爲當國者所忌。及事竣，奏餘鹽課十倍於前。先是，差者愧於相形，遂激怒當國，假考覈調解州判官，引疾歸家。貧不能自給，敝廬僅蔽風雨，而重義輕利，出於天性，輿論稱之。舊《兩浙鹺志》

朱炳如　嘉靖四年，任浙運使。一力自隨，務崇儉約，興利除弊，屹然勇肩。一切出納悉以原封，毫無染指。去任後，諸商即以所卻羨金，立祠祀之。鹽官立祠自此始。舊《兩浙鹺志》

王朝用　嘉靖六年，巡鹽兩浙。性持重，不妄興革。成化中，以額廣商狹，奏折半額解銀輸京。逮嘉靖初，額狹商廣，鹽多私販，朝用奏復舊額。國課充羡，而官運不勞，邊儲速濟。舊《兩浙鹺志》

錢瀾　嘉靖六年，任運司同知。司鹺政八年，冰蘗之操，始終無玷，爲政不務矯飾，無赫赫名而商民陰德之。《杭州府志》

方仕　嘉靖八年，任兩浙轉運使。爲政不求近名，清操卓勵，簡於事上，而厚於恤民，故於俗寡諧。監司惡其強直，摧抑之，即時投劾，飄然引去。《浙江通志》

梁尚德　嘉靖九年，巡兩浙鹽政，持法秉正，不激不隨。下車時，海決，逼沿海縣分，亭户流徙。

乃多方招集，商始復通。建平食鹽，從宜興、溧陽爲便，上疏，請載入《會典》，著爲成憲。舊《兩浙鹾志》

李遂　嘉靖乙未，巡鹽兩浙。鋭意興革，台屬濱海，商艱轉運，建議竈准折色，商從近場買補，以便掣銷。《一統志》

劉仕賢　嘉靖十六年，按浙巡鹽，貞度飭憲，約己裕民。是時，題准置票六萬以通台州屬鹽，然地越山海。仕賢令准土商掣賣，台民便之。創《兩浙鹾志》，自制令以及藝文，凡若干卷。後之治鹾者鏡焉。《萬曆杭州府志》

殷學　嘉靖戊戌，出按浙鹽。端謹清約，所部畏懷之。世皇初政，浙鹽使自新城以下，四人相繼，皆一時之選，前後不及。謂盧瓚、李遂、劉仕賢、殷學。舊《兩浙鹾志》

曹忭　嘉靖二十四年，浙大旱，無年，疫癘大作。忭奉命理鹾，悉心賑濟，爲藥餌以起其疾，民始有生，劑鹽政於饑疫之時，保護安全，政聲大振。舊《兩浙鹾志》

許穀　嘉靖二十四年，左遷浙運副。天資英邁，剖決如流，風生四座，言峻行直，每以豪傑自期。轄寧紹諸場，最繁劇，事至輒强毅肩之，罔峻刑威，而法亦不弛。舊《兩浙鹾志》

李秋　嘉靖三十三年，巡浙鹾。時島夷入犯浙地，沿海焚掠殆盡，鹽舍皆空，商無所貿，將散去。秋援成命，遂徵折色課額，不致全逋。舊《兩浙鹾志》

鄒應龍　隆慶戊辰，總理兩浙屯鹽。風裁峻整，興利蕣弊，不遺餘力。上疏，請行小鹽，歲銷五十餘萬引。又請益餘鹽，以裨額課。議各場折色，聽内商改認掣銷。凡可以惠商恤竈者，纚纚不可殫述。舊《兩浙鹾志》

吴從憲　隆慶己巳，巡鹽兩浙。是歲夏，震濤爲災，窶竈流徙；秋，復江無潮蕩，滷無所從出。從憲饒其賑，寬其逋，以安集休養，始還牢盆業。舊《兩浙鹾志》

張更化　隆慶五年，巡鹽兩浙。題行大票買補，比照引鹽。又漁船計算鹽斤增税，課額充溢。浙屬私販盛行，皆兵捕邏察，弗嚴也，乃命分地方衝僻，編銀募捕，私販絶跡。舊《兩浙鹺志》

王基　隆慶五年，爲兩浙運使同知。清操耿節，孜孜惠賈豎、恤亭民。先是，己巳夏，風濤大作，海水淹没華上並海諸場亭，乃力請三臺賑濟。得請，復不足，則勸借，併捐己所入俸以充賑。苦黠胥及郡豪有觸法者，按捕懲之不少貸，人相戒，毋敢犯。《松江府志》

房如式　萬曆四年，巡鹽兩浙。一意噢咻亭户，撫恤商民。商入穀者，減價以甦其困，關引不拘四十四萬之數，嚴革囤積。引目先期改撥，即准行用，不致追没。申明掣法，祛走水夾帶之誣枉，行引屬縣，區别三則，貿易適均。《萬曆杭州府志》

許天贈　萬曆五年，爲兩浙轉運使。行小鹽改折，以裨額疏，掣均逗撓，紓徵納，澄汰黠儈。凡與商所更始者，刻爲行鹽事宜，永垂商利。舊《兩浙鹺志》

劉竟成　萬曆七年，左遷浙運判。性剛正，不與時浮沉。分曹鹺政，恥以貨賄自污。增近場熟蕩，徵税四千二百有奇，以裨國課。舊《兩浙鹺志》

游應乾　萬曆八年，運使。時天吴爲虐，浙西鹽場淹没，亭民死者無算。請穀賑給，悉心噢咻拊摩，而安集之。舊《兩浙鹺志》

孫旬　萬曆九年，按鹺兩浙。疏請江浙參遊官兼訐鹽盜，請覈蕩税，立石以杜侵漁。潮患，請帑萬金賑恤，且盡蠲其逋負。他若察市儈、勞偵捕、蓄府兵疏，凡八上，得旨從之。舊《兩浙鹺志》

劉自化　萬曆十五年，運使。下車，適遘潦，無年，疫癘大作。自化政尚寬和，調劑擘畫，不遑寢食，孜孜以休養爲先，民竈復業。舊《兩浙鹺志》

韓介　萬曆十七年，按理浙鹺。介初仕江北，稔知鹽法利病，來浙如輕車熟路，規畫無不中窾竅。

案行闢引，定期嚴革熟引之弊。訪囤小票四萬有奇，重其罰，以益京解。淮鹽夥販，禁不入境，刻《鹾規類略》一書，上下所司及商竈便於遵守。舊《兩浙鹾志》

葉永盛　萬曆二十八年，按視兩浙鹽務。先是，牟利者紛出，稱浙餘鹽山積，可得餉三十萬，徵之急，商絀莫能辦。永盛執議具五疏，奏入，蠲十之九，人心獲安。浙商子弟以外籍，不得與試，永盛爲請於朝，特置商籍入學八名。《浙江通志》

周家棟　萬曆三十年，巡鹽兩浙。恤下情，持大體。復婺源分買休寧，便商民貿易；浙鹽由崑崙舊河往建平，不得妄沮。著爲令。寧波漁税，割回監税千金以佐庫價，禁各場需索、抑勒之弊。舊《兩浙鹾志》

方大鎮　萬曆三十五年，兩浙巡鹽御史。鹾法自常股存積改爲餘鹽，商竈交困。大鎮一意寬恤，四季掣放以疏商引，餘鹽充課而鹽價不貴，均分塗田以息民争，寬私鹽之禁，止小票之行。商通國裕，鹾政大理。《浙江通志》

韓浚　萬曆三十六年，兩浙巡鹽御史。奏丁蕩有額，宜概行清審，坍損者蠲之，新漲者增之，悉按現在之丁蕩，爲損益之多寡。所著有《西戍沿革鹾略》。《鹽法考》

張惟任　萬曆三十八年，巡鹽兩浙。奏各場竈蕩之隱占、漏匿者，清出税銀一萬八千餘兩，徵補商價積負。《浙江通志》

楊鶴　萬曆癸丑，按兩浙鹽政。時鹽法弊甚，自存積興而常股病，至存積多，而爲存積者亦病，邊商寓浙中有十餘年不及支者。鶴爲咨訪籌畫，通前酌後，數月而商困稍甦，期年大甦。《杭州府志》奏令民户占種竈地者，於常股之外量加包補新漲沙塗之税，以抵坍塌蕩地之課。所著有《訂正兩浙鹾規》。舊《兩浙鹾志》

崔爾進　萬曆四十二年，兩浙巡鹽御史。題每年帶銷舊引一萬，每引加銀三釐，於正解無虧，公私兩便。舊《兩浙鹺志》

祝徽　崇禎三年，巡視浙江鹺務。以恤竈爲先，而次及恤商，故商、竈皆悦。時小票例止，肩販積次船載並有禁，而姦民數犯，屢引竈户控於徽，徽立湔白之，治妄引者，勒石爲厲禁。竈民始克安業。《浙江通志》

梁雲構　崇禎間，巡鹽兩浙。先是萬曆中，以漕艘開兑後期，司農題歸鹽臣。雲構治鹺之餘，兼理漕政，清點運之弊，均旗丁之役，井然有條。《浙江通志》

馮垣登　崇禎十三年，兩浙巡鹽御史。建松江所，轄掣崑、常、嘉、太、華、婁、上、青等州縣引鹽。《松江府志》

張繼孟　崇禎間，由廣西知府遷浙江鹽運使。忤視鹽内官崔璘。《明史》本傳時鹽法久敝，蠹猾百出，吏胥因緣爲姦，列票混更，正額壅塞。一切引課，鋭則病商，緩則病課，繼孟斟酌變通，公私均利。《杭州府志》。時有私販攀附逆璫，害民吞竈，繼孟力除之，商籍以安。《浙江通志》

王顯　順治二年，任兩浙巡鹽御史。時國朝立法創始，顯首請禁私販以通商，定經制以起課；又疏陳鹽政要務在招商、恤竈二事，申明掣驗之規，分别銃毁之法。規制井然，具有條理，皆見施行。《浙江通志》

崔源　任兩浙都轉運使，催課不遺餘力，疏引更屬苦心。秦楚兵餉早濟軍需，新舊徵輸溢於年額。《順治九年巡鹽御史潘朝選題稿》　疏引而惠孚商竈，運課而利濟軍民。攝巡篆，則革耗除弊，剔蠹救荒。《順治十年巡鹽御史趙維祺題稿》

曹振彦　任兩浙都轉運使，恤竈撫商，疏引裕課。《順治三年巡鹽御史祖建明題稿》

席式　任兩浙都轉運使，履任未幾，即完解鹽課十萬兩。剔除陋規，督銷引目，井井有條。《順治十五年巡鹽御史遲日巽題稿》

顧如華　康熙癸卯，巡鹽兩浙。時商竈交困，疲商貰債納課，如華行己潔清，一切鹽鹺陋規皆釐革焉。及代，囊橐蕭然。《浙江通志》

李之芳　嚴氣正性，遇事精明，出之渾厚，故可親而不可犯，綱紀肅然。順治間，授金華推官，定浙省《賦役全書》，報政第一。康熙五年，轉兩浙巡鹽御史，以莅浙久稔，知浙省鹽政利弊，凡不便於商者，悉革除之。康熙十二年，出督浙閩，時閩逆據險仙霞，逆黨分據衢、温、台、處等府。之芳移鎮三衢，佐親王協將軍，親冒矢石，出奇應變。尋逆勢猖獗，軍士不支，議棄衢退守，一軍譁然，之芳堅持不可，生死以之，日夜厲戰守之策。恩結軍士，撫降卒、拓流民，人始無懼心。上賴廟算神威，逆窮授首，大兵長驅入閩，三衢既保，十郡均得無恙。東南半壁不爲撼動者，之芳之力也。《浙江通志》

石琳　康熙六年，任浙江鹽法道。持己公廉，屏絶各屬饋遺。常曰：『革一分火耗，便可完一分正供。』嚴檄力除耗贈。待屬仁恕，有一長必録，而馭吏極嚴，無弊不除。凡有利於國、有便於民者，鋭意興革，百姓戴之。《杭州府志》

胡三祝　康熙壬子，巡視浙鹽。威棱嶽嶽，釐姦剔弊，一時肅然。《杭州府志》

李月桂　遷兩浙都轉運使。時鹽法阻滯，正引不行，衆皆咎肩引，欲更之而不知釐正之法。蓋浙鹽有二大弊：一在山窩，一在水口秤手。紹興路通金華、衢、處，而山窩多在諸暨，若諸暨無窩，則三府路絶而弊清。嘉湖以東皆澤國，凡水口有秤手，預期以待，姦販一至，即爲分市。月桂審知其弊，嚴督胥捕而陰察之，捕役奉行惟謹，弊遂革。《杭州府志》

孫必振　康熙十八年，巡鹽兩浙。精敏有治術，文移訟牒隨至隨決，事不隔宿，盡日乃已。胥吏

不能爲姦，商竈並受其惠。《浙江通志》

成其範　康熙十九年，以御史巡鹽兩浙。斥姦蠹，用老成，禁加派，疏壅引。商、竈兩利，民亦便之。《浙江通志》

李濤　任兩浙都轉運使。剛方正直，悉心以究利弊。利在必興，弊在必革，不少假借。《名宦册》

高熊徵　康熙辛巳，任兩浙都轉運使。官商陋例，概行革除。一切公費，自爲捐解，於正課外不派分毫。前官存引幾八萬，熊徵設法疏銷，一清逋欠，遠近感奮，輸轉自足。疏商恤竈外，更以造士爲亟亟，捐建紫陽别墅，督課諸生，振興文教。《浙江通志》

李衛　雍正初，巡撫浙江。未幾，以總督管巡撫事兼理鹽政、漕運。浙江巡撫之兼鹽、漕，自衛始。衛遇事敢爲，而才足以濟之。時浙商浮費巨萬，衛設法清釐，商無所困。奏請給發帑鹽於各隘口，添設武弁巡役，瀕海引地得以暢銷。建立鹽義倉，爲民積貯。至若丁歸地徵之奏，請允行。尤利賴民竈之大者，修《浙江通志》《鹽法志》《西湖志》，皆有成書。《名宦册》

王鈞　雍正初，爲兩浙鹽法道。時李衛以總督兼理鹽務，鈞與協力整頓，凡恤商惠竈諸政，次第施行。詳定完課之法，浮費悉除。《公舉事實》

嵇曾筠　乾隆元年，以大學士管理浙江總督兼理鹽政。嘗請添設籌鹽，以濟貧難；復議濱海塘埭工程修守事宜，先後舉行，江浙並受其惠。《家傳》

方觀承　巡撫浙江兼理鹽政。首嚴巡緝之法，私梟屏跡，官引疏銷。《家傳》

莊有恭　任浙江巡撫兼理鹽政，居官静鎮，吏民帖然。以浙商資本微薄，請照粤省之例，將鹽課錢糧展至次年歲底造册報銷。奉旨准行。《公舉事實》

德沛　以鎮國府將軍襲封和碩簡親王，總督浙閩兼理鹽政。治尚嚴明，不近苛刻。每謂私梟無

知犯法，須先爲曉諭，俾知儆惕，人服其精。《家傳》

官俸附役食

巡鹽御史　《會典》開載：順治四年，議准在外文職照在京文官按品支給俸銀外，巡鹽歲支薪銀三十六兩。五年，議准奉差官員俸薪銀，照品赴部支領。

門子二名　共工食銀一十二兩　額編海寧州

皁隸十二名　共工食銀七十二兩　額編海寧州

轎、傘、扇夫八名　共工食銀四十八兩　額編鄞縣

鋪兵二名　共工食銀一十二兩　額編杭、寧二府

謹按：巡鹽御史衙門各役色工食，有額編運庫者，有額編府、縣者。其編入運庫者，向在沙地存留項下支銷，已於『課額門』內附載；其編入府、縣者，俱列於此，以備稽覈。

都轉運使　俸銀一百三十兩

門子三名　共工食銀一十八兩　額編平湖、秀水縣

皁隸十二名　共工食銀七十二兩　額編桐鄉縣

快手十二名　共工食銀七十二兩　額編桐鄉縣

聽事吏二名　共工食銀一十二兩　額編秀水縣

庫丁四名　共工食銀二十四兩　額編秀水縣

轎、傘、扇夫七名　共工食銀四十二兩　額編秀水縣

鋪兵二名　共工食銀一十二兩

寧紹、温台分司運副　俸銀八十兩

門子二名　共工食銀一十二兩

皂隸十二名　共工食銀七十二兩

轎夫四名　共工食銀二十四兩

扇、傘夫三名　共工食銀一十八兩

聽事吏一名　工食銀六兩

快手四名　共工食銀二十四兩

鋪兵二名　共工食銀一十二兩

嘉興、松江分司運判　俸銀六十兩

門子二名　共工食銀一十二兩

皂隸十二名　共工食銀七十二兩

快手四名　共工食銀二十四兩

聽事吏一名　工食銀六兩

轎、傘、扇夫七名　共工食銀四十二兩

鋪兵二名　共工食銀一十二兩

運司經歷　俸銀四十五兩

門子一名　工食銀六兩

額編桐鄉縣

額編鄞縣

額編山陰縣

額編山陰縣

額編山陰縣

額編鄞縣

額編鄞縣

額編鄞縣

額編嘉興縣解銀一十二兩

額編嘉善縣解銀四十八兩

額編秀水縣

額編秀水縣

額編秀水縣

額編秀水縣

額編秀水縣

額編海鹽縣

額編海寧州

皁隸六名　共工食銀三十六兩　額編海寧州
馬、扇夫二名　共工食銀一十二兩　額編海寧州
將盈庫大使　俸銀三十一兩五錢二分　額編仁和縣
　加俸銀八兩四錢八分　浙江藩庫支給
皁隸二名　共工食銀一十二兩　額編仁和縣
增設皁隸二名　共工食銀一十二兩　浙江藩庫支給
增設門子一名　工食銀六兩　浙江藩庫支給
增設馬夫一名　工食銀六兩　浙江藩庫支給
杭州批驗所大使　俸銀三十一兩五錢二分　額編富陽縣
　加俸銀八兩四錢八分　浙江藩庫支給
皁隸二名　共工食銀一十二兩　額編富陽縣
增設皁隸二名　共工食銀一十二兩　浙江藩庫支給
增設門子一名　工食銀六兩　浙江藩庫支給
增設馬夫一名　工食銀六兩　浙江藩庫支給
嘉興批驗所大使　俸銀三十一兩五錢二分　額編秀水縣
　加俸銀八兩四錢八分　浙江藩庫支給
皁隸二名　共工食銀一十二兩　額編秀水縣
增設皁隸二名　共工食銀一十二兩　浙江藩庫支給
增設門子一名　工食銀六兩　浙江藩庫支給

增設馬夫一名　工食銀六兩　浙江藩庫支給
紹興批驗所大使　俸銀三十一兩五錢二分　額編山陰縣
加俸銀八兩四錢八分　浙江藩庫支給
皂隸二名　共工食銀一十二兩　額編山陰縣
增設皂隸二名　共工食銀一十二兩　浙江藩庫支給
增設門子一名　工食銀六兩　浙江藩庫支給
增設馬夫一名　工食銀六兩　浙江藩庫支給
松江批驗所大使　俸銀三十一兩五錢二分　額編南匯縣
加俸銀八兩四錢八分　江蘇藩庫支給
皂隸二名　共工食銀一十二兩　額編南匯縣
增設皂隸二名　共工食銀一十二兩　浙江藩庫支給
增設門子一名　工食銀六兩　浙江藩庫支給
增設馬夫一名　工食銀六兩　浙江藩庫支給
仁和場大使　俸銀三十一兩五錢二分　額編仁和縣
加俸銀八兩四錢八分　浙江藩庫支給
皂隸二名　共工食銀一十二兩　額編仁和縣
增設皂隸二名　共工食銀一十二兩　浙江藩庫支給
增設門子一名　工食銀六兩　浙江藩庫支給

增設馬夫一名　工食銀六兩　浙江藩庫支給
許村場大使　俸銀三十一兩五錢二分　額編海寧州
　加俸銀八兩四錢八分　浙江藩庫支給
皂隸二名　共工食銀一十二兩　額編海寧州
增設皂隸二名　共工食銀一十二兩　浙江藩庫支給
增設門子一名　工食銀六兩　浙江藩庫支給
增設馬夫一名　工食銀六兩　浙江藩庫支給
西路場大使　俸銀三十一兩五錢二分　額編海寧州
　加俸銀八兩四錢八分　浙江藩庫支給
皂隸二名　共工食銀一十二兩　額編海寧州
增設皂隸二名　共工食銀一十二兩　浙江藩庫支給
增設門子一名　工食銀六兩　浙江藩庫支給
增設馬夫一名　工食銀六兩　浙江藩庫支給
黃灣場大使　俸銀三十一兩五錢二分　額編海寧州
　加俸銀八兩四錢八分　浙江藩庫支給
皂隸二名　共工食銀一十二兩　額編海寧州
增設皂隸二名　共工食銀一十二兩　浙江藩庫支給
增設門子一名　工食銀六兩　浙江藩庫支給
增設馬夫一名　工食銀六兩　浙江藩庫支給

鮑郎場大使　俸銀三十一兩五錢二分　額編海鹽縣
加俸銀八兩四錢八分　浙江藩庫支給
皂隸二名　共工食銀一十二兩　額編海鹽縣
增設皂隸二名　共工食銀一十二兩　浙江藩庫支給
增設門子一名　工食銀六兩　浙江藩庫支給
增設馬夫一名　工食銀六兩　浙江藩庫支給
海沙場大使　俸銀三十一兩五錢二分　額編海鹽縣
加俸銀八兩四錢八分　浙江藩庫支給
皂隸二名　共工食銀一十二兩　額編海鹽縣
增設皂隸二名　共工食銀一十二兩　浙江藩庫支給
增設門子一名　工食銀六兩　浙江藩庫支給
增設馬夫一名　工食銀六兩　浙江藩庫支給
蘆瀝場大使　俸銀三十一兩五錢二分　額編秀水縣
加俸銀八兩四錢八分　浙江藩庫支給
皂隸二名　共工食銀一十二兩　額編秀水縣
增設皂隸二名　共工食銀一十二兩　浙江藩庫支給
增設門子一名　工食銀六兩　浙江藩庫支給
增設馬夫一名　工食銀六兩　浙江藩庫支給
橫浦場大使　俸銀三十一兩五錢二分　額編秀水縣

加俸銀八兩四錢八分　浙江藩庫支給
皁隸二名　共工食銀一十二兩　額編秀水縣
增設皁隸二名　共工食銀一十二兩　浙江藩庫支給
增設門子一名　工食銀六兩　浙江藩庫支給
增設馬夫一名　工食銀六兩　浙江藩庫支給
浦東場大使　俸銀三十一兩五錢二分　額編金山縣
加俸銀八兩四錢八分　江蘇藩庫支給
皁隸二名　共工食銀一十二兩　額編金山縣
增設皁隸二名　共工食銀一十二兩　浙江藩庫支給
增設門子一名　工食銀六兩　浙江藩庫支給
增設馬夫一名　工食銀六兩　浙江藩庫支給
袁浦場大使　俸銀三十一兩三錢四分九釐六毫　額編華亭縣
加俸銀八兩四錢八分　江蘇藩庫支給
皁隸二名　共工食銀一十二兩九錢二分九釐八毫　額編華亭縣
增設皁隸二名　共工食銀一十二兩　浙江藩庫支給
增設門子一名　工食銀六兩　浙江藩庫支給
增設馬夫一名　工食銀六兩　浙江藩庫支給
青村場大使　俸銀三十一兩五錢二分　額編奉賢縣
加俸銀八兩四錢八分　江蘇藩庫支給

皂隸二名　共工食銀一十二兩九錢六分九釐八毫　額編奉賢縣
增設皂隸二名　共工食銀一十二兩　浙江藩庫支給
增設門子一名　工食銀六兩　浙江藩庫支給
增設馬夫一名　工食銀六兩　浙江藩庫支給
下砂頭場大使　俸銀三十一兩三錢四分九釐六毫　額編南匯縣
加俸銀八兩四錢八分　江蘇藩庫支給
皂隸二名　共工食銀一十二兩　額編南匯縣
增設皂隸二名　共工食銀一十二兩　浙江藩庫支給
增設門子一名　工食銀六兩　浙江藩庫支給
增設馬夫一名　工食銀六兩　浙江藩庫支給
下砂二三場大使　俸銀三十一兩二錢五分　額編金山縣
加俸銀八兩四錢八分　江蘇藩庫支給
皂隸二名　共工食銀一十二兩　額編金山縣
增設皂隸二名　共工食銀一十二兩　浙江藩庫支給
增設門子一名　工食銀六兩　浙江藩庫支給
增設馬夫一名　工食銀六兩　浙江藩庫支給
崇明巡鹽大使　俸銀三十一兩五錢二分　額編崇明縣
加俸銀八兩四錢八分　江蘇藩庫支給
皂隸二名　共工食銀一十二兩　額編崇明縣

增設皂隸二名　共工食銀一十二兩　浙江藩庫支給
增設門子一名　工食銀六兩　浙江藩庫支給
增設馬夫一名　工食銀六兩　浙江藩庫支給
錢清場大使　俸銀三十一兩五錢二分　額編會稽縣
加俸銀八兩四錢八分　浙江藩庫支給
皂隸二名　共工食銀一十二兩　額編會稽縣
增設皂隸二名　共工食銀一十二兩　浙江藩庫支給
增設門子一名　工食銀六兩　浙江藩庫支給
增設馬夫一名　工食銀六兩　浙江藩庫支給
三江場大使　俸銀三十一兩五錢二分　額編會稽縣
加俸銀八兩四錢八分　浙江藩庫支給
皂隸二名　共工食銀一十二兩　額編會稽縣
增設皂隸二名　共工食銀一十二兩　浙江藩庫支給
增設門子一名　工食銀六兩　浙江藩庫支給
增設馬夫一名　工食銀六兩　浙江藩庫支給
東江場大使　俸銀三十一兩五錢二分　額編會稽縣
加俸銀八兩四錢八分　浙江藩庫支給
皂隸二名　共工食銀一十二兩　額編會稽縣
增設皂隸二名　共工食銀一十二兩　浙江藩庫支給

增設門子一名　工食銀六兩　浙江藩庫支給
增設馬夫一名　工食銀六兩　浙江藩庫支給

曹娥場大使　俸銀三十一兩五錢二分　額編會稽縣
加俸銀八兩四錢八分　浙江藩庫支給
皂隸二名　共工食銀一十二兩　額編會稽縣
增設皂隸二名　共工食銀一十二兩　浙江藩庫支給
增設門子一名　工食銀六兩　浙江藩庫支給
增設馬夫一名　工食銀六兩　浙江藩庫支給

金山場大使　俸銀三十一兩五錢二分　額編上虞縣
加俸銀八兩四錢八分　浙江藩庫支給
皂隸二名　共工食銀一十二兩　額編上虞縣
增設皂隸二名　共工食銀一十二兩　浙江藩庫支給
增設門子一名　工食銀六兩　浙江藩庫支給
增設馬夫一名　工食銀六兩　浙江藩庫支給

石堰場大使　俸銀三十一兩五錢二分　額編餘姚縣
加俸銀八兩四錢八分　浙江藩庫支給
皂隸二名　共工食銀一十二兩　額編餘姚縣
增設皂隸二名　共工食銀一十二兩　浙江藩庫支給
增設門子一名　工食銀六兩　浙江藩庫支給

增設馬夫一名　工食銀六兩　浙江藩庫支給
鳴鶴場大使　俸銀三十一兩五錢二分　額編慈谿縣
加俸銀八兩四錢八分　浙江藩庫支給
皂隸二名　共工食銀一十二兩　額編慈谿縣
增設皂隸二名　共工食銀一十二兩　浙江藩庫支給
增設門子一名　工食銀六兩　浙江藩庫支給
增設馬夫一名　工食銀六兩　浙江藩庫支給
清泉場大使　俸銀三十一兩五錢二分　額編鎮海縣
加俸銀八兩四錢八分　浙江藩庫支給
皂隸二名　共工食銀一十二兩　額編鎮海縣
增設皂隸二名　共工食銀一十二兩　浙江藩庫支給
增設門子一名　工食銀六兩　浙江藩庫支給
增設馬夫一名　工食銀六兩　浙江藩庫支給
龍頭場大使　俸銀三十一兩五錢二分　額編鎮海縣
加俸銀八兩四錢八分　浙江藩庫支給
皂隸二名　共工食銀一十二兩　額編鎮海縣
增設皂隸二名　共工食銀一十二兩　浙江藩庫支給
增設門子一名　工食銀六兩　浙江藩庫支給
增設馬夫一名　工食銀六兩　浙江藩庫支給

穿長場大使　俸銀三十一兩五錢二分　額編鎮海縣
加俸銀八兩四錢八分　浙江藩庫支給
皂隸二名　共工食銀一十二兩　額編鎮海縣
增設皂隸二名　共工食銀一十二兩　浙江藩庫支給
增設門子一名　工食銀六兩　浙江藩庫支給
增設馬夫一名　工食銀六兩　浙江藩庫支給
大嵩場大使　俸銀三十一兩五錢二分　額編鎮海縣
加俸銀八兩四錢八分　浙江藩庫支給
皂隸二名　共工食銀一十二兩　額編鎮海縣
增設皂隸二名　共工食銀一十二兩　浙江藩庫支給
增設門子一名　工食銀六兩　浙江藩庫支給
增設馬夫一名　工食銀六兩　浙江藩庫支給
玉泉場大使　俸銀三十一兩五錢二分　額編象山縣
加俸銀八兩四錢八分　浙江藩庫支給
皂隸二名　共工食銀一十二兩　額編象山縣
增設皂隸二名　共工食銀一十二兩　浙江藩庫支給
增設門子一名　工食銀六兩　浙江藩庫支給
增設馬夫一名　工食銀六兩　浙江藩庫支給
長亭場大使　俸銀三十一兩五錢二分　額編寧海縣

加俸銀八兩四錢八分　浙江藩庫支給
皂隸二名　共工食銀一十二兩　額編寧海縣
增設皂隸二名　共工食銀一十二兩　浙江藩庫支給
增設門子一名　工食銀六兩　浙江藩庫支給
增設馬夫一名　工食銀六兩　浙江藩庫支給
黃巖場大使　俸銀三十一兩五錢二分　額編黃巖縣
加俸銀八兩四錢八分　浙江藩庫支給
皂隸二名　共工食銀一十二兩　額編黃巖縣
增設皂隸二名　共工食銀一十二兩　浙江藩庫支給
增設門子一名　工食銀六兩　浙江藩庫支給
增設馬夫一名　工食銀六兩　浙江藩庫支給
杜瀆場大使　俸銀三十一兩五錢二分　額編臨海縣
加俸銀八兩四錢八分　浙江藩庫支給
皂隸二名　共工食銀一十二兩　額編臨海縣
增設皂隸二名　共工食銀一十二兩　浙江藩庫支給
增設門子一名　工食銀六兩　浙江藩庫支給
增設馬夫一名　工食銀六兩　浙江藩庫支給
長林場大使　俸銀三十一兩五錢二分　額編樂清縣
加俸銀八兩四錢八分　浙江藩庫支給

皂隸二名　共工食銀一十二兩　額編樂清縣

增設皂隸二名　共工食銀一十二兩　浙江藩庫支給

增設門子一名　工食銀六兩　浙江藩庫支給

增設馬夫一名　工食銀六兩　浙江藩庫支給

雙穗場大使　俸銀三十一兩五錢二分　額編瑞安縣

加俸銀八兩四錢八分　浙江藩庫支給

皂隸二名　共工食銀一十二兩　額編瑞安縣

增設皂隸二名　共工食銀一十二兩　浙江藩庫支給

增設門子一名　工食銀六兩　浙江藩庫支給

增設馬夫一名　工食銀六兩　浙江藩庫支給

永嘉場大使　俸銀三十一兩五錢二分　額編永嘉縣

加俸銀八兩四錢八分　浙江藩庫支給

皂隸二名　共工食銀一十二兩　額編永嘉縣

增設皂隸二名　共工食銀一十二兩　浙江藩庫支給

增設門子一名　工食銀六兩　浙江藩庫支給

增設馬夫一名　工食銀六兩　浙江藩庫支給

謹按：巡鹽御史暨運司分司及各場所大使養廉銀兩，例於運庫公引等費及引規耗羨各項動支，已詳載『課額門』內。其庫大使一員，於乾隆二年額設佐雜養廉案内聲明，照藩庫大使、税大使、驛丞之例，所得俸薪足資用度，毋庸議給。惟經歷司，每年額設養廉銀六十兩，係在藩庫耗羨項下支給，不入運庫銷款，『課額門』内，無憑開列，附載於此。

《欽定重修兩浙鹽法志》卷二十三終

校勘記

[一] 原書所引典籍多有刪節、變動，非典籍固有文字。今遵原書。遇文字有誤或有歧義處，方予校補。

[二] 『牢盆』後，省略『浮食奇民欲擅斡山海之貨，以致富羨，役利細民。其沮事之議，不可勝聽』。見《漢書》卷二四下《食貨志四下》。

[三] 敢私鬻鹽者　《漢書》卷二四下《食貨志四下》作『敢私鑄鐵器鬻鹽者』。

[四] 錢氏有國時故事　原書闕『時』字。據《宋史》卷三四八《毛漸傳》補。

[五] 兩浙轉運副使　原書闕『副』字。據《宋史》卷二四七《趙子潚傳》改。

[六] 田並太湖者　原書闕『者』字。據《宋史》卷二四七《趙子潚傳》補。

[七] 救荒　原書『救』作『數』，誤。

欽定重修兩浙鹽法志卷二十四　商籍一

自古魚鹽販負之中，傑士間出，而志乘所載，凡名流僑寓，采摭無遺。蓋事因人以著，人附地而傳。况夫盛治涵濡，旁招俊彦，廣作人之化，以砥礪風俗者乎。浙省素稱才藪，其自安徽等屬來浙業鹺者，貿遷既久，許其子弟附近就試，異地之才與土著無殊，此商籍所由立也。於是乎人文蔚起，歲有登進，則科目以紀之；篤行於家，顯名於國，則人物以誌之；貞節可風，清傳彤管，則列女以旌之，皆足備史官訪擇矣。

高宗純皇帝軫念寒畯，特申温諭：『所有商籍學額，毋庸議裁。』是以兩浙寄籍之士，益加奮興輻輳，並進鄉、會獲雋者，殆無虚科，往往有仕至大僚，樹立名節，無負聖朝選賢舉能之意。至若寒門委巷，節矢冰霜，無不彙册報部，得邀旌奬。此所以士習彌敦，民風日懋也與。志商籍。

科目

明嘉靖四十年，兩浙綱商蔣恩等，爲商人子弟有志上進，比照河東運學事例，具呈巡鹽都御史鄢懋卿，批提學道議允行，運司録送，附民籍收考。萬曆二十八年，巡鹽御史葉永盛題稱：淮揚、長蘆等鹽場行鹽商人子弟，俱附籍應試，取有額例，惟兩浙商籍子弟，歲科所取不過二三人而止。浙地瀕海最邇，煮販十倍他所，取數若少，則遺珠可惜。回籍應試，則阻隔爲憂。伏乞聖慈廣作人之化，憫旅寄之勞，敕令在浙行鹽商人子弟，凡歲科，提學使者按臨取士，照杭州府、仁和、錢塘三學之數，另占籍貫，立額存例，庶商籍廣而世無遷業，賦有常經矣。奉旨該部議奏，部議覆允劄行提學道牌行運使編立商籍，録送考取入學。萬曆三十五年，巡鹽御史左宗郢、方大鎮創立崇文、正學兩書院，買置學田，以資膏火，訂期會課，運使、掌印官親爲閲卷，出榜曉諭，以示獎勵。設立崇文會課册籍，頒示條約，載入鹺規。但前後考取雖多，未有定額。

本朝順治十六年，提學僉事谷應泰批行該學查議，據議覆，兩浙商籍向分杭、嘉、紹、温、台、松六所，每所合照小縣例，取入八名。内杭州所爲各商聚集之處，量增二名，共五十名，撥入杭州府學二十名，仁和縣學十五名，錢塘縣學十五名，通詳督撫，達部准行。順治十二年，巡鹽御史祖建明檄行查得學政於州縣正考之外，另試鹽商子弟，蓋念伊父兄挾資遠來，爲國輸將，所以隆優恤之典，廣進取之階。近有素不業鹽之人，冒認商籍，妄冀幸取，是朝廷優恤之盛典，反滋冒濫之弊竇。嗣後，運司考試商童，務查真正掣銷商人子弟，方准報名入册，綱紀商人查確具結後，始許廩生互保進考。如有冒籍、賄結扶同，察出，童生枷號痛懲外，保結廩生移會學道褫革等因。

乾隆二十六年，浙江學政李因培，以浙江商童祇由鹽道考取録送，與各省不符，檄行妥議。鹽道張逢堯議詳，嗣後考試商童照依所分，由該管分司考送本道，再加考試呈送，並請本道衙門與杭府同日考試，兩分司與仁、錢兩縣同日考試，以杜重考之弊。並請於填册時，必須引商親到書押驗明，實係真商子弟，方許報名。甲商具結送試，倘有冒認，惟引商是問等因。

乾隆四十四年，奉上諭：『據王亶望等奏請裁浙省商籍學額一摺，雖應交部議，但思浙省商籍與長蘆、山東不同，該省人文本盛，應試人多本地之人，商籍登進者十居七八，其中人才輩出，頗有用至大僚者。是浙省商籍，即仁、錢士子進身之一途，朕所素知。若一旦全行裁汰，名爲嚴核商籍童生，實則暗減杭城學額，寒畯不免有向隅之歎。朕以爲浙江商籍學額，竟可仍舊辦理。欽此。』九卿遵旨酌議：

嗣後浙江商籍，歲科兩試，取進名額，仍應照舊辦理。其真正商人後裔，與現在領引行鹽之商人子弟，准其一并收考。仍飭令該撫及該學政隨時查察，責成甲商、廩保認識保送，勿滋頂冒影射等弊。至商籍各生，既係附入杭府、仁、錢三學，即與民籍生員無異，亦應仍照舊例，鄉試之年俱令散入民卷，憑文取中，不必另行編立鹵字號。奉旨：『依議，欽此。』

進士

明

隆慶二年戊辰科　羅萬化榜

黄金色　休寧人，仁和籍。官廣西參議道。

隆慶五年辛未科　張元忭榜

汪彦沖　歙縣人，仁和籍。官新淦知縣。

萬曆十一年癸未科　朱國祚榜

程朝京　休寧人，錢塘籍。官泉州守晉漳南副憲。

萬曆三十二年甲辰科　楊守勤榜

汪有功　歙縣人，錢塘籍。官尚寶寺丞。

萬曆四十七年己未科　莊際昌榜

吴麟瑞　休寧人，海鹽籍。官偏沅巡撫。

汪漸磐　休寧人，錢塘籍。山東提學官、兖東兵備道。

天啓二年壬戌科　文震孟榜

吴麟徵　休寧人，海鹽籍。官吏科給事中。

天啓五年乙丑科　余煌榜

吴彦芳　歙縣人，錢塘籍。官御史。一名逵。

崇禎元年戊辰科　劉若宰榜

程近信　休寧人，錢塘籍。官廬陵知縣。

崇禎十年丁丑科　劉同升榜

黄澍　休寧人，錢塘籍。江西道御史、巡按湖廣。本朝，官福建副使。

崇禎十三年庚辰科　魏藻德榜

曹廣　歙縣人，崇德籍。官泉州推官。

崇禎十六年癸未科　楊廷鑒榜

吴聞禮　休寧人，錢塘籍。《浙江通志》作『仁和』。

國朝

順治六年己丑科　劉子壯榜

劉兆元　仁和人。官廣西參議。

方躍龍　於潛人。官臨洮同知。

汪繼昌　歙縣人。官湖廣江防道。　謹按：凡行浙鹽，有由本籍登進者，一并纂入，止載本籍貫址。以下倣此。

順治九年壬辰科 鄒忠倚榜

項景襄 錢塘人。由檢討官兵部侍郎。

吴元石 歙縣人。仁和籍。官江南道御史。改名雯清。

劉廷獻 仁和人。官郎中。

胡文學 歙縣人，浙江籍。官福建道御史。

順治十二年乙未科 史大成榜

徐旭齡 休寧人，錢塘籍。官漕運總督。

順治十五年戊戌科 孫承恩榜

吴鑛 錢塘人。官平樂推官。本名元映。

順治十六年己亥雲貴蕩平恩科 徐元文榜

吴涵 歙縣人，錢塘籍。

順治十八年辛丑科 馬世俊榜

俞甡 餘杭人。官長沙知縣。

康熙三年甲辰科 嚴我斯榜

汪肇衍 黟縣人，錢塘籍。官編修。本名兆連。

程萬鐘

康熙六年丁未科 繆彤榜

汪溥勳 歙縣人。

康熙十二年癸丑科 韓菼榜

汪鶴孫　歙縣人，錢塘籍。選庶吉士。

黄士塤　休寧人，石門籍。官編修。

許翼權　仁和人。官户部員外。本姓祝。

康熙十五年丙辰科　彭定求榜

潘沐　仁和人。官編修。

康熙二十一年壬戌科　蔡升元榜

汪兆堪　休寧人，錢塘籍。官内閣中書。

康熙二十四年乙丑科　陸肯堂榜

汪煜　錢塘人，黄巖籍。

康熙三十年辛未科　戴有祺榜

戴紱　休寧人，烏程籍。官編修。

祝翼模　海寧人。

康熙三十九年庚辰科　汪繹榜

吴之錡　仁和人。官禮部主事。

鮑夔　歙縣人，錢塘籍。官内閣中書。

金樟　休寧人，桐鄉籍。

康熙四十二年癸未科　王式丹榜

吴連　仁和籍，常山人。選庶吉士。

吴煐　錢塘人。官福建興化同知。

祝安國　海寧人。官知縣。

祝詒　海寧人。

康熙四十五年丙戌科　王雲錦榜

洪勛

康熙四十八年己丑科　趙熊詔榜

吴筠　歙縣人，仁和籍。官潞城知縣。

何景雲　仁和人。官嘉興教授。

吴觀域　錢塘人。官臺灣知縣。

康熙五十一年壬辰科　王世琛榜

汪泰來　錢塘人。官廣東潮州同知。

康熙五十二年癸巳　聖祖仁皇帝六旬萬壽恩科　王敬銘榜

江發　休寧人，烏程籍。官内閣中書。

康熙五十七年戊戌科　汪應銓榜

戴洪磁　錢塘人。官涇陽知縣。

康熙六十年辛丑科鄧鍾岳榜

姚之駰　錢塘人。官御史。

雍正元年癸卯世宗憲皇帝登極恩科　于振榜

戴永椿　歸安人，錢塘籍。官江蘇按察使。

周炎　仁和人。官大理寺卿。

雍正二年甲辰科　陳悳華榜

汪由敦　休寧人，錢塘籍。官吏部尚書協辦大學士。謚文端。

胡兟　仁和人。官狄道知縣。

雍正八年庚戌科　周澍榜

裘肇煦　仁和人。官編修。

汪宏禧　錢塘人。官江西贛州知府。

孫灝　錢塘人。官通政使。

汪振甲　錢塘人。官桐城知縣。

陳兆崙　錢塘人。見博學鴻詞科。

戴章甫　仁和人。官御史。

倪國連　仁和人。由編修歷官吏科給事中。

吴嗣爵　錢塘人。官吏部侍郎。

吴煒　歙縣人，仁和籍。官光禄寺卿。

吴華孫　歙縣人。官編修河南學政。

乾隆元年丙辰高宗純皇帝登極恩科　金德瑛榜

金德瑛　休寧人，仁和籍。一甲第一名，官左都御史。

朝隆二年丁巳科　于敏中榜

胡際泰　仁和人。庚戌，會試中式，補殿試。官雲南昭通同知。

蔡應彪　仁和人。官貴州布政使。

乾隆四年己未科　莊有恭榜

吴嗣富　錢塘人。官編修、陝西廣東學政。

乾隆七年壬戌科　金甡榜

金廉　仁和人。

乾隆十年乙丑科　錢維城榜

王際華　錢塘人。一甲第三名，官户部尚書。謚文莊。

薛芝　仁和人。官翰林。

顧灦　仁和人。官御史。本姓陳。

吴毅　歙縣人，仁和籍。官内閣中書。

湯萼聯　仁和人。官御史。

乾隆十三年戊辰科　梁國治榜

吴綬詔　歙縣人。官順天府尹。

葉世度　仁和人。選庶吉士，改知縣。

胡夢檜　錢塘人。官廣東惠州知府。

乾隆十六年辛未科　吴鴻榜

葉藩　仁和人。官廣東廉州知府。

柯一騰　仁和人，改名蘭墀。官户部郎中。

吴坦　錢塘人。官泰興知縣。

胡廷槐　仁和人。官黄岡知縣。

朱家濂　錢塘人。官河南光州知州。

乾隆十七年壬申孝聖憲皇后六旬萬壽恩科　秦大士榜

鄭鴻撰　錢塘人。官工科給事中。

柴緝生　仁和人。官藍田知縣。

龔同　仁和人。官刑部郎中。

乾隆十九年甲戌科　莊培因榜

倪承寬　仁和人。一甲第三名。歷官禮部侍郎，降復，官至太僕寺卿。

汪永錫　歙縣人，錢塘籍。官内閣學士兼禮部侍郎。

金忠濟　休寧人，仁和籍。官遂平知縣。

乾隆二十二年丁丑科　蔡以臺榜

汪新　仁和人。官湖北巡撫。

何璠　仁和人。官上林知縣。

朱芫會　歙縣人。官福建汀漳道。

戴文燈　休寧人，歸安籍。官禮部員外郎。

乾隆二十五年庚辰科　畢沅榜

汪獻芝　仁和人。官湖廣道御史。

程之章　仁和人。官雲南知州。

陳開基　錢塘人。官房縣知縣。

乾隆二十六年辛巳孝聖憲皇后七旬萬壽恩科　王杰榜

陳嵩年　錢塘人。官廣東惠州知府。

陳嘉謨　錢塘人。官福建延建邵道。

陳鳳舉　錢塘人。官寶雞知縣。

徐紹鑒　錢塘人。官舒城知縣。

黄騰達　休寧人，仁和籍。官給事中。

乾隆二十八年癸未科　秦大成榜

湯萼棠　仁和人。官江西吉南贛寧道。

楊嗣曾　海寧人。官福建巡撫。復姓徐。

戴璐　休寧人，歸安籍。官太僕寺正卿，現左遷鴻臚寺少卿。

乾隆三十一年丙戌科　張書勳榜

陳昌圖　仁和人。官直隸通永道。

孫志祖　仁和人。官御史。

范栻　錢塘人。官户部員外。

金潔　休寧人，仁和籍。官禮部主客司主事。

余集　仁和人。薦舉纂修《四庫全書》，授編修，官侍講學士。

乾隆三十四年己丑科　陳初哲榜

王邦治　錢塘人。丙戌會試中式，補殿試。

鮑錕　仁和人，丙戌會試中式，補殿試。官廣東南雄知府。

金敬身　仁和人。官雲南楚雄知府，陞迤南道。本姓龔。

汪有仁　錢塘人。現官陝西巡撫。復姓陸。

潘奕雋　歙縣人，錢塘籍，改入吴縣籍。官主事。

乾隆三十六年辛卯孝聖憲皇后八旬萬壽恩科　黄軒榜

黄軒　休寧人。一甲第一名。官四川川東道。贈按察使銜。

吴覃詔　歙縣人。選庶吉士。

乾隆三十七年壬辰科　金榜榜

沈孫連　錢塘人。御史。

王照　歙縣人，仁和籍。官知縣。

章煦　錢塘人。現官太僕寺少卿。

景江錦　仁和人，官廣東潮州知府。

乾隆四十年乙未科　吴錫齡榜

許烺　錢塘人。官編修，改官内閣中書。

姚天成　仁和人。薦修《通鑑綱目三編》，授中書，官江西糧道。復姓張，名姚成。

諸以謙　仁和人。現官河南候補知府。

汪元望　錢塘人。

俞甡　仁和人。官紹興教授。

乾隆四十三年戊戌科　戴衢亨榜

蔡廷衡　仁和人。一甲第二名。現官甘肅蘭州道。

吴璥　錢塘人。現官南河總督、加太子少保銜。

湯誥　錢塘人。現官衡山知縣。
吴一騏　仁和人。官吏部主事。
江清　仁和人。
乾隆四十五年庚子高宗純皇帝七旬萬壽恩科　汪如洋榜
吴蔚光　休寧人，昭文籍。選庶吉士，改禮部主事。
吴棠　錢塘人。
乾隆四十六年辛丑科　錢棨榜
汪世雋　錢塘人。現官湖州府教授。
王朝梧　錢塘人。現官山東登州知府。
蔡共武　仁和人。現官廣東雷瓊道。
程嘉謨　歙縣人。現官編修。
乾隆四十九年甲辰科　茹棻榜
孫大椿　仁和人。官上饒知縣。
潘奕藻　歙縣人，吴縣籍。選庶吉士，改刑部主事，洊陞郎中。
乾隆五十二年丁未科　史致光榜
朱鈺　錢塘人。現官新建知縣。
朱承寵　歙縣人。現官禮部郎中。
乾隆五十五年庚戌高宗純皇帝八旬萬壽恩科　石韞玉榜
朱文翰　歙縣人。中式第一名。現官刑部郎中。

乾隆五十八年癸丑科 潘世恩榜

潘世恩　歙縣人,吴縣籍。一甲第一名。現官禮部侍郎。

仲瑚　仁和人。現官河源知縣。

乾隆六十年乙卯科 王以銜榜

潘世璜　歙縣人,吴縣籍。一甲第三名。授編修,改主事。

陳琪　仁和人。官詹事府詹事。

韓文綺　仁和人。癸丑會試中式,補殿試。現官刑部主事。

孫錫　仁和人。現官光化知縣。

嘉慶元年丙辰恩科 趙文楷榜

沈學厚　錢塘人。現官編修。

嘉慶四年己未科 姚文田榜

湯金釗　蕭山人,錢塘籍。現官編修。

王嘉景　歙縣人,錢塘籍。即用知縣。原名繼旦。

陸言　錢塘人。現官編修。

鮑桂星　歙縣人,現官編修。

嘉慶六年辛酉恩科 顧皋榜

黄暹　仁和人。

顧鏌　仁和人。現官内閣中書。

詔舉博學鴻詞科

陳兆崙　乾隆丙辰科，授檢討。歷官太僕寺卿。

會試副榜

趙吉士　順治辛丑科。休寧人，仁和籍。官户科給事中，降補國子監學正。

明通榜

康熙三年，停止會試副榜。雍正五年，有下第舉人，文理明通，特用教職之論，膺是選者，時謂之『明通榜』。乾隆三十四年，有選用中書、學正之論，膺是選者，時謂之『中正榜』

方顯　乾隆甲戌科。錢塘人。官廣東同知。

戴文燈　乾隆甲戌科。見進士

中正榜

龔禔身　乾隆己丑科中書。

汪日章　乾隆壬辰科中書。黟縣人，錢塘籍。現官江蘇布政使。

吴熊光　乾隆壬辰科中書。休寧人，昭文籍。現官兩湖總督。

沈恩湛　乾隆壬辰科中書。

吴垣　學正。

葉茭　中書。原名芝。

舉人

明

嘉靖三十七戊午科

劉維藩　錢塘人。官東流知縣。

隆慶元年丁卯科

黄金色　見進士

凌雲鵬　休寧人，杭州籍。官貴州都匀知府。

隆慶四年庚午科

汪彦沖　順天中式。見進士

萬曆元年癸酉科

程朝京　見進士

萬曆四年丙子科

程元瑜　歙縣人。

萬曆七年己卯科

李萬春　休寧人，浙江籍。官洛容知縣。

萬曆十六年戊子科

黄日升　歙縣人，錢塘籍。順天中式。

萬曆三十二年甲午科

汪有功　應天中式。見進士

萬曆二十五年丁酉科

黄公敏　歙縣人，昌化籍。官甘肅平涼同知。

萬曆二十八年庚子科

吴伯銘　休寧人，嘉興籍。

萬曆三十四年丙午科

吴逵　見進士　一名彦芳，《浙江省志》作「芳」。

萬曆三十七年己酉科

吴中良　休寧人，浙江籍。《杭州府志》載府學。

萬曆四十年壬子科

朱濟之

程近信　見進士

萬曆四十六年戊午科

汪漸磐　見進士

吴麟瑞　見進士

吳麟徵　見進士

天啓元年辛酉科

潘文燦　歙縣人，錢塘籍。

朱稷　山陰人。

天啓四年甲子科

孫調元　休寧人，錢塘籍。

天啓七年丁卯科

畢崇道　歙縣人，杭州籍。一名宗道。

崇禎三年庚午科

吳汝寧　休寧人，官龍游教諭。

崇禎六年癸酉科

汪有道　仁和人。

查繼佐　海寧人，官兵部郎中。

祝淵　海寧人。

崇禎九年丙子科

黃澍　見進士

劉廷獻　歙縣人，仁和籍。

崇禎十二年己卯科

吳山濤　歙縣人，杭州籍。

吴聞禮　見進士

曹廣　見進士

汪渢　錢塘人。

崇禎十五年壬午科

王維蕃　歙縣人，浙江籍。《徽州府志》作『維藩』。

查繼甲　海寧人。

程章　休寧人，仁和籍。官青浦知縣。

國朝

順治三年丙戌科

劉兆元　見進士

黄光壽　休寧人，仁和籍。官湖北安陸同知。

方躍龍　見進士

順治五年戊子科

吴涵　見進士

汪繼昌　見進士

順治八年辛卯科

吴元石　見進士

趙吉士　見會試副榜

程光禋　休寧人，錢塘籍。官石門知縣。《杭州府志》作『歙縣人，天門知縣』。

朱士綬　休寧人，錢塘籍。官河南陝州知州。改名鎔。

徐旭齡　見進士

鮑經綸　歙縣人，錢塘籍。官鞏昌知縣。

汪逢年　休寧人，錢塘籍。

方日章　於潛人。

胡文學　見進士

順治十一年甲午科

程暹　休寧人，仁和籍。

俞甡　見進士

吴鑛　見進士　本名元映。

順治十四年丁酉科

汪兆連　見進士　改名肇衍。

汪溥勳　見進士

查學詩　海寧人。順天中式。

順治十七年庚子科

鄭吉士　歙縣人，仁和籍。官教諭。

潘沐　見進士

程霖　休寧人，錢塘籍。

康熙二年癸卯科

吴觀恒　仁和人。官義烏教諭。

何恭錫　錢塘人。官知縣。

程萬鍾

康熙五年丙午科

黄士塤　見進士

許翼權　見進士

康熙八年己酉科　是年，恩詔浙江加中額十名。

張玲　歙縣人，仁和籍。官定海教諭。《杭州府志》作『張坽』。

汪鶴孫　見進士

康熙十一年壬子科

汪以澄　休寧人，仁和籍。官户部郎中。

康熙十四年乙卯科

程斯敏　休寧人，仁和籍。《杭州府志》作『陳』。

許用光　仁和人，海鹽籍。

康熙十六年丁巳科

胡德邁　歙縣人，寧波籍。官御史。

鮑夔　見進士

陳培　休寧人。

汪士秀　黟縣人，錢塘籍。官長寧知縣。《徽州府志》作『琇』。

孫名佐　海寧人。

楊聯蕚　仁和人。

戴紱　見進士

康熙十七年戊午科

汪煜　見進士

汪麟孫　歙縣人，錢塘籍。官石門教諭。

汪兆堪　見進士

吴之錡　見進士

祝翼恒　海寧人。

康熙二十三年甲子科

祝棻　海寧人。

吴燿　仁和人。

程鑣　休寧人，仁和籍。官御史。

趙景行　休寧人，仁和籍。順天中式，官内閣中書。《徽州府志》作『丁卯科』。

康熙二十六年丁卯科

程揚

程兆鵬　休寧人，松江籍。中式第一名。榜姓張。

康熙二十九年庚午科

吴筠　中式第一名。見進士

祝翼模　見進士

康熙三十二年癸酉科

許觀光

康熙三十五年丙子科

祝安國　見進士

戴晉　休寧人。

吴煐　見進士

洪勛　見進士

康熙三十八年己卯科

金樟　休寧人，桐鄉籍。

吴連　見進士

康熙四十一年壬午科

吴國鏕　仁和人。

曹士瑋　錢塘人。順天中式，官思明同知。

祝詒　見進士

王連　仁和人。

康熙四十四年乙酉科

程希畏　歙縣人，仁和籍。官内閣中書。

唐德培　錢塘人。官嘉興教諭。

江發　見進士

康熙四十七年戊子科

何景雲　見進士

姚之駰　《五經》中式。見進士

吴觀域　見進士

汪繼燝

汪楷　休寧人，錢塘籍。

周炎　見進士　榜姓唐。

康熙五十年辛卯科

戴永椿　見進士

仇邦楷　錢塘人。

汪泰來　順天中式。見進士

康熙五十二年癸巳聖祖仁皇帝六旬萬壽恩科

周灝　仁和人。

江倫　錢塘人。官筠連知縣。

康熙五十三年甲午科

汪坤　仁和人，官内閣中書。

倪國連　見進士

康熙五十六年丁酉科

戴洪樾　順天中式。見進士

汪元文　歸安人，錢塘籍。順天中式。

康熙五十九年庚子科

汪振甲　見進士

汪龍甲　錢塘人。

吴問郯　錢塘人。官通州知州。

汪銓　錢塘人。

程餘慶　錢塘人。官蓬溪知縣。

汪援甲　錢塘人。官絳縣知縣。

吴日章　杭州人。

吴焯　見進士

雍正元年癸卯世宗憲皇帝登極恩科

朱徽　杭州人。官教諭。

汪金城

汪由敦　見進士

王瀛洲　錢塘人。官鄞縣教諭。

胡銑　見進士

戴永樸　休寧人，烏程籍。官寧化知縣。

雍正二年甲辰科

吴邦熉 仁和人。

姚之駰 杭州人。

江作楫

汪徐堅

孫灝 見進士

陳兆崙 見進士及博學鴻詞科

雍正四年丙午科

汪宏禧 見進士

戴炳 休寧人，歸安籍。官彭水知縣。

方琦 歙縣人，海寧籍。官崑山教諭。

戴章甫 見進士

裘肇煦 見進士

金德瑛 順天中式。見進士

吴華孫 順天中式。見進士

雍正七年己酉科

吴嗣爵 見進士

殳聞望 錢塘人。

吴嗣富 見進士

胡際泰　見進士

陳兆崑　錢塘人。官内閣中書。

雍正十年壬子科

顧鼎元　仁和人。

戴永植　休寧人，歸安籍。官龍陽知縣，薦舉鴻博。

雍正十三年乙卯科

徐寅　錢塘人。

顧之俊　錢塘人。

倪承寬　見進士

錢在培　仁和人。官内閣中書。

乾隆元年丙辰高宗純皇帝登極恩科

吴紫滄　仁和人。

吴瑋　歙縣人，仁和籍。官欽天監博士。

周越　杭州人。

諸克任　錢塘人。官寧波教授。

蔡應彪　見進士

乾隆三年戊午科

王際華　見進士

金廉　見進士

顧瀜　見進士

吴坦　見進士

吴國鍔　歙縣人，錢塘籍。官内閣中書。

顧光　仁和人。官廣東廣州知府。

程燾　仁和人。官湖北巡撫。

葉宏鎬　錢塘人。

汪鼎金　見進士

金三品　仁和人。

江錦　仁和人。

柯一騰　見進士

周元理　仁和人。官兵部尚書。

黄士台　休寧人。錢塘籍。

乾隆六年辛酉科

陳廷訓　仁和人。

吴綬詔　見進士

薛芝　見進士

胡夢檜　見進士

沈仁　仁和人。

乾隆九年甲子科

方顯　見明通榜

金德炎　錢塘人。官朝邑知縣。改名嘉炎。

吴毅　見進士

湯萼聯　見進士

葉庠榴　仁和人。官訓導。

戴文燈　見進士

乾隆十二年丁卯科

陳德星　杭州人。官膚施知縣。

錢鴻寶　仁和人。

周昱　錢塘人。《五經》中式。官彭水知縣。

葉世度　見進士

金潔　見進士

吴倓　杭州人。

吴槐　杭州人。官内閣中書。

乾隆十五年庚午科

葉能　仁和人，官來鳳知縣。

闕邦幹　錢塘人。官宣城知縣。

朱家濂　見進士

吴岑　錢塘人。

金中濟　見進士
汪永錫　見進士
葉藩　見進士
汪鼎　杭州人。
張衡　錢塘人。官黄巖教諭。
柴緝生　見進士
李蒔　錢塘人。官長沙知縣。
王大榮　歙縣人。官内閣中書。
胡廷槐　仁和人。見進士
項廷模　錢塘人。順天中式，官翰林院待詔。

乾隆十六年辛未南巡召試一等，欽賜舉人，授内閣中書

陳鴻寶　仁和人。官兵科給事中。

乾隆十七年壬申孝聖憲皇后六旬萬壽恩科

周澍　杭州人。
徐紹鑑　見進士
江曛　仁和人。
龔同　見進士
吴恩詔　歙縣人。官浙江寧紹台道。
袁灊　杭州人。官中書。改名匡肅。

董綱　錢塘人。

吴兆魁　仁和人。

何璠　見進士

汪新　《五經》中式。　見進士

吴墉　錢塘人。官福建泉州知府。

吴愈　錢塘人。

邵遐齡　杭州人。

朱宏　錢塘人。

項範年　錢塘人，大興籍。

乾隆十八年癸酉科

葉誠　仁和人。

汪士通　黟縣人。官蕭山知縣。

汪鋐　杭州人。

程之章　見進士

周雋　仁和人。

湯蕚棠　見進士

張文濤　杭州人。

余昂霄　仁和人。官密縣知縣。

江衡　杭州人。順天中式。

乾隆二十一年丙子科

楊嗣曾　見進士

汪又銓　歙縣人，仁和籍，改名得稻。

吴珍　杭州人。

張槎　杭州人。

李英　仁和人。官江蘇海門同知。

許操　錢塘人。官碭山知縣。改名慎。

吴增　杭州人。

宋景濂　錢塘人。順天中式。

孫志祖　見進士

朱芫星　歙縣人。官直隸清河道。

朱芫會　見進士

楊夢槎　無錫人，仁和籍。官酆都知縣。

乾隆二十四年己卯科

吴寧　杭州人。官甘肅知縣。

施謀　仁和人。官如臯知縣。

范栻　見進士

陳開基　見進士

施鳳起　仁和人。官江山訓導。

王檀　錢塘人。

楊金蘭　杭州人。

王仕昇　仁和人。官知縣。

吴荃　錢塘人。官盧氏知縣。本姓殳。

葉莊　仁和人。官平魯知縣。

周世沐　杭州人。官嵊縣訓導。

錢夢日　錢塘人。官富民知縣。

陳嘉謨　見進士

金敬身　見進士

姚日煜　杭州人。

汪獻芝　順天中式。見進士

吴灝　順天中式。見進士

乾隆二十五年庚辰 孝聖憲皇后七旬萬壽恩科

葉芝　仁和人。官内閣中書。改名茭。

黄騰達　見進士

繆國　錢塘人。官嘉興教諭。改名景僑。

陳鳳舉　見進士

陳獻亨　杭州人。

周成瀅　錢塘人。官鳳翔知縣。

王邦治　見進士

吴垣　仁和人。官内閣中書。本姓湯。

吴獻　錢塘人。

吴莘　仁和人。官教諭。本姓時。

王照　見進士

洪棣　杭州人。

吴山秀　錢塘人。

林清　杭州人。官武義教諭。

戴宗基　休寧人，歸安籍。

陳嵩年　見進士

周鼎　仁和人。順天中式。官上蔡知縣。

乾隆二十七年壬午科

余集　見進士

陳昌圖　見進士

俞派　錢塘人。官教諭。

吴原泉　杭州人。

龔禔身　仁和人。官内閣中書。

盧建其　仁和人。官太谷知縣。

姚天成　見進士

汪葶　歙縣人，湖州籍。官慈谿教諭。
潘奕雋　見進士
項豐　仁和人。
吴覃詔　見進士
乾隆三十年乙酉科
陸飛　仁和人。中式第一名。
胡堂　錢塘人。官廣西桂林同知。
吴衡　錢塘人。
宋震　錢塘人。
陳嵇　錢塘人。
郁芬　錢塘人。
鮑錕　見進士
陳庭松　仁和人。
方槐　杭州人。
蔣元慰　杭州人。
嚴誠　杭州人。
朱奎元　仁和人。官德清訓導。復姓嵇。
潘奕藻　見進士
汪日章　順天中式。見中正榜。

項陛勳　錢塘人。順天中式。官樂清訓導。

乾隆三十三年戊子科

王新　杭州人。

程玉樹　仁和人。官興國知縣。

汪有仁　見進士

徐邵棠　仁和人。官福建知縣。

沈恩湛　錢塘人。官内閣中書。

胡斐年　杭州人。

葉長發　杭州人。

項郁青　錢塘人。本姓毛。

許泰孚　杭州人。

王樂　杭州人。

錢萬卷　杭州人。

王錦雋　仁和人。

許烺　山東中式。見進士

吴熊光　順天中式。見中正榜

乾隆三十五年庚寅孝聖憲皇后八旬萬壽恩科

盧潮生　仁和人。中式第一名。

王大復　杭州人。官湖北知縣。

黄國鈞　仁和人。

汪廷錫　杭州人。

陳燦　錢塘人。

姚廷璣　仁和人。官無極知縣。

嚴果　仁和人。

汪國昌　杭州人。

吴玉墀　錢塘人。官貴州平越知州。

許封　杭州人。官豐縣知縣。本姓馮。

楊浚明　錢塘人。順天中式。

乾隆三十六年辛卯科

章煦　見進士

景江錦　見進士

舒毓楓　仁和人。官陽曲知縣。

諸以謙　見進士

汪立本　仁和人。

孫澧　仁和人。

沈孫連　見進士

姚穀方　仁和人。

汪本銘　休寧人。仁和籍。

俞甡　見進士

施燾　錢塘人。

乾隆三十九年甲午科

湯誥　見進士

汪元望　見進士

許煥　歙縣人，錢塘籍。官鳳陽教諭。

江清　見進士

高時翔　錢塘人

吴汝霖　錢塘人

陳人驥　仁和人。官四川知縣。

孫傳曾　仁和人。

朱鈺　順天中式。　見進士

乾隆四十一年丙申東巡召試，欽賜舉人内閣中書

蔡廷衡　見進士

萬年　仁和人。官江西知縣。復姓蔡。

乾隆四十二年丁酉科

吴一騏　中式第一名。　見進士

戴檀　仁和人。

李三晉　仁和人。官直隸同知。

倪金　仁和人。

莫滙　錢塘人。

徐霖　錢塘人。官博平知縣。

俞理　錢塘人。

朱世經　杭州人。

汪本莊　仁和人。

吴瑠　順天中式。見進士

程嘉謨　順天中式。見進士

金棨　休寧人。江南中式。

乾隆四十四年己亥 高宗純皇帝七旬萬壽恩科

唐瀛洲　仁和人。

汪日荽　黟縣人，杭州籍。官雲南晉寧知州。

孫大椿　見進士

吴棠　見進士

朱元炳　仁和人。

戴道亨　仁和人。

沈升霳　仁和人。

張藻　仁和人。

乾隆四十五年庚子科

汪人憲　仁和人。中式第一名。現官起居注主事。

汪世雋　見進士

武清　錢塘人。

孫錫　見進士

范崇龍　錢塘人。

王學增　海寧人。

王大經　仁和人。

陳日壽　仁和人。官榆次知縣。

汪日永　黟縣人，錢塘籍。

吴和　錢塘人。

蔡共武　見進士

湯愷　仁和人。官上海知縣。改名燾。

朱上林　錢塘人。官天長知縣。

南巡召試，欽賜舉人内閣中書

沈颺　仁和人。官福建臺灣知府。

朱文翰　見進士

乾隆四十八年癸卯科

陳錦　杭州人。中式第一名。

許嗣榛　仁和人。

趙士霖　錢塘人。

薛然　仁和人。

吴昇　錢塘人。官四川天全知州。

宋澧　錢塘人。

王晉錫　錢塘人。

温厚　錢塘人。

張國華　錢塘人。

吴炎　仁和人。

吴一騂　仁和人。

孫詩鑑　錢塘人。

汪步蟾　仁和人。

張浙　錢塘人。現官知縣。

殳芳　錢塘人。

陳閑　仁和人。官知縣。

朱袞　錢塘人。官雲和教諭。改名湘。

汪三益　仁和人。

朱蔭槐　錢塘人。官知縣。

戴福基　休寧人，歸安籍。現官教諭。

吴家仁　杭州人。欽賜舉人。

乾隆四十九年甲辰，南巡召試，欽賜舉人內閣中書

程振甲　歙縣人。官吏部文選司員外郎。

朱承寵　見進士

乾隆五十一年丙午科

韓文綺　中式第一名。　見進士

吳壽照　杭州人。

許翀　杭州人。

黄元震　仁和人。

吳荀龍　杭州人。

陳懷　仁和人。官歸安訓導。

余光治　杭州人。

趙蒔蘭　杭州人。

宋璘　仁和人。

錢浚　杭州人。

張巽　仁和人。官教諭。

金順之　錢塘人。

項本立　錢塘人。

陸炳　仁和人。

陳琪　順天中式。　見進士

朱繩　歙縣人。江南中式。

汪農　仁和人。欽賜舉人，候選主事。

乾隆五十三年戊申科

孫晉寧　杭州人。

趙藟　錢塘人。

沈念祖　仁和人。

吴蕊甲　歙縣人，杭州籍。

王廣業　錢塘人。

范燾　杭州人。

乾隆五十四年己酉　高宗純皇帝八旬萬壽恩科

金孝枏　休寧人，仁和籍。現官國子監博士。

姚夢石　杭州人。官教諭。

姚思勤　杭州人。

吴鴻逵　仁和人。官教諭。

朱光烈　仁和人。

黄暹　見進士

周戴崧　仁和人。

朱淞　杭州人。

王武錫　錢塘人。

王繼旦　見進士
孫紹培　錢塘人。
陳修可　錢塘人。
潘世璜　江南中式。見進士
黃光烺　休寧人，仁和籍。順天中式。
金宜　休寧人，大興籍。順天中式。

乾隆五十七年壬子科

鄭城　杭州人。
顧鏞　杭州人。
仲瑚　見進士
吴一騋　仁和人。
汪阜　錢塘人。
朱杰　錢塘人。
范世程　錢塘人。
金潤生　錢塘人。官批驗大使。
范景福　杭州人。
潘世恩　江南中式。見進士
鮑桂星　順天中式。見進士
黃灝　嘉興人。

乾隆五十九年甲寅恩科

湯金釗　中式第一名。　見進士

吴淯　杭州人。

金梁　杭州人。

華繩武　杭州人

黄應培　仁和人。

汪效伯　歙縣人，仁和籍。

金謹身　錢塘人。

章堃　錢塘人。

汪諴　錢塘人。現官刑部主事。

韓文顯　仁和人。現官内閣中書。

金孝槐　休寧人，嘉興籍。

魯興　杭州人。

殳夔龍　杭州人。

范會　杭州人。

乾隆六十年乙卯恩科

陳之堂　杭州人。

朱希望　杭州人。

徐學理　仁和人。

程肇祺　仁和人。

陸蕖　仁和人。現官内閣中書。

顧鍈　見進士

黄鈞　錢塘人。

陳大臨　錢塘人。改名大咸。

項杜　杭州人。順天中式。

朱繼登　改名廷慶。

馮官慶　杭州人。

桂開文　順天中式。

嘉慶元年詔舉孝廉方正

邵志純　仁和人。

翁名濂　仁和人。

陳振鷺　錢塘人。

楊秉初　海寧人。

嘉慶三年戊午科

張倫　杭州人。

馮徵　杭州人。

吴衡照　杭州人。

朱福年　錢塘人。

戴福　仁和人。

舒華　仁和人。復姓沈。

陸言　見進士

王肇璜　錢塘人。

陳琨　杭州人。

鮑曾榑　錢塘人。

江鳳彝　錢塘人。順天中式。

葉以倌　錢塘人。順天中式。

戴鼎恒　休寧人，歸安籍。順天中式。

嘉慶五年庚申恩科

吴林　杭州人。

諸嘉樂　杭州人。

闞國華　杭州人。

錢福林　仁和人。

金孝儀　休寧人，仁和籍。

汪世銓　休寧人，錢塘籍。

王組　錢塘人。改名縉。

許柯　仁和人。

金玉　歙縣人，仁和籍。改名式玉。

汪連　仁和人。

魯友芝　錢塘人。

程志堅　仁和人，宛平籍。

金衍宗　休寧人，嘉興籍。

朱慶揚　休寧人，大興籍。

朱世濬

嘉慶六年辛酉科

陳岱　錢塘人。中式第一名。

王大堃　杭州人。

金世福　錢塘人。

王崇本　杭州人。

胡敬　仁和人。

聞人經　仁和人。

朱憲曾　仁和人。

孫蘭枝　仁和人。

武進士

明

崇禎十六年癸未科

黄賡

吴棠

國朝

順治十八年辛丑科

王之策 仁和人。

汪賡

康熙三年甲辰

汪亢宗 杭州人。

趙靖士

胡璋 安慶人。

康熙九年庚戌科

戴晉侯 錢塘人。

胡守恩

胡國瑛

康熙十二年癸丑科

吴兆龍

王廷瑚　杭州人，官副將。

康熙十八年己未科

程文琦

康熙三十年辛未科

汪志灝

汪志永

康熙四十二年癸未科

葛寅

康熙五十一年壬辰科

王機

康熙五十二年癸巳　聖祖仁皇帝六旬萬壽恩科

葉芬

康熙五十七年戊戌科

王德純

李世勳

乾隆三十一年丙戌科

何俊　錢塘人。官福建福寧鎮總兵。

武舉人

明

萬曆四十六年戊午科

鄭翔

崇禎三年庚午科

項對明　歙縣人，浙江籍。

崇禎九年丙子科

吴之哲　錢塘人。

崇禎十二年己卯科

黄長文

黄志升　錢塘人。

許昌

崇禎十五年壬午科

吴棠　錢塘人。中式第一名。

汪俊傑

黄賡　見進士

程世芳

黄猷振　休寧人，浙江籍。

國朝

順治五年戊子科

程士然　錢塘人。

順治十一年甲午科

賀若弼　仁和人。官平山衛千總。

姚瑛

順治十四年丁酉科

王之策　見進士

畢成龍

順治十七年庚子科

汪賡　見進士

戴超　仁和人。

康熙二年癸卯科

汪亢宗　見進士

吴時懋　杭州人。

趙靖士　見進士

戴晉侯　見進士

胡璋　見進士

王晌　歙縣人。

康熙五年丙午科

胡守恩　見進士

吴士雄

康熙八年己酉科

吴浤　休寧人。

吴檀　錢塘人。

程釧　錢塘人。

程遠

胡國瑛　見進士

項逢琳

康熙十一年壬子科

王廷瑚　見進士

吴自道

吴修年

吴兆龍　見進士

康熙十四年乙卯科

吴士貞　杭州人。

吴全斌　仁和人。

張祖良　錢塘人。

程文琦　見進士

康熙十七年戊午科

胡士毅　錢塘人。

王廷璟　錢塘人。

王效忠　仁和人。

康熙二十年辛酉科

汪志灝　見進士

吴之熊

康熙二十三年甲子科

程之棟　錢塘人。

康熙二十六年丁卯科

汪志永　見進士

查莘　婺源人，錢塘籍。

康熙二十九年庚午科

吴士坤　杭州人。

宋朝誥　婺源人，錢塘籍。

吴蕃　杭州人。

康熙三十五年丙子科

吴世正

葛寅　見進士

吴豐年　錢塘人。

康熙三十八年己卯科

李國器　錢塘人。

葛宸　錢塘人。

黄浤

胡天恒

康熙四十四年乙酉科

黄揆臣

葉芬　見進士

康熙四十七年戊子科

江祐　仁和人。

康熙五十年辛卯科

葉棠　錢塘人。

王德純　見進士

王機　見進士

汪圻　仁和人。

康熙五十二年癸巳　聖祖仁皇帝六旬萬壽恩科

吴元忠　杭州人。

康熙五十三年甲午科

汪煌　杭州人。

吴之杞

康熙五十六年丁酉科

王維松　錢塘人。

李世勳　見進士

康熙五十九年庚子科

鄭信　仁和人。

雍正元年癸卯　世宗憲皇帝登極恩科

徐世道

吴士　錢塘人。

葉樞　錢塘人。

鄭仁　杭州人。

汪家坤　錢塘人。

雍正四年丙午科

王嗣武　錢塘人。

張應虎　杭州人。

江煦　錢塘人。

雍正十年壬子科

朱慶來　錢塘人。

乾隆元年丙辰　高宗純皇帝登極恩科

朱仁

乾隆二十七年壬午科

何俊　見進士

乾隆四十八年癸卯科

王廷煜　仁和人。

貢選

汪汝祺	汪象乾	范與良	葉長春
汪兆璋	查函	范旒	趙端
孫允成	汪齡	吴來周	戴晃
潘景文	汪時英	汪旦	胡日佐
朱從達	汪于翰	倪璠	吴淙
汪兆瑚	汪天炳	葉菁	汪纘烈

吴琛　朱昱　潘景暉　汪天樞
吴有文　王廷璧　葉世寵　汪熢
曹鷗南　汪志道　汪躍　汪體仁
汪行義　潘兆鼎　汪于高　汪紳文
程德登　程學濤　吴觀陛　吴日燧
許天章　徐紹安　戴宸　徐以誠
沈恩治

以上恩貢

程德昌　吴爾昇　汪蕙(原名璽)　王祚葵
程大豫　程旭　胡連　許穗
曹揆文　戴芝　汪文樫　吴華孫
吴瑋　汪端　袁果　潘本智
陳鴻壽　胡敬

以上拔貢

鄭俠如　何萃　汪光被　汪璋
朱奎　趙景徹　黄棐　查魏旭
吴寬　王瀛　李昌祺　吴晉錫
戴永樹　張奇生　王世顯　范普
戴雲倚　譚之峻　潘翔佑　沈景熹

方塘　汪應榮　吴淦　周肇乾
諸以敦　許第　黄篁　陳五典
吴坤　吴虞　張慶　吴秉之
楊勛　孫綸　王文藻　魏正詩
王爲霖　殳夔龍　魏正紀　朱福年
鮑桂星　姚銓　方霽　吴景
沈邦基　程廷楫　吴存楷

以上副貢

朱萬祚　王公廉　吴夢鼎　王維新
程廷誥　徐如珩　程期昌　葉一生
葉敏芳　余九佐　趙文煃　程鴻賓
汪定國　程最昌　曹序　汪文楨
曹肩吾　汪培錫　葉蕚　汪玥
汪樾生　戴璁　吴炳　江以貫
汪宷　汪于藩　吴嘉謨　吴世楷
金學洙　倪瑞錫　吴也魯　曹坤柄
吴澄　汪曾垣　程世楷　程隆基
程葵　吴祖謙　吴吉文　程斯敦
吴嘉　吴甲偉　程名高　汪圭錫

汪光緯　汪作賓　胡桂　吳錀
汪守湜　方光燦　汪天榑　程之彬
汪世敦　程學源　余文濟　朱禧
汪健師　倪儔　葉廣元　孫文錫
汪清泰　黃寵　程琮　吳遠謨
汪立名　汪肇聯　鄭學成　程文郜
江之巒　江殿桂　曹景　汪煒麟
江以楫　朱鶴年　鮑球　謝琨成
程其成　汪廷桓　孫蘭　倪珖
汪鎮　汪浚　姚廷傑　宋春暉
汪廷對　吳國銘　葉世寧　葉世宸
朱明倫　汪廷英　吳陛楫　汪掄柱
汪守徵　汪汲　吳崟　汪志宸
沈壎　王鳴鳳　汪汾　汪廷元
吳焯　吳烇　吳瑞增　許浩
汪建封　曹德潤　汪爲熹　張琨
吳元鉽　金栻　張大成　汪應昌
王德清　胡深　汪崑琇　汪天樹
葉松　姚嘉會　吳椿　吳一椿

吴國鋐　汪泰寧　汪緯辰　汪鳴瑞
汪綜辰　江正衡　仲蘊檠　金銑
徐元杜　高繩武　卓屺瞻　程鵬
段元鈞　王廷佐　陳振鷺　趙學謙
姜汾　宋龍光　吴山曉　吴同瑢
沈廷璉　程韶　顧寧倫　何琸
顧星　闞洵　吴亨　劉華
許天然　陸鍈　鄭沅　袁觀海
姚椿　趙學敏　朱喬　朱有信
朱綺　朱福慶　吴一宏

以上歲貢

楊憲　吕相本　鮑倚雲　沈颸
朱鈺　陳琪　王武錫　王仁
孫邦治

以上優貢

《欽定重修兩浙鹽法志》卷二十四終

欽定重修兩浙鹽法志卷二十五　商籍二

人物

明

黄金色　字鍊之，休寧人，仁和籍。隆慶戊辰進士，授晉江令。敦教化，厚風俗，預籌海防巨寇，曾一本以戢。再任德興令，多惠政，陞南京户部主事。以嚴正不阿權相罷歸。逾年，起南京禮部祠曹，值大旱，具疏以純心格天爲言，得俞旨。又疏陳六事：曰緩刑辟、寬逋負、慎起用、明學術、開言路、嚴修省。因忤貴近，移疾歸。久之，起南比部郎，歷廣西參議道。著有《四書述説》《性鑑蒙求》等書。《休寧縣志》

程朝京　字元直，休寧人，錢塘籍。萬曆癸未進士，授江西鄱陽令。邑多逋賦，京立《週知實徵》二册，課遂如額。靖難時，廷尉胡閏殉節，坐戍者數十家，已歷二百餘年，未得釋。京按籍除之，且祠廷尉於芝山。歲大饑，損贖鍰二千金，畀富民市穀，分十二區平糶，存活甚衆。陶丁乘饑倡亂，鑿鵲湖之礦，推藍芳威爲首，聚衆六千，一夕建寨三百餘所。京悉令居民、保甲、團守，率丁壯去鵲湖一舍而陣，賊勢窘，遂降。京力言芳威於上官，貸死戍邊，後卒爲名將。舉卓異，授南刑部主政，晉禮部郎，擢泉州守。乞養歸，母病，衣不解帶，没，廬墓三載。服闋，補永平守，時税璫方熾，京議以他費充税，毋擾民。璫聚黨將爲變，京悉鋤之。因灣水運天津糧至闕家口，省輓輸數倍，晉漳南憲副。《休寧縣志》

汪有功　字祖倩，歙人，錢塘籍。萬曆甲辰進士，宰蒲圻。值水災，力請折減，設蠲賦法，民便之。尋入南臺，疏十餘上，如勸青宫講學；劾巨璫亂閩當誅；藩宦不當僭祭孝陵與不便蘆田管業；及張差肆逆，危及國本，當會訊，窮治其姦。俱切中時弊。按江南，捐贖鍰二萬餘。以論張差事，忌者乘間中以危法，尋得白，擢行人司副，陞尚寶寺丞。《歙縣志》

汪翥　字彦初，歙人。萬曆乙卯，舉於鄉。上邊策，特賜進士。歷任遼左至總兵，緣剿高麗，駐兵覺華島。天啓初，閣部孫承宗經略遼東，委翥司陶事，築寧遠城，後與經略議不合，棄職歸隱錢塘之安溪山。及方一藻代經略，迫起之，加都督同知，賜蟒玉。師駐松山，兵寡糧盡，力守歲餘，城陷死之。子僑，字思古，甫十二齡。尋收父骸，遍歷險阻，九死一生，得之戰場中，遂奉母同載歸。里人咸謂父忠子孝云。《錢塘縣志》

汪漸磐　字石臣，休寧人，浙籍。萬曆己未進士，令高要，邑當兩廣之衝，殫力拊循，嚴馭吏，寬治民，六年課第一。時魏璫用事，引病去。嗣晉儀曹，陞山東督學僉事，主貢選。及丙子鄉試，所拔皆寒畯。時考天下學臣，績又第一，遷兖東兵備道。磐究心理學，受業於龍溪王畿。所至，正文體，端士習。著《尚書宗印》《宋賢事彙》行世。《休寧縣志》

吴麟徵　字聖生，休寧人，海鹽籍。萬曆戊午，登浙江榜，壬戌，成進士。歷任吏科給事中，剛直不阿，嘗面折首輔於朝。李自成犯京師，徵守西直門，城陷，自縊守所。皇清賜謚『貞肅』。《浙江省志》

汪汝吉　歙人。總角時，父貿易江淮間，二十年不歸。吉長日念父，悲號白其母曰：『兒不見父，何以爲人。』遂泣別出門，逾越險阻，足跡幾遍天下，凡窮鄉僻壤，無不密爲諮訪。越二十年，遇父於蜀之瀘江，奉以歸里。時父年七十餘，母猶存，吉年亦五十矣。形容枯瘠，鬚髮俱白，家人不識也。舊《志》

吴麟瑞　字思玉。萬曆進士，任常州府推官。一切豪右繩之以法，疏剔白糧織造諸弊，以蘇民困。妖人葉朗生、馬道人煽惑吴越間，瑞計擒亂首，誅之。歷任參政，分巡九江，流寇擾江、楚，駐節袁州，作《瞽論》萬言，極陳時政之弊，不得達，告歸。尋起，偏沅巡撫。時三楚已陷，瑞破産募勇士，束裝就道，適兵部奏裁沅撫，遂回籍。後聞弟麟徵殉難，痛哭得疾，作自祭文而卒。《浙江省志》

程元瑜　歙人。萬曆丙子，舉於鄉，授溧陽教諭，署縣事。值歲旱，瑜步禱烈日中，暑氣鬱蒸，遂遘疾，卒。贈縣令。其曾姪孫川編集遺文十餘卷行世。舊《志》

葉應元　字仁伯。原籍新安，徙武林，爲郡庠生。註《易解》闡《連山》《歸藏》之微，發王弼、管輅所未發。講學授徒，髣髴鵝湖、鹿洞。有司屢徵辟，不起。《錢塘縣志》

吴日慎　歙人。專精理學，著有《周易本義翼》。巡撫張伯行上其書，《御纂周易折中》多采其説。從祀朱子，學者稱爲『敬庵先生』。舊《志》

汪文演　字以道，號賓石。萬曆時，中官高時夏奏加浙江鹽税，演上書御史葉永盛，得免歲徵十五萬。又與同邑吴雲鳳興商籍，如河東、兩淮例，歲收俊士如額，建崇文書院以祀朱子，而立十八州縣配引行鹽之法，課源不匱，至今賴焉。同邑潘景升爲作傳，華亭董其昌書。舊《志》

汪汝謙　字然明。歙叢睦人。萬曆丙子貢生。年十三而孤，嶄然如成人，事母捧手肅容，視氣聽聲，七十年如一日。於諸兄姊同仁均愛，從無間言。收族三黨，婚嫁、葬埋及緩急叩門，無不應。善屬文，有《春星堂文集》《夢草軒詩集》《雙青閣法帖》行世。業鹽桐江，急公辦課，杜絶私販，桐民至今賴

之。子孫曾元以科第世其家，稱望族云。舊《志》

吴元滇　字澄甫。自歙徙錢塘，精醫。萬曆間，浙大疫，隨父道川，施藥療治，日活多人。事繼母至孝，女弟少寡無依，養之終身。故人程某負課千金，久繫獄，滇代償之。崇禎庚辰，歲大饑，滇出槖金，糴米五百斛，散給親友與同郡王道焜、雲間陳繼儒、嘉定黄淳耀交契。官光禄寺署丞。壽八十一。舊《志》

程紹文　字闇然，號鶴峰。歙西塘人。總角時，以孝行稱。年十二，補博士弟子員，中天啓辛酉副榜。講《易》於西湖，與同里汪汝謙發明義理。時鹾使葉永盛創立商籍，紹文偕汪文演、吴雲鳳等建崇文書院。著有《鶴鳴集》《程子類纂》等書。《浙江省志》

吴文清　字元鑑。父岷泉慕神仙，遠遊不歸，文清年十四，告母尋父。裹糧歷諸省會，險阻備嘗，卒從中州物色得之，相抱痛哭，堅請歸里，色養終身。有司屢辟不起。後清病，子宏模割股祈代。康熙甲子，模子燿，舉孝廉。《錢塘縣志》

宋應祥　家貧有志操。客池陽旅舍，得練囊於稿薦間，貯二百五十金，祥止三宿不去。有許邦偉者，偕其弟邦佐踉蹌來問主人遺金，主人詳之，許欲赴水死。祥得實還之，許以半爲酬，堅不受，同舍義之。子承武，好學能文，力葬三世，恩撫五甥。《浙江省志》

吴晅，字宜中。生有至性，年十二，父紹昌以貢赴闕，中途疾發，卒於舟中。櫬歸，晅徒跣哀號，一慟幾絶。事母備極孝養，年五十不改。孺慕居憂服闋，遇諱日，輒易服涕泣如新喪。叔紹達無子，晅以禮當繼孫，乃以次子籀出嗣，復經紀其兩世喪葬獅子峰下，後自營葬即祔其傍，曰：『吾以此慰叔父心也。』以明經授分水教諭，年八十七。子筠，康熙庚午解元，己丑成進士。舊《志》

汪尚廣　字大中，號思苓。歙人。勇於從義。時歙河淤塞，廣請於官，首倡疏濬，歙人至今賴之。

少保胡宗憲以平倭功遭讒，罷祀，廣論復之。先是，廣祖誠義，因賦役繁重，有免徵之請，有司不能行，里中尤苦絲税。廣控於大司農，奏悉平之。郡守董石表其廬曰『世德重光』。來遊武林，開商籍，濬運河，立義倉，修道路。執政上其事於朝，予爵一級。事詳《陶望齡集》。董其昌、黄汝亨、陳繼儒各有傳。舊《志》

吴之龍，字雪門。歙人。生有異姿，治《春秋》，八歲完《三傳》，落筆成章。長遊武林，從學使葛寅亮講學湖南，業日益進。屢蹶棘闈，遂絶意進取。謁選，得光禄丞，與米友石、劉半舫諸人日倡和，還隱西湖，結竹閣社，四方詞人歸之。《錢塘縣志》

汪文華　字君實。歙庠生。性至孝，母殁，廬墓三年，哀毁骨立，遂得疾，尋卒。父衡，字南嶽，業浙鹺數十年，人咸服其公直。鄉人有欲棄産者，嘗與其值，而不收其業，誠慷慨慕義人也。舊《志》

吴憲　自新安來錢塘。初，試額未有商籍，業鹺之家艱於原籍應試，憲因與同邑汪文演力請臺使設立商籍，上疏，報可。至今歲，科如民籍例，科第不絶，皆憲之倡也。教子醇謹，深得王衪命名之意，四子俱壽至九十餘。人咸謂吴氏有隱德云。浙省郡縣各《志》

汪之琦　字奇玉。休寧人。爲錢塘諸生，著作甚富。精岐黄，於鹺務尤諳練，一時業鹺者争相延致，決疑問難，掀髯立辨，人服其才。崇文書院舫課之會，與諸友創始，實首壇坫。有《雞窗尺牘》行世。子岳，字岳如，積學能文，入海寧庠，著《舒嘯嘗集》。舊《志》

吴鳳翔　歙人。崇禎時，由商籍入仁庠。潔清自矢，劇愛黄山、西湖、焦嵓諸勝，日持一杖，掛一瓢，任意往來。有所作，即投瓢中，自號『天瓢子』。族子昌集其文，名曰《天瓢集》。舊《志》

吴敏惠　休寧人。業鹺來杭，建城東土橋新壩，費萬金，不貲，商民均利。至今，土人猶稱爲『吴公新壩』。舊《志》

國朝

吴夢鼎　字仲鎮，休寧人。補杭郡庠生，由庚辰歲貢，舉賢良方正。順治二年，浙撫張純仁知其才，委攝蘭谿縣事。時窄溪土寇竊發，捍禦力竭罵賊，不屈死之。《錢塘縣志》

汪用成　字克賢，號濟懷。歙人。少以孝友稱，年十四，家中落，嘗從百里外負米養親，每漏盡出，至次日漏下歸，罕有知者。過婺州南門，拾一布囊，啓視，皆黄白，伺其人還之。迄今，八詠樓前猶豔稱其事。明末，奉母避跡山陰，時風鶴交警，逆旅中，凡寢處、服御以及甘旨之供，一如平時，尤人所難。魯藩强召再三，佯狂不就。因著有《狂吟集》。舊《志》

吴山濤　字岱觀。崇禎己卯舉於鄉，三任學博，授陝西成縣令。彈丸小邑，且當兵燹殘破後，錢糧協濟極爲民累，抵任，力請題改，邑人戴之。任二年致仕，投老湖山，嘯歌自得。書法秀逸，自成一家，兼善作畫，爲世所珍。出關日，賦《西塞詩》三十首，因自號『塞翁』。年八十七，無疾終。《錢塘縣志》

程光禋　字奕先，新安人，寄籍錢塘。順治辛卯，舉於鄉。生平孝友醇謹，出宰湖廣石門縣，清廉惠愛，一時翕然。有召杜稱三逆叛，殉難官署。舊《志》

鮑經綸　字欽生。歙人，業鹾，寄籍錢塘。順治辛卯舉人，授陝西鞏昌令。叢山劇邑，民番雜處，前任以逋賦累於官者六人。壬子秋，淫雨不止，綸單騎三赴皋蘭，泣陳其事，始得蠲賦額，鄰封四邑亦得邀赦，竟以勞瘁卒於官。白陽閭井等户各建祠，祀之，番人哀悼之，聲聞數百里。《錢塘縣志》

趙吉士　字天羽，號恒夫，休寧人。順治辛丑會試，副榜，任山西交城令。地僻而險，明末群盜踞其中，吉士至縣，即閲武於郭南，申明保甲、團練之法，奉檄進剿。先日，置酒張樂；越宿，復邀賓從，翦燭賦詩；夜半，送客出郭，即疾行四十里，饗士卒於水泉灘，進葫蘆川，據三坐崖，賊皆驚逸，獲渠魁數十餘黨，悉降。又開高離山，通水道，溉田十萬餘頃。治邑五載，凡修學宫、立義倉，次第具舉。又罰贖，令種柳於清源文水間，延袤四十里，夾道垂蔭，民號曰『趙公柳』。巡撫上其績，徵爲户部郎，旋授户科。慷慨直言，凡民情疾苦，條晰無遺。後以著述終老。《寄園奏疏》外，有《交山平寇》四卷、《音韻正訛》四卷、詩詞數十卷。年七十九卒。《錢塘縣志》

胡文學　字道南，歙人。順治壬辰進士，任真定府推官。時巨寇高鼎據恒之西山絶頂並代、絳、晉俱騷動，文學一意招撫，鼎率衆出降。擢福建道御史，出按兩淮鹽法，輯《鹽政通考》，著《淮鹺本論》，内陞京堂需次歸。康熙十年，召赴京師，至濟上，以疾歸，卒。《浙江省志》

項景襄　字去浮。錢塘人。順治壬辰進士，由檢討歷官至兵部右侍郎。景襄在翰林究心掌故，及副兵樞參密勿，毅然有爲。時烽燧雖息，而瘡痏未平，定謀決策，天下想望其丰采。己未夏，刑部疏請改五流之例，應徙邊者，無論遠近，戍烏喇。景襄力争，曰：『五流，非死法也。今戍烏喇，即無生理。』卒從景襄言。山東瀕海，多捕魚爲業，巡撫議：凡駕大航出洋者，罪以通海。景襄曰：『山東與内海不同。江浙海寬無礁，易泊；山東一望蒼茫，無艤舟地。且沿海，業許民捕捉，船許容二百石，海船非篷桅不可行。今姦吏乃以此羅織愚民，設陷阱而殺之乎？』由是皆免，遂著爲例。時聽贖難民有以病棄中途者，親屬以爲請，有司勿敢從，咨兵部。景襄曰：『旋師棄俘必待部文始聽，歸則遷延月日，其人已死矣。請令有司核實，遣歸不必申部。至如温、台百姓三十九家，來京贖其子女，既有印結，是良民，即宜放還，不當取其身價。』其遇事，敢言如此。卒，賜祭葬。《錢塘縣志》

吴雯清　字魚山，號方漣，歙人。順治壬辰進士，授潯州司李。時粤西初闢，官無廨舍，結茅而居。案牘中有大疑滯，訊鞫立剖。會峒寇薄城下，民驚竄，清堅守不爲動，城賴以全。未幾，寇引兵窺潯，兩臺將剿之，清不可，單騎入賊壘，曉以大義，寇皆懾服來降。兩臺交章薦之，召爲江南道御史。

疏請慎重民牧，禁邪教，造督捕獄舍，並得俞旨。所著有《寒潯吟》《星槎草聞見録》行世。《歙縣志》

徐旭齡　號敬庵，休寧人，錢塘籍。由順治乙未進士，歷官總漕。潔己愛民，多惠政，卒於官。諭賜祭葬，謚『清獻』。先世居玉山，父一鴻徙家錢塘，仍授徒於故里。順治戊子，山賊竊發，鴻被害。辛卯，齡往求父屍，走邑之四都，長號於途，夕暝遇樵人止宿，爲言：『曾識鴻，當求之西村管平山中。』是夜，夢父攜示屍所，且曰：『問之毛廿八。』齡即戴星往，有一嫗見之，曰：『君非徐先生子耶？先生被害於魯家倉。』齡拜之，復行，風雹大作，齡慟哭絶亹，間有虎突躍過，不爲害。忽見童子跨牛背而歌，齡叩之，引入茅舍。一父老出，齡曰：『丈人非毛廿八乎？』父老驚駭，告以故，乃指空林間土微掩處，齡恍惚如夢所見，急齧指，血沁之，即解衣裹骨而歸。鄉人奇其事，有繪《徐孺子負骨圖》者。《杭州府志》

汪之蕚，字亹庵，歙人。母病，中夜泣拜於庭，刲股肉二寸投藥以進，母即愈。後寓婁東，父病劇，倉卒歸，誤入盜艘。蕚終夜號泣，盜憫其孝，舍之，盡奪其囊篋而去。惟篋有一硯爲父所珍，蕚乞還硯，盜擲之草間。比歸父殁，葬南屏山。蕚廬墓終身，遂殁墓所。長子于翰，能文章，有聲庠序。家世業鹺，有蘇松瀕海票地，崇禎十四年，蕚議請建所，陞課增引，並設官署。翰承先志，於康熙七年赴部呈請，一如前議，額銷至九萬餘。與弟翼雲、于高、于藩一堂聚處，兄友弟恭，食口四百餘人，共一囷庖。家庭禮讓，肅若朝典。仕至内閣中書。舊《志》

汪士嵋　字仲修，歙人，補錢邑庠。少有大志，每以忠孝自期。康熙甲寅，耿逆之變，獻平閩八策，和碩康親王留侍軍中，劄委同知。乙卯夏，隨王師進討，克復永康、縉雲等縣，時被掠子女哭聲載道，嵋具啓親王，盡得遺歸。是年九月，奉親王諭，入閩招撫，爲逆党曾養性、祖宏勳所執，慘毒備加，駡賊以死。崇祀鄉賢。《錢塘縣志》

江之崑　字玉鄰。歙人，業鹺常山縣。康熙甲寅夏，閩逆亂賊帥吴安邦入城，崑被擒，罵賊不屈，賊怒欲殺之，子世晟求代父死，同日被戮。崑妻張氏、長媳曹氏欲自盡，孫女如娟大呼曰：『請先母死，無取辱。』曹先勒殺之，二氏遂自縊。忠孝節烈，備於一門。《常山縣志》

吴瑗　字伯玉。性孝友，好學能文。當魏閹竊柄，海内競建生祠，謀侵瑗父所建考亭書院地，瑗毅然拒之。生平不好釋氏，嘗曰：『人不思聖賢，至老畏死，則口作異域語，以求懺悔，殊可鄙也。』順治間，子爌以進士仕粤西，瑗諄諄以公明平恕勖之。兄弟四人俱九十餘歲，晚居湖上，不入城市，人稱一門四皓云。《錢塘縣志》

吴琦　字稚圭。明崇禎時，大司馬閔夢得薦賢良方正，授别駕，謝，不應。天性純摯，鍵户讀書，手不釋卷。著《尚書翼註》行世。與其兄瑗、弟璠、炎年並登九十，里人爲繪《商山四皓圖》以贶之。《仁和縣志》

吴璠　字子璵。父憲疾革，璠刲股以進。居母喪，泣血三年，目爲失明。康熙甲寅，值閩變，鄰郡子女多被俘掠，璠傾家資代贖，完其父子、夫婦者幾千人。又，杭會四方雜處，多客死、無所歸者，璠創悲智社，劇金斂之，歲率爲常。臺使者歷旌其門。年九十三，以壽終。《錢塘縣志》

吴名溢　字我匏。崇禎間，補錢邑諸生。時婁東、甬上諸名宿，舟車絡繹，皆主其家。鼎革時，棄舉子業，不復出。兩喪皆廬墓。著《喪禮註》。晚年，構藥園於城東，與嚴沆、查繼佐、柴紹炳、關鍵、丁文策、袁于令、祁豸佳、吴山濤輩，觴詠其中，有《藥園盍簪集》，查繼佐序之。明季，文體詭變，尚諸子雜説、仙釋語録，溢沉酣六經，闡發實義，作《麟經詮解》《考三傳互異》，折衷諸家，著《春秋詳註》。卒，年七十六。《錢塘縣志》

戴大受　字與可，號華琳。嗜古力學，凡諸子百家，無不博覽，尤精研五經傳註，務爲窮理之學，於《性理》一書，尤鉤元探奧。因喟然曰：『聖賢之道，聖賢之心也。聖賢之心，亦即吾心也。』自少至老，每十載輒成一書，皆手自編輯。其已刻行世者，曰《世寶録》《醒心録》《蓄德録》，蓋集古嘉言懿行，而品節之，多與人爲善之意。其老年剩草，皆發舒胸次所得。《錢塘縣志》。次子尚友，天性孝友，嘗辟一圃爲色養地，昆弟終身無間言。三子，尚霦以孝友重於鄉，一生禮法自持，與其兄並以耆德稱。孫儒冠仁庠，洪磁成進士，任陝西安定縣，有循聲，題改涇陽縣。舊《志》

汪勸　原名起龍，字匡治，號岵庵。歙人。補杭郡諸生，中崇禎壬午科副榜。博洽多聞，下筆千言立就。順治戊子，江右萑苻竊發，接壤徽郡，四境剽掠，勸詣閫帥，乞師掩捕，帥發卒千人擒治，里中獲安。勸供芻糧，具牛酒，師猝至，餉犒不移時而備，帥深器之。父遭誣，逋賦動以千計，勸挺身獨任，不以累弟姪。晚事母，孺慕猶若嬰兒。他如宏推解、賙貧乏、矜意氣、重然諾，皆其天性然也。孫泰來，乙酉召試，充武英殿纂修；壬辰，成進士，官潮州司馬。舊《志》

鄭吉士　字有章，歙人。少孤力學，年二十，中順治庚子鄉試。數上春官，不第，就教職。初任桐鄉，殫心訓迪，暇輒棹小舟就各村鎮，集生童而校之。改衢州教授，所陶淑者甚衆，陞四川樂至令。蜀殘破既久，墾荒者多占土民已熟之産，因匿糧，故爲所占。吉士令其自首完賦，遂爲定，業民便焉。上官聞之，檄行通省，准是爲法。以年老乞休。著有《敝篋詩存》數十卷。舊《志》

朱恒孚　字子鶴。年十四，刲臂肉以療父疾。明季歲歉，嘗佐父襄賑里中，樂善不倦。同懷七人友愛，至老，嘗推己宅讓其兄，又仿《蘇氏族譜》、范氏義田，立省墓法，儀文器具畢備，侍御顧豹文爲文，以表其事。舊《志》

吴文翰　字元濬。篤志力學，幾失明，補郡庠生。未幾，入龍泫山，著書自娱，時與方外爲蓮社，游登山，賦詩寄託高遠。郡守嵇宗孟思見不得，乃屏車徒就山中訪之，相見寒暄外，無一語及時事，嵇

大嘆服而去。《錢塘縣志》

吴紹昌　字有聲。歙人，寓錢塘。屢中副車。稟性孝友，與人交不苟合，尤欲以禮處人。有故人子來謁，不拜，紹昌責之，曰：『吾父執也。』命之拜，改容而接之。同里有負人多金者，迫歲除，欲死，紹昌急以金授之，曰：『金易耳，何至輕生耶？』其好義類如此。郡邑各《志》

江廷光　字大紳。歙人，祖業鹺，遂居杭。時值中落，父世楠客崖州卒，光奔喪赴崖，適父柩爲海水漂没，光沿海濱哭尋三晝夜，見沙際一棺，驗得題記，一慟嘔血數升，力疾徒步，扶櫬悲號，中途嘔血不起。有僧見而憐之，納其父柩於庵，且爲斂焉。舊《志》

吴以鍈　字在梵。幼孤，與伯兄竭力事母，以孝友聞。鼎革後，隱居，教授生徒，不求仕進。家藏書數千卷，手定丹黄，凡有裨於世道人心者，鈔集成編，名《迪德録》，徵士吴農祥爲之序。《錢塘縣志》

汪鳴瑞　字旃來，號白史。歙人。九歲能詩，讀書通大義。國初，隨父渡錢塘，主光禄徐二采家。總戎方國安來，呼瑞拜，不應；鎮萲將軍朱大典至，則逾階拜之。光禄叱童子不知禮，趣之去。更呼問之，對曰：『忠邪兩途，不敢妄拜。』未幾，土寇竊發，購瑞父甚急，時瑞父匿壁間，賊竟持瑞去。瑞笑，紿之曰：『惜吾父往杭，若在此，肯令若擒我耶？』賊信其言，乃得釋。年十二，補仁和諸生，聲稱籍甚，與叔用嘉有『大小汪』之目。事親孝，色養七十年。讀禮之日，不改孺慕。先是，浙撫陳秉直徵宏博科，金鋐舉賢良，粤撫金聲桓辟廣州州倅，俱以親老，辭不就，卒以明經老。兩浙商籍入學無定額，瑞陳學政，遂定其數。運使高熊徵開紫陽别墅，課在籍諸生，瑞力贊成之。甲寅之警，濱海歲供不辦，瑞挾策上書，全活甚衆。著有《然石草》十六卷、《程墨青來》選本行世。善書，尤工飛白。手書格言八則，訓子健師、晉師。卒年七十三。舊《志》

程光祖　字香升。食餼仁庠。生平敦孝友，古樸自處，力學善書。居家不求贏餘，毋許子孫矜言

祖業，以修脯膳寡嫂、寡侄媳，請表雙節，得沐恩旌。舊《志》

汪之涵　字偉生。新安人。順治初，以才望與薦辟，當得縣令，謝不應。授餘杭訓導，捐葺學宮，請廣入學額。侍郎嚴沆稱其端規礪俗，有安定之風；紳士爲勒石明倫堂以頌之。未幾，歸家，著書自娱。年八十餘卒。錢塘、餘杭各《志》

吴秋　字雁市。十歲能詩，立志不肯下人，已乃見章淇，遂驚，禮曰：『是吾師也。』淇於古文則師昌黎，於詩則師孟郊、盧仝，而秋獨創爲生割排奡之調，跳蕩自喜。康熙甲寅，由閩入粤，時耿逆未平，所善友爲亂兵所縛，徒步千里往救之，轉客沅湘間，歸，疾作且卒。歎曰：『吾死，無繼吾爲詩古文者。』《錢塘縣志》

汪用嘉　字南炎，號蠖亭。歙人，隨父來浙，補紹郡諸生。嗜古好學，於書無所不讀，尤邃於《周易》。性至孝，藉脩脯以供甘旨，怡然色養，年四十，會母喪，泣血三年，哀毁成疾，瀕死者再。乃棄舉子業，隱居授徒，發明先儒《性理》諸書奥旨，從游者日衆。生平持己端方，而不忤於物。後游京師，時錢塘黄機爲大宗伯，甬江史大成爲大司成，皆布衣，交勸留京師，嘉不應。南歸，著有《借山樓詩文集》《十二律方員圖》《大易廣互圖》《大易兒訓》等書。舊《志》

吴維楨　字左廷。隨父名溢授經，名溢名噪復社，維楨以總角從。遭歲歉，輟業，年十六，事居，積奉養二親，垂白同孺慕。年六十餘，遭母喪，哀毁骨立，與弟嘉枚同室居，女兄貧，迎養於家，終其身。性伉直，不屑屑與人寒温，及人有急難，輒推解排救不少靳，事已，無德色。尤篤族誼，方閩逆倡亂，民間子女被俘，楨捐千金倡贖，事聞，制府李之芳深獎異焉。以子炳官，封國子監學正。壽八十有六。《錢塘縣志》

汪宗縉　字元宰，號静庵。黟人。少嗜學，隨父徙杭。父殁，縉盡出己資以與弟。時值歲歉，施粟潮鳴寺，全活甚衆。浙撫范承謨修築官塘，創助多金；衆建崇文書院，捐資獨先。至於疏引緝私，有關國計諸務，當事皆諮訪焉。年八十一，以子肇衍官，封奉直大夫，崇祀鄉賢。舊《志》

葉生　字又生，號作庵。歙人，仁和籍。少孤貧好學，入深山，鍵户十年不出山。中積雪兼旬，生自炊糜，讀書不輟，以明經薦爲温州訓導，設立學規，集六邑諸生而課其藝。不期年，士風丕變，温士請於學使者，從祀名宦。著有《麗宗簡存》《因是録》《最古園》《臯嘯集》等書行世。《杭州府志》

吴日紅　字旭初，號慎齋。休寧人。天性孝友，歲時，食物必先奉其親，親食始食。母病，刲臂肉和藥以進，病稍痊，後復不起。日紅哀痛過甚，死而復蘇，日於靈几前進酒設奠，事死如生。既服闋，每逢忌辰，嗚咽不勝。生平好施與，修途路，造河船，凡三黨之貧乏者，莫不周恤。壽七十餘。舊《志》

汪肇衍　字子四。黟人，業鹺，居杭。康熙甲辰進士，授庶常，改刑部主事，纂修本朝實録，授編修。壬子，典陝西試，稱得人。乞假終養，以孝稱。性恬退，嘗徒步閭里，遇塾師，執禮甚恭。事諸父，如兒童時。生平敦實行，黜浮名，崇祀鄉賢。《浙江省志》

汪于高　字昭武，號睡庵。之蕚子也。性至孝，如其父。父廬墓得疾，高年十一，獨行省親十里外，迷所向，遇親故，欲挈之歸，不可，因與偕往。父殁，事諸兄尤循謹。勇於行義，名重鄉閭。善擘窠書，字大如堵，所製筆長八尺，生平意氣一於書發之。嗜酒能詩，兄殁，遂斷酒，不復飲者三十年。舊《志》

程肇都　字廷周，號厚庵。歙人，父業鹺，入籍錢塘。性至孝，父過遂安，經連嶺六十里，陟歷崎嶇，歸語肇都，因捐資修砌，建亭置宇，以成父志。父母殁，既葬，每朔、望必往墓祭，寒暑無間。弟開周夫婦早殁，遺孤五歲，飲食教誨，無異己子。及長，出己資而中分之，姪予以半，二子共分其半。諭其子曰：『非我於汝等薄也，所以慰先靈也。』子鐸、鉽，俱有文名。舊《志》

戴朝立　字茂才。事父母先意承志，兄弟友愛尤篤。性剛方，然諾不苟。自處儉約，不蓄私財，不飾車服，不履公庭。遇人緩急，竭力周恤，排難解紛，義形於色，人咸稱爲長者。以子璁官，贈内閣中書舍人。舊《志》

吴炯　字明止，號毅庵。新安人。弱冠遊郡庠，天性孝友。嘗遘无妄，幾蹈不測，炯挺身自任，不以累諸弟，事卒，白族黨，咸稱之。著有《易纂鉤元》行世。子觀垣，字六平。幼失恃，事繼母至孝，折節讀書，不妄交遊。康熙癸卯，舉於鄉，任義烏縣教諭，振興士風，講學不倦。卒於官。舊《志》

鄭旭旦　字扶曦。世居歙之紅橋，徙錢塘。早歲入泮，學使陸舜有『國士無雙』之目。家貧，與其兄吉士讀書深山，縱横經史，後肆力於詩古文詞，以一代作者自命。著有《越騷》《廣陵集》《字説》《詩通》等書，皆窮極幽渺，考證精確，集成，名曰《天籟》。晚而讀《易》，有《大易臆説》一書。年七十三，卒。舊《志》

汪煜　字寓昭，號平齋。自新安遷錢塘。父賡，順治辛丑進士。煜少好武，挽强控馬，膽力過人。後折節讀書，閉户絶跡。家多藏書，披摘無遺義，行文兀傲，自成一家言，尤工詩。康熙乙丑，成進士，任貴州鎮遠令，縣故古大田溪洞多，苗民難治。煜撫馭有方，興文勸義，民帖然不爲患。戊寅，遷吏科給事，在職未久，疏凡六上，其大者，條陳河工事，宜有造於淮；他若慎選學臣，引見題補，皆號直言。煜初席豐饒，以鋭志學業，不問生産，家遂中落。及官黄門，無儋石儲，死之日，同官助斂。著有《同岑草願學堂集》《南歸北征録》及《平齋偶存》諸稿。《錢塘縣志》

吴炌　字睿思。三歲，母病不食，炌號泣，亦不食，家人百計誘之，卒不食。母瘥，炌始跳躍牀蓐間，且悲且喜，一時競傳爲異。及長，性伉直，無所依違。上浙撫七郡水利書萬餘言，及代償瞽民張佛鬻妻金，皆義舉也。子觀垠，事親孝，於庶母高敬禮尤篤，弟四人，友愛如同母。《錢塘縣志》

葉日扶　字景升，歙人。性倜儻，好周急，親族中貧未娶者，助之；不能葬者，賻之。於清泰門外置地數頃，爲義塚。癸酉火災，居鄰數十家俱在烈焰中，扶排墻出之，頃刻，里巷成灰燼，扶居獨不燬。子之蘅，亦以義舉聞。舊《志》

許頤齡　字友期。太學生。幼好學，善屬文。早失怙，受母教，如嚴師，以母命，挾策經營，甘旨無缺。母壽終，哀毁骨立，戚黨咸稱其孝。長兄早歿，遺孤僅數歲，教養兼至且爲婚娶，不異己子。遇異人授以秘方數種，不惜重資，廣爲施濟，求者日益多，弗卻也。有負逋者，貧不能償，頤多方寬解，更佽助之。平生喜交遊士大夫，争結槩，敦户外，屨常滿。《錢塘縣志》

汪鳴烈　字庶騖。幼能文。貧無以養，遂馳驅吴越間，仍手不釋卷，二十六補郡庠生。事繼母張稱至孝，交友必誠，必信，人有負者，弗計。及老，放浪湖山，以詩酒自娱。年七十，卒。著有《師物吟集》。舊《志》

汪潭　字淵如，號千尺。休寧人，曾祖始遷於杭。年十六，父病，焚香籲天，刲股以進，遂得愈。父母歿，喪葬盡禮，與弟滄終身共爨，一錢尺帛不入私橐。女弟早寡，甥幼，延師供讀，愛逾己子。滄病，親視湯藥，竟以弟亡悲愴不勝，未匝歲而卒。臺使者歷旌其門，爲作傳入志，四方紳士多作詩文以誄之。舊《志》

戴班立　字茂齊。新安人，寓錢塘。父年七十一生立，嘗以親桑榆既迫，憂懼時深，備極孝養。父歿，盡哀盡禮。友人朱某爲人中傷，立竭力營救，事得白，其人酬以千金，弗受。嘗買一婢，詢知爲望族女，養爲己女，擇婿遣焉。遇杭城火，捐金周恤。以子普成官，贈儒林郎。《錢塘縣志》

戴爲穀　字季環，號静庵，休寧人。性孝友，讀書明大體。痛父母早喪，不能奉養，終身不茹葷，不飲酒，不衣羅綺。中年失偶，不再娶，不置妾。兄弟五人，怡怡如也。子五，勖以義方，咸列膠庠。

孫永椿，成進士，官翰林編修；永樸及曾孫炳，俱登賢書。舊《志》

吴嘉枚　字个臣，晚號介庵，錢塘諸生。從父名溢學，名重士林。性孝友，與兄維楨同居，終親年，不分析。晚棄舉業，寓吴下南濠里，熏鑪茗盌，讀書彈琴，尤工詩畫，入逸品，故交之已貴者求，則勿與。有《壺山草堂詩詞》，蕭山毛奇齡爲之序。卒後，長洲尤侗爲立傳。舊《志》

汪景龍　字雲從。歙人。年十五來浙，有成人度。崇禎戊辰，鹽場漂没，竈户逋負不下千金，悉焚其券。鼎革時，民遷徙未寧，課則虚懸，龍議借場買補，當事舉行。初，寧波下八場場鹽出倉，漫無稽查，多售私販，龍請於通明壩設稽察之法。子夢震，居家孝友，根於至性，尤好施與，賑貧恤乏，指不勝屈焉。舊《志》

汪開祚　字方至，太學生。歙人。世有隱德，性穎異，授書輒了大義。後以養親計，驅車吴會間，服賈負米，未嘗言瘁。執母喪，盡禮，又慮傷父心，承顔娱志，備極委曲，事死養生，兩無愧焉。晚歲，望益重，鄉飲禮行，邦之賢士大夫咸相推引開祚宣明聖諭，推陳雅化，里中熏其德者實多。生平不喜經生家言，然好閱覽，雖行旅中，手不釋卷。年逾六十，卒，大司成吴苑、中翰鮑夔各爲立傳。舊《志》

吴蕙　字又植。歙人。生平喜讀《三傳》，爲名諸生，暇則習騎射。年十五，母病，祝天願以身代。居喪，尤能盡禮。囊有羨金，即以周族之貧者。時臨安諸邑婦女多爲寇所掠，蕙盡出其家資以贖之。嘗至西湖，有異鄉流離將赴水死者，厚贈遣之。有貧人女已許配，又欲鬻以償逋，蕙代爲之償，招其婿，以女歸之。甬東人三世居杭，死後乏嗣，數棺暴露，蕙覓其族人，賻其喪，歸葬。遠戚之子鬻爲人僕，蕙代爲贖。其父匿其子，訟於官，郡守嵇宗孟鞫知其詐，將重懲之，蕙復爲之求釋，其人慚感。晚歲杜門不出，以書史自娱。訓子孫，以敦倫立品。壽七十五，卒。舊《志》

汪懋璋　號中岳，歙人。賦性誠慤，居家有第五氏之風，長兄遠出，五寒暑不歸，璋尋訪，走數千里，一載餘，不得。一日，抵南都，禱於神，得籤訣，云『逢君學武謾言文』，遂之武昌，復不得。既而武當山賽會，往偵之，果遇其兄，拉之歸，一時咸以爲異。邑令張濤聞之，表其閭曰『良番表式』。舊《志》

吳昕　字仲徵。新安人，喜武林山水，遂卜居焉。善詩畫，樂賓朋，胸次通豁無城府。司鐸永嘉，造士有法。晚嘗曰：『吾欲學向禽，棄妻、子，一遊五岳，盡攬天下奇勝。吾志足矣。』著有《松臺集》。《錢塘縣志》

方時　字乾行，號雨亭。歙人，補錢塘諸生。敦品勵行，日孳孳以奬進後學爲事。晚歸新安，徧省祖墓。遊黄山，作詩以紀其勝，與同邑汪用嘉、吴觀陛諸人交，闡明先儒理學，著述甚富。舊《志》

吴克成　字開雯。歙人，補仁邑庠生。有幹濟才，於鹺政利弊尤悉，時承凋敝，殫力經營，衆咸賴之。會有興巨獄，構及當事，成毅然身任庭訊，言詞侃侃，獄上大司寇，遂得白。其他濟困扶危，疏財仗義之事，不可枚舉。年六十三，無疾卒。舊《志》

戴有怡　字仲和，慷慨有俠士風。順治初，洊饑捐金周濟，全活甚衆。子國禮授州佐，奉親孝，代弟輸逋課若干金，凡宗戚貧乏者，悉爲婚嫁。舊《志》

葉日葵　字貞如。歙人。氣節不凡，物望歸之。甲寅，閩變，鹺業墮課五萬餘，葵創議均攤，公私交賴。乙丑，温所積欠八千四百餘兩，葵傾囊代完其額，衆咸得蘇。學使王掞高其義，撰文勒石紀之。有群盜劫其課，於棲水捕獲，皆自知必死，葵念其迫於饑寒，轉求釋焉。有當事假三百金，遣一吏齎償，吏置私槖，官追比無償，妻子願爲僕妾，葵峻拒不納，竟焚其券。甲戌歲，杭郡大歉，葵捐米千石以活饑民。郡守李鐸書『羽儀鄉國』，以旌其門。舊《志》

汪宏　字乂生。休寜人，業鹺，遷杭。性至孝，事兄尤謹。後兄歿於京邸，宏鬻産奔喪，長號數千里，哀感行路，奉寡嫂如母。生平從不識長吏，鄰有無賴子夜竊其財，宏佯寐，俟其出，終不言。戒子弟曰：『蓄財嘗俾有用，否則與暴殄同耳。』故友老而無家，宏養之三十年，歿爲殯葬。杭多火災，數及其廬，輒反風而滅，人皆謂仁德之報。年六十六而卒。舊《志》

許大輅　字存殷。歙人。幼穎異，讀書，目數行下。家貧，棄舉子業治鹾，凡事知無不言。時有勢豪，衆皆側目，輅挺身鋤之。順治間，竈鹽不産，墮課數十萬，追呼無償。輅請於當事，創爲折引並包之法，於是，負課得清。嘗貿易吳閶，有逋金以萬計，悉焚其券，蘇人顔其門曰『萬金市義』。子志義，郡庠生，博學能文，兼工書畫。舊《志》

吳秩存　太學生。性至孝。年十四，即能爲文禦外侮。時構巨獄，詞連秩存父，庭訊代質，抗聲直辨，僉都李之芳按獄，左右訶之，秩存仰泣曰：『吾爲父白冤，何以死相迫脅耶。』後隨父逮京師，逾年得釋。及歸，左右就養，先意承順。母得風疾，不能臥起，晨昏捧持，衣不解帶。與弟友愛，未嘗析産異居，祖塋芇不治者葺之，置田以供享祀。事兩叔如父，一卜地以安窀穸，一迎養以終其身。舊《志》

吳觀均　字履忠。少負經濟才，爲文操筆立就。年十二，補錢塘諸生，屢困場屋，遂棄舉子業，業鹾。每臺使至，輒爲諮訪。天性孝友，庶母舉兩男二女，視與同母無異，授餐讓宅，婚嫁皆備。子姓有不給者，賙恤之，解紛排難，有古人風。年七十九，卒。子五，長國鑣，壬午舉人。舊《志》

程邦本　歙人。少以忠孝自期。會耿藩叛逆，以布衣謁和碩康親王，隸前鋒。至古城，聞父病篤，泣辭歸家。世業鹾，引地京口，貼近淮、揚，私鹽充斥，順治十六年奉旨，建搜鹽廳，盤查回空糧艘，本籌畫盡善，姦私莫能影射。康熙三十九年，江南巨梟孔文泰販私淮、浙，奉旨緝拏，江常鎮道施朝輔擒之，本與有力焉。杭有二程夫子祠，歲奉祭祀無缺。子川，食餼錢塘，編輯《朱子五經語類》。舊《志》

鄭世迎　字寅賓。新安人。博學負奇氣，試輒冠軍。客遊長安，名公卿争相延禮，詩歌援筆立就。屢躓棘闈，遂謝去，放浪湖山。慷慨好義，急友朋事如己事，戚黨間待以舉火者數百家，遊屐所

至，觴詠流連。有書《帶草堂詩稿》行世。舊《志》

吴觀陛　字履丹。歙人。弱冠爲錢塘生，食餼有年，貢入太學。工文詞，意氣慷慨，有古烈士風。居家克盡孝友，年已艾，猶孺慕不衰。與兩弟怡怡，終身無間言。西湖崇文書院向祀朱子，商籍子弟於此肄業。歲久廢弛，陛與汪鳴瑞力請於當事，重新祀典，復行舫課，人文彬彬稱盛。運使李濤序其事。舊《志》

吴鼎英　字仲裕。歙人。少負偉略，值明末季，不樂仕進，棄儒業鹺。國初，各商未集，鼎竭力招徠，俾各安業引課，賴以無缺。鹺使潘朝選重其才，給額以旌。孫龍文，以孝友推於鄉。舊《志》

程斯懋　休寧人，仁和庠生。事親善養志，值父業中落，懋艱難拮据，不敢令親知；親有疾，必親嘗湯藥，衣不解帶；每禱祠，願以身代。撫弟友愛，苦力經營，所得盡公諸弟，毫無私蓄。有勸以分析者，涕泣不從。迄今，子孫同居四世，宗族鄉黨咸有孝弟稱。舊《志》

江東達　字爾通。歙人。性豁達，與人交，開誠布公，不爽然諾。當事亦以其直諒，每器重之。尤喜振拔淹滯，奬進後人。五世一堂，子孫科第不絶，人以爲長厚之報。舊《志》

汪時濟　字鴻洲。歙人。娶唐氏，有壼德。濟年二十三而氏殁，遂不復娶，鰥居五十三年，每詔子孫以不重婚之義。業鹺來浙，時票地官私混淆，濟創改則陞課歸所運掣，至今便之。舊《志》

朱嗣初　字以肇。歙人，業鹺兩浙。性至孝，事父母能先意承志。母患噎症，醫者皆以爲高年莫治，初侍湯藥，調飲食，卒能霍然。子旦，字暢伯，錢邑庠生，孝亦如之。性慷慨，見義必爲。時有父子以无妄陷獄者，旦傾橐救之，後其子顯達，絶不言報。舊《志》

江善積　字以名。歙人。生平重信義，好施與，族黨之間，莫不蒙其周恤。事父母能色養，待弟友愛，建宗祠以妥先靈。子作楫登賢書。舊《志》

吴基承，字公業。休寧人。事親孝，與昆弟友愛。父寢疾，衣不解帶，親侍湯藥，午夜必詣神前禱祝，果夢神人授靈藥，吞之，遂愈。生平見義必爲，昌化縣太平橋爲水衝決，承獨捐資重建，邑人稱之。性恬静，不喜紛華，不妄交遊，琴書圖史外，無他嗜好。具才識而恥炫能，屢爲鹺使者所重。舊《志》

方擢　字書升。少孤，事祖母余及母田，克盡孝養。弱冠有聲庠序，貢入成均，賢士大夫争相結納。而擢頗以經濟自負，先世業鹺，故於鹺政利弊尤悉。舊《志》

吴也魯　字次愚。仁和貢生。端謹好學，居兩喪，悉遵家禮。生平喜施與，如捐資以修學宫，售産以贖難民。其最著者，精岐黄術，不受謝，堅不能卻，則市綿衣以濟貧人，製棺木以施暴露，至老不倦。舊《志》

程鉶　字潁叔。己酉武魁，有經濟才。松所引鹽，向以票地月掣，私梟充斥，請於官，與諸所一體按季歸掣，群推祭酒。性慷慨，好施捐，建二程子祠於吴山，崇祀勿替。舊《志》

胡德兆　字兆行。歙西槐人。年十三，遊庠，篤志力學，爲名諸生。西湖崇文書院歲久圮，兆首新之，春、秋兩祀無缺。子孫以孝友稱。舊《志》

吴樸　字介眉，國學生。休寧人。親疾，刲股以進。歿後，廬墓三年，不飲酒，不茹葷。其樂善也，捨棺木，施茶湯，刊《感應篇》《陰隲文》以勸世。親友有未葬者，捐資以賻其喪；子侄有未娶者，皆爲之婚嫁。舊《志》

程之標　太學生。性孝友，少刲股以療母疾，及長，兄弟五人相繼以歿，標獨養四孀婦、八遺孤，人咸稱其友愛。舊《志》

江文魁　歙籍，寓錢塘。本朝定鼎之初，鹺使者訪求諳練鹽筴之商，得文魁，畫陳利弊。子孫相繼業鹺，仁厚信義，迄今五世。先是，鮑郎場煎鹽，積用鍋敖鹽，皆堅韌不可用，後其孫永，請易以盤

煎，竈商均益。舊《志》

徐兆隆　字芳涵。邑庠生。蘆瀝場竈籍。讀書孝友，留心經濟，所著有《觀生録》四卷、《新溪餘論》等編。晚猶樂善不倦，值荒歉，減價出粟，爲州里倡，邑高其行，舉鄉飲賓。舊《志》

金世臣　字舜卿。仁和諸生。年十四，除夜鄰人不戒於火，父元輔病在床褥，世臣[二]解己衣，披父身，從烈焰中負出，肢體灼爛，父得無傷。父老家居，常不樂，世臣日請父友從父遊。有同姓老友，時相往還，每至必款飲，元輔謂友曰：『子貧士，溷子不安，曷至我家？我仲子孝能待客也。』老友笑對曰：『向款公飲食，皆公子所設，公子偵公所至，必以酒食隨之，懼公知，故屬勿言耳。』父卒，世臣過老友廬，必泣而趨。母俞病，艱步履，世臣日負母上下樓室，母憐其勞，止之，世臣跪請曰：『母年高，兒得日負母足矣。』父母歿，葬於西湖之中台山，廬墓三年，誡子曰：『我死，可葬於先塋拜石下，不封墓，得依父母之靈也。』康熙五十六年，題表孝行。雍正元年，恩詔以孝子從祀名賢，世臣得請入祠。嚴曾榘、徐杞均爲撰《傳》，見《杭府仁邑志》並《錢塘縣志》

姚之駰　字魯思。錢塘人。康熙辛丑進士，改庶吉士，遷御史。爲諸生時，著有《類林新詠》，恭逢聖祖仁皇帝南巡，進呈，蒙留乙覽，梓以行世。又有《古今體詩鈔》《雲蠖齋詩話》。《杭州府志》

汪由敦　號謹堂。休寧人，以商籍補錢塘縣學生。浙江巡撫徐元夢薦充《明史》纂修。雍正二年，成進士，由編修洊陞侍讀。乾隆元年，入直南書房，洊擢工部尚書，轉刑部。十四年，加太子少師、協辦大學士。十八年，晉階太子太傅。永定河決固安，奉命往勘，籌議堵築，或請別開新河，由敦主仍濬舊河爲便，得旨允行。都下錢少，米價昂貴，議先支甲米，加放月餉錢，市價遂平。由敦故以文章受知遇，性縝密，綜理庶務，審覈安詳，出入勤勞，夙夜無倦。終吏部尚書，晉贈太子太師，崇祀賢良祠，謚『文端』。嘗出俸賜千金供先世祠祀，仿范文正義田遺意，屢掌文衡，得人最盛。承輯諸書各館，皆

爲總裁。所著有《松泉集》，最工書，有《時晴齋法帖》十卷，勒石内廷。《杭州府志》

張芝夢　錢塘人。與妻楊侍老父病，衣不解帶者經年，先後刲股。巡按王元曦，額表其門。《浙江省志》《杭州府志》。

鄭信　字履貞。仁和人。康熙庚子科武舉人。質直好義，配銷江陰縣各引地，其地僻處江濱，淮場對峙，最爲私梟出没之所。信設法巡查堵禦，官引得以暢銷。《家傳》

吴國鍔　字子廉。歙人。中乾隆戊午科舉人，考授中書軍機處行走。自幼博覽好學，善詩古文詞，工書法，訂同郡名士十八人爲《質韋文集》，人有『瀛洲』之稱，著有《古體文》一卷、《青岑閣偶吟》二卷。兄國鉉，亦知名於時。程熹撰《傳》。次子蕊甲，中戊申科舉人。

吴同璿　字舜玉。歙人，杭郡庠生。一生友愛，凡姻族有告急者，解推勿恡，胞弟病殁遺幼穉，經理教養，悉依賴焉。乾隆四十一年，請於當事，凡商裔貧乏者，公捐恤例，以佐薪水，至今勿替。以長子一惠川餉議敘，誥封中憲大夫。《家傳》

俞承起　字宏緒。仁和人。性至孝，事後母尤篤。雍正間，總督李衛莅浙，有承起族弟某從事鹽務，因事觸衛怒，衛欲杖某，承起以弟早孤，嬸母苦節撫養，笞之，慮傷母心，逕上公庭乞以身代。衛嘉而釋之，延之署中。承起有過人才，且諳鹾政，衛整飭温、台、嘉各屬引地，實皆承起襄贊之功。時正宗憲皇帝下薦舉之令，衛列承起名，欲聞於上，承起力辭不就。浙人業鹽者，既佩其德，且高其義焉。子鎮、釗，均以孝友聞。汪沆撰《傳》

柴景星　字東泉。先世自歙遷杭。由吏員考授州同知，效力海塘。總督李衛知景星諳鹽務，題請以鹽課大使補用，授長亭，旋乞養家居。其時，温、台二所鹾政廢弛，衛以景星在長亭時深悉台所機宜，令往配辦台屬引地，請帑金資竈力，廢者以振。又以德清一邑爲販私竊占，景星代爲擘畫，遂收成效。時又有朱雲裳，字絅齋，休寧人，與景星同爲李衛所知。景星理浙東引地，雲裳理浙西引地，衛治鹺政，興利除弊，半皆二人之力。《公舉事實》

汪鑾　字玉振。歙人。雍正間，私販者多，鑾於石堰場訪巨梟數十人，贈以多金，勸歸農。旋李衛撫浙，整理鹺務，嚴懲梟販，多置典刑。於時歸農者皆歡呼曰：『汪公活我。』《公舉事實》

吴焯　字尺鳧。錢塘人。九歲能詩，嘗與毛奇齡、朱彝尊輩講學沈佳園，奇齡詢格物同異，時焯年最少，居下座，大言曰：『本末物也，知本即物格矣。』因舉黎立武、管東溟、羅近溪諸家指意，竟相往復，毛奇齡執手稱『畏友』。康熙乙酉，聖祖仁皇帝南巡召試，賦詩稱旨。丁酉，翠華再幸，焯奏《歲華紀麗續編》十卷、《聖因寺志》四卷、《海潮集説》三卷，皆宣付内閣。焯藏書數萬卷，手自點勘，讀書務精。小學，以許氏《説文》所引經傳與《經典釋文》不相應，嘗與無錫朱襄析《説文》，分編經傳，以補《釋文》之未備。著有《藥園詩稿》《渚陸鴻飛集》《玲瓏簾詞》《南宋雜事詩》行世。張增撰《行狀》子城，字敦復，克承先志，殫心群籍，勤加校勘，數十年，丹黄不去手。《杭州府志》

汪秦鏐　字紫襄。歙縣諸生。康熙間，倡修崇文書院，爲士論所歸，勒石院廡。《崇文書院碑記》

周京　字少穆。錢塘國子生，考列州同。性孝友，年垂艾，依依若孺子，視弟子女如己出。中年遊閩、粤、燕、趙、秦、晉間，所歷名山大川，輒爲歌詩。書法奇逸，酒酣興發，數十紙立盡。晚息影蓬廬，結吟社，於西湖酒樓題壁，好事者競傳寫之。卒年七十有三。桑調元撰《墓誌》、《杭州府志》

陳兆崙　字星齋。錢塘人。幼穎異，工制義，爲世所稱。中雍正甲辰鄉試，庚戌，成進士，分省學習，試用福建。乙卯，考授内閣中書；丙辰，召試博學鴻詞，授檢討。累官順天府府尹，通政副使，太僕寺卿，入直上書房。卒，年七十有二。兆崙學以心得爲主，研究諸經，折衷衆説。《二十二史》丹黄並下，加以論斷，靡不挈其要領。詩古今諸體，追蹤漢魏盛唐，晚乃出入坡、谷。凡所著述，士林咸奉爲

圭臬云。《杭州府志》

項守約　字博施。少孤，奉母訓惟謹，至性過人。弟早卒，撫其子如己子，克有成立。康熙壬子歲，寓海昌，潮患湮没甚衆，遺骸多無歸者，守約出資立義冢，收葬之。業鹾持大綱，李衛撫浙時，整飭鹾政，興利革弊，皆從咨詢，甚重之。居會城東隅，地清曠，引泉種樹，錯置亭館，爲將母計。年逾六十，牽裳索笑，作斑衣舞，此『萊園』所由號也。巡撫莊有恭廉其孝友，以『世德家風』旌其閭。年七十二壽終，著有《萊園吟稿》。《家傳》

孫灝　字載黄。錢塘人。雍正八年進士，改翰林院庶吉士，授編修。乾隆元年，充《一統志》纂修官，旋典試湖北。三年，丁母憂，服闋，授御史。居臺中六年，多所建白，言：『錢法之弊，率由銷燬；銷燬之弊，患在銅少；銅少之弊，患在官民分而其力不足以相濟。鑄錢於官，所以爲民計也；廣銅於民，亦所以爲錢計也，去其官與民之見而利溥矣。』又言：『督撫、參官每有委耳目於他人，因之偏聽生姦者：或授意於標協之武弁，或寄報於親匿之同鄉，或密囑於信任之能員，或旁採於效力差遣之下吏，刺探非據，弊端有不可究詰者。』戊辰，授光禄寺卿，旋簡湖南布政使。下車整飭政務，黜陟無瞻顧。十六年，補授通政副使，祭告南海，卻有司餽遺，陞太僕卿。歷通政使，督學河南，稱得士。擢副都御史，再任通政。灝居官勤慎，遇事有執持，接人和粹，見者服其名德。《行狀》

倪國連　字子珍。仁和人。雍正庚戌進士，由編修累遷吏科給事中。事親孝，文筆醇雅，詩格清真，工畫善書。汪惟憲《尊聞録》，載《杭州府志》子承寬，字餘疆。乾隆七年，由舉人考取内閣中書，十七年，成進士一甲第三名，授編修。歷官右中允，太僕寺少卿，至内閣學士，禮部右侍郎，督學順天，調户部倉場侍郎，終太常寺卿。承寬久直上書房，進奏詩文，屢稱旨。旁通繪事，書法尤工。邵晉涵撰《墓志》

金德瑛　號檜門。休寧人。商籍入仁和學，舉順天鄉試，考授中書舍人，薦舉博學鴻詞。乾隆元年，會試中式，廷試第一，授翰林院修撰，入直南書房。累遷内閣學士，擢禮部侍郎，操文衡者二十年，衡鑒不爽。乾隆十二年秋，齊魯告饑，發帑賑救，而鄒、滕以南被災尤劇，有司格於例限，未敢以聞。十三年春，自江西學政還，入對言狀甚悉，即日奉旨展期博濟。二十一年秋，典試江西道，出徐州，見黄河漲決，與運河通，因周諮土人地勢高下、堵泄先後之宜，奏聞稱旨，即日遣大臣往視濬築，水患以平。二十六年，擢左都御史，卒於邸第。櫬從運河歸，鄒、滕、徐、宿間居民夾岸泣送，曰：『微金公，我幾不活。』著《檜門詩疑》十卷、《奏議雜文》若干卷。齊召南撰《傳》，載《杭州府志》

汪沆　字西顥。錢塘諸生。早歲能詩，爲學博涉無津涯。大學士史貽直欲薦舉經學，以母老，辭歸。沆好求有用之學，自農田、水利、邊防、軍政、古今沿革、方俗利病所在，靡不條貫，大府多禮致之。遇事直言無隱。晚年，自定撰著，多通達治體，鑿然可見施行者。性至孝，昆弟友愛，未嘗析箸；姊寡，迎養，終其身；惠周戚黨，前後葬三十餘棺。喜引翼後進，著有《盤西紀遊集》《沽上題襟集》《津門雜事詩》《青囊解惑》，並《槐塘文稿》四卷、《槐塘詩稿》十六卷、《論語集註剩義》一卷、《湛華軒雜録》四卷、《小眠齋讀書日札》四卷、《詩話》二卷、《全閩採風録》二卷、《蒙古氏族略》一卷、《汪氏文獻録》十四卷、《新安紀程》一卷、《槐塘識小録》一卷、《泉亭瑣事》一卷、《説瘧》一卷。邵晉涵撰《傳》，載《杭州府志》子彭壽，字静甫。仁和貢生，官鎮江府經歷，剖決疑獄百餘案，咸頌公平。以沆老告歸，著有《苔花老屋吟稿》。顧光撰《傳》

汪坤　字大隅。仁和人。康熙甲午舉人。淹通六經，屬文立就，辭義超卓，弱冠聲名藉甚，所至傾其輩行。雍正乙酉，聘修《浙江通志》及《寧波府志》。有兄乾，事之如父，終其身，不忍別財異居，待從子如己子。著述甚富。張熷撰《傳》子浦，字蘅洲，仁和諸生。内行淳茂，研析經義，不事雕琢。卒年三十有二。杭世駿撰《墓表》，均見《杭州府志》

楊彩　字燦英。世業鹺，以武科，隨從叔雍建撫黔。時吴逆甫平，疆埸未定，提兵收復，屢著軍功。幕下多名士，與海寧查慎行交最善，有詩唱和，見《敬業堂集》。軍事竣，議敘都司，不受；旋援例，授廣東吴川令。粵省盜賊充斥，捐俸購賞，設計督緝殆盡。治豪强、安民業，終於任，邑人立祠崇祀。《粵東名宦》

孫兆正[三]　字天益，端方孝友，嗣奉三代四孀，曲盡歡心。初授兩浙曹娥場，上官多重之，常委治賑務，計口親授，活人甚衆，奉檄築修海塘工程，盡心經理，獨任其勞，爲桑梓衛。迄今老鹽倉一帶，魚鱗土備，兩塘屹如山立，無須修葺者，兆正之力居多焉。《家傳》

王際華　字秋瑞。錢塘人。乾隆十年進士及第，授編修，分纂《續通考》。歷官至兵部侍郎，調户部，充武英殿總裁兼工部督理寶泉、寶源二局錢法。教習庶吉士，請修葺庶常館。三十四年，晋禮部尚書，總修《國子監志》。三十八年，充《四庫全書》正總裁，加太子少傅，遷户部尚書。四十一年，卒，謚『文莊』。《杭州府志》

戴文燈　字光林，永椿子。藏書甚富，皆撮其典要，辨其同異，爲文千言立就。乾隆甲子，中式京兆鄉試，秉鐸東陽，文教振興。丁丑，登會榜，授禮部儀制司。著有《静退齋詩稿》。以子璐官，累贈中議大夫、太僕寺卿。施朝幹撰《墓表》

程燾　字雲軒。休寧人，仁和籍。生而孤露極貧，持缺盎盛淖糜，母子分以療饑。乾隆三年，舉於鄉；七年，考授中書；十三年，尚書傅恒經略金川，以燾從行。軍功，議敘遷武選司主事、員外郎，充平定準噶爾館纂修官。旋從大學士黄廷桂平伊犁，授洮岷道、總理軍需局，西師凱旋，親至闢展。核定伊犁屯田，悉中程度。事竣，乞近省迎養，改江南驛鹽道，擢安徽按察使，遷安徽布政使，移陝西，晋湖北巡撫。善於造士，楚人德之。左遷江西布政使，改授太僕寺少卿。性儉約，雖貴顯，有寒士風。袁

枚撰《傳》，載《杭州府志》

汪永錫　字孝傳。錢塘人。乾隆十九年進士，由編修歷官内閣學士。生平於讀書外，無他好。督學江西，值鑾輿五巡江浙，選江西士子長於詩賦者，至江寧獻賦，得與召試，遂沿爲例。四十七年，隨駕熱河，以病卒於巴克什營。《杭州府志》

許浩　字藻園。錢塘人。孝友力學，行文有奇氣，貢入成均。雍正六年，總督李衛修《兩浙鹽法志》，委以採訪，見聞賅洽，得其力居多。以子欜議敘，誥贈奉直大夫、工部主事。汪惟憲撰《傳》

汪沆　字西沆。錢塘人，原籍歙縣，孝子汪之蕚孫也。性孝友，年弱冠，棄儒業鹺，箕裘克振，有甓庵別墅在南屏峰下。乾隆十六年，恭逢鑾輿巡幸江浙，沆就舊墅增建臺榭，蒙恩親臨觀覽，賜名『小有天園』。迨後，歷届南巡，宸翰疊頒，汪氏奉爲世寶。晚年，居横山莊祠，每晨起，必展墓所。嘗檢篋中戚族責券，悉焚棄之。壽及八旬卒。《杭州府志》

汪灝　字胥原。歙縣人。以國子生候選州同。乾隆十六年，恭逢翠華南幸，恩加頂帶一級。灝生而穎異，始就傅，口授成誦；及握管，文采英英照人。佐兩昆理家政，葺宗祠，增祀産，推恩昆季、群從逮姻族、鄉閭。賑饑恤困，經費鉅萬，矢志不懈。灝有愛女，巨室某求媾，辭不允，徑以歸故友子，曰：『吾不負所託孤也。』性嗜畫，筆意蒼鬱生動。世宗憲皇帝臨雍，灝恭繪《五嶽朝天圖》並頌以獻，恩賜筆墨。年八十有四卒。鮑倚雲撰《傳》

許澂　字静夫。錢塘人。有鹺業在太倉及浦江。辛壬間，大饑，首創平糶，設粥廠，躬自料檢，全活無算。故家某貧不能自存，鬻其女，捐金贖還，擇士嫁之。《杭州府志》

許溶　字月波。歙縣人，先世遷錢塘。性純孝，好施與，有鬻女抵逋欠者，代償之，輯《菜根談》一編，多警世語。以孫烺官庶吉士，貤封如其官。汪沆撰《墓志》子梓，字敬旃。條析婺郡鹽務事宜，請之

上官，均市價，杜私販，積引疏銷，額徵無缺，郡人賴之。姚立德撰《傳》

項廷模　字厚齋。錢塘人。庚午科舉人，官翰林待詔。世業鹺，父殁後，家人折閱殆盡。廷模年未及壯，即售得分己産爲營運本，並以贏餘養已析箸之伯仲氏，同衣共爨，四世一堂，聞者難之。母病，廷模三步一叩首，詣靈竺大士前虔禱，稍間腸澼，悉遺裀褥間，婦姚氏以兩手掬出之，如是月餘而愈。乾隆五十年國慶，廷模恭赴千叟宴，恩賞御製詩及鳩杖如意等物，進謝恩詩一章，采入耆筵盛典。性慷慨好施，戚黨中待舉火者甚衆，姚氏亦賢孝有聲，嘗手著《班姬女誡辨誤》三則。平聖臺撰《傳》，袁枚撰《合葬墓志》

唐琦　號竹塢。歙縣庠生。性至孝。少隨父寓武林，好學能詩，鄉有書院，琦請父新之，又葺宗祠以合族。著有《竹塢詩文集》。鮑倚雲撰《傳》

許承基　字長人。歙縣籍，錢塘人，候選詹事府主簿。父鼎鈞，官知州，以學行著稱。承基善繼先志，兄弟友愛無間。性樂施，乾隆十六年，歲歉，出粟平糶。二十一年，復倡施賑，先後全活無算。建宗祠，置祭田百畝，又捐義田百畝以睦族，又以千金生息爲文廟歲修。他若拯貧焚券，濬河築路，懿行甚多。浙撫莊有恭、熊學鵬先後以事上聞，得旨褒嘉。顧光撰《傳》弟承堯，字仲昭。錢塘縣學生。事兄甚謹，以母疾，刲股成疾，其妻吴氏，又以夫病刲股，不效。殁後二十餘年，兄承基思念不置，乃繪己及弟像，曰《連枝圖》，並録題贈之言，刊刻成集。《杭州府志》

金肇鐸　字自白。錢塘人。性孝友，方成婚而母疾，躬奉湯藥，不入内室，衣不解帶者累月，與從兄弟同居，無間言。好施與，歲饑，屢出穀賑濟。先世居休寧，年遠失其墓，肇鐸篤志訪求，遂得累世邱隴於富瑯村，封築如禮，復建家祠於杭城。嘗以《府志》久不修，欲捐資重刻，其子泳承父志，續修《府志》，經費獨任之。《杭州府志》

諸克任　字伊人。仁和人。乾隆丙辰舉人。讀書務求實用，知識過人。補嘉善教諭，長於訓迪，應銓知縣，嘉善人挽留之，克任亦澹於仕進，不赴。晚還寧波府教授，士論歸之。《杭州府志》

顧天爵　字敬修。錢塘人。性孝友，撫諸弟，俾各成立。乾隆丙申，海水驟溢，蕭山被患尤酷，居民死以萬計。水既退，胔骨徧道路，天爵首輸千金，渡江掩瘞，聞而興起者相屬，暴露遂以免，並葺廬舍之傾圮者。越歲壬子，會城疫，貧者多無棺以殮，天爵復捐金措辦。歿之前五年，取篋中責券焚之，曰：『我本不望其償，毋貽於後。』其勇於爲善，類如此。議敘直隸州同知，誥授中憲大夫。胡高望撰《傳》

嚴果　字敏中。乾隆庚寅舉人。性孝友，人品高潔，工詩文，有山水契。嘗遊閩中，並覽江淮河嶽諸勝，胸次浩然，作畫得李流芳筆意，著有詩文若干卷。弟誠，字力闇，號鐵橋。乾隆乙酉舉人，工詩善書畫，杭人並稱爲『二嚴先生』。《杭州府志》朱文藻撰《傳》

汪得稻　字步山。乾隆丙子科舉人。性伉直，見義必爲。積學能文，究心性理。所著《觀静圖説》，學者稱之書法入『二王』之室。《杭州府志》

徐嗣曾　本姓楊，字宛東。海寧人。生未彌月，姑之夫徐育爲己子。既長，徐氏有子，遂復族。乾隆丙戌成進士，由部曹出任雲南府道，適徐氏子歿，嗣曾以幼有撫字恩，乞長吏疏於朝，願復徐姓，特旨嘉許。乾隆丙午，臺灣姦民不靖，大學士公福康安率師征剿，嗣曾時任福建巡撫，督輸糧餉，兵食稱足，親至海外贊襄軍事，蚤夜靡寧。逆既平，辦理善後事，宜無不周備。奉旨附臺灣生祠，並圖像紫光閣。《家傳》

楊曾琦　杭州人。議敘光禄署正，充嘉所總商，辦理江南丁角埠圩、靖江等處帑鹽引地，有裨鹺政。浙撫李衛上其事於朝，蒙恩予議。《家傳》

汪純粹　字惇士，黟縣人。由商籍補杭府學生。性孝友，少時，母病，衣不解帶者數月，病劇，籲

天封股，和藥以進，母病頓瘥。著有《孝慈備覽》。《黟縣志》

汪世勳　字捷三。錢塘人。少穎異，九歲爲諸生，後循例，銓授刑部貴州司主事，需次員外郎，乞假歸。生平直諒肫誠，以緩急告者，輒傾囊助。戚黨中有貧女未字，爲擇配，理裝送之。先世居黟縣宏村，省視邱壟，惠周宗族，有雍睦風。《行狀》，載《杭州府志》

汪家珪　字問松。錢塘人。父殁於龍泉，柩歸遇水幾漂没，家珪誓以身殉，拜號援救，得免。伯兄蚤世，撫其遺孤，加於諸子。姊寡而貧，迎養於家，婚嫁其子女。業師殁，妻子貧乏，月餽稟餼以爲常。《杭州府志》

張曉　字旦升。山陰人。熟諳溫台鹺務，總督李衛知其才，委任之。曉悉心擘畫，改場竈，就鹵地設附鍋法，以廣其煎，商竈賴之。復築塘於竈地外，以捍海潮，餘坦成田數萬畝，至今頌之，名其田曰『商餘』。齊召南撰《傳》子廷俊，字彦超，授職州同知，敦倫睦族，嗜學工詩，著有《沼遠山房詩鈔》《懷舊集》及《天台雁宕西湖諸遊草》。顧光《台山懷舊集序》

楊夢槎　字再騫。江蘇無錫人，浙江商籍。丙子科舉人。四川酆都縣知縣，殉金川木果木軍營之難，贈兵備道，入祀昭忠祠。弟乘槎，以難蔭任山東濟陽縣知縣。顧光旭撰《傳》

鮑立然　字廷表。歙縣貢生，以捐餉議敘州同。立然弱冠失怙，棄舉子業，與兄業鹺於杭，里中營廣廈數處，任族人居之，不取其直。乾隆二十七年，鄰邑績溪旱民奪富家粟，訛傳爲變，太守聞信往覘，道經立然家，立然言：『績溪民風淳樸，必無反側，請捐資數千金平糶，一邑以安。』徽府城西通衢有太平橋，延袤里許，爲水衝圮，倡首重修。鄉黨中託孤子待舉火，排難解紛，指不勝屈。曹文埴撰《傳》

程光國　字虛谷，號後村。歙縣附貢生，候補光禄寺典簿，輸軍餉，議敘主事。即用，以子振甲貴，晉封吏部文選司員外郎。少有文名，事親孝，以先世鹽筴往來兩浙間，疏引不辭勞瘁，緝私不避嫌怨，浙商之行徽屬口岸者，胥倚賴焉。性急公好施，城南紫陽書院歲久漸圮，光國倡捐經理，積十餘年勿懈。既因肄業者衆，與尚書曹文埴創復古紫陽書院於問政山之麓，文學益盛。敦睦宗族，提攜寒畯，待以舉火者，凡數百家。程瑶田撰《傳》

戴漢　字伊芳。父爲鹺業鹺，自歙來杭，遂居湖州。漢事親孝，居喪三年，足不入内，兄弟共爨數十年，無間言。冠婚喪祭諸禮，悉宗朱子，持身接物，一以誠敬。太守胡承謀采入《府志》。曾孫福基，乾隆癸卯舉於鄉。陳焯撰《傳》

朱其傳　字壽芝，號恩貽。歙人。由貢生，授江蘇鎮江府丹陽縣訓導。居家有孝友風，能屬文。初以儒治生於淮仕，逾年而歸，辦理浙江紹所鹽務，多中機宜，諸商無不韙之。胡賡善撰《傳》

朱熖　字松坡。樂善好施，乍浦爲嘉協沿海隘口，向貯海運帑鹽，便商赴領，其間遺骸旅櫬，每多暴露，與同事捐資收瘞，以數千計。弟炤復繼之，迄今勿替。《行狀》

童階　錢塘庠生。蚤孤，母李苦節，階色養備至，鄉党稱童孝子。爲人真淳嚴正，有古人風。著《鹿莽吟稿》。《公舉事實》

吴汾　字方儀。敦孝友。業鹺常山。常山地大事繁，淮、閩侵銷，加以南港艀販，汾悉心籌辦，商引以銷，官課以裕。乾隆間歲祲，汾與衆商請捐穀助賑，赴楚買穀頗難，其人當事素知汾，即委之，往返如期，民得以濟。人有貰其屋，無力繳租，將他徙，汾慰止之，復給月米。又多蓄棺木，以待貧不能殯者，鄉人多義之。吴錫麒撰《墓志》

胡夢檜　字汝調。錢塘人。乾隆戊辰進士，選授廣東永安縣知縣。戊寅，粵中荒歉，官倉平糶例止出十之三。夢檜多設米廠，便宜放糶，旋白制府，懇求破例。制府因下其議於各屬，皆不拘常格儘放，兩粵貧民沾惠甚溥，實自夢檜創之。邑有鐵潭書院，曠廢日久，捐俸葺整，並給膏火，延名師。内

陞主事，終養乞歸，又倡修杭府、仁、錢學宫，事載杭世駿《杭府學碑記》。梁國治撰《傳》

沈孫連　字礫人。錢塘人。乾隆壬辰進士，由編修擢御史。八齡能詩，性孝友，方正自持，言不及私，人亦無敢干以私者。癸卯，與順天鄉闈房考得士，並有文名。門生謁見，禁家人，毋索闈禮，力郤其贄，曰：『吾亦寒士，未嘗盡禮於師。』其斤斤多類此。年五十，卒於京邸，囊橐蕭然。常語人云：『人當清白遺子孫。』操守可知已。有《有聲粉墨詩集》。子學厚，嘉慶丙辰進士，入翰林。潘庭筠撰《傳》

王仕基　字自堂。錢塘人，原籍歙縣。弱冠時即有經濟才，以議敘主事，選刑部，洊陞郎中，京察授肇慶知府。肇郡爲兩粤鎖鑰，地瀕海，多盜艇。仕基下車，即董率屬員，分段搜捕，添設槳船，曉夜巡邏。不數月，盜不入境。尋擢南韶連兵備道。終養乞歸，卒於家，年正強，仕人多惜之。程振甲撰《傳》

許擎　號恕堂。仁和庠生，議敘道銜。性伉爽好義，曾歲修府、仁、錢三學，開濬省會河道。乾隆四十九年，錢塘學西廡燬於火，鄉人出資重修，擎捐金董其事，工成費不繼者，並任之。錢琦《重修錢塘縣學碑記》倡恤嫠會，修育嬰堂，設錢江義渡。他如施棺掩骼，捨藥物，施棉衣，及修造橋梁、道路，義舉甚多。《公舉事實》

陳琪　字其玉。仁和人。乾隆乙卯進士，授編修，洊擢宫詹。視學湖南，造士有方，積弊一清。以疾卒於郴州使署。性至孝，未遇時，母袁病劇，琪搶天而呼，遂刲股和藥以進，戚里咸稱孝焉。《行述》

邵志純　字懷粹。仁和學生。性孝友，工古文。嘉慶元年，應徵孝廉方正。志純於父母歿後，繪遺像懸室中，事如生時，數十年不輟。又慮節孝婦女日久湮没，與諸紳士請於大吏，立碑。杭州府學合郡節行，皆得勒石，以備志乘採擇。《孝廉方正事實册》

項朝槐　仁和人，陞勳子。以館班，補陝西長安縣主簿。時教匪滋事，於嘉慶二年，率領鄉勇勦捕，身先衝入賊陣，殺賊多人，因馬陷泥淖被圍，受傷陣亡。奏奉硃批：『可惜，著加倍優恤。欽此。』准部議，給雲騎尉世職襲次，完時給與恩騎尉，世襲罔替。王昶撰《傳》

《欽定重修兩浙鹽志》卷二十五終

校勘記

〔二〕世臣　原書『臣』作『仁』。據上文改。

〔三〕孫兆正條，原書係於『楊彩』條下。析出。

欽定重修兩浙鹽法志卷二十六　商籍三

列女

明

黄氏　汪文華妻。文華以母喪，廬墓三年，哀毁卒，氏冰蘗六十載。舊《志》

方氏　諸生胡承虞妻。甫于歸，承虞負笈出遊，方事其祖姑與姑兩世，得其歡心。祖姑疾，刲左臂雜羹以進，立愈。姑病，亦如之。後承虞歸亦疾，方又刲右臂以進，復愈。越數年，承虞疾又劇，醫皆謝去，方曰：『吾臂凡三創三愈，幸邀天鑒，今寧惜四創乎？』如前法。夫復起。至誠格神，方氏有焉。《錢塘縣志》

國朝

唐氏、潘氏　姑媳也，俱歙人。唐適江之涞，年二十五，夫歿，遺孤世標甫六歲，教養成立，爲娶潘兆孟女。未幾，世標又歿，潘年二十九，欲殉夫地下，念姑已老，夫又無子，代奉甘旨者三十餘年，衣食

皆從十指出，每至饘粥不給。唐年九十三，守節六十八年；潘年八十，守節五十年。人稱江氏兩世雙節。舊《志》

王氏　歙儒士汪知元妻。知元疾卒，氏年二十五，奉姑訓子，守節三十年。子必遠、德秀並爲杭郡諸生，迎養於杭。浙撫范承謨題『旌建坊』，崇祀女貞祠。《浙江省志》

胡氏　歙人汪日曜妻，胡涵文女也。幼失恃，孝事祖母。既歸汪，事姑嫜，敬慎不怠。年二十，夫殁，未有子。氏曰：『夫死無子，分當死，然不可以絶夫嗣。』乃繼姪爲子，恩勤鞠育，至於成立。家貧，依兄嫂爲活，卒年五十。舊《志》

吴氏　憲之女，汪用成妻。崇禎乙亥，居鄰火延燒其室，姑不得出，火迫甚，氏以身蔽姑出烈焰中，頭面焦爛，姑得無恙。子鳴瑞，博極經史，皆氏所口授也。壽八十七，著《女千字文》。舊《志》

張氏　江之崑妻，業鹺居常山。康熙甲寅，閩賊吴安邦入城，崑駡賊不屈，與子世晟同日被戮。氏與媳曹氏欲自縊，孫女如娟大呼曰：『請先母死。』曹先勒殺之，二氏皆自縊。《常山縣志》

吴氏　江廷光妻。廷光奔父喪，卒於途。氏無所出，苦節三十年，無異志。舊《志》

鮑氏，舉人經綸女，進士汪亢宗妻。亢宗病殁，氏欲以身殉，舅姑勉其立孤乃止。已而，二子俱殤，氏即閉户服鹵死。《浙江省志》

程氏　汪用嘉繼室。性孝，姑臥疾不起者十九年，氏晝夜扶持，不離左右，凡三刲股以療其疾。前妻所遺子女，視如己出。一女殉節，子鳴烈，亦能孝養終其身。壽八十八。舊《志》

汪氏　字玉貞，歙巖鎮人。幼失恃，父用嘉授以《孝經》《内則》《列女傳》諸書，靡不通曉嫻習。及笄，歸胡生震吉。閲四年，胡病瘵殁，氏日夕悲號，欲以身殉，家人護持，密不得間。康熙壬寅春正月九日，姑往賀歲，氏即自縊於震吉棺側，衣皆密紉。啓篋，得手書一緘，視之，則告尊輩以不能俱生、不忍獨生，不敢偷生之義。震吉所遺書册，集爲一笥，大書其上曰：『付孤子禄兒收讀。』時年二十一。有司上其事於巡撫，督學給額以旌。《歙縣志》

馬氏　生員遠平女。適汪岳藴三載，夫歿，痛不欲生，絶粒彌日。念腹有遺孕，不忍絶夫嗣，遂繼姪紹武。后生男紹良，撫兩子無異。視奉舅姑，甘旨無缺，孝聞閭里。訓子孫嚴而有法，孫宏禧舉孝廉。學臣顔光斅題請，奉旨建坊崇祀。《錢塘縣志》

凌氏　年十八，適新安汪起勳。夫歿，遺孤之漳、之潤，氏矢志撫孤。上奉舅姑，克盡孝道，教二子讀書成名。後以之漳官，敕封孺人。巡撫趙申喬題請，奉旨旌表。《杭州府志》

汪氏　張宗儒妻。年十九，歸張，甫三日，即出操井臼，勉夫力學，且曰：『脱堂上甘旨缺，我鍼紉可辦，無分汝心。』後儒以嗜學成疾，醫罔效，欲取刃自裁，其姑曰：『汝子甫五月，設汝死，吾兩人誰依？不如先汝死。』奪刃亦欲自盡。氏驚而止，以事姑撫子爲己任，曲盡孝養。誡其子曰：『汝身孤危，讀書砥行，功宜百倍，延師結友，皆吾指血所辦。』子芬仁，邑庠生。《錢塘縣志》

姚氏　又度女。七齡，母病，侍湯藥惟謹，人以孝稱之。十七，歸吴霄，篝燈佐讀，克盡婦道。二十六，夫亡，痛不欲生。柰家有三喪未舉，藐孤在抱，不忍委棄，飲泣含悲力持門户，凡殯葬之事，經畫周詳。遺孤痘殤，繼姪爲嗣，恩勤無異。年六十三，奉旨旌表。《錢塘縣志》

鮑氏　歙人，江以鼇妻。年二十九，夫歿，守節四十餘年。康熙四十五年，奉旨旌表。舊《志》

吴氏　年十八適嚴曾采，嚴授新昌教諭，未任而卒。氏婚十載，冰霜自厲，至六十而歿，遺命子烼等：『必告而父友章撫功，爲誌吾墓，毋忘吾艱苦也。』康熙四十九年，奉旨旌獎。《錢塘縣志》

胡氏　汪躍妻，州別駕濤涵女也。幼淑慧，嫻《内則》，年二十一，歸汪。汪以名諸生舉明經對策，歿於京師，胡年二十九，聞訃，欲以身殉。上念尊章，俯憐稚子，忍死，以婦代子，以母兼父，備極辛勤。

後孤復不禄，既以哭夫者哭子，又以教子者教孫，冰霜苦節，歷三十年。《錢塘縣志》

戴氏　生員吴錫妻。錫病瘵，甫婚，即侍湯藥，病革，誓請先死。其母慰之，氏曰：『女從嚴命，以身適人，義惟從一，不能兩全。』舅復沮之，氏曰：『翁有叔可奉，未亡人少，無所出分，宜從夫地下。且既以死許義，難食言。』遂從容拜辭尊屬。勺水不入口，凡可以求死者，無不爲之，最後紿小婢屑金珥並壞玻璃器，仰吞之，膽破，嘔碧血數升死。邑人哀之，上其事於官，且醵金葬於葛嶺之西，就其地建祠曰吞金祠。《錢塘縣志》。按：祠於庚子年，爲王燧毁作別業，燧籍没，改僧舍。

汪氏　贈中憲大夫汪汝謙女，太學生吴望中妻。生而貞静，動嫻禮法，事舅姑以孝。望中遊學四方，竟以客死。氏聞訃，慟絶，久乃得蘇。撫孤璆行，俾其成立，茹荼飲蘗，備極人所不堪。已而璆行又死，復撫兩孫成立，授之室，喟然曰：『而今而後，未亡人畢乃事矣。』壽八十，守節五十三年。氏少承父訓，能詩文，及夫死，悉焚筆硯及所吟詠，故外罕有知者。《錢塘縣志》

吴氏　歙人，如梁次女。幼端莊，通《孝經》《内則》。年十五，適文學朱南弦。弦得瘵疾，氏侍湯藥，衣不解帶者二載。既殁，氏屏去羅綺，獨處一室，非定省享祀，足不逾閾。兩遭火，家業灰盡，氏百計以供甘旨。後三十年，疾篤，姑勸之藥，謝不飲，體寒索被，婢覆以文綺，卻曰：『非我所宜。』揮去之。既屬纊，姑召内戚至死所議喪事，氏忽張目曰：『此内寢也，雖死不可令外人入。』學使周清原書額以旌，曰『志盟孤雁』。舊《志》

鄭氏　孝廉吉士妹，文學汪用昭妻。幼喜讀書，每就兄質疑義必通解而後已。及笄歸汪，代姑經理家事，能得堂上心。昭爲名諸生，廣交遊，善結納。家貧，氏脱簪珥以供不逮。年三十，夫殁，遺孤九歲，姑老，氏不辭勞瘁，供甘旨無缺，撫子成立。守節三十五年。舊《志》

方氏　文學振先女。幼嗜書史，曾刲股療父疾。年十九，歸金建烈。氏治家有法，二十九而寡，卒年八十八，守節六十年。方烈之歿，遭兵燹，家道中落，氏健持門户，嚴以訓子，嘗述先世事，誡以毋忘艱苦，有古陶孟風。《休寧縣志》

許氏　鮑應謨妻，壬辰進士許書姪女。年二十七而寡，上侍六十孀姑，下撫七齡弱子。娶媳五載而子歿，媳黄氏又寡。三世孀居，零丁孤苦。氏承先啓後，孝慈並至，邑里稱之，有『三世孤芳，一門節孝』之譽。舊《志》

汪氏　鮑應桂妻，年二十六，夫歿，遺孤錦錫甫二齡。氏教以義方，及長，命就外傅，不事姑息。人謂『錦錫母教，過於嚴父』。舊《志》

程氏　鮑應選妻。年二十二，夫死於火，氏欲以身殉，念二孤文錫、世錫尚幼，矢志守節，之死靡他。舊《志》

程氏　鮑文錫妻。于歸未逾月，夫死，氏年未二十，遺腹生子鳳翔，氏撫之，茹荼終老。舊《志》

程氏　鮑應佶妻，年二十二，夫溺水死。囊橐蕭然，遺孤策錫方襁褓，鞠養成立。嘗脱簪珥以奉舅姑。氏每枵腹，而堂上甘旨無缺。舊《志》

方氏　鮑元任妻，結褵未一載，夫歿。氏守志不移，撫遺腹子應瑞成立。壽終八旬，賢著一鄉。舊《志》

黄氏　鮑望錫妻，大傑之女。于歸四載，夫歿。奉兩世孀姑，撫子光朗，歷盡荼苦。自許氏至黄氏，爲鮑氏一門七節。康熙五十年，督學吴垣題請旌表，奉旨建坊，入仁、錢二縣節孝祠。舊《志》

葉氏　鮑安鼎妻，年二十，夫歿。貧窶特甚，藉鍼紉撫孤子立忠成立。鄉里咸頌其賢。鮑氏七節之後，葉復益而爲八。舊《志》

程氏　貢生葉世寵繼室，歸葉未一載，夫歿。苦節以事舅姑，色養備至。撫前室之女，如己出，教

子義方，有丸熊畫荻之風。節孝之稱，里黨無異詞云。《錢塘縣志》

胡氏　黟之宏村人，適汪純元，甫兩月，夫卒於杭。婦聞訃，墮樓絶而復蘇，姑諭之曰：『爾縱欲相從地下，應服三年喪。』氏許諾，乃服三年喪。日夕悲號，不出庭户。服闋，婦迎姑拜於堂上曰：『媳失所天，今已終喪，弗獲侍奉。』遂徧拜妯娌，諄諄以善事舅姑爲囑，乃密紉衣裳，絶食七日而死。年二十八。《黟縣志》

汪氏　休寧人，適同邑庠生吴文斌。斌屢躓棘闈，齎志以殁。氏茹荼守志，撫孤成立，四十餘年，以壽終。舊《志》

吴氏　國學生汪棠妻，性至孝，有德耀風。汪得疾，彌留之際，謂氏曰：『吾素稔汝志，但堂上姑老及此藐孤。』向氏欽泣弗言，及汪殁，菽水盡歡，晨夕罔缺，義方訓子，不少假借。《錢塘縣志》

吴氏　汪廷樞妻，樞素尫怯，不勝家事，氏悉任之。時翁亦抱病，繼姑在堂，備參苓、供甘脆，不遺餘力。樞疾篤，氏祈天請代，竟不起。未逾月，長子復殤，次子起熹苦孱弱，氏竭力維持，幸得成立。舅姑喪葬，盡哀盡禮，勤苦操作，里稱慈孝焉。舊《志》

吴氏　年十八適庠生戴永崑。年二十，夫遘疾卒，氏觸棺流血，不願獨生，舅姑諭止之。苦節三十五年，不輕出庭户，不延見姻戚。姑疾，謹奉湯藥，晨夕不離，及殁，喪葬盡禮，撫子女各成立。浙撫王然，督學吴垣、汪漋，各旌其廬。康熙五十九年，題請建坊。雍正三年，奉恩詔從祀節孝祠。舊《志》

潘氏　汪之萼妻，性謙婉，能謹慎以事舅姑。萼勇於行義，嘗出千金周急，氏脱簪珥相之。以禮法治家，曾元五世，同居共爨。人以緩急告者，無不應，至再三，無倦容，親族鄰里賴以舉火者百餘家。年九十而卒。舊《志》

汪氏　歙文學鳴烈次女，年十九，適同邑吴觀珪。事舅姑惟謹，相夫克盡婦道。二十五，夫殁，舅姑已老，子僅三歲，忍死，盡脱簪珥，衣麤茹素，事鍼紉以謀甘旨。會姑疾，割臂肉和藥以進，遂得愈。稱未亡人者，四十年。後疾篤，子國鉞年十六，亦割股以療母，氏可謂有子矣。乾隆二年，奉旨旌表，後從祀錢塘節孝祠。《錢塘縣志》

戴氏　年十八，適王起泮，二十二，夫歿，事舅姑極盡孝養，苦節三十九年。舊《志》

陸氏　孫煃妻，性端謹，明大義。年二十五，夫亡，孝奉八旬之翁，敬謹不怠，撫幼嗣思敏成立。青年守志，白首完貞。康熙五十九年，學使汪漋、巡撫朱軾會題，奉旨旌表。舊《志》

黄氏　錢塘貢生汪掄柱伯母，汪如衡妻。年甫二十，衡即早逝，無子嗣。氏矢志守節，至五十五歲而卒。當夫病時，氏晨昏祈禱，願以身代，後復絶粒，欲以身殉，因姑勸勉纔進粒米。守節三十六年。婦兼子職，竭盡孝道，平居未嘗一見笑容，一飾簪珥。紡績之暇，惟理《女孝經》訓所撫女，宗族鄉黨莫不推敬。府縣學使俱經旌獎，給有『歲寒勁節』『冰雪貞操』『貞節可風』等匾額。所撫女適黄建績，亦早歲守寡，至今苦節已三十年，皆得諸母訓云。舊《志》

黄氏　吴嘉謨妻，幼聰慧過人，博通經史，且嫻《内則》，戚屬奉以爲師。嘗手訂《左傳》、韓文，授其子。每與諸孫輩論古今成敗事，反覆引證，至中夜不輟，論者比之『曹大家』云。舊《志》

凌氏、黄氏　俱歙人，姑媳也。凌年十八，適生員江榮舉，二十六歲，夫歿，守節五十九年。凡翁姑生養死葬，盡心竭力，無失禮焉。壽八十五。康熙五十年，奉旨旌表。黄氏，年二十二，歸凌氏之子江臣。年二十八，臣歿。家貧，紡績以奉孀姑，苦節三十餘年。雍正元年，奉旨旌表。舊《志》

畢氏　三錫女，太學生許頤齡繼室。孝事其姑。夫歿，六子俱在稚齡，家事巨細，一身肩之，出納有方，進退有度。延名師、集良友，以成子學業。年六十誕辰，諸子奉觴上壽，氏曰：『吾半生勤瘁，惟冀爾等成立，以報爾父於地下，今志已遂，吾從此逝矣。』遂端坐而逝。四方人士聞而異之，各爲詩文

以誄，彙曰《高陽集》。舊《志》

吴氏　歙人，文學汪跗妻。及笄來歸，敬事姑嫜，頗諳大體。跗喪，父哀泣骨立，竟以身毁。吴年二十四，欲以身殉，念姑老在堂，偷息以供甘旨，立嗣承祧，守節三十餘年，冰操如一日。雍正元年，請旨旌表，從祀女貞祠。《歙縣志》

毛氏　儒士鄭宏俊妻，上奉兩世姑嫜，敬謹不怠。結褵五載，夫遘危疾，氏每夜焚香祝天，願以身代，終不起。氏絶粒五六日，垂斃，姑慰曰：『爾止生一女，幸腹有遺孕，若生男，能續夫嗣，不更愈於死耶？』氏省悟後，果生男。二十餘年，茹飲冰蘗，女遣嫁，男授室，姑尚强飯，日進甘旨無缺。舊《志》

許氏　歙縣人，國學生鶴齡女。年十六，適同邑汪宏，事姑以孝聞。二十八而寡，足跡不出户庭。時子女俱幼，家貧，嘗至饘粥不給，矢志靡他，卒能教子成立，一女適甲辰進士胡甡。年五十四而卒。舊《志》

張氏　汪乘御側室，年二十七，汪卒。荼蘗自甘，織紝以供衣食，教二子以義方，宗黨莫不稱其賢。卒年六十二。《錢塘縣志》

戴氏　輔侯女，進士洪祕妹。年十八，適國學生汪廷枚，三載夫殁，慟絶復蘇，勉從舅姑命，含哀盡禮，數十年足不踰閾，歲時伏臘，痛哭失聲。聞者爲之感動，鄰里咸稱苦節云。舊《志》

汪氏　歲貢生汪於高女，文學戴鉶妻。年二十四而寡，遺孤六月。氏欲以身殉，姑慰之曰：『死節易，撫孤難，願婦爲其難者。』氏頷之。操作勤苦，竟以疾卒。遺篋有手書千言，皆教孤以立身行己之法。舊《志》

汪氏　生員許鼎文妻。夫殁，氏絶粒三日，腹有遺孕，父諭以『宜保夫嗣』，後果生男。養育成立。巡鹽御史顒圖表其盧，曰『守義垂慈』。《錢塘縣志》

胡氏　適休寧吴仲升，年二十二，夫殁，痛不欲生。姑慰之曰：『予尚存，寧忍棄予耶？』氏矢志事姑，守節五十四年。舊《志》

汪氏　年十九適儒士張文治，孝事舅姑，順相夫子。結褵五載，夫殁，氏絶粒數日，殞而復蘇；復投繯，爲家人救免。後翁因子喪抱病，不數日殁。氏傷舅夫並逝，乃於夫終七之期，自經棺次。有司旌其烈，附女貞祠祀焉。舊《志》

胡氏　黟人，汪煜妻。年二十四，夫死，矢節奉舅姑，教子璠讀書成名。守節垂五十年。舊《志》

吴氏　歙人，一桂次女。年十七，許字錢塘王之瀚，王貿易金閶，病殁。氏聞訃，欲以身殉，父母勸之勿聽。姑至，諭之曰：『爾雖未婚，是吾媳也。爾死，柰吾老何？』氏省悟，即隨姑而行，易衰麻，執婦禮，每食必哭拜於靈。鄉里聞之，莫不流涕。家貧，藉鍼紉以爲活，姑賴以存。舊《志》

王氏　汪僑側室，文學禹慶女。氏通舊史，奉僑母周氏極孝，養周年八十四而終。扶持左右，割股調羹。僑殁，三子俱幼，養育教誨，備極辛勤。年八十，守節四十年。五代繞膝，實天之所以酬節孝也。舊《志》

趙氏　貢生汪健師側室。汪原配葉氏，早殁，義不再娶，未有子，因納氏焉。年十九，歸汪，二十三而寡。時子又筠在襁褓，恩勤撫養，衣食嘗不給，有微言勸改適者，輒以死誓，立心謹慎，教子尤嚴，守節三十五年。舊《志》

邱氏　州同知以黄女，適國學生汪元善。年二十九，汪卒，痛不欲生，因姑老，守節以事。迨姑殁，喪葬盡禮，茹荼飲蘗。守節三十年。舊《志》

汪氏　休寧人，年二十適仁和倪瑶。結褵五載，夫殁，矢志靡他，撫孤成立。卒年五十八，苦節三十三年。舊《志》

吴氏　許字新安胡鶴，未嫁夫殁，即日過門，執婦禮泣曰：『吾已作未亡人，不死何爲？』家人勸慰再三，勿聽，守伺密不得間。踰年，投繯卒。舊《志》

程氏　張釪妻。夫殁，生一子，哭其父，亦殁，媳投繯以殉。氏痛不欲生，因不忍絶其夫之嗣，繼姪爲子，教養成立。舊《志》

汪氏　張鑠妻，年四十而夫殁，三子俱幼，江曰：『夫死，予當從死。但不忍藐孤之不育，以負夫於地下。』乃延名師，躬督課，三子皆有聲庠序。江以壽考終。舊《志》

葉氏　菁長女，適文學吴世模，事舅姑以孝稱。夫早世，哀毁絶食，誓不欲生。姑曰：『汝死，奈我老何？况有遺腹？奉姑保嗣，事之大者。』氏泣遵姑命，孝敬備至，及生子，訓以義方。凡祭祀婚姻，悉有操持。姻戚莫不加敬。舊《志》

趙氏　歙人，吴式鍔妻。年二十，夫殁，繼姪爲嗣，矢志凛冰。年五十四，守節三十四年。學使汪灐以『節茂松筠』旌其間。舊《志》

邵氏　年十八，歸江俊。二十五，夫殁，孝事舅姑，義方訓子。苦節三十載，閭里咸稱節孝云。舊《志》

姚氏　蘆瀝竈生朱吉人妻，少習女史，識大體。年十七，歸朱，恭儉循禮，得老姑歡。未浹歲，夫卒，遺腹生女，撫嗣子炎嚴而有法。晚年，出紡績資，營先人葬事，建宗祠，置祭産，呈縣勒石，俾子孫世守勿替。邑令王偉給旌，進士趙光緒爲作《傳》。《嘉興府志》

吴氏　年十八，適王國正，二十五歲而國正卒，氏絶粒投繯，願從地下。翁姑苦勸，得免。戢影深閨，早夜操作，雖至戚，罕聞聲睹面者。至四十二，其叔國祥始生一子，蔭華氏，即敬告宗黨，立祀承祧。壽七十一而卒。康熙五十九年，奉旨旌表。國祥天性孝友，濟困周急，事寡嫂誠敬備至。舊《志》

王氏　錢塘汪雲瑞妻，年二十八而寡，子女俱幼，有伯氏不相顧，王益堅持。伯氏歿，遺二子，王收撫之，曰：『吾爲祖宗計爾，德怨非所計也。』守節六十三年。康熙五十二，題請旌表。《浙江通志》《杭州府志》

蔣氏　仁和朱恒孚側室，年二十九而寡。事姑撫子女，艱苦備嘗，守節四十三年而卒。雍正八年，題請旌表，崇祀女貞祠。《浙江通志》《杭州府志》

唐氏、郎氏　仁和人，姑媳也。唐爲沈靈長妻，年二十九而寡，遺孤二。次子宏道娶郎氏，年十七亦寡，奉侍孀姑，撫姪爲子。唐守節二十八年。雍正七年，題旌。郎守節三十九年，乾隆十二年題旌，稱『一門雙節』。《浙江通志》《杭州府志》

汪氏　仁和沈涇妻。夫歿逾月，送殯歸，夜就寢所，呼婢至，遺書別舅姑，服滷卒，時年二十一。乾隆六年，題請旌表。《杭州府志》

顧氏　錢塘舉人汪坤妻。年十一，父病歿，哭不絶聲，母慰諭之。日不敢哭，夜淚漬枕席。晚年，諸女窺顧左臂有三瘢，堅詰再三，顧流涕曰：『此汝外祖母及汝父病劇時所刲，此汝祖母彌留時所刲，以和糜而進者也。』杭世駿撰《傳》，《浙江通志》《杭州府志》

周氏　錢塘副榜范江妻，年二十九而寡。翁姑在堂，事之盡禮，撫姪榕爲己子，守節三十五年。乾隆八年，題請旌表。《杭州府志》

陸氏　仁和朱四銘妻，年二十七而寡。越二年，鄰火逼其廬，四銘柩不能出，陸以二幼子屬兄，即伏棺誓以身殉。已而，風轉火熄，廬舍獲全。守節二十八年。明大義，營辦其夫與姑之喪，遺嫁其兄公之遺女，皆從指血出。乾隆十二年，題請旌表。王曾祥撰《傳》

汪氏　錢塘許浙妻，年二十五而寡。事姑盡禮，撫姪爲子，克承先業。苦節三十八年。乾隆十四

年，題請旌表。《題旌册》

孫氏　錢塘監生周兆鳳妻。姑疾，朝夕侍寢室，割右股和藥以進。翁姑殁，典釵治斂。旋以母陳病劇，日夜哀號，籲天願以身代，復割左股以投藥。子寯、鼎，皆教以成名。《採訪册》

趙氏　沈太白妻，夫早喪，撫孤，備嘗艱苦。姑陳病篤，趙誓以身代，刲股至再三，姑稍愈，持其股而泣，呼曰『孝婦』，氏亦泣。《浙江通志》

趙氏　仁和庠生王逵妻，年二十三而寡，卒年六十五。乾隆十七年，題請旌表。《公舉事實》

朱氏，錢塘汪浦妾。年二十二而寡。佐嫡妻撫姪爲子，守節五十年。乾隆二十五年，題請旌表。《杭州府志》

王氏，錢塘舉人殳聞望妻。蚤寡，苦節撫孤。乾隆二十六年，題旌。汪沆撰《傳》

鍾氏　諸生汪南之妻，年十九歸汪，逾年，夫亡。矢志苦節，孝事翁姑，嗣姪道翀，撫育成名。題請旌表。《公舉事實》

王氏　幼字方芝，芝殁，王年十六，未婚。聞信，即投繯，家人急救之，甦，母勸慰再四，許歸芝家。芝家故貧，孀母汪慮日後無依，不允所請。王誓不欲生，因防護甚嚴，不得間。越年成疾，值上元，一婢侍王，王賺之出户取飲，乘間自縊，卒合葬芝塚。乾隆二十三年，題請旌表。袁枚撰《傳》

張氏、李氏　妯娌也，仁和人。張爲楊曰廣妻，年二十七而寡；李爲楊曰榮妻，年二十四而寡。張無子，李遺腹生男，承祧大宗，爲李後，共撫成立。事姑均盡孝養。張守節二十七年，卒；李守節二十一年，卒。《杭州府志》

文氏　仁和朱學緒繼妻，年二十四，歸於朱，甫十月而寡。以姪閏爲嗣，上奉舅姑，克全夫孝；下撫嗣子閏，曲盡母訓。守節五十八年。乾隆二十九年，題請旌表，崇祀女貞祠。《公舉事實》

朱氏　仁和監生戴時若妻。蚤年喪夫，上事衰翁，下撫孤子，米鹽零雜，取給十指。從娣卒，遺子甫三日，朱撫如己子，俾至成人，及長孫道亨，教之得以成名。卒年七十九，守節五十餘載。《採訪册》

鮑氏　仁和殳圻妾，年十七，圻殁。先時，圻子錫鬯赴禮部試，殁於京，鮑苦志撫其嗣孫聞望成孝廉，旋卒，無子，氏又與聞望妻王氏撫其嗣孤蕙，曲盡劬勞，宗祀賴以不絶。守節三十餘年。《採訪册》

吴氏　方光熉妻。蚤失所天，苦節五十年。《採訪册》

程氏　江南歙縣人，隨父程俊公業鹾來杭，適贈修職郎、儒士吴維勳。二十七歲，夫亡，孝事舅姑，撫育嗣子。於乾隆三十二年，題請旌表。《公舉事實》

姚氏、戚氏　嫡庶也。姚爲錢塘儒士汪元燈聘妻，未結褵，而元燈先置戚女爲箆室，舉一子。未幾，元燈卒，姚請於父母，登汪氏門，居夫喪盡禮。親點六經教子，與戚守節四十餘年。《杭州府志》

楊氏、趙氏　姑媳也。楊爲錢塘許承勳妻，年二十三而寡，遺孤培甫三齡，姑老三世，柩殯淺土，楊一一營葬，守節四十八年。乾隆三十一年，題請旌表。趙爲承勳子培妻，年二十三而培卒。事姑治家，鉅細悉當，遺腹孿生，撫以成立。年四十卒。乾隆五十九年，題請旌表。《許氏家傳》

吴氏　歙縣汪啓耀妻。家本貧寠，夫客於楚，年二十四。聞夫訃至，矢志守節，勤事女紅，以養舅姑。鞠育遺孤增琪成立，授室。未幾，子與婦相繼殁，孫又早殤，乃以姪孫爲增琪後。苦節四十八年。乾隆三十八年，題請旌表。《題旌册》

汪氏　仁和人，武解元朱仁妻。年二十七，仁殁於京邸。子鉉方髫齡，汪泣血撫孤，事姑盡孝。後鉉官廣西淩雲知縣，封孺人。乾隆四十二年，題請旌表，崇祀女貞祠。《題旌册》

杭氏　仁和朱然妻，夫死無子，家貧苦節。乾隆四十二年，題請旌表，入祀女貞祠。《題旌册》

葉氏　殳澤普妻。年十九夫亡，撫嗣孤成立。乾隆四十四年，題請旌表。張樞撰《傳》

袁氏　錢塘陳室田妻，年二十八而寡。撫孤，教養兼至，以次子琪繼夫兄後。年六十五卒。乾隆四十七年，題請旌表。嗣以琪官，貤贈恭人。《杭府學節孝題名碑》

王氏　錢塘監生吴同瑛妻，年二十八而寡。有子二，教養兼至。後二子相繼亡，僅遺幼孫，復訓養成人。苦節三十三年。《採訪册》

夏氏　錢塘諸生吴同瑗妻，年二十一而寡。事舅姑盡禮，撫姪一慎爲子。守節四十三年。《採訪册》

陸氏　錢塘庠生吴國鏘妻，年二十九而寡，守節四十餘年。旋一門凋謝，陸以孑身賴弟存立，又十餘年卒。乾隆四十八年，題請旌表。《題旌册》

許氏　錢塘金椿之妻，年二十二而寡。事翁如父，撫姪治家盡禮。卒年六十。乾隆四十八，題請旌表。《杭府學節孝題名碑》

宋氏　仁和諸生錢修禮妻，年二十七而寡。姑蚤世，遺叔修永尚幼，教育兼至，得以成立。卒年六十三。巡撫熊學鵬題其門曰『清標彤管』。《題旌册》

王氏　仁和朱學彩妻，年十八，適朱，九月而夫歿。王柏舟自矢，苦節三十餘年。以姪袞爲嗣，撫之成名。乾隆四十九年，題請旌表，崇祀女貞祠。《題旌册》

姚氏、余氏　姑媳也。姚爲仁和張鎮方妻，鎮歿，即欲身殉，翁姑勉以撫孤，乃止。勤紡織，生養死葬皆以禮。子開遠教育成立，娶余氏生孫，而開遠又卒，同余撫孤。姚守節四十二年，余守節三十八年，均於乾隆四十九年，題請旌表。《題旌册》

嚴氏　戴文煌妻。蚤寡，撫遺腹子福基成名。乾隆四十九年，請旌。《題旌册》

汪氏　錢塘吴仁標妻。年二十一而寡，以姪平心爲嗣，上事翁姑，下撫幼子，苦節四十餘年。乾

隆五十一年，題請旌表。《杭府學節孝題名碑》

汪氏　錢塘王崇基妻。年十九而寡，守節五十餘年。乾隆五十四年，題請旌表。《題旌册》

姚氏　錢塘舉人吴紫滄妾。紫滄卒，子世騶甫十齡，姚撫以成立。守節三十年。乾隆五十五年，題請旌表，以世騶議敘，封恭人。《題旌册》

施氏　仁和葉聲伯繼妻。年二十七而寡，子以詠、方周、晬施。事姑以孝，教子以禮。守節三十餘年，卒。《杭府學節孝題名碑》

項氏　錢塘吴厚標妻，年二十一而寡。事舅姑以孝聞，繼姪雄心爲嗣，年三十五卒。《杭府學節孝題名碑》

沈氏　錢塘張世煌妻，年二十八而寡。事翁姑盡孝，撫兩繼皆成立。家貧，艱苦備嘗。卒年四十五。《採訪册》

陳氏　錢塘吴驥妻，年二十三而寡。事姑撫子，慈孝兼盡。卒年六十四。乾隆五十五年，題請旌表。《題旌册》

許氏　儒士汪辛師妻，年二十九而寡。撫姪又銘爲嗣，又銘夭，訓姪得稻讀書成孝廉。守節三十四載。《採訪册》

汪氏　錢塘顧天德妻，年二十二而寡。事祖姑及姑盡禮，以姪學賢爲子，尋學賢又卒，復撫姪孫楨爲孫，教之成立。苦節三十餘年，卒。乾隆五十七年，題請旌表。《題旌册》

沈氏　錢塘周書章妻。壽臻百歲，五世一堂。乾隆五十七年題奏，奉旨給帑建坊，並給『貞壽之門』匾額。《禮部咨文》

王氏　錢塘貢生許天章妾，佐嫡室，事姑克盡孝道。年三十而天章殁，苦節數十年。子翀日課以

書，丙午舉於鄉。年六十二卒。吴省蘭撰《傳》，《杭府學節孝題名碑》

畢氏　仁和葉世濬妻，年二十而寡。家貧，夜織奉姑，撫姪爲子，教養有方。守節五十餘載，卒年七十七。《杭府學節孝題名碑》

胡氏　錢塘監生金以淦妻，年二十九而寡。事姑盡孝，撫幼叔及孤，均成立。年六十一卒。乾隆五十八年，題請旌表。《題旌册》

汪氏　錢塘許泰然妻，年二十二歸許，未二載，而夫卒。以有身，故冀得子以延宗祀。匝月，舉一女，汪誓不更生，絶粒數日而卒。張映辰撰《傳》

胡氏　仁和監生李宗烈妻，年二十二而寡。事翁盡孝，以姪紹城爲子，教以義方。卒年五十五。乾隆六十年，題請旌表。《題旌册》

杭氏　仁和計升元妻，年二十九而寡。祖姑及姑皆在堂。家極貧，杭女紅孝養，教子讀書。祖姑目疾雙瞽，杭每日晨興以舌舐目，久而復明，人言節孝之報。見年六十五歲。嘉慶元年，題請旌表。《題旌册》

江氏　仁和人，生員朱繡聘妻。未婚而繡卒，江歸夫家。四年，祖姑及姑相繼殁，於幼叔、小姑教育備至，婚嫁盡禮，撫姪福年爲己子，教之成名。嘉慶元年題請旌表。《題旌册》

仲氏　仁和鄭基妻。年二十三適基，半載，基渡錢江溺焉。屍失所在，仲乘小舟，沿江上下號慟一晝夜，得屍。歸，變奩具以斂，手描夫像，朝夕事之。姑老，勤鍼黹以養。守節四十餘年。《杭府學節孝題名碑》

朱氏　仁和方有坤妻。年十八歸方，十七日而有坤卒。以族姪沆爲嗣，纔五齡，引翼至成人。守節五十餘年而殁。《杭府學節孝題名碑》

鍾氏　錢塘沈思文妻，年十九而寡。家無立錐，苦志厲節。見年七十八歲。《採訪册》

汪氏　錢塘吴同璠妻，年二十二而寡。撫姪一懋爲子，守節四十餘年。《杭府學節孝題名碑》

谷氏　錢塘莫廣義妻，年十九而寡。事翁姑，撫幼子，備歷艱辛。見年五十五歲。嘉慶三年題請旌表。《題旌册》

葉氏　錢塘陳世潤妻，年二十九而寡。撫姪繼祚爲子，苦志教養，守節三十餘年。《杭府學節孝題名碑》

吴氏　戴文默之妻，蚤寡，苦志守節。嘉慶三年，題請旌表。《題旌册》

鮑氏　仁和葉寧遠妻，年二十一而寡。繼子以澐，撫之成立，守節三十餘年。《杭府學節孝題名碑》

陳氏　錢塘莫同璆妻，年二十六而寡，事舅姑以孝稱。《採訪册》

陳氏　錢塘監生吴一恒妻。年二十五夫亡，慟不欲生，因腹有遺娠，不果死。生子理謌，教以成名。一生苦節。《採訪册》

金氏　錢塘許景懷繼妻，年二十九而寡。矢志守貞，越七年而子殤，越十二年而翁歿。金爲翁姑及夫營葬盡禮，守節三十餘年。《採訪册》

吴氏　錢塘監生鄭紳妻，年二十四而寡。紳卒，吴爲營窀穸，上及三代。撫孤有成，見年五十九歲。嘉慶三年題請旌表。《題旌册》

王氏　仁和儒童姚清妻。年二十歲，夫歿，家無恒産，舅已年邁。氏日夜紡織，以供養膳。迨舅病劇，泣謂之曰：『予不幸，爾夫早喪，予又延喘十有餘年，此皆賴爾孝養所致。今疾不起，爾煢煢無子，累爾苦守至此何極。』言訖而逝。氏典鬻浄盡以資喪葬，聞者皆爲墮淚。守節六十年。嘉慶六年請旌。《題旌册》

周氏　錢塘監生顧天敘妾，年二十五而寡。見年五十七歲，守節三十餘年。《採訪册》

任氏、錢氏、王氏、葉氏　皆妯娌也。任爲錢塘吴聿綱妻，年十七而寡，撫遺腹子培，婦節母範，爲閭里冠。錢爲聿經妻，年二十九而寡，二子增、坦俱幼，錢苦節課子成立。王爲聿紀妻，年三十而聿紀卒，遺孤墉纔五十八日，撫育備至。葉爲聿緯妻，年二十八而寡，無子守節，與任、王、錢並以貞操著稱，一門四節云。《採訪册》

江氏　杭州項紹祖妻，年二十二歲夫殁，子大桂纔三歲。奉養舅姑及祖姑，克盡孝道。守節三十五年。《採訪册》

潘氏　王坤年妻，居德清。年二十而寡，子廷育甫晬歲，食貧撫養，苦節三十九年。廷育先潘二年病死，竟無嗣，閭里哀之。《採訪册》

王氏　張方來妻，居嘉興。年二十一歸方來，四十日，夫死，守節三十八年。閉户煢煢紡績自給。《嘉興府志》

張氏　監生吴守頤妻，居嘉興。年三十，夫死，子坦甫九歲，守貞教子，治家有法。《採訪册》

諸氏　殳湖妻，年二十七夫亡。食貧教子，苦節五十餘年。《採訪册》

葉氏　仁和諸生夏璜妻，年二十三歸璜，家徒壁立。越三年，璜卒，遺腹生子，恩勤鞠育，備歷艱辛。翁姑相繼殁，喪葬盡禮。子甫冠，又遘疾卒，葉仰天椎心，曰：『未亡人不即從夫地下者，爲延夏氏一脈耳，今奚以生爲泣告先靈。』闔户，自經死。金甡撰《傳》，《杭府學節孝題名碑》

江氏　贈文林郎戴永梓妻，年十九而永梓卒。慟哭欲殉，舅姑慰勉之。立姪炳爲嗣，辛勤教育，守節二十年卒。《湖州府志》。後炳以孝廉出宰雲陽彭水，清介有惠績，人謂得之母訓居多。《採訪册》

許氏　戴永榮妻。長子炳出繼永梓後，氏撫幼子焜成立，飲蘗茹荼，苦節彌堅。《湖州府志》

田氏　錢塘汪南山之妻，年二十二而寡。奉姑者十二年，祇憑十指。姑歿，斂含盡禮。子亦成立。見年五十八歲，守節三十餘年。《採訪册》

汪氏　歙縣唐官富妻，年十七歸唐。舅忽發狂疾，不知所之，官富號泣追尋，涉水溺死。汪撫遺腹子，苦節數十年，里人稱其夫婦爲『節孝雙美』云。《勉戒切要録》

鍾氏　仁和朱慶年妻。未婚，夫卒，鍾年二十四歲，守貞自矢。夫家無以爲生，戚族勸解再三，氏心益堅。越二載，卒歸夫家，以十指給饘粥，孝奉舅姑，甘貧如飴。《採訪册》

冬梅　徽郡許世達使女也。年十五，世達殁，遺子未周晬，主母亦病篤。冬梅泣曰：『主母萬一不幸，婢子願撫幼主。』洎殁，家人利其資，欲先嫁冬梅，冬梅度不可脱，慨然登輿，路經世達故人汪某之門，曰：『曩有服飾寄此，請入取之。』遂下輿，訴於汪某，事得已。撫主成立，娶婦育子，許氏宗祧，藉以不墜。壽八十二，以處子終。《勉戒切要録》

葉貞女　名娟，錢塘訓導葉庠榴之女。少聰慧，讀書知大義，兼嫻女紅。笄而失恃，事父至孝，下撫弟妹，有疾，終身不字。著有詩二卷，不以示人。年六十七卒。《採訪册》

王氏　錢塘庠生王鋐女，朱鳳苞妻。夫卒未葬，嘉慶元年十月，鄰人失火，王叔伯皆遠宦，家無壯丁舁柩，甫出門，火及之，舁柩者逃，促氏疾走，氏號泣不行，伏柩上焚死，三子皆幼，牽母衣同斃。時氏年三十九。鋐，字蓮湖，工詩，有集四卷。顧光撰《傳》

汪氏　休寧方百慶妻，年十八而寡。家極貧，以十指所出撫遺女，育繼子，苦節數十年。見年五十六歲。《採訪册》

趙氏　休寧余益元妻，年二十三而寡。逾年，遺女殤，趙以鍼黹自給。年六十四殁。《採訪册》

余氏　休寧潘成老妻，年二十九而寡。家貧甚，茹荼養子，得有成立。見年六十七歲。《採訪册》

汪氏　幼字仁邑庠生孫炳子大有，炳歿，大有悲毁殊甚，遺命攻書，摒擋家務外，即寢苦發憤，竟以哀勞致羸疾卒。汪年二十歲，聞訃，投繯幾殆，母葉勸救得免。遂矢志奔喪，事老姑，以孝稱。守貞三十七年。《杭州府志》

江氏　幼時刲股療母疾，以孝聞。長字汪棠之子熛，將娶，而熛殁，江年十九，矢志守貞，願以斬衰奔喪，父母不許，遂絶粒誓死以殉。姑聞之，高其義，迎歸。孝事兩代孀姑，二十五年如一日，喪葬盡禮，守貞五十五年。《杭州府志》

鮑氏　歙縣人，鮑倚樓女。年二十一，適錢塘庠生王世法，婚三載，夫卒。氏矢志孝事舅姑，喪葬如禮，撫繼子士模成立，又撫叔氏三女，以時遣嫁。苦節五十一年。《王氏家傳》

黄氏　年十八歲，適錢塘貴州水利糧驛道沈遷爲側室。二十八歲，夫故，守節。見年七十二歲，於嘉慶六年請旌。《題旌册》

吴氏　錢塘學生許承堯妻。承堯刲股療母得疾，吴即刲股療夫，不效，尋卒，無子，伯兄承基以次子嗣箎嗣。載前人物嗣箎年二十七又卒，吴復與婦葉氏撫兩孫，皆成立。西湖昭慶律寺戒壇燬於火，吴獨力起建，巋然一新。《昭慶寺志》居家登樓拜佛，五十年如一日。壽八十一，無疾終。《家傳》今葉長齋繡佛，又將二十年，苦志繼姑。稱『雙節』云。《採訪册》

李氏　秀水葉廷璋妻。年二十四歸廷璋，時廷璋已病瘵，與姑共寢，醫藥調護惟謹，甫九月而廷璋卒。食貧守節，奉姑盡孝，撫嗣子，教以成立。卒年五十四。《採訪册》

徐氏　秀水汪勝林妻。年二十七而寡，僅遺一女，煢煢相依，荼苦冰霜垂四十年。女適嘉興葉明山，年二十七亦孀居。貞操如其母。《採訪册》

朱氏　錢塘監生項廷機妻。廷機力學成瘵，早殁。氏矢志奉姑，以孝聞。延師課二子，修脯飲膳必極豐腆，不繼，質奩飾佐之。壬申，次子範年舉孝廉，人皆以爲尊師之報。壽八十六，無疾終。其姪媳沈氏，年二十一而夫燾元亡，即奉其木主於所居之樓，晝夜對之悲泣，歲時，則奉木主至家廟，祭畢，復歸於樓，率以爲常。持齋服布，苦節以終。《家傳》

潘氏　仁和諸生沈同鳴妻。年二十一而寡。同鳴，字直夫，有文名，無子。潘抱其遺文，矢志付剞劂，以不死其夫。同邑諸門人爲刻《直夫遺文稾》行世，潘立繼守貞。年四十一，嘔碧血卒，苦節二十餘年。陳庭松撰《傳》

《欽定重修兩浙鹽法志》卷二十六終

欽定重修兩浙鹽法志卷二十七　藝文一

鹽法，食貨也。曷爲其紀藝文？蓋自『厥貢鹽絺』載於《書》，『謹正鹽筴』詳於子，食貨也。而國家經世之大法，非文無以行遠矣。秦漢而後，浙鹽所行未廣，文之見於載籍者絶少。降及唐、宋，代有著述，於章疏見政治之損益，於記序見官方之懋美。其他文人撰著，凡有關兩浙鹽筴經制，可以資考訂、備法戒者，舊《志》所缺，則增補之；舊《志》所録，而空言無事實，則芟汰之。是豈矜詞章之麗，藻示卷帙之繁富已哉！誠以聖朝良法美意，與前代名臣之所以興利除弊者，皆於此可見其梗概，彙而輯之，固載筆者之職也。志藝文。

制

授王播刑部尚書諸道鹽鐵轉運使制

唐・元稹

敕：漢諸儒議鹽鐵者百輩，終莫能罷。以其均口賦利，則貴賤盡徵於王府矣。而國家歲漕關東之粟帛以實京師，亦重事也。並是兩者，非才弗居。劍南四川節度副大使、知節度事、中散大夫、檢校户部尚書兼成都尹、御史大夫、賜紫金魚袋王播，昔我憲宗章武皇帝梟琳於夏，擒闢於蜀，縛錡於吴，而又繼之以元濟師道之役。十五年間，蓋繁費矣。然而資用饒而人不加賦，朕甚異焉。謀及耆艾，以求其故，皆曰：蜀帥播，是時司筦榷者八年，忠而能勤，善於其職。先皇帝咨訪委遇，用之不疑。下竭其才，而上專其任也。是用徵自益部，授之刑曹，復以舊務煩之，式所以藉爾奉力之熟耳。於戲！知人則哲，憲考能之。顧兹不明，敢有二事。爾其奉追先眷，佐予沖人，忠盡始終，以服休命。可守刑部尚書，充諸道鹽鐵轉運等使，散官、勳如故。

許懋爲兩浙轉運副使制

宋·曾鞏

敕具官某：朕擇遣使者，分部而治。雖以將漕爲稱，然實總民政之舉，措察吏屬之能否。蓋連數十城之地舉而屬之，其選豈不重哉！爾詳練敏明，宜服予采。蓋爾之職，非止於督賦斂、斷獄訟而已。惟除苛熄擾，可以使民遂其宜；惟務實去華，可以使吏馴其行。宣恩德而美風俗，待爾能善其官。可不勉歟，以祇朕命。可。

兩浙轉運副使許懋可令再任制

宋·蘇軾

敕具官許懋：吴越之人，凋敝久矣。朕方蠲理繁碎，以安養其衆，非得循吏察視郡縣，均通有無，則民何賴焉。以爾儒術精通，吏事詳敏，歷年於兹，民便其政。既信之俗，必易爲功，庶無新故更代之勞，而有上下相安之美。勉修前業，無怠日新。可。

蔣瑑兩浙運副梁澤民江西通判米友仁浙西提舉茶鹽鄭僑年江東提舉茶鹽王榕江西提舉茶鹽制

宋·劉一止

敕具官某：朕經理中原，費出尚廣。惟是四方賦租之入，山澤之利，以佐大農，部使者實總其事。故於選任之際，所不敢輕。爾瑑通練敏明，聞於朕聽；爾澤民莅事不苟，屢試有稱，其爲朕服輸將之勤，勿愆於素。爾友仁、爾僑年、爾榕，術業之茂，咸有可觀。通貨阜財，惟爾之責。其祇若予訓，懋乃職守，罔曰不克，惟既厥心，《書》之戒也。今朕亦云。可。

左司員外郎姚舜明直龍圖閣江淮荆浙等路發運副使制

宋・程俱

敕具官某：國仰六路之漕輸，給中都之貨食。既以責之部刺史，又以制置使者總之，以時其灌輸緩急低昂懋遷之宜。時巡以來，雖事異平日，而稱是職者，亦難其人。以爾才術疏通，踐揚中外。比於帥幕，召寘都司，還直龍圖。雖云舊物，時維新命，以重使華．無或病民，勉思裕國。可。

表

請弛鹽禁表

魏・甄琛

王者，道同天壤，施齊造化，濟時拯物，爲民父母。故年穀不登，爲民祈祀。乾坤所理，天子順之。山川秘利，天子通之。苟益生民，損躬無吝。如或所聚，唯爲賑恤。是以《月令》稱山林藪澤，有能取蔬食禽獸者，皆野虞教道之；其迭相侵奪者，罪之無赦。此明導民而弗禁，通有無以相濟也。《周禮》雖有川澤之禁，正所以防其殘盡，必令取之有時。斯所謂障護雖在公，更所以爲民守之耳。且一家之長，惠及子孫；一運之君，澤周天下。皆所以厚其所養，以爲國家之富。未有尊居父母，而醯醢是吝，富有萬品，而一物是規。今者，天爲黔首生鹽，國與黔首障護，假獲其利，是猶富專口斷，不及四體也。且天下夫婦，歲貢粟帛，四海之有，備奉一人。軍國之資，取給百姓，天子亦何患乎貧，而苟禁一池也。

古之王者，世有其民，或水火以濟其用，或巢宇以誨其居，或教農以去其饑，或訓衣以除其敝。故周《詩》稱教之誨之、飲之食之，皆所以撫覆導養，爲之求利者也。臣性昧，知理識無遠，尚每觀上古愛民之跡，時讀中葉驟税之書，未嘗不歎彼遠大、惜此近狹。今僞弊相承，仍崇關廛之税；大魏恢博，唯受穀帛之輸。是使遠方聞者，罔不歌德。昔亶父以棄寶得民，碩鼠以受財失衆。君王之義宜其高矣，魏之簡税惠實遠矣！《語》稱：『出納之吝，有司之福；施惠之難，人君之禍。』夫以府藏之物，猶以不施而爲災；況府外之利，而可吝之於黔首？且善藏者藏於民，不善藏者藏於府。藏於民者，民欣而君富；藏於府者，國怨而民貧。國怨，則示化有虧；民貧，則君無所取。願弛茲鹽禁，使沛然遠及。依《周禮》置川衡之法，使之監導而已。

請檢校鹽鐵表

唐・劉彤

臣聞漢孝武爲政，廄馬三十萬，後宫數萬人。外討戎衣，内興宫室，殫費之甚，實百當今。而古費多而貨有餘，今用少而財不足，何也？豈非古取山澤而今取貧民哉！取山澤，則公利厚，而人歸於農；取貧民，則公利薄，而人去其業。故先王作法也，山海有官，虞衡有職，輕重有術，禁發有時。一則專農，二則饒國，濟人盛事也，臣實爲今疑之。夫煮海爲鹽，採山鑄錢，伐木爲室，農餘之輩也。寒而無衣，饑而無食，傭賃是資者，窮苦之流也。若能以山海厚利資農餘之人，厚斂重徭免窮苦之子，所謂損有餘而益不足，帝王之道可不謂然乎？臣願陛下詔鹽、鐵、木等官收其利，貿遷於人，則不及數年，府有餘儲矣。然後下寬大之令，蠲窮獨之徭，可以惠群生，可以柔荒服。雖戎狄猾夏，堯湯水旱，無足虞也。惟陛下行之。

浙東提舉到任謝表

宋・朱熹

宣教郎、直秘閣、提舉兩浙東路常平茶鹽公事臣朱熹上表：臣言準告授臣前件差遣，填見闕。臣已於今月六日，就本路蕭山縣交割職事訖者。擢於偏壘，付以外臺，便道造朝，單車詣部。延見父老，問其疾苦之因；宣佈詔書，諭以丁寧之意。榮逾望表，懼溢情涯。伏念臣生長田間，棲遲林壑，居然樸拙，見謂迂疎，潛心切慕於師承，行己敢干於義命。會逢聖旦，參預時流，驟自草萊，起分符竹。乾坤大德，施且不貲；螻蟻私情，報於何有？屬歉歲，民無艱食，謂愚臣職有微勞，寵之册府之華，畀以近畿之節。雖駑馬之十駕，後者鞭之，然鼯鼠之五窮，技止此耳。毋乃累公朝之選，重以爲多士羞。茲蓋伏遇皇帝陛下闢舜四門，馭周八柄，欲尺寸之長並用，致孱微之品亦收。比奉對揚，親叨臨遣。大明委照，不棄負薪之言；零露疏恩，更下賜緡之令。顧愛所在，稱塞爲難。臣惟當恪意講求，因時施捨，不能則止。戒小己之便文，當官而行；效古人之報國，庶殫毫末。上答邱山。

代兩浙轉運使謝恩表

明・徐一夔

欽奉聖旨：除臣兩浙都轉鹽運司使。臣某謹奉表稱謝者，伏以聖恩下被，寵耀有加。拜命若驚，臨職愈懼。臣自揆疎賤，幸遇聖明，嘗忝備於使令，遂蒙任以轉輸。自淮遷浙，已經五載之餘；由初及今，未有一絲之補。常懷兢惕，每賜優容。詎意垂老之年，超授三品之秩，寵之已至，分則實逾。茲蓋伏遇陛下，量包八紘若海涵，而春育澤及萬物，如天施而地生。均囿大造之中，獨荷曲成之賜。臣惟當堅持晚節，恪謹官箴，式殫方寸之忱，少效涓塵之報。無任感恩，戀闕之至。謹奉表稱謝以聞。

書

減鹽價書

元・葉知本

臣聞漢宣帝詔曰：鹽，民之食，而價咸貴，衆庶重困，其減天下鹽價。漢時鹽價遠不可詳，臣以爲必輕於唐也。唐之鹽價，天寶、至德間，斗鹽十錢，是兩文銅錢一斤。自禄山叛亂，天下兵興，肅宗命第五琦轉運江淮財賦，始變鹽法，斗鹽增作一百一十，是二十二文一斤。至德宗，急於聚斂，相盧杞用陳少游加賦於民，斗鹽增至二百七十，召天下之民怨，啓朱泚之亂階，此則陳少游之罪也。順宗初立，即減鹽價。憲宗又減，大貴不過五十文一斤。宋之鹽價比唐尤賤，斤鹽八文，貴至四十七文而止。唐、宋用兵，仰鹽供給，其價不得不貴。今天下一統，四海息兵，無宿師轉餉之費。萬邦貢賦俱入王府，無用度不足之憂。而爲政者但思今日增鹽額、明日增鹽價，必欲困竭江南之民財，斵喪國家之根本。臣不知其用心何如也！歸附之初鹽價，中統鈔十二貫一引，該錢三十文一斤。至元十五年初，定鹽額，兩浙運司歲辦作二十二萬引，當年辦至中統鈔二萬四千八百六十餘定。至元二十四年，桑哥作相，滅里虚擡鹽額，作四十五萬引包辦，以此誆罔朝廷、營求運司。此時兩浙人民尚富，滅里到任，肆其威虐，止辦得三十四萬八千餘引，得中統鈔一十一萬八百七十餘定。次年，蒙都省明見，滅里虚誕奏減一十萬引，定作三十五萬引爲額。以鹽價言之，自十二貫爲始，一次增作十五貫，第二次增作二十五貫，第三次增作一定矣。唐時，江淮鹽課四十萬緡，代宗用劉晏善於經理，初年二百萬緡，至大曆年間，歲得六百萬緡。當時天下租賦歲入一千二百萬緡，而鹽利居半。六百萬緡，準今一萬二千定也。除淮鹽一百萬引外，臣只以浙鹽言之，已收唐時三倍之利，比德宗時一歲租賦，已有九百萬定之多，至此亦可止矣。大德年間，又增鹽額十萬引，又增鹽價十五貫；至大四年，又增鹽價十貫；續又增二十五貫，通作一百貫一引，是官價二百五十文一斤也。較之唐、宋最重之價，增多四倍，民何以堪！價既取二百五十文一斤，官豪商賈乘時射利，積塌待價，又取五百文一斤；市間店肆，又徼三分之利。故民持一貫之鈔，得鹽一斤，賤亦不下八百。瀕海小民猶且食淡，深山窮谷無鹽可知。陛下登極，聰明睿智，遠覽古今。天下臣民想望至治，臣意前日聚斂之臣所爲害民之政，陛下必能革除，以結人心、固邦本也。皇慶二年，忽又增兩浙鹽額十萬引，差撥竈户，害及附場百里外之民，怨忿亡身者有之。延祐二年，又增鹽價每引一定。臣不意陛下以聖明之君，而左右大臣猶行此剥民之政也。使臣遇德宗盧杞之時，臣不敢言。今陛下聖學高明，獨不能如漢宣帝乎？此臣所以惓惓有言。臣願陛下痛減鹽價，使天下之民皆無淡食之苦。然後選任運官，設檢校所，限官豪買引，復附場百里賣鹽。另置魚鹽局，以便海島小民均撥灘場、柴蕩，以優恤新撥竈丁。如此處置，皆太平快活條貫也。願陛下行之。

疏

鹽法疏

明·鮑輝

朝廷齎敕前去整理，非徒欲鹽法疏通，實欲庶民乂安也。近者，臣起服自浙江經過，竊見各府縣將軍民之家不分老幼，計口按里造册。一口每月定買官鹽一斤，每斤定價米三升。其鹽客不離本場，將鹽包擡赴縣所或寺觀各處，著大户將鹽分與各户，納米之時，加倍交收。甚至大户將鹽尅落、迫人虛納者有之，又有收米而索要足色現銀者有之。府縣造册，積滿欠逋，家家措辦鹽米，迫於箠楚。且田野之民窮乏者多，致令缺米，難以延生。雖苦無鹽，猶可度日，若使每月計口出米，是括民間老稚之儲，供吏胥厭飫之口。況浙江一路，去年水患尤甚，民方接踵以告匱乏，加之鹽米科擾，益增其苦。欽惟皇上臨御以來，屢下寬卹之詔，無非與民生理也。誠恐各府州縣皆有前弊，必致逼民逃竄，深有負於皇上拳拳愛民之意。臣愚以爲鹽法不能疏通者，由強徒私販、船隻禁絶未盡故也。若附場之小民，手提肩負十斤以下、不出二三里之外易米充饑者，亦不爲害。乞勅下該部轉行各處巡鹽御史，務於通津及偏僻埠頭去處偏歷體察，禁絶私鹽船車出没。其官鹽，聽民自買，不許計口，仍前分散科擾。則非惟黎庶蒙安養之恩，而鹽法亦無壅遏之患。

通鹽利以給邊用疏

明・林誠

臣惟各邊軍餉，多賴天下産鹽地方。近者，鹽課虧兑，私鹽甚行，商鹽阻滯，各邊無人上納，致使邊儲頻於告匱，畿甸苦於轉輸，有乖立法本意。臣按兩浙仁和諸場鹽課缺商，報中積滯有三二十年者。自景泰五年至成化元年，各邊中剩餘鹽，户部節有勘合，付浙江布政司招發開賣，爲其年遠，故定價小引一錢四分，有一錢七分者。除賣過，猶剩鹽六十六萬六千四百九十引。臣已設法召商中賣解部。臣復查成化二年至今成化二十年課鹽，除各邊及浙江已賣者，猶剩小引鹽二百七十六萬五千餘引。若候各邊報支，又是二十年之數，而其原鹽囤積倉廒者，滷消殆盡；其折價總催收領者，死亡亦多。必致低價賤賣，反累竈丁賠還，而軍民兩失。臣成化四年差往長蘆巡鹽，因鹽法不行，備查因時減價中賣緣由，具揭都察院，轉行户部。蒙差郎中李璵會同臣定派場分，估賣銀兩解部。今各邊見缺糧餉，臣亦欲將兩浙自成化二年至今二十年鹽課分作五年，仍在浙江開賣，計每年得價銀四萬餘兩，可以陸續取給邊用。於時，臣又爲長蘆鹽課積滯奏准，已將鹽課一年折納布匹，爲各邊軍士冬衣。今臣亦欲以兩浙成化二十一年以後鹽課內，除水鄉竈户折銀，其餘一年亦折納銀。如浙西場鹽利稍重者，每正鹽一引折銀七錢；浙東場鹽利稍輕者，每正鹽一引折銀五錢。其銀逐年十月以裏完足解部，計每年見得價銀亦有五萬餘兩，可以陸續取給邊用。庶使鹽利漸通，邊儲漸實矣。

禁革姦弊以疏鹽法疏

明・史簡

一減勸借。查得正統年間，御史張襄奏：守支商人情願者，不拘米麥，量力勸借，收積在官，協濟貧竈，此乃一時權宜。初無定額，後遵爲例，不分年歲遠近、鹽課有無，每鹽一引勸借米一斗。有鹽關支者，固爲甘心；其買補者，既無鹽支又納賑濟，實是無名。況姦商既支見鹽，又賄有司告納抵斗，而買補者反先納米麥，甚是不平。乞令守支商人全支者，全納賑濟；支五分者，上納五分；支三分者，上納三分。俱照舊，每引納米一斗、或小麥一斗五升。自買補者，免其上納。如是糧料不敷、竈丁缺食，即發官倉賑濟，庶貧竈受惠，而商困少蘇矣。

一黜姦頑。查得擡鹽工腳，洪武間，俱民間僉充，有作弊者，多遷發充軍爲民。彼時一户止是一丁應役，其餘俱有司差科。經今年久，父子兄弟舉家在場影射民差，挾詐商人，把持官府。商人支鹽出場，俱索常例銀兩，甚至交通官吏謀領批票，假以催鹽，擅將竈丁鎖打。遇貧竈將剩鹽易换口糧，輒稱私賣，勒取錢物，多逼逃竄，害人作弊，莫如此輩。乞將各場工腳驗丁僉補，逃故竈丁名缺，俱令辦納鹽課，或盡數發遣有司當差。其有田産屋業在場者，悉令變賣，不許在場攪擾。仍前者，依律例問發。其工腳，於附近州縣均徭人户内僉點，一年一换，止許擡鹽看倉，不許給批下竈。則商竈免其侵擾，而姦頑知所警懼矣。

一定科差。查得舊例，煎鹽竈户一應雜差、派買顔料及解軍等項，照例優免。其該納税糧，照舊存留，本處倉分交納。遇有拖欠，聽從糧長、里甲催辦。若爲盜賊事重，許令拏問。其餘詞訟，不許逕自下場勾擾。果與軍民干對者，宜從申達巡按、巡鹽御史理斷，及轉行運司提解發問。近來有司多不遵守，將竈丁或僉點解軍等役，或小事一概勾擾；或税課借湊起運間有存留，卻又加收耗腳，以致竈丁逃移、鹽課虧欠。乞准竈户不拘豐歉，該辦税課存留本處，上納本色，量收加耗，不許借湊起運。如有縱容多收耗腳，及差人下場催逼逃竄者，聽巡鹽御史拏問。一應詞訟，除盜賊人命重事，其餘亦不許輕自拘擾。有與軍民干對者，轉行運司約問。如違，亦治以罪。則竈民得以盡力煎辦，而事體歸一矣。

一鑄鐵盤。照得各場煎鹽鐵盤，俱係洪武、永樂間鑄造。年久破壞，雖屢奏鑄，率未有成。每遇旺煎時月，各竈輪煎，多被富豪久占，貧竈不得。間有自鑄鍋盤，又被多人挾詐。力雖有餘，器具不足，鹽課由此虧兑。乞將運司贓罰紙價銀内，令查數，拘集經紀人匠，依時價買鐵鑄造。如銀不敷，以各批驗所變賣私餘鹽斤價銀量爲支用。否則，分爲兩次鑄造，陸續發場煎燒。則竈民得以盡力，而鹽課可以足數矣。

一修河塘。照得各場俱有河道，先年遇有淤塞，隨即疏浚，故舟楫通利。近修不以時，及附近豪民有因灌溉走泄水利、有因私販挖開港口，致使商竈發運草束俱用牛車，腳價倍費。又海潮不時漂没房屋、盤舍、人馬、牛畜，鹽課消折，不可勝計。且田地一經潮水，五穀不生，草柴稀薄，實爲大患。乞令運司同各府官，將各場鹽運河道並海潮淹没去處逐一踏勘，某合挑浚，某合築塘。候農隙及住火之日，量於附近州縣起撥人夫挑濬、修築，必爲久計。則商民便，而鹽法行矣。

一時開中鹽。課有存積、常股之分，而中支有輕重緩急之等。存積之鹽，係現在之數，其價重於常股，而放支不拘資次；常股之鹽，係叫派之數，其價輕於存積，而挨次放支。近來不遵此法，無問年歲遠近、存積常股、鹽課有無，事平之日，一例減價開中，致使勢豪姦商用計買求所司中派，有鹽場分齎引到場，有全支足數者，有支六七分者，有支四五分者。本分商人斤兩無支，所輸之價雖同，所獲之利二一，故商人不肯上納，射利之徒又勒減價值，必致大輕方纔投報，以致官課虛耗、邊餉無饒。乞令今後開中鹽引，仍照先年事例，分別年歲遠近、存積常股、鹽課有無，斟酌價值，各使均平。仍要挨年開中盡絶，使易查考。其成化二十二年以後見收實在鹽課，不宜輕易開中存留，以待邊方急缺糧料之日，召商中買。其斗頭價銀，亦要臨時計定。庶官價不虧，而事急有濟。

一均草蕩。照得鬻海之利，所資者草蕩。竈户每丁，歲辦大引鹽十引，該用草二千餘束。洪武年間，編充竈丁，每丁撥與草蕩一段，令其自行砍伐煎燒，不相侵奪。近者，草蕩有被豪強、軍民、總竈恃強占種者，有糾合人衆公然採打貨賣者。又有通同逃移竈丁、捏作荒閒田土、立約盜賣者，其所出之價甚少，而遞年所得之利甚多。既不納升合之糧，而竈丁取贖者，反被虛詞假契、買雇積年刁潑證人，屬託貪婪官吏以行告害，其有司又不審查，輒差人勾挐淹禁，經年累歲不得歸結。致使草蕩日見侵没，鹽課愈加虧兑。乞令選差公正廉能官員，督同該運司各掌印官，拘集各該軍民、竈丁，查究先年勘撥文卷，逐一踏勘，不分占種、盜賣，俱免追取花利及應問罪名，悉令盡數還官，仍上立封堆、下置灰檞，以爲經久。清理完日，就將納鹽無蕩竈丁，照名分撥管，業給帖執照；其餘存留，以待招撫逃移、或聽自守。曠丁聞知，必將争先復業，認辦鹽課，而課額不虧矣。

整理鹽法疏

明・李嗣

一稽囚徒以充鹽課。體得各場竈丁往往夾帶餘鹽及私煎貨賣，事發，官司依律例問發，本場照徒煎鹽另項結課。此等囚徒不下數千，並無一人完納，虚數挂埸，官攢不敢比並，深爲鹽法之害。今乞將總催竈丁有犯徒罪並加役等項，每日煎鹽三斤通算若干，折作引鹽若干，比水鄉竈户事例，每一小引追銀二錢，通數解京。則事易了結，總竈不敢犯法矣。

一立查同以革刁蹬。訪得商人中鹽，將倉鈔赴運司告投、派埸關支，有到埸一二年或三五年不得支者，官攢總催，執稱無鹽，任其索詐。今宜曉諭該支客商，如有見鹽，運司具查同引目手本付商，齎巡鹽御史告投，比對相同親筆，立限委分司官限幾日完繳，過期就提問罪。則人不敢刁蹬，商人蒙惠。

一立通關以防詐僞。查得各埸總催竈丁所辦鹽課，逐年止納十之七八，餘皆不完。監臨比並緊急，運司俱作完足通關繳報，别委查盤；又將拖欠開爲虧折，年年未見追補，間有，亦是准折物貨。自宣德以來，上下習以爲常，扶同虚出奏繳，最壞鹽法。今乞除已出通關外，自成化二十三年爲始，每一總催、運司各出通關一紙，如有司徵收故事，編立内外號簿，用印鈐蓋，齎付分司發仰各埸，如某總課完，官爲查驗明白，别無虧欠，照名填繳；其不完者，追比完日，照前出結。其或盤詰無稽、類報不實，通同作弊者，聽巡鹽御史究治。其所司官與分司官額課，至次年六月不完者，降一級；運司六年不完者，如之；當埸官吏、總催各照重律處斷。則上下警懼，而詐僞之端自息矣。

一定鹽囤以便查盤。竊見各埸總催，鹽囤大者四五千引，小者不下一千，不分常股、存積，俱用木牌開寫，插在囤邊，官攢聽其那移出納，客商被其刁蹬取銀，二司難以稽考。今宜每埸鹽囤地方，以東、西、南、北爲界，南北爲門，爲路，東堆存積，西堆常股，定立石碑。每囤止許一千引，如總催名下有一千五百引者，一千爲大囤，五百爲小囤，以便查盤。所收之際，先盡存積足數，方收常股；一年既完，方收下年。委官查盤，務要逐引稱數，不許丈量堆垛。則存積有見，邊儲可充矣。

條鹽政疏

明・沈淮

一查給工本。洪武中，每竈一丁給與工本鈔二貫六十文，以備器用，以給口食。當時鈔一貫，可易米二石。自鈔法廢弛，所謂工本者名存實亡。臣觀沿海沙地及水深長蕩，舊制畝税鈔六十文，竊意所給工本，蓋此鈔也。今諸場不復徵鈔，已改收平米三升或五升。官既可以米而易鈔，竈獨不可改鈔而給米乎？乞查改徵蕩米，照依原定鈔貫算給竈户，以充工本。則器用備、口食周，民樂輸無怨矣。

一勘給草蕩、灰場。舊法，竈户皆有附近草蕩，以供煎鹽柴薪，約計所收價值，可抵今一丁鹽課之半。其後，場司以竈丁屢易，不復撥與，俱爲總催、豪右侵佔；或開墾成田，收利入己，仍於各竈名下徵收全丁額鹽。夫既無工本，又無柴薪，使竈丁白撰輸鹽，立法初意豈若是耶？又聞各場竈户多無灰場，往往入租於人，始得攤曬。夫灰場者，産鹽根本，與草蕩皆丁之命脈也。乞委所司追取宣德、正統以來草蕩舊數，踏勘明白，照丁撥派，明立界限，以防侵奪。竈户無灰場者，官爲處置給與，無使重納私租。夫有米以爲之工本、有蕩以給其柴薪，而攤場又無納租之累，如此而流亡不歸、鹽課不充，無是理也。

一分別濱海、水鄉。濱海竈户謂之滷丁，男、婦俱諳煎曬，倚以爲生，雖勞不辭。其水鄉，遠在二三十里之外，原因濱海丁闕，僉以補之，然業非素習，强而使之，終無益於事也。以是舊例，水鄉每丁貼助滷米六石或四石，代與辦鹽。每歲滷丁到鄉，陸續收取，雖云貼米，錢布雜物無所不受，出者不覺其難，收者各得其用，甚良法也。其後鹽司定立千百長名役，令收水鄉鹽價，騷擾侵漁，而人始不堪矣。知府樊瑩憫其若此，請以鹽價均入秋糧，帶徵起解，原撥蕩價亦與各場徵收。於是鹽課不虧，逃亡復業。後因濱海竈丁消耗，復用水鄉僉補，强者規避而免，弱者受侵而逃，雖有補竈之名，殊無辦鹽之實。訪得沿海居民原非竈籍，而私自煎鹽者往往有之。乞敕所司：今後滷丁逃亡者，即以此等居民僉補，或犯徒罪發充竈丁，比之重役水鄉有名無實，相去遠矣。

一停止折徵。成化間，因各場無鹽給客，每引折與銀三錢，比之中納，其利十倍。巡鹽御史林誠以爲歸利於商，孰若歸利於國？奏將竈丁鹽課一半折銀解京、一半存場給客，兩浙鹽政自此而大壞矣。夫竈用以煎鹽爲業，不徵鹽而徵銀，鹽非私鬻，何自而得銀哉？既以私鬻得銀，則興販之徒不召而集。況初給價銀非皆本色，又且非時，竈丁貧者或先事而逃，催目在者，率並爲倍納，歲消月磨，無慮十減六七矣。欲利反害，無甚於此。伏乞特敕運司：自正德元年爲始，停止銀兩，照舊徵鹽，則竈丁蒙惠養之仁，而私販之徒亦無所藉口矣。

一禁革賣引。凡支鹽引目不許中途增價轉賣，舊例也。近歲，商人不利關支而利售賣，中鹽無名，則駕之曰合本賣引；有禁，則諉之曰分撥所賣之引；無關支者，又許買補，連結牙行公爲興販。夫引既非其本名，鹽又不由倉領，不謂之私販而何？又有豪猾之人假託權勢，支領之際任自爲主，或並包夾帶私鹽，或落價折準庫物，官吏懾其聲威，催目受其凌虐。乞自今凡遇開中，委御史一員專察，凡監臨官吏詭名及勢要之人冒禁上納者，許令究問。商人則令供報子侄、或兄弟在官，以便盤詰。有仍前私賣及假託者，依法問罪，鹽貨入官。其所中納，係存積者，支與見鹽；係常股者，亦急與催辦，無令久候以啓幸心。

一存恤竈丁。夫刮沙汲海，炙日熬波，天下之工役未有如竈户之勞者。蓬首墨肌，灰臥糠食，天下之人民未有如竈户之窮者。加之有司與鹽司分爲兩家，鹽司曰『吾之竈也』，知督鹽課而已；有司曰『吾之民也』，知徵賦税而已。其督鹽課者，雖百方箠楚，有司不問也；其徵賦税者，雖百端取索，鹽司不不知也。況濱海土地類多沙積，比之水鄉沃土，大半不侔。有司概與水鄉同，加耗米至點均徭，亦不分肥瘠，一例出銀。查得浙江錢塘、海寧竈户各告巡撫、都御史：蒙將竈丁全户正糧，並折金花銀兩。錢塘、海寧與華亭、上海同一浙西地也，乞敕所司，比二縣事例，將濱海竈丁量爲存恤，訪求先年事例，設法賑濟。其餘一應雜泛差徭，悉與除免。庶幾濱海窮民無他系累，得以畢力事功，雖勞而不怨矣。

修舉鹽法疏

明・師存智

一定賦税以均輸。查得兩浙原定課鈔，浙西小引三錢，浙東小引二錢，通計每引可得二錢五分；邊方開中，每引幫減至一錢八分或二錢一分，蓋因跋履險阻故也。至於兩浙地方開賣，或至三錢，或至三錢五分，其價不爲不多，商人尚願輸此而不欲輸彼，此誠上下均一之法。近年事體紛更，遂使腹裏亦同邊價，正空若出一轍，虧損額課莫此爲甚。乞查舊規，或照新例，存積、常股各有定價，空剩、私餘亦有常數。如此，則賦税均一，而官、商兩便矣。

一清灘場以杜争競。竈户所管灘場，每爲豪强或以近而侵占，或以債而准折，或强奪爲産業、爲開墾、爲田園，遂使煮竈無資、煎鹽失利。節有奏辯勘合，姦頑視爲尋常，官攢被其連累，運司莫敢誰何，豈非以法輕而犯易故耶？乞行令各該有司，委公正官員會同運司，調取民、竈二册，從公查審勘報。以文書到日爲始，三月以裏自首改正，與免本罪並免追徵花利，照舊撥與竈户。若有典當，算足花利，亦歸原主。若年淺，花利未足認還，價銀取贖；若過限仍占就，將所占丈量，檢有主撥給外，餘剩追花利入官。軍匠舍餘除正身依律例問斷，其餘並民仍查拘親男或三丁、五丁，一并報官。原係催竈，亦要加丁當竈辦鹽。如此，則灘場可復，而竈得存活矣。

一查舊規以恤竈困。凡竈户一丁至三丁者，每丁免田五十畝；四丁至一十丁者，每丁免田三十畝；十一丁至二十丁者，每丁免田二十五畝；二十一丁至三十丁以上者，全户優免。俱歸有司當差，催徵税糧，存留本縣，免其起運；雜泛差役，盡行優免。近有司官不肯存恤，遇造黄册，任憑吏書脱竈爲民、詭寄影射，雜差一概拘攝錢糧，朦朧科取。甚者竈户、滷丁全不造報，致使一身兩役，賦外加賦。各該府分會同運司通拘里老人等，調取竈、黄二册，若有前項情弊，就將妄報詭寄、加徵横派之人，均爲賠補當差辦課，候大造改正，仍問罪枷號。但有仍前不與除豁、混造五户以上者，里長人等問擬充軍，州縣正官至五十户以上亦擬，才力不及，起送别用。如此，則貧竈可恤，而額課亦辦矣。

一割附餘以均利。查得兩浙掣鹽，除正引及包索外，多餘之數就令商人納價，而斤重不許過三百斤，違者照例問罪入官。而所納價銀亦各有等：嘉興批驗所五錢，杭州所四錢五分，紹興所四錢，温州所二錢，合計，亦有今定開賣餘鹽四錢三分之數，年終類解户部轉發給邊。亡何法久弊滋，人漸虚僞。就商給價者，而朦朧受隱之弊興；割候召商者，而豪貴垂涎之念起，失利於商人，其病猶可染指於豪門，其害不勝。乞令不拘多寡從公估價，變賣成，就令本商照數納價銀兩，運司年終類解發邊。則不但官得坐收厚輸，而豪亦無轉販矣。

一兼隸攝以集事。運司官秩不爲不尊，所司不爲不重，況竈滷雖統於運司，而錢糧辦輸於州縣，雖常行文拘攝，任意耽延，莫敢誰何。故常據呈查提，安得事事兼理，以致墜累官課，多被住俸參提。縱有才能官員，不免低首喪氣。乞或量加兼管，或照各府行事，凡於産鹽地方、民竈雜劇去處，如府之馭州、州之統縣，事有未完，亦得參提官吏，住俸杖並。則統屬知警，鹽課易辦矣。

條鹽法疏

明·成英

一重用引。近年兩浙商人多於正鹽用引，其報中買補空餘、私囚雜鹽，皆不領引，以圖自便。久將賄賂官吏，擅給印票，弊端日甚。及鹽足，猶不候掣，徑到行鹽地方以徼厚利，其間夾帶影射，漫無紀極。乞行各司，不論空餘、私囚雜名，悉照正例領引，仍填註，引背類填單帖、水程給付，使商人各便支掣，以通貨賣。其在官司者，尤當嚴截引角、轉繳、類解。若有鹽無引，雖執印票，亦以私鹽罪之；官吏不舉，並以枉法斷。

一禁老引。舊制，商人領引到場，千引以上者限五年，以下限三年，違限者追没之。邇者，姦商始也數百引爲據，招集竈徒私煎私販，影射出入，歲月弗填、引角弗截、輾轉貿易；甚者，交通吏徒，欺侮恣肆。乞令凡遇商人告投引目，單帖到場，即以商名、年、鹽引號到日，報司及察院，或他該管者以商至日爲始，據例計引限日出場，如千引以下者，一年當得三百三十三引有餘；千引以上至一萬者，一年當得二千引。仍於出場之日驗鹽、封引、送所聽掣，月終以已出場商名、年、鹽引號報司及察院或他督鹽者。有犯者，以舊引影射鹽貨之罪罪之。其官攢犯贓者爲枉法，無贓者亦重懲治；運司不舉治者，亦參奏。其商人轉賣遷延不至場者，亦罪之。歲終，巡鹽御史稽諸場所至商若干人，何月日至某號起止，已出場者若干、未出場者若干，爲册籍，以相覺察。則老引之姦自肅清矣。

立簡便以收鹽利疏

明・胡世寧

臣聞各邊軍餉多賴鹽課，近惟河東鹽官自賣銀，最爲利便。其淮、浙鹽，自來召商中納，但今法久弊生，商中不便，事有多端。臣請備述：鹽引直價數多，商中納糧數少，勢如民間二月賣絲、五月糶穀，欲急圖應用，貴物賤售，一也。中納之時，勢要買窩，姦豪作弊，所納糧料類非真正邊儲，不得實用，二也。鹽易消化，聽支日久，催目未免多收，竈丁數倍加納，日累貧窮，鹽課虧欠，三也。客商中鹽納官錢糧雖少經歷衙門，私費使用則多，暨後守支則壓於勢要，臨賣則滯於私鹽，甚有父死子代而未得支鹽、財散人亡而未能還鄉者。彼既失利，後有召中，恐不即來，勢當減價，失利愈多，緩急難倚，四也。

商利既微，類多夾買餘鹽，及勢要中鹽、鹽徒私販，朝廷爲彼三事設官秤掣，委吏巡捕，甚者欽敕大臣爲此整理，而三者卒不能禁。下至秤手、邏卒，旁午紛紜，徒增民擾，五也。私販之徒貪利畏捕，没海沿江、招引逋逃、窩納盜賊、出持兵器、歸肆搶奪，官軍、邏卒莫敢攖鋒。此勢不散，臣恐淮、浙切近南都，又臨運道，復有黄巢、張士誠者出於其間，六也。古遷豪右填實塞下，今山、陜富民多爲中鹽徙居淮、浙，邊塞空虚，七也。惟此七弊，所當區處。臣查得，淮、浙水鄉竈丁，每鹽一引折納價銀六錢或四錢；又聞客商中鹽邊儲，每一大引不過價銀三二錢，是鹽課收銀比之收鹽待中，得利加倍也。聞竈丁畏鹽難納，多願納銀。近年兩浙鹽課内，將一半折銀，民情稱便。臣愚乞敕户部計議合無，今後淮、浙鹽課通令從便折銀，其銀數乞照水鄉舊價而略減，比商中糧價而稍增，酌爲中制，定立每鹽一引納銀幾錢，遞年立限徵收、解邊糴糧。或如臣前所言，准作俸禄價銀，卻換彼處糧米，派作邊儲。仍查客商鹽引未支若干，盡撥各場，或從願改撥長蘆鹽賤處所，許令每鹽一引自買私鹽二引、或三引，准作官鹽發賣，各場置集。凡竈丁有鹽、客商有引者，會集一所，委員監買，仍令把截臨場總路，不許零碎私賣，期以一年、或以二年通買完足，即絶商中。以後竈丁煎鹽，聽令自賣、或轉賣與客商，其出外販賣者，止於州縣給引，限以地方，不禁私鬻。貧竈無力煎辦者，即撥富竈餘丁、或僉有力願煎及有罪該徒之人而代之。如此立法，則國家得鹽利自多，而不必多方整理；竈丁得煎鬻自富，而不必更免糧差。鹽可通賣，人無争奪，勢豪專利之弊不禁而自息。山、陜射利之民可驅而漸歸，邊境漸實，邊儲漸充。巡邏秤掣之官不必設，鹽徒意外之患不必虞，待後日久事定，鹽課歲額止令州縣徵解，而理鹽衙門漸可裁減。其爲公私之便、省上下之費，蓋不一而足。惟聖明採納。幸甚。

通鹽法疏

明・周用

伏查蘇州府所屬太倉州、崇明、崑山、常熟等縣，南連松江府、浙江海鹽一帶，近海、沿海居民專一興販私鹽。太倉又當江、海之交，尤易招集流亡，越境私販淮鹽，侵佔浙西行鹽地方，以致松江分司虚設衙門，日就倒塌，但存荒基。私鹽既行，徒黨日衆，若先年施天泰等，近日王班頭、董琦等，始則圖利販鹽，既而結黨行劫，又至出海通番争利，互相讎殺。雖旋加剿除，然禍根終在。原其所自，實由聚衆販鹽。失今不爲之處，將來地方之害未已。處之之法，在浙西鹽貨流通，餘鹽皆有下落，使鹽徒解散，方爲有益。緣照各鹽場俱有鹽課定額，除浙江嘉興分司外，松江分司鹽場俱係松江府屬華亭、上海二縣地方，華亭縣有浦東、袁浦、青村、青浦四場，上海縣有天賜、下砂、並一場、三場，亦四場，共計八場。内除青浦、天賜二場坍海外，實該六場，大約每年額課，每一大引與每小引二引，折一大引各四百斤，共該五萬五千四百四十五引九十八斤零；每引折銀六錢，每年解部課銀一萬五千一百四十餘兩，其轉解運司本色折銀一萬五千四百二十餘兩。内該二縣水鄉竈丁無徵鹽課銀七千五百八十餘兩，俱於二縣秋糧内包補，華亭縣包補四千三百二十餘兩、上海縣包補三千二百五十餘兩。前項鹽課，俱係竈丁出辦，其自煎餘鹽卻不許變易；前項無徵課銀，俱係二縣民户包補，其竈丁餘鹽亦不許轉賣食用。餘鹽既不許賣，官司又不如先年給價收貯，若不私相轉販餘鹽，將何下落？竈丁將何養活？竊見議鹽法者，皆稱商鹽宜通，私鹽宜塞，多方設法，日新月盛。其實商鹽未嘗不塞，私鹽未嘗不通，然商鹽之塞是官府自塞，私鹽之通是官府自通。緣商鹽以引目爲名，利在買求夾帶及不繳退引；官司以盤掣爲名，利在縱容夾帶，又不追退引。所以商鹽但求苟免捕獲，其實滲漏影射居多，故謂商鹽未嘗不塞。其官司巡捕私鹽，一向通同作弊，家至户到，俱食私鹽，故謂私鹽未嘗不通。鹽法至此，豈惟商鹽不通，並商鹽亦俱變爲私鹽，止多一種。各處私販鹽徒相聚，爲害難以處置，所以處置專在餘鹽。且竈丁煎鹽辦課，即是民户種田辦糧，民户辦糧，余米聽其變易；惟竈丁辦課之外，餘鹽卻作私鹽，一切有禁。况鹽貨實出天地自然之利，竈丁不得自食其力，人情物理實有不堪。爲今之計，莫若將松江分司六場查照原額鹽課銀兩，每場各該若干，本場竈户每户若干，又每丁若干，照依徵糧排甲法，立爲三限，限將課銀完納，限内天色晴乾、雨濕，逐日開記，另報運司查驗，量爲遲速。課銀未完，就於地頭嚴禁修復。松江分司衙門，行令浙江運司官一員前來住劄，及時聽令商人入場收買，責令總催比並各竈依鹽貨出場，中間若有先自辦納課銀、停鹽待價者，聽從其便。但遇課銀一完，隨即開報運司並巡鹽衙門，各場餘鹽聽令各竈丁自行發賣，或令陸路肩挑背負並水路三板小船各人販賣，但不許挾持軍器及越過行鹽地方。大約每年上半年辦課，下半年開禁。各竈丁既知餘鹽許令自賣，必肯早辦課銀；商人既知餘鹽許容平買，必不營求夾帶；其餘姦人亦知餘鹽不禁轉賣，必不冒法聚衆興販。前項越境淮鹽無處發賣，不禁自止。日前一應私販，俱可轉爲商人。其該縣水鄉、竈丁亦可因此招回復業、增辦課銀，漸補無徵之數。如或鹽貨流通，價值低賤，仍聽竈丁免納折色，俱納本色，作爲存積，亦可漸復召商開中以實邊儲。或謂私鹽自來有禁，不知鹽法自來亦自不同。如洪武年間，煎鹽工本在官支給，隨其多少，俱屬官物。其後鹽課立有定額，其外餘鹽亦有本場收貯，給與米麥之例。彼時禁賣私鹽，一是原領在官工本，一是不肯送官受價，罪以私鹽，情法猶有可據。此後煎鹽工本既不出於在官，竈丁餘鹽又不官爲收買，惟獨禁賣私鹽之法，未見處置。但餘鹽決無委棄之理，鹽徒決有聚衆之勢，官司決難去通縱之弊，地方決難免擾攘之患。立法之始，本以惠民足國，末流之弊遂至争民施奪，誠爲可慮。如蒙敕下該部再加詳議，早見施行，則民生國計幸甚。

應詔陳言疏

明・王朝用

竊惟天下財賦盡出於東南，而鹽利尤爲裕民之厚資。天下兵戈多在於西北，而糧芻尤爲備邊之急務。故以鹽糧召商報中，謂之飛糧輓芻，誠爲籌邊至計。但引額原有定數，而先後因革不同。以臣愚見論之，舊額之當復者，其勢有六，敢一一陳之：兩浙行鹽地方，浙江十一府，並南直隸五府一州與江西廣信一府。國初，民間户口猶少，而竈丁亦不甚充足，額鹽尚有四十四萬有零。近來，民間生齒漸繁，而竈丁、曠丁亦多，不惟食者衆，而辨者亦衆。使不變而通之，則民食日見不足，竈課日見有餘，欲禁其私販亦難矣，此其當復者一也。

先年減半折價解京者，以濱竈瀕海，易於辨鹽；水鄉不諳煎燒，易於辨價。況辨鹽惟辨本色收貯，日久易於消折，折價解京，亦一時優恤之權宜。近年以來，不特解京者折價存留，在場者亦多折價聽候給客，蓋以竈丁便於輸納，無消耗之累；商人易於關支，無守候之艱。每年解京二十二萬二千三百八十四引有零，每引折銀二錢三分七釐，共該解銀五萬二千七百五兩有零。若將價銀收留運司、額鹽盡數發邊開中，就將前價一體給客收買，則商人樂從，竈户稱便。且每鹽一引計價四錢，在邊倉已滿八萬八千九百五十三兩之數，若並割算餘鹽價銀計之，每一千引三場兼派，又該銀一錢，共該增解價銀二萬二千二百三十八兩有零。較之折價解京增出五萬八千四百八十六兩，此其當復者二也。

每年運司類解折色價銀到部，户部轉運發邊，未免限於定期、遲以歲月。一時邊報緊急，豈能濟事？惟此鹽糧勘合，人皆争先趨赴；匪徒神速，抑且加倍。驛遞免轉輸之苦，道路無剽掠之虞，此其當復者三也。

夫竈丁之煎鹽，猶農夫之耕種。耕者所獲，除完納稅糧之外，自有通工易事之理。竈鹽既減半折解，則納剩餘鹽，豈可聽其消耗而不爲變通之計哉？當此之時，商人欲收買而限於無引，竈丁欲變賣而畏於犯法，此興販之徒接踵而至、發運之船成綜而來，其勢不得不然者。大抵天下之利不歸於官，必歸於私。若官引不足而又於私販是禁，忍淡不食鹹味，夫豈人情所宜？一旦爲人捕獲，則又陷於法網，夫犯法豈小民之得已哉！此其當復者四也。

各處行鹽地方，近來鹽價高貴，一則由於上納價值之重，一則由於照賣官引之少。故利之所在，人必趨之，雖已嚴加禁治，一旦遽難止息，大抵源潔則流清，此盛則彼衰。若使引目既多，則一年正商足以盡收竈丁之所獲，各處官鹽足以備充民間之食用。彼私販者，何由用其力而施其謀哉！不惟鹽價得平，私販亦不禁而自止矣，此其當復者五也。

自折價解京之後，民食漸覺艱難，故先該巡鹽御史有奏開殘餘鹽者、有開賣空額引者，又傍引私因名色而召納者，亦一時補其不足之權宜。厚利所在，多爲勢要所有，一奉先年明詔，裁革殆盡，近因執法者查理過嚴，由是小商皆自危矣。夫以裁革勢商爲名，是已至究其實，則有不盡然者，利已歸於勢要而不可出；害復及於小商而不能免。財利之際，易生嫌疑，當事之人率多辭避，孰肯加憐憫之意？若使前引盡開，小商何至此極？此其當復者六也。

此額一復，則民食自足，私販易息。邊儲充實，國課不至於缺少；商人得利，竈丁可免於困極，一事之舉可以兼數事之長。乞除已前年分解過價銀到部者，名爲空額與例有礙不開外，以後年分有額課鹽折納價銀，存留運司，不必解京，每引定價四錢，盡數發邊開中。前項價銀聽候商人齎執勘合倉鈔，比對相同，一體支領買補掣銷。仍照例嚴禁腹裏及京師不得開賣，以杜釁端。則地方幸甚，商、竈幸甚。

通鹽法以足邊儲疏

明・蔡經

竊惟邊陲遥遠，轉運爲艱。故開鹽課，使之見利，則趨而糧餉易集。柰何近日更張未定、處置無經，俾商人憚於上納，邊蓄以之不充，姑以其弊概論之。昔年鹽課有存積、常股之法，存積以備急缺，而常股則以時開中。當地方收成之候，糧草價賤，商人易於上納，故一引之鹽常得二引之用，定價每引不過三四錢，而無處置科罰之費。今則開中之期，未必收成之候，糧草價貴，買納甚艱，每引定價八九錢，復有設處名色科罰多端，乃至費銀一兩五錢，猶不足以周一引之用。以故近日邊方具奏，鹽引雖開，而召商不至。良由開中不時，行取太過，有以使之，此則開中之弊一也。

昔年正額之外，不許夾帶餘鹽，凡有餘鹽必割没之，固未有餘鹽納價之説也。其後所割餘鹽堆積既多，而權豪之輩則指以官買爲名，因而夾帶以謀大利，侵害商賈，於是始將餘鹽聽商納價，然亦未有反多於正額之數也。今則加添兩倍，意欲即添引以照餘鹽，而豈知引目多少視夫鹽課，而鹽課多少則視竈丁之多寡、鹽地之廣狹，故必場有實鹽而後派以該場之引。執引支鹽有如契券，非場本無鹽而罔之以虚引也。且如淮鹽，正額不過七十餘萬引，今乃添引一百四十餘萬，是各場鹽不加多而額外之引乃兩倍之，不知執此引而支鹽於何所哉？邇者建議，雖云聽其隨宜補買、掣後納銀，而商則終恐費本以中無鹽之引，迄今相視莫敢投引。又前次中納，引一到司即得支鹽貨賣，今於每引之外必加二引，使其陸續收鹽，乃與正引同掣，非惟躭延歲月，抑且資本不敷，是欲餘鹽之通而反致正鹽之滯。納價於腹裏，而缺儲於邊方，此則添引之弊二也。

昔年鹽課清掣以時，且前後相接，價值常平。近年，巡鹽衙門多有引嫌避謗、不肯依時親掣，雖嘗委官，亦有經年累月莫肯任事者，以致停泊淹留、坐消資本，遂使引鹽地方鹽不能繼、價值騰踴，此則遲掣之弊三也。

夫官鹽通則私鹽自息，今有此三弊，此官鹽所以不通、邊儲所以不足，而強横射利者則結黨興販，一遇追捕拒敵殺人、擾害地方。乞如臣等先次具題事理，每年正月務派各邊，但遇收成之時，聽其召商，照依原價上納本色糧草，不許指以處置爲名，妄加科罰。及至支鹽應掣，則以船到之多寡爲清掣之期程，如兩淮鹽多，船至一百隻，兩浙等處船至七十隻，該司即便具呈巡鹽衙門委官清掣。掣過船隻次數，造册奏繳，以備查考。至若添引事例，雖已施行，然有損無裨，恐非立法之本意、經久之良圖，必須再行集議，如其不便，停之可也。

修舉鹽法疏

明・朱廷立

一開草場以資貧竈。臣惟鹽法莫先於恤竈，而恤竈莫先於興利。運司竈丁，原有煎鹽草蕩以供之外，餘蕩可耕，但畏私墾之禁，莫敢開耕。乞令有司委官丈量，每額鹽一引撥與若干供煎，其餘，竈丁分給有力願耕者，照例免其三年之租。以後仍從寛，每畝肥厚者科租米一斗，磽薄者五升，備賑。無力、不願開耕者聽。如有富民猾竈越占侵奪者，問擬如律。庶幾人無遺力，地無遺利，而竈丁可無逃移之患也。

一遵舊制以公秤掣。洪武初年，頒降銅鉈，每個重二百五斤，秤掣商鹽。新例，商人在邊中鹽一引，即赴運司添中二引，每引二百五十斤，過所，則其輕重固有定數矣。乞令運司以銅鉈爲則，每所添置銅鉈一個，重四十五斤，以足二百五十斤之數，較勘相同，不差銖兩，轉發批驗所，永爲遵守。如此，庶制度定而民用以齊，掣法公而人心自服矣。

一專責任以袪積弊。巡鹽御史選委各府、衛、州、縣佐貳官員專緝私鹽，各該員視爲具文，往往付之首領或巡檢、倉大使等官，及爲事未結、立功未滿、帶俸差操等項軍職，多不能鈐束下人，生事擾民。有與巡鹽人役貓鼠同眠、交通鹽徒，或受其常例縱放，或通同販賣分贓，船運車載者，置而不問；而貧難肩挑背負無錢買免者，卻行捉拏塞責。名雖巡鹽，而實則爲白晝之大盜也。今後，巡鹽官員俱要責成掌印正官，提督兵快設法禁捕。其各府正官事繁難兼，仍選廉能同知等官專理。若遇大夥鹽徒聚衆劫掠，許協同巡捕官兵相機撲捕，以靖地方。如有貧難無力、肩挑背負易米度日者，不許一概捉拏，致擾小民。若或仍前更代不常、失職廢事者，聽各處撫、按官及巡鹽御史參究。如此，庶幾事體專而官員存盡職之心，禁令行而地方無鹽徒之擾矣。

一定買補以通竈利。先年商人添包鹽斤，俱是本場買補。正德年間，勢要縱橫，不次挨單、便場買補。其後因循，視以爲常。各商輻輳近便場分買補，以省道路、工腳之費，以致本場勤竈縱有餘鹽，商人不肯收買；欲要貨賣，又有私販禁例，是以勤竈既無以供煎，又無以度日，凡遇凶荒，悉多逃亡。乞令今後商人買鹽添包，務於本場收買，納剩官鹽，不許別買圖便。各該場官仍按季，將放支過商人某人正鹽若干，本商在場買過添包餘鹽若干，違例於別場收買若干，本場封出空引若干，本場賣與別場商人若干，從實申報運司查考。將故行買補商人及越賣竈户，查提到官問擬徒罪，若至二千斤以上者，即引例充軍、鹽追入官。其該場官攢交通姦商、封與空引，縱其便場買補，隱瞞不行實報者，事發，坐以枉法贓罪。如此，則鹽法行而姦頑知警，勤竈獲利而流亡之患可免矣。

乞酌時宜疏通鹽法疏

明・李磐

看得本色竈鹽，浙東、浙西派撥均平，商、竈兩便。至於折色水鄉竈鹽，以浙西派數較之浙東三分而加其二，似乎不均之甚。且前項折色引鹽，先年奏例查得竈户離場三十里之外，因其無鹽，准令折價水鄉引鹽；又因各鄉竈户不諳煎辦，亦准照例納銀。其名雖曰水鄉，引額俱存在場，實於各縣遞年秋糧餘米内包補帶徵，非若海濱竈户辦納本色鹽斤之比。彼時奉派不思及此，只照各場原額派撥，令商人領銀買補，以致浙西場分鹽少引多、支買不前、耽延歲月，商人致有違限没官之恨。浙東場分鹽多引少，各竈正課之外縱有餘鹽，阻於無從變賣；商人雖有資本，苦於無引照買，勢終歸於私販之門矣。乞將兩浙運司折色水鄉引鹽原係在場徵納者，照舊徵納；在縣包補者，照舊包補銀兩，俱解運司收貯。至於派場之時，不分浙東、浙西通融均派，截此之有餘補彼之不足，令其買補掣銷。庶幾鹽之多者，商不患於無引照買，而興販可革；鹽之少者，引不患於違限没官，而開中必先。補偏救弊之術，誠無出於此矣。

陳言地方利弊以裨鹽法疏

明・李遂

據台州府知府許繼照得，本府地方中津橋東，舊設有鹽倉批驗所一處，該掣所屬地方黄巖、杜瀆、長亭三場引鹽後因運發不便，商人不願住賣，遞年俱於該場支領折色，前去別場收買餘鹽充數，運赴紹興批驗所掣賣，而本所虚設。弘治十二年，遂將裁革。自此，本府地方並無官商引鹽發賣，各場並無商人買補，該辦鹽銀無從抵納。易銀完課，每被巡鹽官兵捉拏；缺欠鹽價，又被分司場官追並。且本府沿海一帶産鹽甚多，私販之徒縱横百出，官商不通，復將私鹽嚴令禁止，民間日用至無所資；而況縱伊結黨，至爲地方貽患耶。議將三場鹽課照舊派商支買，每引重五百斤秤掣，以補過嶺搬運盤費，買完之日，呈取紹興批驗所，官攢前去中津橋掣放等因。據此，竊惟有場則有竈，有竈則有鹽，有鹽則有引，有引則當派商支鹽，未有既設場竈責令辦納鹽價，而不派商買補，乃復禁其私賣者也。蓋無買補，則竈丁徒勤於辦鹽；有折色，則折色必出於私賣。既派其折色矣，而復禁其私賣，則衣食尚無所資，而鹽課何由辦納耶？是故欲禁其私賣，非免其折色不可也；欲不免其折色，非爲通其積鹽不可也。況官鹽不通之地，淡食者不可一日而無鹽；斥滷不毛之地，濱海者不可以一日而不鬻。反覆思之，誠有不可以不處者。就經備行兩浙運司查議到，臣竊惟該所批驗，雖爲官商不便而廢三場團竈不爲官商不便而改鹽課，依然煎燒如故。以官商言之，買補則在他處，折色則在該場；以官竈言之，買補既無官商折色，必資私販，是以私鹽之多，難與他府同日語也。況國初竈丁辦鹽一引，給工本鈔二貫五百文，今工本已無，必私煎鬻別無生計，若不早爲計處，竈丁逃移日多，鹽課逋欠日甚，商人守支日見艱難。阻塞邊儲之患，未必不由於此。

行據該府查得：黄巖、杜瀆二場販鹽民竈俱由總路中津橋經過，長亭場販鹽民竈俱由總路海游、石馬林、白嶠三處經過。其海游附近竇澳巡司、石馬林附近曼澳巡司、白嶠附近越溪巡司中津，海游、石馬林經過鹽斤，復由總路白水溪、清溪鎮二處經過，運至臨海、仙居、天台、新昌、嵊縣、東陽、義烏、永康、縉雲等縣地方發賣；白嶠經過鹽斤運至寧海縣發賣。前項縣分，官商既不願住賣，合順民情，從宜區處，行令沿海竈户、軍民人等但於三場煎販鹽斤者，委官在於中津橋、海游等處收税，不分船裝、肩挑，每百斤税銀二分，給票照往白水溪、清溪鎮、寧海委官處盤驗明白，責令發賣。如此，每年計其税銀可得千兩等因前來。臣依擬，委官各於前項地方收税、收票，其票，臣參倣引目式樣發，仰該府依式刊刻，編寫察院字號，差人呈送臣處用印、齎回、轉發收税官員。如遇販鹽之人運鹽到彼，照數秤收税銀，將票填給認賣地方前到收票官處投驗、發賣，其票按季交府查銷，轉送臣處查考。自嘉靖十五年五月起至十二月止，收過税銀二千二百八十六兩，已解户部銀一千一百二十八兩，餘存運司類解。又經督同兩浙運司運使黄行可、温台分司判官夏禄等面議，皆稱經久可行，但無委官，並該場比號稽查之法，未免日久弊生。臣復參考官商盤驗法則，行令該府，將票中畫格眼，每一場置立内、外號簿各一扇，每一扇編寫號票一千張，内號簿編寫運司字號、外號簿編寫察院字號，通送運司，將内號簿用該司印信，外號簿呈送巡鹽御史處用印完備，通發該司轉發該府，照前經過去處，號票發與收税官内號簿發場，外號簿每一扇編寫天、地、玄、黄字號，每收票官一員發與一扇，各收掌。每票一張，買鹽三百斤，每百斤税銀三分。如某人要往黄巖場買鹽三千斤，認往仙居縣發賣，先赴中津橋委官處告納十票税銀，給票前去，該場比對字號相同，聽令買鹽；完日，赴場驗明，將票截去第一角，號簿並格眼内填寫某月日出場訖；運至中津橋報官秤鹽明白，截去第二角，格眼内填寫某月日盤驗訖，定限某月日前到該縣地方發賣；運至白水溪委官處，比對字號相同，秤盤明白，截去第三角，號簿並格眼内填寫某月日盤驗訖。其票並各號簿填完繳府，轉送巡鹽御史處查。各該委官驗有夾帶影射、洗改並違限日久，及不行投税、無票照證者，同私鹽法；若雖經投税，越往官鹽縣分發賣者，比照越境事例充軍。各該委官如有陞遷事故，俱候委官交代方許離任。其肩挑背負者，照舊止在報税官處每百斤納税銀三分，給票照賣，不在此號盤驗之例。如此，庶可行之久遠而無弊也。

臣維兹台州三場鹽法，自官商不支之後，親見其病有四；自臣議處之後，親見其利有六。所謂四病者何也？官鹽不通，私販盛行，一病也；竈丁日見逃移，催目苦於賠賦，二病也；折色累年拖欠，商人節告守支，三病也；禁捕雖嚴，徒爲積捕詐財肥家之計，四病也。此臣親見者也。所謂六利者何也？舊日台州府挐獲私鹽船物銀兩不過三四十兩，今方議處半年，新增税銀二千二百八十餘兩，若至一年無慮三四千兩，國課又增，一利也；貧竈公有折色之資，私有養生之計，二利也；商人無守支之苦，邊儲足飛輓之計，三利也；税法甚便，人皆樂從，沿海貧民經營有路，地方無鹽盜之縱横，海洋消未萌之禍患，四利也；捕兵人役不得倚法爲姦而禍延良善，五利也；衣食鹽課之有資，而逃竈日見復業，六利也。此臣所親見者也。乞令巡按御史遵守施行。

議加税疏

明·劉廷元

煢竈積困異常，加税貽累非法。懇乞聖明推廣慈詔，俯允鹽臣之請，盡蠲額外之徵。臣竈籍也，竊聞國初版籍有竈，非赤子之所樂從也，蓋敺之使就者也。一隸其籍，便責以課，不得不計所供之税。惟是廣漠斥滷、人跡不到之地，蛇虺錯出之區，而皆煢煢蚩蚩之黎弗顧死亡，委身出入其間。徼有天幸，稍藉煮煎以給課額；倘不逢年，將畢軀命以徇之矣。祖宗朝，計其丁而課其税，即按户而撥以蕩，誠惻然哀矜此輩焉。乃所受之蕩，一望荒邱，寸草不生者耳，自若輩戒心於惟正之輸，於是擇其稍與郊原相通而人畜可至者，爲之鑿渠畫徑，以汰沙礫，以闢荒蕪。或有草萊之樵採，然而十不得一也；間或有麥稼之播植，然而百不得一也，即原額税課尚不能充。乃邇年來邊商庫價無償，當事持籌未有成畫，下之轉運使，無柰奉行者非其人也，憚於履畝，惟知任耳以爲目。喜於炫能，不難飾假以成真，任猾胥之爲政也，甘心於虐下罔上，而不顧憑暗裹之申文也，衆竈雖呼天搶地而罔聞。當是之時，鹾臣方無計蘇商，而所司借商以口實矣，鹾臣亦付之無可柰何，而一種萬不得已光景，且津津原疏中矣。詳味全疏，語意亦止紓商人目前之急，不欲貽竈丁日後之憂，此又鹾臣惠愛極恩差，逆睹其弊而預爲防者。臣猶記比時申文，有各場新漲沙地種成桑麻者，概行加税之説，執途之人問之，凡竈蕩皆頑土也，有畛限者也，安從漲乎？凡沙地皆瘠壤也，不能生息者也，安所種桑麻乎？哀此貧竈也，丁有課、催有役，熟蕩有税、荒蕩有税，舊額既去，竭澤無遺，幾至剥膚，復加無名之徵，而曰新增税也。將所恃以賠此者，從天降乎？而天不聞雨粟，從地出乎？而地不聞湧金，鬻妻孥乎？而生齒有限，朘削已窮，則相引而逃耳。逃之不得，有率而亂耳。夫至於逃亂，並前此之課額，誰爲辦納？後此之軍興，益費躊躇，非由加税開之釁而稔之禍耶？伏睹商賈挾持貨物，徼逐厚利，稠疊而税之，猶嫌厲禁也，皇上且蠲三分之一以沛。汪濊田畝，歲多樹獲，計壤而賦之，業有定制也，皇上且遇災量免之，以恤凋疲。矧無衣無食之竈，代鹽商賠價，是池魚之殃也，其無辜爲何如？矧不耕不耘之蕩，而税更有加，是無米之炊也，其可憫爲何如？不平則鳴，勢極必反，究將何止？宜鹽臣拊膺於籲號之聲，蹙額於佌傰之狀，而請皇上之允其減也。豈諸臣有所私於兩浙煢竈？豈諸臣不欲爲皇上存此一隙利孔？夫亦曰額内之徵猶當緩二，額外之取豈宜四出。民命堪憫也，民變可虞也。善爲國謀，不得不從長酌議。兹者聖母遺詔諸蠲恤德意，皇上善承曲體，斷然施行。而無藝之徵，争民之事，損國法而離人心者，莫如兩浙新陞蕩税，其從免革，不待臣詞之畢矣。伏惟聖明軫念，商有業，竈有役，不相假也；商有商之苦，竈有竈之害，不相貸也。舊税科索已盡，貧竈脂髓已殫，那堪新增分毫乎。立賜全免，可以宏仁，亦可以廣孝；可以弭患，亦可以迓福也。億萬之歡呼頌祝悉聚，而爲皇上罔陵昌熾之休，曾何有於二萬金錢哉！

覆兩浙餘鹽五疏

明・葉永盛

第一疏

題爲浙課甚微，邊儲最重，乞爲群姦欺誑，急行罷遣，以裕邊計，以保宗社事。臣聞九邊者，京師之藩籬；儲餉者，九邊之命脈。故必九邊固而後京師安，尤必儲餉足而後九邊固。鹽法者，所恃以餉九邊，固藩籬以擁京師者也。臣見近時群小，如田應璧、吴應基等欺君妄奏，致兩淮蒲解之間鹽法大壞，方不勝扼腕，幸而兩浙晏然無事。乃近閲邸報，見忠義右衛百户高時夏一本《爲遵照見行事理疏通鹽法裕課便商事》，奉聖旨：『這本奏内浙、福等處鹽場，累年積蓄鹽堆及壅塞引目，疏通變價每年約有銀三十萬兩，有裨國用。准著浙江督理稅務內官劉成、福建督理礦稅內官高寀不妨原務，帶管彼處，督率原奏官商土民前去，會同各該撫按等官查理銀兩解進，不許擾害地方。欽此。』

臣一見之，不勝駭愕。夫福建鹽利，臣不能知，請言兩浙：浙課歲額解京銀一十四萬兩，給邊商銀約九萬七千，總計共二十三萬七千兩之數。然此二十三萬七千者，不盡出於鹽也。內沿海沙地之稅，及竈户丁口之稅諸項，總計凡十四萬有奇。其爲鹽引紙價者，約不過九萬而已。夫以額課尚不過九萬而謂有餘鹽，乃可獲一二十萬之多乎？ 其爲欺誑不待辨而明矣。

然使此課銀九萬者，歲歲無缺猶可支給，然而不能也。兩浙行鹽共五十萬引，行鹽之地僅十六府一州。內杭、嘉、湖、松、紹、寧、台、温等八府皆近海出鹽之地，彼小民近取諸海，即可以供食，肯捐囊金以貿鹽乎？ 雖刀鋸日加、鞭撲日施，欲官鹽之如數買銷，此萬萬不能。則所恃以完此九萬之課者，僅金、衢等七八府彈丸之地而已。夫行鹽之地既狹，則買鹽之人自少，以故引目壅塞而課銀往往短少，解京不敷，不得已而那借給邊商之民以湊解，致使邊商坐守四年，尚未領價。是現在課銀尚苦不給，日凜凜有掣襟露肘之虞，而謂此外復可得餘鹽銀一二十萬乎？ 其爲欺誑又不辨而明矣。

大抵行鹽止有此地方，食鹽止有此人數，縱使餘鹽果如山積，而足食之外，皆無所用，亦必不能於額課之外復行餘鹽。而況邇歲陰雨連綿，竈户煎辦不前，商人坐場守支，有年餘不得鹽者。今諸姦乃云餘鹽如山堆谷積，原此輩之意，不過欲得皇上一俞旨，輒分布諸場占據鹽利，私賣私販，任其縱肆，各飽私囊。不知此輩之計一行，則額引盡行停閣，引課盡行虧缺。彼商人捐膏血以輸之九邊，不遠萬里而來，乃竟不得分毫鹽利而歸，有挾貲掉臂而去耳，誰肯復輸芻粟於邊哉！ 夫邊無芻粟，軍士奚食？ 恐九邊之變，不旋踵而起。而藩籬既壞，腹心並危，禍且移之內地矣。

伏惟垂神三思，加意邊儲，將臣疏敕下户部查議，亟停高時夏等之遣。庶鹽法不壞而饋餉充，藩蔽無虞而内地固。商民幸甚，社稷幸甚。

第二疏

題爲浙鹽餘積毫無，妄奏大干祖制，乞敕會勘，以明虚實事。頃該忠義右衛百户高時夏奏開：浙、福餘鹽山積，變價歲可得三十萬。臣聞報驚惶，業已具疏齎奏，其時未見原奏官條議，尚未及詳斥其姦，方在候旨未下。復見高時夏又有條陳，末議清理鹽法之奏，奉聖旨：『這奏内合行事宜，著浙江督税内官劉成、福建督理礦税内官高寀，督率原奏官商土民各分所管地方，會同撫按等官酌議而行。欽此。』

臣當静聽會議，何敢復贅？顧事關職守，有不容默默已者。據時夏條議疏中，狂悖無狀，不可縷數。姑摘其姦欺之大者，爲皇上陳之。臣查得《大明律》内一款，凡犯私鹽者杖一百、徒三年，鹽貨并入官；若知情故縱者，同罪。今時夏條議，謂欲沿途盤詰，凡興販無引私鹽者，較其鹽數若干，量酌小税給票放行。是私販者不杖、不徒、不没官，明知之而故縱之，使私鹽公行，官鹽將盡廢也。有是理乎？又查得《大明律》内一款，凡將有引官鹽不於拘該行鹽地面發賣，轉於别境犯界貨賣者，杖一百，其鹽入官。今時夏條議謂，有越境販賣者，照前私鹽例，給票收税。是越境者亦不杖、不入官，反明給官票，令之肆行，使額引盡停而國課盡缺也，又有是理乎？夫《大明律》乃高皇帝親定，後世人臣誰敢毫髮更易，而况鹽課一節，尤邊儲國計所關。今時夏欲縱私販縱越境，不知有《大明律》，不知有皇上之法，又不知有高皇帝舊制矣。又據條議内，欲將各場堆積等鹽，招商變賣。夫兩浙出鹽之地原少，故額引不及兩淮四分之一，加以邇時水旱不時，竈户逃竄，海波衝決，竈地傾頹，鹽之所出日少。故在窮竈，則鹽未煎而先那商價以餬口；在各商，則引預告而待竈鹽以應掣。東移西湊，額鹽尚苦不充，又何從得餘鹽？所有者，不過商人價買之鹽，貯於各倉；或貧竈煎熬之鹽，候給與官商者耳。時夏輩豈不明知，而敢爲無影之奏？無非欲僥倖明旨之一降，即分佈諸姦下場強霸，或指官商已買之鹽爲餘鹽，或指貧竈待賣之鹽爲餘鹽，廣招私販賣價烹分，各厭其腹耳。此計一行，則舉官商間關萬里之資，盡爲若輩所奪，勢必裹足遠去，莫肯輸粟於邊，而邊兵擾攘之禍立見。舉貧竈勤苦度日之需，盡扼喉而奪之，而海濱數萬之衆無所控告，勢必嘯聚跳梁，而東南之事有不忍言者矣。臣查浙課，除地丁税之外僅九萬，而餘鹽之數視正額不啻加倍，即使化土爲金，萬無充解之理。時夏既云餘鹽山堆谷積，此則有目者所共見，必不以囊袖藏者。乞即敕原奏官指引山堆之鹽在於何縣、何場？所謂鹽堆之上樹株茂密、合抱森森者，在於何處？著令撫按等官同臣，及督税内官看驗，果如原奏官所云，則欺君之罪在臣，臣甘伏斧鉞之誅。如其果虚，乞念邊防大計，祖宗二百餘年相守成規，亟停搜括，則鹽課不虧而儲餉已足，詎獨微臣及商民之幸，實宗社無疆之休也！

第三疏

題爲浙鹽餘積毫無，妄奏大違祖制，乞敕會勘，以明虚實事。萬曆二十八年二月二十日，奉都察院劄付該臣題前事等因，奉聖旨：『原奏官高時夏等具奏浙、福二省餘鹽山積，變價，歲可得銀三十萬兩。已有敕旨，著内官劉成、高寀會同撫按各官酌議解進。這本説餘鹽絶無，果否虚實，還著内外官員公同查議明白，奏請定奪，立限與他該衙門知道。欽此。』欽遵移咨轉行兩浙巡鹽御史，會同巡撫並内官劉成，遵照明旨内事理，查議明白，定限三月内回奏，施行到院。奉此案行三司從公會查，要見兩浙額鹽若干、歷年是否足額、額外是否有餘、餘鹽有無山積，近議行銃毁舊引，有無窒礙等因。蒙此已經備行鹽法道並兩浙運司查議去後，隨據運司蘇養蒙呈稱：兩浙四所每年額派引鹽四十四萬四千七百六十九引，内除温州所引目二萬一千五百八引隨到隨掣不開外，今查杭、嘉、紹三所年額派引四十二萬三千二百六十一引，自萬曆十九年起至二十八年春季止，通計九年零一季，共該掣銷引鹽三百九十一萬五千一百六十四引。今查歷年以來，通共掣過三百二十二萬五千九百七十九引，較之年額實欠掣六十八萬九千八十五引，仍有額外預告未掣者共八季，實計缺鹽通共九十九萬一千五百五十七引。設使竈有餘鹽，何不給賣於商而停引不掣？商有鹽收，又何不照引買運而困守數年？餘鹽之無，不待查勘而自明。矧有各場官攢印結，歷歷可數。再，照引以行鹽，鹽以銷引；鹽既不足，致額引之欠銷，又欲廢引，兼行將引目之益壅；引既壅積，致額課之難完。又欲課外加增，將額供之益缺，九邊從此枵腹，商竈從此離散等因。又准鹽法道右參議林汝照咨稱，覆查無異，會議相同等因到臣。

臣等猶恐不的，復親往許村場逐一踏勘，但見窮竈釜空灰冷，極目蕭條，毋論山堆谷積，即稍有煎熬之鹽，皆預那商價餬口，鹽未出鍋，而商人已守而索之矣。正謂『二月賣絲、五月糶穀』，言之殊可酸鼻。勘後，臣復會同巡撫浙江、都察院左副都御史、巡按浙江監察御史、内官監右監臣反覆參酌，查看得，原奏官民所稱餘鹽者，乃額外多餘之鹽也。今查浙課四十四萬四千七百六十九引，年年銷不及額，積之九年，共缺鹽九十九萬一千五百五十七引。是額内方苦不足，額外何得有餘？果有餘，彼貧竈何不變賣救饑，而甘心枵腹以待斃？商人何不買收營利，而甘心困守於數年？餘鹽之無，誠不待勘而可決者。況臣等親臨踏勘，絶無影響，是鹽既無餘，課難加額，欲遂丐天恩停免。但内官以爲明旨森嚴，何敢以空文覆奏，必欲多方設處，以稱上心。乃搜查運司積有遠年廢引，計數一十五萬有奇，謂可變價解進。臣以爲，引特一空紙耳，有引無鹽，即引如山積，税將安用之？況廢引數多，一時並行，則額引盡壅，邊餉何供？内臣必不肯已。臣仰體聖意，雖明知事體窒礙，不敢不委曲允從，乃聽内臣遍搜各場，得見煎額鹽約可變價一萬五千餘兩。將前廢引扣數給商完課解進外，而内臣又執稱各省運司，如河東、兩淮之類皆有歲解額課，欲比例措辦。臣等以爲，浙鹽原與他處不同，他處之鹽或以風吹日曬而成，不甚費人力；浙鹽全賴煎熬，人力百倍。欲加額課，商、竈何堪，似難比例。内臣堅執不從，臣勢不能強，反覆計籌，求所以措處之策，不過曰『裁省』與『加派』二者而已。查得臣衙門諸役，例有工食及出巡一切公費，皆勢之必不可無者。臣爲鹽官，若不躬自節省，而徒加派於商竈，何以服輿人之心？臣將前項逐一裁減，約可得千餘金。再查濱海新墾地畝，或地腴而税輕，或已熟而未税，量行加派；及天賜場新增鹽課，並鹽牙税銀，共前四項約六千兩。此外將前扣餘廢引那借額鹽行賣，足課一萬兩。廢引既完，即於各商照引加税、各竈照户加煎，湊足前數，共税額一萬六千兩。臣自謂殫竭心慮，計盡而無復加矣。乃内臣復堅欲加課一萬兩，湊額二萬六千兩。原内臣之意，不過欲效勞皇上，爲國課求增。第課愈多，則加派愈重，在商、竈損此一萬，不啻去骨中之脂髓；在内府增此一萬，何足益滄海之分毫。況鹽務關繫邊儲，最爲重大，區區兩浙煎鹽衹有此數，增一萬國課，必減一萬邊儲，積之數年，當缺一年之餉。異日，九邊年例不敷，户部復有内帑之請，未免更煩聖慮，則又不若及今裁酌而留，不盡於邊儲之爲得也。

伏惟皇上垂神三思，如果念邊計甚重、商竈難堪，得停搜括，上也。倘以爲國用必不可已，容臣歲辦額課銀一萬六千兩，准以本年三月初六日敕書到日爲始，按季徵解，以濟大工，俟工完日即止，則兩浙商竈雖不能盡徼停免之恩，猶所謂寬一分得受一分之賜。倘俞内臣所奏，必欲歲額二萬六千兩，臣藐爾犬馬，誠不敢違天，恐自此而商竈愈困，邊計愈虧，其害有不可言者。惟聖明裁奪，臣無任籲嗚，祈懇之至。

第四疏

題爲會疏明旨未頒，商竈離散可慮，乞查近奏，速賜允行，以安人心，以充國課事。近因忠義右衛百户高時夏奏稱：『浙、福餘鹽山積，歲可變價得銀三十萬兩。』奉聖旨：『這本説浙江餘鹽絶無，果否虚實，還著内外官公同查議明白，奏請定奪，立限與他該衙門知道。欽此。』欽遵會同撫、按、内臣，同將歷年掣鹽引目查算，及親詣各場踏勘餘鹽，委係絶無。但明旨森嚴，不敢以空文覆奏。臣曲從内臣之議，將運司銃廢引目變價一萬五千餘兩，先行解進外，復因歲課無辦，議加派裁，省諸項以湊額供之數。在臣則議歲額一萬六千兩，内臣則議歲額二萬六千兩，撫、按二臣則酌乎二者之間，議額二萬兩。已於四月十五日公同會稿具題，迄今未蒙裁定。續接邸報，見内臣於本年二月間有條陳二疏，至本月十三日奉聖旨：『這奏内應行事宜，遵照前旨會議而行，毋虧原奏銀兩額數，亦不可困累地方。原奏官高時夏領敕已經四月，如何尚未齎到爾。便嚴查上緊奏來定奪，不許容縱。該部院知道。欽此。』皇上於臣等會疏則遲遲未允，而於内臣條陳之疏，則有毋『虧原奏額數』之旨者，以原奏兩浙該課十五萬兩，而臣等所議乃若是之少，或以臣等之勘議未必實，而餘鹽絶無之説未必真耳。

夫兩浙餘鹽之有無，皇上誠不得而親見。若夫浙課解部濟邊，歲止一十四萬，載在《會典》，其書見在御前，可取而覽也。夫舊課止一十四萬兩，而今新奏餘鹽之數乃至十五萬兩，是餘鹽比正課反加多一倍有餘矣。即使將解部正課盡解進内府，尚缺一萬之數無從措處。況部課係九邊年例，急如星火，可盡解内府否乎？部課十四萬既不可缺，而奏額十五萬又欲足數，即粉商竈之骨能足乎，不能足乎？且兩淮、河東與兩浙同一鹽課也，兩淮解部六十萬，解内府者近議一十二萬；河東解部、解邊共一十九萬八千，解内府者近議不及三萬。是在兩淮，則舊課十分，新進者止十之二耳；河東舊課十分，新進者尚不及二分。然彼二處鹽，臣業已措處無策，哀籲屢屢矣。今兩浙若無虧原奏額數，是舊課十分，而新課尚溢十分之外，較之兩淮、河東加重六倍矣。臣非能神運鬼輸，如之何能充額也？臣屢請明旨，皆云無虧國課，亦不許妨損邊餉。今若求足原奏十五萬兩，則邊餉必至全無，不特妨損而已。今兩浙商竈自去年十月聞報以來，皆紛紛傳言朝廷將加倍派徵，不勝驚懼，各欲棄業逃散。商不買竈，竈不煎鹽，已半載矣。近因會議一疏，人心稍安。倘皇上復欲無虧原奏額數，則商、竈驚惶如故，將來商必挾資遠去，竈必流離思亂。不獨内供無措，部課無出，而濱海岌岌之勢且在目前矣。此等景象，皆内臣所親見，臣非敢有一言虚妄以欺天聽也。伏乞皇上俯念浙課止一十四萬，必難加倍。查照兩淮、河東事例，並細查臣等近日會議之疏參酌，聖心速賜批發，明旨早降一日，則地方商、竈早安一日，臣等亦便於遵行，而國課、邊儲兩無誤矣。

第五疏

題爲會疏未蒙裁定，解銀未見賜收，乞速降明旨，以定人心，以便遵守事。臣奉旨會議兩浙鹽課，與撫、按、内臣同日具疏上奏，並先將廢引變價銀一萬五千二百五十兩付内臣隨數解進，迄今待旨三月有餘，而會疏未蒙批發，銀兩未見查收。臣等不勝惶惑，夙夜疑慮，不知前銀竟置何地？縱内臣以爲已解進内府，而無明旨可憑，臣等孰從而信之？又查兩淮、河東等處，凡係鹽課，皆荷聖慈軫念，邊計並從寬恤。獨兩浙會疏未蒙批發，或者以原奏一十五萬而臣等所議太少，故聖意難之耶？然臣等之議非漫無憑據，乃查照兩淮、河東事例而稍增損之者也。兩淮解部者，舊額六十萬，近議解内府者一十二萬；河東解部濟邊者，舊額十九萬有奇，近議解内府者不及三萬。屈指兩處之數，大約舊課十分，新課僅二分，且有不及二分者。浙課解部者舊額止一十四萬，不惟不及兩淮，亦不及河東。内臣所議之數正與兩處事例相合。臣等以浙鹽煎煮甚難，尚欲求聖意寬減，若必照原奏之額取盈一十五萬，是新課與舊額反多一倍有餘，較之兩淮等處，輕重苦樂天淵懸隔。即粉商、竈之骨，萬萬無完理矣。夫天下之商、竈，皆皇上之赤子；天下之鹽課，皆皇上之邊儲。各處皆蒙寬恤，豈於兩浙而獨加倍迫徵？在聖明必不其然。然聖斷一日未發，則臣等一日無所遵守，地方商、竈即一日不得寧静，勢必廢棄逃竄，轉而之四方，此其關於國計民儲非細也。伏望皇上查照兩淮等處事例，及將臣等會疏參酌多寡，批允額數下部、行臣，以便遵守。至於内臣已解銀兩有無收進内府，明降聖旨，俾臣等曉然共知。庶涣汗頒而群疑釋，宸斷定而人心安，國計、邊儲並有賴矣。

《欽定重修兩浙鹽法志》卷二十七終

欽定重修兩浙鹽法志卷二十八　藝文二

疏

酌議天賜場事宜疏

明・楊鶴

該前巡鹽御史張惟任案行蘇松道，將復置天賜場、場官吏始事，宜從長酌議，立法清查。要見何地應歸竈户辦課，何地應歸民籍輸糧，其立團聚煎之法、稽煎徵課之規，務使民、竈相安，可垂永久，逐一覆議妥。當開列條款具由，一并呈報，轉行蘇州府、總巡、同知郭堯濂，前詣崇明縣會勘去後，隨據該縣知縣袁夢鼇勘議、具由、通詳，前巡鹽御史批蘇松道並勘詳奪去後。該臣受事，地方前案未結，民、竈紛紛訐告，迄無寧日。臣檄下道、府速行勘明。萬曆四十二年十二月，蘇松道按察使俞維宇親歷其地，仍委蘇州府推官安曦、松江府推官吴之甲一一踏勘明白，議詳到道。本道看得：崇之爲邑，起於唐武德間，所謂黑匽成雲處也。其天賜址，自宋天聖年湧出，原名姚、劉二沙，嘉定間，變爲滷地，遂以『天賜』名場，崇之有場自此始。至我明弘治間，馮夷作怪，全沙淪没，刮煎之衆十亡八九，額課六百餘兩無從措辦。該縣悉力招撫，止存舊竈四十六家，又單丁冷族，力不能支。

嘉靖二十六年，前鹽臣躬巡該縣，僉民户以充竈，撥民蕩以補場，庶幾救焚拯溺。迨後海寇狂逞，巢穴其間，即搜而入於册者，復爲散去。故隆慶元年，將場官題革，以課專屬該縣，議竈坍一畝撥補沙塗二十八畝。蓋以坦税，每畝科銀四分有奇；而塗，每畝止科銀一釐五毫，必二十八畝始足抵竈一畝，坦少補多。於是嗜利姦民郁鈍等七十八家，靡不以竈爲奇貨矣。見海邊一有漲塗，輒以撥補辦課爲名，乘機佃占，侵至一千三百八十餘頃。竈産增一尺，民地減一尋；鹽課加一分，民糧損百分。致排年一千一百户紛紛冒竈，僅存八百户，勢幾無民，縣且無以自立。知縣何懋官於萬曆八年，查將郁鈍等弊産盡數追出，均撥通縣，課亦均輸。各院詳允，吏習民安，行之三十餘年，法稱良矣。

前鹽臣所以復行題請者，以郁敦顯告稱，天賜有鹽與青浦不同，必不可有場無官也。節奉憲牌，奉有明旨，轉行該府縣，終持兩可。職初亦以爲竈有竈産、民有民産，民、竈各不相關，縣、場各自爲政，何復場之不可？又思場之興廢，一視鹽之有無。昔既以無鹽而裁，今應以有鹽而設，又何復場之非？是直至季冬，按院巡臨崇明，職追隨渡海，躬行勘驗，行未十里，見杖而扶挈而負、蓬垢而鵠結者，無慮數千萬人，遮道於前，停車詢之，萬口一詞。叩其某爲竈産、某爲民産，則郁敦顯向所冒爲寧竈、永竈、安竈者，皆附郭也，皆民産之腴田也；即郁敦顯等室廬皆雜處其間，桑麻遍野，菽麥盈疇，溝洫之水直通城壕，皆甘泉也。一望而南沙上八墩、四十墩，下接於海，百里間盡爲沃壤。自均撥之後，民居稠密，稱樂土矣，無可煎銷之地也。職又詰之：『地既不鹽，平日食鹽曷至？』衆謂：『北去二十五里爲桃皮港，此處沙土稍鹹。』職隨輕輿至其地，詢其土人，惟時當亢旱，滴滷可煮，亦惟用食鍋濾土澄水，五日可煮一鍋，計日亦僅可得工價二分；如浹旬霪雨，歎無鹽矣。所出僅足供一方之用，欲資鄰封商販不能也。在青浦，以有官無鹽，欲移之於崇，不知崇之無鹽與青浦等。浙鹽色白，惟淮鹽青。今因崇明、太倉、崑山、嘉定各地方所食之鹽大半皆青色，則崇之無鹽也驗矣。青鹽横行，而白鹽之引票烏能無滯？顧該縣鹽食無幾，太倉、崑山、靖江三州縣商人則願認引票，寧多而不憚者，此豈別有術以取盈乎？欲借引票爲興販地耳。緣該縣山前等沙，咫尺海門，候潮揚帆來往，瞬息各州縣商人一至崇明，崇明土商牙行爲之居停，或千或萬刻期可至，彼此互相姦比。一引官鹽不鬻，至十引私鹽不已也。爲今之計，欲私販之屏跡、額課之無虧，必將該場田蕩課銀照舊均派，仍歸該縣經理，其原派太倉、崑山、靖江三州縣引票，改派青浦、青村、下砂等場，天賜場免爲議復，著爲一定不易之規，成億萬年靡争之化，所造福於海邦者不淺也，等因到臣。

臣查前後卷案，自萬曆八年該縣均攤納課之後，民、竈相安久矣。前鹽臣原疏非欲動小民已成之業也，止謂該縣遍地産鹽，自見銷引票三千有餘之外，尚有不盡之利，故議復場設官，不欲利歸私販耳。臣細訪之三千有餘之引票，各商越海買補，從之如歸市者，皆江北淮鹽爲之餌也，崇明産鹽固無幾也。臣親詰問商人以崇明鹽色青、白，商人親口吐稱：『見鹽買鹽，不問青色、白色。』是明與私販爲市矣。即見銷引票尚當改赴別場買補，庶可以杜越販之姦耳。昔之海濱斥鹵之地，小民歲歲佃作，已盡化爲膏腴之産。以故六百餘金之課，增而至於三千五百兩者，即此地也，又安所得熬波煮海之利耶？即有新漲沙塗，止宜責其陞課，不必更責以煎鹽矣。今竈户之所以欲復場者，争此新漲沙塗也；民户之所以不願復場者，利此新漲沙塗也。臣愚謂，昔也，場自場，縣自縣，民、竈分而爲二；今也，縣即場，場即縣，民、竈合而爲一。但令國課有歸，此課出於場可也，出於縣亦可也，納課有人，則以竈産與民可也，謂民産即竈亦可也，此崇明海外之變體不宜與三十六場並論者也。至於場官之設，青浦場既革，天賜場未復，且錢糧皆歸有司徵解，總無用此贅員爲矣。省事不如省官，此之謂也。伏乞敕下户、吏二部再加酌議，將天賜場照舊均攤納課、歸縣徵解，見在場官著令赴部改選，以後不必復除。庶鹽課有歸，而官無冗設矣。

永寬商竈疏

明・楊鶴

臣奉命視鹺兩浙，于役事竣故事報命之日，率有條陳，恭候聖明採擇。臣愚無知識，不能蔓引其説，惟是通商、恤竈兩言盡之。按祖制，兩浙每歲行引四十四萬四千有奇，分派三十六場買補，掣運浙直所轄食鹽地方賣銷。蓋統計各場所産與各地户口所食無餘、無欠，而立爲常法者也。比時止有正引，别無傍徑場之所，止以供四十四萬四千有奇之額，故不患其不給。民之所食，亦止有四十四萬四千有奇之鹽，故不患其不通。

自嘉、隆以來，創行票鹽而引始困矣。票之值廉於引，票之售又速於引，票之利常倍於引。臣初受事，心欲革之。及查票鹽之設，蓋爲産鹽地方正引不行，利歸私販，故假此以遏之。自嘉靖十六年間，台州因隔越山海，商稱不便，題准行票華、上等縣。復沿例，以請國課取辦於票鹽者，凡一萬四千四百五十兩有奇，此外尚有各縣各場額課，若止行正引、餘鹽，銀纔八萬，尚不足抵邊商庫價，勢固不能革也。嘉靖季年，倭警告急，而竈户息煙，海若揚波，而沙土傾瀉，停引待鹽者已三四載，餘鹽京解未嘗停也，故存司引目積而至於今日，有一百五十萬之多。於是盧京解無策，則預納之令下矣；慮後引無告，則執程之令又下矣。然法令愈嚴，而引目愈壅。於是前鹽臣韓浚有帶銷之條：昔之四十四萬四千有奇者，今則五十萬矣。以四十四萬餘引爲常額，派納餘鹽；以其餘五萬爲銷壅，止銷引目，謂不出三十年，前壅可盡。此亦疏通引目之良法也。乃各商謂：『今日挨掣之引係三年以前已償邊價、已納課銀之引，即不速銷，止虧商本，無妨國計。且今日之報中止此四十四萬餘引，今日之額徵止此四十四萬餘引，意欲復四十四萬餘引歲掣之舊，審如此，則一百五十萬之積引何時始銷。各商一時自便之情，固未可盡聽也。然昔之壅壅在引，而今之壅壅在鹽，食鹽之地有定限，産鹽之場不加多，一歲曰掣，前掣未完，後掣接踵，住賣者未銷，運發者又至，則閭閻得以操徵賤徵貴之權，而商賈不能收子母三倍之利，亦其勢也。於是鞭笞之令日下，季掣之遲自如，緩之則病國，急之則病商。』

臣初到地方，一意寬恤，已而季掣愆期，始嚴行督責，提比綱紀。各商幸完六季，乃各商之鹽，實在停積行鹽地方未盡賣銷也。意者於帶銷五萬餘引之中，大爲除減，庶各商之力少紓，而季掣之期自在，或亦疏通之一術乎？内商之掣摯既通，則邊商之引目亦易售，此亦一舉兩得者也。臣所謂通商者，此也。以竈户言之，洪武中，每竈丁一給與工本鈔二貫六十文，以備器用、給口食。當時鈔一貫可易米二石，竈丁之優裕可知。今無有矣。祖制，每丁煎鹽給有灰場，以資攤曬；有草蕩，以供樵採，草蕩所收之值，歲可抵一丁鹽課之半，不稱苦也。其後貧富不齊，力不能煎辦，窮者餬其口於四方，場、蕩没入於總催、豪右之手。或開墾成田，收利入己，猶於各竈名下徵收全丁課銀，曰此額課也。即轉徙他鄉，而課必不可免，故有賣妻鬻子以償課者，有終身不娶，有生子溺死恐貽竈丁之累者，窮竈之苦尚忍言哉！每遇五年清丁清蕩之期，名爲清丁矣，單丁獨户卒未嘗豁也；清蕩矣，豪強兼并卒莫之問也。蓋竈户之清丁、蕩，非如有司編審之法，委官清理，不過責成於場官，場官不過聽命於場霸、團保、攢書，皆因緣爲姦，滋狡兔之三窟者耳。其豪有力者，人人得遂其影射之私，寂不復言；而其敢怒而不敢言者，皆疲癃愚懦之竈丁，必不能自達其隱者也。臣鋭意欲一清理之，而不值清丁、清蕩之期，行之恐滋多事，輒復中止。此臣之所隱痛於心者也。

臣查得嘉興分司蘆瀝場總催之役，僉派最爲不均。本場豪户蕩連千畝而反脱役，小竈苦無立錐而竟陷催；富者收蕩之利而避催之役，貧者躬催之役而無蕩之利。甚有民户、勢宦不畏令甲，明佃竈蕩，僅代納課，而蕩去丁存之竈，資身無策，復令照丁當催。役苦費煩，賠死無路。據該場竈户趙志奎等呈稱，願行照蕩僉催之法，臣檄下所司行之。

臣又查得，松江分司六場、浦東下砂等場墩蕩各不下數萬，每丁課銀止納一錢三四分有奇。獨袁浦一場，風坍海嘯，原額之蕩止存六十餘畝，額課不減，每丁實納課銀四錢有奇。以一司之場分，多寡懸絶，苦樂不均，一至於此。據竈户翁亨等紛紛呈告，懇臣具題以甦偏苦。其阻撓者謂：『祖制，各場各有定額。』臣思以松江一司之場，均松江一司之課，即如民間以一縣之錢糧攤派於一縣，與祖制有何違背？且今日之浦東、下砂等場，安保無滄桑之變？異日之袁浦場，又安知不高岸爲谷、深谷爲陵耶？臣竊謂一場之中納課不均者，宜仿袁浦場之法行之，其勢家、豪族有以民户占種竈産者，或係世遠人亡，或係丁盡竈絶，但令國課有歸，自可相安無事。臣令長安時，外縣寄莊人户比本縣田糧起科少別，所以暗補本縣丁差，似宜少仿其意。彼既以民户種竈産，量加錙銖，包補竈課可也。

至清丁、清蕩之年，必定委賢能有司，會同分司官著實清查，一洗宿弊。如杭、嘉、寧、紹、温、台皆有場有竈之處，鹽臣巡歷地方不過少費時日，盡將竈户唤集公庭，按籍唱名，延問疾苦，則承委之官自不敢朦朧了塞，場官、場霸、攢書人等自不敢高下其手矣。查得，先年竈户報出新漲沙塗，量與陞税，然有增則有減，此長則彼消，總之足課而止。蓋海濵斥鹵之地爲利幾何？與其取之在官，不若留之在民，此正理也。臣所謂恤竈者，此也。

兩浙商竈，自萬曆二十七年，姦弁高時夏妄奏，不得已行廢引一十五萬、加税十五年，共徵銀五十五萬五千兩，而商、竈之脂膏殆盡。今奉詔蠲税之後，如病羸之人，生意奄奄，纔有起色，此亦去藥石而用粱肉、慎起居以復元氣之時也。臣何敢不盡言於明主之前哉！如果臣言不謬，伏乞敕下該部覆議，將前鹽臣所題每年帶銷五萬餘引之數量，銷一萬；其五年清丁、清蕩，著實奉行。務令一司之中通融一司之課，一場之中通融一場之課，一團之中通融一團之課。至民户占種竈産者，於常課之外量加包補，新漲沙塗之税，即以抵坍塌地蕩之課。庶幾商販得以疏通，窮竈永霑實惠矣。

恩詔已蠲浮課乞賜全免疏

明·崔爾進

臣惟兩浙産鹽，自加徵浮課以來，一方商竈如在水火，正課日虧，鹺政大壞。前鹽臣楊鶴有《商竈一時並困》之疏，復經户部左侍郎臣李汝華覆題，乞將二十七年所增新税盡數蠲免。恭遇聖母賓天，我皇上仰遵慈諭，特涣恩赦，内一款云：『各運司浮課，除三十四年免過外，惟河東、兩浙進鹽，長蘆過路落地生熟鹽等税，困累商民。各該巡鹽御史具奏及本部題覆者，俱准蠲免。欽此。』詔下之日，一時人心歡若更生，在事諸臣出示曉諭，盡行蠲免。遵奉已五閲月矣。

及臣代差入境，忽於十月二十八日接得邸報，見有織造太監劉成《減税已奉恩詔》一疏，奉聖旨：『這奏内各運司浮課先年已經蠲免，其兩浙等處鹽課銀兩，還著巡鹽御史即行運司，亦准免三分之一徵解，該監類總恭進應用，不得煩瀆抗違。該部院知道。欽此。』臣不勝駭然！夫浮課云者，溢於正額外之謂。兩浙歲額原止一十四萬五千兩，而乃於外多徵三萬七千兩，此非即明旨所謂『浮課』者乎？前鹽臣楊鶴瀝血抽誠，爲商竈請命，以求盡免，此非即明旨所謂『各該巡鹽御史具奏』者乎？户部據此覆請盡免，此又非即明旨所謂『本部題覆過』者乎？况明曰『兩浙進鹽』，曰『困累商民』，曰『俱准蠲免』，德音之布，炳若日星，而成突生枝節，故意背違，不曰浮課而曰鹽課，不曰蠲免而曰減税，不曰遵行已久而曰涉疑曰揣摩，不曰浮課即係進鹽，而曰進鹽非即新税，遂致已免者復徵。試詰成：以舍此三萬七千兩之外，更有何者爲浮課？其何辭以解也。再詰成：以三十四年兩浙免過者，的爲何項？又何辭以解也。古稱：『王言之出，如綸如綍。』又曰：『信知四時。』乃今五月之前奉旨俾得盡免，五月以後復奉旨徵三分之二。毋論人之剥削不堪，愈增怨苦，而變更不常，人難憑守。他日一切大政事、大號令，何以風行草偃，以成畫一之治。蓋不惟褻朝廷大體，且釀成海内隱憂。况浮課之困累商民，聖心已洞燭之矣。

兩浙原無巨商大賈，其本資多者不過百金，次者數十金，又其次則肩挑負販、易米延生。所以引之外，有大、中、小票之別，零星瑣屑，利如蠅頭。邊商居秦晉絶塞，跋涉數千里，中納守支更稱艱苦。不幸遇姦弁高時夏一啓利端，而廢引行矣。邊商每引扣銀二分四毫，内商扣銀四分矣，因而欠庫價至三十餘萬，壅引目至一百五十餘萬。齎投勘鈔者，羈候五年；預納餘鹽者，株守三載。或饑寒困斃，猶迫監其子孫；或銃没，自甘至蕩，盡其恆産。兼之地方災饉，頻歲相仍，今年夏既苦水，秋復苦旱，稻皆生蟲，鹽難煎辦。臣入境時，啼號小民、貧窶商竈，一路見之，不覺酸鼻。及至武林而控訴者，常至萬人。此何等時，而猶欲敲骨吸髓乎？

臣又查兩浙歲額，常股、存積鹽共該四十四萬四千餘引，分爲四季，告掣當在仲月，掣完當在季月。今年止春季完耳，夏、秋、冬三季則全無所有，是引目已虧。大抵引目虧則額課欠，額課欠則邊餉缺。臣方日夜焦勞，寢食俱廢，以求疏通，而受事方始成，遽有此舉，故相阻撓，上負朝廷之德意，下危兩竈之身家；近壅正課之引目，遠絀邊疆之饋餉。臣鹽臣也，事關鹽政，則當言；且關兩浙之鹽政，則當竭力以言。伏乞皇上垂念東南杼柚久空，將浮課三萬七千兩仍賜全免，且正成以朦朧欺誑之罪。庶商、竈尚延旦夕之命，臣得借以料理鹽務，而軍國大計不至大壞而極敝矣。

額引愈壅懇免浮課疏

明·崔爾進

先是，兩浙浮課荷蒙恩詔蠲免，已五月有餘。不意織造太監劉成朦朧一疏，復得旨徵三分之一。值臣入境之初，敬將貧商、困竈迫切情形仰塵天聽，竊以爲皇上聞之必且惻然動念，涣發德音。乃静候已久，不蒙報可。

臣維皇上純孝性成，推聖母好生之心，以爲吴越人除此夙苦政，如大旱之得時雨，出塗炭而登之春臺也。乃數月以來，澤既流而復滯，一方之衆歡未幾而倏愁。蓋成本久病伏枕，且目不識丁，其左、右司房等役垂涎於鋪墊加耗，相與爲此伎倆以陷溺東南。日者，成已物故矣。夫人之苦此課，不啻以日爲歲。其仰皇上之免此課，亦不啻以日爲歲。及此時而與民更始，仍賜全免，使人曉然知前此重徵，原非聖明本意，於引領望救之日，忽施不測之仁，其感激圖報，較初聽恩詔時當百倍矣！乃所以廣德意，民有欲而必遂，朝有令而必行，使天下萬世謂綸音之出，即有意抗違者無所施其術。乃所以信明旨令，感皇上雨露之恩，因頌聖母天地之德，錫類之行不匱之思，傳之千萬年而不朽。乃所以隆聖孝一舉，而衆善備。

臣之所爲補牘以請也，蓋年來浙中荒歉，已具悉臣前疏中。及臣渡錢塘江至紹興、寧波、台州等府，則憔悴之狀、啼號之聲，又有前疏所不能盡者。臣濫竽煮海之役，所恃中納掣運。疏正引以完解額者，商，而商之屢空若是；伐沮陵波、給牢盆以供煎辦者，竈，而竈之顛連若是；貿易通融、憑户口以贍公賦者，民，而民之鶉衣菜色又若是。無米之炊，巧婦不能，欲無負乘覆餗，不亦難乎？又況夫十四年之剥削，方邀新恩，又罹舊苦，苦極則怨，怨極則逃亡相繼，復安問淡食與否也？臣則安得不懼？庫價欠至三十萬，正引壅至一百五十萬，臣前疏亦已言之。及至巡歷越東，細查歲額，而中津橋之票復壅八千四百有奇。日壅一日，安所底止？臣又安得不憂？適見邊内綱紀商人陳永茂等，計無復之，流涕訴苦；而運司王皡如、屯鹽水利道右參政兼僉事薛近袞，復具文力言其極危極苦情狀。觀之，真有食不下咽者已。經撫臣劉一焜、按臣李邦華憫商竈之日困、念杼柚之久空，會疏爲東南請命。其間，進鹽之即浮課，與三十四年之原未經免，及劉成欺罔諸事，言之更悉。亦足見臣前此控陳，原非一人之私言矣。

伏乞皇上垂日月之照，速賜檢發臣前疏，仍遵恩詔盡免。使商、竈小民之物力不至重困於額以外，則鹽引、京課之徵解自不至漸虧於額以内。太倉實，兵餉足。塞無庚癸之呼，内有磐石之固，即天地之藏、山海之利，永爲聖世之外府矣。

酌議帶銷舊引以疏新引疏

明·李汝華

伏查兩浙運司每歲行引四十四萬四千七百六十九引，此舊額也。後因嘉靖末年倭警、萬曆初年水荒，内商流徙積引壅滯；加以二十七年姦弁高時夏之誣奏，不得已行廢引一十五萬，廢引一行，正引愈壅，以致積有一百五十餘萬。萬曆三十八年，該兩浙鹽臣韓浚議：於正引四十四萬四千有奇外，每年帶銷五萬五千餘引。通壅疏滯，法非不善。顧行鹽之地以數多而日賤，産鹽之地以數多而日貴，五年以來致使食鹽愈積，引目愈壅，邊、内兩商均稱不便，合詞陳告。先經御史楊鶴因壅具疏，已有量銷一萬之議。今鹽臣崔爾進目擊壅塞之由，酌畫經久之法，除每歲行正額引四十四萬四千七百有奇外，仍帶銷舊引一萬，每引加課三釐，補闕餘銀一千三百五十餘兩之數，湊足解京一十四萬五千兩，總不虧額。此誠疏商籌國、審時酌事之良策也。案呈到臣，該臣看得：國家鹺政所以稱善者，蓋揆其出産之原，度其疏行之地，無少無剩，故引目易銷而商不稱厲，國課恒足也。自姦蠹横行、壅引虧課，已非一日。如兩浙正額引目每年四十四萬四千七百六十九引，實量竈産、民食，立爲中制，法至善也。自廢引行，而積引壅，遂至一百五十餘萬之多。及議帶銷五萬，似可漸爲疏通，乃買鹽日賒，而産場之鹽不加多；賣鹽日積，而食鹽之人止此數，於是商資益竭，引目益不能銷。故今新引又壅至三十餘萬，則不但内商稱病，而邊引不售，即邊商亦甚病矣。往御史楊鶴通商之疏，見已及此，今壅滯日甚，萬商籲號。鹽臣崔爾進復申帶銷一萬之議，隨時裒益，漸返初制，實與韓御史帶銷原疏無相悖戾。況每引加銀三釐，又於原派京課一千三百餘兩適相湊抵，則每年正解鹽課一十四萬五千之數，毫髮不虧，公私兩便，實經久可行之法也。既經具題前來，相應依議覆請。恭候命下臣部，移咨都察院，轉行兩浙巡鹽御史，行令運司：每歲行正引四十四萬四千七百六十九引外，仍行常銷舊引一萬，每引加銀三釐，務足歲解太倉銀一十四萬五千兩額課。庶新舊之引得疏，而通商裕國均有裨益矣。

狀

奏鹽課狀

宋·朱熹

浙東所管七州，而四州瀕海，既是産鹽地分，而民間食鹽必資客鈔，州縣又有空額比較增虧，此不便之大者。夫産鹽地方距亭場去處，近或跬步之間，遠亦不逾百里，故其私鹽常賤而官鹽常貴，利之所在，雖有重法不能禁止。故販私鹽者百十成群，或用大船搬載，巡尉既不能訶，州郡亦不能詰，反與通同資以自利，或乞覓財物，或私收税錢。如前日所奏，台州一歲所收，二萬餘貫是也，以此之故，除明、越兩州稍通客販，麤有課利外，台、温兩州全然不成次第，民間公食私鹽，客人不復請鈔，至有一場、一監累月之間不收一袋、不支一袋，而官吏糜費、吏卒騷擾，有不可勝言者。然以有比較之法，州縣恐有殿罰，則不免創立鹽鋪，抑勒民户，妄作名色，抑令就買，出入暗昧，不可稽考。大略瘠民以肥吏，困農民以資游手。爲州縣、爲提舉主管者，非不之知，然皆以國計所資，不敢輒有陳説，日深月久，民愈無聊。若不變通，恐成大患。

臣生長福建，竊見本路下四州軍，舊行産鹽之法，令民隨二税納産鹽錢，而請鹽於官。近歲，官鹽雖不支給，而民間日食私鹽，官司既得産鹽税錢，亦不復問其私販，雖非正法，然實兩便。欲乞聖慈特詔本司，取會福建路轉運司下四州軍見行産鹽法，將本路地里遠近、鹽價高低比附參考，立爲《沿海四州鹽法》，其餘州軍自依舊法施行，則亦革弊救民之一事也。伏乞聖慈詳酌施行。

論罷華亭分司狀

宋・黄震

某近準牒差往嘉興府管下，散還亭户鹽本錢，因得訪問亭、場竈數無減，而鹽課折陷，其弊安在？乃知皆是華亭分司苦楚椎剥，至亭户逃亡。始夫分司幹官，祖宗法所無有也。頃歲，馬端明持庾節，閔亭户赴本司期限涉遠，分遣幹官一員以便民。日引月長，偏方下邑，一介小官赫然振監司之體，影附並緣，實繁有徒。請以親所見聞之實言之。亭户，本官爲市，有買而後有納也。自創分司，亭户一到請本需常例錢者，棄局閧二十有二，細民無一敢嚮，惟上户名統催者領之支應，索需之餘所存無幾。往往又以欠額，抑令八十貫折納鹽一斛，往往徒手而歸。是使亭户逃亡而鹽課折陷者，分司也。

上户與下户均爲齊民，彼所自有者本亦一竈耳，官司以其事力可以濟乏、才智可以服衆，使之督辨，謂之『統催』，亦必勸以恩禮，然後拘以法制。近者，分司吏卒視爲奇貨而漁獵之，係纍其妻妾，破壞其家産，甚至有訊腿荆五十，而一荆取杖錢五貫者，一訊之頃費二百五十千，他可類推矣。某日見浦東場等處高堂峻宇毁拆垂盡，皆舊日富家上户，苦於追補至此。使亭户逃亡而鹽課折陷者，分司也。

天下細民之苦，莫亭户爲劇。豈止冬不得避風塵，夏不得避暑熱而已哉！夏日酷烈，人所必避，獨亭户反就之以爲涼，蓋煎鹽竈舍火氣熾盛，一出青天白日之下，即清涼也；冬寒雨雪，官司優恤，凡居里巷者，皆散錢米，獨亭户反因之而重罪，蓋煮海爲鹽全藉晴日，一至深冬沍寒之際必缺額也。況如某所經歷下砂、青村、袁部、浦東等場，三數百里無禾麥菜蔬，井泉所食惟鹹水煮麥，其苦萬甚，所宜痛恤。而分司廳以去歲之官斷杖，乃日不下四百座，半歲之間死於非命者七人。是待民不以人道，使亭户逃亡而鹽課折陷者，分司也。

本司半月一比較，分司五日一比較，本司牌匣之費近百千，分司牌匣之費過八百千。曰補鹽曆，五日一比，七十千；曰巡鹽曆，亦五日一比，七十千。此外，非泛横出加以罪名，有費至萬貫者，蓋無一不出於亭户。此其使亭户逃亡而鹽課折陷，皆分司爲之也。況復有亭户之所已納分司，反從而折陷之者。

蓋分司，即本司一幹官在外者耳，而體貌幾與本司埒，三司六局，排軍授事，無一不備。茶酒至八人，扇吏六十人；又各有其徒，名貼司者二十餘人、獄子十餘人；其徒號親人者，一百五十餘人。自司屬至轎散番，通近四五百人。合兩買納官、一支鹽官，四廳在縣共千餘人，人以十口之家計之，是十萬指衣食於亭户。故雖吏胥之文移日以繁，卒徒之隳突日以頻，而所得猶不足以飽所欲，遂於納鹽每斛一石五斗四升之外，增鹽二枚。買納官、支鹽官及催吏詐言或淺喝，令罰枚，枚率近一小斗。此實亭户之所已納，而官自折陷之者，一也。每斛，官給亭户本錢價十五貫，今亭户無鹽折納八十貫，而官自買鹽。夫鹽出於亭户者也，亭户無鹽可納，而納錢矣。官司既取錢於亭户，將買鹽於何人？此不過以多量羨餘，搪抵數目，而錢入官吏之手耳。此則亭户之所已納，而官自折陷之者，二也。增枚折納，本皆屬支買場，然不與分司廳通同，則不敢。故曰：使亭户逃亡而鹽課折陷，皆分司爲之也。

某不佞，竊謂必欲亭户之逃亡者復業，鹽課之折陷者復舊，非省罷分司廳不可。若曰：『無分司，則追會遠。』某謂：『自華亭過長泖、當湖，止一日水程，非遠也。免分司五日一追，而就本司半月一較，雖遠，不易於前日之近者乎？』若曰：『無分司，則拘榷難。』某謂：『諸場榷到鹽，皆場官催吏自爲之，分司無毫釐力。免分司苦虐而專責合場官吏，方將易權，安見其難者乎？』往歲，未創分司，課額不妨登足。自創分司二十年間，課額反虧，無益有損，而不行省罷，弊將安極乎？

敢望敷奏朝廷，將華亭茶鹽分司徑行省罷，並將買納場文武兩員省罷一員，仍自使司立定買納場吏卒人數後，不許私自增添，本司常行覺察。豈惟國課之幸，實國脈之幸。

論復祖額在恤亭丁狀

宋·黄震

一曰發鹽司之積，以招流亡。夫鹽司之所積，皆鹽利之所餘，財聚於上，民散於下。今若於所積錢内小撥數十萬緡，場遣一官出榜堆錢，招其復業。不責其還，則復業者衆，祖額將不期而自復。

二曰除出剩之弊，以禁苛取。夫鹽本錢每斤二百舊會，時價不過十一錢而足。又籮筅錢、二麥錢、二税錢、草蕩錢、柴租錢、逢千退一錢諸項，並於數内剋退，使錢錢盡入亭户之手，尚不足了官司縻費，豈可更求贏餘？今亭户有納鹽、有消耗鹽、有鹵折鹽、有斛面鹽、有罰杴鹽，展轉虚耗二斤方了一斤，其弊皆始於利剩。若不取出剩，則人必大悦，祖額將不期而自復。

三曰操體統之要，以省煩擾。夫官多則吏多，吏多則民擾。而小官分鹽司之權，其勢又不免引而高之，吏卒之並緣尤甚。浙西諸場，舊各置催煎官一員，縣市置買納官、支鹽官各一員，而提舉司總其權於上。其後爲人擇官，漸次添設。今或提舉官仍舊、或改創提領分司官，欲許各場皆得專達。而買納官仍止一員，不許干預催督，如舊制。則民免横擾，祖額將不期而自復。

四曰定散本之法，以免減剋。舊來監官各自散錢，久而侵漁入己。遂從監司委官散錢，又復添取常例。合選清強官單車到場，次第轉送，次散錢到場，逐一體問。場監有所憚而不敢私剋，則民得實錢，祖額將不期而自復。

五曰擇監臨之官，以善催趁。夫場官之所職者，催煎也。其要在預給工本，趁晴速催，有雨則止。柰何晴明此限，陰雨亦此限，施行全不中節。權、攝類非正官，俸請亦不時給，其志何在而能爲公？今若選委廉能官員，切近講求，隨宜興復，更牒各州按月支俸，則場官得人，祖額將不期而自復。

六曰還産業之舊，以固常心。在法：亭户産業不許典賣。今不特上岸水田典賣無餘，而草蕩麥地坐落亭場，初不煎鹽，而止據其地。今若出榜曉諭，立限歸還，則民有常産，祖額將不期而自復。

故區區願以恤亭丁爲急，而未欲以復祖額爲名。復祖額之名一立，必有趣辦於其下，以愈耗根本者矣。

劄子

論茶鹽劄子

宋·舒璘

契勘國家榷茶、鹽，大率淮、浙之課在鹽，江鄉之利在茶。二物出産去處，其價廉甚，商旅先以厚資買引前，後以本錢取貨。官價既昂，利亦無幾，故商賈之家不免因官引夾帶，而桀黠者或致於私販。官司防夾帶之弊，則置合同；防私販之弊，則責巡尉。然夾帶之弊，官司檢視嚴密，有所不行，故其間往往聚衆私販。其初尚畏官司，多由間道，年來百十爲群，公行州縣。浙淮之鹽、江鄉之茶，在處皆然。聞之湖湘士夫謂：曩者江西茶鹽，只緣部使者關防盜販於其所過關、津、渡口，嚴行捕捉，商人相與角敵；已而殺傷太甚，自知抵憲與爲盜者等死，遂鼓衆横行。不知後來朝廷收捕，用幾年榷茶費用耶？見小失大，利害較然。今私販無賴之徒，官司若不能禁，至因官引而夾帶，此猶傍法而行。若官司一一苛察，繩之以法，彼既失利必將私販，私販透漏無藝而不能禁，傍法夾帶有限而反加嚴，是驅良賈而爲無賴之歸。議者欲從上司出榜禁戢，非計之便。竊嘗謂士大夫雖當守法，至與民争利之條誠不宜倚以爲削，少加寬假，使商賈樂出於途，亦不至虧常課。更乞上司寬體。

議

清場規議

明・韓浚

查兩浙産鹽三十六場，國初立法，聚團公煎，丁蕩有額，鍋盤有數，鹽斤有限。又置有稽煎稽賣等簿，掣其綱維，制其盈縮，於以剔弊釐蠹，法本至善。邇緣滄桑遞變，興廢頓殊，故有昔稱多鹽而今坍没殆盡者，有昔稱無鹽而今斥滷有餘者。上徒執其舊牒，下亦無裨實用，兩相蒙也，而猥云祖制未可變更。

夫民田民糧，未始無祖制。而均丈有法，徭役有編，或十年一清、五年一審，隨時裒益，天下便之。至於場竈，則猥云祖制，莫之敢議，以致産鹽多者買補不盡，悉展轉而歸私販；産鹽少者買補不足，又守候而誤季掣。向所謂稽煎稽賣等簿僅存故事，惰窳因循，職誰之咎？臣愚，謂宜行令運司督率分司，將見在三十六場概行清審，如民田法。如某場、某團丁蕩原額若干、或坍損若干、新漲若干，鍋盤原數若干、或廢毁若干、新增若干，煎辦鹽斤原限若干、或應減派若干、應加派若干，務要據實查覈，酌量增損，即令爲額。仍令鹽場大、副使督率煎辦，據實登報臣衙門，按季查考。

其各場路有遠近、地有險夷，商惟私便是圖，争爲趨避，而不均之弊亦從此起。臣愚，謂自今以後，宜責令運司通計四所商人應派引目之數，從公配搭，務令場場有商，季商運賣，畫爲一定之規，不許擅自那改。倘有有額無鹽，責在該司，容臣衙門查實重處。庶乎竈户不得乘機而通私販，姦商不得藉口而遲季掣。此惟就其見在綱維一釐正之，所謂事半功倍者也。

開濬白洋北河議

明・吴徐

本縣與海寧衛同一城池，南四十里有澉浦所，設立鮑郎鹽場；北四十里有乍浦所，設立海沙鹽場，衙門俱在海濱，脈絡共相聯貫，所恃通行。其間使防汛無虞、鹽貨無阻者，專藉沿海舊有白洋河一帶爲之往來也。祇因陵谷屢更，以致涓流盡斷，地方受病，非止一端。幸萬曆初，撫院徐公栻修築海塘，奏准水利道駐劄海鹽，深燭利病，將南路至澉浦鹽司四十里地開濬白洋，自此，上、下河一帶南行水路盡得流通。其北路白洋河正擬興工，值水利道陞任而止，因循至今，未終前局。南北有偏枯之澤，商、竈含匪民之悲，非一日矣。

愚謂前開南路河道種種利便，備載本縣新修《海塘録》中，若今北路之河爲便，亦可枚舉。土塘捍海在北最低，每當潮溢之時，鹽場、竈蕩、民田盡被其衝，所損不少。若開河取土築塘，令之高厚，内河可以分洩其流，外塘可以捍禦其患，縱有非常，民不受害，此爲一便。乍浦所至海寧衛城俱是陸路，不但彼中糧餉器械搬運爲難，且官兵分番調守往來不便，今開此河，則船隻通行聲息易達，以之守望防汛更爲得策，此爲二便。海沙場司正處河之中途兩頭，鹽運頗費搬移，河開則舟載不難，涇河遞相灌注，腳價既省，商賈因而樂趨，不藉招徠，鹽課自益，此爲三便。土塘外爲沙埂，内即竈蕩，今開河築塘攔阻潮頭，則塘外零星灰埂盡可曲引鹽流，開塍漉鹵，塘内荒蕪草蕩亦得蓄積淡水，墾作田疇，四十里之内所增鹽課又不知幾何，此爲四便。先此澉浦河道未通之時，民病尪尰，士鮮文學，今開河後，不但民無疾病，亦又科甲連綿。今乍浦一城何止萬家，乃發科從無一人，皆云氣脈之不通，致使天荒之難破，若得開濬河道，將見風氣默回、人文日盛，不獨毓秀祇在鹽城，行見興文遍於二所，此爲五便。惟兹五便，衆所咸知。只因錢糧之難辦，姑俟時勢之可爲。竊計興萬年之永利者，不吝小費；成天下之大事者，不阻旁撓。苟有利於生民，又何難於工役？

查得南路白洋河四十里，上河費銀三千六百一十九兩，下河費銀五千有奇，俱有卷案可考，今比照銀數亦應相同。本府海塘銀每歲徵貯七千兩在庫，專備捍海之用，屈指十年之内：萬曆三十九年支銀四千八百兩、天啓二年支銀二千九百兩築塘外，其餘存貯尚多。此河開濬，原取土造塘備海，似應於此項錢糧支用。或謂河通有裨鹽課，則傍河竈佃皆可照田派工，鹺司羨銀不難破例設處。總之，出自民力，大工終屬畫餅；措之官帑，何事不可立臻。邑之商竈軍民望此舉已久，在大有爲者立斷而行之爾。

均科差議

明・高貫

竊照紹興府俱係沿海地方，先將丁田相應之家編僉竈户，每户辦鹽，有一二丁者，有三四丁者，每年例該鹽價一兩五錢，有司因其辦納，免其雜泛差徭、正糧，多派輕折水馬亦得量減，比之軍民竈户受益尤多。近年各竈乘其優免之例，或大户賄賂，或親戚屬托，故將田畝寄受户内，有五七十畝、有二三十畝者，一應科差概免，小民差徭愈重。今欲定以則例，將黄册逐一揭查，如竈户辦煎一丁者免田若干，三四丁者優免有差，餘外，官民田土盡數查出，係詭寄者，各還原户；係竈户者，與民匠等户一例當差。其或本竈，田畝不在該免之數，丁鹽量與減免，仍將各竈田多之家照數填補，不失原額。則詭寄之弊自清，而差徭亦得均平矣。

鳴鶴場鹽課議

明・秦應鸞

吾慈邑治之北，去海五十里許，海有塘，延袤數百十步。潮來則水湧至塘下，潮去則泥塗見。其泥曬乾可爲煮鹽，而鹽利興矣。總計兩浙鹽課之額論之，如岱山、昌國與温州南天富、北天富等場以十分爲額，錢塘、仁和、錢清、楊村、鹽官等場六七分，若吾慈之鳴鶴場則派七分。蓋岱山與二天富，皆取海水鍊鹽，所謂熬波也；鳴鶴則刮鹻以淋鹵，故不及也；仁、錢等場水稍淡，又不如鳴鶴場之海水鹹也，故爲過之，而鹽額定矣。煮鹽者，竈户也。古則給草塘以贍之外，又免其雜賦，其優處竈户有如此者。然有鹵竈，有水竈，鹵竈納鹽、水竈納銀，亦若納糧本色、折色之例。有販賣私鹽者，則設松浦、向頭二巡司以稽察之，亦若私礬、私茶之例。煎鹽有竹盤、有鐵盤，鐵盤青白差黑，竹盤色嫩少黄，亦光白色。是鹽課也，亦國家取之以助邊者也。於是鹽運司召商人先上鹽價於官，官給鹽票，到場交鹽，隨支隨掣，其待商人亦厚矣。大都吾慈鹽課共該若干，但竈户之貧者，私將草塘典質債門，富者因得而兼并之。一遇夏、秋間暴雨積霖，鹽泥漂没，貧無所措，鹽額曷從足哉？

欲足鹽額，安竈爲先。或謂竈户内田動以千數畝計，優免甚多，詭寄不少。議欲照軍民等户而均差者，又欲議加派額者，皆非國家所以安竈之意。

湯溪縣鹽法議

明・宋約

金郡湯溪，建治山谷，輳以四縣之地，而界乎四縣之中。故其地分爲四鄉：東爲金華鄉，西爲龍游鄉，南爲遂昌鄉，北爲蘭谿鄉。金、遂二鄉阻山，惟有蘭、龍二鄉合界之處，薄涉水次。故引鹽之商泊船止此，而賣鹽牙行、鋪户，亦於此集焉。夫四鄉相距遠者百數十里，而又東有酤坊，南有銀嶺，西有白杜，北有花園，越界之鹽往往由此四處挑負而至，公然貨賣，恬不爲怪。夫金、遂二鄉之民欲買引鹽，必走百數十里之遠而後可。若越界之鹽，則出門可買。彼小民日用食鹽不過斤數，亦何樂於走百里之遠、而不就出門之近哉？此私鹽之所以得售而引鹽之所以阻滯者，良有由也。

爲今之計，合無將各鹽鋪户分作四鄉住賣，每遇商人投引到縣，盤驗明白，即令牙行分發各鋪，令商人自行倩人扛至各鄉通會之處，就行住賣。則斯民得買食之便，而引鹽無阻滯之虞矣。而又於酤坊、銀嶺、白杜、花園四處，責令巡鹽應捕四名，每處一名，與同地方人等嚴加把守。若有越界鹽販，即便擒挐，送縣問罪，仍令巡鹽官不時查點巡緝。如此，私鹽不得售，而引鹽自疏通矣。

永康東陽義烏三縣商鹽票引議

明・劉珂

永康縣會同東陽、義烏二縣議照立引、立票，無非設法行鹽，改台、改温，總爲趨時足課。如使坐引而竈税日盈，便須以革票爲是；若或革票而竈税反縮，似當以復票爲宜。今查坐引之後，温鹽日漸不來；雖來，人亦不買。一則以道路隔遠、山嶺崎嶇，脚價高貴；一則以鹽攙蠣灰，食多患病，而人心憎嫌。官府縱多發引，竟作空文，百姓並無買鹽，不沾實惠。及照題准票行台引一節，一則以永康與仙居鄰縣道路既爲接境，一則官鹽得趁工受雇，百姓多受便宜，鹽路日廣，商課益多。况士民咸稱台鹽爲一方衣食之源，一旦斷絶，民無生理，委屬徬徨。又查得：温鹽五場坐買五府二十八縣，不爲不多；台鹽三場，添坐永康、東陽、義烏、縉雲並原坐新昌六縣，止共十縣，比温尤少。今忽被温商專利，又行告改永康等四縣俱食温鹽，革去台鹽號票。若使温鹽來多而價平，味可食而人無病，民何苦而不食温鹽？只因温鹽程遠路難，脚價貴而利錢少，不得不攙蠣灰，不得不索重價。至若台鹽，道路近而挑運不難，人工衆而趁賺亦便，食之無病，買之價廉，民又何苦而不食台鹽？所以嘉靖十五年間，票行台鹽以從民便，誠爲深思遠見。

近蒙革去鹽票，指望歲增課銀。及查嘉靖四十二年一年之間，止有引目一百四十三引到縣，課銀不數十兩，改引何爲？反革去四縣鹽票一萬七千六百張，減少課銀一千五百八十四兩，革票何益？見蒙察院准據王桐等狀詞批府行縣查勘，事干民隱，合無俯念輿情，特賜查議。懇復票鹽以上充國課，下遂民生，實爲公私兩便，經久可行。

揭

請巡按疏通鹽禁揭

明·陳宗慶

在昔，以寧海縣鐵場巡司鹽運至本縣東北鄉住賣，天台縣清溪鎮鹽運至本縣西南鄉住賣，路途阻遠，販運爲難，故各鄉不能接濟。而上虞曹娥場、會稽長亭場，地近而舟楫可通，價平而貿易自便。故是時，陳明府呈揭議略云：合無除私鹽之禁，使嵊民得食上虞、會稽産鹽。近奉印發行鹽小票，每票一張，税銀二分，召民給領，往曹娥、長亭二場照買，銀解運司，其税銀卻不與商人大票九分一例。然給票有限，法非大行，猶不免於阻抑。今計通縣歲報人户，計口核食之鹽不下三十餘萬斤，若於曹娥等場開禁，許商人販至嵊境，令本縣民轉販，每一百斤照例納銀二分，官、民兩便。查照台州府，先年食鹽亦有重禁，該府顧知府申議，將中津橋地方立掣鹽所，委官逐月掣放，亦鹽百斤税銀二分，有船載者依數納税，台民至今利之。本縣實與台州事例相同。

伏乞憲台俯順民情，准其通販。且功令之禁私鹽非不嚴矣，而姦徒閔不畏法者，弊約有二：一則駔儈販鹽，攤派小户，逼索重售，及至敗露，又將平日索詐不遂及不合者通扳作犯，以恣報復、以卸己罪；更有甚者，遇巡方莅郡，構通上下積蠹，將平人捏名挐訪、陷罪追贓，每至傾家殞命，而駔儈倖免。欲其不貿私鹽，得乎？一則商人將屯崍額引之鹽，私貨天台、東陽兩路，百十成群，運簰載販，以致鹽竭價騰，官鹽價高則私鹽價平。小民惟利是趨，欲其不貿私鹽，得乎？當事君子宜痛懲焉。

奉蠲浮課以甦商竈揭

明·崔爾進

揭爲浮課已蠲，增餉難削事。奉本都院勘劄准户部咨山東清吏司案呈准巡鹽楊御史揭：爲聖恩頒布德音，臣子普天稱慶，謹遵蠲税明旨亟解倒懸，以甦商、竈事。敕到之日，商、竈歡呼，恭遵詔旨，行兩浙運司，將新增浮課三萬七千兩盡查蠲免，及將新增蕩税一萬八千四百有奇減去一半，履畝清查，從公派減，内以四千二百兩仍給邊商，以五千兩湊抵部，增每引一分之數。其原題餘鹽三十斤量減十斤，以疏鹽法等因到司。除先該萬曆二十七年以後新增浮課盡行蠲免，及新增蕩税減徵一半，皆經本部覆題。此正敕詔内所謂困累商民，各該巡鹽御史具奏及本部覆過俱准蠲免，無容别議外，惟原題新加餘鹽三十斤欲量減十斤，並分蕩税四千二百兩給邊商，則不容無説。

查得：該運鹽引，歲以四十四萬四千七百六十九引爲額。先因引票太重，賣銷不前，至隆慶，改行小鹽，每引正、餘鹽共止二百七十斤，而一十四萬餘兩京解正數漸致缺額，乃將票税、蕩税及船鹽、囚徒等項銀兩湊括抵充，尚虧正額一萬三千餘兩，多方補砌，終難取盈。於是前鹽臣韓、張二御史相繼議得，每引餘鹽七十斤量加三十斤。本部覆定：每三十斤，杭、嘉、紹三所量加納銀四分，温州所加銀三分以爲定額，除補足一萬三千京解正數之外，尚多銀五千兩，每歲附解濟邊，深足爲太倉補苴之助。行之已三年矣。今遽議於三十斤内減去十斤，便少徵銀五千，其原附解之數，雖云以蕩税湊抵固無損於新增之額，不知此十斤餘鹽未免浮税時尚可加帶，今蠲去浮課幾至五萬，獨不可留此些須，以充邊士之枵腹乎？張御史議增蕩税之初，其言曰一萬八千有奇，若新税旋免，則歛爲太倉之藏可也，溥爲恤竈之澤亦可也。夫蕩税以補邊商庫價，何與新税之免不免，蓋新税正取足於邊商引價，每引扣銀二分四毫，故新税免則邊商引價不虧，雖不以四千有奇之蕩税給之，彼此樂於中納矣。即楊御史前疏中，亦謂邊商之庫價可以不扣，則竈户之蕩税可以暫停；又謂新税既蠲，邊商縱不得補價而得免扣價，亦可以濟目前之急。歷查前後疏文，惟憂浮課之不得免耳，倘得免，則蕩税給商固可已也。今幸而浮課免矣，乃遽將此一萬八千之税既蠲其半以恤竈，而又於所存之半剖之以給商，祗留五千抵部之數，隨減五千解部之實，徵此不亦恤商之過而計邊之緩耶？

自二十七年來前、後司計之，臣凡議及各運浮課，輒蒿目敝舌，思急去之爲快者，固以甦商，亦實以計國也。今九邊何等景象，量入爲出尚不敷銀以十數萬計，雖各省雜入，猶請搜補，况正項鹽課本屬邊需，稍有溢數，豈宜裁削殆盡？故蕩税減去一半可也，其所存一半九千二百餘兩須盡以解部，而不必以給商。其近年每引增鹽二十斤，仍應照舊全徵，於補足正額之外，多銀五千兩盡數解部可也，不必更減去十斤，致截徵虧解而扯蕩税以湊抵。如此，則除原增五千兩不致減削外，即多解銀九千二百餘兩，稍補太倉之急缺不爲過。乘此議減之時，所當亟行酌處，以濟邊需者也。

案呈到部看得：當今之時，太倉如洗，九塞呼庚，一切軍需全倚鹽課。凡已解京庫者決難復減，而他項可已者尤須暫停。皇恩浩蕩，兩浙浮課三萬七千兩盡蠲之矣，蕩税一萬八千四百兩又蠲其半矣，上既推慈以恤商，下當樂輸以濟國。夫浮課所出，非取給於内商之包鹽與邊商之扣價乎？浮課既蠲，則内商之累已省，即帶鹽十斤可無削矣；邊商之價不扣，則蕩税四千二百兩可無給矣。即給商萬不容已，亦須别爲設處，全留本項以增補邊儲，斷斷乎不可易者。前以疏通庫價，加餘鹽三十斤，鹽數既增，户口有限，漸積漸滯，季掣愆期，不得已爲預納之法，又不得已爲割没銃毁之法，爲提解責比之法，督催愈嚴，掣銷愈不能完。各商母錢折盡，求脱無計，求死不得；而内商之困亦極，竈户凌波煮海，胼手胝足，日得鹽三斤以供引目，以延歲月，其苦倍於民間。祇因庫價之故，爲無可奈何之計，議派蕩税抵補。然濱海之地，圮没不常，荒蕪更多，兼之水旱相仍，賠苦難前，徒煩鞭撲。職入境之始，若仁和、許村、蘆瀝、西興等場竈丁吴、張、王、唐、任等扶老攜幼，擁門訴苦，每日不下萬人，憔悴之狀，哀號之聲，目不忍見，耳不忍聞，而竈户之苦更極。日來幸邀恩例，蠲免新税、半減蕩税，然而二十餘萬之庫價尚欠也，一百五十萬之引目尚壅也，九千二百兩之蕩税即旦夕且不能支也。

楊御史蒿目時艱，議蕩税之半以四千二百兩給邊商，以五千兩抵補餘鹽，每引減去十斤，蓋其意以爲庫價漸補，則中納漸多；引目漸疏，則季掣漸復；邊、内商之困漸蘇，則煎賣應期，竈户安業以共完課額。總爲國計，非特爲商竈計也。今謂邊商不以蕩税給之，彼亦樂於中納。職恐庫價久欠，抵補無期，彼逐末者必不肯望之而趨矣。又欲仍舊留此餘鹽十斤，職恐餘鹽不減，引目愈壅，彼皮骨僅存之内商漸將散而之四方矣。職不能爲無米之炊，必不能於蕩税之外而别爲設處也。查張御史初派蕩税，原專爲抵補庫價而設，其疏有曰：以今所清之税，濟此缺陷之求，量入爲出，則可十四年而盡洗積負。又曰：濱海浮沙，滄桑可慮，遇坍塌，則勘而豁之；遇災沴，則蠲而除之。今行未數年，庫價尚未補其百一，而遽令解附太倉，是將以爲一定解額。商未及恤，而竈户復得千百世之苦累，似亦非當日立法之初意矣。然此猶就理勢之難行者言耳，其實自三十九年以來，即有蕩税之名，而拖欠不完者十常八九。今此解之除附五千兩，合今存之蕩税九千二百兩，皆宜盡數解京，歸爲太倉濟邊之助。憫時憂國，諒有同心，希貴院早行浙江巡鹽御史，仰體皇仁之廣，俯察邊旅之困，當此蠲恤甦商之後、鹽法疏導之時，祈爲檢括餘羡，酌量緩急，照前新舊溢數共一萬四千二百兩，盡數查明，附解太倉。庶於國計所裨，誠非小補云爾矣。等因到浙，該職看得部議，欲將蕩税九千二百兩盡數解京，歸爲太倉濟邊之助，原爲軫念軍國至意。然揆之理，勢有萬難遵奉者，敢一一陳之：自京解不足，那借庫價至三十餘萬，邊商賫投勘鈔，守候五年尚不能支；又因新税每引扣銀二分四毫，節年已扣十餘萬金，於是人人血枯髓竭、家破身危，而邊商之困已極。內商自新税每引加銀四分，且行廢引一十五萬，正鹽日礙，引目日壅，迄今存司引目至一百五十萬；又因九千二百兩之税雖云減半，其實從新派起。職已行鹽法道委官親身清查派徵，而物力既竭之後，更不知當費幾番查覈，經幾番料理，方能就緒也。

職自十月十五日至杭州府受事，未及數日，然已值冬掣之期。乃夏季之掣尚未報完，秋季之掣則全無影響，無論冬矣。職方日夜焦思，時時籌畫，求所以復季掣之規而不得。若再不留此蕩税以濟鹽法之窮，竊懼竈病於歲解、邊商病於庫價、內商病於壅引。至於課額一失，仰負任使，職固無所逃咎，而國計所關，似亦不可不審處也。伏乞轉咨户部，垂念商、竈久困，引課久虧，俯從楊御史所請，准將餘鹽減去十斤，以蕩税五千兩抵補，仍以四千二百兩給邊商以補庫價。庶幾鹺政可以次第舉行，而東南半壁且受覆載生成之賜矣。

序

熬波圖序

元・陳椿

浙之西、華亭東百里實爲下砂，濱大海，枕黄浦，距大塘，襟帶吴淞、揚子二江，直走東南，皆斥鹵之地，煮海作鹽，其來尚矣。宋建炎中，始立鹽監，地有瞿氏、唐氏之祖爲監場、爲提幹者。至元丙子，又爲土著相副管勾官，皆無其任者也。提幹諱守仁、號樂山，弟守義、號鶴山，詩禮傳家，襟懷慷慨，二公行義，表表可儀。而鶴山尤爲温克，端有古人風度，輔聖朝，開海道，策上勳，膺宣命，授忠顯校尉。海道運糧千户，深知煮海淵源、風土異同、法度終始，命工繪爲長卷，名曰《熬波圖》。將使後人知煎鹽之法、工役之勞，而垂於無窮。惜乎辭世之急。

僕曩吏下砂場鹽司。暇日，訪其子諱天禧、號敬齋於衆緑園，嘗出示其父所圖草卷，披覽之餘，瞭然在目，如示諸掌。嗚呼！信知仁民之心，如是其大乎。抑嘗觀淮甸陳華《通州鬻海録》，恨其未詳，僅載西亭、豐利、金沙、餘慶、石堰五場安置處所，捎灰刺溜澳滷、試蓮煎鹽、採薪之大略耳。今觀斯圖，真可謂得其情備而詳矣。然而浙東竹盤之殊，改法立倉之異，猶未及焉。敬齋慨然屬椿而言曰：『成先君之功者，子也。子其爲我全其帙，而成其美云。』椿辭不獲已，敬爲略者詳之，闕者補之，圖幾成，而敬齋不世。至順庚午，始得大備，行鋟諸梓，垂於不朽。上以美鶴山存心之仁、用功之勤，下以表敬齋繼志之勇、託付之得人也。有意於愛民者，將有感於斯圖，必能出長策以甦民力，於國家之治政未必無小補云。

送兩浙轉運司副使分司西路歸武林序

元・貝瓊

至正二十有一年，上以兩浙轉運司官非其人，綱紀大壞，擇中外臣有能者任之，乃以南臺御史鐵木兒不華爲都運，新昌州達魯花赤信合世禮副之。既至，都運遂詣丞相曰：『瀕海之場，凡三十有四，軍興以來，其隸轉運使者仁和、許村、西路而已。復經寇掠，人多流亡。西路歲辦鹽八千引有奇，十九年裁四千二百十二引，明年益至五千一十三引，又明年益至七千八百一十引。蓋二場爲市，副使外嚴内寬，宜往督之。』丞相曰：『法弛久矣，上無以給經國之費，下無以爲業民之資，往懋哉。』乃孟春正月，公乘小舟至，浹旬之間，黜吏之罔上爲蠹者，復丁之庇於强家者。召父老立庭中，申以三則，姦者有罰，禁其私販。於是咸喻其意，小大競勸，莫敢違教。自六月至於秋八月，功畢，而不笞一人。插煎仁和縣六百引，補舊額一百九十引。嗚呼！天下之利，莫重於鹽，而病亦甚矣。上之人徒知其爲利，而不知病民，往往肆虎狼之毒，嚴刑峻法以驅之，其弊有不可勝言者。今公不臨以赫赫之威，而有煦煦之仁，辟之冬日，民愛之矣，視唐之劉晏，吾何左右焉。初，公之來也，以蒼頭自隨，入視治所，古槐秋屋，日色傍射，四無周垣，不以爲陋，遂命葺而居之。坐無重席，食且藜藿，泊如也。視彼苟禄而爲一身計，擇高敞之第，醉醲飽鮮，而於所當務者一不經意，寧無愧乎？今都運尋拜治書之命，公亦不久於此矣。於其還也，因舉其略而書之，復作詩繫其後，以著民之思。

鹽政一覽序

明·崔富

煮海之道，在通商旅、省轉輸、足邊餉，以利民而已。皇明奄有天下，設都轉運司六，其餘量地廣隘，置提舉司、鹽課司，差等領之。兩浙鹽課各有攸責，以松江一分司言之，丁將三萬人，非不多也；頃逾五千蕩，非不廣也，而額鹽歲凡七萬六千八百六引有奇。苟能上下同心效力，則國有餘用矣。柰何人病登場，以數萬之衆，而在竈親煎者才三千一百七十五人，蕩呑鉅户以三千一百七十五人。縱使下手，而旺月乏柴，鹽從奚就？霧横煙斜，積日累年，人但見滷竈煎鹽矣，然不知誰煎誰賣，小者徒以糊口，大者競相肥家，卒能納官者幾何人耶？是以闕單累歲虚出，客商經年坐守，徒有煮海之名，實則病矣。

皇上臨御之五年，克知此弊，既命監察御史專理，復命少監、都御史綜理之。客商無鹽，設法完結；竈丁無糧，設法賑給；場團缺盤，設法鑄給；以致草蕩、斛斗之類，無不究心。期月之間，百廢具舉，而鹽法一新。夫鹽本無争，惟於利而有争，故有無窮之弊。況八場之事，散在牘案，不萃著於籍，未免得此失彼。乃於督課之餘，旁搜博采，編成是帙。雖無深謀遠慮與乎其間，庶幾開卷之頃，一分司之事若大若小、始終本末，不待思索而舉在目前，則於國家煮海足邊之方未必無小補云。

兩浙鹽場圖詠序

明・夏時正

刑部左侍郎兼都察院左僉都御史莆田彭公，以巡視浙江之命莅杭，旁求民情利病，而首得於兩浙都轉運使、西蜀晏君建言：『竈丁因引鹽折銀過重，不勝財殫力屈，且慮民窮則盜起，所宜視引鹽時貴賤而爲之則，以蘇倒懸之急。』公讀而是之。又從而得竈丁之迫於追逋，欲緩之，莫爲之地也。乃用並列而陳之：『仰荷仁覆閔下之天，即與寬減什三，恩至渥矣。』公繼是奉有整理兩浙鹽法之命，逮竣還，乃法《無逸》《豳風》，採摭兩浙鹽場景物、事情，分爲八節：曰鹽場、曰山場、曰草蕩、曰淋滷、曰煎鹽、曰徵鹽、曰放鹽、曰追鹽，繪爲八圖，圖各有序，復繫以詩。詩詠其情，序敘其事，圖寫其狀。即之以觀，則竈丁之貧難困苦，一展舒可得之。公之憂國憂民、忠勤懇切，於焉爲至。亦既進呈，上廑睿鑒，日月有明，容光必照之矣。

晏君乃謂：是圖，兩浙鹽場云爾。天下鹽場不少也，未知亦有如兩浙之爲圖否？未知後世亦有如今日之爲圖否？無之，而得是圖以概之，其於寓目動心一也，則公惠濟之及，可涯涘乎。於是取圖之副，刻梓以傳。來徵爲序，辭不獲，乃言曰：鹽有需軍國之務重矣，太祖高皇帝貽謀創制，溥被平施，而於竈丁特加憫恤，優之而俾泛差無及，助之而俾工本有經。不幸有犯而入於流、徒之刑，寧失不經，罰徵課贖而已。其他凡可安厥居、樂生興事焉者，一切曲爲之所，何乃有如圖所繪、序所言、詩所賦哉。蓋亦反其本矣。周之成王不敢自暇逸，而治底泰和之盛者，以知稼穡之艱難也。是圖也，法《無逸》《豳風》者也，公之心非周公之心乎？鄭俠進《流民圖》，惜非其會；有誦《二月賣新絲》之詩以諷其君者，非無寓目動心也，柰之何説不繹從不改乎？是以不能有成。今也，《新絲》之詩明白痛快，誦之有不神竦氣宣，抑此極天下困窮而言，非獨指竈丁而然也，欲爲之所政而已矣。《詩》曰『不愆不忘，率由舊章』，此之謂歟？

澉水續志序

明・董穀

鹽之有榷，自漢已然，歷代因之，其法不一。入國朝，始有存積、常股之名，以備邊商開中，皆本色鹽耳。法久必弊，弊極必更，一變而爲成化中御史林誠之『折色』，再變而爲正德中御史王朝用之『買補』，三變而爲嘉靖中知縣夏浚之『折色』。蕩價皆包補於秋糧，所謂存積、常股，不知爲何物矣。時移勢换，其事靡常。通變宜民，以紓竈困，固亦善矣。然批查勘報，經時積久，而商人有乾没之嗟；大夥公行，兇器畢備，而私販有跋扈之勢；日巡月解，破家完官，而應捕有賠納之屈；畏罪守法，魚餒肉敗，而遠鄉有食淡之苦。是皆榷之爲害，又非特鹵丁終歲勤動，勞其筋骨，餓其體膚而已也。安得豪傑之士，一求改弦易轍，更化善治之道者乎？

台州鹺政録序

明・蔡潮

天下之利，濟於通，而病於拘；天下之弊，救於覺，而狃於習。是惟識治君子，順其勢而利導焉耳。法苟不便於民，而徒膠泥陳跡，初無變通之術，濟乎其間，雖日敝精神，祇自勞耳！豈直無益而已哉！台爲郡，僻處海隅，無所擾費，水陸之産足以具境内之需，蓋亦樂土也。獨鹽政與他州異，民甚病之。

蓋煮海之利可以代食，非若晉之鍊池、蜀之烹井、永康採崖之艱且嗇也。然鹽富而滯於貿易，地僻而困於奔馳。人情惡勞役、厭濡滯，閲數十年，曾無一商入境，且並其批驗之所，亦奏革爲民居矣。特其歲供鹽課不減，舊規邏卒百計取贏，縱横四出，争務邀剋以充數，致令肩販島氓棄置代食之資，徒手而反。是以煎熬者瘵易粟之圖，山居者抱無鹽之戚，兹非國計之所急、民事之所當憂者乎？所司非不知爲敝政，概謂販者爲犯禁，而不敢優容；捕者爲勤税，而難爲禁止。因循沿襲，付之無可柰何久矣。

侍御李公奉璽書按浙，悉心咨訪，凡所以防弊源而益國計者，興革靡遺。乃嘉納台守許君仕引通融之策，以城南浮梁爲總括喉襟，建分署其地，許肩販舟載，以由檄監郡林君鏢日莅而驗之，大約十分而税其一，各授符信，酌量折閲遠近之程，立限繳銷，以除餘姦，爲之别公私、肅盤詰，時啓閉、稽出納，莫不井井有條。繇是課不匱而民自足，費益省而利益饒。蓋經理鹺政以便商、民，良法美意至是蔑以加矣。仍慮其久或變更，不無城復爲隍之弊，乃具實上請，敕户部議，以爲惠商益竈、息盜安民無逾此法者。聖明允賜施行，永著爲令。嗟夫，許君斯策，蓋嘗三上於當道，而始遇夫李公，乃今不徒行其言，而復疏請以爲定例。無乃窮民之遭際，固自有其時耶？

慨昔淮鹽之法，李沆以公行之而便，蔡京以私行之而病。解鹽之法，盛度以義行之而利，蔡京以利行之而弊。均是地、均是産也，何先後之損益如是？顧當事者用心何如耳！監郡謂：是爲便民善政，宜鋟梓傳播，庶來者有所考焉。以予亦嘗究心民隱者，因請序之。侍御名遂，字良伯，别號龍洲，江陵仕族也。

兩浙鹺志舊序

明・劉仕賢

王者聚人以財，生財以道，行道以法，夫不可無紀也。是故紀之存乎志。匪法罔守，匪志罔稽，而道亦荒矣，是志尤不可不慎也。仰惟我朝以三邊爲重，養兵爲先，蓋邊無兵則危，兵無食則困，不獲已興鹽筴以佐之，而天下之商樂從焉。是以兵健食足而朝廷無邊鄙之憂，誠萬世經國之大法。嘉靖丁酉，予奉命按鹺兩浙，祗求成憲，而文無足徵焉。乃首謀之大巡泠塘周公，公贊曰：『俞，惟斯其乃職，盍志之用是惕若。』

竊謂國家理財之法，莫大於鹽課，而兩浙又東南之所取給者。法不振，則財蠹而莫理，財不理，則天子不得享其用，而貴倖專其利，小民恣其欲，可無定法耶？貢鹽之法自《禹貢》始，而鹽人之職《周禮》詳焉，其來久矣。後之講明其事者，肇於管仲，悉於桑、孔，而通於劉晏。國用雖充而民實病矣，是豈先王之善政也哉。迨至我朝，法古制而損益之，歲設其額，户復其租，有運司以治其目，有憲臣以統其綱，綜理之法可謂盡善矣。然法久而人玩，禁弛弊滋，私販廣則商賈滯，疆埸壞則地利微，徭役煩則民力竭，弊也甚矣。

予既至，遂申舊章以端其本，專責任以要其成，立條教以飭其令，分四時以裕其製，均蕩地以定其業，防姦慝以懲其害，變通損益以酌其宜，俾上無暴徵，下無罹罪，推而行之，庶獲裨益於萬一也。越明年，事竣，志之以俟來者。復謀之董學陳憲副，檄教諭張士讓、訓導張佾領其事，弟子員虞元良輩六人贊之，而予裁定焉。書凡若干卷，自夫制度、與制詔、與疏議、與評論、與物産、鹽官禁約、與通商恤竈事宜，參考互訂，挈綱列目，逾月而志成。後之君子妙化裁之，機者固無俟於陳跡，然畫一之法，千萬世不敢自肆焉者，一覽無遺，未必無所補也。予不佞序此，以紀歲月，命運使黄行可，同知舒柏，分司楊麟、夏禄、宫朝等壽諸梓。

兩浙鹺規類略序

明·韓介

《大易》謂利爲義之和，而夫子又以因民之所利爲美政，則利可諱言哉？特因天地自然之利，定爲經制，以佐國用，以奠民生，非若籌贏奇要、困急如賈豎者流也。往余薄游江北兩淮鹺政，頗聞其概，及奉命直浙，自謂有程式可據。迨入武林，歷稽成牘，較之淮法，若冰炭方員之不相入也。於是查舊制、酌新規，事有兩可即批之鹺司議焉。司長貢君練達精敏，熟諳故實，一切利弊興除若燭照，數計論列，規畫悉中，窾竅久之，輯爲一書曰《鹺規類略》。予覽而嘉之。

蓋鹽法無異術，其要在裕國、通商、便民、宜竈而已。中所開陳，四端曲盡，考諸往牒，汗漫者，苦於詳閱之難周；而徑約者，又拘於事宜之未悉，皆不足以示則也。兹詳而有體、簡而靡遺，一展閱之而良規、弊竇較若列眉，掌鹺政者得是而爲之措注，則額税易完、商民不病、諸竈帖然可納之熙恬矣。是書也，乃經國治世之權輿，即聖賢復出曷可云廢。爲允其所請，而命之梓。

兩浙鹺規類略序

明·王業宏

不佞自乙未冬陛辭迄今，再歷寒暑始得代所釐舉鹺務若，而條檄所司付剞劂，彙載往籍，事竣，所司以序請。因進而告曰：天下有跡，若相背而實則相成者，不可以不察也。何則？天地生鹽以利國，而國不能自利，責税於賈，猶國不能自耕而徵賦於農；必賈有餘財而後國無逋賦，猶必農有餘粟而後國無逋徵。古人列四民，而比賈於農，非無以也。然歲祲則有蠲有賑，國家恤農之意蒸蒸焉。至於大浸，則亭場陷没；恒暘，則輸税艱危，猶祲歲，然而鹽税歲供，大司徒不少假。是賈與農同爲國利而不能同被國恩，已無幸矣，柰之何？有視爲奇貨者，恣爾苞苴，姦爾權量，惟務飽其眈眈，而不念買之肥瘠；有視爲異籍者，峻法深文，刻情竭澤，惟務見其矯矯，而不念買之疾痌。是兩途者，以爲此買耳。先王崇本抑末，庸何傷，而不知國資於鹽，鹽資於賈，賈之休戚，國之盈絀繫焉。今所釐舉者，惟求利賈以利國。而不然者，法雖詳，格不行也。蓋操利權者貴導而布之，不貴專而持之。導而布之者，利若在下而其究在上；專而持之者，利若在上而其敝在下。所謂跡若相背而實則相成者，是之謂哉！《易》曰：『損有孚，元吉无咎。』言損之爲益也。至於管子以鹽筴興齊，而其言亦曰：『夫知與之爲取者，爲政之寶也。』不佞治《易》，且管子之鄉人，故爲兹説，而證之以此。

兩浙鹺規類略序

明・葉永盛

兩浙之有鹺司，所從來遠矣。鹺之政，著爲令，當事者臚而彙錄之，命曰《鹺規》，然時亦多損益。遠姑無論，即如慶曆間，凡幾庚殺青，其所疏白，其所調劑代易，人人易指矣。則安所晝一而規規云乎哉。余曰：否。法固有一成不變者，如匠氏之規懸倕，與族工共之；逮於運斤執斧，雖不無甘苦疾徐，乃其不變者，自如耳。今天下利疇則鹺爲最，人情騖利若奔，無制則亂法，固所以約其情，而使不亂，故曰『規』，設不可欺以員。夫鹺亦猶是也。欲無涯，而制有涯，要以足國便民，不螯商不病竈，如是，而法惡可廢哉。

國朝筦鹽筴以佐邊儲，而浙居十二。其中經晝種種，悉已犁然，相延二百餘年，亡敢或跜蟚，非不欲爲異，則已有法存，此所稱蕭規而曹守也。獨柰何有今日乎？竭澤者無剩魚，傾筐者無剩葉，一人操議，數十人從而撓之，苟足快心，規於何有？乃不知法窮而技亦窮，藉第令公輸削墨、輪扁引繩，其無當於用也明矣。兹復以規螥木，規則曷裨於鹺，而又非也。器有時窳，喆匠不易，程政有時，厖蓋臣不改轍。夫治天下之終不可去法，微獨鹾也。明主憂時絀，而一切從權，宜寧以此爲訏謨定命哉。幾幸天牖，其衷幡然，一旦則具，有祖宗之成憲在，鹾行而斯所云《鹾規》，亦與俱行耳，其誰敢復姦之？『不愆不忘，率由舊章。』嗟夫，余不佞竊兢兢，抱兹爲芹暴矣。

訂正兩浙鹾規序

明・楊鶴

《鹾規類略》始於淄川韓公，至關中牛公加詳，其後當事者各有沿革，每奉差事竣，輒加改削，名爲剗修。近日廢不修者，七八年於兹矣。余心欲修之，恐一落姦胥之手，陰與黠商爲市，或衙門中所不便者，反至盡去其籍。乃手自校閲，參以行鹽事宜，往復裁定。取司中一一習鹾事者，唤集雲間，耳提面命，稿凡數易，然後輯之成書，分爲邊商、内商、票商、場竈等十項，使有眉目可考。如季掣之規、掣摯之法、州縣之考成、場課之徵解、禁戢私鹽、優恤窮竈，視昔加詳焉。雖然此非一成不變之書也，補偏救弊，隨時斟酌，存乎其人。然有可變者，有必不可變者。可變者，變而通之；不可變者，令之期於必行，禁之期於必止。是亦思過半矣。

西戍沿革鹾略序

明・韓浚

鹽乃民之所利，無異布帛菽粟。然即銖兩而較之，又畏壘而防之，無乃已甚，獨計國家設鹾策，佐邊之疆之域，以衛吾民。業成經賦，則政令在焉，而理財，聖人不廢。且既奉簡書受直，怠事與浮與沈，夫亦安用此督鹾？直指爲也。余以己酉二月受事，時查運司壅引至二百八十餘萬，負邊價至二十餘萬，上委其轡，下抉其銜，引銷不前，邊計日窘。蓋官與民交玩，而公與私亦俱困，從來遠矣。余是以策駑礪鈍，不厭煩聒，三令而五申之，更條畫便宜數事以奏，雖挂一漏萬，亦庶幾殫吾一時心力之所至而已。惟是議法，於法弊之後，其道尚革，而一時更定，難在畫一。則張弛因乎時，損益隨乎勢，是在後之君子。

余於庚戌八月將受代，因念《鹺志》《鹺規》等書大半漫漶不可稽考，即十年内近事亦無復存，終歲執途之人而問之，茫如也。余用是將期月所行，檢其關鹺計者，合奏疏彙爲一册，題曰《酉戌沿革鹺略》，以俟後之人得緣而損益焉。

兩浙鹺志鹺規總序

國朝・吕猶龍

聖人教天下讀書明道以經濟學術，存諸心而發諸政，發諸政而見諸言。政之有志，猶國之有史，所以傳久遠、垂世教也。然制禮作樂，立綱陳紀數大端，固爲有國所首重，而理財致用，亦爲王政所不廢。故《書》稱：『海濱廣斥，厥貢鹽絺。』《易》謂：『以美利利天下。』且山澤不禁，三代共之。鹽之爲利，本出以天地之自然，齊管仲開之於先，桑、孔、劉晏輩繼之於後，皆運之有道，取之有度，上以裕國，下以仁民也。兩浙煮海，昉自漢孝惠時，由來舊矣。千百年間，學士大夫秉是政而董其事者，不知凡幾。宜其制度精詳，立法美備，即因革損益，不無時有變通。約其大較，不外體國經野、恤商惠竈而已。

余自戊子冬奉天子命理鹺三吴，才識淺陋，夙夜冰兢，以覆餗是懼。竊念兩浙爲東南財賦重地，而鹽課又爲國家理財鉅任，法久禁馳，政寬人玩，其利何以興？而條教不煩，弊何以革而姦僞不作，以仰副我皇上仁覆如天、節用愛人至意？于是旁搜舊典，博采老成，得《兩浙鹺志》若干卷、《鹺規類略》若干卷。披而閲之，則見論列規畫定爲經制，佐國用，奠民生，釐然秩然，有條有井，雖時代遞遷，而綜理無異，勝國之遺規與我朝之令典，有隱相爲合者。至別王章也，首之以『制敕』；裕國課也，責之以『轉運』；飭官箴也，重之以『臺臣』；明國法也，申之以『禁令』；其所以彰勸懲而見才猷也，則『章奏』『文藝』畢載焉。噫！志之所繫，綦重矣。

余也世承清白，性復耿介。視事以來，防姦懲慝必出以嚴，酌盈濟虛必求其當，簿書必以其時，撫恤必周其隱。無藝之徵求，不敢以擾；無端之刑賞，不敢以濫；非通商惠工、息事寧人之舉，不敢萌諸念。虛朝稽夕，考其志之爲益，有以勖我不逮。第《兩浙鹺志》創於有明嘉靖戊戌，至萬曆甲寅，御史楊公參酌考證復輯而新之，迄於今已百有餘載矣。梨棗剝落，字畫模糊，不禁有殘編斷簡、魯魚亥豕之歎。

孔子曰：『文武之政，布在方策。』《詩》云：『不愆不忘，率由舊章。』古聖賢之用心，無不以文獻爲重。是志也，即古之太府、漢之平準也，安可聽其殘缺而不爲之一留意耶。爰命工人亟取而梓之，庶不至凋蝕殆盡，亦可以垂諸不朽云。

若夫我朝之寬仁惠政，恤商愛民，本天以出治，因時以制宜，爬剔利弊，規爲盡善，誠亙古所未有，豈有明一代之政所能彷彿哉。當另輯成書，以昭示天下萬世。故未及爲參考而互訂焉。

崇文舫課序

國朝・程光禋

道西湖有可師事者五：於兩堤，慨然想見白、蘇之風烈焉；徘徊棲霞嶺下，則武穆之肌理如生也；惟孤山有陸祠，吾於是謁忠讜之面乎。至乃過少保墓，而展諸先生又冉冉入夢矣。是皆可師事者也。而吾郡之遊學於浙者，獨取紫陽朱子而尸祝之，何曰以崇文也？紫陽繼程氏之絶業，集諸儒之大成，可以謂文諡。不浮行自按鹺，直指葉公首創書院以立斯社，明理學於斯，辨氏族於斯，至今榱桷不翦，牲醴益虔，蓋數十有餘年矣。

若夫因之以講事者，則自吾，又生兆夢數子之以舫課始。舫之爲言者舫也，質言之也。每春、秋之中，擇良日，畢羅湖之大、小舟，大者五六、小者視大者倍以十，社之人麇造紫陽祠釋奠焉。奠畢，受題，揖以出，出則各就小舟蕩漾而去，或藏豐葑之汀，或泊垂楊之岸。少焉，鼓奮角鳴，而咸集於大舟，則文莫敢不成，司事者受而櫝之，而又彙其平居所著述，謂之『遥課』，亦受而櫝之，於是遂觥籌交錯而散。蓋歲以爲常也，得文富矣，優可成書以問世。世之讀是書者，凡吾鄉敦仁講讓之風，明道服古之節，皆於是乎在，又不徒春華之可採而已。此舫課之所爲，繼崇文而加厲也。獨余所慚者，每社之舉，數以病不能至。偶一至，而止奏《中庸》一義，乃欲從諸子之後，而問國門之役。諸子譬如選璧崑臺、揀珠合浦，而余真特操窶人一敝帚，以争千金價也。不大爲西湖笑哉。

引

重修兩浙鹾志引

明・王圻

昔在穆宗朝，余承乏柱下，嘗奉敕巡視長蘆鹽政，因知鹽筴固利之藪而亦弊之叢也。利之所在固足以裨軍，國弊之所在亦足以蠹商、民。匪志以志之，即有操興除之柄者，不苦於文之無徵乎？語曰：『不習爲吏，視已成事，志固已成之吏也』。

兩浙舊有志，然創於嘉靖戊戌，至今已七十餘祺。歲久，因革損益皆漫漶不可考。所可知者，惟前後諸侍御《鹾規類略》《酉戌沿革》與《行鹽事宜》三書而已。余不佞雅意，欲續貂而利弊未鏡，捉筆輒止。歲在甲寅，會武陵弱水楊公祖來視鹽政，釐正舊典，爬疏積滯，爰詢掌故，慨焉未備，因出舊志及三書，俾余纂輯以備參考。余遂采其要約，綴入各款，而題之曰《重修兩浙鹺志》，成弱水公祖意也。卷故十有四，兹復益其十；目故十有三，兹僅仍其七，中間差次更易者，又半之。蓋因類附見，故不復舊貫之仍也。《書》曰：『監於先王成憲，其永無愆。』今引票之損益、價值之低昂、課額之盈縮、徵解之緩急、商竈之疾苦，犂然具載。倘有補偏救敝之思，此固其一鑑矣。弱水爲名御史，簪筆螭頭，敷陳忠讜，無一非國家大計，而條議鹽政，一依賢良文學，不顓顓效東郭咸陽開利竇，信確然足爲萬世法。已昔崔浩在元魏朝論事，嘗賜御縹醪水晶鹽，曰：『味卿言，如此鹽酒。』弱水之訏謨碩畫，誠類是。故癸、甲二歲，頒布章程，悉與酉、戌鹽規并入，以傳不朽。蓋皆采諸商民所途謳巷頌者，而非阿私所好也。

跋

兩浙鹺志舊跋

明·陳儒

或問於廣陽陳儒曰：『夫鹽政，其先王之制也與哉？』曰：『然。』曰：『古有鹽鐵、均輸，其猶有先王之遺意也與哉？』曰：『否。』然則謂：『是志爲王制也，如之何？』曰：『昔有夏氏之有天下也，厥貢鹽絺，成周以共膳羞，以待戒令，以御賓客，以共百事。蓋貨惡其棄於地也，不必藏於己。遐哉邈乎，先王之制，其存於後世者幾何哉？』

我明御極，體國經野，慎德務施，蓋思以唐虞化天下者。竊嘗伏讀列聖之謨，乃仰而歎曰：『懿哉淵乎，帝王之所以仁天下者，其在兹乎？』是故慮民力之靡舒也，故設之以轉運；慮官箴之靡飭也，故糾之以臺臣；慮國是之靡定也，故參之以章奏；慮命令之靡嚴也，故重之以王言。要之，任土作貢，通商惠工，庸以圖安天下云爾。謂是爲帝王之政也，非與古道日遠而先王之意寖失。是故釣譽者崇羨，厲禁者朘民，誣上者闕德。嗟乎，闕德則悖，朘民則殘，崇羨則竭，吾懼先王之治之不可復見也。

侍御劉公祇奉明命，按部於浙，正度飭憲，約己裕民，亦猶行古之道也。夫越明年底績，乃取諸往事，采諸搢紳爲志，蓋將以垂久遠，昭鑒戒也。是故觀制敕，則王章明矣；觀地利，則物産昭矣；觀國課，則民力紓矣；觀禁令，則國法嚴矣；觀奏議，則國是定矣；觀文傳，則勸懲備矣。於戲！志之義大矣哉。儒不佞，樂觀志之成也，敢序之末簡。

考

鹽政考

明・李廷機

鹽政固邊計也，鹽政之通塞，邊計之虚實也。今天下稱邊計最急，蓋數十年來，謀臣借箸，計司持籌，曷嘗不孜孜邊計也，而邊計猶然虚也，則鹽政之舊未復也。

愚考國初置轉運、提舉爲鹾司，而淮之南北、浙之東西、長蘆、河東、山東、閩、粤、蜀、滇，與夫鹽井衛、龍州司、雅州所、海北、靈州、西和漳縣，皆所謂産鹽處也。煎有竈，貯有倉，課有額，行有方。當其時，歲召商開中，入粟實塞下，塞下粟無騰價焉，則邊利也。蓋洪、永間，鹽一引，所輸銀八分爾，粟二斗五升爾，至輕也。令商自爲辦，而國不聞輸將之費，士飽馬騰，捍圉强固，則國利也。所司開給，無留行商人，旦輸粟，夕受鹽，券交於左，筐盈於右，至便也。禁食禄之家不得牟商利，一切請給悉絶之，諸私鬻阻亂者論死，至嚴也。竈丁給滷地、給草蕩，額鹽一引給米一石，準以錢鈔復其雜役，至厚也。

有餘鹽，則官自出鈔收之，下以資竈户，上以攬利柄，至周也。蓋國家鹽政，操縱有權，調度有法，公平正大，嚴密精詳，商利而民亦利，國足而邊亦足，稱美善矣。

乃常股、存積之設也，曰正統中始也。常股七分以爲常，而存積三分以待塞下之急，倍價開中，越次放支，是居貨罔利，則非體也。乃輸之不粟而銀也，不之塞下而之鹾司也，自度支葉淇始也。取目前之近利，忘久遠之大計，遂至邊儲資於内帑，商跡絶於塞垣。卒然有警，倉皇召中，類多觀望，即有至者，所入甚寡，坐令儲蓄外空，則非計也。乃私竇之開，自弘、正間始也。或勳戚恩賜，或權倖請託，皆予以餘鹽，容其夾帶，而復有各年未盡名曰『零鹽』，有剩堆積名曰『所鹽』，一似供權要之報中，侵商利，虧國課，則非法也。乃商之困，自守支始也。次同貫魚，繁同積薪，有數十年老死不得給，至令兄弟妻子代支者，則非便也。乃竈丁之困，自總催始也。場蕩歸其兼并，鹽課爲其乾没，竈丁不過總催家一傭而已，分業蕩然，丐貸爲生，欲無逃亡，不可得也。乃額鹽之滯也，自課重始也。彼一引所輸銀至七錢五分，重矣！而且有配支、有賣窩、有科罰、有勸借，費殆不支，是以鹽價踴貴而人競趨私鹽。欲正課無滯，不可得也。乃私鹽之行也，自不行鈔法始也。鈔法廢，則縣官何術以收餘鹽？餘鹽積而無所售，則竈丁困。乃曰挾餘鹽者絞、貨私鹽者絞，將能行之乎？行之，而必即竈丁枵腹以斃，不然即爲變行之，而不必欲餘鹽之利不爲姦人橐中裝，不可得也。

今江、淮間，鹽徒高檣大船，千百爲聚，行則鳥飛、止則狼踞，如一方有警，如此曹者乘變而横擊，吾何以禦之？故鹽政之不修，愚恐其患不獨邊計，且移之社稷也。嗟乎！利弊之懸洞若觀火，祖宗之法覩若畫一，藉令在事者深考而善提衡之，何有於區區鹽政哉！愚謹考其始末，詳其變遷，以俟司國計者鏡焉。

説

鮑郎海沙場鹽課時宜説

國朝・彭孫貽

前代鹽利之博，實權輿於鈔法。鈔法不行，無因致米，牢盆無資，竈户多徙業，俗不尚本富，地力不盡，水鄉膏沃委之菅茅，上與下俱絀。富國者無策，顧以小惠爲大計，盡落水鄉之籍，以蕩派諸民而代其課，田畝加賦二千金，民始爲竈，受其弊矣。官又爲代收千八十兩之税解鹺司，縣又不勝其弊矣。始議歸水鄉之蕩，並給濱竈，更加田賦千八十兩代竈税，民累益深。乃海沙願得蕩，鮑郎不願也，又爲包補鮑郎四百六十金，更以徭銀三百九十兩抵兩場之課，合之前銀代辦三千九百金兩，場之課無幾矣。鹽司官吏、工腳之俸廩，出於縣者又數百金，鹽之利國者寡，害民者多，鹽政之不修，未有如前代之甚者也。

國家開創，鹽課稍增，終不抵民糧代辦四千金之數。今之煎鹽，不必皆竈户。滷地、山蕩，竈户盡佃諸民，坐收其租，地利日闢，上者爲良田，次者種菽麥、瓜蓏，竈無憂米矣。兩場草蕩，一丁多者三十畝，少者不下二十畝，熟者分三等增税，自三分至一分五釐解運司，視田税不及三分之一。竈丁所得蕩租，多者一兩，少不下八九錢。滷地之佃與人，歲復得租銀二三錢，每丁鹽司之額不過二錢有奇。響惟責其煎辦，每丁歲納鹽三千六百斤之多，故給滷地、草蕩以贍之。今鹽課大半出民田竈丁二三錢之課，滷地所入辦之有餘，乃予之草蕩。竈擅無税之租，田出無鹽之課，是優末而耗本也。今欲變通其計，足國以富民，莫若盡籍滷地、柴山、草蕩於有司，荒、熟各自爲里，輪充其役，計畝定税如民田，以畝爲額，不以丁爲額。兩場耕熟之蕩，海沙可得四萬畝，鮑郎可得三千畝，畝税視民田五六分，可得三千金；其未墾者，畝税三分，兩場九萬畝，可得二千金。抵兩場課額之外，尚餘二千金，以鹽課之帶徵，仍還之，竈、民力少寬而國課亦裕。蘆瀝所已試，何不仿而行之也？至於温、台、寧，遷徙無徵之額攤派於鮑郎、海沙二場三百三十兩有奇，海禁已弛，徙地已歸故業，則原攤之額外，宜還之三郡。夫兩場之本課推而諉之民，他郡之無徵代而承其敝，鮑郎、海沙諸竈今何默默也。

海沙場釐弊説

國朝・樊維城

明初，竈户辦鹽，官給滷地、草蕩及工本鈔銀以爲之資，草蕩薪採有限，全賴鈔米。後鈔法壞，工本無出，竈丁徙業者，以滷地、草蕩賣之人，生息抵課，而家於水鄉，稱『水鄉竈』；其仍居海濱，稱『濱海竈』者，僅餘三之一焉。

昔之名臣，如周文襄者來巡海上，亦姑隨順人情，免水鄉之煎辦，而令其代出鈔米以給濱竈，乃米實難辦，法終不行。迨彭公韶巡視，憐其困，弛之爲民，水鄉盡得落籍，而應辦鹽斤則帶民糧徵銀解運司，本縣田畝始有二千三十兩之加，民代水鄉竈受累。此時水鄉竈所遺草蕩，若即歸並濱竈，猶可計草價以派鹽斤，少損民田帶徵之數，乃官與徵銀一千八十兩解運司，代之趲集。至前任夏始議並給濱竈，失之已晚。顧又予之蕩而貰之草價，反將此一千八十兩者帶徵於民糧，復以兩場爲惠不均，更包補鮑郎四百六十金以均之，合前共三千五百餘金。而此外傜銀抵課，本縣及嘉、平二縣代解者復有五百五十兩之多。重疊包賠，不一而足。於是，兩場課銀盡皆民爲竈出，至竈户一丁所收於蕩户，多者每歲一兩餘，少者亦不下八九錢，而滷地之佃與人者，又可得銀二三錢不止。至問竈丁所納於官者，每丁歲額實不過二錢有奇。向惟責其煎辦，每年每丁須納鹽三千二百斤，值銀七八兩之多，故給之草蕩、給之工本米，優厚如此。今因工本米不給，鹽課俱帶徵於民糧，止責其納銀二錢有奇矣，此即滷地之入足以辦之，有何困而必優厚之也。乃空擲此蕩以與之，令歲享草價之厚入，豈非當事者失於籌，及相沿冒濫未裁乎？抑鹺司胥吏留此以取分於竈、蕩，故相隱而不發至今乎？

總之，海上煎丁皆非真竈，今莫若以蕩户姓名籍之於册，立限徵收解之運司，編排直捷，徵銀自易，正不必令多人與於其間，恣其中飽而無益於國也。斯議也，不知者以爲創説，而實非創也。蘆瀝已先行之矣。考之《兩浙鹺規》載萬曆四十二年，蘆瀝場趙志奎等建議：照蕩僉役，毋沿照丁給蕩之空名。鹽院楊以爲不易之論，將蕩户名下實查蕩産畝數，按籍僉差，其貧竈之有丁無蕩者，盡免其役。因以其法入之，復命疏中，至今蘆瀝稱便。夫蘆瀝亦海邑，析之平湖者也，三場繡壤相錯，事同一體。蘆瀝可行，海、鮑獨不可行乎？但行之，則於國於民便，於姦竈有不便耳。夫立法而欲使小人稱便，欲使小人無梗，千古無有。深於計者，要在獨斷獨行而不爲所撓阻，斯得矣。

《欽定重修兩浙鹽法志》卷二十八終

欽定重修兩浙鹽法志卷二十九　藝文三

頌

嘉興鹽運分司紀惠頌

元・柳貫

漢置郡國均輸、鹽鐵官。鹽官，天下凡二十八郡，而在大江以南者，會稽郡治海鹽。會稽地聯東西部，封域廣矣。海鹽以地産得名，庸詎止嘉興一州境哉！負海之利，煮水爲鹽，齊蓋征之以爲富國强兵之術。漢均輸法，猶曰『推』。夫人用之數，官司受之，而以平價出之，敢私鬻者，鈦左趾、没入其物。所以佐百姓之急，奉軍旅之費，抑兼并而防淫泆也。當時所舉賢良、文學皆對：願罷鹽鐵、均輸，議者重以安邊足用之本難之，遂卒不罷。唐置巡院，峻榷增估，民已甚病。至宋，給官本請鈔受鹽，則厲禁加密，而公私交痛，無遺策矣。漢之鹽官，其制莫詳，若會稽所部，縱廣數千里，海濱斥鹵之地，地盡鹽也，而以一官領之，大數百升而釜，十釜而鍾，禺筴之而爲藉錢，人無以避其數也。

今給本請鹽之法，尚仍宋舊，而統之以轉運鹽使司，置使員二，同知、副使、判官員四。重其官，故常選用能臣，然佩以二品銀章，出入乘三乘傳，其所部之總管府州若縣，承命不敢少後。官以轉運名，則夫開闔利柄，隨時變通，諸使、判官固得專而制之，非如他，有司受成法於上，按而行之，猶衡石之不可以輕重低昂之也。國制，二使總凡司事，同知、副使、判官歲出分司，准校其鬻鹽之次第而上下其賞罰，冒禁而私鬻者即議置於法。任專責重，則雖同知、副使、判官職有等差，固視二使而與之侔焉，其選宜不輕矣。

嘉興大郡，即内列置五場，場歲有課，有官吏以奉其成。晝有倉庾，以時其出納。自比年旱乾潦溢之不常，凶荒札瘥之繼起，亭民疲於刮鬻，逋課未償，新額日積，官吏胥爲詬戾。若束濕然急，則促數耗矣。元統改元之明年，轉運副使、潁水李侯實分莅其郡，於是侯在官逾二年，稔於聽聞，灼知其弊。至，則進其長貳、曹吏而誡之曰：『鬻鹽有火服，給本有户帳，私鬻必出於場亭，私鬻必受之卒伍。法所當禁，吾不貸之以情；法所當予，吾不私諸其屬，利所當舉、弊所當革爾。明告吾，吾豈敢不悉力？自吾身以及吾之屬吏知以簡御煩、以廉率貪而已。凡著令之所具，吾與若曹共守之。一或不恭，吾不以絲毫貫汝也。唱名給本，隨至隨與，無晷刻之淹，無銖兩之損也。按行團竈，單馬騎童，糗糒所資，取諸裝橐，勸其勤而懲其怠，不啻父兄之督其子弟。教戒之出，威於笞箠，有犯私鬻就逮而來，則爲之疚心疾首，推見至隱，傳之輕典，開其自新，使不陷於酷吏之深文，不入於上罪之桎拳，雖被重錮，人自以爲不冤。倉庾受納，辨其澤色，爲之平概，取足釜鍾，無贏合龠，羸孺癃叟，以次進輸，莫敢先後；手執算籌，鉤校登耗，飯疏飲水，若固有之，無賓客之迎將，無庖傳之讌娛，去之日如始至焉。蓋亭户、鹵丁躬受涵煦之恩，感戢不忘義也。而若齊民獲安力作以無隳突之虞、以免織羅之害，如春風時雨之及物，而物不之知，則仁不勝用矣。』

今侯以治辦還司，而民之飲惠沐德者，咸願侯之績刊列之貞石，示後至楷法，乃相顧言曰：『吾儕小人，躬稼而食，無盡藉於鹽官，而終歲勤動，積其布縷粟粒之贏，曾不足以當捕吏一飲釂之資。自吾李侯之至，而始得率作興事，以遂有生之樂，孰能詩乎？其往請辭，以永無窮之思。』予方悲世鹽之不明，慨民嵒之滋甚，而於是舉獨喜。夫人心天理之不可以終泯者如此，則爲敘而繫之。

侯名某字，正卿，由中書掾入官，宰滿，城守泗上，皆有惠政在民，民爲樹碑以頌，遺愛有爲有守。今將陟明於朝，宣其智略，紓民隱憂，薄海東南，於胥望之鹽筴，固其一事焉耳。侯之四子，皆學爲儒：仲子，國子進士；第三子，舉至治丁卯進士第一，詩書之教藹然一門。侯之所存，兹可見矣。頌爲郡民舉惠而作，非其屬之私焉。先之以辨課之實，亦推本而言之者也。

頌曰：

鹽實地産，厥味惟鹹。海王之國，利盡東南。齊正其筴，積之成富。漢鹽鐵官，視爲寶路。均輸使屬，賦及邱民。籠利而行，兼并相因。唐置鹽院，宋始定課。權其重輕，以滋食貨。經費之出，有國之常。權法既密，民用疾傷。

聖元龍興，制則因舊。轉運名司，官以選授。籍户給本，課無羨贏。請鈔以估，予鹽以平。徒法不行，人執其柄。校厥盈虧，戒不恭命。曰是嘉禾，望於浙西。臚分五場，有弗能齊。

歲龍在戌，元統之二。副使李侯，持節往莅。謂吾奉法，維以視成。毋愆于素，毋蹙于傾。官役工傭，俾時散給。爾有常輸，則以時入。稽其耗登，示之勸懲。爾無私鬻，麗於大刑。法令在人，昭如星日。吾將與汝，守而勿失。國有嘉量，坊民於姦。吾飭庾吏，毋爾面謾。吾少也賤，衣麤食糲。今而賦禄，行有舍茇。繼粟繼肉，有廩有庖。敢以口腹，貽爾告勞。一夫逮繫，株連百室。侯鑒孔明，罅穴斯窒。邱民力生，食稻與魚。向非吾侯，曷寧爾居？

昔侯未來，蹙額屢嘔。侯既戾止，燕及黄耇。治功成矣，侯則言旋。民之戴侯，列宿在躔。徯侯重來，持節按部。以卒保我，綏我眉壽。顯允吾侯，家有詩書。掄魁碩望，承慶之餘。懷仁負義，侯所自致。床笏如林，觀厥報施。官守言責，世豈嘗無。無得有失，是誠負予。侯德之純，如金如錫。矢詩揚之，垂後楷式！

記

杭州場壁記

唐・沈亞之

國家始以輸邊事塞，不足爲用，遂鹽鐵榷酤爲助，使吏分曹，計其入於郡縣。近利之地，得爲巡院、鹽場之署，以差高下之等。顧杭州雖一場耳，然而南派巨流走閩禺甌越之賓貨，而魚鹽大賈所來交會，每歲官入三十六萬計。近歲，淮河之間頗聞費，自是汲利之官益重矣。前年，京兆韋子諒官始縣主簿，有能名，及秩謝當歸，是時尚書職方郎崔稜爲楊子留後，始聞其所行，遂邀署之。既到滿歲，利榷大登，吏無敢怠，與其縣主簿加勤也。或謂亞之學史詞無苟，故用是記焉。

鮑郎場政績記

宋・常棠

鮑郎催煎場，舊共澉浦，政事裕如也。蓋自分創以來，局冷如冰，廩稍不足以供事育。庚子歲，大歉，亭民相鬻肉自救，九竈不煙，倖活無幾。宿姦陸梁倒持蓮勺撞搪，傲睨來者，當署涉筆噤不敢問，催煎之職，至是難爲矣。

東陽厲君夢龍到官，庭空阜走，案卷塵蕪，野廢盤舍，鹺火熸熄。上司朱黝紛來，自立不容頃。於是喟然曰：『旱魃肆虐，饑饉荐臻，則鹽不可催；銜勒寬縱，期會玩愒，則鹽不可催；賂門乘機，積弊未去，則鹽不可催。倚海築場，刮壤聚土，暴曦釣鹹，漏竅瀝滷，三日而功成。驟雨至，則前功又廢，催鹽之職，重難如此！迺清苦檢飭，奉公竭廉，戴月披星，鋤爾狡蠹，盡心力而爲之。』復鹽竈一所，復鹽丁四十餘，復鹽額一萬六千七十八石有奇，一年而鹽場之課額羨，所謂才全而能鉅者也。田疇多俾耕且耨，户百有餘家，饑者得君之食。創亭中路，掘土甃砌草場一十二井，渴者得君之漿。官浦不通六十餘年，參度高低，疏浚七百餘丈。暴灰者，得君之水；僦居者，得君之地。省臺剡薦，獎諭疊至，將以上幕奏辟，不曰有功於鹽場乎哉？

淳祐五年七月，澉人歌舞相告，謂厲君歸矣！政成不記，何以詔諸久？遂書以記。

鮑郎場題名記

宋・常令孫

鹽場初攝鎮務，嘉定庚辰，言路上疏謂：『窘於兼二之冗。』詔典銓注顓官，毋與鎮税事。癸未，又詔今後鎮官免以鹽場繫銜。舊，廨有秀野堂，司場苕溪朱俯立，姑蘇周應旂重修，常棠作記云：『堂外青樹翠蔓，淒神寒骨。堂中設米老詭畫，蔡邕焦琴。苔陰上砌，花影拂簾。』其時鹽官多用士人，故風流乃爾。俯，亦中興勳相勝非曾孫也。

錢清場廳壁記

宋・劉宰

錢清鎮去紹興府四十五里，而近有江曰浦陽，蓋自婺之浦江發源，浦江舊名浦陽也。《唐志》載：『越州有府，一曰浦陽。』乃府兵之府，城基猶在，有橋曰隱兵，而錢清之名則不知所始，相傳以爲錢武肅王誅董昌於浮梁，因以得名。然近嘗發土得《靈助廟捨路記》，乃會昌中碑，已言錢清，則名已久矣。《昌傳》言：『執昌至西江。』《五代・吴越世家》又言：『西小江豈正謂此江耶？』或言：後漢父老持百錢送太守劉寵，寵各取一大錢，以此表其清云。熙寧間，部使者盧秉論鹽課云：『越之錢清場，江水清淡，以六分爲額。』不言三江、曹娥兩場。老吏云：崇寧改鹽法，始以錢清分爲三場。場基堆阜四環，乃舊教閱之所，今猶目爲教場。亭民本九十餘户，户每月出鹽一席。豪民既侵奪其地，邑胥又多方漁獵之，復有私販通住之擾，僅餘三十八户，而額不減，使之均出，是以重困。四五十年來未嘗及額，而逋負愈積矣。

從弟鏞，孤苦力學，久處上庠，幸取世科。頃尉東陽，頗著能聲，轉而爲此，不敢不謹。撫存亭民，既爲剔蠹疏源，又間爲之代税輸，三十八户欣然如更生，而課亦隨羨隨增九分有奇。廨宇建於崇寧元年，適百年矣，雖頽敝之甚，高宗幸四明，路嘗駐蹕其中，鏞爲一新之倉，使得十萬錢，而爲屋三十餘楹，宏厰雅潔，什器俱備，使亭民之解事者司錢物之出入，官吏皆不與，居民仰歎，以爲前未有也。

又嘗爲府中修山陰兩鄉海上石堤八百丈、土塘千三百餘丈，添創兩埭，造南岸大石橋以便往來，亦可謂勤矣。去替止三月，以書求壁記，將書前任名氏、歲月之詳，因爲取其大概，並記之。庶後來者有考云。

催煎廳題名記

宋・談鑰

漢會稽郡海鹽，故武原，有鹽官。唐代宗時榷鹽，杭有場，臨平有監。今之鹽官縣，即武原之舊；鹽官買納鹽場，即臨平監之舊；而蜀山諸場，即杭場之舊也。蜀山名見《隋志》，在縣西南二十七里，瀕海斥鹵，催煎官寓治焉。又西南十餘里有巖門山，亭爨相接，總曰巖門蜀山鹽場。紹興初，海岸傾圮，乃移治於邑南百餘步，兼下管催煎，淳熙中，又兼上管，今所統之場四，俗稱西四場者是也。

鑰叨第赴調，授任於此。及聞鄉先達言：父祖爲是官時，事簡課辦，自初宦至秩滿，率用賞極選階。私竊慰幸，謂賞非所覬，得優暇、習故書，足矣。暨至，視事按籍，則職務叢委，課或虧負，文移呵問，時時有之，與所聞弗稱。豈時與事異耶，抑因仍以至是也載？

念古昔廳有壁記，所以識名氏、爲勸戒，聱叟營道刺史之作，最爲直筆。今邑官諸廳悉有之，此獨虚闕，嘗有意焉。承乏之三月，竭慮補罅，事稍就緒。會邑甚旱，使者以朝命差，稽察、賑濟、督課之外，賦稟勸分，爲日不給。既又被鹽使檄監仁和納場，又易押黄、姚俗兼本司主管文字。今年二月，始力請得還，以溢額犒格得錢三萬，又得石於邑長。因詢訪前政，得龍渡以來十八人，命工鐫刻，疑者闕之，若其人之如何，鑰素戇，無能測識，稽諸既驗，則已有持節衣繡者，把麾凝香者，乘二車而五子蟬聯桂籍者，階陞朝列而後嗣登瀛握蘭今爲本道憲使者；其間蹭蹬不偶者亦不少，去此未遠而未躋膴仕者亦有焉。雖福善之應，間有未盡，而天定之際或不可知，使繼此者觀之，庶幾有考，且得以屢書貽後云。

買納廳題名記

宋・王墀

廳有記，所以記居官者姓氏、去來之月日也。其人賢，固將因姓氏、月日而得之；其不賢，亦將因而得之。是則廳之有記，非徒姓氏、月日之謂，勸戒之道實與焉，是烏可已？鹽官有監，肇自太平興國，所以總納諸場之鹽課，如上管、下管、蜀山、巖門、南路、袁花、黄灣、新興皆隸於此。其廳治在縣南一里許，考之《圖經》，舊曰臨平監，而後改今名。總催煎場十，而今止存八。至其所以更廢之故，則闕焉不書。歲合八場之額，以石記者凡十三萬九千有奇，在臨安四場中爲最大，宜其體存事備。乃問之廳記，則闕如也。豈歲月之久，其間或有所湮廢耶，抑亦事務叢委不暇顧也？

余竊念之，因求諸故實，則紹興以前已無得而考，紹興以後名氏僅存，而大略亦可睹矣。則其爲不暇顧與或有所湮廢也，固宜有如比年海鹽之郭公琴、金華之唐公仲義，皆自是更秩，人多稱之，而亦於是不及，豈其不屑也？或曰不然。彼二公者近不及半歲，遠纔越歲餘，或承前人廢弛之後、或當好事紛更之始，補苴罅漏，因事制宜。如錢弊於混淆，則爲之名分件別，而使籍有所考；如鹽患於耗折，則爲之抱欠還剩，而使責有所歸。上下始安，詞訴乃息，鹽場至於今不廢，繄誰之力也。且子三年於此，不有彼之勞，安有子之逸；不有彼之始，安有子之終。然則非彼責，而實子之責也。余曰然。於是，以其得諸故籍者，紹興以來凡十有六人，悉刊諸石，使來者有考云。

南路鹽場題名記

宋・陳桂

官所居有題名，所以紀去來之年月，使後人有考也。催煎卑職，越在海濱，不與邑官等，去來若不足計。然此場課額，以石計者歲六萬五千有奇，較他場差重。彼皆有壁記，而此獨闕，至創始更革之因，料無所質訂，豈舊皆武臣充此，不以是事爲急耶，抑廢弊久因仍不暇及也？今撥隸帥府，場事一新，又更端之大者，是烏可無記？因詢前政，嘉定前，姓氏湮没已茫無可據，自壬午改用文臣，得吳文林而下數任，請刻之石間以示，後其攝職者去來非一，莫記月日，姑隨所傳繫於正任之下，庶並有考云。

南路鹽倉記

宋・應繇

淳祐五年六月，監鹽官縣南路等監場陳君桂觸熱來訪，以新作鹽倉成，求爲之記。君之季父著作佐郎、内小學教授，實癸未同年進士，甲申，語予曰：『是子也，才善爲官，廉而勤，能幹以治，幸不愛於文。』爲是子表厥役，余敢不敬諾。

監鹽君之言曰：『南路距鹽官東六十里所，袁花、黄灣、新興三子場隸焉。嘉定中，潮齧新興一場，鹽課已失四分之一；而他場多秀民取科第，馳騖乎功名之途者踵相躡，於鬻煎乎何有重？以嘉熙饑疫頻仍，亭民莩且死，生者皆鳥獸散，場官莫克自振。懷檄來攝，空率便文自營，而鹽場遂敗壞不可爲。桂始至，僅領一印，首葺廨舍以庇身，蒐文書於故吏家，得其副。呼亭民父老來前，與之約，使歸業，躬自課督，咸知奮勉，歲額視舊復其半。會天朝以仁和、鹽官二邑所有場，割隸畿閫，閫帥、户部尚書趙公檄諸場官至府下，知其不事事，皆揖退之，桂也蒙獨留，蓋以殫志竭力頗爲趙公所知也。於是條十事以上，趙公采聽，皆次第施行，而倉事起矣。先是，倉在邑中，距場遠，場丁疲於轉輸，司庾吏誅求百端，不勝困。始議就場爲倉，衆聞皆喜，既卜基，有不便己者沮其成，止移就北栅。值天寒河凍舟膠，陸行率十餘千人致一石，衆愈困。合辭請自裒錢浚河，築倉得就場便，具以白趙公。公奮筆判從行，且戒毋得裒錢，凡費，其悉從官給。桂奉命惟謹，浚河自保安橋達秋門涇亙二十里，日役千夫，逾旬而畢。水道與浙河西諸郡通，因改閘，復浚港三里許至浦口，以迎客舟之自海來者，於是河、海水程脈絡灌輸無壅矣。就所卜基，乃繕乃營，鳩工攄材，予直如私家。廳事中峙，前爲門，門左、右及東、西二廡爲廒六，灰甓石甃既備，皆堅緻密牢可支久。又以餘力於西屋爲備廒、臨流、創亭三所，以便登舟。是役也，竟於四年之春，倉費四萬有奇、河費一萬九千楮有奇，始給之數贏於此，悉以還之帥閫。亭民樂於趨役，歲計益羨，六廒皆充牣，續至者亡以容，則寄留傍近小民家及僧廬、嶽祠中。歲終而會羨二分，趙公給正鹽錢二萬緡以庚之。衆願以荒錢置屋，增倉受餘鹽，趙公復從其請。乃鑿垣辟基，後爲屋十三間，爲廒五，今年春三月告成。於是兹場總十有一廒，害除而利興，公私皆便矣。又爲車筒以度舟楫，商旅湊集，南路市稍還舊觀。河既通，民田資以灌溉，亦連得善歲，蓋不止場民賴其利而已。』

余聞之，語之曰：『古所謂能令，所居官大非子也耶。凡居官者皆能振厥職如子，則宇宙之間何事不可爲！』君退然不敢當，曰：『桂也，曷敢自以爲功？厥惟曰大君尚書之賜也。倉議未成，非趙公炳然有特見，其不沮於異議者希矣。』余敬趙公之能知君，而喜君之爲趙公所知，於是乎書。

君永嘉人，少有異才，試童子成名，連貢於鄉，登進士第。初筮已著奇績，其身居清立，甚似其季父云。

浙西鹽倉記

元・張之翰

松江，枕江負海，厥土廣瀉，牢盆之贏實百他郡。後陞爲府，仍司浙西鹽鹾，並浙東錢清、西興及江北六場隸焉。舊有倉，歸附以來廢爲瓦礫。昭信校尉、浙西鹽使阿散，前任松江府判官有明敏稱：閲十年來莅是司，至之日，首以倉爲急務，乃率僚吏即故基峙屋八十一楹。既成，求爲記。

予謂：修廊縵迴，簷角翔舞，重欒傑棟，屬連演淹，此倉之營造也。漉沙結白，熬波出素，冰裂雹碎，眩轉的皪，此倉之儲蓄也。風帆海艘，隨潮上下，富商巨賈，雲合雨集，此倉之發運也。領斯倉者，或邪溝暗港私販旁午，私日多而官日少，可不思所屏息乎？或倉吏、綱兵姦利相視，混晶英而雜僞惡，可不思所核視乎？又或上虧國用，下闕民食，利未興而害未除，可不思所建白乎？昔杜中立爲義武節度使，歲輓鹽海濱，人甚苦之，至今，數百人具舟以載，民不勞而軍食足，當時號爲『飛雪將』。劉忠肅責監衡州鹽倉，人皆食善鹽，且儲其羨以爲償，弊減什七八，父老目爲『學士鹽』。今昭信建立若此，則中立、忠肅之才再見矣夫！

場創於宋之咸平，昔分鳴鶴、東西石堰，鼎居鄞、越之交。元貞改元，合三而一之，陞鹽司，秩七品，設令丞管勾主其職，額一萬有奇。廣袤數十里，距定川，至慈邑，接餘姚，地大課豐，雄於浙左。作鹽之利，爲東南邦賦之最，波熬沙漉，其化若神。而設官分職，以司徵貢，故休其啓處，不容緩也。使官署不飾，上弗克以莊其敬，下弗克以致其嚴，非臨莅之道。昔有廳事，建於隱山之隅，歲月彌深，隤毁略盡，既捐之爲浮屠氏之居。俛就驛館以視事，偷安苟且有日矣。

重建鹽課司廳記

元・鄭謙

泰定二年秋，文殊公來長是官，公世胄清華、才良識敏，下車之始，奮然爲興築計，僚佐不謀而同。俟歲課之登，審丁夫之隙，營度資用，絲粟不以厲民，因隱山之遺址，厥土燥剛、厥位面陽，以是歲仲冬肇役，坌夫、鬻户蠕來蝟集，樂爲之用，兩月而功告成。堂宇靚深，廊序明潔，門廡庖湢，皆有塈漆丹雘，悉舉以法；負山面湖，氣象邃嚴，規模宏遠。明年正月元日，宴僚佐於堂上，賓從咸集，衆舉觴而賀曰：『昔公之來，荒址枳棘，經之營之，翬飛跂翼。公莅之初，課殿虧額，會之計之，倉有餘積。海瀕遐僻，習嚚珥筆，戒之董之，風移俗易。跡其明效，益信公之善於治政，而敏於成功也。』因扁其堂曰『治政堂』。之後，開小亭曰『觀瀾』，以爲遊息之所，若此可謂完且美矣。雖然鬻海之役至難者也，觸風雨犯寒暑，羸形鬼質，饑渴頓踣，晝夜不暫息。而日有其輸董之者，不敢毫髮貸。然失寬則慢，過猛則殘，故任其事者爲尤艱，苟賦之不修、民之或病，則有餘責。居斯堂者，上有以克修乎裕國之賦，下無以忘乎仁民之心，斯不負於朝家任賢理財之意。是役之成，弗紀其績，何以示來者！乃序其見聞之概，俾商而刻焉。

兩浙轉運鹽使分司記

元・袁桷

國朝定煮海之賦，倍於前代，邦用是資，其選官委任爲不輕。兩浙設總司於杭，東、西屬郡，率置分司以董督。四明號爲東浙，人民繁夥，饑饉薦罹，逋負益廣，急之則疲茶，愁歎顰色立見於耄稚，故受其任者爲至難。

桷官翰林，時預議中書堂，嘗白丞相乞減歲額，丞相領其議，於時大臣咸然其説，卒以户部籍不能易。是後，憂國者迄減其直，繼今善謀邦計之士，亦將以有待也。泰定元年，東分司燬。三年，張侯伯威莅是邦，以官楮若干委於郡，郡守郭侯曰：『兹役不可緩，必擇善於營繕者。』是屬曰：『尹既君申之縣，庠之興，尹能紹之。』曰尉周君一夔：『尉廨久湮，尉能起之，兹其以是屬。』僉謀曰：『取於山里，胥是删鬻於市。』大賈以喜，得視其財市於民，堅完縝密，是則不負於郭侯之教矣。六月鳩工，九月告成。廳事崇嚴，夾舍拱揖，門臺有敘，百堵是列，斧斤鼛鼓，不徹於垣。周君則曰：『尉雖不才，囹圄之設非我職，矧轉運府設是，則益以病。盍去諸，復以楮之餘者歸於司。』官常患不得其人，急奉於公，怨讟滋興，況復因之以竊其利。周君則不然，人皆曰：『作之登之，周君是承。去其搒笞，民完以熙。』若是，則任其職者，絶叫囂、息追逮，其賦寧有不登於天府？昔之使者遺愛揭於堅瑨矣。後之來者登斯堂也，藹然仁政，將屢書不絶。桷老矣，尚當見之。

運司副使東潁李公去思碑記

元・陳旅

松江鬻海之民，以轉運副使李侯之既去也，屬其高年言於予曰：兩浙鹽賦以引計，凡四十八萬，而松江賦十萬有奇。連歲亢陽霪雨，沴菑相乘，吾等困悴甚矣。至順二年春，東潁李公實來首分司松江，周視亭場，知民困悴狀，愀然軫憂，日夜籌便。宜諭民之富者出財，貧者傭力，使相資，以即功。教戒撫綏，仁意懇至。吾等得不流亡而能歲集大計者，侯之德也。

先是，朝廷命浙西行義田助役法，使諸有田之家各出田，共推信義者掌之，以充里正而歲更焉，竈户無與也。時任事者闇悖，輒以贍鹽地與民田概抽以充役，役又不得更休，坐是敗産者衆。侯至，歎曰：『竈户自有其役，世皇有定制矣。况助役之文，初未嘗及竈户。既強役之，又使之不得更休，胡荼毒斯民至是哉！』牘上行省，反覆辨析至於再四，雖抑遏勿伸，其後亭民往往得釋是役，侯實開之也。未幾，有妄以沿海塗蕩餘利獻於官者，貴近得賜所獻，遣使趣徵，威令嚴峻。行省檄侯稽覈所有而與之，侯以爲不可，曰：『浙右諸場工本較之浙東，每引減楮泉五緡者，以有塗蕩供萡薪也；竊亭户稍耕種之，遂收其税，既而又加重焉。今權貴又欲盡括羨餘，民何以堪？吾不能稽覈民田，奪其利以與人。』持之滋久，具前後文移利害白於行省，同列爲之寒心。亡何，強臣族誅，竟罷徵。每季工本之給於諸場也，則先與之。期日既集，其人即呼姓名，面給之，無釐毫不及。給已，遂行單馬騎童又適他場，雖昏夜弗止，吏胥不暇爲姦。民有犯私鹽者，即哀矜決遣之，有所牽引，悉不問。至若鹽之出入於倉也，禁權衡高下之弊。舟運折耗，豫爲之防。人不麗罰，商賈無滯留之戚。凡異時之需擾於吾民者，皆聞風斂跡。牢盆之外，一無所費。

蓋侯之分司也，夙起晏休，躬治文書，決庶務，盛夏亦端居終日不少懈，故人人得沐其惠。或一事乖方、一民失所，則痛心疾首，若己致之。侯德之在我人也，若此。今茲代去，吾等能忘之乎？願執事文吾言，將載諸石，以昭示於無窮。

予曰：『李侯其深明治體者哉！民者，邦之本也；鹽筴者，國用之所資也。務悦民而妨國計者，其跡迂；知富國而不恤民隱者，其心刻。不刻不迂，非深於治體者能之乎？』侯名守中、字正卿，廉明剛果而用之以恕，故踐敭中外、聲實流聞，所在人多懷之。四子六孫，俱力學。仲子藻，國子上舍釋褐，今館陶令；次仲曰黼，進士第一人，今河南省檢校官。天之降祥於作善者，蓋可見矣！

頌曰：

允矣李侯，惟邦之貞。秉心忠良，惠政以興。緊昔管氏，謹正鹽筴。初未病民，亦以裕國。是後鹽人，靡泯之虞。鑽刻苛磽，媿於夷吾。松江之斥，厥賦艱大。李侯戾止，念我劬瘵。海氣載颸，侯馬在場。周旋往來，率作勤功。我饑孰號，侯則食之。我寒孰告，侯則衣之。群心翕乎，敲撲不施。歲課亟登，侯豈民私？豈弟君子，爲我父母。曷遄其歸，顧不我有。中場有苗，侯馬弗留。爰勒貞瑁，以永侯休。

運司同知睢陽趙公德政碑記

元・陳旅

昔至元鹽筴之榷於兩浙也，以引計凡四萬耳，後寖溢至四十八萬，而松江之額十萬有奇，民其得無瘵乎？仍改至元之三年，同知都轉運鹽使司事、睢陽趙公分司松江，念民瘵滋劇，而邦賦又不可不趣成也，乃輯綏其民而告之曰：『若惟力牢盆，餘爲若苦者，吾盡除去之。』於是先律己，以飭厲其屬，飲食之資，亦出裝橐，無或敢取毫髮於民。民感公德惠，未嘗搒笞一人，無不勤於服役。雖不數下場，嘗若躬履其地而戒督之。以陸運之重困民也，則白省府，因歲饑浚河，使民得錢以爲食，官得河以浮運。以竈户之有富貧也，則先諭富者出財，貧者情力，財力相資，用集大課。以天時之有雨暘也，屢雨虧鹽，則裕其程期，使其得悉力晴晝，而終庚之。以工本錢之有不及於民也，則呼姓名而人給之，民持錢以去，乃上馬從一童還官舍。以鹽倉出納之有不均也，則定其席囊之所受者，商旅不復有折閲之歎。以私鹽之易及於無辜也，則必求冤而釋之，其姦貪之兼户以益己也，則稽其籍，使各仍其初以出賦。

非冤者則立決遣之，不使有異時攀引之擾。以亭田之科糧，以振糶於他郡也，則爲言於省，得留粟以活亭民之饑者萬四千一百七十二口。此皆其德政表表者，民感之不忘。

於其分司之既去也，屬寓士陳椿來徵予文紀之。予謂管夷吾開鹽筴之端，而其言曰：『謹正鹽筴，則猶恐肆毒於民也。目食鹽之民，爲大男大女。』吾子則猶有子民之心也。士大夫羞稱管晏，至於覽民瘼，曾未嘗動其心者，亦豈少哉！公寬厚而不迂，廉明而能恕，學本乎仁義，而慮周乎事物。自翰苑踐歠省臺，凡所設施，無非儒者之用心也，尚論其所及，豈直松江乎哉？《甘棠》美召伯之詩，亦隨其所至而著焉耳。

公名知章，字伯常。以淮西道廉訪副使遷是官，蓋重其遷云。予既紀其事，又爲詩以頌之曰：

維睢陽公，秉質粹沖。志伊學顔，以德以庸。帝念瀉土，民困邦賦。乃紆廉車，布惠迪度。松江之民，賦重力綿。矧厄菑沴，餒寒逋遷。有馬蹻蹻，不食場藿。民聞其來，化慼爲樂。公施民宜，所苦悉怡。民有衣食，禺筴不隳。豈弟君子，是曰父母。民懷公恩，公不我有。我詩載陳，刻於貞瑁。非以頌公，式勸後人。

運司判官戴君章德政碑記

元·陸居仁

浙東西道，舊吴越境也。南東幅員，皆瀕海斥鹵，歲課筴鹽四十八萬。至元又六年，轉運厄課上以讓治吏，於是悉汰去，歷選風憲之尤廉而有能聲者易之。時琅琊戴侯君章長廣東憲幕，被選遷運，倅至正改元，莅事之明年也，分督嘉禾五場。政浹民淳，感而不忘，期識其美，以貽諸久。其髦士乃相率詣予曰：『向之莅吾課者，朘吾膏未充其欲，臺從者動五七十人，誅貨賂，需酒饌，上下交徵，富丁罷於供饋。今侯之莅也，杜賓客，謹昏鑰，從惟一童，必戒無違，左右人皆服其廉。向之給公費也，主給者掊克於上，富強者包領於下，細丁罔有濡潤。今侯之給也，户無大小，必人人集而唱以予，有力者不得代冒兼領，人皆懷其惠。柘湖鹽倉在横浦亭，松江之華亭界也，去秀之泰山二十里而遠，運鹽所必由之道。渠陋而淺，遇查運，舟盤陸挽，需人牛之力，費輒萬緡。隆寒盛暑，罹其勞而嬰疾者，往往而是。又地無淡泉，汲必出二十里外，荷而售於場者，擔酬直五百文，其病民視他境爲甚。侯憫之，檄松江疏焉。横浦丞饒君可壽，嚴於守而優於才，克輔侯志，命督其役。松江守若令，皆循吏，服侯政，奉令恐後。民亦知以逸勞我耳，再閲月，而無倦色，知以利費我貲十有五萬緡餘，無吝色。渠成，而廣爲丈者三，深二分，廣之一。豈徒運鹽之費爲省哉，舟楫之通、水泉之汲，民皆賴其利。卒有嘗誅求於民而憾弗已，誣以拒捕私販者；官軍有受賕屬卒而脱其私販，以陷無辜者，侯皆直之，坐誣卒，黜軍官，無賴用戢，人皆畏其威。五場課總九萬九千有奇，常歲率越限而額不充，今侯之督也，既前期贏額，又補夙昔之虧者二萬二千五百，增今之羡，人皆服其能。莅政甫及歲，而善之不可勝紀者若此，況久之乎？吾懼其長於才而遷之不常也，於是博采輿言來告，幸紀其績，俾勒石爲《甘棠》，庶後之賴侯以利其生者，視績而不忘代侯而違其則者，鑒其績而知戒，是故有請耳。』

余聞而歎曰：『美哉！戴侯之政也。成民利而除民害，古之良吏務此而已。劉晏以轉運爲己任，凡所經歷，必究利病，民到於今稱之。今復見於戴侯，是可書也。』

銘曰：

維此吴越，海環幅員。鹽筴之利，有國資焉。彼哉聚斂，錙銖是競。剥瘠溉腴，遑恤民命。昔我老稺，困於牢盆。百勞罷形，一襦不完。自侯之來，父子熙熙。饑者以食，寒者以衣。昔我境壤，斥鹵之郊。水鹹而濁，土瘠而磽。自侯之來，灌溉有渠。濁流既清，舟楫紛拏。昔我鄉閈，黨惡肆凶。逞此虓悍，虐彼困窮。自侯之來，妖狐屏跡。發姦摘伏，獄用衰息。化久乃治，政久乃馴。侯而恒在，易囂爲淳。侯慈允升，輿情惶惶。勒勳堅珉，用擬《甘棠》。

運司同知賽典赤公德政碑記

元・柯九思

至正二年秋九月，余抵嘉興郡，遨遊海上，久之遂得從容諸父老間，頗聞賢大夫事。有一父老告余曰：『執有若今鹽運司同知公之賢者哉？』余問：『同知公何如？』父老曰：『嘉興舊榷鹽，後分爲五場，鹽歲額九萬餘引。比年亭户憚之，亡匿者衆。額既不減，而必於取足，是以重困。今公以分治來莅於兹，疏通塞閼，興理廢壞，政修弊革，所屬稱治。吾固不能一二數以悉，姑摭其善之大者以告。公言鹽於國爲厚利，於民爲大病。急之則民怨，緩之則政弛。乃先具條教，嚴立期約，復加以寬恤，勸使趨事。於是民感奮，相率盡力以奉其令，無有敢後者。且諭之曰：「吾榷鹽充數，斯足矣。若求羨餘以希秩賞，則吾弗忍爲也。」民益大喜。越半年，不鞭笞一人，諸場鹽皆告足。公持己廉潔，旦坐廳事，退即闔門獨處，不可干以私。嘗自言曰：「吾家蒙國厚恩，自祖及父得叨恩典，至吾四世，洊更顯要，而蔑有報效，又何敢以私計負國家？」衆聞公言皆感奮。每歲有私鬻者，匿聚海島，根連黨結，捕弗能止。時有被執者，公既鞫問，無冤狀，即以其罪狀遣之，弗他及。顧謂吏曰：「人情大抵不欲即刑，不幸罹於法，吾惟按罪治之而已。又何忍毫末輕重於其間也。」人皆以長者稱之。凡公所爲，專務寬簡，深得政體，居鹽司之職，而其設施有若漢循吏，民共戴之不啻父母。將圖礱石，求時之文人書其顛末以示後，俾勿忘。盍遂記諸？』

予聞之，欣然曰：『知德者，在於閭巷；知政者，在於草野。無他，以其論至公也。今以公之賢在爾，父老咸稱誦無間言，而又值余之來，接於見聞可信不疑也，安得靳予言哉！』

昔公嘗爲户部郎中，其先勳夙望已爲朝廷所推重。今將奏課最陞寵秩，不出守列郡，則入爲從官。

父老雖惜亦安，得常常而見之。乃舉誦烈以文於石，寄日後無窮思，殆亦宜也。公賽典赤氏，名脱歡察兒，字彦明。書吏吴允、奏差木八剌沙實從公來，皆以賢敏著稱。余既以父老之言紀其實，又繫之以辭曰：

有赫王冑，所於咸陽。傳及父祖，奕葉重光。篤生我公，克繩克繼。忠勳孝友，宜禄以世。乃司泉幣，乃貳版曹。洊揚前烈，令聞孔昭。天子曰嘻，我其汝試。鹽政實繁，汝往以治。公來舒艱，不愆於儀。有法有恩，有守有爲。公出覽視，郡益無擾。商曰予利，民曰予保。商旅出塗，蜂聚雲屯。百用皆萃，民莫不奔。彼鹽如砥，尸之者誰？伊民之力，豈不爾綏。王事禮敕，温以其儀。肅以其威，弗剛弗柔，政用以宜。大姓之家，必有規矩。公其承之，是則是取。詢及黄髮，僉曰公賢。公有格言，載誦載宣。勒之貞石，炳耀日星，後人之式。

運司堂卿李公政績碑記

元·潘嘉

至政三年，天子仁憫元元，於兩浙運司鹽課減一十萬，惠至渥也。浙課實三十有五萬，其亭場三十有四，其鹽倉七，其檢校所四，而三十五萬之引課於此焉出，條式具著於令甲。夫國用饒給，則禁榷之利裕於上；民不益賦，則流通之利衍於下。今有司給工本、出券引，以資亭户，通商賈者，以有司存每選廉明才敏之資以莅之所、以統諸職，而時其貢賦者也。

至正七年春，陝西李公由禮部郎官來踐其任，灼其情僞。念政事以私而垢弊，綱紀以私而轇轕，或者希賞之志每在乎事先，奉公之心每在於私後。如此，而欲綱舉目隨得乎？於是採摘公議，凡前所不便及所願欲而不得者，皆罷行之，吏曹罔敢黷利而瘝厥職。如亭場之民貧富不倫於工本，嚴内外之滅尅，而弱者俱得領其所給焉。巨商以後引越次而前行者，爰摘其伏而繩之以法，一是例其序而先後焉，暨上下之權衡惟一，遠邇之水程有限，靡不遵守矣。又如横民之私販者，則明其捕獲之功賞，或挾讎而連逮、或誣訐而譸張，閱實其罪，善良有所恃矣。其諸亭民田土豐殖者，無詭寄之私；歉歲貧乏者，均賑貸之惠。如此，官吏謹其事，商賈循其法，亭民浹其惠，宜其貢賦益饒、先期而辦，不俟夫督促矣。

大抵處煩劇之任，不淪於罷軟不職，則失於苛察相高。惟公之政，賦無吏迫，威不刑苛，豪強褫氣，柔然泰然，非其才足以有爲，智足以有見，量足以有容，不能是也。公他無嗜好，恬處一室，與簡册爲伍。凡妙年肄法律者，於公暇勖其講誦，淵源乎儒術，於風化豈曰小補哉。

杭之父老諳公之實績，相與立石，而有請於不敏。公名廷佐，字堂卿，嘗洊歷監察御史。詞不周德，復繫以詩，曰：

潤下作鹹，箕疇所傳。維兹鹽筴，有開必先。國用以饒，流行貨泉。斯民日用，詎可缺焉。睠兹浙鹽，釜竈海壖。偉哉司存，責隆任專。凝霜積雪，利於懋遷。巖巖李公，單車莅職。興利剗弊，舍枉舉直。韋弦適中，匪舒匪棘。姦猾屏氣，豪強脅息。戒爾侵牟，懲爾漁食。桑計劉鞭，奚足爲式。亭民樂趨，靡憚工力。巨商輻輳，罔干以私。官引有序，水程有期。丁完工給，聲聞四馳。炳然寸丹，宸扆簡知。擢以民曹，益宏其規。昔所明者，理財正辭。民不失望，時哉達施。雙桂馥馥，萬竹猗猗。蔚然遺蔭，以慰我思。

運司判官野先脱目公政績碑記

元·俞锐

海濱廣斥，厥貢曰鹽，富國利民，於斯爲最。國朝因之，定賦四海有差，浙東西爲重，都轉運司每歲分官莅各場，監督之辦厥課，若運同、副、判者，悉在所分。所分之官賢否，場之利病係焉。朝廷慎是官，自使暨判，匪歷臺省者弗在是選。蓋非徒富國，將以爲民利也。

浙之西嘉興，場有四，暨杭之海寧西路，總爲五，西路之額引及萬。至正十有三年，奉議大夫野先脱目公運判，實督是五場。當其莅西路也，下車，召場之官吏、亭之父老，諭之曰：『我之莅茲場，在辦國課。若乃縱吏胥務箠楚，肆其朘削，爲鹺户病，吾弗忍也。若等其體我心，期於早完也哉。』於是，衆皆樂於趨事，早夜弗怠，青煙雲屯，白雪山積，不動聲色，課已充額，遂相與歌曰：『課有常則，辦有易難。維昔之官，匪刻則貪。今我奉議，既明且廉。趨事赴功，户無怨言。惟奉議公，匪急匪緩。鞭箠弗施，既良用勸。在昔有虧，今則有羨。曾不逾時，弗擾而辦。』

余聞公珪璋令望，累任監察御史、南臺丞、都水監，所至有廉能聲。今茲判使司，莅茲場也，督是重課，民樂辦集，特公餘事耳。他日列薦於朝，峻躋清要，功在國家，澤洽黎民，又豈可量也哉！賈君文卿，馬君廷圭，備道公政績之詳於余也，請記諸石，以勸來者。余嘉二君樂道人之善也，於是乎書。公字仲禮，高昌畏吾兒人氏，真定其僑寓云。

運司同知沙公善政碑記

元・陸章

昔禹制青州之貢，而鹽用始興。周人以鹽人掌之，而鹽官始建。下逮漢、唐，其法備盡。我朝設都轉運，以綜其務，而場隸焉。職至專、任至重也，非德望素聞者，不在茲選。

至正十二年春，沙侯亞中大夫同知兩浙運司事，既視篆即分隸，嘉禾五場課額，蘆瀝比他場爲尤重。侯下車之日，咨詢宿弊，發擿姦宄，井井有條。蘆瀝斥地廣拓，不軌之民罔知所畏，惟事私鬻；吏或並緣，以甲犯禁誣及於乙，乙猶不止，復誣以丙，此民不畏禁而私鬻愈多。侯則申明舊章，令下屬吏民苟有犯禁者，即鈦之；毋聽指引，又抵舊犯，而繫禁之。由是，編氓安業，私鬻屏息。歲遇霖潦，則滷薄而程限虧，吏不能曉道之，亭民往往被箠楚。公當晴嘆也，遣吏道民廩沙停滷、伐薪積樵，而常限不與焉。民乃相勸，趨事力役，以應期程，大課用登。若昔之苦於霖潦、病於箠楚者，無有也。

侯廉静簡重，不務威猛，俾民無怨讟，吏無巧法以逞姦，故國用足而商賈通，書吏徐訪、奏差阿都怯林宣勞居多。侯還，場吏與父老請焉。退復立石，以表遺績。善夫！侯歷官累有最聲，兩監獻泰而六事備。今其來也，善政有加，得大用。苟推此心以進，則天下之財無不理，而民無不受其惠矣，遠業豈可量哉！

侯名木八剌沙，爰採輿言，作爲聲詩，曰：

其土廣斥，鹽筴實資。有場蘆瀝，課大民罷。沙侯莅政，不嚴而威。亭民服勞，匪箠匪笞。私鬻無犯，吏用不欺。舊惡憚改，悉爾胥靡。牢盆百具，雨暘如期。課日以登，商賈塞歧。侯遽去我，我心鬱伊。泰山崔崔，泰水瀰瀰。惟山可礪，侯德弗渝。惟水可竭，侯澤無涯。民思弗忘，紀此豐碑。敢告後人，視爲蕭規。

巡鹽察院題名記

明・潘府

皇帝嗣位之十有二載春正月，巡視兩浙監察御史即墨藍公文繡立石於憲臺，勒其御史自正統迄今先莅是職者諸名氏凡若干人，而以記屬予。且辭，及閱其名氏，見其文行政事皆可師法，使予悚然起敬者。有指劾權姦、力陳時弊，而或以言觸禍，使予慨然興歎、泫然泣下者；有清風高節、振揚一時，或終始異致，而可惜可恨者；有循默庸懦、了無建明，閱其名而不知爲誰者。善惡異感，好惡殊情，豈獨予有是心哉！公是公非，古今所同然也。則予烏得已於言乎？

予聞天下之不平，自利之不均始。古者，《大學》推廣絜矩之道，以理財言，蓋此意也。若今鹽法一政，誠爲生財要道，而兩浙所出，尤當天下三分之二。邊計之虛實、上供之多寡，民命之休戚攸繫，司其事者或一失職，弊隨法生而貽患天下，有不可勝言矣。故朝廷凡命御史巡行諸道，務以揚清激濁爲詞，乃於此政尤加重。

敕今藍公仰思國家寄任之重，俯念東南民力之疲，殫心激揚，剗除百弊，殆無遺憾者。然以御史之職，肅百僚而貞百度，尤宜自重，率先風化，乃法《春秋》勸懲之意，備書厥名，以垂後世。庶凡來嗣是職者，一顧瞻之，頃咸起遷善去惡之心，以期無負於是職，則藍公此舉所以端本澄源，永昭無窮之鑒，匪特激揚一時而已也。然《春秋》據事直書，而善惡自見，今乃書其名不書其事，而善善惡惡公道之在人心者，自不可泯如此，此又《春秋》法外意也。噫！此碑苟常存，則御史皆稱職，而天下自平矣。

重建察院記

明・趙寛

兩浙鹽課甲天下，其利既溥，則弊有不可勝言者。於是特命臺使奉璽書監臨之，而後駔儈侵漁、私販盜煮之姦息。杭郡當藩臬之下，轉運之治在焉，四方之商賈聚焉，故臺使寓杭爲多。然所居察院，歲久敝甚。歲辛酉，監察御史柳城方公來按視，既數月，蒐羅滌除，亭場肅清，胥吏無所售其姦，壟斷無所用其巧，令嚴而課輸，鹽善而估平，上下便之，萬竈雲興，國計益溢。顧斯宇之不可復支也，曰是而弗圖，坐而待其顛且壓也，則所損者多矣。遂括轉運之羨，檄有司使治之。公雖巡歷外郡，而方位之奠、經畫之宜、高下廣狹之制，皆出自指授。洎還，則堂室庭宇巍然焕然矣。廳事中、外門，則因其舊而修之；中堂寢室、後齋、左右廂，則皆撤而鼎新之；基增築而崇，宇增擴而宏，地增辟而廣，周垣四圍亦增繚而重之。既静既深，市囂不聞。題其公會之所曰『冰玉』，燕息之所曰『清暇』，規模景象廓如也。方正平直，罔有迂阻。

工落成，百司庶職來會，寬言於衆曰：『是舉也，非公得已也。夫有所建立，有所修舉，梓匠輪輿之工，徒庸之役，材用之需，餱糧之饋，未有不資於民者，然皆所以爲民也。自器用宫室之間，以至於舟輿、城池、杠梁、市井、溝洫之屬，何者非官政？何者非民事？顧處之有得不得，爲之有時不時，而利害係焉。吾嘗觀諸爲政，有廢事者，有生事者，樂因循、憚興作，簿書之僅完，期會之不失，獄訟之差理，錢糧之差足，可以塞責矣。其他百物之興廢，一皆置之度外，若飄風浮雲。然視公宇，則曰此傳舍耳；視城池，則曰治平之世安用，是至於大敗極壞。猶將委諸後人爲之，則功愈倍，財愈費，而民愈勞，此廢事者之害也。喜新好奇，務能衒功，作聰明而亂舊章，騖小巧而妨大體，或以資遊宴之娱，或以充耳目之欲，或以誇土物之富，紛更擾攘，逞己之私，而民命弗之恤也，况其財乎？此生事者之害也。不公之按鹺事於是邦也，守之以公廉，行之以嚴正，興其所當興，革其所不可不革；不畏難，不近名；不姑息以爲恕，不深文以爲刻；固未嘗毛舉乎細故，亦未嘗網漏乎吞舟；察於幾之未萌，而療於病之將至。是以激揚之政，不怒而威，姦僞之徒，望風而息。斯宇之新，特一事耳！可以見公之存心，不苟而動，惟厥時也。弼明堂之成，補衰職之闕，從容柱石之間，而負荷棟梁之重，推是道而已矣。』

衆皆曰：『斯言也可以戒，可以勸，可以示遠。請書諸肅政堂壁。』遂書以付鹽運副使羅欽德，使刻之。

重建兩浙鹽法察院記

明・謝丕

兩浙鹽法察院創自宣德初，在武林驛之前，東逼里巷，西並傳法寺，維時局於地勢，規式苟簡，弗稱有司。每建議欲辟而新之，因仍未果。

嘉靖辛丑，監察御史龍池唐公按節於兹，憲度貞一，時和民康，杭州知府陳君仕賢曰：『是維新之會也。』乃與錢塘知縣張君瑞、仁和知縣蕭君軾議曰：『察院與寺並，則體弗崇；門與堂迫，則等弗辨；内外弗洞徹，故牘無所於藏，則制弗備。且歲久而圮，闢而新之，曷容已乎？』復與運司洪君富、運同知胡君應徵僉議以請。公遂以其成屬之陳君，於是經畫財用，諏日命工。徙傳法僧於别寺，合院寺舊地，中建正廳五間；左、右房各三間，廳之前爲軒，後爲穿堂，再後爲寢室；東、西翼房各十間；寢室之後復創樓五間以藏故牘；前四十步爲儀門，又三十步爲外門，繚以棘垣，凡一百八十五丈。門外二坊對峙，東曰『振肅兩藩』，西曰『澄清六甸』。附門左、右隙地各爲小廳，事諸司謁候，咸得攸止。於是體崇等辨，而制備矣。經始於辛丑冬十月甲子，落成於壬寅夏六月乙酉。贊是謀者，府同知任君俊，通判桑君蓁、楊君嘉慶，推官余君勉學，運副使沈君子明、徐君敦、楊君鏐；董是役者，知事吴仲清、照磨鍾士賢，縣丞周連、主簿徐坤元也。陳君一日走書，具述龍池之意，以記請予。

惟御史受天子耳目之寄，按節四方，與在臺端不同。顧表儀嚴肅之所，而可因仍苟簡乎哉？聖人教人存諸心而發諸政，恒以廣大高明爲準，否則，失之隘、失之蔽者有矣。矧隘與蔽尤非耳目所宜，必求視聽之公且遠，以上不負天子之重寄，下不負生平之所學，則凡省心莅政之地，皆以示廣大高明之準耳。是役也，又豈徒崇體辨等，備制而已哉！唐公名臣，以進士被殊選，夙擅楨幹之譽，駸駸柄用，俾海内蒙萬間之庥必矣，奚今日棟隆之吉之足云。

重修運司記

明・楊孟瑛

環浙東西爲一大轉運署，署於杭，統其屬三十有五，歲爲課凡四十四萬有奇。置官重其事，署之制有堂、有門、有庫、有廡，創於國初，迄今百四十年。棟橈梁壞，簷桷蠹腐，概無完宇。先後官於是者，憂讒畏譏，安習因循，日益敝廢，風雨震凌，往往避舍遷坐。甚則帑藏庫缺，盜乘而入，胥吏僦門外市法作姦，不可致詰。等威削而慢易生，梗厲滋而防檢壞，其有待於改作久矣。

弘治辛酉，運使宋君明，同知鄭君洪，副使羅君欽德相與圖之，未就也。越四年，壺關楊公奇擢自夔守，徐君紹先亦自户部副郎同知司事，因與羅君議成宿圖，具白巡按御史張公。公知舊貫不可仍也，聽取資公帑，無或自嫌，凡施行悉如議。於是，以乙丑十二月肇事，爲堂若干楹，聽事惟芋；爲庫若干楹，貨財惟密；爲兩廡若干楹，檢攝從事惟謹。前爲重門若干楹，出入有嚴；左爲譙樓，晨昏有節。塗繪粉藻，文稱其質。繚以周垣，水循除而流。以丁卯八月訖工，木石、斧斤、丹雘、飲食之費，爲資三千六百緡。輪奐弗侈，樸固弗陋，瞻者改觀，過者起敬，居者攸寧，數十年廢墜一日具興，非數也，人也。兹役也，啓謀於宋，始事於楊，卒其功者，今使甯君舉暨徐君、羅君也。

甯君歷都監、大參，以直道左遷而來，器宏才茂，時望甚蔚。徐君奉法詳而慎，羅君厲操勁而潔，恭和衷協，克成厥功。夫敝之極故不能無費，成之難故不可無記。嗣是而往，凡處處於是、事事於是、出入登降於是，其尚省今日之勞乎？省則修而弗墜，弗墜則不煩改作，則夫記事之刻，非謂施勞，圖將以示守也。

改建嘉興鹽倉批驗所記

明·錢福

國朝酌管子鹽筴之制，令商人入粟於邊，給之引，都轉運鹽使司驗無僞，俵之場，場使課鑵户與之鹽，官於要津驗其鹽與引符，且權其鈞石而榷之，然後得貨於其所得貨處，故運鹽使司有鹽倉批驗所之設。始也，止以防矯僞、貯餘鹽。迨其後也，私販者衆，商肆爲姦，每一榷所得不貲，聞之朝廷，歲倚邊儲以爲重故，然而官吏商貨、胥徒之得關通出入，上下其手，與夫權要之挾勢以阻，而因以侵漁焉者，皆此地也。是故知鹽法者，首務此。

嘉興鹽倉批驗所，浙西之鹽由榷焉。舊在府治東、春波門外一里許嘉興縣白苧鄉也。弘治十年春，監察御史滁州姚公維祺奉命來莅鹽事，圖修葺，財用已計，而郡邑弗克承。暨十一年秋，司判陝西李公良佐分司於嘉興，廉慎有爲，來主榷事。以舊所河隘不能通巨舟，鹽載不可直達，東來者榷畢復返以取道私販，弗榷者通邏候人弗可禁。且舟連民居，鹽搬運上下不可稽。爰營迤東四五里許、虹涇橋之南河闊，可聚百艘，浙西之鹽必由焉是爲稱，質之運使大名宋公惟遠，公曰：『驅弊創法，吾志也。』乃協請於監察御史即墨藍公文繡，公曰：『吾奉命來專鹽政，利吾不忍增，而弊可不革乎？議與吾合。』又曰：『天下皆王之土、王之財也。今郡邑改遷，惟便利是擇，無隘厥見，以怠若事。』郡守壺關楊公秀夫曰：『吾地也，敢不竭力。』邑令、道州何君道亨曰。『吾職也，敢不恭命以從。』

前議得民間田六畝五分，闊一十八丈、深三十一丈，與之估而易之，圖呈於藍公，得建造方略。既又得萊陽于公世和來守，益力董其役。於是，所之門以間計三，廳如其數，而前連以軒，爲耳房者二，爲廂房者六、爲後堂者三，而耳房如前之數；爲榷亭者三，而耳房亦如之；左、右列鹽倉共十間，公廨共三十六間，爲綽楔者一。其爲工凡若干，其用銀六百二十八兩有奇，皆出於藍公所命府庫之餘，而勸借於鹽商者居多。十二年九月卒工。

越二年，監察御史涿郡鄧公禮方病鹽法不通，而榷權不專於運司也，選於衆，得運貳祥符鄭公克容，來盡削宿弊，所入餘銀四萬，簿籍明析，豪右縮頸。皆曰：『前此未有也。』因題其廳曰『執法』，蓋取諸『太微執法』之義以表藍公也，君子曰：『無愧。』其後堂曰『浩然』，其言曰：『人惟所見者小，一爲利誘，則下玩而勢奪。吾官不卑，而地非污也，吾於是乎養之，入其門者畏焉。』鑿井於東南隙地，清澈甘美，士大夫目之曰：『廉泉表其操也。』聞其名者詠焉。雜植松竹於公庭，以資吟眺，曰：『吾豈算緡俗吏哉！』於是請託賄賂不杜而自還矣。且不敢忘創立之美意，而欲垂後人之永規，走書屬予記。

余聞天下事成於自同，而敗於自異。是役也，姚公創之，藍公振之，宋使暨李判謀之，楊、于二守及何令佐之。上下彼此前後之協心力，其成何難哉！然非鄭公之清白有爲，則地雖善而弊自若，人不訾爲虛費矣乎？嗚呼！地猶法也，得人而後舉。今之論天下財用者，法不必改，而得人爲上；論天下官守者，弊不難革，而律己爲先。後之繼今者皆若是，則是地爲永規，利源非弊藪；不若是，則清白也。而我穢之剛大也，而吾屈之人將仍畏其地而卑其官搜弊，異議者且踵其後矣，可不畏哉。

鄭公爲司徒郎時，已抱大志、負重望，與予論天下事，卓卓有見，故受知於藍公特深。非藍公有知人之明，則亦不能表而出之，有悠遠之量，則亦不能信而行之。人固各有所遇，地亦有所遇哉。是爲記。

重建嘉興批驗所碑記

明·張以誠

在鹽制，場竈煎鹽，邊商報引，内商貿其引以支鹽而運銷之。顧夫引或詐冒，鹽或闌出，此批驗所之由設也。故事，每歲季月，商各舁鹽集，臺使者委官驗引，引符輒放，無留行。其後乃有秤掣之法，逾額即第其輕重而罪之。然猶須鹽運後徵納餘鹽，至於刻期畢登，始許發運，而商遂困矣。所在嘉興東郭，故有督掣廳堂，久且敗。居官者視若逆旅，莫適爲葺，而商當積困之後，又誰肯捐己資以急公家之役者？然而掣之日，上下若杞人然。兢兢惟崩壓是懼，稍雨即坐塗濠中，褻越甚矣。

歲丁未，商綱朱國裕、王誠、黄棟柱等請於臺使者方公，重繕之，則公首出贖鍰五十金，爲有衆經始。于是工必中程，材必中度，其廣袤必中地宜，其建置必中方位，其埏埴必中準繩，其塗塈必中物采。首門宇，次階墀，中堂皇，左右燕寢，森森井井，繚以周垣。瑕者易而堅，朽者易而良，湫隘者易而爽塏，陂陀者易而廉隅。蓋自戊申之丙辰，迄於壬戌，七浹月而事舉，計費千餘緡，衆商欣然任之，無以爲厲已也者。此何以得於商哉？夫鹽筴之興，昉於管子，觀其待商，至一乘者有食，二乘者有芻菽，三乘者有伍養，抑何厚也？當是時，天下之商歸齊若流水，齊以富強。我國初，每引止輸粟二斗五升，較子母利頗倍，猶有管子遺意焉。迨世廟末，南海氏爲政，議折粟價納銀三錢五分，則利輕而鹽多壅滯之始也。頃中使出監税事，將囊括諸商而逞志焉，會涇川葉公永盛按浙，以死力争，中使權稍奪，然税額歲增三萬有奇，自此引額視昔益重矣。公念商困既久，如將按額而取盈，非苛其譏察不可，商無所規利而力竭，勢必鳥飛獸竄。故其所爲，先後撫恤百端，而最要者，如開四運、禁小票，務與諸商公其利權，毋墮文網。雖再疏請罷增税未報可，而商困幸以少甦，宜乎商之德公，而不敢愛其資，以繕茲所也。

公名大鎮，己丑進士，安慶桐城人。時鹽運分司徐君元暘暨嘉興郡守宋君師程，郡丞熊君秉衡，別駕陳君陽和、孫君光前、韓君嘉善，司理沈君維昆，嘉興令顔君欲章，秀水令史君樹德，皆純白在事，共襄厥成。並書之，立石於堂之東。

運學附郡黌宮碑記

明・喻思恂

余不佞奉簡書撫浙，與二三執事日夕毖劼，期無負茲士也。顧念兩浙士風淫侈，習俗佻儇，萑苻赭衣，跳梁鼓浪，是心志未克蒸變，啓迪可弗究歟？語有之『直木無曲形，欹範無端器』，此理之恒也。甲戌春上丁，余廟謁，見湖山秀麗，盡供几筵，松柏嵯峨，半吞榱桷。獨殿庭階戺，歲久成頽，月落空梁，烏啼荒檻，何以奠尼山之靈，俾諸士駿奔對越乎？適子衿段世坤請鼎新之，遂割月俸爲資用，以明彝倫、興禮樂，匡正子弟，以挽人風，且爲諸執政倡也。鹾司楊運長，翩翩楚才，領天官選人之職，劈姦釐弊，眗邴自箴，念諸商業籍武林，其子弟已得司衡者額取之，獨是思樂泮水、載色載笑，於予有同心焉。因比武學例，申請運庠附合郡黌宮内，率商協助二百餘金，更先有所捐，爲勸聲教之傳，於斯籍甚矣。

先是，鹾使者葉公築西湖講院，日有課、月有程，拔俊觀風，稱甚盛舉。迺爲媢瑺人竊去，兹運長力還舊觀，斯文丕變，樂育更新，君子作人之化，其賴以興乎？當年劉拾遺請榷鹽必擇廉吏，方今運長信然。運長楊氏諱湛然，楚之鄖縣人也。緣紀石端，使後之彦士知所昉而還，以爲冠進賢者勸。噫嘻！半[二]學者偉矣！可以環橋門而觀聽矣，余尚有厚望於多士焉。

昔陽明山人之言曰：『聖賢之學，心學也。道德以爲之地，忠信以爲之基，仁以爲宅，義以爲路，禮以爲門，廉恥以爲垣墻，六經以爲户牖，四子以爲階梯。』如徒曰半學者偉矣，可以環橋門而觀聽矣，不猶扣盆拊瓶之知乎？多士勉旃，無負余與運長之意，以共成余無負兹土之意。

松江批驗所碑記

明·顧錫疇

聞之善治者因天，善因天者因地，善因地者因人，參相得焉，而後無鬱壅底滯之患，千古生財之道，不外此。故昔桓寬有言：『平準、均輸，所以齊勞逸而便貢賦，非開利孔爲民罪梯也。』況今天下寇患，剥膚司農，仰屋海王之國，民力亦既竭矣，而實邊儲充帑餉，猶必區區於鹽筴是求，能不審時達變，取便商者一究圖之歟？

嘗覽《鹾制》，華、上、青、崑、常、嘉、太七州縣界蘇、松兩郡之東北，列下則濱大海，爲販梟出没之藪。其賈於是鄉者，無所謂陽翟大俠、邯鄲巨資也，逐末權子計里道以競錙銖，課時日而盈豆區耳。

先是，立嘉所掣驗之法，未免枉道多艱，曠時叢弊，因仍不改。至於内臣莅浙之日，而爲厲愈滋，卒令姦頑嘯聚於瀕海，商旅愁喟於道途，而引額寖缺，國課寖詘，所由來矣。前院馮公巡歷蘇、松，悉心掣法，每持籌而歎曰：『商之不便，餉之不便也，爲政之蠹，此其一。使不變而通之，是鍥載以求去劍，其如國計何？』緣是審察地勢，酌採輿情，疏題請旨，以華、上、青、崑、常、嘉、太之鹽，概掣驗於松江府治之西，壅疏滯導，商莫不歌而頌之。居無何，奉有憲行建署，而直以土木爲魚肉者，視若奇貨，馴成築舍，法之不卒，固實待其人而後行也。新院李公瞻矚百里，惠澤四民，剔蠹釐姦，革害興利，欽遵永圖便計之旨，頒檄運司鳩工畢事。諸凡瓦椽斫臒之費，不經官帑，未逾月而落成焉。今而後掣有定地，驗有定法，夾帶者熄，影射者遏。問商資無困而不蘇者矣，問國餉無匱而不積者矣，問盜鬻私鹽之徒有横行而不能緝者，誰氏之子也？智人經始，賢哲成之。於以因地與人，而規厥便也。煮海之利不亦善乎？

是役也，始以建所掣驗具題者，爲鹽直指馮公諱垣登，江西之新昌人。今之奉旨歸掣行檄創所者，爲鹽直指李公諱珽，四川之井研人；兩浙都轉運使梁公諱招孟，湖廣之興國人。其願奉法捐資、急公趨事者，則諸商之汪逢章等，皆其人也，例得附書。

兩浙都轉運鹽使司題名碑記

明・許穀

天下都轉運鹽使司凡六，其在兩浙，洪武初即前代舊址建署，設官凡五員：曰使、曰同知、曰副使、曰判官，判官二員。東南多財賦，故其員特備。乃國初至今，莅任者紛不可紀，然迄無名，碑名漫漶莫考。嘉靖乙巳，余謫副是司，於是槐亭周公、石橋陶公先後振刷，鹽政一新。公暇相與道故鑒往，謂司無名碑，善惡同腐，非勸也。乃旁羅舊牒，得名字若干，將立碑廳左，屬予爲記。

余維國家以財賦爲急，邊儲爲重，鹽筴固其要者，以故設都轉運司，俾專正鹽筴，不别治他賦，其重如此。都轉運使秩三品，其同知、副、判，階級各有差。使主之，同知、副、判分司其事。司各有篆，得便宜關督，不相掣肘。乃其操贏奇、籍虧羨，紓縮以時，斂散不爽，則非使不行。考之先初，其禮貌與布政、按察等，尋以歲解查核文劄相通，乃漸分上下，然究非郡縣專屬比。顧今好名之士汚濁財賦，乃或指爲冗局，視其官若贅員，則謬矣。余謂階靡清濁，顧職業舉廢何如耳。誠使本以憂勤，操以廉白，行以寬裕，察以精嚴，斯則聞譽彌光，人靡疵間，雖謂之清曹可也。若職業未舉，苟且待遷，即躐華躋要，豈不外榮而内愧乎？今二公所紀名氏星列，雖行蹟未詳，而往轍孔著睹斯碑者，將必指之曰：『某某公廉克慎，流慶實多；某某總貨不飭，至今爲厲。』今之視昔，後之視今，鑒戒明備，豈不惕然悚也？然則斯舉也，有斧鉞之義焉，不直具典文而已。二公曰：『善。』既而槐亭入覲，遄往石橋，躬督匠氏，勒諸貞石，畢初志也。

上海劉侯定議包補碑記

明·陸明揚

海邑東枕溟渤，海壖之人煮海爲業，列團者九、爲場者三，所輸納竈價，各量度水土，分别輕重有差。國家恤竈勞苦，每丁特復其田徭銀，其竈價悉掌之鹾司，而田徭優免則從郡邑審編，各不相侵，從來久遠。迨後海水寖淡、鹽利寖薄，墩蕩多爲波臣所齧，往往鳥獸散去。於是竈不必有丁，丁不必有田，其應免姓名強半入於富人之籍。富人與姦胥爲搆，假竈丁若干名，積之數年，遂詭冒官錢，喜事者陰持齮齕之，至株引成獄，没微利於前，易大患於後。竈丁既多流徙，鹾司之總催或畢世不識其人，課無從辦，則議鹾司末減課額，而有司盡征徭銀補之，名曰『包補』。丁亥、戊子間，監司嘗可其議，行期年，指爲徵解失時，尋復停罷，困備滋甚。

我豫章劉先生來令茲土，其於利病興除，如建閘疏渠、革總清役，皆若矢赴於的，爲世永賴，更僕未易數矣。至包補一議，先生閱其後先文移，憮然曰：『徭賦、鹽賦等賦耳，優免得恤竈名，包補得恤竈實，何事首鼠，爲昔之報罷？大率富室陰撓之、胥吏中格之，而鹽場攢役又借成法之名，留賦額爲漁獵地耳。如虞徵解非時，何不峻設非時之禁，乃至懲羹並吹齏乎？且變起於窮，害去其甚，天下事何法無利，何利無弊，要在神而明之，使實惠霑暨民間。豈泥一成之條，失惠民意乎？』遂臚列上監司，除首場課輕者聽，二場課俱重，不問其催竈之陳乞與否，悉準是法推廣遍逮，包補之議乃定。

蓋先生以真實心持炳烺鑒，故然犀解竹，苟利民竈，斷而敢行。今諸團中，國不廢額催不破産，恩波無壅格之虞，流亡有復業之漸，皆先生賜也。夫世之平政惠民者，不過轉移其間，甲有益也，乙或有損，獨先生斯舉，傾姦人之窟穴，蘇赤子之脂膏，百催千竈獲沾潤於錙銖，而貪人猾胥無開罪於詭冒，通變神化，足民裕邊，如天之福，豈有量哉！

會先生以治行高等膺召，諸總催將圖貞珉以無忘先生之德，並冀後來者無隳先生之政。故徵言於揚，揚爲先生門下士，受翦拂最深，且海濱人知海濱事，遂忘其陋而作之記。先生名一爌，號著泉，江西南昌人。

鹽運河碑記

明・陸杰

平湖析於海鹽，東去海塘僅五十里，塘以外斥鹵，内則爲蕩，荒茅無際，業惟煮海，在漢已然。宋置榷場於廣陳，我朝移置於蘆瀝，故有鹽運河十二里。瀕河之蕩漸治爲田，河日以淤，田者恒絀，鹾商至僦牛輓舟，艱甚。予未第時，商、農屢乞疏導，卒莫肯任者。

嘉靖戊申冬，巡鹾御史、汝南董公行部，嘉禾會有商言河淤狀，公喟然曰：『苟有利於商、農，奚不爲也？』亟命郡倅陳君守義、縣令李君橋相度修復，期以責成。於是程工計費，秉心力贊，集丁入一千三百五十人，官爲給餉。郭丞亨出舍其間，而日省之。東自蘆瀝、西屈廣陳，計里分工，以次具舉。廣三丈有奇，深六尺有奇，東西所訖，加闢爲灣，周可五十丈，便旋舟也。河壖積土，亦盡遠徙，防傾圮也。肇仲春、畢孟夏，夫以工計者，二萬九千三百五十，費出御史贖金，守、倅、令咸以粟繼，秋毫不擾於民，厥惟善矣。

趙守立石俞塘橋左，屬余記其略。凡天下之利，義所當興者，惟果確則無難，稍稍遲疑以遺後人，卒無成矣。是役也，以百年湮淤之河，而通於一日，非御史公仁憫斯人，斷斷果確，何以致是？然淤而通，通而淤，理勢之恒也。惟於通也，而能慮及其淤，商、農之利，斯其悠久也已。

無基貧竈沙場碑記

明・田惟祐

謹按天下産鹽之地，不一而足，惟浙與淮爲尤甚。故自吴王煮海之後，海鹽之利甲於天下。我國初，建立轉運司於杭，而仁和場則附郭者也，東接海口、西連城市，故不屬之分司，而直謂之本司仁和場焉。其所轄有五倉：曰中倉；東倉；茶槽倉，則附場者也；曰錢塘倉，則竈者錢塘之民也；曰伍圍倉，則地者蕭山之屬也。要之地皆濱海，無不煎煮以入貢者。場有官吏，屬有催役，徵收有法，賦斂有時，或折錢以輸京師，或以鹽而給商賈，蓋法之良者也。

成化初，海水沸騰，潮勢衝擊，斥鹵之地，遂成巨浸，而錢塘爲尤甚，加以歲歉賦煩，民不聊生，於是逋逃流散，而不可維繫矣。司國計者往往以逋課責之催役，罔不破家。當道疏其事於朝。上命都憲彭公董其事，招撫流散，弗責其舊逋；懷來新附，仍蠲其新賦。親詣場所，命老於世故如張珪者，使之齎文尋訪。未幾，海沙復漲如昔，於是雖稍稍四出，而舊業已爲豪強所得矣。珪白之彭公，公曰：

『宋臣有上《流民圖》者，我朝湖河等處有撫治流民官，我獨不能效宋臣而上體朝廷之意乎？』命珪區畫之，相厥攸居。得仁和中倉之外海中懸沙處之名曰無基沙場，永爲世業，約束強梗，禁毋争奪，迄今七十餘年矣。中間雖屢經豪横告争，賴諸巡鹽公、轉運公遵舊案而止。場有惡少年，復訟於巡鹽江陵李公，命轉運黄公訪之鄉老，珪之子世廉者，悉其原末上之。未幾，李公陟、南昌劉公至，公曰：『有是哉！』命運司立石於場，以示諸強梁者。嗚呼！無基之業，自此定矣。

夫天下之惡一也，天下之善亦一也，刑以懲惡，賞以勸善，豈惟我國家，亦歷代忠厚之志也。今朝廷之所以存恤貧民者何如，而豪強之驅逐貧竈如是哉。黄公能仰副憲臣之意，而下懷逋播之民，可謂忠於朝廷者矣。是宜鐫石，以垂不朽。

鹽倉基地碑記

明·汪偉

嗚鶴場鹽倉基地，係洪武年間，信國公練兵海上，見地鍾王氣，特置鹽倉三所，以壓其勝。後鹽改爲折課，而倉址遂廢，中、下二倉已有召佃者。天啓四年，令李逢中見廢地榛莽，正值建學缺費，具文詳允召居民洪七等十股，均佃計地八畝三分，共納銀三百三十兩以爲修學之用。經今八載，洪七等以爲地既屬己，即編籬種菜，亦可爲之。乃沈恩等思歷代嚴禁之地，千竈屬目之場，既可築籬，即可蓋造，漸何可長？

余躬往勘驗，始知此地界寧、紹兩府，而屬慈、定、餘三縣，不惟人不得而佔之，亦官不得而招佃之者。前令並諸士大夫止知以佃廢地修學宫之爲美，豈料後有此争耶？細查地止八畝三分，而佃者十家，家不盈畝，勢必不能相讓，亦必不能蓋造。今欲取還倉地，則洪七等已納之價，安歸？欲取還其價，則修學時已費之物，奚措？止有改去高籬，以釋衆疑，仍請憲禁立碑，止許栽種，不許蓋房造墳等項。況佃之一字，原非實業，既立碑禁，永爲遵守，則訟端絶矣。

鹺司正學書院田碑記

明・陶望齡

今上履太平之業，注意理財，狎邪子襲裴延齡故智建言，浙鹽隱匿且巨萬貯積，地生木亭，亭至於霄，而下之所有可知也，搜括之可充工役費。上下其議，賈人子聞之無不駭然失色，是且近爲性命憂，遠爲子孫憂計，惟有死與亡耳，安能以虚名受實禍也。會董浙鹺政者侍御葉公節義才諝，素著朝右，蒿目時事，惻然動心。召諸賈立之庭，曰：『無恐！吾將爲若直之。』於是偕建言人上矢天、下履地，旁引兩臺使海濱極目，安得貯積也者？其人語塞，於是力請諸朝，罷之。諸賈竟從薄斂充貢額以謝，言者云：『賈人子聞之，則又無不灑然變色，喜更生矣。』當是時，葉公能使賈人子不死不亡，功德在萬萬世。既去，民爲生置祠，樽俎於西湖之上，與蘇、白諸君子後先相望，示媲美，而公讓弗居。

屬後來者，豫章尤公易兩祠名兩書院，曰『崇文』、曰『正學』。左公實與公競爽，利弊興除，激揚鋤植，蓋事事備。暇集諸賈人子弟之俊髦者，定程期，具餼廩，群集書院中，聯之師儒，操觚講藝，無間寒暑。而事屬鹺司諸使君皆奉行德意惟謹。顧『崇文』歲有額費，無煩於官；獨『正學』靳靳耳。會賈有仗義者王繼志，奮然起謂：『有君若此，念吾輩子弟，而詎不自念其子弟也！請將以私田充正學費。』左公報可。賈人子聞之，則又無不欣然動色，行且出入書院中。瞻儀像者，不忘恩；習遺教者，不忘業；是稱兩便。第恐歲久，而豪胥侵漁之、姦賈乾没之，虚以蒙實，其若之何？計惟索余言，託貞珉以垂不朽。

余曰：『兩君之感化蓋如是哉！夫賈人操贏奇、逐什一，行盡如鶩，何知仁義已？向於利者爲有德耳，安所激而舍素有之業，奉所不知誰氏之子，以自愉快乎？蓋葉公正色立朝，紓患於其身；而左公以深仁養士，留待於其子孫。凡有齒有目而不瞿然者，是子忘恩於父母，必無之理也。況兩公之意更遠且大，非區區嫗育間乎？效忠懇罄款直，兩公視以爲細務，而惟以人事君稱上臣節，故平居立之教，朝夕鼓之趨，庶幾得一二淳材、偉抱之士，上足爲朝廷用，下足爲百姓益，是兩公之願也。向使葉公以正學爲避名之區，左公復以正學爲已陳之跡，泛然若蘧舍，則士亦何所藉於兩公？而異日亦何所望於士哉？惟兩公愛之深、慮之至，既覆怙之，復燕貽之，是以人人感化，情發於中。藉令其身可效，將棄之答使君，而此何計焉。《詩》云「令德不忘」，將見士得師，而知慕學，有勸而益勸，公門桃李，意在斯乎？意在斯乎？』余踸踔不能效輿人之誦，姑述其大概如此。

御史李伯固題准事例碑記

明·金璐

汝南李公伯固，以監察御史來按兩浙，問鹽政，政罔弗用，公濟以平，惠用咨於有位，上副欽命，下盡厥隱，隨時變易，俾罔速敝。於時，轉運使楊君表志在興革，實相之。凡有故政未協，弗宜於今者，以次枚舉。商竈稱德，各以爲便。顧兹引額分派已久，時異勢殊，無所於改。浙西之患引多鹽少，艱於掣銷；浙東之患引少鹽多，利於私販。前此亦欲通融，未敢輒議，補偏救敝，誠有不容自已者，匪聞於上，無以昭示令典。乃疏其事，事下，悉如公請。公又命刻諸石，樹之計司道左，昭示永利，以防後毁。

夫御史，法官也。法貴執，亦貴通。執而不通，弗可以行法；化裁通變，所以盡利。利弗盡弗可以爲法，而法斯弊矣。傳曰：『有治人，無治法。』匪無治法也，法隨乎時，時變而法亦變，變者時也，而變之者人也。《易》曰：『通其變，使民不倦，神而化之，使民宜之。』其斯以爲治哉。

李公與余同舉進士第，博學宏文，識時明變，振揚風紀，論議切直，究厥所至，豈獨鹽政爲然？一時具載，深可著述，是用書之碑杪，以永厥傳。此亦楊君請言之意。同是舉者，同知錢君瀾、副使李君信、判官林君同也。

兩浙運司白野朱公生祠碑記

明・馬三才

運司白野朱公，衡陽人。自幼俶儻瑰瑋，以古賢豪自期，嶟嶟然儔伍中人，自以爲不可及，公亦視他闒茸委瑣，若將浼焉。以故筮仕行人，即當世廟心，擢御史，正色敢言，朝端正肅。出按淮揚、廣右，懲貪剔蠹，風裁凜然。坐以言忤執政，出守泉州，恤痌瘝，祛淫祟，振文教，治以卓異聞，不報。移兩浙運長，蓋忤者銜之故耳。既去，泉民肖像俎豆，而縉紳先生則歌詠誦德，其繫人之思若此。

夫浙海阻，斥鹵千里，鹺利甲天下。公至，則本之以忠誠，持之以正直，理所舉措沿革，毅然行之，靡所顧卻。而廉潔之操，榷羨絲毫不染。豪右干紀者，法無所擾。歲例掣引，鹽四十萬有奇，頻年苦不充額，公獨浮其額之半，商稱便，而國課多裨焉。公自處淡泊，位中大夫貴顯矣，猶若寒素，宦轍所至，惟一力隨，雖蔬蔌之微，不取給牙鋪，宴會交際，悉取償俸值。暇則進文學士、較藝業、質疑義，諄諄不倦，雋髦多所成就。甲戌，當入覲，諸商以公資望將擢去，遮道攀曳，如赤子去慈母，然頃主上明鑒萬里，爲公治異等，賜宴大廷，及白金文綺，而諸商益知公之不復來也。爰擇署東隙地祠公，以志不忘告。其僚甌寧楊公棐、豐潤楊君雨僉曰：『俞哉！』由是鳩工飭材，三閱月而落成。詣余屬爲記。

余聞《太史公傳・循吏》曰：『奉職循理可以爲治。』噫，誠有味乎！其言之也，即公所以敭歷中外，質任樸茂，開誠布公，不設鉤距，不席權寵，不賈聲譽，而下情感之頌之，去則思之，隨地而祠之，是豈可以僞爲哉？此其人謂之奉職循理非耶？故不聞茂異之擢、公輔之儲，以御史僅得郡，以郡守僅得運長，蓋他善宦所計避者，公殆安之矣。推是心也，論是非不論利害，論可否不論淹達，昔人所謂招之不來、麾之不去者，公蓋其人哉！ 昔黄霸守潁川，以治績聞，漢宣帝賜爵賜金，卒由京兆入相，迄今誦之。 方今日月當天，豪傑嚮用，公首膺褒賜殊典，不日當召入，以隆師保之託，以庇社稷之重，以贊成正大光明之治。 其功業豈在神雀甘露間，可同年而語哉？ 謹書以俟。 公諱炳如，嘉靖乙未進士。

兩浙運司新安許公生祠碑記

明・陳善

許公長浙鹺政既三載，考績當遷，爲丁外艱去。 浙諸商含荼走百里外相送，不忍舍去。 五月，僉謂公與前政衡陽朱公並怙恃我甚厚，朱公業已生祀之，而公獨無祠，非所以昭遺惠繫遐思也。 乃購地西湖爲祠祀公，而請余言刻石。 辭曰：『公筦利權，纖芥不自巇，歲入餘鹽十四萬有奇，給邊商庫直九萬。 公坐經略堂，以原封如數收放，諸商相顧欣然動色，今以是思公也。』余曰：『公爲令、若榷税時，余嘗與語此當官首事，公亟然余言，雅著耿操，余故識之矣，言不溢哉！』又曰：『公性儉約，衣食似寒素，往公費取給牙儈，非刓之商不能，公以羡餘即浮費省之，而商大便利。 今以是思公也。』余曰：『公自敍關考，嘗謂冗費之革滅，乃清心省事之端也。 余故識之矣，言不溢哉！』又曰：『故事，關引泥故額，壟斷歸利，而邊、内兩商均病。 公按歲關刷，無敢跂蹰，引當毁没，則比例納價，更於別場銷掣，法行自公，課益饒而惠永溥矣。 倉鈔底籍，曩恐越限，皆爲居停，主竊留其籍，抵讕無已。 公議，商自投領弗，荏苒歲時，蓋侵冒緣以息矣。 今行小鹽，改析以補額，法未始不良也，行之既久，浙西苦引多逗撓，浙東苦引不足。 公議，浙以西爲減折色納價，浙以東均他場之壅阻者而劑掣之。 又因餘鹽稍稍加重不免偏累也，乃量一鹺掣，而兩浙藉以疏通，而商皆愉快。 所入餘鹽迫期不前者，坐以侵拖，靡能控訴，公寬其程，督輸者感激争用，益前孚洽不既深乎。 往駔儈乾没商資，發覺罪止末減，以故無畏。 公引令，以侵官帑抵罪，人情讋服，寢不敢肆。 豪舉私販既爲嚴禁所止，邏卒比周，或睨商舟輒指爲私鹽，公收繫論法，商出入始稱便。其他興利薅弊之政類是。公又微獨爲一時計也，凡諸與商所宜，始者復刻爲成書，命曰《行鹽事宜》，布之諸屬，以垂久遠，商且永永利矣！今以是思公也。』余曰：『公惠商如此，蓋出於潔修恭儉之外，余將有以識公不朽哉。夫斡山海以佐縣官之急，所從來久矣。自漢元朔以後，鹽鐵助賦之法壞於分遣諸使，而商始大困，未足以稱也。今兩浙之鹺，近筦江浙畿輔十八郡民食，遠筦上谷、雲中、甘、固、寧、延諸戍餉，此皆國家所急，倚於商者也，商胡可無廑念乎？彼巧爲朘削，不惜脂膏，元朔諸使無論矣。藉令超出利埸，薄時計事，則又漫不爲理，澤終不下，究也惠商之謂何？乃許公之於商，若里父之於赤子，保愛周悉，罔置餘力。諸興薅計可百年，近而民食，遠而戍餉，胥有攸賴。他若恤竈之政，如蠲逋負、均沙蕩、賑凶荒，深仁厚澤纚纚在衆口者，蓋又商所未能悉也。記所謂法施於民則祀之者，庶幾乎？其於祠也豈不宜哉！』故謹次其説，勒之祠下。公名天贈，乙丑進士，新都黟縣人。

御史葉公生祠德政碑記

明・陶望齡

萬曆丙申，乾清兩宫災。明年，三殿災。天子御極久，威望四暨，拯弱鋤叛，兵旅數駕，饟師飲至，日不暇給，公帑告絀，而土木之役適興。上憫然憂勞農畦，念所以足用經賦之道，而群聚輦下者，窺見德意，於是礦税之議起，使者四出，巨猾小夫乘而爲姦，上言者日衆，而言愈新怪，公爲詶謾。於是有言：浙、福間並海多鹽，抵滯弗鬻者往往成邱山、長林木，官鬻之，歲可得金二十萬。而浙固鹽少商貧，牢盆不繼，官販者守支費日，即陰澍潮溺，竈煙稀絶。聞令下，皆驚怖竄匿。居無何，姦人乘傳麏至者無慮數十人，虎冠狼食，日夕謀所以沮亂成法、魚肉大賈，復建議請私鹽、廢引，聞者益皇恐。時監察御史葉公實奉命董鹺兹土，忠誠仁勇，瘠貐而壯心，遠思而沉略，不勝忠上奉國、守職愛民之意。具疏言浙課額九萬而羨反三倍，揆諸事理，乃所必無。又，稅私鹽、出廢引，是使官、商裹足遠去，而新引停臥，虧損邊餉，爲禍匪細。且夫邱山林木望而可見，乞敕在事内外諸臣同詣考驗虚妄，在臣甘伏斧鉞。既得報，姦人始縮，懾懼失實獲厚譴，則愈欲贏額自益。公堅持力諍，與上下語至三日，厥額自十五萬至三萬而始定。括海壖、漲地租，節省費傭以充之。疏聞，有詔切責倡議者，罷還之。於是四方官吏父老咨嘆踴躍，咸曰：『天子聖明，果憂勞吾民也。』

夫天生物者也，芘之以雲，以生之也，而滃曖淫裔以翳天明者雲爾，故又散之以風，而亦或激射衝簸揚堁發石，無益於散，而重爲翳，此風雲之失職，而豈天哉！居者、行者搶攘而不寧，數年於此矣，市井猥冗，肥己罔利，使者猶不得聞，而況於朝廷？然當事者誠不足以上逮、才不足以制姦，動而得辜，使士林短氣、閭閻感憤，無乃不善爲散而重爲翳者。與小者災於身，大者無以顯所事之明德，風雲争其所，而使上天蒙黯黮之疑，予甚痛之。兹役也，公疏請會勘，則得會勘；言罷原奏官，則罷原奏官。如微響叩音而必答，洪流輸海而必茹，豈非所謂誠與才者，遠逾於人而然哉！

浙之商若民僉曰：『微公，疇生予？』四方士君子聞者又曰：『微葉公，疇與振吾氣？』而予謂斯俱細者爾，惟天子明聖重農恤商之意，由公而發明之，若曉然褰雲辟霧、開示高朗，是純臣之極思，而社稷之奇樹也。當事起時，公集諸倡和者，庭語之曰：『吾固多病又親老，方求免官，免官與死，職吾分也。然吾以二事貿爾等命，設犯禁及噬良人者必殺爾。』以是，諸姦人毛豎膽落，稍稍避戢。方議廢引也，引故貯轉運司，議時，公覺有目動者遽取，自隨詗之，果有謀篡取者矣，其機敏膽決如此。

公既報命去，商民吴士忠等醵金爲祠，俎豆公西湖上，徵予文鏤諸牲石。昔夫子爲《春秋》，有隱有彰，是舉也，從諫之美，格上之誠，兩得之矣，足以示來，兹垂永久。故直陳其詞，靡有諱焉。公諱永盛，字子木，直隸涇縣人。萬曆己丑進士。

報功祠碑記

明・陳與相

國家榷利於海王，瀕海之氓卒歲火耕而污槈，以佐縣官需。吾浙都轉運轄場三十四，諸場擅其利，西路擅其害，何也？場丁多寡差殊，課亦輕重布之，獨西路之丁額以五千三百七十有三，夥甚矣。他場之待以舉火者，或以山、或以蕩；西路則僅藉一亭土，亭人七尺爾，歲辦課六錢，是則土寸而金。分且又數，鬼徙土能操沉浮，而金不能撓晝一，是以緊丁供重金也。丁緊而人不勝丁，則金虛，虛則不得不補，甚至闔户而責之，則人人丁也，不足則責及黄口雛，不足則責及腹孕，是又以虛丁供重金，丁愈不勝金，而丁貧；貧則逋，逋則累催者償，償又不勝逋，而催亦貧，貧則不能終償，亦逋。以故西路丁輒鳥獸散，不知幾何氏矣！

予少偕予長公隅陽先生讀書龍陽社中，友人星泉董丈，時時誦述其尊人之憫西路，曰：『家大人之憂竈也甚於身，嘗愀然語不肖曰：「昔人不朽，立功居其一。吾以爲士，當窮時功不必在天下，家及之鄉之人及之一也，亦不必吾身，以人成之以吾心成之一也。」吾日夜患竈苦耳，龍陽社多賢者，不朽之業於焉在矣。』星泉尊人，即贈公豫齋先生也。久之，課益趣丁，催益播徙，竈日益凋敝。長公暨予以次通籍星泉兩弟及其舅氏星石許公，後先公車。萬曆癸未，御史孫公疏請裒羨補虧西路，父老聚旅圖所以紓患者，長公自諫垣移疾歸西路，老稚相率請曰：『吾儕昔病輸鹽、易鹽而金，非龍川孫公之賜，不及此。今且復病輸金也，幸上有寬政，公寧忍失千載一時耶？』長公曰：『微父老言，吾固將圖之。』星泉力爲慫恿，而董、馬諸孝廉並介長公言上臺，長公因口繪竈艱狀，闗上下心，乃得受羨金一千三百四十三兩有奇，丁減課二錢五分，去歲徵幾半矣。令甲竈丁免田二十五畝，而丁不皆受田，於是發徵於場以佐催者，然而免之弊頗，徵之弊漏也。長公罷典屬國歸，偕父老議以田之額準丁徵之，人準，民即以縣貯輸所司，則弊爲盡洗。而星石許公適以御史還里中，星泉復力慫恩星石因具，請御史王公俞其議，歲得免田之金八百五兩有奇，丁又減課一錢五分，存場之徵三之一，而竈以大蘇。許公謂星泉曰：『是而先子之心哉！』

久之，竈苦雜役悜復，朱公力除之，朱亦龍陽社友也。稅璫出請加諸場稅，且及西路，御史葉公曰：『此羸者，西路也，吾不佐諸君，力爲德有卒耶？』竟得免。惟是亭沙決徙無恒，貧丁之亭，故者海若奪之，新則豪右奪之，其與存幾何？御史方公均潰漲、定徵派，而租之與亭，稍息西路，視諸場自是無畸害焉。沈君達之不辭費，其季懷庭不辭勞，二難哉！初哀羨之時，省東朱采，以望八之年不愛其死，爲父老先，其族子思張能竭歷負荷，可稱濟美。沈之子延春，伐石以俟紀功；陸之子珠，彙刻《恤政》傳於世。學諭荆南陸君、文學海隅沈君，皆與豫齋同心憫竈者。此其人咸於西路有功，以豫齋先生之心得諸君子而成也，謀不朽。

諸君子問祠於予，予曰：『祠之爲言思也，永報也，非其功莫稱矣。』父老咸涕泣進曰：『吾儕小人，惡乎知君子，第憶曩時廬四壁立，而吾不知有家也。今且抱篙笆守牢筴，以釜甑爨曩，貧不能私齒髮，而吾不知有身也。今且宿舂糧及於兹，老矣，思之不能一日去懷也。』予曰：『祠哉。』少者，則又咸涕泣進曰：『昔之迫於徵也，吾聞出襁褓金，今何以鮮衣巨冠矣，而猶得貯囊中錢，甚且出腹中金也。今何以白首而不聞追呼？昔丁之畏催也猛於虎，而任催者之自畏險於阱也，今且安焉利焉，而不知誰之賜也？』予曰：『祠哉！利可以占政，安可以占俗？思可以占心，久而流光者也。』昔朱采曾創祠爲尸祝計，未竟而圮。今思張即其地拮据斶辰，飭堂展筵，庀器致主爲位，禮奠焉。御史四、運長二、分司三、府倅一、縣令一、鄉先生七，咸南向，董贈公偕諸父老咸東西廡瞻之，翼翼而巖巖，栗栗而夔夔，庶其報、庶其永，而祠成。星泉請予爲之言，予不能爲諸君子功，而能言諸君子功後之功。諸君子而因以功予言之能功，夫諸君子者或亦不朽矣。

校勘記

［一］半　疑爲『泮』之誤。下同。

《欽定重修兩浙鹽法志》卷二十九終

欽定重修兩浙鹽法志卷三十　藝文四

記

兩浙巡鹽察院題名記

國朝・陳于鼎

國家生財之道，有屯、有鑄、有鈔、有茶、有榷，而自然之利，莫便於鹽。粤稽鬻海爲鹽，始於管仲、晏嬰；繼之西漢專利，禁夫私鬻；東漢弛禁，聽人入税；唐劉晏設轉運法，而利益興；宋仁宗朝，給亭户官鹽，而法逾密；元承宋制，歲給工本，置轉運使，置令、丞、管勾掌鹽出納。明初，天下鹽課俱於各邊開中，上納本色米豆，迨後商人艱於遠涉，改納太倉銀庫，赴邊開中之法廢，而邊方米豆騰踴，邊儲自此益仰給於内帑，而取盈於田間，國與民交病。職是之故，明初對竈支鹽，每一引重止二百斤，歲行十四萬引額，易銷而鹽價不昂，小民喜食，私販無利，不禁自絶。後則鹽斤愈加，以十四萬之舊額而加至三十余萬，課重販賤，斤多引壅，重以胥蠹之磨牙吮血、追比之敲骨斷筋，此商、民之所以蝟縮不前也。

天下各運司，兩淮鹽課居其半，而浙最寡。蓋以浙地濱海，行無遠地，不比淮之幅員袤廣；且浙係內商，數百金亦可行鹽稱巨賈，其視淮地邊商以百萬自雄者，不啻培塿之仰岱也；加以多斤壅其引，冗費剥其脂，峻法傷其心，商安得不散？無商則無鹽，無鹽則無課，此即管晏復起，極重難返。兹者，大清乘乾，一洗前代陋習，首以陳公爲監察御史，董鹺兩浙。公朗中而霽外，宏謨而密理，嚴於馭吏而慈以字商，禁私販、恤竈丁、清草場，悉鋤胥蠹，慎擇鹺官，名世長才，必將晉筦樞密於以斟酌元氣，執斗魁而調大象，坐致天下於豐登殷阜，豈區區管晏云乎哉！前代各署例有《題名記》，來任斯職者若，而人勒姓名、爵里於石，令觀者省焉。

今我公爲開國督鹺第一人，是宜首列。而余適以使事至武林，目睹其霜清露灑、感深萬竈，其豐功峻伐，政未有艾。因僭颺而爲之記。

紫陽別墅碑記

國朝・張泰交

紫陽別墅者，武林商籍紳士會文講學之地也。先是，西湖之濱有崇文書院，鹺使高君於課績之餘，慨然以風教爲己任，具聘幣擇師而館之於是，從遊者日衆，肄業者日勤，亦既彬彬可觀矣。惟去城稍遠，往還爲艱，遂於鳳山門内購宅一區，更創今地焉。

枕山面江，中有層樓，樓旁有池，池有泉水，清漣可愛。後有花廳，紅綠參差，掩映階砌；再折而北，漸登吴山高處，憑而遠眺，錢江、聖湖悉在几席間。又有石門天成，石徑迂折，古木森陰、花香鳥語，饒山林之趣而無城市之囂。以中奉紫陽朱夫子位，故顔曰『紫陽別墅』云。經營之費約千金許，高君與諸鹺商兩任之。余莅任之三月，具詳以報。余曰：『興學育才，美政也。其再爲經久計。』七月，以商人吴琦等願每歲捐銀四百兩以佐膏火，复且委任得人、經理有法，余乃撥冗躬臨進諸生而告之曰：『是舉也，諸生得毋以爲上，官者專欲爾。後進工此文詞以博科名，拾青紫已哉！非然也，士爲四民之首，士習不端則民風不淳。古者，烝我髦士，董之師儒，修其孝弟、忠信之行於黨庠術序之間，而民亦遂相觀而善，至於風移俗易而不自知。故民風必自士習始，諸生生當棫樸菁莪之世，幸際太平無事之休遊，居而擅江山之勝概，講學而有師友之觀摩，於以會友輔仁，非禮勿動，非道不干，勵廉隅之清修，養公輔之令器。長吏愛而重之，莫不訪道式閭，下民則而效之於焉。興仁講讓，熙熙乎三代比户可封之俗，復見於今日，是諸生之無負斯舉也。若其利慾薰心，詩書借口陽鱎見譏於單父，武城不聞有澹臺，即才高遷，固，亦莠民而已。其如今日俎豆紫陽之意何？』諸生皆唯唯，再往再告之。朔望，講聖諭畢，必往，反覆告之，剌剌不能休。今且兩歲矣。成人小子以德以造，而城闕無譏焉。

余喜高君能率先倡之，而衆商能相與成之，是以樂觀其美，而垂諸弗替也。爰伐石以記之，而復爲之銘曰：

鳳山之門，有墅翼然。枕山之麓，江帶其前。清池湧地，古木參天。石門曲徑，屹立盤旋。經之營之，以誦以弦。額題紫陽，志景前賢。匪辭是工，惟道之肩。日就月將，裁狂激狷。國之四民，士爲首焉。型方善俗，風教所先。予實有心，往復惓惓。勖哉後人，視此銘鐫。

錫山紫陽書院碑記

國朝・謝賜履

錫舊未有朱子書院祀之，自學使荇洲汪公始。公曷爲祀朱子於錫？公爲朱子鄉人，服行朱子之教，既奉命督學於浙，徽人士之隸商籍而僑居於錫者，咸來就試。拔其尤列弟子員，又懼其逐於聲利而忘詩書之教，迺因元人溪山第一遺址鳩衆庀葺，妥朱子神位其中，而使夫弟子往肄業焉。不忘本始，且以嘉惠錫之後學，甚盛心也。

役既竣，以余屬有巡鹺之責，爰以碑文請。人咸謂：『孔孟之道至朱子，而集其成學者，仰其道如日月之經天、江河之行地，固徧天下而皆得祀者。』余謂：『朱子之於錫，尤遠有端緒。蓋公此舉，追維原本，其於道統學脈之授受意深遠哉！自龜山之卒業於程門而南歸也，明道日送之曰：「吾道南矣。」厥後，龜山至錫，棲止東林，大闡其教，豫章延平實統承之。至朱子，而遂爲百世之宗師。以譜系論龜山其別子也，朱子其大宗也，祀別子而不祀大宗，於義何居？明代諸賢依龜山之故墟開講東林，宗風大盛。而其立教，一本白鹿洞規，居敬窮理，所以示末學之津逮，立人心之隄防者，實以朱子爲宗要，譬之於水，龜山其洪河也，朱子其歸壑也。論先河後海之義，則朱子宜繼龜山而並祀於錫。且龜山之學，其末流稍近於禪，後之學者沿流忘本，延至張子韶之徒，駸駸入於二氏矣。朱子彙其緒論，析其同異，使龜山之學晦而复明，是龜山爲道南之鼻祖，而朱子爲龜山之功臣，尤宜巋然特祀，以爲東南學者百世砥柱者也。論者特以朱子所居之地稍遠，且已大盛於閩，故其祀龜山也第列其門人，而於朱子不及焉。是目睫之見，不足語於道統學派之大。』

今公之率鄉人子弟而爲此舉也，豈特其鄉里之愛將使錫之人士知道南之所以與天壤不敝者，實於朱子乎有賴？且使過客僑寓，而不忘羹墻俎豆之思，其所以仰承聖天子尊崇正學之意甚深且厚，余故樂得而書之。至規制之宏敞、溪山之名勝，特士人歌詠紀游之事，不復贅也。屋值及營造之費，凡糜白金若干兩，其址本浙商購買，前後襄斯舉者，皆鹾商之力。例得附書。

鹽義倉碑記

國朝・李衛

從古鹽筴之制，裕國便民，而歷代以來百弊叢生，遂有上虧國課、下瘁民生，至商亦兼受其困，則體恤之心未至也。伏惟聖祖仁皇帝軫念浙鹾，恩膏疊沛，我皇上承乾御極，益以加斤減費、蠲課賑災。商力既舒，故民價不增而課額易辦，於是衆商感悦，因見皇上勤求民莫、歲支正項、儲穀備荒，乃願共捐銀一十萬兩用襄積貯，亦足以見聖德入人之深而感人之速矣。衛職兼鹺務，不敢壅於上聞，既奉俞旨，遂令別建義倉，遴選誠實之商輪加經理，或當出陳以易新，或當糶三而存七，隨年豐嗇，與時變通，庶幾穀日益多、濟日益普，雖有水旱可以不爲民害焉。夫天下熙熙攘攘，大抵皆爲利往來耳。以諸商各出貲費，奔走海濱，驅馳團舍，誰不欲利盈什百爲肥身家、貽子孫之計？乃昔之恐失錙銖者，今捐數萬金不惜，則豈非厚生正德之化風動於不自知哉？

是倉也，卜築於艮山門内錢氏團基，其地約四十畝，其廒計百四十間，其貯可八萬五千石。其於水近，可便搬運；其爲地燥，可免濕蒸；其屬禁城，可以數稽查；其遠民房，可以避煙火。周圍有墻，墻高而厚；布廒有板，板闊而堅；廒外有場，場寬而平；場前有廳，廳高而敞。有門可以杜閒雜，有廟可以依倉神。後有同志更擴充而推暨之，其愈廣皇仁於無際也夫。

重建兩浙鹽驛水利道署記

國朝·王鈞

粤稽建署之始，在宋太平興國三年，《咸淳志》稱：舊署在鳳皇山雙門内，分南、北兩衙，熙寧間，移置於錢塘之太平坊，瀕湧金河，即今治是已。考官制，唐開元間，稱江淮都轉運使，以中書平章兼領，無專官。至宋，始置諸道轉運使，浙江分東、西兩道，獨轉運得總其權，故稱兩浙，而杭爲大都會，因設署焉。元至元十三年，改爲兩浙都轉運鹽使司，明代因之，遂稱運司。本朝，則稱都轉運鹽使司鹽法道，其秩從三品，班則與僉事並。康熙四十九年，歸并驛傳事，於是秩改正四品，卻以副使領之，且與計典，得以考察屬吏。自是，府員以下來謁者，一秉屬禮。雍正四年，朝議以轉運得兼水利，故所轄地至江南、江西，而敕命則定爲兩浙鹽驛水利道。此官制今昔之異同，與官署建置之原委，大略具是。

鈞親受天子命，承乏是職，以雍正二年夏六月莅治，矢公矢慎，惟懼隕越職守，日坐堂皇，顧廳事弗整無以重觀瞻，然初受事未暇也。明年，奉檄濬西湖及城内兩河，而余以所有羡財已充天府，乃槖蠲四萬緡，朝夕經理，積一歲始竣事。又明年，大中丞李公衛奉命修《鹺志》，余職在監督，爰以校讎餘暇稍稍葺内廨，迄於今年，歷時既久，政令張舉，始得克意大集鳩工飭材。凡金埴竹木之用，塈陶蓋梓之程，必可其直當其庸，弗事華贍，弗仍固陋，宜崇宜密，皆余悉心經畫。因舊而增飾者，爲譙樓、爲臺門；因朽而更易者，爲經略堂，爲儀門、爲内署門，而外觀於以肅。至署以内，特啓懷遠樓、一琴書屋、補齋，此非所以資燕閒也，蓋簿書點勘之煩，與夫僚友從容商略政事，咸萃於是，正以寧神宇而謐心宅也。其他如庫藏、如賓館、如六曹吏廊舍，以及庖湢圈廐，一一撤而新之。若昔人封植亭榭花木，流傳於賦詠者，余則未逮焉，惟視其不可闕者而已。是役也，始孟夏迄季冬，歷時九閲月，爲貲若干緡。落成之日，諸僚屬相與臨觀，僉謂余能率事。而余則仰體皇上中正損益之道，事事期於適中，不爲粉飾藻繪以侈其心，亦不至頽敗摧朽以安其固。兹署之修，若有不可後先者。

余監修《鹺志》，觀明弘治中，楊太守孟瑛撰《重修運司記》，前者無論，自兹迄今，中間豈無更置？而僅傳孟瑛之記，其敘述經始之難，積數歲、歷數官而後成厥工。古人傳舍之喻，往往安於繇習，逮至傾圮不可挽，貽後來者憂。余夙秉先公家訓，凡一言一行必盡其分所當爲，且爲之必成，又必期於可久。推而論之政事之大，所以報稱於君者，又安有一事之可緩者哉！勒之堅珉，願以諗夫後之居是官者。

嘉興所倉廒碑記

國朝・李衛

鹽法之制，上而裕課、下以便民，利至薄也，而趨其利者必滋其弊。恭遇皇上軫念浙鹺，恩膏疊沛，加斤減費，蠲課賑災，一時商、民鼓舞踴躍，既莫不滌慮洗心以義爲利矣。但利非一節，則弊亦非一端，江、浙運鹽，其公平取與者固多，而作姦犯科亦所間有。使非察之至精，除之務盡，則或致虧課、或致虧商，俱不足以稱良法也。

商鹽歲分兩掣，予膺簡命以督撫重寄，兼任鹽鹾，夙夜兢兢，恐有疏略，故於掣期每多親自按臨，務在肅清原委，不肯少有寬假。因念鹽政弊端，當防於未掣之先，禁於臨掣之時，又當嚴於既掣之後。每見嘉興一所，掣過引鹽俱泊瀛塘橋外，船多水闊，不無飛渡，而新掣甫竣，尤易混雜，即有巡緝，豈得周知？爰飭衆商，度地建廒，逐一堆積以俟陸續起運，輿情皆以爲便，群樂捐造。又恐一時未敷工用，先借節省項下之銀，契買虹涇橋外民田三十五畝有零，蓋造正引廒房一百七十間、河埠一座，大門、廳堂以次遞進；又於掣所之東契買官房五十五間，改爲票引廒，房門、道、廳、樓一并整飭。於己酉季秋經始，成於庚戌仲春，選料、擇材堅緻宏敞。

從此，鹽經掣後，先令歸廒，飄泊無憂、風雨難損，而且考驗有地、守望有人，廒内之鹽無從侵蝕以累商，廒外之鹽無從攙貫以累課，運多運少各隨其宜，去陳去新總核其數，庶幾公私兩便。後有莅兹任者，盍相因於勿替歟！是爲記。

松江所建倉記

國朝・李衛

從來立政之道，欲興利者，必先除弊，弊一日不除，則利一日不興。即能除矣，而除之有盡、有不盡，則利之興者猶少，而不興者尚多也。松郡爲産鹽之區，海濱場竈棋置星布，可以裕民食者，即可以裕國課。乃自鹽梟充斥，官引遂壅，計數年以前所内商鹽蓋寥寥無幾矣。

衛恭膺簡命，節鉞浙中，兼理鹾政。念鹽法一道壞在私梟，於是益巡船、撥巡員、加巡役，水柵、營房要地森列，更嚴飭所屬悉力杜絶。比年以來，始多斂跡改行。故每掣鹽數，廣至七八萬引，亦既足民裕課，著有成效矣。又念過掣之鹽分銷各邑，必須陸續開行，非可以刻期立運，而停泊河干曠日持久，倘或天時陰雨，未免滲濕之憂。再有船户姦頑，豈無偷擾、攙和之漸？是又利中起弊，不可不革者。爰於浙中嘉興等處，一并飭建所倉，以便暫貯焉。而於松所卜地，則在四十一保一區四圖契買民基三十四畝九分有零，其建立倉房，則二百五十間有奇；其經理，則始於戊申而成於己酉。其地高平，不憂卑濕；其材堅固，不患飄摇。其倉内鹽房，則列八巷以分廒；倉外溝渠，則開三面以洩水。從此，引鹽掣後不及行銷者，一并入廒，次第分運，而出入稽查所員實專其責，庶幾鹺政之弊無不革，鹺政之利無不興。鹽可以漸廣，價可以漸平，課即可以漸裕。行見朝廷惟正之供以時輸將者，皆有餘力，而商、民且各得其所，則是倉之有裨鹺政豈微也哉！

夫立法貴乎周詳，而用法貴有實意。法之不善，弊所從生；行之不力，亦弊所滋長。後之董是事者，常守是法，而運以實心、勉以實力，則因民之利，庶可垂裕於永久矣。是爲記。

修八渺神祠碑記

國朝·張若震

兩浙、江南都轉運鹽之治，在杭城西，偏其廨宇，有庫曰『將盈庫』，之旁有神曰『八渺』，其祠如土穀祠狀，俗因概而呼之曰『土穀祠』云。神不詳其所自，而既祠於廨、邇於庫，則上以裕國，下以惠商、惠竈，使公私俱便。凡守是官、居是廨者，亦得從客報稱，乃其職也。都轉運兼兩省，而浙之鹽第行於浙暨兩江之蘇、松、常、鎮、徽、廣而已，非若淮長蘆所布遠及數省者也。故爲商者，徽賤徽貴，往往易縮而難贏。又其法，刮土而曬，曬而煎，顧地多淫雨、海水時汩，恒足以敗鹽，如是則竈又病。是以天子加恩區内，而於兩浙、江南之爲竈户與商者尤多優恤，時時有所寬假，敕長吏毋督切之。

余自台州移居是官，凡所施設一遵帝訓，鹺政大舉，計引額八十萬有奇。向猶有滯而待銷者，今則不但次第補銷，且提銷以漸而增歲額近百萬引，國課裕矣。而商益以饒，竈益以給，此皆聖天子無涯恩德、周浹滲漉有以致此。使余得因緣際會，幸告無過，而神之默相之者，當亦與有勞焉。

夫鬼神之事茫昧幽渺，明者所不道，然祈報之典，聖人未嘗廢。自唐虞三代至今，亦未有聞而非之者，豈無故哉！今是祠之立，其來已久，亦時有所補葺。近則上宇旁宫漸就傾仄，蓋瓦級磚漸缺落，黝堊漸漫漶不鮮，雖牲醴煙燎未始不集於庭，而顧享之餘難免於褻，是亦官於此者之羞也。且吾聞物之靈爽有所憑藉而愈增，顧以湫陋者爲神之宅可乎？用是節俸餘，因厥舊貫稍增易之，而寧、嘉分鹺經庫首領及有事於廨者，咸歡欣踴躍，襄厥成功。

余比者又膺簡命移守浙藩，將與神别，因略疏緣引，俾鑱諸石，庶後之君子得以覽焉。

嘉興批驗所觀稼樓記

國朝・納蘭常安

乙丑六月既望，溯鴛湖，詣批驗所理鹺政也。時取道海昌、鹽官，來牟既登，禾稼被野，芃芃彧彧，顧焉樂之。及抵行廨，其後小園蒔花疊石、架亭鑿池，前人退食休息之所也。亭之前大樓五楹、八窗玲瓏，登之，見平疇沃野，南阡北陌、縱横繡錯，斯觀稼之所以名樓也。其除草而耘者，潰土而附苗根，以速其苗者，或務疾而畏功少、或陷淖而窘於步，烈日暴焉，暴雨注焉，皆有所弗顧。《易》曰：『君子以勞民勸相。』因憶上官持豚酒勸農，不過諭以毋惰力曠時而已，其孰識艱難有若是者乎？蓋稼穡之事重矣。《周禮》：『東南曰揚州……其民二男五女……其稼宜稻。』斯浙之所以勸農也。矧嘉興財賦之地，其壤尤腴，昔漢黄龍二年，由拳南都野稻自生，改名嘉禾，所以志瑞也，猶周公得禾名書也。至今一莖三四穗者常有之，則所以召嘉應而臻阜成，其亦必有道矣。

今聖天子重農貴粟，道先足民，守土之令必勤宣上意，爲之濬澮畝、辨土宜、正疆界、簡農器、修稼政，陳三壤之利而敬其始，考九農之要而成其終，朝巡夕考，日課旬會，勤者勞之，惰者勖之，不足不給者補之、助之，俾田無不治而歲無不豐，斯有士者所共樂也。且經疏云：『種之曰稼，斂之曰穡。』斯樓不名穡而名稼，重東作、閔疾苦，是觀甚偉，其能已乎？若倚北窗據胡床，雄談驚坐，揮麈自恣，此高人逸士之事，非官民者之責也，抑予豈敢在鹺而僅言鹺哉！因於樓之下會屬吏，講稼穡，即次其説於斯樓，以爲記。

重建兩浙都轉鹽運司題名碑記

國朝・朱椿

食貨乃八政之一，而鹽又食貨之一。鹽法上關國課，下裕民生，秉是政者職任綦重。兩浙煮鹽昉自漢孝惠時，迄今千百年間，雖因革損益，不無變通，而體國經野、恤商惠竈，其大較也。顧政事之得失視乎其人，寬猛殊其用，貪廉異其操，有不可得而掩者。得則前事之師，失亦後來之鑒也。

我朝列聖相承，經制盡善，學士大夫膺理鹺之任者，罔不矢慎矢公，仰副九重體恤商民之至意。題名舊碑，歷歷可考，蓋自順治七年，遼海畢公立石於公署之東，偏取受事之歲月，與夫遷移去留之遠近，而表章之，前後凡二十五人。歷年既久，碑石傾仆，自兹以往，將何以傳久遠而鏡得失與？余於丁丑夏，奉委署理鹺篆，才識短淺，夙夜冰兢，惟懼隕越，方欲得先哲之芳規以爲則效，而顧可聽其姓氏之湮没不彰而不一留意耶！爰命工人重爲立石，且補刊舊碑所未列如干人，以垂諸不朽云。

重修紫陽書院記

國朝・徐恕

武林三書院，皆踞湖山之勝，代鍾偉人傑士。紫陽獨在城南山之麓，爲地較近，士之秀而能文肄業其中者，亦較盛。

歲癸巳，余校士至院中，見其棟宇傾圮，赤白漫漶，謀葺而新之。是時，方伯王公護撫篆，特允是請，爰命監院司訓張生經理其役。於是，闍之建於水者，立石豎礎以固其基；木之腐於土者，鑿山疏土以除其偪；棟楹庀材、井匽流惡、板檻瓴甓堊漆之屬，以次修舉。工閲月而竣。夫事之相似而不容相溷者，名與實也。古之爲士者，日習於灑掃，應對進退，講明孝弟、忠信之事，其立身行己具有本末，然後持之以不息之心，行之以可久之業，日新富有，馴至於高明廣大之域。是故以之爲學則經明而行修，以之居官則事舉而政立，誠務於其實而不徒事乎其名也。今國家文治休明，以經術取士，建立書院，有師友以聯其情，膏火以資其乏，朔望兩課，以校其藝之精勤，拔其尤者數人，給筆資以示獎勵，士之得與於斯幸矣。而是院又適當都會之中，觀江山之壯麗，足以壯其文瀾浸淫恣肆。士處山陬僻壤，渺見寡聞，鮮師友切磋琢磨之助。有忍饑誦經、白首無成、卒自傷孤陋者，然則多士之居斯院也，其將爲名乎，抑將爲實乎？

生之董是役也，用嗇而工固，亦可謂能崇實者。生名羲年，於潛司訓爲余門下士。

重修崇文書院記

國朝・徐恕

崇文書院舊榜西湖書院，創始時，即南宋太學故址爲之也。元至元間，廉訪使東平徐公以西湖鏁瀾橋北有唐白文公居易、宋林公逋、蘇文忠公軾三賢堂，至是奉以來祀，既山長陳泌承乏兹役，與僚友謀遹新之，乃匾三賢堂曰『尚德』，徐公祠曰『尚功』，列『志仁』『集義』『達道』『明德』等齋。其時，董院事者有賓序、主奉、教導、儒職、直學、儒人諸名目，泌有記述之詳矣。明成化間，甯公良始改建。正德間，楊公孟瑛复於三賢增唐李公泌，即今所謂四賢祠也。迨萬曆間，直指葉公永盛雅有造士之德，當視鹺之餘，集内商子弟於西湖，授以題，命各就舫中屬文，舫皆散去。少焉，畫角一聲，群舫畢集，各以文進而甲乙之，名曰『舫課』。後於四賢祠之偏建堂，中奉朱子，而祀公位於後寢，別額『崇文』。蓋其有功於書院，與東平徐公後先適相輝映云。我朝聖祖仁皇帝南巡，御題『正學闡教』四字，爰闢其左爲亭，敬摹石以奉之，後爲敬修堂，爲諸生齋舍，規制備矣。

古者，書院之設莫不祀其鄉之賢，或宦於斯地之先達，其始也，因西湖書院而並移祀三賢堂；其既也，合四賢祠而仍榜以西湖書院。則今書院之盛，其淵源有自不可没也。康熙來，歷經學使王公掞、都運張公若震、中丞常公安，俱重修之，未三十年，而風雨剥蝕、楝榱摧折、丹青漫漶。余時攝篆鹽事，躬詣其地，惄焉憂之，凡木石甓堊之需，計費若干，酌以修舉。於是，講堂及祠宇皆焕然改觀，而諸生之負笈以遊者雲集。月之朔望有課，其師生之脡脯、集課之楮穎，有增無減。比年來，諸生中聲華鵲起，發策決科以去者，固不乏人，然原夫初設書院之意祀四賢，而政事風節足爲人景慕。既崇奉朱子，俾之正鵠。恭仰宸翰照耀湖山，諸生裒回其地川泳雲飛，當必有顧之而會心者。由是澡身浴德，步趨前徽，以見聖人之道出處一致，蓋無適而不然也，夫豈徒發策決科云爾哉！

工既竣之明年，因監院黄君璋之請，乃參考顛末牽連，書之以補志乘之闕，並以屬黄君勒諸石。

重修紫陽書院碑記

國朝・盧文弨

吴越書院之以紫陽名者三，蓋皆祀朱子，而因擇士之雋異者，使習業其中，欲其學朱子之學，而後庶幾於所言、所行，莫不循循然有法度也。

新安爲朱子之鄉，其地有紫陽山，故宋淳祐六年，理宗御書『紫陽書院』以賜江東之祟祀朱子者。而吾杭有紫陽山，即沿爲稱。《禮記》曰：『凡釋奠者，必有合也。』康成釋云：『國無先聖、先師，則所釋奠者，當與鄰國合。』按今蘇與杭，皆近新安，以祀朱子，實與古禮合。杭爲大府治所，敷文書院，中丞領之，而紫陽與崇文，皆前任鹾使之所倡建，鹾商相與踴躍以襄厥成。蓋鹾商多來自徽郡，實古之新安，其子弟又許其别編商籍，與土著者一體考試，故皆樂於順上之指，而不由於勉強。

我朝康熙四十二年，前任運使高公熊徵始建兹院於紫陽山之麓，初名『紫陽别墅』，後乃正名曰『書院』，至於今八十有餘年矣。中間雖小小補苴，而費約工省，馴至敝壞不可治。文沼以乾隆己亥主講崇文，越明年，主講紫陽，睹危樓之將壓，常凜凜焉。去之一周星，以爲必改作矣，乃僅交午枝柱，苟且目前，以徼幸於一旦之可無事。上之人以無與乎考成而未嘗一留意，即或慨然有興舉之思，而慮請之容或不得，又勰勰慮經費之無從出也。以故玩時愒日，遷延以至於今。往來觀者，徒歎息於前人有美政而後人莫之繼，爲可惜也。乃歲在癸丑，長白阿公奉聖天子新命，來爲兩浙、江南都轉鹽運使司鹽運使，蓋改舊鹽法道而正以使名，隆其任，益以重其職也。公始莅是職，實能體上之德意，清以律己，勤以莅事，緝私平徵以恤商，而循名責實以造士。睹兩書院之久不治也，毅然動帑餘若干金大爲修葺，不歸之縣有司，而專委屬吏之能者日往監之，公亦不時至，以察工之勤惰而董其成。於是腐者易，欹者正，缺者補，隙者完，磴道之犖確者爲平治之，相其高下爲之欄檻，使無失足焉。若門若窗，皆可以啓閉矣；若庖若湢，皆足以容受矣。堊者、黝者、丹雘者，咸得其宜。於是望之巍然，即之焕然，士之來肄業者咸欣欣然有喜色，罔不亟思振作以仰副樂育之盛意。蓋士氣亦爲之一新焉。蓋嘗論之，内與外實相因而互資者也，故衛武公之爲《抑》，戒曰：『灑掃庭内。』《斯干》之詩言：『殖殖其庭，有覺其楹。』君子乃可以攸寧焉。昔子路之治蒲也，夫子入其境，而見草萊甚辟；入其邑，而見墻屋完固，亟稱其善焉，蓋即此可以見衆事之不苟類如斯矣。鹽政全公與公不以文沼爲不肖，聘主紫陽教事，樂觀盛舉，思有以紀載。而監院車君向榮又率諸生以來請，安敢以不文辭？爰即進諸生而告之曰：『爾等之來學於斯者，既足以安其身矣，亦知所以治其心乎？』夫屋之傾欹、徑之榛塞，夫人而知其不可矣，獨於心而顧可安於不正不濬乎？今諸生中能文之士不乏也，然或狃於佻達之習、慢易之風，而不知變革，其有害於虛靈之體實甚。今公之有斯舉也，豈徒爲觀美哉，蓋即教以治心之學也。夫朱子集諸儒之大成，而德性問學兼優者也，諸生勉焉，是則是傚，體斯立而後用有以行，安見醇儒名臣之不由斯出乎？余非能言者也，朱子所爲學記者具在舉，皆切要之論，盍反而求之可乎？』是説也，實推廣公所以造士之意，而公之盛美乃益彰。吾知崇文必亦有願爲紀載者，文昭在紫陽故第，就紫陽以爲之記云。

重修崇文書院碑記

國朝・張時風

乾隆五十八年，定浙省鹺政院制，升鹽法道爲都轉運使，列於三司。天子用長白阿公林保從山東承命來莅兹任，俾理新之。公至，則究切利病，修令於兩浙及江左、右各屬府縣，以剔以疏，無不宜當。乃披考《圖誌》，西湖舊有崇文書院，康熙四十四年，聖祖仁皇帝南幸，賜題『正學闡教』額，仰瞻摹勒，肅然思所以扶樹教化、助育人材。堂之中南向居朱子神位，永式多士，煌煌乎正學之訓，如揭日月。公曰：此院之建修，蓋由來久矣。元至元間，廉訪使徐公即宋西太乙宫故址，移建『三賢堂』，以祀唐白文公居易、宋林和靖先生逋、蘇文忠公軾，因列『志仁』『集義』『達道』『明德』等齋，實助書院規制。明布政使甯公良改建於成化間，有書庫、贍田，名『西湖書院』。正德時，楊公孟瑛复於三賢增唐李鄴侯泌，爲四賢祠，歲久則圮。萬曆朝，巡鹽御史葉公永盛於西湖跨虹橋創爲舫課，甲乙課文，去後，人思其政規。四賢祠右建院，始奉朱子，而肖葉公像於後祀之。國朝督學王公掞重構講堂，負以層樓、翼以廊廡，風跡可述，仍名『西湖書院』。自奉宸翰天臨，榜曰『崇文』，時則鹽驛道張公若震大新之，方伯徐公恕繼修，咸有記序。

今商、士集望在予，而垣宇隊剥不居，襟抱虧疏，其何以紹前良、開來學？於是勤盡力費，凡梁楹之撓折、瓦磚之腐缺、丹堊之漫漶者，繕葺，訖功，壯好如新成焉。選置生徒必皆其人，而延時風、協理教事辭讓不獲已，則推公之意以告學者曰：比年詔書數下，通尚經學，鄉、會試並以五經取士，爲士不可正傳而僞受也。昔孔安國解《古文論語》《小戴禮記》《大學》《中庸》，鄭康成並注之；《孟子》有趙岐注；《論語》又有何晏等注疏；而《易》《詩》兩經及四子書，惟朱子注尊今垂後。登斯堂者行禮肄習，志聖賢之學，必將有聖賢之徒，成德出類於其中。如唐、宋四賢興久大以利人，名文章以載道，其心辨義利、貫出處，百千年而上亦猶旦暮遇之也。《詩》曰『烝我髦士』，又曰『續古之人』，此湖南、北二峰春秋雲氣、異物光華隱露之間，非皆公之惠教，以遠者相與，興起於無窮乎！是爲記。

捐修將盈庫署碑

國朝・方超然

自鹽筴興，而歲所經入與天下地徵相齒亞。浙水東、西十一州，凡山林川澤邱陵墳衍原隰以及人民户口之賦，皆隸行省，舉成數，蓋萬之以百計者三，而鹽筴領於轉運使，舟車什伯而陳之歲幾及三之一，諸如關市之徵不逮也，夥頤沈沈，實弆之庫。庫曰『將盈』，則所謂百川歸之，不知何時止而不盈；尾閭泄之，不知何時已而不虚者。蓋利出於海，而即以海名之，其義如是。於是設大使而建之署，不獨謹守筦鑰而已。闞石和鈞，靓若畫一，權之準之，必身親之，使不爲州犁之上下而一出焉一入焉。自經姟逮龠黍，傳著簿書以參，互相鉤考，計其劬勞鞅掌不暇寢飯者，一月中十嘗六七。故雖碎曹猥局，國家不概付之筐筴吏，往往取牧令之需次斯土者權充之，蓋以士人厲廉恥而知尚其節，或不以仳仳簌簌污治署也。

歲之庚申，超然以州别駕權浙中榷場，諸使初試禾之批驗所，五稔報竣。而會庫大使需替人，天子俞大吏之請，遂移以寒員填闕焉。既受事之署，觀室周寢環及四隅，喟然以歎，怪前此諸君子抑何太不自喜也。柳子記：『爲政者，必有游息之物，高明之具，然後理達而事成。』筦庫，下士耳，故未及爲政也。而署迫庫之東偏形束壤制，必若閒臺珍館、冠山俯池以延客觀，而繼之宴娱，是謂不宜。且亦安所置之然，而君子攸寧，通乎上下。蓋寧則慮事也豫，執事也恪，以整以暇，益精於勤。

今斯署也，堂堭初具，後有屋數楹，率皆本末撓弱，頽爾而委，更衣無所，几硯莫頓，上漏下濕，側出而旁穿，以置器用則速蠹，以儲版籍則速蠹，以貯衣裳則速腐，而人愁墊隘且有沈溺重膇之苦焉。其何以事事？太史公《平準書》曰：『爲吏者，長子孫；居官者，以爲姓號。』夫姓號則倉氏、庾氏之屬也，庫亦倉庾類也，而平準則筦庫職也。今其署乃若是，是且不能崇朝，而姓號影響唯恐聞於人矣，尚望其世世萬子孫毋變乎？然而前後相禪，苟過時日，如燕之處堂者，何也？有老胥進曰：『固也。官署歲修，例有公使錢，而庫署獨無之，事勢使然，無足怪者。』嗟夫！歲修之無公使錢也，格於例也。以歲修之無公使錢而廢不歲修，則非格於例也，非格於例而以例自解，則雖例有公使錢，吾未知其果以供歲修否也。公家之利，知無不爲，大抵有志者事竟成耳。削衣貶食，止餘法用；慮材計庸，不迫期會；斲雕爲樸，不樂葆大。期於待風雨、庇燥濕寒暑，勾當公事各有寧宇，而間可以容宴豆、寄廬旅，如是而已矣。是亦何必有例？斷而行之，不程其力，始戊辰八月朔日，逮今己巳九月十日，經營斷手，歲計有餘，以十爲率，則八之皆賦新宫也，仍舊貫者二而已。然亦壁壘一變，如甓浮圖之忽起東祠，費凡百七十緡有奇，質錢帖累之蓋寸許云，雖然，此不足道也。昔者，叔孫所館，雖一日必葺其墻，去之如始至。況兹實官署，吾日饘鬻糊其口於是，豈不亦廢隊是爲？而區區掛齒牙間，抑人有言賢者之興、愚者之廢。余不敢當賢者，而懼後有愚者之廢，且以無公使錢爲解也。

姑識其緣起，伐石陷之壁而以諗後之人，又爲之銘曰：

古云天地，萬物逆旅。雖其逆旅，物有攸處。怪雨盲風，莫蓋莫障。一昔之期，東西徬徨。矧兹筦庫，平準均輸。以佐鹽官，豈伊蘧廬。無一畝宮，有三間屋。側側力力，如跛而禿。拔來報往，忽若郵置。烏焚其巢，何與人事。曰無官錢，是亦官齋。一毛罕落，隸人是儕。乃塗乃墍，匪刻匪雕。上有燕几，下有湢庖。屋墻持持，内外嶄嶄。簿書期會，嘯歌偃仰。裕蠱則吝，傾否則喜。爲官爲私，萬事盡爾。後有作者，勿争刀錐。廢則舉之，視此刻詞。

重建黄巖場公署記

國朝・平世增

金匱華公，江左世家。丙戌秋，以州司馬來理黄巖場鹺政，而是處適當颶母爲災，田廬蕩析，衙署亦就傾圮。時即有以估報請者，公曰：『災黎滿目，未暇謀居。』假館僧寮，綜理賑務，仰體宸衷，俛恤民隱，寢食不遑者凡數月。邑之諸君子念公之無治事地也，屢以捐建請，公曰：『義不敢以一人之私，煩衆人費。』姑舍是。恭惟聖天子體恤庶司無微不至，已廢官舍許借俸廉以爲修葺，公因是循例上請，報可。乃於舊治作爲新居，經始於丁亥嘉平，凡五閱月而告竣。三邑紳士作爲詩歌，頌揚美盛。

予摳衣入謁，與公把臂遍覽，規制焕如也。其制，前爲頭門，次儀門，俱三楹；東、西廨合之，得六楹。正中爲大堂，堂左門房二、茶室二、竈舍三，其右亦設門屋一。由之而西，篔簹森列，作室其間，是爲竹深處二堂五楹，顔曰『慮得』，翼以迴廊，間數凡六。堂之東，青蒼彌望，因作爲『環翠堂』。又面東三楹，軒名『問月』，是公吟詠之所。循徑而北，斗室二間，額爲『獨嘯堂』；之西，則對山書屋三楹，放衙無事，相對悠然。最後正宇七、廂房六，是公燕私食息之地也，凡建屋五層，得屋六十有五間。東、西、北圍以磚墻，共計一百三十有八弓，計工按料，實費千數百金。除借支三百外，皆公自爲捐置。予謂公曰：『場廨自宋迄明，建置已廢。至我朝雍正甲寅毛公重建後，得公更而新之，屋倍於前，工爲較鉅，一舉而三善備矣。循例借支，存體制也；不吝己財，期經久也；謝絶衆捐，遠嫌疑也。以視傳舍，相視者何如耶？』公笑曰：『有是哉！子可爲記。』予故序其顛末如此。公名瑞潢，號秋槎。

盧大中丞祠堂碑記

國朝·平聖臺

天道原無不報，而民心不可倖邀。若我漢亭中丞去浙四十年，存齋觀察廉車初至，故吏耆氓有望襜帷而泣下者，此其效也。觀察乃因民之思，爲中丞建祠於吴山，臺以通家子得謁祠下。觀察屬爲文，刻於麗牲之石，辭不獲命，乃齋沐而謹書之。

公諱焯，字光植，號漢亭，奉天鑲黄旗人。以直隸武邑縣令，蒙世宗憲皇帝特達之知，擢江南亳州知州，旋陞山東東昌府知府。歷登萊青道糧道，再遷河南南汝道，陞按察使、布政使，巡撫福建。公感激奮勵，知無不爲，而出於仁恕，不事矯激。乾隆三年冬，蒙恩簡調浙江巡撫。浙江尖山，當巨浸之衝，風潮薄射，歲爲民患。大吏承命作壩，糜帑墜功，俱以獲譴。公至之日，漲沙旋合，板築可施，當事皆懲前失噤不敢發。公毅然身任之，奏請補築，廩犒俱豐，匠役用命，不數月而金堤屹然。御製碑文備極嘉奬。重修敷文書院，加增膏火，諸生肄業者屢溢於户，特賜『湖山萃秀』之匾。他如廣學額、減浮糧、免米税，裒鹽價，除世船之積弊，革官價之陋習，駁滿兵過江牧馬之議，正靖江改食淮鹽之條。官吏肅潔，商、竈安恬。救焚瘞骸、育嬰療疾，一切利人濟物之事，皆爲之釐定章程，廣籌經費，瞿瞿夙興，孜孜竟日，如是者四載。及被糾聽勘獄未具間，閭閻細民環擁呼號，惟恐公蹈不測。聖主如天之仁，僅予薄謫，出戍軍臺。起用少鴻臚，复任陝西巡撫，再調湖北，尋解職赴巴里坤，轉徙哈密、蘭州辦理軍需，事竣而歸，遂請老終於家。公自筮仕後，每履一任，自爲一書，曰《觀津録》、曰《牧亳政略》、曰《典守東昌録》、曰《秉臬中州録》、曰《撫閩略》《撫浙略》，至秦楚塞外，皆有紀述，異政甚多。具大學士桂林陳文端公所爲《墓志》及袁太史枚所撰《神道碑》，兹不備載。

公遭遇聖朝，屢膺重寄，桑榆逮養，猶軫宸衷。存齋觀察又能禔躬廉慎，繼其家聲，甫經抵任，即親奉栗主妥公之靈，以慰錢塘十萬户甘棠芨憩之心。公之受恩深，而食報豐也，豈易得哉？系之詩曰：

遼左從龍，襄平著籍。喬木世勳，通於國脈。翯翯中丞，發硎巖邑。世廟殊恩，恒超資格。跬步屏藩，遂膺幢節。山海盤紆，自閩遷浙。除苛解嬈，爲善益力。搤陽侯吭，暨巨鼇脊。廣廈萬間，扶摇六翮。恩重身屯，過叢獄亟。小謫大申，秦關楚澤。更歷封圻，遍蘇溝瘠。治譜傳家，一官一册。觀察嗣興，聲施舄奕。肸蠁降神，輸般治宅。有美吴山，見公履跡。傳説星芒，孔明廟柏。後千百年，視此貞石。

蘆瀝場城隍廟記

國朝・李賡芸

蘆瀝場治平湖縣境，官舍面海，大門之左有城隍神像在焉。嶍峨周君澄謁選來莅，展謁之初詢於父老，僉云：『官舍本廟，其創建年代不可考。』君聞言，蹙然不寧。未幾，大病，恍惚若有神佑，病良已，乃移建廟於鎗塘橋首，捐俸購地二畝有奇，里人上舍陸貴章等各捐資贊成之。凡大門三楹，正殿三楹，有後廨，有前廊，隙地植榆柳松柏。經始於嘉慶二年十月，落成於三年十二月，而屬余記之。

周君尊甫按察公，與先君子同中壬戌進士，又同出涪州周文恭公本房。閱今將一甲子，而余與君同官於此，以公事常得相接，知君爲政之美。即此移建城隍廟，亦其一端。夫城隍之祀，載在史書，由來久矣。有城隍，而後有城隍神。今場無城隍，而有其神名，實殆不副。或疑君不當建廟移祀，雖然城隍非淫祀，比《傳》曰：『有其舉之，莫敢廢也。』又曰：『敬鬼神而遠之。』周君之爲，合乎《傳》所云矣。

故記之。

七

四明七觀

宋・王應麟

海於天地間最鉅，故觀於海者難爲水。駕焉徂東，浩漾滄溟。羲和浴乎榑桑，日杲杲兮金鉦，朝潮夕汐，與月虧盈，神虬襄首，吐雷嘘雲。方其駿濤虎浪之興，銀峰萬仞，雪屋千層，簸空扤嶽，沃日吞鯨，陽侯爲之震蕩，天吴爲之馮陵，盧賦竇志未能該也。若乃潤下作鹹，散鹽爲貴，宿沙肇鬻，而海王之策，祈望之守昉於齊管子而征利。漢郡設官三十有六，會稽則海鹽居一。考諸《唐志》，鄮始有鹽，晏巽管榷法寖以嚴，海瀕稚耋弗能苦淡，若作和鬻，甘耆醝鹼，酌醴燔枯，鱐鮑恣啖。繇是亭監棋布，牢盆歲增，負塗山積，熬素雪凝，翦竹葦以供煬，釋耒耨而肆勤。一畚三斛，川浮陸馳，行商通其價，巡院譏其私。蓋日用飲食，不可以無。朝齏箬裹，功與醢俱，馬齒水精，冰鏤霜明。古云：食肴之將，詎屑玉而嘰瓊。東箭箈茁，越竹筍萌，楊氏之果，染霞垂星，鹽爲夏槁，屏羶撤腥，飫高褢之菜，食奚猗氏之足云。魚鹽之湊，民殷財阜，不謂之樂郊耶。

詩

開湯村運鹽河雨中督役

宋・蘇軾

居官不任事，蕭散羨長卿。胡不歸去來，滯留愧淵明。鹽事星火急，誰能恤農耕。鼕鼕曉鼓動，萬指羅溝坑。天雨助官政，泫然淋衣纓。人如鴨與豬，投泥相濺驚。下馬荒堤上，四顧但湖泓。線路不容足，又與牛羊争。歸田雖賤辱，豈失泥中行。寄語故山友，慎毋厭藜羹。

送元衛弟赴長亭鹽場

宋・樓鑰

阿連生而秀，二親所甚愛。仲兄勤拊養，遇事輒加誨。幹蠱静而辯，胸次無卑隘。今焉執牢盆，官事臨渤澥。毋謂官爲小，要使居所大。毋言才可了，檢身到纖介。我家門户重，衣冠綿數代。當以誠心求，子視不自懈。亭民亦良民，孰謂俱無賴。官吏既擾之，兼并責逋債。熬波亦良苦，樂歲色猶菜。輸鹽不得錢，何以禁私賣。所在積蠹多，良法久寖壞。吾聞不無術，更當審利害。熟視不爲謀，空餐愧難蓋。不應行一切，遽使絶稱貸。富者能巧取，倍息久仍在。貧者庶少寬，公私可緩帶。母年登九十，家居幸康泰。其後不從政，禮經有深戒。幸子去不遠，時時可歸拜。小别不足惜，輕舟送前邁。

送程運副之杭州

元・趙孟頫

鹽爲生民食，日用猶水火。雖非饑所急，一日無不可。但令商賈便，那復愁國課。數年人壞法，貪欲肆偏頗。利多歸私室，民始受鹽禍。邇來又計口，强致及包裹。榷酤竊滴瀝，征商及遮邏。東南民力竭，此事非細瑣。朝家更政化，選擇堪負荷。君爲尚書郎，精白色瑳瑳。明當戒行李，往理吴越柁。祝君無别語，編户要安妥。湖山多勝處，亦可供宴坐。談笑尊俎間，佳聲滿江左。

題熬波圖

元・陳椿

錢塘江水限吴越，三十四場分兩浙。五十萬引課重難，九千六百户優劣。火伏上中下三則，煎連春夏秋九月。程嚴賦足在恤民，鹽是土人口下血。

熬波圖詩

各團竈舍

東海有大利，斯民不敢争。並海立官舍，兵衛森軍營。私鬻官有禁，私鬻官有刑。團廳嚴且肅，立法無弊生。

築壘圍墻

立團定界址，分團圍短墻。壘土爲之限，開溝爲之防。板築已完固，厥土燥且剛。團門慎出入，北軍守其旁。

起蓋竈舍

築團未脱手，枡舍又興工。運茅上高屋，畚泥矮墻東。所喜手脚健，敢言腰背慵。何以門東南，蓋以朝其風。

團舍便倉

便倉以便民，規模在經始。地土既高燥，水港亦通濟。甎壁連屋山，瓦溝建瓴水。衆竈各設倉，公利私亦利。

裹築灰淋

百鍊無生泥，萬杵皆實地。池井既堅牢，裹築又完備。作勞口舌乾，鹹水覺有味。早知作農夫，豈不太容易。

築壘池井

鑿井以瀦滷，井欲實且堅。又恐風雨至，鍊泥包四邊。小塊少者抱，大塊壯者肩。臨歸鞭又鞭，恐爲螻蛄穿。

蓋池井屋

穿鑿池井完，上蓋數椽屋。老婦挽茅柴，壯丁擔竹木。簷楹苫著池，難用擎天柱。固非人所居，但防天雨雨。

開河通海

平地海可通，要非一日勞。成雲舉萬鍤，落地連千鍬。水性原潤下，滿溝來滔滔。海水無盡時，要在人煎熬。

壩堰蓄水

今晨海多風，潮水來浩瀚。未作西頭壩，先捺東頭堰。蓄水不患多，將以備烹鍊。後防有汎溢，適中乃爲善。

就海引潮

人言隻手河可塞，我見衆力海可通。東南財賦大淵藪，貨財所殖源無窮。海波萬頃取無禁，千夫畚鍤來如風。須臾引海出平地，非人之力天之功。

築護海岸

去海無十里，水可狎而玩。曾聞十年前，沸騰無畔岸。所以預堤防，不獨爲水患。煮海且富國，民力惜有限。

車接海潮

翻翻聯聯犖确确，東海巨蛇才脱殼。滔滔車腹水逆行，輥輥車聲雷大作。能消幾部旱龍骨，翻得陽侯波欲涸。誰家少婦急工程，徑上車頭泥兩脚。

疏浚潮溝

潮來溝水滿，潮落三寸泥。十日泥三尺，溝與兩岸無高低。長柄杴桷短柄鍬，開深八尺過人頭。但得朝朝水滿溝，一生甘作泥中鰍。

開闢攤場

鹽事有先後，首當開攤場。深犁闢兩岸，堅塹壅四傍。細草不留根，鹹波無清光。但恐人力疲，牛疲亦何傷。

車水耕平

場而有凸凹，水力均浸灌。車聲接海聲，鴉尾銜欲斷。將來曬灰時，恐有不平患。但願天公平，無水亦無旱。

敲泥拾草

拾草草葉空，敲泥泥粉碎。雖如鏡而平，猶恐蟻穴壞。十指盡皸瘃，那復問肩背。抛卻犁與鋤，平地且拾芥。

海潮浸灌

浙東把土刮，浙西將灰淋。開得攤場成，車引海潮浸。土潤鹹花生，地瘠鹹波滲。煎鹽工力繁，惟此艱難甚。

削土取平

潮漏不厭搗，細草不厭剗。四方貴勻淨，一孔防漏綻。牛聞臥碌碡，鹿過絶町疃。不日即興煎，鹽事不可緩。

棹水潑水

灰場欲潤不欲乾，長繩戽海海水翻。分溝通流護場面，平鋪灰了攤复攤。就場棹水仍潑水，卻恐風來一埽間。

擔灰攤曬

健婦肩灰何火急，不顧饑兒扳擔泣。海天無風雲色開，相呼上場早曬灰。滿場大堆仍小堆，前擔未了後擔催。少婦勤作亦可哀，草間冬日眠嬰孩。正苦饑腹鳴如雷，轉頭饁婦從西來。

篠灰取勻

築場纔罷隨上灰，灰如細塵地如席。更持長篠輕拂拂，灰中莫有塊與核。一片灰場幾經手，壯者尫羸肥者瘠。飛揚最怕海邊風，不怕天邊日頭赤。

篩水曬灰

風日太燥灰欲飛，灰底太濕生地衣。老丁調停視乾濕，或曬或灑隨其宜。長撩取水信手潑，灰不至死長含濕。水勻不燥亦不濕，明朝滷成鹹到骨。

扒埽聚灰

埽開埽閉禿千帚，推去扒來穿兩肘。百堆千堆亂人行，一嘗再嘗鹹人口。千夫上場爭曬灰，曬灰亦有高低手。爾曹慎勿歎苦辛，明日成鹽此其母。

擔灰入淋

一淋灰半濕，再淋灰欲泣。三淋四淋灰底透，竹筧通池如雨集。閒投石蓮試滷試，三蓮四蓮直沈入。丁夫閒少辛苦多，卻恐無灰可相接。

淋灰取滷

杴灰上擔去复還，傾灰滿淋高如山。小池蓄水待澆潑，外面雖濕中央乾。灰如命脈滷如血，血與命脈相流連。便須載滷入團去，官司明日催裝栚。

滷船鹽船

大船小船名雖共，鹽船滷船各適用。滷船淺淺搆作倉，鹽船實實裝其艑。灰滷附團便且輕，鹽艖到倉遠而重。也無橈槳與風帆，篾纜牛牽運防送。

打滷入船

大池小池無著處，相呼上滷入團去。艖船滿載百餘石，艚船塞港百餘隻。看船人丁暫得閒，牽牛從此無餘力。最喜長年老怕事，滿船不敢偷涓滴。

擔載運鹽

擔夫負擔賴兩肩，兩牛拽船行且鞭。人力不甘牛有力，岸傍水底争相先。牛肥且健不惜力，擔夫惟愁桶底穿。日西比及到團前，牛卻長歎人無言。

打滷入團

團前運滷船銜尾，上滷分溝入團裏。長筧短筧斷复連，行地滔滔如注水。今年天道好曬灰，那更淋灰清徹底。試來入口十分鹹，守煎歡賞管煎喜。

樵斫柴薪

黄茅白葦地，一望百餘里。長鑹瑩如雪，動手即披靡。縱横卧荒野，海風吹不起。雖有菅與蒯，亦毋棄憔悴。

束縛柴薪

平明加束縛，委地何紛紛。一畝當幾束，一束當幾斤。一際萬餘束，際際連青雲。餘草任狼籍，待與樵者分。

砍斫柴乍

黄茅斫盡鹽未足，官司熬熬催火伏。有錢可買鄰場柴，無錢之家守鹽哭。茅根得雨便未衰，昨日猶短今日齊。亂包急束少作堆，三寸五寸尋柴乍。

塌車輴車

千牛密攢蹄，車聲雷長隄。擔夫欲争道，長驅與之齊。束草如山高，牧子猶嫌低。陸地行尚可，可憐行深泥。

人車運柴

塌車無兩輪，陸地行如飛。肩拖與背負，右挽仍左推。家家牛正忙，不念人力疲。運柴恐不迭，一日知幾回。

轜車運柴

平明驅群牛，駕以大小車。車上何所有，束束黄茅柴。行行亦良苦，牧豎不停撾。空車晚歸去，牛背載寒鴉。

鐵盤模樣

方盤雖薄容易列，圓鑊雖深又難熱。不方不圓合而分，樣自兩淮行兩浙。洪鑪一鼓焰掀天，收盡九州無寸鐵。明朝火冷合而觀，疑是沅江九肋鱉。

鑄造鐵柈

大柈大小十餘片，中盤四片小盤二。誰將紅鑪生鐵汁，瀉入模中隨巨細。神槌擊後皆有用，良冶收功在零碎。閑看鑪鞲棄荒郊，當時鬧熱今如水。

砌柱承柈

灰泥鍊得如蒸土，巨磚爲馳石爲虎。四垠打就圍火城，中間屹立承柈柱。此時築打不加工，他日難禁大火聚。滿盤白雪積如山，不比金莖但承露。

排湊盤面

形模本渾淪，何乃散而聚。世無烏獲力，萬鈞未易舉。片段合湊成，冶工費鎔錮。雖曰小鐵駝，能補空闕處。

鍊打草灰

草灰將何用，鞭打不停手。明朝裝柈時，泥篊護柈口。壯夫打鞭千百折，鍊得黑灰成白雪。誰知只是鑪與篾，泥向盤邊堅似鐵。

裝泥柈縫

三長四短鑄盤片，五合六聚湊盤面。老丁自有生銲藥，灰日千舂泥百鍊。深深抹縫工補插，五六烏金小駝健。補虚架滿苟目前，安得天地爲鑪陰陽炭。

上滷煎鹽

竹筩瀉滷初上盤，今日起火齊著團。日煎月鍊不得閒，卻愁火急柈易乾。炎炎火窖，去地三尺，許海波頃，刻熬出素。烹煎不顧寒與暑，半是竈丁流汗雨。

撈灑撩鹽

火伏上則鹽易結，日烈風高勝他月。欲成未成乾又濕，撩上撩床便成雪。盤中滷乾時時添，要使柈中常不絶。人面如灰汗如血，終朝徹夜不得歇。

乾柈起鹽

大柈未冷火初歇，輕輕剗柈休剗鐵。有如昨夜未完月，妖蟆食破圓還闕。又如水晶三角片，又如蒸餅十字裂。正愁天上多苦霧，卻喜海濱有鹹雪。

出扒生灰

死灰不復然，生灰猶未死。昨朝火窖中，今日冷如水。莫嫌灰擔重，積灰那忍棄。曬乾再下淋，又作還魂鬼。

日收散鹽

一日煎幾何，一日收幾多。但憂辦不上，不獨遭譏訶。日課有工程，官事無蹉跎。月月無虛聲，不敢連司鹺。

起運散鹽

散鹽如積雪，地上數百堆。關防少不密，團門或夜開。多備牛與船，加以人力推。總倉有統攝，不招還自來。

賣鹽婦

元・倪瓚

賣鹽婦，百結青裙走風雨，雨花灑鹽鹽作滷，背負空筐淚如縷。三日破鐺無粟煮，老姑饑寒更愁苦。道旁行人因問之，拭淚吞聲爲君語。妾身家本住山東，夫家名在兵籍中。荷戈崎嶇戍明越，妾亦萬里來相從。年來海上風塵起，樓船百戰秋濤裏。良人賈勇身先死，白骨誰知填海水。前年大兒征饒州，饒州未复軍尚留。去年小兒改高郵，可憐血作淮河流。中原封椿音信絶，官倉不開口糧闕。空營木落煙火稀，夜雨殘燈泣嗚咽。東鄰西舍夫不歸，今年嫁作商人妻。繡羅裁衣春日低，落花飛絮愁深閨。妾心如水甘貧賤，辛苦賣鹽終不怨。得錢糴米供老姑，泉下無慙見夫面。君不見，繡衣使者浙河東，采詩正欲觀民風。莫棄吾儂賣鹽婦，歸朝先奏明光宫。

易尚賢赴鮑郎場司丞次王叔明韻

江山寥落白雲飛，城郭煙濤獨鶴歸。碧落輕帆來縹緲，夕陽遠樹見依微。熬波霜雪良艱苦，富國魚鹽果是非。猶歎蝸牛廬底客，焜黄時節尚絺衣。

送兩浙轉運副使分司西路歸武林

元・貝瓊

東海水不枯，煮鹽何日已。丈夫行負薪，婦女面如鬼。所悲力已窮，鞭撻豈不耻。欲食管桑肉，富國那爲此。朝廷擢老成，撫我猶赤子。昔逢使者憂，今識使者喜。嗚呼凋瘵餘，坐使謳歌起。天門有詔催，整翼摶萬里。

恤竈圖八詠

明・彭韶

鹽場圖

兩浙山水鄉，古稱天地藏。西望出吴淞，東行踰雁宕。利孔非一途，鹽征爲海王。泉布充京儲，芻糧助邊餉。庶哉用物宏，生意不復暢。薪桂與炊玉，晨昏增感愴。敝屋棲寒蘆，新畬倚孤嶂。懷土思依依，承家如草創。

山場圖

山木非不佳，林麓非不瘆。百年生聚繁，分業薄如紙。朝夕斧斤入，不待黄落矣。近伐嘅山童，遠入虞虎兕。肩重何足辭，突黔良藉此。而況煮海功，昏夜無停止。菹薪苟不力，公私亦何倚。歲歲事辛勤，猶勝棄桑梓。

草蕩圖

海壖咫尺地，一望如掌平。材木不生植，草莽徒敷榮。廣牧良有害，泛取亦難成。瓜分給亭户，表蕝自經營。繁霜一以降，百物俱凋零。芻蕘忽萃止，芟縛無留行。輦運積官所，來歲事煎烹。負荷非爲苦，願言公課登。

淋滷圖

旭日明菹蕩，欣兹風日競。錢鎛密如鱗，沙塗平似鏡。汲灑足灰泥，層層白相映。易地聚成堆，再淋鹹始盛。方池藉以茅，小竇暗通阱。蓮實重且堅，浮浮力能勝。衹恐山雨來，一簣功未竟。殷勤守餘瀝，坐待滷池定。

煎鹽圖

鹺液汎清泠，牢盆戒修潔。分番勿後時，及此旺煎月。一勺盡傾瀉，萬竈俱焚爇。沈沈紅霧收，鼕鼕晴波竭。斂之白盈箕，凝華燦如雪。點檢入公私，中心更煩熱。荆妻慰苦顔，摩挲汗流血。卻歎戍邊人，垂老有離别。

徵鹽圖

小汛風日好，大汛潮汐平。袖長應善舞，課羨易爲徵。歲歉伊誰知，寧分雨與晴。衣食豈不急，國計良非輕。儋石四面至，倉庾一朝盈。鹽官唱簿歷，折閱頻呼聲。況乃逃亡多，荒額重加徵。展限尚未允，努力事餘生。

放鹽圖

三邊乏儲峙，良賈勞委輸。償以榷海利，子母求贏餘。水膏易消耗，蔀屋難貯儲。多年積逋欠，折算盡錙銖。渺渺太湖畔，盈盈東海隅。雪山壓巨浪，風帆恣所如。每資藜藿食，亦薦王侯廚。誰念味中苦，搔首空躊躕。

追賠圖

近竇固貧國，厚貨亦貧民。滷丁有常賦，催目何紛紜。侵耗歲已久，夤緣具虚文。商算無從給，鞭笞不堪聞。富黠自當爾，哀此顛連人。稱貸不見售，絲縠無餘新。寬減逢優恤，感激謝皇仁。滄海未終竭，更始重辛勤。

鹽夫歎

明·聶原齋

鹽夫挑鹽慸河流，口燥脣焦愬辛苦。今春苦被雨連綿，淡卻灰池赤鹹滷。積薪漂去竈將傾，額鹽無辦田無耕。不獨家貧妻子怨，又兼部牒嚴催徵。

開中曲

國朝·汪鳴瑞

開中中鹽創何日，厥貢鹽絺正鹽筴。嗣後農官權漸增，度支常平附鹽鐵。天聖年間始報中，齎鈔紛投亭户糴。估獲奇贏天府饒，一利未興一弊出。有明鑑唐复鑑宋，宋倣祥符唐大曆。題奏專差風憲臣，都運凡六提舉七。本朝因革更詳明，他不具言請言浙。浙隸東西分六所，所置和鈞按時掣。三十三場煙井融，一百五州鍾釜給。雖然令甲可長守，焉保時豐不時嗇。豐時鹻粒委泥沙，嗇時官券嗟擁塞。濟南使君泯競綵，舊責新徵兩無絀。水鏡澄清雀鼠潛，垂簾不放青蚨入。纍纍部引汗牛來，畫野分疆定考核。杭所歲銷十二萬，白馬江濤捲夜雪。紹所十九萬八千，柳絮因風飄五洩。嘉所二十六萬餘，珠浦晴沙霏玉屑。松所九萬千有奇，水晶盤貯吴淞月。温台五萬猶未盈，甌江白練鋪千尺。更有票引十萬零，濱海諸邦計口食。前年黑蝝滿空飛，去年市兒呼蜥蜴。雨暘不順鹽筴虚，轉移元化知帝力。蚩蚩何足與謀始，樂觀厥成順爾則。自今不用更開中，永規利源著邦式。

紫陽別墅十二詠

國朝・高熊徵

樂育堂

登堂肅冠紳，前修緬矩矱。俯仰盡吾徒，吾豈忘吾樂。

南宮舫

不踏計然舟，來就蕭然艇。一幅米家山，髣髴春帆影。

五雲深處

矯首望三台，奎光映斗北。攖身到五層，青雲繞人足。

別有天

一徑入青山，四面青無數。舉頭雲漢津，別是桃源路。

尋詩徑

行行不數武，詩思乍相親。此徑亦常有，來尋得幾人。

看潮臺

白水捲青天，不辨天與水。陸海接潘江，澒洞原如此。

巢翠亭

夕陽明屋角，飛翠夾山坳。坐擁烏皮几，真同太古巢。

螺泉

群山若螺髻，勺水滴螺涎。先生正渴飲，紅螺酌自便。

鸜鵒石

古人日晤語，舌本強而腐。石果代人言，空山調鸜鵒。

筆架峰

飛夢繞三山，飄然天外落。醒來詩已成，定把吟毫閣。

垂釣磯

左手把脩綸，右手攤書卷。撚絲百尺長，會心不在遠。

簪花閣

山閣玉蘭開，恍疑坐玉署。看爾閣中人，簪花上林去。

《欽定重修兩浙鹽法志》卷三十終

舊序

臣李衛奉敕纂修《兩浙鹽法志》，進呈御覽兼請欽賜序文。奉旨：「依部議。」命臣撰文爲序。

臣自惟愚陋，兹所修志書凛遵現行事例，上體皇仁，下詳民隱，條分緒析，共計十六門，凡諸程式、典章、課則、經費悉載會典者，務相脗合，勿致異同。猶恐編纂未當，何敢冒昧撰序。聞命之下，惶悚彌切。欽惟我皇上聖神文武，德盛化成，天呈合璧之休徵，地獻河清之上瑞，皞皞熙熙，萬物得所，而猶視民如傷。凡事關經制者，必詳審經畫，昭示法守。如食貨乃八政之一，而鹽又食貨之一也。部定鹽法、考綱紀秩，如遵奉已久。兹复命直省鹽法衙門纂輯志書，因地制宜，垂諸永遠。聖人勞心爲民至無己也。

蓋我朝鹽法，自世祖章皇帝洞鑒明季加派妨商厲民，定制按引徵課。聖祖仁皇帝尤念鹽法一項上關國課，下裕民生，慎選廉能，加惠商、竈，至詳且悉。我皇上甫承大統，即諭各省轉運道臣恤商裕國，又諭巡鹽使臣撙節愛養，繼又於兩浙鹽務命臣兼理，具見我朝聖聖相承，經制盡善，我皇上聰明睿知，覃精繼述，即鹽法一事而綱舉目張，德洋恩溥，煌煌詔令如日月經天，其誰不感動而激勸乎？

抑考前明舊《志》，成於嘉靖丁酉，修於萬曆甲寅，雖體裁悉具，要皆董是役者摭拾見聞，自爲編次，孰如斯《志》之因革損益定自宸衷，爲萬世法也。臣忝司封疆，職叨兼任，夙夜祇懼，惟有矢慎矢公，加意釐剔，以仰副聖天子體恤商民至意。而前此官吏陋規、諸商濫費，复蒙皇上悉從寬典並予蠲除。命下以來，大法小廉愈益兢惕，諸商則以既除雜派、又免積逋，萬户千村歡聲雷動，勤輸國課，惟恐後期；更請設鹽義倉，積穀備賑。蓋上好仁而下好義，有由來矣。兹蒙上諭，敬序成書，用益導揚聖德，俾天下曉然知至治之世，百度修飭，而凡兹黎庶其共戴皇仁於億萬年歟！

雍正六年暢月，兵部右侍郎兼都察院右副都御史、總督浙江等處地方軍務兼理糧餉、管巡撫鹽政兼理江南七府五州督捕事務、加五級紀録三次臣李衛奉敕謹序。

欽定重修兩浙鹽法志後序

志出於史，鹺法出於史志之『食貨』，所以利用厚生、照示軌則也。《兩浙鹺志》成於明嘉靖時御史劉仕賢。我朝雍正六年，世宗憲皇帝以前《志》散佚，特命浙江巡撫兼理鹽政臣李衛重加編纂。凡所修輯得秉睿裁，綱舉目張，燦然大備矣。惟是成書至今又七十餘年，其間場竈更移、課引增減與夫法制之因革損益，閱時既久，互有異同。若不復事纂修，非所以臻美備昭法式也。嘉慶四年冬，臣奉命撫浙。維時，鹽政臣延豐亦奉巡察浙鹽之命，因相與和衷商確，剔除煩苛，嚴屯販以緝私，廣疏銷以裕課，用期上體皇仁、下恤民隱。額引盡銷，有赢無絀。五年冬，鹽政臣延豐復以《鹺志》偕臣聯章上請，仰蒙俞旨，允其增修。爰敬遵賅備之訓，謹就現行事例逐加條纂。書成，敬繕成帙，恭呈御覽。

臣謹按，鹽絺之貢，兆自夏書；鹽筴之正，始於管子。兩浙自漢劉濞煮海爲鹽，後民因之，遂成恒業，史所謂無賦而國用富饒者也。元狩初，設鹽官於會稽郡。唐制，漣、湖、越、杭四場設立十監，歲得百餘萬緡，以當百餘州之賦。宋，則竈户鹽丁歲課入官受錢，或折租賦，皆無恒額，兩浙又役軍士、定課鬻焉。明，置兩浙都轉鹺分司四，爲場三十五，爲團五百有一，爲丁七萬四千四百四十有六，歲辦鹽二十二萬四百五十七引二百斤有奇。財賦之廣，接跡江淮矣。

我朝列聖相承，醲化覃敷，群生昌阜。兩浙鹽務，舊係撫臣兼管，乾隆五十七年，复特簡鹽政，改鹽道爲運司，因其政之繁而重之也。皇上親政伊始，至治懋昭，恤商惠民，罕有倫比。臣等幸得躬逢其盛，而所輯《鹾志》一書，复奉聖明指示，定爲法程。凡四省十七郡一百二十五州縣商民仰蒙樂利食德、飲和共享，升平之福，豈特大小臣工得所遵循已哉。謹拜手稽首而爲之序。

嘉慶七年六月庚子朔，兵部侍郎兼都察院右副都御史、巡撫浙江等處地方、提督軍務臣阮元謹序。

欽定重修兩浙鹽法志後序

維皇上御宇之四年，臣延豐奉命巡按兩浙鹽政。莅任以後，夙夜兢惕，事無鉅細加意整釐。越一年，以《重修兩浙鹽法志》陳請，仰蒙俞允，訓以賅備。

臣自慚譾陋，謹與二三僚友酌古準今，條分縷析，編成三十二卷。同撫臣阮元詳慎覆核，敬繕全函，奏呈聖鑒。皇上萬幾餘暇躬親披覽，其有編摩疏漏之處，一一指示精詳，傳諭改正。凡臣下思慮所未及、校訂所未周者，稟承睿裁，得免紕繆，綱舉目張皆定自宸衷，實罕逢之幸事也。

謹按，舊《志》，輯自前撫臣李衛於雍正六年奉敕纂修體例，至爲明晰。惟是閱歲既遠，因革損益，隨時遞易，互有異同。爰博訪輿情，參考帳籍，芟其不符，補其未備，仍『十六門』之舊而加變通焉。卷帙蓋備於前《志》矣。竊維六府以厚民生，八政以溥民利。鹽法爲食貨攸資，經制最重，我國家典章燦著，涵育群生，惠商恤竈，嚴懲私販，裒多而益寡，酌盈以劑虛，秩然井然，超軼千古。臣忝膺重任，愧無能奉揚天子德化，而區區敬凜之意，惟有恪守成規，罔敢弛懈。

茲《志》成之日，复經聖明鑒定，昭若發蒙，不遺纖悉。非惟治鹺官吏得有率循，蔚爲不刊之典；而兩浙商民，其利賴豈淺鮮哉。刊既竣，爰書其梗概，以序其後。

嘉慶七年六月，巡視兩浙鹽政兼管杭州織造事務臣延豐謹序。

重刻兩浙鹽法志跋

《兩浙鹽法志》舊本罕見，今所存者，嘉慶六年《新志》耳。凡三十二卷，分十有六門。向有白紙、竹紙兩本，於課額、場竈、帑地、律例、優恤等門互有增損。細繹白紙本所增，如嘉慶元年、五年坍豁被水、請豁諸條，均關考覈要案，而竹紙本無之；其竹紙本所列之西興場舊聚團額，場雖裁併錢清，而現在徵課及遇有坍漲仍分永昌、永泰、永豐、永甯、永盛、永盈六團，似未可删，而白紙本不載。

又查凡例，言是書於嘉慶六年進呈，七年奉旨改定數條，覆加詳勘，刊訖，同原進繕本呈覽。所有額徵數目及整理事宜，俱以進書時爲斷，示昭劃一。觀此，知是《志》一印於進呈之先，一印於覆勘之後，既增繁條，遂删簡目，當時爲排擠字行而增損，因以互見也。

嗣是數十年來，未經續修，至咸豐庚申、辛酉，杭城再陷，板燬無存，克復後，於坊肆故家隨處搜訪，書幸間有存者。惟兩浙鹽章雖尚未復舊，而往時聖訓煌煌，成法具在，若不亟加翻刻，恐益無可遵守。爰命合白紙、竹紙兩本，考同訂異；又未敢以意爲去留，乃取兩本不同之處備列簡端。庶覽者無闕略之憾，而舊制燦然永垂矣。校勘既畢，爲述其原委如此。

同治十三年甲戌十月，浙江巡撫兼管鹽政臣楊昌濬謹識。